신라 6부의 고분 연구

신라 6부의 고분 연구

2021년 2월 15일 초판 1쇄 인쇄
2021년 2월 25일 초판 1쇄 발행

지은이 최병현
펴낸이 윤철호·고하영
편집 김천희
디자인 김진운
마케팅 최민규

펴낸곳 (주)사회평론아카데미
등록번호 2013-000247(2013년 8월 23일)
전화 02-326-1545
팩스 02-326-1626
주소 03978 서울특별시 마포구 월드컵북로6길 56
이메일 academy@sapyoung.com
홈페이지 www.sapyoung.com

ISBN 979-11-89946-95-1 93910

신라 6부의 고분 연구

최병현 지음

사회평론아카데미

머리말

신라고분에 대한 새 책을 의도하며 글을 쓰기 시작한 지 만 10년이 지나 이 책을 펴내게 되었다. 이 책의 내용을 구성하는 주요 부분은 그간 여러 편의 논문으로 발표되었다. 의도한 구도에서 빠진 부분을 채우고, 발표된 논문들을 체제에 맞게 다듬고 내용도 고쳐 이 책을 엮었다. 그간에 함께 발표되어 이 책의 각 시기 고분 연구의 토대가 된 신라토기에 대한 논문들은 내용을 다듬고 더 채워 별책으로 구상하고 있다.

이 책은 사로국시기부터 통일신라까지 신라왕도 6부 지역의 고분 전개를 통시적으로 고찰한 것으로, 제1부와 제2부, 그리고 보론 2편으로 꾸몄다. 제1부는 신라고분 연구의 서론 격인 글과 신라 이전 사로국시기의 고분 전개를 내용으로 하였다. 제2부는 신라고분의 전개 과정으로 시기구분에 따라 모두 3장으로 나누어 살폈으나, 고분문화의 중심시기인 신라 전기의 왕도 고분 전개가 큰 비중을 차지하였다. 이어 결론으로 신라고분과 신라 6부의 관계를 고찰하였다. 신라고고학에서 연구자 사이에 아직도 이견이 좁혀지지 않고 있는 가장 큰 문제는 서기 400년을 전후한 시기의 편년관이다. 이 책에서도 피해 갈 수 없는 부분으로, 내용을 앞의 본문 속에 포함하기에는 어색하고 분량도 적지 않아 별도의 논문들인 보론으로 덧붙였다.

이 책은 연구의 공간적 범위가 실질적으로 한 지역이기도 하므로, 고대의 지역 단위에 대한 고고학적 연구에서 하나의 지침이 될 수도 있을 것으로 기대한다. 하지만 이 책의 연구 대상으로 신라왕도 6부 지역인 경주는 원래 사로국의 무대였고, 신라국가의 중심지로서 신라 고분문화의 진원지였으므로, 경주지역의 신라고분 전개는 전체 신라고분 전개의 중심축이기도 하였다. 이에 필자는 각지에서 전개된 신라고분에 대한 연구 성과가 각각 하나씩의 조각으로 남지 않고, 이들이 중심축에 결구되어 전체 신라고분 전개라는 하나의 커다란 체계를 이루는 데 토대가 되기를 기대하면서 이 책을 썼다.

필자가 경주 천마총의 발굴 참여로 신라고고학에 입문한 지 거의 50년이고, 입문이래 연구의 결실로 『新羅古墳研究』(一志社, 1992)를 펴낸 지도 30년이 다 되어간다. 전공 분야와 연관되지 않은 사회적인 일은 멀리했지만, 생활인으로, 사회인으로 바쁘게 사는 사이 세월이 그렇게 갔다. 고백하자면, 그 책을 낼 때 10년 뒤에는 개정판을 내야지 하고 마음먹었었다. 바람대로 이루어지지는 못했지만, 그것은 늘 마음속의 짐이었다. 그러는 사이 혹시 다른 연구자에 의해 대안서가 나온다면, 학문 활동에서 필자는 그 짐을 벗어던지고 경주 바깥으로 나가고도 싶었다. 끝내 그런 일은 생기지 않았고, 짐은 필자에게 그대로 남아 있었다.

마음속의 구상을 실천에 옮길 수 있게 된 것은 한국고고학회장의 일을 임기가 지나고 3년 뒤 마무리하고 나서였는데, 그때 정년도 3년밖에 남아 있지 않았다. 바로 시작하였지만, 그 사이 학계에서는 거의 방치하고 있는 상태로 쌓이기만 한 자료는 수십 배여서, 어디까지 정리해 낼 수 있을지 자신이 없었다. 정년을 1년 남겨두었을 때, 동학과 후배들은 필자를 학문 연구자에게는 최고의 영예인 대한민국학술원 회원 후보자로 추천해 주었고, 이어 학술원에서 회원으로 선출해 주셨다. 필자는 생활인의 속박에서도 어느 정도 벗어날 수 있었고, 기대와 의무감 속에서 연구에 매진할 수 있었다. 이 책은 그 첫 결실인데, 자료와 시각이 크게 달라졌고, 필자 자신이 내놓는 대안서이기도 해서 책의 이름도 새로 붙였다.

돌이켜보면, 필자는 참으로 많은 복을 받으며 살아온 것 같다. 한창 젊은 시절 천마총, 황남대총, 안압지, 황룡사지로 이어진 경주의 대형 발굴에 참여할 수 있었던 것은 그저 행운이라고 할 수밖에 달리 표현할 말이 없다. 필자의 전공분야와 이직으로 인해 그 학문적 의미를 충분히 살리지 못한 아쉬움이 남아 있지만, 진천 삼룡리·산수리요지군을 기획발굴할 수 있었던 것도 큰 복이었다. 세월이 지날수록 인생의 등불이 되어주신 모교의 은사들과 사회에서 오늘의 필자로 이끌어주신 여러 스승들께 존경과 감사의 마음이 새롭다. 필자의 학문 인생에 자부심도 느끼고, 의무감으로 충전할 수 있게 해준 학계의 동학과 후배들에게도 감사한다. 학문적으로 필자와 견해를 달리해 온 동학들에게도 특별히 감사의 마음을 표한다. 그들 덕에 관련 논저들의 문장 하나하나를 꼼꼼히 살피고 자료를 빈틈없이 관찰하는 자세를 갖게 되었다.

필자의 학문 생활은 경주에서 시작되었고, 주요 활동기에도 지방에 있었다. 지금과는 크게 다른 세상이었던 그때 필요한 자료들을 지방에서 바로바로 구해 보기는 참 어려웠다. 그때나 지금이나 긴요한 자료들을 쉼 없이 구해다 주는 이가 김무중 기양고고학연구소 소장이다. 그에게만 부탁하면 오지 않는 자료가 없다. 필자의 연구 활동의 상당 부분은 감사하게도 그의 덕으로 이루어졌다. 더불어 이 책에 쓴 모든 도면과 표의 파일을 작성해준 정명주님, 참고문헌을 정리해준 숭실대의 송만영 교수와 여희진 님에게도 감사의 인사를 전한다.

우리 세대에게는 좀 쑥스러워 지금까지 하지 못한 인사이지만, 필자랑 천마총 발굴에 함께 참여하였으면서도 학문과 사회활동에 대한 미련을 접고 전업주부로 들어앉아 남편 뒷바라지와 아이들 키우기에 전념해준 아내 소성옥과 별 탈 없이 잘 커서 사회에 나가 제몫을 다하고 있는 딸과 아들에게 가정사에는 늘 부족했기에 미안하고 감사한다. 귀여운 손주 녀석들에게는 아직도 바쁘게 지내는 일상 속에 마음껏 놀아주지 못해 미안하다.

끝으로, 필자가 한국고고학회장으로 일할 때 닿은 인연을 이어오고, 책의 두께를 생각 않고 쓴 글을 이렇게 크고 예쁜 책으로 만들어주신 사회평론아카데미 윤철호 대표님, 고하영 대표님과 김천희 소장님께 감사한다.

논문을 발표하거나 책을 내고 나면 늘 머리 뒤쪽이 묵직함을 한동안 느끼기 마련이지만, 여러분의 수고 덕으로 필자의 학문 인생에 한 장의 벽돌을 더 올려놓게 되었다.

2021년 1월 10일
최병현

요약 차례

차례

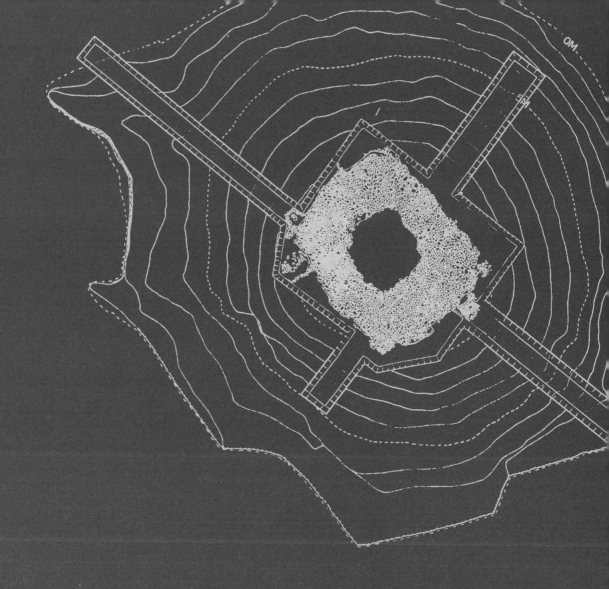

제1부

서설

제1장

신라고분 연구사:
경주지역을 중심으로

한국고고학의 전야(1945년 이전)   I

　　한국에서 넓은 의미의 고고학적 활동과 연관 지을 수 있는 행적은 고려·조선시대 학자들의 기록에서부터 확인된다(최숙경 1987; 이선복 1988). 조선 후기의 문인들 중에는 경주의 신라고분에 대해 고찰한 글을 남기기도 하였는데, 『新增東國輿地勝覽』(1530), 『東京誌』(조선 인종연간) 등에 11기만 기록이 남아 있는 신라 왕릉이 조선 후기인 영조 6년(1730)에 와서 갑자기 28기로 늘어난 데 대해 의문을 제기한 화계(花溪) 류의건(柳宜健)(1687~1760)의 「羅陵眞贋說」(『花溪集』第五)(1730), 경주 사람들이 조산(造山)이라고 하는 것이 실은 왕릉이며, 진흥왕릉은 서악리 태종 무열왕릉 뒤의 4왕릉 중에 있다는 것을 고증한 추사(秋史) 김정희(金正喜)의 「新羅眞興王陵考」(『阮堂集』)(1817)가 대표적이다.

　　하지만 그러한 활동이 근대적 학문체계로 이행되지 못한 가운데 한반도는 제국주의 열강의 침략 무대가 되었고, 곧 한반도에서 고고학적 활동은 일본인들에게 독점되어 갔다. 일본인들의 한반도에 대한 고고학적 조사활동은 20세기 벽두부터 시작되었는데, 이는 민속학, 지질학, 지리학 등 다른 학문 분야와 마찬가지로 일본 영사관의 비호 하에 이루어진, 식민지 경영에 대비한 광범위한 기초자료 수집활동의 일환이었다.

　　1905년 통감부(統監府)가 설치된 뒤부터는 유적의 발굴도 이루어지기 시작하였다.[1]

1906년 경주를 방문한 이마니시 류(今西龍)는 경주 일원에 분포한 많은 '고분' 중 평지에 분포한 목측(目測) 높이 5·60~30척의 대형분과 산 중복에 위치한 높이 30~15척의 중형분을 신라시대의 것으로, 그 이하 소형분을 대개 조선시대의 것으로 파악하고(今西龍 1908a), 그 해 9월 처음으로 대형분 1기와 중형분 수 기를 조사하였다. 대형분은 황남동에 있는 것을 굴착하여 고분의 중심부에는 이르지 못하였으나 이마니시 류는 이 조사 결과 고분의 내부는 적석으로 이루어져 적석이 관을 옹호하고 있으며 석곽은 없다(今西龍 1908b)고 하였다.[2] 중형분은 『朝鮮古蹟圖譜』五에 '경주 북산고분 부장도기'로 소개된 13점의 인화문토기를 수습한 고분으로 판단된다. 위치를 알 수 없지만, 경주 시가지 북쪽 소금강산에서 횡혈식석실분을 조사한 것으로 보이는데, 그 중 1기는 내부가 교란되어 있었고, 다른 1기에서는 토기 13점을 발견했지만 부주의하여 그 배치와 인골의 유무는 알지 못했다(今西龍 1911)고 하였다. 경주의 신라고분에 대한 기초적인 인식이 생겨난 것이다.

1909년에는 세키노 다다시(關野貞)가 통감부의 탁지부(度支部) 촉탁으로 임명되고 야쓰이 세이이츠(谷井濟一), 구리야마 슌이치(栗山俊一)를 포함한 세키노 다다시 팀이 구성되어 한반도 전체에 대한 고적조사가 개시되었다(국립문화재연구소 2016). 그 중 야쓰이 세이이츠가 황남리 남총(황남동 145호분[3])과 서악리 석침총(장산고분군 소재)을 발굴하였는데, 서악리 석침총은 내부에 들어가 석실과 연도의 구조를 확인하였으나(谷井濟一 1910a), 황남리 남총은 봉분 중단에서 굴을 파고 들어가다 적석부가 무너져 중심부에 도달하지 못한 채 작업이 중단되고 말았다(朝鮮總督府 1916: 342). 그러나 야쓰이 세이이츠는 이 조사를 통해 경주의 고분을 평원시대와 구릉시대로 나누고, 평원시대는 삼국정립시대, 구릉시대는 신라통일시대라고 하였다. 경주 읍성 남쪽에 있는 평원시대 전기

....

1 이하 일제강점기 신라고분 조사에 대해서는 여러 문헌(吉井秀夫 2006; 국립경주문화재연구소 2007; 早乙女雅博 2010; 김대환 2012; 윤상덕 2012; 지건길 2016)에 정리되어 있으나 각각 세부적으로 조금씩 차이가 있다. 이에 여기서는 가능한 한 전거를 찾아 정확성을 기하고자 한다.

2 이 고분이 어느 것인지에 대해서는 "미추왕릉 서측의 비교적 큰 고분"(早乙女雅博 2010: 5)이라는 등 서로 다른 여러 주장이 있으나, 이마니시 류의 글에는 그가 어느 고분을 파 보았는지에 대해 직접적인 언급은 없다. 이마니시 류가 최초로 파 본 고분을 '皇南里의 一古墳'이라고 한 것은 우메하라 스에지(梅原末治)의 글(朝鮮總督府 1932: 1)이며 "今西博士의 來示에 의거한다"고 주에 밝히고 있다.

3 국립경주문화재연구소(2007: 83)에서는 황남동 144호분이라 하고, 1906년 이마니시 류가 1차 조사하고 1909년 2차 조사하였다고 했으나 이는 착오이다.

고분의 내부는 적석으로 이루졌고, 무열왕릉과 부근의 평원시대 후기 고분의 내부에는 석곽(실)을 축조하였으며, 구릉시대 전기 고분은 평원시대 후기와 같고, 12지 호석을 두른 고분은 구릉시대 후기의 고분이라고 하였다(谷井濟一, 1910b). 경주분지 내부 평지의 적석목곽분과 분지 주변 산지의 석실봉토분 분포를 파악한 것이다. 그는 또 대구-연일 간 도로공사 중 파괴된 고분들의 내부 상태로 보아 금척동(리)의 고분들도 적석총이라는 확신을 가졌다고 하였다(谷井濟一 1910b: 75).

1910년 일제의 한국 병합으로 통감부의 한반도 고적조사는 조선총독부 내무부의 사업이 되었다. 1915년 조선총독부의 고적주임이 된 세키노 다다시는 야쓰이 세이이츠를 포함한 새로운 팀을 구성하여 다시 경주 황남리 검총(황남동 100호분)을 조사하였다 (谷井濟一 1915; 奧田悌 1920: 127~130).[4] 이 조사도 봉분 정상부에서 남쪽으로 트렌치를 파 내려간 시굴에 가까웠는데, 트렌치의 밑은 고분 기저부까지 도달하여 경주 평지고분의 지상식 적석부와 봉토의 단면도를 그려냈다(최병현 1981c; 1992a: 421). 한편 같은 해에 보문리에서는 외형상 표형인 고분의 내부에 적석목곽과 횡혈식석실이 동서로 설치된 '보문리부부총'(보문동합장분: 국립경주박물관 2011)과 수혈식 또는 횡구식석곽분으로 보이는 금환총 및 완총, 횡혈식석실분인 동천리 와총이 조사되어(谷井濟一 1915), 검총과 함께 그 자료가 1916년에 간행된 『朝鮮古蹟圖譜』三에 실려 있다.[5] 이로써 서악리 석침총과 함께 경주 분지 주변 산지 고분들의 실체가 드러나기 시작한 것이다.

1916년 총독부에는 세키노 다다시를 중심으로 하는 고적조사위원회가 설치되어 5개년 계획 하에 한반도 전체의 유적을 조사해 나갔는데, 경주에서는 1917년 세키노 다다시 팀과는 별도로 구로이타 가쓰미(黑板勝美)가 발굴에 착수하여 1918년 하라다 요시토(原田淑人)가 완료하고 보고한 보문리고분의 발굴이 있었다(朝鮮總督府 1922; 梅原末治 1947: 81). 명활산 서록에 소재한 이 고분의 발굴 내용은 지금까지도 크게 주목받지 못하고 있지만, 사실은 처음으로 신라 적석목곽분의 전모가 드러난 발굴이었다.[6] 1920

....

4   지건길(2016: 25)은 1906년이라 했으나 이는 착오가 분명하다.

5   『朝鮮古蹟圖譜』三에는 서악리 각간묘 동남쪽 구릉끝 토분(土墳) 현실 안에서 발견하였다는 석침과 족좌 등의 석제품, 각간묘 서남쪽 토분 현실 입구에 있었다는 석실분 판석 문비가 소개되어 있다. 앞의 석침총이 아니라 다른 서악리 소재 석실분에서 뜯어 온 것이다.

6   이 고분의 발굴이 주목받지 못한 것은 발굴 내용이 보고되기 전인 1921년 금관총이 조사되었기 때문으로 보인다.

년에는 이미 도굴된 구정리 방형분에 대한 총독부의 학술적 조사가 있었다(有光教一 1936).

1920년까지 조선총독부의 발굴은 서북한의 낙랑고분과 당시는 가야고분으로 인식하고 있던 경상남·북도의 삼국시대 고분들에 집중되고 있었다(최병현 1992c; 早乙女雅搏 2010). 이는 물론 고대 중국 한의 서북한 지배, 일본의 임나 지배와 같은 일제의 식민사관을 확인하려는 의도였다. 당시의 발굴은 고분 중심부에서 수직으로 트렌치를 파내려가 곽실을 찾는 수준이었지만(이희준 1990), 야쓰이 세이이츠가 1918년 말부터 1919년 사이 수개월 동안 창녕 교동고분군에서 마차 20대, 화차 2칸을 채우고도 남을 정도의 유물을 파내 갔다는 기록(梅原末治 1947: 84)은 당시 조선총독부 발굴의 실상이 어떠했는지를 말해준다.

그런 가운데 경주에서 신라고분에 대한 조사는 이상과 같이 간헐적으로 이어져 오다가 1921년 9월 하순 경주 노서동에서 대발견이 있게 된다. 경주 시가지의 확장으로, 당시 이미 반파된 고분의 곁에 살고 있던 주민이 가옥 건축을 위해 고분에서 토사를 파내가던 중 금빛 찬란한 유물들이 드러난 것이다. 금관을 비롯한 유물들은 현지 거주 일인 유지들에 의해 수습되었다가 곧 급파된 조선총독부 소속 학자들에게 인계되고 잔존고분 유구에 대한 수습조사가 이어졌다(조선총독부 1924; 1927). 이 고분이 바로 신라금관이 최초로 출토된 금관총으로 출토유물은 하마다 고사쿠(濱田耕作)와 우메하라 스에지(梅原末治)에 의해 정리되었다(濱田靑陵 1932).

금관총은 이와 같이 우연한 발견이었지만 세인을 놀라게 한 대사건이었고, 이로써 경주의 신라고분은 일인 학자들의 집중적인 관심을 받는 존재가 되었다. 1924년 우메하라 스에지는 금관총의 발견이 우연하게 이루어져 정확한 조사를 결한 것이기 때문에 경주고분의 내부구조를 밝혀야 한다는 명목으로 조선총독부 지원 하에 금령총과 식리총을 발굴하였다. 이 고분들도 봉토가 거의 남아 있지 않은 파괴고분이었지만 사전의 면밀한 계획 하에 발굴조사가 시행되었는데, 금령총에서는 두 번째의 신라금관이 출토되었다(梅原末治 1932). 그해 금령총 발굴 직후 그 남쪽에서 집주인의 창고 공사 중 고분이 파괴되어 총독부에서 파견한 후지타 료사쿠(藤田亮策)에 의해 수습조사 되었다. 종래 옥포총(玉圃塚)으로 일컬어져 온 노동리 4호분이다(국립중앙박물관 2000).

1926년 현재의 황남대총 동쪽에 근접한 곳에서는 대구에서 경주, 울산을 거쳐 부

산으로 가는 경동(慶東)철도 경주역 개축을 위한 부지매립에 필요한 토사를 채굴하는
공사가 벌어져, 그곳에서 소형 고분들이 파괴되고 수많은 신라토우들이 출토되었다(小
泉顯夫 1986). 현장에 파견되어 이들을 수습하던 고이즈미 아키오(小泉顯夫)는 모자란 토
사를 채굴하기 위해 이미 파괴되어 있었지만 남북으로 긴 타원형의 봉분 형태를 유지
하고 있던 노서동의 한 고분을 발굴했다(小泉顯夫 1927). 당시 일본을 방문하고 있던 스
웨덴(瑞典) 구스타프 황태자가 발굴에 참가하고 이 고분에서 세 번째 출토된 신라금관
에 봉황 장식이 있어 서봉총으로 이름 붙여진 고분이다. 신라고분에서 호석이 처음 드
러나 북분인 서봉총에 연접된 남분의 존재가 확인되었는데, 이 남분은 그 후 1929년 발
굴되었고, 발굴비의 제공자에 따라 '데이비드 총(David塚)'이라는 이름이 붙었다(穴澤咊
光 2006). 이어 우메하라 스에지와 고이즈미 아키오는 노서동에서 우총(노서동 131호분)
을 조사하였는데, 이는 경주 시내 평지고분군에서 처음 조사된 횡혈식의 석실봉토분이
었다(有光敎一 1955; 伊藤秋男 1976).

　　일제강점기 전반기까지 경주 신라고분의 발굴은 이런 과정으로 이루어졌지만, 그
중 격식을 갖춘 발굴보고서가 정상적으로 간행된 것은 금령총과 식리총(梅原末治 1932)
뿐이었다. 금관총은 본문 상책과 도판 상하책이 출판되었지만(朝鮮總督府 1924; 1927), 본
문 하책은 끝내 나오지 않았다. 서봉총은 잡지에 실린 간단한 경과문(小泉顯夫 1927)이
전부였고, 그 외 고분들의 조사 자료는 『조선고적도보』에 실려 있는 몇몇 사진 외에는
공개되지 않았다.

　　한편 1924년 말부터 1925년에 걸쳐 조선총독부에서는 경주 고분의 분포도를 작성
하여 경주군청과 경찰서, 경주고적보존회 등에 배포하고 고분의 보존에 활용하도록 하
였다(朝鮮總督府 1925: 78~79).[7]

....

7　1924~1925년에 경주의 고분분포도가 작성된 사실은 『THE CHOSEN 朝鮮』 七月號(1925, 朝鮮總督府)의 「大
正十三年度古蹟調査事務報告」에 다나카 쥬조(田中十藏) 명의로 보고된 〈五, 慶尙北道慶州に於ける古墳分布圖調
成〉을 통해 알 수 있다. 한편 1933년 경주 노서동 215번지 고분을 발굴조사한 아리미쓰 교이치(有光敎一)의
보고서에는 다음과 같은 기록이 있다. "당시 京城의 朝鮮總督府博物館 事務室에는 ≪慶州邑南古墳群≫의 分布
圖가 保存되어 있었는데 이는 地籍圖를 바탕으로 1920年代에 同 館의 野守 健 등이 만들었던 것이라고 했다.
同 分布圖에는 東-西 約 1km, 南-北 約 1.5Km의 범위에 분포하는 200基에 가까운 數의 古墳을 명확한 墳丘
는 물론 그 形跡을 아는 범위는 녹색으로 표시하고, 各 基마다 번호를 붙여서 표시하고 있다"(有光敎一·藤井
和夫, 2000: 124). 분포도의 작성자 이름이 1925년의 보고자와 다르지만, 아리미쓰 교이치가 말한 분포도는
1924~1925년에 작성된 것이라 판단된다.

1931년에는 조선총독부 박물관의 외곽 단체로 조선고적연구회가 설립되고 평양과 경주에 연구소를 두어 낙랑고분과 신라고분을 조사해 나갔다. 경주연구소에서는 시가지가 남쪽으로 확장되어 가는 상황에 따라 황남리, 황오리 일대의 중소형분들을 긴급조사 형식으로 발굴하였다. 먼저 아리미쓰 교이치가 황오리 82·83호분(1931), 16호분(1932), 54호분(1933)을 차례로 발굴조사하였다. 황오리 54호분 발굴에 앞서 주민에 의해 고분이 파괴되어 유물이 신고된 노서리 215번지 고분을 수습조사하였는데, 이 고분의 수습조사는 광복 후 호우총과 은령총을 발굴하는 단서가 되었다. 한편 아리미쓰 교이치는 경주 상수도 여과지와 공원조성 공사 계획에 따라 1932년 충효리에서 횡혈식의 석실봉토분 10기를 발굴하였는데, 횡혈식의 석실봉토분이 분포되어 있는 경주분지 주변 산지고분군에 대한 일제강점기 최대의 발굴이었다.

아리미쓰 교이치에 이어 경주고분의 발굴은 사이토 다다시(齊藤忠)가 이어받아 황남리 109호분과 황오리 14호분(1934), 황오리고분(1936)을 조사하였고, 1935년에는 충효리에서 석실 문주석에 용문이 새겨진 횡혈식석실분을 조사하였다(齊藤忠 1937b). 그러나 중일전쟁이 시작된 1937년부터는 경주에서 고분 발굴은 이어지지 못했다.

일제강점기 후반기에도 경주에서는 이와 같이 신라고분의 발굴이 이루어졌지만

그런데 1970년대 필자가 신라고분 연구에 입문할 때 이토 아키오(伊藤秋男)의 논문 등에는 번호가 없거나 일부 고분에만 번호가 있는 경주고분 분포도가 수록되어 있었으나(AKIO ITO 1971: Abb30·116), 전체 번호가 있는 분포도를 구할 수 없어 고심하던 던 중 1978년 경 국립경주박물관 연구실의 이종성으로부터 지할(地割)이 상세하게 표시된 지적도 청사진 수매를 제공받았는데, 이 청사진에는 고분 번호만 찍혀 있었다. 당시 황룡사지를 발굴조사 중이던 필자는 이 청사진을 다시 트레싱하여 도형자를 이용해 지할에 따라 고분을 원형(圓形)으로 표시하고 번호를 찍은 도면을 작성한 다음 이를 다시 청사진으로 만들어 역으로 국립경주박물관 등에 제공한 바 있다. 현재 통용되고 있는 경주 월성북고분군과 금척리고분군의 분포도는 이렇게 필자에 의해 작성된 것을 1997년 국립경주박물관에서 경주유적지도(국립경주박물관·경주시 1997)를 발간하면서 재가공한 것으로 판단된다.

한편 필자는 2018년 국립경주문화재연구소에서 보관 중인 일제강점기의 경주유적 분포도를 포함한 각종 도면을 열람할 수 있었는데, 그 중에는 필자가 이종성으로부터 제공받았던 청사진도 포함되어 있었고(경주시·신라문화유산연구원 2018: 23의 도면 12는 그 중의 하나이다), 또 그 중에서 고분들이 녹색으로 표시된 경주고분 분포도를 확인할 수 있었는데, 이 분포도에는 고분 번호가 표시되어 있지 않았다. 아리미쓰 교이치가 말한 것이 이 도면으로 판단된다. 이 도면들의 입수 경위에 대해서는 아는 사람이 없었으나, 필자는 천마총 등이 발굴된 1970년대 초에 문화재관리국 경주사적관리사무소에서 입수·보관하다가 국립경주문화재연구소로 인계되었을 것으로 추정하였다. 그 뒤 국립중앙박물관 고고부에서 비슷하게 작성된 일제강점기의 유적 분포 도면들을 보게 되었는데, 그 중에 국립경주문화재연구소에 보관된 것과 같은 경주고분 분포도들은 포함되어 있지 않았다.

역시 그 보고서가 모두 정상으로 간행되지는 못했다. 황오리 82·83호분(有光敎一 1935a) 과 충효리고분군(有光敎一 1937), 황남리 109호분 및 황오리 14호분(齊藤忠 1937a)은 발굴 내용을 어느 정도 알 수 있을 정도로 보고되었지만, 나머지는 간략한 약보고만 발표되거나 보고되지 않았다.[8]

일제강점기 한반도의 고분조사는 광복 후인 1947년 우메하라 스에지의 『朝鮮古代 の墓制』로 종합되었다. 그런데 그는 한반도 남부지방의 고분조사 경과를 종합한 다음 경주고분만을 고신라의 묘제로 개관하고, 대구를 비롯한 경상남·북도의 다른 지역 고분들은 나주 반남고분군과 함께 '南鮮各地'로 묶었다. 이는 임나사관에 따른 것으로 일제 관학자들의 일반적 시각이었다.

조사 초기부터 경주의 신라고분을 평원시대와 구릉시대로 나누기 시작하였지만, 아리미쓰 교이치는 충효리 석실분들이 신라통일시대에 영조되었고, 고배와 합 등 석실분 출토 신라토기도 읍남고분군의 적석목곽분[9] 출토 토기에서 양식상 변화된 것으로 신라통일시대의 것이라고 하였다(有光敎一 1937: 45~53). 앞서 야쓰이 세이이츠가 경주에서 석실분은 신라의 삼국통일 이전 평원시대 후기부터 축조되었다고 본 데서 후퇴한 것이지만, 이로써 경주시내 평지의 적석목곽분은 고신라시대, 경주분지 주변 산지의 횡혈식석실분은 통일신라시대의 고분으로 나누어졌고, 이에 따라 '시라기야키(新羅燒)'라고 부른 신라토기의 양식도 고신라토기와 통일신라토기로 구분되기 시작하였다.

아직 신라고분의 편년이 논의될 단계는 아니었지만, 중국 고대 및 일본의 고분시대 (古墳時代)와 비교하고, 또 서봉총 출토 은합의 延壽元年 辛卯를 511년으로 보아 금관총은 서기 6세기 초경(濱田靑陵 1932: 97~101), 금령총과 식리총은 6세기로 편년하였다(梅原末治 1932: 263~264).

우메하라 스에지는 적석목곽분이 2개의 선행 묘제, 즉 한의 낙랑시대 목실분(목

8　황오리 54호분(有光敎一 1935b), 황오리고분(齊藤忠, 1937b)의 약보고가 있었고, 황오리 54호분의 발굴 결과는 2000년 정리하여 발표되었다(有光敎一·藤井和夫 2000)

9　적석목곽분(積石木槨墳)이라는 용어는 아리미쓰 교이치가 처음 쓴 것으로 보인다. 아리미쓰 교이치의 경주 충효리 석실고분 조사 보고서(有光敎一 1937: 47)에서 '慶州邑南古墳群中の竪穴式積石木槨墳'이라 하였다. 하라다 요시토의 보문리고분 보고(朝鮮總督府 1922), 하마다 고사쿠의 금관총 고찰(濱田靑陵 1932), 우메하라 스에지의 금령총과 식리총 보고서(梅原末治 1932) 등에는 적석총이라 하였다. 齊藤忠(1937a: 47; 1937b: 38)은 '慶州(邑南)古墳群通有の積石式木槨墳'이라 하였다.

곽분)과 대구 대봉동에서 조사된 것과 같은 금석병용기 남선(南鮮) 자체의 지석총(支石塚)(적석식지석묘)이 결합한 일종의 복합문화의 소산이라고 하였다(梅原末治 1932: 264~268). 신라 적석목곽분에 대한 우메하라 스에지의 이러한 계통관은 광복 후 한국고고학에 많은 영향을 끼쳤고, 지금도 그 잔영이 남아 있다. 하마다 고사쿠(濱田耕作)는 신라금관의 양식을 중국보다는 서아시아 왕관이나 북아시아 스키타이계 문화와 깊은 관계가 있을 것이라고 하였고, 금관총 출토 백화수피 관모도 몽골 노인우라(노용올) 출토품과 비교되는 북방적 성질을 가진 것이라 하였다(濱田靑陵 1932: 36). 그 외 비취의 계통을 일본에서 찾거나 금공품을 서아시아계로 보기도 하였는데, 이러한 전파론적 시각은 당시 문화 해석의 일반적인 경향이었다.

한국고고학의 신라고분 조사·연구 1기(1945~1972)

II

1. 유적조사

1945년 8월 광복으로 한반도에서 고고학적 활동의 주도권은 우리에게 넘어왔지만, 우리에게는 일본인들이 남기고 간 몇 권의 보고서와 조선총독부 박물관에 보관된 약간의 유물자료가 남아 있었을 뿐 일제강점기에 일본인들이 세워놓은 지식체계를 비판할 능력도 없었고, 유적의 발굴조사 경험을 쌓은 한국인은 한 사람도 없었다(김원룡 1987). 한국고고학은 그러한 상태에서 새 출발을 할 수밖에 없었다.

한국고고학의 출발을 위해 당장 시급한 것은 발굴조사의 실기를 익히는 일이었다. 그러한 사정을 잘 알고 있었으며 미군정하에서 조선총독부 박물관을 접수하여 국립박물관을 개관한 김재원은 미군정으로 하여금 조선총독부 박물관의 마지막 관장 격인 주임 아리미쓰 교이치(有光教一)의 도일 귀국을 막게 하고, 1946년 5월 경주 호우총과 은령총을 발굴조사하였다. 유적은 아리미쓰 교이치가 1933년 노서리 215번지 고분을 수습조사할 때 그 존재를 확인해 둔 것이었고, 발굴조사도 그의 조력으로 이루어진 것이지만, 이 경주의 신라고분 발굴은 광복 후 한국고고학의 첫 번째 유적 발굴로 꼽히고 있다(김재원 1948). 이 발굴에서 지금까지도 신라고분의 편년과 당시 신라의 대외관계 연구에 필수자료가 되고 있는 〈國岡上廣開土地境平安好太王壺杅十〉銘 청동합의 출토는 망외의 소득이었다.

광복 후 한국고고학을 주도한 국립박물관의 발굴은 1947년 개성 법당방 고려 벽화고분 발굴, 1949년 경주 황오동 폐고분 수습조사로 이어졌으나, 고고학의 발전을 위한 본격적인 기획발굴은 1950년 발발한 한국전쟁의 상흔이 어느 정도 가시기를 기다려야 했다. 그러나 전쟁 중에도 경주에서는 금척리고분(1952), 황오동 17호분(1952) 등의 신라고분 수습조사가 있었고, 전쟁이 끝난 직후부터는 경주에서 거의 매년 한두 건씩의 신라고분 발굴이 이어졌다.

국립박물관은 1957년 울릉도 조사를 시작으로 연구목적의 기획발굴을 이어갔지만, 1972년까지 경주에서 이루어진 신라고분의 발굴은 한국전쟁 직후의 쌍상총과 마총 (1953), 노서동 138호분(1955) 발굴을 제외하면 대개 파괴유적의 수습조사이거나 도로개설이나 확장 등 시가지 정비에 따른 구제발굴이었다. 그러므로 광복 후 신라고분 조사·연구 1기는 경주지역에서 신라고분의 소규모 수습조사 또는 구제발굴조사가 시행된 시기라고 할 수 있다.[10]

경주에서 신라 적석목곽분의 발굴은 황오동 쪽샘지구 북단 안팎에서 집중적으로 이루어졌는데, 그 중 황오동 4호분과 5호분의 발굴(1962)(홍사준·김정기 1964)이 그 시작이었다. 이 발굴은 일본에서 활동 중 김재원 관장의 종용으로 귀국하여 1959년 경주 감은사지를 시작으로 전국 지석묘조사 등 국립박물관 기획발굴의 실무를 거의 전담하다시피 하고 있던 김정기를 중심으로 이루어졌다. 김정기는 귀국 전 일본에서 대학을 졸업하고 大阪 四天王寺址 등의 발굴조사와 고건축의 수리에 종사하고 있었으며, 한국 고고학의 발굴은 사실상 그의 귀국으로 본 궤도에 오를 수 있었다(김정기 1981).

일제강점기에 노서동에서 우총이 조사되었지만 자료가 공개되지 않은 상태에서 쌍상총과 마총의 발굴(김재원·김원룡 1955)은 평지고분군에서 횡혈식석실분의 존재를

....

10   광복 후 경주지역 신라고분 발굴조사는 여러 문헌(국립문화재연구소 2001; 차순철 2006; 국립경주문화재연구소 2007; 지건길 2016 등)에 정리되어 있으므로 본고에서는 연대기적인 집계는 하지 않는다. 한편 일제강점기의 고분 번호 앞 행정구역은 ○○리로 표기했다. 광복 후 행정구역이 경주시로 개편될 때까지는 ○○리였으나, 여기서는 일관성을 위해 한국고고학 1기부터는 ○○동으로 한다.

확인한 것이었다. 또 황남동 151호분(1966)에서는 대형의 횡구식석곽이 조사되었고(박일훈 1969), 일제강점기에 조사하다 중단된 황남리 남총의 동쪽으로 인접한 황남동 파괴고분 수습조사에서는 적석목곽과 함께 수혈식석곽도 발굴되었다(박일훈 1964). 평지고분군에서 적석목곽분 외에도 다양한 묘제의 고분들이 확인된 것이다.

이 시기에는 황성동과 용강동, 그리고 보문동에서도 횡혈식석실분이 조사되었으나 조사자료가 공개되지 않아 연구에 활용되지 못했지만, 서악리 무열왕릉 북편에서 조사된 횡혈식석실분 1기(윤무병·박일훈 1968)는 일제강점기에 무열왕릉의 남쪽 장산고분군에서 조사된 서악리석침총과 함께 신라의 횡혈식석실분 연구에 주요 자료가 되고 있다.

경주 외곽에서는 경부고속도로 건설에 따른 유일한 구제발굴로 방내리고분군 발굴조사가 1968년부터 시행되었고(국립경주문화재연구소 1996·7), 포항제철의 용수댐 건설에 따른 안계리고분군의 발굴이 1970년에 이루어졌다(문화재연구소 1981).

2. 연구동향

한국고고학 제1기의 경주지역 신라고분 발굴은 국립박물관, 문화재관리국, 그리고 몇몇 대학박물관이 담당했지만, 초기의 국립박물관 발굴 외에는 대개 발굴보고가 제대로 이루어지지 못했다. 세월이 많이 지난 후 보고서가 작성되거나 지금까지도 발굴내용이 알려지지 않고 있는 것이 대부분이어서 신라고분의 연구자료로는 활용되지 못하고 있다. 이에 따라 한국고고학 제1기의 신라고분 연구는 일제강점기의 발굴자료에 의존할 수밖에 없었는데, 이 시기에 주로 논의된 주제는 신라권과 가야권의 구분 문제, 고분의 편년, 그리고 신라 적석목곽분의 기원·계통론이었다.

먼저 김원룡은 그의 뉴욕대학 박사논문으로 1960년 국내에서 출간된 『新羅土器의 研究』(乙酉文化史)에서 다음과 같은 내용을 제시하였다.

○ 삼국시대 영남지방의 회청색경질토기인 신라토기(가야토기 포함)는 김해기의 김해토기에서 발전한 것이며, 신라토기의 출현 시기는 4세기 후반기이다.

○ 신라토기는 크게 I기(4~6세기)와 II기(7~10세기)로 나뉘며, I기에서 II기로의 이

행은 6세기 중엽에서 7세기 중엽의 약 1세기 동안 일어났다.

　○I기 토기는 양식상 대족에 교차투공이 뚫린 고배를 표지로 하는 경주, 양산, 달성, 성주, 창녕 등의 신라중심군, 즉 낙동강 동안양식과 대족에 일렬투공이 뚫린 고배를 표지로 하는 김해, 함안, 진주, 고령, 웅천, 고성 등의 가야군, 즉 낙동강 서안양식으로 나누어진다.

　○경주고분으로 금관총·황남동 82호분·109호분: 500년경, 금령총·호우총: 6세기 전반, 보문리부부총: 6세기 후반으로 편년된다.

　비록 경주고분의 연대는 일제강점기의 경향에서 크게 벗어나지 못했지만, 『新羅土器의 硏究』의 이러한 내용은 일제강점기 이래 일인 연구자들이 세워놓은 신라·가야 고고학 체계를 바꾸어 놓은 것으로, 현재 우리 학계의 신라·가야 고고학의 기본 골격과 비교해도 크게 다르지 않다.

　그에 앞서 김원룡은 王莽시기의 貨泉 출토에 근거하여 김해패총의 상한연대를 서력 기원 전후로 고정하고, 일본 『對馬』 보고서(水野淸一 외 1953)의 김해기, 김해식토기라는 용어를 받아들여, 이 패총토기들을 김해토기, 김해토기가 사용된 시대를 김해시대라고 한 바 있었다(김원룡 1957). 그는 이 김해기는 일인들이 말하는 '金石倂用時代'가 아니라 서력 기원전후에서 서기 300년경까지의 완전 철기시대이며, 김해토기는 위만조선의 건국과 관련된 중국 전국 말 이민단의 도래와 그 남천에 의해 영남 남해안에서 발생한 것이라고 하였다. 그리고 김해토기는 선사토기와는 달리 정선된 태토에 타날기법이 쓰이고 터널식 등요에서 소성하였으며, 적갈색과 회색의 연질토기도 있지만 회청색경질 토기가 주류라고 하였다(김원룡 1960).

　그가 신라토기를 I기와 II기로 구분한 것은 일인들이 경주 충효리 등의 석실분과 그 출토토기를 '통일신라 고분-통일신라 토기'라 하고 그 이전 경주 평지의 적석목곽분과 그 출토 토기를 '통일 이전 신라고분-신라토기'라고 한 것(有光敎一 1937)을 수정하여, 신라에서 토기양식을 포함한 그러한 고분문화의 변동이 신라의 삼국통일보다 1세기 전에 이미 일어났음을 분명히 한 것이다. 특히 I기 토기를 낙동강을 중심으로 신라중심군-낙동강 동안양식, 가야군-낙동강 서안양식으로 구분해 놓은 것은 미술사가이기도 했던 그의 안목이 명쾌하게 작용한 것이지만, 이는 일인들이 왜의 임나지배와 관련하여 신라의 범위를 의도적으로 축소하고 임나의 범위를 가능한 한 넓게 잡아 경주일원의 고분만 신라고분으로, 그 외의 전 영남지방을 '南鮮各地'로 묶어 모두 임나고분으로 취급한 식민지 고고학의 체계(梅原末治 1947)를 바로잡아 놓은 것이었다.

김원룡의 이와 같은 주장에 대해 먼저 대립각을 세운 이는 김정학이었다. 그는 자신이 발굴한 웅천패총의 조사결과를 들어 김해토기는 웅천식토기이고, 김해문화는 웅천문화인데, 1910±150 B.P.로 나온 웅천패총 목탄 시료의 방사성탄소 연대로 보아 웅천문화의 연대는 기원 1세기이고, 탄소연대의 오차를 감안하여도 기원 전후 2세기가 된다고 비판하였다. 그리고 신라토기는 웅천문화에서 이미 완성되었으므로, 신라토기의 출현은 김원룡의 주장과 같이 4세기 후반이 아니라 그 기원은 기원 1세기, 늦어도 기원 2세기를 더 내려가지는 않는다고 주장하였다. 또 낙동강유역은 가야국의 영역인데 김원룡이 대구·창녕을 신라군에 넣은 것은 잘못이며, 웅천문화로 볼 때 가야문화가 진한·신라문화보다 훨씬 앞서 발달하여 진한·신라문화에 지대한 영향을 주었으며, 결론적으로 말해 문화적으로는 낙동강유역의 변한-가야제국이 마한-백제나 진한-신라보다 앞섰던 것을 웅천문화는 증명하여 주었다고 하였다(김정학 1967).

광복 후 신라·가야 고고학의 성립기에 김원룡과 김정학은 이와 같이 각각 상반된 주장을 펼쳤는데, 그 영향은 이후 학계의 연구에 뿌리 깊게 내려와 지금까지도 그 잔영이 남아 있다. 먼저 김원룡과 달리 낙동강 동쪽의 대구·창녕 등이 가야권이라는 김정학의 주장은 이은창에 의해 다시 신라·가야토기의 양식구분과 결부되었다. 그는 김원룡의 신라중심군-낙동강 동안양식을 다시 경주의 신라토기와 경주를 제외한 낙동강 동안지방의 '신라중심형식계 가야토기'로 분리하여, 가야토기에는 낙동강 이서군과 이동군이 있다고 하였다(이은창 1970). 김원룡의 낙동강 동안양식과 서안양식이 고고학자료 자체의 구조와 그 분포권에 근거하여 구분된 것임에도, 이은창은 이를 『삼국유사』 5가야조에 기반한 김정학의 신라, 가야 지역구분과 결합시켜 혼선을 부른 것이다.[11] 그것은

....

11   김원룡의 낙동강 동안양식-신라중심군과 낙동강 서안양식-가야군, 이은창의 가야토기 낙동강 이동군을 단순한 '문화권의 구분'(이성주 2001)이라거나, '완전히 정치적인 의미로 해석하지는 않았다'(이희준 2007: 55)는 평가에 필자는 동의하지 않는다. 김원룡이 "특히 가야제국에 속하면서 성주가 가야군이 아니고 신라군에 포함되는 것은 정치적 문제와 아울러 흥미있는 사실이라 하겠다"(김원룡 1960: 6)고 한 것은 당시는 가야를 『삼국유사』 5가야조에 따라 인식하고 있던 상황에서 의문을 제기한 것이라 이해된다. 김원룡의 구분은 분명히 일제 관학자들의 임나사관을 의식한 것이었으며, 이은창이 가야토기 낙동강 이동군을 설정한 것도 김

결과적으로 신라와 가야에 대한 인식을 과거 일인들의 임나사관으로 되돌려버린 것이 되었고, 이후 일본 학계에서 경주 이외의 영남지방을 가야로 보아 그 출토토기를 가야토기라는 이름으로 편년하는 빌미가 되었다. 경주 이외의 낙동강 동쪽지방이 가야라는 김정학의 주장은 이후로도 계속되었다(김정학 1982).

한편, 북한의 박진욱은 고분의 구조 형식을 분류하여 그 변천관과 편년안을 제시하였다. 그는 신라의 적석목곽분을 한 무덤에 한 개의 곽이 있는 외곽무덤(금관총, 금령총, 식리총)과 두 개 이상의 곽이 있는 다곽무덤으로 나누고, 다곽무덤을 다시 가족무덤(황남동 109호분), 부곽이 있는 부부무덤(황오동 14호분, 황남동 82호분), 부곽이 없는 부부무덤(황오동고분, 호우총과 은령총, 서봉총)으로 세분한 다음, 가족무덤 → 부곽 있는 부부무덤 → 부곽 없는 부부무덤·단독무덤의 순으로 변천되었다고 보았다. 그리하여 부곽 없는 부부무덤과 외곽무덤: 4세기 말~5세기 전반기, 부곽 있는 부부무덤: 4세기 후반기 이전, 가족무덤: 3세기, 보문리부부총은 적석목곽분에서 횡혈식석실분으로 넘어가는 과도기 고분으로 5세기 중기라고 하였다(박진욱 1964).

김원룡이 신라토기의 형식에 따라 경주고분을 편년한 것이라면, 박진욱은 고분구조의 진화 방향으로 상대편년하고 서기 415년인 '乙卯'年銘 청동호우에 근거하여 호우총의 연대를 설정한 다음 연대를 역산하여 올라간 것인데, 그의 편년은 일제강점기의 인식을 크게 뛰어넘는 것이었다. 이러한 박진욱의 주장은 김기웅에 의해 남한 학계에 그대로 소개되었고(김기웅 1970), 이후의 신라고분 상대편년은 유물의 형식분류에만 의한 것과 고분 구조의 진화·변천에 유물의 형식을 대입하려는 입장으로 나누어졌다.

전자는 주로 일본 학계의 경향이었는데, 이토 아키오(伊藤秋男)는 각종 유물의 형식분류에 기반하여 신라고분을 편년한 박사논문(AKIO ITO 1971)에 이어, 신라 귀걸이의 형식분류에 의한 고신라 고분의 편년안을 냈다(伊藤秋男 1972). 그는 고신라 고분을 4기로 나누고, 황오동 14호분·황남동 109호분-3·4곽이 속한 1기의 연대는 4세기 후반 ~450년경, 식리총·금관총·금령총·서봉총 등의 2기는 450~520년경, 보문리부부총·호우총·은령총 등의 3기는 520~634년경, 주로 석실분이 축조된 4기는 600~700년경이라고 하였다. 1기의 상한연대는 전축분인 평양의 永和九年(353)銘 佟利墓에서 수식 없는

....

정학과 같이 가야 영역에 대한 문헌기록에 따른 것이므로 이를 단순한 '문화권의 구분'이라고 할 수는 없다.

태환식귀걸이가 출토된 것, 3기의 하한은 634년에 세워진 분황사탑에서 사리장엄구로 출토된 귀걸이의 미식에 근거한 것이었다. 이토 아키오의 이 편년안은 그때까지 발표된 가장 세밀한 신라고분 편년으로 이후 학계의 연구에 많은 영향을 끼쳤는데, 일본에서는 이후에도 신라토기 등 유물의 형식분류에 근거한 편년안을 이어갔다.

후자는 주로 한국 학계의 경향으로 박진욱의 고분구조 진화·변천관에 이토 아키오의 영향이 더해져 고분 구조의 변화에 유물의 형식분류를 대입하려는 노력이 다음 시기로 이어졌다. 그 과정에서 신라 적석목곽분의 유형은 다곽분과 단곽분으로 단순화되고, 다곽분에서 단곽분으로 변천되었다는 변천관이 일반화되어 개설서에 채택되기까지 하였다(김원룡 1973).

일제강점기 금령총과 은령총의 발굴보고에서 신라 적석목곽분은 한의 낙랑시대 목실분(목곽분)과 대구 대봉동형의 (적석식)지석묘가 결합한 복합문화의 소산이라고 한 우메하라 스에지(梅原末治)의 주장은 그의 『朝鮮古代の墓制』(光洋社 1947)에 그대로 이어졌는데, 박진욱은 이를 수정하여 신라의 적석목곽분은 대구 대봉동형 변형고인돌의 지하구조를 계승한 적석무덤을 영위하던 사람들이 경주 입실리유적과 같은 토광묘에서 목곽을 더 도입하여 발생한 무덤형식이라고 하였다(박진욱 1964). 1957년 북한에서 발굴된 평안남도 강서군 태성리유적의 토광묘(목곽묘)들로 보아 일제강점기에 경주 입실리에서 발견된 토광묘에도 목곽이 설치되었을 것으로 본 것이다. 그리하여 우메하라 스에지의 주장처럼 신라의 적석목곽분이 낙랑의 목곽분과 남한의 지석묘가 결합한 것이 아니라 지석묘를 계승한 적석무덤이 주체가 되어 재지 토광묘의 목곽과 결합하였다고 한 것이다.

이에 반해 김원룡은 신라 적석목곽분을 시베리아계통으로 보았다. 그는 기원전 1500년경 흑해 북안에서 일어난 스루브노(Srubno) 청동문화의 묘제가 본격적인 목곽분으로, 여기서 목곽분이 시베리아 일대로 퍼져 서쪽에서는 킴메리안과 스키타이의 목곽분이 되고, 동쪽에서는 알타이의 파지리크, 전한, 낙랑의 목곽분, 그리고 고신라에서는 소위 적석목곽분으로 되었으며, 경주의 신라고분은 시베리아 스텝 목곽분의 동단 마지막 형식이라고 하였다(김원룡 1972).

신라 적석목곽분의 기원 또는 계통에 대해서도 이와 같이 상반된 주장이 나왔는데, 우메하라 스에지의 견해를 수정한 박진욱의 주장이 내부발생설이라면, 김원룡의 주장은 전파론을 따른 것이라고 하겠다. 김원룡은 신라 금관도 샤만 관모와 통하는 북방계통이라고 하였고(김원룡 1965), 신라고분의 피장자 두향도 시베리아 문화 계통인 사전시대와 같이 동향이 압도적이라고 하였다(김원룡 1966).

한국고고학의 신라고분
조사·연구 2기(1973~1990)

1. 유적조사

한국현대사에서 1970년대는 정부가 1960년대부터 추진해온 경제개발계획이 본 궤도에 오르면서 국토개발이 본격화되는 건설의 시대였다. 경주에 대해서도 정부의 주도 아래 경주고도개발사업이 수립되어 유적을 발굴조사하고 정비하여 사회교육자료와 관광자원으로 활용하고, 도로를 개설하고 시가지를 정비하는 사업이 추진되었다. 그 일환으로 1973년부터 1975년까지 경주고분에 대한 집중적인 발굴조사가 이루어졌다.[12] 문화재관리국의 발굴팀에 의해 완형의 대형분인 황남동 155호분(천마총)과 98호분(황남대총)이 발굴조사되었고, 폐고분 정리사업으로 여러 대학팀이 황남동 110호분, 인왕

---

12 한국고고학의 발굴사를 정리한 필자의 전고(최병현 외 2017a)에서는 공주 무령왕릉이 발굴되고 댐공사에 따른 수몰지구의 구제 연합발굴이 시작되는 1971년을 새로운 분기의 시작으로 보았다. 그러나 신라고분의 조사·연구로 좁히면 1973년이 새로운 분기의 시작이 된다고 본다. 한편 1기까지의 발굴조사는 담당기관보다는 발굴대표·보고자가 중시되어 발굴보고서에 명시된 반면, 2기부터는 보고서의 집단집필이 일반화되고 이에 따라 발굴보고서의 주체가 필자 개인들보다는 발굴기관이 되어갔으므로, 여기서도 2기부터는 발굴보고서 인용을 특별한 예를 제외하고는 발굴기관명으로 하겠다.

동 149호분, 고식 금관이 출토되었다고 하는 교동 폐고분 등을 발굴하였다. 또 후에 대릉원으로 이름 붙여진 미추왕릉지구 고분공원 조성사업에 따라 새로 개설된 계림로, 미추왕릉 전지역, 고분공원 내부 지하에서 수많은 소형고분들이 조사되었다.

천마총과 황남대총의 발굴은 순수 학문적 목적으로 추진된 것이 아니어서 당시 학계의 강한 비판도 있었지만, 치밀한 사전 계획하에 이루어진 정밀한 발굴로 많은 성과를 내었다. 일제강점기에 금관총, 금령총, 서봉총 등의 대형분이 발굴되었지만, 고분이 파괴되어 우연히 유물층이 드러나거나 이미 봉분이 파괴되거나 유실된 고분들의 발굴이어서 고분의 구조와 그 축조 과정을 밝히는 데에는 한계가 있었다. 그러나 천마총과 황남대총은 봉분까지 거의 완전하게 보존된 처녀분이었고, 한국의 고분발굴에서는 처음으로 여러 가지 세밀한 발굴기법을 적용하여 고분의 구조와 축조공정을 밝혀낼 수 있었다(문화공보부 문화재관리국 1974; 문화재관리국 문화재연구소 1985; 1994). 폐고분 정리 발굴과 고분공원 조성사업에 따른 지하고분 발굴에서는 다양한 묘제가 드러났고, 적석목곽분 중에서도 여러 유형의 소형분들이 조사되었다(문화재관리국 경주사적관리사무소 1975; 1980; 김택규·이은창 1975). 경주고분에 대한 이와 같은 대대적인 발굴이 신라고분의 연구를 한 차원 높일 수 있게 하였음은 물론인데, 그 성과는 1980년대에 나오기 시작했다.

한편, 이 시기에 경주지역에서는 한국고고학에서 원삼국문화의 내용을 바꾼 경주 조양동유적과 구정동유적의 발굴이 이루어졌다. 1979년부터 1982년까지 발굴조사가 이어진 조양동유적에서는 각종 철기와 질이 무른 토기가 부장된 목관묘와 목곽묘가 대거 드러났고(국립경주박물관 2000; 2003), 구정동유적에서는 그에 후속하는 경질토기가 부장된 세장방형 목곽묘가 조사된 것이다(국립경주박물관 2006). 그에 앞서 김원룡은 한국고고학의 시대구분에서 초기철기문화 다음을 김해기, 김해문화라고 하던 것을 원삼국시대, 원삼국문화로 바꾸었는데(김원룡 1973), 그 내용은 남해안 패총의 김해식토기문화로 채워지고 있었다. 그런데 조양동유적에서 발굴된 목관묘는 원삼국 전기, 목곽묘는 원삼국 후기의 무덤들로 밝혀졌고, 그 후 영남지방에서는 창원 다호리유적(1988), 김해 양동리유적(1990) 등 원삼국 분묘군의 잇따른 발굴로 이어져 원삼국문화의 내용을 재구성하게 하였다. 또 조양동유적의 목관묘와 목곽묘에서는 김해기 패총의 경질토기가 아니라 그보다 질이 무른 토기들만 출토되어, 1980, 90년대 한국고고학계를 뜨겁게 달군 이른바 '와질토기논쟁'이 촉발되었다(김성남·김경택 2013).

조양동유적의 발굴에 앞서 1977년 경주시내 평지고분군의 동단부 인왕동고분의 발굴이 있었다(이은창 1978). 상층부에 있던 적석목곽분에 가려져 발굴 당시에는 주목받지 못했지만, 뒤에 이 발굴에서 출토된 토기들의 보고(구자봉 1997)를 통해 사실은 적석목곽분들의 아래에 원삼국 후기의 목곽묘들이 존재하고 있음을 알게 되었고, 이로써 경주시내의 평지고분군이 원삼국 후기, 즉 사로국 후기부터 조영되기 시작한 것을 알 수 있게 되었다.

또 1986년에는 월성로 개수에 따른 하수구 설치공사로 드러난 고분들의 발굴이 있었는데, 이 월성로고분 발굴에서도 목곽묘를 비롯하여 적석목곽분에 앞서는 시기의 여러 중요 유구가 발굴되었다(국립경주박물관 1990). 하수구 설치 범위의 좁은 면적에 대한 수습발굴이어서 고분들의 전모를 밝힐 수는 없었지만, 이 발굴은 경주지역 신라고분, 신라토기의 변화 과정 연구에 획기적인 자료들을 제공하여 주었다. 이 외에도 시내 평지고분군의 발굴은 간간이 이어졌다(국립경주문화재연구소 1995).

이전에 횡혈식석실분의 존재가 알려져 있던 황성동유적에서도 1985년 세장방형의 목곽묘 1기가 조사되면서(이건무·김홍주 1985), 이 유적에 원삼국시기의 철기생산 유구와 원삼국 이래의 고분군의 존재가 알려지게 되었다. 이에 1989년부터 철기생산 유구의 발굴이 실시되었는데, 그 과정에서 원삼국 전기의 목관묘도 일부 조사되었다(국립경주박물관 2000). 이후 황성동유적에서는 원삼국 전기의 목관묘부터 통일신라 횡혈식석실분까지 모든 시기의 신라고분에 대한 대대적인 발굴이 이어졌다.

또 용강동에서는 청동 12지상과 도용이 부장된 횡혈식석실분 1기가 발굴되어 통일신라 고분의 새로운 장법이 드러났는데(문화재연구소 경주고적발굴조사단 1990), 그에 이어 황성동유적의 파괴된 석실분에서도 용강동 석실분보다 앞선 시기의 도용들이 출토되었다(이강승·이희준 1993). 그 외 이 시기 경주 외곽에서는 금척리고분에 대한 일부 수습발굴이 있었고(국립경주박물관 1996), 내남면 신원리에서도 횡구식석곽분의 발굴이 이루어졌다(경북대학교박물관·경남대학교박물관 1991).

2. 연구동향

이 시기 신라고분의 연구는 앞 시기 경주고분의 대대적인 발굴 성과가 본격 반영
되기 이전인 1970년대와 반영되기 시작한 1980년대로 나누어 볼 수 있다. 1970년대에
는 앞 시기에 이어서 주로 적석목곽분과 신라토기의 편년이 다루어졌다. 이때 한국학
계에서 적석목곽분의 편년은 앞서도 밝힌 바와 같이 고분 구조의 진화·변천 과정에 유
물의 형식을 대입하여 상대편년하는 방식이었고, 적석목곽분의 상한연대를 대개 4세기
전반에서 3세기 후반까지 올려잡았다(이인숙 1974; 윤세영 1974; 김기웅 1976). 아직 원삼
국시기 목관묘, 목곽묘가 발굴되기 전이어서 세형동검기와 신라고분 사이의 간격을 가
능한 한 좁히려는 의도였다고 생각된다.

1970년대 말에는 신라토기와 신라토기의 형식분류에 의한 신라고분의 편년에 일
단의 진전이 이루어졌다. 먼저 일본에서 펴낸『世界陶磁全集』17, 〈韓國古代〉(小學館
1979)편에서는 김해식토기에 이어 신라토기를 '고신라토기'와 '통일신라토기'로 나누
었고, 가야토기를 신라토기와 분리하여 따로 다루었다. 김원룡이 집필한 김해식토기
는 남해안 패총 출토 토기를 내용으로 하였고(김원룡 1979a), 고신라토기는 크게 조기와
전·중·후기로 나누었다. 조기(200~350)는 김해 예안리고분 등에서 출토된 외절구연고
배와 노형기대 등을, 전·중·후기는 경주 적석목곽분 출토 토기를 내용으로 하여 황남
동 109호분·황오동 14호분·황남동 82호분을 전기(350~450), 황남대총·금관총·천마
총·서봉총·식리총·금령총을 중기(450~550), 호우총과 보문동부부총을 후기(550~650)
로 하였다(김원룡 1979b). 후기의 연대는 그의 과거의 연대관에서 후퇴한 것이지만 전·
중·후기 주요고분의 상대순서는 큰 진전을 이루었고, 특히 고신라토기 안에서 김해시
대와는 분리되는「조기」를 설정한 것이 특징이다. 그의 신라토기「조기」설정은 이후
더욱 구체화되었다(김원룡 1981; 1982).

통일신라토기는 한병삼이 집필하였는데, 그는 한국고고학에서 통일신라토기라고
부르는 것이 반드시 삼국통일 이후의 토기를 가르키는 것은 아니라고 하면서도 초기
인화문토기가 출토된 경주 충효동고분군에서부터 울릉도 천부동고분 출토 토기까지를
시간 범위로 하였다. 유개합, 골호 등 인화문토기를 주류토기로 보았다(한병삼 1979).

가야토기를 집필한 김정학은 '가야전기(웅천문화기) 토기'와 '가야후기(고분문화기)

토기'로 나누었지만(김정학 1979), 그가 가야전기 토기로 다룬 것도 사실은 고분문화기 토기였고, 그보다 더 문제는 여전히 대구, 창녕, 양산, 김천 등 낙동강 동쪽지방의 고분 출토 토기까지를 가야토기라고 한 것이다. 경상북도 새재[鳥嶺]에서 경상남도 울산을 잇는 선의 서쪽이 가야의 경역으로 낙동강 동쪽의 대구, 창녕, 부산 등이 다 가야였다는 것이 그의 주장이었다(김정학 1982).

그 무렵 후지이 가즈오(藤井和夫)는 신라토기의 기종, 특히 고배의 세부기종을 분류 하고 그 형식을 분류하여 신라토기의 형식학적 연구를 크게 진전시켰다. 그는 이를 바 탕으로 경주지역의 적석목곽분으로부터 횡혈식석실분까지의 신라토기를 모두 XI기로 나누었는데(藤井和夫 1979), 주요고분의 상대순서는 대개 앞의 김원룡과 같았으나 절대 연대는 크게 달랐다. 신라고분의 절대연대 설정에서 서기 415년의 北燕 馮素弗墓 출토 등자가 세계 최고의 등자 실물이라는 아나자와 와코(穴澤咊光)의 이른바 '馮素弗墓 최고 등자설'을 적용하였기 때문이었다.

일찍이 오노야마 세쓰(小野山節)가 일본 고분시대의 등자를 고식의 단병등자와 신 식의 장병등자로 분류하여 일본열도의 등자도입을 2분단계설로 설명한 바 있었는데 (小野山節 1966), 1973년 중국에서 북연 풍소불묘 출토 단병 쌍등자가 발표되자(黎瑤渤 1973), 아나자와 와코는 이를 막바로 단순 대입시켜 신라와 일본의 모든 윤등자는 세계 최고인 서기 415년의 풍소불묘 등자로부터 발전하였다고 주장한 것이다(穴澤咊光·馬目 順一 1973). 이에 오다 후지오(小田富士雄)는 한 발 더 나가 칠성산 96호분 등 고구려고분 출토 장병등자까지 포함하여, 한국 삼국시대의 등자 출토 고분은 모두 415년 이후라고 하였다(小田富士雄, 1979).

후지이 가즈오(藤井和夫)는 그러한 '풍소불묘 최고 등자설'을 적용하여 단병등자가 출토된 황남동 109호분-3·4곽이 속한 I기를 400~420년으로 설정하였다. 이에 따라 후 속하는 각 분기의 연대를 늦추어 잡아 VII기의 호우총은 540년경, X기의 보문동부부총 은 6세기 말, XI기의 서악리석실분과 충효리석실분은 7세기라고 하였다. 그리하여 III기 에 속하는 황남대총 남분은 눌지마립간, V기의 금관총은 소지마립간, VI기의 천마총은 지증마립간의 능으로 비정하였다. 후지이 가즈오의 연구는 일본 학계에서 특수하게 발 달한 형식학에 바탕하여 신라토기의 형식분류를 크게 진전시켰지만, 그의 '풍소불묘 최 고 등자설'을 처음 적용한 신라고분 편년과 왕릉의 비정은 이후 큰 논란거리가 되었다.

1980년대에는 1970년대의 경주고분 발굴 성과가 본격적으로 반영되기 시작하면서 이전 시기부터 논의되어 온 신라권과 가야권의 구분 문제, 토기와 고분의 편년, 신라 적석목곽분의 기원·계통론과 함께 신라 고분문화의 시기구분, 신라고분의 정치·사회적 의미 등으로 연구 주제가 넓어졌다.

먼저 신라 고분문화의 시기구분 문제로, 앞서 김원룡의 신라토기 「조기」의 설정도 시기구분과 관련되지만, 조양동·구정동유적의 발굴 주무자였던 최종규는 세장방형 목곽묘가 입지한 구정동의 자연적인 독립구릉을 자연분구 고총으로 보아 이를 전기고분, 경주 시내 평지에 위치한 봉토분인 적석목곽분은 성토분구 고총으로 중기고분, 다음 경주 평야 주위의 산지에 분포한 횡혈식석실분을 후기고분이라고 하였다(최종규 1983a). 이에 대해 구정동고분은 고총고분이 아니며 신라에서 고총고분의 출현은 적석목곽분부터라고 보아, 신라 고분문화는 조기: 토광(목관·목곽)묘시기, 전기: 적석목곽분시기, 후기: 횡혈식석실분시기로 구분되며, 조기는 사로국−이사금시기, 전기는 신라 마립간시기, 후기는 신라 왕시기에 해당한다는 안이 제시되었다(최병현 1987a).

신라 전기 신라권과 가야권의 구분에 대해 김원룡의 신라토기 낙동강 동안양식을 이은창이 다시 신라토기와 '가야토기 낙동강 이동군'으로 나눈 것은 잘못이며, 동래, 창녕을 비롯하여 대구, 경산 등 성주를 포함한 낙동강 동쪽은 신라권이라는 지적이 있었다(최종규 1983a). 그러나 신경철은 다시 신라계 유물이 출토되는 낙동강 동쪽을 '친신라계가야'(부산대학교박물관 1983: 171; 신경철 1989)라고 하였다. 낙동강 동쪽까지 가야의 경역이었다는 김정학의 주장에 바탕을 둔 신경철의 그와 같은 주장은 그 후 김해 대성동고분 세력과 동래 복천동고분 세력의 금관가야 정치연합설(신경철 1995), 부산 가야설(김두철 2014) 등으로 변모하며 아직도 그 명맥을 이어가고 있다. 또『日本書紀』「神功紀」神功攝政 49년조 7국 평정기사에 포함된 비자발, 즉 창녕이 가야라는 주장도 아직 이어져오고 있다(박천수 2010). 그러나 '某가야' '某某가야'가 나말여초에 생겨난 이름들이라고 사료 비판된(김태식 1992)『삼국유사』〈5가야〉 조 외에는 창녕을 포함한 낙동강 동쪽에도 가야가 있었다는 근거는 사실상 존재하지 않는다(최병현 2018a: 162).

다음은 토기와 고분의 편년으로, 신경철과 함께 원삼국시대 와질토기론(신경철 1982: 최종규 1982)을 제기한 최종규에 의해 영남지방 원삼국시기 토기와 고분편년의 기본틀이 세워졌다. 그는 조양동 38호묘 출토 토기를 최고의 고식와질토기로 보고 공반한 4면의 전한경을 근거로 기원 1세기 전반으로 편년하였으며, 2세기 후반부터 신식와질토기가 출현한 것으로 보았다. 즉, 원삼국시기를 고식와질토기와 목관묘의 전기, 신식와질토기와 목곽묘의 후기로 나누었고, 구정동고분의 고식도질토기는 4세기 전반의 삼국시대 토기라고 하였다(최종규 1983b).

신라 전기의 적석목곽분 연구에도 새로운 관점이 제시되었다. 최병현은 종래 진행되어 온 적석목곽분의 분류를 재검토하여 적석목곽분의 구조적인 두 측면, 즉 가족묘와 부부묘, 다곽묘와 단독묘 등으로 표현되어 온 단위고분들의 결합상태와 단위고분 각각의 내부에 축조된 단위묘곽의 구조형식이 가진 각각의 의미를 추적하였다. 단위고분들의 결합상태인 묘형은 시간적 변화가 아니라 피장자의 계층성에 따른 것이며(최병현 1980; 1981a), 부곽의 유무 여부와 주부장군의 위치로 세분되는 단위묘곽의 구조형식이 시간적으로 변화되었음을 밝혔다. 이에 묘곽의 형식 변화와 유물의 형식, 특히 신라토기의 형식을 종합하여 적석목곽분을 모두 6기로 상대편년하고, 1기의 상한연대를 4세기 초를 제외한 전반, 마지막 6기를 6세기 전엽으로 설정하였다(최병현 1981b). 적석목곽분의 상한연대는 3세기 후반까지 올려보던 당시 한국학계의 연대관에서 내려잡은 것으로, 이른바 '풍소불묘 최고 등자설'은 신라고분 편년의 근거가 될 수 없으나, 서기 322년의 중국 남경 상산 7호묘 출토 쌍등자 착장 도용으로 보아 최고의 적석목곽분부터 쌍등자가 부장된 신라 적석목곽분의 출현은 서기 322년 이전으로 소급되기 어렵다고 본 것이다. 이에 따라 황남대총 남분은 4세기 후반, 북분은 5세기 초로 비정하였다. 적석목곽분의 하한 연대는 6세기 중엽인 황룡사지의 대지 매립토 층에서 나온 토기들로 보아 그보다 이른 시기라고 본 것이다. 그러므로 신라 적석목곽분은 사실상 '마립간시대의 묘제'라고 하였다.

최병현의 이와 같은 신라 적석목곽분 편년은, 주요 고분들의 상대 순서에서는 앞의 김원룡, 후지이 가즈오의 안과 큰 차이가 없었으나, 절대연대 설정은 '풍소불묘 최고 등자설'을 적용한 후지이 가즈오의 안과 차이가 컸고, 특히 적석목곽분의 상한연대를 두고 '풍소불묘 최고 등자설'의 지지자들과 계속 대립하게 된다. 그는 이어서 신라고분 출토 등자의 형식분류를 통해 고대 중국과 신라에서 장병등자와 단병등자가 공존한 것을 밝히고 '풍소불묘 최고 등자설'의 오류를 재차 비판했지만(최병현 1983), 이와는 상반되는 '풍소불묘 최고 등자설'을 바탕에 둔 '서기 400년 고구려군 남정영향설'이 제기되었다(최종규 1983). 집안 광개토대왕릉비의 경자년조에 기록된 광개토대왕의 남정을 계기로 한반도 남부지방에 무장구, 마구, 금공품 등 고구려계 문물이 이입되어 한반도 남부지방의 고분문화가 전기고분에서 중기고분으로 변동되었다는 것이다.

그 사이 중국에서는 다시 풍소불묘 등자에 앞서 4세기 중기로 편년되는 안양 효민둔묘(中國社會科學院考古研究所安楊工作隊 1983)와 조양 원대자묘(遼寧省博物館文物隊 외 1984)의 장병등자가 발표되었지만, 신경철은 이들을 외면하고 동래 복천동고분 출토 단병등자들을 들어 '풍소불묘 최고 등자설'을 적극 옹호하고, 최종규의 '서기 400년 고구려군 남정영향설'을 자신의 것으로 만들어갔다(부산대학교박물관 1983; 신경철 1985; 1989). '풍소불묘 최고 등자설'과 '서기 400년 고구려군 남정영향설'에 따르면 신라 최고의 적석목곽분인 황남동 109호분-3·4곽은 서기 400년 이후가 되고, 적석목곽분의 출현도 서기 400년을 넘지 못하게 되는데, 이에 따라『삼국사기』눌지왕 19년(435)조의 "修葺歷代園陵"이 눌지왕 때 자신의 직계 조상의 능묘를 크게 수리한 기록이라는 해석(최병현 1981c)을 뒤집어 이 기록이 서기 430년 이후 신라에서 적석목곽분의 축조 개시를 알리는 '신장제시행령'이라는 주장도 나왔다(신경철 1985: 93). 그러나 적석목곽분의 출현 시기를 둘러싼 이와 같은 엇갈린 논란에도 불구하고, 학계에서는 적석목곽분이 신라 '마립간시기의 묘제'로 정착되어 갔다.

한편 최병현은 경주 황룡사지 발굴에서 출토된 서기 553년 착공 황룡사 창건기의 토기들을 정리하여 신라토기의 양식변화가 이미 6세기 중엽부터 시작된 것을 확인하고(최병현 1984), 이어서 그러한 양식 변화가 신라의 삼국통일보다 100년 앞서서 일어났으므로 신라토기의 양식을 '고신라토기'와 '통일신라토기'가 아니라 정치적 기점과 관련 없는 '신라전기양식토기'와 '신라후기양식토기'로 구분할 것을 제창하고, 문양의 변천과 기형의 변화를 종합하여 신라후기양식토기의 편년안을 발표하였다. 그 결과 신라전기양식토기는 적석목곽분 중심의 신라전기 고분문화와 신라후기양식토기는 횡혈식 석실봉토분 중심의 신라후기 고분문화와 연동하였다고 보았다(최병현 1987b). 그 무렵 일본의 미야카와 데이이치(宮川禎一)도 일본 유적 출토 신라토기를 통해 인화문의 시문기법과 그 변화 과정을 밝혔는데(宮川禎一 1988), 문양의 변천은 최병현의 연구 결과와 같았으나 연대는 경주 황룡사지의 건물지 연대로 추론한 최병현의 안보다 약간씩 내려갔다.

신라후기양식토기의 설정과 편년에 따라 경주지역 횡혈식석실분들의 형식분류와 편년안도 제시되었는데, 새로운 편년에 따라 신라에서 횡혈식석실분은 율령이 반포되고 불교가 공인되는 등 법흥왕대 초의 사회개혁과 함께 신라의 중앙귀족들이 박장의 이념을 수용하여 신묘제를 받아들인 것으로 해석되었다. 그리고 경주에서 횡혈식석실분은 장방형 평천장 석실에서 방형 궁륭상천장 석실로 변화된 것으로 파악되었다(최병현 1988).

경주 조양동유적에서 원삼국 전기의 목관묘와 후기의 목곽묘가 발굴되면서 그 계통에 대해서도 언급되었는데,『삼국사기』「신라본기」시조혁거세조의 "先是 朝鮮遺民 分居山谷之間 爲六村"이라는 기록으로 보아 원삼국 전기 (토광)목관묘가 대동강유역의 고조선계 주민의 남하로 시작되었다는 해석이 나왔고(최병현 1987a), 서기 2세기 후반 신식와질토기와 (토광)목곽묘의 등장은『삼국지』「위서」〈동이전〉한조의 "桓靈之末 韓濊 强盛 郡縣不能制"라는 기록과 관련시켜 해석하였다(최종규 1983b).

신라 전기 적석목곽분의 기원·계통에 대해서도 새로운 주장이 제기되었는데, 강인구는 고구려의 방형 적석총이 남하하여 재지 토광목곽묘의 목곽과 결합하여 신라의 적석목곽분이 성립되었으며, 신라 적석목곽분은 처음에는 순수 적석총으로 축조되었으나 후에 석실봉토분의 영향으로 원형의 봉토가 덮이게 되었다고 하였다(강인구 1981). 이러한 강인구의 주장은 신라 적석목곽분의 적석부 유래를 고구려 적석총과 연결시킨 것, 봉토의 유래도 분리하여 본 것에서 차이가 있지만, 적석목곽분의 기본 구조를 분해하여 그 계통을 추적한 점에서 우메하라 스에지와 박진욱의 신라 적석목곽분 계통관을 이은 것이라 할 수 있다. 신라 적석목곽분의 적석부가 고구려 적석총에서 온 것이라는 주장은 그 후 최종규와 신경철에 의해 '고구려군 남정 영향설'과 결합되어 서기 400년 고구려군 남정의 결과라고 해석되었다(최종규 1983a; 신경철 1985: 92~93).

이에 대해 최병현은 당시까지의 신라 적석목곽분에 대한 기원·계통관을 우메하라 스에지 이래의 2원적 계통관, 김원룡의 북방기원설로 나누어 정리하고, 2원적 계통관을 비판하면서 북방기원설을 좀 더 구체화하였다. 신라 적석목곽분의 기원 추적의 기준은 황남대총 남분과 같이 각부 구조가 생략·단순화되기 이전의 초기 대형분이어야 한다고 보아, 유사한 예로 중앙아시아 카자흐공화국 이리(Ili)강유역의 적석목곽분들을 주목했다. 신라 적석목곽분과 이들 사이에는 시공적 거리가 있지만 신라 적석목곽분은 그러한 북방아시아 (적석)목곽분문화의 연장선상에 있다고 본 것이다(최병현 1990; 1992a).

적석목곽분이 신라 '마립간시기의 묘제'로서 신라 전기의 고분문화로, 그 앞뒤가 신라 조기(사로국-이사금시기)와 후기(신라 왕시기)의 고분문화로 시기구분되어(최병현 1987; 1992a) 고고학의 신라고분 연구와 역사학의 신라사 연구가 접점을 갖게 됨에 따라 신라 고분의 정치·사회적인 면에 대한 연구도 이루어지기 시작하였다. 적석목곽분의 구조적인 두 측면 중 단위고분들의 결합상태인 묘형을 단일원묘, 표형묘, 집단묘(복합묘) 1·2식으로 분류하고 묘형에 따라 단위고분의 규모, 피장자의 두향, 출토유물의 질과 양을 분석해 본바, 묘형은 단위고분 피장자들의 신분적인 격차에 따른 것으로, 신라 적석목곽분에 당시의 사회적 신분이나 계층성이 반영되어 있다고 해석된 것은 결과적으로 신라고분의 사회적인 의미를 살펴본 것이 되었다. 또 이를 통해 적석목곽분 중 피장자가 금관과 금제과대를 착장한 단일원묘·표형묘 제1유형의 수가 신라 마립간 왕과 왕비의 수보다 많음이 밝혀진 것은 마립간의 정치적 위상과 마립간시기 정치구조의 일면을 들여다볼 수 있게 하였다(최병현 1980; 1981a).

김원룡의 낙동강 동안양식토기가 출토되는 낙동강 동쪽의 영남지방이 다시 신라권이라고 한 최종규는 신라권 고분에서 출토되는 금공품이 경주에서 제작되어 지방의 유력자들에게 연맹의 표시로 분배된 것이라고 하였다(최종규 1983a). 이 신라의 금공품 분배설은 일본 고분시대의 분여설을 신라고분에 적용한 것이지만, 신라 장신구의 정치·사회적 의미를 찾으려는 연구의 동기가 되었다. 이에 박보현은 신라 관모 등 영남지방 고분 출토 금공품의 제작 기법을 분석하여 그 제작지가 일원적이지 않았다고 하면서도(박보현 1986), 김원룡의 2단교차투창고배가 분포하는 적석목곽분문화 지역의 고총고분은 장신구류와 환두대도의 세트관계에서 지역성이 있지만, 그것은 신라의 영역 확대 과정과 지배방식의 차이에 따른 것이라고 하였다(박보현 1990). 또 그는 적석목곽분에 부장된 장신구 세트를 분석하여 적석목곽분을 관과 식리 등 모든 장신구가 부장된 A류부터 장신구가 부장되지 않은 E류까지 5개의 유형으로 나누었는데(박보현 1988), 이는 앞서 최병현이 적석목곽분의 묘형 분석을 통해 본 것과 상통하는 것이었다.

IV

한국고고학의 신라고분
조사·연구 3기(1991~2006)

1. 유적조사

1990년대로 들어오면 한국고고학의 환경은 다시 급변한다. 댐건설, 대규모 택지개발 등 공공부문이나 민간부문 할 것 없이 전국에서 초대형 국토개발사업이 동시다발적으로 벌어졌다. 이에 따라 구제발굴의 규모도 거대해져 취락이나 고분군 등의 단위유적이나 여러 시대에 걸친 대규모 복합유적이 통째로 발굴되는 예가 빈번해졌다. 경주지역도 예외가 아니어서 분지 외곽지역에서 대규모 발굴이 이루어져, 한 유적에서 고분 수십 기가 발굴되거나, 고분군 전체가 통째로 발굴되는 예도 생겨나게 되었다.

경주지역 외곽으로 시계를 벗어나 위치한 울산 중산리유적의 발굴은 1991년부터 연차적으로 시행되었지만, 신라고분 연구의 논점을 다시 전환시키는 직접적인 계기가 되었다는 점에서 신라고분 조사·연구 변화의 한 기점이 될 수 있다.[13]

....

13 최병현 외(2017a)에서는 구제발굴에 민간 발굴법인이 투입되기 시작하는 1995년을 한국고고학 발굴사의 새로운 분기의 기점으로 하였으나 경주지역 고분 조사·연구 역사에서는 1991년 중산리유적 발굴 착수가 한 획기가 된다고 본다.

이 시기 경주시내 평지고분군에서는 인왕동(국립경주문화재연구소 2002; 국립경주박물관 2003)과 황오동(동국대학교경주캠퍼스박물관 2008)에서 소규모 발굴이 이루어져 일부 목곽묘와 함께 적석목곽분, 석곽묘 등의 소형고분들이 조사되었으나, 시내 평지고분군의 발굴조사는 한동안 소강상태가 되었다.

이에 비해 시내 평지고분군의 북쪽으로 북천을 사이에 두고 역시 경주 분지 내부 평지에 위치한 황성동유적에서는 고분의 발굴이 본격적으로 이루어지기 시작하였다. 모두 구제발굴이었지만, 고분군의 동북쪽 부분에서 원삼국 후기의 목곽묘들이 대거 발굴된 데(국립경주박물관 2002; 경주대학교박물관 2003; 동국대학교 경주캠퍼스박물관 2002) 이어 형산강 동안을 따라 건설된 강변로 구간에서 원삼국 전기의 목관묘(한국문화재보호재단 2003)를 비롯하여 후기의 목곽묘, 신라 전기의 적석고분 등이 조사되었다(한국문화재보호재단 2005). 또 강변로의 동쪽 여러 지점에서도 신라 전기의 적석고분, 신라 후기의 횡혈식석실분이 조사되었다(한국문화재보호재단 2001; 2002; 국립경주문화재연구소 2005). 이로써 황성동유적은 사로국시기의 철·철기 생산유적이면서 동시에 사로국 전기부터 신라 후기까지 고분이 누세대적으로 조영된 신라사 전기간의 대 고분유적으로 떠올랐다.

울산 중산리유적의 발굴은 경주분지 외곽에서 이루어진 거의 최초의 대규모 고분 발굴이었는데, 이 유적에서는 원삼국 전기의 목관묘로부터 신라 후기의 횡혈식석실분까지 수많은 고분들이 조사되었다(창원대학교 박물관 2006a·b·c·d). 원삼국 후기의 대형 목곽묘와 그 뒤를 이은 동혈주부곽식 세장방형 목곽묘를 포함해 신라 묘제와 고분 변천의 전 과정을 보여주는 유적이었으며, 특히 묘광벽과 목곽 사이를 흙(점토) 대신 돌(石)로 충전한 세장방형 목곽묘가 대거 발굴되어 학계에 적석목곽분의 발생에 대한 새로운 해석의 바람을 일으켰다. 그러나 아직까지 발굴보고가 선별적으로 이루어져 유적의 전모를 알 수 없는 것이 유감이다.

이 외 경주분지 외곽에서 이루어진 발굴조사를 살펴보면 건천읍 사라리에서 칠초동검, 청동거울과 함께 대량의 판상철부가 매납되어 사로국 전기의 수장 무덤으로 추정되는 130호 목관묘를 비롯하여 원삼국 전기부터 신라 전기까지의 고분이 누세대적으로 조영된 구릉이 발굴된 데(영남문화재연구원 1999; 2001; 2007) 이어, 그 이웃 구릉에서는 신라 후기의 횡혈식석실분들이 조사되었다(영남문화재연구원 2005).

내남면 덕천리에서는 신라 전기의 적석고분이 발굴된 데(중앙문화재연구원 2005) 이어, 경부고속철도 노선에서 원삼국 전기의 목관묘와 후기의 목곽묘, 그에 뒤이은 세장방형 목곽묘군 전체가 발굴되었다(영남문화재연구원 2008; 2009a·b). 또 외동읍 죽동리 유적에서도 세장방형 목곽묘가 조사되었고(국립경주박물관 1998; 박문수 2001), 구어리유적에서도 목곽묘부터 횡혈식석실분까지 여러 기의 고분이 조사되었다(영남문화재연구원 2002; 2011).

경주 시계를 벗어나 있지만 사로국과 관련된 유적으로 판단되는 울산 다운동유적(창원대학교 박물관 2006e)과 하삼정유적(한국문화재보호재단 2007; 2009)에서도 원삼국시기의 목관묘와 목곽묘, 그 뒤를 이은 세장방형 목곽묘 등의 고분이 누세대적으로 조영된 유적이 조사되었다.

이와 같이 경주분지 외곽에서는 여러 시기에 걸쳐 조성된 고분군에 대한 대규모 발굴조사가 이어졌고, 이 발굴들을 통해 사로국이 신라로 발전해 나가는 과정을 밝힐 수 있는 많은 자료들이 축적되었다. 이는 아직까지도 경주시내 평지고분군에서 적석목곽분 시기 이전 사로국과 신라 조기의 중심고분군이 본격적으로 조사되지 못하고 있는 것과 대조적이다.

한편 신라 전기부터 후기까지 조영된 고분군으로는 손곡동·물천리의 경마장 예정부지(한국문화재보호재단 1999; 국립경주문화재연구소 2004), 율동 1108번지 고분군(한국문화재보호재단 2000), 내남면 월산리유적(국립경주문화재연구소 2003)과 화곡리유적(성림문화재연구원 2007), 멀리 양북면 봉길리고분군(울산대학교박물관 2000; 경상북도문화재연구원 2005) 등이 이 시기에 조사되었다.

또 신라 후기 횡혈식석실분 중심의 고분군으로는 용강동고분군(신라문화유산조사단 2008; 강유신 2010), 건천읍 방내리고분군(경주문화재연구소 1995; 국립경주문화재연구소 1998; 영남문화재연구원 2009c)이 조사되었고, 멀리 안강읍 갑산리에서도 횡혈식석실분의 조사가 있었다(경상북도문화재연구원 2006).

이와 같이 이 시기에는 경주분지 외곽지역에서 신라고분 발굴자료가 대폭 늘어나 경주분지 내부와 외곽지역의 신라 묘제와 고분의 양상을 비교할 수 있는 자료가 확보되었다. 특히 원삼국시기 사로국과 그 뒤를 이은 시기의 자료가 비약적으로 증가하였고, 신라 후기고분 자료의 확충도 괄목할 만하다.

2. 연구동향

이 시기에는 신라 토기와 고분의 편년이 더욱 정치해지고, 새로운 발굴자료들에 힘입어 신라 적석목곽분의 새로운 계통관이 제시되기도 하였지만, 사로국의 성립과 발전, 신라 전기고분, 즉 적석목곽분을 중심으로 한 고분의 사회적 의미와 신라·가야권의 구분을 넘어 신라의 지방지배에 대한 본격적인 논의가 진행되어 갔다.

이 시기의 발굴자료가 반영되지는 못하였지만, 최병현은 앞 시기에 이루어진 연구 성과들을 종합한 『신라고분연구』(일지사, 1992)를 펴냈고, 그에 앞서 그 내용을 논문으로 요약하여 발표했다(최병현 1991). 이 논저들에서는 경주의 신라고분을 조기, 전기, 후기로 시기구분하여 그 전개 과정을 살펴보았는데, 신라 전기에 경주에는 북방계 적석목곽분이 출현하였고, 다른 영남지방은 동래 복천동고분군의 묘제 변천 과정으로 보아 원삼국 후기 이래의 목곽묘에서 발전한 수혈식석곽분 지대가 되었다고 하였다. 이 영남의 수혈식석곽분 지대는 낙동강 동쪽의 신라 세력권과 서쪽의 가야권으로 분립되었는데, 낙동강 동쪽지방의 고총주가 착장한 금공 장신구와 대도는 묘주의 신분상징 유물로서 경주고분과 지방고분 사이에는 일정한 격차가 있으므로 이는 신라(경주)세력이 각 지역 수장들의 토착지배권을 인정하는 바탕 위에서 지방을 지배했던 증거라고 보았다(최병현 1991: 162~165; 1992a: 26~29).

신라전기양식토기와 신라후기양식토기로 분류한 신라토기에 대해서는 김원룡의 신라토기 '조기'를 받아들여 신라전기양식토기 앞에 신라토기 '조기양식'을 설정하였는데(최병현 1992a: 616~619; 1992c), 이는 사실상 와질토기론의 고식도질토기 단계에 해당되는 토기로, 적석목곽분 출현 이전 (토광)목관묘, (토광)목곽묘 축조기 전체를 신라 조기로 한 고분의 시기구분과는 괴리가 있었다.

신라고분과 신라토기의 편년은 표리 관계로, 이 시기에는 학계에서 원삼국시기 이래 신라고분과 신라토기의 편년이 크게 진전되어 특히 상대편년에서는 연구자 사이의 이견이 해소되어 갔다.

원삼국시기의 고분 및 토기 편년은 앞 시기부터 진행되어온 '와질토기 논쟁'과 함께 이루어졌는데, 와질토기 논쟁은 처음부터 도질토기, 즉 회청색경질토기가 언제 발생했나, 원삼국시대에는 회청색경질토기가 존재했나 안 했나와 같은 토기질 논쟁에 몰입하다 논쟁이 격화되면서 도질토기의 기원·계통론으로 빠져들었다(신경철 1994; 최종규 1994). 이에 고식도질토기 단계에도 의연히 존재한 연질(와질)토기들은 무시되거나 아니면 원삼국토기로 편년되었고(안재호 1994), 원삼국 이후 영남지방의 토기양식, 특히 신라토기 조기양식이나 고식도질토기가 갖는 정치·사회적 의미는 몰각되었다. 와질토기론 제창 당시 고식도질토기는 영남지방 전체의 공통양식이라고 하였으나 차츰 그 지역성이 드러나면서(안재호·송계현 1986) 공통양식론과 지역양식론이 대립하는 가운데 다시 그 중심지 논쟁으로 빠져들어, 낙동강 하류역, 즉 김해지역이 고식도질토기의 발생지라는 주장(신경철 1992; 2012)에, 고식도질토기는 중심지가 김해인 금관가야양식과 함안인 아라가야양식으로 나뉜다는 주장이 나오기도 하였다(박천수 2000).

이런 논란과 함께 원삼국토기의 편년은 진척되어 갔는데, 경주지역에 한정된 것은 아니지만 이성주는 앞 시기 최종규의 편년을 진전시킨 전·후기 와질토기 전체의 편년안을 냈다. 와질토기의 상한은 기원전 1세기 초, 조양동 38호분은 서기 1세기 초, 고식 와질토기에서 신식와질토기로의 전환은 서기 2세기 후엽에 이루어졌다고 하였다. 그러나 그도 고식도질토기 단계, 즉 신라토기 조기양식 단계의 와질토기를 원삼국 후기의 신식와질토기로 편년하였다(이성주 1999; 2005).

1990년에 나온 『경주시 월성로고분군』(국립경주박물관) 보고서는 신라전기양식토기의 편년에도 크게 기여하였다. 월성로고분의 발굴은 제약이 많았지만, 좁은 한 공간에서 긴 기간의 토기가 출토된 것도 전무후무하고, 신라고분 발굴에서 출토 토기 전체의 실측도와 크기 수치가 보고된 것도 처음이어서 이 보고서 출간 이후 신라토기의 연구는 이전과는 확연히 달라질 수밖에 없었다.

먼저 이성주가 월성로고분 출토 토기의 형식분류에 의한 새로운 신라토기 편년안을 냈고(이성주 1993a), 이어 이희준이 토기에 의한 낙동강 이동지방의 신라고분 편년안을 발표하였는데(이희준 1997a), 경주지역 신라토기의 상대편년에서 두 연구자 사이의 차이는 없었다. 그러나 절대연대에 있어서는 '서기 400년 고구려군 남정 영향설'을 따른 이성주의 편년과 이에 비판적인 이희준의 편년 사이에 큰 괴리가 있었다.

그에 앞서 이희준은 중국에서 새로 발표된 장병등자 자료, 선비와 고구려 등의 마구 편년안(董高 1995)에 힘입어 '풍소불묘 최고 등자설'을 비판하고 황남대총 남분을 내물왕릉(402년)으로 비정한 바 있었다(이희준 1995). 이에 최병현은 이희준의 황남대총 연대관을 수용하고, 최고의 적석목곽분인 황남동 109호분-3·4곽을 4세기 후반으로 하는 수정안을 냈는데, 때마침 일본에서는 初期須惠器 TK73형식의 연륜연대가 412년으로 나와 이를 뒷받침하는 듯했다(최병현 2000). 뒤에 일본에서는 다시 初期須惠器 TG232형식의 연륜연대가 389년으로 나와(田中淸美 2006) 初期須惠器 연대가 안정되었고, 황남동 109호분-3·4곽: 4세기 후반, 황남대총 남분: 4세기 말·5세기 초의 연대도 그와 일관성을 갖게 되었다.

하지만 김용성에 의해 다시 황남대총 남분 눌지왕릉설이 제기되었는데(김용성 2003), 이는 그에 앞서 '풍소불묘 최고 등자설'에 바탕을 둔 후지이 가즈오(1979)와 모리미츠 도시히코(毛利光俊彦)(1983)의 주장과 같은 것이어서 그 자신의 언급 여부와는 관계없이 사실상 '풍소불묘 최고 등자설'과 '서기 400년 고구려군 남정 영향설'을 따른 것이 되었다.

신라토기의 양식이 종래의 고신라토기와 통일신라토기가 아니라 신라전기양식토기와 신라후기양식토기로 구분되어야 한다는 견해(최병현 1987b)에 대해 홍보식은 다시 최병현의 신라후기양식토기가 신라 후기양식과 통일양식으로 구분되어야 한다고 주장하였다(홍보식 2000). 그의 후기양식은 고배류가 유개화하고 부가구연장경호가 등장하는 6세기 초, 통일양식은 종장연속문 수적형문 등이 나타나는 660년 이후라고 하였다. 그러나 그의 후기양식은 기형과 문양에서 전기양식과 구분이 모호하였는데, 이는 '서기 400년 고구려 남정영향설'에 따라 신라전기양식토기를 지체편년하면서 굳이 5세기 토기와 6세기 토기를 구분하고자 한 데서 생긴 결과였다. 그는 또 연대 비정의 한 근거로 동래 복천동 65호분에서 신라토기 고배와 공반한 중국 청자완의 연대를 7세기 초로 비정하였지만, 뒷날 신라토기 고배는 후기양식토기 초기 형식으로, 중국 청자완은 6세기 중기의 것으로 밝혀졌다(윤상덕 2010). 그는 신라 연결파수골호가 758년의 김천 갈항사지 동탑 청동 사리기 같은 것을 토기로 번안하여, 빨라야 8세기 말~9세기 초에 무문양에 상하 연결파수의 간격이 없는 형식으로 출현하여 9세기 2/4분기부터 각종 인화문이 시문되고 9세기 3/4분기 이후가 되면 연결파수의 간격이 최대로 벌어진다고 하였다(홍보식 2005). 그러나 이와 같은 결론은 이전 신라에서 연결파수골호가 8세기 초 인화문의 최성기에 상하 연결파수 사이에 간격이 있는 형식으로 발생하였고, '元和十年'(815)명 골호로 보아 9세기 초에는 무문화하고 상하 연결파수 사이의 간격도 없어졌다는 미야카와 데이이치의 연구(宮川禎一 1989)와는 정반대가 되었다.

　　다음은 고분의 기원·계통에 대한 문제로, 최병현은 경주지역의 원삼국 전기 목관묘는 낙랑군 설치 무렵 위만조선계 유이민의 남하로, 원삼국 후기의 목곽묘는 서기 2세기 후반 한군현의 통제력 약화로 발생한 후발 고조선계 유이민의 남하로 조영되기 시작하였다고 그 계통을 좀 더 분명히 하였다(최병현 1991; 1992a). 이에 대해 이성주는 이러한 방식의 고고학적 자료해석으로는 사회발전 과정의 환경적, 사회·경제적 요인 설명은 필요 없게 된다고 비판하고(이성주 1993b), 영남지방의 최고식 목곽묘는 제 지역 수장의 정치권력 확대와 그에 따른 매장의례의 강화를 위해 부장공간을 확대할 목적으로 채택된 것이라고 주장하였다(이성주 1997).

　　새로운 고분 묘제의 출현에 대해 이와 같이 전파론적 해석을 배격하고 내재적 발전을 강조하는 주장은 신라 전기의 적석목곽분에 대해서도 제기되었다. 울산 중산리유적의 발굴에서 원삼국 후기의 장방형 목곽묘에 이어 묘광 벽과 목곽 사이를 흙이 아니라 돌로 채운 세장방형 동혈주부곽식 목곽묘의 존재가 드러나면서 이성주(1996)와 이희준(1996)이 신라 적석목곽분은 원삼국 후기의 목곽묘로부터 변화·발전되어 온 것이라는 목곽묘의 자체 발전설을 주장한 것이다. 그러나 그 과정에서 신라 적석목곽분의 범주를 이성주는 황남대총, 천마총 등 최고위계의 대형분만으로 제한한 데 비해 이희준은 반대로 넓혀 사방적석식, 상부적석식, 지상적석식을 모두 적석목곽묘(분)의 범주로 포함하고, 적석목곽분은 황남동 109호분-3·4곽과 같은 지하 사방적석식에서 황남동 110호분과 같은 일부지상 사방적석식을 거쳐 황남동 83호분과 같은 상부적석식과 황남대총 남분의 지상적석식으로 진화하였다는 발전도식을 제시하였다.

　　이에 대해 최병현은 황남동 109호분-3·4곽과 황남동 110호분은 분명히 상부적석이 가해진 적석목곽분이라고 반론하고, 북방기원설을 재차 강조하면서 한반도의 지리적 위치상 고대 유이민의 남하나 문화 전파도 무시할 수 없다고 강조하였다(최병현 1998). 그러나 원삼국 후기의 목곽묘에서 신라 전기 적석목곽분 출현 사이의 묘제와 고분 구조의 변화양상을 정확히 파악하지 못한 상태에서의 비판에 별다른 반향은 없었다. 이에 학계에서는 확대된 범주로 적석목곽묘(분)의 출현 과정을 추적하기도 하고(박광열 2001; 이재홍 2007), 영남지방의 적석목곽묘(분)에 대한 성격을 고찰하기도 하였다(김대환 2001).

횡혈식석실분에 대해서도 신라에서는 경주보다 지방에서 먼저 횡혈식석실분이 수용되어 신라 전기부터 수혈식고분의 후장 전통을 따른 석실분이 낙동강 이동 영남지방의 고분군에서 일부 조영되고 있었음이 지적되었다. 이러한 신라 전기의 지방석실분은 경주지역의 신라 후기 횡혈식석실분으로 이어졌으며, 신라 석실분은 그 세부구조로 보아 고구려 석실분에서 유래된 것으로 낙랑 전실분의 구조를 충실히 따른 백제의 초기 석실분과는 계통이 다른 것으로 파악되었다(최병현 2001).

다음으로 이 시기에는 고분을 통한 사로국과 신라의 정치·사회 발전에 대해서도 본격적으로 논의되었다. 먼저 최종규는 영남지방의 삼한시기 분묘(군)를 유력개인묘, 유력집단묘, 일반집단묘로 유형화하고, 청동기시대에는 2단계, 초기철기시대와 삼한시기에는 3단계로 구분되는 고분군의 우열이 삼국시대에는 5단계로 늘어난다고 하였다(최종규 1991). 이성주는 1~3세기 영남의 동남해안지대에서 규모가 큰 정치체는 반경 12~14km 내외, 소규모 정치체는 6~7km를 영역으로 성장해가고 있었으며, 서기 3세기 후반에 하나의 분지 내부를 통합한 국의 중심고분군이 등장한다고 하였다(이성주 1993b).

경주와 경산지역의 분묘군 분포를 통해 소촌과 대촌으로 이루어진 복수의 촌락이 결집하여 읍락이 되고, 그러한 여러 읍락이 국읍을 중심으로 통합되어 삼한의 소국이 성립되었다는 삼한 취락의 분포정형 복원안이 이희준에 의해 제시되었는데, 그는 읍락은 초기철기시대에, '국'은 원삼국시대에 출현하였다고 하였다(이희준 2000a). 영남지방에서 '국'은 목관묘군이 조영되기 시작하는 서기 전 2세기 말 전후에 지역을 통합하여 성립하였다고 하였는데(이희준 2000b), 이에 따르면 사로국은 현재의 경주지역을 통합하여 성립한 것이 된다. 그러나 이에 대해 이청규는 경주지역에서 사로국 최초의 국은 주변부에서 지구단위로 성립되었다가 원삼국 후기에 경주지역 전체의 국으로 통합되었다고 하였다(이청규·박자연 2000). 이희준은 자신의 주장을 '지역국설', 이청규의 주장을 '지구국설'이라 정의하였고, 양자는 논전을 이어갔다(이희준 2002a; 이청규 2005).

토기 편년에서는 고식도질토기 단계, 즉 신라토기 조기양식 단계의 와질토기가 원삼국 후기의 와질토기로 편년되고 있었지만, 이 단계의 목곽묘에 대해서는 원삼국 후기의 목곽묘와 구분되었다. 주곽의 뒤에 부곽이 딸린 김해 예안리 160호분부터를 '고분'의 출현이라고 한 신경철(1992)은 김해 대성동고분군에서 이혈주부곽식 목곽묘가 발굴되자 이혈주부곽식을 김해형, 경주 구정동에서 발굴된 것과 같은 동혈주부곽식 세장방형 목곽묘를 경주형으로 정의하고, 김해지역의 영향으로 경주에서 동혈주부곽식 세장방형 목곽묘가 발생했다고 주장했다(신경철 1993). 또 이성주는 중산리유적에서 목곽묘는 자체적으로 변화하여 장방형 목곽묘에 이어서 묘광이 세장화하고 묘광벽과 목곽 사이를 돌로 채운 동혈주부곽식 목곽묘로 발전한다고 하고, 이를 신라식목곽묘라고 정의하였다(이성주 1996).

부곽의 구분이 확인되지 않는 경우도 있지만, 세장방형 목곽묘의 분포범위가 경주를 넘어 울산, 경산 등 영남의 여러 지역으로 넓어지자 이를 초기 신라의 지배층 묘제로 보아(이희준 1996b; 2001), 그 분포지역을 5세기 고총이 분포하지 않는 '옥성리유형'과 5세기 고총이 분포하는 '임당유형'으로 나누어 신라의 지방지배 방식의 차이로 해석하기도 하였다(이한상 2000). 또 이를 근거로 신라사가 3세기 이전의 사로국, 3세기 후반 이후의 초기신라, 6세기 이후의 신라로 구분된다는 주장이 나왔는데(김재홍 2001), 초기신라는 지방을 간접지배하는 단계, 6세기 이후 신라는 지방관을 파견하여 지방을 직접지배하는 단계로 구분한 것이다.

신라 전기고분에 대해 장신구의 분석을 통해 경주 적석목곽분에서 계층성을 확인하는 연구가 이어졌고(박보현 1992), 경주를 포함한 낙동강 이동 신라고분 피장자의 복식품 착장 정형을 밝히고 당시의 신분층을 살펴, 세환이식은 남자, 태환이식은 여자의 것으로 보아 모두 12개의 복식군으로 나누고, 그것이 6개의 남녀 대응군으로 묶인다는 연구결과가 발표되었다(이희준 2002b). 이희준은 이를 통해 4~5세기 신라의 중앙(경주)과 지방을 아우른 복식제도가 있었던 것으로 추론하고, 경주에서는 복식군을 다시 압축하여 이식 이상을 착용한 신분층이 3개 정도로 나뉜다고 하였다.

고고학자료의 양식 분포를 가지고 신라와 가야의 두 영역을 구분하는 것은 가능하지도 않고 무의미하다는 극단적인 주장(이성주 1993c)도 있었지만, 이 시기에는 낙동강 이동과 이서로 신라와 가야권의 구분을 넘어 낙동강 이동에 대한 신라의 지방 지배방식 연구가 구체화되어 갔다. 이한상은 중원 고구려비에서 고구려가 신라에 의관, 복식을 사여한 것으로 나오듯이 신라도 낙동강 이동지방의 고총주들에게 관과 과대, 환두대도 등의 복식품을 사여하는 방식으로 지방을 지배했다고 하였다(이한상 1995).

신라(전기양식)토기가 경주에서 발생하여 낙동강 이동으로 퍼져나가 각 지역의 신라토기가 성립되었다는 견해(최병현 1992a·c)에 대해 신경철은 종래 신라 고배의 초기 형식이라고 본 3단각 고배와 고식 장경호가 부산 복천동고분군을 비롯하여 낙동강 이동지방 여러 곳에서 출토된다는 점을 근거로 신라(전기양식)토기 다원발생설을 제기하면서(신경철 1994), 낙동강 동쪽에 '친신라계가야'가 존속하였다는 주장을 이어갔다(신경철 1995). 그러나 이희준은 김원룡의 낙동강 이동(동안)양식토기가 낙동강 이동지방으로 퍼져나간 것은 경주로부터 '양식적 선택압(selective pressure)'이 작용한 것이며, 각 지역의 토기제작 전통과 결합하여 지역양식이 발생한 것이라고 하였다. 또 5세기 낙동강 이동지방의 동일양식 금공 복식품은 위세품(prestige goods)으로서 경주로부터의 분여품이며, 낙동강 이동의 고총 분포도 경주를 핵으로 일정한 정형성을 보이고 있다고 밝히고, 고분 자료가 보여주는 낙동강 이동지방의 이와 같은 정형성은 신라가 지방관을 파견하여 직접지배하기 이전 지방에 대한 간접지배의 증거라고 하였다(이희준 1996a).

이로써 고분문화를 통한 신라의 지방지배 방식에 대한 이론적 근거가 정리된 셈인데, 그는 이어서 진·변한은 신라·가야의 전사로서, 신라고고학의 기점은 대략 3세기 후반에서 4세기 전반 사이로 설정될 수 있고, 그 공간적 범위가 전사 단계인 사로국시기는 경주일원, 광역의 신라가 성립된 이후는 낙동강 이동을 비롯한 그 영역이 된다고 하고, 신라고고학은 '순수' 고고학적 접근만이 아니라 문헌 기록이나 문헌사의 연구 성과를 해석 모델로 삼아야 한다는 방법론을 제시하였다(이희준 1996b; 1997b).

한국고고학의 신라고분 조사·연구 4기(2007~)

V

1. 유적조사

경주시내 평지고분군의 동쪽 부분인 쪽샘지구의 고분공원 조성계획에 따른 유적 조사가 2007년에 착수되었다. 이 조사는 원래 이곳에 있었으나 파괴된 고분들의 외형을 정비·복원하기 위하여 트렌치 조사를 통해 고분들의 분포 양상을 파악하는 것이 주 목적이어서 고분들의 내부 조사는 최소한에 그치고 있지만, 조사가 진척되면서 이 고분 군에 대한 새로운 다양한 정보들이 제공되고 있다(국립경주문화재연구소 2011~2017). 여러 묘형의 적석목곽분들이 지형에 따라 군집을 이루고 있는 양상이 드러나고 있으며, 적석목곽분들의 주변과 지형에 따라 적석목곽분이 입지하지 않은 부분에서는 수혈식 석곽묘 등 소형 고분들이 조사되고 있다.

이 조사에서 특히 괄목할 만한 사실은 쪽샘지구의 거의 전 구역에 걸쳐 목곽묘들이 광범위하게 분포되어 있음이 밝혀지고 있는 것이다. 목곽묘들은 적석목곽분들의 주변은 물론 적석목곽분들의 하부에서도 중복되어 드러나고 있다. 그 중에는 묘광과 목곽 사이를 흙으로 채운 순수 목곽묘뿐만 아니라 묘광과 목곽 사이를 돌로 충전한 목곽묘들도 다수이다.

　일부 내부조사가 이루어진 예들로 보아 이 쪽샘지구 목곽묘들의 다수는 신라 전기에 축조된 것으로 보이지만, 원삼국 후기의 신식와질토기가 부장된 목곽묘도 확인되고 있어 적석목곽분 출현 이전 시기의 목곽묘들도 적지 않을 것으로 보인다. 특히 동쪽으로 월성로와 접한 부분에서는 묘광과 목곽 사이를 돌로 충전한 대형의 목곽묘가 다수 분포되었는데, 그 중에서는 주곽의 묘광 길이 약 8m 이상, 너비 4m의 초대형급 이혈주부곽식인 L17호 목곽묘의 존재도 확인되어 주목된다.

　내부 발굴조사가 이루어진 C10호 목곽묘에서는 마갑과 찰갑이 완전하게 출토되었고, 적석목곽분으로는 단위고분 여러 기가 연접된 B지구 연접분, 그리고 일렬식주부곽이 설치된 41호분이 발굴조사되었으며, 2018년 현재 조사가 진행 중인 44호분은 중형급 적석목곽분이면서도 적석부가 지상식이어서 새 자료를 추가하고 있다. 이와 같이 쪽샘지구의 유적조사는 전면 발굴조사가 아니지만 드러나는 많은 새로운 정보들은 신라고분 연구를 한 단계 더 진전시킬 것으로 기대된다.

　그런데 쪽샘지구의 조사구역에 포함되지 않아 그 남단부에서 별도로 이루어진 구제발굴에서는 신라 전기의 적석목곽분들과 함께 원삼국 후기의 목곽묘와 그 뒤를 이어 노형기대를 부장한 세장방형 목곽묘들이 조사되었다. 이로써 경주시내 평지고분군은 사로국 후기부터 목곽묘들이 조영되어 온 것이 더욱 분명해졌다(한국문화재재단 2017a).

　한편 시내 평지고분군에서는 또 일제강점기에 조사된 금관총과 서봉총의 잔존 유구에 대한 재발굴이 이루어졌는데(국립중앙박물관 2014; 2016), 두 고분 모두 지상식인 적석부에는 황남대총 남북분과 같이 목조가구가 설치된 것이 확인되었고, 서봉총의 남쪽으로 연접된 이른바 데이비드총은 서봉총과 달리 목곽이 지하 묘광식으로 밝혀졌다.

　북천 북쪽의 황성동유적에서는 이 시기에도 대규모 구제발굴이 이루어져 원삼국 전기의 목관묘와 후기의 목곽묘, 그에 이어 세장방형 목곽묘와 적석고분 등 수많은 고분들이 발굴조사되었는데(경상북도문화재연구원 2015; 신라문화유산연구원 2014~2017), 결과적으로 사로국 전기부터 통일신라까지 신라사 전 기간에 걸쳐 누세대적으로 조성되어온 고분군 전체가 거의 통째로 발굴된 결과가 되었다

　한편 월성에서 남천을 건너 서남쪽의 탑동에서는 사라리 130호에 필적한 만한 사로국 전기 수장급의 목관묘가 발굴된 데(한국문화재보호재단 2011) 이어 그 후 조사에

서는 원삼국 전기의 목관묘 2기와 함께 신라 전기의 목곽묘와 적석목곽분들이 조사되었고(한국문화재재단 2017b), 그 동쪽으로 접하여 교동 천원마을로 진입하는 도로에서도 신라 전기의 목곽묘와 적석고분들이 조사되었다(신라문화유산연구원 2016b). 행정구역상 동쪽의 교동에서 서쪽의 탑동까지 걸쳐 있지만, 이 유적은 월성에서 남천을 건너 그 서남편에 존재하였던 경주분지 내부의 또 하나의 평지고분군으로 드러나고 있다. 이로써 경주분지 내에는 사로국시기부터 조영되어 온 세 고분군, 즉 앞서 경주시내 평지고분군으로 불러온, 월성 북쪽의 대고분군[14]인 월성북고분군(최병현 2014b)을 중심으로 북쪽에는 황성동고분군, 남쪽에는 탑동-교동고분군이 존재하였던 것으로 밝혀지고 있다.

경주분지 외곽에서는 사실상 죽동리유적에 포함되는 북토리유적(신라문화유산연구원 2011)과 모량리유적(성림문화재연구원 2012a)에서 사로국 전기 목관묘가 조사되었다. 신라 전기고분 중심 유적으로는 북쪽에서 천북면 동산리고분군(신라문화유산연구원 2010a·b·c) 전체와 사방리고분군 일부가 발굴된 데(신라문화유산연구원 2010d) 이어, 남쪽에서는 산내면 외칠리유적(한국문화재재단 2017c), 외동읍 제내리유적(성림문화재연구원 2013a) 등 경주지역의 주 곡부지구 사이의 산간지구로까지 조사구역이 넓혀지고 있다.

2. 연구동향

앞 시기부터 신라토기에 의한 신라고분의 편년관을 제시하고 4~5세기 낙동강 이동지방의 고분자료, 즉 토기양식, 위세품, 고총의 정형성을 신라의 지방지배에 대한 이론적 근거로 정리한 바 있는 이희준은 고분을 통해 신라의 지방 지배를 전론한 『신라고

---

14 이 고분군을 과거에는 경주 읍남고분군, 경주시내 고분군, 또는 경주시내 평지고분군 등으로 불러왔으나 경주분지 내부 평지에서는 이 외에도 황성동고분군, 탑동-교동고분군의 존재가 밝혀져 이를 차별화할 필요가 있게 되었다. 이에 필자는 이를 월성북고분군으로 표기할 것을 제안하였는데(최병현 2014b), 현재 학계에서 널리 받아들이고 있는 중이다. 이 글의 앞에서는 연구의 흐름에 따라 ○○리(동) 등 행정구역명을 붙여 표기하거나 일괄적으로는 (경주)시내 평지고분군이라 하여 경주 분지 내부의 황성동고분군과 구별해 왔으나 이하에서는 월성북고분군으로 표기한다.

고학연구』(사회평론, 2007)를 펴냈다. 이 책에서 그는 자신의 신라고고학 연구 방법론을 종합한 뒤 4~5세기 신라의 성장과 지방지배, 6세기 신라의 가야 복속 과정을 고찰하였다. 문헌 기록과 문헌사 연구의 성과를 해석 모델로 삼아야 한다는 자신의 지론을 더하여 신라고분 연구의 지향점을 제시한 것이다.

그러나 그는 이 책에서 신라의 지방지배가 신라(전기양식)토기가 성립하는 4세기 중기, 즉 신라 마립간시기부터 시작되었다고 보아, 앞서 경주 구정동유적에서 처음 조사된 후 울산, 경산 등으로 분포범위가 넓어진 세장방형 목곽묘를 초기 신라의 지배층 묘제라고 하였던 자신의 주장(이희준 1996b; 2001)에서 후퇴한 것이 되었다.

신라고분 연구의 기본적인 주제들이 앞의 2기와 3기에서 활발하게 논의되었기 때문인지 이 시기에는 아직 뚜렷한 새로운 연구 주제는 개발되지 못하고 있는 가운데, 지금까지 이루어진 연구 성과들을 체계화하고 보완하는 작업들이 이루어지고 있다.

신라토기와 신라고분에 대한 시기구분과 편년이 좀 더 구체화되어 가고 있는 가운데, 최병현은 원삼국토기에 이어서 신라토기의 중앙양식이 성립·출현하는 경주지역의 토기양식을 고식와질토기, 신식와질토기, 신라조기양식토기, 신라전기양식토기, 신라후기양식토기, 나말여초양식토기로 나누어 시기구분하고, 각 시기 토기의 세부 편년안을 정립하고 있다. 신·구 양식의 교체에는 항상 과도기가 있기 마련이고, 새로운 양식의 출현 시점은 특정될 수 있지만 구 양식의 소멸 과정은 일정하지도 않고 시점도 특정하기 어려우므로 시기구분은 새로운 양식의 출현이 기준이 되어야 한다고 보고 있다 (최병현 2013: 47~48).

경주지역을 포함한 영남지방의 고식(전기)와질토기에 대해서는 그 사이 이원태에 의해 재검토되는 가운데(이원태 2012; 2013; 2014), 종래 영남지방에서는 원삼국 후기의 신식(후기)와질토기 단계에 등장한다고 보아온 격자타날문이 실은 서기 1세기 전엽의 고식(전기)와질토기부터 존재하고 있었음이 밝혀졌다(이원태 2016). 최병현의 경주지역 고식와질토기 상대편년과 출현 시기 기원전 1세기 전엽은 이원태의 안과 차이가 없으나, 다만 그 하한을 서기 2세기 중엽에서 2세기 전엽으로 조정하였다(최병현 2018b).

경주지역 신식와질토기의 편년은 신식와질토기와 아직 연질(와질)토기가 잔존한 신라조기양식토기의 구분을 분명히 하기 위하여 신라조기양식토기의 편년과 함께 살펴보았다. 대부장경호의 출현을 기점으로 하는 신식와질토기는 서기 2세기 중엽에서 3

세기 전엽까지로 편년되었다(최병현 2012a).

신라조기양식토기는 김원룡의 신라토기 '조기', 앞서 신라토기 '조기양식'이라 한 것을 일정 시기의 토기양식으로 좀 더 분명히 한 것이다. 대체로 와질토기론의 고식도질토기 단계에 해당되지만, 와질토기론에서는 당초 고식도질토기가 삼국시대 토기라고 하였음에도 학계에서는 고식도질토기 및 그와 공반하는 연질(와질)토기가 모두 원삼국토기의 연장으로 이해되고 있을 뿐(안재호 1994) 삼국시대의 역사적 유물로 인정받지 못하고 있었다. 와질토기는 원삼국시기 영남지방의 시공적인 토기양식으로 규정될 수 있지만, '도질토기'는 와질토기에 상대되는 토기질을 표현할 뿐이어서 삼국시대 토기이면서도 역사성이 결여된 용어로 시공을 통합한 한 시대 또는 시기양식이 될 수는 없기 때문이었다. 그런데 영남지방에서 신식와질토기에 이어 새로운 토기양식의 출현은 경주와 김해지역에서 거의 동시에 이루어졌고, 정치적으로는 경주지역에서 사로국이 신라로, 김해지역에서 구야국이 가야로 탈바꿈하면서 새로운 토기양식이 출현하여 영남 일원으로 퍼져나갔으므로 신라와 가야 각각은 신라조기양식토기와 가야조기양식토기로, 영남 전체로는 신라·가야 조기양식토기로 규정되어야 한다고 보았다(최병현 2012a: 106~109; 2018a).

신라조기양식토기의 성립은 신식와질토기 대부장경호와 노형토기가 지속되는 가운데 대부직구호에서 종방향 문양대가 횡방향 문양대로의 전환과 노형기대의 출현을 기점으로 보았으며(최병현 2012), 그동안 학계에서 아라가야양식(박천수 2000) 또는 함안양식(정주희 2009)이라 해온 영남 내륙의 고식도질토기는 경주에서 발생한 신라조기양식토기의 지방양식임을 분명히 하였다(최병현 2014c).

경주지역의 신라조기양식토기는 2기 4단계로 상대편년되고, 그 연대는 서기 3세기 중엽부터 4세기 전엽까지로 설정되었으나(최병현 2012), 이른바 '형식학적 속성분석법'에 따라 경주지역의 신라조기양식토기 대부직구호를 10단계로 세분하고, 불과 13km 사이의 경주 황성동유적과 덕천리유적의 토기에 지역색이 존재한다고 보아 삼한 사회는 서기 3세기까지도 대규모 묘역을 형성한 단위집단이 사회정치적인 독립체였다는 주장(안재호·한승현 2005)이 나왔다. 그러나 신라조기양식토기로서 경주와 울산지역에서 집중 출토되는, 발형기대 안에 호를 일체로 제작한 복합토기인 신선로형토기가 위세품적 토기로 그 분포지역이 사로국과 정치적 관련이 있을 것이란 해석이 있었고(이현태

2018), 경주지역 안에서도 각 지구 단위의 토기 조업장에 따른 양식, 형식상의 미세한 차이는 신라후기양식토기까지도 존재하였다는 지적이 있었다(최병현 2016b: 95~97).

신라전기양식토기는 종래 3단각 교차투창 고배와 장경호의 출현을 그 성립으로 보아왔으나, 그에 앞서 4단각 일렬 또는 교차투창 고배가 장경호와 함께 경주지역에 존재했음이 새로 밝혀져 그 출현을 신라전기양식토기 성립의 기점으로 하였다. 신라전기양식토기 고배는 4단각에서 3단각으로 바뀌고, 이어서 2단각으로 정형화되었음으로 4단각-3단각의 성립기, 2단각의 정형화기로 나누어 상대편년하고, 연대를 서기 4세기 중엽부터 6세기 전엽까지로 설정하였다(최병현 2013; 2014c).

이상의 경주지역 원삼국~신라토기 연대관 가운데 고식와질토기부터 신라조기양식토기의 상한연대까지는 현재 학계의 동향과 별로 차이가 있지 않다. 그러나 신라조기양식토기의 하한과 마주하는 신라전기양식토기의 성립 시기와 그 이후 각 분기의 연대에는 차이가 있다.

사실 신라전기양식토기는 그동안 학계에서 많은 연구성과가 축적되어 그 형식서열이나 상대편년에서는 이견이 거의 해소되었으나, 그 절대연대 설정에서는 아직도 현격한 차이가 있다. 물론 그 바탕에는 일찍이 앞의 2기에 제기된 '풍소불묘 최고 등자설'과 '서기 400년 고구려군 남정영향설'이 있고, 여전히 이에 대한 이견이 해소되지 않고 있기 때문이다.

이에 자료가 늘어난 중국 동북지방과 한국 고대의 초기등자들을 살펴 '풍소불묘 최고 등자설'은 허구이며, '서기 400년 고구려군 남정영향설'은 그 허구 위에 세워졌음을 재차 지적하였다(최병현 2014a). 그리고 두 설의 주장·지지자들은 서기 389년으로 나온 일본 初期須惠器 TG232 형식의 연륜연대를 부정하고 있지만, 이는 두 설에 따른 절대연대 설정과 일본 初期須惠器의 연륜연대가 병립할 수 없기 때문임을 지적하고 신라전기양식토기 성립기의 연대는 중국 동북지방의 마구 연대와 일본 初期須惠器의 연륜연대를 근거로(최병현 2013: 34~41; 2014c: 195~198), 신라전기양식토기 고배가 2단각으로 정형화되는 황남대총 남분의 연대는 이희준이 고정한 내물왕릉(402)설(이희준 1995)을 따라 설정한 것이다(최병현 2014c: 198~200).

신라후기양식토기에 대해서는 홍보식이 이를 다시 신라 후기양식과 통일양식으로 나눈 바 있었는데(홍보식 2000), 야마모토 타카후미(山本孝文)는 다시 중기양식, 후기양식으로 나누었고, 윤상덕도 이를 따라 시기구분하고 중기양식과 일부 후기양식에 대한 편년안을 냈다(윤상덕 2010). 그러나 홍보식의 신라 후기양식, 야마모토 타카후미와 윤상덕의 중기양식은 신라후기양식토기의 이른 단계, 즉 신라전기양식토기로부터 신라후기양식토기로의 전환 과도기일 뿐으로 이를 따로 구분하는 것은 의미가 없다고 지적하고, 문양보다는 기형의 변화를 기준으로 과거의 안(최병현 1987b)을 보완하여 새로운 편년안을 냈다(최병현 2011a).

신라후기양식토기의 시작은 황룡사 창건기 토기(최병현 1984)와 윤상덕이 중국 하북성의 東魏 李希宗(540년 몰) 부부묘 출토 청자완으로 고증한 동래 복천동 65호분의 청자완과 고배의 연대(윤상덕 2010)에 따라 6세기 중엽으로, 통일기에 성행한 종장연속문의 시원형은 부여 능산리 사지 출토 인화문토기와 경주 황성동과 용강동 석실분 출토 도용 복식의 변화로 보아 7세기 중기에 발생한 것으로 판단하였고, 신라후기양식토기는 8세기 중엽에 가까워지면서 인화문이 쇠퇴하기 시작하여 8세기 후엽에는 나말여초양식토기로 전환한다고 보았다.

이와 같은 신라후기양식토기의 새로운 편년 중 신라후기양식토기의 성립기 비정과 관련이 있는 東魏 이희종 부부묘 출토 청자완은 그 출토 위치가 540년 사망한 이희종이 아니라 577년에 사망한 이희종의 부인 쪽에 더 가깝다는 지적이 있었으나(이희준 2012: 382~383), 종장연속문의 출현 시기는 미야카와 데이이치의 인화문 분류를 좀 더 세분한 바 있는 이동헌이 부여지역과 남한산성 출토 토기들을 통해 다시 확인하였다(이동헌 2011).

나말여초양식토기에 대해서는 아직 경주지역에서 세부편년이 가능한 토기 세트의 공반자료가 거의 없어 그 편년을 유보하고 있다.

이상에서 살펴본 신라토기와 고분의 편년 외에는 다음과 같이 각 시기 고분자료에 대한 보완 연구가 이루어지고 있거나 재론되고 있다.

무덤의 부장유물을 통해 한반도 남부지방에서 정치적 수장의 권력 기반이 청동기시대에는 이념, 초기철기시대에는 이념과 경제, 원삼국시대에는 이념·경제·무력으로 확대·변화되어 온 과정을 추적한 이희준은 기원전 2세기 말~1세기 초 경주'지역'을 무대로 성립한 사로국에서도 성립기의 읍락 수장들은 아직 무력 기반이 확고하지 못했으나 서기 2세기 중엽 목곽묘 단계부터는 무력 기반까지 확고해졌다고 하였다. 또 이 시기에는 한 유적에서 복수의 탁월한 목곽묘들의 존재로 보아 우세한 동족집단이 등장하였으며, 사로국의 국읍은 늦어도 이 시기에는 경주 도심지구로 정해졌을 것이라고 하였다(이희준 2011a; 2011b).

장기명은 신라 조기의 주부곽식 목곽묘 단계까지를 포함하여 원삼국(사로국)시기 경주지역의 철기 부장유형과 위계를 살핀 데(장기명 2014) 이어, 3~5세기 영남지방 고분의 철기 屍臺 분석을 통해 진한의 국들이 광역적 신라의 지방으로 변모하는 과정을 살폈다(장기명 2017a; 2017b).

신라 전기의 적석목곽분에 대해서는 이희준이 앞서 적석목곽분의 목곽묘 자체 발전설을 제시하면서 경산 임당 G5·G6호묘가 경주 황남대총 남분에 선행하는 '초기의 사방적석식 대형분'이라고 하고, 적석목곽분 초기 대형분의 2중곽(관) 구조와 그 사이의 石壇 고정은 여기서부터 갖추어지기 시작하였다고 한 바 있었다(이희준 1996c). 이와 관련하여 김두철은 부산 복천동 31·32호묘와 임당 G5·G6호묘의 구조를 비교·고찰하면서 이 고분들은 다같이 묘광과 목곽 사이를 흙 대신 돌로 충전한 목곽묘일 뿐이며, 이희준이 임당 G5·G6호묘의 石壇이라고 한 부분은 목곽과 묘광 사이를 충전한 돌들이 목곽의 부식·함몰에 따라 내부로 밀려내려 온 것일 뿐이라고 비판하였다(김두철 2007).

묘광과 목곽 사이를 돌로 충전한 고분을 두고 이와 같이 적석목곽묘(분)의 범주에 포함된다는 주장과 묘광과 목곽 사이를 흙으로 충전한 것과 함께 목곽묘일 뿐이라는 주장이 맞서 있는 가운데, 일선 발굴현장과 보고서에서는 그 중 어느 한쪽을 택하여 단정하거나 기술하는 양상이 나타나고 있다(최병현 2016a).

경산 임당고분 연구에 성과를 낸 바 있는 김용성도 목곽묘-적석목곽묘(분)의 구조 논쟁에 가세하여 이희준이 사방적석식이라고 명시한 경주 황남동 109호분-3·4곽과 황남동 110호분 외에 황오동 14호분도 사방적석식의 '적석목곽묘-봉토분'이라 하고 '적석목곽묘-봉토분'을 고총 이전 단계와 고총 단계로 나누어 볼 수 있다고 하였다(김용성·최규종 2007; 김용성 2015). 그는 또 2중곽 설치 고분의 범위를 확대하여 황남동 110호분, 호우총과 은령총 등에도 2중곽이 설치되었다고 하고(김용성 2007; 2009), 적석목곽분의 대형분에 3중곽 등 다중곽의 설치나 목곽 상부에 별도의 상부공간의 존재를 주장하기도 한다(김용성 2007; 2014). 그러나 이들은 대개 추측성 주장들일 뿐 발굴조사 보고를 충실히 검토해 보면 황남대총 남분 주곽 외에 신라고분에서 이중곽이나 다중곽이 존재했거나 목곽 뚜껑 위에 별도의 상부공간이 있었다고 볼 근거는 존재하지 않는다(최병현 2017).

적석목곽분 중 대형분의 목곽은 지상에 세워지고, 중·소형의 목곽은 지하 묘광 안에 설치되었다고 인식되어 왔으나, 김두철은 적석목곽분의 축조 과정에서 호석 높이만큼 쌓은 1차 봉토 안에 지상묘광부가 존재했음을 밝혔다(김두철 2009). 적석목곽분의 고분 평면은 일반적으로 원형일 것으로 생각해 왔지만, 심현철이 발굴조사가 이루어진 고분들의 호석을 면밀히 분석한 결과 정원형은 소형분들 뿐이고 실제는 엄격한 설계원리가 적용된 타원형으로 밝혀졌다(심현철 2018)

한편 황남대총 남분-내물왕릉설(이희준 1995)에 대해 김용성이 상기시킨 눌지왕릉설(김용성 2003)은 동조자가 늘어갔지만(김두철 2006; 박천수 2016), 다시 실성왕릉설이 제기되기도 하였다(함순섭 2010). 김용성은 또 월성북고분군이 2세기 후반 목곽묘 단계에 그 동단 인왕동지역에서부터 고분들이 축조되기 시작하여 그 조영 범위가 점차 서쪽으로 확대되어 간 것을 확인하였는데(김용성 2009), 그것은 그가 황남대총 남분 눌지왕릉설을 상기시키면서 인왕동 119호분을 내물왕릉으로 비정하고 마립간시기 왕릉군이 월성과 근접한 남쪽에서부터 북쪽으로 진행되었다는 이전의 주장(김용성 2003)과 상반되는 것이 되었다. 그는 이를 동쪽에서 서진한 분묘 축조집단과 남쪽에서 북진한 분묘 축조집단이 별개라고 하여 합리화하였다(김용성 2009).

이 외 신라 왕릉의 전승 과정을 면밀히 추적하고, 왕릉의 구조 형식을 분류하여 신라고분에서 왕릉군이 조성되는 능역(陵域)과 귀족들의 묘역(墓域)이 구분되는 과정을 살핀 연구가 있었고(이근직 2012), 정밀 실측도를 겸비한 신라왕릉 현황보고서가 발행되기도 하였는데(경주시·한국전통문화대학교 2013a; 2013b), 김용성은 신라의 능원제도를 중국의 능원제 발전과 비교하여 탐색한 바 있다(김용성 2012).

신라 후기의 유물에 대해서는 최정범이 중국에서 당식 대장식구의 전개 과정을 살펴본(최정범 2017) 다음 이를 바탕으로 신라에서 황룡사형 대장식구와 당식 대장식구의 전개 과정을 신라의 관등제 및 지방지배와 관련하여 살펴보고 있다(최정범 2018a; 2018b).

한편 최병현은 원삼국 이래 경주지역의 토기양식을 나누어 시기구분하고 각 시기 토기의 세부편년안을 차례로 발표한 데에 따라 경주지역 신라고분의 전개 과정을 재고찰하고 있다. 신라고분 조기를 사로국시기(최병현 2018)와 분리하여 신라고분의 전개 과정을 조기(최병현 2015a), 전기(최병현 2014b; 2016a; 2016b; 2016c; 2017b; 2017d), 후기 (최병현 2012b)로 시기구분하고, 각 시기 고분 구조와 출토 유물을 종합하여 새로운 분 석을 하고 있다.

제2장

연구의 범위와 방법

문제의 제기   I

    한반도에서 근대적 방법으로 고고학적 조사와 연구가 시작된 이래 신라고고학은 한국고고학의 핵심적인 위치에 있었다. 1945년 광복 후 한반도에서 최초로 이루어진 고고학 발굴의 대상도 신라고분이었다. 그 후 신라의 수도 경주에 조영된 신라고분에 대한 발굴조사는 끊임없이 이루어져 왔고 지금도 진행 중이다.

    경주의 신라고분 가운데 가장 먼저 사람들의 이목을 끌고 학문적 성과를 쌓아 나간 것은 경주분지 내부 평지에 위치한 월성북고분군의 고총 적석목곽분이었으며, 신라고분의 조사는 차츰 경주분지 주변을 둘러싸고 있는 외곽의 산지 고분군으로 넓혀졌다. 한국 정부가 1960년대부터 추진해온 경제개발계획이 본궤도에 오르고 이에 따라 국토개발이 본격화되는 1970년대가 지나면서, 신라고분의 조사는 경주에서 분지 외곽을 넘어 그 배후 지역에 산재하는 고분군들로 확대되어 갔고, 경주를 넘어 신라가 지배한 지방으로 넓혀졌다. 지금 신라고분의 조사는 경주와 영남지방만이 아니라 전국에서 이루어지고 있다.

    이와 같이 신라고분의 조사가 확대되어 나가면서, 신라고고학은 실질적으로 신라고분에 대한 연구라고 할 만큼 여러 방향의 신라고분 연구가 신라고고학의 내용을 채워나갔다. 어느 시대 어느 분야 고고학 연구의 초기 단계와 마찬가지로 신라고분 연구도 먼저 편년 정립에 노력을 기울였다. 귀걸이와 같은 금속유물이 편년 자료로 활용되기도 하였지만, 신라고분 편년의 중심 자료는 신라토기이다. 신라토기의 편년과 신라고분의 편년은 표리관계로 신라토기의 형식분류와 형식조열에 따른 신라고분의 편년이 진척되어 왔다. 경주 월성북고분군에 자리한 고총의 적석목곽분은 신라금관을 비롯한 화려한 부장품과 함께 그 특이한 구조로 인해 일찍부터 그 기원에 대해서도 관심이 기울여졌다.

신라토기, 경주와 지방의 고분 묘제와 그 구조, 고분 출토 금공품 등에 대한 연구를 통해 고고학적으로 신라문화의 정체성이 파악되어 가면서 이를 가야의 그것과 구분하여 신라와 가야의 경계도 확인되어 갔다. 고분의 문화적 의미를 넘어 그 사회적 의미를 추적하여 고분 자료를 통한 인간 집단의 연구에도 접근해 가고 있다. 영남지방의 다른 지역들과 함께 경주에서도 원삼국시기의 고분유적들이 조사되면서 신라의 전신 진한 사로국의 고고학적 실체를 규명하고, 지방고분을 통해 신라의 지역 통합과 지방 지배 과정을 추적해 가고 있다.

신라고분에 대한 이와 같은 다방면의 연구는 단순히 신라문화에 대한 고고학적 연구를 넘어 고고학자료를 통해 신라의 역사를 재구성하기 위한 것으로 그동안 크게 성과를 쌓아왔지만, 사실은 많은 부분이 현재도 진행형이며, 연구가 진척되는 만큼 해결해야 할 과제들도 점점 더 드러나고 있다. 아직도 신라고분 연구는 월성북고분군의 적석목곽분에 집중되어 있을 뿐 경주에서도 분지 바깥의 주변지역 고분군을 아우르는 연구로는 나아가지 못하고 있고, 이에 따라 적석목곽분 이전과 이후 시기 고분에 대한 분석, 이를 바탕으로 한 경주지역 고분의 계기적 발전 과정에 대한 연구 성과도 아직 미미하다. 신라의 지방고분에 대한 연구는 더 말할 것도 없다. 지역마다의 개별적 분석 연구도 아직 본궤도에 오르지는 못하고 있지만, 신라 고분문화의 진원지인 경주와 연계된 연구는 별로 진척을 보지 못한 상태에 있다. 아직 경주고분과 지방고분의 편년부터 연계되지 못하고 겉돈다.

신라 고분문화의 진원지는 신라의 중앙인 경주였다. 지방의 고분문화는 중앙인 경주지역 고분문화의 끊임없는 영향 속에서 진행되어 갔다. 물론 지방에서는 지역마다 자체적 전통의 계승에 따라 각기 다른 면모를 보이는 부분도 있고, 또 지방에서 중앙으로 역류하여 중앙과 지방이 상호작용한 부분도 존재하였다. 그러나 그런 것들이 전체 신라고분의 전개 과정에서 차지하는 부분은 크지 않았다.

그러므로 지금 단계에서 신라고분 연구의 제일 과제는 그동안 학계에서 쌓아온 연구 성과들을 바탕으로 신라의 중앙인 경주지역에서 진행된 신라고분 전개의 전 과정을 체계화하는 것이라고 판단된다. 이는 전체 신라고분의 전개 과정에서 종적 체계의 구축이라고 할 수 있으며, 지방의 각 지역 신라고분 연구가 신라 고분문화의 진원지인 경주의 고분 전개 과정과 연계 속에서 이루어져 경주고분과 지방고분의 전개 과정이 구조적으로 연결될 수 있는 토대를 마련하는 것이라고 생각된다. 여기에는 물론 월성북고분군만이 아니라 사로국이 신라로 발전하여 신라의 왕도, 왕경이 되는 지역 전체의 고분이 대상이 되어야 한다.

신라고고학의 궁극적 목표가 신라 역사의 복원이라면, 신라고분 연구는 고분을 통해 역사적 존재로서의 신라의 실체에 접근해 가는 것이라고 할 수 있다. 한국고대사에서 삼한과 삼국의 관계에 대해서는 전기론(前期論)과 전사론(前史論)이 있지만, 전사론의 입장에 설 때 사로국이 고대국가 성립 이전 읍락들의 결속체였다면 고대국가 신라의 성립은 중앙 지배체제로서 6부가 성립되고 주변 지역을 통합해 나가는 지방 지배의 실현으로 설명되고 있다. 경주지역의 신라고분 전개 과정은 곧 사로국의 읍락, 신라 왕도 6부체제의 전개와 밀접히 관련되어 있다고 할 수 있다. 그러므로 경주지역 신라고분의 전개 과정을 통해서는 경주지역에서 사로국이 성립하여 신라국가로 탈바꿈해 나가는 과정, 그 후 신라의 왕도, 왕경 사회가 변모해 나가는 모습이 설명되어야 한다. 연구 대상을 경주지역의 신라고분으로 한정한 이 책의 제목을 『신라 6부의 고분 연구』라고 한 것도 이 연구가 지향하는 그러한 목표를 좀 더 분명하게 해두기 위함이다.[1]

....

1   필자의 『新羅古墳研究』(一志社, 1992)와 그 내용을 압축하여 먼저 발표한 논문(최병현 1991)이 '신라고분연구'나 '신라고고학'이라고 하면서 내용은 경주고분만을 대상으로 하여 결과적으로 영남 내 나머지 지역의 고고학 연구를 가야고고학이라 칭하게 하거나 낙동강 동안지역을 신라에서 배제하여 정체불명의 것으로 만드는 데 일조하였다는 비판이 있었다(이희준 2007: 39). 그러나 필자는 고분 전개를 통해 신라의 지방 지배를 설명하고자 하면서, 일제강점기 이래 국내외 학계에서 경주만을 신라로 그 외의 영남지방을 모두 가야로 다루는 경향을 강력하게 비판해 왔다. 당시는 경주 고분 이외 다른 지역의 신라고분 발굴자료가 거의 없었던 시절이기도 했지만, 그 책과 논문에서도 신라고분의 범위가 경주고분만이 아니라 신라 전기인 삼국시대에는 낙동강 이동, 그 후 신라 후기에는 중부지방을 넘어 동해안으로 원산만까지 시기에 따라 변한 신라의 영토 내에 축조된 모든 고분이라는 것을 분명히 하면서, 당시 필자의 연구가 진행된 경주지역의 신라고분 전개 과

그러기 위해서는 신라고분의 시기 구분을 명확히 하여 경주지역의 신라고분에 대한 통시적 접근이 이루어져야 한다고 판단된다. 역사시대 고고학인 신라고고학 연구에 1~3세기, 4~5세기, 5~6세기, 6~7세기 등으로 시기를 한정하는 제목을 붙이기도 하지만, 세기가 바뀌는 데에 따라 물질자료가 변화하는 것도, 문화단계가 전환되는 것도 아니고, 그래서 그렇게 한정한 시기의 성격에 대한 함의가 드러나지도 않는다. 더욱이 고고학자료를 통해 인간 집단의 사회구조와 그 변화 과정을 밝히고자 한다면 문화적, 사회적 성격이 함의된 단계나 시기 구분을 명확히 하여 앞뒤 시기와 비교되는 변화의 내용을 설명할 수 있어야 한다. 그리고 신라고분의 시기 구분은 한국 고대고분의 전개 과정 속에서 이루어져야 한국 고대국가의 일원으로서 고분을 통해 그려진 신라의 역사상이 의미를 갖게 될 것이다.

신라고분 연구는 역사고고학의 한 부분이므로 문자사료나 문헌기록의 활용, 문헌사학과의 접목 문제에 직면하게 된다. 역사고고학이 역사시대를 대상으로 하는 이상 그 연구자는 선험적으로 문자사료나 문헌사학의 연구 성과에 대한 인식을 가질 수밖에 없고, 이에 따라 역사고고학은 이미 문헌사학에 의해 정해진 일정한 틀 속에서 연구가 진행되거나 연구 과정에서 크든 작든 선험적인 인식이 작용할 수밖에 없다. 그러므로 신라 역사의 복원이 신라고고학의 전유물일 수 없고, 순수 고고학적 연구만으로 가능한 것도 아니므로 굳이 이를 고집할 필요도 없다.

그러나 아무리 역사시대의 연구라고 하여도 고고학과 문헌사학을 넘나드는 연구가 가질 함정은 경계되어야 한다. 특정한 역사적 사건이나 특정 사료에 대입한 고고학자료의 편년, 문헌사의 틀에 끼워 맞춰진 고고학자료의 해석이 역사적 실체에 접근하는 데 과연 얼마나 기여할 수 있을지 돌아보아야 한다.

고고학자료는 스스로 말하지 않는다. 그러므로 고고학자료에 접근하기 위해서는 이른바 모델이라고 하는 일정한 해석틀의 이용이 필요하며, 역사고고학에서는 같은 시기를 연구 대상으로 하는 문헌사학에서 대세로 밝혀진 역사상이 고고학자료의 해석틀이 될 수 있다고 한다. 따라서 연구 대상에 대한 시공의 체계 수립까지는 순전한 고고학적 방법이 적용되어야 하지만, 그에 입각한 역사적 해석이 반드시 귀납적일 필요는 없

정을 살펴본다는 점을 밝혔음에도 그렇게 비판한 것은 부당한 평가라고 할 수밖에 없다.

다는 주장도 있다(이희준 2007: 32~36).

　신라에 대한 연구에서 『삼국사기』 등의 문헌기록에 금석문 자료가 더해지는 6세기 이후, 즉 중고기 이후는 고고학적 연구가 차지할 부분이 상대적으로 줄어들지만, 그 이전 문자사료가 영성한 5세기까지는 고고학적 연구가 차지할 부분이 크고 더 유용한 부분도 있다. 이런 상황의 5세기 이전 신라고고학 연구에서 과연 고고학자료의 해석틀로 삼을 수 있는, 문헌사학에서 대세로 밝혀진 역사상으로 어떤 것이 있는지, 그런 것이 있다 해도 고고학자료와 문헌사학을 순환하여 얻은 해석이 과연 어떤 의미를 가질지 의문이다.

　앞서 말한 것처럼 신라에 대한 연구가 신라고고학의 전유물일 수 없고, 그 연구 과정에는 문자사료나 문헌사학의 연구 성과가 일정 부분 선험적으로 작용할 수밖에 없다. 고고학적 연구와 문헌사학은 접목을 추구해 나가야 한다. 그러나 신라고고학에서는 처음부터 문헌사학을 너무 깊게 의식하거나 문헌사학을 넘나든 해석보다는 오히려 고고학자료 자체에서 귀납적으로 도출된 해석이 문헌사학과의 접목에서 기여할 부분이 더욱 많다는 것이 필자의 판단이다.

한국 고대고분의 전개와 신라고분의 시기구분

II

1. 한국 고대고분의 전개

1) 고분과 고총

주검을 안치한 무덤에서 매장주체와 관련된 시설로는 壙·棺·槨·室이 있다. 여기서는 이 용어들의 정의에 대한 설명은 생략한다. 다만 그 중 곽과 실에 대해서는 지금도 학계에서 명확한 기준 없이 혼동하여 사용하고 있으나, 필자는 지금까지 길든 짧든 매장주체 시설의 벽 밖으로 연도가 붙어 있는 횡혈식만을 실이라 하고 그 외 연도가 없는 것은 수혈식이나 횡구식 모두 곽으로 불러왔으며, 이 연구에서도 마찬가지임을 밝혀둔다.

무덤에서 매장주체부를 포장하고 있는 시설을 지칭하는 용어로는 墓·墳·塚이 있고, 古墳과 高塚은 이를 좀 더 구체화하여 표현한 것이다. 과거 한국고고학에서 「고분」이라는 용어는 일본 古墳時代의 古墳, 즉 高塚古墳과 동의어로 사용되었고, 아직도 학계의 일각에서는 그와 같은 의미로 쓴다. 그러나 1980년대 이후 원삼국시기 이래의 고분

조사와 연구가 활발해지면서 한·일 고분문화 전개 과정의 차이점이 부각되고, 이에 따라 고분문화와 관련된 용어의 선택과 정의가 한층 엄격하게 되었다.

먼저, 한·일 고분문화의 전개 과정에는 차이가 있어, 한국고고학에서 「고분」은 일본과는 달리 대단히 모호하게 사용되므로, 한국고고학에서는 고분이라는 용어를 폐기하고 종래 고분에 포함되었던 것을 「대형묘」와 「고총」으로 구분해야 한다는 주장이 제기되었다(최종규 1991: 150~151). 여기서 「대형묘」란 지하의 매장주체부는 대형화되고 대량 부장이 이루어졌지만 지상의 墳壟, 즉 mound는 잔존하지 않거나 소형인 것, 「고총」은 매장주체부의 상부 지상에 '高大'한 분롱[봉토, 분구]이 축조된 것을 의미한다.

이에 대해 고분이라는 용어의 친숙성 등을 들어 반론이 제기되기도 하였으나(신경철 1992: 160~161), 이후 주로 영남지방의 고분 연구자들을 중심으로 진·변한 이래 신라·가야 무덤의 발전 과정을 매장주체부가 아니라 매장주체부를 포장하고 있는 시설의 발달 과정에 따라 분묘 > 고분 > 고총으로 단계화하거나(김용성 1996a: 319~320), 이를 더 엄격하게 정의하여 墓 → 墳 → 塚으로 단계화 하기도하였다(이희준 1997: 3~4).

여기서 「墓」는 일반적으로는 관·곽·실의 종류나 墳·塚의 유무 여부, 그리고 그 형태와 관계없이 무덤, 즉 매장시설을 지칭하는 용어로 광범위하게 사용되고 있지만, 엄밀하게는 중국 상고시기의 묘장제도에서 '不封不樹'(『易經』「系辭傳 下」)라 한 것으로 '墓而不墳', 즉 주검을 지하에 매장하고 지상에는 분롱을 축조하지 않고 편평하게 만든 것을 의미한다. 「墳」과 「塚」은 둘 다 매장시설 중의 분롱을 의미하지만, 「墳」은 '土之高者'(『禮記』), '積土'(『漢書』「劉向傳」)라 한 것으로 좀 더 넓은 의미에서 「墓」 위에 축조한 '盛土'를 지칭하며, 「塚」은 '高墳'(『說文解字』)으로 더 제한적이어서 「墳」 가운데 '高大'한 것을 의미한다.[2]

이를 따라 한국고고학에서 「고분」은 지상에 작든 크든 분롱이 축조되어 있거나 있었다고 판단되는 무덤, 「고총」은 그 가운데 일부로 호석이나 주구로 확정된 묘역을 갖고 '고대'한 분롱이 축조된 무덤으로 정의된다.

....

2 　무덤 관련 용어로 이외 陵이 있는데, 「陵」의 원래 의미는 '大自(=阜)'(『說文解字』)로 무덤으로는 塚과 통하나 중국의 상장제도에서는 원래 황제의 무덤만 帝陵이라 하였다.

2) 봉토묘와 분구묘

1990년대 이후 한반도 서해안지방에서 평면 방형 또는 원형의 주구만 남은 주구묘가 조사되고(윤세영·이홍종 1997), 주구가 돌려진 분롱의 墳頂部에 매장주체부가 설치된 고분들이 새롭게 주목받게 되면서(최완규 1997; 2000) 원삼국시기 이래 한국의 고분 가운데에는 매장주체부와 분롱의 축조 선후 및 그 위치 관계가 서로 다른 두 유형이 있음을 인식하게 되었다. 하나는 먼저 지하 묘광이나 또는 지면상에 매장주체부를 설치하고 그 위에 봉분[封土]을 축조한, 즉 선-매장주체부 설치, 후-봉토 축조의「封土墓」이다. 다른 하나는 먼저 지상에 분구를 축조하고 분정부에 매장주체부를 설치한, 즉 선-분구 축조, 후-매장주체부 설치의「墳丘墓」이다(이성주 2000).[3]

한국학계의 이와 같은 봉토묘와 분구묘의 구분은, 일본학계에서 고분 출현 전 단계에 분구를 가진 무덤으로서의 야요이(彌生)시대 분구묘와 前方後圓墳 성립 이후의 古墳時代 (고총)고분을 구분하는 것과는 상당한 차이가 있다. 그러나 일본 古墳時代 전방후원분도 분구와 매장주체부의 축조 선후 및 위치는 야요이시대 분구묘의 전통을 따르고 있는 점에서 공통점을 갖고 있으며, 한국고고학에서 분구묘는 이를 통합한 개념이라고 하겠다.

즉, 한국에서 봉토묘와 분구묘는 시기나 봉토와 분구의 대소와 관계없이 봉토나 분구가 축조된 원삼국시기 이래의 고분들을 지칭한다. 그리하여「봉토묘」와「분구묘」가운데 낮고 작은 봉토나 분구가 축조되어 있거나 축조되어 있었다고 판단되는 고분을「저봉토묘」·「저분구묘」, 호석이나 주구가 돌려지고 고대한 봉토나 분구를 축조한 고분을「고총」으로 구분할 수 있다. 이에 필자는 원삼국시기 이래 한국 고대고분의 변천 과정을 저봉토묘 → (봉토)고총, 저분구묘 → (분구)고총으로 단계화할 수 있다는 안을 제시한 바 있다(최병현 2002).

그런데 학계 일각에는 아직도 고분을 일본에서의 (고총)고분과 동일시하는 경향이 남아 있고, 또 원삼국시기 이후의 삼국시대 고분을 'ㅇㅇ묘'로 부르는 데 대한 저항

....

3   우리 학계에서 한국의 고분에 대해「墳丘墓」라는 용어는 이전부터 써 왔지만(강인구 1983), 이전에는 지상의 봉분을 분구, 지상에 봉분이 축조된 무덤을 분구묘라 한 것으로 분구묘를 봉토묘와 대비되는 의미로 사용한 것은 아니었다.

감이 있다. 특히 저분구묘와 (분구)고총을 분구묘로 총칭할 경우, 용어상으로 일본의 야요이시대 분구묘와 차별성이 없어 한국 고대고분의 전개 과정이나 역사의 발전 과정을 왜곡할 수 있다는 지적도 있다. 이와 같은 경향을 감안하여 필자는 한국 고대고분의 단계화와 관련된 용어를 다음과 같이 병용할 수 있다고 수정하여 제시한 바 있다(최병현 2007).

봉토묘(또는 봉토식고분): 저봉토묘(또는 저봉토식고분) → (봉토식)고총

고분

분구묘(또는 분구식고분)[4]: 저분구묘(또는 저분구식고분) → (분구식)고총

한편 한국 고대고분의 시간적 범위는 삼국으로 통합되는 정치세력들이 등장하고 이들이 축조한 고분군이 출현하기 시작하는 기원전 2~1세기부터 통일신라 말까지이며, 그 공간적 범위는 중국 동북지방과 한반도를 포함한다. 고분은 일반적으로 매장주체부에 따라 분류되기도 하지만, 한국 고대고분의 전개 과정은 그보다는 봉토묘(봉토식고분)와 분구묘(분구식고분)가 출현하여 고총화를 이루고, 그것이 다시 변화해 나가는 과정을 단계화할 때 전체가 일관성을 가진다고 본다.

3) 한국 고대고분의 전개

(1) 1단계: 고분의 출현

중국 동북지방과 한반도에서 한국의 삼국시대로 이어지는 고분이 출현한 것은 기원전 2~1세기부터로 판단된다. 이때 출현한 고분들은 대체로 삼국시대의 고분과 연속선상에 있지만 다음의 고총 등장 전까지는 대개 저분구묘나 저봉토묘 상태로 축조되었다.

....

4   '분구식고분'이라는 용어는 韓國考古學會, 2006, 『분구묘·분구식고분의 신자료와 백제』〈제49회 전국역사학대회 고고학부 발표자료집〉에서 처음 사용되었는데, 당시 한국고고학회 회장이던 필자가 책의 제목으로 붙인 것이다.

먼저 분구묘 계열의 고분으로 가장 먼저 출현한 것은 고구려 적석총이다. 고구려가 일어난 환인과 집안을 비롯한 압록강 중류역에서 기원전 2세기에는 무기단적석총이 성립하여 고분군을 형성하면서 축조되기 시작하였다. 고구려 적석총은 지상에 돌로 분구를 축조한 적석분구묘로 무기단적석총에서 기단적석총, 계단적석총으로 발전해 나갔다. 무기단적석총의 분구 평면은 정형화되지 않아 방형, 장방형, 타원형, 원형 등으로 다양하고, 분구 한 면에 부석시설이 더해져 전방후원형이나 전방후방형을 띠기도 하였다. 무기단 적석총의 분구 규모는 대개 한 변 길이 2~3m에서 7~8m 정도이고, 10m가 넘는 것도 있지만, 잔존한 높이는 1m 내외로 그다지 높지 않았다(강현숙 2013: 61; 한성백제박물관 2017). 고구려 무기단적석총은 이와 같이 원래 저분구묘로 축조되었다고 판단된다.

다음은 한반도 서해안지방의 원삼국시기 성토분구묘이다. 1990년대에 들어와 보령 관창리, 익산 영등동, 서천 당정리 등에서 주로 평면 방형의 주구만 남은 '주구묘'들이 조사되면서 알려지게 되었다. 그후 주구묘 조사가 호남 서해안지방으로 확대되고, 주구와 함께 얕은 성토분구가 잔존한 저분구묘들이 드러나 주구묘도 원래는 저분구묘였으나 분구와 분구 중에 설치된 매장주체부가 모두 유실된 것임을 인식하게 되었다.

원삼국시기 성토분구묘는 중부 서해안인 김포반도의 운양동·양곡리, 인천 동양동·연희동 등에서도 다수 조사되었으며, 현재는 김포반도를 최북단으로 하여 그 남쪽으로 서해안을 따라 내려가 전라남도 영산강유역에까지 분포한 것으로 밝혀졌다. 이에 이들은 마한의 묘제 가운데 하나로 인식되고 있다.

서해안지방에서 원삼국시기 성토분구묘가 출현한 시기는 아직 불분명하고, 청동기시대 주구석관묘에서 영광 군동의 초기철기시대 방형주구묘까지 이어진 것으로 보이는 선사시대의 주구묘(김권중 2008)와 어떤 연관성이 있는지 알 수 없다. 현재로서는 서산 예천동 분구묘군에서 철단검과 검초구가 출토된 18호 주구묘가 가장 이른 시기로 보이지만(백제문화재연구원 2013), 서해안지방에서 원삼국시기 성토분구묘의 출현 시기는 중부지방에서 원삼국 전기의 단독 토광묘에 이어 원삼국 후기에 출현한 주구토광묘와 크게 차이가 있지는 않을 것으로 판단된다.

원삼국시기 성토분구묘는 원래 분구의 규모가 작고 낮은 저분구묘 상태로 축조되어 분구 중에 설치된 매장주체부가 분구와 함께 유실되고 주구만 남기도 하고, 분구는 유실되고 주구와 주구 안에 묘광 하단부만 남아, 유구의 잔존상태만으로는 중서부지방의 묘광이 얕은 봉토묘 계열의 주구토광묘와 구분하기 어려운 예들도 있다. 그러나 시기가 내려오면서 분구의 규모도 확대되어 간 것으로 보이는데, 김포 운양동유적의 분구묘에서는 규모가 커진 분구 중에 되파기한 묘광이 분명하게 드러나기도 하였다(한강문화재연구원 2013).

다음으로 봉토묘 계열의 고분이 가장 먼저 출현하는 곳은 서북한지방이다. 서북한지방에서 화분형토기와 단경소호가 부장된 목관묘와 단장목곽묘인 나무곽무덤은 낙랑군 설치 이전, 즉 기원전 2세기부터 축조되었을 것으로 판단된다. 이들은 원래 지상에 봉토가 축조되었으나 발굴 당시 봉분이 남아 있는 예는 거의 없다고 한다(사회과학원 고고학연구소 2009a). 목관묘와 나무곽무덤은 봉분이 그다지 높지 않은 저봉토였기 때문이었을 것이다.

중부지방에서는 가평 달전리와 춘천 우두동에서 화분형토기나 단경소호가 부장된 낙랑계 목관·목곽묘가 조사되었으나, 뒷 시기로 이어지지 않고 단발성으로 끝난 것으로 보인다.

완주 갈동유적이나 신풍유적 등 만경강유역인 전북 전주-완주 일대에서는 봉토의 유무는 알 수 없으나 지하로 묘광을 파서 목관이나 목곽을 설치하고 세형동검 등 청동기, 철기, 단면 원형점토대토기를 부장한 토광묘군들이 조사되었다(한수영 2015). 이들의 연대는 기원전 3~2세기로, 한강 이남지방에서 초기철기시대에 토광묘가 집단적으로 축조되어 고분군을 형성한 것을 보여주지만, 고분군이 다음 시기로 이어진 것 같지는 않다.

이들을 제외하면, 마한-백제지역에서 처음 출현한 봉토묘는 경기 남부와 중서부지방, 즉 충청남·북도 일대에서 조사되고 있는 단순토광(목관·목곽)묘와 주구토광(목관·목곽)묘들이다.[5] 현재 이들은 모두 서기 2세기 중·후반 이후로 편년되고 있지만, 주구가 없는 단순토광묘는 고식와질토기나 유개대부호 등 영남지방과도 관련이 있는 부장토

....

5 　원삼국시기 중서부지방의 단순토광묘와 주구토광묘의 매장주체는 목관이나 목곽이다. 영남지방 등 다른 지역의 고분에서 묘제를 매장주체 중심으로 규정하는데 따르면 이들도 목관묘와 목곽묘, 주구목관묘와 주구목곽묘로 고쳐 써야 하겠으나, 관행상 학계에서는 현재까지 단순토광묘, 주구토광묘로 쓰고 있어 여기서도 이를 따른다.

기들의 형식으로 보아 아산 용두리 진터유적 등에서 원삼국 전기의 이른 시기부터 축조되기 시작하였을 것으로 판단된다. 단순토광묘에 봉토가 남아 있는 예는 없지만, 묘광 내부의 함몰토로 보아 원래는 소규모의 봉분이 축조되었을 것으로 판단된다.

원삼국 후기가 되면 중서부지방에는 묘광 주위로 말각방형 또는 타원형에 가까운 주구가 돌아간 주구토광묘가 축조되기 시작하는데, 단순토광묘에 비하면 묘광을 비롯하여 매장주체부의 규모도 월등히 커졌지만 주구로 한정된 봉분의 규모가 평면적으로 크게 확대된 것이다. 그러나 이들도 저봉토묘로, 발굴 당시 봉토가 남아 있는 예는 거의 없는 것으로 보아 높이는 그다지 높지 않았다고 판단된다. 이 마한 토광묘와 주구토광묘의 저봉토 전통은 한성기 백제 이후로 내려와서도 계속되어, 백제 토광묘는 물론이고 매장주체부가 석곽으로 바뀐 뒤에도 모두 저봉토묘 전통이 이어졌다.

영남지방에서는 기원전 100년경부터 원삼국 전기의 목관묘가, 서기 2세기 중엽부터는 목곽묘가 고분군을 형성하면서 축조되기 시작하였다. 이들은 진·변한의 세력들이 축조하였는데, 사로국이 성장한 경주지역의 경우 일부 유적에서는 원삼국 전기에도 주구가 돌아간 목곽묘가 축조되고 있었고, 원삼국 후기에 목관묘도 일부 축조되고 있었던 것으로 밝혀졌다(최병현 2018b). 목관묘와 목곽묘 모두 지상에 봉분이 남아 조사된 예는 없으며, 목관묘의 경우 묘광 내 단면 U자형의 함몰토로 보아 원래 지상에 높지 않은 봉분이 조성되었을 것으로 판단된다.

원삼국 후기의 목곽묘는 원삼국 전기의 목관묘·목곽묘에 비해 매장주체부의 규모가 월등하게 커졌으나 지하로 남은 묘광의 깊이는 오히려 얕아졌다. 따라서 지상에는 원삼국 전기의 목관묘·목곽묘보다 훨씬 큰 규모의 봉분이 축조되었을 것으로 판단되지만, 원삼국 후기의 대형 목곽묘에서도 지상에 봉토가 남아 조사된 예는 없다. 이와 같은 사실은 원삼국 전기와 마찬가지로 후기의 목곽묘도 저봉토묘였음을 말해준다.

이상 살펴본 바와 같이 중국 동북지방과 한반도에서는 기원전 2~1세기에 한국 삼국시대로 이어지는 고분이 출현하였는데, 지역별로 크게 분구묘 계열의 저분구묘와 봉토묘 계열의 저봉토묘로 나뉘어 축조되었다. 이 저분구묘와 저봉토묘의 축조는 원삼국시대는 물론 대부분 삼국시대까지도 계속되었다.

(2) 2단계: 대형분(묘)의 성립

중국 동북지방과 한반도에서 서기전 2~1세기에 저분구묘·저봉토묘로 출현한 고분들은 각각 일정한 시기가 지나면 그 규모가 확대되어 대형분(묘)로 발전하였다. 분구묘는 지상에 대형의 분구가 축조된 대형분이 되었고, 봉토묘도 원래는 대형화한 매장주체부 위에 큰 규모의 봉토가 축조되었겠지만 지상에 봉분은 남아 있지 않고 대형의 매장주체부만 발굴되는 대형묘가 되었다. 분구묘와 봉토묘는 이와 같이 저분구묘·저봉토묘에서 규모가 확대된 대형분(묘)으로 발전하였으나 아직 고총에는 이르지 못하였다.

먼저 중국 동북지방에서 적석분구묘인 고구려 적석총은 서기 1세기경 무기단적식총에서 기단적석총으로 발전하였다. 기단적석총은 평면 장방형도 있지만 대개 방형으로 정형화되었고, 무기단적석총보다 규모가 커져 한 변 길이 5~11m 정도이며, 큰 것은 20m가 넘는다. 그러나 높이는 대개 2m 정도로 그다지 높지는 않았다(강현숙 2013: 61; 한성백제박물관 2017). 고구려 적석총이 대형화하였지만 아직 고총 단계에는 이르지 않은 것이다.

다음은 한성기 백제의 중심지였던 서울 강남의 석촌동·가락동 일대에서 축조된 즙석분구묘이다. 종래 토축묘, 즙석봉토분, 목관봉토분 등으로 불렸지만, 석촌동 파괴분의 발굴 설명에서 "본래의 평지 위에 약간 높은 점토대지를 판축한 다음 그 위에 여러 개의 토광묘를 만든 다음 …"(잠실지구유적발굴조사단 1976: 51)이라고 한 것으로 보아 이들은 지상의 분구 중에 매장주체부가 설치되고 추가되어 다장화한 분구묘였음을 알 수 있다. 가락동 1, 2호분, 석촌동 파괴분 등 지금까지 발굴조사된 예로 보면 평면 말각방형인 분구의 규모는 직경 14~38m에 달하나 높이는 2m를 크게 넘지는 않았다고 판단된다. 고총이라기보다는 대형분에 속한다고 할 수 있다.

발굴고분 중 대표적인 가락동 2호분의 연대는 4세기 이후로 내려올 것으로 판단되지만(고려대학교박물관·서울문화유산연구원 2012), 석촌동 3호분 동쪽 즙석분구묘의 초축연대는 출토 토기들의 형식으로 보아 서기 3세기 중후반까지 올라갈 것으로 보인다(서울대학교박물관 2015). 풍납토성 하층 환호취락의 呂·凸자형 주거지들에서 보듯이 원래 이 일대는 토축 고분이 축조되지 않은 원삼국시기 중도문화권에 속하였지만, 흑색마연토기로 대표되는 한성백제양식토기(백제조기양식토기)가 성립되는 서기 3세기 중후반경부터 서울 강남지역에서는 대형의 분구묘인 즙석분구묘가 축조되기 시작하였을 것으로 판단된다. 석촌동·가락동의 백제 고분군에서는 즙석분구묘와 함께 토광(목관)묘들도 조사되었는데(서울대학교박물관 2015), 그 축조의 시작도 즙석분구묘와 큰 차이가 있지는 않았을 것으로 판단된다.

다음으로 임진강과 남·북 한강유역의 강가에 분포한 적석분구묘이다. 이들은 원삼국시기 중도문화권에서 축조된 고분인데, 집단적인 고분군을 형성하지 않고 대개 1~2기씩 외따로 분포하였다. 강변에 자연적으로 형성된 사구에 냇돌을 쌓아 축조한 고분으로, 적석분구에서 흘러내린 냇돌들이 사구의 측면을 덮고 있어 외관상 고총처럼 보였으나, 사구는 입지일 뿐 고분은 사구 상면을 정지하고 만들어진 것으로 판단된다(최병현 2011c: 11~12).

고분의 평면형이나 묘곽의 추가 문제 등에 대해 여러 의견이 있었으나, 최근 정선 아우라지(강원문화재연구소 2019)와 광주 곤지암리(이강호 2018)에서는 냇돌로 쌓은 묘곽을 수십 기 추가 설치하고 그 바깥으로 냇돌을 쌓아 테두리를 만든 대형 적석분구묘가 조사되어 그 실체에 다가가게 되었다. 사구 위에 축조된 고분의 평면은 각각 부정형으로 적석분구묘의 외형이 정형화되지는 않았던 것으로 판단되며, 대형분이라도 적석층의 높이는 그다지 높지 않아 대개 2m를 넘지는 않았다고 판단된다. 연천 학곡리 등 임진강유역의 적석분구묘에서는 낙랑계토기가 출토되기도 하고, 정선 아우라지 적석분구묘에서는 한성기 백제토기가 출토되어, 이들의 축조 시기는 서기 3세기 후반 이후일 것으로 판단된다.

서해안지방의 성토분구묘는 분구 형태와 매장주체부의 구조 등이 변화하면서 분구가 확장되기도 하였는데, 지역에 따라 그 변화 과정에 약간씩 차이가 있었다. 호남지방의 성토분구묘들은 서기 3세기 중엽경부터 평면 방형에서 제형으로 변화하고, 한반도에서 성토분구묘가 가장 늦게까지 발전한 영산강유역에서는 긴 사다리꼴의 장제형으로 대형화하였다(김낙중 2009). 대표적으로 함평 만가촌고분군에서 사다리꼴 분구가 연접하여 이루어진 기다란 장제형 고분은 길이 50여 m에 이르기도 하였다. 그러나 그 길이에 비해 높이는 그다지 높지 않았다.

다음은 봉토묘로 서북한지방에서 나무곽무덤 다음으로 출현한 낙랑 귀틀무덤의 경우 봉분이 남아 있는 예들이 상당수 조사되었다. 봉분의 규모가 큰 것은 직경 20m 내외인데, 그 높이는 대개 2m 내외였다. 귀틀무덤도 봉분 높이는 대체로 3m를 넘지 않은 규모였다고 판단된다(사회과학원 고고학연구소 2009b). 서기 2세기에 출현하여 3세기대에 주로 축조된 서북한지방의 낙랑 전실묘도 대부분 봉분의 규모가 귀틀무덤과 비슷하지만 개중에는 봉분의 직경이나 한 변 길이가 30m를 넘는 것도 있고, 잔존한 높이가 5m에 이르는 것도 있다(사회과학원 고고학연구소 2009c). 전실묘 가운데 이와 같이 봉분의 규모가 크고 높은 것은 늦은 형식의 측실이 있는 복실묘이거나 단실묘라도 시기가 내려오는 것으로 판단된다. 즉, 낙랑 전실묘는 봉토가 처음부터 고대하게 축조된 것은 아니었으나 늦은 시기의 일부 고분에서 전실의 위치가 좀 더 지상화하면서 봉분의 규모가 고대해지는 고총화 현상이 있었던 것으로 판단된다.

영남지방에서 원삼국 후기에 축조된 목곽묘는 서기 3세기 중엽경 주부곽식 목곽묘로 발전하였다. 경주지역에서는 고분군에 따라 구조와 형태가 다른 주부곽식 목곽묘가 축조되었는데, 중심고분군인 월성북고분군에서는 방형 부곽의 이혈주부곽식 목곽묘가 축조된 반면 그 외의 주변 고분군에서는 동혈주부곽식의 세장한 목곽묘가 축조되었다(최병현 2015a). 동혈주부곽식 세장방형 목곽묘는 경주 인근을 넘어 영남지방으로 퍼져 나갔으나, 부산 복천동유적과 구야국에서 발전한 가야의 중심고분군인 김해 대성동유적에서는 이혈주부곽식 목곽묘가 축조되었다(최병현 2018a).

경주 구어리 1호묘와 그보다 시기가 내려오지만 월성북고분군의 쪽샘지구에서 조사되고 있는 목곽묘들로 보아 이혈주부곽식 목곽묘의 주곽 묘광 규모는 길이 6~8m, 너비 3~4m, 부곽의 묘광 규모는 길이 너비 모두 3~4m에 달했을 것으로 보인다. 김해 대성동유적의 목곽묘도 부곽이 없는 29호묘는 묘광 규모가 9.6×5.6m였으나 이혈주부곽식인 1호묘는 주곽의 묘광 7.9×4.4m, 부곽의 묘광 3.3×4.3m였다.

이와 같이 영남지방의 목곽묘는 매장주체부의 규모가 대형화하였으나 매장주체부 위에 봉분이 남아 봉토가 조사된 예는 없다. 매장주체부로 보아 분명히 원삼국 후기의 목곽묘보다 큰 규모의 봉분이 조성되었겠지만, 아직 고총화는 이루지 않았기 때문일 것이다. 참고로 동래 복천동고분군에서 조사된 대형의 이혈주부곽식 목곽묘인 31·32호묘의 경우 묘광 내부로 함몰된 봉토로 복원해 보았을 때 봉분의 원래 높이는 약 2.4m 정도였을 것으로 추청되었다(부산대학교박물관 1989). 이와 같은 사실은 영남지방의 주부곽식 목곽묘가 매장주체부는 거대한 규모로 확대되었지만, 봉분은 아직 고총화되지 않아 저봉토 상태의 대형묘로 축조되었던 사실을 말해준다.

동래 복천동고분군에서 대형 묘곽들이 넓은 간격 없이 열을 지어 분포하고 있는 상태로 보면, 목곽묘들은 거의 주부곽의 묘광을 덮을 정도의 범위로 높이 3m를 넘지 않은 봉분이 축조되어 있었을 것으로 판단된다. 동래 복천동고분군에서 목곽묘에 이어 축조된 21·22호, 10·11호 등 대형의 수혈식석곽묘에서도 발굴 당시 봉분은 존재하지 않았는데, 이들도 원래는 대형 목곽묘와 같은 규모 정도의 봉토가 덮혀 있었을 것으로 판단된다.

이상 살펴본 바와 같이 1기에 출현한 저분구묘와 저봉토묘는 시기가 내려오면서 대형분(묘)로 발전하였다. 물론 지역에 따라 대형분(묘)의 성립 시기는 달랐고, 같은 계열의 고분이라도 대형화 시기는 지역에 따라 차이가 있었다. 이는 해당 지역의 사회 발전과 관련이 있었을 것이다.

(3) 3단계: 고총의 등장-고총 1기

한국 고대고분의 전개 과정에서 획기적인 변화를 보여주는 것은 고총의 등장이다. 고총이란 기단이나 호석, 또는 주구 등으로 한정된 묘역을 갖고 지상에 '고대'한 분구나 봉토가 축조된 고분을 말하지만, 그 규모를 계량적으로 말하기는 어렵다. 다만 동일지역에서 이전 시기까지 축조된 저분구묘와 저봉토묘, 그 대형분(묘)과는 확연히 구분되는 고대한 분롱, 특히 높이가 현저하게 높아진 분롱을 가진 고분의 출현을 고총의 등장이라 규정할 수 있다고 본다.

앞서 언급한 바와 같이 한국의 고분에서 고총화 경향은 봉토묘인 늦은 시기 낙랑 전실묘에서 볼 수 있지만, 그보다 먼저 거대한 규모의 고총이 본격적으로 등장한 곳은 집안지역이다. 적석분구묘인 고구려 적석총은 3세기 후반부터 계단적석총으로 발전하여 한 변 길이 20~30m가 넘는 대형 고총들이 축조된다. 계단적석총의 높이는 5m가 넘는 것이 많고, 왕릉들은 초대형 고총으로 축조되었다. 잘 알려진 장군총은 한 변 길이 약 33m, 높이 13m이고, 태왕릉은 한 변 길이 66m, 높이 14m에 이른다.

고구려 적석총은 4세기 중엽부터 평양과 집안에서 축조되기 시작한 석실봉토분과 5세기 중엽까지 공존하였는데, 봉토묘 계열인 석실봉토분은 적석총에 비하면 규모가 작았다.

한성기 백제의 중심지인 서울 강남지역에서도 즙석분구묘에 이어 적석분구묘인 계단식의 적석총이 축조되었다. 현재는 3호분과 4호분 2기밖에 남아 있지 않으나, 서울 강남지역에서 백제 적석총은 4세기 후반부터 백제가 웅진으로 천도하는 5세기 후반까지 축조되었을 것으로 판단되고 있다. 4호분은 한 변 길이 24m, 높이 2.24m의 방형 3층 계단식이고, 4호분도 방형 계단식으로 한 변 길이 55m에 남아 있는 3층까지의 높이가 4.37m이나 원래는 이보다 더 높았을 것이다. 이와 같은 적석총의 규모는 앞 시기의 즙석분구묘와는 분명히 구분되어 백제에서는 이때부터 고총이 등장하였다고 할 수 있다.

그러나 한성기 백제의 중심부에서 축조된 적석총은 고구려와 신라의 고총에 비하면 고총화 정도가 미약했다고 할 수 있다. 서울 강남에서 계단식 적석총이 축조될 때 한성기 백제의 중앙과 지방에서는 봉토묘 계열의 횡혈식석실분도 축조되었으나, 이들은 지상에 봉분이 남아 봉토가 조사된 예가 없다. 석실 위에 얇게 봉토가 덮였겠지만 봉분의 규모가 그다지 크지 않았던 것을 말해준다. 백제 한성기 횡혈식석실분의 계보가 낙랑의 저봉토 고분과 관련이 있었기 때문일 것이다.

한성기 백제의 지방에서도 본격적인 고총은 축조되지 않았다. 서해안지방의 성토분구묘는 서산 기지리유적과 부장리유적에서 분구 규모의 확대를 볼 수 있고, 부장리 1호분은 한 변 길이 27m인 방대형 분구의 높이가 3.3m에 이르러 지방에서 일부 성토분구묘의 고총화 현상을 말해주지만(충청남도역사문화연구원 2008), 영산강유역을 제외한 한성기 백제의 지방에서 그 이상의 고총을 찾기는 어렵다. 복잡하게 합장이 이루어진 완주 상운리의 분구묘들에서도 성토분구가 일부 남은 예들이 있었지만 본격적인 고총화 현상은 볼 수 없었다.

영남지방에서 고총의 등장은 신라의 중심지 경주에서 적석목곽분이 출현하는 4세기 중엽경부터이다. 경주 월성북고분군에서 출현한 적석목곽분은 6세기 전엽까지 주로 수도 경주에서 축조되었는데, 대소형을 불문하고 모두 봉분 하단에 원형으로 호석을 돌려 기본적으로 한정된 묘역을 가진 봉토식 고총이다(최병현 2016a; 2016b). 반구형의 원형분 가운데 대형은 직경 80m에 높이가 20m를 넘고, 원형분을 연접 축조한 여러 묘형이 있는데 그 중 대형의 원형분 2개를 맞붙여 쌓은 표형 연접분인 황남대총의 총 길이는 120m에 달하고 높이도 22m 이상이었다.

영남지방에서 호석으로 둘러싸인 고분의 시작은 경주의 적석목곽분부터이며, 경주에서 적석목곽분의 출현은 수많은 고총들로 이루어진 고분군이 영남지방 각지에 조영되는 고총 현상을 낳았다(이희준 2007). 경주의 적석목곽분과 달리 영남 각지에서 조영된 고총의 매장주체부는 목곽에서 수혈식, 횡구식의 석곽으로 전환되었다. 영남지방에서 경주 다음으로 가장 빨리 고총이 출현한 곳은 고령 지산동고분군으로 5세기 초부터라고 판단되며, 이후 낙동강 동쪽 신라의 지방은 물론 서쪽의 가야지역 각지에서도 시차를 두고 고총들이 축조되었다.

한반도에서 고총이 가장 늦게 등장한 곳은 영산강유역이다. 성토분구묘가 장제형 옹관고분으로 발달한 영산강유역에서 5세기 후엽에는 옹관고분이 방대형, 원대형의 고총으로 축조되어 절정을 이루었다. 나주 반남 일대가 중심으로, 한 분구에 대형 전용옹관을 여러 개 매장한 다장분이 일반적인데, 분구의 규모가 직경 45m, 높이 9.2m에 이르는 거대 고총까지 존재하였다(국립광주박물관 1988; 전라남도 2000). 나주 복암리 3호분은 선축된 제형의 저분구 옹관고분을 수직, 수평으로 확장한 방대형 분구에 횡혈식 석실을 비롯하여, 횡구식 석곽, 옹관 등 수많은 매장주체부를 추가 설치한 것이다.

한편 영산강유역에서 대형 옹관을 매장주체로 하는 고총들이 축조될 때, 반남의 외곽지역에는 수혈식 석곽이나 횡혈식 석실을 내부 주체로 한 원형분, 방형분, 전방후원형분이 축조되고 있었다. 이 고분들도 분구묘 계열이지만 전방후원형분과 그 횡혈식석실은 일본열도에서 유래된 왜계고분으로 판단되고 있다(김낙중 2009). 영산강유역에서는 이와 같은 여러 가지 형태의 고총이 6세기 전엽까지 축조되었다. 영산강유역에서 고총이 축조된 시기는 백제의 웅진기에 해당한다.

이상 살펴본 바와 같이 원삼국시기에 출현한 저분구묘와 저봉토묘는 분구식·봉토식의 대형분(묘)로, 이어서 분구식 또는 봉토식의 고총으로 발전하였다. 고총의 등장은 시차적이어서 지역마다 등장 시기에 차이가 있었고, 또 분구와 봉토의 축조 소재, 그 평면형과 입면형, 매장주체부의 유형도 달랐다. 이에 한국 고분의 전개 과정에서 고총 1기는 국가와 지역마다 고분의 고유색이 극대화한 시기라고 할 수 있는데, 이는 각 지역에서 성장한 정치체, 그리고 그 세력의 성격과 관련된 것이라고 판단된다.

(4) 4단계: 고총의 쇠퇴-고총 2기

지역에 따라 시차가 있지만 대체로 서기 5세기 중엽~6세기 중엽경에는 각 지역에서 고유색이 강한 1기 고총문화가 끝나고, 이때부터 7세기 전반기까지 한국 고대 고분의 중심 묘제는 봉토묘 계열의 석실봉토분으로 통일되었다. 1기에 비하면 전체적으로 고총이 쇠퇴하였지만 아직 상당한 규모를 가진 봉토분들이 각지에 축조되고 있어서, 이 단계를 고총 2기로 규정할 수 있다.

앞서도 언급하였듯이 각 지역에서 석실봉토분은 이 시기에 와서 출현한 것이 아니라 지역에 따라 본격적으로 또는 부분적으로 앞의 고총 1기부터 축조되고 있었다. 그러나 이 단계에는 어느 지역에서나 석실봉토분이 중심이 되는 가장 상위 묘제가 되었다.

고구려의 새로운 수도였던 평양 일대에는 경신리 1호분, 강서대묘 등과 같이 거대한 규모의 봉토가 덮인 석실봉토분들이 존재하였고, 신라의 수도 경주에서도 서악동의 중고기 왕릉들은 적석목곽분에 버금가는 규모의 봉분을 갖고 있었다. 고구려와 신라에서 축조된 일반 석실봉토분들도 이들 왕릉급 고분에 미치지는 못하지만, 모두 일정 규모의 봉분이 축조되었다.

고구려의 석실봉토분은 집안과 평양 등 수도지역, 특히 평양 일대에 주요고분이 존재하고 있으나, 중국 동북지방과 북한의 지방고분 실태는 잘 알려져 있지 않다. 남한에서는 연천 신답리, 춘천 방동리와 신매리 등에 고구려 석실봉토분이 1~2기씩 자리하여 조사되었고, 용인 보정동과 충주 두정동 등 한강 하류나 남한강유역에서도 조사되고 있다(최병현 2011c; 2015b).

이 단계는 신라가 낙동강 서쪽의 가야를 병합한 데 이어 한강유역을 차지하고 동해안으로 원산만까지 진출한 시기였으며, 영남지방은 물론 신라가 진출한 각 지역에는 모두 대소 신라고분군이 조영되었다. 고분들의 내부 주체는 수혈식·횡구식의 석곽, 횡혈식 석실로 차이가 있지만, 단각고배와 부가구연장경호라고 하는 이 시기의 특징적인 신라토기가 부장된 봉토분이라는 특징을 공유하였다.

한편 백제에서는 고총이 1기로 끝나고, 이 시기에 해당하는 웅진기와 사비기에는 더 이상 고총이 축조되지 않았다. 공주 송산리와 부여 능산리 왕릉들의 원래 높이는

2~3m를 넘지 않았고,[6] 특히 석실이 완전히 지하에 설치된 사비기 석실분에서 봉분이 잔존한 예는 찾기 어렵다. 다만 보령 연지리유적, 완주 멀암유적 등 분구묘 전통이 강했던 지역에서는 석실이 여전이 지상의 분구에 축조된 예들이 있으며, 석실 위에 상당한 규모의 봉분이 축조된 익산 쌍릉도 이 지역의 분구묘 전통과 관련이 있었을 것이다.

(5) 5단계: 고분의 쇠퇴

신라에 의해서 삼국통일이 이루어진 7세기 후반부터 8세기 중엽까지로, 신라의 수도였던 경주 일대에서는 왕릉을 비롯하여 여전히 일정 규모의 봉분을 가진 석실봉토분들이 축조되었다. 그러나 경주에서도 고분 축조는 이전 시기에 비해 극감하였고, 왕릉들의 규모도 축소되었다. 지방에서는 지상에 상당한 규모의 봉분을 가진 고분은 소멸되어 더 이상 축조되지 않은 것이 이 단계의 특징이라고 할 수 있다. 지방의 고분이 매장주체부 중심으로 소형화하고, 고분군도 왜소해진 것이다.

중원지방의 신라고분군을 예로 들면, 국원소경-중원경이 설치되었던 충주지역에서는 앞의 고총 2기에 누암리, 하구암리 일대에 상당한 규모의 봉토분들로 이루어진 대고분군이 조영되었다. 그러나 이 단계에 오면 그러한 고분군들의 조영은 끝나고 충주 수룡리, 용산동 등에 소형의 석곽묘들로 이루어진 소고분군이 조영되었다. 서원경이었던 청주지역에서는 용정동, 용담동 일대에서 소형 석곽묘 수십 기로 이루어진 고분군이 조사되었다(최병현 2009).

이와 같은 신라 석곽묘군은 아산 둔포리, 원주 반교동 등 각지에서 조사되었다. 유적에 따라서는 석곽 4~5기 많게는 수십 기가 조사되기도 하지만, 지상에서 봉토의 흔적을 찾기는 어렵고 석곽들도 대개 소형이다. 이 단계 신라의 지방고분과 고분군이 이와 같이 왜소해진 것은 아마도 고분주들이 신라의 지방 지배체제에 속한 해당 지역 출신의 하급관료들로 한정되었기 때문이었을 것으로 판단된다(최병현 2011b: 38).

....

6   현재의 송산리고분군과 능산리고분군의 봉분은 1965년에 확대하였다가 1972년에 일부 수정한 것이다(강인구 1977: 29~40).

(6) 6단계: 고분의 소멸

8세기 후엽 이후로, 이 단계에도 수도 경주 일원에는 왕릉을 비롯하여 석실봉토분들이 축조되었겠지만, 현재 확실히 이 단계로 편년되는 발굴 고분을 찾기는 어렵다. 다만 9세기의 왕릉급 고분으로 평가되는 구정동 방형분이 이 단계에 속할 것으로 판단된다(최병현 2012b).

지방에서는 이 단계에 속하는 고분군을 찾기 어려운데, 확실한 편년자료는 없지만 청주 봉명동에서 조사된 소형 석곽묘 7기의 군집분, 김포 운양동에서 4기로 이루어진 소형 석곽묘군 같은 것이 이 단계 지방고분군의 모습일 것이다. 석곽묘라고 하였지만, 대부분 벽석의 축조가 엉성하거나 사실상 벽석은 쌓지 않고 개석 하부에만 돌을 1줄 돌리기도 하여, 고려 토광묘로 이행하는 과정으로 볼 수 있다(최병현 2011b: 39).

이와 같은 현상은 아마도 전국적이었을 것이며, 이 단계에 지방의 고분이 급격하게 소멸되어 고려 초에 대형의 석곽묘가 다시 등장할 때까지 좀 규모 있는 고분의 축조가 이루어지지 않았기 때문일 것이다. 신라 하대에 지방 지배체제가 급속히 와해되어 간 것, 불교의 선종 신앙이 전국적으로 유행한 것 등이 이와 관련이 있을 것이다.

2. 신라고분의 시기구분

신라는 진한 12국 가운데 지금의 경주에서 성장한 사로국이 모태가 되어 주변의 소국들을 통합하여 성립한 고대국가였다. 사로국이 신라로 탈바꿈함에 따라 사로지역은 신라의 중앙이 되어 갔다. 이에 따라 경주의 고분문화는 신라 고분문화의 진원지가 되었지만, 지방에서는 지역적 자체 전통에 따라 중앙과는 다른 면모를 보이는 부분들도 있었다. 특히 일정 시기에는 중앙과 지방 사이에 중심되는 묘제가 다르기도 하였다. 하지만 지방의 고분문화는 중앙의 끊임없는 영향 속에 진행되어 갔고, 중앙과 지방 사이에 시기구분을 달리해야 할 만큼의 큰 시차가 있었던 것도 아니라고 판단된다. 그러므로 경주지역의 고분문화 전개 과정을 중심으로 신라고분의 시기를 구분하여, 그것을 지방에까지 적용하여도 큰 문제는 없다고 판단된다.

경주지역에서 신라 역사의 전개 과정과 관련되는 고분은 중심 묘제상으로 목관묘, 목곽묘, 적석목곽분, 석실봉토분의 순으로 변천되었다. 이 중 목관묘와 목곽묘는 원삼 국시기 영남지방에서 널리 사용된 묘제로, 모두 한국 고대고분의 전개 과정에서 1단계 의 저봉토묘에 해당한다. 이들은 경주에서는 신라국가 성립 이전 사로국의 성립과 발전 과정의 고분 묘제이며, 적석목곽분과 석실봉토분은 신라국가 성립 이후의 고분 묘제라 는 데 이견이 없다. 경주지역에서는 또 고분 묘제의 변동과 연동하여 토기양식도 변화 되었다. 목관묘와 목곽묘 축조 시기의 토기는 와질토기라고 부르는 원삼국토기이고, 적 석목곽분과 석실봉토분 축조 시기의 토기는 신라토기이며, 각각 다시 전후 시기양식으 로 나뉜다.

그런데 경주를 비롯한 영남지방의 원삼국 후기 목곽묘는 그 묘곽의 평면이 장방형 이었으나 일정 시기가 지난 뒤 경주지역에는 부곽이 딸린 이혈·동혈의 주부곽식 목곽 묘로 발전하였다(최병현 2015a). 이에 따라 경주지역에서 목곽묘시기는 장방형의 단독 곽식 목곽묘 축조 시기와 이혈·동혈의 주부곽식 목곽묘 축조 시기로 나누어진다. 한편 주부곽식 목곽묘 축조 시기에는 원삼국시기의 와질토기에 이어 새로운 토기양식이 성 립하였는데(최병현 2012a), 과거에는 이를 원삼국시기의 와질토기 및 적석목곽분 이후 의 신라토기와 구분하여 고식도질토기라고 하였다.

그러므로 경주에서 이혈·동혈의 주부곽식 목곽묘 축조 시기는 장방형 목곽묘가 축조된 원삼국 후기와는 따로 구분되어야 마땅한데, 문제는 그 시기가 사로국시기에 포 함되는가 아니면 신라국가가 성립된 이후인가이다. 물론 주부곽식 목곽묘는 원삼국 후 기, 즉 경주에서는 사로국 후기의 장방형 목곽묘와 신라 적석목곽분 사이의 과도기적인 성격을 갖고 있었다. 주부곽식 묘곽 배치는 다음 시기의 적석목곽분으로 이어졌으나, 사로국 후기의 장방형 목곽묘와 마찬가지로 묘광과 목곽 사이를 흙으로 충전한 주부곽 식 점토충전목곽묘가 여전히 축조되고 있었고, 이와 함께 묘광과 목곽 사이를 돌로 충 전한 석재충전목곽묘가 새로 출현하여 축조되고 있었으나 이는 아직 본격적인 적석목 곽분 이전 단계의 묘제였다. 토기양식도 원삼국 후기의 와질토기와 적석목곽분시기 신 라토기 사이의 과도기적인 것이라고 할 수 있다.

그런데 주부곽식 목곽묘가 조영되면서 경주지역의 각 지구 고분군에서는 중심세 력의 각 지구 고분군 세력에 대한 지배 양상에 이전과는 다른 흐름이 나타난다. 목곽묘의 규모와 부장품에서 원삼국(사로국) 전기부터 성장해 가던 각 지구 고분군 세력이 격하·재편되는 현상이 간취되는 것이다.

한편 사로국시기 경주지역의 목관묘·목곽묘와 와질토기는, 그것이 반드시 경주지역에서 발생하여 다른 지역으로 퍼져나갔다고 볼 근거가 없는, 원삼국시기 영남지방의 공통적인 묘제와 토기양식이었다. 원삼국 후기에 영남지방에서 평면 장방형으로 시작된 목곽묘가 경주지역에서는 원삼국 후기 말에 세장방형으로 변화되어 다른 지역의 목곽묘와는 구분되는 사로국 나름의 정체성을 갖게 된 것으로 보이지만, 그것이 사로국의 지역적 범위를 넘어 다른 지역으로까지 확대되어 나간 증거는 나타나지 않는다. 이에 비해 이혈·동혈의 주부곽식 목곽묘는 영남지방에서 경주가 발생지였던 것이 분명하고, 그 중 차상위 위계 묘제였던 동혈주부곽식 또는 세장방형의 목곽묘가 영남일원으로 퍼져나가 각지에서 조영되었다. 지방의 동혈주부곽식 또는 세장방형 목곽묘에 부장된 토기도 경주에서 새로 성립한 토기양식이었고, 매장의례와 관련된 철기들도 경주에서 지방으로 퍼져나갔다(최병현 2018a). 이와 같은 현상은 경주의 사로 중심세력이 밖으로 다른 영남지역을 통합해 나간 것을 의미한다.

이와 같이 안으로는 사로 내부의 통제방식이 달라지고 밖으로는 지방을 통합해 나간 것을 알 수 있는 경주지역의 이혈·동혈 주부곽식 목곽묘 축조 시기는 더 이상 사로국시기가 아니라 신라국가로 전환되어 가는 시기였음을 의미한다.[7] 한국고대사에서도 지방 지배의 실현을 국가 성립의 지표로 삼고 있다. 그러므로 경주와 다른 영남지방에서 축조된 주부곽식 목곽묘는 원삼국(사로국)시기 고분이 아니라 신라고분으로 구분되어야 한다.

그런데 경주를 비롯한 신라의 주부곽식 목곽묘는 아직 한국 고대고분 전개 과정의 3단계인 고총으로까지 발전된 것은 아니고 2단계인 대형분(묘)에 해당한다. 이에 고분에 대한 시기구분인 이상 고분문화의 발전 과정에 의미를 두어야 한다고 보아, 고총의

....

7　진한 사로국에서 신라로의 전환은 이와 같이 안으로 사로 내부의 통제 강화와 밖으로 지역 통합이 동시적으로 진행된 것을 보여준다. 그런데 이성주는 구야국이든 사로국이든 그 진화는 단위사회의 성장으로 검토될 성질이 아니며, 진변한 사회의 변동을 설명할 때도 특정 '國'이라는 단위사회의 내재적 변동을 살피는 것은 의미가 없고, '國'의 진화가 아니라 '國'들의 관계망 속에서 정치적 통합이 설명되어야 한다고 주장한다(이성주 2017: 36~37). 그러나 '國'들의 진화나 내재적 변동에 대해 살피지 않고 어떻게 '國'들의 관계망이 드러나고 설명될 수 있는지 모르겠다.

적석목곽분이 축조된 시기를 신라 전기, 아직 저봉토 대형분(묘) 단계인 주부곽식 목곽묘 축조 시기를 신라 조기로 구분하고자 한다.

신라 조기의 고분은 신라고분이면서도 원삼국 후기의 고분과 신라 전기고분 사이의 과도기적 성격을 나타내기도 하고, 고대국가 성립기의 고분이라는 의미도 갖는다고 판단된다. 이에 따라 신라 조기의 토기도 삼국시대의 신라토기인 이상 그 토기양식은 이를 사용한 사회 및 시기 성격을 반영하지 못하는 고식도질토기가 아니라 신라조기양식토기로 설정되어야 한다고 본다.[8] 신라 전기 적석목곽분 축조 시기의 토기는 신라전기양식토기이다.

다음은 석실봉토분으로, 신라의 지방에서는 지역에 따라 신라 전기부터 석실봉토분이 일부 축조되기도 하였지만, 경주에서는 석실봉토분이 신라 전기의 적석목곽분과 교체되어 중심 묘제로서 축조되기 시작하였다. 그러므로 경주를 기준으로 적석목곽분에 이어 석실봉토분이 축조된 시기는 신라 후기로 시기구분된다.

경주에서도 왕릉급 석실봉토분은 시기에 따라 그 규모와 외형이 변화된 모습을 보이기도 하지만, 그 외의 경주지역 석실봉토분은 지방의 고분 변화만큼 그 단계를 분명하게 구분하기는 쉽지 않다. 즉 한국 고대고분의 전개 과정에서 고총이 쇠퇴하는 4단계의 고총 2기와 고분 자체가 쇠퇴하는 5단계의 차이가 지방에서는 분명하지만, 왕릉을 비롯하여 시기와 관계없이 최상위 고분이 축조된 경주에서는 그러한 구분이 확연하지가 않다.

따라서 경주의 신라고분 전개 과정에서 이를 굳이 따로 나눌 필요는 없다고 판단되며, 지방에서도 신라후기 내에서 분기할 수 있다고 본다. 신라 후기인 석실봉토분 축조 시기의 토기양식인 신라후기양식토기도 이를 다시 나누어 따로따로 별도의 양식을

....

8   경주를 비롯한 영남지방에서 원삼국시기 이래의 목관묘와 목곽묘 조사가 거의 이루어지지 않았을 때 쓰여진 『신라고분연구』(일지사, 1992) 등 필자의 과거 여러 글에서는 「신라조기」를 경주지역에서 (토광)목관묘 등장부터 신라 전기의 적석목곽분 출현 직전까지로 하였다. 원삼국시기, 즉 경주지역에서 사로국시기를 신라조기로 한 것이다. 이는 삼한과 삼국의 관계에 대한 한국고대사의 전기론과 전사론 중 전기론과 같은 입장이기도 하였다. 그러나 그 이후 적석목곽분 출현 이전의 고분문화 양상이 경주를 비롯한 영남지방에서 드러나 경주에서 사로국(원삼국)시기의 고분은 전기의 목관묘와 후기의 목곽묘까지이고, 그 뒤를 이은 주부곽식 목곽묘 단계부터는 신라고분으로, 주부곽식 목곽식 축조 시기는 신라조기로 시기구분되어야 함을 이미 여러 논고에서 밝힌 바 있다(최병현 2011a; 2014a). 이는 전기론에서 전사론으로 입장을 바꾼 것이기도 하다.

설정할 필요는 없으며, 시기에 따른 형식의 변화 과정을 분기로 나누어 편년하면 된다고 판단된다.

다만 한국 고대고분 전개 과정의 6단계는 현재로서는 지방에서도 그 실체를 파악하기 어렵거니와 신라의 중앙인 경주에서도 아직 이 시기로 편년되는 고분의 실례를 찾기 어렵다. 토기양식은 8세기 후엽을 기점으로 신라후기양식토기에서 나말여초양식토기로 변화된 것으로 보이지만, 그 출토지들 또한 대개 절터나 가마터 등 토기들의 공반관계를 알 수 없는 유적들이어서 아직 그 세부 편년도 어렵다. 따라서 신라고분의 시기구분에서 이 단계 경주 고분이 신라 후기에 포함될지, 아니면 지방에서와 같이 한국고대고분 전개 과정의 6단계에 상응하는 별도의 시기구분이 필요할지 아직 알 수 없어 보류해 둘 수밖에 없다.

이상의 신라고분 시기구분을 정리하면 〈표 1-1〉과 같이 된다.

표 1-1 신라토기와 신라고분의 분기·편년표

연대	원삼국·신라토기			원삼국·신라고분	한국 고대고분 전개
BC 100	고식와질토기	1기		원삼국(사로국) 전기: 목관묘	1단계: 고분의 출현 — 저봉토묘·저분구묘
		2기	a		
			b		
			c		
		3기	a		
			b		
		4기	a		
			b		
AD 150	신식와질토기	1기	a	원삼국(사로국) 후기: 목곽묘	
			b		
		2기	a		
			b		
250	신라조기양식토기	1기	a	신라 조기: 주부곽식 목곽묘 (점토충전·석재충전)	2단계: 대형분(묘)의 성립
			b		
		2기	a		
			b		
350	신라전기양식토기	1기 1A기	a	신라 전기: 적석목곽분	3단계: 고총의 등장 — 고총 1기
			b		
		1기 1B기	a		
			b		
			c		
		2기	a		
			b		
450		3기	a		
			b		
		4기	a		
			b		
550	신라후기양식토기	1기	a	신라 후기: 석실봉토분	4단계: 고분의 쇠퇴 — 고총 2기
			b		
			c		
		2기	a		
			b		
			c		
650			d		
		3기	a		5단계: 고분의 쇠퇴
			b		
			c		
		4기	a		
			b		
			c		
750	나말여초양식토기				6단계: 고분의 소멸

연구의 시공적 범위

III

이 연구는 경주지역에서 사로국이 성립하여 이를 모태로 고대국가 신라가 탄생하는 과정, 그리고 신라의 왕경으로서 고대국가 신라를 이끌어 간 핵심부의 사회 변화 과정을 고분이라는 고고학자료를 통해 규명해 보려는 것이다. 그러므로 이 연구의 시간적 범위는 사로국의 성립과 관련된 고분, 즉 경주지역에서 원삼국(사로국) 전기의 목관묘 출현부터 신라고분이 소멸하는 통일신라 말까지이다. 한국 고대고분의 전개 과정에서 1단계: 고분의 출현부터, 6단계: 고분의 소멸까지의 경주지역 고분이 모두 그 대상이 된다. 그러나, 앞서 말했듯이, 실제로는 고분의 실례를 찾기 어려운 6단계, 즉 나말여초양식토기 시기인 8세기 후엽 이후가 제외되고, 신라 후기도 발굴자료가 갖추어진 시점까지로 한정될 수밖에 없다.

현재의 경주지역은 크게 보아 형산강이 남북으로 관통하는 중심부 분지지구와 분지를 둘러싼 외곽의 산지로 이루어져 있고, 중심부 분지지구에서 외곽의 산지를 관통하여 밖으로 나가는 네 방향의 구조곡이 자연적인 경계를 이루고 있다. 네 방향의 구조곡에는 형산강의 지류와 본류가 흐르고, 그 연변으로 충적평야가 발달하여 곡부지구를 이루고 있다. 그 중 세 방향의 곡부지구는 형산강의 지류 유역들로, 영천 방면인 대천유역의 서남부지구, 내남-언양 방면인 형산강 상류역의 남부지구, 그리고 울산 방면인 남천 유역의 동남부지구인데, 동남부지구는 남천 상류를 지나 울산광역시 쪽으로 흐르는 태화강의 동천 상류로 막힘없이 연결된다. 다른 하나는 포항 쪽으로 향하는 형산강 본류 유역으로 북부지구를 이룬다. 한편 경주 중심부와는 동쪽 토함산에서 남북으로 뻗은 산줄기로 막혀 중심부에서 멀리 떨어진 동해안지구도 현재의 경주지역에 포함된다.

사로국의 지역적 범위는 대체로 현재의 경주지역에 해당하고, 여기에 울산의 태화강 북쪽 지역이 포함된다는 데에 학계의 견해가 일치되고 있다. 다만 현재는 경주에 포함되어 있지만 북쪽의 안강지역은 사로국의 지역적 범위에 포함된다는 주장(이희준 2007: 192~194)과 제외되어야 한다는 주장(전덕재 2009: 92)이 있다.

울산의 태화강 북쪽 지역이 사로국에 속했다는 데에는 이견이 없지만, 이곳이 원래는 경주 중심부의 분지지구 및 각 곡부지구의 사로국 읍락들과 달리 독립된 소별읍이었다가 어느 시점에 사로국의 영역으로 포함되었을 것이라는 주장이 있다(이희준 2011b: 155~157). 그런데 경주지역에서 원삼국 후기의 장방형 목곽묘로부터 변화되어 사로국 후기 말의 특징을 나타내는 세장방형 목곽묘가 태화강 북쪽의 중산리유적과 하삼정유적에서도 축조되어, 늦어도 원삼국 후기에는 이곳이 사로국의 범위 안에 있었음이 확인된다. 하지만 고고학자료를 통해 그 이전 언제부터 이곳이 사로국에 속했는지를 입증하기는 어려우므로, 태화강 북쪽 지역의 고분유적은 사로국 전기부터 이 연구에 포함될 수밖에 없다.[9]

다음 안강지역에 대해서는 音汁伐國의 위치를 안강으로 보는 통설(전덕재 1996: 43)에 대해 『삼국사기』 지리지의 기사로 보아 지금의 포항시 중심부 일대와 그 북쪽 흥해지역이 음즙벌국이었고, 안강지역은 사로국의 지역 범위에 포함된다는 주장이 있었다(이희준 2007: 192~194). 이에 대해 고려시대에 안강현에 합속된 音汁火縣이 본래 음즙벌국이므로, 음즙벌국은 안강 근처에 있었다는 반론이 있었으나(전덕재 2009: 92), 안강지역인 안계리 방면의 경주 북부지구는 포항, 흥해지역의 음즙벌국과 가까워 원심적 성향을 띠었을 수도 있어 사로국 초기에는 그에 속하지 않은 소별읍 같은 세력이었다가

....

9   참고로 태화강 북쪽인 울산광역시 울주군 두동면, 두서면은 고려~조선시대에 본래 경주군의 관할이었으나 고종 광무 10년(1905) 울산군에 편입되었다고 한다(전덕재 2009: 67)

나중의 어느 시기에 사로국으로 편입되었을 수도 있다는 재반론이 있었다(이희준 2011: 155).

필자는 포항지역의 고분군 분포로 보아 음즙벌국은 옥성리-남성리유적 등 원삼국~ 신라 조기의 유력 고분군이 분포한 홍해지역이 중심이었을 것으로 판단하며, 홍해지역 과는 산줄기로 막혀 있는 안강지역은 일찍부터 사로국에 포함되었을 것으로 본다. 다만 안강지역에서는 신라 전기의 안계리고분군이 조사되었지만, 그 이전 신라 조기까지의 고분은 인근 강동면 인동리유적의 원삼국 전기 목관묘 1기밖에 조사되지 않아, 현 시점 에서 안강지역이 언제부터 사로국에 포함되었는지를 고고학자료를 통해 논하는 것은 의미가 없다. 이에 이 연구에서는 경주 중심부에서 별다른 장애 없이 형산강을 따라 연 결되는 안강지역까지를 경주지역의 북부지구에 포함하고자 한다.

사로국이 고대국가 신라로 탈바꿈하면서 사로지역은 신라 6부가 되고, 신라의 중 앙, 곧 수도 왕경으로 발전되어 갔다. 통일기에는 왕경의 범위를 축소하여 상성군, 대성 군을 설치하였고, 그 뒤 왕경의 범위를 다시 확장하는 등의 행정구역 개편이 있었다고 한다(전덕재 2009). 그러나 이 연구는 고고학자료를 통해 사로국과 신라 핵심부의 사회 변화 과정을 탐색해 보려는 것이므로 그런 행정적 변화와 관계없이 앞서 살펴본 사로 국의 지역적 범위를 대상으로 하겠다. 그러므로 이하에서 경주지역이라 함은 현재의 경 주시 경계 내부가 아니라 울산의 태화강 이북과 북쪽 안강지역을 포함한 사로국의 지 역적 범위에 해당한다.

연구 방법 IV

이 연구는 지금까지 경주지역에서 발굴조사가 이루어진 원삼국(사로국)~신라의 고분을 대상으로 한다. 여기에는 각 시기 중심 묘제의 고분은 물론 그 하위로 되어 간 묘제의 고분들도 포함한다. 다만 이 연구의 흐름에 별 도움이 되지 않는 옹관묘는 제외한다.

고고학 연구에서는 연구의 주제나 목적에 따라 대상 자료의 범위를 한정하거나, 또 한정된 범위 내에서 자료를 취사선택할 수 있다. 고고학 연구는 통상 그렇게 하여 이루어진다. 그러나 이 연구는 고고학자료 중에서도 고분이라는 제한된 물질자료와 그 변화 과정을 통해 사로국과 신라 핵심부의 사회 변화 과정을 규명해 보려는 것이 목표이므로, 그 목표에 가능한 한 가까이 가기 위해서는 각 시기의 규모가 크고 부장품이 화려한 최고 위계의 고분만이 아니라 최하위의 소형 고분들까지도 그 대상이 되어야 한다고 판단된다. 사회는 최고 지배자만이 아니라 여러 계층으로 이루어진 인간 집단이기 때문이다.

물론 이 같은 연구도 각 시기마다 필요한 만큼의 자료를 취사선택하여 소기의 목적을 이룰 수도 있다. 하지만 그럴 경우 언제나 취사선택된 자료의 대표성이나 객관성이 문제가 되고, 이에 따라 반복되는 순환논리에서 벗어나기 어렵다.

고분은 당시 사회가 남긴 물질자료의 일부분에 불과하고, 그것도 사회 구성원 전체가 아니라 한정된 범위의 사람들이 남긴 것이므로, 이를 통해 도출된 당시의 사회 구조와 그 변화 과정은 기초적인 통계적 의미라도 가질 때 생명력이 있다고 판단된다. 이에 이 연구는 옹관묘를 제외한 각 시기 발굴 고분 전체를 대상으로 한다는 것을 밝혀둔다. 토기가 출토되지 않아 토기 형식에 의한 상대편년이 불가능한 고분은 일단 제외하겠지만, 연구의 흐름상 필요한 부분에서는 그것도 언급하도록 하겠다.

고고학은 고고학자료, 곧 물질자료를 통해 과거 인간의 삶을 연구하는 학문이므로, 고고학에서 편년은 그 자체가 고고학자료에 대한 해석틀이자 하나의 해석 도구로 기능한다. 그러므로 고고학 연구에서 편년 자체가 목적이 될 수는 없지만, 편년의 뒷받침을 받지 못한 연구 결과는 공허하다. 특히 역사고고학인 삼국시대에 대한 고고학적 연구는 당시의 역사상을 복원하는 것이 목표이므로 역사시대 고고학자료의 빠른 변화 과정을 담아낼, 가능한 한 정밀한 편년을 바탕으로 해야 된다.

고고학자료 가운데 변화가 가장 빠르고, 유적에서 일반적으로 출토되는 유물은 토기이다. 이에 선사시대, 역사시대를 막론하고 토기는 고고학 연구의 가장 기본적인 자료로서 그에 대한 연구 성과는 다른 고고학자료 해석의 토대가 된다. 또 토기는 고고학자료의 세밀한 상대편년에 가장 적합한 유물이기도 하다.

신라고고학 연구도 신라토기의 편년에 따라 진전되어 왔다고 할 수 있다. 신라고분의 편년과 신라토기의 편년은 표리관계로, 고분 출토 토기를 중심으로 형식분류에 의한 신라토기의 편년 연구가 일찍부터 이루어져 왔다. 필자도 신라고분의 연구를 위해 그 기초가 되는 신라토기의 편년안을 줄곧 발표해 왔거니와, 이 연구도 각 시기 토기의 편년에 토대를 두고 이루어진 것이다.

필자는 이 연구를 위해 경주지역 출토 각 시기양식의 신라토기에 대한 새로운 편년안을 미리 별도로 발표하고(최병현 2011a; 2012a; 2013a; 2014c) 이를 전제로 하여 각 시기 고분에 대한 분석을 진행해 왔다. 이에 이 연구에서는 필자의 새로운 신라토기 편년안에 대한 세부적인 설명은 생략하고 각 시기에 해당하는 토기 편년표와 그에 대한 간단한 설명으로 고분 편년을 대신하겠다. 원삼국(사로국)시기 경주지역의 와질토기에 대해서는 필자의 편년안을 별도의 논문으로 발표하지는 않았지만 원삼국시기 경주지역 목관묘·목곽묘 전개에서 필자 안을 제시하였으므로(최병현 2018b), 이에 대해서도 그 편년표와 요약 설명으로 대신하겠다.[10]

그런데 원삼국시기 와질토기부터 신라후기양식토기까지 경주지역의 토기에 대한 필자의 새로운 편년안에서 상대편년은 그동안 학계에서 논의되어 온 내용과 모두 차이가 있는 것은 아니다. 다만 신라조기양식토기의 설정, 신라전기양식토기의 성립기에 4단각 고배 단계의 설정 정도가 큰 차이라고 할 수 있고, 그 외는 형식의 세분과 그에 따른 형식조열의 수정 내지 조정에 불과하다고 할 수 있다. 영남지역의 원삼국 와질토기와 경주지역 신라토기의 변화 과정에 대해서는 학계의 연구를 통해 그만큼 공감대가 형성되어 있기 때문이다.

절대연대도 대개는 학계의 주된 흐름과 사실상 큰 차이가 없다. 그러나 신라전기양식토기의 이른 시기 부분은 필자와 학계의 일각 사이에 상당한 차이가 있다. 그 차이는, 좀 구체적으로 말하면, 신라 전기고분 중 경주 황남동 109호분-3·4곽의 연대와 황남대총의 연대 및 피장자에 대한 이견에서 비롯된 것이다. 그 배경에는 서기 415년의 北燕 馮素弗墓 출토 短柄鐙子가 세계 최고 등자라는 소위 '풍소불묘 최고 등자설'과 이를 바탕으로 주장된, 집안 광개토대왕비문의 경자년 남정으로 인하여 한반도 남부지방의 고분문화가 변동되었다는, 이른바 서기 400년 '고구려군 남정영향설'이 있다. 신라 전기고분과 가야고분의 연대 설정에서 두 설을 절대적인 근거로 삼거나 두 설 자체를 인정하지 않고 다른 자료에 근거한 데서 연대의 차이가 생긴 것이다. 필자는 두 설이 제기될 당시부터 줄곧 이들을 부정하고 비판해 왔거니와, 이 연구에서는 두 설에 대한 비판적 검토를 겸하여 신라 전기고분의 편년에서 기준이 되는 경주 황남동 109호분-3·4곽의 연대와 황남대총의 연대 및 피장자에 대해 고찰한 내용을 뒤에 보론으로 첨부해 둔다.

이 연구에서는 각 시기별로 토기 편년표와 그 연대를 제시해두겠지만, 각 시기 고분의 분석 결과에 대해서는 상대연대에 따라 논리를 전개해 나간다는 점도 밝혀둔다. 고고학자료의 변화 과정과 그 의미는 절대연대[11]보다 상대연대를 따라 훨씬 더 논리적

....

10   다만 이 연구에서 각 시기별로 제시된 토기 편년표의 토기 형식 도면 중에는 기발표된 논문의 도면이 교체되거나 기종이 더 추가된 내용이 있다. 그러나 형식의 예시 도면을 좀 더 알맞은 것으로 찾아 바꾸거나 편년에 도움이 되는 기종을 세분하여 추가한 것일 뿐, 기발표된 논문과 체계를 달리하거나 각 분기에 해당하는 토기 출토 고분을 바꾼 것은 아니라는 점을 밝혀둔다.

으로 설명될 수 있기 때문이다.

고고학자료는 과거의 인간 집단에 대한 정보를 담고 있지만, 그것을 스스로 말하지 않는 간접 증거이므로 적합한 방법으로 분석되어야 추론할 수 있다. 연구 대상 자료에 대한 직접적이고 실질적인 분석에 기초하지 않은 이론적 논설이나 그에 의한 거대 담론은 사변적이고 공허하다. 특히 역사시대인 한국의 삼국시대에 대한 고고학적 연구에서는 대상 자료와 그에 대한 분석에 철저하게 기반한 연구 결과만이 생명력을 가질 수 있다고 본다.

고고학자료의 분석에는 일반적으로 적용되는 방법도 있지만 해당 자료의 실체적 분석에 적합한 방법을 찾아 적용하거나 개발되어야 소기의 목적을 이룰 수 있다. 이 연구의 각 시기 고분 분석에서 공통적인 것은 고분 구조와 축조 기법, 묘곽(실)의 형식이지만, 시기마다 묘제가 다르고 각 시기를 표상하는 유물도 다르다. 이에 이 연구에서는 일반적인 방법에만 의존하지 않고, 필요한 부분에서는 각각의 자료 자체에 적합한 분석 방법을 찾거나 개발하여 적용하도록 하겠다.

역사고고학 연구는 이미 문헌사학에 의해 정해진 테두리 속에서 진행될 수밖에 없는 한계를 가지고 있지만, 그렇다고 고고학과 문헌사학의 경계 없이 양자 사이를 넘나들면서 진행된 연구가 가질 함정은 경계되어야 한다는 점을 앞서 지적하였다. 이에 덧붙여 외부 사회, 특히 외부의 특정 선사·원사 사회에서 도출된 인류학적 모델에 의존한 고고학자료의 해석이 과연 역사시대인 한국 삼국시대의 역사상에 얼마나 부합할 수 있을지도 돌아보아야 한다. 물론 외부의 모델들을 통해서 고고학자료의 해석을 위한 여러 아이디어를 얻을 수는 있다. 그러나 외부의 특정 모델에 전적으로 기댄 해석보다는 적

---

11 근래 고고학 논문, 특히 역사고고학 논문에서는 일본 학계의 영향으로 절대연대보다 '曆年代'라는 용어가 빈번히 사용된다. 역연대는 절대연대 또는 실연대와 같은 뜻으로, 절대연대는 '西曆으로 추정·표현되는 연대'가 원래의 뜻이지만 理化學的 절대연대측정법으로 얻은 연대를 의미하거나 '절대로 옳다'는 느낌을 주기도 하고, 실연대는 '틀림없는 진실, 진짜 연대'라는 인상을 주므로 '고고학자료가 속한 연대를 서력으로 나타낸다는 의미에 가장 적합한 용어로 역연대를 쓴다'고 한다(武末純一 2012: 78). 그러나 필자는 '역연대'야말로 절대 불변의 연대라는 의미가 강하며, 절대연대는 통상 절대적인 숫자로 표현되지만 연동될 수 있는 연대라는 의미로 쓰이고 있다고 본다. 이에 「永和十三年」과 같이 연호로 표시되었거나 나이테로 계산된 연대 같은 것은 역연대가 될 수 있지만, 방사성탄소연대 등 자연과학적 방법으로 도출된 일정한 오차 범위를 가진 연대, 교차편년 등 고고학적 방법으로 비정된 연대는 절대 불변의 역연대가 될 수 없다고 판단한다. 이에 이 연구에서도 역연대라는 용어 사용은 지양한다.

합한 방법이 적용된 분석에 의해 자체의 고고학자료로부터 도출된 귀납적 해석이 역사적 사실에 좀 더 가까울 것이라 믿는다.

신라고고학의 목적이 신라 역사의 복원인 이상 묘제나 고분, 이를 조영한 집단의 기원이나 유래에 대해 관심을 갖는 것은 당연하고 여기에는 전파론적 해석이 뒤따를 수도 있다. 그런데 학계의 일각에는 고고학자료에 대한 전파론적 해석은 사회 발전 과정의 환경적, 사회·경제적 요인 설명을 필요 없게 한다는 비판(이성주 1993b: 80~81)과 함께 시기에 따라 새로 등장하는 물질문화와 주민 집단의 계보 찾기에 부정적인 인식이 있다. 필자는 극단적인 이주·전파론도 경계해야 하지만 내재적 발전의 지나친 강조가 오히려 고고학자료에 대한 다양한 해석의 폭을 좁히는 우를 범하고 사료에 빈번히 등장하는 유이민의 존재도 부정하는 결과를 가져오게 되는 점을 경계해야 한다고 생각한다.

이 연구에서는 고분에 반영된 사회의 계층성과 내부 통합의 두 측면에서 사로국과 신라 핵심부의 사회 변화 과정에 접근해 보고자 한다. 사회의 계층성은 각 시기 고분의 랭크[12]와 그 구성에 대한 분석을 통해 접근해 볼 수 있을 것으로 판단된다. 고분은 구조 각부의 시설과 부장품을 비롯한 매납 유물이 기본적인 구성 요소이지만, 이뿐만 아니라 입지와 고분군 내의 위치 등 외부적 환경에도 피장자의 사회적 지위나 신분을 포함한 사회적 인격이 반영되어 있다고 보아야 한다.

그런데 고분은 대개 피장자 자신이 축조한 것이 아니고, 특히 신라 전기의 고총과 같은 거대 고분은 그 축조 과정에 상당한 시일이 소요되므로, 엄밀하게 말하면 고분에 반영되어 있는 사회적 인격은 피장자만의 것이 아니라 조묘자의 것이 포함되어 있거나, 극단적으로는 피장자가 아니라 조묘자의 것이었을 가능성도 있다(김종일 2007: 160~161). 그러나 개개의 고분에서 이를 일일이 따져 물을 수도 없거니와 사회적 산물로서의 고분을 통해 당시 사회의 계층성을 파악하는 데 있어 그것이 그다지 큰 문제가 되지는 않는다고 판단된다.

한편 고분은 개개의 잔존 상태도 제각각인 경우가 많지만, 시기와 묘제에 따라서도

---

12   사회 계층과 관련된 용어로 이희준(2002b: 82)은 rank를 階序로, 김종일(2007: 152)은 rank를 서열, hierar-chy를 계서 또는 계서집단으로 번역하였다. 이 연구에서 '고분의 랭크'는 일차적으로 '고분의 등급'을 의미하지만, 그것이 피장자의 사회적 인격이나 사회의 계층성을 함의한 것으로 본다.

그 구성 요소가 다르고 각 시기를 표상하는 유물도 다르므로 고분의 랭크 구분에 통시적으로 동일한 기준을 적용할 수는 없다. 이에 이 연구에서는 각 시기 고분에 맞는 랭크 구분의 기준 요소를 추출하여 분석하도록 하겠다.

사회의 내부 통합에 대해서는 고분에 반영된 사회의 계층성과 함께 고분군의 위계 구조를 통해 접근해 볼 수 있을 것이다. 경주지역의 각 시기 중심고분군 형성과 이를 필두로 한 고분군의 위계 구조는 사로국과 신라 핵심부의 사회 내부 통합에 대한 일면을 의미할 것으로 판단된다. 이에 더하여 각 지구 단위에서도 고분군의 위계 구조가 파악될 수 있다면, 고분군들의 중층적 위계 구조를 통해 당시 사회의 내부 통합에 좀 더 다가갈 수 있을 것으로 사료된다.

경주지역을 이루고 있는 각 단위 지구의 지리적 위치에 대해서는 앞서 살펴보았지만, 이에 대해 사회적 측면에서 접근하려면 각 단위 지구가 단순히 지리적 범위만이 아니라 고고학자료상으로도 의미를 가질 수 있는지 유의할 필요가 있다. 물론 범영남지방의 고고학적 문화가 동질적인 원삼국(사로국)시기나 고분문화의 齊一性이 유독 강한 신라의 중심부 경주에서 그 하부 단위 지구를 고고학자료로써 가를 수는 없을 것이다.

우리 학계에는 삼한·삼국의 고고학자료와 관련하여 물질문화의 양식으로 종족이나 정치체의 경계를 구분할 수 있는지 등 인간 집단의 정체성과 고고학자료의 관계에 대한 논란이 있다(박순발 2006; 김종일 2008). 필자는 기본적으로 고고학자료, 즉 물질자료에는 인간 집단의 정체성이 반영되어 있다고 보는 입장이다. 만일 그렇지 않고 물질자료가 인간 집단의 정체성과 관련이 없다고 한다면 고고학은 물질문화에 대한 단순한 기술 외에는 별다른 역할이 없을 것이다.

그러나 여기에는 중심과 주변, 그리고 그 경계의 문제가 있다. 즉 원사시대, 선사시대로 올라가면 갈수록 물질문화의 중심과 주변이 구분되지 않고 경계도 불분명하며 물질문화의 양식이 갖는 정치적 의미는 약하지만, 역사시대로 내려오면 올수록 물질문화의 중심과 주변이 분명해지고 경계도 구분되며 물질문화의 양식이 갖는 정치적 의미가 강하다고 판단된다. 정치체의 내적 긴장 정도가 높고 정치체 사이의 경쟁이 심해지면 심해질수록 물질문화의 양식의 통일성도 강해지기 때문이다(박순발 1997: 132~133).

사로국시기나 신라의 경주지역은 물론 그 하부의 단위 지구는 고고학적 문화의 차이를 논할 만한 정도의 범위가 아니므로 이를 고고학자료로써 구분하려는 것은 과욕이고 무의미할 수 있다. 그러나 단위 지구나 또는 그 소속 고분군에 따라 고고학자료의 기원이나 계보에서 유래된 차이, 또는 특정 철제품의 집중 분포, 토기의 생산과 공급 범위에 따른 양식이나 형식의 차이 등을 구분해 보는 것은 의미가 있다고 판단된다. 단위 지구나 고분군에 따라 존재한 그런 차이들이 극복되면서 동질화되어 나가는 과정 또한 사회의 내부 통합과 밀접한 관련이 있을 것이기 때문이다.

제3장

신라고분 출현 전야:
원삼국시기 경주지역의
목관묘·목곽묘 전개와 사로국

원 삼국시기 경주를 비롯한 영남지방에서는 목관묘와 목곽묘가 중심묘제로 조영
되고 있었다. 고대국가 신라는 지금의 경주지역에서 성장한 진한 사로국이 모
태가 되어 주변 세력들을 통합하면서 성립되었으므로, 신라의 고분문화는 그 뿌리가 원
삼국시기 경주지역에서 조영된 목관묘와 목곽묘에 닿아 있다.

1979년에 착수된 조양동유적의 발굴조사를 시작으로 경주지역에서는 지금까지 중
심부인 분지 내부 평지와 분지 내부로 연결되는 여러 곡부지구에서 적지 않은 원삼국
시기의 목관묘와 목곽묘 유적이 조사되었다. 여기서는 그동안의 조사 자료들을 종합하
고 분석하여 원삼국시기 경주지역 목관묘와 목곽묘의 전개 과정을 살펴보고, 이를 바탕
으로 원삼국시기 경주지역에서 성장한 사로국 사회의 일면을 추적해보고자 한다.

원삼국시기 영남지방의 목관묘와 목곽묘에 대해서는 그동안에도 많은 연구가 이
루어져 왔다. 지금까지의 연구 성과에 따르면 영남지방의 원삼국시기는 전기와 후기로
나누어지며, 고식와질토기가 사용된 전기에는 목관묘, 신식와질토기가 사용된 후기
에는 목곽묘가 조영된 것으로 밝혀져 있다. 경주지역에서도 대세적으로는 전기에 목관
묘, 후기에는 목곽묘가 중심이었지만, 그러나 전기에도 일부 유적에서는 목곽묘가 조영
되고 있었고, 후기에도 일부 유적에서 목관묘가 소수 축조되었다. 이에 여기서는 먼저
원삼국시기 경주지역에서 조영된 목관묘와 목곽묘의 형식을 분류한 다음, 그 전개 과정
을 전기와 후기로 나누어 살펴보기로 하겠다.

경주지역에서 목관묘가 조영되기 시작한 것은 원삼국시기 이전인 초기철기시대부
터이지만, 이 글에서는 고식와질토기가 출현하는 원삼국시기에 들어올 무렵 사로국이
성립하였다는 입장에 서 있음을 미리 밝혀둔다. 이에 따라 이 글에서는 가능한 한 경주
지역을 포함한 광역을 의미할 때는 원삼국시기, 지역을 경주로 한정할 때는 사로국시기
로 쓰겠지만 양자를 혼용하는 경우도 있을 것이다.

목관묘와 목곽묘의 형식분류 I

1. 형식분류의 기준

원삼국시기 영남지방의 목관묘와 목곽묘는 원래 지면 아래로 깊거나 얕은 묘광을 파고 묘광 안에 매장주체 시설로 목관이나 목곽을 안치 또는 설치하고, 그 위로는 지면보다 높게 흙을 쌓아 야트막한 봉분을 조성한 봉토분이다. 한국 고대의 고분을 크게 분구묘와 봉토묘 계열로 나누면 원삼국시기 영남지방의 목관묘와 목곽묘는 봉토묘 계열의 저봉토 고분에 속한다고 할 수 있다.[1]

그러나 목관이나 목곽과 같은 매장주체 시설이 부식함에 따라 봉토는 묘광 안으로 함몰하거나 유실되어 발굴 당시 지상에 봉토가 남아 있는 예는 없으며, 매장주체 시설도 그 흔적을 찾기 어렵다. 따라서 원삼국시기 영남지방 목관묘와 목곽묘의 잔존유구는

....

1　앞서 밝혀두었듯이 필자는 한국고고학에서 '고분'은 반드시 '고총고분'이 아니라 저분구묘, 저봉토묘, 대형분(묘), 高塚을 포함하는 넓은 의미를 갖는다는 입장이다(최병현 2011b). 이에 아래에서는 가능한 한 목관묘와 목곽묘를 지목하여 쓰겠지만, 양자를 아우르거나 그 전개 과정을 표현할 때는 '고분', '고분문화'라는 용어도 함께 쓴다는 것을 밝혀둔다.

대개 지하로 판 묘광, 묘광과 그 안쪽의 매장주체 시설인 목관이나 목곽 사이에 채운 충전토뿐이다. 이에 매장주체 시설인 葬具가 목관이었는지 목곽이었는지는 묘광 내에 남아 있는 피장자 착장유물과 부장품을 구별하여 그 위치, 특히 부장품의 배치 위치에 따라 구분되고, 목관이나 목곽의 형태와 규모도 충전토의 잔존상태나 그 내측의 규모로 파악될 수 있을 뿐이다. 따라서 목관묘와 목곽묘 각각의 형식도 묘광 내 잔존유구에서 유추되는 목관과 목곽의 형태, 그리고 부장품의 배치상태에 따라 구분된다.

종래 우리 학계에서는 충전토의 안쪽, 즉 장구 내에서는 피장자가 착장했던 유물이 출토되고, 충전토 속이나 상하에 부장품이 배치된 경우는 목관묘로, 피장자의 착장유물과 부장품이 모두 충전토의 안쪽, 즉 장구 내에서 출토되고 충전토에는 부장품이 배치되지 않은 경우는 목곽묘로 판단하여 왔다. 목관묘와 목곽묘를 분별하는 이와 같은 기준은 대체로 타당하다고 판단되며, 본고에서도 이를 따른다. 다만 원삼국 후기에는 약간의 예외적인 사례들이 존재하는데, 이들에 대해서는 뒤에서 사례별로 언급하겠다.

목관묘(I)는 우선 구조적으로 목관이 통나무관(IA)인지 판재관(IB, IC)인지, 다음으로 부장품 특히 토기들의 부장 위치가 목관의 장변 쪽이나 피장자 발치의 단변 쪽을 포함하여 분산적인지(IA, IB) 아니면 피장자의 머리 방향 단변 쪽에만 해당하는지(IC)에 따라 구분되고, 목관 밑의 묘광 바닥에 腰坑이라고 칭해온 棺下 副葬坑의 존재 여부(a, b)에 따라 세분된다.

목곽묘(II)는 구조적으로 기둥구멍이 존재하지 않아 따로 기둥을 세우지 않고 목곽을 축조한 것(IIA)과 기둥구멍이 존재하여 먼저 기둥을 세우고 기둥에 맞추어 목곽을 축조한 것(IIB)으로 구분되고, 부장품의 배치 위치에 따라 세분된다.

2. 목관묘의 형식(도 1-1)

1) 통나무관 목관묘(IA)

묘광 내 부식 목질의 흔적이나 충전토의 잔존상태 및 묘광의 형태로 보아 통나무관이 사용되었다고 판단되는 목관묘이다. 이른 시기 것은 대개 묘광이 깊고 묘광의 벽

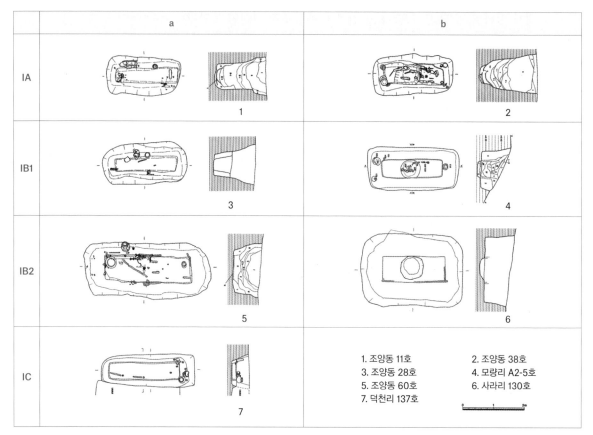

	a	b
IA	1	2
IB1	3	4
IB2	5	6
IC	7	1. 조양동 11호 2. 조양동 38호 3. 조양동 28호 4. 모량리 A2-5호 5. 조양동 60호 6. 사라리 130호 7. 덕천리 137호

도 1-1 **목관묘의 형식**

이 단을 이루거나 수직적이지 않은 특징이 있다. 토기를 포함한 부장품은 목관의 장변 쪽이나 피장자 발치의 단변 쪽을 포함한 충전토에 배치되었다. 관하 부장갱이 존재하지 않은 것(IAa식)과 존재한 것(IAb식)으로 나누어진다.

2) 판재관 목관묘(IB)

묘광 내 부식 목질의 흔적이나 충전토의 잔존상태로 보아 판재관이 사용되었다고 판단되는 목관묘 중 위의 통나무관 목관묘와 같이 토기를 포함한 부장품이 목관의 장변 쪽이나 피장자 발치의 단변 쪽을 포함한 충전토에 배치된 것이다. 목관의 규모, 특히 목관의 너비에 차이가 큼으로 70cm를 기준으로 구분해 둔다.

○IB1식: 목관의 너비가 좁은 것으로 대개 60cm를 넘지 않는다. 관하 부장갱이 존재하지 않은 것(IB1a식)과 존재한 것(IB1b식)으로 나누어진다.

○IB2식: 목관의 너비가 70cm 이상으로 넓은 것이다. 관하 부장갱이 존재하지 않은 것(IB2a식)과 존재한 것(IB2b식)으로 나누어진다.

3) 판재관 목관묘(IC)

묘광 내 부식 목질의 흔적이나 충전토의 잔존상태로 보아 판재관이 사용되었다고 판단되는 목관묘 중 부장품, 특히 토기들이 모두 피장자의 머리 방향 단변 쪽 충전토에 부장되었을 뿐 목관의 장변 쪽이나 피장자 발치의 단변 쪽 충전토에는 부장품이 배치되지 않은 것이다. 목관의 너비는 대개 60cm 이하이며, 관하 부장갱은 존재하지 않는다.

3. 목곽묘의 형식(도 1-2)

1) 무기둥 목곽묘(IIA)

목곽의 모서리 부분이나 측벽 쪽에 기둥 구멍이 존재하지 않아, 원래 기둥을 세우지 않고 목곽을 축조하였다고 판단되는 목곽묘들이다. 목곽 내 부장품의 배치상태에 따라 세분된다.

○IIA0식: 부장품, 특히 토기들이 장방형 목곽 내 피장자의 머리맡에만 배치된 목곽묘이다.

○IIA1식: 장방형 목곽 내에 부장품, 특히 토기들이 분산적으로 배치된 목곽묘이다.

○IIA2식: 부장품 특히 토기들이 목곽 내 한쪽 장변을 따라 줄을 지어 배치된 목곽묘이다. 목곽의 장폭비가 줄어 평면이 방형에 가까워지는 경향이 있다.

○IIA3식: 부장품, 특히 토기들이 목곽 내 피장자의 발치 쪽에 집중 부장되어 부장

	IIA			IIB	
IIA0		1	IIA 1. 덕천리 134호 2. 황성동(동) 31호 3. 황성동(박) 40호 4. 사라리 18호 5. 조양동 3호 6. 황성동 강변로 12호	IIB 1. 중산리 VII-4호 2. 중산리 VII-13호 3. 중산리 VII-1호 4. 중산리 VIII-90호 5. 조양동 2호	
IIA1		2 3	IIB1		1 2
IIA2		4	IIB2		3
IIA3		5 6	IIB3		4 5

도 1-2 목곽묘의 형식

군을 이룬 목곽묘이다. 대형 목곽묘의 평면은 세장화하는 경향이 있다.

2) 기둥식 목곽묘(IIB)

목곽의 측벽이나 모서리 부분에 기둥 구멍이 존재한 것으로 보아, 목곽을 축조할 때 먼저 기둥을 세우고 기둥에 맞추어 목재를 쌓아올려 구축한 목곽묘들이다. 중소형 목곽묘 중에는 밑에 받침목을 두고 목곽의 바닥을 설치한 예들도 있다. 목곽 내 부장품의 배치상태에 따라 세분된다.

　○IIB1식: 부장품의 배치는 IIA1식과 같으나, 목곽의 평면이 근방형이다.

　○IIB2식: 부장품의 배치가 IIA2식과 같으나 목곽의 평면은 좀 더 방형에 가깝다.

　○IIB3식: 부장품의 배치와 대형 목곽묘의 평면이 세장화하는 경향이 IIA3식과 같다.

원삼국 전기의 목관묘와 목곽묘 전개

II

1. 편년

경주지역에서 사로국이 성립하고 성장해 갈 무렵인 원삼국시기 영남지방에서 사용된 토기 양식은 와질토기이며, 원삼국 전기의 토기는 고식(또는 전기)와질토기이다. 따라서 원삼국 전기의 경주지역, 즉 사로국 전기의 목관묘와 목곽묘 편년은 경주지역의 고식와질토기 형식분류를 통해 살펴볼 수 있다. 그동안 학계에서는 영남지방 고식와질토기에 대한 심도 깊은 연구가 이루어져 왔고, 그 형식분류와 상대편년에 대해서도 많은 연구성과가 축적되었다(최종규 1983b; 이성주 1999; 이원태 2013).

이에 본고에서는 선행 연구들을 참고하여 〈도 1-3·4〉의 경주지역 원삼국 전기 토기 편년안을 작성하였다. 이 편년안에서 필자는 주머니호와 조합우각형파수부장경호의 형식변화에 기초하여 경주지역의 원삼국 전기 토기를 크게 4기로 나누고, 다시 8소기로 세분하였는데, 그 내용은 선행 연구들과 큰 차이가 없다. 다만 이 편년안에서 필자는 주머니호와 조합우각형파수부장경호 외에 심발형토기와 단경소호의 형식변화에도 유의하였다. 자세한 것은 뒤에서 살펴보겠지만 경주지역의 사로국 전기 이른 시기 고분군

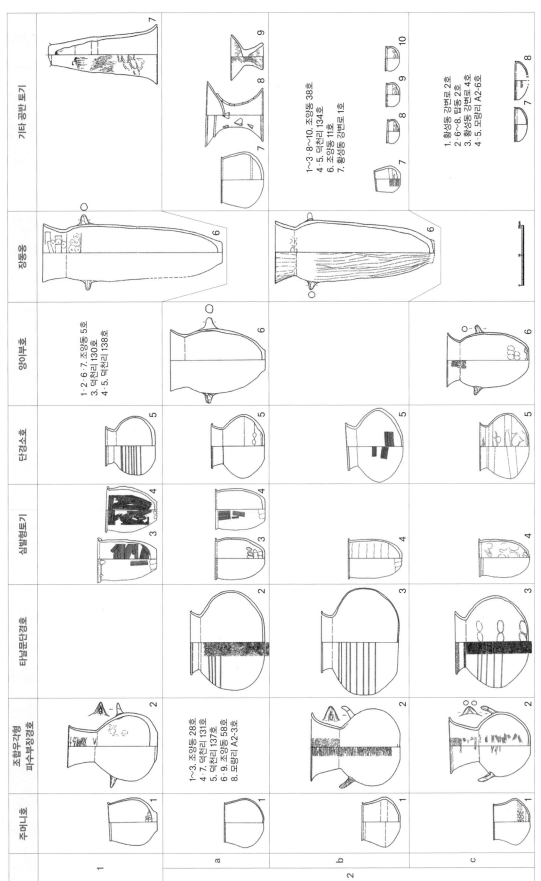

주머니호	조합우각형 파수부장경호	타날문단경호	심발형토기	단경소호	양이부호	장동옹	기타 공반 토기

도 1-3 원삼국 전기 경주지역 토기 편년표(1)

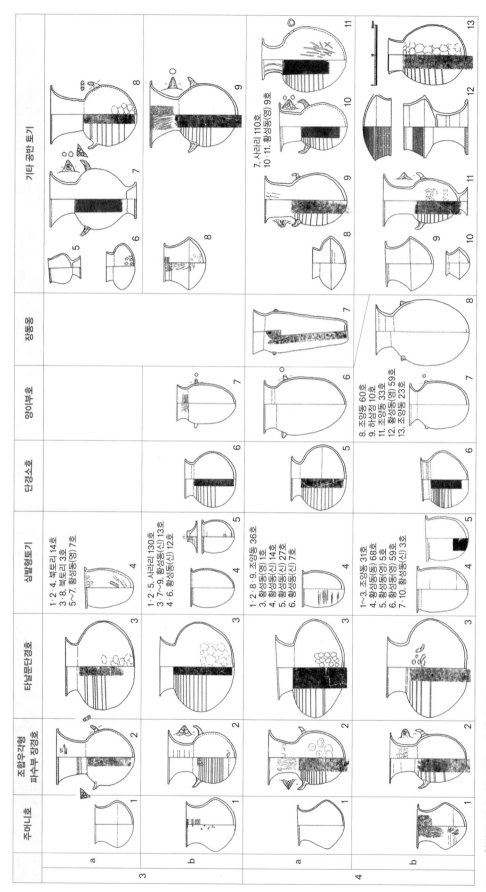

도 1-4 원삼국 전기 경주지역 토기 편년표(2)

가운데에는 기본적인 부장토기 세트가 주머니호+조합우각형파수부장경호+타날문단경호로 이루어진 유적과 심발형토기+단경소호로 이루어진 유적이 있기 때문이다.

부장토기 세트로 보아 단경소호와 짝을 이룬 심발형토기는 평저의 단면 삼각형점토대토기에서 적갈색 연질의 평저 심발형토기로 바뀐 다음 다시 와질토기 원저심발로 변화한다. 주머니호+조합우각형파수부장경호와 세트가 되는 타날문단경호, 심발형토기와 세트가 되는 단경소호는 우선 크기에서 차이가 있다. 타날문단경호는 동 최대경이 대개 30cm를 넘고 높이도 30cm 전후이지만, 단경소호는 동 최대경이 대개 20cm 내외이고 높이는 20cm를 넘지 않는다. 타날문단경호는 기표 전면에 세승문을 타날한 다음 횡침선을 돌렸고, 단경소호는 타날문이 있는 예도 있으나 대개는 무문으로 차이가 있다.

물론 사로국 전기의 이른 시기에도 고분군에 따라 두 가지 세트의 일부 기종이 섞여 부장된 예가 있고, 전기의 늦은 시기에 오면 후자의 부장 세트는 소멸된 가운데 두 가지 부장토기 세트의 기종들이 서로 섞여 간 것으로 보이지만, 전기의 이른 시기에는 분명히 부장토기의 세트가 기본적으로 다른 두 유형의 유적이 존재했던 것으로 보인다. 따라서 이들 상호 간의 관계가 분명해져야 사로국 전기 전체의 목관묘와 목곽묘 편년이 가능해진다. 다행히 주머니호와 심발형토기가 공반된 유구들이 있어 그 관계를 알아볼 수 있다. 아래에서는 각 분기의 변화 내용을 간단히 요약한다.[2]

○1기: 주머니호와 조합우각형파수부장경호의 저부가 굽 상태이거나 굽의 흔적이 남아 있다.[3] 삼각형점토대토기와 단경소호의 세트에서 삼각형점토대토기는 평저화 하

....

2 근년 필자는 신라토기의 시기양식에 따라 경주지역 출토 각 시기 신라토기에 대한 새로운 편년안을 제시하고, 그 편년안을 바탕으로 신라고분의 전개 과정을 고찰하였다. 그러나 원삼국(사로국)시기 경주지역의 와질토기 편년안은 별도로 발표하지 못하였다. 여기서는 경주지역 출토 원삼국 전기와 후기의 와질토기 형식변화에 대해 요점만 간략하게 밝혀두고, 자세한 내용은 후일 따로 발표할 기회를 갖도록 하겠다.

3 아직 저부에 굽이 있는 조양동 5호묘의 주머니호와 조합우각형파수부장경호에 대해서는 와질토기라는 주장(신경철 1991: 196)과 아직 무문토기라는 주장(정인성; 2008 2012: 48)이 있지만, 초기철기시대 삼각형점토대토기와 공반하는 소옹 및 흑색마연장경호(뒤의 도 1-8)와 비교해 보면 주머니호는 그 선행 기종으로 보이는 소옹에서 기벽과 구연부 형태가 상당히 변화되었고, 조합우각형파수부호의 저부도 굽이 거의 흔적만 남아 이미 순수한 무문토기는 아니라고 판단된다. 또 이 단계에 해당하는 타날문단경호는 아직 출토례가 없지만, 덕천리고분군에서 이미 평저화된 삼각형점토대토기와 와질토기 단경소호가 공반하고 있는 것도 고려해야 된다고 판단된다.

였고, 단경소호는 직선적인 경부에서 구연부가 꺾여 외반한다. 단경소호의 바닥은 평저이다.

○2기: 주머니호와 조합우각형파수부장경호의 저부가 굽 없이 평저이거나 들린 평저로 변화하고, 타날문단경호도 평저이며 짧은 구경부가 외반한다. 주머니호 기벽의 내만 곡선화 정도, 조합우각형파수부장경호 동체의 구형화 정도에 따라 a~c의 3소기로 세분된다.

삼각형점토대토기는 구연이 외반한 적갈색 연질의 심발형토기로 변화하여 동체의 기벽이 상하 수직으로 길어지며, 평저인 바닥이 점차 좁아져 원저로 바뀌어 갔다. 2c기부터 와질토기 원저심발로 전환되었다. 단경소호의 평저 바닥도 점차 좁아져 간다. 조양동 28호묘과 덕천리 131호묘에서 2a기의 주머니호와 심발형토기가 공반되어 전후의 기형 변화를 알 수 있다.

○3기: 주머니호는 기벽 단면 S자형의 원저호 형태로 발전하였고, 바닥이 원저로 바뀐 조합우각형파수부장경호의 구형 동체에는 타날문이 시문된다. 타날문단경호의 바닥도 원저화하였고, 구경부가 길어져 곡선적으로 외반한다.

북토리 14호묘, 황성동 575-6호묘에서 주머니호와 와질토기 원저심발이 공반되었는데, 원저심발의 동체 상부가 축약되어 기벽 단면이 곡선화하였다. 단경소호의 바닥은 원저로 바뀌었다.

기형의 변화 정도에 따라 a, b의 2소기로 세분되며, 3a기 조합우각형파수부장경호에는 세승문만 타날된 것, 세승문 타날에 횡침선이 돌아간 것이 있고, 또 주머니호와 조합우각형파수부장경호에 대각이 붙은 것도 출현하였다. 3b기의 주머니호 중에는 기벽이 동체 중앙부에서 완전히 꺾여 올라간 것도 있다.

○4기: 원저호 형태로 바뀐 주머니호는 구연부가 수평으로 심하게 외반하고, 조합우각형파수부장경호는 동체가 상하로 긴 편구형으로 변화된다. 원저심발은 바닥이 넓어지고, 기고가 낮아진 것이 출현한다. 황성동 575-5호묘에서 주머니호와 기고가 낮아진 원저심발이 공반되었다. 원저로 바뀐 단경소호는 기벽이 둥글어져 구형화하는 경향이 있다.

기형의 변화 정도에 따라 a, b의 2소기로 세분되며, 각각 여러 가지 변형의 조합우각형파수부장경호가 공반된다.

경주지역 사로국 전기 고분의 연대관에 대해서도 청동거울 출토 고분을 중심으로 선행연구들이 축적되었다. 지금은 대개 다뉴경이 출토된 조양동 5호묘를 기원전 1세기 전엽(高久健二 2000), 4점의 이체자명대경이 출토된 조양동 38호묘를 기원전 1세기 후엽(高久健二 2000; 이양수 2006), 사라리 130호묘 출토 소형 방제경은 서기 1세기 말~2세기 전엽(이재현 2000), 그리고 한경과 방제경이 출토된 원삼국 후기 초의 목곽묘인 김해 양동리 162호묘를 2세기 중엽(이양수 2006)으로 보는 연대관이 널리 인정되고 있다(이희준 2002a; 2011a; 이원태 2013). 이를 따라 본고의 1기: 서기 전 1세기 전엽, 2a기: 서기 전 1세기 중엽, 2b기: 서기 전 1세기 후엽, 2c기: 서기 1세기 전엽, 3a기: 서기 1세기 중엽, 3b기: 서기 1세기 후엽, 4a기 서기 2세기 전엽의 이른 단계, 4b기 서기 2세기 전엽의 늦은 단계로 설정해둔다.[4]

경주지역 사로국 전기 목관묘와 목곽묘의 편년은 이상의 토기 편년에 근거하여 〈표 1-2〉로 대신한다. 대개는 토기의 형식분류에 의한 것이지만, 토기가 출토되지 않은 일부 고분은 철기의 형식을 고려하여 상대편년하였고, 철기로도 세부편년이 어려운 경우는 편년을 유보하였음을 밝혀둔다.

2. 목관묘와 목곽묘의 전개

1) 목곽묘와 IC식 목관묘의 조영

영남지방에서 원삼국시기의 고분유적이 조사되기 시작한 것은 1979년 발굴이 착수된 경주 조양동유적에서부터였다. 조양동유적에서는 고식와질토기가 부장된 원삼국 전기의 목관묘와 신식와질토기가 부장된 원삼국 후기의 목곽묘들이 드러났다(최종규 1983c). 그 후 1988년에는 창원 다호리 1호 목관묘에서 통나무 목관 실물이 발굴되었다

....

4   이성주는 진·변한지역 분묘 출토 토기 편년에서 "木棺墓의 마지막 단계(I-7단계)와 木槨墓의 初現 段階(II-1a 단계)는 사실상 겹쳐 있을 것이라는 전제하에 II-1단계의 상한을 2세기 중엽까지 올려 볼 수 있다고 생각한 다"고 하였다(이성주 1999: 41). 그러나 필자는 고식와질토기의 하한은 2세기 전엽, 신식와질토기의 상한은 2세기 중엽으로 본다.

표 1-2 사로국 전기 경주지역 목관묘·목곽묘 편년표

	IAa	IAb	IB1a	IB1b	IB2a	IB2b	IC	IIA0	IIA1	기타
1	조양 5						덕천 135·137 모량 A2-3	덕천 130·133·138		
2a	복토 13		조양 28·52·58					덕천 131		
2b	조양 11	조양 38	황성(강) 3 탑동 3				덕천 136	덕천 132·134 모량 A1-1		
2c	복토 7	탑동 2	인동 1 황성(강) 2·4				모량 A2-4·7	모량 A2-6		
3a	복토 3·14		황성(영) 2·7 복토 2·9							
3b			황성(영) 6·12 황성(신) 13			사라 130	황성(신) 12			황성(영) 토1
4a	복토 4	복토 11	모량 A2-2 사라 110 중산 1·중산(동) 2 황성(영) 1·9·14 황성(신) 7·14·22·27 복토 15	조양 36 중산(동) 3	조양 62	탑동 1	황성(신) 16·23		황성(동) 31	
4b	다운 나-19		조양 23·31·35·45·55 사라 78 중산(동) 1 황성(영) 5·8·11·16 황성(신) 1·4·6·19·28 황성(동) 34·36 복토 1·12 하삼 3 하삼(곡) 1·2·18·19·22	모량 A2-5	조양 60 황성(강) 1 황성(신) 3·15·21·25·26 황성(박) 67		덕천 125 황성(영) 13	황성(영) 59	황성(동) 68 하삼(곡) 10	조양 30·33
편년 미상	조양 22 덕천 126·127		조양 48·49·54 사라 45·74·111 중산(동) 4 황성(영) 4 황성(신) 2·5·9·10·35·46 복토 8·10 하삼 1·2·4·5		황성(영) 13		덕천 123·124 황성(영) 15 황성(신) 11			덕천 토 128·129 황성(신) 34 하삼(곡) 13·16·24

황성(강): 황성동 강변로(한국문화재보호재단)
황성(영): 황성동 575번지(영남문화재연구원)
황성(신): 황성동 590번지(신라문화유산연구원)
황성(동): 황성동 545번지(동국대학교)
황성(경): 황성동 545번지(경주대학교)
황성(박): 황성동 513·545번지(국립경주박물관)
중산: 중산동 547-1번지(국립경주문화재연구원)
중산(동): 중산동 542번지(울산문화재연구원)

(이건무 외 1989). 이에 원삼국 전기의 목관묘는 모두 판재관을 사용한 것이 아니라 통나무 목관을 사용한 것도 있음을 알게 되었다. 또 관하 부장갱의 존재도 다호리 1호묘에서 처음 확인되었다. 1996~1997년의 대구 팔달동유적 발굴에서는 통나무관 목관묘와 판재관 목관묘가 공존하였고, 각각의 묘광 내 목관의 주위와 위에 적석한 적석목관묘들도 공존한 것이 밝혀졌다(영남문화재연구원 2000).

이로써 영남지방에서 원삼국 전기에는 고식와질토기가 부장된 목관묘, 원삼국 후기에는 신식와질토기가 부장된 목곽묘가 조영되었고, 원삼국 전기의 목관묘 중에는 통나무관 목관묘와 판재관 목관묘가 있다는 것이 학계의 일반적인 인식으로 자리 잡았다. 적석목관묘는 유적에 따라 존재하거나 존재하지 않았다.

조양동유적 발굴 이후 경주지역에서는 지금까지 상당히 많은 원삼국시기의 고분유적이 조사되었다. 그 중 원삼국 전기의 목관묘는 모두 묘광 내에 적석이 없는 순수 목관묘였으며, 다만 예외적으로 조양동 5호묘에서는 묘광 내가 아니라 묘광의 어깨선보다 위에 돌을 한 겹 덮었던 것으로 판단되었다(국립경주박물관 2003a: 51). 따라서 지금까지는 다른 영남지방에서와 마찬가지로 경주지역에서도 원삼국 전기에는 고식와질토기가 부장된 목관묘가 조영되었고, 그 목관묘들은 본고 IA식의 통나무관 목관묘나 IB류의 판재관 목관묘들이었을 것으로 판단되어 왔다.

그런데 이와 달리 경주 덕천리유적(영남문화재연구원 2008)에서는 원삼국 전기에서도 이른 시기부터 목곽묘와 IC식의 판재관 목관묘가 조영되고 있었던 것으로 판단된다. 삼각형점토대토기와 단경소호가 출토되어 원삼국 전기 1기로 편년되는 덕천리 130·133·138호묘, 적갈색 연질의 심발형토기와 주머니호가 출토된 2a기의 131호묘, 적갈색 연질의 심발형토기와 단경소호가 출토된 2b기의 132·134호묘에서는 부장 유물이 충전토 안쪽의 묘광 바닥에서만 출토되었고 충전토 상하에는 존재하지 않았다. 특히 토기들은 모두 충전토 안쪽의 동쪽 부분, 즉 피장자의 머리맡 부분에서 출토되었다.

이와 같은 유물의 출토 위치는 부장품이 주로 충전토 상하에 배치되고 토기들의 배치 위치가 분산적인 IA식의 통나무관 목관묘나 IB류의 판재관 목관묘와 분명히 다르다. 또 이들을 조양동유적의 같은 시기 목관묘들과 비교해 보면 우선 묘광이 조양동유적의 목관묘들에 비해 깊지 않고, 충전토 내부로 본 장구의 너비가 81cm~1.28m로, 최대 65cm(조양동 38호묘), 대개 50cm를 넘지 않는 조양동유적의 목관묘들보다 월등히 넓다. 그러므로 덕천리유적에서 이 고분들의 묘광 안에 설치된 장구는 목관이 아니라 목곽이었다고 판단된다.

또 덕천리유적에서 이들과 같은 시기에 축조된 2a기의 137호묘, 2b기의 136호묘는 충전토 안쪽 장구의 너비가 각각 57cm와 44cm이고, 부장토기가 앞의 목곽묘들과 같은 심발형토기와 단경소호였으나 그 배치 위치는 피장자 머리 쪽의 충전토 위이다. 충전토 안쪽 묘광 바닥은 편평하여 판재 목관이 사용된 것으로 보이지만 부장품의 배치상태는 분명히 IA식의 통나무관 목관묘나 IB류의 판재관 목관묘와는 다르고, 앞의 목곽묘와 통하는 바가 있다. 이에 본고에서는 이들을 따로 IC식 목관묘로 분류한 것이다.[5]

이와 같이 덕천리유적에서는 조양동유적과는 달리 원삼국 전기의 이른 시기부터 목곽묘, 그리고 조양동유적의 목관묘들과는 다른 IC식의 판재관 목관묘가 조영되고 있었다. 경주지역의 사로국시기 목관묘와 목곽묘의 계보에 대해서는 뒤에서 다시 살펴보겠으나, 이들은 목관이나 목곽과 같은 목질 장구가 부식하여 남아 있지 않았지만 유물의 출토상태로 보아 같은 시기 서북한지방의 나무곽무덤, 즉 단장목곽묘와 나무관무덤, 즉 목관묘(사회과학원 고고학연구소 2009)와 구조가 같았던 것으로 판단된다. 더욱이 이들의 부장토기 세트가 조양동유적의 주머니호+조합우각형파수부장경호+타날문단경호가 아니라 심발형토기+단경소호인 점도 유의된다. 부장토기의 이 조합은 서북한지방 목관묘와 목곽묘의 화분형토기+배부른단지를 대체한 것으로 판단되기 때문이다(도 1-5).

원삼국 전기의 이른 시기에 덕천리유적에서와 같은 양상은 모량리유적(성림문화재연구원 2012)에서도 볼 수 있다. 2b기의 A1구역 1호묘, 2c기의 A2구역 6호묘는 묘광 내 충전토 안쪽 장구의 너비가 각각 75cm와 74cm이고, 평저 또는 원저의 심발형토기+단경소호 세트의 부장토기가 장구 내 피장자 머리맡에서 출토되었다. 그리고 2a기의 A2구역 3호묘, 2c기의 A2구역 7호묘의 장구 너비는 각각 60cm와 48cm였는데, 역시 심발형토기+단경소호 세트의 부장토기가 피장자의 머리 쪽 충전토 아래에 부장되었다. 덕천리유적의 IC식 판재관 목관묘에서 토기의 부장 위치가 충전토 위인 것과는 차이가

....

5 덕천리 135호묘에서는 2a기 형식의 주머니호 1점이 장구 내부 피장자 머리맡 위치에서 출토되었으나, 장구의 너비가 54cm에 불과하고 그 출토 위치도 피장자가 착장한 목걸이의 구슬들과 너무 가까워 장구가 목곽이 아니라 목관이었으며, 주머니호는 피장자 머리 쪽 목관 상부에 부장한 것이 굴러 떨어진 것으로 판단된다.

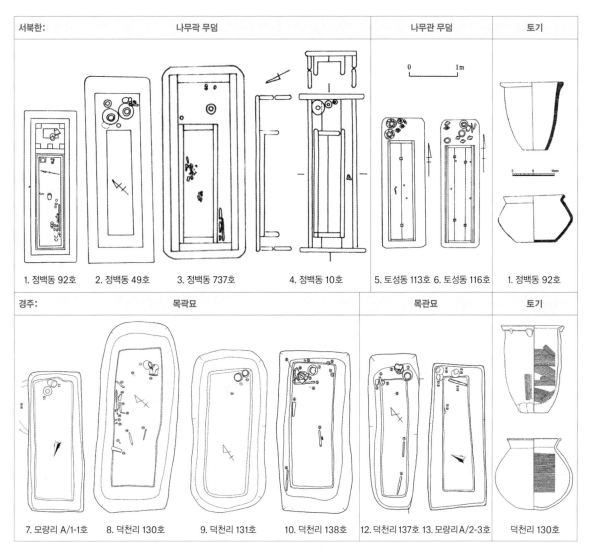

서북한:	나무곽 무덤				나무관 무덤		토기

1. 정백동 92호　2. 정백동 49호　3. 정백동 737호　4. 정백동 10호　5. 토성동 113호 6. 토성동 116호　1. 정백동 92호

경주:	목곽묘				목관묘		토기

7. 모량리 A/1-1호　8. 덕천리 130호　9. 덕천리 131호　10. 덕천리 138호　12. 덕천리 137호 13. 모량리 A/2-3호　덕천리 130호

도 1-5 서북한·경주지역의 목곽묘·목관묘와 부장토기

있지만, 모량리유적에서도 2c기까지의 원삼국 전기 이른 시기에는 덕천리유적에서와
같이 목곽묘와 IC식의 판재관 목관묘가 조영되고 있었던 것으로 판단된다.

이상의 예로 보아 원삼국 전기, 즉 사로국 전기의 이른 시기에는 경주지역에서 부
장토기 세트가 주머니호+조합우각형파수부장경호+타날문단경호인 IA식 통나무관 목
관묘나 IB류 판재관 목관묘가 조영된 유적과 부장토기 세트가 심발형토기+단경소호인
목곽묘와 IC식 목관묘가 조영된 유적이 각각 존재하고 있었는데, 조양동유적은 전자의

대표격이고 덕천리유적과 모량리유적은 후자에 해당된다.

　이들보다 고분 조영이 늦게 시작된 북토리유적(신라문화유산연구원 2011), 탑동유적 (한국문화재보호재단 2011; 한국문화재재단 2017b)과 사라리유적(영남문화재연구원 2001), 그리고 중산리유적(울산문화재연구원 2008; 2011)은 전자 계열, 즉 조양동유형에 속한다. 황성동유적(한국문화재보호재단 2003; 영남문화재연구원 2010; 신라문화유산연구원 2014)도 이른 시기 목관묘는 전자 계열이었던 것으로 보인다.

　그런데 사로국 전기의 늦은 시기에 오면 경주지역의 고분유적에 변화가 있었던 것으로 보인다. 먼저 황성동유적을 살펴보면 강변로와 575번지에서는 주머니호+조합우각형파수부장경호+타날문단경호의 부장토기 세트가 다 갖추어진 예가 많지 않으나 대개 조양동유형의 목관묘가 축조되고 있었다. 그러나 3기로 들어오면 변화가 있었다(뒤의 도 1-11 참조). 3b기의 590-12호묘에서는 와질토기 원저심발+단경소호 세트가 묘광 내 동쪽, 즉 피장자의 머리 쪽 충전토 위에 부장되었을 뿐 충전토의 다른 부분이나 안쪽에서는 유물이 출토되지 않았다. 4a기의 590-16·23호묘, 4b기의 575-13호묘에서도 철기들은 충전토 안쪽의 묘광 바닥, 즉 장구 내에서 출토되었지만, 토기는 기본적으로 원저심발+단경소호 세트가 피장자의 머리 쪽 충전토 위나 아래에 부장되어 있었다.

　황성동유적의 이 목관묘들은 부장토기 세트나 그 부장 위치로 보아 황성동유적에서 이전부터 축조되어 온 IB류 판재관 목관묘와는 다른 IC식 판재관 목관묘였을 것으로 판단된다. 그런가 하면 4b기로 편년되는 575-59호묘는 충전토 안쪽 장구의 너비가 84cm였고, 모든 유물은 장구 내부에서 출토되었는데, 원저심발+단경소호 세트를 포함한 토기는 피장자의 머리맡에 부장되었다. 575-59호묘는 덕천리유적에서와 같은 목곽묘였음이 분명하다.

　이와 같은 예들은 IB류 판재관 목관묘를 중심으로 조영되어 온 황성동유적에서 3기부터는 IC식 판재관 목관묘와 목곽묘도 함께 축조되기 시작하였음을 말해준다. 황성동유적에서 IC식 판재관 목관묘와 목곽묘는 목관묘 분포지역 전체가 아니라 575번지와 590번지의 중간 남쪽 부분에 집중되어 있음이 주목된다(뒤의 도 1-19 참조). 이는 황성동유적 조영집단 가운데 일부가 그러한 목관묘와 목곽묘를 조영하기 시작하였음을 말해준다.

　황성동유적에서 IC식 판재관 목관묘가 축조되기 시작한 이후 부장토기가 혼합되어 주머니호와 원저심발이 함께 부장되거나, 부장토기 세트가 원저심발+단경소호이지만 피장자의 머리 쪽이 아니라 발치 쪽이나 묘광 장벽 쪽 충전토에 부장된 것 등이 나타난다. 조양동유형과 덕천리유형의 혼합 현상이 일어난 것이다. 그러나 본고에서는 토기를 비롯한 유물의 부장 위치로 보아 이들을 IB류 목관묘로 분류해 두었다.

그런데 4a기로 편년되는 황성동 545-31호묘는 장구의 너비 98cm, 4b기로 편년되는 545-68호묘는 장구의 너비 1.0m에 이르는데, 유물은 대개 충전토 안쪽인 장구 내에서 출토되었으나 545-31호묘에서는 난형단경호와 원저심발이 각각 피장자의 머리맡과 발치 쪽에서 출토되었고, 545-68호묘에서는 원저심발+단경소호가 피장자의 발치 쪽에서, 그리고 다른 원저심발 하나는 남장벽 쪽 충전토 위에서 출토되었다(동국대학교 경주캠퍼스 박물관 2002). 545-68호묘의 충전토에 토기 1점이 부장된 것은 목관묘의 전통이 남은 것이겠지만, 이들은 장구의 너비나 유물의 출토 위치로 보아 목곽묘였을 것으로 판단된다. 그러나 이들은 서북한 나무곽무덤의 유물배치와 같은 앞의 황성동 575-59호묘나 덕천리유적의 목곽묘와는 다른 계통이었을 것으로 판단된다. 이에 본고에서는 덕천리유형의 목곽묘를 IIA0식, 황성동유적의 새로운 형식의 목곽묘를 IIA1식으로 분류하였다.[6]

황성동유적은 조양동유형으로 시작되었으나 이상에서와 같이 시기가 내려오면서 덕천리유형이 수용되고 양자가 혼합되어 가는 양상이 있었던 데에 비해 덕천리유적과 모량리유적에서는 그 반대 현상이 있었다. 즉 덕천리유적에서는 토기가 출토되지 않아 정확한 편년은 어렵지만 IA식의 통나무관 목관묘가 수용되었고, 모량리유적에서는 4a

---

6   울산 하삼정 10호 목곽묘도 장구의 너비 1.28m에 이르고 유물은 모두 장구 내부에서 출토되어 IIA1식 목곽묘로 분류되는데, 주머니호의 출토로 전기 4b기로 편년해 두었으나 경주 중심부로부터의 거리나 후기의 목곽묘에서 주로 출토되는 세장형 단조철부의 출토로 보아 실질적으로는 후기에 들어와 축조되었을 가능성이 크다.
한편 필자의 전고(최병현 2018b)에서는 한국문화재보호재단(2007)에 보고된 하삼정유적의 목관묘와 목곽묘를 하삼(정) I-○○(호)로, 한국문화재보호재단(2009)에 보고된 하삼정고분군 I·II의 가지구 목곽묘를 하삼(정) II-○○(호)로 표기하였으나, 지점이 다른 하삼정유적과 하삼정고분군 I·II가 구별되지 않으므로 본고에서는 전고의 하삼정 I-○○(호)를 하삼정 ○○(호)로, 하삼정 II-○○(호)를 I-○○(호)로 고쳤다. 또 한국문화재보호재단(2009; 2010)에는 하삼정고분군 I·II 가지구와 나지구 목곽묘에 대하여 일련번호가 아니라 각각의 번호가 부여되어 있으므로 본고에서는 보고서 번호를 따라 보고서 I의 것은 하삼정 I-○○(호), 보고서 II의 것은 하삼정 II-○○(호)로 표기하겠다.

기의 A2-2호묘, 4b기의 A2-5호묘가 보여주는 것처럼 IB류의 판재관 목관묘가 조영되기 시작하였다. 이들은 부장토기 세트도 주머니호+조합우각형파수부장경호+타날문단경호였다. 덕천리유적과 모량리유적에서 이러한 현상은 분명히 조양동유형이 수용된 것을 말해준다.

경주지역 사로국시기 전기의 고분군에서 이와 같은 현상은 사로국의 성립과 발전 과정을 이해하는 데 중요한 의미를 갖는다. 이에 대해서는 뒤에서 다시 살펴보겠다.

2) 목관묘·목곽묘의 계보와 전개

사로국 전기의 이른 시기에 경주 덕천리유적과 모량리유적에서 조영된 목곽묘와 IC식 판재관 목관묘는 묘광 내 유물의 배치상태, 그리고 부장토기의 조합으로 보아 서북한지방의 나무곽무덤, 즉 단장목곽묘와 나무관무덤, 즉 목관묘로부터 유래되었을 것으로 판단된다. 다만 경주의 두 유적의 목곽묘와 IC식 판재관 목곽묘는 장축방향을 대개 동서로 두고 피장자의 두향이 동쪽인 점이 장축방향을 남북으로 두고 피장자 두향이 북쪽인 서북한 나무곽무덤 및 나무관무덤과 차이가 있다. 사로국시기 경주지역의 목관묘와 목곽묘는 유적의 입지에 따라 편차가 있지만, 대개는 장축방향을 동서로 두고 피장자 두향이 동쪽이어서, 앞에서는 이에 대해 따로 언급하지 않았다.

그런데 입지가 평지성이어서 고분구조의 장축방향에 입지의 영향이 적었을 덕천리유적의 전체 유구배치도를 면밀히 살펴보면 대개의 유구들은 장축방향을 거의 동서로 두고 있지만, 사로국 전기 초의 목곽묘와 목관묘들의 장축방향은 대개 동북-서남이어서 차이가 있음을 알 수 있다(영남문화재연구원 2008: 31, 도면 5). 그러한 차이가 우연적이거나 다만 시기적인 편차일 수도 있지만, 다시 사로국 전기 초 목곽묘와 목관묘의 집중구역 유구배치도(도 1-6)를 살펴보면 그렇지 않을 가능성이 크다. 즉 앞서 편년한 대로 삼각형점토대토기나 적갈색 연질의 심발형토기+단경소호가 부장된 이른 시기의 목곽묘와 목관묘의 장축방향은 대개 동북-서남에 가깝지만, 그보다 늦은 시기인 목관묘, 즉 철촉으로 보아 4b기로 편년한 125호와 편년을 유보한 123·124·126·127호 목관묘들은 모두 동-서 방향이어서 확연하게 차이가 있다. 이는 덕천리유적에서 목곽묘·

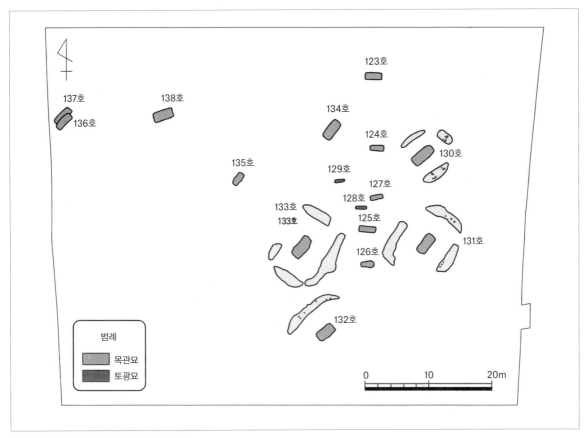

도 1-6 경주 덕천리유적의 원삼국 전기 목곽묘·목관묘 유구배치도

목관묘의 장축방향은 시기가 내려오면서 동-서로 변화된 것이며, 이른 시기의 목곽·목관묘들은 남-북에 좀 더 가까운 방향으로 장축을 두었음을 말해준다.

덕천리유적에서 시기가 내려오면서 목관묘들의 장축방향이 동-서로 바뀐 것은, 뒤에서 보듯이, 초기철기시대 이래 경주지역의 재지계 목관묘 장축방향의 영향 때문이었을 것이다. 덕천리유적과 달리 모량리유적의 목곽묘와 IC식 판재관 목관묘들은 장축방향을 대개 동-서로 두었는데, 입지가 구릉 경사면이기도 하지만 그 조영이 덕천리유적보다 늦게 시작되었기 때문이었을 것으로 판단된다. 이와 같이 장축방향에서 차이를 보이지만 사로국 전기에서도 이른 시기에 덕천리유적과 모량리유적에서 축조된 목곽묘와 목관묘는 서북한 계통인 것이 분명하다.

경주지역에서는 이들과 함께 IA식의 통나무관 목관묘와 IB류의 판재관 목관묘가 조영되고 있었다. 경주지역에서 원삼국시기의 통나무관 목관묘는 조양동유적,[7] 북토리유적(신라문화유산연구원 2011), 탑동유적(한국문화재재단 2017b)에서 조사되었고, IB류 판재관 목관묘는 고식와질토기가 부장된 경주지역의 모든 고분유적에서 조사되었다.

IA식의 통나무관 목관묘와 IB류의 판재관 목관묘 중에는 요갱, 즉 관하 부장갱이 존재하는 예가 있는데, 이는 관하 부장갱이 딸린 예가 전혀 없는 앞의 목곽묘 및 IC식 판재관 목관묘와 다른 점이다. 또 경주지역에서는 유일하게 조양동 5호묘에서 묘광 어깨선보다 위쪽에 적석한 것으로 보이는데, 이는 묘광 내 목관 주위와 위에 적석한 영남지방 다른 유적의 적석목관묘와 다른 점이다. 경주지역에서는 묘광 내에 적석한 적석목관묘가 아직 발견되지 않았다.

묘광 내에 적석한 적석목관묘는 요동과 한반도에서 세형동검문화기부터 확인되며, 경주와 가까운 곳으로는 대구 팔달동유적(영남문화재연구원 2000)에서 다수 조사되었다. 팔달동유적에서 적석목관묘는 통나무관을 쓴 것과 판재관을 쓴 것 모두 확인되었다.

그런데 이재현의 연구에 의하면 중국에서 관하 부장갱, 즉 요갱은 商代부터 나타나고, 전국시대에는 요갱이 있는 통나무관 목관묘를 황하 이남에서 볼 수 있으며, 요갱이 딸리지 않은 통나무관 목관묘도 전국시대 중국의 남부와 서부지방에 존재하였다고 한다(이재현 1995). 그는 영남지방 원삼국 전기 목관묘의 다양한 요소들은 진변한으로 이주한 유이민의 다양한 계통성을 말해준다고 하였지만, 그 후 학계에서는 이에 대한 후속 연구가 이루어지지 않아 중국에서 발생한 요갱과 통나무관이 어떤 경로를 통해 한반도로 건너와 영남지방의 목관묘와 연결되는지 현재로서는 알 수 없다.

영남지방에서 관하 부장갱이 딸린 통나무관 목관묘가 처음 발견된 것은 창원 다호리 1호묘이었다. 그 후 서남부지방의 세형동검기 화순 대곡리 적석목관묘에 잔존한 목판의 한 면에 약간 둥근 부분이 있어 통나무관일 가능성이 타진되었고(이건무 외 1989:

----

7   본고에서는 조양동유적의 5호·11호·38호묘를 통나무관 목관묘로 분류하였는데, 이는 발굴보고서(국립경주박물관 2003)의 기술 내용과는 다소 차이가 있다. 편년상 이른 시기인 이들은 묘광이 모두 1.50cm 이상으로 깊고 목관이 세장하다는 공통성이 있으며, 도면과 사진 검토 결과 충전토 단면과 내면 상태가 다른 판재관 목관묘와는 다르다고 판단되어 통나무관 목관묘로 분류하였다. 그러나 보고서를 통한 필자의 이러한 판단은 자의적일 수 있으므로 최소한에 그쳤다.

52), 이에 대해서는 비판적인 의견도 있었지만(박진일 2002), 김제 서정동과 만경강유역인 완주 덕동 및 갈동유적에서는 서기전 3~2세기대의 통나무관 목관묘들이 다수 조사되어 이제 한반도에서 통나무관은 세형동기부터 사용되어 왔음이 분명해졌다(한수영 2015).

영남지방에서 관하 부장갱과 통나무관이 사용되기 시작한 것은 대구 팔달동유적으로 보아 현재로서는 서기전 2세기를 넘어가지는 않을 것으로 보인다. 경주지역에서는 본고에서 분류한 원삼국시기의 목곽묘·목관묘에 앞서 삼각형점토대토기가 출토되는 초기철기시대의 목관묘들이 여러 유적에서 조사되었는데, 관하 부장갱은 아직 발견된 바 없으나 통나무관 목관묘는 하구리유적에서 5기가 조사된 바 있다(신라문화유산조사단 2013). 이로 보아 통나무관 목관묘는 경주지역에서도 초기철기시대부터 조영되어 온 것이 분명한데, 현재까지 조사된 경주지역의 초기철기시대 목관묘들은 모두 묘광이 깊지 않다. 이에 비해 원삼국시기 조양동유적의 통나무관 목관묘는 대구 팔달동유적의 초기철기시대 통나무관 목관묘처럼 묘광이 깊은 점이 유의된다(도 1-7).

경주지역에서 삼각형점토대토기가 부장된 초기철기시대의 목관묘(토광묘 포함)는 동남부지구의 조양동유적에서 1기(국립경주박물관 2003), 북토리유적에서 2기(신라문화유산연구원 2011), 문산리유적에서 7기(신라문화유산연구원 2009; 성림문화재연구원 2012b)가 조사되었고, 분지지구에 근접한 하구리유적에서도 19기가 조사되었다(신라문화유산연구원 2010e). 이 목관묘들에서 출토되는 삼각형점토대토기와 흑색마연장경호는 저부에 아직 굽이 분명하여 원삼국시기의 평저로 바뀐 삼각형점토대토기, 굽의 흔적만 남은 조합우각형파수부장경호와 구별된다. 조양동 5호묘의 주머니호로 발전하기 이전 단계의 소옹들이 이들과 공반한다(도 1-8). 그러므로 이들은 앞의 〈도 1-3〉의 원삼국 전기 1기보다 이른 시기로 서기전 2세기대의 초기철기시대 목관묘들이라고 판단된다.

그런데 이 목관묘들의 부장유물은 대단히 빈약한 편이지만, 토기들의 출토 위치에서 주목되는 점이 있다. 대개의 경우 토기들의 출토 위치는 일정하지 않아 분산적이지만, 하구리 2호와 4호묘에서는 토기들이 목관 남쪽의 장변쪽 충전토에 열을 지어 배치되어 있었다. 조양동 13호묘에서도 토기들은 묘광의 중앙에서 약간 북쪽으로 치우쳐 열을 지어 배치되었다. 이들은 분명 의도적인 배치라고 판단된다.

여기서 요동지방 분묘의 두향과 부장품 배치의 변화 과정을 살펴볼 필요가 있다

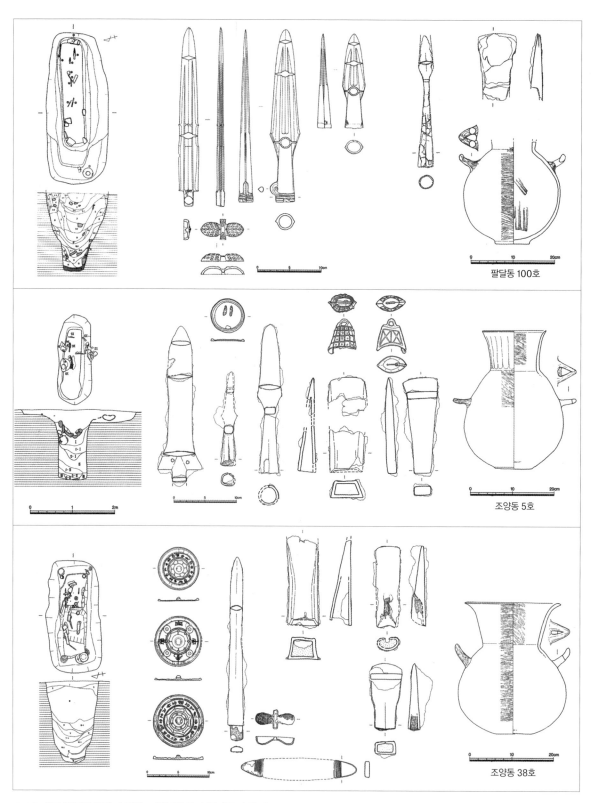

팔달동 100호

조양동 5호

조양동 38호

도 1-7 대구 팔달동유적과 경주 조양동유적의 통나무관 목관묘

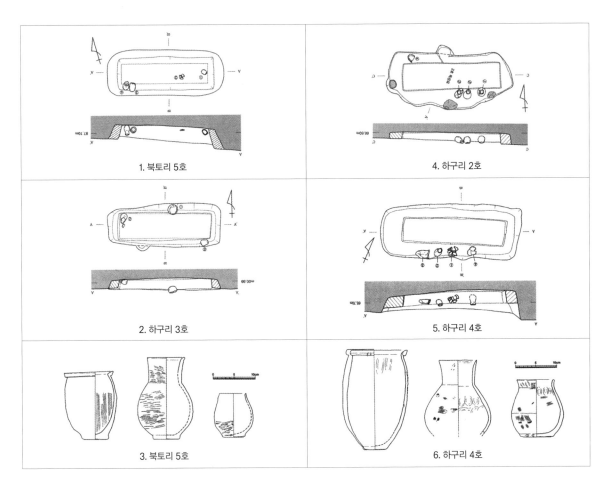

도 1-8 초기철기시대 목관묘와 부장토기

(도 1-9). 戰國 燕이 요동으로 진출하기 이전 요서, 요동지방의 토착 분묘들은 대개 장축 방향이 동서, 두향은 동쪽이며 유물의 부장위치는 다양하였다(이후석 2015). 그런데 전국 연이 요동으로 진출하면서 장축은 남북, 두향은 북쪽, 토기류를 중심으로 한 부장유물은 피장자의 머리맡 쪽에 배치되기 시작한다. 부장토기에 燕式豆 1점이 포함된 윤가촌 하층 12호묘는 장축방향은 동서, 두향은 동쪽인 토착계 적석목관묘인데 부장품은 주로 동쪽에 배치되었다(사회과학원출판사 1966: 115~118). 그보다 늦은 요양 徐往子 전국묘(鄒寶庫 외 2007)는 장축방향-남북, 두향은 북쪽으로 부장품이 머리맡에 배치되었다. 그 후 윤가촌 상층의 상호 중복된 漢代 분묘들을 보면 가장 먼저 축조된 15호는 두향-북쪽에 부장품-머리맡 배치이지만, 그 뒤에 축조된 16호, 17호에서는 두향은 북쪽이지만 부장품은 피장자의 옆, 즉 묘광의 장변 쪽으로 옮겨간 것을 알 수 있다(사회과학원출판사 1966: 119~124). 토기 중심의 부장품이 피장자의 옆으로 배치된 것은 대련 營城

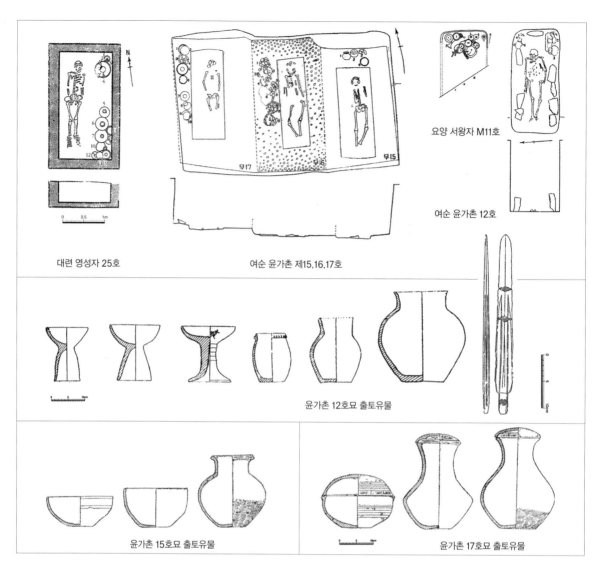

요양 서왕자 M11호

여순 윤가촌 12호

대련 영성자 25호

여순 윤가촌 제15,16,17호

윤가촌 12호묘 출토유물

윤가촌 15호묘 출토유물

윤가촌 17호묘 출토유물

도 1-9 요동지방의 목관묘 · 목곽묘와 출토유물

子 25호묘에서도 볼 수 있다(于臨祥 1958).

　　물론 戰國~漢代 요동지방의 분묘 장축방향이 모두 남북으로, 두향이 북쪽으로 바
뀐 것은 아니어서 요령 보란점시 姜屯漢墓의 경우 서한 전기는 물론 중기 이후까지도
장축방향은 동서, 두향은 동쪽이 유지되었다. 그러나 부장품은 서한 전기에 피장자의
머리맡에 배치되었으나(M207, M98·99, M91) 서한 중기에 오면 피장자의 옆으로 바뀌기
도 하였다(M114)(遼寧省文物考古研究所 2013).

　　요약하면 요동지방에서 토착 분묘들은 장축방향-동서, 두향-동쪽, 부장품 위치-

다양하였고, 전국 연의 진출 이후 장축방향과 두향이 그대로 유지된 경우도 있지만 대개는 장축방향-남북, 두향-북쪽, 부장품-머리맡 배치로 바뀌었으며, 한대에 와서는 부장품의 위치가 다시 피장자의 옆으로 옮겨간 것이다. 요동지방 戰國~漢代 분묘들의 이와 같은 변화 과정으로 보아 경주지역 초기철기시대의 목관묘들 중 토기들의 출토 위치가 일정하지 않은 목관묘들은 요동 및 한반도의 세형동검기 분묘에서 유래된 재지계라고 할 수 있지만, 부장품이 피장자의 옆에 나란히 배치된 목관묘들은 어떤 경로로든 요동지방 한대 분묘의 영향을 받은 것이라고 판단된다.

그런데 사로국시기 경주지역의 목관묘·목곽묘에서는 그와 같이 토기들이 피장자의 옆, 즉 묘광의 장변 쪽에 열을 지어 나란히 배치된 예는 찾기 어렵다. 그러므로 경주지역에서는 초기철기시대에 축조된 목관묘의 부장품 배치에 요령지방 한대분묘의 영향이 잠시 나타났지만, 원삼국시기 초부터 축조되기 시작한 IA식 통나무관 목관묘와 IB류의 판재관 목관묘의 부장품 배치는 세형동검기 이래의 재지계를 따른 것이라고 판단된다.[8]

여기서 유의되는 것이 이와는 다른 경주지역의 목곽묘와 IC식 판재관 목관묘이고, 그 원류인 서북한지방의 나무곽무덤과 나무관무덤들이 장축-동서, 두향 동쪽인 예도 있지만 대체로 장축-남북, 두향-북쪽, 부장품-머리맡 배치여서 전국계 분묘의 형식을 따른 것이라는 점이다. 즉, 경주지역에서는 초기철기시대의 목관묘에 한대 분묘의 영향이 일부 나타났지만, 원삼국시기 초부터는 세형동검기 이래의 재지계 통나무관 및 판재관 목관묘와 요동지방 전국계 분묘에서 유래된 서북한 계통의 목곽묘 및 IC식 판재관 목관묘가 함께 조영된 것이다.

이들 중 관하 부장갱이 존재하는 것은 IA식 통나무관 목관묘와 IB류 판재관 목관묘뿐이다. 관하 부장갱은 서북한 계통의 목곽묘·목관묘와는 관계가 없으며 재지계 목관묘에서 유래된 것이라 하겠다. 이와 같이 경주지역에서는 원삼국시기에 들어와 재지계의 IA식 통나무관 목관묘, IB류 판재관 목관묘와 신래한 서북한 계통의 목곽묘 및 IC

......

8   경산 신대리유적과 임당유적, 대구 팔달동유적 목관묘의 유물 부장위치의 분석에서는 조합우각형파수부장경호와 주머니호, 타날문단경호 등의 부장위치가 시기에 관계없이 일정하다는 분석결과가 나왔다(정민 2008). 그러나 본고에서 유물, 특히 토기의 부장위치는 기종별 부장위치가 아니라 토기가 집단적으로 놓이는 위치와 상태를 말한다.

식 목관묘가 유적에 따라 각각 축조되기 시작하였으나, 앞서 살펴본 바와 같이 시기가 내려오면서 양자가 혼합되어 가는 변화가 일어난 것이다.

한편 본고에서는 IB류 판재관 목관묘들의 규모 차이가 큰 점을 고려하여 규모가 월등히 큰 것을 IB2식으로 따로 구분하고, 그 외는 IB1식으로 분류하였다. 목관의 너비 70cm를 기준으로 하였는데, 이는 덕천리유적과 모량리유적의 원삼국 전기 이른 시기 목곽묘 너비가 대개 70cm 이상인 점에 유의한 것이다. 그러한 대형의 목관묘는 3b기의 사라리 130호묘에서 시작되어, 4a기에는 분지 내부의 탑동유적과 동남부지구의 조양동유적에서도 축조되었고, 전기 말인 4b기에는 황성동유적에서 규모가 큰 목관묘들이 다수 조영되었다.

사라리 130호묘가 조사되자 그 장구가 목관인지 목곽인지에 대한 논의들이 있었지만, 그러한 IB2식 대형 목관묘들의 부장품 배치는 기본적으로 소형인 IB1식 목관묘들과 다르지 않

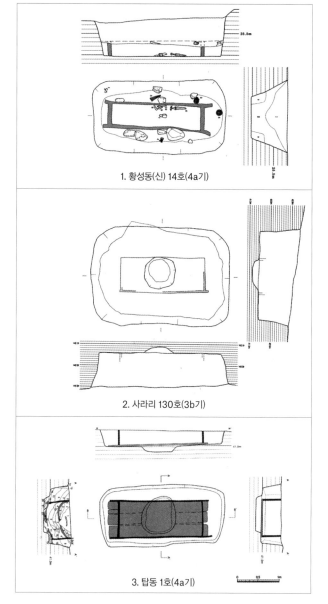

1. 황성동(신) 14호(4a기)

2. 사라리 130호(3b기)

3. 탑동 1호(4a기)

도 1-10 목관의 결구방법

다. 또 장구의 잔존 흔적이 남은 유구들을 통해 보아도 IB1식과 IB2식의 장구 결구상태는 같아(도 1-10) 그 구조가 다르거나 IB2식에 목관 외의 다른 장구가 설치된 근거는 찾기 어렵다. 탑동 1호묘에서 3매의 바닥 판재가 쓰였듯이 대형 목관묘에서는 다만 바닥과 뚜껑의 판재 수가 늘어난 것이다.

이상 살펴본 것을 바탕으로 지금까지 조사된 사로국 전기의 경주지역 목관묘와 목곽묘의 전개 과정을 정리하면 〈도 1-11〉과 같이 되는데, 현재의 자료로서는 IB1식과 IC식 판재관 목관묘가 2기부터이지만 이들은 IA식 통나무관, 그리고 IIA0식 목곽묘와 함께 1기부터 축조되었을 것으로 판단된다. 그리고 북토리 11호묘의 예로 보아 경주지역에서 통나무관 목관묘는 4a기까지 존속하였고, 그 외 형식의 목관묘와 목곽묘는 모두 사로국 전기 말까지 존재하였는데, 황성동유적에서는 사로국 전기 말에 서북한 나무곽 무덤계인 IIA0식 목곽묘 외에 IIA1식 목곽묘가 성립하여 함께 축조되고 있었다.

마지막으로 묘광 주위에 두른 주구에 대해 언급해 두어야겠는데, 덕천리유적에서 원삼국 전기 1기와 2기의 이른 시기 목곽묘인 130·131·132·133호묘에는 평면 방형에 가까운 주구들이 돌려져 있었다(앞의 도 1-6 참조). 모량리유적에서도 2c기의 목곽묘인 A2구역 6호묘에 주구가 남아 있었다. 이로 보아 덕천리유적과 모량리유적에서 조영된 서북한계 목곽묘들은 원래 주구를 가진 것이었다. 그러므로 덕천리유적과 모량리유적의 목곽묘들은 목곽묘 따로 주구 따로가 아니라 원래부터 일체로서 서북한지방에서 유래된 것이라고 보아야 한다. 물론 아직 서북한지방의 고분에서 주구의 존재가 알려진 바는 없지만, 오히려 경주지역의 이러한 예들은 서북한지방에 주구가 돌려진 고분들이 존재하고 있었음을 강력히 시사하는 것이다.

한편 시기가 내려오면 경주지역에서 주구가 돌려진 고분은 소수화하여 대개의 고분들에서는 주구가 존재하지 않게 된다. 이는 앞서 살펴본 바와 같이 사로국 전기에서도 늦은 시기로 내려오면 경주지역 대부분의 유적에서는 재지계의 목관묘가 주류로 되어간 것과 관련이 있을 것이다. 경주지역의 초기철기시대 목관묘, 그리고 원삼국 전기 이른 시기의 재지계 목관묘에서는 주구가 발견된 바 없다.[9]

....

9   과거 천안 청당동유적과 청주 송절동유적, 보령 관창리유적과 익산 영등동유적에서 주구토광묘, 주구묘-분구묘가 조사되면서 한반도 남부지방 고분의 주구, 또는 주구묘-분구묘의 원류와 그 분류에 대해 많은 논의가 있었다. 그 후 청동기시대의 주구석관묘가 조사되면서 선사시대 분묘의 주구와 원삼국시기 이후 고분의 주구와의 관련성이 주목되고 있다. 그러나 사로국 전기 초 경주지역 목관묘에서 주구가 확인되고, 이를 통해 서북한지방의 목곽묘에도 주구가 존재했음이 분명해졌으므로 이제 원삼국시기 이후 한반도 남부지방 고분의 주구와 주구묘-분구묘의 원류 문제에 대해서는 재고해 보아야 할 부분이 많다. 이에 대해서는 후일을 기약해 둔다.

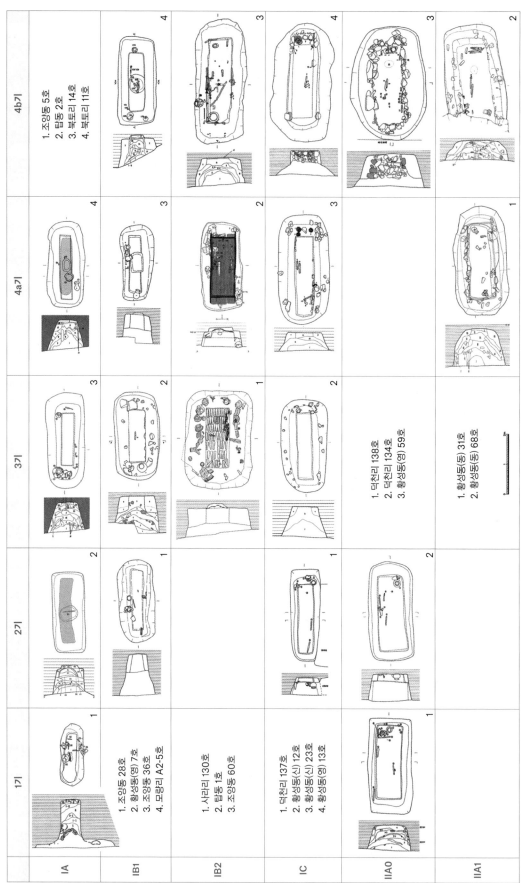

	1기	2기	3기	4a기	4b기
IA	1	2	3	4	4 1. 조양동 5호 2. 탑동 2호 3. 북토리 14호 4. 북토리 11호
	1. 조양동 28호 2. 황성동(영) 7호 3. 조양동 36호 4. 모량리 A2-5호				
IB1			2	3	3
	1. 사라리 130호 2. 탑동 1호 3. 조양동 60호				
IB2			1	2	4
	1. 덕천리 137호 2. 황성동(신) 12호 3. 황성동(신) 23호 4. 황성동(영) 13호				
IC	1	1	2	3	3
			1. 덕천리 138호 2. 덕천리 134호 3. 황성동(영) 59호		
IIA0		2			3
IIA1				1	2
			1. 황성동(동) 31호 2. 황성동(동) 68호		

도 1-11 사로국 전기의 목관묘·목곽묘 전개

원삼국 후기의 목곽묘와 목관묘 전개 III

1. 편년

원삼국 후기 경주지역을 포함한 영남지방에서 사용된 토기는 신식(또는 후기)와질토기이다. 따라서 원삼국 후기의 경주지역, 즉 사로국 후기의 목곽묘와 목관묘 편년은 경주지역의 신식와질토기 형식분류를 통해 살펴볼 수 있다. 영남지방 신식와질토기의 형식분류와 상대편년에 대해서도 그동안 많은 연구 성과가 있었는데, 필자도 신라조기 양식토기를 고찰한 전고에서 경주지역의 신식와질토기에 대해서 살펴본 바 있다(최병현 2012a). 〈도 1-12〉는 전고의 원삼국 후기 경주지역 토기 편년표를 약간 보완한 것이다. 잘 알려져 있는 것처럼 신식와질토기의 중심기종은 대부장경호와 노형토기인데, 아래에서는 이들을 중심으로 각 분기 토기의 특징만 간단히 요약하여 두겠다.

○1기: 새로 출현한 대부장경호가 아직 무문인 단계이다. 황성동유적에서는 원저심발의 부장이 계속되었다. 새로 출현한 대부장경호의 동체가 상하로 긴 1a기와 구형 또는 단면 역삼각형으로 변화된 1b기로 나누어진다.

	대부직구호		대부직구호		노형토기				고배	타날문단경호	장란형단경호	기타
			유문	무문	대	중	소					
1a		3	2	1·2·10. 황성동(박) 40호 3·4·7·8. 중산리 VII-4호 5. 중산동 5호 6. 황성동(경) 70호 9. 황성동(신) 8호				4		5	6	7 8 9 10
1b		2	2	1·5. 중산리 VII-5호 2·8. 중산리 VII-8호 3·4. 조양동 25호 6. 하삼정리-4호 7. 황남동 95/6-8호 9. 황성동(박) 2호		3			5	6	7	8 9 10 11
2a		3	2	1. 중산리 VII-10호 2·3. 6~10. 중산리 VII-1호 4·5·11. 중산리 VII-13호	4			5	6	7	4 8 9
2b		3	2	1·8·9. 조양동 3호 2. 조양동 2호 3·10. 덕천리 49호 4·12. 덕천리 100호 5·13. 황성동 강변로 12호 6. 중산리 VII-2호 7. 황성동 강변로 1호 11. 덕천리 90호 14~17. 중산리 VIII-90호	5 6	7 8	9	10	11 12	13	14 15 16 17

도 1-12 원삼국 후기 경주지역 토기 편년표

1a기에는 아직 노형토기가 공반되지 않는다. 황성동유적에서는 기고가 높은 원저심발과 낮은 원저심발이 남아 있고, 격자문을 타날하고 횡침선을 두르거나 무문인 편구형 동체의 대부장경호가 출토되기도 한다.

1b기에는 편구형 동체에 큰 삼각문의 문양대가 배치된 중·소형의 노형기대가 출현하였다. 황성동유적에서 원저심발은 기고가 낮은 것만 잔존하였다.

○2기: 대부장경호에 문양대가 배치된 단계이다. 단면 역삼각형의 동체 어깨부를 침선으로 구획하고 횡방향 문양대를 배치한 2a기와 동체부 전체에 걸쳐 또는 2단으로 구분하여 종방향 문양대를 배치한 2b기로 나누어진다.

2a기에는 종방향 문양대가 배치된 대부직구호가 출현하고, 노형토기의 어깨부에 작아진 삼각문의 문양대가 배치되었다.

2b기에는 2단으로 구분된 종방향 문양대의 대부직구호와 무문직구호가 공반되며, 대·중·소형으로 분화된 노형토기의 어깨부에는 작은 삼각문의 문양대 또는 사격자 문양대가 배치되었다.

경주지역의 신식와질토기는 이상과 같이 상대편년되지만, 그 연대 비정에 근거가 될 만한 자료는 사실상 없다. 이에 여기서는 원삼국 후기 초의 목곽묘로 한경과 방제경이 출토되어 서기 2세기 중엽으로 편년되고 있는 김해 양동리 162호묘, 그리고 필자의 전고에서 신라조기양식토기 1a기를 서기 3세기 중엽으로 비정한 것(최병현 2012a)에 따라 경주지역 신식와질토기 1a기: 서기 2세기 중엽, 1b기: 서기 2세기 후엽, 2a기: 서기 2세기 말~3세기 초, 2b기: 서기 3세기 전엽으로 설정해 둔다.

이상의 토기 편년에 따라 사로국 후기 경주지역의 목곽묘와 목관묘 편년은 〈표 1-3〉으로 대신한다. 대개는 출토 토기의 형식에 의한 것이지만, 토기가 출토되지 않은 황성동유적의 일부 고분은 철기의 형식을 참고하였고, 특히 철기 중에 1孔式 표비, 세장형 단조철부, 곡도가 포함된 목곽묘나 목관묘는 사로국 후기로 편년하였음을 밝혀 둔다.

표 1-3 사로국 후기 경주지역 목곽묘·목관묘 편년표

	IB1a·IB2a	IIA1	IIA2	IIA3	IIB1	IIB2	IIB3	기타
1a	황성(신) 8·20 황성(박) 47 사라 43 중산(동) 5 다운 가-52	황성(박) 40·43·45·46·49·51·53·66 황성(경) 61·70 황성(동) 28·55 황성(영) 58 조양 1·51			중산 VII-4			
1b	황성(신) 18·24 조양 47 황남 95/6-8 다운 가-53	황성(영) 43·56 황성(박) 2·3·41·44 중산(동) 44 중산 VII-3 조양 25·63 다운 나-13 하삼 3·6·7·8·15 하삼-4·40		중산 VII-5·8	중산 VII-11			
2a	황성(신) 5 하삼 I-1	황성(박) 57 황성(문) 8 중산 VII-10 중산(동) 52·64·65 하삼 14 하삼나-3·26·41·42			중산 VII- 2·13·14·15	중산 VII-1		조양 29
2b	조양 18 황성(신) 45 황남 95/6-5	황성(문) 1·3 황성(강) 2·36 황성(신) 2 중산 VIII-88 사라 27·32·124 구어 34·42 하삼 9 하삼나-10·85	황성(문) 2·5 황성(강) 1 사라 18	황성(문) 4 황성(강) 12 중산 VIII-57·62 조양 3 덕천 49·90·100 죽섬 C2 인왕 814/4-1	중산 VII-9·12 조양 6·7		중산 VIII-90 조양 2·20	

황성(강): 황성동 강변로(한국문화재보호재단)
황성(영): 황성동 575번지(영남문화재연구원)
황성(신): 황성동 590번지(신라문화유산연구원)
황성(동): 황성동 545번지(동국대학교)
황성(경): 황성동 545번지(경주대학교)
황성(박): 황성동 513·545번지(국립경주박물관)
황성(문): 황성동 634-1번지(국립경주문화재연구소)
중산(동): 중산동 542번지(울산문화재연구원)

2. 목곽묘와 목관묘의 전개(도 1-13)

원삼국 후기에 들어오면 영남지방에서는 일반적으로 목관묘가 소멸하고 목곽묘가 조영된 것으로 알려져 있다. 그러나 경주지역에서는 사로국 후기에도 목관묘가 일부 잔존하고 있었던 것으로 판단된다. 황성동유적에서는 부장유물에 세장형 단조철부나 곡도가 포함된 고분 중에 철기나 특히 토기가 충전토에 부장된 예들이 있다. 이들 중 피장자의 발치 쪽 충전토에 토기들이 부장된 황성동 513·545-47호묘는 장구의 너비가 74cm로 넓은 편이지만 대개는 60cm 이하이다(국립경주박물관 2002; 신라문화유산연구원 2014; 2015). 이에 본고에서는 이들을 사로국 후기에 축조된 목관묘로 분류하였다. 그 외에 유물은 모두 충전토 안쪽에서 출토되었으나 충전토 안쪽의 너비가 60cm 내외 이하인 것들도, 사로국 전기의 목곽묘 너비가 대개 70cm 이상인 점을 감안하면, 그 장구를 목관으로 분류하는 것이 옳을 것으로 판단된다. 이러한 목관묘들은 황성동유적 외에 다른 유적들에서도 소수 확인된다.

그러나 원삼국 후기의 경주지역, 즉 사로국 후기에 경주지역에서 조영된 고분의 중심은 목곽묘였다. 목곽묘 중 사로국 전기에 축조된 서북한 나무곽무덤 계통의 IIA0식은 경주지역에서 더 이상 찾아볼 수 없으므로, 사로국 후기의 목곽묘는 크게 보아 기둥 없이 목곽을 세운 IIA계 중 IIA1식 이하의 형식과 기둥을 세우고 목곽을 조립한 IIB계를 중심으로 전개되었다.

그런데 IIA1식 목곽묘와 IIB1식 목곽묘는 원삼국 후기 초인 1a기 대형묘를 기준으로 하여 보면 기둥의 유무 외에도 구조적으로 상당한 차이가 있었다. IIA1식 목곽묘는 묘광과 목곽의 평면이 IIB1식에 비해 상대적으로 긴 장방형이어서 그 장폭비가 모두 2:1을 넘고, 묘광의 깊이도 50cm 이상으로 깊은 예들이 있었다. 이에 비해 IIB1식 목곽묘는 묘광과 목곽의 장폭비가 그보다 작아 평면이 거의 방형에 가까운 근방형이고, 묘광의 깊이도 얕았다(별첨 표 8과 9 참조).

부장토기도 달라서, IIA1식 목곽묘가 주로 축조된 황성동유적에서는 원저심발이 전기에 이어 후기 1b기까지 부장되었다. 후기 1a기인 황성동 513·545-40호묘(국립경주박물관 2002)에서 출토된 대부장경호도 후기에 새로 출현한 기종이라기보다는 전기 토기에서 변화된 것으로 보인다. 후기 2a기로 편년되는 고분은 거의 없어 알 수 없지만,

	1a기	1b기	2a기	2b기

목곽묘

1. 황성동(박) 40호
2. 황성동(영) 43호
3. 황성동(문) 2호
4. 황성동 강변로 1호
5. 황성동(박) 43호
6. 조양동 25호
7. 중산리VII-8호
8. 하삼정-3호
9. 황성동(신) 2호
10. 황성동 강변로 12호

1. 중산리VII-4호
2. 중산리VII-1호
3. 중산리VIII-90호
4. 인왕동 814/4-1호
5. 중산리VII-11호
6. 중산리VII-13호
7. 중산리VII-12호

목관묘
1. 황성동(신) 8호
2. 황성동(신) 24호
3. 황성동(신) 5호
4. 황남동 95/6-5호

IIA

IIB

IB1a
IB2a

목 관 묘

목 곽 묘

도 1-13 사로국 후기의 목곽묘·목관묘 전개

황성동유적에서 후기의 전형적인 신식와질토기 대부장경호와 노형토기가 부장된 것은 현재의 자료로서는 2b기에 들어와서이다. 이에 비해 주로 IIB1식 목곽묘가 축조된 중산리유적에서는 후기 1a기부터 새로운 기종의 신식와질토기 대부장경호가 출현하여 부장되었고, 1b기부터는 노형토기가 추가되었다.

원삼국 후기 초의 IIA1식 목곽묘와 IIB1식 목곽묘의 이와 같은 차이는 아마도 그 계통이 달랐기 때문이었을 것으로 판단된다. IIA1식 목곽묘는 주로 후기에 축조되었지만 황성동유적에서 전기 말에 이미 출현하여 있었던 것으로 판단된다. 앞서 살펴보았듯이 전기 4a기와 4b기로 편년되는 황성동 545-31호묘와 68호묘(동국대학교 경주캠퍼스박물관 2002)는 장구의 너비가 90cm 이상이고, 유물은 모두 장구 내부에서 출토되었다. 그러나 이들의 부장품 배치상태는 서북한 나무곽무덤 계통인 IIA0식 목곽묘와는 달리 분산적이었다. 이에 본고에서는 이들을 IIA1식 목곽묘로 분류하였는데, IB류의 판재관 목관묘가 목곽을 장구로 채용하여 발생하였을 것이며, 후기의 IIA1식 목곽묘는 전기에 발생한 IIA1식 목곽묘의 확대형으로 판단된다. 따라서 후기 초의 IIA1식 목곽묘는 재래식, 또는 재지계라고 할 수 있을 것이다.

IIB1식은 기둥을 세우고 목곽을 짜 올라간 것이나 묘광과 목곽의 방형에 가까운 평면 형태로 보아 전기의 목관묘나 목곽묘로부터 발전한 것으로 보기는 어렵다. 필자는 과거에 영남지방의 목곽묘를 서북한 나무곽무덤 계통의 I형 (토광)목곽묘와 귀틀무덤의 영향으로 출현한 II형 (토광)목곽묘로 구분한 바 있는데(최병현 1992a: 70~71), 본고의 IIB1식 목곽묘의 출현은 서북한지방의 귀틀무덤과 관련이 있었을 것으로 판단된다.

물론 서북한지방의 귀틀무덤은 합장목곽묘이고 경주지역의 IIB1식 목곽묘는 단장목곽묘라는 차이가 있다. 그러나 경주지역 IIB1식 목곽묘의 근방형 목곽 형태는 그에서 유래되었을 것으로 판단된다. 기둥을 먼저 세우고 목곽을 짜 올린 것도, IIB1식 목곽묘는 출현기부터 묘광이 얕은 것으로 보아 목곽이 지상화된 데 따른 것일 수도 있지만, 서북한지방 귀틀무덤 가운데에도 드물지만 목곽의 모서리나 장변 쪽에 기둥을 세운 예들도 있어서(사회과학원 고고학연구소 1983), 그와 관련성이 있었을 것으로 보인다. 또 중소형의 IIB1식 목곽묘 중에는 목곽의 바닥 밑에 받침목을 두었던 흔적들이 있는데, 서북한지방의 귀틀무덤 중에도 목곽 밑에 받침목이 설치된 예들이 있다(도 1-14).

필자는 또 이 IIB1식 목곽묘와 동반 출현한 신식와질토기 대부장경호가 한대 陶

壺에서 유래된 기종이었을 것으로 본 바 있다(최병현 1992a: 95). 이에 대해서는 와질토기론의 주창자인 최종규도 일면 긍정한 바 있다(최종규 1995: 190~192). 서북한 귀틀무덤과 경주지역의 IIB1식 목곽묘는 장법에서는 합장과 단장이라는 차이가 있지만, 경주지역의 IIB1식 목곽묘는 이와 같이 漢代 陶壺에서 유래된 새로운 기종의 토기를 동반하여 출현하였고, 구조적인 면에서도 서북한 귀틀무덤에서 볼 수 있는 특징들을 갖고 있어서 그 영향으로 출현한 것이라 판단된다.

이와 같이 원삼국 후기 이른 시기의 IIA1식 목곽묘와 IIB1식 목곽묘는 계통이 달라 그 구조와 부장토기 세트에서 차이가 있었다. 현재의 자료로서는 이들이 각각 황성동유적과 중산리유적에서부터 조영되기 시작한 것으로 나타나 있는데, 이들은 그 후의 전개 과정도 표면적으로는 서로 방향을 달리했던 것처럼 보인다. 황성동유적의 IIA1식 대형 목곽묘는 묘광과 목곽의 장폭비가 줄어 2b기에 오면 평면이 거의 방형화하였다. 이에 반해 중산리유적에서 IIB1식의 대형 목곽묘는 2a기까지 근방형의 평면 형태를 유지하다가 2b기에는 묘광과 목곽이 세장화

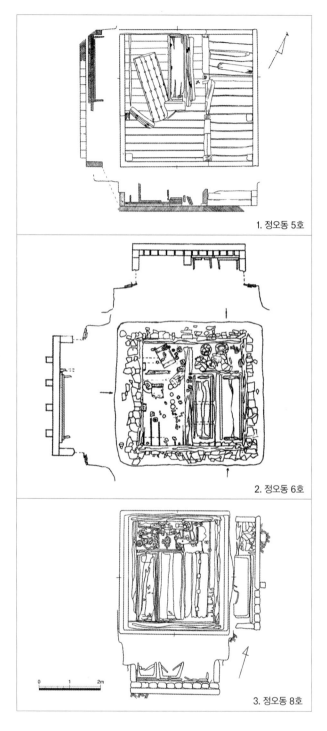

1. 정오동 5호

2. 정오동 6호

3. 정오동 8호

도 1-14 낙랑 목곽묘 묘곽부 실측도

한 것이다.

그런데 목곽 내 부장품, 특히 토기류의 배치에 있어서는 서로 공통성을 띠어 갔다. IIA1식과 IIB1식 목곽묘 모두 처음에는 토기류의 부장 위치가 고정된 것 같지 않으나, 그 뒤 시차를 두고 목곽의 장변 쪽에 토기들이 줄지어 배치되는 IIA2식과 IIB2식으로 변화하였다. 중산리유적에서는 1b기, 황성동유적에서 2a기의 대형 목곽묘가 조사되지 않았지만, 현재의 자료로서는 IIB2식은 2a기에, IIA2식은 2b기에 축조되고 있어서, IIB 계 목곽묘에서 먼저 변화되고 IIA계 목곽묘의 평면이 방형화 되면서 토기류의 배치도 시차를 두고 따라간 것처럼 보인다.

하여튼 현재까지의 자료로 보면 신식와질토기 2b기, 즉 원삼국 후기 말에 황성동 유적에서는 목곽의 평면이 방형화하고 목곽의 장변 쪽에 토기들이 줄지어 배치된 IIA2 식 목곽묘가 축조된 반면 중산리유적에서는 목곽이 세장화하고 피장자의 발치 쪽에 부 장품, 특히 토기들이 집중 배치된 IIB3식 목곽묘가 축조되었다.

한편 중소형의 목곽묘에서는 토기류가 피장자의 발치 쪽에 부장된 것을 후기 1b기 부터 볼 수 있어서 대형 목곽묘보다 이르다. 그러나 부장품 배치 위치가 일정하지 않은 IIA1식과 IIB1식의 중소형 목곽묘가 늦은 시기까지 축조되었다. 중소형 목곽묘에서 부 장품의 배치 위치는 규칙성이 일정하게 지켜지지는 않은 것이다.

그런데 기둥 구멍은 없지만 목곽이 IIB3식처럼 세장화하여 피장자의 발치 쪽에 토 기가 집중 부장된 IIA3식의 세장한 목곽묘가 중산리유적 다음으로 IIB계 목곽묘가 조 영된 조양동유적에서 후기 2b기에 축조되었다. 이러한 IIA3식의 세장한 목곽묘는 덕천 리유적과 하삼정유적에서도 후기 2b기에 축조되었다.

또, 최근에는 월성북고분군에서 피장자의 발치 쪽이 토기의 집중 부장구역이 된 대 형의 세장한 목곽묘가 조사되었다(한국문화재재단 2019b). 인왕동 814/4-1호 목곽묘가 그것으로, 납작한 뚜껑이 덮인 대부장경호와 노형토기 등 출토 토기의 형식으로 보아 신식와질토기 2b기, 즉 사로국 후기 말로 편년되는데, 묘광 주위에서 기둥구멍은 발견 되지 않았다(뒤의 도 1-22 참조). 따라서 이 목곽묘도 분류상 IIA3식에 속한다.

이와 같이 경주지역에서는 사로국 후기 말에 피장자의 발치 쪽이 토기의 집중 부 장구역이 된 세장한 목곽묘가 여러 유적에서 축조되었다. 이 세장한 목곽묘는 기둥구멍 이 존재하지 않은 점에서 중산리유적의 IIB3식과 달라 앞의 분류에서는 IIA3식으로 분류해 두었지만, 황성동유적의 IIA계 목곽묘 진행 과정으로 보아 IIA3식 목곽묘가 반드시 IIA계 목곽묘에서 변화된 것이라고 보기는 어렵다.

그런데 중산리유적의 기둥식 근방형 목곽묘와 평면형은 같지만 기둥구멍이 없는 근방형 목곽묘가 경주지역에서는 좀 불분명하여 앞의 목곽묘 형식분류에서 따로 구분하지 않았지만,[10] 원삼국 후기 영남지방에서는 주로 기둥구멍이 없는 근방형 목곽묘가 축조되었다. 포항 옥성리유적(영남문화재연구원 1998; 성림문화재연구원 2012)과 울산 하대유적(부산대학교 박물관 1997)의 원삼국 후기 목곽묘들도 기둥구멍이 없는 근방형이고, 원삼국 후기 초의 김해 양동리 162호 목곽묘(동의대학교박물관 2000)를 비롯하여 대성동 45호 목곽묘(경성대학교박물관 2000) 등 김해지역의 목곽묘도 기둥구멍이 없는 근방형이었다.

이와 같은 상황으로 보아 영남의 다른 지역에서와 같이 경주지역에서도 무기둥식의 근방형 목곽묘가 원삼국 후기 초부터 축조되고 있었을 것으로 판단된다. 그리고, 월성북고분군에서는 아직 원삼국 후기의 목곽묘 분포 구역이 본격적으로 조사되지 않아 단정할 수 없지만, 인왕동 814/4-1호 원삼국 후기 말의 목곽묘는 경주지역 가운데 월성북고분군에서 무기둥식 근방형 목곽묘가 원삼국 후기 초부터 축조되고 있었을 가능성을 말해준다. 월성북고분군의 동단부에서 황성동유적보다 앞서는 신식와질토기 대부장경호가 출토된 것(구자봉 1997)도 그 가능성을 높여준다(뒤의 도 21 참조).

자료상의 한계로 앞의 묘곽 형식 분류에서는 무기둥식 근방형계를 따로 설정하지 않았지만, 이와 같이 보면 세장한 평면의 IIA3식은 황성동유적의 IIA계 장방형 목곽묘가 아니라 그러한 무기둥식 근방형계 목곽묘에서 변해 온 형식이 된다. 황성동유적의 IIA계 장방형 무기둥식 목곽묘와 대비되는 것은 반드시 무기둥식이 아니라 근방형계 목곽묘로, 그 중에는 무기둥식과 앞서 IIB계로 분류한 기둥식이 있었던 것이 된다. 그러므로 원삼국 후기 2b기에 경주지역에서는 월성북고분군을 비롯하여 여러 유적에서 무기둥식의 세장한 목곽묘, 중산리유적에서는 기둥식의 세장한 목곽묘가 축조되었고, 황성동유적에서는 거의 방형에 가까운 목곽묘가 축조된 것이다. 그 중 무기둥식, 기둥식

10 조양동 63호 목곽묘의 묘광과 기둥 구멍이 없는 목곽의 평면이 근방형이지만, 묘광 내 목곽의 위치가 일반적이지 않고, 출토 토기도 장경호의 저부로 보이는, 대각이 붙은 저부편뿐이어서, 이를 따로 한 형식으로 설정할 수는 없었다.

의 세장한 목곽묘에서는 피장자 발치 쪽이 토기의 집중 부장구역으로 되었고, 방형에 가까운 목곽묘에서는 토기가 여전히 목곽의 장변을 따라 배치된 것이다. 토기를 목곽의 장변을 따라 배치한 원삼국 후기 말의 목곽묘는 황성동유적 외에 사라리유적에서도 축조되었다(도 1-15).

그런데 원삼국 후기 2b기의 IIA3식과 IIB3식의 세장한 목곽묘에서 토기의 집중 부장구역이 된 피장자 발치 쪽의 주 부장군은 신라 조기 목곽묘에서는 부곽으로 독립된다. 이는 원삼국 후기 말의 세장한 목곽묘가 신라 조기의 목곽묘에 좀 더 가까워진 형식임을 의미한다. 한편 원삼국 후기 말, 즉 신식와질토기 2b기에 피장자의 발치 쪽이 토기의 집중 부장구역이 된 세장한 목곽묘는 경주지역에서만 축조되었을 뿐 경주 이외 다른 영남지방에서는 발견되지 않고 있다. 포항 옥성리유적과 울산 하대유적에서도 목곽묘가 신라 조기로 들어와 세장형으로 전환되었을 뿐, 원삼국 후기의 목곽묘는 모두 근방형이었다. 김해지역에서는 목곽의 장변을 따라 토기를 배치한 목곽묘가 구지로 38호·9호묘 등 신라 조기의 병행기인 가야 조기까지 축조되었고(경성대학교박물관 2000), 양동리유적에서는 235호묘와 340호묘에서 보는 바와 같이 가야 조기를 지나 신라 전기와 병행기인 가야시기 초까지도 축조되고 있었다(동의대학교 2000).

이러한 사실은 신식와질토기 2b기, 즉 원삼국 후기 말에 목곽이 세장화하고 피장자의 발치 쪽이 토기의 집중 부장구역이 되는 목곽묘의 변화가 영남지방에서 공통적이 아니라 경주지역에서만 일어났음을 의미한다. 원삼국 후기 말에 들어와 경주지역의 목곽묘, 즉 사로국의 목곽묘는 영남의 다른 지역 목곽묘들과 차별화되고 있었던 것이다. 이는 묘제와 고분 구조에서 영남의 다른 지역과 구별되는 경주지역의 정체성, 즉 진·변한의 다른 국들과 구별되는 사로국의 정체성이 확립되어 나간 것을 의미한다. 그러나 사로국 후기 말에 영남의 다른 지역들과 차별화된 이 세장한 목곽묘도 경주지역 전체에서 축조되지는 못하고, 아직 분지지구 중심부의 월성북고분군과 동남부지구 및 남부지구 고분군에서만 축조되고 있었던 것이다.

이상 살펴본 바와 같이 대형 목곽묘를 기준으로 경주지역에서는 황성동유적으로 대표되는 장방형의 무기둥식 IIA계 목곽묘, 월성북고분군과 중산리유적의 무기둥식, 기둥식(IIB계) 근방형계 목곽묘는 목곽의 평면 형태와 목곽 내 유물의 배치가 다른 상태에서 사로국시기가 마감되었다. 그러나 사로국시기 다음의 신라 조기에 오면 황성동유

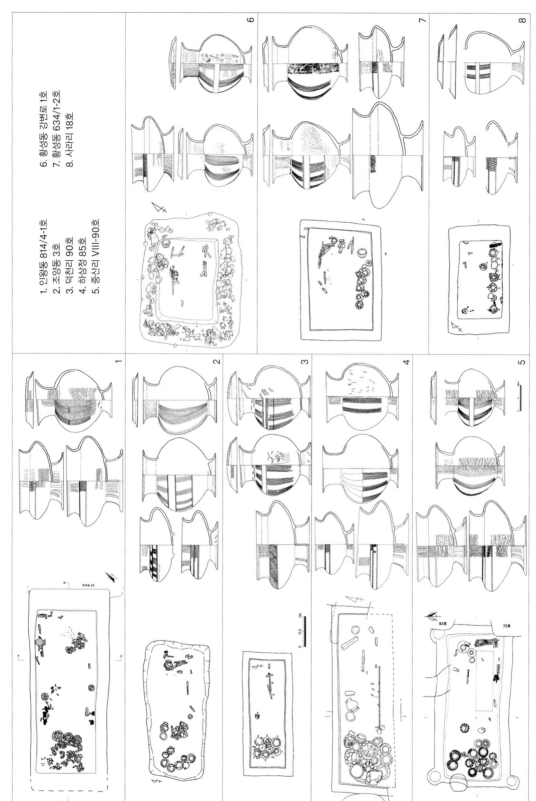

1. 인왕동 814/4-1호
2. 조양동 3호
3. 덕천리 90호
4. 하삼정 85호
5. 중산리 VIII-90호

6. 황성동 강변로 1호
7. 황성동 634/1-2호
8. 사라리 18호

도 1-15 사로국 후기 말의 경주지역 목곽묘

적에서도 경주지역의 다른 유적에서와 마찬가지로 피장자의 발치 쪽에 부곽이 설치되거나 부장품이 집중 배치된 동혈주부곽식 또는 단독곽식의 세장방형 목곽묘가 대거 조영되었다(최병현 2015). 이 점을 염두에 두고 보면, 황성동유적에서 IIA계 목곽묘는 무기둥식, 기둥식(IIB계) 근방형계 목곽묘의 평면형과 부장품 배치의 변화를 따라 한 단계씩 늦게 변화해 간 것이며, 이에 따라 묘광과 목곽이 세장화하고 부장품이 피장자의 발치 쪽에 집중 부장되는 것도 한 단계 늦어 신라 조기에 들어와서 이루어진 것이다. 그러므로 장방형의 IIA계 목곽묘와 무기둥식, 기둥식(IIB계) 근방형계 목곽묘는 출현기의 계통은 달랐지만 시차를 두고 같은 방향으로 변화되어 간 것이라고 할 수 있다. 그러나 어떻든 경주지역에서 목곽묘는 사로국 후기 말까지 형식이 통일되지 못하고 유적에 따라 다른 형식의 목곽묘가 축조되고 있었던 점이 유의된다.

고분문화의 전개 과정으로 본 사로국 IV

1. 고분군의 형성과 사로국의 성립(도 1-16·17)

경주지역에서 목관묘가 조영되기 시작한 것은 초기철기시대부터이다. 정식 발굴조사가 이루어진 것은 아니지만 동남부지구의 구정동(김원룡 1952)과 죽동리(한병삼 1987), 입실리(藤田亮策·梅原末治·小泉顯夫 1925), 그리고 포항과 경계에 가까운 북부지구의 끝부분 안계리(국립경주박물관 1987)유적에서 출토된 동검, 동모 등 세형동검기 유물은 서기전 2세기대의 목관묘에 부장되었을 것으로 추정되고 있다. 청동유물은 출토되지 않았지만, 앞서 언급한 바와 같이 단면 삼각형점토대토기 단계의 목관묘가 경주지역 동남부지구의 조양동유적에서 1기, 북토리유적에서 2기, 문산리유적에서 7기, 그리고 분지지구에 가까운 하구리유적에서 19기 조사되었는데, 이들은 고식와질토기 출현 이전이어서 서기전 2세기대의 초기철기시대 목관묘로 편년된다. 이 중 문산리유적과 하구리유적에서 조사된 목관묘의 수도 유의되지만, 북토리유적은 행정구역 경계선으로 나뉘었을 뿐 사실상 죽동리유적과 동일 유적이어서 북토리-죽동리유적과 조양동유적에서는 목관묘의 조영이 초기철기시대부터 원삼국시기로 이어진 것을 알 수 있다. 이

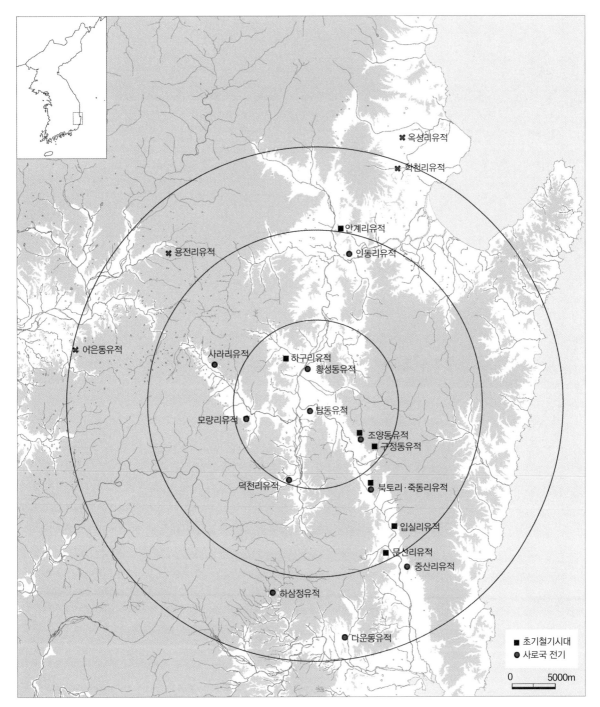

옥성리유적 ✖

학천리유적 ✖

안계리유적 ■

용전리유적 ✖

인동리유적 ●

어은동유적 ✖

사라리유적 ■

하구리유적 ■
황성동유적 ●

모량리유적 ●

탑동유적 ●

조양동유적 ■
●
구정동유적 ■

덕천리유적 ●

북토리·죽동리유적 ■
●

입실리유적 ●

묘산리유적 ■
중산리유적 ●

하삼정유적 ●

다운동유적 ●

■ 초기철기시대
● 사로국 전기

0　　　　5000m

도 1-16 초기철기시대·사로국 전기의 경주지역 고분군 분포도

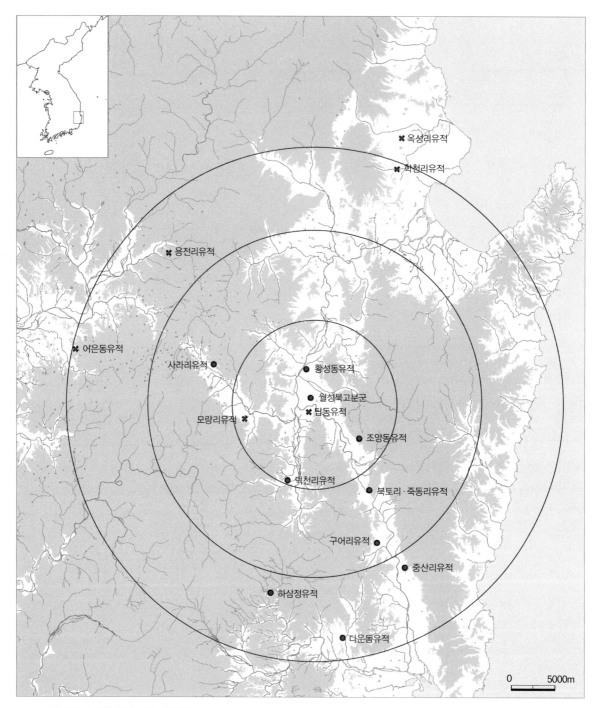

도 1-17 사로국 후기의 경주지역 고분군 분포

러한 예들은 경주지역에서 목관묘들이 군집하여 집단화하는 현상이 초기철기시대부터 시작되었음을 말해준다(이희준 2002a; 2011b).

그러나 경주지역에서 초기철기시대의 목관묘유적은 아직 소수이고 지리적으로도 한정된 분포를 보이고 있지만, 고식와질토기가 부장되는 원삼국 전기에 오면 목관묘·목곽묘유적은 월등히 늘어난다. 중심부인 분지지구에서는 황성동유적과 탑동유적, 분지지구로 연결되는 곡부들인 동남부지구의 조양동유적, 북토리-죽동리유적과 중산리유적, 남부지구의 덕천리유적, 서남부지구의 모량리유적과 사라리유적, 그리고 북부지구의 인동리유적(중앙문화재연구원 2004)에서 원삼국 전기의 목관묘와 목곽묘가 조사되었다. 현재까지의 조사결과로는 각 유적의 조영 시기에 차이가 있지만, 경주지역의 각 지구에서 원삼국 전기의 고분군이 최소 1개소 이상씩 조사된 것이다.

원삼국 전기에 목관묘·목곽묘가 조영된 유적 중 분지지구의 탑동유적과 서남부지구의 모량리유적에서는 아직 원삼국 후기의 목곽묘·목관묘가 확인되지 않았지만, 그 외의 유적들은 모두 신식와질토기가 부장되는 원삼국 후기 목곽묘·목관묘의 조영으로 이어졌다. 이 외에 분지지구의 월성북고분군[11]과 동남부지구의 구어리유적에서는 원삼국 후기의 목곽묘부터 조사되고, 앞에 언급한 북토리-죽동리유적에서는 고분의 조영이 초기철기시대부터 삼국시대까지 이어졌을 것으로 보인다. 신식와질토기가 부장되는 원삼국 후기에 오면 경주지역에서 목곽묘·목관묘유적은 그 수가 더욱 늘어난 것이다. 아직 극히 소수의 목곽묘 유구만 확인되었지만, 특히 월성북고분군이 원삼국 후기부터 조영되기 시작한 것은 각별히 유의된다. 이에 대해서는 뒤에서 다시 언급하겠다.

초기철기시대부터 원삼국시기까지 경주지역에서 조영된 이 고분군들은 사로국의 성립과 발전 과정을 보여주는 고고학자료들이다. 여기서는 우선 사로국의 성립과 관련된 문제를 살펴보고자 하는데, 한국 고대 삼한의 '국'들이 성립된 시점에 대해서는 청동기시대의 송국리문화 단계나 초기철기시대로 보기도 한다(여호규 2018: 117). 그러나 삼한의 '국'이 여러 개의 읍락의 결속이나 통합으로 이루어진 것이고, 읍락은 소촌과 촌 또는 대촌으로 이루어진 취락군들이 결집한 것(도 1-18)이라면(이희준 2000a), 경주지역

---

11   종래의 경주 읍남고분군, 경주 시내 평지고분군으로 불러온, 월성 북쪽에 위치한 대고분군을 가리킨다(최병현 2014b).

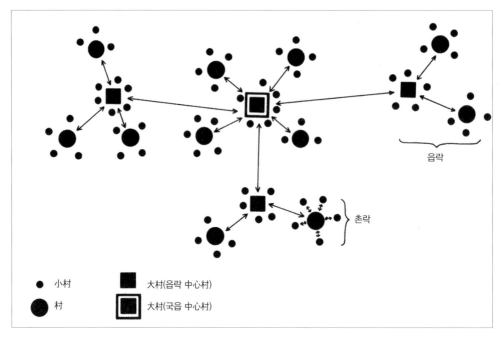

도 1-18 삼한'국'의 구조 개념도(이희준 2000a)

에서 사로국의 성립은 사실상 고식와질토기가 출현하는 원삼국시기에 들어오면서 이루어졌을 것으로 판단된다.

그동안 학계에서는 진·변한 성립의 고고학적 지표로 와질토기의 출현, 철기 생산의 본격화, 목관묘의 집단화, 외래계 유물의 유입을 들었는데(이희준 2002a), 사실 이들은 사로국 성립의 지표라고도 할 수 있다. 이에 대해서는 이미 많은 논의가 있었으므로 다른 것은 생략하고 여기서는 목관묘와 목곽묘를 중심으로 논의해 가도록 하겠다.

앞서 보았듯이 경주지역에서 목관묘의 집단화는 초기철기시대, 늦어도 서기전 2세기대부터 이루어지고 있었다. 그러나 경주지역에서 조사된 초기철기시대 목관묘유적들을 좀 더 자세히 살펴보면, 삼각형점토대토기가 부장된 목관묘 1기와 2기가 조사된 조양동유적과 북토리-죽동리유적에서는 그 뒤 원삼국시기 목관묘의 축조로 이어졌지만, 삼각형점토대토기 단계 목관묘 7기가 조사된 문산리유적과 19기가 조사된 하구리유적에서는 목관묘의 조영이 다음 시기로 이어지지는 않은 것으로 보인다. 또 문산리유적의 목관묘는 2개 지점에서 조사된 것으로 III구역의 2~5호 4기는 밀집 분포를 보이지만 나머지들은 분산적이다(성림문화재연구원 2012b). 하구리유적에서는 크게 보아 한 지점에서 19기의 목관묘(토광묘 포함)가 조사되어(신라문화유산연구원 2010e; 2013) 현재로서는 초기철기시대 경주지역에서 최대의 목관묘 집단화 현상을 보여주는데, 목관묘들의 분포상태는 조양동유적이나 황성동유적의 원삼국시기 목관묘들처럼 조밀하지 않고 분산적이다.[12]

이와 같이 목관묘의 조영이 원삼국시기로 이어지는 조양동유적과 북토리-죽동리유적을 제외하면 초기철기시대 목관묘들은 다음 시기로 이어지지 않고 끝나거나 한 유적 안에서도 분산적이다. 또 경주지역에서 조사된 세형동검 유적들에 대해서는 단독의 독립묘인지(이주헌 2009), 군집묘에 속했던 것인지(이희준 2011b)에 대해 이설이 있지만, 이들을 포함하여도 초기철기시대 목관묘가 조사된 곳은 현재로서는 조양동-구정동, 북토리-죽동리, 입실리, 문산리유적이 포함된 동남부지구 외에는 분지지구에 가까운 하구리유적, 북부지구 끝부분의 안계리유적뿐이어서 원거리에 분산적이라고 할 수밖에 없다.

이와 같은 현상은, 물론 앞으로 유적조사에 따라 달라질 수도 있지만, 경주지역에서 고분의 조영이 다음 시기로 이어진 누세대적인 고분군이 각 지구에 최소 1개소 이상 복수로 분포하는 원삼국시기 전기와는 분명한 차이가 있다. 또 점토대토기 단계의 목관묘 유적이 10여 개소 이상 분포하고, 그 중 완주 갈동유적에서는 17기, 신풍유적의 가지구에서는 57기, 나지구에서는 24기의 목관묘가 조사된 만경강 상류 전주-완주지역의 양상(한수영 2015)과도 크게 다르다.

그러므로 경주지역 초기철기시대의 목관묘군은 촌을 중심으로 하는 취락군(촌락)의 고분군(이희준 2000a: 126)이 형성되기 시작하는 모습, 초기철기시대 복수의 고분군이 자리한 경주 동남부지구는 그러한 취락군이 결집하여 읍락을 형성해가는 모습에 해당된다고 볼 수는 있지만, 각 지구에 형성된 읍락들이 사로국으로 결집되거나 통합되어가는 모습으로 보기는 어렵다. 이와는 달리 원삼국시기에 들어오면 각 지구마다 복수의 누세대적인 고분군이 형성되는 질적인 변화가 있으므로 사로국은 이때 성립한 것으로 판단된다. 경주지역에서 사로국이 성립한 것은 고식와질토기가 출현하는 서기전 2세기

<hr />

12   하구리유적에서는 목관묘군과 약간 떨어져 초기철기시대 옹관묘 10여 기가 조사되었으나(성림문화재연구원 2013b), 고분의 조영이 원삼국시기로 이어지지는 않았다.

말~1세기 초 이후라고 판단된다.

다음은 사로국의 지역적 범위와 관련된 문제로, 경주지역에서 '국'은 I단계로 목관묘 단계에 경주 중심부가 아니라 주변부에서 '지구' 단위로 성립되었으나 II단계로 목곽묘 단계에 경주 중심권을 국읍으로 하는 전체의 국으로 통합되었다[13]는 경주지역 최초 '국'의 '지구국'설(이청규·박자연 2000; 이청규 2005)과 원삼국시기 진·변한의 국은 '지역'을 통합하여 성립된 것으로(이희준 2000a; 2000b), 사로국은 처음부터 경주지역 전체를 범위로 하여 성립되었다는 '지역국'설(이희준 2002a)이 있다. '지구국'설에 대해서는 이희준의 비판적 검토가 있었거니와(이희준 2002a; 2011b) 본고는 '지역국'설에 기반하여 작성되었다는 것을 밝혀둔다.

'지역국'설에 입각할 때, 사로국은 대체로 현재의 경주지역에서 성립·발전하였다는 것이 학계의 공통된 의견이지만, 좀 더 구체적으로 사로국의 지역적 범위에 대해서는 약간의 견해 차이가 있다. 앞서 밝힌 대로 울산광역시 북부지역, 즉 태화강 북쪽지역이 사로국의 범위에 포함된다는 데에는 학계의 이견이 없지만, 음즙벌국의 위치와 관련하여 현재의 경주 북부 안강지역이 음즙벌국이라는 주장(전덕재 2009: 92)과 음즙벌국의 위치는 현재의 포항시 중심부 일대와 그 북쪽 흥해지역으로 보아야 하며 안강지역은 사로국의 지역 범위에 포함된다는 주장이 있다(이희준 2007: 192~194). 필자도 경주 인근지역들의 고분군 분포로 보아 음즙벌국은 포항 옥성리-남성리고분군을 중심고분군으로 한 세력이었다고 판단되므로, 음즙벌국이 반드시 안강지역에 위치했다고 볼 필요는 없다고 판단한다.

그런데 사로국이 경주지역에서 성립하였지만 그 읍락 수는 처음부터 고정된 것은 아니며, 그 범위는 시대에 따라 변화·확대되었을 것이라는 주장이 있다(주보돈 2003). 이희준은 이와 같은 주장을 좀 더 구체화하여, 경주의 여러 지구 중 안강의 안계리고분군 일대를 중심으로 하는 북부지구는 도심지구(분지지구)가 형산강의 東岸을 중심으로 하는 것과 달리 그 西岸을 중심으로 하고, 또 포항 흥해지역의 음즙벌국과 가까워 원심적 성향을 띠었을 수도 있으므로 사로국 초기에는 소벌읍과 같은 별도의 세력이었다가

....

13   목곽묘 단계라고 하였지만 서기 2세기대의 장방형 목곽묘가 아니라 3세기대의 세장방형 목곽묘 단계로 원삼국 후기가 아니라 사실상 필자의 신라 조기에 해당된다(이청규·박자연 2000).

나중의 어느 시기에 사로국으로 편입되었을 수 있다고 하였다. 또 울산 방면의 동남(부) 지구는 길게 울산의 태화강 북안으로 이어지며 다수의 원삼국시기 유적이 분포되어 있으므로 죽동리를 중심으로 하는 동남지구와 중산리를 중심으로 하는 동천지구로 나누어 볼 수 있으며, 이 중 동천지구도 독립 소별읍이었다가 어느 시점에 사로국의 영역으로 편입되었을 것이라고 하였다. 사로국은 처음에는 경주 중심부의 도심 읍락, 덕천리 유적 중심의 남부 읍락, 사라리유적 중심의 서부 읍락, 죽동리유적을 중심으로 하는 후대의 관문성까지의 동남 읍락으로 성립하였다가 서기 2세기 중엽 즈음, 즉 사로국 후기 목곽묘 단계에 북부 읍락과 관문성 바깥의 동천 읍락을 포괄하였을 가능성이 크다는 것이다(이희준 2011b: 155~157).

현재의 경주지역을 포함하여 주변 일대에서 원삼국시기의 고분군이 일시에 조영되기 시작한 것이 아니라 각기 시차를 두고 형성되었고, 사로국은 시기가 내려오면서 발전되었을 것이므로 사로국의 읍락 수도 차례로 늘어갔을 것이며, 또 주변 지역들도 사로국에 포함되어 갔을 것임은 충분히 짐작할 수 있다. 그러나 앞의 〈표 1-2〉에서 보듯이 경주지역에서 원삼국시기의 고분군은 전기 2b기까지, 즉 기원전 1세기에 동남부지구, 남부지구, 서남부지구, 분지지구의 4개 지구에서 형성되기 시작했으며, 아직 인동리에서 1기밖에 조사되지 않았지만 북부지구에서도 2c기부터는 목관묘가 조영되기 시작하였다. 이와 같은 사실은 사로국의 읍락들이 세기 단위로 큰 시차를 두고 추가되어 간 것은 아니라는 점을 말해준다.

또 동남부지구를 죽동리유적 중심의 동남지구와 중산리유적 중심의 동천지구로 나누어 각각의 읍락을 상정하고, 각각 독립 소별읍이었던 동천 읍락과 안강지역의 북부 읍락이 후기 목곽묘 단계에 사로국에 포괄되었다는 것도 이론적으로는 그리 생각할 수도 있으나 고고학자료, 특히 원삼국 전기의 고고학자료로 이를 입증하기는 쉽지 않다. 사실 형산강으로 흘러드는 경주의 남천과 태화강으로 흘러 들어가는 울산의 동천유역은 지형적으로 막힘이 없으며, 조양동-죽동리-구어리-중산리로 이어지는 원삼국시기 고분군의 분포를 보아도 중산리유적을 별도의 지구나 읍락으로 떼어낼 근거는 없다.[14]

....

14   사로국의 읍락과 6촌, 신라 6부 문제는 통시적 고찰이 필요한 것이라서 여기서는 가능한 한 언급을 자제하고, 필요한 경우 '지구' 단위로 언급한다.

그보다는 울산 북부의 다운동유적과 하삼정유적은 중산리유적과 수계도 다르고 거리도 상당하여 이들을 한 지구로 묶기도 어려운데, 지금까지 조사된 자료들에 의하면 중산리유적에서는 전기 4a기부터 목관묘가 축조되기 시작하였고, 다운동유적(창원대학교박물관 2006e)과 하삼정유적(한국문화재보호재단 2007; 2009)에서는 4b기인 전기 말, 사실상 후기에 들어올 무렵부터 목관묘가 축조되기 시작하여, 모두 유적의 형성 시기 자체가 늦었던 것으로 판단된다. 중산리유적은 위치와 유적의 분포상으로 보아도 경주 동남부지구에 포함되어야 하지만, 경주지역의 다른 유적들과 다소 떨어져 분산적으로 위치한 다운동유적과 하삼정유적도 반드시 경주지역으로부터 분리된 것은 아니라고 판단된다. 다운동유적은 경주 구어리유적의 방향으로 통하는 구조곡의 입구에 위치하였고, 하삼정유적도 큰 장애 없이 덕천리유적이 있는 남부지구로 넘어가는 곳에 위치하였기 때문이기도 하지만, 다운동유적의 발굴자료는 선별 발표되어 알 수 없으나, 하삼정유적에서도 중산리유적과 마찬가지로 원삼국 후기 말 목곽묘의 세장화 현상이 확인되기 때문이다. 그러므로 울산 태화강유역의 다운동유적과 하삼정유적은 지리적으로 경주의 곡부지구들에서 다소 떨어져 분포하지만 경주지역의 각 지구에 포함되어 사로국의 범위안에 들어 있었던 것은 분명하다고 생각된다.

북부지구에서 조사된 원삼국시기 고분유적은 인동리의 전기 2c기 목관묘 1기뿐이어서 이를 경주지역의 다른 유적들과 비교하여 고찰하기는 어렵다. 유적의 위치가 경주 중심부에서 원거리이고, 또 형산강이 회절하여 동류하는 지점으로 경주 중심부를 향한 남안이 아니라 그 북안이라는 점이 유의되지만, 그렇다고 경주 중심부에서 그곳까지 별다른 막힘도 없어서 북부지구를 전기의 사로국에서 따로 분리할 수 있을지는 의문이다. 이상과 같은 점들에 유의하여 본고에서는 울산의 태화강 북쪽 지역을 포함하여 현재의 경주시 일원을 사로국의 범위로 보아 조사된 원삼국시기 고분들을 살펴본다는 점을 밝혀둔다.

마지막으로 사로국을 성립시킨 주민의 계통에 대해서 살펴보겠는데, 필자는 과거에 경주지역에서 (토광)목관묘의 출현이 『삼국사기』「신라본기」시조 혁거세 즉위조의 "이에 앞서 조선의 유민들이 산골짜기 사이에 나뉘어 살며 6촌을 이루었다(先是 朝鮮遺民 分居山谷之間 爲六村)"는 기록과 관련된다고 판단하고, 사로국의 중심세력은 위만조선계 유이민이었을 것으로 본 바 있다(최병현 1992a: 519). 이에 대해 6촌은 지석묘를 조성하던 선주 집단과 위만 멸망 이전에 남하한 후발의 위만조선계 유민이 결합하여 형성되었으며, 사로국은 위만 멸망 이후 남하한 위만조선계 유민의 주류인 박씨 족단의 진입으로 성립되었다는 견해도 나왔다(주보돈 2003: 11~12).

그런데 앞서 이미 살펴보았듯이 사로국의 성립 무렵 경주지역에서는 부장토기 세트가 주머니호+조합우각형파수부장경호+타날문단경호로 이루어진 IA식 통나무관 목관묘와 IB류 판재관 목관묘가 축조된 고분군과 부장토기 세트가 삼각형점토대토기 또는 적갈색 연질의 심발형토기+단경소호인 IIA0식 목곽묘와 IC식 판재관 목관묘가 축조된 고분군이 조영되고 있었다. 동남부지구의 조양동유적은 전자의 대표유적이고, 남부지구의 덕천리유적과 서남부지구의 모량리유적이 후자에 해당하였다.

전자는 부장품의 배치가 분산적인 데 비해 후자는 부장품, 특히 토기들이 피장자의 머리맡에만 배치되는 특징이 있었다. 이에 전자인 IA식 통나무관 목관묘와 IB류 판재관 목관묘는 세형동검기 이래의 재지계이며, 후자인 IIA0식 목곽묘와 IC식 판재관 목관묘는 요동지방 전국계 분묘에서 유래된 서북한 계통이라고 보았다.

그런데 부장품이 분산적으로 배치된 통나무관 목관묘와 판재관 목관묘가 서남부지방의 전주-완주지역 등 만경강유역에서는 원형점토대토기 단계인 서기전 3세기부터 집단적으로 조영되었다(한수영 2015). 삼각형점토대토기 단계에 경주지역에서 조영된 초기철기시대의 목관묘는 요동지방 한대 분묘의 영향을 받은 부장품 배치가 잠시 나타나기도 하였지만 기본적으로는 서남부지방 원형점토대토기 단계 이래의 목관묘와 같은 전통에 있는 것으로 판단된다. 경주지역의 초기철기시대 목관묘에서도 통나무관의 사용이 확인되므로 원삼국시기 초, 즉 사로국 성립 무렵 경주지역에서 축조된 IA식 통나무관 목관묘와 IB류 판재관 목관묘는 그러한 세형동검기 이래의 재지적인 목관묘의 전통에 있는 것이다.

그런데 서남부지방의 만경강유역에서 통나무관 목관묘와 판재관 목관묘가 조영되기 시작한 것은 위만조선 성립 이전이며, 적석목관묘와 함께 그 계통을 요동지방에서 찾는다면 전국 연 진출 이전의 재지계 토착분묘와 관련될 것이다. 그와 같이 보면 사로국의 성립 무렵 경주지역에서 IA식 통나무관 목관묘와 IB류 판재관 목관묘를 조영하고 있던 주민은 위만조선과는 관계가 없고, 멀리는 위만조선 성립 이전 요동지방에서 토착분묘를 조영하고 있던 주민, 가까이는 서남부지방 등 한반도에서 세형동검기 이래 목관

묘를 조영하고 있던 주민과 같은 계통의 선주민들이었다고 판단된다.[15]

다음 부장품이 피장자의 머리맡에 배치된 경주지역의 IC식 판재관 목관묘와 IIA0식 목곽묘가 직접적으로는 서북한 계통이라는 것은 다시 설명할 필요가 없을 것이다. 현재 서북한지방에서 그러한 목관묘와 목곽묘들은 모두 낙랑무덤으로 편년되고 있지만, 앞서 언급하였듯이 요동지방에서 부장품을 피장자의 머리맡에 집중 배치하는 분묘들은 전국 연이 진출하면서 출현하였다. 지금으로서는 서북한지방에서 위만조선의 고고학적 실체를 명확히 알 수 없지만, 요동지방에서 분묘의 그러한 변화, 그리고 서북한지방에 낙랑군이 설치될 무렵 경주지역에서 IIA0식 목곽묘와 IC식 판재관 목관묘의 출현은 역으로 위만조선의 중심 묘제가 어떤 것이었는지를 짐작하게 해준다. 그러므로 사로국이 성립할 무렵 경주지역에 출현한 IIA0식 목곽묘와 IC식 판재관 목관묘는 낙랑군의 설치 무렵 서북한에서 남하한 위만조선계 유이민들에 의해서 축조되기 시작하였을 것으로 판단된다.[16]

이상 살펴본 바와 같이 사로국이 성립할 무렵 경주지역에서는 세형동검기 이래의 재지적인 목관묘를 조영하고 있던 선주민과 낙랑군의 설치 무렵 남하하여 서북한 계통의 목곽묘와 목관묘를 축조하기 시작한 위만조선계 남하 유이민들의 존재[17]가 확인된다. 선주민에는 물론 세형동검기 이전 지석묘 축조 주민들도 흡수되었겠지만, 가깝게는 한반도 서남부지방의 세형동검기 분묘 조영집단, 멀리는 요동지방의 토착계 분묘 조영집단과 고분 묘제의 계통을 같이하였으므로 위만조선 이전의 고조선계 주민과 직·간접적인 관련이 있었을 가능성이 있다.[18] 이와 같이 보면 『삼국사기』「신라본기」시조 혁거세 즉위조의 조선유민을 반드시 위만조선계 유이민으로 한정할 필요는 없다고 하겠다.

....

15 『三國志』「東夷傳」辰韓傳의 "辰韓在馬韓之東 其耆老傳世 自言古之亡人避秦役來適韓國 馬韓割其東界之與之", 弁辰傳의 "···其十二國屬辰王 辰王常用馬韓人作之 世世相繼 辰王不得自立爲王 魏略曰 明其爲流移之人 故爲馬韓所制"라는 기록은 혹 이와 관련될지도 모르겠다.

16 『三國志』「東夷傳」辰韓傳의 "名樂浪人爲阿殘 東方人名我爲阿 爲樂浪人本其殘餘人"은 낙랑군 설치로 위만조선계 유이민의 남하를 의미하는 것이다.

17 이와 관련하여 영남지방에서 달성 평촌리유적 등 활석혼입계 화분형토기, 타날문토기가 삼각형점토대토기와 공반하는 유적이 늘어나고 있는 것(정인성 2012)이 주목된다.

18 사로국 등 진한의 國 형성에 관련된 세력에 대해 『三國志』「東夷傳」의 "辰韓者古之辰國也", "古之亡人避秦役來適韓國···", 『三國史記』「新羅本紀」의 "朝鮮遺民分居山谷之間爲六村" 등 문헌에 다른 전승이 혼재하는 것은 다양한 내력을 가진 유이민의 유입을 의미하는 것으로 지적되기도 한다(이현혜 2008: 208~209).

2. 전기의 사로국

사로국이 성립할 무렵인 서기전 1세기 초부터 경주지역에서는 세형동검기 이래의 선주민들에 의해 주머니호+조합우각형파수부호+타날문단경호를 부장토기로 하는 IA식 통나무관 목관묘와 IB류 판재관 목관묘를 축조한 고분군과 낙랑군 설치무렵 남하한 위만조선계 유이민들에 의해 삼각형점토대토기 또는 적갈색 연질의 심발형토기+단경소호를 부장하는 목곽묘와 IC식 판재관 목관묘를 축조한 고분군이 조영되고 있었다. 양자는 묘제와 부장토기 세트에 있어서 그와 같이 이질적이었다.

그러나 양자 사이에 곧 접촉과 교류의 흔적이 나타났다. 예컨대 전자의 대표격인 조양동유적의 전기 2a기 28호묘에서는 적갈색연질의 심발형토기가, 후자의 대표인 덕천리유적의 전기 2a기 131호묘에서는 주머니호가 공반되었다. 묘제와 토기 부장세트가 기본적으로 전자에 속하는 북토리유적의 전기 3a기 14호묘에서는 와질토기 원저심발이 주머니호, 조합우각형파수부장경호, 타날문단경호와 함께 부장되었고, 3b기의 황성동 575-6호묘에서는 와질토기 원저심발과 주머니호가 함께 부장되었다. 이와 같은 사례들은 원래 서로 이질적이었던 두 계통의 사로국 주민들 사이의 상호 접촉과 교류의 흔적이라고 판단된다.

그러나 전기에서도 좀 시기가 내려오면 부장토기만이 아니라 묘제가 교차되는 현상이 있음을 앞서 살펴보았다. 목곽묘와 IC식 판재관 목관묘가 축조되고 있었던 덕천리유적과 모량리유적에서는 IB류의 판재관 목관묘나 IA식의 통나무관 목관묘가 축조되고, 반대로 IB류 목관묘가 축조되고 있었던 황성동유적의 일부에서는 목곽묘와 IC식 판재관 목관묘가 축조되기 시작한 것이다.

황성동유적에서 목관묘군은 유적 서남쪽 부분의 강변로 도로구간(A군)과 동북쪽 590번지의 북쪽 및 575번지(B군)에 서로 거리를 두고 분포하여 별개의 두 집단에 의해 따로 조영된 것으로 판단된다. 그런데 590번지 북쪽에서 575번지에 걸쳐 있는 B군은 지리적으로는 나누어지지 않지만 전기 말까지 IB류 판재관 목관묘만 존재한 북쪽의 B1군과 IB류 판재관 목관묘와 함께 IC식 판재관 목관묘, 목곽묘가 혼재한 남쪽의 B2군으로 나누어 볼 수 있다. B2군의 남쪽으로는 사로국 전기 말과 후기에 재지적인 IIA1식 목곽묘가 주로 축조된 545번지유적이 이어진다(도 1-19).

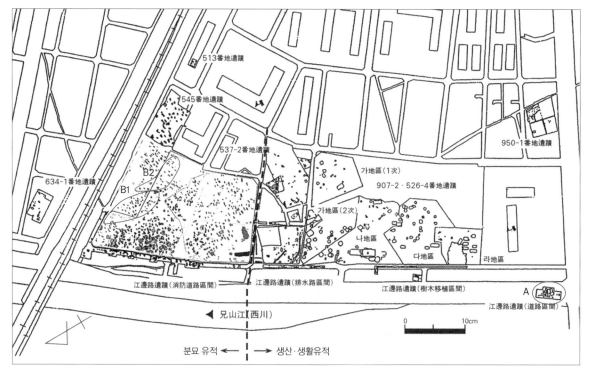

도 1-19 황성동유적 고분 분포도

황성동유적에서 이와 같은 현상은 사로국 전기에 IB류 판재관 목관묘를 조영하고 있던 집단의 일부가 IC식 판재관 목관묘와 목곽묘를 수용해간 사실을 말해준다. 그 수용 과정이 구체적으로 의미하는 바가 무엇인지는 알 수 없으나, 덕천리유적과 모량리유적에서 묘제의 교차, 황성동유적의 일부에서 다른 묘제의 수용과 같은 현상은 사로국 성립 시기에 서로 이질적이었던 주민 집단들이 상호 접촉하고 교류하다가 점차 융합되어가기 시작하였음을 의미하는 것으로 판단된다.

다음으로 사로국 전기에 경주지역에서 조영된 목관묘와 목곽묘에는 피장자들의 사회적 인격이 반영되어 있을 것이므로 고분들의 구조적인 측면과 출토유물의 정밀한 분석·종합을 통해 당시 사회의 여러 면을 고찰할 수 있을 것이다. 그러나 사로국 전기에는 유적에 따라 목관묘와 목곽묘가 공존하였고, 목관묘에도 여러 유형이 있었다. 이와 같이 아직 묘제의 제일성이 현저하지 않은 고분들의 구조적인 측면과 출토유물을 막바로 비교·종합하기에는 여러 가지 난점이 있으므로 여기서는 우회하여 먼저 출토유물을 통해 고분의 랭크를 구분해 본 다음 그것과 구조적인 측면의 정합성 여부에 대해 살펴보기로 하겠다.

    뒤의 〈별표 1~4〉는 지금까지 경주지역에서 조사된 사로국 전기 고분들의 규모와 출토유물들을 정리한 것인데, 세분된 편년에 따를 경우 조사된 고분의 수가 너무 적은 분기가 대부분이므로 각 유적별로 1~4기로 통합하여 작성하였다. 그런데 그 중 조사 고분의 수가 가장 많은 황성동유적의 4기를 먼저 살펴보면 철검 3점, 철모 11점이 출토된 545-68호묘(동국대학교 경주캠퍼스 박물관 2002)를 제외하면 대개 출토유물이 철검 1~2점, 철모 1~3점과 함께 약간의 농공구와 토기들인 그룹, 철검 및 철모와 같은 대형 무기는 출토되지 않고 단조철부, 낫 등 약간의 농공구와 토기가 출토된 그룹, 철기는 출토되지 않고 토기만 출토된 그룹으로 나누어지는 것을 알 수 있다. 이 외 철검은 출토되지 않고 철모 1점씩과 소수의 농공구, 토기가 출토된 고분 2기가 있는데, 조사 고분 수가 극히 소수인 점을 감안하여 첫째 그룹에 포함시키면, 황성동유적의 4기 고분은 이와 같이 크게 3그룹으로 나누어지는 것으로 볼 수 있다.

    이를 기준으로 하여 황성동유적의 다른 분기나 다른 유적을 살펴보면 설명이 필요한 몇몇 예외적인 고분들이 있으나, 대체로 황성동유적 4기와 같이 나누어지는 것을 알 수 있다. 그러므로 사로국 전기의 고분은 일단 첫째 그룹의 a랭크,[19] 둘째 그룹의 b랭크, 셋째 그룹의 c랭크 고분으로 구분할 수 있을 것으로 본다. 다만 필자는 신라 조기고분의 전개를 살펴본 전고(최병현 2015)에서 약간의 농공구와 토기가 출토된 고분과 토기만 출토된 고분을 따로 나누지 않고 한 랭크로 통합한 점을 감안하면 일관성의 측면에서 사로국 전기의 셋째 그룹(c랭크)을 b랭크에 통합할 수도 있다고 본다(표 1-4의 1).

    그런데 묘제가 다른 고분들의 구조 각부 규모를 모두 비교해 보는 것은 현실적으로 어려움이 있고 의미도 왜곡될 수 있으므로 장구의 너비를 기준으로 대비해 보면, 목관묘와 목곽묘가 혼재한 황성동유적의 경우 장구 너비는 a랭크 50~84cm, b·c랭크 45~111cm이어서 뚜렷하게 구분되지는 않는다. 다만 a랭크에서는 70cm 이상이 좀 많은 편이며, b랭크 이하에서는 70cm 이상도 있으나 60cm 이하도 많이 포함된 정도의 차이를 볼 수 있다. 목관묘만 조영된 조양동유적에서는 시기가 내려오며 목관의 너비가 전체적으로 확대되는 것을 볼 수 있는데, 4기를 기준으로 하여 보면 a랭크 57cm 이상,

....

19   황성동유적과 달리 사라리유적과 북토리유적에서는 철검은 출토되었으나 철모가 공반되지 않은 목관묘도 있는데, 이들도 첫째 그룹에 포함한다.

표 1-4 사로국 전·후기 고분의 계층성

	유물조합		고분
a+	청동거울+마구+검초·동(철)검+철모+농공구+토기 (1~3)　　　(0~3)		조양 5(1) 조양 38(2b) 사라 130(3b) 탑동 1(4a)
	(검초)철검+철모+농공구+토기 (1~3) (5~11)		조양 60(4b) 황성(동) 68(4b) 하삼 2(4b)
a	(검초)철검+철모+농공구+토기 (1~2) (1~3)		
	철모+농공구+토기 (1~3)		
b (c)	농공구+토기		
	토기		

1. 사로국 전기

	유물조합	목곽	고분
a+	철검+철모+농공구+토기 (1~3)(11~26)	250cmX130cm 이상	황성(박) 2(1b) 중산 VII-4(1a) 중산 VII-1(2a)
a	철검+철모+농공구+토기 (1~3) (5~8)		황성(박) 40(1a) 황성(경) 70(1a) 황성(영) 43(1b) 황성(강) 1(2b) 황성(문) 2(2b) 중산 VIII-90(2b) 조양 63(1b) 조양 3(2b) 하삼 7(1b) 하삼 3(1b)
b	철검+철모+농공구+토기 (0~2) (1~4)	200cmX100cm 이상	
c (d)	농공구+토기	200cmX100cm 이하	
	+토기		

2. 사로국 후기

b랭크 이하 대체로 50cm 이하로 구분되는 것을 알 수 있다. 목곽묘와 IC식 판재관 목관묘가 조영된 덕천리유적의 경우 유물로 본 고분 랭크와 관계없이 목곽묘는 전체적으로 80cm 이상이고, 목관묘는 60cm 이하이다.

　물론 이와 같은 장구의 너비 수치는 실제 목관과 목곽의 너비가 아니라 묘광 내 충전토 내부의 너비 측정치이어서 부정확하고 오차도 많은 것이다. 그러나 여기서 알 수 있는 것은 목관과 목관의 규모가 출토유물로 나누어 본 고분의 랭크만큼 변별되지는 않으며, 특히 각 유적마다에서는 어느 정도의 경향성을 읽을 수 있으나 경주지역 고분군 전체에 적용되는 정형성을 찾기는 어렵다는 것이다.

　이는 사로국 전기 고분의 부장유물에는 어느 정도의 계층성이 반영되어 있으나 묘제나 고분의 규모는 세부적으로 고분군마다 다르거나 차이가 있었음을 의미한다. 바꾸어 말하면 사로국 전기에는 각 고분군, 즉 각 취락군 내부에서 계층화가 진행되고 있었고 그것이 사로국 사회 내부로도 확대되어 가고 있었지만, 아직 사로국 사회 내부 전체가 일원적인 체계로 통합되지는 못하고 있었음을 의미한다고 판단된다.

그런데 몇 고분군에는 상위인 a랭크 고분의 수준을 훨씬 뛰어넘는 탁월성을 보이는 소수의 고분들이 있다. 크게 두 그룹으로 나누어볼 수 있는데, 하나는 청동거울 부장묘들이고, 다른 하나는 다수의 철모 부장묘들이다. 먼저 청동거울 부장묘는 다뉴경이 출토된 1기의 조양동 5호묘, 4면의 전한경이 출토된 2b기의 조양동 38호묘, 4면의 방제경이 나온 3b기의 사라리 130호묘, 전한경과 방제경이 1면씩 나온 4a기의 탑동 1호묘이다. 이 외 탑동 2호묘에서도 전한경 1면이 출토되었지만 공반된 유물들은 a랭크의 범위를 벗어나지 않아 좀 예외적이다.

청동거울 부장묘들 중 조양동 5호묘에서는 철검만 나왔고, 조양동 38호묘에서는 철검과 청동검파가, 사라리 130호묘와 탑동 1호묘에서는 칠초동검 2점씩과 청동검파부철검 1점씩이 출토되어 차이가 있으나, 청동거울과 함께 칠초동검이나 청동검파가 붙은 철검이 상징적 의미를 갖는 유물임을 알 수 있다. 그러나 철모는 조양동 5호묘에서 1점, 사라리 130호묘에서 2점, 탑동 1호묘에서 3점이 출토되었고, 조양동 38호묘에서는 출토되지 않아 청동거울 부장묘에서는 철모가 그다지 많이 출토되지 않는 것을 알 수 있다.

청동거울 부장묘에서는 이 외에 마구와 다량의 각종 농공구가 공반되며, 탑동 1호묘를 제외하고는 모두 판상철부가 출토되었는데, 사라리 130호묘에서는 61점의 판상철부가 출토되어 그 위세를 과시하고 있다. 판상철부는 청동거울 부장묘가 아니더라도 2b기의 황성동 강변로 2호묘에서 10점이 출토되었고, 그 외의 조양동유적과 덕천리유적, 모량리유적에서 많게는 2점, 대개는 1점씩 출토되는 고분들이 있어 그 자체가 탁월한 고분들의 전유물은 아니라고 할 수 있다.

그 외 사라리 130호묘와 탑동 1호묘에서는 각종 청동장신구와 칠기가 부장되었고, 탑동 1호분에서는 부채도 부장되었다. 청동거울 부장묘는 전체적인 출토유물에서 시기가 상대적으로 이른 조양동 5·38호묘와 늦은 사라리 130호묘·탑동 1호묘 사이에 상당한 차이가 있음을 알 수 있는데, 출토유물의 구성으로 보아 단순히 시기적인 차이만이 아니라 탁월성 그 자체의 격차라고 이해된다.

다음 다수의 철모 부장묘 중 5점의 철모가 출토된 조양동 60호묘에서는 마구와 마형대구도 출토되었고, 8점의 판상철부와 함께 다수의 농공구와 토기가 출토되어 거울이 출토되지 않았을 뿐 출토유물이 거울 부장묘에 버금간다고 할 수 있다. 하삼정 I-1호묘에서는 철모 6점과 마구, 황성동 68호묘(동)에서는 11점의 철모가 출토되었고, 모두 다수의 철촉 등 농공구와 토기를 공반하였다. 이들은 모두 4b기로 편년된다.

이상의 탁월한 고분들은 묘광과 장구의 규모도 대개 커서 시기가 가장 이른 조양동 5호묘를 제외하면 관·곽의 너비가 65~100cm에 이른다. 그러므로 이들을 a랭크보다 상위의 a+랭크 고분으로 설정할 수 있는데, 조양동유적을 제외하면 각 유적에서 1기씩뿐이고, 조양동유적의 세 고분도 각기 분기가 다른 점이 유의된다. 이는 이와 같이 탁월성을 가진 고분들이 한 유적에서 같은 분기에 복수로 존재하지는 않았다는 것을 의미하며, 그러므로 이들은 그룹이나 계층을 이룬 것이 아니라 각 고분군에 개별적으로 존재한 유력 개인묘(최종규 1991)들이었다고 판단된다.

그런데 여기서 청동거울 부장묘는 모두 전기 4a기 이전이고, 다수의 철모 부장묘는 모두 그 뒤의 4b기로 편년되는 점도 유의된다. 그것은 다수의 철모 부장묘가 청동거울 부장묘보다 단순히 위계가 한 단계 낮았기 때문일 수도 있지만, 다음에 살펴볼 사로국 후기 고분에서는 청동거울의 출토례가 없고 철모의 부장 정도가 고분의 랭크 구분에서 가장 뚜렷한 지표가 된다는 점에서 지배자의 성격 변화와 관련이 있으며, 그 변화가 이미 전기 말부터 시작되고 있었음을 의미할 수도 있다고 판단된다. 즉, 앞서 언급한 바와 같이, 사로국 전기에는 청동거울과 칠초동검이나 청동검파부철검, 그리고 판상철부가 각급 정치적 수장의 권위와 경제적 부를 상징하는 유물로 부장되었다면, 사로국 전기 말부터는 부장유물이 수장의 무력 기반을 과시하는 쪽으로 바뀌어 간 것일 수 있다(이희준 2011a)고 본다.

이상의 a+랭크 유력 개인묘들은 읍락을 구성한 취락군이나 읍락 등 각급 단위의 수장묘들이었을 것으로 판단되는데, 특히 그 중에서도 월등히 탁월한 사라리 130호묘와 탑동 1호묘는 사로국의 수장, 즉 사로국 주수급의 무덤일 것이라는 데 학계의 의견이 모아지고 있다(권오영 1996; 이희준 2011b).[20] 그리고 사라리 130호묘와 탑동 1호묘는

....

20   다만 전덕재는 사라리 130호분의 피장자가 기원 2세기 무렵에 모량부의 지배자였는지의 여부는 아직 확실

별개의 고분군에 존재하고, 또 이들이 소재한 고분군에서는 같은 수준의 고분 축조가 이어지지 않아 사로국 주수는 하나의 읍락에서 고정적으로 배출된 것이 아니었으며, 따라서 사로국 전기에는 국읍의 위치도 한 곳으로 고정되어 있지는 않았을 것으로 판단되고 있다(이희준 2002a). 탑동유적은 월성의 서남쪽 경주 분지 내부에 위치해 있으므로 경주 도심(분지)지구가 일찍부터 사로국의 중심지 역할을 하였을 것이라는 주장도 있지만(이희준 2011b), 최근 목관묘 발굴이 간헐적으로 이어지고 있는 탑동유적에서 다시 탁월한 고분이 발견될지는 아직 미지수이다.[21]

그러므로 사로국 전기에는 아직 경주지역 전체를 대표하는 고정된 중심고분군[22]은 존재하지 않았다고 판단된다. 경주지역의 동남부지구에서 조양동유적이 다른 고분군보다는 우위로 평가될 수 있는 것처럼 각 지구 내에서는 점차 고분군의 위계화가 진행되고 있었지만, 사로국 전기에 어느 특정 고분군을 중심으로 한 경주지역 전체 고분군의 일원적인 위계화는 아직 진행되지 못하고 있었던 것으로 보인다. 이는 전기의 사로국이 아직 읍락 연합체적인 성격에서 크게 벗어나지는 못한 상태였음을 의미하며, 앞서 언급한 '지구국'설은 이 점에 착안한 것이라고 생각된다. 그러나 앞서 보았듯이 사로국 전기 초부터 지구를 달리하며 묘제가 교차되어 축조되는 등 주민의 융합 현상이 진행되고 있었던 것은 각 지구가 완전히 독자적이고 독립적으로 존재한 것은 아니었음을 의미한다.

마지막으로 앞서 살펴본 사로국 전기 a+랭크의 탁월한 고분들이 목곽묘인 황성동 545-68호묘를 제외하면 모두 재지계의 IA식 통나무관 목관묘이거나 IB류의 판재관 목

....

하게 단정할 수 없다고 보고 있다(전덕재 2007). 그의 주장은 사로국이 기원 전후에 경주 시내에 위치한 喙部를 중심으로 건국되었고, 신라 이사금시기에 박, 석, 김씨 왕들은 모두 喙部 소속이었다는 판단(전덕재 2003)에 따른 것으로 보인다.

21 탑동유적에서는 2010년도 발굴 1호(한국문화재보호재단 2011) 외에 2015년도 발굴 2호(한국문화재재단 2017b), 2016년도 발굴 3호(한국문화재재단 2018)가 발굴되었으나 모두 1호에 훨씬 못 미친다.

22 이성주는 '중심고분군'을 서기 3세기 후반 영남지방의 동남부에서 등장하여 하나의 분지를 통합한 '국'의 중심권력을 나타내주는 것이라는 아주 제한적인 의미로 쓴다(이성주 1993b; 2017). 그러나 필자는 '중심고분군'이란 지구, 지역, 영역, 또는 읍락, 국, 국가 등 일정한 권역의 중심에서 고분문화와 사회변화를 선도해 간 최고위계고분군으로, 좀 더 넓게 쓸 수 있다고 본다. 한편 이성주는 여전히 영남지방에서 '국'이 하나의 분지를 통합한 것은 3세기 후반으로, 이때 '국'의 영역은 반경 12~14km 내외, 사로국은 좀 특수하게 반경 20km로 예상할 수 있다고 하지만(이성주 2017: 40), 그 시기는 필자의 '신라·가야 조기'로 신라는 이미 사로 내부 통합을 바탕으로 영남지방의 와질토기문화권으로 영역을 확대해 나가고 있었다고 보는 필자의 견해와는 차이가 크다(최병현 2015; 2018).

관묘들이라는 점, 황성동 545-68호묘도의 재지적인 IIA1식 목곽묘라는 점이 유의된다. 특히 사로국 주수급의 무덤으로 평가받고 있는 사라리 130호묘와 탑동 1호묘가 규모가 확대된 재지계의 IB류 목관묘들이라는 점은 더욱 주목된다. 이는 사로국 전기의 지배자가 새로 남하한 위만조선계 유이민이 아니라 재지적인 목관묘를 조영하고 있던 선주민계에서 배출되었음을 뜻하기 때문이다.

3. 후기의 사로국

영남지방에서 신식와질토기가 사용되기 시작한 원삼국 후기, 즉 서기 2세기 중엽경부터 경주지역에서는 기둥이 없는 IIA계 목곽묘와 함께 무기둥식, 기둥식(IIB계)의 근방형계 목곽묘가 축조되기 시작하였고, 전기 이래의 목관묘도 일부 축조되었다. IIA계 목곽묘가 주로 축조된 대표 유적은 황성동유적이고, 무기둥식·기둥식의 근방형계 목곽묘가 축조된 대표 유적은 현재로서는 중산리유적이다.

필자는 과거에 원삼국 후기 영남지방에서 목곽묘의 출현은 『삼국지』「동이전」〈한〉조에 후한의 "환제·영제 말기에 한과 예가 강성하여 군현이 제대로 통제하지 못하니 민이 많이 한국으로 유입되었다"[23]는 기록으로 보아 서기 2세기 후반 서북한지방으로부터 새로운 유이민의 남하와 관련된다고 판단한 바 있다(최병현 1992a: 97). 이에 대해 영남지방에서 목곽묘의 출현이 새로운 유이민의 남하에 의한 것이라기보다는 각 지역의 수장층이 정치권력 확대와 그에 따른 매장의례의 강화를 위해 부장공간을 확대할 목적으로 낙랑의 목곽묘를 주체적으로 채택하거나 모방수용한 것이라는 주장도 있다(이성주 1997: 31).

그런데 앞서 보았듯이 두 계통의 목곽묘는 출현기에는 평면 형태도 달랐으며, IIA계 목곽묘가 사로국 전기에 발생한 재지식이라면 무기둥식·기둥식(IIB계)의 근방형계 목곽묘는 사로국 후기로 들어오면서 새로 출현한 것으로 구조적으로 서북한지방의 귀틀무덤과 연관성이 있었다. 다만 서북한지방의 귀틀무덤이 합장무덤인 데 비해 경주지

....

23 "桓靈之末 韓濊彊盛 郡縣不能制 民多流入韓國"

역의 근방형계 목곽묘는 단장무덤이라는 차이점이 있었다. 그러나 서북한지방에서 귀틀무덤은 단장의 나무곽무덤과 오랫동안 공존하고 있었다(高久健二 1995)는 점에서 달리 해석할 여지는 많으며, 경주지역에서 재지식의 IIA계와는 분명히 다른 근방형계 목곽묘의 새로운 출현이라는 점에서 두 계통의 목곽묘가 모두 수장층의 주체적인 채택이나 수용으로만 해석될 수는 없다고 본다.[24]

또 근방형계 목곽묘의 출현은 새로운 기종의 신식와질토기를 동반하였을 가능성이 큰데, 현재의 자료로서는 경주지역에서 근방형계 목곽묘의 출현과 조영이 중산리유적에서 주도된 것처럼 보인다. 그러나 과연 그랬을까는 의문이다. 그것은 어떻든 사로국 후기에 경주지역에서는 두 계통의 목곽묘가 축조되고 있었고, 앞서 보았듯이 그 변화는 시차가 있었지만, 변화의 방향은 같은 것이었다. 이는 출현 당시에는 이질적이었던 IIA계 목곽묘와 IIB계 등 근방형계 목곽묘가 점차 동질화해 갔던 과정을 의미하는 것이며, 그것은 또한 사로국 후기 주민들의 융합 과정을 말해주는 것에 다름 아니라고 판단된다.

사로국 후기의 목곽묘는, 사로국 전기의 목관묘는 말할 것도 없지만 목곽묘에 비해서도, 그 규모가 훨씬 확대되었다. 부장품도 월등히 풍부해졌다. 이는 당시 사회의 변화와 관련된 것으로 사로국이 전기와는 다른 차원의 사회로 진입한 모습을 보여준다.

그런데 사로국 후기의 목곽묘들은 대개 묘광이 깊지 않다. 물론 발굴 당시 남아 있던 묘광의 깊이가 원래의 깊이는 아니지만, 전기의 목관묘, 목곽묘에 비하면 후기 목곽묘의 묘광이 대단히 얕았던 것은 분명하다. 묘광이 얕아졌다는 것은 그만큼 목곽의 상부가 지상에 설치되고, 그것을 덮은 봉토도 높아져 지상에 상당한 규모의 봉분이 드러나 있게 되었음을 의미한다. 즉 고분의 외형이 위세를 과시하게 되어 간 것이다. 황성동유적의 후기 초 IIA계 목곽묘 중에는 묘광의 깊이가 좀 더 깊은 예들이 남아 있었지만, 중산리유적의 IIB계 목곽묘는 후기 초부터 깊이가 얕았던 것으로 보아 그러한 고분의 지상화도 후기에 새로 출현한 근방형계 목곽묘가 선도했던 것으로 보인다.

....

24 앞서 언급했듯이 우리 학계의 일각에는 고고학자료의 계보 찾기나 전파론적 해석에 대해 비판적인 인식이 있지만(이성주 1993b: 80~81), 이처럼 사로국 성립기 경주지역의 이질적인 목곽묘와 목관묘의 존재, 사로국 후기에 진입할 무렵의 이질적인 목곽묘의 존재가 확인되는 이상 그 계보 추적은 불가피하다. 역사고고학의 목적이 역사 복원에 있는 이상 그 일부인 물질문화와 담당자들의 유래에 관심을 갖는 것도 당연하다.

사로국 후기 목곽묘는 이와 같이 묘광이 얕았기 때문에 발굴 당시 묘광의 일부까지 파괴·훼손되어 매납 원상이 유지되지 못한 고분들이 많다. 이에 따라 묘광을 비롯한 고분 각부의 규모가 불분명하고 부장유물의 전체 내용을 알 수 없는 예들도 많다. 그러나 사로국 전기에 비하면 고분 규모와 부장유물 내용의 정합성이 높아졌을 것이므로 뒤의 〈별표 5~8〉의 사로국 후기 고분 현황표는 유적별로 고분 규모, 특히 목곽과 목관의 규모에 따라 작성하였다.

그런데 사로국 후기 고분의 부장유물에서 가장 뚜렷한 격차를 보여주는 것은 철모이며, 황성동유적의 경우 뒤의 〈별표 5, 6〉에서 보듯이 파괴고분을 제외하면 출토 철모의 수는 목곽과 목관의 규모와 비례하는 것을 알 수 있다. 발굴유구가 모두 보고되지 않았지만 중산리유적의 경우도 역시 곽·관의 규모와 출토 철모의 수는 비례하며, 그러한 경향성은 조양동유적과 하삼정유적 등 조사·보고된 고분의 수가 어느 정도 확보된 유적에서는 마찬가지이다.

다만 앞서 설명했듯이 황성동유적의 IIA계 목곽묘는 묘광과 목곽의 평면이 원래 장방형이었다가 방형화하였고, 중산리유적의 IIB계 목곽묘는 원래 방형에 가까운 평면이었으나 세장화하여, 묘곽의 형식이 분기별로 유적마다 달랐으므로 그 크기가 일률적이지는 않다. 그러나 공통분모를 찾아보면 대개 목곽의 길이 2.50m 이상×너비 1.30m 이상인 첫째 그룹, 황성동유적의 1a기를 제외하고 목곽의 길이와 너비가 그 이하이면서 길이 2.00m 이상×너비 1.00m 이상인 둘째 그룹, 그 이하인 셋째 그룹으로 나누어지고, 목관묘는 유적에 따라 둘째 그룹이나 셋째 그룹에 속하는 것을 알 수 있다(표 1-4의 2).

이상의 세 그룹에서 유물의 출토 양상을 살펴보면, 먼저 첫째 그룹의 경우 황성동유적에서는 철검 1~2점과 철모 6개 이상이 철촉을 비롯하여 상당수의 농공구 및 토기와 공반되었는데, 2b기에는 철검 부장이 환두대도로 교체된 것을 볼 수 있다. 다른 유적에서도 첫째 그룹의 철기와 토기 부장 양상은 거의 같은데, 중산리유적과 하삼정유적에서는 철검이 3점씩 출토된 예가 있고, 하삼정유적에서는 첫째 그룹에서 철모가 5점씩 출토되었으므로, 첫째 그룹은 철검(또는 환두대도) 1~3점, 철모 5점 이상 출토된 공통성이 있다. 둘째 그룹에서는 철검이 출토되지 않은 고분도 있지만 대개는 1~2점의 철검과 1~4점의 철모가 소수의 농공구 및 토기와 공반되었다.[25] 셋째 그룹에서는 소수의 농공구와 토기가 공반되거나 토기만 출토되었다.

이상과 같이 고분의 규모와 부장유물이 정합성을 보이는 사로국 후기의 목곽묘와 목관묘는 첫째 그룹을 a랭크, 둘째 그룹을 b랭크, 셋째 그룹 중 농공구와 토기가 공반된 고분들을 c랭크, 토기만 부장된 고분들을 d랭크로 구분할 수 있으나, 앞의 전기에서와 같이 셋째 그룹은 합하여 모두 c랭크로 할 수도 있다.

그런데 여기서 조사·보고된 고분이 가장 많은 황성동유적의 a랭크 고분들을 다시 살펴보면 조사고분이 극소수인 2a기 외에는 분기마다 a랭크 고분이 복수로 존재하는 것을 알 수 있고, 그러한 현상은 하삼정유적에서도 일부 확인된다. 한편 1b기의 황성동 513·545-2호묘에서는 13점, 1a기의 중산리 VII-4호묘에서는 26점, 2a기의 VII-1호묘에서는 11점의 철모가 출토되어 다른 a랭크 고분들보다 탁월성을 보인다. 크게 보아 a랭크에 속하지만, 그 중에 a+랭크라고 할 수 있는 고분들이 존재한 것이다.

이와 같은 양상은 전기와는 달라진 것이다. 앞서 보았듯이 전기에는 다수 고분으로 그룹을 이룬 a랭크와는 격차가 커 유력 개인묘라고 할 수 있는 a+랭크 고분이 유적마다, 조양동유적에서는 분기를 달리하여, 단독으로 존재하였다. 그런데 후기의 a랭크는 전기 말에 단독으로 존재하던 a+랭크인 다수의 철모 부장묘가 복수화하고 분기마다 이어져, 그 피장자들이 하나의 계층을 이룬 것으로 보이는데, 그 중에 더 탁월한 고분들이 생겨난 것이다. 이와 같은 사실은 사로국 후기에는 전기에 비해 계층이 더 분화하면서 사회의 계층화가 더욱 진전된 것을 의미하며, 앞서 보았듯이 사로국 후기에는 고분 규모와 부장유물 내용의 정합성이 한층 더 강화된 것도 이를 의미하는 것으로 판단된다.

한편 사로국 후기의 목곽묘, 목관묘에 부장된 철기 중에는 곡도와 세장형 단조철부가 있다(도 1-20). 이 중 세장형 단조철부는 신라 조기에 유자이기로 변화된 것으로 판단된다(최병현 2015). 그런데 곡도와 세장형 단조철부는 실생활용이 아니라 의기화한 철기들이며, 이는 상장의례와 관련된 것들로 판단된다. 즉, 새로운 상장의례가 성립되면서 이를 상징하는 의기적인 철기들이 출현한 것이다.[26] 이러한 철기들이 경주지역에

---

25 황성동유적의 1a기 IIA1식 목곽묘 중에는 목곽의 너비가 1.00m 이하이면서도 출토유물, 특히 철검과 철모의 수는 둘째 그룹에 속하는 예가 상당수이다. 앞서 살펴보았듯이 IIA1식 목곽묘는 사로국 전기 황성동유적의 IB계 목관묘에서 발전한 재래식으로 사로국 후기 초까지 목관묘의 전통이 강하게 남아 있었기 때문으로 판단된다.

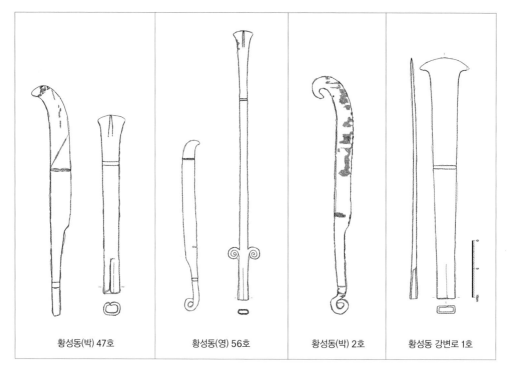

| 황성동(박) 47호 | 황성동(영) 56호 | 황성동(박) 2호 | 황성동 강변로 1호 |

도 1-20 곡도와 세장형 단조철부

서는 사로국 후기의 목곽묘와 목관묘에서부터 부장되기 시작하는데, 조사·보고된 고분의 수 때문인지는 몰라도 특히 분지지구인 황성동유적의 b랭크 이상의 고분에서 출토례가 많은 것이 주목된다.

사로국 후기에는 이와 같이 경주지역에서 계통이 다른 목곽묘가 축조되기 시작하였으나 변화의 방향을 같이하여 갔고, 고분 규모와 부장유물 내용의 정합성이 강화되어 간 데서 보듯이 사로국 사회가 전기에 비해 한층 더 계층화되면서 내부적 통합도 강화되어 간 것으로 판단된다. 상장의례와 관련된 의기적인 철기들의 출현은 사로국 사회

....
26 곡도와 세장형 단조철부는 울산 하대유적의 원삼국 후기 목곽묘에서도 출토되었고(부산대학교박물관 1997), 포항 옥성리유적(경상북도문화재연구원 2003)과 김해 양동리유적(동의대학교박물관 2000: 37)에서도 세장형 단조철부의 출토례가 있다. 아직 영남지방에서 곡도와 세장형 단조철부의 전체적인 출토 양상을 종합해 보지 못하여, 이들이 유자이기처럼 경주에서 출현하여 주변지역으로 퍼져나간 것인지(최병현 2018a), 아니면 영남지방에서 다원적으로 출현한 것인지 알 수 없다. 만일 이들이 경주에서 출현하여 주변지역으로 퍼져나간 것이라면 김해지역을 제외한 영남일원이 세장방형 목곽묘 등 경주에서 출현한 목곽묘로 통일된 것은 신라 조기이지만 상장의례의 영향을 받기 시작한 것은 사로국 후기부터였다는 것이 될 것이다.

내부의 그러한 통합을 상징적으로 보여주는 듯도 하다. 사로국 후기의 이러한 변화는 전기와 달리 그 변화를 이끌어간 일정한 구심점의 존재를 상정하게 한다.

여기서 사로국 후기부터 경주지역의 중심지 분지지구에서 월성북고분군이 형성되기 시작한 것이 주목된다. 지금까지 월성지구나 그 북쪽의 월성북고분군에서 고식와질토기나 그와 관련된 유물·유구가 발견된 바는 없다. 그러나 사로국 후기부터는 월성지구에 취락이 형성되고 그 북쪽에는 목곽묘들이 축조되면서 월성북고분군이 조영되기 시작한 것이 분명하다(최병현 2016d). 월성북고분군의 형성 과정에 대해서는 필자가 몇 차례 언급한 바 있는데(최병현 2014b; 2016b), 고분군의 동단부(구자봉 1997)와 현재 조사가 진행 중인 쪽샘지구(국립경주문화재연구소 2012), 그리고 그 남쪽(신라문화유산연구원 2017c)에서 신식와질토기가 출토되었거나 신식와질토기를 부장한 목곽묘와 목관묘 일부가 조사된 바 있다(도 1-21).

그런데 최근 쪽샘지구 남쪽 인왕동 814-4번지에서 조사된 신식와질토기 2b기, 즉 사로국 후기 말의 목곽묘는 서단부 일부가 유실된 묘광의 크기 6.68m×2.62m, 목곽의 크기 5.18m×2.04m로, 지금까지 경주지역에서 발굴조사된 원삼국 후기의 목곽묘 가운데 최대 규모이다. 목곽의 서반부가 거의 바닥만 남고 묘광의 서단부가 유실될 정도로 파괴가 심해서인지 철모는 2점만 출토되었지만, 철촉은 190여 점에 이르고 따비, 단조 철부, 鐵鈴 등 각종 철기와 목걸이, 특이하게 상어 이빨 37개, 각종 토기가 출토되었다. 철모의 출토 수가 적지만, 고분의 파괴 상태를 감안하면, 부장유물의 수준도 압도적이라고 할 수 있다(도 1-22).

아직은 자료가 극히 미약한 편이지만, 이제 사로국 후기부터 이곳에 목곽묘가 조영되기 시작하였음은 분명해졌으며, 더욱이 월성북고분군에 초대형의 목곽묘들이 존재하고 있음도 드러나고 있는 것이다. 사로국 후기 최고 위계의 목곽묘가 바로 이곳 월성북고분군에 자리하고 있는 것이 확실해진 것이다. 이 최고 위계의 목곽묘들은 그 규모와 출토 유물에서 앞의 a+랭크 목곽묘들을 능가할 것임은 더 말할 필요가 없다. 그러므로 사로국 후기의 고분 랭크는, 이를 감안하여 볼 때, a+랭크 위에 특a랭크가 존재한 것이 분명하다고 판단된다.

그런데 전고에서 밝힌 바와 같이 과거 월성로에서 조사된 고분 유구에는 묘광의 너비가 3.8m 이상인 신라 조기의 대형 목곽묘와 석재충전 목곽묘들이 포함되어 있었고

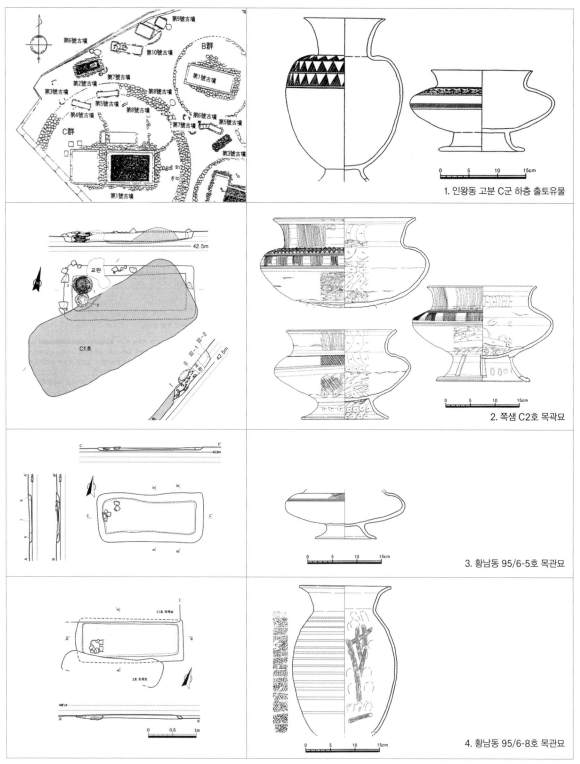

1. 인왕동 고분 C군 하층 출토유물

2. 쪽샘 C2호 목곽묘

3. 황남동 95/6-5호 목관묘

4. 황남동 95/6-8호 목관묘

도 1-21 월성북고분군의 원삼국 후기 목곽묘·목관묘

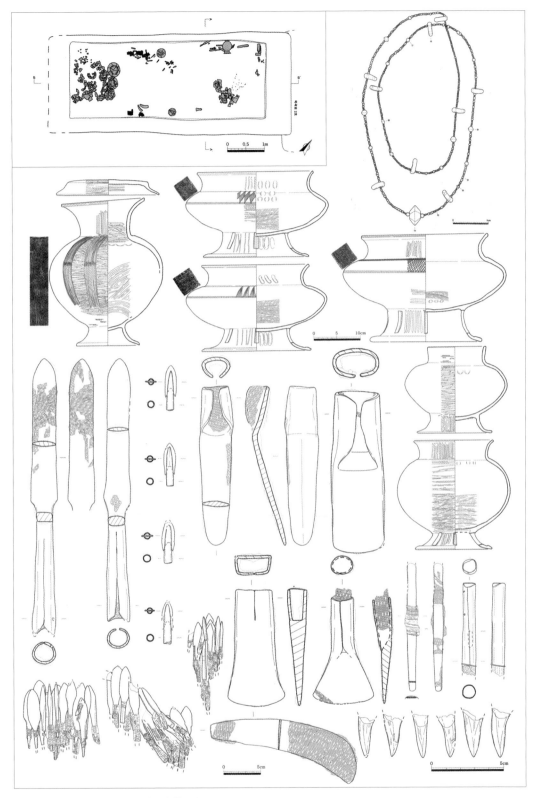

도 1-22 인왕동 814/4-1호 목곽묘와 출토유물

(최병현 2015: 141), 현재 조사가 진행 중인 쪽샘지구에서는 수많은 목곽묘 유구들이 발견되고 있다(최병현 2016a). 그 중 월성로의 서쪽에 접해 있는 L-17호 목곽묘는 이혈주부곽식으로 주곽의 묘광 길이 7.50m, 너비 4.18m에 이르는 초대형의 목곽묘인데, 부곽의 파괴부분에서 출토된 컵형토기는 신라 전기 초인 1Ab기로 편년되는 형식으로(국립경주문화재연구소 2017), 이 목곽묘는 김해 대성동 1호묘와 축조 시기가 같고 규모도 거의 동일하다. 이와 같은 사실은 적석목곽분이 축조된 신라 전기는 물론 신라 조기에도 월성북고분군이 경주는 물론 신라 전체의 중심고분군이었음을 말해주며, 월성로고분과 쪽샘지구의 조사로 보아 신라 조기의 중심고분군이 월성로에서 서편보다는 동편으로 위치해 있음을 말해준다. 그리고 신라 전기에는 쪽샘지구를 포함한 월성로 동서편에도 고분들이 조영되었지만, 쪽샘지구 서쪽 지금의 대릉원지구와 그 북쪽에 거대한 고총들이 축조되어 신라 마립간시기의 왕릉구역이 형성되었다.

이제 이와 같은 사실은 월성북고분군이 동단부에서부터 신식와질토기를 부장한 사로국 후기의 고분들이 축조되기 시작하여, 동일 지점에도 고분 조영이 누세대적으로 반복되면서 고분 조영구역이 서쪽으로 확대되어 형성된 것임을 의미하며, 사로국 후기 목곽묘군의 중심부는 월성로의 동쪽으로 신라 조기의 중심고분군보다 좀 더 동쪽임을 말해준다.[27]

사로국의 내부 통합에서 경주지역의 중심부인 분지지구의 지리적인 중요성은 아무리 강조해도 지나치지 않을 것이며, 그래서 탑동유적의 탁월한 1호 목관묘의 존재를 주목하기도 하기도 하지만(이희준 2011b: 170~173), 사로국 전기에 국읍의 중심고분군이 분지지구에 고정되어 있었다고 볼 근거는 없다. 그러나 월성북고분군이 사로국 후기부터 조영되기 시작하였고, 신라 조기와 전기의 중심고분군이었다는 사실은 중요하다.

....

27 이성주는 하대분묘군과 양동리분묘군의 사례로 보아 원삼국 후기 목곽묘의 등장 초기부터 누세대적인 수장묘열이 등장하는 것으로 보아도 좋다(이성주 2017: 48)고 하면서도 유독 경주에서 중심고분군, 즉 월성북고분군의 형성은 4세기를 상회하기 어렵다고 하고, 사로국의 중심지 경주에서 중심지 형성이 그렇게 늦어진 것은 연대의 문제가 아니라 통합의 방식과 과정의 차이에 기인한 것으로, "경주 분지 중앙을 가상의 중심지로 하여 주변의 여러 집단들이 일찍부터 상대적으로 느슨한 통합을 이루었지만 그 범위는 제일 컸던 것으로 보인다"(이성주 2017: 45)는 애매하면서도 앞뒤가 모순된 설명을 하고 있다. 그러나 아직 발굴조사가 본격적으로 이루어지지 못하고 있지만, 월성북고분군에서 지금까지 드러난 자료들만으로도 사로국 후기와 신라 조기 중심고분군의 위치가 어디인지를 가리켜주기에 충분하다. 이에 대해서는 뒤에서도 언급될 것이다. .

그 위치가 경주지역 전체의 중심지이면서 월성에 근접하여 분지지구의 중심부에 위치한 것은 더욱 중요하다.

그런데 여기서 사로국시기 경주지역 고분군의 전·후기 고분 조영 양상을 살펴보면 조양동유적, 황성동유적, 사라리유적과 같이 전기와 후기의 고분 구역이 분리되지 않고 전·후기 고분이 연달아 조영된 것, 중산리유적과 덕천리유적처럼 전기와 후기의 고분 구역이 분리된 것이 있다. 중산리유적에서 전기의 목관묘는 아직 소수 조사되었지만(울산문화재연구원 2008; 2011), 그 구역은 사로국 후기 및 신라 조기 목곽묘의 집중지와 구분되어 있었다. 덕천리유적에서는 사로국 전기 초부터 목곽묘와 목관묘가 축조되었으나 바로 후기 고분의 축조로 이어지지 않고, 다시 사로국 후기 말부터 전기의 목곽묘·목관묘 구역 북쪽에 목곽묘가 축조되기 시작하여 신라 조기의 목곽묘로 이어졌다.

이 중 전·후기의 고분 구역이 분리되지 않은 것은 그 조영집단의 연속성을 말해주며, 분리되어 있는 것은 고분군을 조영한 집단 내에서 주도세력이 교체되거나 또는 새로운 세력이 진입되는 등으로 모종의 재편이 이루어졌음을 의미하는 것으로 판단된다(이희준 2011b: 175~176). 그 결과로 중산리고분군은 경주지역 동남부지구의 중심고분군이 되었으며, 덕천리고분군도 경주지역 남부지구의 중심고분군으로 자리매김 되었을 것이다.

경주 월성북고분군은 이들과 달리 사로국 후기에 처음 조영되기 시작하였다. 이는 그 조영집단이 사로국 내의 다른 지역에서 이곳으로 이동해 왔거나, 아니면 더 멀리서 새로 들어온 세력집단이었다는 것을 의미한다.

분지지구 내에서 월성북고분군과 가까운 위치에는 북쪽의 황성동유적과 남쪽의 탑동유적이 있다. 앞서 살펴보았듯이 황성동유적에서는 사로국 후기에 IIA계 목곽묘가 축조되면서 IIB계 등 근방형계 목곽묘의 구조를 따라가는 변화의 방향을 보였다. 뿐만 아니라 황성동유적에서는 원삼국 후기에 새로 출현한 신식와질토기 대부장경호와 노형토기가 후기 2b기부터 출토되고 있는 데 비해, 월성북고분군의 동단부에서는 후기 1b기로 편년되는 대부장경호가 출토된 것(구자봉 1997: 85)과도 대비가 된다. 이는 황성동유적이 사로국 후기 경주지역의 고분문화를 선도한 것은 아니었으며, 오히려 월성북고분군의 영향을 받고 있었음을 의미할 수도 있다. 탑동유적에서는 사로국 전기의 탁월한 목관묘가 드러난 바 있지만, 지금까지 사로국 전기의 목관묘 3기와 신라 전기로 내려오는 고분들이 조사되었을 뿐, 사로국 후기나 신라 조기의 목곽묘는 조사되지 않아 그 실상을 알 수 없다.

그런데 최근 월성북고분군에서 조사된 경주지역 최대의 대형 목곽묘인 인왕동 814/4-1호 목곽묘는 신식와질토기 2b기로, 출토된 신식와질토기는 편년상 같은 시기인 황성동(문) 2호묘, 황성동 강변로 1호묘와 차이가 없지만, 그 묘곽 형식은 피장자의 발치 쪽이 부장군을 이룬 세장한 IIA3식으로, 목곽이 방형화하고 토기들이 목곽의 장변을 따라 부장된 황성동유적의 IIA2식 대형 목곽묘들과는 분명히 다르다. 목곽에 기둥구멍이 존재하지 않아 IIA3식으로 분류하였지만, IIA3식은 IIA계 목곽묘가 아니라 IIB계와 함께 근방형계 목곽묘에서 변화된 형식일 것임은 앞서 지적하였다.

이와 같은 월성북고분군에서 이른 시기의 신식와질토기 대부장경호와 노형토기의 출토, 피장자의 발치 쪽이 부장군을 이룬 세장한 초대형 목곽묘의 존재는 이곳의 목곽묘 축조세력의 출자를 시사하는 것이다. 하여튼 월성북고분군은 사로국 후기에 어디선가에서 분지지구 중심부로 새로 들어온 세력집단에 의해 조영되기 시작한 것으로, 신라 조기와 전기의 중심고분군으로 이어지는 그 위치로 보아 사로국 후기부터 경주지역의 중심고분군이 되었던 것이 분명하다. 즉 월성북고분군은 사로국 후기부터 국읍의 중심고분군으로 조영되면서 경주지역의 고분문화를 선도하고 사로국의 사회내부 통합을 이끌어 갔을 것으로 판단된다.

물론 월성북고분군에서는 아직 사로국 후기의 목곽묘가 제대로 조사되지 못하였고, 인왕동 814/4-1호 목곽묘 외에는 대형 목곽묘가 드러나지 않았다. 그러나 사로국 후기 국읍의 중심고분군이었던 이곳에서는 앞서 살펴본 a+랭크 고분들보다 월등히 탁월한 특a랭크의 목곽묘들이 다수 조영되었을 것이며, 그 규모는 최소한 인왕동 814/4-1호 목곽묘 이상이었을 것이다. 포항 옥성리고분군에서 묘광 규모 5.72m×3.30m, 목곽 규모 3.80m×1.50m로 고분 규모는 인왕동 814/4-1호 목곽묘보다 작으면서도 철모 104점을 비롯하여 188점의 철기가 부장된 원삼국 후기 2b기의 나-78호 목곽묘가 존재한 것은 월성북고분군에서 어느 정도로 탁월한 고분들이 축조되었을까를 짐작하게 한다(최병현 2015: 143~145).

사로국 후기 국읍의 중심고분군으로서 월성북고분군에는 그러한 탁월한 목곽묘들이 조영되면서, 경주지역의 고분군들은 최고 위계의 월성북고분군을 정점으로 한 위계화가 진행되어 갔다고 판단된다. 이는 아직 고정된 중심고분군이 존재하지 않아 일원적인 위계화가 진행되지 못하고 있던 사로국 전기와는 분명히 달라진 점이다. 그러나 황성동유적과 중산리유적의 목곽묘가 보여주듯이 사로국 후기에는 아직 목곽묘의 구조적 통일까지는 이루어지지 못하고 있었다.

소결

V

　　영남지방에서 원삼국시기의 고식와질토기가 출현하는 서기 전 1세기 초부터 경주
지역에서는 부장품의 배치가 분산적인 통나무관 목관묘와 판재관 목관묘, 그리고 부장
품이 피장자의 머리맡에 집중 배치된 목곽묘와 목관묘가 조영되고 있었다. 이들은 경주
지역에서 사로국의 성립과 사로국 성립 당시의 주민의 계통을 말해주는데, 전자는 초기
철기시대 이래의 선주민들에 의해, 후자는 낙랑군의 설치 무렵 새로 남하한 위만조선계
유이민들에 의해 축조되었을 것으로 판단된다.

　　부장토기의 세트도 달랐던 양자는 원래 각각 별개의 유적에서 조영되고 있었지만,
점차 부장토기가 서로 교류되고 나아가 묘제가 상호 교차하여 축조되기도 하였다. 이는
사로국 성립 당시에는 서로 계통이 달랐던 이질적인 주민들이 점차 융합되어 가는 과
정을 보여주는 것이다.

　　사로국 전기 목관묘와 목곽묘의 부장유물은 사회의 계층화가 이루어지고 있었고
경주지역 각 지구 내에서 고분군의 위계화도 진행되고 있었음을 보여주지만, 아직 사로
국 전체를 대표하는 고정된 중심고분군은 성립되어 있지 않았다. 따라서 유적에 따라
돌출적으로 존재한 청동거울 부장묘, 다수의 철모 부장묘와 같은 유력 개인묘의 피장자

가 당시의 정치적 지배자들이었겠지만, 사로국의 수장인 주수를 배출하는 국읍이 고정되어 있지는 않았던 것으로 판단된다. 사로국 전기의 유력 개인묘는 모두 선주민 계통의 목관묘가 확대된 것들이었다.

영남지방에서 신식와질토기가 출현하는 서기 2세기 중엽경부터 경주지역에서는 유적에 따라 서로 다른 계통의 목곽묘가 조영되기 시작하면서 사로국은 후기로 전환하였다. 대표적으로 황성동유적에서는 이미 사로국 전기에 발생한 재지계 목곽묘가 축조되었고, 중산리유적에서는 평면구조와 목곽의 구축법이 그와는 다른 목곽묘가 축조되었다. 양자는 처음에는 부장토기의 기종에서도 차이가 있었던 것으로 보인다. 이는 사로국에 다시 새로운 주민의 유입을 의미하지만, 양자는 시차를 두고 같은 방향으로 변천되어 주민의 동질화 과정을 보여준다. 사로국 후기에는 상장의례의 통합을 상징하는 곡도, 세장형 단조철부와 같은 의기적인 철기도 출현하였다.

사로국 후기의 목곽묘와 목관묘는 고분 규모와 부장유물의 정합성이 높아지고, 다수의 철모 부장묘가 복수로 존재하는 등 사회의 계층화가 한층 더 진전되었음을 보여준다. 한편, 사로국 후기에는, 아직 발굴조사된 자료는 극히 미미하지만, 경주분지 중앙에 월성북고분군이 조영되기 시작하여 대형 목곽묘가 축조되면서 사로국의 중심고분군으로 기능하였음이 분명하다. 인왕동 814/4-1호 목곽묘는 그와 같은 사실을 여실히 보여준다. 즉 사로국 후기에는 국읍이 경주지역의 중심부인 분지지구로 고정되면서 그 중심고분군인 월성북고분군에는 탁월한 목곽묘들이 축조되었으며, 경주지역의 고분군들은 최고 위계의 월성북고분군을 정점으로 일원적인 위계화가 진행되고 있었을 것이다.

그러나 사로국 후기 말까지 경주지역의 목곽묘 형식은 통일되지 못하여, 아직 유적에 따라 다른 형식의 목곽묘가 축조되고 있었다. 이는 사로국 후기 말까지도 사로국 주민집단 사이의 이질성이 완전히 극복되지는 못하였음을 의미한다. 사로국의 주민집단 사이에 존재해 온 이질성의 극복은 신라 국가가 성립하는 다음 시기에 들어와서 이루어졌다.

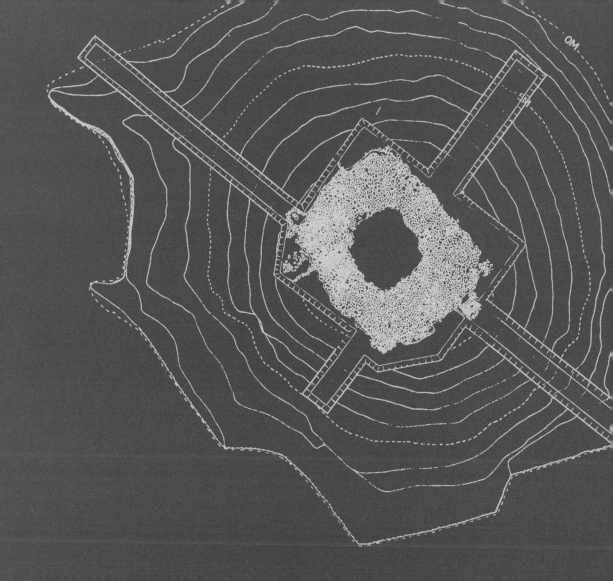

제2부

신라고분의 전개

제1장

조기:
경주지역의 주부곽식 목곽묘 전개와 사로 내부의 통합 과정

원 삼국시기 영남지방에서 조영된 목곽묘는 평면 장방형의 단독곽이었으며, 사로국이 자리한 경주지역의 목곽묘들도 마찬가지였다. 그러나 원삼국 후기 말에 경주지역의 목곽묘들은 묘광과 목곽이 세장화하였고, 이어서 부곽이 딸린 주부곽식 묘곽이나 세장방형 묘곽으로 발전하였다. 경주지역에서 조영되기 시작한 주부곽식 세장방형 목곽묘는 곧 주변의 영남 각 지역으로 퍼져나가기 시작하였고(최병현 2018a), 그 후 경주지역에서는 주부곽식 묘곽 배치가 신라 전기의 적석목곽분으로 이어졌다.

이는 경주지역의 주부곽식 세장방형 목곽묘가 더 이상 사로국시기의 고분이 아니라 신라의 고분이며, 경주지역의 정치세력이 이제 사로국이 아니라 경주 주변의 세력들을 통합하여 신라의 중앙세력이 되어갔음을 의미한다. 즉 사로국이 신라로 탈바꿈해 간 것이다. 그러나 경주지역에서 신라 전기 적석목곽분 출현 이전의 주부곽식 세장방형 목곽묘는 묘곽이 대형화, 장대화하였지만 묘곽 위로 흙을 쌓아 조성한 봉분은 아직 야트막하여 고총으로까지 발전하지는 않은 대형분(묘) 단계였다. 경주지역에서 고총은 신라 전기 적석목곽분의 등장과 함께 출현하였다. 그러므로 필자는 이 주부곽식 목곽묘 축조기인 대형분(묘) 단계를 신라 조기로 시기구분한다(최병현 2011b; 2014b).

한편 경주지역에서는 고분 묘제의 변천과 토기양식의 전환이 연동되어, 신라 조기에는 원삼국 후기의 신식와질토기에 이어 신라조기양식토기가 성립하였다. 필자는 신식와질토기와 신라전기양식토기 사이의 신라조기양식토기를 설정하고 경주지역의 신라조기양식토기를 편년한 바 있다(최병현 2012a). 이에 여기서는 토기편년을 바탕으로 신라 조기에 경주지역에서 조영된 목곽묘의 전개 과정을 살펴보고, 이를 통해 경주지역, 즉 사로 내부의 사회 변화에 대해 고찰해 보기로 하겠다.

그런데 경주 월성북고분군은 지금까지 드러난 자료를 종합해 보더라도 사로국 후기 목곽묘 단계부터 조성되기 시작하였고, 신라 조기의 경주지역 중심고분군도 현재의 월성북고분군 동단부가 틀림없지만(최병현 2014b; 2018b), 그 발굴조사는 도로변 하수구 설치를 위해 좁은 폭으로 시행된 월성로고분(국립경주박물관 1990) 외에는 전혀 이루어지지 못하고 있다. 이에 따라 사로국 후기와 신라 조기의 경주지역 최고 위계의 고분군과 고분들의 양상은 거의 알 수 없는 실정이다.

이와 같이 경주지역에서는 아직까지도 신라 조기의 중심고분군이 발굴조사되지 못하고 있지만, 중심부를 둘러싸고 있는 주변의 여러 지구에서는 많은 신라 조기고분유적이 조사되었다. 여기서는 이들을 통해서나마 신라 조기 경주지역의 목곽묘 전개 과정과 이를 통해 신라의 중앙이 되어 간 사로 내부의 사회 모습을 추적해보고자 한다. 그러나 이 고찰은 기본적이고 핵심적인 자료의 제약 속에 이루어지는 것이어서 훗날 신라 조기 중심고분군의 발굴조사가 이루어지면 보완되거나 재고찰되어야 할 것이다.

목곽묘의 묘곽 형식분류

I

1. 형식분류의 기준

신라 조기의 목곽묘는 원래 지하로 묘광을 파서 묘광 안에 목곽을 설치하고 묘광과 목곽 벽 사이를 점토나 돌(석재)로 충전한 다음, 목곽 위로 흙을 쌓아 봉분을 조성한 봉토묘이다(최병현 2011b). 그러나 봉토는 모두 유실되어 발굴 당시 봉토가 지상에 남아 있는 예는 없고, 목곽도 모두 부식되어 그 흔적이 남아 있는 예도 극히 드물다. 이에 따라 신라 조기 목곽묘의 잔존 유구는 대개 지하로 판 묘광, 묘광과 목곽 벽 사이의 충전토나 충전석재뿐이어서, 이들로 목곽의 평면 형태를 인식하고, 묘광 내부 충전토 안쪽의 규모를 목곽의 크기로 잠정하게 된다. 원삼국 후기 영남지방의 목곽묘들과 마찬가지로 신라 조기의 목곽묘도 묘광이 매우 얕아서 목곽의 상부는 묘광의 위 지상으로 올라오도록 설치된 것이 많았겠지만 남아 있는 묘광의 높이 이상, 즉 목곽의 원래 높이는 알 수 없다.

그러므로 신라 조기의 목곽묘는 잔존한 유구, 즉 묘광과 묘광 내 충전토나 충전석재로 본 묘곽의 평면형태와 묘곽 안에 매납된 유물의 배치상태에 따라 그 형식을 분류할 수 있을 뿐인데, 크게는 부곽의 설치 여부에 따라 피장자가 안치된 주곽에 부곽이 딸린 주부곽식(I)과 부곽이 설치되지 않은 단독곽식(II)으로 나눌 수 있다. 이 중 주부곽식은 주곽과 부곽이 설치된 묘광의 상태, 즉 주곽과 부곽이 각각 별개의 묘광에 설치되었는가 한 묘광에 설치되었는가에 따라, 단독곽식은 묘곽 안에 주요 부장품이 배치된 구역에 따라 세분된다.

그런데 신라 조기의 목곽묘는 묘광이 매우 얕아, 한 묘광 안에 주곽과 부곽이 함께 설치되었을 경우 경작이나 기타 요인으로 유구의 상부가 약간만 훼손되어도 묘광 내주곽과 부곽 사이의 격벽 충전토나 충전석재가 남아 있기 어렵고, 목곽의 흔적이 잔존한 예도 거의 없으므로 이를 인식하여 구별해내기란 쉽지 않다. 이에 따라 발굴 당시 단독곽식으로 조사된 목곽묘들 중에 원래는 주부곽식이었던 것도 일부 포함되어 있을 것이다. 묘광이나 목곽의 세장도, 묘곽 내 유물의 배치상태를 고려하여 그러한 예들을 어느 정도 구분해 볼 수는 있겠지만, 지나치면 자의적 판단이 될 소지가 있으므로 아래에서는 개연성이 큰 것만으로 제한하여 그 구분을 최소한으로 하겠다.

한편 신라 조기의 목곽묘는 유적의 입지에 따라 약간의 편차는 있지만 기본적으로 장축을 동-서로 두었고, 피장자의 두향은 동쪽이다. 이에 여기서는 더 이상 묘곽의 장축방향이나 피장자의 두향에 대해서는 언급하지 않기로 하겠다.

2. 묘곽의 형식(도 2-1)

1) 주부곽식 묘곽(I)

(1) 이혈주부곽(IA)

피장자를 안치한 주곽과 그에 딸린 부곽을 각각 별도로 조성한 묘광에 따로 설치한 것이다. 주부곽 모두 장축을 동-서로 두고 주곽이 동쪽, 부곽이 피장자의 발치 쪽, 즉 주곽의 서쪽에 위치하여, 주부곽이 동-서 일렬로 길게 배치된다. 현재까지 경주지역에서 묘곽 전체가 발굴된 신라 조기의 이혈주부곽은 구어리 1호묘, 황성동 545-22호묘

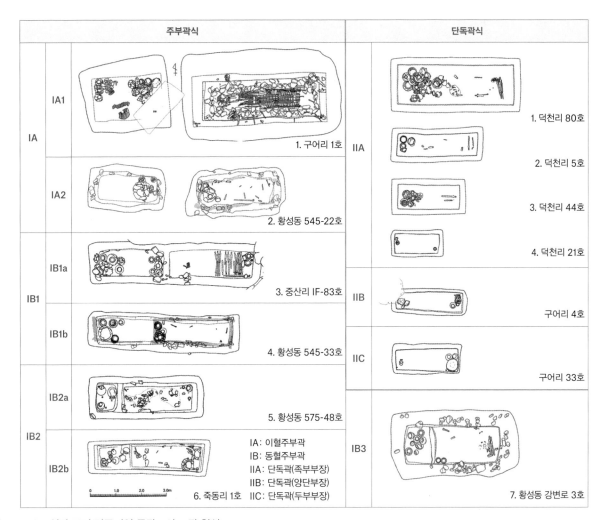

주부곽식		단독곽식	
IA	IA1		

도 2-1 신라 조기 경주지역 목곽묘의 묘곽 형식

주부곽식

IA — IA1 — 1. 구어리 1호
IA — IA2 — 2. 황성동 545-22호
IB1 — IB1a — 3. 중산리 IF-83호
IB1 — IB1b — 4. 황성동 545-33호
IB2 — IB2a — 5. 황성동 575-48호
IB2 — IB2b — 6. 죽동리 1호

IA: 이혈주부곽
IB: 동혈주부곽
IIA: 단독곽(족부부장)
IIB: 단독곽(양단부장)
IIC: 단독곽(두부부장)

단독곽식

IIA — 1. 덕천리 80호
IIA — 2. 덕천리 5호
IIA — 3. 덕천리 44호
IIA — 4. 덕천리 21호
IIB — 구어리 4호
IIC — 구어리 33호
IB3 — 7. 황성동 강변로 3호

(동국대), 중산리 ID-41호묘의 3기로, 주곽의 평면은 장방형이고 부곽의 길이는 모두 주곽보다 짧다. 표본 수가 너무 적지만, 현재 월성북고분군의 쪽샘지구에서 조사되고 있는 신라 전기 초의 주부곽식 목곽묘들을 참고하여 신라 조기의 이혈주부곽식 목곽묘를 부곽의 형태에 따라 세분할 수 있다.

○IA1식: 방형 부곽이 딸린 이혈주부곽식이다. 현재로서는 부곽의 묘광 길이가 주곽 묘광 길이의 1/2(0.52 : 1)에 가까운 대형 목곽묘인 구어리 1호묘가 유일하지만, 쪽샘지구에서 조사되고 있는 신라 전기 초의 이혈주부곽식 목곽묘들로 보아 월성북고분군에서는 부곽의 평면이 더 방형인 이혈주부곽식 목곽묘가 축조되었을 것으로 판단된다.

○IA2식: 장방형 부곽이 딸린 이혈주부곽식이다. IA1식보다 소형이며, 황성동 545-

22호묘(동국대)와 중산리 ID-41호묘[1]는 부곽의 묘광 길이가 주곽 묘광 길이의 1/2을 넘어 각각 0.76 : 1, 0.63 : 1이다.[2]

(2) 동혈주부곽(IB)

길게 판 한 묘광에 피장자를 안치한 주곽과 유물을 매납한 부곽을 함께 설치한 것이다. 주곽이 동쪽, 부곽이 피장자의 발치 쪽인 주곽의 서쪽에 위치하여 주부곽이 동–서 일렬로 배치되는 것은 공통적이지만, 주·부곽의 장단비와 주부곽 사이의 격벽 구조에 따라 세부 형식을 나누어 볼 수 있다.

○IB1식: 부곽의 길이가 길어, 주곽보다는 짧지만 주곽의 길이에 버금가거나 1/2을 넘는 것이다. 묘광은 하나로 팠지만 동쪽 주곽과 서쪽 부곽의 목곽을 각각 따로 설치하고 그 사이를 흙이나 돌로 충전하여 주부곽 사이에 충전토나 충전석재 격벽이 있는 것(IB1a식)과, 목곽도 길게 하나로 설치하고 그 내부에 나무 격벽을 세워 주곽과 부곽을 구분한 것(IB1b식)으로 세분된다. IB1a식은 중산리 IF-83호묘, 황성동 575-20호묘가 대표적이고, IB1b식은 황성동 545-33호묘(동국대)가 있다.

○IB2식: 부곽의 길이가 짧아 주곽 길이의 1/2을 넘지 않는 것이다. 묘광은 하나로 팠지만 동쪽 주곽과 서쪽 부곽의 목곽을 각각 따로 설치하고 그 사이를 흙이나 돌로 충전하여 주부곽 사이에 충전토나 충전석재 격벽이 있는 것(IB2a식)과 목곽도 길게 하나로 설치하여 그 내부에 나무 격벽을 세워 주곽과 부곽을 구분한 것(IB2b식)으로 세분된다. IB2a식은 황성동 575-48호묘, 중산리 IC-3호묘 등이고, IB2b식은 죽동리 1, 2호묘가 있다.

○IB3식: 묘광 내 주·부곽의 설치 방식은 앞의 IB2a식과 같지만, 장폭비가 2 : 1 이하로 길이가 짧은 장방형 묘광 안에 목곽도 작게 설치되어, 묘광과 목곽 벽 사이의 충전

....

1 　중산리 ID-41호묘는 아직 정식 보고되지 않았는데, 이성주(1992: 37)가 그 주·부곽의 길이 비율이 1 : 1.6이라고 밝힌 것에 근거한다. 또한 출토유물의 미보고로 정확한 편년이 불가능하지만, 이성주(1992)에서는 그의 중산리 목곽묘 편년 III기, 이성주(1996)에서는 IIb단계로 하였다. 그의 IIb단계는 필자의 신라조기양식토기 1b기~2a기에 해당된다.

2 　이 외 황성동 590-51호묘도 이혈주부곽식으로 보고되었으나 주곽과 '부곽'이 너무 떨어져 있고 축선도 맞지 않는다. '부곽'이 아니라 별개의 제의용 유물곽일 가능성도 있다(신라문화유산연구원 2015).

면적이 넓게 남은 것이다. 황성동 강변로 3호묘가 대표적이다.

2) 단독곽식 묘곽(II)

(1) 족부부장 단독곽(IIA)

피장자의 발치 쪽에 주요 부장품 배치 구역이 있는 단독곽이다. 대형의 단독곽에서는 피장자의 유체부 목곽 바닥에 철모 등 대형 철기를 깔기도 하고 피장자의 머리맡에 약간의 철기나 토기가 놓이기도 하지만, 부장품의 주 배치 구역은 피장자의 발치 쪽이다. 부장품이 거의 매납되지 않는 소형의 단독곽에서도 대개 피장자의 발치 쪽에 한두 점의 토기나 소형 철기가 배치된다.

지금까지 발굴조사된 신라 조기 목곽묘에서 주부곽식 묘곽은 소수이고, 이 족부부장 단독곽이 대다수인데, 앞서도 언급한 바와 같이 그 중에는 원래 동혈주부곽식 묘곽이었으나 주·부곽 사이의 토석 격벽이 유실되어 남아 있지 않게 된 것, 나무 격벽이 부식되어 구분이 불가능하게 된 것도 일부 포함되어 있을 것이다. 족부부장 단독곽은 그 수가 많은 만큼 규모와 부장유물의 차이가 크고, 뒤에서 보듯이 피장자의 계층성에 따라 그 그룹이 구분되지만, 그 구분이 시기나 유적과 관계없이 일률적이지는 않아서 여기서 이를 세분하지는 않겠다.

(2) 양단부장 단독곽(IIB)

피장자의 발치 쪽과 머리맡 양쪽에 주요 부장품이 배치된 단독곽이다.

(3) 두부부장 단독곽(IIC)

피장자의 머리맡에 주요 부장품이 배치된 단독곽이다.

목곽묘의 편년과 구조 변천 II

1. 편년(도 2-2, 표 2-1)

　　신라 조기 목곽묘에는 일반적으로 각종 철기와 토기가 부장되었으며, 약간의 장신구가 출토되기도 한다. 이 중 시기적으로 가장 민감하게 형식의 변화를 보이는 것은 물론 토기이다. 필자는 신라 조기 목곽묘들에서 출토되는 토기를 신라조기양식토기로 설정하고, 아직 경(도)질토기보다는 연(와)질토기가 다수이고, 기종상으로도 대부직구호, 노형토기, 외반구연 고배 등 원삼국 후기에 발생한 신식와질토기 기종이 다수 남아 있는 시기를 1기, 경질 기종이나 경질 소성으로 전환된 토기들이 한층 증가하면서 실질적으로 신라전기양식토기로의 전환이 시작되는 시기를 2기로 나누었다. 그리고 이를 각각 a, b 소기로 세분한 다음 그 연대를 살펴본 바 있다(최병현 2012a). 이에 여기서는 그 편년표(도 2-2)를 제시해 두고, 이에 따른 경주지역 신라 조기 목곽묘의 편년도 〈표 2-1〉로 대신하겠다. 아래에서는 토기 이 외 철기와 장신구의 가장 특징적인 변화에 대해서만 간단히 언급해 두기로 하겠다.

　　○1a기(3세기 중엽): 유적에 따라 궐수형 자가 1단이거나 2단인 유자이기가 출토된

대부직구호	편구형 대부 직구호 (소B)	노형토기	노형기대	대부단경호	타날문단경호	소문경질 단경호	구형호류		고배		첨형 토기 B
							A	B	A(대)	B1	
1	2	3 4 5	6 7	8	9 10				11	12	

1a 행: 대부직구호 1, 편구형 대부직구호 2, 노형토기 3·4·5, 노형기대 6·7, 대부단경호 8, 타날문단경호 9·10

1. 황성동(경주대)16
2. 중신동 59
3. 월성로 가-29
4. 황성동 575-44
5. 황성동 575-5
6. 황성동(경주대)14
7. 중신리 IA-75
8. 월성로 가-29
9. 봉길리 사토장가-7
10. 황성동 590(경북)-83
11. 황성동 590(신라)-45
12. 구정동 1

1. 황성동(국박)
2. 덕천리 46
3. 덕천리 81
4. 덕천리 37
5. 중신리 IA-100

1. 황성동 강변로 19
2. 덕천리 89
3·4. 덕천리 80
5. 덕천리 20
6. 덕천리 120
7. 덕천리 3
8. 황성동 575-63
9. 황성동 강변로 3
10·11. 중신리 IC-3
12. 덕천리 56

6. 황성동 575-37
7·11. 월성로 가-30
8. 황성동 575-15
9. 황성동(동국대)22
10. 구어리 1
12. 덕천리 59
13. 덕천리 66

1b 행: 편구형 대부직구호 1, 편구형 대부직구호 2, 노형토기 3·4, 노형기대 5·6, 대부단경호 7, 타날문단경호 8, 소문경질단경호 9, 구형호류 A 10, 구형호류 B 11, 고배 A(대) 12, 고배 B1 13

1. 황성동 590(경북)-62
2·9. 사라리 52
3. 죽동리 5
4. 조양동 김문환 대 주변
5·6. 죽동리 1
7. 구어리 4
8. 월성로 가-8
10. 황성동 590(신라)-90
11. 중신리 IA-26
12. 사라리 100

2a 행: 대부직구호 1, 편구형 대부직구호 2, 노형토기 3·4, 노형기대 5·6, 대부단경호 7, 타날문단경호 8, 소문경질단경호 9, 구형호류 A 10, 구형호류 B 11, 고배 A(대) 12, 고배 B1 11

2b 행: 대부직구호 1, 편구형 대부직구호 2, 노형토기 3·4, 노형기대 5·6, 대부단경호 7, 타날문단경호 8, 소문경질단경호 9, 구형호류 A 8, 구형호류 B 9, 고배 A(대) 10, 고배 B1 11, 첨형토기 B 12

도 2-2 신라 조기 경주지역 토기 편년표

표 2-1 신라 조기 목곽묘 편년표

	월성북	황성동	조양동 · 구정동 · 죽동리	구어리	중산리(동)
1a 3C 중 엽	IIA: 인왕 814/3-4 ?: 황남95/6-9	IB1a: 영1 IB3: 보3 IIA: 영9, 영22, 영49, 영54, 영55, 영63, 영68, 영72, 보14, 보19, 문9, 신4, 신11, 신35			IB2a: 1C-3 IIA: Ⅷ-52
1b 3C 후 엽	IIA: 황남95/6-1 ?: 월 가-30	IA2: 동22 IB1a: 영50 IB2a: 영15, 영40, 경13 IB3: 보6 IIA: 영12, 영17, 영21, 영26, 영30, 영33, 영35, 영37, 영38, 영60, 영64, 영69, 보29, 동35, 동36, 국박, 신 6, 신 8, 신14, 신32, 신34, 신40, 신110, 신111 ?: 북75, 북107	IIA: 조 I-9	1A1: 1	IB1a: 1A-100, 1F-83, 울21, 울47, 울63 IB2a: 1D-15 IIA: 울3, 울26, 울41, 울49, 울54, 울55, 울72
2a 3C 말 · 4C 초	IIA: 황남95/6-6 ?: 월 가-29, 월 가-31 황남95/6-2	IB1a: 영20 IB1b: 동33 IB2a: 영34, 영48 IIA: 영2, 영3, 영5, 영6, 영10, 영14, 영19, 영25, 영27, 영29, 영31, 영32, 영36, 영41, 영44, 영45, 영47, 영61, 보10, 보 45, 경5, 경6, 경7, 경8, 경9, 경10, 경12, 경14, 경16, 경17, 경59, 경69, 동25, 동27, 동29, 동30, 신39, 신64, 신78, 신85, 신112, 북32, 북74, 북76, 북78, 북83, 북86, 북110 IIB: 신3, 신13, 신61, 신89 IIC: 신23, 신38, 신45, 신84 ?: 신22, 신50, 신51, 신56, 신66, 북84, 북109	1B1a: 구1, 구2 IIA: 구3, 조41	?: 15, 16	IB1a: 1A-23 IIA: 1A-33, 1A-75, 울 46 IIA: 74, 울39, 울33, 울43, 울50, 울53
2b 4C 전 엽	?: 월 가-8, 월 가-12 황남95/6-3 쪽샘 B73 인왕 814/3-1(토)	IB2a: 북63 IIA: 신30, 신33, 신63, 신69, 신75, 신81, 신88, 신93, 북33, 북51, 북62, 북64, 북65, 북66, 북67, 북79, 북112, 북114, 북115 IIB: 신36, 신60, 신87, 신90, 북50 ?: 신12, 신47, 신72, 북52, 북59, 북87, 북108, 북122	IB2b: 죽1, 죽2 IIA: 죽3, 죽5	IIB: 4 IIC: 33 ?: 12	IB1a: 1A-26

다운동	덕천리	하삼정	사라리	천군동 피막 · 동산리 · 봉길리 · 외칠리 · 사방리
	IIA: 1, 3, 5, 9, 10, 14, 17, 18, 19, 20, 22, 23, 26, 27, 30, 40, 42, 45, 47, 50, 56, 62, 63, 64, 65, 71, 72, 73, 74, 76, 77, 78, 80, 82, 84, 86, 87, 88, 89, 92,93, 94, 103, 104, 105, 106, 110, 120	IIA: I-5 · 8 · 35 II-23 ?: I-2 · 3 · 44 II-25		
...a: 바-8 ...: 바-2 · 6 · 11 · ...3 · 17	IB2a: 16, 37 IIA: 11, 12, 21, 24, 31, 35, 36, 41, 44, 46, 48, 51, 52, 53, 55, 57, 59, 61, 66, 67, 70, 75, 79, 81, 83, 85, 91, 96, 98, 99, 101, 102, 108, 109, 111, 112, 114, 115, 116, 117, 118, 121	IB2a: I-77 IIA: I-17 · 19-1 · 46 · 73 · 74 · 75 · 78 ?: I-43 · 48 · 51	IB1a: 16 IIA: 25, 75, 99, 118	
...A: 마-11 ...B: 바-1 · 14 바-4	IB2a: 34 IIA: 2, 7, 13, 15, 43, 54, 69, 113, 122	IIA: I-19 · 38 · 50 · 60 · 67 · 82 II-29 · 35 · 43 IIB: I-62, II-31 ?: I-11 · 37 · 53 · 58 · 70 · 76 · 79 · 81 · 86, II-5 · 26 · 30 (석곽묘) IIB: 나343	IB1a: 55, 96 IIA: 2 , 40, 53, 91, 97, 121	IIA: 동45, 봉 가-7 · 9 ?: 봉 가-6
...A: 바-15		IIA: I-12 · 15 · 16 · 54 · 68 · 78 II-33 · 36 · 41 · 42 IIB: I-20 IIC: I-31, II-22 ?: I-32 · 33 · 37 · 57 · 63 · 65 · 69 · 72, II-28 (석곽묘) IA1: 나231 IIA: 가145, 나295 IIC: 나348 ?: 가127, 나252 · 286 · 301 · 302 · 314	IIA: 9, 52, 58, 62, 73, 100, 101, 108, 131	IIA: 천 나-4, 외 목-3, 봉 가-2 · 10 IIC: 사2, 봉 가-4 ?: 천 나-6, 동37, 동69, 외 적-4, 사1

황성동유적
영: 황성동 575번지(영남문화재연구원)
강: 황성동 강변로(한국문화재보호재단)
동: 황성동 545번지(동국대학교)
경: 황성동 545번지(경주대학교)
문: 황성동 634-1번지(국립경주문화재연구소)
신: 황성동 590번지(신라문화유산연구원)
북: 황성동 590번지(경북문화재연구원)
중산리(동)
울: 중산동 568-7번지(울산문화재연구원)
외 창원대학교박물관 발굴

다. 궐수형 장식의 철모도 1a기에 발생한 것으로 보이며, 마구로는 원삼국 후기에 의기화한 S자형의 대형 표비가 출토되는 예가 있다. 장신구로는 수정제 다면옥·절자옥·곡옥이 출토되며, 소수의 고분에서 토제방추차가 출토된다.

○1b기(3세기 후엽): 종장판투구, 경갑 등 갑주가 출토되기 시작한다. 구어리 1호묘에서는 궐수형 장식 철모와 함께 궐수형 자가 4단인 유자이기가 출토되었다. 장신구로는 이 단계부터 마노제 다면옥이 출토되기 시작하며, 덕천리 24호묘에서는 금박유리구슬이 출토되었다고 보고되었다.

○2a기(3세기 말·4세기 초): 종장판정결판갑이 출토되고, 2줄식의 인수가 달린 실용표비가 출토되기 시작한다. 황성동 545-8호묘(경주대)에서는 비취곡옥이 출토되었다고 보고되었다.

○2b기(4세기 전엽): 궐수형 장식 철모가 출토되지 않고, 일부 잔존한 장대형 철모는 길이가 짧아졌다. 경판비가 출토되기 시작한다.

2. 구조의 변천과 석재충전목곽묘의 출현

1) 묘곽 형식의 전개(도 2-3)

(1) 주부곽식 묘곽의 성립

신라 조기의 목곽묘는 피장자가 안치된 주곽에 유물을 매납하기 위한 부곽이 딸린 주부곽식 묘곽의 성립이 가장 큰 특징이라고 할 수 있다. 필자는 경주지역에서 대부직구호의 문양대가 종방향에서 횡방향으로 바뀌는 것을 토기양식의 전환 기점으로 보아 그 이전까지를 원삼국 후기의 신식와질토기로, 그 이후부터를 신라조기양식토기로 설정하였는데, 경주지역에서 그러한 토기양식의 전환은 토기 단독이 아니라 주부곽식 목곽묘의 출현과 연동한 것이었다. 즉 경주지역에서 원삼국 후기의 장방형 목곽묘로부터 신라 조기의 주부곽식 목곽묘로, 신식와질토기로부터 신라조기양식토기로의 전환은 동시에 일어난 변화였다.

원삼국 후기 2b2기	묘곽 형식	신라 조기 1a기	1b기	2a기	2b기	신라 전기 1A·1B기
  1. 인왕동 814/4-1	IA1	1. 구어리 1 2. 월성로 가-29 3. 월성로 가-8 4. 황오동 죽첨 C 10	1	2	3	4
1. 중산리 Ⅷ-90	IA2			2	3	3
2. 황성동(경문연) 2	IB1	1. 황성동(영문연) 1 2. 중산리 IA-100	3. 황성동(영문연) 20 4. 황성동(동국대) 33	3 4	1. 황성동(동국대) 22 2. 중산리 ID-41 3. 황남동 109-3·4	6 5. 중산리 IA-26 6. 중산리 34
3. 황성동(경문연) 3	IB2	1. 황성동(영문연) 1 2. 중산리	2	3	IB2 1. 중산리 IC-3 2. 황성동(영문연) 15 3. 덕천리 34 4. 죽동리 2 5. 사방리 3	5 IIA 1. 덕천리 120 4. 사라리 52 2. 덕천리 75 5. 사라리 19 3. 덕천리 54
4. 황성동(경문연) 3	IB3	황성동 강변로 19	1	IB3 1. 황성동 강변로 3 2. 황성동 강변로 6 0 2 4m	4	5
	IIA	1	2	1	IIB	5
	기타		IIB 1. 황성동 590(신라)-13 2. 구어리 4 3. 사라리 5 IIC 1. 황성동 590(신라)-84 2. 구어리 33 3. 구어리 23	IIC		3 3

도 2-3 신라 조기 경주지역의 목곽묘 전개

신라 조기 목곽묘의 주부곽식 묘곽에는, 앞서 살펴본 바와 같이, 크게 이혈주부곽식과 동혈주부곽식이 있다. 그 가운데 이혈주부곽식(IA식)은 현재까지 구어리 1호묘와 황성동 545-22호묘(동국대), 중산리 ID-41호묘의 3기가 조사되었을 뿐인데, 그 중 앞의 2기는 상대편년 상으로 1b기에 속한다. 이를 통해 경주지역에서 신라 조기 1b기에는 이미 이혈주부곽식 묘곽이 존재하고 있었음을 알 수 있지만, 그 출현도 1b기부터인지 아니면 1a기부터인지 현재로서는 알 수 없다. 그러나, 자세한 것은 뒤에서 살펴보겠지만, 구어리고분군은 당시 경주지역의 중심고분군이 아니면서도 그 1호묘는 현재까지 조사된 신라 조기 목곽묘 가운데 가장 탁월한 최상위 위계의 목곽묘인 점, 황성동 545-22호묘(동국대)와 중산리 ID-41호묘도 그에 미치지는 못하지만 비교적 상위 위계의 목곽묘인 점, 신라고분에서 각 시기마다 묘제나 고분 구조의 변동을 선도한 것은 하위 위계의 고분군에서 소형 고분들이 아니라 최상위 위계의 고분군에서 대형 고분들이라는 점 등을 고려하면(최병현 1992a; 2012b) 신라 조기의 목곽묘에서도 최상위 위계로 축조되는 이혈주부곽식 묘곽이 동혈주부곽식 묘곽 등 그보다 하위 위계의 묘곽 형식들보다 늦게 출현하였다고 보기는 어렵다.

최근 월성북고분군의 쪽샘지구 남쪽에서 지금까지 경주지역에서 조사된 사로국 후기의 목곽묘 가운데 규모가 가장 큰 초대형의 목곽묘가 드러났다. 인왕동 814/4-1호 목곽묘가 그것으로, 출토 토기의 형식으로 보아 신식와질토기 2b기, 즉 사로국 후기 말로 편년된다. 피장자의 발치 쪽에 주부장군을 이룬 형식으로 중산리유적의 신식와질토기 2b기 기둥식 목곽묘와는 달리 기둥 없이 축조한 목곽의 구조는 신라 조기의 주부곽식 목곽묘에 좀 더 근접한 것임을 앞의 제1부 제3장에서 지적한 바 있다.

신라 조기의 주부곽식 목곽묘는 사로국 조기 말에 출현하는 피장자 발치 쪽의 주부장군이 부곽으로 발전하여 출현한 것이 분명하므로, 월성북고분군에서 드러난 사로국 후기 말의 이 초대형 목곽묘는 신라 조기 이혈주부곽식 목곽묘의 출현과 관련하여 시사하는 바 크다. 신라 조기 최고 위계의 목곽묘들은 주로 당시 경주지역의 중심고분군에 분포하였을 것이고, 그곳은 구어리고분군이나 황성동고분군, 중산리고분군이 아니라 현재의 월성북고분군의 동단부가 분명하므로 이곳의 발굴조사가 이루어져야 그 양상이 분명해질 것이다.

동혈주부곽식(IB식)은 다시 3개의 세부 형식으로 분류되는데, 모두 신라 조기 1a기에 출현하였다. 다만 그 중 본고에서 가장 이른 시기의 IB1식으로 본 황성동 575-1호묘(영문연)는 발굴 당시 주곽과 부곽 사이의 토석 격벽이 남아 있지 않았는데, 보고서 도면에는 묘곽 서반부의 토기군 서쪽에 접하여 선을 그어놓아(영남문화재연구원 2010: 103) 거기에 격벽이 있었을 것으로 본 것 같다. 그렇게 되면 이 묘곽은 IB1식이 아니라 IB2식이 된다. 그러나 IB1식 묘곽 중에는 토기군이 1b기의 중산리 IA-100호묘, 2a기의 황성동 575-20호묘(영문연)처럼 부곽의 서단부에 배치된 예들도 있지만, 중산리 IA-23호묘, 사라리 96호묘처럼 부곽의 동단부에 배치된 예들도 2a기까지 존속하고 있어서 이 고분도 그와 같지 않았을까 판단된다. 즉 이 고분은 주부곽 사이의 격벽이 토기군의 서단이 아니라 동단에 접해 있어, 부곽의 길이가 긴 IB1식의 주부곽식 묘곽이었을 것으로 판단된다.[3]

하여튼 신라 조기에는 1a기에 이미 이상과 같은 주부곽식 묘곽들이 모두 출현하였을 것으로 보이는데, 신라 조기 목곽묘의 부곽은 구조상으로 원삼국 후기에 세장화한 목곽묘에서 피장자 발치 쪽의 부장품 배치 구역이 별도의 곽으로 독립되어 출현한 것으로 판단된다. 잘 알려져 있는 바와 같이 원삼국 후기의 목곽묘는 대형묘를 기준으로 묘광이나 목곽의 평면이 장폭비 1.5 : 1을 약간 상회하는 장방형이었지만, 필자의 신식와질토기 2b기에는 유적에 따라 묘곽의 길이가 길어져 그 평면이 세장해지는 현상을 보이기도 하였다. 구체적 수치는 뒤에서 다시 언급하겠지만, 예컨대 조양동 3호묘와 중산리 VIII-90호묘는 묘광이나 목곽의 장폭비가 2 : 1이 넘고, 덕천리 49호묘는 그 장폭비가 묘광 3.0 : 1, 목곽 3.5 : 1에 달하였다. 신라 조기의 주부곽식 목곽묘는 그러한 원삼국 후기의 세장해진 목곽묘에서 서쪽, 즉 피장자 발치 쪽의 부장품 배치 구역이 부곽으로 독립된 것을 알 수 있다.

그런데 원삼국 말의 세장해진 목곽묘에서 부장유물의 배치상태를 보면, 세장해진 정도가 조금 덜한 조양동 3호묘에서는 묘곽의 중간 가까운 위치에서부터 그 서쪽이 토기의 부장구역이지만, 세장도가 좀 더한 중산리 VIII-90호묘, 덕천리 90호묘·49호묘 등에서는 묘곽 서단부가 토기의 집중 부장구역으로 되어 있는 것을 볼 수 있다. 신라 조기

....

3   보고서(영남문화재연구원 2010: 523)에서는 1호 목곽묘의 부곽과 같은 빈 공간에는 목기가 부장되었거나 순장이 행해졌을 것으로 보았다.

주부곽식 묘곽의 형식들을 이들과 비교해 보면 이혈주부곽(IA식)과 IB1식 동혈주부곽은 조양동 3호묘와 같은 형태에서, IB2식과 IB3식의 동혈주부곽은 중산리 VIII-90호묘나 덕천리 49호묘와 같은 형태에서 발전한 것으로 판단된다.

(2) 묘곽 형식의 전개

신라 조기의 목곽묘는 부곽의 발생으로 주부곽을 포함한 묘광과 목곽 전체의 평면이 세장해진 것이 특징적이지만 모든 목곽묘가 주부곽식은 아니고, 또 초기의 단독곽식 중에는 황성동 강변로 19호묘처럼 아직 원삼국 후기 목곽묘의 장방형 평면을 그대로 계승한 예도 일부 존재하였다. 그런데, 자세한 것은 뒤에서 살펴보겠지만, 신라 조기에는 고분군에 따라 묘곽의 형식이 차등화되었고, 또 각 고분군 내에서도 고분의 위계에 따라 묘곽의 형식에 차이가 있어 주부곽식은 주로 상위 위계의 목곽묘에 축조되었고, 단독곽식은 일반적으로 중·하위 위계의 목곽묘에서 축조되었다.

앞서 말한 바와 같이 현재까지 경주지역에서 조사된 신라 조기의 이혈주부곽식(IA) 묘곽으로 확실한 것은 1b기 이후의 3기뿐이고, 그 중 방형 부곽의 이혈주부곽식(IA) 목곽묘는 아직 구어리 1호묘가 유일하다. 그런데 구어리고분군에서 이러한 대형묘는 이례적이고 단발성으로 축조되었을 뿐, 그 뒤를 잇는 이혈주부곽식 목곽묘는 더 이상 축조되지 않았다(영남문화재연구원 2011).

한편 월성북고분군을 남북으로 가로지르는 경주 월성로의 고분 조사는 도로변의 하수구 매설을 위해 좁은 폭으로 이루어져 전모를 알 수 없지만, 월성로고분 중 신라 조기로 편년되는 대형 목곽묘 일부는 묘광이나 목곽의 너비로 보아 이혈주부곽식이었을 것으로 추정되는 예들이 있어 주목된다. 신라 조기 1b기로 편년되는 가-30호묘는 묘광 너비 1.8~2.2m, 목곽 너비 1.2~1.3m, 2a기의 가-29호묘는 묘광 너비 3.8m, 2b기의 가-8호묘는 목곽 너비 2m 이상, 가-12호묘는 묘광 너비 3.9m로 조사되었는데, 이들이 그러한 예들이다.

지금까지 경주지역에서 조사된 신라 조기 목곽묘 가운데 목곽의 너비가 가장 넓은 것은 대형 이혈주부곽식인 1b기의 구어리 1호묘로, 그 묘광 너비는 3.4m, 목곽너비는 1.90m였으며, 이를 제외하면 목곽의 너비는 1a기의 IB2식 동혈주부곽인 중산리 IC-3호묘의 1.6m, 단독곽식인 덕천리 120호묘의 1.57m가 최대이며, 시기가 내려오면 목곽의 너비는 늘어난 길이에 비해 더욱 줄어 1b기에는 IB2식 동혈주부곽식인 중산리 ID-15호묘 1.44m, 이혈주부곽식인 황성동 545-22호묘(동국대) 1.25m가 최대이고, 그 외는 동혈주부곽식이든 단독곽식이든 1m를 넘는 것이 거의 없다.[4]

그런데 월성로의 서쪽 지금 조사가 진행되고 있는 경주 월성북고분군의 쪽샘지구에서는 목곽묘들이 광범위하게 분포되어 있음이 밝혀지고 있다. 목곽묘들은 적석목곽분의 하부나 사이에서도 드러나고 있지만 주로 상대적인 저지대에서 호석이나 상부적석 없이 묘광 상부가 드러나고 있어, 고분 기저부에 호석을 두르고 미고지를 차지한 적석목곽분들과는 분명하게 구분된다(도 2-4). 쪽샘지구의 고분조사는 분포 확인 위주로 진행되고 있어, 목곽묘들은 아직 내부조사가 이루어지지 않아 대개 묘광 상부만 노출된 상태이지만, 그 중 대형은 대개 방형 부곽의 이혈주부곽식 목곽묘들이다. 특히 월성로의 서쪽으로 접한 쪽샘 G, H, L지구에 대형의 이혈주부곽식 목곽묘들이 상당수 분포되어 있는데(국립경주문화재연구소 2015; 2017), 이들의 정확한 축조 시기는 아직 알 수 없지만, 월성북고분군의 진행 방향으로 보아 이들은 월성로의 신라 조기 목곽묘들에서 바로 이어진 것(도 2-5)으로 신라 조기의 양상도 어느 정도 반영되어 있다고 보아야 한다.

한편 쪽샘지구에서는 황성동고분군과 중산리고분군에서 1기씩 조사된 바 있는 장방형 부곽의 이혈주부곽식 목곽묘의 존재도 확인된다. H37호묘, H85호묘가 그러한 예들이다. 물론 이들도 아직 정확한 축조 시기를 알 수 없지만, 그 묘곽 형식이 신라 전기 초의 적석목곽분인 황남동 109호분-3·4곽으로 이어진다는 점에서 월성북고분군에서 장방형 부곽의 이혈주부곽식 목곽묘의 존재 확인 자체의 의미가 크다.

이와 같은 사실들은 부분적으로 조사된 앞의 월성로의 신라 조기 대형 목곽묘들이 이혈주부곽식이었을 것임을 말해준다. 아울러 신라 조기 이혈주부곽식 목곽묘의 주 분포지가 어디인지, 신라 조기 경주지역의 중심고분군이 어디였는지도 알려준다. 그리고 월성북고분군의 신라 전기 초 목곽묘나 적석목곽분의 방형 또는 장방형 부곽의 이혈주

---

4 다만 2a기인 중산리 IA-74호묘는 목곽의 너비가 1.84m라고 하는데, 그 길이는 3.05m로 묘광과 목곽의 평면이 장방형이고, 유물도 북장벽 쪽에 동서로 길게 배치되어 있다. 이는 원삼국 후기 말 경주지역의 방형화한 목곽묘 평면형 및 그 유물 배치와 같은 것으로(창원대학교 박물관 2006a: 109), 신라 조기의 늦은 시기 목곽묘로서는 아주 특이한 예이다.

도 2-4 경주 월성북고분군 쪽샘지구 고분조사 현황(국립경주문화재연구소 2017)

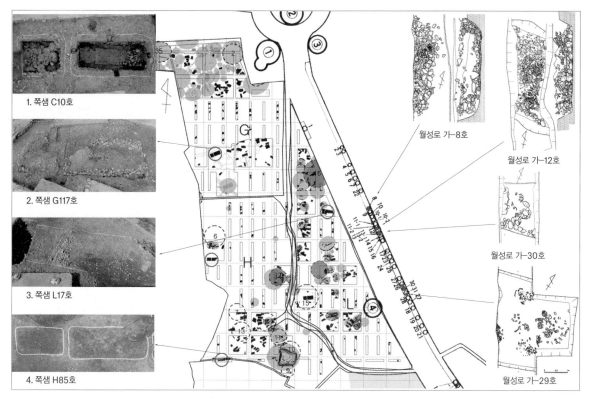

1. 쪽샘 C10호

2. 쪽샘 G117호

3. 쪽샘 L17호

4. 쪽샘 H85호

월성로 가-8호

월성로 가-12호

월성로 가-30호

월성로 가-29호

도 2-5 월성로고분과 쪽샘 G·H·L지구 목곽묘(단 1은 쪽샘 C지구)

부곽식 묘곽 형식(최병현 2016a)이 월성북고분군 자체의 신라 조기 목곽묘에서 이어진 것임을 분명히 한다.

경주지역 신라 조기의 특징적인 묘곽 형식으로 알려진 동혈주부곽식 세장방형 목곽묘는 쪽샘지구를 포함한 월성북고분군에서는 아직 그 존재가 드러나지 않고 있는 가운데 분지지구의 황성동고분군과 각 곡부지구 고분군에서 조사되었다. 그 중 목곽은 동혈주부곽식이지만 묘광의 평면이 원삼국 후기의 목곽묘와 같이 장방형인 IB3식은 1b기까지 존재하나 그 이후의 예는 찾을 수 없어 일찍 소멸한 것으로 판단되며, 따라서 신라 조기의 본격적인 동혈주부곽식은 IB1식과 IB2식이라고 할 수 있다. 그 가운데에서는 IB1식이 조사된 수도 많고 전반적으로 규모도 크지만, 부곽의 발생기인 1a기 동혈주부곽식 목곽묘 가운데에서는 IB2식인 중산리 IC-3호묘의 규모가 월등하다. 그러나 다음 단계부터는 IB1식이 동혈주부곽식의 주류가 되면서 그 규모가 커지고 더욱 세장해진 것으로 보인다. 하여튼 이들은 신라 조기 전기간 동안 축조된 것은 물론이고 신라 전기 초로도 내려온다.

그런데 2a기 이후 IB1식, IB2식 모두 묘광은 동혈이지만, 목곽은 주곽과 부곽을 따로 세우고 주·부곽 사이를 흙이나 돌로 채워 토석 격벽이 있는 IB1a식, IB2a식과 달리, 하나의 긴 묘광 안에 목곽도 하나로 세우고 목곽 안에 나무 격벽으로 주곽과 부곽을 구분한 IB1b식, IB2b식이 발생하여 공존하였다.

신라 조기 목곽묘의 동혈주부곽식 묘곽은 신라 전기로도 이어졌는데, 앞의 〈도 2-3〉에서 신라 전기 1A기에 예시한 동산리 34호묘는 발굴조사에서 주·부곽 사이의 격벽을 확인하지 못하였으나 유물의 배치상태로 보아 IB1b식의 동혈주부곽이었을 것으로 판단되며, 사방리 3호묘는 묘광 내부 주부곽 사이에 돌을 쌓아 격벽을 세운 1B2a식의 동혈주부곽이다.

신라 조기 경주지역의 고분군 가운데 덕천리고분군은 약간 다른 양상을 보인다(영남문화재연구원 2009a; 2009b). 덕천리고분군에서는 신라 조기 목곽묘 구역 전체가 발굴조사되었음에도 묘곽의 구조가 주부곽식으로 확인된 것이 1a기에는 존재하지 않고, 1b기에 2기, 2a기에 1기 등 4기[5]로 모두 IB2a식 동혈주부곽이다. 발굴 당시 덕천리고분군의 목곽묘들은 대부분 묘광이 아주 얇게 남아 있었고, 대형 목곽묘들은 대개 장폭비 3 : 1 이상의 세장한 평면형을 보이므로 그 중에는 주부곽식이 좀 더 존재하였을 가능성을 배제할 수는 없다. 그러나 다른 유적들에 비해 월등히 많은 목곽묘가 조사되었음에도 실제로 발굴조사에서 주부곽식 묘곽이 이 정도밖에 변별되지 못한 것으로 보아 덕천리고분군에서 주부곽식 묘곽은 일반적이지 않았다고 평가할 수밖에 없다. 그러므로 경주지역의 여타 유적들과는 달리 덕천리고분군에서는 대·소형 목곽묘 할 것 없이 시종 단독곽식이 주류였으며, 1b기와 2a기에 소수 존재한 동혈주부곽식은 당시 주변 다른 유적의 영향에 의한 예외적인 것이라고 할 수밖에 없다.

이와 같이 신라 조기 목곽묘의 묘곽 형식 분포는 경주지역의 모든 고분군에서 똑같지 않고, 고분군에 따라 차별성이 있었다는 것을 알 수 있다. 이혈주부곽식 목곽묘는 중심고분군인 분지지구의 월성북고분군에서 주로 축조되었고, 분지지구의 황성동고분군과 각 곡부지구의 고분군에서는 세장한 동혈주부곽식 목곽묘가 축조되었으며, 남부

5   덕천리 32호묘도 1B2a식 동혈주부곽이지만 토기에 의한 편년이 불가능하여 본고의 분석에서 제외하였으나, 출토 철기로 보아 이른 시기는 아니다.

지구의 덕천리고분군에서는 단독곽식의 목곽묘가 주로 축조되었다. 그러나 덕천리고분군의 단독곽식 목곽묘도 모두 묘광의 세장화는 일반적이어서, 동혈주부곽식을 비롯한 세장방형 목곽묘는 신라 조기 목곽묘의 특징적인 존재이며, 동시에 경주지역에서 중심고분군을 제외한 여타의 고분군에서 일반적인 존재였다고 할 수 있다. 그리고 시기가 내려오며 목곽묘의 세장화는 더욱 진행되었는데, 그 중에서도 너비에 비해 길이가 더욱 길어져 묘곽 전체가 극단적으로 세장화하는 것은 IB1식 동혈주부곽으로 2a기의 황성동 575-20호묘(영문연)는 묘광의 길이가 8.12m에 이르렀고 목곽의 장폭비는 5.8 : 1 이상이 되었으며, 구정동 3호묘는 주부곽 사이의 격벽이 남아 있지 않았지만 묘광의 길이 8.0m에 목곽의 장폭비는 6.4 : 1에 달했다. 덕천리고분군의 단독곽식도 1a기 대형 목곽묘들의 목곽 장폭비는 거의 3.5 : 1을 넘지 않았으나 1b기 이후에는 4.5 : 1을 넘는 것도 있게 되었다.

덕천리고분군에서는 대·소형 구분 없이 시종 단독곽식 묘곽이 주류였고, 다른 고분군에서는 소형의 단독곽식이 중·하위 위계의 묘곽 형식으로 공존하였는데, 신라 조기 2a기에 오면 단독곽식에도 변화가 있었던 것을 볼 수 있다. 양단부장 단독곽(IIB식)과 두부부장 단독곽(IIC식)의 발생이 그것으로, 이러한 형식의 묘곽들도 신라 전기로 내려와 월성북고분군의 적석목곽분의 묘곽 형식들이 된다(최병현 1992a; 2016a). 신라 조기에는 현재 두 형식이 대개 소형묘에서 확인되고 있지만, 신라 전기에 오면 최고 위계의 이혈주부곽식부터 주곽의 피장자 머리쪽이 중요 부장품의 배치구역이 되고 있어, 그러한 변화도 원래는 상위 위계의 고분에서 선도하였을 것으로 판단된다.

2) 목곽 바닥부와 墳形의 변화

(1) 목곽 바닥부의 변화(도 2-6)

신라 조기 목곽묘는 일반적으로 편평한 묘광의 흙바닥이 그대로 목곽의 바닥으로 되어 있으나, 묘광 바닥에 편평하게 잔자갈을 깔아 목곽의 상면을 구축한 역석곽상(礫石槨床), 또는 역석관대(礫石棺臺)나 시상이 출현한다. 현재로서는 신라 조기 1b기인 중산

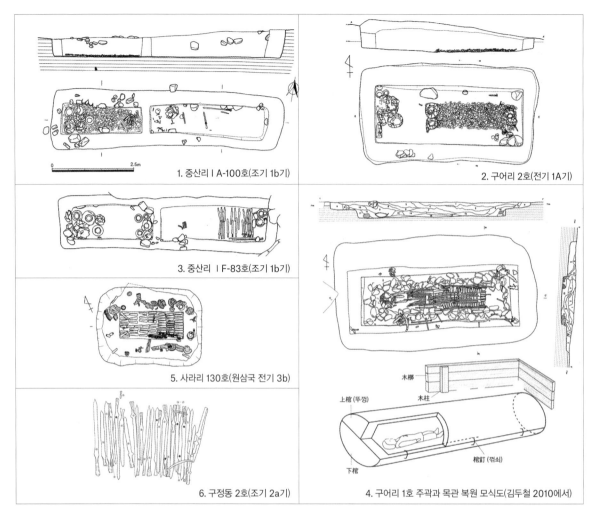

1. 중산리 I A-100호(조기 1b기)

2. 구어리 2호(전기 1A기)

3. 중산리 I F-83호(조기 1b기)

5. 사리리 130호(원삼국 전기 3b)

6. 구정동 2호(조기 2a기)

木槨

上棺 (뚜껑)
木柱

下棺
棺釘 (꺾쇠)

4. 구어리 1호 주곽과 목관 복원 모식도(김두철 2010에서)

도 2-6 **목곽묘의 내부구조**

리 IA-100호묘의 부곽 바닥에 잔자갈을 깐 것이 가장 이른 예이지만, 그것은 단발성으로 뒷 시기로 이어지지는 않은 것 같다. 주곽의 바닥 전면에 잔자갈을 깐 것은 앞서 언급한 신라 조기 2b기의 월성로 가-8호묘와 12호묘부터 보인다(앞의 도 2-5 참조).[6] 신라 전기로 내려오면 월성북고분군에서는 그러한 시설이 아주 일반화되었는데, 구어리고분군에서는 묘곽 바닥 전체가 아니라 관 바닥 부분에만 잔자갈을 깐 역석관대가 1A기부터 나타나고 있다.

....

6 토기 편년상 신라 조기 2b기에 속하는 하삼정 I-16호묘과 22호묘의 묘곽 바닥에는 판석을 깔아 시상 또는 관대를 구축하였다. 사로국시기 목곽묘의 출토유물에서도 유사한 사례가 있었듯이(최병현 2018b: 46) 하삼정 유적에서의 그러한 변화는 실질적으로는 경주 중심부의 변화를 뒤따른 것이라 판단된다.

신라 조기 목곽묘 가운데에는 피장자가 안치되는 부분의 묘광 바닥에 대형의 철모를 깔아 관대 또는 시상을 만들어 놓은 예들이 있다. 그러한 철기 棺床은 덕천리 3호묘·120호묘 등 1a기부터 대형의 목곽묘에 설치되었다. 신라 조기 목곽묘의 이러한 철기 관상 또는 시상은, 원삼국 후기의 예는 아직 알 수 없지만, 원삼국 전기의 사라리 130호 목관묘 바닥에 판상철부를 깔아 둔 것이 그 시원으로, 철기가 판상철부에서 의기형의 철모로 바뀐 것이라 하겠다(장기명 2017a; 2017b).

그런데 신라 조기 1b기로 편년되는 이혈주부곽식 대형묘인 구어리 1호묘의 주곽 바닥에는 외곽으로 돌을 돌려 만든 구획 내부에 주조철부와 대형 철모를 깔아 전체적으로 그 단면이 凹자형을 이루는 관상이 설치되었다. 이와 같이 철기를 함께 사용한 것은 아니지만, 목곽 바닥에 돌을 깔아 단면 凹자형의 관상을 설치한 것들은 동래 복천동 고분군 등에서도 나타난다. 그동안 이러한 관상이 설치된 목곽묘의 구조를 2중곽으로 복원한 안 등 여러 가지 복원안이 발표되었지만(이재현 2004; 이현주 2006), 이에 대해서는 김두철(2010)이 적절한 비판과 검토를 통해 그것이 둥근 바닥의 통나무 목관을 안치하기 위한 관상 시설이라는 것을 밝힌 바 있으므로, 여기서는 더 이상의 언급을 생략하겠다. 다만 凹자형 관상은 영남지방의 목곽묘 중에서는 현재까지 경주 구어리 1호묘의 것이 가장 이르고, 동래 복천동고분을 비롯한 다른 영남지방의 고분들에서는 구어리 1호묘보다 늦은 시기의 신라 조기 병행기나 신라 전기로 내려오는 고분들에서 축조되었다는 점만 덧붙여 둔다.

(2) 분형과 그 변화(도 2-7)

한국 고대의 고분은 매장주체부와 분롱(墳壟)의 축조 선후 및 분롱 내 매장주체부의 위치 관계에 따라 분구묘 계열과 봉토묘 계열로 나누어진다(최병현 2011b). 이에 따르면 원삼국시기 영남지방의 목관묘와 목곽묘는 지하에 묘광을 파고 매장주체부를 설치한 다음 그 위에 흙을 쌓아 매장주체부를 밀봉한 봉토묘 계통의 고분이며, 신라 조기의 목곽묘도 묘광의 깊이가 얕기는 하지만 역시 이를 계승한 봉토묘이다.

그러나 지금까지 원삼국시기 영남지방의 목관묘와 목곽묘에서 분롱, 즉 봉분이 남아 조사된 예는 없으며, 그것은 신라 조기의 목곽묘에서도 마찬가지이다. 원삼국 이래

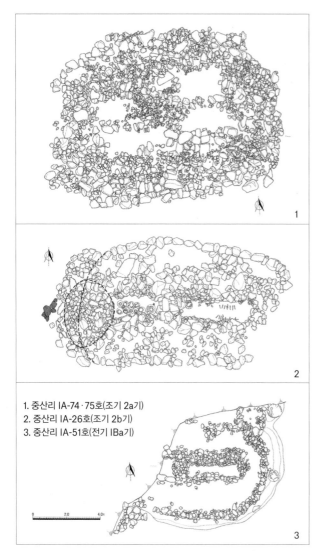

1. 중산리 IA-74·75호(조기 2a기)
2. 중산리 IA-26호(조기 2b기)
3. 중산리 IA-51호(전기 IBa기)

도 2-7 중산리유적의 목곽묘 봉분 평면 변화

영남지방 목관묘와 목곽묘에 축조한 봉분은 그다지 큰 규모가 아니어서, 목관과 목곽의 부식에 따라 매장주체부 내부로 함몰된 봉토 외에는 모두 유실되어 지상에 봉토가 남아 있지 않게 되었기 때문이다. 신라 조기의 목곽묘는 그 매장주체부의 규모가 원삼국 전기의 목관묘는 물론 후기의 목곽묘에 비해 월등히 대형화하였지만, 신라의 고분문화상에서 아직 고총 출현 이전으로 그 봉분은 매장주체부의 규모에 비례할 만큼 고대(高大)하게 축조되지는 않았다고 판단된다.

신라 조기 목곽묘에 축조된 봉분의 규모가 어느 정도였는지 현재로서는 알 수 없지만, 동래 복천동고분군의 예를 통해 대형 목곽묘의 봉분 규모를 짐작해 볼 수는 있다. 편년상으로는 신라 전기로 내려오는 것이지만 이혈주부곽식 목곽묘인 동래 복천동 31·32호묘의 주곽 묘광은 길이 7.12m, 너비 4.49m, 깊이 2.65m였으며, 그 안에 설치된 목곽은 완전 지하식으로 길이 4.8m, 너비 1.8m였고, 주곽의 바닥에서 1.8m 높이부터 나오기 시작한 묘광과 목곽 사이의 충전석재 및 충전점토로 보아 목곽의 높이는 약 2m 정도로 추정되었다. 그런데 묘광 내부에 함몰된 봉토로 복원해 보았을 때 이 고분 봉분의 원래 높이는 약 2.4m 정도로 추정되었다(부산대학교 박물관 1989).[7]

....

7   본보고서인 부산대학교박물관(2013: 158)에서는 복천동 31·32호묘의 봉토 높이가 최소 2m 이상이라고 하였다.

이와 비교될 수 있는 경주지역의 신라 조기 목곽묘는 구어리 1호묘인데, 주곽의 묘광은 길이 6.24m, 너비 3.4m여서 복천동 31·32호묘보다 약간 작으나, 목곽은 길이 4.6m, 너비 1.9m로 거의 같다. 그런데 구어리 1호묘의 주곽 묘광은 상하 2단으로 목곽이 세워진 상단 묘광의 남아 있는 깊이는 불과 20cm였다. 물론 상단 묘광의 원래 깊이는 그보다는 좀 더 깊었을 것이다.

여기서 월성로고분의 신라 조기 대형 목곽묘 묘광의 깊이를 살펴보면 1b기의 가-30호묘 55cm, 2a기의 가-29호묘 80cm, 가-31호묘 60cm, 2b기의 가-8호묘와 12호묘 60cm로 1m를 넘는 것이 없다. 월성로고분 중 가장 화려한 유물이 출토된 신라 전기 1Bb기의 가-13호묘도 묘광 깊이는 80~90cm라고 하였다. 입지가 충적대지인 월성로고분의 묘광이 구릉 경사면에 축조된 구어리 1호묘보다 좀 더 깊게 남았지만, 이와 같이 경주지역의 신라 조기 목곽묘들은 묘광이 그다지 깊지 않았던 것이 분명하다. 이에 따라 신라 조기 경주지역의 대형 목곽묘들은, 동래 복천동고분군의 깊은 묘광에 설치된 완전 지하식 목곽과는 달리, 대개 목곽의 상단부가 묘광의 어깨선 위 지상으로 올라오도록 설치되었던 것이 분명하다.

그러므로 묘광과 목곽의 평면 크기가 복천동 31·32호묘와 같거나 그보다 큰 목곽묘의 봉분은 최소한 복천동 31·32호의 추정 봉분 높이보다는 더 고대하였을 것이다. 그러나 구어리 1호묘에서도 발굴 당시 지상에 봉토는 남아 있지 않았으며, 월성로의 신라 조기 목곽묘들도 지하유구만 남아 조사되었을 뿐이다. 지금 조사가 진행되고 있는 월성북고분군의 쪽샘지구에서 노출되고 있는 대형의 목곽묘들도 지상 봉분 없이 묘광 어깨선 이하 지하유구만 드러나고 있을 뿐이며, 신라 전기 초로 내려오는 이혈주부곽식 목곽묘인 쪽샘지구 C10호묘도 지상에 봉분이 남아 있지 않아 일제강점기에 번호가 부여된 고분에 들지 않은 것이었다(국립경주문화재연구소 2018). 이러한 예들로 보아 신라 조기의 목곽묘는 매장주체부가 대형화한 대형(분)묘이기는 하지만, 그 봉분은 다음 시기 신라 전기의 고총처럼 그다지 고대하지도 강고하지도 않게 축조되어 아직 전 시기 이래의 저봉토묘, 또는 저봉토식 고분의 전통을 유지하고 있었던 것이라 판단된다.

다음은 신라 조기 목곽묘의 봉분 외형에 대해 살펴보고자 하는데, 이와 관련된 자료도 또한 거의 존재하지 않는다. 다만 울산 중산리고분군에서 이를 엿볼 수 있는 유구가 소수 조사되었으며, 그 중 하나가 중산리 IA-74·75호묘이다. 이 고분은 신라 조기 2a

기로 편년되는데, 남북으로 인접 배치된 기다란 세장방형 동혈주부곽과 장방형 묘곽의 묘광 주변으로 냇돌이 깔리고, 그 가장자리로는 좀 더 큰 돌로 갓돌을 두른 것으로 보인다. 그런데 그 갓돌이 표시하는 범위의 평면이 대략 묘곽의 장축방향을 따른 말각장방형인 것이 주목된다. 다음은 신라 조기 2b기로 편년되는 중산리 IA-26호로, 이 고분에서도 중앙에 위치한 긴 세장방형 동혈주부곽의 묘광 주변으로 냇돌이 깔리고, 그 가장자리로는 갓돌이 돌아갔는데, 도면상으로는 그 평면이 묘곽의 장축방향으로 긴 타원형처럼 보인다.

중산리유적의 조사자는 이와 같은 두 고분 묘광 주변의 부석층 갓돌을 신라 전기 적석목곽분 호석 출현의 시작으로 해석하여, IA-74·75호에서는 평면 방형이었던 것이 IA-26호분에서는 장타원형으로 변화한 것으로 해석하였다(이성주 1996). 필자도 과거에 그렇게 전제하고 발굴 당시 평면 장타원형으로 그려진 IA-26호의 도면을 그대로 믿어, 이를 신라 적석목곽분의 원형 봉분 출현 과정으로 이해한 바도 있다(최병현 1998).

그러나 이에 대해서는 재검토가 필요하다. 우선 중산리고분군은 앞서도 말한 바와 같이 그 입지가 돌 투성이의 충적지라는 데 주목할 필요가 있는데, 두 고분의 묘광 주위의 돌들은 고분 축조 시 그러한 입지의 돌들을 치우지 않았거나 또는 일부러 깔아 조성한 봉분의 기저부일 것이고, 갓돌을 돌려 그 한계를 표시한 것이라 판단된다. 그런데 IA-26호묘는 원래 그 전체 평면이 과연 장타원형이었는지 의심된다. 평면도를 자세히 보면 고분 기저부 부석층의 서쪽 가장자리 가운데의 꼭지점처럼 내민 부분의 돌들이 과연 원래 유구의 돌들이었을까도 의심스럽지만, 부석층의 서단 부분 자체가 부자연스러워 뒤에 덧붙여지거나 무언가 유구가 추가된 것이 아닐까 의심된다. 앞의 유구 해석과 달리 보고서에서는 IA-26호묘에 "방형 또는 말각방형의 호석을 배치한 것으로 추정된다"(창원대학교 박물관 2006a: 69)고 한 것도 아마 그런 점을 의식한 때문이 아닐까 생각된다. 하여튼 어느 쪽이든 이를 치워버린 상태의 평면은 타원형이 아니라 묘광의 장축방향으로 긴 말각장방형에 가까울 것이다.

여기서 문제는 두 고분의 부석층 가장자리의 갓돌이 과연 신라고분 호석의 시원형인가이다. 그런데 월성북고분군의 쪽샘지구 조사에서는 봉분 기저부에 호석을 두른 적석목곽분과는 달리 목곽묘들은 하나같이 봉분이나 호석 없이 묘광 상부만 노출되고 있어 명확히 구분되고 있다. 월성로의 바로 서쪽에 접하여 있어 어느 정도 신라 조기의 양상을 반영하고 있을 것으로 판단되는 대형 목곽묘들도 마찬가지이고, 그보다 더 서쪽에 위치한 신라 전기 1A기의 C10호 목곽묘와 2b기의 C16호 석재충전목곽묘도 호석 없이 묘광만 노출되었다(국립경주문화재연구소 2018). 이와 같은 상황은 월성북고분군에서 호석은 적석목곽분과 함께 출현하여 적석목곽분에 돌려진 것이며, 목곽묘는 신라 전기로 내려오는 대형묘에도 호석이 존재하지 않았다는 것을 분명히 한다.

중산리유적에서도 타원형 봉분의 외연으로 냇돌을 여러 단 쌓아 정연하게 돌아간 호석은 경주 시내 월성북고분군의 황남동 109호분-3·4곽과 함께 신라 전기 1Ba기로 편년되는 IA-51호묘부터 출현한다. 이러한 상황으로 보아 중산리유적의 두 고분에서 봉토 기저부의 부석층 가장자리로 돌려진 갓돌은 신라고분 호석의 선구적인 존재나 시원형이 아니라 돌이 많은 충적지에 입지한 고분의 봉분 가장자리를 마감하기 위해 줄을 맞추어 놓은 갓돌일 뿐이라고 판단된다.

그러나 중산리 IA-74·75호묘의 평면이 말각장방형, IA-26호묘의 평면도 말각장방형에 가깝다는 사실은 유의된다. 이는 신라 조기 목곽묘의 봉분이 원래 원형계가 아니라 방형계였음을 시사하기 때문이다. 그렇다면 신라고분의 봉분 평면형이 방형계에서 원형계로 변화되는 것은 신라 조기가 아니라 신라 전기로 내려온 이후가 된다.

3) 석재충전목곽묘의 출현(도 2-8)

신라 조기 목곽묘에서 묘광과 목곽 벽 사이는 일반적으로 점토로 충전하였다. 점토라고 하였지만 사실은 외부에서 반입한 양질의 점토라기보다는 묘광을 팔 때 나온 원지반토인 경우가 보통인 것으로 판단된다. 그런데 신라 조기 목곽묘 중에는 이와 달리 묘광과 목곽 벽 사이를 (냇)돌로 채운 것도 존재한다. 필자는 이를 석재충전목곽묘라고 하여 앞의 점토충전목곽묘와 구분한다(2014b; 2016a).

신라 조기고분에서 석재충전목곽묘의 존재가 인식되기 시작한 것은 중산리고분군의 발굴조사부터이다. 중산리고분군에서는 필자의 신라 조기에 해당하는 시기의 대형 목곽묘부터 묘광과 목곽 사이의 충전토에 일부 돌이 들어가기 시작하였는데, 조사자는 그 돌의 양이 점차 많아져 목곽위석묘를 거쳐 결국에는 목곽적석분으로 발전한다고 보

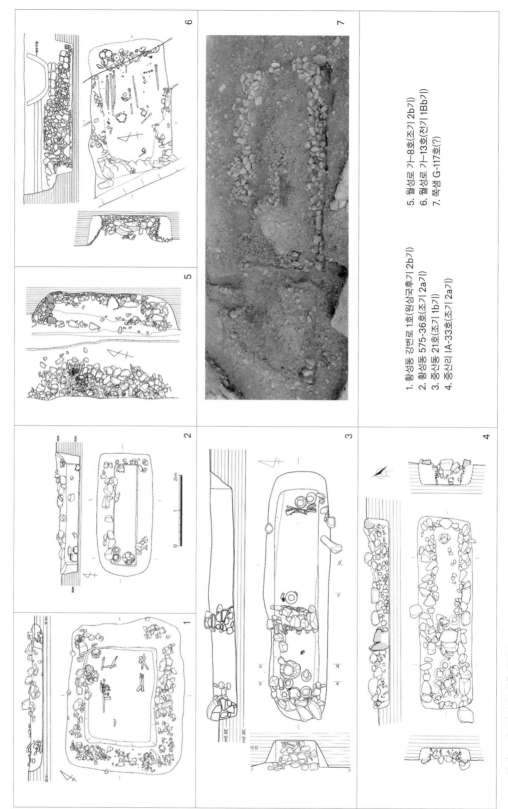

1. 황성동 강변로 1호(원삼국후기 2b기)
2. 황성동 575-36호(조기 2a기)
3. 중산동 21호(조기 1b기)
4. 중산리 IA-33호(조기 2a기)

5. 월성로 가-8호(조기 2b기)
6. 월성로 가-13호(전기 1Bb기)
7. 쪽샘 G-117호(?)

도 2-8 신라 조기·전기 석재충전목곽묘

았다(이성주 1996). 이후 석재충전목곽묘를 사방적석식 적석목곽묘라 정의하고, 신라 적석목곽묘(분)의 범주를 넓혀 이를 적석목곽묘(분)의 범주 안에 포함시켜야 한다는 견해가 제출되었다(이희준 1996c). 이에 따라 신라 적석목곽분의 성립 과정을 그와 관련시키는 연구가 이어지면서 그 시원을 원삼국 후기 목곽묘의 등장 시기까지 올려보기도 하고(이재홍 2007), 그 명칭도 위석목곽묘(박광열 2001), 충전석목곽묘(최수형 2010) 등 여러 가지로 사용되고 있다.

필자도 과거에 이에 대해 언급한 바 있는데(최병현 1998), 그 요지는 조사자의 중산리유적 IIb단계부터는 묘광과 목곽 벽 사이의 의도적인 냇돌 충전, 즉 석재충전목곽묘의 존재가 인정되지만 그 이전에 목곽묘의 입지조건에 따라 충전토에 냇돌이 일부 섞여 들어간 것까지를 의도적인 토석 혼합 충전으로 볼 필요는 없다는 것이었다. 이에 대한 필자의 기본적인 생각은 지금도 변함이 없다.

사실 입지 자체에 돌이 많은 충적대지에 조성된 무덤에서 매장주체부의 충전토에 일부 냇돌이 섞여 들어간 것은 원삼국 전기의 목관묘에서부터 볼 수 있는 현상으로, 예컨대 황성동 강변로 2호묘, 황성동 575-7호묘(영문연) 등 황성동유적의 목관묘 충전토에는 일반적으로 상당히 많은 양의 냇돌이 포함되었다. 황성동고분군에서 그러한 경향은 원삼국 후기의 신식와질토기 2b기인 황성동 강변로 1호 목곽묘를 거쳐, 신라 조기 1a기의 황성동 강변로 3호묘, 1b기의 황성동 575-20호묘(영문연), 황성동 545-33호묘(동국대) 등 신라 조기의 목곽묘로 이어진다. 그러한 양상은 황성동 575-34호묘와 36호묘(영문연) 등 신라 조기 2a기까지 확인되지만, 황성동고분군에서 돌의 양이 더욱 증가하여 말 그대로 석재충전목곽묘라고 할 수 있을 정도로 묘광과 목곽 벽 사이를 냇돌로 채운 목곽묘가 출현하는 것은 신라 조기가 아니라 경주지역에서 석재충전목곽묘의 분포 범위가 넓어지고 일반화되는 신라 전기고분으로 내려와서이다. 그러므로 황성동고분군에서 신라 조기까지 목관묘와 목곽묘의 매장주체부 충전토에 일부 돌이 섞여 있는 것은 비의도적이고 입지조건에 따른 자연적인 현상이지 의도적인 토석 혼합 충전은 아니라고 판단된다.

그런데 같은 충적대지에 조성된 고분군이지만 중산리유적의 경우는 그와 다른 진행을 보인다. 신라 조기 1a기인 중산리 IC-3호묘에서는 그 묘광과 목곽 벽 사이 충전토에 약간의 돌이 포함되어 있지만, 그 상태는 앞의 황성동유적에서와 같은 양상이어서

의도적인 토석 혼합 충전으로 보이지는 않는다. 그러나 1b기에 오면 중산리 IA-100호묘, IF-83호묘 등에서는 그와 같은 상태가 유지되고 있지만, 중산동(울) 21호묘에서는 목곽 서단벽 쪽과 특히 주부곽 사이의 격벽을 돌로 쌓고 있어 이를 비의도적인 것으로만 보기는 어렵다. 중산리유적에서 그러한 양상은 신라 조기 2a기부터 확연히 달라져 IA-23호묘, IA-33호묘, IA-74·75호묘의 묘광과 목곽 벽 사이는 이제 흙보다는 거의 돌로 채워지고 있고, 그러한 변화는 신라 조기 2b기인 IA-26호묘를 거쳐 신라 전기고분으로 이어진다.

이와 같이 입지가 같은 충적대지이면서도 황성동고분군에서는 원삼국 전기 이래로 지속되어온 목관묘와 목곽묘 충전토의 비의도적인 냇돌 혼입이 신라 조기 목곽묘에서도 의도적인 석재충전으로 발전하지는 않은 반면, 중산리고분군에서는 그와 달리 신라 조기 1b기부터 의도적인 토석 혼합 충전으로 바뀌어 2a기부터는 거의 석재충전 수준으로 발전한 것이다.

그러면 목곽묘의 묘광과 목곽 벽 사이를 흙 대신 돌로 채워 충전하는 방식은 과연 중산리유적에서 시작된 것일까. 그 관건은 역시 사로국 후기부터 경주지역의 중심고분군으로 조영된 월성북고분군이 갖고 있겠지만, 월성북고분군 가운데 사로국 후기부터 신라 조기까지의 목곽묘가 위치한 부분에 대한 본격적인 발굴조사는 아직 이루어지지 않고 있어 자세히 알 수 없다. 그러나 그 일부인 월성로고분의 발굴조사 결과에서 그 일단을 짐작해 볼 수는 있다.

월성로고분의 발굴조사에서는 고분들의 유구를 다 드러내지 못하였지만, 보고서에서 그 구조 설명을 보면 신라 조기 1b기로 편년되는 가-30호묘는 깊이 약 50cm인 묘광과 목곽 사이를 '천석으로 마치 석곽을 쌓듯 한 겹 정도 채운' '적석목곽분'이라 하였고, 2b기로 편년되는 가-8호묘는 묘광을 파고 그 내부에 목곽을 안치한 다음 적석을 가한 '지하식적석목곽분'으로(도 2-8의 5), 돌을 불규칙하게 깐 곽 바닥 위에서는 "적석 크기인 30cm 전후의 돌들이 성글게 나타나 목곽상부의 적석은 그리 많지 않았다고 판단된다"고 하고 있다(국립경주박물관 1990). 보고서에서 이와 같이 두 고분을 '적석목곽분'이라고 한 것으로 보아 두 고분 모두 묘광과 목곽 벽 사이를 돌로 채운 것은 분명한데, 가-30호묘는 목곽 상부의 적석에 대해 언급이 없고, 가-8호묘는 목곽상부에도 "어느 정도의 적석이 가해졌을 것으로 추정된다"고 하였으나, 이 고분은 묘광의 어깨선 이상으로 올라온 목곽의 벽 뒤로도 적석이 가해진 구조이면서도 정작 목곽 바닥 위에서는 (함몰된) 돌들이 성글게 나타났다고 하고 있다. 이로 보아 가-8호묘도 목곽 상부에 실제 적석이 가해졌을지는 의문이며, 따라서 사실상 두 고분은 모두 석재충전목곽묘였을 것으로 판단된다.

이러한 예들로 보아 입지가 충적대지인 월성북고분군의 신라 조기 목곽묘에도 석재충전 목곽묘가 존재하고 있었음을 알 수 있는데, 1b기인 월성로 가-30호의 석재충전이 '마치 석곽을 쌓듯' 한 수준이라고 한 것으로 미루어 보면 목곽묘의 묘광과 목곽 벽 사이의 의도적인 석재충전은 중산리유적보다 먼저 월성북고분군에서 시작되었을 것으로 판단된다. 하여튼 이로 보아 석재충전목곽묘는 월성북고분군과 중산리고분군 등 원지반에 돌이 많은 충적대지의 고분군에서 발생된 것을 알 수 있는데, 황성동고분군의 경우는 그것이 입지가 같은 모든 유적에서 신라 조기에 발생되거나 조영된 것은 아니라는 점을 말해준다.

그런데 신라 전기 1Bb기로 편년되지만 월성로고분 가운데 각종 금공품 등 가장 화려한 유물이 출토된 가-13호도 목곽상부의 적석시설은 없었다(국립경주박물관 1990: 142)고 한 것으로 보아 석재충전목곽묘이고, 아직 내부조사가 이루어지지 않아 정확한 축조 시기를 알 수 없지만 월성로 서쪽의 쪽샘지구에서도 석재충전목곽묘로 판단되는 목곽묘들이 다수 노출되고 있어 유의된다. 쪽샘지구의 월성로에 근접한 위치의 대형 목곽묘들 중에 석재충전목곽묘로 보이는 예들이 많고, 그 중 G117호묘, L17호묘·67호묘 등은 대형의 이혈주부곽식 목곽묘들이다. 특히 부곽의 파괴부에서 출토된 컵형토기(국립경주문화재연구소 2017: 392)의 형식으로 보아 신라 전기 1Ab기로 편년되는 L17호묘는 주곽의 묘광 길이 7.50m, 너비 4.18m에 이르는 초대형이어서 각별히 유의된다. 이와 같은 예들은 석재충전목곽묘가 신라 조기에 월성북고분군에서 발생하였을 가능성과 함께, 신라 조기~전기 초의 최고 위계의 목곽묘들이 석재충전목곽묘였을 가능성을 제시하고 있다고 판단된다.

그러나 석재충전목곽묘 발생 이후 월성북고분군과 중산리유적의 신라 조기 목곽묘가 모두 그 일색이 된 것은 아니다. 월성로고분 보고서에서는 신라 조기 2a기로 편년되는 대형묘들인 가-29호묘와 가-31호묘를 앞의 고분들과 차별화하여 '토광목곽묘'라고 하였고, 또 신라 전기 1A기로 내려오는 이혈주부곽식 목곽묘인 쪽샘지구 C10호묘도 묘광과 목곽 벽 사이의 충전토에 냇돌들이 일부 혼입되어 있기는 하지만 의도적인 충전은 아닌 것으로 보인다. 월성북고분군에서 소형의 점토충전목곽묘는 신라 전기에서도 늦은 시기까지 확인된다. 중산동유적에서도 묘광과 목곽 벽 사이를 석재로 충전한 목곽묘와 흙으로 충전한 목곽묘는 계속 공존하였다(울산문화재연구원 2011).

한편 석재충전목곽묘는 신라 전기로 내려오면 그 분포 범위가 넓어지지만, 신라 조기 말까지는 경주지역에서도 두 유적에만 존재할 뿐 다른 유적으로까지 확산되지는 않았다. 사라리고분군을 비롯한 여타 지구의 신라 조기고분군에서는 여전히 점토충전목곽묘만 축조되었다.[8] 이와 같이 신라 조기에 석재충전목곽묘가 발생한 이후 경주지역에서는 석재충전목곽묘와 점토충전목곽묘가 함께 축조된 유적과 점토충전목곽묘만 축조된 유적이 공존하고 있었다.

....

8   유물의 형식상 신라 조기 2b기로 편년되는 하삼정 I-22호묘와 31호묘도 석재충전목곽묘로 되어 있지만, 앞서도 언급했듯이 현재의 경주시계를 넘어 위치한 하삼정유적에서 이러한 변화는 실질적으로는 현재의 경주지역 안의 변화를 뒤따랐을 것으로 판단된다.

고분군의 존재 양태와 사로 내부의 통합 과정   III

1. 고분군의 형성 과정과 목곽묘의 랭크

1) 고분군의 분포와 형성 과정 (도 2-9)

지금까지 경주지역에서 조사된 신라 조기의 고분유적은 동해안지구 1곳을 제외하고는 모두 경주의 중심부 분지지구와 분지지구로 연결되는 각 곡부지구에 분포되어 있다. 그런데 각 지구의 고분유적은 그 형성 시점에서 차이가 있다. 먼저 원삼국, 즉 사로국 전기의 목관묘부터 축조되기 시작한 유적으로는 분지지구의 황성동고분군, 서남부지구의 사라리고분군, 남부지구의 덕천리고분군, 동남부지구의 조양동고분군과 중산리고분군이 있다. 태화강유역의 다운동고분군과 하삼정고분군에서도 사로국 전기의 목관묘부터 축조되기 시작하였다. 동남부지구의 북토리—죽동리유적에서는 아직 사로국 후기의 목곽묘가 조사되지는 않았지만, 사로국 전기의 목관묘와 신라 조기의 목곽묘가 조사되었다. 그러나 분지지구의 탑동유적과 서남부지구의 모량리유적, 북부지구의 인동리유적에서는 사로국 전기의 목관묘가 조사되었지만, 그 뒤를 이은 목곽묘는 아직 조사

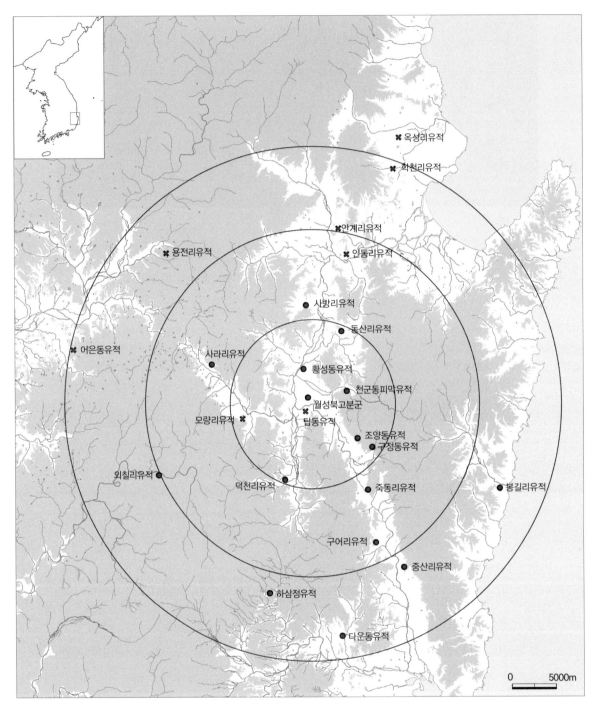

도 2-9 신라 조기 경주지역 고분군 분포도

되지 않고 있다.

다음은 사로국 후기의 목곽묘부터 축조되기 시작한 유적으로, 분지지구의 월성북고분군과 동남부지구의 구어리고분군이 있다. 신라 조기 이후부터 형성되기 시작한 고분유적으로는 분지지구의 천군동 피막유적, 북부지구의 동산리고분군과 사방리고분군, 서남부지구의 외칠리고분군, 그리고 동해안지구의 봉길리고분군이 있다.

이상과 같이 신라 조기에 경주지역의 각 지구에는 대개 복수의 고분유적이 존재하였는데, 이러한 경주지역의 사로국 이래 고분유적의 분포 상태는 사로국을 구성한 읍락이나 신라 6부와 관련될 것이고, 각 지구 내 고분유적의 수와 규모, 그리고 그 형성 시기는 사로국의 읍락이나 신라 6부의 내부구조 및 그 변화 과정을 반영하고 있을 것이다. 그 중에서도 분지지구에서 황성동고분군보다 늦게 사로국 후기부터 목곽묘가 축조되기 시작한 월성북고분군이 사로국 후기 이래 신라의 중심고분군이 된 것은 특별한 의미를 갖는다.

한편 신라 조기고분 유적에서는 몇 기의 목곽묘가 인접하거나 줄을 지어 배치되고, 또 그러한 것들 몇 개가 모여서 소그룹을 이루고 있는 현상을 볼 수 있다. 그러한 현상은 목곽묘의 배치가 피장자들의 친연관계에 따라 이루어지고, 또 고분군의 조영이 몇 개의 소집단에 의해 구역을 나누어 이루어졌거나 아니면 고분군을 조영해 나가는 과정에서 소집단이 분화되었음을 의미할 것이다. 그러한 현상은 신라 조기의 목곽묘들이 따로 구역을 이룬 분지지구의 황성동고분군에서도 보이지만, 남부지구의 덕천리고분군에서 고분 축조 과정의 소그룹 분화현상을 좀 더 잘 볼 수 있다.

덕천리고분군에서는 남쪽에 있는 주구목곽묘 등 사로국 전기의 목곽·목관묘 구역 북쪽으로 신라 조기고분군이 형성되었는데(도 2-10), 목곽묘들은 몇 기가 남북으로 근접 배치된 것들도 있지만, 좀 불규칙적이기는 하나 대개는 동서 방향으로 열을 지어 배치된 것을 알 수 있다. 그런데 고분군 전체의 중간쯤에 그 북쪽의 남북으로 배치된 열과 남쪽의 동서로 배치된 열이 구분되는 지점이 있다. 이곳을 기준으로 남쪽을 가구역, 북쪽을 나구역으로 구분하면, 먼저 사로국 후기 말인 신식와질토기 2b기로 편년되는 49호, 90호 및 100호 목곽묘가 가구역의 서북우와 중간 남쪽에 각각 축조되면서 이 고분군이 형성되기 시작한 것을 알 수 있다. 나구역에는 원삼국 후기의 목곽묘가 존재하지 않는다.

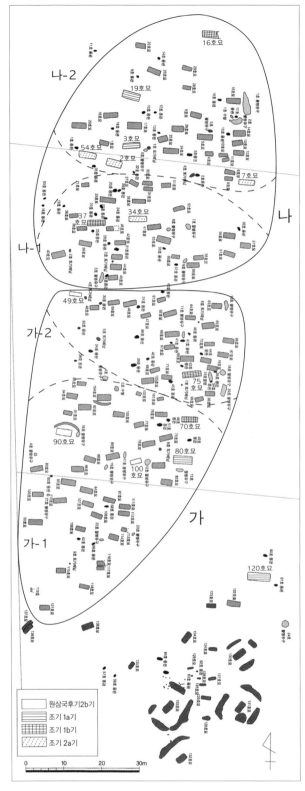

도 2-10 덕천리유적의 형성 과정

신라 조기의 목곽묘는 분기별로 대형 목곽묘의 분포 위치만 살펴보기로 하겠는데, 1a기의 대형 목곽묘는 원삼국 전기 목곽·목관묘 구역의 동북우에도 1기(120호)가 축조되었지만, 가구역의 중간 신식와질토기 2b기의 100호 목곽묘 동쪽에 1기(80호), 그리고 나구역의 북쪽 중간 부분에 남북으로 배치된 2기(3호와 19호)가 상당한 거리를 두고 축조되어, 신라 조기 1a기에 들어와 고분군이 가구역과 나구역으로 분화되기 시작한 것을 알 수 있다. 다음 1b기에 오면 가구역에서는 70호와 75호가 남북으로 약간의 사이를 두고, 나구역에서는 37호와 16호가 남북으로 상당한 거리를 두고 축조되었다. 이전 단계를 포함한 대형 목곽묘들의 분포상태와 그 주변 목곽묘들의 결집상태를 종합하여 보면 1b기에는 목곽묘 축조가 다시 가구역은 가-1구역과 가-2구역으로, 나구역은 나-1구역과 나-2구역으로 분화된 것을 알 수 있으며, 가-1구역 내에서는 소그룹을 더 나누어 볼 수도 있다.

마지막으로 덕천리고분군에서는 2a기를 끝으로 고분 조영이 끝났고 2a기 목곽묘의 수도 적지만, 그 중 대형에 속하는 목곽묘는 나-1구역에 1기

(34호), 나-2구역에 3기(2호, 7호, 54호)로 모두 나구역에만 축조되어 고분군의 중심이 나구역으로 이동된 것을 알 수 있다. 이상에서 거론한 대형묘들은 덕천리유적에서 각 분기에 동일 랭크에 속하는 최상위 위계의 목곽묘들이라는 점을 첨언해 둔다.

2) 목곽묘의 랭크

(1) 랭크 구분의 기준

신라 조기 목곽묘의 구조는 지하로 판 묘광, 묘광 안에 설치된 목곽, 그 위로 축조한 봉분, 그외 목곽 안에 안치한 목관이나 유물을 매납한 상자 등의 시설로 이루어져 있었겠지만, 그 중 발굴조사에서 확인되는 것은 얕은 묘광, 묘광과 목곽 벽 사이를 채운 충전토나 충전석재뿐이다. 그러므로 고분 연구자는 이로써 무덤의 구조와 규모를 인식하고 다른 무덤들과 비교할 수 있을 뿐이지만 무덤의 규모 자체도 그것이 축조될 때 투여된 물자와 인력에 따른 것이므로 거기에는 피장자의 사회적 인격이 반영되어 있다고 보아야 한다. 한편 신라 조기 목곽묘에는 각종 철기와 토기가 매납되었고, 피장자가 착장한 약간의 장신구가 출토되기도 하는데, 고분에 따라 그 질과 양에 차이가 있어 이 또한 피장자의 사회격 인격과 관련이 있을 것이다.

그러므로 목곽묘의 고분 규모와 출토유물을 분석하면 무덤에 반영된 당시 경주지역, 즉 신라 조기 사로 내부의 사회 계층화 정도나 집단들의 위계 차이가 드러날 것이다. 그러나 계층화된 사회라 하더라도 개인에 따라서는 여러 가지 변수가 있을 수 있어 고분 축조 당시부터 고분의 규모와 매납 유물의 질량이 반드시 비례하지는 않을 수도 있는데다 고분의 훼손에 따른 유물의 유실이나 도굴 등으로 인하여 실제로 출토된 유물이 고분의 규모에 걸맞지 않은 경우도 허다하다. 그래서 양자를 함께 분석하여 일관성 있는 결과를 도출하기는 어려우므로 고분 규모나 출토유물 어느 한쪽만으로 대강의 흐름을 설명할 수도 있지만(장기명 2014), 그것은 부정확하고 실상과는 차이가 클 수밖에 없어 이로써 사회의 역동적인 변화 모습을 추적하기는 어렵다.

이에 여기서는 그러한 난점에도 불구하고 고분의 규모와 출토유물을 연계 분석하여 고분군별로 신라 조기 목곽묘들의 랭크를 구분하고, 이를 통해 당시 사회의 계층화 내용과 그 변화 과정을 살펴보고자 한다. 그런데 앞서 말한 바와 같이 신라 조기 목곽묘는 남아 있는 유구가 묘광 및 묘광과 목곽 벽 사이의 충전토나 충전석재뿐인데, 묘광의 규모는 비교적 정확한 측정이 가능하지만 목곽의 규모는 일반적으로 충전토 내부의 크기로 산정할 수밖에 없어 좀 애매한 면이 있다. 그렇다 하더라도 고분 축조 공정상 묘광은 좀 임의적일 수 있지만 목곽은 그보다 기획성이 강하였을 것이므로, 본고에서 고분 규모는 측정된 목곽의 평면 크기를 기준으로 하겠다. 이에 여기서는 먼저 고분유적별로 목곽 규모의 분포 결집상을 알아본 다음 그 결집상에 따라 다시 출토유물의 양상을 분석하여 목곽묘의 랭크를 구분해보고자 한다.

그런데 경주지역의 신라 조기고분유적은 유적마다 발굴된 목곽묘의 수에 크게 차이가 있는데다, 뒤에서 보듯이 한 유적 안에서도 목곽묘 규모의 분포 결집상이 분기에 따라 약간 변동되는 현상이 있고, 출토유물의 양상은 고분군이나 분기에 따라 더욱 차이가 커서 이를 전체적으로 종합하려면 먼저 표준유적을 통한 기준의 설정이 필요하다. 이런 경우 표준 유적은 지역의 중심고분군이어야 하겠으나, 현재 경주지역의 경우는 그 중심고분군의 발굴조사가 이루어지지 않은 상태여서 이를 기준으로 할 수가 없다. 이에 여기서는 신라 조기의 이른 시기가 중심이면서 조기의 목곽묘군 전체가 발굴조사된 덕천리유적을 대상으로 먼저 분석하여 보고 이를 기준으로 삼아 다른 유적들을 비교해 보도록 하겠다. 중심고분군인 월성북고분군은 가장 뒤로 돌려 다른 유적과 비교·평가될 수 있게 하겠다. 그리고 여기서 신라 조기 목곽묘들의 규모나 출토유물의 내용을 일일이 다 설명하기는 어려움으로 그것은 뒤의 〈별표 9~17〉로 대신하고 아래에서는 논리 전개에 꼭 필요한 부분만 언급하도록 하겠다.

(2) 랭크의 분석과 고분군별 랭크 구성

① 덕천리고분군(표 2-2-1, 별표 9, 10)

덕천리유적에서 조사된 신라 조기 목곽묘들을 묘곽의 평면 규모에 따라 그 분포를 표시한 것이 〈표 2-2-1〉인데, 이를 분기별로 살펴보면 1a기는 묘곽의 길이만으로도

표 2-2-1 유적별 목곽묘의 규모 분포(덕천리유적)

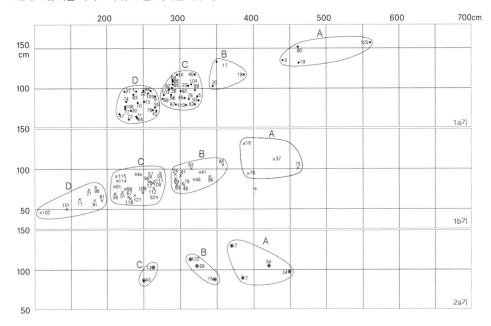

5.6m~4.4m의 A그룹은 3.87m~3.45m의 B그룹과, 그리고 B그룹은 3.25m 이하의 C그룹과 간격을 두고 결집상을 보인다. C그룹 이하는 묘곽의 길이만으로는 결집 구분선을 긋기가 어렵지만, 묘곽의 길이와 너비를 표시한 점들의 결집상은 길이 2.7m 이상과 이하에서 달라지는 것으로 보여 C그룹과 D그룹을 구분해 볼 수 있다.

이제 이를 〈별표 9, 10〉의 출토유물 집계와 결합해 보면, 철기는 묘곽의 규모 그룹에 따라 세트를 이루어 출토되거나 출토되지 않는 기종들이 있지만, 그 중에서도 가장 널리 출토되면서도 그룹 사이에 격차를 좀 더 분명히 하고 있는 것은 역시 많은 양의 철을 필요로 하는 대형 무기로, 특히 철모인 것을 알 수 있다. 토기도 고분 그룹에 따라 출토량의 차이가 있지만, 특히 권위의 상징으로 해석되는 오리형토기나 복합토기의 공반 여부가 큰 의미를 갖는 것으로 보인다.

그런데 A그룹에 속하는 목곽묘 4기에서 출토된 철기와 토기는 B그룹 이하보다 단연 다수인 가운데 모두 11~18점의 철모와 함께 유자이기 또는 세장형 단조철부가 1점씩 공반되었고, 이들과 함께 환두대도가 출토되기도 한다. 토기도 그 중 2기에서는 오리형토기와 복합토기가 공반되었다. B그룹에 속하는 목곽묘는 3기인데, 그 중 묘광의 잔존 깊이가 15cm에 불과한 1기는 출토유물이 대단히 빈약하지만, 다른 2기에서는 철모가 각각 7점과 4점이 출토되어 A그룹보다 적지만 C그룹 이하보다 많고, 토기도 A그룹보다는 적지만 C그룹의 상위 이상 출토되었다.

　　다음 C그룹의 목곽묘들은 일단 철기와 토기가 함께 출토된 것과 철기 없이 토기만 출토된 것으로 구분되며, 철기 출토 목곽묘는 다시 대형 무기인 철모와 환두대도 출토 고분과 철촉이나 농공구만 출토된 고분으로 나누어 볼 수 있다. 대형 무기 출토 고분도 그 점수에 차이가 있다. 한편 D그룹은 묘곽 규모로 나누어 볼 수 있었으나, 출토유물에서는 그 중에 C그룹의 상위를 능가하는 것은 없지만 대체로 C그룹과 같은 구분이 가능하다. 그러나 위에서 말한 여러 가지 변수를 고려하면 C그룹과 D그룹의 목곽묘들을 출토유물의 차이에 따라 너무 세분하는 것은 무리가 따르므로 이를 출토유물에 철모와 같은 대형무기가 포함된 고분과 토기만 출토되었거나 거기에 철촉이나 약간의 농공구가 포함된 고분으로 구분해 보는 것이 안정적이라고 판단된다.

　　이상을 종합하면 덕천리고분군의 1a기 목곽묘에서는 A그룹의 a랭크, B그룹의 b랭크, C그룹과 D그룹에서는 묘곽 규모의 결집상과는 무관하게 각각 c랭크와 d랭크가 구분된다고 할 수 있다. 이는 덕천리고분군의 1a기 목곽묘가 최소 4개의 랭크로 구성되어 있었음을 의미한다.

　　다음 덕천리고분군 1b기 목곽묘들의 목곽 규모 결집상은 〈표 2-2-1〉에서와 같이 역시 4개의 그룹으로 구분 가능하지만, 각 그룹의 분포 위치가 1a기에 비하여 전체적으로 약간씩 하향 이동한 것을 볼 수 있다. 이것은 1a기에 비해 1b기 목곽묘들의 규모가 전체적으로 약간씩 축소된 것을 의미한다. 그런데 그러한 하향 축소가 출토유물(별표 9, 10)에서는 더욱 뚜렷하다. 즉 1b기의 A그룹 목곽묘 출토유물에서 토기는 1a기와 큰 차이가 없지만, 철기 중 대형 무기가 격감한 것을 알 수 있다. 16호 목곽묘는 동혈주부곽식의 대형묘이지만 철기가 주로 놓이는 묘곽 동반부가 파괴되어 전체 철기의 부장상태를 알 수 없지만, 그 외의 A그룹 목곽묘에서 출토된 철기는 1a기의 B그룹 수준으로 감소된 것이다. 그와 같은 양상은 B그룹 이하로도 연동되어 1b기의 B그룹과 C그룹 출토유물은 1a기의 C그룹과 D그룹 수준으로 감소되었고, 1b기의 D그룹은 거의 철기 없이 토기만 출토되는 고분으로 격하되었다.

　　이와 같이 덕천리고분군 1b기의 목곽묘들은 1a기에 비해 전체적으로 목곽의 규모가 약간 축소되는 가운데 부장유물은 더욱 감소되어, 목곽 규모의 결집상에 따른 그룹과 출토유물의 수준 결합이 1a기와는 다른 양상을 보인다. 그래서 1b기는 1a기와 똑같은 기준으로 목곽묘들의 랭크를 구분할 수는 없으므로, 이제 1b기 목곽묘들의 랭크를 어떻게 설정해야 할지가 문제로 된다. 물론 여기서 1b기 자체 내에서는 목곽의 규모 그룹과 출토유물의 내용에 나름의 일관성을 갖고 있으므로, 1a기와는 별도로 목곽 규모의 그룹과 출토유물을 일치시켜 그 자체의 랭크를 구분할 수도 있다. 하지만 그렇게 되면 한 유적에서도 분기마다 랭크 구분의 기준이 달라지게 되고, 또 뒤에서 보듯이 모든 고분군의 동일 분기에 같은 기준을 적용할 수도 없어서, 그렇게 하여서는 경주지역 전체의 일관성 있는 파악과 설명이 어렵다. 이에 여기서는 전체적인 일관성을 위해 일단 목곽 규모의 그룹은 고분군 사이의 차이나 유적 내 분기별 변화 과정의 비교를 위한 기준으로 두고, 목곽묘들의 랭크는 덕천리유적 1a기 출토유물을 기준으로 구분하도록 하겠다. 그와 같이 하면 덕천리고분군 1b기의 목곽묘들은 A그룹이 b랭크로 비정되고, B그룹과 C그룹에서는 각각 c랭크와 d랭크가 구분되며, D그룹은 모두 d랭크가 된다.

다음 덕천리고분군 2a기는 목곽묘의 수 자체가 적어 의미 있는 분석이 안 될 수도 있지만, 이전과 같이 목곽묘 4기가 포함된 A그룹의 위치가 1b기보다도 약간 더 하향하는 것을 볼 수 있다. 그러나 출토유물에서는 토기가 약간 적은 편이나 철기는 1b기 A그룹의 수준을 유지하고 있어 b랭크로 구분된다. B그룹과 C그룹으로 분류되는 목곽묘는 소수로 표본 수의 문제가 있지만, 위와 같은 기준을 적용하면 B그룹에서는 b, c, d랭크가 1기씩, C그룹은 모두 d랭크로 구분된다.

이상을 정리하면 덕천리고분군의 목곽묘들은 1a기에는 목곽 규모의 분포 그룹과 출토유물의 수준이 일치하는 a, b, c, d의 4랭크로 구분되었으나, 1b기 이후는 목곽 규모의 분포 그룹 위치가 약간씩 하향 이동하는 가운데 출토유물은 격감하는 변화가 있었다. 그래서 목곽 규모의 분포 그룹은 1a기와 같이 4개의 그룹이 유지되었지만 목곽묘의 규모는 계속 축소되는 가운데 출토유물을 기준으로 한 목곽묘의 랭크는 a랭크가 소멸되어 b, c, d 3개의 랭크만으로 축소되었다는 것이 된다.[9]

....

9   본고의 이 분석에서는 훼손으로 묘광과 목곽의 규모를 알 수 없는 목곽묘, 토기에 의한 편년이 불가능한 목곽묘는 제외하였는데, 덕천리고분군에서도 토기에 의한 세부편년이 불가능한 동혈주부곽인 32호묘, 단독곽식인 33호묘가 제외되었다. 나-1구역에 위치한 두 목곽묘 모두 훼손이 심하나 그 중 33호묘에서는 철모 15

② 황성동고분군(표 2-2-2, 별표 11~13)

다음으로 황성동유적을 살펴보면[10] 1a기로 편년되는 목곽묘는 표본수가 적어 의미 있는 분석은 어렵다. 그러나 앞의 덕천리고분군 1a기를 참고하여 일단 목곽의 규모 분포를 4개의 그룹으로 나누어 볼 수는 있는데, 강변로 19호묘는 그 너비가 원삼국 후기 목곽묘의 형태를 유지하고 있는 것이어서 외따로 떨어져 있지만 C그룹에 포함된다. A 그룹에는 앞서 1B1a형식 동혈주부곽으로 본 황성동 575- 1호묘(영문연) 1기가 해당되는데, 훼손이 심한 고분이어서 출토유물의 집계는 의미를 갖지 못한다. B그룹에는 3기의 목곽묘가 해당되는데, 출토유물에 대형 무기인 철모가 각각 3점 이하이고 토기도 많지 않아 앞의 기준을 적용하면 c랭크에 해당된다. B그룹보다는 수가 많은 C그룹 이하도 같은 기준을 적용하면, C그룹에서는 c랭크와 d랭크가 구분되고,[11] D그룹은 d랭크가 된다. A그룹은 알 수 없지만 B그룹에 c랭크만 있는 것이 덕천리고분군의 1a기와 크게 차이나는 점인데, b랭크도 존재하지 않는 것은 표본 수의 문제일 수도 있다.

다음 1b기도 덕천리고분군의 1b기를 고려하여 고분 규모의 그룹을 나누어 보면, A 그룹에 포함되는 목곽묘는 5기이다. 이 중 IB2a식 동혈주부곽인 황성동 575-15호묘(영문연)는, 출토된 토기는 많은 편이 아니나 철기는 궐수형장식 철모 11점을 포함한 철모 14점 등이 출토되어 a랭크로 분류될 수 있는데, 황성동유적의 전체적인 양상에서는 좀 돌출적이다. 황성동유적에서 유일한 이혈주부곽식 목곽묘인 황성동 545-22호묘(동국

점, 유자이기 1점, 도자 1점이 출토되었다. 유자이기의 출토와 토기 대각편으로 보아 1a기로 올라갈 가능성도 있는데, 그렇게 되면 33호묘는 목곽 길이 3.26m, 너비 0.99m로 목곽 규모 B나 혹은 C그룹에 a랭크 유물이 부장된 셈이고, 그 편년이 1b기나 2a기로 내려와도 덕천리고분군에서는 시기에 맞지 않게 많은 유물이 부장된 목곽묘가 된다. 그러나 뒤에서도 보듯이 다른 고분유적에서도 그러한 돌출적인 예는 간혹 보이고, 신라후기고분에서는 고분군에 따라 소수의 돌출적인 랭크의 고분들이 존재하는 것을 전고에서 지적한 바도 있다 (최병현 2012b).

10　필자가 처음 신라 조기 목곽묘의 전개 과정을 살펴본 전고(최병현 2015a) 이후 황성동 590번지를 발굴조사한 보고서가 출간되었다(경상북도문화재연구원 2015; 신라문화유산연구원 2014~2017). 여기서는 그 중 신라 조기에 해당하는 목곽묘들을 모두 포함하여 재고찰하였는데, 1a기~2a기의 자료가 늘었으나 고분 랭크구성에는 전고와 차이가 없었다. 그러나 전고에는 자료가 없던 2b기가 추가되었다.

11　1a기의 황성동 590-11호묘(신라)와 같이 철모나 환두대도는 출토되지 않고 곡도, 유자이기, 세장형철부가출토된 목곽묘들이 소수 존재하는데, 이러한 의기성 철기는 대개 c랭크 이상의 목곽묘에서 철모와 공반되는 것이어서 이들도 c랭크에 포함한다.

표 2-2-2 유적별 목곽묘의 규모 분포(황성동유적)

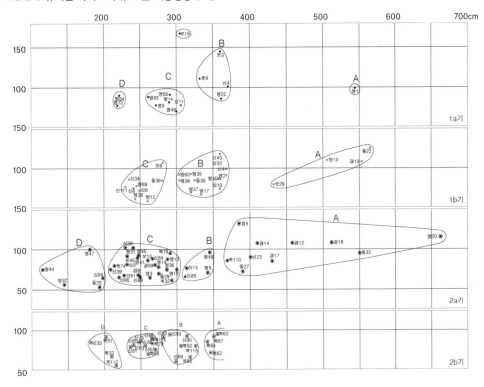

대)는 대형무기가 5점 출토되어 b랭크로 구분될 수 있으며, 나머지는 대형묘들이지만 파괴고분들이거나 철기가 반출되지 않아 의미를 부여하기가 어렵다. B그룹에 속하는 목곽묘는 13기이고 그 중에는 동혈주부곽식이 포함되어 있는데도 출토유물은 전반적으로 빈약하여 c랭크 1기 외에는 모두 d랭크로 분류되고, C그룹의 목곽묘도 c랭크 2기가 포함되어 있지만 역시 출토유물은 전반적으로 빈약하여 d랭크가 일반적이다. B그룹이 거의 모두 d랭크로 구성되어 있는 것은 표본 수나 목곽묘의 잔존 상태 문제일 수도 있으나, 황성동유적의 전체적인 위상과도 관련이 있을 것으로 보인다.

다음 2a기도 A~D 4그룹의 구분이 가능한데, 덕천리고분군 1b기와 2a기의 분포와 비교하면 목곽의 규모 그룹 분포 위치가 전체적으로 하향하는 것은 같지만 황성동유적에서는 A그룹의 분포 범위가 상향한 부분도 있는 점이 다르다. 중산리고분군이나 구정동고분 등 뒤에서 보는 다른 유적에서도 그런 사례가 있지만, 이들은 덕천리고분군과 달리 동혈주부곽식 목곽묘가 가장 상위 위계의 목곽묘로 축조된 고분군들이어서, 시기가 내려오며 그 규모가 장대화한 예들이 있기 때문이다. 하지만 황성동유적에서는 목곽묘의 규모가 장대화한 만큼 유물의 부장이 비례하지는 않아, 출토유물로는 b랭크 1기 외에 c랭크로 구분된다. B그룹은 목곽묘 5기인데 c랭크와 d랭크로, 목곽묘 다수가 포함된 C그룹도 c, d랭크로 구분되고, D그룹은 모두 d랭크에 속한다.

2b기도 A~D 4그룹으로 구분되는데, 출토유물로는 A그룹에서 b랭크로 구분하였으나 철모가 9점씩 출토되어 2a기에 비해 위상이 높아지는 경향이 있고, B그룹은 d랭크, C그룹은 c랭크 1기 외에 d랭크, D그룹은 모두 d랭크로 구성되어 있다.

이상 살펴본 바에 의하면 황성동고분군의 목곽묘들은 묘곽의 형식이 다양하고, 일부 동혈주부곽식 묘곽은 시기가 내려오면서 오히려 더욱 장대화하는 현상도 보이지만, 전체적으로는 역시 목곽묘의 규모가 축소되고 출토유물은 전반적으로 간소하여 덕천리고분군에 비해서도 빈약하다. 그래서 황성동고분군은, 1b기 A그룹에 a랭크 목곽묘가 1기 존재하고, 2b기 A그룹에 철모가 다수 부장된 목곽묘가 존재하는 등의 좀 불규칙적인 면이 있지만, 목곽묘들의 랭크는 전반적으로 덕천리고분군보다 떨어진다는 것을 알 수 있다.[12] 또한 이 유적에서 유일한 이혈주부곽식 목곽묘도 그다지 두드러지는 존재는 아니라는 점도 유의된다.

③ 중산리(동)고분군(표 2-2-3, 별표 13)

중산리고분군은 넓게 발굴이 이루어졌지만 대형 목곽묘들을 중심으로 선별 보고되어 전체적인 양상을 알기 어려우나, 추가 발굴의 보고에 중소형 목곽묘가 약간 포함되어 있어 그 대강의 양상은 알아볼 수 있다. 표본 수가 적으므로 고분 규모의 분포는 앞의 덕천리유적과 황성동유적을 참고하여 전체를 한 도면에 표시하였다.

1a기로 편년되는 목곽묘는 2기인데, A그룹에 속하는 초기 IB2a식의 대형 동혈주부곽인 IC-3호묘는 철기의 출토량이 수적으로는 월등하나 대다수는 철촉이고 철모와 토기의 출토량은 덕천리고분군 1a기의 a랭크와 유사하여 a랭크로, D그룹에 속하는 다른

....

12 황성동 575-34호묘(영문연)는 본고의 분석에서 제외하였는데, 보고서(영남문화재연구원 2010: 247)에서는 이 고분을 하나의 목곽묘로 보고 있으나 좌우편이 묘광과 목곽의 너비도 다르고 장축방향도 달라 이를 하나의 목곽묘로 보기는 어렵다.

표 2-2-3 유적별 목곽묘의 규모 분포(중산리유적)

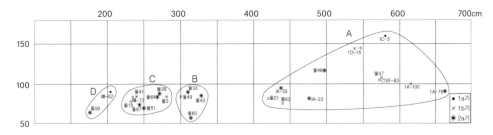

1기는 d랭크로 분류된다. 1b기의 A그룹 목곽묘는 모두 6기가 보고되었는데, 동혈주부곽식 묘곽 가운데 더욱 세장해지는 것이 있다. 그 중 4기에서는 대형 무기인 철모가 10점 이상 출토되고, (환두)대도나 유자이기를 공반하기도 하여 a랭크로 분류된다. 그런데 출토유물이 정확히 보고되지 않았지만 그 중 IB1a식 동혈주부곽인 IF-83호묘는 유구 평면도로 보아 대형 철모가 23점 이상이고 토기도 다수 출토된 것이어서 앞서 살펴본 a랭크보다 우세한 고분이다. 나머지 2기는 철기에 철촉 수는 많지만 대형 무기는 5점 이하씩이어서 b랭크로 분류된다. b랭크로 분류되는 IA-100호묘에서 투구가 출토된 것이 주목되는데, 갑주 출토 고분에 대해서는 뒤에서 약간 더 언급한다. 1b기 B그룹은 1기로 d랭크에 속하지만, 표본 수에 문제가 있으므로 상위 랭크의 B그룹 목곽묘도 존재하였을 것이다. C그룹은 4기인데 그 중 1기에서는 대형 무기인 철모 8점이 유자이기와 공반되어 C그룹으로서는 이례적으로 b랭크로 분류되며, 나머지는 c랭크와 d랭크로 분류된다.

다음 2a기의 A그룹은 5기로, 묘곽의 길이가 1b기에 비해 더욱 세장해진 동혈주부곽도 존재한다. 그 중 2기에서는 철모가 10점 이상씩 출토되어 a랭크로 분류되는데, IB1a식 동혈주부곽인 중산동(울) 46호묘에서는 궐수형장식 철모를 다수 포함하여 철모가 35점이 출토되어 월등하다. 그 외는 b랭크 2기로 구분되며, b랭크로 구분되는 IA-75호묘에서 판갑이 공반되어 주목된다. 신라 조기 목곽묘의 평면형과 유물배치로는 이례적인 IA-74호묘, IB1a식 동혈주부곽인 IA-33호묘는 목곽 규모가 A그룹인데도 토기 출토량은 상당하나 철기는 거의 출토되지 않아 이례적이다. B그룹은 3기로 표본수가 너무 적은 탓인지, 그 중 1기에서 이례적으로 유자이기가 출토된 것 외에는 전체적으로 출토유물이 빈약하여 c, d그룹으로 분류된다. C그룹은 4기로 출토유물 자체로는 모두 c

랭크로 분류되어야 하나, 그 중에는 갑주 부속품이 출토된 목곽묘도 있어 주목된다. D 그룹 1기는 d랭크로 분류된다. 마지막으로 2b기는 A그룹 1기만 보고되었는데, 중산리 유적에서는 이 단계에 IB1a식 동혈주부곽이 최대로 세장해진 것을 알 수 있으며, 출토 유물로는 a랭크로 분류된다.

중산리유적은 보고된 고분에 표본 수의 문제가 있지만, 이상 살펴본 바에 의하면 그 묘곽 규모의 분포는 다른 유적과 크게 다르지 않아 4개의 그룹으로 나누어지는 것으로 보인다. 그리고 출토유물에 의해 4단계 이상의 랭크가 구분된다. 그러나 그 내용은 앞서 살펴본 두 유적과는 상당한 차이가 있다. 우선 1b기 이후 목곽묘들의 분포 그룹 위치가 하향하는 현상 속에서도 상위 위계의 동혈주부곽식 묘곽들 가운데 그 길이가 늘어나 더욱 세장해진 것도 존재하는 것은 황성동유적 2a기와 같지만, 1b기~2b기의 A 그룹에 a랭크가 존재하고, 그 중에는 특히 대형 무기의 출토가 월등하여 a+랭크라고 할 수 있는 대형 목곽묘들이 존재하는 것, 1b기에 C그룹에도 b랭크가 포함되어 있는 것은 앞의 두 유적과 차이이다. 이는 앞의 유적들과는 달리 중산리유적에서는 시기가 내려오 면서 목곽묘의 규모 축소나 부장유물의 감소 현상이 심하지 않은 가운데 그룹에 따라 서는 목곽묘의 규모가 확대되고 유물의 부장도 오히려 증가하기도 하여, 같은 그룹 안 에서도 랭크의 분화가 더욱 심했다는 것을 말해준다. 그래서 중산리고분군은 전체적으 로 덕천리고분군보다 우세를 유지하였는데, 이를 상위 랭크의 목곽묘에서 동혈주부곽 식 묘곽이 함께 사용된 황성동고분군과 비교하면 그 우세함이 더욱 돋보이는 것을 알 수 있다.

한편 중산리고분군에서는 1b기부터 앞의 두 유적에서는 출토례가 없는 갑주가 부 장되기 시작하였는데, 목곽의 규모는 A그룹이지만 갑주 이 외의 출토유물은 빈약하여, b랭크로 분류되는 고분에서 갑주가 출토되거나, 소찰 등 일부 부속품은 C그룹의 c랭크 고분에서도 출토되었다. 이는 뒤에서 보듯이 다른 고분군에서는 갑주가 각 유적의 A그 룹에 속하는 고분에서만 출토되는 점과 차이가 있다. 이 외에도 중산리고분군에서는 중 소형 목곽묘에서도 유자이기가 출토되는 등 다른 고분군과 비교되는 부분들이 있는데, 이에 대해서는 뒤에서 다시 언급하겠다.

④ 하삼정고분군(표 2-2-4, 별표 14, 15)

하삼정고분군 I과 II에서는 신라 조기의 목곽묘가 다수 발굴조사되었으나, 목곽묘들의 상부에 대부분 신라 전기의 석곽묘들이 축조되면서 파괴되어 고분 각부의 규모나 부장유물의 양상을 알 수 있는 목곽묘는 소수에 불과하다. 이에 하삼정고분군의 신라 조기 목곽묘도 목곽의 길이와 너비를 알 수 있는 것을 한 도면에 표시하였는데, 각 분기마다 모두 확인되지는 않지만 하삼정고분군에서도 목곽묘의 목곽 평면 규모 분포는 전체적으로는 4개의 그룹으로 구분되고, 시기가 내려오면서 목곽의 평면 규모가 축소되어 그룹의 위치가 조금씩 하향하였던 것으로 이해된다.

분기별 목곽묘의 출토유물을 살펴보면, 1a기의 A그룹 목곽묘 1기는 철모 6점, 환두대도 2점이 출토되어 b랭크로, B그룹 2기는 철모가 1점씩 출토된 c랭크로 구분된다. 1b기에는 A그룹의 IB2a식 동혈주부곽 목곽묘에서도 철모는 2점밖에 출토되지 않아 c랭크로 분류되고, 그 외 B그룹 이하는 모두 d랭크이다. 2a기에는 A그룹 목곽묘가 존재하지 않은 가운데 목곽 규모는 B그룹이나 철모가 10점 부장된 탁월한 목곽묘가 있지만, 그 외는 대개 c, d그룹으로 분류된다. 2b기에도 A그룹 목곽묘는 존재하지 않으며, B그룹의 b랭크 1기를 제외하면 대개 c, d랭크로 분류된다.

그런데 하삼정고분군에서는 특이하게 신라조기양식토기가 부장된 수혈식석곽묘가 10여 기가 조사되어 유의된다. 지금까지 경주지역에서 신라 조기의 수혈식석곽묘가 조사된 것은 하삼정유적이 유일하다. 2b기에 축조된 이혈주부곽식 1기 외에는 모두 단독곽식인데, 석곽의 규모를 목곽묘와 비교하는 것은 의미가 없을 것으로 판단된다. 출토유물로 랭크를 구분하면 2a기 1기는 c랭크로 분류된다. 2b기 석곽묘 중 철모 1점과

표 2-2-4 유적별 목곽묘의 규모 분포(하삼정유적)

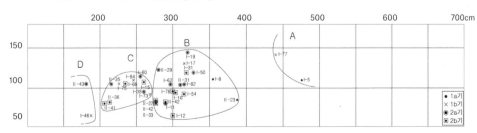

소형의 판상철모 13점, 환두대도 2점 등이 출토된 주부곽식 석곽묘는 a랭크, 그 외는 c 랭크 1기와 d랭크로 분류된다.

요약하면 하삼정고분군의 목곽묘들도 목곽의 규모에는 4개의 그룹이 존재하였는 데, 출토유물로 본 고분들의 랭크는 1a기에 철모 6점, 환두대도 2점의 대형 무기가 출토 된 고분, 2a기에 철모 10점이 출토된 고분도 있고, 2b기에는 철모 14점과 환두대도 2점 이 출토된 석곽묘가 있어 좀 불규칙적이지만 전반적으로 낮은 편이다. 대부분 목곽묘들 의 묘광이 얕게 남았고 부분적으로 유실된 것도 많아 출토유물이 유물 부장의 원상이 아닐 수 있지만, 전체적으로 보아 하삼정고분군의 목곽묘 랭크는 중산리고분군에 미치 지 못하고 대체로 황성동고분군과 유사하다고 할 수 있다.

⑤ 구어리고분군 외(별표 15~17)

다음 구어리고분군을 살펴보면, 1b기로 편년되는 이혈주부곽식 목곽묘인 구어리 1호묘는 현재까지 경주지역에서 조사된 가장 큰 규모의 대형묘이다. 이 고분에서 토기 는, 통형기대 1점과 통형대각부가 유난히 높은 복합토기 1점의 출토가 두드러지지만, 그 출토량 자체가 특별히 많은 편은 아니다. 그러나 대다수가 궐수형장식이 있는 철모 55점, 환두대도 2점, 주조철부 40점, 대형 철정 20점, 신라 조기 목곽묘에서 가장 의장 적인 유자이기 2점과 갑주 부속품을 포함하여 철기는 무려 156점이 출토되어, 현재까 지 경주지역에서 조사된 다른 목곽묘들과는 격단의 차이가 있다. 구어리 1호묘의 성격 과 위상에 대해서는 뒤에서 다시 언급되겠지만, 고분 규모와 함께 출토 철기도 앞서 살 펴본 중산리고분군의 최상위 대형묘들보다도 월등하다. 그 외 구어리고분군에서 분석 가능한 것은 2b기로 편년되는 목곽묘 2기인데, 고분 규모로는 C그룹이며 출토유물에 의해 c랭크로 분류된다.

다음 조양동·구정동고분군으로, 2a기로 편년되는 구정동 목곽묘 3기는 고분 규모 에서 A그룹으로 분류되고, 묘곽의 파괴 상태가 심하여 분석에서 제외되는 1호묘 외에 는 궐수형장식 철모를 포함한 대형 무기의 다수 출토로 a랭크를 능가한다. 그 중 3호에 서는 판갑과 그 부속 경갑이 출토되었다. 조양동유적에도 토기가 다수 출토된 2a기 김 문환댁 부곽묘로 보아 대형 목곽묘들이 존재한 것이 분명한데, 원삼국시기 목관묘·목곽묘 사이에서 조사된 2a기 1기는 C그룹 d랭크로 분류된다.

죽동리고분군에서 조사된 목곽묘 4기는 모두 2b기로 편년된다. 파괴분 1기를 제외한 A그룹 2기는 출토유물로 보아 b랭크로, B그룹 1기는 d랭크로 분류된다.

다운동고분군에서 발굴된 목곽묘는 전체가 보고되지는 않아 1a기는 알 수 없고, 목곽 규모로 보아 1b기의 A그룹과 2a기의 B그룹에 철모가 8점씩 나온 b랭크가 존재하며, 그 외는 대개 c, d랭크로 분류되어 전체적으로 위상이 낮은 것을 알 수 있다

다음 사라리고분군에서도 묘광과 목곽의 크기를 알 수 있는 신라 조기의 목곽묘는 많지 않아 표본 수의 문제가 있지만, 앞의 고분유적들을 참고하면 대개 4개의 그룹 구분은 가능하다. 1a기로 편년되는 것은 없고, 1b기로 편년되는 것은 A그룹 1기, B그룹 1기이나 유구의 훼손 상태가 심해 출토유물이 매납 원상과는 차이가 클 것으로 보여 랭크 구분은 유보한다. 2a기로 편년되는 A그룹 목곽묘도 2기인데, 2기 모두 판갑이 출토되었고 토기도 상당하나 그 외 철기의 출토는 미미하다. 고분 훼손으로 철기의 매납 원상이 아니라고 판단되므로 랭크 구분은 유보한다. 2a기 B그룹은 4기인데, 이들도 훼손이 심하여 유물의 매납 원상을 알기 어렵지만 출토된 유물로 보면 c랭크와 d랭크를 넘기는 어려울 것으로 보인다. 2b기로 편년되는 A그룹 목곽묘는 없고, B그룹은 3기인데 역시 훼손 상태가 심하나 b랭크와 c랭크로 분류 가능하다. C그룹 목곽묘는 3기인데 d랭크를 넘지는 않을 것으로 보인다. D그룹 1기도 d랭크로 분류된다. 사라리고분군에서는 1b기, 2a기에 IB1a식 동혈주부곽이 조영되었지만 앞의 유적들과는 달리 그 규모가 확대되는 현상은 보이지 않고, 출토유물도 전반적으로 빈약한 편이다.

외칠리유적에서 신라 조기 목곽묘는 2b기의 C그룹 2기가 조사되었는데 c랭크 1기, d랭크 1기이다.

동산리유적의 신라 조기 목곽묘는 측정된 목곽 크기의 수치로 보아 B그룹 1기가 2a기로, A그룹 2기가 2b기로 편년되나 모두 출토유물은 빈약한데, 훼손 상태가 심하여 매납 원상과는 차이가 클 것이므로 랭크의 구분은 의미가 없다.

사방리유적에서도 신라 조기 2b기의 목곽묘 2기가 조사되었고, 목곽의 잔존 규모로 보아 C그룹에 속할 것으로 보이나 모두 파괴된 고분들이어서 랭크 구분은 의미가 없다.

봉길리유적에서 조사된 신라 조기 목곽묘는 2a기로 편년되는 것 3기, 2b기로 편년

되는 것 3기인데, 목곽의 크기는 알 수 없고 묘광의 규모로 보아 대개 C그룹 이하로 판단된다. 2a기의 3기는 모두 d랭크 2b기에 3기 중 2기는 c랭크, 1기는 d랭크로 분류된다.

천군동 피막유적에서 조사된 신라 조기 목곽묘는 2b기로 편년되는 것 1기가 C그룹으로, 다른 1기가 D그룹으로 분류되지만, 모두 출토유물에 의해 d랭크로 비정된다.

⑥ 월성북고분군(별표 17)

월성북고분군에서 신라 조기의 목곽묘들은 아직 본격 발굴조사되지 않고 있지만, 월성로에서 부분 발굴된 목곽묘들 중 신라 조기 1b기의 가-30호묘, 2a기의 가-29호묘, 2b기의 가-8호묘, 12호묘 등이 방형 부곽의 이혈주부곽식 목곽묘들일 것임은 앞서 밝힌 바와 같다. 이들이 방형 부곽의 이혈주부곽식 목곽묘들인 것은 월성로의 서쪽에 접한 쪽샘지구의 분포조사에서 드러나고 있는 목곽묘들의 양상으로도 증명된다. 이제 월성로고분과 쪽샘지구의 양상으로 보아 월성북고분군의 동쪽 부분에는 신라 조기의 방형 부곽의 이혈주부곽식 목곽묘가 다수 분포하고 있는 것이 분명하다.

월성로고분 중 월성로 가-29호는 부곽의 일부분, 가-8호는 주곽의 동쪽 끝부분 일부가 발굴조사된 것으로 보이는데, 그 출토유물은 질과 양에서 탁월하다. 그러므로 월성북고분군에는 구어리 1호묘의 위상을 능가하는 신라 조기의 대형 목곽묘들이 포함되어 있는 것이 분명하다.

한편 쪽샘지구의 남쪽 인왕동 814-3번지에서 조사된 4호 목곽묘는 신라 조기 1a기로 덕천리유적과 비교하면 목곽의 규모는 B그룹과 같다. 그러나 철모 9점이 출토되어 a랭크에는 못 미치지만 공반된 각종 철기들과 함께 1a기 B그룹을 능가한다. 황남동 95-6번지에서도 신라 전기고분들과 함께 신라 조기의 목곽묘들도 여러 기 발굴되었는데, 그 중 1호 목곽묘는 신라 조기 1b기로, 목곽의 평면 규모는 덕천리고분군의 B그룹과 비교되지만 판상철모 6점을 포함한 철모 8점, 유자이기 2점 등이 출토되어 덕천리고분군의 1b기 B그룹을 능가한다. 2a기의 6호묘에서도 철기는 적지만 4점의 대부직구호와 노형기대, 다수의 고배 출토가 유의된다(도 2-11). 이와 같은 예들은 월성북고분군에 분포한 방형 부곽의 이혈주부곽식 목곽묘는 물론 IIA식의 단독곽식 목곽묘들의 위상도 다른 고분군들을 능가하고 있음을 말해준다.

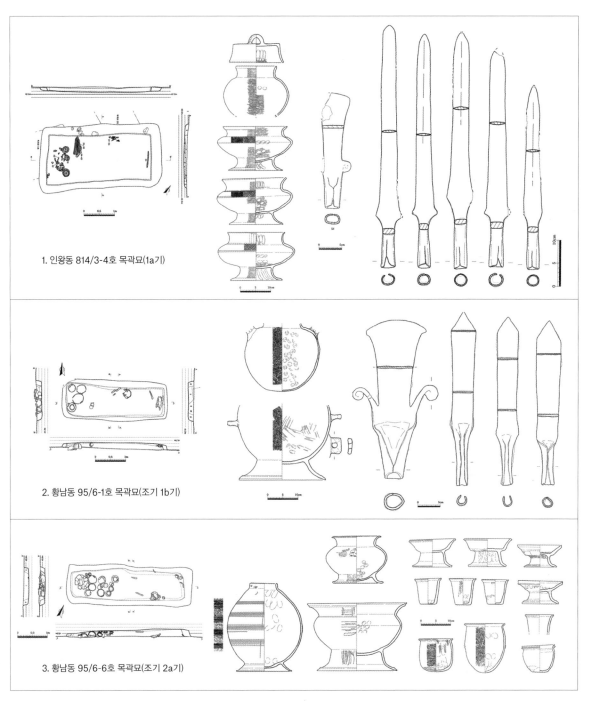

1. 인왕동 814/3-4호 목곽묘(1a기)

2. 황남동 95/6-1호 목곽묘(조기 1b기)

3. 황남동 95/6-6호 목곽묘(조기 2a기)

도 2-11 월성북고분군의 신라 조기 목곽묘와 출토유물

ⓓ 종합

이상에서 살펴본 바와 같이 지금까지 경주지역에서 조사된 신라 조기 목곽묘들은 발굴 당시 남아 있는 묘광 내 충전토나 충전석재의 범위에 의한 목곽 크기로 본 고분 규모 그룹의 위치가 분기에 따라 달라졌지만 각 분기별로는 대개 A~D의 4개 그룹으로 구분될 수 있으며, 이를 참고하면서 출토유물을 분석한 결과 목곽묘들의 랭크도 대개 a~d의 4단계로 구분되는 것을 알 수 있다. 물론 유적에 따라, 그리고 한 유적에서도 분기에 따라 존재하지 않는 랭크도 있었다. 그것을 종합한 것이 〈표 2-3〉이다.

그런데 본고에서는 일단 덕천리고분군 1a기를 기준으로 하여 가장 대형의 목곽묘들을 A그룹으로, 출토유물을 포함하여 가장 상위 위계를 a랭크로 정하였지만, 앞서 본 바와 같이 중산리고분군과 구정동고분군의 A그룹 목곽묘 중에는 출토유물이 덕천리고분군의 a랭크를 크게 상회하는 동혈주부곽식 목곽묘들이 존재하여 이를 a+랭크로 구분하였다. 또 현재까지 경주지역에서 조사된 방형 부곽이 딸린 신라 조기 최대의 이혈주부곽식 목곽묘인 구어리 1호묘는 목곽의 규모로 보나 출토유물로 보나 다른 어떤 유적의 목곽묘들보다 탁월하여 따로 특a랭크로 구분될 수 있다고 보았다.

구어리 1호묘와 같은 대형 목곽묘는 구어리고분군에서도 단발성이고, 현재로서는 경주지역 전체에서도 유구 전체가 발굴조사된 유일한 예이다. 그러나 앞서도 언급한 바와 같이 방형 부곽이 딸린 신라 조기의 대형 이혈주부곽식 목곽묘의 주 분포지는 월성북고분군이며, 월성북고분군의 동쪽 부분이 신라 조기의 중심고분군인 것이 분명하다. 이는 인왕동 814/4-1호 목곽묘와 같은 사로국 후기 말 초대형 목곽묘의 존재, 그리고 월성로에서 부분 발굴된 묘광 너비 3.8m 이상의 가-29호묘와 가-12호묘, 목곽 너비 2.0m인 가-8호묘 등의 신라 조기 대형 목곽묘, 그리고 월성로 서쪽 쪽샘지구 분포조사에서 드러나고 있는 L17호 등 방형 부곽의 대형 이혈주부곽식 목곽묘들이 증명한다.

그러므로 구어리 1호묘는 월성북고분군의 상황을 짐작하게 해주는 바로미터로, 월성북고분군에는 구어리 1호묘를 능가하는 신라 조기의 대형 이혈주부곽식 목곽묘들이 상당수 분포되어 있을 것임을 증명한다. 신라 조기의 목곽묘는 고분 규모에서도 앞의 A그룹 위에 묘곽 형식이 방형 부곽의 이혈주부곽식인 최상위 그룹이 하나 더 존재하고, 출토유물을 포함한 목곽묘들의 랭크도 a+랭크 위에 최고의 특a랭크가 존재하였던 것

표 2-3 목곽묘의 규모 그룹과 랭크 분포

유적	분기	A그룹	B그룹	C그룹	D그룹
덕천리	1a	a	b	c d	c d
	1b	b	c d	c d	d
	2a	b	b c d	d	x
황성동	1a	?	? c	c d	d
	1b	a b	c d	c d	x
	2a	b c	c d	c d	d
	2b	b c	? d	c d	d
중산리(동)	1a	a	x	x	d
	1b	a+ a b	? d	b c d	x
	2a	a+ a b	c d	c ?	d
	2b	a	x	x	x
하삼정	1a	b	c	x	x
	1b	c	d	d	d
	2a	x	b c d	c d	d
	2b	(a)	b c d	d	d
구어리	1b 특a	x	x	x	x
	2b	x	x	c	x
조양동·구정동	2a	a+	x	d	x
죽동리	2b	b	? d	x	x
다운동	1b	b	c d	b d	x
	2a	?	bc	x	x
	2b	x	x	x	d
사라리	1b	?	?	x	x
	2a	?	c d	d	x
	2b	x	b c	d	d
외칠리	2b	x	x	c d	x
동산리	2a	x	?	x	x
	2b	?	x	x	x
사방리	2b	x	x	?	x
봉길리	2a	x	x	d	?
	2b	x	x	c d	?
피막	2b	x	x	d	d
월성북	1a	x	x	x	d
	1b	x	b	x	?
	2a	?	c	?	x
	2b	?	x	x	?

이 분명하다. 따라서 신라 조기 경주지역의 목곽묘들은 5개의 묘곽 규모 그룹과 6단계의 랭크로 구성되어 있었다고 할 수 있다.

신라 조기 경주지역의 목곽묘에서 이와 같이 구분되는 묘곽의 규모 그룹과 고분 랭크는 신라 조기 사회의 계층화가 사로국 후기에 비해 한층 더 진전되고 분명해진 것을 의미한다. 앞서 살펴보았듯이 지금까지 조사된 사로국 후기 경주지역 목곽묘들의 규모는 대체로 3개의 그룹으로 나누어지고, 고분의 랭크는 부장유물 중 철모 등 대형무기를 지표로 하여 4단계로 나누어졌다. 물론 사로국 후기 이래의 중심고분군으로 판단되는 월성북고분군에서 아직 수장급 목곽묘가 본격적으로 조사되지는 않았지만, 최근 조사된 신식와질토기 2b기의 인왕동 814/4-1호 초대형 목곽묘로 보아, 사로국 후기 목곽묘의 규모 그룹과 고분 랭크가 그것으로 한정되지는 않을 것이다. 앞으로 사로국 후기의 수장급 목곽묘들이 발굴조사되면, 묘곽의 규모 그룹도 더 늘어나고, 뒤에 언급하는 포항 옥성리 나-78호묘의 예로 보아 출토유물로 본 고분 랭크도 a+랭크를 훨씬 능가하는 특a랭크가 존재하여 5단계가 될 가능성이 크다. 그러나 사로국 후기에 비해 신라 조기 경주지역 목곽묘들의 묘곽 규모가 5개 그룹으로, 고분의 랭크가 6단계로 늘어나고 그 경계들이 좀 더 분명해진 것은 사로국 후기에 비해 신라 조기에 들어와 사회의 계층화가 한층 더 진전되었음을 의미한다.

2. 고분군의 위계화와 사로 내부의 통합 과정

1) 고분군의 위계화

신라 조기 경주지역의 목곽묘 전개 과정을 사로국 후기와 비교하면 우선 주부곽식 묘곽의 출현이 가장 큰 차이점이라고 할 수 있다. 앞서도 밝혔듯이 경주지역의 목곽묘는 사로국 후기 말부터 목곽이 세장화하고 피장자 발치 쪽에 토기가 집중 부장되는 등 부곽이 성립될 수 있는 바탕이 마련되고 있었다. 그러나 주곽과는 별도의 묘광으로, 또는 하나의 묘광 안에 격벽을 세워 부곽이 구분되기 시작한 것은 신라 조기에 들어오면서부터였다.

주부곽식 묘곽의 성립은 목곽묘의 묘곽이 전체적으로 세장화하는 변화로 주부곽식은 물론 부곽이 없는 단독곽식도 세장화하였다. 주부곽식 묘곽은 이혈주부곽식과 동혈주부곽식으로 분화하였고, 그 중 동혈주부곽식은 극단적으로 세장화하여 신라 조기 목곽묘의 독특한 형식으로 발전하였다. 그런데 신라 조기에 경주지역에서 이혈주부곽식 목곽묘와 동혈주부곽식 목곽묘의 분포는 월성북고분군과 그 외 각 지구 고분군으로 나누어졌다. 이혈주부곽식 목곽묘는, 극소수의 예외적인 현상을 제외하면, 월성북고분군의 전유물이었고, 세장한 동혈주부곽식 목곽묘나 대형의 단독곽식 목곽묘는 그 외의 각 지구 고분유적에서 축조되었다.

앞서도 언급하였지만 경주 월성북고분군의 쪽샘지구 분포조사에서는 이혈주부곽식 목곽묘와 중·소형의 단독곽식 목곽묘들이 광범위하게 드러나고 있고, 쪽샘지구 남쪽에서는 신라 조기의 세장한 단독곽식 목곽묘가 발굴조사된 바도 있지만(도 2-11), 쪽샘지구에서 동혈주부곽식 목곽묘로 볼 수 있는 유구는 발견되지 않고 있다. 쪽샘지구에서도 월성로와 접한 부분은 신라 조기의 양상을 어느 정도 반영하고 있을 터인데도 동혈주부곽식 목곽묘로 판단되는 유구가 전혀 드러나지 않고 있는 것이다. 아직 단정하기에는 이르지만, 이로 보아 신라 조기에 월성북고분군에서는 이혈주부곽식과 중·소형의 단독곽식 목곽묘가 축조되었을 뿐 세장한 동혈주부곽식 목곽묘는 축조되지 않았을 것으로 판단된다(최병현 2018b: 17~18). 이와 같은 사실은 신라 조기에 경주지역에서 이혈주부곽식 목곽묘는 월성북고분군에서 배타적으로 조영된 묘곽 형식, 동혈주부곽식 목곽묘는 그 외의 각 지구 고분군에서 상위 위계의 목곽묘로 조영된 묘곽 형식으로서 위계적으로 분화되어 있었던 것을 의미한다.

여기서 중산리고분군과 구정동고분에서 유물은 a랭크의 기준을 크게 상회하여 a+랭크로 구분되면서도 묘곽의 형식은 동혈주부곽식 그대로인 목곽묘들의 존재가 유의된다. 이들은 피장자의 개별적인 사회적 지위가 현실적으로 상승하여 나타난 것일 수 있고, 또는 유적에 따라서 a랭크의 범위가 확장된 것으로 고분군 자체의 위상 변화를 의미할 수도 있지만, 하여튼 이들의 묘곽 형식이 동혈주부곽식 그대로인 점이 주목된다.

이와 같은 사실은 신라 조기에 이혈주부곽식 목곽묘는 경주지역의 중심고분군인 월성북고분군에서만 축조될 수 있었고, 그 외의 고분군에서는 아무리 대형묘라도 세장한 동혈주부곽식 목곽묘나 세장방형 단독곽식 목곽묘를 벗어날 수 없었음을 말해주는 것이다. 그래서 중산리고분군과 구정동고분에서 a랭크의 기준을 훨씬 넘어 많은 유물을 부장한 목곽묘도 묘곽의 형식은 동혈주부곽식 그대로였던 것이라 판단된다.

이와 같이 신라 조기에 월성북고분군에서는 이혈주부곽식 목곽묘가, 그 외의 고분군에서는 세장한 동혈주부곽식 목곽묘 또는 대형의 세장방형 단독곽식 목곽묘가 중·소형의 세장방형 목곽묘와 상하 구조를 이루고 있었다. 이는 신라 조기에 경주지역의 고분군들이 월성북고분군을 정점으로 위계 구조를 이룬 가운데 월성북고분군 이 외의 고분군들에서는 목곽묘의 구조가 통일되었음을 의미한다.

그에 앞서 사로국 후기 말의 경주지역 목곽묘는 〈표 2-4〉에서 보는 바와 같이 고분군에 따라 묘광과 목곽의 평면형이 크게 두 유형으로 나누어져 있었다. 분지지구의 황성동고분군과 서남부지구 사라리고분군에서는 목곽 평면이 방형화한 대형의 목곽묘가 축조되고 있었고, 분지지구의 월성북고분군과 동남부지구의 조양동고분군, 중산리고분군, 남부지구의 덕천리고분군에서는 그와는 반대로 평면 세장방형의 대형 목곽묘가 축조되고 있었다. 사로국 후기 대형 목곽묘의 세장화는 울산 태화강유역의 하삼정유적에서도 관찰된다.

앞서는 사로국 후기 황성동유적의 무기둥식 목곽묘와 중산리유적의 기둥식 목곽묘의 구조 차이는 각각 그 계통과 관련이 있었을 것이며, 두 계통의 목곽묘는 같은 방향으로 변화하여 점차 동질화해 가고 있었지만 유적에 따라 시차가 있어 사로국 후기 말 월성북고분군과 중산리유적 등에서는 피장자의 발치 쪽에 주부장군이 있는 세장형 목곽묘가 축조되고 있었으나, 황성동유적에서는 평면 방형에 토기가 목곽 장변 쪽에 줄지어 배치된 전단계의 목곽묘가 여전히 축조되고 있었음을 살펴보았다. 인왕동 814-4번지 1호 목곽묘와 같은 기둥 없이 설치된 세장형 목곽묘가 여전히 기둥식인 중산리유적의 목곽묘보다 신라 조기 목곽묘에 좀 더 가까워진 형식인 것도 언급한 바 있다. 신라 조기에 들어오면서 고분군에 따른 목곽묘의 그러한 구조적인 차이는 사라지고, 월성북고분군 이 외의 고분군에서는 목곽묘의 구조가 동혈주부곽식이나 세장한 대형의 단독곽식 목곽묘로 통일된 것이다.

그런데 신라 조기 경주지역의 목곽묘는 이와 같이 월성북고분군을 정점으로 위계화되고 그 외의 각 지구 고분군에서는 목곽묘의 구조가 통일되었지만, 앞서 살펴본 대로 각 지구 고분군들 간에도 고분 랭크 구성에 차이가 있었고(앞의 표 2-3 참조), 고분 구

표 2-4 원삼국 후기 2b기 목곽묘

고분명	묘광(m)			목곽(m)		
	길이	너비	장폭비	길이	너비	장폭비
사라리 18	3.57	2.04	1.75:1	2.55	1.50	1.70:1
황성동(경문연) 2	3.85	2.45	1.57:1	3.25	2.16	1.50:1
황성동 강변로 1	4.14	3.38	1.22:1	2.75	2.06	1.33:1
인왕동 814/4-1	6.68	262	2.55:1	518	204	2.54:1
조양동 3	4.53	2.25	2.01:1	4.0	1.8	2.2:1
중산리 Ⅷ-90	5.25	2.47	2.13:1	x	x	x
덕천리 90	4.05	1.67	2.43:1	3.57	1.20	2.95:1
덕천리 49	3.33	1.11	3.0:1	3.15	0.90	3.5:1
하삼정 9	3.24	1.15	2.82:1	2.50.	0.6	3.73:1
하삼정 I-10	3.85	1.36	2.83:1	3.40	0.90	3.78:1

조의 다른 부분에서도 차이가 있었다. 먼저 월성북고분군 외에 중산리고분군에서 석재충전목곽묘가 축조된 점이다. 석재충전목곽묘는 월성북고분군에서 성립되었던 것으로, 월성로에서 조사된 신라 조기의 대형 목곽묘들 중에는 물론 월성로 서쪽에 접한 쪽 샘지구의 이혈주부곽식 대형 목곽묘들 중에도 석재충전목곽묘로 보이는 예들이 다수 존재한다. 이들은 신라 조기 경주지역의 중심고분군인 월성북고분군에서 왕묘를 비롯한 최고 위계의 목곽묘들이 석재충전목곽묘로 축조되었을 가능성을 짙게 시사한다. 그러한 석재충전목곽묘가 신라 조기에는 월성북고분군과 중산리유적에서만 조영된 것은 여러 곡부지구의 유력 고분군 중에서도 동남부지구의 중산리고분군이 좀 특별한 위상을 갖고 있었음을 말해주는 것이라 판단된다.

신라 조기고분유적의 입지는 충적대지나 충적대지 안의 미고지, 또는 평야에 접한 잔구릉의 말단부가 일반적이다. 그런데 구정동고분은 유일하게 독립된 원구형 구릉 정상부를 입지로 하여 목곽묘들이 축조되었다(도 2-12). 이 고분의 입지를 두고 그것이 '자연분구 고총'이라고 하거나(최종규 1983a) '(고총)고분의 출현'으로 해석하기도 하였지만(신경철 1992), 구정동 목곽묘들의 그러한 입지는 신라 조기고분유적에서도 단발성이었고, 경주지역의 신라 전기고분으로 이어지지도 않았다(최병현 1992a: 61~63). 그래

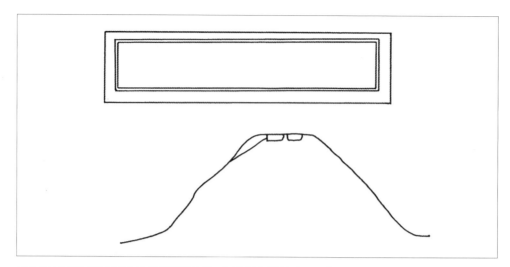

도 2-12 **구정동고분의 입지 모식도**([한병삼 원도], 국립경주박물관 2003)

서 구정동고분의 입지는 인근의 조양동유적을 조영한 집단 가운데 특정 소집단이 여타 집단들과는 차별적으로 선정한 특별한 입지일 것으로 판단된다. 그러나 어떻든 구정동 목곽묘들의 입지가 고분 랭크와 함께 특별한 위상을 보여주는 것은 분명하다.

월성북고분군을 제외하고 각 지구의 중심고분군을 포함한 유력 고분군에서는 세장한 동혈주부곽식 목곽묘가 묘곽의 규모 그룹이나 고분의 랭크에서 상위로 되어 있었다. 그러나 남부지구의 덕천리유적에서는 동혈주부곽식 목곽묘가 소수 존재하였지만 대형의 세장방형 단독곽식 목곽묘가 상위로 되어 있었다. 이 점도 곡부지구 중심고분군들 사이의 차이점으로 지적될 수 있다.

신라 조기 경주지역의 고분군들은 목곽묘의 묘곽 형식 분포뿐만 아니라 묘곽의 구축방법과 고분의 입지 등에서 월성북고분군과 그 외의 고분군 사이, 그리고 각 지구 유력 고분군들 사이에 그와 같은 차별성이 있었는데, 출토유물에서도 그러한 현상을 살펴볼 수 있다. 철기 중 궐수형장식 철모, 판상철모, 곡도, 세장형 단조철부와 유자이기 등은 실생활용이 아니라 의기적 성격을 갖는 것이고, 그 중 일부는 위세품으로 기능하였을 것이다. 여기서 이들을 고분군별로 일일이 대비시켜 보기는 어렵지만 그 중 대표적으로 유자이기를 주목해 볼 필요가 있다(도 2-13). 유자이기는 원삼국 후기 목곽묘에서부터 출토되는 세장형 단조철부와 함께 상장의례용의 의기로서 포항 옥성리 나-78호묘의 사례로 보아 원삼국 후기 말에 출현하였던 것으로 보인다. 그러나 경주지역에서

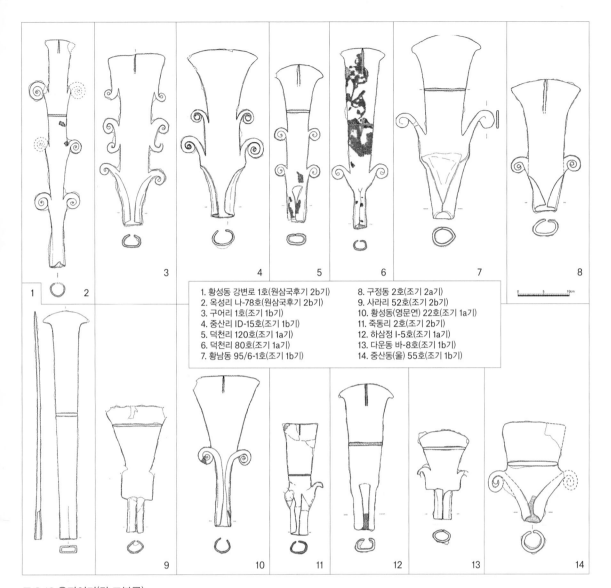

도 2-13 유자이기(각 고분군)

1. 황성동 강변로 1호(원삼국후기 2b기)
2. 옥성리 나-78호(원삼국후기 2b기)
3. 구어리 1호(조기 1b기)
4. 중산리 ID-15호(조기 1b기)
5. 덕천리 120호(조기 1a기)
6. 덕천리 80호(조기 1a기)
7. 황남동 95/6-1호(조기 1b기)
8. 구정동 2호(조기 2a기)
9. 사라리 52호(조기 2b기)
10. 황성동(영문연) 22호(조기 1a기)
11. 죽동리 2호(조기 2b기)
12. 하삼정 I-5호(조기 1a기)
13. 다운동 바-8호(조기 1b기)
14. 중산동(울) 55호(조기 1b기)

는 현재까지 신라 조기 이후의 목곽묘에서부터 유자이기가 출토되고 있는데, 신라 조기 목곽묘에서 세장형 단조철부와 유자이기는 한 무덤에서 공반되지 않으며, 시기가 내려오며 유자이기가 출토되는 고분의 범위가 넓어지지만 이른 시기에는 대개 각 고분군의 최상위 랭크 대형묘에서 출토된다.

　이러한 유자이기가 고분군별로 차별성을 나타내 주목된다. 지금까지 신라 조기 경주지역의 고분군에서 출토된 유자이기 중 가장 규모가 크고 의장이 복잡한 유자이기는 1b기의 구어리 1호묘에서 출토된 것이다. 이 고분에서 출토된 2점의 유자이기는 넓고 긴 몸체의 양편에 궐수형 자를 아래 위로 마주보도록 4단으로 배치하였다. 앞서는 구어 리고분군에서 1호묘는 단발성의 이례적인 것으로, 특A그룹 특a랭크인 이 고분을 통해 오히려 경주지역의 중심고분군인 월성북고분군의 이혈주부곽식 목곽묘 존재와 그 위 상을 살펴볼 수 있다고 하였다. 아마도 월성북고분군에서 최고 위계의 대형묘들이 본격 발굴조사되면 이러한 복잡한 의장의 유자이기들이 출토될 것으로 기대된다.

월성북고분군에서 신라 조기의 유자이기는 쪽샘지구 남쪽의 인왕동 814-3번지 4 호묘와 황남동 95-6번지 1호묘에서 출토된 바 있다. 구어리 1호묘의 유자이기에 비해 규모가 작고 궐수형 자를 1단으로 배치한 것이다. 인왕동 814-3번지 4호묘는 신라 조기 1a기, 황남동 95-6번지 1호묘는 신라 조기 1b기의 IIA식 중·소형 단독곽으로 묘곽의 규모 B그룹의 b랭크로 구분되었다. 월성북고분군에서 출토된 신라 조기의 예들이지만, 묘곽 규모 그룹이나 고분 랭크 등에서 다른 고분군의 유자이기 출토 고분과 비교될 수 있는 자료이다.

중산리 ID-15호묘에서 출토된 유자이기는 궐수형 자가 상하 2단으로 배치된 것으 로 구어리 1호묘의 유자이기 다음으로 규모가 크고 의장도 복잡하다. 이러한 2단 자의 유자이기가 신라 조기 1b기의 중산리 ID-15호묘, 중산동 21호묘, 2b기의 IA-26호묘에 서 출토되었는데, 모두 묘곽의 규모는 A그룹이고 고분 랭크는 중산동 21호묘만 b랭크, 다른 고분은 모두 a랭크에 속한다. 중산리고분군의 그 외 목곽묘들에서는 〈도 2-13의 10〉이나 〈도2-13의 14〉와 같은 1단 자의 유자이기들이 출토되었다.

덕천리고분군에서는 1a기의 120호묘에서 2단 자의 유자이기가 출토되었는데 중산 리고분군의 2단 자 유자이기보다는 몸체가 작고 세장한 편이다. 그 외에는 1a기의 3호 묘, 80호묘, 2a기의 122호묘, 편년 미상의 33호묘에서 세장한 1단 자의 유자이기가 출 토되었는데, 1a기 목곽묘들과 편년 미상 33호묘는 모두 묘곽 규모 A그룹에 a랭크이고, 2a기의 122호묘는 묘곽 규모 B그룹에 c랭크이다.

이 외에 다른 고분군들에서는 묘곽 규모와 관계없이 대개 규모가 작은 1단 자의 유 자이기들이 출토되었다. 분지지구에서 월성북고분군의 하위 고분군인 황성동고분군에 서는 동혈주부곽식의 대형묘에서도 2단 자 유자이기의 출토례가 없고 〈도 2-13의 10〉 또는 〈도 2-13의 14〉와 같은 1단 자의 유자이기만 출토되었다. 서남부지구의 유력고분 군이라고 할 수 있는 사라리고분군에서도 좀 늦은 시기의 1단 자 유자이기의 출토례가 있을 뿐이다. 그 외 동남부지구 죽동리고분군, 태화강유역 다운동고분군의 묘곽 규모 A 그룹인 동혈주부곽식 대형묘에서도 규모가 작은 1단 자의 유자이기만 출토되었고, 하삼정고분군에서도 이른 시기 대형 목곽묘에서는 세장형 단조철부가 출토되는 가운데 늦은 시기에 1단 자의 유자이기가 출토되었을 뿐이다. 그 중 묘곽 규모 그룹 A, 고분 랭크 a+인 구정동 2호묘에서도 월성북고분군의 황남동 96-6번지 1호묘 유자이기와 비견되는 1단 자의 유자이기가 출토된 점이 유의된다. 구정동고분에 대해서는 뒤에서 다시 언급되겠지만, 고분의 위상과는 차이가 있는 이러한 유자이기의 출토에는 다른 의미가 있을 것이다.

토기도 오리형토기, 복합토기와 같은 기종은 권위적이거나 제의용의 의기일 것이고, 그 외 대부직구호를 포함하여 이런 토기들은 위세품적 성격도 갖고 있었을 것이며, 각 고분군에서 이들의 출토양상도 고분의 랭크와 관련되어 있다. 그런데 신라 조기 경주지역에서는 고분군에 따라 경(도)질토기의 부장양상에서 큰 차이가 있다. 이를 모두 일일이 대조해 보기는 어렵지만, 경주지역 전체의 중심고분군인 월성북고분군과 남부지구의 유력고분군인 덕천리고분군의 부장토기 비교에서 극명한 차이를 볼 수 있다. 월성북고분군에서 1a기의 양상은 아직 알 수 없지만, 일부 발굴된 1b기의 가-30호묘에서는 〈도 2-14〉에서 보는 바와 같은 경(도)질 토기들이 출토되었다. 그 뒤를 이은 2a기의 가-29호묘, 2b기의 가-8호묘에서는 부장토기의 대부분이 경(도)질토기로 되어 있다. 이에 비해 덕천리고분군의 부장토기는 시종 연(와)질토기로, 경질토기는 사실상 존재하지 않는다.

덕천리고분군 출토 토기에서 보이는 이러한 현상은 목곽묘의 묘곽 형식이 원삼국 후기 말 이래의 전통인 세장방형 단독곽식 위주인 점, 철기 중 많은 유적에서 출토되는 궐수형장식 철모가 전혀 출토되지 않는 가운데 장대한 판상철부가 늦은 시기까지 대량으로 출토되는 점 등과 함께 덕천리고분군의 보수성으로 이해될 수도 있다. 그러나 동남부지구의 유력고분군군인 중산리고분군에서 경(도)질토기의 부장도 덕천리고분군보다는 많지만 월성북고분군과는 비교가 안 될 정도로 적었다. 이는 경(도)질토기의 부장이 중심고분군과 그 외 고분군 사이에 큰 격차가 있었음을 말해준다. 다만 황성동고분군에서는 월성북고분군 다음으로 경(도)질토기의 부장이 많았는데, 이는 두 고분군이 분지지구에 함께 위치해 있어 토기의 공급원이 같았기 때문이었을 것이다.

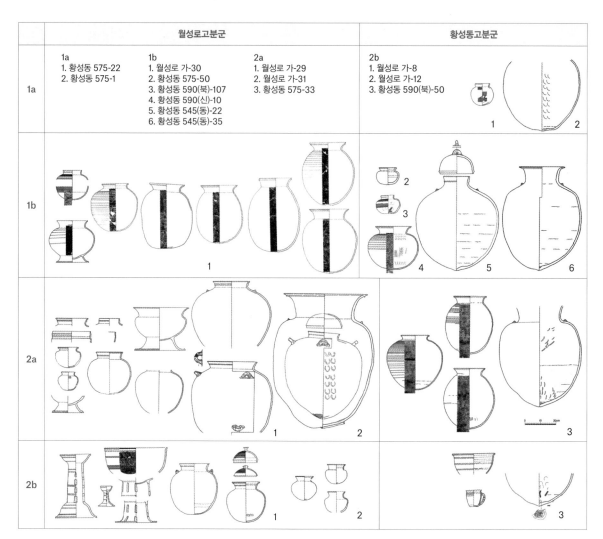

	월성로고분군			황성동고분군
1a	1a 1. 황성동 575-22 2. 황성동 575-1	1b 1. 월성로 가-30 2. 황성동 575-50 3. 황성동 590(북)-107 4. 황성동 590(신)-10 5. 황성동 545(동)-22 6. 황성동 545(동)-35	2a 1. 월성로 가-29 2. 월성로 가-31 3. 황성동 575-33	2b 1. 월성로 가-8 2. 월성로 가-12 3. 황성동 590(북)-50
1b				
2a				
2b				

도 2-14 신라 조기 월성북고분군과 황성동고분군 출토토기

　　이상에서 살펴본 것을 종합하면, 신라 조기 경주지역의 고분군들은 묘곽 형식의 분포를 비롯하여 목곽묘들의 랭크 구성, 목곽의 구조와 부장유물 등이 경주지역 전체로서는 분지지구의 월성북고분군을 정점으로 위계화되어 있었고, 각 지구의 고분군들은 또 지구 중심고분군과 그 하위의 고분군들로 위계화되어 있었음을 알 수 있다. 그리고 지구 중심고분군들 간에도 우열의 격차가 있어 동남부지구의 중산리고분군은 남부지구의 덕천리고분군보다 우세하였고, 서남부지구의 사라리고분군은 월성북고분군의 하위인 분지지구의 황성동고분군과 함께 덕천리고분군보다 열세였다. 북부지구의 양상은 아직 알 수 없으나, 이와 같이 신라 조기 경주지역의 고분군들은 중층의 위계구조를 이

루고 있었던 것이 분명하다.

2) 신라 조기 왕묘의 출현

사로국 후기 이래 경주지역의 중심고분군인 월성북고분군에는 사로국 후기와 신라의 최고 지배세력의 무덤들이 축조되었음이 분명하다. 이는 신라 조기의 최고 지배자묘를 포함한 최고 위계의 탁월한 목곽묘들이 월성북고분군에 존재하였음을 의미한다. 그러한 탁월한 목곽묘들은 사회 내부 통합의 표상과 같은 존재이지만, 아직 월성북고분군에서 신라 조기의 그러한 탁월한 대형묘가 발굴조사되지 못하여 그 위상을 정확히 알 수 없다.

경주지역에서 최고 지배자의 탁월한 묘는 사로국시기부터 출현하였으며, 사라리 130호와 탑동 1호 목관묘는 사로국 전기의 수장급 무덤으로 판단되고 있다. 사로국 후기 수장급 무덤의 실상은 아직 알 수 없다. 사로국 후기의 대형 목곽묘는 여러 유적에서 조사되었지만, 그들 중에 사로국 후기의 수장급 목곽묘가 포함되어 있다고 생각되지는 않는다. 다만 월성북고분군의 인왕동 814-4번지 1호 목곽묘는 목곽의 서반부가 바닥만 확인할 수 있을 정도로 파괴되어 철모의 출토가 미미하였지만, 묘광과 목곽의 규모가 초대형이고 출토된 철촉의 수만도 191점에 달하여 사로국 후기의 수장급에 근접한 목곽묘였을 것으로 판단된다. 앞서도 여러 번 설명했지만, 이로 보아 사로국 후기 국읍 중심고분군은 월성북고분군의 동쪽 부분이 분명하므로, 사로국 후기의 수장을 비롯한 최고 지배자들의 탁월한 묘는 그곳에 위치해 있을 것이며, 앞으로 이곳의 발굴조사가 이루어지면 그 양상이 드러날 것이다. 그러므로 현재로서는 주변지역의 유적을 통해 사로국 후기 수장급 목곽묘의 탁월성을 어느 정도 유추해 볼 수밖에 없다.

사로국에서 신라 조기까지 각 지구 지배자급의 목관묘·목곽묘 현황을 종합한 〈표 2-5〉에서 사로국 후기 말 경주지역의 대형 목곽묘들과 포항 옥성리 나-78호묘를 비교해 보면, 옥성리 나-78호묘의 목곽 규모는 경주 인왕동 814/4-1호묘보다 작지만 출토 철모 수에서 엄청난 격차가 있음을 알 수 있다. 사실 경주는 물론이고 영남의 다른 어느 지역에서도 철기 출토에서 아직 포항 옥성리 나-78호묘만큼 탁월한 원삼국 후기의

표 2-5 사로국~신라 조기의 각 지구 유력 목관묘·목곽묘 현황

사로국 전기				사로국 후기				사로국	
분기	고분명	목관(cm)	철모 (금속합계)	분기	고분명	목곽(cm)	철모 (철기합계)	분기	고분명
2b	조양 38	190X65	거울·칠초철검						
3b	사라리 130	205X80 (332X230)	거울·칠초동검						
4a	탑동 1	230X90	거울·칠초동검						
4b	조양 60	285X80	5(28)	1b	조양 63	(240)X178	6(29)	2b	조양 3
4b	황성 68	(250)X100	11(36)	1b	황성(박) 2	(250)X130	13(28)	2b	황성(문) 2
								2b	황성(강) 1
4b	하삼정 2	280X72	6(18)						
				1a	중산 Ⅶ-4	347X180	26(52)	2b	중산 Ⅷ-90
				2a	중산 Ⅶ-1	350X230	11(46)		
								2b	덕천 90
								2b	덕천 49
								2b	덕천 100
								2b	인왕 814/4-1
								2b	옥성 나-78

목곽(cm)	철모(철기합계)	분기	고분명	목곽(cm)	철모(철기합계)	분기	고분명	목곽(cm)	철모(철기합계)
						2a	구정 3	동혈주부곽(?) 670X105	26(48)
00X180	6(18)					2a	구정 2	(동혈주부곽?) 530X100	27(36)
325X216	7(19)	1b	황성(영) 15	동혈주부곽 506X110	14(22)	2b	황성(북) 63	동혈주부곽 355X95	9(15)
75X206	7(17)					2b	황성(북) 64	단독곽 342X85	9(14)
						2a	하삼정 I-19	320X144	10(19)
	8(26)	1a	중산 IC-3	동혈주부곽 580X160	16(168)	2a	중산(울) 46	동혈주부곽 497X117	35(40)
		1b	중산 IF-83	동혈주부곽 (663X165)	23(37)	2b	중산 IA-26	동혈주부곽 (840)X74	15(15)
357X120	4(5)	1a	덕천 120	단독곽 560X157	18(26)	2a	덕천 34	동혈주부곽 449X98	5(12)
315X90	3(14)	1a	덕천 80	단독곽 461X152	11(60)	2a	덕천 7	단독곽 385X90X	5(5)
269X75	4(8)	1a	덕천 19	단독곽 457X132	15(36)				
518X204 368X262)	2(213)	1b	구어 1	이혈주부곽(묘광) 주곽 522X190 (624X340) 부곽 262X168 (325X272)	55(156)				
380X150	104(188)					신라 전기 1Ab	쪽샘 L17	이혈주부곽(묘광) 주곽 630X298 (750X418) 부곽 ?X319 (?X419)	

목곽묘는 조사된 바 없다. 포항 옥성리유적에는 그보다 한 단계 이른 원삼국 후기 2a 기로, 파괴되어 전모를 알 수 없지만, 규모나 부장유물이 분명히 이를 능가하였을 것으로 보이는 108호 목곽묘도 존재하였다(영남문화재연구원 1998). 그런데 포항 옥성리에서 나-78호묘 다음 단계는 신라조기양식토기가 부장된 경주식의 세장방형 목곽묘로 전환되고, 좀 더 시기가 지나면 옥성리유적과 바로 인접한 마산리에서 동혈주부곽식의 석재 충전목곽묘도 축조된다(한국문화재보호재단 2013). 이는 신라 조기에 들어와 포항지역이 곧바로 신라의 지배하에 들어가 그 지방으로 재편되었음을 의미한다(최병현 2018a).

이와 같은 포항지역에서 옥성리 나-78호묘는 아마도 음즙벌국(이희준 2007: 192~194)이었을 당시 포항지역 '국'의 수장급 무덤이었을 것이고, 〈표 2-4〉와 〈표 2-5〉의 경주지역 목곽묘들은 사로국 후기 말 경주지역 각 지구의 지배자급 무덤들일 것이다. 그러므로 이를 통해 월성북고분군에 자리하고 있을 사로국 후기 수장급 묘의 탁월성을 짐작해 볼 수 있는데, 그 규모는 인왕동 814/4-1호 목곽묘 이상이고, 철모를 비롯한 부장유물은 아마도 포항 옥성리 나-78호묘를 능가하는 수준일 것으로 판단된다. 또 이를 통해 사로국 후기 수장과 그 아래 읍락 등 지구 지배자 묘의 수준 차이도 유추해 볼 수 있다.

월성북고분군에 자리하고 있을 신라 조기 최고 지배자들의 목곽묘들은 그러한 사로국 후기의 수장급 묘에서 한층 더 발전하여 더욱 탁월해졌겠지만, 이 역시 아직 발굴조사가 이루어지지 못하고 있다. 그러나 구어리 1호묘, 부분적으로 조사된 월성로의 대형 목곽묘들을 통해 그 위상을 어느 정도 짐작해 볼 수 있다. 특히 주곽의 묘광 길이 6.24m, 너비 3.40m, 부곽의 묘광 길이 3.23m, 너비 2.72m로 대량의 철기가 부장된 구어리 1호묘는 월성북고분군에 존재하고 있을 신라 조기 최고 지배자묘 위상 판단의 준거가 될 수 있다. 또 아직 묘곽 내부의 발굴이 이루어지지 않고 있지만 월성북고분군의 쪽샘지구에서 드러난 월성로와 접한 부분의 대형 목곽묘들, 특히 그 중 시기는 신라 전기 초로 내려오지만 방형 부곽의 석재충전 이혈주부곽식 목곽묘로 주곽의 묘광 길이 7.50m, 너비 4.18m에 이르는 L17호 목곽묘도 신라 조기 최고 지배자급 대형묘들에 대한 위상 판단의 단서가 된다.

이들을 종합해 보면, 월성북고분군에 자리하고 있을 신라 조기 최고 지배자들의 묘는 주곽의 묘광 길이 7~8m 이상, 너비 3~4m 이상의 이혈주부곽식 대형 목곽묘로, 월성북고분군에서 석재충전목곽묘가 발생한 이후 그 내부구조는 묘광과 목곽 사이를 돌로 충전한 석재충전목곽묘로 되어 있을 것으로 판단된다. 부장유물은 최소한 구어리 1호묘를 능가하는 수준일 것이 분명하다. 아직 신라에서 고총 출현 이전이어서 그 봉분이 고대하지는 않았겠지만, 이들은 이제 사로국의 수장묘를 넘어 신라에서 왕묘가 출현한 것을 의미한다.

3) 사로 내부의 통합 과정

사로국 후기의 수장묘에 이어 신라 조기의 왕묘가 축조되었을 것으로 보이는 경주 월성북고분군은 사로국과 신라 국가 내부 통합의 상징적 존재로서, 사로국 후기 이래 경주지역의 중심고분군인 이 월성북고분군을 축조한 세력은 강력한 중심세력으로서 사로 내부를 일원적으로 통합해 나갔을 것으로 판단된다. 경주지역 중심세력의 사로 내부 통합 과정은 그들에 의한 각 지구 고분군 축조세력의 재편과정이라고 할 수 있는데, 그러한 과정은 사로국 후기 각 지구 유력 고분군의 지배자급 묘를 통해서도 짐작해 볼 수 있다. 사로국 전기 말 이후 각 지구 유력 고분군에는 철모를 다수 부장한 목곽묘들이 조영되었는데, 〈표 2-5〉에서는 사로국 후기에 들어와 각 지구 유력 목곽묘들의 철모 부장이 사로국 전기 말에 비해 크게 늘어났으나 사로국 후기 말에는 다시 격감한 것을 볼 수 있다. 이는 사로국 후기에 전체적으로 한층 더 성장한 각 지구의 유력 고분군 축조세력들이 경주지역 중심세력의 통제를 받으며 위축되어 가고 있었음을 의미하는 것으로 해석될 수 있다.

그런데 사로국 후기에서 신라 조기로 전환되면서 각 지구의 중심고분군을 포함한 유력 고분군에서는 다시 사로국 후기 말에 비해 월등히 많은 철모를 부장한 대형의 목곽묘들이 출현하였다. 이는 신라 조기에 들어오면서 월성북고분군의 경주지역 중심세력뿐만 아니라 각 지구의 유력 고분군 축조 세력들을 포함한 사로 사회 전체가 한 단계 더 도약한 사실을 의미한다. 그러나 월성북고분군의 경주지역 중심세력은 각 지구 유력 고분군 축조세력들을 곧 다시 재편해 나갔는데, 그 과정은 복합적이었다고 판단된다.

먼저 각 지구 유력고분군의 축조세력을 격하 재편한 것이다. 그 과정은 남부지구의 덕천리고분군이 여실히 보여준다. 덕천리고분군은 원삼국 후기 말 이래 남부지구의 중심고분군이었을 것으로 판단되는데, 이 고분군에서 신라 조기 1a기에 비해 1b기 이후 목곽묘들의 규모가 축소되어 그 묘곽 규모 분포 그룹의 위치가 하향 이동하고 부장유물이 격감하는 현상은 월성북고분군의 중심세력에 의해 덕천리고분군 조영세력이 재편되면서 그 세력이 약화되고 위상이 격하되는 모습을 단적으로 보여주는 것이다. 울산 하삼정고분군은 덕천리고분군보다 하위이지만 위치상 남부지구에 속하는 유력 고분군이었을 것으로 보이는데, 신라 조기 2a기와 2b기는 덕천리고분군에서보다 철모 부장이 더 많은 목곽묘와 석곽묘가 출현하였다. 이는 뒤의 동남부지구에서 보듯이 월성북고분군의 중심세력이 남부지구를 재편하는 과정과 관련이 있을 것이다.

경주지역 중심세력의 각 지구 고분군 세력에 대한 격하 재편 작업은 자신들과 함께 위치한 분지지구부터 시작되었을 것으로 판단된다. 사로국 후기 말에 평면 방형화하였던 분지지구 황성동고분군의 목곽묘는 신라 조기에 들어와 바로 동혈주부곽식이나 세장한 단독곽식의 목곽묘로 바뀌었고, 그 위치가 경주지역 중심고분군인 월성북고분군에 인접해 있어서인지 경(도)질토기의 부장이 두드러지고, 또 다른 유적에서는 아직 없는 비취곡옥의 출토례도 있지만, 한편으로 1단 자의 유자이기가 상징하듯이 그 목곽묘들의 랭크는 처음부터 덕천리고분군보다 전반적으로 낮아진 것이 그것을 말해준다.

서남부지구 사라리고분군의 양상은 그보다도 더하다. 전체적으로 유적의 훼손이 심하고 표본 수 자체도 적으므로 단정하기는 어려우나, 사로국 전기 최고 수장급 목관묘의 존재에도 불구하고 사로국 후기에는 전체적으로 목곽묘들의 존재 자체가 미약하고, 신라 조기에도 A그룹의 동혈주부곽식 목곽묘가 존재하였지만 그 출토유물은 매우 빈약한 상태였다. 이는 서남부지구의 중심고분군인 사라리고분군 축조세력이 황성동고분군보다도 더 이른 시기에, 아마도 일찍이 사로국 후기에 들어와 바로 격하 재편되었음을 말해주는 듯하다. 사로국 후기 말에 목곽묘의 평면이 방형화한 두 유적, 즉 서남부지구의 사라리고분군과 분지지구의 황성동고분군 조영세력은 이와 같이 먼저 격하 재편되지 않았을까 판단된다.

그런데 동남부지구의 고분군들은 이들과는 다른 양상을 보여준다. 동남부지구의 중심고분군으로 판단되는 중산리고분군에서는 신라 조기 초부터 말까지 a랭크의 목곽묘가 이어진 가운데 a랭크를 훨씬 상회하는 a+랭크의 목곽묘들이 축조되었다. 또 앞서 살폈듯이 중산리고분군에서는 신라 조기에 월성북고분군에서 성립한 것으로 판단되는 석재충전목곽묘가 함께 축조되고 있었다. 이와 같은 사실은 신라 조기에 중산리고분군 축조세력이 위축·약화되어 간 것이 아니라 월성북고분군 축조세력과의 특별한 관계 속에서 신라 조기 내내 그 세력이 유지되고 오히려 더 강화되기도 하였음을 의미한다.

한편 중산리고분군 가까이에 위치한 구어리고분군에서는 신라 조기 1b기에 방형 부곽이 딸린 대형의 이혈주부곽식 목곽묘 1기가 돌발적으로 출현하였다. 구어리고분군에서 그러한 대형 목곽묘의 축조는 1회성으로 끝나고 그 뒤로 이어지지 않아[13] 고분군 축조세력의 위상이 그대로 유지되지는 않았음을 알 수 있다(이희준 2001: 177~178). 그러나 그러한 대형 목곽묘의 축조는 신라 조기에 구어리고분군 축조세력의 위상이 모종의 필요에 의해 일시 급상승하기도 하였음을 의미한다.

중산리고분군에서 구어리고분군보다 더 멀리 떨어져 있는 구정동고분은, 앞서 살펴보았듯이, 독립된 원구형 구릉의 정상부를 입지로 하여, a랭크의 기준을 훨씬 넘는 a+랭크의 목곽묘들이 모두 신라 조기 2a기에 축조되었다. 이 또한 신라 조기에 구정동고분의 축조세력은 앞서 살펴본 고분군들과는 달리 그 위상이 오히려 격상되었음을 의미한다.

이와 같이 동남부지구의 고분군들은 분명히 남부지구 등 앞서 살펴본 다른 지구 고분군들과는 다른 양상을 보여준다. 이는 신라 조기에 월성북고분군의 경주지역 중심세력에 의한 각 지구 고분군 축조세력 통합 과정이 세력의 격하 재편만이 아니라 다른 과정, 즉 세력에 따라서는 연대하고, 인접 세력을 후원하여 이를 견제하기도 하였음을 의미하는 것으로 판단된다.

다수의 철모 부장묘들의 축조로 보아 사로국 후기부터 동남부지구의 유력고분군이었던 중산리고분군은 신라 조기에 들어와 그 위상이 더욱 격상되어 신라 조기 내내 동남부지구의 중심고분군으로 기능하였으며, 그 축조세력은 신라 조기 말까지 세력을 유지해 나갔던 것으로 보인다. 그런데 중산리고분군에서는 월성북고분군과 함께 경주지역 전체에서 특별하게 석재충전목곽묘가 축조되었다. 이는 중산리고분군 축조세력이

....

13 구어리유적에서는 신라 후기 초에도 경주의 배후 산지 고분군으로서는 이례적으로 대형 석실분 1기가 돌연 출현하여 주목되었다(최병현 2012b).

경주지역 중심세력과 연대하에 그 세력을 유지하고 성장해 나갔음을 의미하는 것으로 판단된다.

중산리고분군에 인접한 구어리고분군에서 신라 조기 1b기에 월성북고분군에서나 존재하였을 대형 목곽묘의 돌발적인 출현, 2a기에 구정동고분의 특별한 입지에 높은 랭크의 목곽묘 축조는 그러한 중산리고분군 축조세력에 대한 경주지역 중심세력의 대응을 의미하는 것이 아닐까? 즉 월성북고분군의 경주지역 중심세력은 중산리고분군 축조세력과 한편으로는 연대하고, 다른 한편으로는 견제하기 위해 인근의 유력고분군 축조세력들을 일시적으로 또는 일정 기간 후원한 결과가 아닐까 하는 것이다.

그러면 신라 조기에 다른 지구의 고분군에서는 보이지 않는 이런 현상이 왜 유독 동남부지구 고분군에서만 나타났을까? 그것은 역시 동남부지구의 지정학적 위치와 관련이 깊었을 것으로 판단된다. 동남부지구는 다른 지구에 비해 곡간 평야가 넓고 길게 발달하여, 누세대적인 고분군이 일정한 간격으로 자리 잡고 있는 것에서 알 수 있듯이, 이를 바탕으로 그곳에서는 일찍부터 많은 세력들이 성장하고 있었다. 또한 그곳은 울산의 태화강지역으로 바로 연결되어 낙동강 하구가 있는 부산지역으로 나가는 관문 역할을 하는 곳이기도 하다. 그러므로 분지지구에 위치한 경주지역의 중심세력이 이곳을 장악해 나가는 과정은 다른 지구와는 달랐을 것이다.

선별적인 보고로 인해 전모를 파악하기 어렵지만, 중산리고분군은 경주지역에서도 손꼽히는 대형 고분군으로 목곽묘들의 규모와 출토유물로 보아 사로국 후기 이래 그 조영세력은 대단히 강고하였을 것이다. 그러므로 월성북고분군의 경주지역 중심세력은 중산리고분군 조영세력과 한편으로는 연대하고, 다른 한편으로는 제어하면서 동남부지구를 장악해 나가지 않았을까 판단된다. 그러나 신라 전기로 내려오면 다른 유적들과 마찬가지로 중산리고분군에서도 고분들이 왜소해지는데, 그것은 이제 경주지역 중심세력이 중산리고분군 세력도 완전히 장악하여 격하 재편해 나간 것을 의미한다.

북부지구에서는 유력고분군이었을 것으로 판단되는 사방리고분군과 그 하위의 동산리고분군에서 신라 조기 말의 목곽묘들이 일부 조사되었을 뿐 그 외의 신라 조기고분군은 물론 그 이전 사로국시기의 고분유적도 아직 조사되지 못하고 있다. 북부지구는 형산강 본류가 흐르는 곳으로 그 연안에는 동남부지구보다도 더 넓게 평야가 발달되어 있었을 터인데도 유력한 세력의 성장을 의미하는 고분유적이 아직 보이지 않는 것이 유의된다. 그것은 이 지구에 대한 유적조사의 부진이 1차적인 요인이겠지만, 그것이 아니라면 다른 이유를 생각해볼 수도 있을 것이다. 즉 그곳은 경주에서 동해안지역으로 나가는 직선 코스여서, 사로국의 중심세력은 다른 어느 지구보다도 먼저 이곳을 장악하여 유력한 세력의 성장을 억제하고 있었기 때문이 아니었을까 하는 것이다. 원삼국 후기에 강력한 세력의 존재를 의미하는 포항 옥성리고분군이 신라 조기에 들어오면 바로 경주의 중심세력에게 철저히 예속되어 격하 재편된 양상을 나타내는 것, 그리고 멀리 동해안의 강릉지역에서 일찍이 신라조기양식토기가 나타나거나 영남지방의 다른 어느 지역보다도 이르게 신라 전기 1A기 토기가 부장된 고분유적이 조영되고 있는 것은 그와 같은 사정과 관련이 있는 것이라 판단된다(최병현 2014c; 2018b).

그 외 분지지구의 피막유적, 동남부지구의 죽동리유적, 서남부지구의 외칠리유적, 동해안지구의 봉길리유적은 모두 각 지구의 하위 고분군으로 판단되며, 현재까지 조사된 목곽묘들의 수도 많지 않고 늦은 시기 낮은 위계의 고분들이어서 특별히 언급할 내용이 없다.

이상 살펴본 바와 같이 월성북고분군을 조영한 경주지역 중심세력은 사로국 후기 이래로 경주지역 각 지구의 고분군 세력을 격하 재편해 나갔는데, 그 순서는 같은 분지지구에 속한 황성동고분군과 서남부지구의 사라리고분군, 그리고 동해안으로 나가는 북부지구가 먼저이고, 남부지구의 덕천리고분군이 그 뒤를 이었던 것으로 보이며, 동남부지구는 가장 늦게까지 세력이 유지되었던 것으로 보인다. 경주지역, 즉 사로 내부 세력들에 대한 이러한 재편 과정은 월성북고분군의 경주지역 중심세력이 사로 내부를 통합하고 그 지배력을 강화해 나간 과정이지만, 다른 한편으로는 각 지구 고분군 세력이 중심세력에게 예속이 강화되면서 독자적 운동력을 상실해 나가는 과정이기도 하였다. 이와 같이 신라 조기는 사로 내부에서부터 확고한 질적 변화가 있었던 시기였으며, 전고(최병현 2018a)에서 이미 고찰하였듯이, 사로가 이제 경주지역을 넘어 인근 지역부터 지배하에 넣기 시작하여 지방지배를 실현해 나간 것은 바로 사로 내부의 그와 같은 질적 변화가 있었기에 가능한 것이었다고 판단된다.[14]

....

14   최근 대부직구호를 중심으로 경주 덕천리유적과 황성동유적의 신라조기양식토기를 살펴본 안재호·한승현 (2015)의 연구에서는 두 유적 사이에 기종 구성이나 동일 기종의 형태에 차이가 있음을 인지하고, 그러한 지역색은 독립된 토기 생산체제의 결과이며, 이로 보아 삼한 사회는 3세기까지도 광역의 정치체제가 아니라

대규모 묘역을 형성한 단위집단이 사회정치적인 독립체였을 것이라고 하고 있다. 이는 다분히 목곽묘의 전개 과정을 통해 신라 조기에는 사로, 즉 경주지역 내부가 월성북고분군 세력을 중심으로 완전히 통합되었으며, 한편으로 사로가 경주지역을 넘어 인근지역을 지배해 나가기 시작하였을 것으로 본 필자의 전고(2015)를 의식한 해석으로 보인다.

그러나 사람의 손끝으로 제작되는 토기는 세부적으로 살펴볼수록 완전히 똑같은 것은 존재하지 않는다고 할 수 있다. 신라전기양식토기의 지역양식은 이미 많이 연구되었지만, 사실은 경주지역 내 신라토기도 신라조기양식토기부터 신라후기양식토기까지 각 지구단위나 고분군별로 양식·형식상의 미세한 차이들이 발견된다. 이는 각 지구나 고분군에 대한 토기의 공급원이 달랐기 때문이다. 즉 경주지역 내에서도 신라조기양식토기 이래의 신라토기가 한 곳에서가 아니라 취락이나 지구단위 등 여러 곳의 조업장에서 생산이 이루어져 각 고분군에 공급되었기 때문에 각 조업장에 따라 세부적으로 양식·형식상의 미세한 차이를 갖게 된 것이라 판단된다. 신라조기양식토기 이래의 신라토기에서 보이는 지역, 지구 간의 양식적, 형식적 齊一性은 무시하고 그 사이의 미세한 차이만을 강조하여 그와 같이 확대해석하면 신라는 신라후기양식토기가 사용될 때까지 경주지역 내부도 통합하지 못한 사회가 되어버린다.

소결   IV

경주지역에서는 월성북고분군의 동쪽 부분에 사로국 후기 이래 신라 조기의 중심
고분군이 자리하고 있음이 분명하지만 그곳에 대한 발굴조사는 아직 이루어지지 못하
고 있다. 그러나 이 경주지역 중심고분군을 둘러싸고 있는 주변의 각 지구에서는 같은
시기에 해당하는 많은 유적들이 조사되었다. 여기서는 이에 힘입어 신라 조기 경주지역
의 목곽묘와 고분군들을 분석하여 그 전개 과정을 살펴보고, 이를 통해 사로국에서 신
라국가로 전환될 무렵의 경주지역, 즉 사로 내부가 통합되어 가는 모습을 추적해 보고
자 하였다. 이러한 작업은 아직 중심고분군의 실상을 자세히 알 수 없는 한계 속에서 이
루어졌지만, 다음과 같은 결론을 얻을 수 있었다.

사로국 후기부터 분지지구에 자리한 경주지역 중심고분군인 월성북고분군을 정점
으로 각 지구에 1개소 이상의 고분군이 조영되었다. 그런데 사로국 후기 말에는 고분군
에 따라 평면 세장화한 목곽묘가 축조되거나 그보다 전 단계의 방형 목곽묘가 여전히
축조되고 있는 등의 차별성이 나타나기 시작하였다. 신라 조기에는 고분군 사이의 차별
성이 한층 강화되고 격차가 더욱 심해졌다. 묘곽의 형식이 분화되어, 경주지역 중심고
분군인 월성북고분군에서는 대형의 이혈주부곽식 목곽묘가 배타적으로 조영되었던 것

으로 보이며, 그 외의 고분군에서는 동혈주부곽식 목곽묘와 대형의 단독곽식 목곽묘가 축조되었다.

한편 현재까지 조사된 신라 조기 목곽묘들은 묘곽의 형식과 함께 묘광이나 묘곽의 규모에 차이가 있어 그 규모 분포가 4개 이상의 그룹으로, 이에 출토유물을 조합한 목곽묘들의 랭크도 5단계 이상으로 구분되었다. 그런데 여기에 아직 조사가 이루어지지 않은 경주지역 중심고분군인 월성북고분군의 상황을 고려하면 그 위에 최고의 그룹과 랭크가 하나씩 더해져 목곽묘들의 규모 분포는 5개의 그룹으로, 랭크도 6단계로 나누어질 것으로 예상된다. 이와 같은 사실들은 사로국 후기에 비해 신라 조기 사로 내부 사회가 더욱 위계화되고 계층화가 한층 더 진전되었음을 의미한다.

한편 월성북고분군에서는 목곽묘의 묘광과 목곽 벽 사이를 돌로 충전한 석재충전 목곽묘가 출현하였는데, 신라 조기에는 월성북고분군과 중산리고분군에서만 축조되었다. 그 외 구어리고분군에서는 방형 부곽이 딸린 이혈주부곽식의 탁월한 특a랭크 목곽묘가 1회성으로 축조되고, 구정동고분의 목곽묘들은 독립된 원구형 구릉 정상부를 특별한 입지로 선택하기도 하였다. 그 외의 고분군에서는 시기가 내려오면서 묘곽의 규모 그룹 위치가 하향하고 부장유물, 특히 철기가 급감하는 현상이 있었다. 이 고분군들에서는 전반적으로 목곽묘의 규모가 축소되고 고분들의 랭크도 낮아지는 변화가 있었음을 의미한다. 또 철기와 토기 등 부장유물도 고분군에 따라 차별성이 있었다.

이는 경주지역 중심세력인 월성북고분군 조영세력이 각 지구 고분군 축조세력들을 재편해 나갔던 과정을 의미하며, 그 과정은 고분군에 따라 차등적이어서, 대개는 경주지역 중심세력이 각 지구 유력고분군 축조세력을 격하 재편하였지만 전략적 필요에 의해 연대하거나 일시적, 또는 일정 기간 후원한 세력도 있었음을 말해준다. 신라 조기 경주지역 목곽묘들의 전개 과정은 이와 같이 사로 내부의 통합 과정을 잘 보여주고 있는데, 그것은 월성북고분군의 중심세력이 사로 내부에 대한 지배력을 강화해 나간 과정이지만, 다른 한편으로는 각 지구 고분군 세력이 월성북고분군의 중심세력에게 예속이 강화되면서 독자적 운동력을 상실해 나가는 과정이기도 하였다. 그 과정에서 고분군별로 표출된 차별성은 한편으로 각 지구에서 성장해간 고분군 축조세력들의 정체성의 표출이기도 하지만, 다른 한편으로는 경주지역 중심고분군과 각 지구 유력고분군 사이의 격차가 심해지면서, 그리고 경주지역 중심세력의 각 지구 유력고분군 축조세력에 대한 차별적인 지배 관계에 따라 나타난 것이 분명하다.

한편 신라 조기에는 경주를 벗어나 다른 지역에서도 세장방형 목곽묘가 축조되고, 또 그와 함께 경주에서 발생한 신라조기양식토기도 퍼져나가 각지에서 그 지역양식을 발생시키기도 하였다. 이는 신라 조기에 들어와 내부에 대한 질적 변화를 이룩한 사로가 이제 경주지역을 넘어 인근 지역부터 지배하에 넣기 시작하여 지방지배를 실현해나가기 시작하였음을 의미한다. 신라조기양식토기가 출토되는 각 지역의 고분군에서는 대개 상위 위계의 목곽묘로 동혈주부곽식 또는 단독곽식의 세장방형 목곽묘가 축조되었다. 그러나 그것은 경주에서도 이혈주부곽식 목곽묘가 그만큼 월성북고분군의 중심세력만이 배타적으로 축조한 묘곽 형식이었기 때문이었다. 다만 포항 남성리유적과 동래 복천동고분군에서 이혈주부곽식 목곽묘가 축조되었을 뿐인데, 이는 신라 조기에 가장 먼저 신라의 지배하에 들어온 포항지역 세력, 그리고 낙동강을 사이에 두고 김해의 가야와 근접 위치한 동래 복천동고분군 세력과 사로 중심세력의 특별한 관계를 말해주는 것이라 판단된다(최병현 2018a).

이상 살펴온 바와 같이 신라 조기에 경주지역에서 조영된 목곽묘는 고총 출현 이전의 저봉토 고분으로, 부장유물에서도 그 전반에는 원삼국 이래의 와(연)질토기가 적지 않고, 세장형 단조철부와 곡도 등 사로국 후기의 의기성 철기부장이 지속되었고, 철모를 비롯한 대형무기가 고분의 위계 구분에서 표지유물로 꼽히는 등 아직 영남지방의 원삼국문화 색체가 상당히 강하게 남아 있었던 점은 신라 조기의 고분문화가 과도기적 성격을 갖고 있었음을 의미한다. 그러나 신라 조기에 들어와 새로 발생한 묘곽 형식은 신라 전기고분의 묘곽 형식으로 이어졌고, 부장토기도 와(연)질토기가 경(도)질토기 중심으로 바뀌어 신라 전기로 이어졌으며, 유자이기가 상징하듯 철기도 신라 전기로 이어지는 기종이나 형식들이 출현한 점 등은 이 고분문화가 원삼국, 즉 사로국시기가 아니라 삼국시대의 신라로 시기구분되어야 함을 말해준다. 그러나 무엇보다도 이 시기부터 사로가 경주지역을 넘어 지방지배를 실현해 나간 것이야말로 이제 사로가 신라국가의 중앙이 되었음을 의미한다.

마지막으로 이상의 연구 결과와 관련하여 그동안 우리 학계의 신라·가야 고고학 연구에서 (금관)가야의 성장 과정에 대해서는 실상 이상으로 지나치게 과대 포장해 온 반면 신라의 위상은 과도하게 깎아내려 온 것에 대해 언급해 두어야겠다. 그동안 영남지방에서 축조된 목곽묘 가운데 이혈주부곽식을 '김해형'으로, 세장방형 동혈주부곽식을 '경주형'으로 나누어, 김해지역의 영향으로 경주에서 주부곽식 목곽묘가 출현하였다고 주장하기도 하고(신경철 1993), 세장방형 동혈주부곽은 경주에서 발생하여 주변지역으로 퍼져나간 것이 분명하므로 이를 '경주식' 또는 '신라식'이라고 정의한 것은 그 자체가 틀린 말은 아니지만, 많은 연구자들이 세장방형 동혈주부곽식 목곽묘만을 신라식으로 규정해 온 것은 앞서 본 바와 같이 모두 사실이 아니다.

신라 조기 경주지역에서는 이혈주부곽식 목곽묘와 세장방형 동혈주부곽식 목곽묘가 위계화되어 고분군의 위계에 따라 차등적으로 조영되었던 것이며, 그것은 다른 지역과는 비교할 수 없을 정도로 일찍부터 경주지역, 즉 사로 내부 사회가 집단별로 위계화되고 계층적으로 분화되어 있었음을 말해주는 것에 다름 아니다(차순철 1999: 104). 사실 현재까지의 조사 결과로만 보아도 경주지역에서 이혈주부곽식 목곽묘는 늦어도 신라 조기 1b기부터는 축조되고 있었던 것이어서 그 출현이 결코 김해지역보다 늦지도 않고, 또 경주 구어리 1호묘의 출토유물을 '최초의 가야왕묘'(경성대학교 박물관 2000: 131)라는 김해 대성동 29호묘 출토유물과 비교해 보아도, 토기와 철촉의 수량은 그 쪽이 월등하지만 판상철부 위주인 대형 철기는 구어리 1호묘의 장대형 철모와 단조철부, 대형 철정 등을 합한 수보다도 적어 철 자체의 양으로는 구어리 1호묘 쪽이 훨씬 우세하다. 그러나 구어리고분군은 사로국의 수장묘나 신라 조기의 왕묘가 위치할 경주의 중심고분군이 아니어서, 그 1호묘가 신라 조기의 가장 탁월한 고분이 아님은 불문가지이다.

사로국 후기의 수장묘와 신라 조기의 왕묘는 경주지역 중심고분군인 월성북고분군의 동쪽 부분 발굴조사가 본격화되면 그 위상이 드러나겠지만, 사로국 후기의 수장묘는 월성북고분군의 인왕동 814/4-1호 목곽묘와 경주의 인근지역인 포항 옥성리 나-78호묘를 통해서, 신라 조기의 왕묘는 구어리 1호묘와 월성북고분군의 쪽샘지구에서 드러나고 있는 대형의 이혈주부곽식 목곽묘를 통해서 그 규모와 부장유물의 양상을 유추할 수 있다.

제2장

전기:
경주 월성북고분군의 적석목곽분 전개와
王都 고분군의 위계구조

신 라 천년의 고도 경주시 일원에는 수많은 신라 고분군이 분포되어 있지만, 그 가운데 단연 주목을 받아온 것은 거대한 봉토분들이 밀집되어 있는 시내 평지고분군이다. 이곳에는 신라 마립간시기 최고 지배세력의 독특한 묘제인 적석목곽분을 중심으로 수많은 고분들이 자리하고 있다.

이 고분군은 동쪽의 인왕동에서부터 서쪽의 황남동과 노서동까지 넓은 지역을 차지하고 있어서 행정구역에 따라 동명을 붙여 각각 분리하여 부르기도 하고, 미추왕릉지구 또는 대릉원지구나 쪽샘지구, 월성로고분군과 같이 조사 과정이나 기타 관련 사업지구 등에 따라 단위구역을 나누어 부르기도 한다. 반면 전체를 하나로 묶어 지칭할 경우는 경주 읍남고분군이나 경주 시내 고분군, 또는 경주 시내 평지고분군 등으로 불러 왔다.

그런데 경주분지 내부 평지 가운데 북쪽의 황성동 일대에서도 대고분군이 조사된데 이어 최근에는 월성에서 남천을 건너 서남쪽 교동-탑동에도 고분군이 소재하고 있는 것으로 밝혀지고 있다. 이들은 모두 경주분지 내부의 평지에 자리하고 있는 것이어서 이제 이들을 구분하여 부를 이름이 필요하게 되었다. 이에 따라 종래의 시내 평지고분군을 월성지구고분군(이청규·김대환 2000)이나 신라왕궁고분군(김용성 2009)이라 이름 붙이기도 하였다. 물론 이 고분군은 신라의 국가형성이나 정치발전과 관련하여 가장 핵심적인 위치에 있는 고분군임은 두 말할 필요도 없다. 그러나 월성지구란 월성과 그 주변 일대, 즉 왕궁과 관아가 배치되어 있던 구역을 말하는 것으로 고분군은 월성지구와는 떨어져 있어서 '월성지구고분군'이란 명칭은 맞지 않다. 또 이 고분군 안에 마립간시기 왕릉들이 자리하고 있을 것은 불문가지이지만 신라 왕궁이 이 고분군 안에 있었던 것도 아니고, 이 고분군의 피장자들이 모두 왕궁에 살았던 것도 아니어서 '왕궁고분군'이란 이름도 어울리지 않는다. 그래서 필자는 고분군의 명칭 자체는 하나의 유적으로서 객관성을 유지하는 중성적인 것이 옳겠다고 판단하여 이를 '월성북고분군'이라 하고 있다(최병현 2012b).

사로국 후기 이래 경주지역의 중심고분군이 된 월성북고분군에서 신라 조기의 석재충전목곽묘에 이어 적석목곽분이 출현하고, 경주지역에서 토기양식이 신라조기양식토기로부터 신라전기양식토기로 전환되어, 신라 전기의 고분문화가 성립한다. 경주 월성북고분군에서 고총으로 출현한 적석목곽분은 신라의 고총문화를 성립시키고, 삼국시대 영남지방의 고분문화를 고총문화로 변모시켜 나갔다. 신라 전기에 적석목곽분 중심의 월성북고분군은 신라 조기에 이어 신라 고분문화 변동의 진원으로서 경주지역의 중심고분군일 뿐만 아니라 신라국가 전체의 중앙의 중심고분군으로 기능한 것이다.

신라 전기에는 조기에 비해 고분군의 수가 크게 증가하고, 각 지구의 고분군에는 수많은 고분이 조영되어 대고분군들이 형성되었다. 중심고분군인 월성북고분군의 적석목곽분은 각 지구에 조영된 고분군들에 영향을 미쳐 이들을 변화시켜 나갔다. 그러나 그 변화 과정에는 각기 시차가 있었고, 또 변화의 방향을 달리하여 가기도 하였다. 이에 따라 신라 전기는 경주지역에서도 여러 묘제의 고분들이 다양한 형태로 축조되어 신라 고분문화의 전성기를 이루었다. 그러므로 신라 전기고분문화의 전개 과정에 대한 이해는 경주 월성북고분군에서 조영된 고분과 묘제들에 대한 실상의 파악이 우선이고, 이를 바탕으로 삼아야 한다고 생각된다.

이에 여기서는 먼저 신라 전기 경주지역에서 축조된 고분의 묘제와 묘곽 형식을 분류하고, 이어서 적석목곽분을 중심으로 한 월성북고분군의 고분 전개 과정을 살펴본 다음, 이를 바탕으로 각 지구 고분군들의 양상을 종합하여 보겠다. 이를 통해 신라의 왕경으로 변모해 가는 신라 전기 경주지역의 사회 구조 변화에 대해 고찰해 보고자 한다.

필자는 이미 신라전기양식토기의 범위, 즉 그 상한과 하한을 설정하고, 경주지역의 신라전기양식토기에 대한 형식분류와 편년안을 발표한 바 있다(최병현 2013a; 2014c). 이에 신라 전기고분들의 편년은 기본적으로 그 신라전기양식토기 편년안을 따른다는 것을 밝혀둔다.

경주지역 신라 전기고분의 묘제와 묘곽의 형식

I

1. 묘제

1) 분류의 기준

신라 전기의 고분은 일반적으로 지하에 묘광을 파고 그 안에, 또는 지면 상에 매장주체부를 설치하고 그 위에 돌이나 흙을 쌓아 매장주체부를 밀봉한 봉토묘 계열의 고분들이다(최병현 2011b). 그러나 모든 고분의 봉분이 高大하게, 즉 高塚으로 조성된 것은 아니며, 또 봉토가 세월의 흐름에 따라 유실되기도 하여 신라 전기고분의 묘제 분류에서 봉분까지 포함하면 그 대상은 극히 제한될 수밖에 없다. 이에 묘제는 일단 고분의 매장주체부를 대상으로 분류하고, 봉토와 호석 등 고분의 외표시설에 대해서는 필요한 부분에서 언급하겠다. 여기서 고분의 매장주체부를 대상으로 묘제를 분류하는 기준은 주부곽의 유무 여부나 그 배치와 같은 형식이 아니라 장법과 매장주체부의 축조 재료에 따른 구조 형태라는 점을 밝혀둔다.

신라 전기고분의 묘제 분류의 기준이 되는 매장주체부의 구조 형태 중에는 사로국 후기나 신라 조기로부터 내려온 것이 있고, 신라 전기에 들어와 그로부터 발전하거나 새로 출현한 것도 있어, 이들이 공존하였다. 그런데 묘제 중 기존 묘제의 고분 구조가 시간의 흐름에 따라 변화·발전하여 새로운 묘제로 파생·성립된 것은 사실상 그 분기점이 명확하지 않거나, 또는 발굴 당시의 현상에서 신·구 양자를 구분하기에 애매한 면이 있는 것이 사실이다. 앞서 살펴본 바와 같이 신라 조기에 점토충전목곽묘로부터 석재충전목곽묘로의 발전이나 전환 과정도 그러하였지만, 신라 전기에 들어오면 적석목곽분과 수혈식석곽분의 성립이나 출현 과정과 관련하여 석재충전목곽묘와 이들과의 관계도 마찬가지이다.

그런데 지금 신라고분 연구에서 견해 차이가 심하고 이견이 좁혀지지 않는 것은 신라 조기에 출현하여 신라 전기에도 축조된 석재충전목곽묘를 영남지방 원삼국 후기 이래의 목곽묘의 범주에 넣을 것인가, 신라 전기 적석목곽분의 성립 과정으로 보아 적석목곽분(묘)의 범주에 포함할 것인가, 아니면 (점토충전)목곽묘·석재충전목곽묘·적석목곽분이 계승·발전 관계이건 아니건 이들 각각을 일단 별개의 묘제로 구분하여 볼 것인가의 문제이다. 전자는 각각 점토충전목곽묘와 석재충전목곽묘의 구분 불필요론(김두철 2007), 석재충전목곽묘와 적석목곽분(묘)의 구분 불필요론(의성조문국박물관·성림문화재연구원 2015: 271~272)이라 할 수 있고, 후자는 각각의 별도 구분론이라 하겠다. 석재충전목곽묘의 발생과 그 구조에 대해서는 이미 앞서 살펴본 바 있고, 적석목곽분의 개념과 범주에 대해서는 뒤에서 자세히 언급하겠지만, 필자는 원삼국 후기 이래의 (점토충전)목곽묘와 신라 조기 이래의 석재충전목곽묘, 신라 전기의 적석목곽분은 각각의 묘제로서 구분되어야 한다고 본다.

매장주체부가 목곽인 고분은 축조 후 세월이 지나면 목곽이 부식되고 목곽 상부의 토석이나 묘광과 목곽 사이를 충전한 돌이 목곽 내부로 함몰하면서 그 형태가 변형된다. 이에 따라 매장주체부가 함몰된 변형 상태로 발굴되는데, 점토충전목곽묘는 목곽 상부에 돌을 쌓지 않았고 묘광과 목곽 사이를 흙으로 충전하였으므로 변형된 상태에서도 석재충전목곽묘나 적석목곽분과 쉽게 구분된다. 그러나 석재충전목곽묘와 적석목곽분은 목곽 내부의 변형 상태가 유사하여 이를 구분하기에 애매한 경우가 있다. 특히 묘광이 얕거나 소형묘인 경우는 더욱 그러하다.

전고(최병현 2016a)와 달리, 뒤의 묘제 분류에서는 묘광과 목곽 사이를 돌로 충전하고, 목곽의 뚜껑 위를 즙석이라 할 정도로 1~2겹의 돌로 얇게 덮은 목곽묘를 적석목곽분과 분리하여 석재충전목곽묘에 포함하였는데, 이에 대해서는 뒤에서 좀 더 설명하겠지만, 여기서 특별히 강조해 두고 싶은 것은 목곽 상부에 돌을 전혀 쌓지 않은 석재충전목곽묘와 목곽의 상부에 분명히 상부적석을 축조한 적석목곽분의 구분이다. 양자는 일견 변형 상태가 유사하지만, 여러 사례의 관찰 결과 발굴 당시 묘광 내 유물층 上面의 상태로 그 구분이 가능하다. 즉 목곽의 상부에 돌을 쌓지 않은 석재충전목곽묘는 목곽 측벽 쪽의 충전석이 목곽의 내부로 함몰되어도 함몰된 충전석이 유물층 상면을 완전히 덮지는 못하였다. 이에 따라 유물층 상면의 중심부에 장축방향으로 길게 돌이 덮이지 않은 부분이 남거나, 함몰된 충전석 일부가 목곽 중심부에까지 미쳤어도 유물층 상면을 고르게 덮지는 못하여 중심부에 돌이 듬성듬성 덮인 부분이 남게 된다. 발굴보고서에서도 함몰부의 함몰토만 제거한 상태의 사진이나 단면도에서 그런 상태를 확인할 수 있는데, 다만 단면도는 뒤로 보이는 벽 부분의 입면이 아니라 단면선이 지나가는 부분의 토층 상태만을 표시한 것이어야 한다.

하지만 묘광이 깊은 소형묘의 경우 목곽 측벽 쪽 충전석이 함몰되어 유물층 상부 전체를 덮을 수도 있고, 또 묘광이 깊지 않았어도 목곽 측벽 쪽의 석재가 함몰 당시 또는 후세 교란으로 묘광 내부로 들어와 유물층 상부 전체에 덮였을 수도 있다. 그러나 이러한 경우도 목곽의 뚜껑 부분이 먼저 함몰되어서인지 유물층 상면에는 일단 상당한 두께로 흙이 덮이고 그 위로 돌이 쌓여, 사진과 함께 정확한 단면도가 제시되면 구분 가능하다.

이와 관련하여 여기서 지적해 두지 않을 수 없는 것은 분석, 비판 가능한 자료나 충분한 근거 제시도 없이 발굴 고분을 어느 일방으로 단정하여 작성한 일부 보고서들의 행태이다. 보고서에 따라서는 위에서 말한 구분 불필요론에 따라 석재충전목곽묘를 전통적인 목곽묘의 범주로 보아 적석목곽분과는 구분하되 점토충전목곽묘와 석재충전목곽묘를 구분하지 않고 양자를 모두 '목곽묘'로 일괄해 놓거나 석재충전목곽묘와 적석목곽분 양자를 모두 적석목곽묘로 규정하여 서술해 놓고 있는 것이다. 둘 다 문제이지만, 여기서 좀 더 문제가 되는 것은 석재충전목곽묘와 적석목곽분의 구분 불필요론에 따라 일방적으로 서술하고 사진 대조도 불가능하게 해놓은 보고서들이다. 보고서를 통해 점토충전목곽묘와 석재충전목곽묘를 구분하기보다는 석재충전목곽묘와 적석목곽분을 구분해 보기가 훨씬 더 어렵기 때문이다.

어떤 고고학자료도 마찬가지이지만 분류의 필요 여부는 분류된 내용이 시공적으로 의미를 갖느냐 아니냐이다. 의미를 갖지 못하는 분류는 결국 徒勞에 그치고 말겠지만, 그렇다고 어느 일방으로 단정하여 다른 연구자로 하여금 분류 자체가 원천적으로 불가능하도록 발굴보고서를 만들어 놓는 것은 결코 학문적인 태도가 아니다. 이에 본고에서는 발굴 보고서의 서술을 참고하고, 그보다는 가능한 한 발굴 당시의 사진과 실측도면을 대조하여 석재충전목곽묘와 적석목곽분을 구분하겠지만, 이러한 학계의 현실 때문에 구분하기 어렵거나 애매한 것은 분류를 보류하여 불명으로 남겨둘 수밖에 없음을 미리 밝혀둔다.

한편 석재충전목곽묘를 묘광과 목곽 사이의 돌쌓기 상태에 따라 充塡式과 築石式으로 나누기도 하고, 또 충전식을 돌과 흙의 혼합 여부, 돌과 흙의 충전 부위에 따라 세분할 수도 있음을 지적하기도 한다(최수형 2010: 88~89). 충전식은 묘광과 목곽 사이를 단순하게 돌로 채운 것이라면 축석식은 목곽에 접한 부분인 내측의 돌을 면을 맞추어 쌓은 것을 말하며, 후자를 변형 적석목곽묘로 분류하기도 한다(김대환 2001: 76~79).

그런데 경주를 포함한 영남지방에서는 목곽묘가 변화·발전하여 새로운 묘제로 성립되어 가는 과정에 그 중간 형태로 고착되어 기존의 묘제들과 공존하기도 하였는데, 석재충전목곽묘도 사실은 그런 것 중의 하나라고 할 수 있다. 신라 전기고분군에서 축석식은 대개 석재충전목곽묘에 이어서 주로 수혈식석곽분(묘)이 조영된 고분군에서 많이 볼 수 있어서, 그것은 석재충전목곽묘가 수혈식석곽분(묘)으로 전환되어 가는 과정에서 나온 것임을 알 수 있다. 물론 축석식 그 자체로서 이루어진 고분군도 존재한다. 그러나 이들은 상부적석이 존재하지 않은 것이어서 적석목곽분으로 분류될 수 없고, 아직 개석이 덮이지 않은 것이어서 완전한 수혈식석곽분(묘)이라고 할 수도 없는 것이므로 본고에서는 이를 따로 분류하지 않고 석재충전목곽묘에 포함하고자 한다. 본고에서는 석재충전목곽묘를 충전 상태에 따라 세분하지는 않을 것이며, 필요한 부분은 뒤에서 고분 구조의 변천과 관련하여 언급할 것이다.

한편 본고에서는 신라 전기고분에 사용된 묘제 가운데 옹관묘는 제외됨을 밝혀둔다.

2) 묘제의 분류(도 2-15)

(1) 토광묘

지하에 묘광을 파고 관·곽 없이 피장자를 직장한 무덤이다. 묘광부 이 외의 다른 시설은 발견되지 않는다. 묘광은 대개 규모가 작고 폭이 좁아 세장방형이지만 잔존 상태가 부정형인 예들도 있다. 피장자를 직장하였으므로 묘광 내에는 묘광 벽과 관·곽 사이의 충전토가 존재하지 않으며, 부장품도 대개 간소하다. 원삼국 이래로 내려온 묘제로서 경주지역에서는 신라 후기까지 소수 존재하였다.

(2) 점토충전목곽묘

지하로 묘광을 파고 묘광 안에 목곽을 설치한 목곽묘 가운데 묘광과 목곽 사이를 흙으로 충전한 것이다. 일반적으로 묘광부 이 외의 다른 시설은 발견되지 않는다. 편의상 점토충전이라 하였지만, 외부에서 양질의 점토를 반입하여 충전하기보다는 보통 묘광을 팔 때 나온 흙으로 되메우기 하여, 고분의 입지 자체에 돌이 많은 경우 충전토에 돌이 섞여 있게 된다. 충전토에 돌이 섞여 있어도 이와 같이 비의도적인 것으로 판단되는 것은 점토충전목곽묘로 분류한다. 학계에서 일반적으로 목곽묘, 또는 순수목곽묘라고 하는 것으로 원삼국 후기부터 지속되어 온 묘제이다.

(3) 석재충전목곽묘(분)

지하로 묘광을 파고 묘광 안에 목곽을 설치한 목곽묘 가운데 묘광과 목곽 사이를 흙과 돌로, 또는 돌만으로 충전한 것이다. 고분의 입지와 충전상태를 고려해 볼 때 의도적으로 돌을 사용하여 충전한 것을 말하며, 충전토에 돌이 섞여 있어도 비의도적인 것은 점토충전목곽묘로 분류된다. 신라 조기에 경주 월성북고분군과 울산 중산리고분군에서부터 축조되기 시작하였으며, 학계에서 목곽위석묘(이성주 1996), 사방적석식 적석목곽묘(이희준 1996c), 위석목곽묘(박광열 2001; 권용대 2008), 충전석목곽묘(최수형 2010)

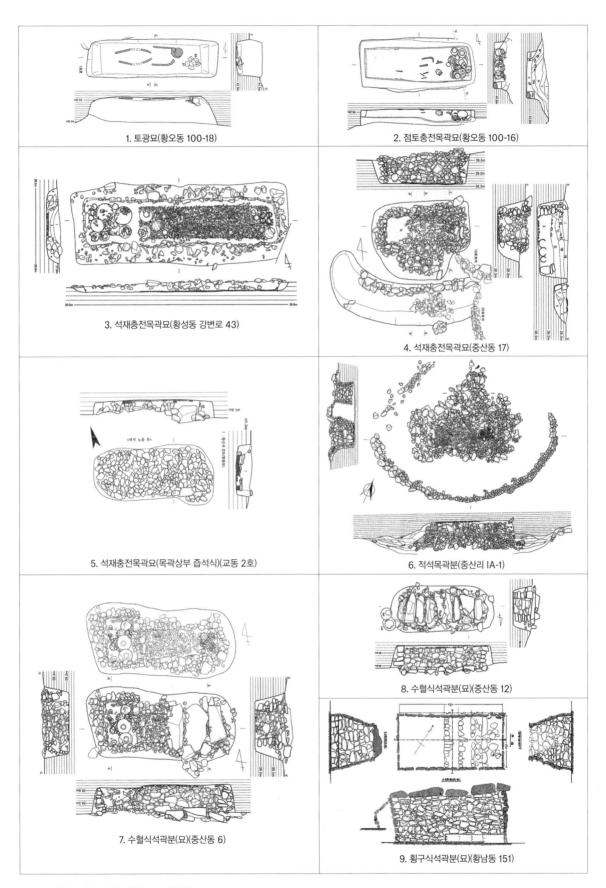

1. 토광묘(황오동 100-18)

2. 점토충전목곽묘(황오동 100-16)

3. 석재충전목곽묘(황성동 강변로 43)

4. 석재충전목곽묘(중산동 17)

5. 석재충전목곽묘(목곽상부 즙석식)(교동 2호)

6. 적석목곽분(중산리 IA-1)

7. 수혈식석곽분(묘)(중산동 6)

8. 수혈식석곽분(묘)(중산동 12)

9. 횡구식석곽분(묘)(황남동 151)

도 2-15 신라 전기 경주지역의 묘제 분류

등으로 정의하거나 분류되는 것이다.[1]

신라 조기 이래 석재충전목곽묘는 기본적으로 목곽의 뚜껑 위에 돌을 쌓지 않고 저봉토묘로 축조되었지만, 신라 전기에 월성북고분군에서 고총의 적석목곽분이 출현한 이후에는 그 영향으로 여러 가지 변형이 이루어진 것으로 보인다. 발굴 당시 기본형과 같이 호석 등 다른 시설 없이 묘광부만 존재하나 묘광선 내 전체에 함몰된 돌들이 1~2겹 얇게 덮여 있어 목곽의 뚜껑 위를 즙석이라 할 정도로 얇게 돌로 덮은 것, 목곽 상부에는 전혀 돌을 쌓지 않았으나 묘광 밖으로 호석이 돌려져 고총화한 것 등이다. 이러한 변형들도 석재충전목곽묘이지만 고총화 한 것은 석재충전목곽분으로 표기한다.[2]

(4) 적석목곽분

목곽의 측벽 사방과 목곽의 상부에 돌을 쌓아 사방적석과 상부적석을 모두 축조하고, 매장주체부 위에 흙으로 쌓은 봉토와 그 가장자리로 두른 호석을 갖춘 고분이다. 얕은 토광 안에 목곽의 기저부를 구축하였으나 목곽과 적석부가 사실상 모두 지상에 축조된 것, 지하 또는 지상에 묘광을 조성하여 묘광 안에 목곽을 설치하고 목곽의 사방과 상부에 적석한 것으로 나누어진다. 전자는 지상적석식, 후자는 상부적석식으로 분류되기도 하지만, 전자를 무묘광 지상주체식, 후자를 묘광주체식이라 정의할 수도 있다. 그러나 양자 모두 매장주체부 위에 흙을 쌓고[봉토], 그 가장자리로 호석이 축조되어 묘역

....

1   신라고분 연구에서 '石材充塡木槨墓'라는 용어는 김용성(1998: 51)에 이어 김대환(2001)이 사용한 바 있다. 필자는 이 용어를 전고(2014b)에서부터 사용해 왔는데, 김용성은 석재충전목곽묘를 "봉토를 제외한 부분의 묘제 명칭으로 적석목곽묘라 부를 수 있는 것"이라고 좀 애매하게 정의하고 있고, 김대환의 석재충전목곽묘는 본고의 석재충전목곽묘와 적석목곽분을 모두 포함한 것이어서 필자와는 의미상 차이가 있다.

2   전고(최병현 2016a)에서는 목곽 상부의 적석 여부만을 기준으로 하여 전자는 적석목곽분으로, 후자는 석재충전목곽묘로 분류되어야 한다고 보았다. 전고를 발표할 때까지 전자는 경주 월성북고분군에서 확실한 조사 사례가 없었고, 경주지역에서는 황성동고분군, 사라리고분군 등 월성북고분군 이 외의 다른 고분군에서, 그리고 경산 신상리고분군(영남대학교박물관 2006) 등 지방의 고분군에서 조사되고 있었다. 그러나 최근 쪽샘지구 C16호묘의 보고(국립경주문화재연구소 2018)를 통해 경주 월성북고분군에서도 그 존재가 확인되었는바, 쪽샘지구 조사에서 아무리 소형이라도 상부적석과 호석봉분을 갖춘 적석목곽분(국립경주문화재연구소 2014)과 C16호묘처럼 호석봉분 없이 묘광부만 조사되는 목곽묘는 분명히 구분되므로 이제 이를 석재충전목곽묘에 포함하기로 하겠으며, 뒤에서는 사례에 따라 필요한 경우 상부즙석식을 인지할 수 있도록 설명하거나 구분 표시하겠다.

을 한정한 것은 같다.

신라 전기에 경주 월성북고분군에서 적석목곽분이 출현한 이후 경주지역과 지방의 일부 고분군에서 상부적석식 또는 묘광주체식의 적석목곽분이 축조된 예들도 있으나, 석재충전목곽묘가 적석목곽분의 영향으로 변형되기도 하였다. 그러나 목곽 뚜껑 위의 분명한 상부적석과 고총 봉토의 축조를 의미하는 호석을 모두 갖추지 않은 고분은 석재충전목곽묘로 분류된다.

(5) 수혈식석곽분(묘)

지하에 묘광을 파고 그 안에, 또는 지면 상에 냇돌이나 깬돌을 쌓거나 또는 판석을 세워 4벽을 만들고 판석 뚜껑을 덮어 묘곽을 축조한 고분이다. 묘곽을 석재로만 축조한 것이 일반적이지만, 석곽 내부에 밀착된 목곽이 겹곽 상태로 존재한 것도 있다. 겹곽 상태 중 판석 뚜껑이 덮이거나, 발굴 당시 유실되었지만 흔적으로 보아 분명히 판석 뚜껑이 덮였던 것은 수혈식석곽분(묘)으로 분류되나, 벽은 겹곽 상태이지만 원래 판석 뚜껑이 덮이지 않았던 것은 위에서 말한 대로 축석식의 석재충전목곽묘로 분류한다.

(6) 횡구식석곽분(묘)

매장주체부의 4벽과 천정을 석재로 축조하여 형태상으로는 수혈식석곽과 같으나, 횡혈식 장법을 채용하여 석곽 축조 시 한쪽 단벽의 전부 또는 일부를 비워 놓아 묘곽 내부로의 매납 통로로 사용하고, 매납이 완료된 후 비워놓은 단벽 부분을 석재로 쌓아 막은 고분이다.

2. 묘곽의 형식

1) 분류의 기준

신라 전기 경주지역에서 조영된 고분들의 여러 묘제 가운데 석곽분(묘)들은 그 묘곽이 석재로 축조되어 심하게 파괴를 입지 않으면 대개 그 형상을 유지하고 있지만, 목곽묘 계열의 고분들은 고분 축조 후 목곽의 부식에 따른 토석의 함몰로 변형 과정을 거치게 된다. 묘광과 목곽 사이를 흙으로 충전한 점토충전목곽묘는 묘광 내부의 변형이 크게 심하지 않은 편이지만, 묘광과 목곽 사이를 돌로 단순 충전한 석재충전목곽묘와 목곽의 뚜껑 위에 상부적석까지 가해진 적석목곽분은 목곽의 부식에 따른 상부적석 및 사방적석의 함몰로 묘광 내부의 변형이 심하고, 목곽의 흔적도 남아 있는 예가 극히 드물어 그 원래의 형상이나 규모를 정확히 알아내기 어려운 것이 보통이다. 그러므로 신라 전기고분은 일단 잔존한 묘광 및 묘곽의 평면 형태와 묘곽 안 주 부장품 배치 구역의 위치에 따라 묘곽의 형식을 분류하고, 묘곽 내 다른 시설에 대해서는 분석의 필요에 따라 고분의 전개 과정에서 살펴보기로 하겠다.

그런데 신라 전기고분의 묘곽 형식도 묘제와 마찬가지로 대개는 신라 조기의 목곽묘로부터 이어져 내려온 것이고, 일부 신라 전기에 그로부터 파생되어 추가된 것이 있다. 이에 신라 전기고분의 묘곽 형식은 신라 조기 목곽묘의 묘곽 형식과 상통할 수 있도록 분류되어야 하므로 신라 조기 목곽묘의 묘곽 형식분류와 같은 기준을 적용하도록 하겠다. 즉, 크게는 부곽의 설치 여부에 따라 피장자가 안치된 주곽에 부곽이 딸린 주부곽식과 부곽이 설치되지 않은 단독곽식으로 나누고, 이 중 주부곽식은 다시 주곽과 부곽이 각각 별도의 묘광에 설치되었는가, 한 묘광 안에 설치되었는가에 따라, 단독곽식은 묘곽 안 주 부장품 배치 구역의 위치에 따라 세분하도록 하겠다. 신라 조기 목곽묘의 묘곽 형식분류에서는 주부곽식(I), 단독곽식(II)으로 표기하였는데, 신라 전기고분의 묘곽 형식은 이와 공통성이 있으면서 차별화도 필요하므로 주부곽식(1), 단독곽식(2)으로 표기하겠다.

한편 월성북고분군의 적석목곽분에서 피장자의 두향은 동쪽을 지향하여 위계가 높을수록 동쪽으로 통일성이 강하였음은 이미 밝혀져 있지만(최병현 1992a), 경주지역의 신라 전기고분은 기본적으로 묘곽의 장축을 동-서로 두어 피장자의 동침을 지향하였다. 다만 고분군의 입지에 따라 편차가 있고, 한 고분군 내에서도 위계가 낮은 고분 가운데 예외적으로 묘곽의 장축을 남-북에, 피장자의 머리 방향을 남쪽에 둔 예들이 있을 뿐이다(심현철 2012). 이에 본고에서는 개별 고분의 피장자 두향 분석과 표기는 생략하며, 별도의 증거가 없는 경우 피장자의 두향은 묘곽의 장축방향에 따라 동향이나 남향으로 본다는 점을 밝혀둔다.

2) 묘곽 형식의 분류(도 2-16)

(1) 주부곽식 묘곽(1)

① 이혈주부곽(1A)

피장자를 안치한 주곽과 그에 딸린 부곽을 각각 별도로 조성한 묘광에 따로 설치한 것이다. 주부곽이 대개 동-서 일렬로 배치되며 주곽이 동쪽, 부곽이 서쪽에 위치한다. 부곽의 형태에 따라 세분된다.

○1A1식: 신라 조기의 구어리 1호묘와 같이 부곽의 길이가 짧아 그 평면형이 방형이거나 방형에 가까운 것이다. 주부곽의 너비가 같은 것이 일반적이지만, 부곽의 너비가 위나 아래쪽의 한 방향으로 약간 넓어진 것도 포함한다. 월성북고분군의 황오동 16호분-6·7곽은 부곽인 7곽이 동쪽, 주곽인 6곽이 서쪽에 위치하여 주부곽의 위치가 바뀌어 있는데, 1례뿐이어서 일반화하기 어렵지만, 다음의 동혈주부곽식에서 위치가 바뀐 확실한 예들이 있으므로 그 존재를 인정해 두어야겠다.

○1A2식: 신라 조기의 황성동 545-22호묘(동국대)나 중산리 ID-41호묘와 같이 장방형 부곽의 길이가 주곽 길이의 1/2 이상으로 긴 것이다.

○1A3식: 동-서 장축의 주곽 서쪽에 장축방향이 주곽과 반대인 남-북으로 긴 장방형 부곽을 배치하여, 주부곽이 T자형 배치를 이룬 것이다.

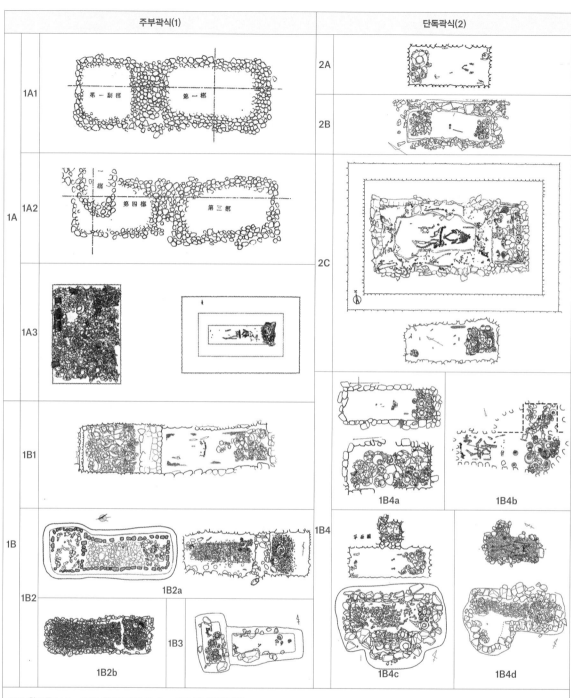

주부곽식(1)		단독곽식(2)	

1A1. 황오동 14-1   1A2. 황남동 109-3·4   1A3. 황남대총 남분
1B1. 황남동 82-동   1B2a. 중산리 IC-1, 미추 7구-7   1B2b. 쪽샘 B3   1B3. 중산리 Ⅷ-35
1B4a. 황남동 82-서   1B4b. 황남동파괴 Ⅲ   1B4c. 미추 9구A-3, 중산리 2   1B4d. 월성로 나-6, 중산리 Ⅴ-20
2A. 미추 9구A-1   2B. 계림로 51   2C. 천마총, 미추 5구-2

도 2-16 신라 전기 경주지역의 묘곽 형식분류

② 동혈주부곽(1B)

　피장자를 안치한 주곽과 그에 딸린 부곽을 한 묘광에 설치한 것으로 주부곽의 위치와 장단비 및 주부곽 사이의 격벽 구조에 따라 세분된다.

　○1B1식: 신라 조기의 동혈주부곽식 가운데 부곽의 길이가 주곽보다는 짧지만 주곽 길이의 1/2이상으로 긴 것과 같은 것이다. 주곽과 부곽 사이에는 돌로 격벽을 쌓았다.

　○1B2식: 신라 조기의 동혈주부곽식 가운데 부곽의 길이가 주곽 길이의 1/2 이하로 짧은 것과 같은 것이다. 주부곽 사이에 토석 격벽을 축조한 것을 1B2a식, 토석 격벽을 축조하지 않고 나무벽으로 막은 것을 1B2b식으로 하는데, 부곽의 위치가 주곽의 동쪽으로 바뀐 예들이 있다.

　○1B3식: 장방형 부곽이 주곽과 장축방향을 달리하여 T자형으로 배치된 것이다. 신라 조기의 묘광이 넓은 1B3식은 이와 다른 것으로 일찍 소멸되었다.

　○1B4식: 부곽이 주곽의 단변 쪽이 아니라 장변 쪽에 위치한 것이다. 주곽과 부곽 사이에 토석격벽을 쌓은 것과 쌓지 않은 것, 부곽의 바닥 레벨이 주곽의 바닥과 같은 것과 주곽보다 높은 것 등이 있으나 이들을 따로 구분하지는 않고, 부곽의 형태와 위치에 따라 세분한다. 부곽의 길이가 주곽의 길이에 버금가게 긴 것을 1B4a식, 소형화한 부곽이 피장자의 머리맡 쪽으로 위치한 것을 1B4b식, 주곽 장변 중앙부에 위치한 것을 1B4c식, 피장자의 발치 쪽으로 위치한 것을 1B4d식으로 한다. 1B4c식과 1B4d식 중에는 부곽의 위치가 피장자의 오른쪽에 있는 것과 왼쪽에 있는 것, 또 부곽의 바깥벽을 호선으로 둥글게 쌓은 것이 있으나 세분하지 않는다.

(2) 단독곽식 묘곽(2)

① 족부부장 단독곽(2A식)

　신라 조기의 목곽묘에서와 같이 피장자의 발치 쪽에 주요 부장품 배치 구역이 있는 단독곽이다.

② 양단부장 단독곽(2B식)

피장자의 발치와 머리맡 양쪽에 주요 부장품 배치 구역이 있는 단독곽으로 신라 조기에 발생하였다.

③ 두부부장 단독곽(2C식)

피장자의 머리맡에 주요 부장품 배치 구역이 있는 단독곽으로 신라 조기에 발생하였다.

3) 겹곽과 중곽

신라 전기고분의 묘곽은 목곽이나 석곽이 한 겹, 즉 홑곽(單槨)으로 설치된 것이 일반적이지만, 판석 뚜껑이 덮인 사실상의 석곽 안에 목곽이 겹으로 밀착되어 잔존한 것, 내외의 목곽이 사이에 약간의 공간을 두고 설치된 것이 있다. 앞의 것을 겹곽[複槨], 뒤의 것을 중곽(重槨)으로 구분할 수 있겠는데, 신라 전기고분 전체를 대상으로 한 일괄적인 분류까지는 필요하지 않다고 판단되므로, 고분의 전개 과정에서 필요한 부분에 언급하도록 하겠다.

경주 월성북고분군의 적석목곽분 출현과 고분 전개 II

1. 월성북고분군의 고분 편년과 적석목곽분의 출현

1) 고분의 편년

신라 전기고분은 고총 봉분과 함께 금관과 금제귀걸이를 비롯한 복식품, 금동장안 교와 등자 등의 마구류, 금동장환두대도 등의 무기류와 같은 금공품의 풍부한 부장을 특징으로 한다. 금공품 중 금제귀걸이와 같이 신라 전기고분에서 널리 출토되고 비교적 빠른 형식의 변화를 보이는 유물은 그 형식을 분류하여 고분의 편년에 활용하기도 한 다(최병현 1992a: 271~323). 그러나 시대를 막론하고 토기만큼 형식이 빠르게 변화되고 유적에서 일반적으로 출토되는 유물은 없다. 고고학자료의 세밀한 상대편년에 가장 적 합한 것은 토기이다. 이에 필자는 원삼국시기 이래의 경주지역 토기를 양식의 변화를 기준으로 시기구분하고 원삼국 토기와 각 시기 신라토기를 형식분류하여 그 편년안을 발표하여 왔다. 각 시기 고분의 전개 과정은 기본적으로 이 토기 편년안을 토대로 하여 살펴보았다.

종래 신라토기라 함은 일반적으로 신라 전기고분에 부장된 토기를 말하는 것이었지만, 필자는 신라고분과 신라토기 전체의 시기와 양식 구분에 따라 이를 신라전기양식토기로 규정한 바 있다(최병현 1987b). 신라전기양식토기는 신라조기양식토기에 이어 경주지역에서 성립되었다. 필자는 경주지역의 신라전기양식토기를 성립기 토기와 정형화 이후의 토기로 나누어 새롭게 각각의 편년안을 발표한 바 있다(최병현 2013a; 2014c). 신라전기양식토기의 대표 기종인 고배의 변화를 기준으로 대각에 투창이 뚫린 고배가 출현하여 상하 교차투창 2단각 고배로 정형화하기 이전까지를 성립기인 1기로, 상하 교차투창 2단각 고배로 정형화 한 이후를 2기 이후로 하여 모두 4기로 나누었다. 신라전기양식토기 성립기는 다시 4단각 고배 단계의 1A기와 3단각 고배 단계의 1B기로 구분하였고, 각 분기는 고배의 배신과 대각의 세부 변화, 장경호 등 다른 기종 토기들의 조합 및 형식의 변화에 따라 각각 그 소기를 세분하였다.

필자의 새로운 신라전기양식토기 상대편년은 신라전기양식토기 성립 초기에 4단각 고배 단계가 존재하였음을 확인하여 이를 신라전기양식토기 1A기로 한 것이 종래의 신라토기 연구성과와는 다른 점이었다. 종래에는 경주 황남동 109호분-3·4곽에서 출토된 것과 같은 1Ba기 상하 교차투창 3단각 고배의 출현을 신라전기양식토기의 성립으로 보아왔던 바였다. 또 필자는 고배를 비롯한 토기 각 기종의 세부기종을 나누어 그 형식의 변화를 살핌으로써 신라토기의 편년을 좀 더 정밀화하고자 하였다. 이런 점들을 제외한 필자의 새로운 신라전기양식토기 상대편년은 큰 흐름에서 그동안 학계가 이룩한 신라전기양식토기의 연구 성과와 큰 차이가 있는 것은 아니었다. 신라전기양식토기의 형식조열과 경주 월성북고분군의 신라 전기 주요고분 상대순서에 대해서는 이미 학계의 견해가 일치되어 가고 있었기 때문이다.

그러나 그 연대 설정에 있어서는 학계에 이견이 상존한다. 이견의 요인은 물론 지난 1970년대에 제기된 '馮素弗墓 최고 등자설'(穴澤咊光·馬目順一 1973)과 서기 400년 '고구려군 남정영향설'(최종규 1983a; 부산대학교박물관 1983: 170)이다. 동전의 앞뒷면과도 같은 두 설에 따라 학계의 일각에서는 현재까지 발굴조사된 최고의 적석목곽분인 황남동 109호분-3·4곽은 서기 400년 이후로, 그에 따라 황남대총 남·북분은 5세기 중·후반으로 편년하였다. 두 설과 두 설에 따른 주요고분의 편년은 그 후 신라·가야고분 편년의 프레임이 되어, 중국 동북지방에서 등자를 비롯한 새로운 마구 자료들이 출토되어 두 설의 제기가 원래 근거 없음이 확인되었어도(中國社會科學院考古研究所安養工作隊 1983; 遼寧省博物館文物隊 外 1984; 최병현 2014a), 일본에서 古墳時代의 새로운 須惠器 자료와 연륜연대가 나와 두 설에 의한 신라·가야고분 편년과 괴리가 생겼어도(최병현 2000; 2013a), 이제는 자료가 엄청나게 늘어난 백제 고고학자료와 신라·가야고분 사이에 합치되기 어려운 연대 차이가 있어도(土田順子 2014), 변함이 없다.

필자는 두 설이 제기될 때부터 줄곧 이를 비판해 왔거니와(최병현 1981b; 1992a; 2000; 2014a; 2014b), 신라·가야고분은 한반도는 물론 동북아시아 속에서 외따로 존재하지 않으며 그 편년도 외따로 이루어질 수 있는 것이 아니다. 안으로는 백제 고고학자료와, 밖으로는 중국 동북지방의 새로운 마구 자료와, 일본 古墳時代 須惠器의 연륜연대와도 정합성을 갖어야 안정된 편년이 될 수 있다고 본다. 이에 대한 자세한 내용은 이미 전고들에서 고찰한 바 있으며, 아울러 신라전기양식토기 교차투창 고배가 2단각으로 정형화 되는 2a기의 황남대총 남분은 4세기 말·5세기 초로 비정되고, 이에 따라 신라전기양식토기의 출현은 4세기 중엽으로, 신라전기양식토기의 하한은 6세기 중엽에 성립되는 신라후기양식토기로 보아 6세기 전엽으로 편년됨을 제시한 바 있다.

한편 필자는 지금까지 경주지역의 신라토기를 편년하면서, 각 시기 신라토기는 시기양식으로서 제일성을 갖고 있지만 세부적으로는 경주지역 내에서도 지구 단위나 고분군별로 약간의 양식·형식상의 차이들이 있음을 인지하게 되었다. 그러한 차이는 신라조기양식토기에서 좀 더 구분되며, 점차 줄어들어 갔지만 미세한 차이는 신라후기양식토기까지도 존재하는 것이 분명하였다. 이와 같이 경주지역 내의 지구 단위나 고분군 사이에도 양식·형식상의 차이가 존재하게 된 것은 신라토기가 경주지역 내에서도 한 곳에서가 아니라 지구 단위나 대취락 등 여러 곳의 조업장에서 생산이 이루어져 각 고분군에 공급되었기 때문으로, 한 시기양식이라도 세부적으로는 각 조업장에 따라 양식·형식상의 미세한 차이를 갖게 된 것이라 판단되었다.

그러한 차이를 극복하고 신라토기와 신라고분의 좀 더 정밀한 편년을 위해서는 경주지역의 신라토기도 각 지구 단위별로 또는 대고분군별로 상대편년하고 이를 종합한 편년표가 각 시기양식마다 작성되어야 할지도 모르겠다. 그러나 그와 같은 작업이 가능할 정도로 각 지구 고분군의 발굴조사가 충분하고 균등하게 이루어지지 않은 현실에서 시기양식마다 모두 그와 같은 편년표 작성 작업이 가능하지도 않고, 또 필자의 신라토기 편년은 토기 자체의 미세한 변화를 추적하기 위한 것이라기보다는 고분 편년의 분기 설정을 위한 것이어서 굳이 그럴 필요가 있지도 않았다.[3] 이에 필자는 각 지구나 고분군 사이의 미세한 차이점들보다는 각 시기 경주지역 내 신라토기의 양식적 제일성을 중시하여 경주지역 전체를 대상으로 한 시기양식별 단일 편년안을 제시해 왔다. 앞으로 신라조기양식토기는 유적의 분포와 조사의 한계를 극복하고 지구 단위로 편년이 가능할지, 신라후기양식토기는 미세한 차이가 존재하지만 굳이 그것을 구분한 형식분류와 상대편년까지가 필요한지는 모르겠다.

그러나 신라전기양식토기도 성립기는 아직 자료의 한계로 경주지역 전체 유적의 출토 토기로 편년할 수밖에 없지만, 정형화 이후는 지금까지 경주지역 각 지구에서 막대한 자료가 축적되어 좀 더 지리적 범위를 제한한 편년 연구가 어느 정도 가능하다. 이에 전고(최병현 2014c)에서도 정형화 이후의 신라전기양식토기 편년자료는 경주 월성로 고분 출토 토기를 중심으로 하고 가능한 한 월성북고분군을 벗어나지 않고자 하였으며, 불가피한 경우 일부만 지구가 다른 유적의 토기를 포함하였다. 그런데 지금은 계속 공표되고 있는 월성북고분군의 새로운 발굴자료들로 좀 더 보완이 가능해지고 있다. 이에 필자는 경주지역의 신라전기양식토기 편년은 신라 중앙의 중심고분군인 월성북고분군

---

3   필자의 신라조기양식토기 편년에서는 경주지역 출토 대부직구호를 3소기(1a~2a)로 나눈 바 있는데(최병현 2012a), 안재호·한승현(2015)의 연구에서는 '형식학적 속성분석법'으로 덕천리유적의 대부직구호를 10단계, 황성동유적의 대부직구호를 5단계로 상대편년하였다. 결국 10단계로 세분한 셈이다. 단일 기종 유물의 각 단계가 동일한 시간폭을 갖는 것도 아니지만(최병현 2014c: 192), 자신들이 "현재로서는 이렇게 좁은 시간폭으로 설정된 편년은 어디에 사용되어야 할지 모르지만"(안재호·한승현 2015: 121)이라고 실토하고 있듯이 과연 이러한 토기 편년이 어떠한 효용성을 가질지, 또 단일 기종은 그와 같이 세분할 수 있다 하더라도 복수기종을 종합한 상대편년도 그렇게 세분할 수 있을지 모르겠다.
    그러면서 그들은 대부직구호에 대한 자신들의 편년과 필자의 편년이 대체적인 흐름에서 일치한다고 하고, 필자의 편년에 대해 "유물의 시간적 흐름에 대해서는 대단한 직관력을 통한 결과"라고 평가하고 있다. 그러나 유물의 편년 연구는 반복 관찰을 통해 변화에 유의미한 속성을 인지해 낸 다음, 그 속성이나 속성들의 결집으로 형성되는 형식들에 방법론적 이론틀을 적용하여 결과를 도출하는 과정이라고 할 수 있다. 필자는 최근 일련의 신라토기 편년 연구에서 필자가 각 유물에서 관찰을 통해 인지해낸 속성이나 형식, 편년에 적용한 방법론을 구체적으로 설명하지는 않겠다고 미리 밝히고, 편년 도표와 각 형식 유물의 공반관계표를 제시하면서 속성이나 형식의 대체적인 변화 흐름을 설명하는 것으로 하였다. 동종유물에 대한 필자와 그들의 편년 결과가 일치하는 면이 있었다면 그것은 어디까지나 필자가 반복 관찰을 통해 인지해낸 유의미한 속성과 그 변화 방향이 그들이 찾아낸 그것과 같았다는 것을 의미할 뿐이지, 그것을 '대단한 직관력을 통한 결과'라고 한 것은 적절한 평가는 아니다.

출토 토기를 중심으로 하되 부족한 부분은 같은 분지지구에 자리한 황성동고분군 자료로 보완하여 전체 신라전기양식토기의 표준편년표로 발전시키고자 하고 있다. 이 신라전기양식토기 표준편년표는 넓게는 영남지방 각 지역에서 성립된 지역양식 신라토기의 편년에서, 좁게는 경주지역 각 지구 고분군이나 기타 유적 출토 토기의 편년에서 공급원의 상이에 따른 토기의 양식적·형식적 변이나 차이를 인식하고 극복하는 데 활용될 수 있을 것이다.

이에 여기서는 보완된 신라전기양식토기 표준편년표 중 고배와 장경호의 편년표(도 2-17)를 제시하고 각 분기의 연대와 각 분기 토기들의 특징을 간단히 요약해 두겠으며, 신라전기양식토기의 편년에 근거한 월성북고분군의 발굴고분 편년은 〈표 2-6〉으로 대신하겠다.[4]

○1A기(4세기 중엽): 신라전기양식토기 성립 초기로 투창 뚫린 4단 나팔각 고배가 출현하고, 신라조기양식토기 구형호들의 목이 길어져 신라전기양식토기 장경호들이 성립되었다. 나팔각 고배의 대각 투창은 상하 일렬투장과 상하 교차투창이 공존하고, 이들과 함께 경주지역에서 화염형 투창이 뚫린 나팔각 고배, 투공 뚫린 통형고배도 공존하였다. 배신과 대각의 세부 변화에 따라 1Aa기(4세기 중엽 전반)와 1Ab기(4세기 중엽 후반)로 나뉜다.

○1B기(4세기 후엽): 4단 나팔각 고배가 3단각 고배로 축소되고 대각의 투창은 상하 교차투창 일색이 된다. 경주지역에서 통형고배는 사실상 소멸된 반면 상하 교차투창 2단각 고배가 발생하여 3단각 고배와 공존하였다. 3단각 고배의 3등분된 대각 하단이 점차 좁아짐에 따라 1Ba기(4세기 후엽 전반), 1Bb기(4세기 후엽 중반), 1Bc기(4세기 후엽 후반)로 나뉘며, 1Bc기에는 대부장경호가 출현한다.

○2기(4세기 말~5세기 전엽): 대각에 상하 교차투창이 뚫린 고배가 2단각 고배로 정형화되고, 소형의 2단각 고배가 출현한다. 고배와 장경호 등의 세부 변화에 따라 2a기(4세기 말·5세기 초)와 2b기(5세기 전엽)으로 나뉜다.

....

4 보완된 표준편년표에 제시된 토기형식들 중에는 전고(최병현 2013a; 2014c)의 신라전기양식토기 편년표에서 제시한 것과는 다른 자료로 교체되거나 새로 추가된 것들이 있다. 그러나 보완된 표준편년표의 분기는 전고와 다르지 않고, 각 분기로 편년된 고분들도 다르지 않으며, 다만 예시한 자료들만 좀 더 적합한 것으로 교체하거나 보완하였을 뿐임을 밝혀둔다.

통형각 C / 나팔각 B	나팔각C (2단각대형)	2단각 (중)	2단각 (소)	B1	B2①a	B3 / B2①	C1 부가구연	C2
1Aa			1·2. 황성동 590(북)-57 3. 봉길리사토장 가-석곽묘 4. 황성동 590(북)-95 5·7. 황성동 590(북)-57 6. 구어리 3					
1Ab			1Ab 1·4·5. 월성로 가-6 2. 쪽샘 C-10 3. 월성로 가-5 6. 황성동 590(신)-104 7. 중산리 IB-1					
1Ba			1Ba 1. 황남동 109-3·4 2·6. 중산리 IA-51 3·4. 사라리 13 5·7. 인왕동(2002) 10				1Bb 1. 황성동 590(북)-15 2. 황성동 590(북)-45 3·4·8. 사라리 113 5·6. 월성로 가-13 7·9. 미추 5구 1	
1Bb								
1Bc						1·3·5. 황남동 110 2·6·8. 미추 5구 6 4. 사라리 64 7. 사라리 7		
2a		1~7. 황남대총 남분						
2b		1·3·6. 월성로 나-9 2. 월성로 가-11-1 4. 쪽샘 C-5 5. 월성로 다-8			7. 월성로 나-13 8. 황남대총 북분			
3a		1. 황성동 885/4-5 2~4. 월성로 나-12 5. 황성동 강변로 35 6·9. 월성로 나-12 7. 인왕동(문) 6B 8. 인왕동(문) 6A						
3b		1·3·7. 월성로 가-4 2·8. 쪽샘 B1 4. 계림로 50 5. 인왕동(박) 2			6. 인왕동(문) 적2 9. 쪽샘 A9			
4a		1~3·8. 월성로 가-1 4·5. 인왕동(박) 적10 6·7. 천마총						
4b	1·7. 황남동 106/3-6 2·3. 월성로 가-18 4. 월성로 가-9 5. 황성동 106/3-2 6. 월성로 나-6							

도 2-17 경주지역의 신라전기양식토기 편년

○3기(5세기 중엽~후엽): 상하 교차투창 2단각 고배를 비롯하여 고배들의 소형화와 대각의 곡선화가 현저하다. 소형 장경호들이 분화하고, 부가구연장경호가 출현한다. 고배와 장경호 등의 세부 변화에 따라 3a기(5세기 중엽)와 3b기(5세기 후엽)로 나뉜다.

○4기(5세기 말~6세기 전엽): 고배들이 전체적으로 왜소해지고, 대각 하단에 2~3줄의 돌대를 두루고 상단에는 투창을 뚫은 대각하부돌대 유개식고배가 출현한다. 부가구연장경호의 구연부가 완전 반구화된다. 각 기종의 세부 변화에 따라 4a기(5세기 말·6세기 초), 4b기(6세기 전엽)로 나뉜다.

2) 적석목곽분의 출현

(1) 적석목곽분의 개념과 범주(도 2-18)

① 연구사적 검토

월성북고분군에 대한 고고학적 조사는 일제의 한반도 진출과 함께 시작되어, 일제강점기에 이미 상당수의 고분이 발굴조사되었다. 광복 이후 한국고고학의 첫 발굴로 1946년 호우총과 은령총이 조사된 이래 지금까지 월성북고분군에서는 수많은 고분의 발굴조사가 이어져오고 있다. 월성북고분군에서 처음부터 주목의 대상은 적석목곽분이었고, 그 출현은 신라의 고분문화 전개 과정에서 가장 획기적인 변화라는 것이 인식되면서, 적석목곽분의 조사와 연구는 항상 신라고고학의 중심 주제가 되어 왔다.

필자도 신라 적석목곽분에 대한 연구를 시작으로 학계의 신라고고학 연구에 동참하게 되었는데(최병현 1980; 1981a; 1981b), 월성북고분군의 적석목곽분을 대상으로 적석목곽분을 목곽과 적석부, 圓形의 高大봉토와 호석을 갖춘 고분으로 정의한 바 있다(최병현 1980; 1992a). 여기서 적석부는 당연히 목곽 측벽 쪽의 사방적석뿐만 아니라 목곽 뚜껑 위의 상부적석을 포함한 개념이었다. 사실 1990년대에 들어와 울산 중산리유적이 발굴조사되고 그 내용이 알려지기 전까지 학계에서 신라 적석목곽분에 대한 그와 같은 인식과 정의는 일반적인 것이었다. 다만 천마총의 발굴로 대형분은 목곽과 적석부가 모

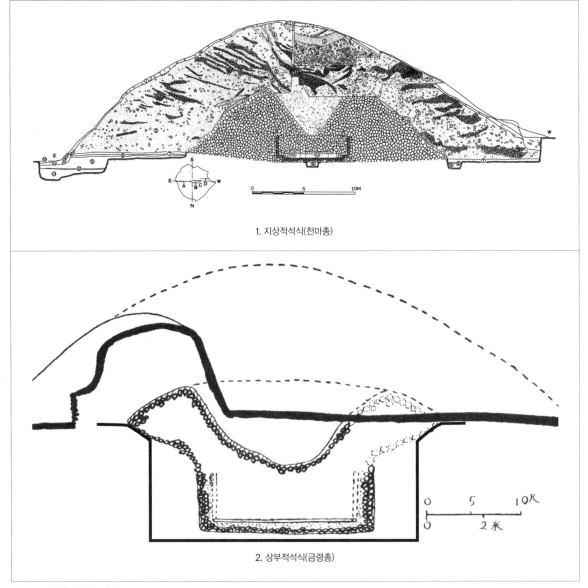

1. 지상적석식(천마총)

2. 상부적석식(금령총)

도 2-18 적석목곽분 단면도

두 지상에 축조되어, 목곽이 지하 묘광에 설치되고 상부적석만 지상에 축조된 중소형분
과는 차이가 있다는 것이 밝혀졌고, 일부 소형분의 경우 묘곽 벽이 토석벽이었을 가능
성, 매장주체부로 목곽 없이 목관을 사용하였을 가능성 등이 지적되기는 하였지만, 적
석목곽분에서 상부적석의 존재에 대한 의문은 없었다(최병현 1980). 1980년대에 들어와
부산 복천동고분군이 본격 발굴되면서 목곽의 사방에만 돌을 채운 목곽묘들의 존재가
알려지기 시작하고, 과거 발굴고분들 중에도 그런 구조의 고분이 포함되어 있을 것으로

예상은 하였으나, 필자는 그것이 신라 적석목곽분의 성립 과정이나 범주와는 관계가 없다고 보아 적석목곽분의 정의를 그대로 유지하였다(최병현 1992a: 104~113).

그런데 경주권인 울산 중산리유적에서 묘광과 목곽 사이를 흙 대신 돌로 채웠으나 목곽 뚜껑 위에는 상부적석을 가하지 않은 목곽묘, 즉 본고의 석재충전목곽묘가 대거 발굴조사되면서, 이와 적석목곽분의 관계가 본격적으로 논의되기 시작하였다. 발굴자인 이성주는 처음에는 본고의 석재충전목곽묘에 해당하는 중산리유적의 목곽묘들을 돌의 충전 상태와 축조 시기를 고려하여 '목곽위석묘'와 '목곽적석분'으로 나누고, '목곽적석분'이라는 이름으로 그 범주를 넓혀 잡는 듯했다(이성주 1992). 그러나 그는 적석목곽분은 중산리유적에서 3세기 중엽부터 축조되기 시작하는, 목곽 사방에 돌을 충전한 日자형 동혈주부곽식 목곽묘, 즉 "신라식목곽묘의 전통과 범주 안에 있는 특수묘제"라고 하면서, 적석목곽분의 개념을 목곽과 적석봉분, 고대봉토라는 3개 요소를 갖춘 것으로 정의하여 그 범주를 극히 제한하였다(이성주 1996).

그러면서 그는 신라 적석목곽분은 "경주분지 내에서도 극히 제한된 예를 찾을 수 있을 뿐"으로 "신라 중심고분군의 최고위계 대형분에만 적용될 수 있는 고분의 형식"이라 하고, 현재로서는 "고신라 최고의 적석목곽분은 황남대총 남분부터이며" 종래 최고의 적석목곽분으로 여겨져 온 황남동 109호분-3·4곽은 '원형의 적석봉분'을 하지 않았기 때문에 적석목곽분의 범주에서 제외되어야 한다고 주장하였다. 그는 황남동 109호분-3·4곽 외에 직접 거명하지는 않았지만, 또 "우리가 막연히 적석목곽분으로 불러왔던 것의 대부분은 이 범주에서 제외되어야 한다"고 한 언급 등을 보면 황남동 110호분, 황오동 14호분 등 황남대총 남분 이전에 축조된 것은 물론 금령총과 식리총, 호우총과 은령총 같은 늦은 시기 것도 신라식목곽묘일 뿐 적석목곽분은 아니라고 본 것 같다.

이희준은 이와 같은 이성주의 중산리유적 고분 구조의 변화 과정과 이를 통해 본 월성북고분군에 대한 해석을 거의 그대로 수용하면서도 적석목곽묘의 범주에 대해서만은 이성주와 다른 입장을 취했다(이희준 1996c). 그는 필자의 신라 적석목곽분 북방기원설(최병현 1990; 1992a)에 대한 강한 비판과 병행하여 그의 신라 적석목곽묘에 대한 관점을 전개하면서, 본고의 석재충전목곽묘를 '사방적석식'으로 이름 붙여 적석목곽묘의 범주에 포함하여, 이성주와는 반대로 적석목곽묘(분)의 범주를 확대하였다. 그리하여 적석목곽묘의 구조에는 사방적석식, 상부적석식, 지상적석식이 있으며, 적석목곽묘 자체가 목곽묘에 뒷채움식의 소량 적석을 가한 일종의 위석목곽묘로부터 사방적석식을 거쳐 상부적석식·지상적석식으로 점진적인 변화·발전을 한 것이라고 하였다.

좀 더 구체적으로는 지하 사방적석식에서 일부지상 사방적석식, 반지상 상부적석식·지상적석식의 순으로 그 발전도식을 제시하고, 월성북고분군에서 황남동 109호분-3·4곽을 지하 사방적석식, 황남동 110호분을 일부지상 사방적석식의 예로 들면서, 노출된 적석부의 평면형태가 목곽의 형태대로 장방형인 것은 사방적석식으로 판정해야 한다고 주장하였다. 상부적석식은 황남동 83호분처럼 묘곽이 반지상화하고 적석부가 목곽보다 훨씬 넓게 타원상인 것으로 황남대총 남분과 같은 지상적석식과 함께 가장 늦게 출현했다고 하였다. 이는 상부적석식의 성립을 지상적석식의 출현과 연계시킴으로써 월성북고분군에서 황남대총 남분 이후의 늦은 시기 고분에 대해서는 이성주와 다른 입장을 취한 것처럼 보이지만, 황남대총 남분 이전의 황남동 110호분과 황남동 109호분-3·4곽에 대해서는 이성주가 '원형의 적석봉분'을 하지 않았다고 한 데서 한 발 더 나가 아예 상부적석의 존재 자체를 부정해버린 것이다.

울산 중산리유적의 발굴조사를 계기로 이와 같이 신라 적석목곽분의 개념이나 범주를 과거와는 근본적으로 달리 설정하는 주장들이 제기되었는데, 이는 사실 이희준의 지적(이희준 1996c: 295)처럼 단순히 분류 및 범주의 문제가 아니라 적석목곽분의 기원과 출현 연대에 대한 견해 차이 등의 문제가 얽혀 있는 것으로, 그에 대한 필자의 주장들을 주로 문제 삼은 것이었다. 이에 곧 필자는 발굴보고서 등의 분석을 통해 이희준이 부정해버린 황남동 109호분-3·4곽과 황남동 110호분에서 상부적석의 존재를 재확인하고, 필자의 신라 적석목곽분에 대한 정의와 북방기원설을 재삼 주장하면서 양인의 신라 적석목곽분(묘)의 '토광목곽묘로부터의 발전설'에 대한 반론을 제기하였다(최병현 1998).

그런데 이 반론은 물론 필자의 신라 적석목곽분 북방기원설의 재천명이 주목적이었지만, 사실 당시로서는 좀 성급하게 쓰여진 면이 있었다. 그때는 울산 중산리고분군의 발굴보고서가 출간되지도 않아 발굴현장을 실견하지도 못한 필자로서는 신라 조기고분과 석재충전목곽묘에 대한 이해가 절대적으로 부족하였고, 또 신라 조기고분과 신라 전기고분을 연계한 편년도 어려운 상태였다. 반론은 그런 상황에서 쓰여져 울산 중산리유적의 석재충전목곽묘가 월성북고분군의 적석목곽분의 영향으로 생겨났다고 해석한 것 등 지금의 관점과는 맞지 않는 주장(최병현 2015)도 있었고, 또 지금으로서는 신라 적석목곽분의 기원이나 출현 과정에 대해 재고해 보아야 할 부분도 있다.

하여튼 그후 학계에서는 적석목곽분보다는 적석목곽묘라는 명칭이 일반화되었지만, 이를 대상으로 한 연구들의 내용을 들여다보면 그 범주는 일치하지 않는다. 즉 본고의 석재충전목곽묘 또는 이희준의 사방적석식을 적석목곽묘의 범주에 넣어 논리를 전개하는 연구자 그룹(김대환 2001; 김용성·최규종 2007; 이재홍 2007)과 석재충전목곽묘를 적석목곽묘의 범주에서 제외하고 논리를 전개하는 연구자 그룹으로 나뉘는데, 후자는 다시 석재충전목곽묘를 전통적인 목곽묘의 범주로 보는 그룹(김두철 2007; 김동윤 2009; 심현철 2012)과 위석목곽묘(박광열 2001; 권용대 2008), 충전석목곽묘(최수형 2010) 등으로 규정하여 본고와 같이 별도의 묘제로 다루는 그룹이 있다.

그 가운데 김용성은 이희준의 견해를 거의 그대로 수용하고 있으면서도 새로운 造語들을 사용한다. 그는 "영남지방의 일부에서 축조된 목곽을 내부 주체로 하고 봉토를 올린 소위 적석목곽분의 경우 묘와 분을 분리해서" 살펴보아야 한다고 하고, 이를 '적석목곽묘-봉토분', '적석목곽묘-적석봉토분'으로 구분한다. 그는 '적석목곽묘-봉토분'을 '적석목곽묘를 내부 주체로 한 봉토분' '봉토분으로 축조된 적석목곽묘'라고 부연 설명하면서 이를 다시 고총 이전 단계와 고총 단계로 나누어 월성로 가-13호묘는 고총 이전 단계, 황남동 109호분-3·4곽, 황남동 110호분, 황오동 14호분은 고총 단계라고 주장한다(김용성·최규종 2007; 김용성 2009: 41~43).

② 쟁점

연구자에 따라 이와 같이 개념과 범주를 달리하는 가운데 적석목곽분(묘)의 범주를 넓혀 잡는 연구자들은 상부적석까지 축조된 것만 별개의 묘제로 구분하면 진정한 적석목곽분은 아주 소수일 뿐이라고 하면서(이성주 1996; 이희준 1996c; 김대환 2001; 김용성 2014b), 석재충전목곽묘와 적석목곽분의 구분 자체가 아예 불필요하다고 주장한다(의성조문국박물관·성림문화재연구원 2015: 271~272). 그런가 하면 석재충전목곽묘를 전통적인 목곽묘의 범주로 보는 연구자들은 소형분에서도 상부적석의 존재를 확인한 자신들의 발굴 경험을 바탕으로 따로 적석목곽분(묘)의 축조 공정을 복원하기도 한다(김두철 2009; 심현철 2012). 학계의 이런 현실이 유적의 발굴 현장에 혼란을 야기하고, 발굴 보고서를 어느 일방으로 꾸며놓게 하고 있는 것이다.

이제 그러한 혼란을 해결하기 위해서는 논란의 핵심이 되고 있는 문제들을 먼저 살펴보아야겠는데, 그것을 정리하면, 첫째 황남대총 남분 이전에 축조되어 종래 적석목곽분으로 인식되어 온 황남동 109호분-3·4곽, 황남동 110호분, 황오동 14호분 등에는 과연 상부적석이 있었나 없었나. 있었다면 이들은 변형의 석재충전목곽묘, 즉 호석이 돌려진 봉토가 축조된 석재충전목곽묘나 목곽 상부 즙석식의 석재충전목곽묘와도 확실히 구분되는가.[5] 둘째 墓와 墳의 의미는 무엇인가, 셋째 상부적석식·지상적석식인 적석목곽분은 과연 소수인가, 넷째 핵심적인 문제로서 결론적으로 전통적인 목곽묘-점토충전목곽묘, 사방적석식-석재충전목곽묘, 상부적석식·지상적석식-적석목곽분은 각각 별개의 묘제로 구분될 수 있는가 없는가로 요약된다.

먼저 첫 번째 문제 중 황남동 109호분-3·4곽, 황남동 110호분, 황오동 14호분의 목곽 상부에 상부적석이 존재했음은 필자의 전고(1988)에서 보고서의 분석을 통해 이미 증명한 바 있다. 앞서 언급한 바와 같이, 필자의 전고는 지금의 관점에서는 문제가 되는 부분도 있지만, 이 고분들이 모두 상부적석이 가해진 적석목곽분임을 재확인한 사실에는 변함이 없다. 그럼에도 불구하고 학계에는 아직도 이 고분들의 성격에 대해 이견이 있으므로(김용성 2015: 125) 필자의 견해를 좀 더 명확히 해 둘 필요가 있지만, 이에 대해서는 뒤의 관련 부분들에서 다시 반복 설명될 것이므로 여기서는 더 이상의 언급을 생략하겠다. 다만 이와 관련하여, 이희준이 앞의 세 고분을 사방적석식으로 규정하면서 노출된 적석부의 평면 형태가 목곽의 형태대로 장방형인 것은 사방적석식이고 타원형인 것만 상부적석식이라고 한 부분이다. 그러나 그 자신도 "주부곽을 통틀어 적석의 양이 많아지는 쪽으로 변화"했다(이희준 1996c: 302)고 하였듯이 그것은 시기적인 변화의 문제이기도 하고, 한편으로 피장자의 사회적 인격에 따른 고분 위계의 문제(최

....

5   호석이 돌려진 봉토가 축조된 석재충전목곽묘가 월성북고분군에서 조사된 바 없고 주로 지방의 고분군에서 축조되었지만(김대환 2001; 최병현 2018a), 울산 중산리고분군(창원대학교박물관 2006) 등 경주지역의 일부 고분군에도 존재하였다. 목곽 상부 즙석식의 석재충전목곽묘는 최근 보고된 월성북고분군의 쪽샘 C16호묘(국립경주문화재연구소 2018)를 통해 대소형의 적석목곽분과는 분명히 구분되는 것이 확인되므로 앞의 묘제 분류에서 이를 석재충전목곽묘에 포함하였다.

병현 1980; 1981a)이지 적석부의 평면 형태와 상부적석의 유무 여부가 직결되는 것은 아니라는 점만 미리 첨언해 둔다.

그러나 이 고분들이 적석목곽분의 영향으로 변형된 석재충전목곽묘와도 분명하게 구분되는가의 문제는 검토해 볼 필요가 있다. 변형 석재충전목곽묘의 구조와 성격에 대해서도 좀 더 자세한 것은 뒤에서 설명되겠지만, 이와 관련하여 확인해두어야 할 것은 위의 세 고분이 모두 목곽 뚜껑 위에 상부적석이 축조된 것은 물론 호석으로 마감된 봉분을 갖고 있었다는 점이다. 다만 황남동 110호분은 봉분이 파괴되어 호석이 발굴되지 못했지만, 남아 있던 봉토로 보아 이 고분의 봉분에도 원래 호석이 존재했을 것임은 분명하다. 그러므로 이 세 고분과 변형의 석재충전목곽묘 중 호석이 돌아간 봉토가 축조된 석재충전목곽묘와는 상부적석의 유무 여부, 목곽 상부 즙석식의 석재충전목곽묘와는 호석 봉분의 유무 여부, 즉 고총화에서 차이가 있어 구분된다는 점을 밝혀둔다.[6]

다음 두 번째 문제와 관련해서도 필자는 墓-墳-塚의 의미 또는 개념에 대해 이미 여러 차례 언급한 바 있고(최병현 2002; 2011b) 앞의 제1부 제2장에서도 다루었으므로 여기서는 굳이 장황한 설명을 하지는 않겠다. 요약하자면, 墓는 원래 중국 상고시기 묘장제도에서 매장시설을 지하에 마련하고 지상에는 墳壟(봉토 또는 분구)을 축조하지 않아(不封不樹: 『易經』「繫辭傳下」) 편평한 무덤(古者墓而不墳 … 與平地齊: 『政論』) 자체를 의미하는 것이지 적석목곽이나 석곽, 석실과 같은 매장 주체시설을 가리키는 것이 아니며, 墳과 塚은 둘 다 매장 주체시설의 위에 쌓은 분롱을 가리키는 것이다. 다만 그 후 묘의 의미가 확대되어 분·총의 유무나 규모와 상관없이 모든 무덤을 가리키게 되었으므로, 매장 주체가 목곽인 무덤-목곽묘, 매장 주체가 석실인 무덤-석실묘 등으로 쓰고 있고, 적석목곽묘도 발굴 당시 봉토의 잔존 여부나 원래의 봉토 규모와 상관없이 '매장 주체가 적석목곽인 무덤'이라는 의미라면 틀린 것은 아니지만, 묘는 매장주체부 자체가 아니므로 동일 대상에 墓와 墳 두 개를 붙여 쓸 필요는 없는 것이다. 김용성은 또 黃曉芬의 중국 고대 묘장제도 '墳丘'분류 개념(黃曉芬 2000)을 적용하여 '적석목곽묘-봉토분은 분

....
6   다만 호석과 봉토가 모두 유실되어 묘광부만 남은 적석목곽분과 목곽 상부 즙석식 석재충전목곽묘의 잔존유구는 극히 유사하여 그 구분이 애매할 수 있다. 그러나 묘광 내부의 함몰 상태를 면밀히 관찰하면 목곽 상부 즙석식의 석재충전목곽묘는 유물층 상면이 겨우 1~2겹의 돌로 덮여 있고, 묘광이 좀 깊게 남은 경우 그 위로는 흙이 함몰되어 있는 반면, 적석목곽분은 대개 묘광 내부가 함몰된 돌들로 차 있어 구분 가능하다.

묘분리형', '적석목곽묘–적석봉토분은 분묘분리형과 분묘일체형'이라고 하고 있지만
(김용성·최규종 2007; 김용성 2009: 41~43), 黃曉芬의 분류는 묘를 자의적인 의미로 사용
한 것일 뿐, 뒤에서 보듯이 분롱에서 묘광의 수직적인 위치, 그리고 그 조성 방법이 중
국과는 상이한 신라고분에 그대로 적용할 수 있는 것은 아니다.

　　필자는 한국 고대의 고분을 분구묘 계열과 봉토묘 계열로 나누고 저분구묘, 저봉
토묘가 각각 분구식 고총과 봉토식 고총으로 발전하였다고 본 바 있다(최병현 2002;
2011b). 이 발전 도식에 따른 필자의 신라고분 변천관을 요약하여 제시하면 다음과 같다.

　　신라고분은 모두 봉토묘 계열로, 원삼국시기의 목관묘와 목곽묘, 신라 조기의 점토
충전목곽묘와 석재충전목곽묘는 모두 저봉토묘였다. 신라에서 고총은 월성북고분군에
서 적석목곽분으로 처음 출현하였으며, 현재까지 발굴조사된 것으로서는 황남동 109호
분-3·4곽이 그 시작이다. 그 후의 변화에 대한 자세한 내용은 뒤에서 살펴보겠지만, 요
컨대 월성북고분군에서는 신라 전기에 적석목곽분이 출현한 이후에도 여러 묘제가 공
존하였으나 석재충전목곽묘를 비롯한 다른 묘제의 고분은 고총화하지 못하고 여전히
저봉토묘 상태로 조영되었을 뿐이다. 적석목곽분은 신라 전기에 월성북고분군 외에 서
남부지구의 금척리고분군[7]에서 축조되었고, 중산리고분군(창원대학교 박물관 2006a)과
덕천리고분군(중앙문화재연구원 2005) 등에서도 소수 확인되지만 경주지역의 다른 고분
군에서 널리 축조된 것은 아니었다. 월성북고분군에서 적석목곽분이 출현한 이후 그 영
향으로 석재충전목곽묘가 호석 봉분이 축조된 석재충전목곽묘나 목곽의 상부를 1~2겹
의 돌로 얇게 덮은 상부즙석식의 석재충전목곽묘로 변형되기도 하였지만, 월성북고분
군과 금척리고분군을 제외한 다른 고분군에서 고분들은 대개 여전히 저봉토묘 상태로
조영되었다. 이에 비해 지방에서는 경주보다 조금 늦게 고총이 널리 조영되기 시작하였
는데, 그 내부 주체는 지역마다 차이가 있었다. 극히 소수의 예외적인 존재 외에는 지방
에서 진정한 적석목곽분은 사실상 조영되지 못하였으며, 내부 주체가 석재충전목곽인
고총이 오랫동안 지속된 지역도 있었고(김대환 2001), 내부 주체가 수혈식석곽이나 횡

7　　신라 전기에 금척리고분군에서도 월성북고분군에서와 같은 적석목곽분이 축조되고 있었다는 것이 일반적인
　　인식이지만, 사실 금척리고분군에서는 지하의 소형 적석묘곽들이 일부 조사되었을 뿐 고총의 봉토분이 발굴
　　조사된 예는 없다. 따라서 금척리고분군의 고총 봉토분들이 진정한 적석목곽분인지 아닌지는 차후 발굴을
　　통해 확인되어야 한다.

구식석곽으로 전환되거나 또는 그것들로 고총이 시작되는 지역도 있었다. 신라 전기고 분은 이와 같이 경주에서는 중심과 주변, 신라 전체에서는 중앙과 지방[8] 사이에 차별화 되었다는 것이 필자의 생각이다.

다음 세 번째 상부적석식·지상적석식인 적석목곽분은 과연 소수인가의 문제이다. 신라 전기고분의 전개는 그와 같이 중심과 주변, 중앙과 지방 사이에 차별화되었으므로 이 문제는 대상을 월성북고분군으로 좁혀서 보아야 한다. 김용성은 당초 "이렇게 본격 적인 적석봉토분은…헤아리기 힘들 정도로 많이 조사"되었다(김용성·최규종 2007: 271) 고 하였다가 적석목곽묘의 개념에서 석재충전목곽묘를 제외하면 "지극히 한정된 사례 만이 적석목곽분(묘)이 되는 문제가 있"다고 입장을 바꾸기도 하였지만(김용성 2014b: 16), 소수라고 하는 이들의 주장도 월성북고분군을 대상으로 한 것이다.

그런데 〈표 2-6〉의 고분들에 대한 구체적인 분석은 뒤에 이어지겠지만, 여기에 적 석목곽분으로 분류된 고분은 모두 지상적석식과 상부적석식 적석목곽분들이다. 필자 는 과거에 월성북고분군의 신라 적석목곽분을 봉분의 연접과 호석 내 묘곽 배치 상태 에 따라 그 '묘형'을 단일원묘, 표형묘, 복합묘 1·2식, 다곽묘로 나눈 바 있다. 이 분류는 당시 석재충전목곽묘에 대한 인식이 없는 상태에서 이루어진 것으로, 뒤에서 그 분류와 의미에 대해 재고해 볼 예정이지만, 그러나 그 중 다곽묘를 제외한 다른 모든 '묘형'의 고분들은 지상적석식이거나 상부적석식으로 매장주체부마다 각각 별개의 호석으로 돌 려진 묘역을 갖고 있었던 것이 분명하다(최병현 1981a; 1992a).

다만 다곽묘로 분류한 고분들에 대해서는 재검토가 필요한데, 과거에 다곽묘의 예로 든 고분들 중 계림로 48~53호분의 보고서가 최근에 출간되었다(국립경주박물관 2012; 2014). 보고서에는 이 다곽묘의 묘곽들의 적석 함몰 상태를 알 수 있는 사진이나 도면이 제시되어 있지 않고, 유구 최종 도면에는 호석이 거의 그려져 있지 않지만, 각 묘곽에는 상부적석이 있었던 것(도 2-19의 1)으로 판단되고,[9] 발굴 초기 사진과 도면에 는 호석 열이 비교적 많이 남아 있었던 것이 확인된다(국립경주박물관 2014: 도면 32, 사

----

8 여기서 중앙은 신라의 왕도가 되는 구 사로국지역, 지방은 신라의 직간접 지배를 받는 피복속지를 의미한다.
9 보고서에는 수록되지 않았지만 국립경주박물관에 보관되어 있는 계림로고분 발굴 당시의 사진 스크랩에는 48~53호곽 부분 말미에 묘곽 내부 함몰부 상면이 냇돌들로 고르게 덮여 있었던 것으로 보이는 사진들이 여 러 컷 보관되어 있다(도 2-19의 1 사진 참조).

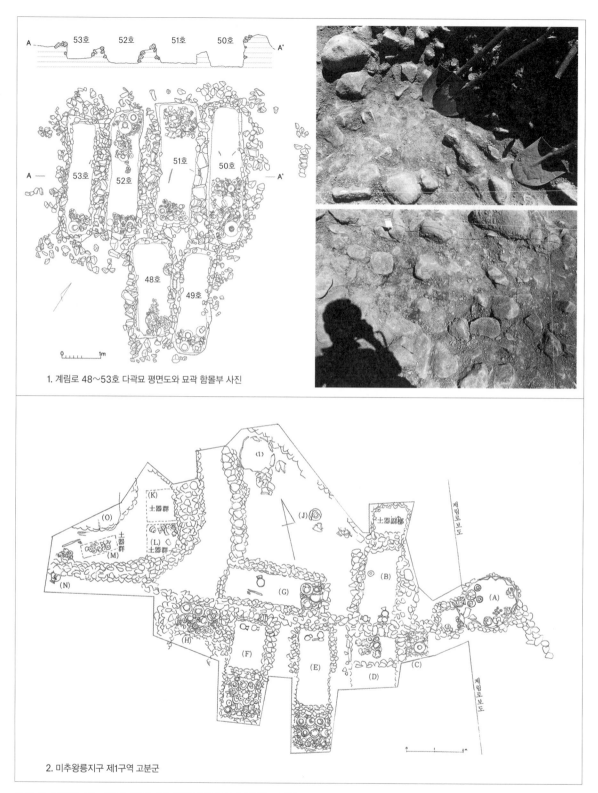

1. 계림로 48~53호 다곽묘 평면도와 묘곽 함몰부 사진

2. 미추왕릉지구 제1구역 고분군

도 2-19 계림로 48~53호 다곽묘와 미추왕릉지구 제1구역 고분군

진 76). 이로 보아 보고서 미간이지만 계림로고분처럼 묘곽의 배치가 정연하고 호석의 존재가 분명한 다곽묘인 미추왕릉지구 제12구역 3~10호곽과 11~18호곽(최병현 1992a: 120~122)도 묘곽마다 상부적석이 있었을 것으로 추정된다. 그러나 미추왕릉지구 제1구역 A~H묘(도 2-19의 2)와 1, 2기씩 따로 조사된 소형 묘곽(최병현 1992a: 122~124)들은 묘곽의 배치가 전형적인 예와 다르고 상부적석도 확인할 수 없어 석재충전목곽였을 가능성을 배제할 수 없다. 〈표 2-6〉은 그러한 상부적석의 존재가 의심스러운 고분들과 상부적석식 적석목곽분이 분명하지만 편년에 어려움이 있는 고분들을 제외하였음에도 월성북고분군의 발굴 고분 중에서 지상적석식·상부적석식 적석목곽분이 결코 소수가 아니라는 점을 보여준다.[10]

필자는 월성북고분군 지역의 지형이 원래 상대적인 미고지와 저지대들로 이루어졌을 것이고, 적석목곽분들은 주로 미고지에 소집단별로 대소 그룹을 이루며 축조되었을 것으로 본 바 있는데(최병현 2014b: 133), 현재 조사가 진행되고 있는 황오동 쪽샘지구에서는 바로 그런 모습이 확인된다(앞의 도 2-4 참조). 미고지를 따라 각기 호석이 돌아간 크고 작은 단일원분이나 연접분들이 그룹을 이루고 있고, 그러한 그룹의 고분들 사이나 저지대에서 호석이 없는 소형 묘곽들이 드러나고 있는 것이다(국립경주문화재연구소 2011~2017). 모두 내부조사가 이루어진 것은 아니어서 단정할 수는 없지만, 지금까지 이곳에서 이루어진 조사결과로 보면 미고지의 호석이 돌아간 고분들은 중소형의 적석목곽분들이고, 그 단일원분이나 연접분 그룹의 고분들 사이나 저지대에 분포한 소형 묘곽들은 점토충전목곽묘, 석재충전목곽묘, 수혈식석곽묘들이다(국립경주문화재연구소 2014). 고분의 수가 묘제 구분의 주요 기준이 될 수도 없지만, 쪽샘지구의 고분 분포 상태에서도 볼 수 있듯이 월성북고분군에서 적석목곽분은, 이성주의 주장처럼 적석봉분을 가진 최고위계의 대형분(이성주 1996), 즉 지상적석식만으로 제한하지 않는다면, 결코 소수라고 할 수는 없다.

이제 마지막으로 전통적인 목곽묘, 즉 점토충전목곽묘와 석재충전목곽묘, 적석목

---

10   이 표에는 보고서 미간인 고분들은 물론 보고서 내용으로 편년이 어려운 인왕동 19호분과 미추왕릉지구 1, 2, 3구역 묘곽들이 제외되었는데, 그 중 인왕동 19호분(경희대학교 박물관 1974)의 연접분들은 상부적석식 적석목곽분이 분명하다. 미추왕릉지구 1, 2, 3구역 묘곽(문화재관리국 경주사적관리사무소 1975)들은 석재충전목곽묘였을 것으로 판단된다.

표 2-6 월성북고분군의 신라 전기고분 편년표

편년	묘제	점토충전목곽묘 (토광묘 포함)	석재충전목곽묘	불명	적석목곽분	수혈식석곽묘(분)	황 석
1Aa	4C 중엽	?: 황오 100-18(토)	?: 인왕 C군 5호				
1Ab		1A1: 쪽샘 C10 ?: 인왕(문) 토 1	?: 월성 가-5, 6				
1Ba	4C 후엽	2B: 황남 95/6-13		2B: 인왕(문) 적 10	1A2: 황남 109-3·4		
1Bb		?: 황남 95/6-12 ?: 인왕(문) 토 16	2B: 미추 5구-21 2C: 인왕(문) 적 9 ?: 월성 가-13, 14				
1Bc		?: 황오 100-19(토)	2C: 미추 5구-6 : 쪽샘 A1 ?: 인왕(문) 토 2		1A1: 황남 110, 황오 14-1·2		
2a	4C 말·5C 초	2B: 황남 95/6-4 2C: 황남 95/6-11	1A1: 쪽샘 C16 2C: 쪽샘 C9, C16(즙)		1A3: 황남대총 남분		
2b	5C 전엽	2C: 황남 95/6-2(토) ?: 월성 나-13 쪽샘 C5	2B: 쪽샘 C4 2C: 쪽샘 A2, C1 ?: 월성 나-9	2B: 황남 파괴-4 ?: 인왕(문) 적 3B, 3A	2C: 황남대총 북분	?: 월성 가-11-1	
3a	5C 중엽	2C: 인왕(문) 토 14 ?: 황오 100-12	1B4a: 황오 100-14 2C: 월성 나-12 인왕(문) 적 8	1B4b: 황남 파괴-2 2C: 인왕(문) 적 6B, 6A ?: 인왕(협) 12-3 : 월성 나-14	1B2a: 황남 109-1·2 2B: 계림 51, 52 2C: 계림 48, 49, 인왕 149	2C: 쪽샘 A16	
3b	5C 후엽	2C: 황오 100-17 황남 95/6-토 2	?: 월성 나-8 ?: 황남 95/6-3	2C: 인왕(문) 적 2, 7 인왕(협) 3 월성 가-4 쪽샘 A9 황남 파괴-3 ?: 월성 나-4, 7	1A1: 황오 41, 16-6·7,8·10, 쪽샘 B2 1B1: 황남 82-동 1B2a: 황오 1-남, 황오 16-2·3, 쪽샘 B1, 1B2b: 쪽샘 B3 1B4a: 황오 16-4·5 2C: 인왕(협) 1, 2, 황오 5, 33-동, 16-9, 황오-남, 북, 계림-50, 53, 미추 5구-2, 4, 금관총, 황남 95/6-1, 2	2C: 인왕(협)5, 9 ?: 인왕(협) 14-1	
4a	5C 말·6C 초	2C: 인왕(협) 19 황오 100-16 인왕 814/4-2	IB2a: 월성 가-15(축) 2C: 미추 5구-17(축)	1B4c: 인왕(문) 적 1 2C: 인왕(문) 적 4, 5 쪽샘 A12, 황남 106/3-3, 4 ?: 인왕(협) 12-2, 13 월성 가-1 황남 106/3-8	1B2a: 미추 7구-7 1B4a: 황남 82-서, 1B4c: 황오 16-11·12 2A: 인왕(협) 14, 21, 미추 5구-8, 9구A-1, C구-3 2B: 미추 5구-15 2C: 인왕(협) 10, 15, 황오 16-1, 33-서, 황남 83, 천마총, 미추 C구-1, 5구-14, 노동 4, 금령총, 식리총, 노서 138, 서봉총, 은령총, 황남 95/6-5 ?: 인왕(협) 11, 미추 7구-5	1B2a: 인왕(문) 석 1 2A: 인왕(협) 20 쪽샘 C3 미추 5구-11, 18 2C: 미추 5구-16 미추 C구-10 ?: 인왕(문) 석 3, 4 인왕(협) 8, 12-1 쪽샘 A5, C8 미추 4구-2, 5구-9 미추 C구-9	
4b	6C 전엽	?: 월성 가-9	?: 쪽샘 A3 ?: 황남 95/6-7	1B2a: 황남 106/3-1 2A: 황남 106/3-5, 6 2C: 미추 5구-5 ?: 인왕(협) 23 월성 다-5 황남 106/3-7	1B4c: 미추 9구A-3 2A: 미추 9구A-2, C구-2, 황남 95/6-4 2C: 인왕(협) 6, 황오 4, 계림 14, 미추 4구-3-1, 2, 노서 215번지, 호우총, 보문합장분 적석곽 ?: 황남 151 적석곽	1B2a: 인왕(협) 19 1B4c: 황남 106/3-2 1B4d: 월성 나-6 2A: 쪽샘 A4 2B: 쪽샘 A6 2C: 미추 5구-20 ?: 인왕(문) 석 2 월성 가 13-1 가-18, 미추 5구-19	황 15 석

곽분은 각각 별개의 묘제로서 구분될 수 있는가 없는가의 문제이다. 앞서도 언급하였듯이 필자는 이들이 구분되어 각각 별개의 묘제로 성립될 수 있는가는 그것들을 구분하였을 때 각각이 시공적으로 의미를 갖는가, 각각이 개념도구(이희준 1996c: 299)로서 고고학적 현상을 설명하는 데 유용한가 아닌가의 문제라고 본다. 구분된 각각이 시공적으로 의미를 갖고 개념도구로서 유용하다면 그것들은 각각 별개의 묘제로 구분되는 것이 옳다.

월성북고분군에서 전통적인 (점토충전)목곽묘에 이어 축조된 석재충전목곽묘, 적석목곽분의 출현 과정은 구조적인 면에서 (점토충전)목곽묘에 새로운 구조 요소가 추가되는 동일 계열 묘제의 단순한 계승·발전 과정일 수도 있고, 전체적이든 부분적이든 그 과정에서 외부 요인이 작용하였을 수도 있다. 그런데 이들의 성립이나 출현에는 시기적인 차이가 있었다. 점토충전목곽묘는 사로국 후기에, 석재충전목곽묘는 신라 조기에 출현하였고, 적석목곽분은 신라 전기에 출현하였다.

신라 조기 경주지역에서는 석재충전목곽묘가 발생하여 점토충전목곽묘와 함께 조영된 고분군과 석재충전목곽묘는 축조되지 못하고 점토충전목곽묘만 조영된 고분군으로 차별화되었고(최병현 2015; 2016c), 월성북고분군과 울산 중산리고분군에서는 점토충전목곽묘와 석재충전목곽묘가 공존하였지만, 두 고분군에서 이들은 위계화되어 석재충전목곽묘가 우위를 차지하였던 것으로 보인다.

월성로에서 조사된 신라 조기의 목곽묘들 중 가-8호묘와 12호묘 등 묘광과 목곽의 너비가 넓은 대형 목곽묘들이 대개 석재충전목곽묘이고, 중산리고분군에서 석재충전목곽묘가 축조되기 시작한 이후인 신라 조기 2a기의 중산동 46호묘, 2b기의 중산리 IA-26호묘 등 최상위의 목곽묘들도 대개 석재충전목곽묘들인 것이다. 금제귀걸이와 목걸이 등 많은 금공품이 출토된 신라 전기 초의 월성로 가-13호묘도 석재충전목곽묘가 분명하고, L17호묘·G117호묘 등 쪽샘지구의 월성로와 접한 부분에서 드러나고 있는 대형 목곽묘들도 대개 석재충전목곽묘들이다.

신라 전기의 상황은 뒤에서 자세히 설명되겠지만 월성북고분군의 쪽샘지구에서는 적석목곽분과 석재충전목곽묘의 구조적 차이와 위계화에 따른 점유 위치의 차이를 명확히 보여준다(앞의 도 2-4 참조). 적석목곽분은 대소형 할 것 없이 상부가 파괴되었어도 모두 봉분 하부에 호석이 돌아갔지만, 목곽 상부 즙석식을 포함하여 석재충전목곽묘는 묘광 규모가 아무리 커도 호석이나 봉분 없이 묘광만 노출된다. 이는 신라 전기에 내려와서도 석재충전목곽묘는 적석목곽분과 달리 고총화하지 못하여 호석봉분 없이 저봉토묘 상태로 축조되었음을 의미한다. 쪽샘지구의 고분 분포 양상은 신라 전기 월성북고분군에 축조된 고분들의 묘제에 따른 고총화 여부와 위계화, 점유 위치의 차이를 극명하게 보여준다.

한편 석재충전목곽묘는 신라 조기에 경주지역에서도 월성북고분군과 중산리고분군에서만 축조되었을 뿐, 그 외의 고분군으로 확산된 것은 신라 전기로 내려온 이후였다. 경주 이 외의 지역에서도 신라 조기에는 조기 초에 신라에 통합된 포항지역에서만 축조되었을 뿐이며, 신라 전기로 내려온 이후에야 그 외의 지역으로 확산되었다(최병현 2018a). 신라 전기의 적석목곽분이 지방의 극히 예외적인 존재들 외에는 실질적으로 경주지역에서만 축조된 것은 잘 알려진 사실이다. 이와 같은 사실은 두 묘제의 시기적, 지역적 분포와 확산 양상의 극명한 차이를 말해주는 것이다.

그러므로 신라 조기 이래 점토충전목곽묘, 석재충전목곽묘, 적석목곽분은 그 출현 시기가 각기 다르고, 이들의 출현 과정이 단순한 발전 관계이건 아니건 구조적인 차이를 갖고 있었으며, 위계화되어 한 고분군 내에서도 차별화되었고, 중심과 주변, 중앙과 지방 사이에도 차별화되어 있었던 것이 분명하다. 이와 같이 신라고분에서 점토충전목곽묘, 석재충전목곽묘, 적석목곽분은 그 출현 과정이야 어떻든, 이들이 시공적인 차별성을 갖고 각각 별개의 묘제로 고착되어 갔던 것이다. 목곽을 공유하고 있다는 점으로 인해 학계에서는 이들의 관계만 문제로 되어 있지만, 사실은 영남지방의 수혈식석곽분(묘)과 이들의 관계도 마찬가지이다. 그러므로 필자는 신라 조기 이래 이들은 각각의 묘제로서 구분되어야 하며, 구분하여 그 차별적 의미를 추적해 보아야 한다고 판단한다.

③ 개념과 범주

적석목곽분은 경주지역의 중심고분군인 월성북고분군에서 처음 출현하여 다른 고분군으로 영향을 미쳤지만, 경주지역 내에서도 고분군에 따라 그 영향의 내용은 달랐다. 일부 고분군에서 월성북고분군과 차이 없는 상부적석식 적석목곽분이 축조되기도 하였지만, 대개는 석재충전목곽묘가 적석목곽분의 영향으로 변형된 고분들이 축조되었다. 그러나 월성북고분군은 물론 다른 고분군에서도 적석목곽분은 원래의 석재충전목곽묘는 물론 변형의 석재충전목곽묘와도 분명히 구분된다.

앞서 말한 바와 같이 필자는 과거에 신라 적석목곽분을 목곽과 적석부, 圓形의 高大봉토와 호석을 갖춘 고분으로 정의한 바 있다(최병현 1980; 1992a). 이 정의는 물론 월성북고분군의 적석목곽분을 대상으로 한 것이며, 여기서 적석부는 당연히 목곽 측벽 쪽의 사방적석만이 아니라 목곽 뚜껑 위의 상부적석을 포함한 의미였다. 또 고대봉토라 한 것도 황남대총, 천마총과 같은 대형분만이 아니라 중소형분을 포함하여 호석으로 둘러싸인 봉토를 의미하였으며, 적석목곽분은 그러한 지상의 호석 봉분이 당시 지하유구만 조사되는 영남지방의 원삼국시기 목곽묘와는 차별화되었다고 본 것이었다.

월성북고분군의 적석목곽분을 대상으로 한 필자의 이러한 정의나 개념 규정은 여전히 유효하다고 본다. 다만 과거에는 목곽과 적석부를 대형분-지상식, 중소형분-지하식으로 설명해 왔는데, 최근 쪽샘지구에서는 적석부가 지상식인 중형분의 존재도 밝혀지고 있고,[11] 또 중소형분의 묘광이 반드시 지하 묘광만이 아닌 것도 확인되어, 이제는 그 구분을 좀 더 명확히 할 필요가 있다. 이에 일단 이희준의 분류와 같이 적석부를 기준으로 하여 지상적석식과 상부적석식으로 나누되 좀 더 구체적인 것은 뒤에서 살펴보기로 하겠다.

적석목곽분의 구조 요소로서 礫床式의 묘곽 바닥, 2중의 목곽과 石壇시설이 언급되기도 하지만(이희준 1996c; 이재흥 2007) 이들을 적석목곽분의 구조의 기본요소로 규정하는 것은 옳지 않다. 그 중 礫床式의 묘곽 바닥은 신라 조기의 점토충전목곽묘에서 이미 출현하여(최병현 2015: 121) 신라 전기고분에서는 적석목곽분뿐만 아니라 다른 묘제에서도 쓰였고, 2중 목곽과 석단시설은 극히 한정된 지상적석식의 대형 적석목곽분에만 축조된 것이다. 경주 이 외 다른 영남지방의 고분에도 2중 목곽과 석단시설이 존

---

11 황오동 44호분으로 호석 기준 장경 30.1m, 단경 24.1m이다. 월성북고분군의 적석목곽분은 호석이나 잔존 봉분의 직경이 5m 내외에서 80m에 이르는 것까지 다양하다(국립경주문화재연구소 2014; 심현철 2012: 2018). 이들을 대·중·소로 나눌 명확한 기준은 없으나, 금관이 출토된 서봉총의 장경은 46.7m, 금관총의 단경은 40.4m로 추정되었고, 은제관식이 출토된 황오동 14호분-1곽의 호석 장경은 17.5m이어서, 적석목곽분을 대·중·소로 표현할 때는 잠정적으로 봉분 직경 40m 이상을 대형, 30~15m 내외를 중형, 그 이하를 소형으로 한다. 이 구분은 쪽샘지구 유적조사 현황을 반영하여 구분한 안(국립경주문화재연구소 2014: 53), 적석목곽분의 봉분 규모를 도표화한 심현철의 안(심현철 2012)과도 같다.

재했다고 주장하거나(이희준 1996c; 2016), 경주에서도 중소형 고분을 포함한 다수의 적석목곽분에 2중 또는 다중의 목곽이 설치되었다고 주장하기도 하지만(김용성 2007; 2014a), 이는 뒤에서 보듯이 모두 사실이 아니다.

월성북고분군에서 적석목곽분이 출현한 이후 경주지역에서는 월성북고분군과 서남부지구의 금척리고분군에서 적석목곽분이 고분군을 이루었다. 중산리고분군 등 그 외 몇몇 고분군에서는 소수의 적석목곽분이 확인되고, 늦은 시기에는 보문동고분군(조선총독부 1922; 국립경주박물관 2011)과 서남부지구 금척리고분군 인근의 방내리고분군(국립경주문화재연구소 1996·7) 등 경주분지를 둘러싼 산지고분군에서도 상부적석식 적석목곽분의 조영이 확인된다. 그러나 적석목곽분은 경주지역에서도 월성북고분군과 금척리고분군 외에 다른 고분군에서는 극히 소수 축조되었을 뿐이다.

앞서 언급한 대로 월성북고분군에서 적석목곽분이 출현한 이후 동남부지구의 울산 중산리고분군과 남부지구의 덕천리고분군에는 봉분 기저부에 호석을 두른 고분이 축조되고, 분지지구의 황성동고분군과 서남부지구의 사라리고분군 등에서는 목곽의 뚜껑 위를 1~2겹의 돌로 덮은 목곽 상부 즙석식의 석재충전목곽묘가 축조되는 등 경주지역의 다른 고분군에도 적석목곽분의 영향이 미쳐온 것이 확인된다. 그러나 원래의 석재충전목곽묘는 물론 구조에 부분적으로 영향을 받은 석재충전목곽묘를 적석목곽분에 포함할 수는 없으며, 적석목곽분의 범주는 호석으로 한정된 봉분을 가진 지상적석식과 상부적석식으로 한정되어야 한다고 본다.

한편 이와 같이 지상적석식과 상부적석식을 적석목곽분의 범주로 하면 적석목곽분은 원삼국시기 이래 영남지방의 고분 전개 과정에서 고총 단계로 돌입한 신라 전기의 묘제이고 고분들이다. 지상적석식은 물론 상부적석식도 목곽 뚜껑 위에 상부적석이 가해지고, 그 위로 덮은 봉토의 존재를 전제로 하는 역사시대의 고분이다. 그러므로 그 명칭으로는 선사시대의 묘제를 연상하게 하는 적석목곽묘보다는 적석목곽분이 합당하다고 생각한다. 참고로 필자는 목관묘, 목곽묘 등 저봉토묘 상태의 묘제나 고분에 대해서는 매장주체부에 '墓'를 붙이지만 적석목곽분은 물론 수혈식석곽분 등 고총 단계 이후의 삼국시대 고분들에 대해서는 '墳'을 붙여 이름한다는 것을 첨언해 둔다.

(2) 적석목곽분의 출현 시기

앞서 언급한 바와 같이 월성북고분군에서 발굴조사된 고분 중 황남대총 남분 이전으로 편년되는 황남동 109호분-3·4곽, 황남동 110호분, 황오동 14호분의 성격에 대해서는 이론이 있지만 이들은 모두 상부적석식 적석목곽분이 분명하다. 그 중 황남동 109호분-3·4곽이 편년상으로 가장 이른 시기 고분이라는 점은 학계의 공통된 견해이다. 따라서 현재로서는 황남동 109호분-3·4곽을 기준으로 신라 적석목곽분은 월성북고분군에서 신라전기양식토기 출현기인 1A기를 지나 1Ba기, 절대연대로는 4세기 후엽에 들어가 출현한 것이 된다. 그러나 과연 월성북고분군에서 황남동 109호분-3·4곽이 가장 이른 시기의 적석목곽분인지는 의문의 여지가 있다.

첫째, 사로국시기 이래 경주지역에서 새로운 묘제 출현과 토기양식의 성립은 연동되었다는 점이다. 사로국 전기의 목관묘·목곽묘 출현과 고식와질토기의 성립에 대해서는 아직 좀 신중한 판단이 필요하지만, 사로국 후기의 IIB식 목곽묘, 즉 묘광 네 모서리에 기둥구멍이 있는 목곽묘와 신식와질토기는 함께 출현한 것이 분명하다. 신라 조기의 주부곽식목곽묘와 신라조기양식토기 성립, 신라 후기 횡혈식 석실봉토분의 도입과 신라후기양식토기의 성립은 연동되었다. 그러나 신라전기양식토기 1Ba기인 4세기 후엽으로 편년되는 황남동 109호분-3·4곽을 기준으로 하면 신라 전기의 적석목곽분은 유독 성립 초기인 1A기가 4세기 중엽으로 편년되는 신라전기양식토기와 시차를 두고 늦게 출현한 것이 된다.

둘째, 황남동 109호분-3·4곽의 묘곽 형식은 신라 조기와 전기에 월성북고분군의 최고 위계 고분에서 쓰인 형식이 아니고, 그 봉분 규모도 적석목곽분으로서는 직경 12.5m 정도의 소형(심현철 2012: 22)에 속한다는 점이다. 황남동 109호분-3·4곽은 이혈주부곽식이지만 부곽의 길이가 긴 1A2식으로, 신라 조기 황성동 545-22호묘(동국대)나 중산리 ID-41호묘에서와 같은 세장방형 부곽을 계승한 것이다.

앞 장에서 살펴보았듯이 신라 조기에 월성북고분군에서 조영된 최고 위계의 목곽묘는 황성동 545-22호묘(동국대)식의 세장방형 부곽이 아니라 구어리 1호묘식의 방형 부곽이 딸린 이혈주부곽식이었을 것이며, 월성북고분군의 쪽샘지구에서도, 아직 묘곽 내부가 발굴되지 않아 정확한 시기는 알 수 없지만, 방형 부곽이 딸린 이혈주부곽식 목곽묘가 다수 드러나고 있다. 그 중 출토 토기가 신라 전기 초인 1A기로 편년되는 L17호묘와 C10호묘는 방형 부곽이 딸린 1A1식 이혈주부곽의 석재충전목곽묘와 점토충전목곽묘이다. 쪽샘지구에서는 장방형 부곽이 딸린 1A2식의 이혈주부곽식 목곽묘도 소수 드러났는데, H37호묘, H85묘가 그 예들이다(국립경주문화재연구소 2017). 아직 축조 시기는 알 수 없지만, 이들은 방형 부곽이 딸린 1A1식 목곽묘보다 규모가 작아 그 하위 위계로 존재한 것이 분명하다.

월성북고분군에서 방형 부곽이 딸린 1A1식 이혈주부곽은 신라 전기의 적석목곽분으로 이어져 계속 축조되었으며, 황남동 109호분-3·4곽의 장방형 부곽이 딸린 1A2식 이혈주부곽도 신라 조기~전기 초 월성북고분군의 1A2식 목곽묘를 계승한 것이다. 그러므로 최소한 황남동 109호분-3·4곽이 축조될 때는 방형 부곽이 딸린 1A1식 이혈주부곽의 적석목곽분이 조영되고 있었던 것이 분명하며, 특히 최고 위계의 고분은 1A1식이나 아니면 황남대총 남분처럼 부곽이 더욱 확대된 1A3식의 이혈주부곽식으로 축조되었을 것이다. 바꾸어 말하면, 고분의 규모나 묘곽의 형식으로 보아 황남동 109호분-3·4곽과 같은 소형 적석목곽분은 당시 이미 존재하고 있었던 1A1식이나 1A3식으로 축조된 대형 적석목곽분의 하위 위계의 고분으로 축조되고 있었을 것이라는 의미이다.

마지막으로 월성북고분군의 고분 분포상태에서 황남동 109호분-3·4곽보다도 먼저 축조되었을 것으로 보이는 왕릉급 대형분들의 존재가 확인된다는 점이다(도 2-20). 경주 분지 안의 평지에 자리한 월성북고분군은 원삼국 후기, 즉 사로국 후기에 그 동단부에서부터 목곽묘가 조영되기 시작하여 형성된 것으로, 한편으로는 고분 조영 구역이 점차 서쪽으로 확대되고 다른 한편으로는 동일 위치에서도 고분들이 누세대적으로 축조되었다(김용성 2009: 88~109; 최병현 2014b). 그런데 황남동 109호분의 위치는 월성북고분군의 중앙부에서 상당히 서쪽으로 나간 부분에 해당된다. 이러한 황남동 109호분의 위치가 갖는 의미는 반드시 여기서부터 적석목곽분이 축조되기 시작하였다는 것이 아니라 황남동 109호분이 축조될 즈음에는 고분군이 거기까지 확대되어 있었다는 것으로 해석되어야 한다.

필자는 월성북고분군의 형성 과정과 고분들의 결집 상태를 분석하여 왕릉급 초대형분들의 배치에서 일정한 기획성을 발견하고, 그 중심부에 위치한 황남대총 남분은 4세기 말·5세기 초로 편년되므로, 이를 이희준의 견해와 같이 신라 17대 내물마립간의

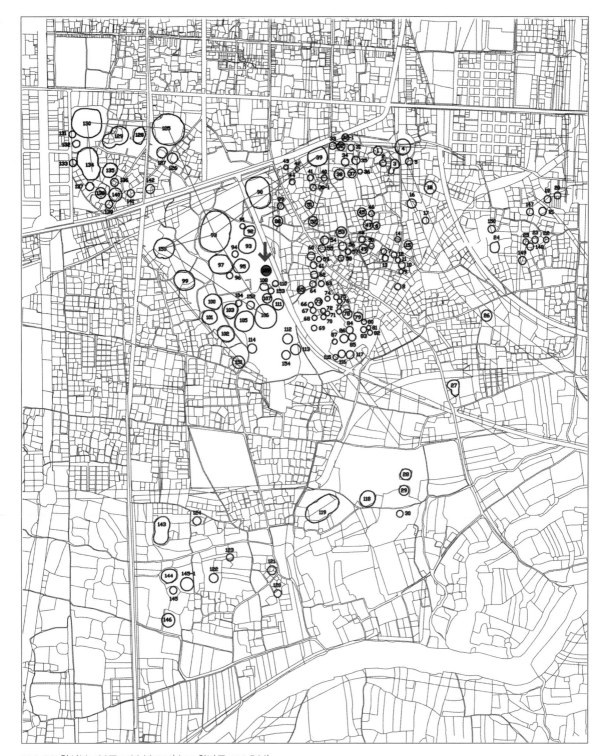

도 2-20 월성북고분군 고분 분포도(↓ 표 황남동 109호분)

능으로 비정한 바 있다(이희준 1995; 최병현 2014b). 그런데 황남대총의 동쪽에는 왕릉급이거나 그에 버금가는 대형분인 황남동 90호분과 황오동 39호분이 일정한 간격을 두고 배치되어 있다. 앞서 여러 번 언급하였듯이 점토충전목곽묘와 석재충전목곽묘는 신라 조기는 물론 신라 전기에 들어와서도 고총화하지 않았으며, 주곽의 묘광 길이 7.50m, 너비 4.18m에 이르는 신라 전기 초의 초대형 석재충전목곽묘인 쪽샘 L17호묘도 봉분과 호석 없이 묘광만 노출되었다. 그러므로 이들은 거대한 봉분으로 보아 적석목곽분임이 분명하다. 필자는 동쪽에서 서쪽으로 점차 확대되어온 월성북고분군의 형성 과정이나 왕릉급 초대형분들의 배치의 기획성으로 보아 이 고분들은 내물마립간의 선대 조상묘들일 것이며, 또 이 고분들은『삼국사기』눌지마립간 19년조에 기록된 "修葺歷代園陵"의 대상이었을 것으로 본 바 있다. 물론 이 고분들의 수즙 여부는 어디까지나 추론에 의한 가설일 뿐이지만, 그 배치 상태로 보아 이 대형분들은 내물마립간의 1, 2세대 선조 무덤들일 가능성이 크다고 본다.

그런데 월성북고분군의 동쪽에서 서쪽으로의 확대 과정과 이 대형분들의 위치를 함께 고려하여 보면 황남동 90호분은 황남동 109호분과 거의 동열의 위치일 수도 있겠으나 황오동 39호분의 위치는 그보다 월등히 동쪽이다. 두 대형분이 후대에 수즙된 것이 아니라면, 수즙되었다 하더라도 만일 다른 곳에서 이동되어 온 것이 아니라면, 그 위치로 보아 황남동 90호분의 축조 시기는 황남동 109호분-3·4곽과 큰 차이가 없을 수도 있지만, 황오동 39호분은 그보다 최소한 1세대 이상 먼저 축조된 대형분일 가능성이 크다. 적석목곽분의 지상적석식과 상부적석식의 관계에 대해서는 뒤에서 살펴보겠지만, 황오동 39호분과 황남동 90호분은 그 봉분 규모로 보아 지상적석식 적석목곽분일 것으로 판단된다.

이와 같이 월성북고분군에는 소형의 상부적석식 적석목곽분인 황남동 109호분-3·4곽보다도 1세대 이상 이른 시기의 지상적석식 대형 적석목곽분이 존재하고 있을 것으로 보이며, 황남동 109호분-3·4곽은 그러한 지상적석식 대형 적석목곽분의 하위에 공존한 소형의 상부적석식 적석목곽분이었을 것이다. 그렇다면 월성북고분군에서 적석목곽분, 곧 고총은 황오동 39호분을 시작으로 지상적석식식인 왕실무덤은 그 서쪽으로 진행되고, 상부적석식은 왕실 아래 귀족들의 무덤으로 그 동서로 조영되어 갔을 것으로 판단된다. 그러므로 적석목곽분의 출현 시기는 그만큼 소급되어 신라전기양식토기의 출현기인 4세기 중엽으로 올라갈 가능성이 크다.

2. 월성북고분군의 묘제와 묘곽 형식의 전개

1) 묘제의 공존과 위계화

(1) 묘제의 공존과 그 양상

사로국 후기부터 목곽묘가 축조되기 시작하여 형성된 월성북고분군에서 신라 전기에는 적석목곽분뿐만 아니라 다양한 묘제의 고분들이 조영되었다. 그 중에는 적석목곽분처럼 신라 전기에 새로 출현한 묘제도 있지만 멀리는 사로국 후기, 가까이는 신라 조기부터 축조되어 온 묘제도 있다. 〈표 2-6〉은 지금까지 월성북고분군에서 발굴조사된 신라 전기고분들을 종합한 것으로, 여기에는 유구가 일부만 조사되었더라도 출토 토기에 의해 편년이 가능한 고분은 최대한 포함하고자 하였으나, 유물이 출토되지 않았거나 보고서에 제시된 토기의 사진과 실측도로는 도저히 편년이 불가능한 일부 고분은 제외하였다.

토광묘와 점토충전목곽묘는 사로국 후기부터 조영되어 온 것으로, 그 중 토광묘는 묘광 내에 점토충전부가 없고 그 외 별다른 시설도 발견되지 않는 것이다. 구조가 단순하여 시기에 따른 변화를 찾을 수 없으며, 묘광의 규모도 작아 최대 길이 3.12m, 너비 91cm를 넘지 않는다. 유물용 부광이 딸린 예가 없고, 묘광 내에서 토기 위주의 유물 소수가 출토되지만 유물을 집중 배치한 부장품 구역도 사실상 존재하지 않는다. 현재 3b기 것까지 보고되었으나(신라문화유산연구원 2017c), 경주지역에서는 신라 후기의 토광묘도 조사된 예가 있으므로(국립경주문화재연구소 2003), 월성북고분군에서도 늦은 시기까지 조영되었을 가능성이 있다.

점토충전목곽묘는 기본적으로 묘광 벽 쪽에 점토충전부가 돌아간 것이지만, 묘광의 규모가 작고 점토충전부가 남아 있지 않은 것 중에서도 유물을 집중 배치한 부장품 구역이 있는 것은 앞의 토광묘와 달리 목곽이 설치되었을 것이므로, 여기에 포함하였다. 부곽이 없는 장방형 점토충전목곽묘는 사로국 후기부터 축조되어 온 것이며, 신라 조기에는 부곽이 딸린 주부곽식 점토충전목곽묘로 발전하였다. 월성북고분군에서 점토 충전목곽묘는 늦은 시기까지 확인되어 신라 전기 전 기간 조영된 것을 알 수 있다. 1Ab 기의 쪽샘 C10호묘는 방형에 가까운 부곽이 딸린 1A1식의 이혈주부곽이지만 그 이후 것들 중에는 주부곽식이 없고, 대개 피장자 머리맡에 부장품 구역이 있는 2C식의 단독 곽으로 구조에서 특별한 시간적인 변화를 볼 수 없다.

이혈주부곽식인 쪽샘 C10호묘는(도 2-21의 1)는 주곽의 묘광 4.40m×2.20m, 목곽 3.80m×1.60m, 부곽의 묘광 2.60m×2.20m, 목곽 2.10m×1.60m 규모이고, 단독곽식 은 묘광 길이 3.20m 이상, 너비 1.50m인 예도 있으나 대개 목곽의 규모가 길이 3.0m, 너비 1.0m를 넘지 않았을 것으로 보인다. 쪽샘 C10호묘도 묘광 바닥은 별다른 시설이 없는 흙바닥이었는데, 월성북고분군에서 약간의 거리가 있지만 이례적으로 목곽의 실 물이 잘 남아 그 결구 상태를 알 수 있을 정도였던 경주 교동 94-3에서 조사된 목곽묘 (신라문화유산연구원 2016b)에서도 묘광 바닥에는 별다른 시설이 되어 있지 않았고, 목 곽의 나무 바닥도 존재하지 않았다(도 2-21의 2). 이로 보아 토광묘와 같이 점토충전목 곽묘도 대개 묘광의 바닥은 별다른 시설이 없는 흙바닥이었을 것으로 판단된다.

석재충전목곽묘(도 2-22)는 신라 조기에 월성북고분군과 중산리고분군에서부터 조 영되기 시작한 것으로, 월성북고분군에서는 신라 전기에도 내내 공존하여 늦은 시기까 지 확인된다. 신라 전기 4a기의 미추왕릉지구 5구역 17호묘와 월성로 가-15호묘는 보 고서에서 수혈식석곽으로 분류하고 있으나 사진의 석벽 상태와 보고서의 기술 내용으 로 보아 축석식의 석재충전목곽묘였을 것으로 판단된다.

월성로고분 중 묘곽의 한 모서리 부분만 발굴된 신라 전기 1Ab기의 가-6호묘는 석재충전목곽묘였을 것으로 보이고, 1Bb기의 가-13호묘는 부곽이 발굴되지 못하였으 나 이혈주부곽식의 석재충전목곽묘였을 것이다. 그 외 주부곽식으로는 1B2a식과 1B4a 식 동혈주부곽 1기씩이 조사되었다. 단독곽식 중에는 2C식이 다수이나 2B식도 일부 포 함되어 묘곽의 형식이 앞의 점토충전목곽묘에 비해 다양한 것을 알 수 있다.

쪽샘지구에서 호석봉분 없이 묘광 상부만 드러나고 있는 목곽묘들 중에는 묘광 안 쪽으로 냇돌층이 돌아가 석재충전목곽묘로 보이는 예들이 다수 존재하며, 그 중에는 L17호, G117호와 같이 방형 부곽이 딸린 일렬식 이혈주부곽도 많이 보인다.

1. 쪽샘 C10호

2. 교동 94-3 목곽묘

도 2-21 신라 전기의 점토충전목곽묘

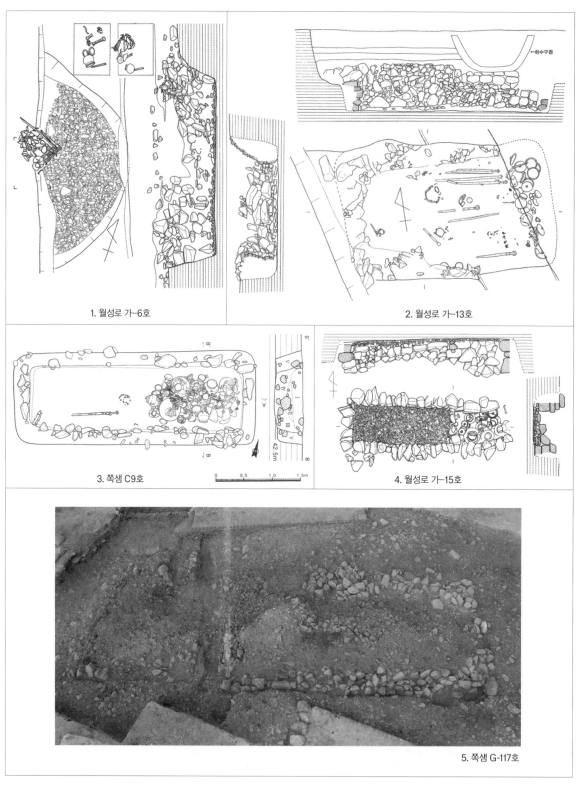

1. 월성로 가-6호

2. 월성로 가-13호

3. 쪽샘 C9호

4. 월성로 가-15호

5. 쪽샘 G-117호

도 2-22 신라 전기의 석재충전목곽묘

한편 최근 쪽샘지구 조사에서 쌍묘처럼 근접하여 나란히 설치된 C10호묘와 C16호묘의 조사 결과가 보고되었는데(국립경주문화재연구소 2018), 두 고분 모두 지상에 호석 봉분은 존재하지 않았고 지하에서 묘광부만 발견되었다(도 2-23의 1). 모두 방형 부곽이 딸린 이혈주부곽식인 두 목곽묘 중 앞서 이미 살펴본 신라 전기 1Ab기의 C10호묘는 묘광과 목곽 사이를 흙으로 충전한 점토충전목곽묘인 데 비해, 출토 토기의 형식으로 보아 신라 전기 2a기로 편년되는 C16호묘는 주곽의 묘광과 목곽 사이를 돌로 충전하였고 묘광 내 함몰 양상으로 보아 목곽의 뚜껑 위도 돌을 1~2겹으로 얇게 덮었을 것으로 판단되었다.

이와 같이 묘광과 목곽 사이를 돌로 충전하고 목곽의 뚜껑 위에도 얇게 돌을 덮은 목곽묘는 그동안 월성북고분군에서는 확실한 사례가 없었고, 황성동고분군과 사라리고분군 등 월성북고분군 이 외의 다른 고분군들에서 많이 조사되었다(도 2-23의 2). 이에 전고(최병현 2016a)에서는 이러한 목곽묘들이 적석목곽분의 영향으로 월성북고분군 이외의 다른 고분군에서 석재충전목곽묘가 변형된 것이며, 이들의 목곽 뚜껑 위에 돌을 쌓은 것이 중시되어야 한다고 보아, 이들을 목곽 뚜껑 위에 돌을 쌓지 않은 원래의 석재충전목곽묘와 구별하여 적석목곽분의 범주에 포함해야 한다고 판단하였다.

그러나 쪽샘 C16호묘를 통해 목곽 상부 즙석식이라고 할 수 있는 목곽묘가 월성북고분군에도 존재하고 있음이 확인되었고, 또 그 존재 양상은 바로 곁의 C10호묘와는 근친적이지만, 아무리 소형이라도 봉분 기저부에 호석이 설치된, 지금까지 쪽샘지구에서 드러나고 있는 적석목곽분들의 양상과는 확연히 차이가 있었다. 이에 앞서는 묘제 분류를 수정하여 목곽 뚜껑 위를 즙석식으로 1~2겹의 돌로 얇게 덮었으나 호석 등 고총화의 증거가 없는 목곽묘는 적석목곽분이 아니라 석재충전목곽묘에 포함되어야 한다고 보았다.[12] 이와 같이 신라 전기에는 월성북고분군에서도 묘광과 목곽 사이만 돌로 충전한 신라 조기 이래의 석재충전목곽묘와 적석목곽분의 영향을 받아 목곽 뚜껑 위에

......

12   쪽샘 C16호묘의 부곽은 바닥이 주곽보다 높아 겨우 묘광의 윤곽선이 확인될 정도로 얇게 남아 묘광과 목곽 사이 충전토석이나 목곽 뚜껑 위의 즙석 여부를 확인할 수 없었다. 그런데 경주지역에서 조사되고 있는 주부곽식 석재충전목곽묘는 대개 주곽 쪽은 묘광과 목곽 벽 사이를 돌로 충전하였으나 부곽 쪽은 돌이 아니라 흙으로 충전하였으며, 목곽 상부 즙석식의 석재충전목곽묘에서도 부곽 쪽은 대개 점토충전이거나 돌의 양이 적다. 이와 같은 양상도 목곽 상부 즙석식의 석재충전목곽묘와 상부적석식 적석목곽분을 구분할 수 있는 요소이다.

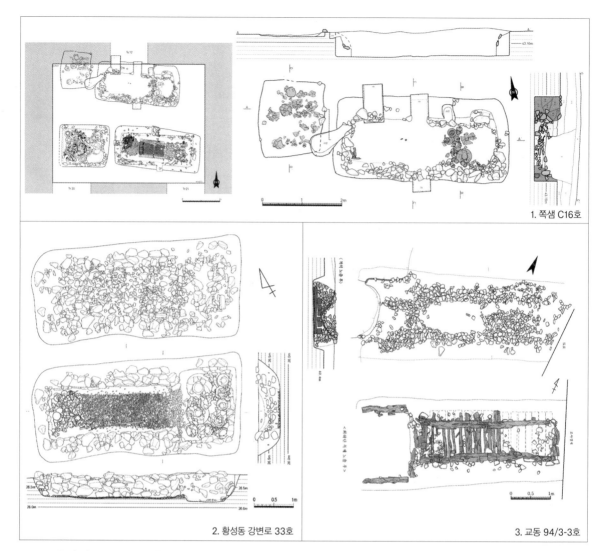

1. 쪽샘 C16호

2. 황성동 강변로 33호

3. 교동 94/3-3호

도 2-23 목곽 상부 즙석식 석재충전목곽묘

얇게 돌을 덮은 목곽 상부 즙석식의 석재충전목곽묘가 축조되고 있었으며,[13] 쪽샘지구 C16호묘가 신라 전기 2a기로 편년되고 황성동고분군 등 다른 고분군들의 목곽 상부 즙 석식 석재충전목곽묘들은 대개 그보다 늦은 시기이어서, 경주지역에서 목곽 상부 즙석

....

13   쪽샘지구 조사 보고에서는 쪽샘 C1, C4, C9, C11호의 내부에 냇돌이 일정한 층을 이루고 있어 이를 상부 적 석식 적석목곽분이었을 것으로 보았다(국립경주문화재연구소 2014: 54). 이들은 묘광이 대단히 얕게 남아 있었는데, 비록 남은 높이가 얼마 되지 않더라도 묘광과 목곽 사이의 충전 상태는 적석목곽분의 묘광 하단부 상태로 보기 어렵다. 호석이 돌아가지 않은 이 묘곽들의 분포 상태나 위치로 보아 쪽샘지구의 적석목곽분들 과는 확연히 차이가 있다. 남은 묘광이 얕아 확실히 알 수 없으나 묘광 내부를 덮고 있는 돌들이 목곽 상부에 서 낙하한 것이라면 이 목곽묘들도 목곽 상부 즙석식의 석재충전목곽묘들이었을 가능성이 있다.

식의 석재충전목곽묘가 출현한 시기는 쪽샘 C16호묘보다 크게 이르지 않을 것으로 판단된다.

신라 전기의 석재충전목곽묘로 가장 규모가 크고 방형 부곽이 딸린 이혈주부곽식인 쪽샘 L17호묘는 주곽의 묘광 길이 7.5m, 너비 4.18m에 이르는 대형이고, 주곽만 발굴된 월성로 가-13호묘의 규모는 묘광 3.50m×2.40m, 목곽 3.00m×1.65m이다. 목곽 상부 즙석식인 쪽샘 C16호묘의 주곽 규모는 묘광 4.38m×2.04m, 목곽 3.66m×1.02m이며, 부곽의 묘광 1.68m×1.96m, 목곽 1.32m×1.56m로, 부곽은 동서 길이에 비해 남북의 너비가 조금 더 크다. 단독곽식은 2a기의 쪽샘 C9호묘가 최대 규모로 묘광 4.25m×1.55m, 목곽 3.75m×1.00m이다. 신라 전기에도 석재충전목곽묘의 규모는 점토충전목곽묘를 능가하는 것을 알 수 있다. 묘광의 깊이는 현재 월성로 가-13호묘의 90cm가 확인된 최대 깊이이다.

대형의 석재충전목곽묘 중에는 묘광 바닥 전체 또는 피장자 유해부에 자갈을 깔아 시상을 설치한 예들이 있는데, 이는 신라 조기 목곽묘에서 등장한 礫床式 묘곽 바닥처리를 이은 것이며, 앞의 점토충전목곽묘에서는 볼 수 없어 차별화된다. 그런데 월성의 남쪽에 위치한 교동 94/3-3호묘는 목곽 상부 즙석식의 석재충전목곽묘로 판단되는데, 그 묘곽 형식은 부곽 쪽이 주곽보다 넓은 일렬식의 동혈주부곽으로, 주곽은 묘광에 돌을 깔아 조성한 역상식 바닥 위에 다시 목재를 깔고 그 위에 목곽의 측벽을 세웠다. 그러나 부곽은 흙바닥이었다(도 2-23의 3). 주곽의 목곽 바닥이 자갈층이 아니라 그 위의 목재층인 것은 적석목곽분을 포함하여 묘광 바닥이 역상식으로 조성된 고분의 원래의 목곽 바닥 상태와 관련하여 유의된다.

적석목곽분의 기본 구조는 앞의 개념과 범주에서 이미 살펴보았고, 그 구조와 전개 과정에 대해서는 뒤에서 자세히 살펴볼 것이므로 여기서는 설명을 생략하겠다. 〈표 2-6〉의 불명 고분은 보고서의 내용에서 목곽의 뚜껑 위에 상부적석이 축조되었는지 축조되지 않았는지를 확인할 수 없는 것들이다. 과거에 적석목곽분으로 취급되어 온 것들 중에서도 재검토 결과 상부적석의 축조 여부를 알 수 없는 것은 여기에 포함하였다.

수혈식석곽묘(분)(도 2-24)는 4벽을 돌로 축조하고 판석 뚜껑을 덮은 것이지만, 발굴 당시 판석 뚜껑이 남아 있지 않았으나 벽석의 축조 상태와 묘곽의 너비 등으로 보아 원래 판석 뚜껑이 덮였을 것으로 판단되는 것은 여기에 포함하였다. 현재까지의 조사

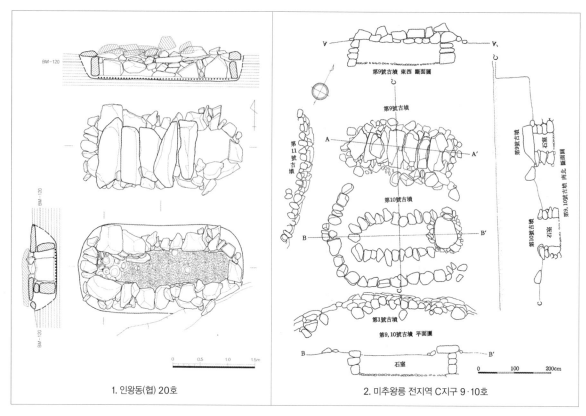

1. 인왕동(협) 20호

2. 미추왕릉 전지역 C지구 9·10호

도 2-24 월성북고분군의 수혈식석곽묘(분)

결과로 월성북고분군에서 수혈식석곽묘는 신라 전기 2b기부터 축조된 것으로 나타나
지만, 경주지역에서는 이보다 상당히 이른 시기부터 수혈식석곽묘가 축조된 고분군도
있다. 수혈식석곽묘의 묘곽 형식은 비교적 다양하여, 주곽과 부곽 사이에 판석으로 벽
을 세운 1B2식의 일렬식 동혈주부곽과 부곽이 주곽의 장벽 쪽에 있는 1B4식의 동혈주
부곽도 조사되었고, 단독곽식도 2C식 외에 2A식과 2B식도 조사되었다. 1B2식 동혈주
부곽으로 묘곽의 규모가 가장 큰 인왕동(문) 1호 석곽은 전체 길이 3.90m, 너비 1.70m
였고, 단독곽식은 쪽샘 A6호묘의 길이 3.0m, 너비 75cm가 가장 큰 규모이다. 석곽의
높이는 가장 잘 남아 있는 것이 75cm로, 이를 크게 넘지는 않았을 것으로 보인다. 벽
석은 대개 냇돌을 많이 사용하였지만, 4a기 이후 판상석을 세워 4벽을 축조한 것도 일
부 존재한다. 석곽의 바닥은 흙바닥인 예도 소수 존재하나 대개는 잔자갈을 깔아 礫床式
묘곽 바닥을 조성하였다. 미추왕릉 전지역 C지구 10호묘의 석곽 주위로 호석이 돌아가
(김택규·이은창 1975: 115), 수혈식석곽묘에도 호석이 설치된 예들이 있음을 알 수 있다.

이상 적석목곽분을 제외하고 월성북고분군에서 조사된 고분들을 묘제별로 정리해 보았는데, 신라 전기 초의 이혈주부곽식 점토충전목곽묘인 쪽샘 C10호묘의 1례를 제외하고 각각의 대형묘로 비교하면 석재충전목곽묘, 수혈식석곽묘, 점토충전목곽묘, 토광묘의 순으로 묘광이나 묘곽의 규모가 작아지는 것을 알 수 있다. 또한 석재충전목곽묘와 수혈식석곽묘에는 늦은 시기까지 여러 형식의 묘곽이 존재하였고 礫床式 묘곽 바닥도 조성되었으나, 점토충전목곽묘와 토광묘는 묘곽의 형식이 단순하였으며 礫床式 묘곽 바닥도 조성되지 않았던 것을 알 수 있다. 지상적석식과 상부적석식 적석목곽분에서는 필수적인 구조 요소인 호석이 늦은 시기의 일부 수혈식석곽묘(분)에서 확인되지만 그 외 묘제의 고분들에서는 조사된 예가 없는 것도 유의할 점이다.

본고의 고찰 대상에서는 제외하였으나 월성북고분군에서는 이 외에 옹관묘도 다수 쓰였고, 신라 전기 말로 편년되는 횡구식석곽분 1기도 조사되었다.

(2) 고총화와 묘제의 위계화

지금까지 월성북고분군에서 발굴조사된 신라 전기고분은 〈표 2-6〉이 보여주는 바와 같이 편년상으로 3기, 특히 3b기 이후에 집중되어 있고 2a기까지는 아직 적은 수에 불과하다. 이는 물론 지금까지 월성북고분군에서 고분들의 발굴조사가 편년상으로 고르게 이루어지지 못하였음을 보여주는 것이다. 그 점을 감안한다 하더라도 이 표는 월성북고분군에서 신라 전기에 조영된 고분들의 묘제 빈도와 그 변화에 대한 대체적인 흐름은 반영하고 있는 것으로 보인다. 〈표 2-6〉은 월성북고분군에서 3a기까지는 토광묘를 포함하여 점토충전목곽묘와 석재충전목곽묘 등 전시기 이래의 묘제도 다수 조영되고 있었으나 시기가 내려오며 그 수는 점차 줄고, 신라 전기에 새로 출현한 적석목곽분이 중심이 되어가는 가운데 수혈식석곽묘의 조영도 늘어간 것을 보여준다.

월성북고분군에서 이와 같은 묘제별 고분의 빈도 변화는 새로운 묘제의 성립이나 출현에 따른 묘제 사이의 위계 변화와 함께 진행되었다고 판단된다. 묘제 사이의 위계화는 신라 조기에 석재충전목곽묘가 출현하면서부터 진행되었을 것임은 앞서도 언급한 바 있다. 그런데 신라 전기에 들어오면 월성북고분군에서는 적석목곽분이 새로 출현하여 묘제 사이의 위계화가 더욱 분명하게 진행되었던 것으로 보인다. 적석목곽분이 출현한 뒤 월성북고분군에서는 적석목곽분이 최상위의 묘제였음은 말할 것도 없다.

앞서는 적석목곽분을 제외한 다른 묘제의 고분들의 양상에 대해 살펴보았는데, 묘제들 사이에는 묘광과 묘곽의 규모, 묘곽의 형식, 역상식 묘곽 바닥의 존재 여부 등에서 차이가 있었다. 그러한 차이점들은 쪽샘지구의 고분 분포조사에서 드러난 묘제에 따른 고분들의 점유 입지 차이와 함께 묘제의 위계화와 관련된 것이라 판단된다. 묘제 사이의 위계화는 고분 각부의 규모와 부장유물을 종합한 각 분기 고분들의 랭크 차이에서 좀 더 분명히 드러날 것이다. 이에 대해서는 뒤에서 구체적으로 살펴볼 것이므로, 여기서는 묘제에 따른 고분의 고총화에 대해서만 좀 더 언급하기로 하겠다.

신라 전기 1Ab기로 편년되는 쪽샘 L17호묘는 방형 부곽의 1A1식 이혈주부곽으로 지금까지 월성북고분군에서 조사된 최대 규모의 석재충전목곽묘이다. 신라 전기 1Ab기의 월성로 가-6호묘도 묘곽의 동북쪽 모서리 일부만 발굴되었지만 보고서의 기술 내용과 도면으로 보아 상당한 규모의 석재충전목곽묘였을 것으로 추정되며, 토기와 함께 많은 양의 철기가 출토되었다. 점토충전목곽묘 중에서도 신라 전기 1Ab기로 편년되는 쪽샘지구 C10호묘는 묘곽이 방형 부곽의 1A1식 이혈주부곽으로, 다수의 토기와 함께 각종 마구와 마갑, 그리고 한 벌의 완전한 찰갑 등이 출토되었다.

현재로서는 발굴조사된 최고의 적석목곽분인 황남동 109호분-3·4곽 이후, 즉 신라 전기 1Ba기 이후의 점토충전목곽묘로서 주목되는 예는 보이지 않지만, 석재충전목곽묘는 주목되는 예가 있다. 1Bb기로 편년되는 월성로 가-13호묘는 발굴 면적의 제한으로 부곽은 발굴되지 못하였지만 발굴된 주곽에서는 각종 금공품과 유리용기를 포함한 화려한 유물들이 출토되었다. 월성로 가-13호묘는 분명히 적석목곽분 출현 이후 조영된 석재충전목곽묘이지만, 현재로서는 신라 전기 1기(1Aa~1Bc기)의 가장 탁월한 고분이다(이희준 1996).

이러한 예들은 신라 조기는 물론 신라 전기 초까지도 석재충전목곽묘와 점토충전목곽묘의 위상이 아직 상당하고 그 위계가 크게 낮아지지 않았음을 말해준다. 그러나 이들은 신라 조기와 마찬가지로 고총이 아니라 저봉토묘로 축조되었기 때문에 지상에 호석봉분 없이 지하에서 매장주체부만 조사된 것이다. 다만 신라 전기 1A기는 앞으로 조사에 따라 적석목곽분의 출현기가 될 수도 있지만 아직 발굴조사된 적석목곽분이 없으므로 고총화의 여부로 이들을 적석목곽분과 비교하기는 이르다. 그러나 현재로서는 최고의 적석목곽분인 황남동 109호분-3·4곽보다 늦은 월성로 가-13호묘가 다른 고분들과 비교할 수 없이 탁월한 유물들의 부장에도 불구하고 고총이 아닌 저봉토묘로 축조된 점은 주목되어야 한다.

월성북고분군에서는 그 이후에도 석재충전목곽묘와 점토충전목곽묘가 고총화하지는 못했던 것으로 보인다. 목곽 상부 즙석식의 석재충전목곽묘인 쪽샘 C16묘도 쌍묘처럼 인접한 C10호 점토충전목곽묘와 함께 지상에 호석봉분 없이 지하 묘광부만 남아 있었다. 지금까지 월성북고분군에서는 지상에 봉토가 남아 있던 고분의 매장주체부로 석재충전목곽이나 점토충전목곽이 조사된 예가 없다.

쪽샘지구의 고분 분포조사는 월성북고분군에서 석재충전목곽묘와 점토충전목곽묘가 고총화하지 않은 양상을 잘 보여준다. 앞서도 여러 번 언급한 바와 같이 쪽샘지구에서는 미고지를 따라 그룹을 이루고 분포하는 적석목곽분들과는 달리 그 사이 저지대에서는 호석을 두르지 않은 수많은 소형 묘곽들이 노출되고 있다. 이들 중에는 수혈식석곽묘도 포함되어 있지만 대개는 점토충전목곽묘와 석재충전목곽묘이다. 특히 2013~2015년에 분포조사가 이루어진 쪽샘 G지구는 남쪽의 반 이상이 저지대인데, 이곳에서는 비교적 규모가 큰 목곽묘들이 동-서로 줄을 이어 드러났다. 그 중 묘광 상부가 노출된 G117호묘는 1A1식의 이혈주부곽으로, 주곽의 묘광선 안쪽으로 돌아간 냇돌들로 보아 석재충전목곽묘가 분명하다. 2015~2016년에 조사가 이루어진 H지구와 L지구에서도 대소의 목곽묘들이 드러났는데, 그 중 규모가 큰 1A1식의 이혈주부곽식은 대개 석재충전목곽묘들이다(도 2-25).

쪽샘 G·H·L지구는 월성로의 서쪽으로 접해 있어 신라 전기 초를 비롯하여 비교적 이른 시기의 석재충전·점토충전 목곽묘들이 포함되어 있지만, 그 서쪽인 C지구와 A, B지구의 목곽묘들은 그보다 상대적으로 늦은 목곽묘들이 많을 것이다. 소형이지만 실제 내부 조사가 이루어진 A지구와 C지구의 목곽묘 중에는 적석목곽분 출현 이후에 축조된 것이 많다. 그러나 쪽샘지구에서 드러나고 있는 모든 점토충전·석재충전 목곽묘들은 지상 봉토나 호석 없이 묘광선만 노출되고 있는 것이다. 이와 같은 사실은 월성북고분군에서 석재충전목곽묘와 점토충전목곽묘가 신라 조기는 물론 신라 전기에도 고총화하지 못했음을 말해준다.

이와 같이 고총화하지 못한 석재충전목곽묘와 점토충전목곽묘는 신라 전기 2a기 이후 그 위계가 급속히 낮아진 것으로 보인다. C10호묘와 나란히 축조된 쪽샘 16호묘

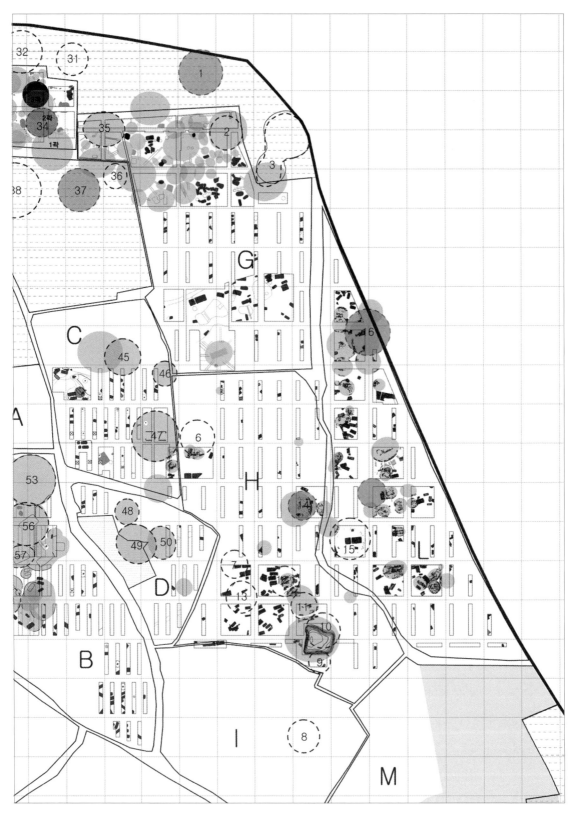

도 2-25 쪽샘 G·H·L 지구 고분 분포도

는 신라 전기 2a기로 편년되는 목곽 상부 즙석식의 석재충전목곽묘로, 그 규모는 1Ab기의 점토충전목곽묘인 C10호묘, 1Bb기의 석재충전목곽묘인 월성로 가-13호묘와 큰 차이가 없지만, 그 출토유물은 그들에 훨씬 미치지 못하였다. 2a기의 2C식 단독곽인 쪽샘 C9호 석재충전목곽묘도 그 규모는 그다지 작지 않지만 같은 규모의 적석목곽분에 비해 부장유물의 수준은 떨어진다. 월성북고분군에서 발굴조사되어 그 이후로 편년되는 석재충전·점토충전 목곽묘들은 모두 규모도 소형이고 부장유물의 수준도 주목할 만한 것이 없다.

이와 같은 점들은 월성북고분군에서 고총으로 출현한 적석목곽분과 대비된다. 적석목곽분은 현재로서는 가장 이른 시기인 황남동 109호분-3·4곽부터 봉분 주위로 호석을 두른 고총이었다. 황남대총 남분 이전의 황남동 110호분과 황오동 14호분도 적석목곽분이 월성북고분군에서 출현기부터 고총이었음을 말해준다.

이상 살펴본 바와 같이 월성북고분군에서는 신라 조기에 저봉토묘로 축조되었던 점토충전목곽묘와 석재충전목곽묘가 신라 전기에 들어와서도 적석목곽분과 공존하였고, 전기 초에는 묘곽의 규모와 부장유물에서 이들이 어느 정도의 위상을 유지하고 있었음을 알 수 있다. 그러나 이들은 여전히 저봉토묘 상태로 잔존한 가운데, 월성북고분군이 고총의 적석목곽분 중심으로 조영되어 나가면서 그 위상은 곧 격하되었던 것으로 판단된다.

신라 전기 월성북고분군에서 조영된 수혈식석곽묘도, 호석이 설치된 예가 일부 존재하지만, 대개 지하에서 매장주체부만 발견될 뿐이며, 그 묘곽의 규모나 출토유물의 내용도 적석목곽분과 견줄 만한 것은 존재하지 않는다. 적석목곽분 출현 이후 월성북고분군에서 조영된 고분들의 묘제는 적석목곽분, 석재충전목곽묘, 수혈식석곽묘, 점토충전목곽묘, 토광묘 순으로 그 위계가 낮아졌으며 적석목곽분과 다른 묘제 사이의 위계차는 비교할 수 없이 확대되어 갔다. 월성북고분군에서는 대규모 횡구식석곽분으로 황남동 151호분이 유일하게 조사되었지만, 이 고분의 축조 시기는 신라 전기 말로 실질적으로는 신라 후기의 고분문화로 연결되는 것이다.

2) 묘곽 형식의 전개(표 2-7·8)

경주지역 신라 전기고분의 묘곽은 기본적으로 신라 조기 목곽묘의 묘곽 형식을 계승하여 크게는 주부곽식과 단독곽식으로 구분된다. 주부곽식은 다시 이혈주부곽식과 동혈주부곽식으로 나누어지는데, 주부곽식에서 1A3식의 이혈주부곽, 1B3식과 1B4식의 동혈주부곽은 신라 전기에 와서 분화된 것이지만, 그 외의 형식은 신라 조기 목곽묘로부터 내려온 것이다. 단독곽식은 모두 신라 조기에 이미 발생되어 있었던 것이다.

여기서 살펴볼 신라 전기 월성북고분군의 묘곽 형식은 적석목곽분에서 조사된 것이 중심이지만, 그 외 다른 묘제의 고분 것들도 포함하였다. 〈표 2-7〉은 지금까지 월성북고분군에서 조사된 묘곽 형식들을 고분 편년에 맞추어 도표화한 것이다.[14] 먼저 이혈주부곽(1A)을 살펴보면, 그 중 1A1식은 신라 조기의 구어리 1호 목곽묘와 같은 묘곽 형식을 계승하여 주곽의 단벽 쪽에 방형 부곽이 딸린 것이며, 1A2식은 황성동 545-22호묘(동국대), 중산리 ID-41호묘와 같은 신라 조기 목곽묘의 묘곽 형식을 계승하여 부곽이 긴 세장방형이다.[15] 1A3식은 대형의 장방형 부곽이 장축을 주곽과는 반대로 두어 주부곽이 T자형 배치를 이루는 것으로, 신라 조기의 목곽묘에 이러한 묘곽 형식은 존재하지 않았다. 이혈주부곽식으로는 방형 부곽이 딸린 1A1식이 일반형이라 할 수 있으며, 1A2식은 황남동 109호분-3·4곽, 1A3식은 황남대총 남분이 현재까지 유일하다. 그러나 월성북고분군의 쪽샘지구 H37호묘, H85호묘도 부곽의 길이가 긴 1A2식 목곽묘로, 내부 조사가 되지 않아 축조 시기를 알 수 없지만, 월성북고분군에 1A2식 목곽묘의 존재를 알려주는 예들이다(국립경주문화재연구소 2017).

현재까지 월성북고분군에서 조사된 이혈주부곽식은 이와 같이 세분되지만 모두

---

14   황남동 110호분을 동혈주부곽식으로 본 예도 있으나(김동윤 2009: 112), 이는 명백한 오류이며 분명한 1A1식의 이혈주부곽이다. 이희준은 황남동 109호분-1곽이 주부곽식인 것을 고찰하였고(이희준 1987), 필자는 이에 시사를 받아 황남동 109호분-2곽도 주부곽식으로 판정한 바 있다(최병현 1992a: 151). 황남동 109호분-1, 2곽은 모두 1B1식의 동혈주부곽이다.

15   앞의 신라 전기고분의 묘곽 형식분류에서는 신라 조기고분과 연계하여 분류하고 표기도 상통하게 하여 가능한 한 혼동을 줄이고자 하였으나 세부형식까지 완전히 일치시키기는 어려워 방형 부곽이 딸린 주부곽식이 이혈주부곽에서는 1A1식이 되고, 동혈주부곽식에서는 신라 조기 그대로 1B2식이 되었다. 신라 조기, 전기 모두 이혈주부곽식 중에서는 방형 부곽이 딸린 1A1식이 세장방형 부곽이 딸린 1A2식보다 상위 위계이지만, 동혈주부곽식에서는 장방형 부곽이 딸린 1B1식이 방형 부곽이 딸린 1B2식보다 상위 위계이기 때문이다.

표 2-7 월성북고분군 묘곽 형식의 전개

묘곽 형식	분기	1Aa	1Ab	1Ba	1Bb	1Bc	2a	2b	3a	3b	4a	4b
1A	1A1		쪽샘 L17 쪽샘 C10			황남 110 황오 14-1, 2	쪽샘 C16			황오 16-6·7, 8·10 황오 41 쪽샘 B2, B6		
	1A2			황남 109-3·4								
	1A3						황남대총 남분					
1B	1B1									황남 82-동		
	1B2a							(미주 1구-E)	황남 109-1, 2	황오 1-남 황오 16-2·3 쪽샘 B1	미추 7구-7 인왕(문) 석1 월성 가-15	인왕(협) 19 황남 106-3-1
	1B2b									쪽샘 B3		
	1B4a								황오 100-14 황남파괴 2	황오 16-4·5	황남 82-서	
	1B4b											
	1B4c		000 점토충전·석재충전·불명 (000) 000 적석목곽분 000 수혈식 석곽분								황오 16-11·12 인왕(문) 적1	미추 9구A-3 황남 106-3-2
	1B4d											월성 나-6
2	2A										미추 5구-8, 9구A-1 외 쪽샘 C3 외	미추 9구A-2 미추 C구-2, 3 쪽샘 A4
	2B			인왕(문) 적10	미추 5구-21			쪽샘 C4 황남파괴 4	계림 51, 52		미추 5구-15	쪽샘 A6
	2C				월성 가-13 인왕(문) 적9	쪽샘 A1 미추 5구-6	쪽샘 C9	황남대총 북분 쪽샘 A2, C1	인왕 149 계림 48, 49 쪽샘 A16 월성 나-12 인왕(문) 6B, 6A	금관총, 황오 5 황오-남, 북 외 인왕(협) 5, 9 황오 100-17 인왕(문) 적2 외	서봉총, 천마총, 금령총, 은령총, 미추 C구-1 외 미추 5구-16, 17외 인왕(협) 19 쪽샘 A12 외	황오 4, 호우총, 쪽샘 B4 보문 적석곽 외 미추 5구-20 미추 5구-5

합하여 10여 기에 불과하고, 점토충전목곽묘인 1Ab기의 쪽샘 C10호묘, 석재충전목곽묘인 1A기의 쪽샘 L17호묘와 목곽 상부 즙석식의 석재충전목곽묘인 2a기의 쪽샘 C16호묘 외에는 모두 적석목곽분에서 조사된 것이다. 이혈주부곽식은 신라 조기에도 경주지역에서는 월성북고분에서 배타적으로 조영되었을 것으로 보이지만, 신라 전기에도 월성북고분군의 적석목곽분에서 그만큼 배타적으로 축조되었음을 의미한다.

동혈주부곽(1B)은 1B3식을 제외하고 모두 조사되었는데, 그 중 일렬식인 1B2a식의 미추왕릉지구 7구역 7호분과 월성로 가-15호묘, 1B2b식의 쪽샘 B3호분은 주부곽의 위치가 바뀌어 부곽이 피장자의 머리쪽에 위치해 있다. 미추왕릉 7구역 7호분과 쪽샘 B3호분은 적석목곽분이고, 월성로 가-15호는 석재충전목곽묘이다. 1B4a식으로 분류한 황오동 100-14호묘는 석재충전목곽묘로, 남북 장축의 장방형 묘곽 내부를 2등분하여 동쪽을 주곽, 서쪽을 부곽으로 하였다. 하나의 묘곽 내에 주곽과 부곽을 구분하는 판재벽을 세웠을 것으로 보여, 같은 1B4a식으로 분류한 황오동 16호분-4·5곽과 황남동 82호분 서총에서 주부곽 사이에 적석벽의 간격이 있는 것과는 차이가 있다(도 2-26). 1B4식은 신라 전기에 들어와 발생한 것으로, 월성북고분군에서는 편년상 3a기에 1B4a식·1B4b식, 4a기에 1B4c식, 4b기에 1B4d식 순으로 나타나 그 자체가 변화 과정을 나타내주는 것처럼 보인다. 그러나 경주지역 전체로 보아서는 중산리고분군에서 1B4c식이 이미 전기 1Aa기 발생하여 그 후 1B4b식, 1B4d식으로 변화되었다.[16] 이에 대해서는 뒤에서 다시 살펴보겠다. 월성북고분군에서 동혈주부곽식은 적석목곽분에서 조사된 것이 대부분이기는 하지만 이혈주부곽식보다는 배타적이지 않아 석재충전목곽묘와 수혈식석곽묘에서도 조사되었다.

단독곽식(2식)은 3개 형식 모두 조사되었으며, 그 중에서는 피장자의 머리 쪽에 부장품 구역이 있는 2C식이 다수이다. 2C식은 토광묘를 제외한 전 묘제에서 공통적이어서, 전체 묘곽 형식 중 월등하게 많이 조사된다.

월성북고분군에서 조영된 묘곽의 형식은 이와 같은데, 먼저 주목되는 것은 각 묘곽 형식이 축조되기 시작한 시기와 기간이다. 쪽샘지구에서 노출되고 있는 점토충전·석재

....

16   최근 월성북고분군의 쪽샘지구 Ⅰ·M지구 22·27 그리드에서는 묘광 중앙부에 폭이 좁고 길이가 긴 부곽이 돌출된 凸 자형 묘광의 목곽묘가 드러났다. 묘광의 노출상태로 보아 석재충전목곽묘로 추정되는데, 그 평면 형태가 중산리유적의 이른 시기 1B4c식 묘곽과 같아 주목된다(국립경주문화재연구소 2019).

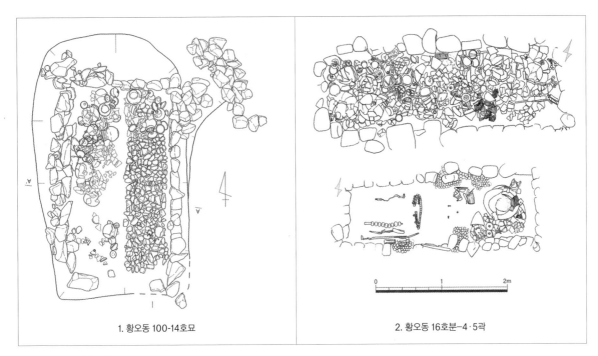

| 1. 황오동 100-14호묘 | 2. 황오동 16호분-4·5곽 |

도 2-26 1B4a식 묘곽

충전 목곽묘들로 보아도 월성북고분군에서 이혈주부곽, 특히 방형 부곽의 1A1식 이혈주부곽은 신라 조기부터 조영되었을 것이며, 신라 전기 3b기까지 존속하였다. 그런데 동혈주부곽은 출토 토기의 형식을 통해 편년이 가능한 고분으로 보아 현재까지는 신라 전기 3a기에 출현한 것으로 나타난다. 다만 묘곽 형식이 1B2a식인 석재충전목곽묘로 추정되지만 본고의 고찰에서는 제외된 미추왕릉지구 1구역 E호묘가 2b기로 올라갈 것으로 보여, 그 시기가 좀 더 소급될 가능성은 있다. 그렇다 하더라도 현재로서는 월성북고분군에서 2a기 이전으로 올라가는 동혈주부곽이 전혀 조사되지 않고 있는 것이 주목된다. 1B3식과 1B4식 동혈주부곽은 신라 전기에 들어와 발생한 것이지만, 1B1식과 1B2식 동혈주부곽은 신라 조기부터 내려온 묘곽 형식이라는 점에서 더욱 그러하다. 월성북고분군에서 단독곽식 중 2A식이 신라 전기 4a기에 들어서야 나타나는 것도 그것이 신라 조기 초부터 내려오는 묘곽 형식이라는 점에서 유의된다.

그 이유로 생각해 볼 수 있는 것은 물론 발굴 고분의 시기적인 편중이다. 앞의 〈표 2-6〉에 본 바와 같이 지금까지 월성북고분군에서 발굴조사된 고분들은 편년상으로 늦은 시기에 집중되어 있다. 특히 적석목곽분은 그 편중이 더욱 심하여, 이른 시기의 발굴 고분 중 적석목곽분은 극소수에 불과하다. 또 이른 시기의 고분으로는 적석목곽분보다 하위 묘제의 고분들이 더 많이 조사되었지만 이들 중에는 파괴고분들이 많아 그 묘곽 형식을 알 수 없는 것도 한 요인일 수 있다.

그러나 그것만으로 월성북고분군에서 모든 형식의 동혈주부곽이 늦게 나타나는 것을 설명하기에는 부족하다. 동혈주부곽은 경주지역의 신라 전기고분에서 상위 위계의 묘제에서만 배타적으로 사용된 묘곽 형식이 아니라는 점에서 더욱 그러하다. 특히 뒤에서 보듯이 경주지역의 다른 지구 고분군에서는 신라 전기 초부터 축조되기 시작한 1B4식 동혈주부곽도 월성북고분군에서는 동혈주부곽의 다른 형식들과 함께 3a기에 들어와서야 출현한 데에는 무언가 다른 이유가 있을 것으로 보인다.

앞서도 언급했지만 이와 같은 현상은 우선 신라 조기에 월성북고분군에서 목곽묘는 이혈주부곽식과 세장방형 단독곽식만 축조되고, 분지지구의 황성동고분군과 다른 곡부지구 고분군들에서 널리 축조된 세장방형 동혈주부곽식은 축조되지 않았을 가능성을 생각하게 한다. 필자는 월성로에서 묘곽의 일부분씩 조사된 신라 조기의 대형 목곽묘들이 원래 이혈주부곽이었을 것으로 본 바 있으며(최병현 2015: 115), 황남동 95-6번지에서는 신라 조기의 세장방형 단독곽식 목곽묘가 발굴되었다(신라문화유산연구원 2017c). 현재 조사가 진행 중인 쪽샘지구의 점토충전목곽묘와 석재충전목곽묘에서도 이혈주부곽식과 세장방형 단독곽식은 존재하지만, 세장방형 동혈주부곽식은 전혀 발견되지 않고 있다. 그와 같은 현상은 월성로의 바로 서쪽에 접해 있어 위치상 신라 조기의 양상을 어느 정도 반영하고 있을 것으로 보이는 부분에서도 마찬가지이다. 그러나 신라 전기의 늦은 시기에 와서야 월성북고분군에 여러 가지 형식의 동혈주부곽이 등장하는 데에는 그것만이 아니라 무엇인가 다른 이유가 있었을 것으로 판단된다. 이에 대해서는 뒤에서 고찰하겠다.

다음으로 월성북고분군에서는 묘곽 형식의 분포가 묘제의 위계와도 관련이 있음을 지적할 수 있다. 묘제별로 살펴보면 적석목곽분에서는 이혈주부곽식, 동혈주부곽식, 단독곽식이 모두 조영되었다. 이에 비해 월성로와 쪽샘지구의 조사에서 드러나는 상황으로 보아 신라 전기 2a기까지는 석재충전목곽묘에도 1A1식의 이혈주부곽이 존재하였지만, 그보다 늦은 시기의 석재충전목곽묘와 수혈식석곽묘에서는 동혈주부곽식과 단독곽식만이 축조되었다. 점토충전목곽묘에는 신라 전기 초인 1Ab기의 쪽샘 C10호묘에 1A1식 이혈주부곽 1례가 있으나 그 이후는 단독곽식 일색이다. 주부곽식 중 이혈주부곽식은 적석목곽분 출현 이후 얼마 지나지 않아 적석목곽분에서만 축조된 반면, 동혈주부곽식은 그 이후 적석목곽분은 물론 석재충전목곽묘와 수혈식석곽묘(분)에도 축조된 것으로 정리된다. 묘제에 따른 이와 같은 묘곽 형식의 분포는 월성북고분군에서 묘제의 위계화와 함께 묘곽 형식도 정리되어 갔음을 의미한다.

한편 묘곽 형식은 그 자체에도 위계적인 차이가 있었다. 그 차이의 구체적인 내용은 뒤의 고분 규모와 출토유물을 종합해 본 고분 랭크 고찰에서 분명하게 드러나겠지만, 현재로서는 황남대총을 전후로 하여 묘곽 형식의 위계 차이에 변화가 있었음을 알 수 있다. 표형분인 황남대총은 선축된 남분의 묘곽이 1A3식의 이혈주부곽, 후축된 북분의 묘곽은 2C식의 단독곽이어서 최고 위계의 지상적석식 적석목곽분에서 묘곽 형식의 전환을 보여주며, 이는 월성북고분군에서 황남대총 남분이 축조될 때까지는 이혈주부곽식이 단독곽식들보다 상위 위계였음을 말해준다. 이혈주부곽식 중에서는 신라 조기 이래로 일반형인 1A1식이 1A2식보다 상위였으며, 황남대총 남분의 1A3식은 최고 위계 고분에서 부곽이 특별히 확대된 예라고 하겠다. 이 점 또한 월성북고분군의 신라 조기 대형 목곽묘들의 묘곽 형식이 어떤 것이었을지 짐작하게 해준다(최병현 2015: 115).

황남대총 북분 이후에는 묘곽 형식의 위계 차이가 더 세분되었던 것으로 보인다. 금관총, 천마총 등의 최고 위계 지상적석식 적석목곽분이나 식리총, 호우총 등 늦은 시기의 차상위 상부적석식 적석목곽분에서는 묘곽 형식이 모두 2C식의 단독곽으로 통일되었다. 이는 필자의 전고에서 언급한 바와 같이 신라고분에서 부곽을 생략하여 고분의 구조를 단순화하고 부장품의 양을 줄이는 방향의 변화를 왕릉급의 최고 위계 고분이 선도한 것을 의미한다(최병현 1992a: 319). 그러나 그보다 하위의 상부적석식 중소형분과 낮은 위계의 묘제들에서는 주부곽식이 좀 더 늦게까지 유지되는 보수적인 면을 보이는데, 1A1식의 이혈주부곽이 존속할 때까지는 그들 중에 1A1식 이혈주부곽이 동혈주부곽보다는 상위였고, 단독곽식들은 동혈주부곽식보다 아래였다. 이혈주부곽이 소멸된 뒤에도 하위인 상부적석식 적석목곽분의 중소형분과 낮은 위계의 묘제들에서는 동혈주부곽식이 단독곽식보다는 상위였던 것으로 보인다.

월성북고분군의 신라 전기고분에서는 이와 같이 묘제와 고분의 위계에 따라 묘곽 형식의 차이가 있었으며, 특히 적석목곽분에서는 고분 구조의 변천에서 묘곽 형식의 변화가 가장 중요한 부분을 차지하였다. 적석목곽분에서 묘곽의 형식이 변화되는 모습

표 2-8 연접묘의 묘곽 형식 변화

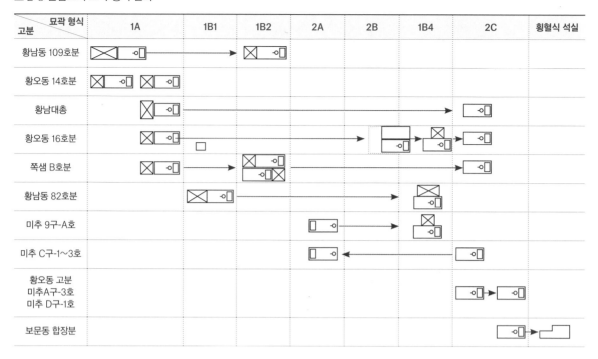

은 단위 고분들을 추가로 이어 축조하여 그 축조 선후를 알 수 있는 연접분에서 잘 나타난다. 〈표 2-8〉은 그것을 정리한 것인데,[17] 표는 각 연접묘에서 묘곽 형식의 변화를 나타내 주지만 도의 묘곽 형식 순서가 묘곽 형식 자체의 발생 순서는 아니라는 점을 밝혀 둔다.

3. 적석목곽분의 축조 기법과 구조의 변천

적석목곽분은 매장주체부인 목곽, 목곽의 주위 사방과 뚜껑 위로 냇돌을 쌓아올린 적석부, 그 위에 흙으로 쌓은 圓形의 高大봉토와 봉토 가장자리에 돌을 쌓아 두른 호석을 기본구조로 한다. 이러한 적석목곽분은 목곽이 부식함에 따라 적석이 함몰하여, 고분의 내부구조가 변형된 상태로 조사된다. 이에 따라 적석목곽분 가운데 목곽의 흔적이

17 　도표에는 미추왕릉지구 C구역 1~3호분의 묘곽 형식 순서가 2C → 2A식으로 표시되었다. 이 고분의 발굴보고서는 출간되지 않아 약보고에 소개된 일부 유물로 편년하여 오류가 있을 수 있다.

남아 그 대강의 규모라도 알아볼 수 있는 예는 극히 드물다. 묘곽부의 바닥 상태 등을 통해 목곽의 길이와 너비 정도라도 인식할 수 있으면 다행이지만, 과거의 발굴조사에서는 목곽의 측벽선조차도 제대로 찾지 못하고 피장자 유해부의 착장 유물이나 부장 유물의 노출에 그치고 만 것이 대부분이다. 정도의 차이는 있지만 적석목곽분의 매장주체부 발굴 내용에는 대개 불분명한 부분이 많아 그만큼 내부구조에 대한 세부적인 이해가 어려운 것이 사실이다.

이에 따라 현재 학계의 적석목곽분 연구에서는 내부구조에 대한 이해의 차이가 크고, 연구자에 따라서는 심한 경우 자신의 짐작이나 상상을 가미하여 고분 구조를 자의적으로 이해하기도 한다. 말할 것도 없이 어느 시대 어떤 성격의 것이든 유구에 대한 고고학적 연구는 '사실' 확인에서부터 출발해야 하고, 연구자들 사이에 유구의 '사실'에 대한 인식의 공감이 있어야 한다. 그렇지 않으면 그 연구 결과들은 각자 딴판이 되어 거리를 좁히기 어렵거나 상호 토론이 불가능한 것이 되어버리고 만다. 이에 여기는 적석목곽분의 각부 구조와 축조 기법에 대한 필자의 이해 내용을 분명히 하고, 이를 통해 드러나는 적석목곽분의 구조 변천에 대해서도 요약해 두고자 한다. 아울러 적석목곽분에 대한 필자의 이해와는 다른 주장들에 대해서도 비판적으로 검토해 보기로 하겠다.

앞서 설명한 바와 같이 적석목곽분은 크게 지상적석식과 상부적석식의 두 유형으로 나누어지므로 여기서는 이를 대비하여 살펴보도록 하겠다. 지상적석식 적석목곽분에 대한 이해는 1970년대에 필자도 참여하여 조사가 이루어진 황남대총과 천마총이 중심이 되겠는데, 일제강점기에 조사된 금관총과 서봉총의 잔여 유구에 대한 최근의 재조사도 도움이 된다. 상부적석식 적석목곽분은 지금 조사가 진행되고 있는 쪽샘지구 고분들을 통해 좀 더 이해를 넓힐 수 있게 되었다.

한편, 적석목곽분에는 표형분 등 다양한 형태의 연접분들이 있는데, 그 성격이나 연접 방식 등은 단위 고분의 구조 및 축조 기법과는 또 다른 의미를 갖고 있다고 판단된다. 이에 여기서 고찰 범위는 단위 고분의 구조와 축조 기법으로 한정하고, 연접분들의 연접 방식과 그 의미에 대해서는 뒤에서 따로 살펴보기로 하겠다.

1) 축조 기법

(1) 매장주체부

① 지상적석식

지금까지 월성북고분군에서 발굴조사가 이루어진 지상적석식 적석목곽분은 연접분인 황남대총 남북분과 서봉총, 단일원분인 금관총과 천마총이 있다. 그 외 황남동 검총도 지상적석식이었을 것으로 판단되며(최병현 1981c; 1992a), 현재 발굴조사가 진행 중인 경주 쪽샘지구 황오동 44호분도 지상적석식으로 드러나고 있다. 황오동 44호분의 봉분 규모는 장경 30.1m, 단경 24.1m로 중형급이지만(심현철 2018: 191), 그 외는 금관총의 단축 추정 40.8m, 높이 약 12m에서부터 황남대총 남북분의 직경 약 80m, 높이 약 23m까지의 대형분들이다.[18] 이들의 내부구조와 구조 각부의 축조 기법이 모두 자세히 알려져 있지는 않으므로 여기서는 현재 고찰 가능한 것들을 취합하여 살펴보도록 하겠다.

이 고분들의 상대편년은 황남대총 남분: 2a기, 북분: 2b기, 금관총: 3b기, 서봉총과 천마총: 4a기인데, 황남대총 남분에는 1A3식의 일렬식 이혈주부곽, 북분에는 2C식의 단독곽이 설치되었고, 그 뒤의 금관총과 서봉총, 천마총도 모두 2C식의 단독곽이다. 황남대총 남북분은 지상적석식 적석목곽분의 묘곽 형식이 일렬식 이혈주부곽에서 단독곽으로 변화되었음을 보여준다. 이는 적석목곽분에서 부장품의 축소와 그에 따른 고분

....

18   금관총 재발굴 보고서에서는 금관총의 봉분 규모를 동서 장경 44.4m, 남북 단경 40.8m로 추정했고(국립중앙박물관 2016: 115), 높이는 일제강점기의 금관총 조사보고서에서 12m로 추정했으나(조선총독부 1924: 6), 재발굴 보고서에서는 언급하지 않았다. 서봉총의 규모는 원래 직경 약 36m, 높이 약 9m로 추정되었으나(小泉顯夫 1927), 재발굴에서는 동서 장축 46.7m, 남북 단축 42.2, 높이 약 11m로 추정했다(국립중앙박물관 2017.8.4, 〈현장설명회 자료집-2017년 경주 서봉총 재발굴〉). 연접분인 황남대총 남북분의 봉분 규모는 발굴 당시 동서 직경 80m, 남북 길이 120m, 남분 높이 22.24m, 북분 높이 22.93m로 측량되었는데(문화재관리국 문화재연구소 1994: 22), 심현철은 보고서의 도면에 표시된 호석을 기준으로 남분 장경 76m, 단경 66.2m, 북분 장경 68.5m, 단경 64.5m로 계산하고 있다(심현철 2018: 191).

한편 지금 발굴조사가 진행되고 있는 황오동 44호분은 중형분으로 봉분 직경이 서봉총보다 작지만 적석부의 규모는 서봉총보다도 약간 큰 규모로 드러나고 있어, 묘곽 내에서 출토되는 유물의 위상이 기대된다.

구조의 간소화, 단순화를 지상적석식 대형분이 선도하였음을 의미하는 것이기도 하다.

ㄱ 고분 기저부와 목곽 하부의 토광

황남대총 남북분과 천마총의 발굴조사에서는 고분 기저부의 구축 상태가 밝혀졌고, 최근 재발굴이 이루어진 금관총과 서봉총에서도 고분 기저부가 조사되었다. 표형분인 황남대총 남분의 기저부는 기반층의 정지면 위에 1차로 적갈색토를 두껍게 깔았는데, 그 두께는 고분 중심부에서 1.3m였으며 내부에 상하 30cm 간격으로 얇은 잔자갈층을 두고 다져 올라온 것이었다. 이 적갈색토 위에 다시 20~30cm의 황갈색 점토를 깔아 고분의 床面으로 하였다. 북분도 남분과 같은 방법으로 고분의 기저부를 조성하였으며, 남북분에서 호석은 모두 고분의 상면인 황갈색 점토층 위로 축조되었다(최병현 2000b).

천마총의 고분 기저부도 비슷한 방법으로 구축하였는데, 기반층을 정지하고 직경 10cm 내외의 잔자갈이 섞인 흑갈색토를 두께 1.2m로 두껍게 깐 다음 그 위에 잔자갈을 많이 섞어 단단하게 다진 황갈색 점토를 15cm, 다시 그 위에 순황갈색 점토를 30cm 두께로 깔아 고분의 상면을 조성하였다. 황남대총 남북분과 천마총 모두 이와 같이 황갈색의 점토층이 고분의 상면을 이룬 공통점이 있다. 그러나 천마총에서는 호석을 흑갈색 점토층 위에 쌓고, 그 안에 황갈색 점토를 다져 올라가 차이가 있었다.

지상적석식 적석목곽분의 고분 중심부 묘곽 하부에는 기저부 구축 점토층 속에 얕은 토광이 조성되었다. 묘곽 형식이 일렬식 이혈주부곽(1A3식)인 황남대총 남분의 주곽과 부곽 하부 토광은 부분적인 조사로 확인하였는데, 주곽 하부에는 대략 목곽과 같은 넓이로 깊이 약 45cm의 토광이 조성되었고, 부곽에는 목곽보다 넓게 깊이 20cm의 토광이 마련되었다. 황남대총 북분의 목곽 하부에도 대략 목곽과 같은 넓이로 깊이 약 45cm의 토광이 조성되었다(최병현 2000b). 천마총의 목곽 하부에 조성된 얕은 토광은 동서 길이 7.6m, 남북 너비 5.6m, 깊이 40cm였다(최병현 1992a: 174~175). 금관총과 서봉총의 재조사에서도 목곽 하부의 얕은 토광이 드러났는데, 금관총 목곽 하부 토광(도 2-27의 1)은 황갈색 기반층 위의 적갈색 정지층을 파서 조성하였으며, 동서 길이 7.2m, 남북 너비 6.2m, 깊이 40cm였다(국립중앙박물관 2016).

모두 깊이가 40cm~45cm로, 토광이 고분 기저부를 구축한 점토층 또는 정지층

1. 목곽 하부 토광과 목조가구 기둥구멍

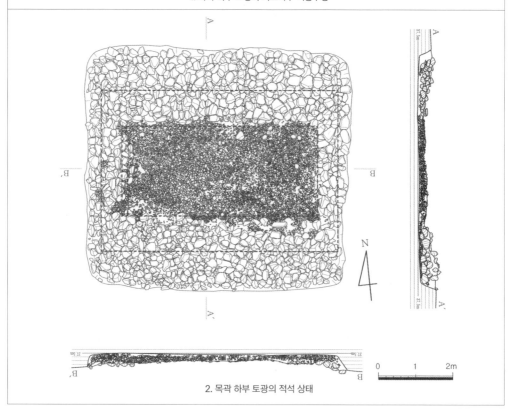

2. 목곽 하부 토광의 적석 상태

도 2-27 금관총의 기저부

을 파고 조성되었을 뿐 기반층 이하로 내려가지는 않은 공통점이 있다. 그런데 부분적인 조사여서 불확실한 부분이 있기는 하지만, 황남대총 남분 주곽과 북분에서는 목곽과 그 하부 토광의 넓이가 대략 같았을 것으로 판단되는 데 비해 이들보다 늦은 시기인 금관총과 천마총의 토광은 목곽보다 넓게 조성된 차이가 있다. 또 금관총의 토광 장폭비 1.16 : 1, 목곽 장폭비 1.52 : 1, 천마총의 토광 장폭비는 1.36 : 1, 목곽의 장폭비는 1.57 : 1로 두 고분 모두 장방형인 목곽의 평면에 비해 토광의 평면은 거의 방형에 가깝다. 이런 예들로 보아 목곽과 목곽 하부 토광의 넓이나 장폭비가 반드시 비례하지는 않았던 것을 알 수 있다.

그런데 지상적석식 적석목곽분에서 이 목곽 하부의 토광은 목곽의 기초부를 조성하기 위한 것일 뿐, 목곽의 위치는 모두 토광 위의 지상이다. 그러므로 지상적석식 적석목곽분의 목곽 하부 토광은 그 안에 매장주체부인 묘곽이 설치되는 묘광이 아니어서,[19] 토광 안에 목곽이 설치되는 상부적석식의 묘광과는 근본적인 차이가 있다. 지상적석식 적석목곽분의 실제는 목곽이 묘광 없이 지상에 설치되고, 이에 따라 적석부와 봉토 등 고분의 구조물이 모두 지상에 축조된 것이다. 지상적석식 적석목곽분은 매장주체부를 기준으로 무묘광 지상주체식, 약칭 지상식이라고 할 수 있다.

ⓒ 목곽

〈목곽 床面의 구축과 목곽의 결구〉 지상적석식인 황남대총 남북분과 천마총의 목곽은 목곽 하부 토광에 냇돌을 2~3단 쌓고 그 위에 목곽의 측벽을 세웠다. 목곽이 내부를 잔자갈로 채운 2중 구조였던 황남대총 남분 주곽의 외곽은 토광 안에 쌓은 냇돌의 바로 위에 목곽의 측벽을 세웠지만, 목곽이 단순 구조였던 황남대총 북분과 천마총의 목곽 측벽은 토광 안의 냇돌 위에 다시 목곽 측벽 받침 石段을 설치하고 그 위에 세웠다.

....

19 필자도 그동안 이 지상적석식 적석목곽분 목곽 하부의 얕은 토광을 막연히 묘광이라고 쓰기도 하였으나 이제는 이를 수정해 두어야겠다. 한편 서봉총의 경우 목곽 하부 토광은 4.65m×3.66m에 깊이 60cm, 목곽은 3.95m×1.95m라 하였는데(小泉顯夫 1927), 물론 목곽의 크기는 그대로 믿기 어렵다. 토광의 깊이 60cm는 다른 지상적석식 적석목곽분들보다 깊지만 그 안에 갈색점토, 깬돌 2단, 자갈 12~15cm를 깔았다고 한 것으로 보아 목곽이 완전 지상에 설치된 것은 마찬가지였을 것이다(최병현 1992a: 167).

금관총의 재조사에서는 토광 안의 북쪽편은 바로 냇돌을 쌓았지만, 그 남쪽편은 먼저 잔자갈을 얇게 깔고 그 위에 토광선을 따라 냇돌을 쌓은 것으로 밝혀졌다(도 2-27의 2). 냇돌층 위에는 石段이 설치되었을 것으로 판단되었다.

목곽의 바닥은 모두 礫床式으로 구축하였는데, 황남대총 남북분과 천마총에서는 石段 안쪽의 냇돌층 위에 다시 자갈을 두껍게 깔았고, 황남대총 남분 주곽의 내곽 측벽은 역상식 바닥 위에 바로 세웠다. 금관총의 목곽 바닥은 냇돌층 없이 토광 바닥 위에 잔자갈을 깔아 조성하였다. 그러나 황남대총 남분 부곽의 바닥은 토광의 흙바닥 그대로였고, 목곽 하부의 토광은 주곽보다 부곽이 얕아 바닥 레벨은 부곽 쪽이 높았지만, 목곽의 바닥 레벨은 주곽 쪽이 높았다.

목곽은 사방의 측벽과 뚜껑으로 구성된 상자형이었을 것으로 추정된다(도 2-28의 1·2). 천마총에서 부식된 상태로 일부 남아 있던 목곽의 측벽재는 통나무였을 것으로 보였지만, 최근 조사된 목곽 상부 즙석식의 석재충전목곽묘인 월성 남쪽 교동 94/3-3호묘에서 너비 20cm, 높이 25cm의 각목형 목재를 목곽의 측벽재로 사용한 것(도 2-28의 3)을 참고하면, 적석목곽분의 목곽을 구축한 목재도 원래는 두께와 높이가 거의 같은 각목형이었을 가능성도 있다. 황남대총 북분과 천마총에서는 목곽 측벽과 뚜껑의 목재 결구에 사용된 꺾쇠와 못이 다수 출토되었는데, 황남대총 남분에서는 출토되지 않아 꺾쇠와 槨釘이 모든 고분에서 사용되지는 않았던 것으로 보인다.

목곽 모서리의 결구 방법으로는 두 가지가 관찰되었다(뒤의 도 2-30 참조). 황남대총 남분 주곽의 목곽은 장벽과 단벽의 끝을 거의 일치시켜 모서리가 ㅁ자형으로 되었으나, 황남대총 북분의 목곽은 단벽을 장벽 끝에서 안으로 들여세워 모서리가 ㅍ자형으로 되었다. 천마총의 목곽도 단벽을 장벽의 안쪽으로 세웠지만 장벽 끝이 단벽보다 더 나가지는 않았다. 두 가지 방법은 이와 같이 선후가 교차하므로 시기적인 의미로 해석되지는 않는다.

목곽의 뚜껑에는 개구부가 있었던 것으로 판단된다. 적석이 함몰하면서 목곽 상부 쪽에서 목곽 안으로 굴러 떨어진 축금구와 그것을 끼웠던 고리쇠 등 개구부 개폐장치가 목곽 내부에서 발견되었기 때문이다. 축금구와 고리쇠의 출토 위치로 보아 개구부는 목관의 직상부에 위치하였을 것으로 판단되는데, 목곽의 구조가 내외 2중이었던 황남대총 남분 주곽에서 내곽의 개구부는 내관의 직상부, 외곽의 개구부는 내곽의 상부였을

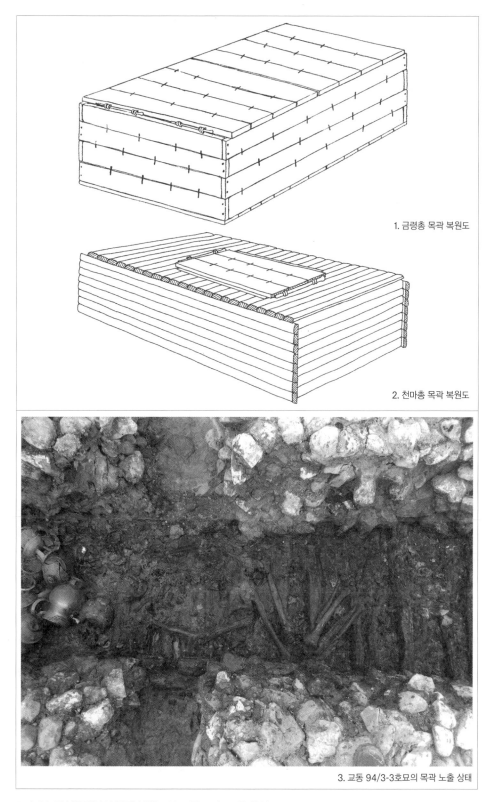

1. 금령총 목곽 복원도

2. 천마총 목곽 복원도

3. 교동 94/3-3호묘의 목곽 노출 상태

도 2-28 **적석목곽분의 목곽 복원도와 교동 94/3-3호 목곽묘**

것으로 판단되었다. 한편 목곽과 그 외측 적석부 냇돌 사이의 공극은 잔자갈로 메웠다.

황남대총 남분의 부곽 바닥에서는 4개의 기둥 구멍이 발견되었는데, 상부적석식인 황오동 41호분의 부곽 바닥에도 기둥구멍이 존재하였다. 주곽에 비해 폭은 넓고 높이가 낮은 부곽의 목곽 천정을 받치기 위해 내부에 기둥을 세웠던 것을 알 수 있다.

〈목곽의 내부구조〉 월성북고분군의 적석목곽분에서 목곽부의 내부구조가 비교적 자세하게 밝혀진 것은 황남대총 남북분과 천마총이다(도 2-29). 목곽을 비롯한 각부 나무 구조물은 모두 부식되었지만 발굴조사 당시 그 흔적이 상당히 많이 남아 있었고, 이와 함께 목곽 바닥에 냇돌과 자갈로 구축된 구조물도 거의 그 형태를 유지하고 있었기 때문이다.

황남대총 남분의 주곽(도 2-30의 1)은 장축을 동-서로 두었고, 모두 4중의 관곽 구조가 드러나 외곽과 내곽, 외관과 내관으로 이해되었다. 외관의 동쪽 부분은 부장품 수장부, 서쪽 부분은 운구용 목관이 안치된 내관부였다. 목곽 하부 토광 안에 쌓은 냇돌 위에 바로 측벽이 세워진 외곽은 동서 길이 6.5m, 남북 너비 4.1m, 높이 약 3.7m였다. 외곽의 내부 바닥에는 잔자갈을 두께 20cm로 깔아 목곽의 바닥을 礫床式으로 구축하고, 내곽을 그 위에 설치하였다. 내곽의 크기는 동서 길이 4.7m, 남북 너비 2.3m였고, 높이는 1.8m 이상이었을 것으로 추정되었다. 외곽과 내곽 사이는 잔자갈로 채워져 있었다. 내외곽 뚜껑 개구부 개폐장치의 출토 위치와 방향으로 보아 내곽 뚜껑과 같은 크기인 외곽 뚜껑의 개구부에는 축금구가 동서 양단에 남북 방향으로 끼워졌고, 내관 직상부에 위치한 내곽 뚜껑의 개구부에는 축금구가 남북 양변에 동서 방향으로 길게 끼워져 있었을 것으로 추정되었다.

목곽의 중앙부에는 잔자갈 바닥 위에 외관이 설치되고, 내곽과 외관 사이는 목곽의 역상식 바닥 위에 다시 50cm 높이로 잔자갈을 쌓아 石壇[20]으로 조성되었다. 외관의 크기는 동서 길이 3.6m, 남북 너비 1.0m였고, 높이 약 80cm였다. 외관의 내부에 간벽

---

20 천마총 보고서에서부터 목곽을 받치는 석단은 石段, 목곽의 내부 목관 주위로 잔자갈을 쌓아 돌린 석단은 石壇으로 표기하여 구분하였다. 그러나 현재 학계에서는 石壇을 石段으로 쓰거나 양자를 혼동하여 모두 石段으로 쓰기도 하여 혼란스럽다. 양자는 분명히 위치와 기능이 다르므로 구분되어야 한다.

또 황남대총 남분에서 내외곽 사이 1.8m 높이의 잔자갈로 채워진 부분은 별도의 이름을 붙이지 않았는데, 학계에서는 이 부분도 石壇 또는 石段이라 부르며, 이를 신라 조기 이래의 석재충전목곽묘의 묘광과 목곽 사이 충전석과 혼동하기도 한다. 그러나 이들은 목곽 내부와 외부로 그 위치와 기능이 완전히 다른 것이다.

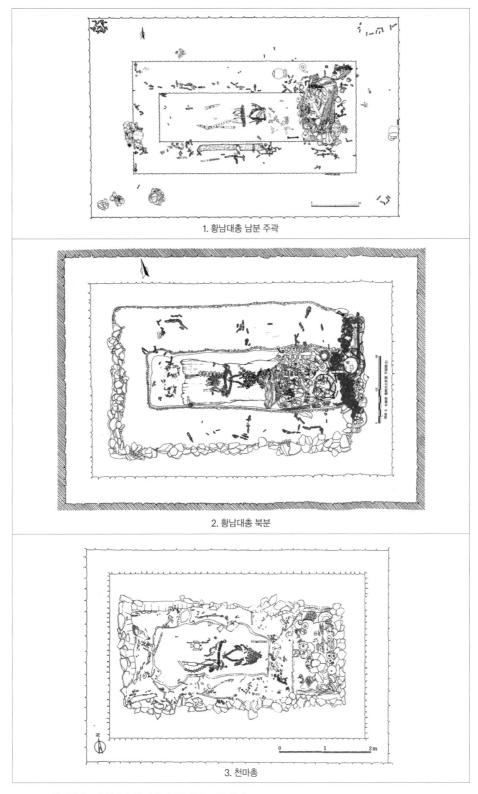

1. 황남대총 남분 주곽

2. 황남대총 북분

3. 천마총

도 2-29 황남대총 남북분과 천마총의 목곽부 노출 상태

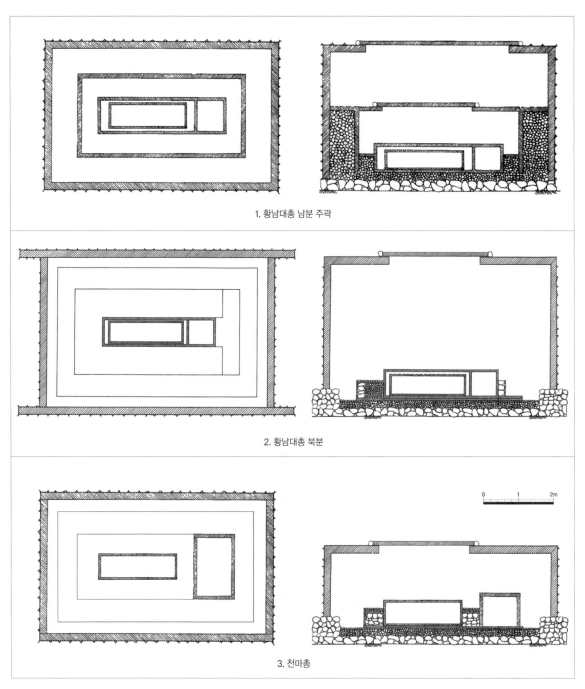

도 2-30 황남대총 남북분과 천마총의 목곽부 복원도

을 세워 구분한 동쪽의 부장품 수장부는 동서 길이 약 80cm, 서쪽 내관부는 동서 길이 2.8m였으며, 그 안에 안치된 내관은 동서 길이 2.2m, 남북 너비 70cm 정도로 추정되었다. 부곽은 주곽과 3m 두께의 석벽을 사이에 두고 있었으며 남북 길이 5.2m, 동서 너비

3.8m였고, 높이는 약 1.3m로 추정되었다.

황남대총 북분의 목곽(도 2-30의 2)도 장축을 동-서로 두었으며, 관곽 구조가 3중으로 드러나 목곽과 내외 2중관으로 이해되었고, 외관은 남분과 같이 동쪽 부분은 부장품 수장부, 서쪽 부분은 운구용 목관이 안치된 내관부였다. 石段 받침 위에 측벽이 세워진 목곽은 동서 길이 6.8m, 남북 너비 4.6m, 높이 약 4.0m였다. 뚜껑 개구부의 축금구는 개구부 남북 양변에 동서방향으로 끼워졌을 것으로 추정되었다. 외관은 목곽의 역상식 바닥 중앙에 동서로 길게 설치되었는데, 동서 길이 3.3m, 남북 너비 80m, 높이 약 80cm였다. 외관의 주위 남·서·북으로는 잔자갈을 쌓아 너비 80cm, 높이 55cm의 ㄷ자형 石壇을 조성하였다. 간벽으로 구분된 외관의 동쪽 부장품 수장부는 길이 80cm, 서쪽 내관부는 길이 2.5m였고, 내면이 金箔 龍紋으로 장식된 운구용 내관은 길이 2.2m, 너비 70cm였다. ㄷ자형 석단과 외관의 동쪽에는 목판을 깔아 凸자형 공간을 만들고, 그 위에 철솥과 토기 등의 유물을 부장하였다.

천마총의 관곽 구조(도 2-30의 3)는 단순하여 동-서 장축의 목곽 가운데에 목관과 부장품 수장궤가 배치되었다. 石段 받침 위에 측벽이 세워진 목곽은 동서 길이 6.6m, 남북 너비 4.2m였고, 높이는 약 2.1m였다.[21] 뚜껑 개구부의 축금구는 동서 양단에 남북방향으로 끼워졌을 것으로 추정되었다. 역상식 목곽의 바닥에는 약간 서쪽으로 치우쳐 목판을 깔고 그 가운데에 목관을 안치하고, 목관 주위 사방에는 냇돌과 잔자갈을 쌓아 너비 50cm, 높이 40cm의 ㅁ자형 石壇을 조성하였다. 목관은 길이 2.15m, 너비 80cm였다. 목관 동쪽에는 남북 길이 1.8m, 동서 너비 1.0m, 높이 80cm의 장방형 상자인 부장품 수장궤가 목관과 T자형 배치를 이루며 역상식 바닥 위에 배치되었다. 부장품 수장궤의 남북 길이는 목관 하부 목판의 남북 너비와 같았다.

이상이 지상적석식 적석목곽분의 대형분인 황남대총 남북분과 천마총의 관곽 구조인데, 세 고분의 목곽 내부 시설은 모두 목곽의 중심 축선에 따라 배치되어 남북 대칭을 이루었다. 여기서 밝힌 수치는 잔존한 나무 흔적이나 냇돌과 잔자갈의 구조물에 따른 것이고, 관곽의 크기는 모두 두께를 포함한 외형의 크기이다. 목곽의 높이도 모두 함

....

21 보고서의 모식도(앞의 도 2-28-2)는 목곽 뚜껑의 개구부가 뚜껑의 거의 중심부에 있었던 것 같은 인상을 주지만, 개폐장치의 출토 위치는 목관의 주변이다.

몰부 적석 제거 중 목곽 상부 유물이 최초로 노출되거나 목곽의 부식 흔적 물질이 발견된 지점을 원래의 최고 높이로 본 것이지만, 적석의 함몰로 인해 그 위치가 약간은 아래로 내려왔을 가능성도 있으므로 약으로 표기한 것이다.

한편 필자는 일제강점기에 수습 조사한 보고서의 기술 내용으로 보아 금관총의 목곽 내부구조는 대체로 천마총과 같았을 것으로 본 바 있다(최병현 1980: 47~48; 1992a: 177~179). 그런데 최근의 재발굴조사에서는 목곽 하부 토광의 냇돌과 잔자갈층에서 목곽의 흔적으로 보이는 목질흔이 나타나 목곽의 크기를 알 수 있게 되었는데, 그 동서 길이는 6.4m, 남북 너비는 4.2m였다. 이 크기의 목곽이 일제강점기의 보고서에서 '槨의 4周에 내측으로 면을 맞추어 1렬로 쌓아 놓은 냇돌 석렬'(조선총독부 1924: 17)이라고 기술한 石段 위에 세워졌던 것으로 판단된다. 일제강점기 보고서의 기술 내용에 따르면, 목곽 내부의 잔자갈층 위에는 두께 9cm 정도의 목곽 底板을 깔았고, 이 목곽 저판과 石段 사이에는 잔자갈이 깔린 공간이 있었으며, 목곽의 가운데에서 약간 서쪽으로 길이 약 2.5m, 너비 1m 정도 크기의 목심 칠관이 목곽 저판 위에 안치되었고, 목관의 주위에는 石壇 시설이 있었으며, 칠관의 동쪽에는 부장품 수장궤가 배치되었던 것으로 판단된다.

이상 살펴본 지상적석식 적석목곽분의 목곽 구조를 요약하면, 황남대총 남분에서 1A3식의 일렬식 이혈주부곽이었던 묘곽 형식이 그 북분부터는 부곽이 생략된 2C식의 단독곽으로 바뀌었고, 그보다 늦은 시기인 금관총, 서봉총, 천마총에서는 모두 2C식 단독곽이 축조되었다. 황남대총 남분 주곽의 관곽은 모두 4중 구조로 내부를 잔자갈로 채운 내외 2중의 목곽 안에 사방으로 잔자갈 石壇이 돌아간 내외 2중의 목관이 배치되었다. 황남대총 북분의 관곽은 3중 구조로 남분 주곽의 2중 목곽 가운데 내곽과 내외곽 사이에 채워진 잔자갈 층이 없었으나, 목곽의 높이는 남분의 외곽 높이와 거의 같았다. 천마총의 관곽은 2중 구조로 목곽 안에 부장품 수장궤를 동쪽, 운구용 목관을 서쪽에 배치하였다. 목곽의 높이가 황남대총 남북분의 반으로 줄었다.

금관총은 최근의 재발굴조사를 통해 그 내부구조를 좀 더 이해할 수 있게 되었지만,[22] 필자는 그동안 이를 제외한 황남대총 남북분과 천마총의 그와 같은 묘곽 형식의

....

22   필자는 금관총의 재조사로 금관총의 목곽 크기와 내부구조는 천마총과 거의 같다는 것이 재확인되었다고 보

차이와 관곽 구조의 차이를 시기에 따른 고분 구조의 변화라고 이해하여 왔다. 또 황남대총 남북분의 사방적석에 설치된 목조가구가 천마총의 적석부에는 설치되지 않은 것, 황남대총 남북분과 천마총 사이에 적석부의 규모는 큰 차이가 없지만, 천마총의 봉분 규모가 현저히 작아진 것도 역시 시기에 따른 변화로 이해하였다. 그리하여 지상적석식 적석목곽분은 내부구조가 단계적인 생략을 통해 간소화, 단순화되고 외형도 축소되는 방향으로 변천되었다고 보았다(최병현 1992a; 1998)

〈지상적석식 적석목곽분의 목곽 구조에 대한 이설의 비판적 검토〉 그런데 학계에는 황남대총 남북분과 천마총의 관곽 구조를 이와는 다르게 이해하는 주장들이 있다. 우리 학계에서는 김용성의 주장이 그 시작이었다. 그는 황남대총 남북분의 관곽 구조를 발굴 보고서(문화재관리국 문화재연구소 1985; 1994)나 필자와는 다르게 이해하여 남분 주곽은 3중곽과 목관, 북분은 2중곽과 목관이라고 한다. 그에 의하면 황남대총 남북분 보고서의 외관은, 그 안에 부장품과 피장자를 안치한 목관이 들어 있으므로, 관이 아닌 곽, 즉 내곽으로 보아야 한다는 것이다. 따라서 황남대총 남분은 외-중-내 3중곽 안에, 북분은 외-내 2중곽 안에 목관이 안치되었다는 것이다(김용성 2007).

황남대총 남북분의 관곽 구조에 대한 이와 같은 김용성의 이해[23]는 원삼국 이래 영남지방의 목관묘와 목곽묘 구분과 관련하여 일관성이라는 측면에서 일리가 없지는 않다. 현재 우리 학계에서는 원삼국 후기의 목곽묘처럼 내부에 피장자와 부장품을 배치한 葬具를 槨이라 하고 있기 때문이다.

....

고 있지만, 금관총 재조사 보고서에서는 새로 흔적이 확인된 목곽을 외곽, 일제강점기에 목곽이라고 추정한 부분을 내곽이라고 하는 등(국립중앙박물관 2016: 103, 120~123), 필자와는 다르게 판단한 부분들이 있다. 이에 아래에서는 상부적석식 적석목곽분의 내부구조에 대해 일단 황남대총 남북분과 천마총을 중심으로 살펴보기로 하겠으며, 금관총에 대해서는 필요한 부분에서 재발굴 보고서를 비판적으로 검토하기로 하겠다. 한편 서봉총도 2016~2017년 재발굴되었으나 잔존 유구의 파괴가 극심하여 목곽의 내부구조에 대해 알 수 있는 새로운 자료는 수집되지 않았다.

23 황남대총 남북분 보고서의 외관을 내곽이라고 한 것은 사실은 모리미츠 토시히코(毛利光俊彦)의 1983년 논문이 처음이었다. 다만 그때는 황남대총 남북분의 보고서가 출간되기 이전이므로 약보고를 보고 판단하여, 남분의 약보고에서 四面 板壁이라 한 부분을 아직 槨으로 인식하지 않아, 남분은 목곽과 내곽 사이에 높은 「礫壁」과 낮은 「礫壇」이 있는 二重槨式 A種, 북분은 ㄷ자형 「礫壇」만 있는 二重槨式 B種이라 하였다(毛利光俊彦 1983: 992). 필자는 황남대총 남분 약보고의 사면 판벽을 1980년 논문부터 내곽으로 써 왔지만(최병현 1980: 37), 본보고서에서 내외곽 뚜껑 개구부에 사용된 축금구가 각각 존재하였음을 밝혀 사면 판벽이 아니라 별도의 뚜껑이 덮인 내곽으로 확정하였다(문화재관리국 문화재연구소 1994: 34~35).

그런데 영남지방에서 원삼국 이래의 목관묘와 목곽묘가 조사되기 시작한 것은 1970년대 말 경주 조양동유적의 발굴조사부터이며, 황남대총과 천마총이 발굴조사된 1970년대 전반기까지는 그 존재 자체가 알려지지 않았다. 또 그 이전에 조사된 적석목곽분에서는 겹곽이나 重槨의 존재 자체가 알려진 바 없었다. 그런 상태에서 세 고분의 발굴도 천마총, 황남대총 북분, 남분의 순으로 진행되었고, 천마총에서는 목곽과 목관이 그 사이에 공간을 두고 배치되어 있었으며, 황남대총 북분에서 처음으로 목곽과는 떨어져 있고 목관(내관)과는 밀착된 목관의 외피시설이 발견되었으므로 이를 외관으로 보아 2중관으로 이해하였다. 그 후 다시 황남대총 남분에서 목곽(외곽)과 외관 사이에 목곽(외곽)과 연결된 또 하나의 목곽 시설이 확인되므로 이를 내곽으로 보아 내-외 2중곽으로 이해하였던 것이다.

그렇게 해서 내외곽과 내외관으로 이름 붙여졌지만, 황남대총 남북분의 관곽 구조 가운데 여기서 주목되는 것은 각각의 위치와 연계성이다. 황남대총 남북분의 목곽 중심부에 위치한 2중 구조(내외관)는 石壇으로 둘러싸여 있고, 내외 모두 각각의 나무 바닥을 갖추고 있는 구조물이란 점[24]에서 하나의 세트로 이해되고, 남분에서 중심부 2중 구조(내외관)의 바깥에 위치한 2중 구조(내외곽)도 내부가 잔자갈로 채워진 일체 구조라는 점에서 하나의 별도 세트로 이해된다는 점이다. 그 각각의 세트에서, 앞서 설명한 것처럼, 구조물 하나씩이 단계적으로 생략되어 천마총의 홑곽과 홑관 구조로 변화된 것이다.

그것은 어떻든, 또 발굴보고서에서 붙인 관곽의 명칭은 현재 우리 학계의 의미 부여와는 다소 차이가 있을지라도, 그것이 반드시 틀린 것이라고 할 수만도 없다. 왜냐하면 槨-椁의 원래 의미 자체가 周棺, 즉 外棺이기 때문이다(大漢和辭典 15362, 15003 참조). 그러므로 여기서는 보고서에서 붙인 이름을 따라 설명을 이어가기로 하겠다.

그런데 김용성(2007: 129~138)은 세 고분의 관곽 구조에 대해 또 다른 독특한 해석을 가하고 있다. 그는 황남대총 남분의 매장주체시설은 상부에 개구부를 둔 점을 제외하면 "확실하게 전통적인 목곽의 모습을 유지하고 있으며, 다만 일반적인 목곽묘보다는 더 크게 확대한 모습"이라고 한다. 그가 여기서 '전통적인 목곽의 모습'이라고 한 것은 문맥상 임당동 G-5, 6호묘를 가리키는 것으로, 그에 앞서 임당동 G-6호묘를 '황남대

---

24 내외 모두 각각의 나무 바닥이 존재하는 구조로 서북한지방의 나무곽무덤과 통하는 바가 있다.

총 남분 묘곽의 기본 구조를 이미 갖춘 이중 곽(관) 구조'라고 한 이희준(1996c: 305)의 주장을 따른 것이다. 그러나, 뒤에서 다시 언급되듯이, 임당동 G-5, 6호묘는 묘광과 목곽 사이를 돌로 충전한 석재충전목곽묘일 뿐 이 고분들에 2중 목곽 구조가 설치되었다는 근거는 없으며, 임당동 G-5, 6호묘의 목곽 내부로 함몰된 돌들도 묘광과 목곽 사이를 채운 충전석재들일 뿐이어서(김두철 2007) 황남대총 남분 내외곽 사이의 잔자갈층이나 내곽과 외관 사이 石壇의 잔자갈층과는 무관한 것이다.

그는 이어서 황남대총 북분의 매장주체시설 구조는 "전통적인 목곽 형태인 남분의 구조와는 연결하기 힘들 정도로 다른 모습"으로, 석단이 돌아가지 않은 목관(외관) 동쪽의 凸자형 유물부장 공간은 "마치 동편을 입구로 하여 서쪽으로 진입하는 공간구조를 의식한 것처럼 보이게" 한다고 하였다. 그리고 황남대총 북분과 천마총에서 목곽과 목관 주위 석단 사이가 비어 있는 것은 "한대 회랑식목실묘(黃曉芬 2003〈김용성역 2006〉)에서 보이는 회랑구조와 통하는" 것이며, 천마총의 "가장 외피시설 한쪽에 횡으로 문짝만 달아내면 완전한 목실묘"의 공간구성이 되므로 이들을 "목실묘로 불러도 아무런 손색이 없"다고 하였다. 그는 여기서 한 발 더 나아가 그런 목실 구조는 '고구려 적석총의 목실묘'와도 관련이 있을 것이고, 6세기 이후 경주에서 지방으로 확산되는 "신라식 석실묘의 근저에 이 목실묘적인 요소가 깔려 있다"고까지 주장한다.

그 자신이 밝히고 있듯이 그의 이와 같은 착상은 중국 한대 목실묘와 고구려 적석총에 대한 그의 지견을 바탕으로 한 것이겠지만, 그가 신라 적석목곽분의 목곽 내부구조를 이들과 연결시켜 나가는 과정을 필자는 도저히 이해할 수가 없다. 황남대총 남분에 존재하던 부곽이 북분에서는 생략되면서 외관 동쪽에 유물을 부장하기 위해 확보한 凸자형 공간에서 횡혈식 구조의 입구를 연상한 것도 기이한 착상이지만, 황남대총 북분과 천마총의 목곽 내부구조를 한대 회랑식 목실묘와 연관시키고, 이를 고구려 적석총과 신라 석실분에까지 연결하여 해석을 이어나가는 과정은 실제로 확인된 유구들에 기초한 '사실'을 적시하거나 합리적 추론을 덧붙여 나간 것이라기보다는 그저 짐작과 막연한 상상의 연속일 뿐이다.

그는 황남대총 북분의 외관 동쪽 凸자형 유물 부장 구역에서 한대 횡혈식 또는 횡구식 목실묘의 다중 시설 중심부에서 연도나 입구 쪽으로 열려 있는 입체적 공간을 연상한 모양이지만, 황남대총 북분의 외관 동쪽 凸자형 부장 구역은 외부와는 막히고 폐쇄된 수혈식 목곽 내부에 있는 평면적 유물 부장 공간일 뿐이다. 그리고 황남대총 북분보다 뒤에 축조된 천마총에서는 그 공간이 더욱 진화·발전하기는커녕 바로 그 위치에 외관에서 분리된 부장품 수장궤가 놓여 목관부 쪽이 완전히 막혀버렸는데, 그것이 어떻게 외부에서 진입하는 공간구조가 될 수 있는지 모르겠다.

또 황남대총 북분과 천마총의 목곽은 냇돌로 쌓은 측벽 받침 石段 위에 구축되었고, 이 石段과 목관 주위의 石壇 사이는 자갈이 깔린 목곽 바닥 중 사방으로 남은 좁은 평면적 공간이다. 김용성이 황남대총과 천마총에서 회랑 구조라고 한 것이 목곽 측벽에서 石壇 사이의 공간인지, 목곽 측벽 받침 石段 내면에서 石壇 사이의 자갈이 깔린 좁은 공간을 말하는지 알 수 없지만, 하여튼 어느 쪽이든 그것이 어떻게 나무벽으로 양쪽이 막혀 있는 한대 목실묘의 입체적 회랑 구조와 통하는지도 이해하기 어렵다.

그런데 뒤에서 보듯이 목곽 측벽 받침 석단은 상부적석식 적석목곽분인 신라 전기 1Bc기의 황오동 14호분-2곽부터 볼 수 있고, 또 3b기인 미추왕릉지구 제5구역 2호분과 황오동 5호분에서도 확인되므로 신라 전기 2b기인 황남대총 북분에서 처음 설치된 것도 아니고, 또 지상적석식 적석목곽분의 대형분에만 존재하였던 것도 아니다. 목곽 내부가 제대로 조사되지 않아서 그렇지 아마도 웬만한 규모의 상부적석식 적석목곽분에서도 목곽 측벽 받침 石段의 설치 사례는 많았을 것이다. 그렇다면 이들의 목곽 측벽 받침 석단과 목관이나 목관 주변 유물 배치 구역 사이의 빈 공간도 모두 회랑구조였다는 것인가?

한대 목실묘의 회랑 구조는 벽과 천장으로 막혀 있는 입체적 공간인 반면 신라 적석목곽분의 목곽부 내부는 여러 시설이 바닥에 붙어 있는 평면적 구조일 뿐이다. 그러므로 김용성의 그러한 주장은 신라 적석목곽분과 중국 한대 목실분 사이의 문화적 배경이나 맥락의 차이를 무시하고, 또 고분 전체의 구조는 물론 매장주체부 구조의 입체적 이해를 통해서도 아니고, 다만 평면도상에서 유사 부분만 찾아 연결시킨 것에 불과한 것임을 알 수 있다.

최근 김용성은 또 금관총도 '남겨진 봉토의 단면도로 보아', 그리고 '단곽인 목곽으로 보면 출토된 유물의 양이 너무 많은 점으로 미루어' 2중곽식일 가능성이 크다고 하였다(김용성 2015: 250). 남겨진 봉토나 출토된 유물의 양이 어떻게 2중 목곽의 근거가 될 수 있는지 모르겠다. 금관총의 재발굴 보고서에서도 김용성의 주장을 언급하면서 금관총의 목곽이 2중곽으로, 새로 동서 6.4m, 남북 4.2m의 목질흔이 발견된 것이 외곽, 일제강점기 보고서에서 5.15m×2.36m로 보고된 목곽은 내곽이라고 하고 그 복원도를 제시하고 있다(김대환 2016a; 2016b; 국립중앙박물관 2016: 120~125). 또 재발굴 보고서에서는 일제강점기 보고서 도면에 목관과 목곽이 그려진 것과 그 목곽의 수종 분석에 대해 언급하면서 그 목곽이 2중 목곽 구조의 내곽이라 강조하고 있지만(국립중앙박물관 2016: 120), 일제강점기 보고서의 목곽 추정 위치나 규모는 어차피 그대로 믿을 것이 못되며, 목곽 측벽으로 표시한 부분은 목관과 석단 밑에 깔았던 '목곽 저판'의 가장자리일 것이다(최병현 1980: 48; 1992a: 179).[25]

그런데 최종규는 황남대총 남북분과 천마총의 관곽 구조에 대해 김용성보다도 더 확대된 주장을 펼쳤다. 그는 천마총에는 4곽 2(또는 1)관, 황남대총 북분에는 4곽 1관, 황남대총 남분에는 3곽 1관이 설치되었다고 하고, 황남대총 북분의 목관 동쪽 凸자형 공간을 김용성의 주장과 유사하게 '東邊 開放'이라고 하면서, 이로 볼 때 "관의 격납이 竪穴墓 통상의 懸棺下葬되었다고 단언할 수 없다"고 하였다(최종규 2011). 김대환은 최종규의 천마총 다중곽 주장을 받아들여 천마총의 목곽이 2중곽식이라고 하고, 황남대총 북분의 懸棺下葬에 제기한 의문을 확대하여 황남대총 남북분과 천마총의 목곽 뚜껑 개구부 구조 자체가 형식적인 것이며, 개구부에 사용한 환두철봉은 목곽으로 모방된 당시 살림집의 출입문 부속구와 관련될 것이라고 한다(김대환 2016a·b).

최종규가 그은 관곽 선은 김용성과 같이 중국 한대의 고분을 염두에 둔 것으로 보이지만, 짐작과 상상에 의한 일방적인 주장일 뿐이어서 도무지 비판적 검토의 대상 부분이나 '사실'을 특정할 수도 없다. 이들에 대한 김대환의 이해도 더 말할 것이 없지만, 목곽 개구부의 기능에 대해 환두철봉 등 폐쇄장치의 출토 위치를 무시한 문제 제기 또

....

25 내외 2중곽이 설치된 황남대총 남분에서는 외곽과 내곽 모두 목곽 받침 石段이 설치되지 않았고, 홑곽인 황남대총 북분과 천마총에서는 石段 위에 목곽 측벽이 세워진 점이 유의되어야 한다. 금관총의 재발굴 보고서에서와 같이 금관총의 목곽이 2중곽이었다면 '槨의 4周에 내측으로 면을 맞추어 1렬로 쌓아 놓은 냇돌 석렬'이라고 표현된 목곽 받침 석단의 내면선이 외곽과 내곽의 중간에 있게 되는데, 중간에 왜 그런 석렬이 필요한지, 또 목곽 저판과 앞의 석렬(석단) 사이에 잔자갈이 깔린 공간이 있었다고 했는데, 그 공간은 어디인지 설명될 수 있어야 한다. 그러나 재발굴 보고서에서 이에 대한 언급은 없다. 재발굴 보고서에서는 또 목곽 하부 토광 내에 남아 있었던 잔자갈층과 냇돌선의 모서리 부분으로 보아 내곽은 모서리가 ㅍ자상으로 결구되었을 것이라고 주장하지만, 재발굴 당시 남아 있었던 냇돌선의 어디까지가 원래의 모습인지 의문이다.

한 도가 지나치다는 점만 지적해 둔다.[26]

한편 김용성은 또 황남대총 북분의 구조 가운데 "즉 보고서에서 말하는 목곽의 높이보다 측벽 적석 벽의 높이가 높았다는 점은 목곽 위에 빈 공간이 존재하였고 여기에 유물이 부장되었다는 것을 알려주는 것이다"라고 주장한다(김용성 2007: 132). 즉, 천마총과 황남대총 남북분에서 출토된 목곽상부 유물이 그 빈 공간에 배치되었다는 것이다. 그리하여 그는 황남대총 남분 등의 목곽 위에 별도의 뚜껑 덮인 공간이 있었던 것처럼 복원 모식도를 그려 발표하고 있고(김용성 2014a), 더 나아가 그런 공간이 황오동 41호분 등 상부적석식 적석목곽분의 중소형분에도 있었다고 주장하고 있다(김용성 2015: 128).

황남대총 남분과 북분의 사방적석에는 목조가구가 설치되었기 때문에 목조가구에 맞추어 쌓은 사방적석의 목곽 윗부분 냇돌들이 수직벽을 이루고 있었을 것으로 상상한 것인지 모르겠지만, 황남대총 남분에서는 그 차이가 불과 40cm니까 그렇다 쳐도 황남대총 북분에서는 그 높이가 1.7m나 되는데, 과연 거기에 어떻게 냇돌로 수직벽을 쌓을 수 있으며, 쌓았다 한들 냇돌들이 미끄러지고 무너져 내려오지 않고 어떻게 상당 기간 수직벽을 유지하고 있었을지 의문이다. 더욱이 목조가구도 설치되지 않은 천마총에서 목곽 뚜껑부터 사방적석 높이까지 냇돌로 1.2m의 벽을 쌓아 빈 공간을 만들고, 그것을 상당 기간 유지하는 것이 과연 가능하였을까? 만일 그것이 돌만으로 만들어진 구조가 아니고, 거기에 어떤 나무 구조물이 시설되어 있었다면 세 고분의 적석부와 목곽부의 유구 잔존 상태로 보아 무언가 그 흔적이 남아 있었을 것이다. 그러나 발굴 당시 세 고분에서는 그러한 시설이 있었다고 볼 만한 어떤 흔적도 구조도 존재하지 않았다.

세 고분의 목곽 상부 매납 유물은 목곽의 부식 흔적이 나오기 시작하면서 목곽 둘레의 잔자갈이나 목곽 내부로 함몰된 냇돌 사이에서 출토되었다. 목곽 뚜껑의 위치를

....

26   김대환(2016a; 2016b)은 황남대총과 천마총의 목곽 복원도에서 뚜껑 개구부가 적석의 중압을 받기에는 불완전한 구조라는 점을 비판의 근거로 삼고 있다. 그러나 개구부가 없어도 너비 4m 이상의 목곽 뚜껑은 받침목 없이 지탱하기 어려운 것이며, 더욱이 개구부 설치에서 받침목의 존재는 불문가지이다. 다만 상상복원도가 아니고 발굴 과정에서 확인된 근거물이 없어 표시하지 않았을 뿐이다. 김대환의 의도는 자신이 재발굴한 금관총 적석부의 목조가구 제1진주에 그 내부를 빈 공간으로 만드는 목판의 존재를 상정하고 그 안에 위치한 매장주체시설을 횡방향 매납이 가능한 살림집 구조 같은 것으로 해석해 나가려는 것이지만, 지나친 상상일 뿐이다. 금관총의 목조가구 제1진주들 사이의 냇돌들이 안쪽으로 면을 맞춘 석렬을 이루고 있는 것에 대해서는 뒤에 다시 언급한다.

그곳으로 보아 목곽의 높이로 하였지만, 그 유물들이 원래 어떤 상태로 매납되었는지는 알 수 없었다. 혹시 나무상자나 바구니 같은 데에 담아 매납하였을 가능성을 예상할 수는 있지만, 놓인 위치는 목곽의 뚜껑 위나 뚜껑의 가장자리 근처였음이 분명하다. 목곽 위에 별도의 공간 구조가 존재하였을 것이라는 주장은 사실에 기반한 추론이라기보다는 그러한 목곽 상부 매납유물을 두고 상상한 것에 불과하다는 점을 밝혀둔다.[27] 목곽 상부의 별도 공간구조 주장과 관련하여 여기서 천마총의 목곽 높이 산정에 대한 보고서의 기술 내용을 인용하면 다음과 같다.

> "목곽의 높이는 약 2m 10cm 내외로 복원하여 생각할 수 있다. 목곽 높이는 적석을 위로부터 들어 낼 때 부식목의 노출이 정상하 10m 52cm였으며 이 수치를 목곽 저부로부터 계산하면 2m 14cm였다. 또 적석의 함몰된 체적을 계산하면 약 56.5m³로 목곽 높이는 2m 3cm로 산출되었다. 따라서 처음 노출된 부식목의 높이가 크게 교란되지 않았음을 알 수 있다."(문화공보부 문화재관리국 1974: 58)

부연하면, 천마총의 목곽 높이는 적석 제거 중 최초로 드러난 목곽의 부식목 높이와 적석 함몰부의 체적으로 계산한 높이가 일치한다는 것으로, 어느 쪽으로 보아도 천마총의 목곽 뚜껑 위에 별도의 공간은 존재할 수 없다는 점이다.

필자는 고분의 하부 구조가 축조되고 목곽 내 매납이 이루어질 때까지 사방적석의 上面이 수평면이었을지에 대해서는 의문을 갖고 있다. 황남대총 남북분의 사방적석에는 목조가구가 설치되고, 거기에 맞추어 냇돌을 쌓았으므로 목조가구의 내외진주 사이의 사방적석 상면은 수평면을 이루고 있었을지도 모르겠다. 그러나 목곽 내 매납 이전 내진주와 목곽 측벽의 상단 사이는 적석이 경사를 이루고 있었을 것으로 판단된다. 목조가구가 설치되지 않은 천마총에서는 상부적석의 상면 자체가 목곽 측벽 쪽으로 경사

....

27   김용성은 목곽상부 유물을 순장의 증거로 보아 천마총에는 4인 이상, 황남대총 남분에는 5인 이상, 북분에는 8인 이상이 목곽 상부에 순장되었다고 한다(김용성 2007: 133). 그 영향인지 심현철(2016a; 2016b: 50~55)도 대형분에는 '순장을 위한 이중곽과 석단시설'이 추가되었다고 한다. 여기서 적석목곽분의 순장 문제는 언급하지 않겠지만, 지상적석식 대형분의 목곽 상부에서 순장과 관련된 별개의 시설 흔적이나, 인골 흔적이 발견된 적은 없다. 이 또한 그 특유의 막연한 짐작일 뿐이다.

를 이루고 있었을 수도 있다고 본다.

ⓒ 적석부

지상적석식 적석목곽분에서 적석부는 모두 고분 기저부에 점토를 깔아 구축한 고
분의 床面 위에 축조되었다. 그러므로 적석부는 목곽과 함께 완전히 지상에 위치하며,
크게 목곽 측벽 쪽의 사방적석과 목곽의 뚜껑 및 사방적석의 위로 쌓아올린 상부적석
으로 구분된다.

황남대총 남북분에서 사방적석은 먼저 통나무로 목조가구(도 2-31)를 설치하고 그
에 맞추어 냇돌을 쌓아 축조하였다.[28] 황남대총 남분에서는 적석부 위의 봉토 중에서도
목조 시설물이 있었던 흔적이 발견되었다. 적석부 내의 목조가구 설치는 최근 재조사된
신라 전기 3b기의 금관총과 4a기의 서봉총에서도 확인되었으나,[29] 4a기인 천마총에서
는 확인되지 않았다.[30]

목조가구를 설치한 황남대총 남북분이나 설치하지 않은 천마총이나 사방적석의
상하 평면은 (말각)장방형이거나 거의 (말각)방형에 가까웠을 것으로 판단되었으며(도
2-32), 금관총의 재조사에서 확인된 적석부의 목조가구 하부 평면도 거의 말각방형이었
으나 모서리의 기둥구멍 배치가 둥글게 돌아갔다(앞의 도 2-27의 1 참조).

목조가구의 설치 여부와 관계없이 모두 사방적석의 외면은 고분 중심부 쪽으로 경

....

28 황남대총 북분의 적석부 내 목조가구의 기둥구멍 배치는 보고서보다 이은석의 재복원도(이은석 1998: 62)가
더 정확하다. 보고서의 고분 구조 작성자나 이은석 모두 발굴에 실제 참여하지 않았지만, 황남대총 남분 보
고서 작업에 참여한 이은석이 북분 보고서의 오류를 바로잡은 것이다. 그러나 그의 목조가구 재복원도(이은
석 1998: 63)도 목조가구 내에 횡가목을 표시하지 않아 불완전한 것임을 밝혀둔다.

29 봉분 규모가 중형급이면서도 지상적석식인 황오동 44호분의 적석부에서도 목조가구가 설치된 흔적인 기둥
구멍들과 경사면 버팀목 홈이 노출되고 있다.

30 최근 발간된 『와본 김동현 구술집』(건축도시공간연구소 2015)의 구술 내용을 근거로 천마총의 적석부 내에
도 목조가구가 설치되었을 가능성을 타진하는 주장들이 있는 모양이다(김대환 2016a; 2016b). 그러나 구술
집의 천마총 적석부 구조에 대한 구술 내용은 명백히 황남대총 북분의 적석부를 혼동하여 설명한 것이다. 필
자는 김동현 선생과 함께 천마총과 황남대총의 발굴단원이었으며, 발굴 참여자로서 천마총 발굴에서는 적석
부의 상면에서나 적석 제거 과정에서 기둥구멍이나 횡가목 잔재 등 어떠한 목조가구의 흔적도 발견되지 않
았음을 밝혀둔다. 김동현 선생은 천마총 보고서와 황남대총 북분 약보고서의 고분 구조 부분을 직접 집필하
였음도 밝혀둔다.

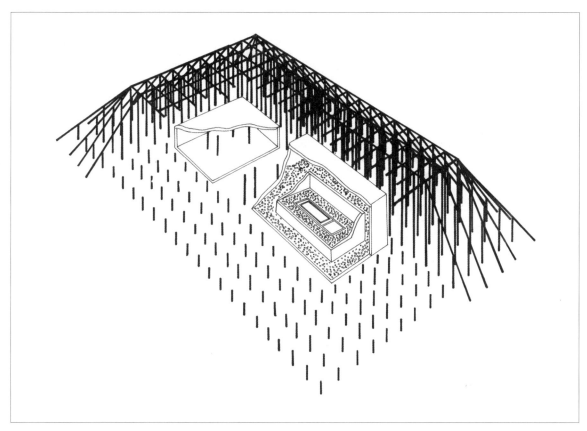

도 2-31 황남대총 남분 적석부 목조가구 모식도

사져 올라가게 쌓았다. 그러므로 지상적석식 적석목곽분의 사방적석 단면은 사다리꼴(梯形)을 이룬다. 이 점이, 뒤에서 살펴보듯이, 묘광 벽을 따라 수직으로, 또는 逆梯形으로 올라가는 상부적석식 적석목곽분의 묘광 내 사방적석과 기본적으로 다른 점이다.

　황남대총 남북분과 천마총에서 상부적석은 모두 축조되었지만, 고분에 따라 그 범위와 모양이 달랐다. 황남대총 남분의 주곽 쪽에는 상부적석을 사방적석의 상면보다 약간 넓게 평면 말각장방형으로 쌓아올렸으나, 부곽 쪽은 상부적석을 목곽의 뚜껑 위에만 쌓았다. 황남대총 북분에서는 발굴 당시 적석 상부가 노출되었을 때 상부적석이 가해지지 않았던 것처럼 보였는데 적석 함몰부 내 유물층 위로 함몰 냇돌이 두껍게 덮여 있어, 남분의 부곽처럼 목곽의 뚜껑 위에만 상부적석을 축조한 것이었다. 그러나 다시 천마총에서는 황남대총 남분의 주곽부처럼 상부적석을 사방적석 위에까지 넓게 쌓아 올렸다.

　황남대총 남분의 적석부는 사방적석의 높이 4.1m에 주곽 쪽의 상부적석 잔존 최고 높이 1.3m였으나, 천마총의 적석부는 사방적석의 높이 3.3m에 상부적석 잔존 최고 높

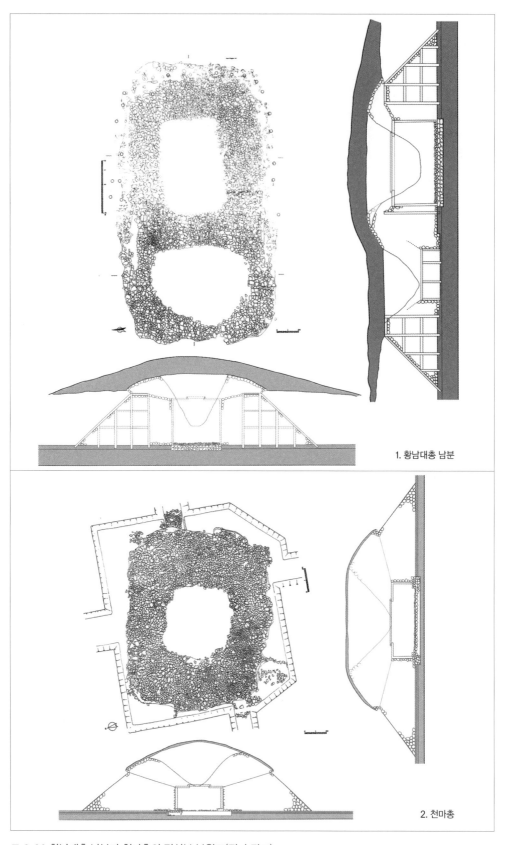

1. 황남대총 남분

2. 천마총

도 2-32 황남대총 남분과 천마총의 적석부 복원도(필자 작도)

이 2.6m였다. 황남대총 남분에 비해 시기가 늦은 천마총의 상부적석을 높게 쌓은 것을 알 수 있다. 황남대총 남분 주곽부와 천마총의 상부적석 입면은 동서 장축의 중심부가 능선을 이루는 우진각지붕이나 초가지붕 형태였을 것으로 추정되었다. 그리고 상부적석은 그 평면 규모가 사방적석의 上面보다 약간 넓어, 사방적석 상면 밖으로 턱처럼 내민 부분이 약간 있었으나 말각된 모서리 부분에서는 거의 구분되지 않았다.[31]

적석부 上面의 표면은 점토를 다져 밀봉하였는데, 황남대총 남분의 경우 밀봉 점토층의 두께는 중심부에서 1.4m나 되었고 그 범위도 적석부 상면의 범위에 그치지 않고 그 밖으로 멀리 나갔으며, 황남대총 북분도 밀봉 점토의 범위가 적석부 상면의 밖으로 넓게 나가 있었다. 그러나 이들보다 늦은 시기인 천마총에서는 상부적석 표면만 점토를 얇게 다져 밀봉하였다.

한편 현재 발굴 중인 쪽샘지구 황오동 44호분은 중형분이면서도 목곽과 적석부가 모두 지상에 설치된 지상적석식이어서 이례적인데, 적석부에서 목조가구의 기둥구멍들이 발견되고 있다. 황남대총 북분과 같이 사방적석 위로 상부적석은 쌓지 않았으며, 적석부의 평면과 함몰부로 보아 묘곽은 단독곽식으로 아주 이른 시기의 고분은 아닐 것으로 판단된다.

〈적석부의 축조 공정과 이설에 대한 비판적 검토〉 필자가 과거에 발표한 글들에서는 적석목곽분의 적석부를 목곽 측벽 쪽의 측벽부적석, 목곽 뚜껑과 측벽부적석 위의 개부적석으로 나누었다. 그러나 이 글에서는 앞서 적석목곽분의 유형을 지상적석식과 상부적석식으로 구분한 것과 일치시켜 측벽부적석을 사방적석으로, 개부적석을 상부적석으

....

31   천마총 보고서의 고분 단면도에서는 적석부 상면이 곧장 높게 올라간 것처럼 보인다(앞의 도 2-18의 1 참조). 이와 함께 함몰부 단면도 완전한 역삼각형을 이루고 있어 적석부를 다소 과장하여 표시한 것이라는 비판이 있다(김동윤 2009: 110). 경주 대릉원에 복원되어 있는 천마총의 구 적석부 복원 단면에 대해서도 같은 비판들이 있다. 그러나 천마총의 단면도 중 적석 함몰부 내부와 적석부 내의 냇돌들은 실제 실측된 것이 아니지만, 이를 제외한 부분은 모두 실제 유구를 실측한 것임을 밝혀둔다. 다만 도면에서 사방적석과 상부적석이 구분되지 않고, 적석부 상면이 곧장 높게 올라가 보이는 것은 실측선이 지나가는 자름면 부분 때문이다. 즉 천마총의 단면도는 봉토 정상부부터 자북을 기준으로 중심부에 동-서, 남-북 둑을 두어 그려 내려왔기 때문에 17도 편남한 매장주체부의 장축과는 일치하지 않아 적석부의 자름면이 각 변의 중심부가 아니라 모서리 가까이를 지나게 된 것이다. 함몰부 바닥의 깊이는 실측치에 따른 것이며 양쪽 적석 함몰선과 그 안의 함몰토, 그리고 적석부 내의 냇돌은 임의로 그린 것이다. 발굴 참가자이고 도면 작성자로서 이상의 내용을 밝혀둔다.

로 바꿨다. 지상적석식에서 사방적석이란 목조가구의 설치 여부와 관계없이 목곽 측벽 외측의 적석부 전체를 가리키고, 상부적석 역시 목곽 뚜껑과 사방적석의 위에 쌓은 적석 전체를 가리킨다. 필자는 사방적석이나 상부적석의 축조 과정에서 설사 각각 냇돌을 먼저 쌓기 시작하는 부위가 있다고 하더라도 사방적석 전체와 상부적석 전체는 각각 사실상 단일공정으로 축조되었다고 보기 때문이다.

지상적석식에는 황남대총 남북분과 금관총처럼 먼저 목조가구를 설치하고 거기에 맞추어 냇돌을 쌓아 사방적석을 축조한 고분과 천마총처럼 목조가구 없이 냇돌만 쌓아 사방적석을 축조한 고분이 있다. 목조가구가 설치된 경우 고분 기저부 조성 후 목조가구부터 설치하고 목곽과 사방적석을 축조했겠지만, 목조가구가 설치되었든 아니든 목곽과 사방적석의 공정 순서를 가리기는 쉽지 않다. 그러나 사방적석과 사방적석 上面 이하의 하부 봉토, 즉 1차 봉토의 축조에 상당한 시일이 소요된다는 점을 고려하면 목곽을 먼저 완성해 놓고 나서 사방적석을 축조하기 시작했다고 보기는 어렵다. 하지만 목곽과 맞닿아 있는 부분의 적석은 목곽 측벽의 존재를 상정하지 않을 수 없다. 목곽의 측벽 없이 그 외측에 둥글둥글한 냇돌을 쌓아 올리기는 어렵기 때문이다. 그러므로 사방적석을 외곽에서부터 축조해 오다 어느 단계에 목곽의 측벽을 세우고, 목곽의 측벽에 맞대어 냇돌을 쌓아 올라가 내부 쪽의 사방적석을 축조하여, 사방적석 전체의 축조를 완료했을 것이다.

내부에 목조가구가 설치된 황남대총 남북분과 금관총의 사방적석 외면은 가지런한 경사면을 이루고 있었고, 금관총의 재발굴에서는 그러한 가지런한 사방적석의 외면이 상하 경사의 봉토로 덮여 있었다. 이는 적석부에 목조가구가 설치된 고분에서는 사방적석이 먼저, 사방적석 上面 이하의 1차 봉토가 뒤에 축조되었음을 의미한다. 그러나 천마총의 사방적석 외면은 정연하지 못하고, 적석부 냇돌과 봉토가 서로 물려 들어가 있었다. 이는 사방적석과 사방적석 上面 이하의 1차 봉토를 동시에 쌓아 올라갔음을 말해준다. 이와 같이 내부에 목조가구의 설치 여부에 따라 사방적석과 1차 봉토의 축조는 순차적이었거나 동시적이었던 차이가 있었을 것이다.[32]

....

32　현재 발굴조사가 진행 중인 황오동 44호분은 적석부에 목조가구가 설치된 지상적석식 적석목곽분인데 사방적석의 외면이 가지런하지 않고 굴곡이 심하여, 앞서 설명한 황남대총 남북분, 금관총과는 다른 양상을 보인다. 이는 적석부에 목조가구가 설치되었지만, 사방적석과 1차 봉토의 축조가 순차적이 아니라 동시적이었던

상부적석은 목곽 내 매납이 끝난 후 목곽 뚜껑을 덮거나 개구부를 폐쇄한 다음 목곽 뚜껑 위부터 냇돌을 채우고, 나아가 사방적석의 상면 위로 냇돌쌓기를 확대해 나가 완성했을 것이다.

이상이 필자가 생각하는 지상적석식 적석목곽분의 적석부 축조 공정이다. 필자는 지상적석식인 황남대총 남북분과 천마총의 발굴조사에 참여하였고, 최근 쪽샘지구에서 조사되고 있는 상부적석식 적석목곽분의 조사현장을 여러 차례 실견한 바도 있지만, 여기서는 가능한 한 주관적인 판단을 피하고 객관성을 유지하여 유구가 잔존하거나 증거로 삼을 만한 흔적이라도 남은 것의 설명에 그치고자 하였다.

그런데 적석목곽분의 축조 공정에 대한 최근의 논의는 대단히 현란하다. 적석목곽분은 그 구조상 내부가 심하게 변형된 상태로 발굴되므로 다른 어떤 묘제의 고분보다도 신중하게 발굴조사가 이루어져야 한다. 그에 대한 연구도 당연히 발굴보고서에 대한 충실한 비판적 검토에서 시작하여 보고서의 내용을 수용하거나 아니면 다른 증거를 찾아 제시하고, 합리적 추론을 통해 구조를 이해하고 축조 공정의 복원을 시도해야 한다. 하지만 최근의 적석목곽분 연구 동향을 보면 발굴보고서의 본문은 아예 도외시하고 도면이나 사진에서 가져온 이미지에 자신의 짐작과 상상을 더해 가다 합리적 의심이나 추론의 범위를 벗어나 버린다. 또 납득할 만한 근거 제시도 없이 문화적 배경이나 맥락이 전혀 다른 중국 고대 고분의 구조를 아무런 전제 설명도 없이 대입하여 적석목곽분의 구조에 마구 선을 그어대기도 한다. 최근에는 그런 비합리적인 주장들을 비판적 검토나 수용에 대한 합당한 이유의 설명도 없이 경쟁적으로 추종하여 정체불명의 적석목곽분을 양산해가고 있다.

이제 그러한 사례들을 일일이 열거하기도 어려울 지경인데, 황남대총 북분 봉토에 덮인 남분 봉토 표면의 점토층을 밝히기 위해 계단상으로 파내려간 트렌치를 두고 봉토를 축성하기 위한 竹籠장치가 있었을 것이라 하고, 그것을 더 확대하여 적석부의 목조가구에도 냇돌을 담기 위한 竹籠장치가 달렸을 것[33]이라고 하는 주장(최종규 2011), 거

....

데에 따른 결과일지도 모르겠다.

33   최종규는 목조가구가 竹籠을 장치하기 위한 틀, 즉 竹籠 장치의 뼈대이며, 竹籠은 버들가지로 짠 바구니 같은 것일 수도 있다고 한다(최종규 2011: 19). 죽롱이나 바구니 같은 것이 사람 머리만한 냇돌들을 한가득 담는 육중한 무게를 어떻게 견뎌낼 수 있는지, 그런 것이 왜 필요한지, 상상이 지나치다.

기서 계발되어 또 금관총 적석부의 수직목과 횡가목을 연결한 목조가구에 판재나 횡가목을 쌓아 계단상의 다중 공간을 만들고 적석을 계단상으로 쌓아 올라갔다는 주장(김대환 2016a; 2016b)에 이르면 실로 어처구니가 없다. 이런 이치에 닿지 않는 주장이나 상상들을 일일이 다 살펴볼 필요는 없지만, 목곽 구조에 대한 이설은 앞서 이미 언급했으므로 여기는 적석부 및 그 축조 공정과 관련한 주장들을 지적해 두겠다.

필자는 이 글에서 상부적석 아래 목곽 측벽 쪽의 적석부 전체를 사방적석이라 하였으나 이를 목곽 가까이의 사방적석(또는 사주적석), 그 외측 목조가구 부분을 측벽부적석, 측벽부적석의 외측 경사진 부분을 삼각상 계단적석으로 구분하기도 한다. 또 상부적석도 목곽 뚜껑 바로 윗부분의 상부적석과 그 외측의 개부적석으로 나눈다. 설명의 편의를 위해서라면 그와 같이 나눌 수 있고 더 세분할 수도 있겠지만, 그것이 각각 별도의 축조 공정(김대환 2016a; 2016b)이라고 하면 다른 문제다. 또 지상적석식에서 목곽 가까이의 적석을 상부적석식의 묘광 주변 봉토 대신이라고 하고, 적석목곽분은 규모에 따른 구조적 차이만 존재할 뿐 그 축조 공정과 축조원리는 완전히 동일하다(심현철 2016a: 57; 2016b)고 하면 이 역시 다른 문제이다.

지상적석식 적석목곽분에서 사방적석이 축조될 부분, 즉 목곽의 측벽 외측에서부터 사방적석의 외연이 될 부분까지는 냇돌이 채워질 때까지 하나의 빈 공간이다. 목조가구가 설치되었다 하더라도 그 기둥과 기둥 사이, 횡가목과 횡가목 사이가 비어 있기는 마찬가지이다. 그런데 공정상 목곽의 측벽이 먼저 올라가지 않고는 그 외측에 굴러다니는 냇돌을 쌓아올릴 수 없음에도 목곽 측벽이 그 곁의 사방적석보다 뒤에 세워졌다고 하거나(심현철 2012: 62; 2016a; 2016b; 김대환 2016a; 2016b), 목곽의 외측에 벽석을 두껍게 쌓아올린 다음 그 밖으로 목조가구의 기둥들을 박았다고 한다(권용대 2009: 22~23). 황남대총 남북분의 적석부 내에서도 목조가구의 횡가목 부분에서는 냇돌을 횡가목에 대어쌓은 흔적인 냇돌 열이 나타나기도 하였는데(문화재관리국 문화재연구소 1994 도판편: 도판 61-1, 2 참조), 금관총의 적석부에서 목조가구의 내1진주 하단 기둥구멍 사이의 냇돌들이 열지어 있는 것을 두고 여기에 판재벽이 세워졌을 것이라고 한다(김대환 2016a; 2016b). 더 나아가 금관총 적석부의 목조가구 기둥과 기둥 사이에 벽을 만들고 그 벽에 맞춰 적석했을 것이라고 한다(국립박물관 2016: 81).[34] 모두 합리성이 결여된 주장들이다.

② 상부적석식

상부적석식 적석목곽분은 모두 중소형분으로 봉분 규모는 직경 약 5m 내외부터이며, 비교적 규모가 큰 중형분도 직경 30m를 넘지는 않았을 것으로 판단된다. 중형분과 소형분을 구분할 명확한 근거는 없으나 관모류인 은제관식이 출토된 황오동 14호분-1곽의 호석 직경 14.5m를 고려하면 대략 봉분 직경 15m 내외 이상을 중형분, 그 이하를 소형분으로 나눌 수 있음은 앞서 언급하였다.

상부적석식 적석목곽분에서는 지상적석식에 비해 다양한 형식의 묘곽이 조영되었는데, 1A1식의 일렬식 이혈주부곽도 지상적석식과 달리 3b기까지 축조되었고, 여러 형식의 동혈주부곽과 단독곽은 그보다도 늦게까지 공존하였다. 이러한 사실은 적석목곽분 중 중하위급의 상부적석식 적석목곽분이 피장자 발치 쪽의 유물 부장이나 부곽의 전통을 오랫동안 지속시켜 나갔음을 의미한다.

㉠ 묘광

상부적석식 적석목곽분으로는 과거에 발굴된 바 있는 쪽샘지구 황오동 34호분-2곽의 재조사에서 고분 기저부의 구축상태가 밝혀졌다(국립경주문화재연구소 2014). 기반

....

34 금관총 재발굴 보고서에서는 직접 언급하지 않았지만, 김대환이 금관총 적석부 목조가구 내1진주열에 목판이 있었을 것이라고 해석한 것은 지상적석식 적석목곽분의 매장주체시설을 懸棺下葬의 수혈식이 아니라 횡방향의 매납이 가능한 살림집 구조로 해석하기 위한 의도였던 것으로 보인다(김대환 2016a; 2016b). 즉 목곽에 매납이 이루어질 때까지 목곽과 목조가구 내1진주열 사이가 빈 공간이었을 것을 염두에 둔 것이다. 그러나 그러한 주장은 앞서도 언급했듯이 최종규가 황남대총 남북분의 적석부 목조가구가 竹籠을 장치하기 위한 틀이라고 한 주장에서 계발되어 금관총 적석부 목조가구 내1진주 기둥구멍을 따라 냇돌이 석렬을 이루고 있었던 것을 확대 해석한 주장이지만, 목조가구가 설치된 적석부 내에서 그러한 석렬은 황남대총 남분에서도 확인된 바 있다(문화재관리국 문화재연구소 1994: 도판 61). 그러한 석렬을 두고 목조가구의 기둥과 기둥 사이의 횡가목을 넘어 벽의 존재를 상정하거나 목조가구 내1진주열 내부의 빈 공간을 상정하는 것은 지나친 추론이다.

층인 적갈색 역석층 위에 수평으로 성토하고 그 위에 적갈색 점토를 깔았다고 하였는데, 호석이 이 적갈색 점토 위에 축조되었다고 한 것으로 보아, 상부적석식에도 앞의 지상적석식 대형분들과 마찬가지로 고분의 床面을 구축한 예들이 있었던 것으로 보인다. 그러나 상부적석식 적석목곽분의 조사 보고에서는 대개 고분 기저부의 기반층 정지 외에 다른 작업에 대해서는 언급되지 않고 있다.

상부적석식 적석목곽분에서는 고분 중심부에 깊은 토광을 마련하고, 토광 안에 목곽과 사방적석을 축조하였다. 그러므로 상부적석식 적석목곽분의 토광은, 앞서 살펴본 지상적석식 적석목곽분 목곽 하부의 얕은 토광과는 성격이 다른 것으로, 그 안에 매장 주체부가 설치되는 묘광이다.

과거에는 상부적석식 적석목곽분의 묘광은 모두 기반층 이하의 지하로 파 내려간 것으로 생각되었지만, 근래에 정밀조사가 이루어진 고분에서는 묘광이 기반층 이하의 지하만이 아니라 기반층 위의 호석으로 둘러싸인 성토층에서부터 시작된 예들이 늘어나고 있다. 최근 조사된 쪽샘지구 황오동 41호분은 묘곽 형식이 1A1식의 일렬식 이혈 주부곽인데, 주곽의 묘광은 전체 깊이 2.05m 중 아랫 부분 1.45m는 기반층 이하였으나 그 위 60cm는 지상 성토층 속에 위치하였다(도 2-33의 1). 부곽의 묘광은 전체가 기반층 이하였다.[35] 재조사된 황오동 34호분-2곽의 경우 부곽의 묘광은 지상 성토층에서부터 기반층 이하까지 걸쳐 있었지만, 주곽의 묘광은 그 바닥의 높이가 호석 외부의 기반층과 같았다고 한다(도 2-33의 2). 이는 주곽의 묘광이 사실상 지상 성토층 속에 존재하였던 것이 된다.[36]

이와 같은 예들은 상부적석식 적석목곽분의 묘광이 기반층 이하의 지하만이 아니라 호석 안에 성토된 지상 성토층에서부터 기반층 이하의 지하에 걸쳐 조성되거나, 사실상 지상 성토층 속에 조성되기도 하였던 것을 말해준다. 여기 호석 안의 지상 성토층

....

35 이하 황오동 41호분에 대한 내용은 조사자의 발표문(김보상·박정인 2012), 발굴조사 당시 필자의 실견 및 국립경주문화재연구소에서 제공 받은 자료들에 의한다.

36 보고서의 기술에서 수평성토층 위에 적갈색점토층, 그 위에 호석이 설치되었다는 것과 주곽의 묘광 바닥이 호석 외부의 '기반층 해발'과 같다는 것은 서로 연결하여 이해하기 어렵다. 발굴 및 보고서 작성자에게 확인한 결과 원래 고분 중심부 쪽이 경사져 내려가 기반층이 낮아 그 부분에 수평 성토하여 호석 외부와 수평을 맞춘 것이라 하며, 따라서 주곽의 묘광은 이 성토층과 그 위 호석 내부의 1차 봉토 속에 있었던 것으로, 그 바닥의 레벨이 호석 외부의 기반층과 같다는 의미는 아니라고 한다.

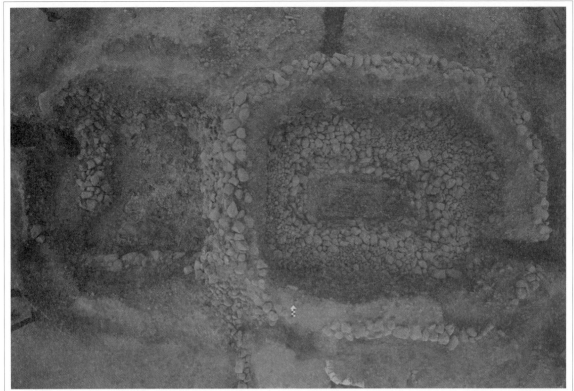

1. 황오동 41호분

2. 황오동 34호분 2곽

도 2-33 상부적석식 적석목곽분의 묘광

이란 고분 축조 공정상 고분 하단부에 1차로 쌓은 봉토이며, 이 1차 봉토(김두철 2009) 속의 묘광은 지상에 성토하면서 구축하거나 아니면 성토 후 되파기한 것으로 판단된다. 즉 지상적석식 적석목곽분의 묘광은 기반층 이하 부분(이하 지하묘광부)과 그 위 1차 봉토 안에 구축하거나 되파기한 부분(이하 지상묘광부)으로 구성된 것도 있고, 사실상 지상묘광부만으로 된 것도 있었다고 하겠다.

상부적석식 적석목곽분에서 이러한 지상묘광부는 1999~2000년 발굴조사가 이루어진 황오동 100유적에서 처음 주목되었다(동국대학교 경주캠퍼스박물관 2008). 그런데 발굴자인 김두철이 황오동 100유적의 조사 경험을 바탕으로 상부적석식 적석목곽분의 축조 공정을 복원하면서 모식도에 제시한 지상묘광부는 지하묘광부보다도 높고, 또 지하묘광부와 구분되는 지상묘광부의 벽선 단면이 심하게 밖으로 경사져 올라온 것으로 표시되었으며(김두철 2009: 73~76), 심현철도 그대로 따르고 있다(심현철 2012). 그러나 중형급인 황오동 41호분의 묘광은 지상묘광부보다는 지하묘광부가 깊었고 묘광 내부에서 지하, 지상묘광부 구분선이 그렇게 확연히 구분되지는 않았다. 김두철과 심현철이 제시하고 있는 모식도는 황오동 100유적에서 조사된 소형분을 모델로 한 것으로 판단되지만, 황오동 100유적의 적석목곽분 발굴조사 보고서는 아직 미간이어서, 지금 검증은 불가능하다. 그러나 뒤에서 살펴보듯이 소형분인 황남동 109호분-3·4곽 등에서는 묘광의 지하, 지상 단면선이 그와 같이 확연히 구분되지는 않았던 것으로 보여 소형분이라도 다 같지는 않았던 것으로 판단된다.

하여튼 이와 같이 근래 정밀조사된 상부적석식 적석목곽분에서는 지상묘광부의 존재가 분명해졌으므로, 이제 과거에 조사된 고분들에 대해서도 재검토가 필요하게 되었다. 여기서 먼저 주목되는 것이 황오동 16호분(有光敎一·藤井和夫 2000)의 전체 실측도 중 단면도들이다(도 2-34). 도면에는 1곽의 좌우와 3곽의 좌측에 기반층 위로 호석 상면과 연결된 성토선이 표시되어 있고, 3곽과 4곽의 사이에도 기반층 위로 성토선이 따로 표시되어 있다. 이로 보아 이 묘곽들의 묘광은 기반층 이하의 지하묘광부와 그 위 성토선까지의 지상묘광부로 되어 있었던 것이 분명하다. 그 외 얕은 지하 묘광 위로 성토선이 표시되어 있지 않고 적석부가 공중에 떠 있는 상태로 그려진 것들도 있는데, 이들은 대개 지상묘광부 안에 적석부가 구축되어 있었다고 보는 것이 합리적이다. 황오동 16호분 묘곽들의 묘광은 이와 같이 지상묘광부와 지하묘광부로 구성되어 있었으며, 그 중

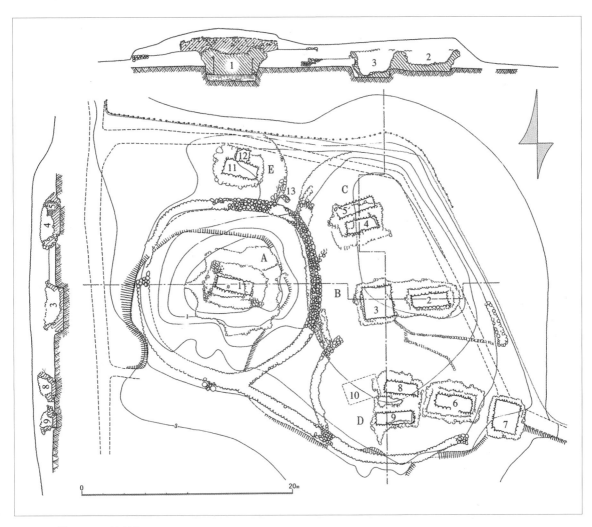

도 2-34 황오동 16호분 실측도

에는 묘광의 바닥만 기반층에 조성되었을 뿐 묘광 자체는 사실상 지상 성토층 속에 조
성된 것도 있었음을 알 수 있다.

황남동 109호분-3·4곽과 황오동 14호분에 대해서도 재검토가 필요하다. 황남동
109호분의 실측도(도 2-35의 1) 중 동서단면도에서 주곽인 3곽의 묘광 동쪽 어깨선과 부
곽인 4곽의 묘광 서쪽 어깨선의 높이가 달라, 3곽의 묘광 어깨선은 대략 호석의 상단과
같은 높이인 반면 4곽의 묘광 어깨선은 호석의 하단보다도 아래에 있는 것을 알 수 있
다. 이로 보아 이 고분의 주곽, 즉 3곽의 묘광은 호석 안에 성토된 1차 봉토 중의 지상묘
광부와 기반층 이하의 지하묘광부로 되어 있었고, 부곽인 4곽은 기반층 이하의 지하묘
광부만으로 되어 있었을 것으로 판단된다(김두철 2009: 77). 이와 같이 주부곽의 묘광 어

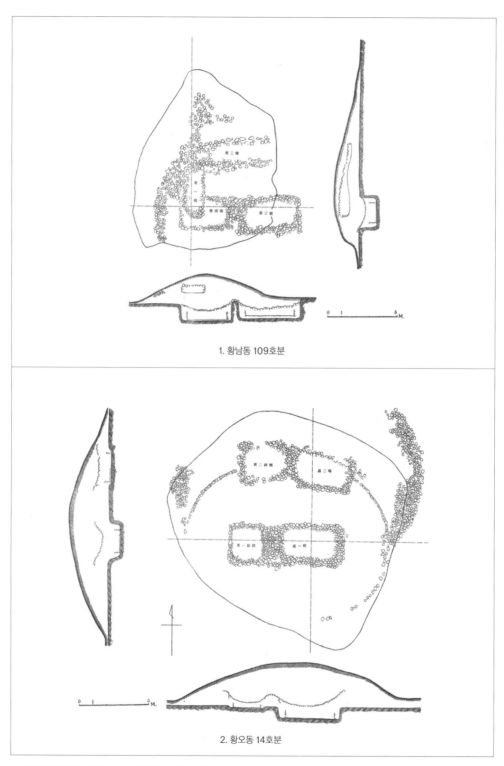

1. 황남동 109호분

2. 황오동 14호분

도 2-35 황남동 109호분과 황오동 14호분 실측도깨선 높이에 차이가 있고 묘광이 시작되는 층위가 다른 것은 앞의 황오동 41호분이나 34호분-2곽에서와 같다.

황오동 14호분은 2기의 고분이 남북으로 이어진 연접분으로 선축된 남분의 주곽, 즉 제1곽에는 약간의 지하묘광부가 있지만, 그 부곽인 제1부곽과 후축된 북분의 주부곽에서는 묘광의 바닥만 기반층에 조성되었다(도 2-35의 2). 고분 단면도에 표시된 적석부는 거의 모두 공중에 떠 있는 상태여서 이 고분을 지상적석식으로 착각할 수 있게 한다. 그런데 별도의 제2곽 남북단면도(뒤의 도 2-42의 2 참조)에서 적석부가 밖으로 경사져 올라간 모습은 분명히 지상적석식과 다르다. 그 도면에는 얕은 지하묘광선만 표시되어 있고 그 위는 적석부의 돌만 그려놓았는데, 적석부가 기반층 위의 지상에 존재했기 때문일 것이다. 즉 밖으로 경사져 올라간 적석부의 단면으로 보아 사방적석이 지상의 묘광 안에 구축된 것이다. 황오동 14호분은 이와 같이 제1곽의 묘광은 어느 정도 깊이의 지하묘광부가 있었지만, 그 외 묘곽들은 묘광의 바닥만 기반층에 조성되고 묘광 자체는 사실상 지상묘광으로 되어 있었던 것이 분명하다.

한편 금령총은 최근 재발굴이 이루어지고 있는데, 일제강점기에 발굴된 매장주체부 밖으로 동서 직경 29.8m, 남북 직경 28.2m의 2단 호석이 남아 있었고, 그 높이는 1.2~1.6m에 이른다. 묘광은 호석과 같은 높이로 남아 있는 1차 봉토 안에 조성되어 있었는데, 묘광의 바닥은 지하로 1.2m로 내려갔다. 따라서 금령총의 묘광도 지하묘광부와 1차 봉토 안의 지상묘광부로 되어있었다(뒤의 도 2-44 참조).[37]

이제 이와 같은 예들을 통해 적석목곽분의 매장주체부가 분명함에도 발굴 당시 기반층 이하의 얕은 묘광만 남은 소형분들에 대해서도 되돌아볼 필요가 있다. 예컨데 인왕동 668-2번지 유적(국립경주문화재연구소 2002)과 인왕동 729-3번지 유적(국립경주박물관 2003)에서 잔존 상태로 보아 상부적석이 함몰된 적석목곽분이 분명한 데도 묘광이 대단히 얕은 고분들이 있다. 황오동 100유적의 상황을 고려하여 보면 이들도 원래는 호

....

37 국립경주박물관 2019, 〈경주 금령총 재발굴조사[2차] 학술자문회의 자료집〉; 2020, 〈경주 금령총 재발굴[3차] 학술자문회의 자료집〉. 금령총의 재발굴이 이루어지기 전 필자는 금령총과 식리총 보고서의 적석부 단면도에서 묘광 밖으로 뻗어나간 상부적석의 바닥면이 수평이 아니라 묘광 쪽으로 경사져 내려간 것에 주목하여, 묘광은 지하식이고, 묘광의 어깨선과 상부적석의 바닥면 사이가 1차봉토였을 것으로 판단하고 그 복원도를 제시한 바 있다(최병현 2016a: 189; 2016b: 62). 그러나 금령총의 재발굴 결과 그와 같은 필자 판단은 잘못임이 드러났으므로 이에 수정하고 새 복원도도 제시해 둔다.

석과 그 안의 1차 봉토에 지상묘광부가 존재했겠지만, 황오동 100유적보다 더욱 심하게 삭평되어 호석과 그 내부의 1차 봉토가 유실되고 기반층 이하의 얕은 지하묘광부만 남게 된 것이라 판단된다.

그러나 모든 상부적석식 적석목곽분에서 먼저 1차 봉토가 조성되고 그 안에 지상묘광부가 존재했던 것은 아니라고 판단된다. 예컨대 호우총과 은령총의 단면도에서 은령총의 묘광은 호석 하면의 기반층 이하로만 표시되어 있다(김재원 1948). 호우총도 마찬가지였을 것이다. 이는 묘광이 호석 높이에서부터가 아니라 기반층 아래로 조성되었음을 말해주는 것으로 판단된다. 즉, 도면대로 이해하면 호우총과 은령총의 묘광은 묘광이 모두 기반층 이하로 조성된 지하묘광식이 된다.

그러면 상부적석식 적석목곽분의 묘광 조성 방식에서 왜 이런 차이가 생겼을까. 은령총은 4a기, 호우총은 4b기로 편년되므로 일단 지하묘광식이 늦은 시기일 가능성이 있다. 그러나 황오동 16호분의 여러 묘곽 중 가장 늦게 축조된 1곽도 4a기이지만, 그 묘광은 기반층과 지상 성토층에 걸쳐 있어서, 그러한 묘광의 차이를 반드시 시기적인 것으로만 이해하기에는 무리가 따른다.

여기서 고분들의 분포 위치도 주목해 보아야 하지 않을까 생각된다. 지금까지의 조사결과로 보면 지상+지하묘광식이나 지상묘광식은 대체로 월성북고분군의 중앙부인 황오동지구 내외에서 조사된 반면, 완전 지하묘광식은 그 분포 위치가 월성북고분군의 서북우인 노서동 지구로 한정된다. 월성북고분군의 고분 조영 진행 방향으로 보아 노서동 지구는 고분들이 늦은 시기에 조영되는 곳이다. 그러나 그보다는 월성북고분군 지역 안에서도 지리적인 위치에 따라 지하수의 높이가 달라, 묘광의 조성 방식에 그런 차이가 생기게 된 것은 아니었을까도 고려해 보아야 한다고 판단된다.

하여튼, 이상을 정리하면 상부적석식 적석목곽분의 묘광은 완전히 기반층 이하로 조성된 지하묘광식, 상부가 1차 봉토의 성토층에 조성된 지하+지상묘광식, 사실상 모두 지상 성토층 속에 조성된 지상묘광식이 있으나, 그 목곽은 모두 묘광 안에 위치한다는 공통점이 있다. 그러므로 매장주체부를 중심으로 상부적석식 적석목곽분은 묘광주체식이라고 할 수 있으며, 이것이 일단 앞의 무묘광 지상주체식인 지상적석식 적석목곽분과 대비되는 점이다.

이제 상부적석식 적석목곽분에서 지상묘광부의 존재 확인에 따라 앞으로 고분 연구에서 고려해 보아야 할 점이 많다. 여기서 먼저 언급해 둘 것은 원삼국 후기 이래의 점토충전목곽묘와 신라 조기 이래의 석재충전목곽묘가 조사 당시 기반층 이하의 지하 묘광만 아주 얕게 남아 있다는 사실이다. 이들은 원래 저봉토묘였지만, 지상에 어느 정도 규모의 봉토가 조성되었을 것이므로 이들의 지하묘광 위에도 지상묘광부가 존재했을 가능성을 배제할 수 없다. 이들은 적석목곽분과 달리 호석과 같은 봉토의 보호장치가 없으므로 고분 중심부의 봉토는 묘광 내부로 함몰되고 주변부의 봉토는 유실되어, 지하묘광부만 얕게 남았을 가능성이 있다.

한편 일제강점기에 발굴되었으나 2000년도에 보고서가 발간된 노동동 4호분의 유구 단면도에는 묘광이 2단으로 표시되어 있어(국립중앙박물관 2000: 32) 이를 통해 경주 적석목곽분 중에는 2단 묘광도 존재했을 것으로 오해될 소지가 있다. 그러나 이 고분은 신라 적석목곽분으로는 사실상 처음으로 학술적 조사가 이루어진 1924년 5월의 금령총 발굴 직후, 같은 해 8월에 수습조사된 것으로, 도면도 실측도가 아니라 조사 과정에서 메모된 것이라서 그대로 신뢰하기 어렵다.[38]

ⓛ 목곽

〈목곽 床面의 구축과 목곽의 결구〉 상부적석식 적석목곽분 중 금령총, 식리총 등 늦은 시기의 상위 위계 고분에서는 묘광의 바닥에 냇돌을 1~2단 쌓고 그 위에 목곽을 세웠지만, 그 외 중소형분들의 묘광 바닥에는 대개 냇돌을 쌓지 않았다. 그런데 신라 전기 1Bc기의 황오동 14호분-2곽(도 2-36), 3b기의 미추왕릉지구 5구역 2호분(김정학·정징원 1975: 160)과 황오동 5호분(홍사준·김정기 1964: 도판 30-1)에서는 묘광 가장자리에 냇돌을 쌓아 목곽 측벽 받침 石段을 설치하였던 것이 확인된다. 그동안의 중소형분 발굴조사는 목곽의 측벽선조차도 제대로 찾지 못한 것이 대부분이지만, 이로 보아 목곽 측벽 받침 석단은 지상적석식의 대형분에서만이 아니라 일부 상부적석식 적석목곽분에도 설치되었음을 알 수 있다. 더욱이 황오동 14호분-2곽은 지상적석식에서 목곽 측벽

<hr>

38 이 고분은 정밀 발굴조사된 것이 아니어서 세부 구조 해석에는 많은 문제가 있는데, 사진에서는 2단 묘광을 확인할 수 없다. 보고서 도판 15의 목관 동쪽 부장품 수장부(궤) 조사 장면 사진에는 그 주변 공간이 나와 있지만, 묘광이 도면과 같이 실제 2단이었을 가능성을 보여주고 있지 않다.

도 2-36 황오동 14호분 2곽의 묘곽부

받침 석단이 처음 확인되는 황남대총 북분은 물론 현재로서는 발굴조사된 가장 이른 시기의 지상적석식 적석목곽분인 황남대총 남분보다도 이른 시기 고분이어서 주목된다. 그러나 황오동 41호분 주곽에서는 목곽의 측벽이 묘광의 바닥 위에 바로 세워졌던 것이 확인되어 상부적석식 적석목곽분에서 목곽 받침 석단의 존재가 일반적이지는 않았던 것으로 판단된다.

목곽의 바닥은 대개 잔자갈을 깔아 礫床式으로 구축하였다. 월성북고분군에서 역상식 묘곽 바닥은 신라 조기 말 2b기의 석재충전목곽묘인 월성로 가-8호에서부터 확인되는데, 신라 전기 적석목곽분에서는 이와 같이 대소형분 할 것 없이 일반화되었음을 알 수 있다. 그러나 황오동 14호분-2곽처럼 목관의 밑은 흙바닥 상태로 두고 그 주변 사방으로만 자갈을 깐 예도 있고, 소형분에서는 대개 유해부에만 자갈을 깔고 유물 부장구역은 흙바닥 상태로 두었다. 부곽의 바닥도 대개 자갈을 깔지 않아 흙바닥이다.

한편, 주부곽식 묘곽에서는 주곽과 부곽의 바닥 높이에 차이가 있다. 신라 전기 1Ba기의 황남동 109호분-3·4곽은 그 묘곽 형식이 1A2식으로 세장방형 부곽의 이혈주부곽인데, 부곽의 바닥이 주곽보다 약간 낮다. 이는 묘곽의 형식이 같은 신라 조기 목곽묘인 황오동 545-22호묘(동국대)에서 부곽의 바닥이 주곽보다 미세하게 높은 것(동국대학교 경주캠퍼스 박물관 2002: 12)과 다르다. 그런데 방형 부곽의 1A1식 이혈주부곽인 신라 전기 1Bc기의 황남동 110호분, 황오동 14호분-1곽은 모두 부곽의 바닥이 주곽보다 높다. 이는 방형 부곽의 이혈주부곽인 신라 조기 1b기의 구어리 1호 목곽묘에서 묘광 바닥 기준으로 부곽의 바닥이 주곽보다 미세하게 높은 것(영남문화재연구원 2011)과 통한다. 그러나 신라 전기 3b기인 황오동 41호분은 부곽의 바닥이 주곽보다 낮다. 지상적석식인 신라 전기 2a기의 황남대총 남분에서 묘광의 바닥은 주곽 쪽보다 부곽 쪽이 약간 높지만 목곽의 바닥 기준으로는 주곽보다 부곽이 미세하게 낮아, 방형 부곽의 이혈주부곽식에서는 이를 기점으로 부곽의 바닥이 주곽보다 낮아진 것일지도 모르겠다.

동혈주부곽식 중 주부곽이 일렬로 배치된 1B1식과 1B2식은 주부곽이 한 묘광 안에 설치되고 주곽과 부곽의 바닥 높이도 대개 같지만, 주곽의 바닥은 礫床式이고 부곽은 흙바닥인 경우 부곽의 바닥이 그만큼 낮거나, 부곽 쪽 묘광 바닥을 주곽 쪽보다 좀 더 깊게 판 예들도 있다. 부곽이 주곽의 장변 쪽에 있는 1B4식 묘곽 중 긴 장방형의 부곽을 주곽과 병렬시킨 1B4a식은 대개 주부곽의 바닥 높이가 같지만, 그 외 부곽이 방형으로 소형화된 형식은 일반적으로 부곽의 묘광 바닥이 주곽보다 높다(김동윤 2009).

상부적석식 적석목곽분에서도 목곽은 상자형이었을 것인데, 금령총에서는 목곽을 두께보다 너비가 훨씬 넓은 판재를 사용하여 축조하였을 것으로 보았다(앞의 도 2-28의 1 참조). 그러나 지상적석식인 천마총에서는 통나무 형태에 가까운 목곽 측벽재가 확인되었으며, 최근 석재충전목곽묘인 교동 94/3-3호묘에서는 목곽의 측벽을 각목형의 목재로 쌓았고, 목곽의 바닥도 역상식의 묘광 바닥 위에 다시 목재를 간 나무 바닥으로 확인되었다. 이와 같은 교동 94/3-3호묘의 목곽은 월성북고분군의 적석목곽분 목곽 축조 기법과도 관련하여 주목된다.

금령총은 상부적석식 적석목곽분이지만 금관이 출토된 최고 위계의 고분이어서인지 목곽재의 결구에 꺾쇠가 사용되었고, 목곽 뚜껑 개구부의 개폐장치로 사용된 축금구도 출토되었다. 그 외 노동동 4호분에서도 목곽 뚜껑 개구부 축금구의 출토가 확인된다 (뒤의 도 2-39의 2 참조). 금령총 보고서에서는 목곽의 양 단벽 쪽 뚜껑 끝에 개폐장치가 부착되었을 것으로 복원하였지만(앞의 도 2-28의 1 참조), 축금구의 출토 위치로 보아 목곽의 개구부는 황남대총 남북분, 천마총에서와 같이 운구용 목관의 바로 윗쪽에 설치되었을 것으로 판단된다. 그러나 대개의 중소형분에서는 목곽을 꺾쇠나 槨釘 없이 목재만으로 결구했고, 목곽의 뚜껑에 별도의 개구부도 존재하지 않았을 것으로 판단된다.

한편 상부적석식 적석목곽분에서도 목곽과 적석부 냇돌 사이의 공극을 잔자갈로 메운 것이 금령총과 식리총, 황오동 4호분 등에서 확인된다. 그러나 이들은 대개 늦은 시기의 위계가 높은 고분들이다.

목곽의 높이는 목곽 부식 물질의 흔적이나 목곽 상부 유물의 출토 위치를 근거로 금령총 1.5m, 식리총과 호우총 1.2m로 추정되었다. 고분의 규모나 위계로 보아 상부적석식 중에서는 이들의 목곽 높이가 가장 높은 편에 속할 것이다.[39] 그런데 지금까지의 발굴조사 보고서에서 묘광의 깊이를 알 수 있는 예는 많지 않지만, 보고된 것은 대개 1.0m를 넘고 있어서(최병현 1980: 표8; 1992a: 218~223), 목곽의 상부가 묘광 어깨선 이상으로 올라온 예는 사실상 존재하지 않았을 것으로 판단된다. 목곽 상부 즙석식의 석재충전목곽묘로 목곽재가 잘 남아 있던 교동 94/3-3호 목곽묘에서 목곽은 높이 70~75cm의 측벽 위에 20cm 두께의 판재 뚜껑을 덮은 것(신라문화유산연구원 2016b:

39　국립경주문화재연구소 2013, 『年報』 24, p.50; 국립경주문화재연구소 2013. 9. 〈경주 쪽샘지구 신라고분유적 발굴조사(2012)〉 약보고 등 몇몇 문건에는 황오동 41호분 주곽의 목곽 규모를 동서 길이 5.4m, 남북 너비 3.3m, 높이 3.3m로 기록하고 있다. 또 이 문건들에는 주곽의 목곽이 2중곽이고, 목곽 뚜껑 위에 상부공간이 있었던 것처럼 그려놓은 구조 복원도가 있다. 그러나, 뒤에서 다시 언급하겠지만, 이런 내용들은 발굴 당시 실제 유구의 노출 상태, 필자가 실견하고 자문했던 내용들과는 너무 다르게 과장되었다. 실제 발굴에서는 적석 상면에서 2.2m 아래, 묘광 바닥에서 1.45m 위에서부터 목곽 상부 유물이 출토되기 시작하였다. 따라서 이 고분의 목곽 높이는 1.45m를 넘지 않는 것이 분명하다. 주곽 묘광의 규모는 동서 길이 6.8m, 남북 너비 4.8m, 높이 2.05m이므로 목곽은 완전히 묘광 내에 들어가 있었다. 아직 본보고서 미간인데, 본보고서에서는 잘못된 내용들이 바로잡히기를 기대한다.

27)이었던 점도 참고가 된다.

〈목곽의 내부구조〉 상부적석식 적석목곽분에서도 주부곽식 묘곽의 주곽에는 대개 피장자의 머리맡에 주요 부장품 구역이 있고, 단독곽식에서는 주요 부장품 구역이 피장자의 머리맡 또는 발치에 있거나 양쪽에 있어, 묘곽의 형식이 세분됨은 앞서 밝힌 바와 같다. 피장자의 머리맡에 부장품 구역이 있는 주부곽식의 주곽이나 2C식의 단독곽은 물론이지만, 피장자의 머리맡과 발치 양쪽에 부장품 구역이 있는 2B식의 단독곽에서도 중요 부장품은 머리맡에 배치된다.

상부적석식 적석목곽분에서도 지상적석식에서와 마찬가지로 묘곽의 장축은 대개 동서 방향이므로, 피장자는 목곽의 중앙부 약간 서편에 머리를 동쪽으로 하여 안치되고, 그 동편에 주요 부장품이 배치되었으나, 피장자의 발치쪽에 부장품 구역이 있는 2A식의 단독곽에서는 그 배치가 반대이다. 묘곽의 장축이 남북 방향인 것도 소수 존재하지만, 피장자의 두향이 남쪽인 것만 그와 다르다.

지금까지 월성북고분군에서 조사된 상부적석식 적석목곽분의 목곽은 홑곽이었을 것이며, 겹곽이나 2중 목곽의 흔적이 확인된 예는 없다. 그러나 학계에는 상부적석식 적석목곽분 중에도 2중 목곽이 존재했다는 주장이 있다. 이에 대해서는 뒤에서 다시 언급하겠다.

상부적석식 적석목곽분에서도 피장자의 안치에는 대개 목관이 사용되었을 것으로 판단되지만, 실제 목관의 흔적이 확인된 예는 많지 않다. 신라 전기 1Bc기인 황오동 14호분-2곽에서는 목관 주위의 목곽 바닥에 잔자갈을 1~2겹 깔아, 2.10m×72cm인 목관의 규모가 드러났다(앞의 도 2-36의 1 참조). 목관은 금박으로 장식된 흔적이 있었다. 신라 전기 4a기의 금령총과 식리총에서도 금박으로 장식한 목관의 흔적이 발견되었는데, 금령총의 목관은 1.50m×60cm, 식리총의 목관은 2.40m×78cm로 추정되었다.

호우총의 목관 규모는 2.40m×1.00m로 추정하였고, 지상적석식 적석목곽분으로 칠관의 흔적이 발견된 금관총의 목관 너비도 2.50m×1.00m로 추정되었으나, 그 너비는 목관의 흔적이 비교적 잘 남은 다른 사례들과 비교해 차이가 커서 그대로 신뢰하기 어렵다. 그 외 신라 전기 3b기의 황오동 33호분 동곽에서도 칠관의 흔적을 보고하였다. 이러한 예들은 지상적석식 적석목곽분에서와 마찬가지로 상부적석식 적석목곽분에서도 운구용 목관이 사용되었음을 말해준다.

신라 전기 4a기의 금령총과 식리총의 피장자 머리맡 부장품은 보고서의 기록이나 사진으로 보아 천마총의 부장품 수장궤와 같은 나무상자에 담겨 있었을 가능성이 크다. 금령총과 식리총은 늦은 시기의 최상위, 차상위 위계 고분이기 때문일 수도 있지만, 그 외의 고분들에서도 목곽 내 주요 부장품 구역의 유물들은 일반적으로 방형 또는 장방형의 일정한 구획 내에 겹겹이 쌓인 채로 발견되어 부장품 매납에 대개 상자가 사용되었을 가능성이 있다.

부장품 상자의 사용 여부와 관계없이, 목관과 목곽 내 주요 부장품은 목곽의 장축 중심선을 따라 배치되는 것이 일반적이지만, 그렇지 않은 예도 일부 존재하였던 것으로 보인다(도 2-37). 예컨대 신라 전기 1Bc기의 황남동 110호분 주곽, 신라 전기 4a기의 노서동 138호분의 목곽부 도면에는 피장자가 착장한 장신구나 유골이 피장자 머리맡 부장품 구역의 중심 축선에서 약간 남쪽으로 치우쳐 있다. 신라 전기 4a기의 식리총도 피장자의 머리맡 부장품 구역과 목관부의 도면이 분리되어 있지만 두 도면에 표시된 피장자 착장 경식의 위치를 맞추어 보면 마찬가지였던 것으로 판단된다. 이러한 예들은 목관이 목곽의 중심 축선이 아니라 피장자 머리맡의 부장품 구역과 ㄱ자상이 되도록 약간 남쪽에 배치되었던 것으로 판단된다.

〈상부적석식 적석목곽분의 목곽 구조에 대한 이설의 비판적 검토〉 이상에서 살펴본 바와 같이 상부적석식 적석목곽분의 목곽 내부에는 대개 동쪽에 주요 부장품, 서쪽에 피장자를 안치한 목관이 배치되었지만, 지금까지 상부적석식 적석목곽분에서 2중 목곽 구조나 2중관의 흔적이 분명하게 확인된 예는 없다. 그러나 학계에는 상부적석식 적석목곽분에도 2중 목곽 구조가 존재했다는 주장들이 있다. 먼저 모리미츠 토시히코(毛利光俊彦)는 1977년 발굴조사된 인왕동 고분 중 C-1호분 주곽을 礫壇, 즉 목관 주위 石壇이 설치되지 않은 2중곽식 B종이라고 한 데(毛利光俊彦 1983: 992) 이어 황남동 110호분, 인왕동 B-1호분, 인왕동 A-1호분 주곽, 그리고 식리총 목곽을 2중곽으로 추가하였다(毛利光俊彦 1986: 147~153). 하지만 그가 이 고분들의 목곽을 2중곽으로 판단한 근거를 제시하거나 이유를 설명한 바는 없다. 하기는 이 고분들 중 인왕동고분은 발굴 직후 간략한 내용의 약보고(이은창 1978)만 나왔을 뿐 아직까지 발굴보고서가 출간되지도 않아, 그가 그냥 임의로 선을 그었다고 할 수밖에 없다.

호우총과 은령총: 그 뒤 김용성은 호우총과 은령총의 목곽을 2중 목곽 구조로 판단

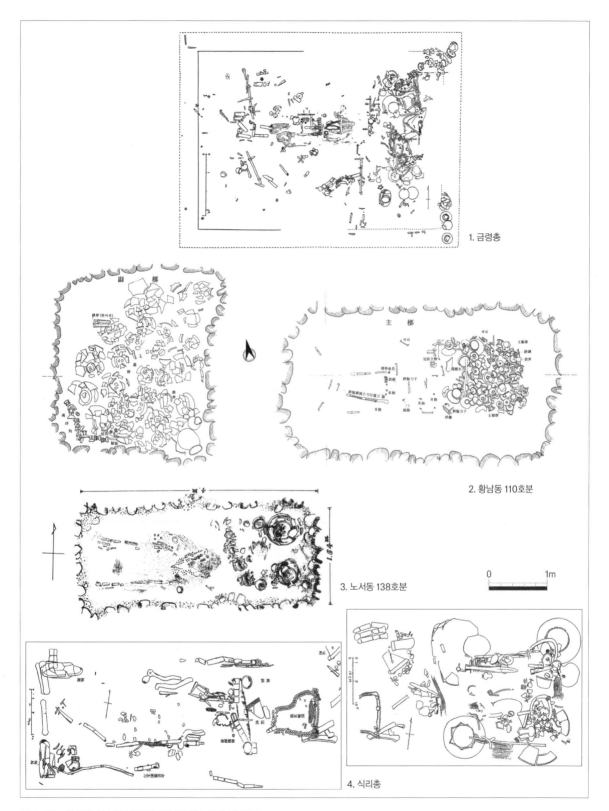

1. 금령총

主槨

副槨

2. 황남동 110호분

3. 노서동 138호분

4. 식리총

0　　　　　　1m

도 2-37 상부적석식 적석목곽분의 묘곽부 유물 배치도

하고 그 복원 모식도를 작성하여 발표하였다(김용성 2006a; 2009). 그는 호우총과 은령총의 구조 복원안 마련에 "최근에 세밀하게 보고서가 간행된 영덕 괴시리 16호분과 노동리 4호분(옥포총)의 보고서 고분구조를 참고로 한다"고 전제하였다. 이어서 호우총의 목곽은 지반을 동서 길이 7.3m, 남북 너비 4.5m, 깊이 2m로 판 묘광의 중앙에 설치된 완전한 지하식으로, 꺾쇠의 출토 범위와 곽상(槨床)으로 사용된 자갈의 출토 범위로 추정한 목곽의 크기는 동서 길이 4.2m, 남북 너비 1.4m, 높이 1.2m였으며, 목관의 크기는 길이 2.4m 너비 1m로 추정된다는 보고서의 내용을 요약한 뒤, 자신의 구조 복원안에 대한 설명을 다음과 같이 이어갔다. "그러나 보고서의 단면도를 보면 여기서 목곽이라고 설명한 부분 바깥에서 석단이 확인된다. 그리고 이 석단의 언저리에서 금동안교와 등자 등의 마구가 발견되었음이 확인된다. 그러므로 실제는 이 목곽이 내곽이었고 그 바깥에 외곽이 존재한 이중곽식임을 알 수 있다. 또한 이 내곽과 외곽 사이에 적석을 하여 석단을 마련한 것이 호우총의 매장주체부 구조였음을 알 수 있다. 이러한 구조의 적석목곽묘는 경산 임당유적의 비교적 이른 시기 대형 적석목곽묘에서 보편적인 것으로 지금까지 주의를 기울이지 않아서 그렇지 경주의 많은 대형 적석봉토분들의 매장주체부 구조가 또한 그러하였을 가능성이 아주 크다. 외곽의 크기는 확실히 알 수 없으나 대략 너비가 3m 이상은 되었을 것으로 판단된다".

그는 은령총의 묘곽부 구조에 대해서도 보고서의 내용에 따라 "설명한 목곽은 내곽에 해당되고 실제는 이 내곽의 바깥에 석단이 있었으며 그 석단을 둘러싼 외곽이 존재하여 매장주체부가 이중곽식을 이루고 있었음이 여러 가지 정황에서 포착된다"고 하면서 은령총의 목곽 바닥 유물층에 도달하기 이전에 드러난 유물들을 열거하고 있다. 그러면서 그는 호우총과 은령총의 내곽은 칸막이를 하여 동쪽은 부장칸, 서쪽은 목관을 안치한 주검칸으로 구분되었다고 주장했다(도 2-38).

이상과 같은 설명에서 김용성의 호우총과 은령총 목곽부 구조 복원안은 첫째로 황남대총 남북분, 둘째로 경산 임당유적의 '비교적 이른 시기 대형 적석목곽묘', 셋째로 영덕 괴시리 4호분과 경주 노동리 4호분 보고서의 목곽부 복원안에 대한 자신의 이해를 바탕으로 한 것임을 알 수 있다. 첫째로 호우총과 은령총의 목곽부 구조에서 "내곽은 칸막이를 하여 부장칸과 주검칸으로 구분"하였다고 한 부분은 분명히 황남대총 남북분의 보고서에서 외관이라 하고 모리미츠 토시히코(毛利光俊彦 1983)가 처음 내곽이라

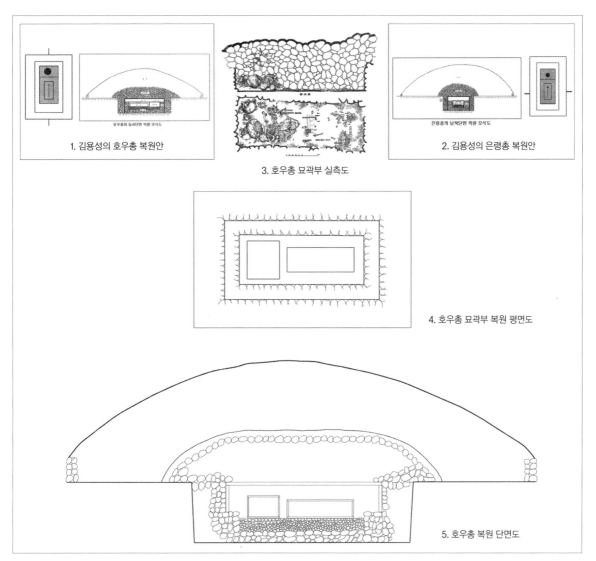

1. 김용성의 호우총 복원안

2. 김용성의 은령총 복원안

3. 호우총 묘곽부 실측도

4. 호우총 묘곽부 복원 평면도

5. 호우총 복원 단면도

도 2-38 호우총의 복원도(필자 안)

고 한 부분과 같은 구조를 염두에 둔 것으로 보인다. 그러나 그의 호우총과 은령총 복원
단면 모식도에는 나무 바닥이 없는 내곽의 측벽이 목곽 바닥의 자갈층보다 더 아래 묘
광 바닥에 깐 냇돌 위에 서 있었던 것으로 표시되어 있어, 목곽 바닥의 자갈층 위에 나
무 바닥이 놓인 황남대총 남북분의 외관 구조와 다르고 황남대총 남분의 내곽 위치와
도 달라, 황남대총 남북분의 외관에 또 다른 구조 모델을 절충한 것임을 알 수 있다.

다음은 그가 호우총과 은령총의 내곽과 그 바깥에 존재한 외곽 사이에 냇돌로 적
석하여 '석단'을 쌓았다고 한 부분으로, 그 구조도 황남대총 남분 내외곽 사이의 잔자갈
층, 그리고 내곽과 외관 사이에 자갈로 쌓은 石壇과는 달라서 역시 다른 모델을 염두에

둔 것으로 보인다. 그 모델은 "이러한 구조의 적석목곽묘는 경산 임당유적의 비교적 이른 시기 대형 적석목곽묘에서 보편적인 것"이라는 언급과 논문에 첨부한 사진으로 보아 경산 임당동 G-5, 6호묘가 분명하다.

임당동 G-5, 6호묘의 묘곽부 구조는 발굴 당시부터 황남대총 남분 주곽부의 선행 구조일 것이라고 주장되었다(이희준 1996c). 발굴 보고서도 그런 관점으로 작성되어, 임당동 G-5, 6호분의 목곽은 내외곽 사이에 냇돌로 '석단'을 쌓은 2중곽이며, '석단' 위에 순장과 유물 부장이 이루어졌다고 해석되었다(영남문화재연구원 2001). 김용성의 호우총과 은령총 목곽부 구조 복원안은 그렇게 해석된 임당동 G-5, 6호묘의 내외곽에 황남대총 남북분의 내외관을 절충한 것이다.

그러나, 뒤에서 보겠지만, 임당동 G-5, 6호묘는 묘광과 목곽 사이를 돌로 충전하였을 뿐 목곽 상부에 적석은 물론 즙석식의 적석층도 존재하지 않은 석재충전목곽묘였을 뿐, 내곽이 설치되었다는 아무런 근거가 없다. 보고서에서 내외곽 사이에 냇돌로 쌓은 '석단'이라 한 부분도 목곽의 부식으로 인하여 목곽 내부로 함몰된 묘광과 목곽 사이의 충전석들이며, 그 위에서 발견된 순장 흔적과 유물들도 목곽 사방의 충전석이 함몰하면서 함께 딸려 내려온 목곽 상부, 즉 목곽 뚜껑 위의 매납품들일 뿐이다(김두철 2007).

김용성은 호우총 보고서의 단면도에서 목곽 바닥보다 높은 위치의 적석 사이에 금동안교 등 마구가 존재한 것, 은령총의 목곽 바닥 유물층보다 위에서 출토된 유물들을 근거로 이 유물들이 부장된 냇돌 '석단'과 그 내외의 2중 목곽을 상정하고 있지만, 실제로는 이와 같이 임당동 G-5, 6호묘의 잘못 해석된 목곽 구조를 그대로 대입한 것에 불과하다. 호우총의 적석 틈에 그려져 있는 마구들은 그 매납 위치가 목곽 뚜껑의 가장자리쯤이어서 적석 함몰 시 위치가 크게 변동되지 않았던 것일 뿐이며, 은령총의 목곽 바닥 유물층 위에서 출토된 유물들도 목곽 상부에 매납되었다가 적석 함몰에 따라 딸려 내려온 것들일 뿐이다.

그가 입론의 전제로 삼은 두 고분 중 영덕 괴시리 16호분(국립경주박물관 1999)에 2중 목곽이 설치되었다는 것은 아무런 근거가 없다. 이에 대해서는 뒤에서 다시 살펴볼 것이므로 여기서는 더 이상 언급하지 않겠다. 그런데 노동동 4호분은, 앞서도 언급되었지만, 1924년 5월의 금령총 발굴 직후 주민의 지면 굴착 공사 중 폐고분이 발견되어 긴급 수습조사된 것이다. 금령총이 처음 발굴조사된 신라 적석목곽분이므로 노동동 4호

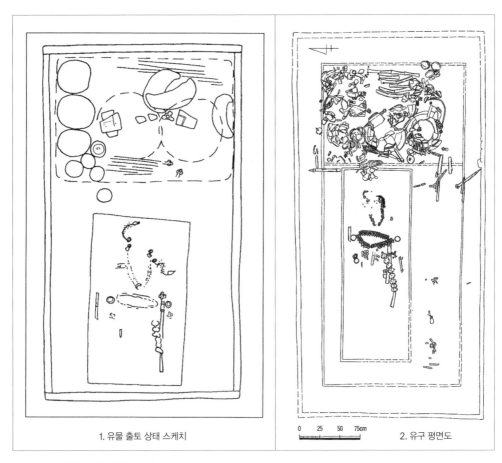

1. 유물 출토 상태 스케치

0   25   50   75cm

2. 유구 평면도

도 2-39 노동동 4호분 평면도

분은 그 다음인 셈이다. 2000년 국립중앙박물관에서 조사 당시의 사진과 조사 과정에서 메모된 도면들을 모아 보고서를 발간하였는데(국립중앙박물관 2000), 보고서 작성자가 2중 목곽으로 추정하여 내곽에 칸막이를 두고 동쪽은 '부장곽'으로, 서쪽은 목관을 안치한 구조로 추정 복원한 도면을 첨부하였다.

그러나 유물의 출토상태 도면과 사진을 검토해 보면, 이 고분의 목곽 내부는 동서 장축의 목관과 그 동쪽의 별도 상자였을 것으로 보이는 남북 장축의 부장품 구역이 T자형 배치를 이루고 있었던 것이 분명하다(도 2-39). 이와 같이 부장품 상자와 목관이 장축을 달리하여 배치된 것은 황남대총 남북분의 내외관 구조와는 다르고 천마총, 금령총 등과 같다. 그리고 목관의 동단부에는 목곽 뚜껑 개구부에서 낙하된 축금구가 표시되어 있는데, 이 또한 천마총과 금령총의 목곽 구조를 연상하게 하는 것이다. 수습조사에서 남겨진 유구 평면도에 부장품 상자에서 연장된 선이 목관 바깥으로 표시된 것을 근거로 내곽을 상정한 것 같지만, 그 선은 천마총의 목관과 그 주위 石壇 밑에 깐 목판 선과 일치하거나 금령총 등의 상부적석식 중소형분에서 목관 주위에 배치된 유물들의 외곽선에 해당한다.

그러므로 영덕 괴시리 16호분과 노동동 4호분의 2중 목곽 구조는 실제 유구나 그 흔적이 발견된 것이 아니라 선입관이었을 뿐이다. 김용성은 호우총과 은령총의 구조 복원에 두 고분 보고서의 고분 구조를 참고한다고 하였지만, 앞서 살펴본 바와 같이, 실제로는 그러한 분위기에 편승하여 잘못 해석된 임당동 G-5, 6호묘의 묘곽부 구조와 황남대총 남북분의 내외관 구조를 절충하여 그런 복원안을 만든 것이다. 그 결과 그것은 발굴보고서의 유구 기술 내용과는 상관없는 정체 불명의 복원안이 되고 말았다는 점을 지적해두지 않을 수 없다.

그런데 사실 호우총과 은령총의 목곽부 구조나 유물층보다 높은 위치에서 출토된 유물들의 매납 위치에 대한 해석에서 굳이 임당동 G-5, 6호묘와 황남대총 남북분을 끌어들인 것은 방법론상으로도 문제가 있다. 잘 알려져 있는 바와 같이 호우총과 은령총은 경주의 적석목곽분 중에서도 아주 늦은 시기로 편년되는 고분들이어서 임당동 G-5, 6호묘와는 시공적인 간격이 크고, 황남대총 남북분과는 시간적, 위계적 간격이 크다. 호우총과 은령총의 구조는 시공을 뛰어 넘어 임당동 G-5, 6호묘나 황남대총 남분을 끌어다 복원되어야 할 대상이 아니라 금령총이나 천마총 등 시공적으로 가까운 경주 고분들과 비교하여 고찰되었어야 한다.

이에 필자는 경주 적석목곽분 가운데 지상적석식인 천마총, 상부적석식인 금령총의 묘곽부 구조를 참고하여 호우총·은령총의 목곽부는 2중 목곽 구조가 아니라 홑곽으로 그 안 동쪽에 부장품이 배치되고, 서쪽에 목곽이 안치된 단순한 구조였을 것으로 추정한다. 다만 발굴보고서에서는 목곽 바닥의 자갈층만으로 목곽의 크기를 추정하였지만, 실제 목곽의 규모는 이와는 약간 달랐을 것으로 추정된다. 보고서대로 호우총의 묘광 크기가 7.3m×4.5m인데, 목곽의 크기가 4.2×1.4m라고 하면 묘광과 목곽 사이는 사방으로 1.5m 이상의 공간이 남아 여기에 사방적석의 냇돌을 쌓은 것이 되는데, 금령총이나 식리총은 물론 앞서 언급한 황오동 41호분 등 월성북고분군에서 조사된 그 외의 상부적석식 적석목곽분들과 비교해 보아도 그 공간은 너무 넓다. 수치를 밝히지 않았지만 은령총도 마찬가지이다. 그러므로 필자는 호우총과 은령총에서도 목곽 바닥 자갈층의 외곽으로 목곽 측벽 받침 석단이 설치되었을 것으로 판단한다. 즉 보고서에서 목곽의 크기로 계산한 것은 목곽 받침 석단 안쪽 잔자갈 층의 길이와 너비였을 것이다.

호우총의 목관 크기는 발굴보고서에서 2.4m×1.0m로 추정하였지만, 목곽 크기와는 반대로 너무 크게 추정한 것으로 보인다. 특히 그 너비는 앞서 살펴본 지상적석식 적석목곽분들과 비교해 보아도 80cm를 상회하지는 않았을 것이다.

황남동 110호분, 그 외: 김용성은 그 후 황남동 110호분을 상부적석이 축조되지 않은 '적석목곽묘의 봉토분'(김용성·최규종 2007; 김용성 2009: 41~43), 즉 본고의 석재충전목곽묘라고 하면서도 그 목곽부를 모리미츠 토시히코와 같이 2중 목곽 구조로, 황오동 41호분 주곽도 2중 목곽 구조이면서 외곽 위에 '상부공간'이 있었던 것으로 모식도를 그려 발표하였다(김용성 2014a: 65~68). 이어 그는 황남동 110호분의 주곽부 노출 사진에 선을 긋고 그 봉토까지 표시한 새 모식도와 함께 묘광 안에 함몰된 적석은 "이중곽식의 내부 석단과 외곽 바깥 적석이 무너진 것이지 상부적석이 없었음이 명확하고"라고 언급하였다(김용성 2015: 125~126). 그의 모식도를 보면 그는 황남동 110호분과 호우총이 상부적석의 유무 여부는 달라도 목곽부 구조는 시간적 간격을 초월하여 똑같았다고 판단하고 있음을 알 수 있다.

황오동 41호분에 대해서도 "이 고분은 이혈묘광의 주부곽식이고 이중곽식인 주곽의 위에 공간부가 형성된 것이 특징"이라고 하면서(김용성 2015: 128), 발굴 기관인 국립경주문화재연구소의 현장설명회자료(2013)를 인용하고 있다. 인용된 황오동 41호분 도면의 목곽부 구조는 그의 호우총 목곽부 복원안, 그리고 그가 황남대총 북분 등 지상적석식의 목곽 위에 있었다고 주장한 '상부공간'을 결합한 것임을 알 수 있다. 즉, 황오동 41호분의 구조 복원안은 김용성의 주장들에 따라 작성되었고,[40] 김용성은 이를 다시 자신의 그동안의 주장이 타당한 것처럼 활용하고 있는 것이다.

....

40   필자는 황오동 41호분의 발굴조사 당시 자문위원으로 현장을 여러 차례 실견하고 여러 가지 조언을 한 바 있다. 그러나, 앞서 언급했듯이, 황오동 41호분의 구조 해석은 필자의 판단과는 다른 부분들이 많았음을 밝혀둔다. 한편 그 후 국립경주문화재연구소에서는 앞서 인용한 천마총 보고서에서처럼 황오동 41호분의 적석 함몰부 체적을 계산하여 본 결과 목곽의 체적과 대략 일치하고, 이른바 목곽 '상부공간'은 존재할 수 없음을 확인하였다.

황남동 110호분이 2중 목곽 구조였고, 황오동 41호분 주곽도 2중 목곽 구조였으며 목곽 위에 '상부공간'이 존재했다는 김용성의 주장은 이와 같이 호우총과 은령총이 2중 목곽 구조였다는 그의 구조복원안과 지상적석식 적석목곽분의 목곽 위에 '상부공간'이 존재했다는 그의 주장이 다시 순환논리로 적용된 것이다. 그러나, 앞서 지적한 바와 같이, 그의 호우총과 은령총 목곽 구조 복원안은 경주 황남대총 남분의 구조와 애당초 잘못해석 된 임당동 G-5, 6호묘의 관곽 구조를 절충한 것이었을 뿐이었다. 그러므로 황남동 110호분과 황오동 41호분 주곽이 2중 목곽 구조였다는 주장, 황오동 41호분의 목곽 위에 '상부공간'이 있었다는 주장도 발굴 유구에서 전혀 입증되지 않는 일방적 주장일 뿐이다. 필자는 두 고분의 목곽은 홑곽이고, 목곽 안 동쪽에 부장품, 서쪽에 목관이 안치된 단순 구조였을 뿐이라고 판단한다.[41]

이상과 같이 지상적석식은 물론 상부적석식 적석목곽분 중에도 2중 목곽 구조가 존재했다는 주장은 모리미츠 토시히코와 김용성에게서 비롯되었는데, 모리미츠 토시히코는 아무 설명도 없이 목곽 선들을 그은 것이고, 김용성의 주장은 적석목곽분도 아닌 임당 G-5, 6호묘의 잘못 해석된 목곽 구조를 시공을 초월하여 늦은 시기의 적석목곽분인 호우총과 은령총에 적용한 것이 그 시작이었다. 임당 G-5, 6호묘의 구조에 대해서는 진작에 비판적 검토가 이루어진 바 있음(김두철 2007)에도, 그에 대한 언급 없이 자신의 일방적인 주장만을 확대재생산해 나가고 있음을 지적해두지 않을 수 없다.

ⓒ 적석부

상부적석식 적석목곽분에서는 사방적석이 묘광 안에 축조되고, 목곽과 사방적석의

....
41 최근 재발굴된 서봉총의 현장설명회 자료에서도 서봉총(북분)과 그 남분(David총)에 내곽과 외곽이 있었을 것이라고 하고 있지만(국립중앙박물관 2017, 〈현장설명회 자료집 2017년 경주 서봉총 재발굴〉), 필자는 재발굴 현장을 여러 차례 실견한바 서봉총은 그런 판단이 가능한 잔여유구 자체가 없었고, 남분도 일제강점기 발굴 후 묘곽부 매몰 상태나 바닥 상태에서 2중 목곽 구조를 상정할 근거를 찾을 수 없었다. 2020년 발간된 재발굴 보고서(국립중앙박물관 2020, 『慶州 瑞鳳塚 II(재발굴 보고)』에서는 서봉총 북분과 남분에 모두 내외 2중 목곽이 설치되었을 것으로 보고하였지만, 역시 그 근거는 찾기 어렵다. 그렇게 무리하게 해석하다 보니 북분의 외곽은 목곽 하부 토광선에 걸려 있고(p.52), 남분에는 목관이 없었을 것이라고 하였다(p. 63). 필자는 북분, 남분 모두 홑곽으로, 북분은 보고서의 내곽선이 목곽의 위치이고, 남분은 보고서의 외곽선(p.64)이 목곽의 위치라고 본다.

위로 상부적석이 가해졌다. 석재충전목곽묘와 상부적석식 적석목곽분의 차이는 바로 상부적석의 존재 여부이다.

사방적석은 묘광의 벽을 따라 올라감으로 그 외곽 단면선은 묘광의 벽 상태에 따라 다르다. 묘광의 벽이 수직에 가까우면 사방적석의 단면도 수직선을 나타내고, 묘광의 벽이 밖으로 경사져 올라가면 사방적석의 단면선도 밖으로 벌어져 올라가게 된다. 이 점이 지상적석식과는 근본적으로 다른 것으로, 지상적석식의 사방적석 단면은 梯形이지만, 상부적석식의 사방적석 단면은 수직이거나 逆梯形을 이룬다.

소형분 중에서는 적석부, 특히 사방적석을 냇돌만이 아니라 냇돌과 점토를 함께 섞어 쌓았다고 보고한 예들이 많다(최병현 1981a: 16; 1992a: 224). 이는 신라 조기 이래의 석재충전목곽묘에서 묘광과 목곽 사이를 순수 돌만이 아니라 돌과 흙을 섞어 충전하던 방식과 연관된 것으로 판단된다.

사방적석의 규모도 마찬가지이지만, 특히 상부적석의 규모는 고분의 위계 및 축조 시기와 밀접한 관계가 있었던 것으로 판단된다. 김두철은 황오동 100유적의 소형분을 염두에 둔 듯 상부적석이 모두 묘광 어깨선 안쪽에만 가해진 것으로 축조 공정을 복원하였으나(김두철 2009), 심현철은 이를 소형분으로 한정하고 중형분에서는 상부적석이 묘광의 어깨선 밖에서부터 축조된 것으로 보았다(심현철 2012). 이 점은 필자가 과거에 다곽묘 등 최하위의 고분에서는 상부적석이 목곽의 뚜껑 위나 묘광 어깨선의 안쪽에 얇게 가해졌지만, 그보다 상위의 고분에서는 상부적석이 묘광 어깨선 밖에서부터 축조되었다고 밝힌 바(최병현 1981a; 1992a)와 같다.

상부적석의 축조 범위가 묘광 어깨선 안쪽이나 그 가까이로 한정되면 상부적석의 평면은 자연히 장방형이 되는데, 이희준은 적석목곽분의 진화·발전 도식과 관련하여 황남동 109호분-3·4곽처럼 노출된 적석부의 평면 형태가 장방형인 것은 사방적석식이고, 황남동 83호분처럼 목곽보다 훨씬 넓은 타원형인 것부터 상부적석식이라고 주장하였다(이희준 1996c). 즉 노출된 적석부의 평면 형태가 장방형인 것은 상부적석이 가해지지 않은 석재충전목곽묘라고 한 것인데, 이는 뒤에서 보듯이 사실이 아니다.

상부적석의 범위와 규모는 고분의 위계만이 아니라 축조 시기와도 관련이 있었을 것으로 보인다. 신라 전기 1Bc기인 황남동 110호분과 황오동 14호분-1곽은 각각 금동관식 또는 은제관식과 같은 관모류 출토 고분이면서도 상부적석의 범위는 좁아 상부적석의 평면이 묘광의 평면형과 같은 장방형이었다. 그러나 이들보다 늦은 신라 전기 4a기의 황남동 83호분은 관모류가 출토되지 않은, 위계가 낮은 고분임에도 상부적석의 범위가 그보다 커서 평면 타원형이었다. 호우총과 은령총의 상부적석 평면이 타원형인 것, 금령총의 상부적석 평면이 거의 원형에 가까운 것은 고분의 축조 시기는 물론 위계에 따른 것이겠지만, 황남동 110호분이나 황오동 14호분-1곽보다 위계가 낮은 황남동 83호분의 상부적석 평면이 타원형인 것은 축조 시기와 관계가 있다고 볼 수밖에 없다. 그러므로 소형분의 경우는 큰 변동이 없었을지 몰라도 중형분 이상에서는 시기가 내려오면서 상부적석의 규모가 확대된 것이라 하겠다.

상부적석식에서도 일렬식 주부곽에서는 부곽 쪽의 적석 범위가 주곽보다 좁고 높이도 낮은 것이 일반적이다. 이는 지상적석식인 황남대총 남분에서와 같은 현상인데, 최근 조사된 황오동 41호분에서도 부곽 쪽의 상부적석은 주곽 쪽보다 범위가 좁고 높이도 상당히 낮았다.

한편 소형분에서 상부적석은 사방적석보다 작은 냇돌들을 사용하여 축조된 것이 관찰되며(김두철 2009; 심현철 2012), 상부적석식에서도 적석부의 표면은 점토로 피복되었는데, 그 범위는 물론 상부적석의 상면으로 한정되었다.

(2) 호석과 봉토

적석목곽분은 목곽과 적석부로 이루어진 매장주체부와 함께 호석과 봉토도 그 기본구조이지만, 지금까지의 발굴조사에서는 호석과 봉토를 지상적석식과 상부적석식으로 나누어 고찰할 수 있을 만큼 자세히 조사된 예가 많지 않다. 이에 여기서는 지상적석식과 상부적석식으로 따로 나누지 않고 호석과 봉토의 축조 기법을 설명하면서 필요한 부분에서 그에 대해 언급하겠다.

①호석

황남대총 남북분에서는 호석이 고분의 床面으로 조성된 황갈색 점토층 위에 축조되었고, 중소형분인 황오동 34호분-2곽에서도 호석은 고분 상면인 적갈색 점토층 위에 축조되었다. 그러나 천마총에서는 호석을 고분 상면보다 아래층인 흑갈색토 위에서부 터 쌓아 올리고, 그 안에 점토를 깔아 고분 상면을 조성하였다. 이와 같이 호석을 쌓기 시작한 층이 약간 다르지만, 모두 호석을 기반층이 아니라 고분 기저부 구축토 위에 축 조하였다는 공통점이 있다.

호석의 구조는 최근 쪽샘지구 조사에서 잘 드러나고 있으며(국립경주문화재연구소 2014), 크게 1단식과 2단식(계단식)으로 나누어진다(도 2-40의 1). 그 중 1단식은 축조 기 법에 따라 더 세분할 수 있는데, 심현철(2012)은 이를 석축형 I과 II, 즙석형 등으로 나누 고 있다. 또 쪽샘지구에서는 호석의 밖에 일정한 넓이로 잔자갈을 다지거나, 호석과 거 리를 두고 냇돌을 한 줄 돌려 護石外區를 조성한 예들도 조사되고 있다(도 2-40의 2). 전 자는 황오동 34호분에서, 후자는 쪽샘 F5호분과 F18호분에서 볼 수 있다(국립경주문화 재연구소 2014). 잔자갈을 다진 호석외구는 최근 재발굴이 이루어진 서봉총의 남분에서 도 조사되었다.

적석목곽분의 고분 평면은 일반적으로 원형일 것으로 알려져 왔지만, 최근 적석목 곽분의 호석을 면밀히 검토한 심현철의 연구에 의해 정원형은 직경 10m 이하의 소형분 중에 일부 존재할 뿐 실제로는 타원형이 일반적이었던 것으로 밝혀졌다(심현철 2018). 그는 호석을 기준으로 적석목곽분의 타원형 봉분이 상부적석식인 장경 30m 미만의 중 소형분에서는 묘광의 중심축선 양 끝 부분을, 지상적석식인 30m 이상 60m 미만의 대 형분에서는 적석부의 중심축선 양 끝 부분을 초점으로 한 엄격한 설계원리를 따라 조 성된 사실을 밝혀냈다. 그러나 황남대총 남북분과 같은 70m 이상의 지상적석식 초대형 분은 그러한 봉분 설계원리를 벗어나 봉분의 규모를 최우선시한 설계가 이루어졌다고 보았다. 또 중소형분이 밀집된 구역에서 선축 고분들에 둘러싸인 후축 고분은 부분적으 로 설계를 변경하여 호석 선 일부를 남은 공간에 맞추어 변형한 사례들도 있음을 지적 하였다.

월성북고분군에 존재하는 적석목곽분의 규모는 매우 다양하다. 봉분의 직경 약 80m에 높이 20m 이상인 것부터 호석 직경 5m 내외까지이다. 쪽샘지구에서는 호석이 돌려진 직경 5m 이하의 유구들도 드러나고 있는데, 내부조사가 이루어지지 않아 확실 히 알 수 없지만 그 중에는 사람을 매장한 적석목곽분도 있고 대호를 매납한 제의유구 도 포함되어 있을 가능성이 있다고 한다. 그러나 호석 직경 5m 이상인 것은 모두 적석

1. 2단 호석(황오동 34호분)

2. 호석 외구(쪽샘 F18호분)

도 2-40 2단 호석과 호석 외구

목곽분으로 판단되고 있다(국립경주문화재연구소 2014). 쪽샘지구에서는 적석목곽분 외에도 점토충전목곽묘, 석재충전목곽묘 등 다양한 묘제의 고분들이 드러나 그 중 일부는 내부조사가 이루어졌지만 적석목곽분 외에는 호석이 돌려진 고분이 존재하지 않았다.

앞서 살펴본 바와 같이 적석목곽분에서 호석 안에는 1차 봉토가 축조되고, 상부적석식 적석목곽분의 묘광은 이 1차 봉토에서부터 조성되기도 하였다. 따라서 적석목곽분의 호석은 고분 전체의 묘역을 한정하는 것은 물론, 봉토를 보호하는 기능을 하였다. 적석목곽분 가운데 극단적으로 심하게 파괴된 고분이 아니면 소형분에서도 봉토가 호석 높이까지 유지될 수 있었던 것은 그 때문이다. 그러므로 적석목곽분에서 호석의 출현은 바로 고총의 성립과 밀접한 관련이 있다고 보아야 한다.

경주를 비롯한 영남지방에서는 신라 조기나 전기 초에도 대형의 목곽묘들이 조영되었지만, 이들은 대개 지하에서 매장주체부만 발견된다. 그 까닭은 이들이 저봉토묘였기 때문이기도 하지만, 봉토가 묘광선을 크게 벗어나지 않는 범위에 호석 없이 축조되었기 때문이다. 고총의 성립은 묘광보다 넓은 범위의 봉분 축조, 하부 봉토를 보호해주는 호석의 출현과 밀접한 관련이 있다고 판단된다.

이와 관련하여 울산 중산리유적의 석재충전목곽묘인 신라 조기 2a기의 IA-74·75호묘와 2b기의 1A-26호묘의 묘광 주위 부석층 주변으로 돌아간 석렬의 성격은 재고되어야 한다. 이성주(1996)와 이희준(2001)은 이를 신라 전기 적석목곽묘(분) 호석의 시원형이라고 하였으나, 앞서 필자는 그것이 호석이 아니라 봉토 기저부 부석층의 갓돌일 뿐이며, 다만 봉분의 평면형을 나타낼 뿐이라고 보았다. 이 목곽묘들의 석렬 내부에는 1차 봉토가 축조되지도 않았고, 따라서 1차 봉토 안의 지상묘광부도 존재하지 않았다. 중산리유적에서 실제로 지상묘광부가 조성된 1차 봉토의 가장자리로 돌아간 진정한 호석은 신라 전기 1Ba기인 1A-51호분부터 출현한다.

② 봉토

적석목곽분의 봉토는 지상적석식이나 상부적석식이나 모두 장례 절차에 따른 고분 축조 공정상 적석부와 함께 크게 보아 두 단계로 나누어 축조되었다. 천마총의 단면도(앞의 도 2-18의 1 참조)에서 봉토의 토층은 점토로 피복된 상부적석 이하의 수평 성토

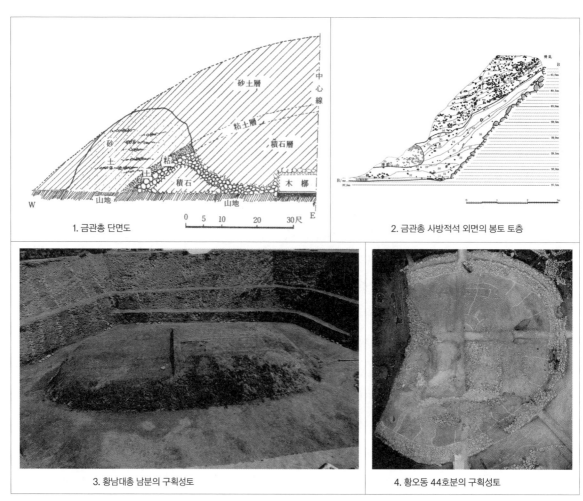

1. 금관총 단면도

2. 금관총 사방적석 외면의 봉토 토층

3. 황남대총 남분의 구획성토

4. 황오동 44호분의 구획성토

도 2-41 지상적석식 적석목곽분의 봉토 축조 기법

부분과 그 이상의 내향경사 성토 부분으로 나뉜다. 황남대총은 천마총만큼 전체를 살필 수 있는 토층도를 남기지 못했지만, 상하부 봉토의 성토 방법은 대개 같았다. 금관총의 단면도에도 일부 남은 하반부의 봉토 중에 자갈층이 수평으로 그려져 있다(도 2-41의 1). 이러한 예들은 지상적석식 대형분에서 봉토는 공정상 사방적석 높이까지의 1차 봉토와 그 이상의 2차 봉토가 나누어 축조되었음을 말해주며, 또한 1차 봉토를 외곽 부분까지 사방적석의 上面과 거의 같은 높이로 쌓았음을 말해준다.

한편 적석부에 목조가구가 설치된 황남대총 남북분과 금관총의 사방적석 외면은 가지런한 경사면을 이루고 있었는데,[42] 금관총의 재발굴에서는 그러한 가지런한 사방적

....

42   중형급인 황오동 44호분의 적석부에도 목조가구가 설치되었으나 적석부 외면의 경사면은 가지런하지 않고

석의 외면이 상하 경사의 봉토로 덮여 있었다(도 2-41의 2).[43] 이는 적석부에 목조가구가 설치된 고분에서는 사방적석이 먼저, 사방적석 상면 이하의 1차 봉토가 뒤에 축조되었음을 의미한다. 그러나 천마총의 사방적석 외면은 정연하지 못하고, 적석부 냇돌과 봉토가 서로 물려 들어가 있었다. 이는 사방적석과 1차 봉토를 동시에 쌓아 올라갔음을 말해주는 것이다.

2차 봉토는 지상적석식이나 상부적석식이나 모두 묘곽 내 매납 절차를 완료한 뒤 목곽의 뚜껑을 덮거나 개구부를 폐쇄하고 상부적석을 축조한 다음 그 표면을 점토로 밀봉하고, 그 위로 쌓아올린 것이다. 지상적석식의 대형분에서는 2차 봉토를 내향경사로 쌓아, 봉토 내의 자갈층이 고분 중심부로 경사져 내려간 모습이 황남대총 남북분, 천마총에서 모두 확인된다. 그런데 지상적석식인 황오동 41호분에서는 2차 봉토의 자갈층이나 그 외 토층이 위로 올라갈 수록 내향경사를 이루지만, 황오동 34호분-2곽의 묘광 위로 일부 남은 2차 봉토에서는 자갈층이 고분 중심에서 외곽으로 경사져 내려갔다(앞의 도 2-33의 2 참조). 이 외에 상부적석식 중소형분들에서 2차 봉토의 성토 방법이 분명하게 확인된 예는 아직 없지만, 이들로 보아 상부적석식에서는 봉분의 규모에 따라 성토 방법이 달랐던 것으로 판단된다. 규모가 좀 큰 중형급 고분에서는 2차 봉토를 지상적석식과 같이 내향경사로 쌓아 올렸지만, 소형분에서는 그와 반대로 고분 중심부에서부터 봉토를 쌓아 올라가 봉토의 토층이 밖으로 경사져 내려간 것이라 하겠다. 봉토는 일반적으로 점성이 강한 점토가 아니라 적갈색 산흙과 자갈을 사용하였으며, 흙과 자갈을 교대로 쌓아 봉토 속의 자갈이 층을 이루었다.

....

굴곡이 심하여, 앞의 대형분들과는 다른 모습을 보여주고 있다.

43 금관총의 사방적석 외면을 덮고 있는 부분의 봉토 토층은 위에서 아래로 경사져 내려갔는데, 사방적석 외면과 바로 접하는 부분은 자갈이 거의 섞이지 않은 점질성 흙, 그 밖은 자갈섞인 흙으로 되어 있었다. 재발굴 보고서에서는 사방적석 외면과 접하는 부분의 점질성 흙을 '적석부 밀봉토'라고 하였는데(국립중앙박물관 2016: 55~61), 필자가 실견한 바로는 천마총과 황남대총 남북분에서 상부적석 표면을 밀봉한 점토와는 점토의 성분이나 다짐 정도가 달랐다. 하여튼 재발굴에서 드러난 양상과 일제강점기 금관총 보고서의 봉토 단면도를 함께 판단하여 보면, 금관총의 1차 봉토는 사방적석 주변 상하 경사 부분과 그 외곽으로 호석까지 수평 쌓기한 부분으로 이루어져 있었던 것으로 판단된다. 한편 서봉총의 재발굴 현장설명회 자료(국립중앙박물관 2017.8.4, 〈현장설명회 자료집-2017년 경주 서봉총 재발굴〉)에서는 서봉총의 적석부 주변으로 '선축봉토' 추정선을 표시하고 있는데, 그 범위가 상당히 넓다. 금관총의 재발굴에서 '적석부 밀봉토'라 한 것과 같은 성격일 것으로 판단되며, 그럴 경우 '적석부 밀봉토'보다는 1차 봉토 중의 '선축봉토'라는 표현이 더 어울린다.

한편 황남대총 남분의 봉토 하반부에서는 상하 한 줄로 이어진 냇돌 열이 일정한 간격을 이루고 있어(도 2-41의 3), 봉토를 일정한 간격으로 분할하여 구획성토한 것으로 해석되었다(조영현 2002). 그러나 그러한 냇돌 열이 황남대총 남분 봉토의 상반부나 황남대총 북분과 천마총의 봉토에서는 발견되지 않았다. 한편 현재 발굴 중인 황오동 44호분에서는 고분 하반부 봉토를 방사상으로 나누어 구획성토한 모습이 확연히 드러나고 있다(도 2-41의 4). 이러한 예들로 보아 적석목곽분의 봉토 축조에는 구획 성토법이 적용된 것도 있지만 모든 고분이 그러하지는 않았던 것으로 보인다.

이상과 같이 1, 2차로 나누어 성토된 봉토의 표면은 다시 점토로 전면을 덮었던 것으로 보인다. 이 봉토 표면 피복 점토층이 가장 잘 남아 있던 것은 표형분인 황남대총 남분과 북분의 봉토가 겹쳐진 부분으로, 북분 봉토에 덮인 남분 봉토 표면 전면에 고운 암갈색 점토가 두께 45cm로 덮여 있었다. 황남대총 남북분과 천마총에서 외부에 노출된 봉토 표면의 피복 점토층은 대개 유실되었으나, 고분의 정상부에는 모두 점토층이 남아 그 속에서 고분 정상부 매납 마구류가 출토되었다. 이러한 봉토 표면 피복 점토층은 황오동 1호분의 남곽과 북곽의 봉토가 겹친 부분에서도 확인되어(김원룡 1969: 29), 중소형분 중에도 존재했던 것을 알 수 있다. 그런데 적석목곽분의 봉분 표면이 이와 같은 피복 점토층으로 끝나 있었는지 아니면 그 위에 잔디 같은 식물을 식재할 수 있도록 다른 흙을 더 덮었는지는 알 수 없다.[44]

〈봉토와 그 축조 기법의 이설에 대한 비판적 검토〉 필자는 지상적석식 적석목곽분의 축조 공정이 세부적으로는 여러 단계일 수도 있지만 크게 보아서는 두 단계이며, 목곽 내 매납이 이루어지기 이전 목곽과 사방적석, 그리고 호석과 사방적석 높이까지의 하부 봉토, 즉 1차 봉토의 축조가 그 첫 번째 단계이고, 목곽 내 매납 이후 상부적석과 그 이상의 봉토 축조가 두 번째 단계라고 한 바 있다(최병현 2000b). 황남대총 남분과 천마총에서 상부적석은 사방적석보다 밖으로 뻗은 턱이 있고, 황남대총 남북분과 천마총의 1차 봉토에서는 자갈층이 수평인 데 비해 그 위 2차 봉토에서는 자갈층이 내향경사를 이

....

44 쪽샘지구 H지구에서는 기반층을 삭토하여 만든 봉분 표면에 점토를 피복한 고분들이 노출되고 있다. 호석은 축조되지 않은 것으로 보이며, 내부조사가 이루어지지 않았으나 묘광선의 노출상태로 보아 매장주체부는 목곽묘 계열일 것으로 판단된다. 봉분 조성 방법에서 새로운 형태의 고분 존재 가능성을 보여주며, 앞으로 조사를 기대해 본다(2016. 5. 10. 현장 실견).

룬 것이 그 증거라고 보았다. 상부적석식 적석목곽분의 축조 공정도 마찬가지로 목곽 내 매납 이전 공정과 이후의 공정으로 나누어 볼 수 있다.

그런데 김두철은 황남대총과 같은 대형분에서는 '1차 봉토를 목조가구를 이용한 돌시설로 대체하였으며, 보고서에서 측벽부 적석이라 부르고 있는 것'이 그것이고, 또 "측벽부 적석과 함께 외호석 및 외호석의 안쪽에서 측벽부 상면 높이까지 쌓은 고분 하단부의 봉토 축조가 제1차 봉토에 해당한다"(김두철 2009: 79)고 하였다. 심현철은 이를 따라 상부적석식 대형분의 축조 공정 모식도에 1차 봉토가 호석 상면에서 사방적석 상면까지 경사로 올라간 것으로 그려 놓고 있다(심현철 2012: 62; 2016a; 2016b). 그는 또 중형분에서는 묘광 주변을 볼록렌스상으로 먼저 성토하고 그 바깥으로 호석까지는 수평성토하는데, 대형분에서는 묘광(목곽 하부 토광) 가까운 쪽을 흙대신 돌로 구성했다고 한다(심현철 2016a: 54; 2016b: 72).

김두철이 목조가구를 설치하고 냇돌을 쌓은 부분까지를 1차 봉토와 연관시킨 것은 무덤의 지상화에 대한 신라 상층부의 욕구로 상부적석식이 지상적석식으로 발전하였다는 그의 적석목곽분 변천관에 따라 상부적석식의 소형분과 지상적석식 대형분의 축조 공정을 일치시켜 설명하려는 것이다. 심현철이 대형분 목곽 하부 토광 가까이의 적석을 흙 대신이라고 하는 것도 마찬가지이다.

그러나, 뒤에서 다시 살펴보겠지만, 상부적석식이 지상화하여 지상적석식 적석목곽분으로 발전하였다는 진화도식은 다분히 관념적인 해석일 뿐이어서 무묘광 지상주체식인 지상적석식의 축조 공정에 묘광주체식인 상부적석식을 대입하여 양자의 구조와 축조 공정을 반드시 일치시켜 볼 필요는 없다. 필자는 적석목곽분의 두 유형이 처음부터 공존했을 것으로 판단하며, 두 유형 사이에는 이전 시기 석재충전목곽묘의 계승 부분부터 차이가 있었다고 생각한다. 더욱이 지상적석식 적석목곽분에서 목조가구를 설치하고 냇돌을 쌓은 부분 자체가 거대한 적석부의 본체 하반부인데, 그것을 목곽 측벽 주변의 '사주적석'과 분리하여 1차 봉토와 같은 것이라 함은 이치에도 맞지 않다. 지상적석식에서 1차 봉토는 사방적석과 호석 사이의 고분 하반부 봉토일 뿐이며, 1차 봉토는 봉토 단면도에 나타내는 대로 호석보다 더 위로 올라가 대체로 사방적석의 上面 높이까지 수평으로 쌓았을 것으로 보는 것이 합리적이다.

2) 구조의 변천

이상에서 적석목곽분의 축조 기법에 대해 살펴보았는데, 논리 전개의 맥락상 여기에는 적석목곽분의 구조적 변천에 대한 부분도 포함할 수밖에 없었다. 이에 아래에서는 앞서 살펴본 내용 중 적석목곽분의 구조 변천과 관련된 부분을 중심으로 그 내용을 요약·정리해 두기로 하겠다.

현재까지 발굴조사가 이루어진 가장 이른 시기의 적석목곽분은 황남동 109호분-3·4곽이다. 세장방형 부곽이 딸린 1A2식 이혈주부곽이 설치된 이 고분은 출토 토기의 형식에 의해 상대연대 신라 전기 1Ba기, 절대연대 4세기 후엽 초로 편년되며, 목곽이 묘광 안에 설치되고 목곽의 뚜껑 위로 상부적석이 가해진 상부적석식 적석목곽분이다.

목곽과 적석부가 지상에 설치된 지상적석식 적석목곽분으로 현재까지 발굴된 고분 중 가장 이른 것은 황남대총 남분이다. 대형의 장방형 부곽이 주곽과는 장축을 달리하여 T자형으로 배치된 이 고분은 상대연대 신라 전기 2a기, 절대연대 4세기 말~5세기 초로 편년된다.

이와 같이 현재까지 발굴조사된 고분은 지상적석식 적석목곽분이 상부적석식 적석목곽분보다 약간 늦지만, 필자는 신라 전기에 두 유형의 적석목곽분이 시종 공존하였을 것으로 판단한다.

(1) 지상적석식

지금까지 지상적석식의 적석목곽분으로 발굴조사가 이루어진 대형분은 황남대총 남북분, 금관총, 서봉총, 천마총이고, 현재 발굴조사가 진행되고 있는 황오동 44호분은 고분 규모로는 중형급이지만 지상적석식으로 밝혀지고 있다. 일제강점기에 조사된 금관총과 서봉총의 세부구조는 알 수 없으나 최근 그 잔존 유구들에 대한 재발굴이 이루어져 고분 기저부의 상태를 알 수 있게 되었다.

표형분인 황남대총 남북분 가운데 선축인 2a기의 남분에는 1A3식의 이혈주부곽이, 후축인 신라 전기 2b기의 북분에는 2C식의 단독곽이 설치되었고, 그 뒤로 편년되는 3b기의 금관총과 4a기의 서봉총, 천마총도 모두 2C식의 단독곽이다. 지상적석식 적석목곽분에서는 황남대총 남북분을 기점으로 묘곽의 형식이 주곽과 대형의 부곽이 일렬식으로 배치된 이혈주부곽식에서 부곽이 생략된 단독곽식으로 바뀐 것이다. 그것은 신라 적석목곽분 중에서도 최상위의 대형분이 부장품의 축소와 그에 따른 고분 구조의 간소화, 단순화를 선도하였음을 의미한다.

황남대총 남분 주곽의 관곽은 4중 구조로, 내부를 잔자갈로 채운 내외 2중의 목곽 안에 사방으로 잔자갈 石壇을 두루고 그 안에 내외 2중의 목관을 배치하였다. 외관은 칸막이를 두어 동쪽은 부장품 수장부로 사용하고, 서쪽에는 피장자의 운구용 목관을 내관으로 안치하였다. 부곽이 생략된 황남대총 북분의 관곽은 3중 구조로, 남분과 비교하면 2중의 목곽 가운데 내곽과 내외곽 사이에 채워진 잔자갈 층이 생략된 것이었으나 목곽의 높이는 남분의 외곽 높이와 거의 같았다. 목곽 내에 2중 목관의 배치는 남분과 같았지만, 그 주위로 돌린 잔자갈 石壇은 ㅂ자형으로 동쪽을 비워 그 부분도 부장품 배치 구역으로 한 것이 다른 점이었다. 천마총의 관곽은 2중 구조로 목곽 안에 부장품 수장궤를 동쪽, 운구용 목관을 서쪽으로 장축을 달리하여 T자형으로 배치하였다. 황남대총 남북분과 비교하여 목곽의 높이가 반으로 줄었고, 잔자갈 石壇이 목관의 주위에만 돌아간 것도 달라진 점이다. 금관총과 서봉총의 관곽 구조도 천마총과 크게 다르지 않았을 것으로 판단된다.

지상적석식 적석목곽분에서 이와 같은 관곽 구조의 변화도 내부구조의 단계적인 생략을 통한 간소화, 단순화 과정이었다고 할 수 있다. 그런데 황남대총 남북분의 외관도 槨으로 보아 남분은 3중곽 구조, 북분은 2중곽 구조였다는 주장도 있지만(毛利光俊彦 1983; 김용성 2007), 남분의 내외곽과 남북분의 내외관은 위치와 구조의 연계성으로 보아 각각이 별개의 세트 관계였거나 일체 구조였다고 판단된다. 황남대총 북분의 목관 동쪽 石壇이 빈 凸자형 공간, 천마총의 목곽과 石壇 사이의 빈 공간이 각각 중국 한대 회랑식목실묘의 입구나 회랑구조와 통한다는 특이한 주장도 있지만(김용성 2007), 황남대총 북분의 凸자형 공간은 남분에 존재한 부곽이 생략되면서 확보한 평면적 유물 부장구역일 뿐이고, 천마총의 목곽과 석단 사이도 평면적 공간일 뿐이어서 벽과 천정으로 구획된 한대 목실묘의 입체적 공간과는 명백히 다른 것이다. 황남대총 북분 등의 목곽 위에 따로 유물을 배치한 빈 공간이 있었다는 주장도 있지만(김용성 2007: 2014b), 이 또한 근거가 없고 성립되기도 어려운 주장이다.

지상적석식 적석목곽분의 사방적석은 평면 장방형 또는 방형에 가깝게, 단면 사다리꼴로 축조되었다. 황남대총 남북분의 사방적석은 먼저 목조가구를 설치하고 그에 맞추어 냇돌을 쌓아 축조하였으며, 금관총과 서봉총의 재발굴에서도 고분 기저부에서 목조가구의 기둥 구멍들이 발견되었다. 그러나 천마총의 사방적석에는 목조가구가 설치되지 않았다. 이로 보아 신라 전기 3b기까지는 지상적석식 적석목곽분의 사방적석에 목조가구가 설치되었으나 4a기에 들어와 목조가구 설치 없이 냇돌만으로 사방적석을 축조하기도 한 것으로 판단된다.

일렬주부곽식인 황남대총 남분의 주곽부와 단독곽식인 천마총에서는 목곽 상부를 포함하여 사방적석의 위 전체에 상부적석이 축조되었지만, 황남대총 남분의 부곽과 단독곽식인 북분에서는 목곽의 뚜껑 위에만 상부적석을 가하였다. 상부적석은 모두 목조가구 설치 없이 냇돌만으로 축조되었으며, 황남대총 남분 주곽부와 천마총의 상부적석 평면은 거의 방형에 가까웠고, 그 입면은 동서 장축의 중심부가 능선을 이루는 우진각지붕이나 초가지붕 형태였을 것으로 추정되었다. 황남대총 남분의 적석부는 사방적석의 높이 4.1m에 주곽 쪽 상부적석의 잔존 최고 높이 1.3m였으나, 천마총의 적석부는 사방적석의 높이 3.3m에 상부적석 잔존 최고 높이 2.6m였다. 천마총의 사방적석 높이가 낮아진 것은 황남대총 남분에 비해 목곽의 높이가 줄었기 때문이겠지만, 그럼에도 상부적석을 높게 쌓은 것은 시기적인 변화였을 것으로 판단된다. 상부적석을 밀봉한 점토층은 그와 반대로 황남대총보다 천마총에서 범위도 줄고 두께도 얇아졌다.

지상적석식 적석목곽분의 축조 공정을 세부적으로는 여러 단계로 나눌 수도 있지만, 크게는 목곽 내 부장품과 목관의 매납 이전 공정과 매납 이후 공정의 두 단계로 구분할 수 있다. 목곽과 사방적석, 그리고 사방적석 높이까지의 하부봉토, 즉 1차 봉토와 호석은 목곽 내 매납 이전에 축조된 부분이고, 상부적석과 그 이상의 봉토, 즉 2차 봉토는 목곽 내 매납 이후에 축조된 부분이다. 사방적석 위에 쌓은 상부적석이 턱처럼 사방적석의 밖으로 내민 부분이 있는 것, 봉토 중의 자갈층이 사방적석 높이까지는 수평인데 비해, 그 위로는 내향경사를 이룬 것은 그와 관련이 있을 것이다.

(2) 상부적석식

상부적석식 적석목곽분에서는 지상적석식 적석목곽분에 비해 다양한 형식의 묘곽이 조영되었다. 신라 전기 2b기인 황남대총 북분 이후 지상적석식 적석목곽분에서는 부곽이 생략된 2C식의 단독곽이 축조되었지만, 중소형 고분들인 상부적석식 적석목곽분에서는 그 뒤로도 1A1식의 일렬식 이혈주부곽도 잔존하였고, 여러 형식의 동혈주부곽과 단독곽들이 공존되었다. 그 중 월성북고분군에서는 동혈주부곽식이 신라 전기 2b기 이후에야 출현하는 점이 유의되며, 여러 단독곽식과 함께 신라 전기 말까지 조영하였다. 이러한 사실들은 중소형의 상부적석식 적석목곽분에서 신라 조기 이래의 발치 쪽 유물 부장이나 부곽의 전통이 오래 지속되어 나간 것을 말해준다. 이와 같이 적석목곽분에서 묘곽의 형식은 고분의 규모 및 위계에 따라 차이가 있었지만, 고분 구조의 시기적인 변화를 보여주는 핵심적인 부분이었다.

종래 상부적석식 적석목곽분에서 묘광은 기반층 이하 지하로 판 것으로 인식되어 왔으나, 기반층 위에 호석 높이만큼 먼저 쌓은 하부봉토, 즉 1차 봉토 안에도 묘광을 구축하거나 되파기한 부분, 즉 지상묘광부가 존재한 것이 밝혀졌다(김두철 2009). 이러한 지상묘광부는 황오동 쪽샘지구를 중심으로 그 동서쪽, 즉 월성북고분군에서 상대적으로 이른 시기 고분들이 존재하는 동쪽 부분에서 주로 조사되고 있으며, 늦은 시기 고분들이 분포하는 노동동·노서동 지구의 고분들에서는 호석 안에 1차 봉토를 쌓았지만 묘광은 기반토 이하로 파서 지상묘광부가 존재하지 않았던 것으로 보인다.

묘광 안에 설치된 목곽은 홑겹으로 그다지 높지 않아 지하·지상 묘광부를 포함하여 목곽이 묘광의 어깨선 위까지 올라온 예는 거의 없었을 것으로 판단된다. 지상적석식에와 마찬가지로 상부적석식에서도 목곽 내에는 부장품 구역과 피장자를 안치한 운구용 목관이 목곽의 중심축선을 따라 배치된 것이 일반적이지만, 목관을 부장품 구역보다 약간 남쪽으로 치우치게 ㄱ자상으로 배치한 예들도 있었다.

황남동 110호분, 호우총, 은령총 등 과거에 발굴조사된 상부적석식 적석목곽분 중에도 내부가 냇돌 석단으로 채워진 2중 목곽 구조가 존재하였다는 주장이 있지만(김용성 2006; 2014b; 2015), 그 복원도를 보면 황남대총 남분 주곽의 내외곽 구조의 선행 구조(이희준 1996c)라고 해석된 임당동 G-5, 6호묘 관곽 구조 복원안과 황남대총 남북분의 내외관 구조를 합성한 것임을 알 수 있다. 그러나 임당동 G-5, 6호묘는 묘광과 목곽 사이의 충전석이 목곽의 부식에 따라 목곽 내부로 함몰된 석재충전목곽묘일 뿐, 내외 2중 목곽 구조 자체가 존재하였다는 흔적이나 증거가 없다(김두철 2007). 따라서 상부적 석식 적석목곽분 중에도 2중 목곽 구조가 존재하였다는 주장은 허구이며, 그 복원도도 정체불명이다. 상부적석식 적석목곽분 중의 일부 고분에도 지상적석식에서와 같이 목 곽 뚜껑 위에 '상부공간'이 있었다는 주장이 있지만(김용성 2014b), 이 역시 근거가 뒷받 침되지 않는 일방적 억측일 뿐이다.

이른 시기 고분을 포함하여 상부적석식의 중소형분에서는 목곽의 뚜껑 위에 크기 가 작은 냇돌을 쌓아 상부적석을 그다지 높지 않게 조성하였으며, 이혈주부곽식에서는 그 범위가 주곽 쪽은 지상묘광부를 크게 벗어나지 않았고, 부곽 쪽은 목곽의 뚜껑 위로 한정되었던 것으로 보인다. 따라서 상부적석의 평면형은 목곽의 형태와 같은 장방형이 었다고 판단된다. 그러나 늦은 시기의 상위 고분들에서는 상부적석이 지하 묘광의 범위 를 벗어나 평면 말각장방형, 타원형, 또는 거의 원형에 가깝게 넓고 높게 조성되었으며, 그 사이에도 위계적인 차이가 있었던 것으로 보인다.

상부적석식 적석목곽분의 축조 공정도 크게는 목곽 내 매납 이전과 매납 이후의 두 단계로 구분된다. 호석과 그 높이까지의 1차 봉토, 묘광, 목곽과 사방적석은 목곽 내 매납 이전에 이미 축조되어 있던 부분이고, 상부적석과 그 이상의 봉토는 목곽 내 매납 이후에 축조된 부분이다.

(3) 적석목곽분의 진화·발전 도식에 대한 비판적 검토

지난 1990년대 초 울산 중산리유적의 발굴조사를 통해 경주지역에서 석재충전목 곽묘의 존재가 알려지면서, 이성주(1996)와 이희준(1996c)에 의해 신라 적석목곽분(묘) 은 원삼국 이래의 영남지방 (점토충전)목곽묘로부터 자체적으로 진화·발전하였다는 주장이 제기되었다. 그 일환으로 이희준은 석재충전목곽묘를 사방적석식이라 이름하 여 적석목곽묘(분)의 범주에 포함시키고, 신라 적석목곽묘(분)는 황남동 109호분-3·4 곽과 같은 지하 사방적석식이 황남동 110호분과 같은 일부지상 사방적석식을 거쳐 황 남동 83호분과 같은 반지상 상부적석식과 황남대총 남분 식의 지상적석식으로 진화하였다는 발전 도식을 제시하였다. 그러면서 노출된 적석부의 평면형태가 황남동 109호분-3·4곽처럼 목곽의 형태대로 장방형인 것은 사방적석식이고, 황남동 83호분처럼 목곽보다 훨씬 넓은 타원형인 것부터가 상부적석식이라고 주장하였다.

이에 대해 필자는 전고(최병현 1998)에서 황남동 109호분-3·4곽과 황남동 110호분이 모두 분명히 상부적석이 축조된 적석목곽분임을 재확인한 바 있으나, 김용성은 여기에 황오동 14호분을 더하여 세 고분이 모두 사방적석식이라는 주장을 굽히지 않고 있고(김용성·최규종 2007; 김용성 2009), 최근 들어 이를 오히려 더욱 강조하고 있다(김용성 2015: 125). 이에 여기서는 세 고분의 적석부 구조에 대해 좀 더 구체적으로 살펴보기로 하겠는데, 이희준의 사방적석식, 즉 필자의 석재충전목곽묘가 신라 조기에 이미 출현한 것과 석재충전목곽묘와 적석목곽분은 별도의 묘제로 분리해 보아야 한다는 것은 이미 앞서 밝혔으므로, 여기서는 위에 거명된 세 고분의 실체에 대해 다시 살펴보고, 이어 적석목곽분의 그러한 발전 도식이 과연 타당한가에 대해 언급하기로 하겠다.

황남동 109호분-3·4곽(앞의 2-35의 1 참조) 중 주곽인 3곽의 묘광이 기반층 이하의 지하묘광부와 호석 높이만큼의 1차 봉토 안 지상묘광부로 되어 있었을 것이고, 부곽인 4곽의 묘광은 그보다 얕았을 것임은 앞서 확인한 바 있다. 그런데 그 발굴보고서에 3곽의 묘광 깊이에 대한 기록은 없지만, 단면도(도 2-42의 1)에서 묘광의 어깨선은 목곽 바닥 자갈층의 약 1.2m 위에 있으므로, 목곽은 전체가 묘광 안에 설치되었을 것이다. 이미 전고(최병현 1998)에서도 제시한 바 있지만, 주부곽 모두 목곽 바닥의 유물층을 함몰적석의 냇돌들이 덮고 있었음은 보고서의 사진(齋藤忠 1937a: 도판 제8의 1, 2)과 도면에서도 증명되지만, 보고서에서는 또 냇돌 사이에 끼여 있는 점토의 색으로 원래 목곽의 측벽 쪽에 쌓은 (사방)적석의 냇돌과 함몰되어 낙하한 (상부)적석의 냇돌을 구분하여 함몰부의 적석상태를 설명하고 있다(齋藤忠 1937a: 6). 주곽인 3곽의 단면도는 또 상부적석이 묘광선 안쪽이 아니라 분명히 묘광 어깨선의 약간 밖에서부터 축조되었던 사실을 보여준다. 그러나 부곽인 4곽은 대체로 묘광선 안쪽에 적석되었을 것으로 판단된다.

황오동 14호분은 고분 2기를 남북으로 이어붙여 축조한 연접분으로 그 묘광들 중 1곽은 지하+지상묘광이고, 그 외는 모두 사실상 지상묘광임은 앞서 언급하였다(앞의 도 2-35의 2 참조). 그러므로 편년상 지상적석식 적석목곽분인 황남대총 남분보다도 이른 이 고분의 목곽들은 반지상 또는 사실상 지상에 위치하지만, 모두 지하+지상 또는 지상

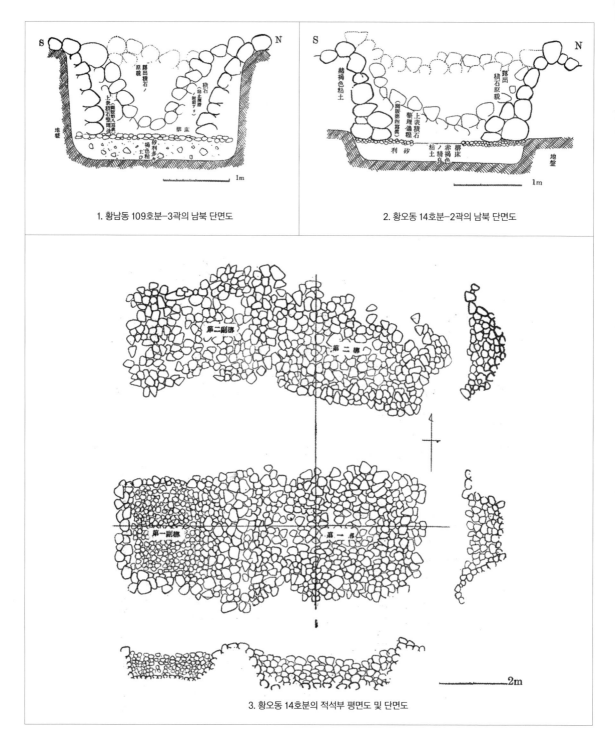

1. 황남동 109호분–3곽의 남북 단면도

2. 황오동 14호분–2곽의 남북 단면도

3. 황오동 14호분의 적석부 평면도 및 단면도

도 2-42 황남동 109호분–3곽, 황오동 14호분의 적석 상태

에 구축한 묘광 안에 설치된 것이다. 묘광과 목곽의 높이에 대한 기록은 없지만, 제2곽

의 단면도(도 2-42의 2)를 보면 묘광 어깨선이 역상식 목곽 바닥보다 1m 이상 높았을 것으로 보여, 목곽은 전체가 묘광 안에 설치되었을 것이다. 또 제2곽의 단면도에는 묘광 안으로 함몰된 냇돌의 위로 상부적석이 그려져 있는데, 상부적석은 묘광 어깨선 밖에서부터 쌓아올려져 있음을 표현하고 있다. 발굴보고서에는 4개의 묘곽 함몰부에 모두 냇돌들이 고르게 덮인 평면도가 제시되어 있고(도 2-42의 3), 도판에는 각 묘곽마다 유물층 위에 냇돌들이 고르게 덮인 사진들도 포함되어 있다(齋藤忠 1937a: 제1곽: 도판 제5도 1, 제1부곽 제8도 1, 제2곽 10도 2, 제2부곽 13도 1, 2). 상부적석은 크기가 좀 작은 돌들이었다고 한다.

황남동 110호분의 목곽 구조에 대해서는 앞서 언급하였지만, 적석부에 대해서는 여기서 보고서(이은창 1975)의 실측도에 대해 먼저 언급해 둘 필요가 있다. 실측도 중 평면도 및 장축 단면도에는 주곽 함몰부의 중앙 부분과 부곽 함몰부의 거의 전면에 냇돌들이 그려져 있지 않아, 이 고분을 사방적석식, 즉 석재충전목곽묘로 볼 수 있게 하고 있기 때문이다(도 2-43의 1).[45] 그러나 이는 적석목곽분의 단계적인 발굴과 도면 작성 과정 때문에 생긴 문제라고 판단된다. 즉 웬만한 규모를 갖는 적석목곽분은 적석 함몰부 발굴시 함몰부 경사면의 냇돌들이 무너져 내릴 위험 때문에 적석 상부에서 함몰부 바닥까지를 모두 한꺼번에 노출시켜 조사하고 실측도도 한 번에 작성하기가 어렵다. 이에 대체로 함몰부 바닥까지 다 노출시키지 못한 상태에서 일단 작업을 멈추고 실측도를 작성하기도 하고, 이어서 무너져 내릴 위험이 있는 윗부분의 적석을 제거하고 다시 아랫 부분을 노출시킨 다음 적석 함몰부 바닥의 도면을 작성하여 두 도면을 사후에 합성하여 한 도면으로 만들기도 한다.

이와 같은 작업 과정을 염두에 두고 황남동 110호분의 실측도를 보면 평면도와 장축 단면도는 적석 함몰부 상부만 그린 상태 그대로이지만,[46] 단축 단면도는 주곽 함몰부

....

45 〈도 2-43의 1〉의 봉분 복원도는 이 고분의 묘광 중 수직묘광부가 지하에 조성되었을 것으로 판단하여 그린 것이다. 단축 단면도에는 묘광선이 표시되어 있지 않지만, 장축 단면도에 표시된 주·부곽 묘광선은 수직이거나 오히려 아래로 내려갈수록 밖으로 벌어져 있어 위로 올라가며 밖으로 벌어지는 지상묘광과는 다른 모습이다. 그러나 금령총의 재발굴 결과도 있어서 이 고분의 묘광이 반드시 지하식이었는지 확신할 수는 없다.

46 황남동 110호분의 도면 상태에 대해 언급한 필자의 논문(최병현 2016b)이 발표된 뒤, 발굴조사 실무자였던 이현혜 선생은 2017년 3월 9일 보고서의 적석부 실측도는 유물층 도달 전에 그린 중간 도면이며, 주곽과 부곽의 유물층 상면에는 목곽 사방의 적석보다는 좀 작은 냇돌들이 고르게 덮여 있었다고 알려왔다.

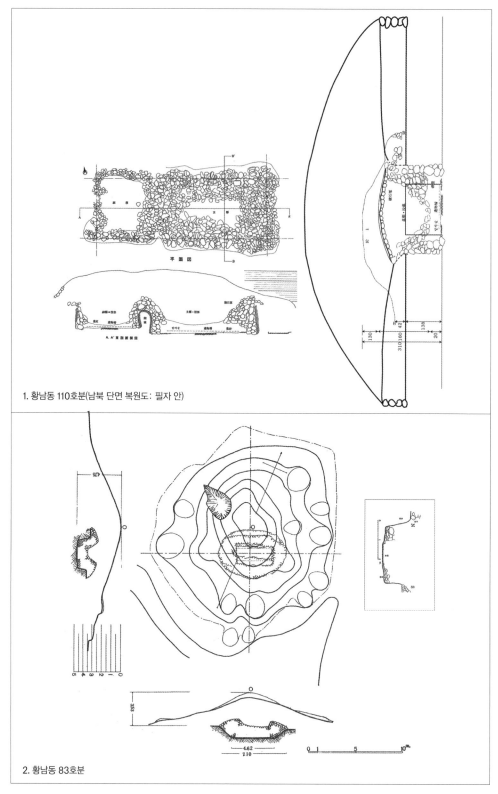

1. 황남동 110호분(남북 단면 복원도: 필자 안)

2. 황남동 83호분

도 2-43 황남동 110호분과 83호분 실측도

의 바닥 돌들이 그려져 있어 사후 합성도면인 것을 알 수 있다. 하여튼 이 단축 단면도는 주곽의 유물층 상면을 냇돌이 두겹 정도 덮고 있었음을 보여준다. 보고서의 사진에서도 주곽과 부곽의 유물층 위를 중앙부까지 냇돌들이 고르게 덮고 있었던 것을 볼 수 있다(이은창 1975: 358 도판 제10의 ②③).

그런데 보고서에는 주곽의 묘광 길이 5.30m, 너비 3.10m, 부곽의 묘광 길이와 너비가 각각 3.10m였고, 잔존 봉토의 정상에서 적석 상부까지는 1.30m, 묘광 바닥까지는 3.1m였으며, 주곽 함몰부의 깊이는 1.60m였다고 한다(이은창 1975: 304). 따라서 계산상 묘광 바닥에서 함몰부 바닥까지는 20cm, 적석 상부까지는 1.80m였던 셈이다. 그런데 보고서에서는 묘광 깊이가 '현지표'에서 1.38m라 하고 있으므로 적석 상부는 현지표보다 42cm 위에 있었던 것이 된다.

다시 실측도로 돌아와 보면 남북 단면도에는 묘광의 벽선이 표시되어 있지 않지만, 남벽은 바닥에서 약 1.4m까지 수직이다가 그 위로는 밖으로 경사져 올라갔고, 북벽은 전체 높이와 수직부가 그보다 좀 더 높았음을 알 수 있다. 수직 부분 약 1.4m는 기반토 이하의 지하묘광이고, 그 위 약 40cm는 1차 봉토 안의 지상묘광이거나 1차 봉토 위에 쌓은 상부적석의 저면일 것이다. 그러므로 이 고분의 목곽은 높이 약 1.4m인 지하묘광 안에 설치되어 그 상부가 지상으로 올라오지는 않았을 것이다. 고분 규모도 소형이고 시기도 이른 황남동 110호분의 목곽 높이가 금령총 1.50m, 황오동 41호분의 1.45m, 식리총 1.2m, 호우총 1.2m의 목곽 추정 높이보다 높지는 않았을 것이기 때문이다.

도면과 수치의 기술 내용이 부합되지 않는 부분이 있지만,[47] 따라서 수직 묘광 위의 약 40cm는 목곽 위에 가해진 상부적석 높이의 최소치라고 할 수 있으며, 주부곽 묘광의 남북 너비는 3.1m, 상부적석의 남북 너비는 4.2m였다고 하므로 상부적석은 수직 묘광의 어깨선 55cm 밖에서부터 쌓아 올라간 셈이다. 남북 단면도에는 주곽 함몰부 바닥의 냇돌들이 측벽 쪽의 사방적석 냇돌보다 작게 그려져 있는데, 사진에서는 부곽의 유물층 위에 함몰된 것도 크기가 작은 냇돌들이었음을 볼 수 있다(이은창 1975: 358 도판 제10의 ③). 소형분에서 상부적석으로 작은 냇돌들이 사용된 것은 황오동 100유적과 쪽

....

47 위의 수치상으로는 주곽의 묘광 바닥 위에 함몰된 적석의 높이가 20cm이고, 이희준(1996c: 300)은 이를 지적하고 있지만 남북 단면도에는 함몰부 바닥이 묘광 바닥에서 50cm 이상 위에 그려져 있어 보고서의 기술 내용과는 차이가 크다.

샘유적에서도 밝혀진 바 있다(김두철 2009; 심현철 2012; 국립문화재연구소 2015).

다음으로 상부적석의 평면이 타원형인 황남동 83호분(도 2-43의 2)도 그 묘광 남북 단면도를 보면 남북 어깨선의 높이에 차이가 있지만, 묘광 남벽은 1.5m, 북벽도 1.0m 가 넘어 목곽의 상부가 반드시 묘광의 어깨선 이상으로 올라왔다고 볼 수 없다. 이 고분의 묘광에 지상묘광부의 존재 여부는 알 수 없지만, 묘광을 기준으로 이 고분의 목곽이 반지상식이라는 근거는 없는 것이다.

이상에서 살펴본 바와 같이 황남대총 남분 이전에 축조된 세 고분, 즉 황남동 109호분-3·4곽, 황오동 14호분, 황남동 110호분이 모두 상부적석식의 적석목곽분들임은 더 이상 의심의 여지가 없다. 이 고분들이 목곽의 뚜껑 위에 상부적석이 가해지지 않은 사방적석식이라는 주장들은 보고서 전체의 내용 분석에 의해서가 아니라 다만 적석이 함몰부 가장자리에만 그려진 평면도들만으로 판단한 결과일 것이다.

그러므로 노출된 적석부의 평면형태가 목곽과 같이 장방형인 것은 사방적석식, 타원형인 것은 상부적석식이라는 주장은 의미가 없다. 석재충전목곽묘인 사방적석식과 적석목곽분인 상부적석식을 구분하는 기준은 상부적석의 유무 여부이지 발굴에서 노출된 적석부의 평면형태나 보고서의 도면 상태가 아니다.

앞서 보았듯이 적석목곽분에서 상부적석의 범위와 규모는 고분의 축조 시기나 위계와 관련된 것이다. 사실 평면형으로만 말하면 지상적석식인 황남대총 남분과 천마총의 상부적석 평면도 장방형이거나 말각방형이다. 그러나 황남대총 남분의 적석부는 사방적석의 높이 4.1m에 주곽 쪽 상부적석의 잔존 최고 높이 1.3m, 천마총의 적석부는 사방적석의 높이 3.3m에 상부적석의 잔존 최고 높이 2.6m로, 황남대총 남분에 비해 시기가 늦은 천마총의 상부적석이 2배 높게 축조되었다. 그런가 하면 황남동 83호분과 금령총, 식리총은 모두 4a기의 늦은 시기 고분이지만, 황남동 83호분에 비해 금령총(도 2-44)과 식리총의 상부적석 규모는 월등하다.

황남대총 남분과 천마총의 상부적석 규모 차이가 시기적인 변화를 의미하는 것이라면, 황남동 83호분과 금령총의 상부적석 규모 차이는 고분의 위계를 반영하고 있는 것이다. 또 황남동 110호분과 금령총의 상부적석은 호석에서 묘광 쪽으로 경사져 내려간 1차 봉토 위에 조영되었지만 그 평면형과 높이에 엄청난 차이가 있다. 이는 시기 차이와 위계 차이를 함께 보여주는 것이다. 상부적석식 중 시기가 이르고 고분의 위계가

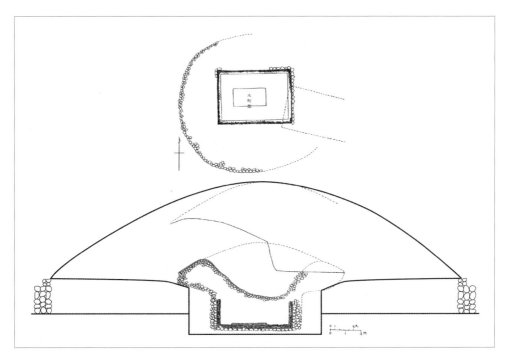

도 2-44 금령총 실측도와 동−서 단면 복원도

낮아 상부적석이 묘광선 안팎에 작은 규모로 축조되면 그 평면형은 자연히 묘광의 형태대로 장방형이 될 수밖에 없다. 그러므로 노출된 적석부가 시공적으로 의미를 갖는 것은 평면형보다는 그 범위와 규모이다.

　　그런데 그보다도 문제는 적석목곽분의 목곽이 지하식에서 점차 지상화하여 일부 지상, 반지상, 지상식으로 올라오면서 발전했는가이다. 앞서 살펴본 상부적석식의 묘광 조성 방식에 따르면 황남동 109호분-3·4곽의 묘광은 지하+지상식, 황남동 110호분의 묘광은 지하식, 황오동 14호분은 지하+지상식과 지상식이지만, 이 고분들의 목곽은 모두 묘광 안에 설치되었다. 황남동 83호분도 목곽은 묘광 안에 설치되었을 것으로 보인다. 다시 말하면 묘광이 반지상식이나 지상식은 있지만 목곽이 묘광 위로 일부나 반이 올라온 것은 아니라는 점이다. 이들은 모두 매장주체부가 묘광 안에 설치되는 묘광주체식이라는 점에서 공통될 뿐이다.

　　묘광으로 말해도 사실 지하식이 먼저고 지상식이 늦은 시기라는 보장도 없다. 지상식 묘광은 황남대총 남분보다도 이른 시기인 황오동 14호분에도 있었고, 그보다 훨씬 늦은 시기인 황오동 16호분의 여러 묘곽 중에도 있었다. 그런가 하면 늦은 시기 고분들인 식리총, 호우총과 은령총의 묘광은 지하식이다. 황오동 14호분과 16호분의 묘곽들 중에는 기반층 기준으로 목곽이 지상에 설치된 것도 있지만, 그렇다고 이들이 무묘광 지상주체식의 지상적석식이 된 것은 아니며, 묘광주체식의 상부적석식 그대로일 뿐이다.

다시 말해 묘광 중 지상묘광식은 황남대총 남분 이전에도 있었고 이후에도 있었으며, 지하묘광식은 황남대총 남분보다 훨씬 늦은 시기까지 존재했고, 목곽의 위치도 지하에서 반지상, 지상의 방향으로 발전해간 것은 아니다. 묘광의 위치가 어디든 상부적석식의 목곽은 묘광 안에 설치된 것이며, 지상적석식의 목곽은 묘광 없이 지상에 설치된 것이다.[48]

그러므로 이희준이 제시한 지하 사방적석식 → 일부지상 사방적석식 → 반지상 상부적석식·지상적석식이라는 적석목곽묘(분)의 진화론적 발전도식은 성립되지 않는 것으로 다분히 관념적으로 만들어진 것임을 알 수 있다. 분명한 것은 최소한 황남대총 남분 이후 무묘광 지상주체식인 지상적석식 적석목곽분은 그것대로, 묘광주체식인 상부적석식 적석목곽분은 또 그것대로 존재하면서, 양자가 공존했다는 점이다.

그런데 앞서 언급한 바와 같이 월성북고분군에는 고분군의 조영 방향으로 보아 황남대총 이전에 조영되었을 것으로 보이는 초대형 고총들이 존재한다. 이들은 거대한 고분 규모로 보아 무묘광 지상주체식의 지상적석식 적석목곽분일 가능성이 크다. 필자는 황남대총 남분 이전부터 적석목곽분의 두 유형, 즉 지상적석식과 상부적석식은 공존했을 것이며, 지상적석식은 묘곽의 형식 계승 외에는 이전 시기의 석재충전목곽묘와 다른 점이 많지만, 상부적석식은 이전 시기의 석재충전목곽묘에서 계승된 요소들을 많이 가지고 있었다고 판단한다.

....

48   심현철(2016a: 49; 2016b: 65)은 중·소형 적석목곽분에 완전지하식, 일부지상식, 반지하식이 있으며, "일부지상식 혹은 반지하식은 축조과정과 매장절차를 상정해 보았을 때 완전지하식과는 구조와 축조 의도가 달라 완전히 다른 무덤으로 인식해야 한다"고 하였다. 여기 완전지하식을 사방적석식, 즉 석재충전목곽묘라 보아 적석목곽분 중의 상부적석식과 구분해야 된다는 것이라면 의미가 있지만, 상부적석식 중의 지하묘광식을 가리킨다면 본고와는 다른 판단이다. 필자는 석재충전목곽묘 중에도 지상묘광부가 존재했을 것으로 보며, 상부적석식 적석목곽분은 소형분에도 중형분에도 지상묘광부가 존재했고, 시기가 빠르든 늦든, 묘광의 위치가 지하든, 지하+지상이든, 지상이든 목곽이 묘광 안에 설치되는 묘광주체식이라는 점에서 공통이고, 바로 그 점이 지상적석식과 구분되는 출발점이라고 본다.

3) 요약

신라 전기 월성북고분군에서는 두 유형의 적석목곽분, 즉 지상적석식과 상부적석식의 적석목곽분이 조영되었다. 매장주체부를 중심으로 지상적석식은 무묘광 지상주체식, 상부적석식은 묘광주체식이라고 할 수 있다. 두 유형의 적석목곽분은 묘곽의 형식을 비롯하여 기본적으로 신라 조기 석재충전목곽묘의 구조를 계승한 것으로 보이지만, 상부적석식은 그 계승성이 현저한 반면 지상적석식은 차이점이 많으며, 지상적석식과 상부적석식 적석목곽분 사이에도 구조적 상이성이 상당하다.

적석목곽분은 석재충전목곽묘인 사방적석식, 상부적석식, 지상적석식의 순으로 진화·발전되었다는 주장이 있지만, 그것은 다분히 관념적인 도식일 뿐 상부적석식과 지상적석식 사이에 축조 기법의 연속적 발전 과정이나 계승성은 확인되지 않는다. 따라서 무묘광 지상주체식인 지상적석식 적석목곽분은 그것대로, 묘광주체식인 상부적석식 적석목곽분은 그것대로 존재하였으며, 양자는 시종 공존되었다고 판단된다.

신라 적석목곽분은 구조상 그 내부가 심하게 변형된 상태로 조사되어 구조를 이해하기 어려운 경우가 많다. 그러나 잔여 유구나 흔적을 통해 '사실'을 확인하여 그 구조를 이해해야 한다. 발굴보고서에 대한 충실한 검토도 없이 짐작과 상상으로 일관하거나 합리적 추론의 범위를 벗어나는 것은 학문의 영역을 이탈하는 것이다. 납득할 만한 근거 제시도 없이 문화적 배경이나 맥락이 전혀 다른 외국의 고분을 대입하여 적석목곽분의 세부 구조에 마구 선을 긋는 것도 마찬가지이다.

4. 적석목곽분의 기원 연구 동향과 신라 왕릉의 신묘제 창출

경주 월성북고분군에서 적석목곽분의 출현은 신라 고분문화의 전개 과정에서 가장 획기적인 변화였으며, 그것은 점토충전·석재충전 주부곽식 목곽묘를 중심으로 한 신라 조기의 고분문화로부터 적석목곽분을 최상위 묘제로 한 신라 전기고분문화로의 전환을 의미하는 것이기도 하였다. 이제는 널리 알려져 있는 바와 같이 적석목곽분은 신라사에서 '마립간시기의 묘제'였으며(최병현 1981b; 1992a), 신라의 마립간시기는 진한 소국의 일원이었던 사로국으로부터 고대국가로 발전한 신라가 가야산 이남의 낙동강 이서를 제외한 영남지방과 강원 영동지방을 지배하면서 소백산맥 북쪽으로 진출해 나가던 시기였다(최병현 2018a). 바로 그러한 마립간시기 신라 중앙의 최고 위계 고분의 묘제인 적석목곽분의 원류나 계통은 과거 일찍부터 신라 고고학 연구자들에게 관심의 대상이 될 수밖에 없었다.

지금까지 학계에서 신라 적석목곽분의 기원이나 계통에 대해 논의되어 온 과정은 1990년대 초 울산 중산리유적에서 신라 조기의 석재충전목곽묘가 조사되고 그 결과가 알려지기 시작한 이후와 그 이전으로 나누어볼 수 있다. 1990년대 초 이전까지는 신라 적석목곽분과 직접 연결되는 일체적인 선행 구조가 한반도에서는 찾아지지 않는다는 전제 하에 그 기원이나 계통이 논의되었다. 당시까지는 유적조사의 미비로 목곽과 적석, 호석과 봉토로 이루어진 신라 적석목곽분의 구조 가운데 그 핵심인 목곽이 적석으로 덮인 매장주체부의 선행 구조라고 할 만한 것이 한반도에서는 찾아지지 않는 상태였기 때문이었다. 필자는 이 시기의 신라 적석목곽분의 기원이나 계통에 대한 논의를 크게 2원적 계통관과 북방기원설로 나누어 정리한 바 있다(최병현 1990; 1992a).

그런데 1990년대에 들어 울산 중산리유적에서 원삼국 이래의 점토충전목곽묘에 이어 신라 조기에 묘광과 목곽 사이를 돌로 충전한 석재충전목곽묘가 축조된 사실이 밝혀지면서 신라 적석목곽분의 기원에 대한 논의는 새로운 국면으로 접어들었다. 석재충전목곽묘는 이전의 점토충전목곽묘로부터 적석목곽분으로 발전해가는 중간 형태로 해석되었고, 이에 따라 적석목곽분은 2원적 계통이나 북방 기원으로 출현한 것이 아니라 이전 시기 영남지방의 목곽묘로부터 자체적으로 진화·발전한 것이라는 주장이 제기된 것이다.

사실 적석목곽분의 두 유형, 즉 지상적석식과 상부적석식 가운데 상부적석식 적석목곽분에 초점을 맞추면 그렇게 해석되기 십상이다. 그러나 문제는 초기 지상적석식 적석목곽분의 복잡한 내부구조와 거대 고총으로의 출현이다. 울산 중산리유적의 발굴조사를 계기로 영남지방의 목곽묘로부터 자체 발전을 주장한 연구자들은 지상적석식 초기 대형분의 복잡한 내부구조의 선행 구조를 이전 시기 목곽묘에서 찾고자 하였고, 거대 고총의 성립도 적석목곽분의 자체 진화 과정으로 설명하고자 하였다.

그러나 상당한 시일이 지난 지금 돌이켜보면 신라 적석목곽분의 기원 문제는 별로 해명된 것이 없다. 그동안의 연구에서는 오히려 목곽묘와 적석목곽분의 구조를 왜곡하거나 확대·과장한 해석들이 난무하였을 뿐이다. 고분 구조의 왜곡 해석은 다시 발굴현장으로 순환되기까지 한다. 이에 여기서는 그동안 학계에서 직접적이든 간접적이든 신라 적석목곽분의 기원과 관련하여 논의되어온 내용들을 짚어 보고, 이들에 대한 필자의 판단과 그 사이 변화된 신라 적석목곽분의 기원에 대한 필자의 생각도 밝혀두기로 하겠다.

1) 적석목곽분의 기원 연구 동향

(1) 2원적 계통관과 북방기원설

2원적 계통관이란 적석목곽분의 목곽과 적석부를 분리하여 그 기원을 한반도의 선행묘제에서 따로따로 찾아, 그것들이 결합하여 신라의 적석목곽분이 성립하였다고 본 견해들이다. 1921년 금관총의 우연한 발견에 이어 1924년 신라의 적석목곽분으로서는 최초로 본격적인 학술조사가 시행된 금령총과 식리총의 발굴조사 보고서 말미에 위게하라 스에지(梅原末治)가 신라 적석목곽분의 목곽은 낙랑군시대의 목실(곽)분에서, 적석은 대구 대봉동 지석묘와 같은 적석식지석묘에서 온 것(梅原末治 1932: 264~268)이라고 한 것이 그 시작이었다. 그 후 유적조사의 진전에 따라 2원적 계통관의 내용은 변해왔는데, 북한에서 강서 태성리유적이 발굴조사 된 이후, 박진욱은 일제강점기에 수습조사된 경주 입실리유적을 강서 태성리와 같은 토광목곽묘 유적으로 보아 신라 적석목곽분은 대구 대봉동형의 변형고인돌에 재지 토광묘의 목곽이 도입되어 발생한 무덤 형식이라고 하였다(박진욱 1964).

1970년대 후반부터는 영남지방에서 원삼국시기 목관묘와 목곽묘가 조사되기 시작하였고, 경주에서도 1979년부터 조양동유적에서 원삼국 전기의 목관묘와 후기의 목곽묘가 조사되면서 2원적 계통관은 다시 변모되었다. 강인구는 고구려의 방형 적석총이 남하하여 재지 토광목곽묘의 목곽과 결합하여 신라의 적석목곽분이 성립되었는데, 처음에는 순수 적석총으로 축조되었으나 후에 석실봉토분의 영향으로 원형의 봉토가 덮이게 되었다고 하였다(강인구 1981). 그의 주장은 신라 적석목곽분의 적석부를 고구려 적석총과 관련시킴으로써 그 기원을 대봉동 지석묘에서 찾은 이전의 견해들보다는 시간적인 간격을 좁혔지만[49] 사실상 목곽, 적석부, 봉토를 모두 분해하여 3원적으로 그 계통을 추적한 것이었다. 신라 적석목곽분의 적석부가 고구려 적석총에서 온 것이라는 주장은 그 후 최종규와 신경철로 이어졌는데, 그들은 그것이 광개토대왕 비문에 보이는 서기 400년 고구려군 남정의 결과라고 해석하였다(최종규 1983a; 신경철 1985: 92~93).

북방기원설은 이와 같이 신라 적석목곽분의 구조 가운데 특징적인 부분들을 분해하여 각각 그 기원이나 계통을 한국 상고시기의 묘제에서 찾는 2원적 계통관과는 달리 일체적 구조로서 신라 적석목곽분의 원류를 북방아시아의 목곽분문화에서 찾는 입장이다. 김원룡이 신라 적석목곽분은 기원전 1500년경 흑해 북안에서 일어난 스루브노 청동문화의 목곽분이 시베리아 일대로 퍼진 시베리아 스텝목곽분의 동단 마지막 형식이라고 한 것(김원룡 1972), 이은창이 시베리아와 알타이지방의 목곽분이 신라 적석목곽분의 원류라고 한 것(김택규·이은창 1978: 135) 등이 그것이다.

필자는 이와 같은 종래의 견해들 가운데 2원적 계통관을 비판적으로 검토하고, 북방기원설을 좀 더 구체화시킨 바 있다. 요컨대, 2원적 계통관에서 신라 적석목곽분의 적석부가 고구려 적석총에서 왔다는 견해는 서기 400년 고구려군의 남정으로 한반도 남부지방의 고분문화가 변동되었다는 이른바 '서기 400년 고구려군 남정 영향설'과 결합하여, 신라 적석목곽분의 출현이 서기 400년 이후라고 주장하지만 이는 억측이며, 신라 적석목곽분은 그 이전에 이미 출현하여 있었다고 보았다. 2원적 계통관에서는 신라 적석목곽분의 기본 구조 가운데 매장주체부인 적석으로 덮인 목곽을 목곽과 적석으로 분해하여 따로따로 그 기원이나 계통을 추적하고 있을 뿐 圓形의 高大封土와 호석은 고려하지 않고 있지만, 이들의 기원도 한반도에서는 찾아지지 않는다고 보았다. 또 신라 적석목곽분의 특성을 잘 보여주는 것은 단순한 구조의 소형분이 아니라 최고 수준의 대형분인데, 발굴조사가 이루어진 황남대총 남북분과 천마총은 대형분에서 초기의 복잡한 구조가 단계적으로 간결하고 단순한 구조로 변화되어 가는 과정을 보여주므로, 현

---

49   일제강점기에 대구 대봉동 지석묘는 금석병용기시대 것으로 판단되고 있었다(梅原末治 1932: 267; 1947: 22).

재로서는 그 중 가장 이른 시기 대형분인 황남대총 남분이 原形에 가까운 구조를 가진 것이라고 보았다.

그런데 황남대총 남분의 구조는 목조가구를 설치하고 냇돌을 쌓아올린 적석부, 내 외곽 사이에 잔자갈이 채워진 2중의 목곽 구조, 石壇으로 둘러싸인 2중의 목관으로 구 성된 매장주체부와 적석부 위의 봉토 중에서도 발견된 목조가구 흔적, 그리고 거대한 圓形 봉토와 호석을 가진 것으로 그 구조 각부를 분해하여 따로따로 기원을 추적하여도 한국의 상고시기 묘제에서는 그 선행 구조가 찾아지지 않는다. 그러므로 신라 적석목 곽분의 기원은 2원적 계통관처럼 그 구조를 분해하여 추적할 것이 아니라 목곽과 적석 부, 원형의 고대봉토와 호석이라는 기본구조 전체를 일체적 구조로 보아, 시야를 유라 시아 대륙으로 넓혀 그 원류를 추적해 보아야 밝혀질 수 있다고 판단한 것이다. 그렇게 하여 필자는 남러시아와 중앙아시아, 알타이지방과 몽골 북쪽의 (적석)목곽분들을 살펴 그 가운데서 신라 적석목곽분의 전체 구조와 특징적인 세부 구조의 원류를 찾을 수 있 다고 보았다(최병현 1990; 1992a).

(2) 중산리유적의 발굴과 목곽묘의 자체 발전설

그 무렵 울산 중산리유적에서는 원삼국 후기 이래의 묘광과 목곽 사이를 흙으로 충전한 목곽묘에 이어 돌로 충전한 목곽묘, 즉 신라 조기의 석재충전목곽묘들이 발굴되 면서 신라 적석목곽분의 기원 또는 계통에 대한 논의는 새로운 국면으로 접어들게 되 었다. 이희준(1996c: 297~298)이 지적한 것처럼, 돌이켜 보면 경주 안계리유적, 울산 양 동유적, 그리고 동래 복천동유적 등에서 이미 석재충전목곽묘가 조사된 바 있었지만, 울산 중산리유적이 발굴조사 되기 전까지 학계에서는 이들의 구체적인 구조에 대해 주 목하지 못하였고, 필자는 편년상 이들이 경주 월성북고분군에서 적석목곽분이 출현한 뒤의 고분들이므로 신라 적석목곽분의 기원과는 관련이 없다고 보았던 것이다(최병현 1992a). 그러나 중산리유적의 발굴조사를 통해 석재충전목곽묘가 신라 조기에 발생하 였으며, 신라 전기까지 계속 축조되고 있었음이 분명해진 것이다.[50]

....

50   1991년부터 시작된 울산 중산리유적의 발굴에 앞서 사실은 1985년 경주 월성북고분군의 월성로고분 조사에

발굴자인 이성주는 처음에는 중산리유적에서 원삼국시대 목곽묘로부터 완성형의 적석목곽분을 거쳐 퇴화되는 과정이 단선적으로 이해되지만, 중산리유적이 경주 중심지의 고분군도 아니고 신라 최상위 계급의 고분도 아니므로 "중산리 목곽묘의 전개 과정을 통해 … 황남대총이나 천마총과 같은 목곽적석분의 일체적 구조가 출현하는 계기를 설명할 수는 없다고 생각된다. 즉 북유라시아 적석목곽분과의 관련성을 전혀 배제하기는 어렵다"고 신중한 입장을 취했다(이성주 1992: 39, 42). 그러나 그는 곧 "중산리유적의 묘제는 그 변형과정의 기본적인 틀만큼은 중심지의 묘제 변천과정 그 자체라고 볼 수 있다는 것이며 중산리유적의 자료로서 신라묘제의 변화에 대하여 설명할 수 있다고 본다"고 입장을 바꾸고, 신라 적석목곽분은 중산리유적에서 3세기 중엽부터 축조되기 시작하는 목곽 사방에 돌을 충전한 日자형 동혈주부곽식 목곽묘, 즉 "신라식목곽묘의 전통과 범주 내에서 최고위계의 대형분 축조방법으로 특이한 발전을 보인 것"(이성주 1996: 57)이라고 하였다. 그가 여기서 적석목곽분이라고 한 것은, 상부적석식의 중소형분들을 신라식목곽묘로 보아 제외하고, 황남대총, 천마총과 같은 지상적석식 대형분만으로 제한한 것인데, 이들도 원삼국시기 목곽묘가 신라 조기의 '신라식목곽묘'를 거쳐 특이하게 발전한 것이라고 본 것이다.

이희준도 신라 적석목곽묘(분)의 발생 과정에 대해 이성주와 판단을 같이 하고, 울산 중산리유적의 조사 결과를 종래 월성북고분군에서 조사된 적석목곽묘(분)들과 좀 더 긴밀하게 연결시켰다. 그는 중산리유적 등에서 조사된, 묘광과 목곽 사이를 돌로 충전하였지만 목곽의 상부에는 적석을 가하지 않은 석재충전목곽묘를 사방적석식이라고 하고, 이를 종래 월성북고분군에서 조사된 상부적석식, 지상적석식과 함께 모두 적석목곽묘(분)의 범주에 포함해야 한다고 하였다. 그래서 적석목곽묘(분)는 "목곽묘에 뒷채움식의 소량 적석을 가한 일종의 위석목곽묘로부터 사방적석식을 거쳐 상부적석식·지상적석식으로 점진적으로 변화 발전한 것"(이희준 1996: 306)이라고 하였다. 여기 '목곽묘에 뒷채움식의 소량 적석을 가한 일종의 위석목곽묘'란 고분의 입지상 충전토에 우연히 돌이 섞여 들어간 것인지(최병현 2015: 117~120) 아니면 석재충전목곽묘의 충전부

서 신라 조기 및 전기의 석재충전목곽묘가 일부 발굴되었지만(최병현 2015), 당시는 석재충전목곽묘의 개념 자체가 없었던 시기였고, 월성로고분의 조사도 유구 전체를 드러내지 못하는 극히 좁은 폭의 부분적인 조사여서 석재충전목곽묘를 인지하지 못하고 모두 적석목곽분으로 보고되었다(국립경주박물관 1990).

에 돌보다 흙이 많은 것을 가리키는지 명확하지 않지만, 하여튼 신라 적석목곽분은 영남지방에서 원삼국 후기부터 축조되어 온 목곽묘로부터 변화·발전한 것임을 분명히 한 것이다.

이와 같이 이희준은 목곽묘가 발전하여 신라 적석목곽묘(분)가 발생되었다고 보면서, 사방적석 이 외의 적석목곽묘(분)의 특징적인 각부 구조도 시간의 흐름에 따라 자연적으로 진화하면서 구조상의 변화를 겪은 것으로 해석하였다. 최병현은 황남대총 남분과 같은 복잡한 구조의 적석목곽묘(분)가 처음부터 일체적 구조를 이루고 돌연히 나타났다고 주장하지만, "목곽 구조가 지상에 놓임으로써 생겨날 수밖에 없는 적석용 木架構 등을 제외하면 그 복잡한 구조의 기본요소는 이미 출현기의 사방적석식 구조에 있"다고 하고 "지하식인 출현기의 사방적석식 구조가 지상화하면서 일단 황남대총 남분과 같은 정점에 달한 구조"가 되었을 것이라고 하였다(이희준 1996c: 296).

좀 더 구체적으로, 그는 중산리유적에서 이성주가 '목곽적석묘'라 범주화한 것에서 처음 礫床式 묘곽 바닥 처리가 나타나므로, 역상식 바닥 처리는 앞 시기 목곽묘인 목곽위석묘와 (사방적석식)적석목곽묘 사이를 구분하는 중요한 기준이며, 2중의 곽(관) 구조로 안의 목관(곽)과 바깥의 목곽 사이를 낮은 石壇으로 고정한 황남대총 남분 묘곽의 기본 요소는 초기의 사방적석식 대형분인 경산 임당 G-6호묘에서 이미 갖추고 있다고 하였다. 그리고 지하식인 사방적석식 구조가 지상화해 가는 중에 고구려 남정을 계기로 사로국 지배 계층의 분화가 심화되고 커다란 변화가 일어나는 5세기 초에 이르러 中小形墳에서는 목곽상부를 적석하는 반지상식의 상부적석식 구조로 변화하고 초대형분에서는 지상식 구조가 나타나는 일종의 分岐 현상이 일어났으며, 지상적석식은 초대형분에 한정되어 "고총고분의 분구 高大化 지향과 맞물려서 묘곽 구조의 지상화 경향이 생김에 따라 황남대총 남분과 같은 지상식의 새로운 구조가 생겨난 것"이라고 해석하였다(이희준 1996c: 304~305). 그리하여 좀 더 구체적으로 신라 적석목곽묘(분)는 황남동 109호분-3·4곽의 지하 사방적석식, 황남동 110호분의 일부지상 사방적석식, 황남동 83호분의 반지상 상부적석식·황남대총 남분의 지상적석식 순으로 진화되었다는 발전 도식을 제시하였다. 적석목곽분의 호석도 이성주(1996)와 같이 중산리유적의 사방적석식 단계에 방형에서 타원형으로 바뀐 것이라고 보았다(이희준 1996c: 304~306; 2001).

필자는 울산 중산리유적의 조사를 계기로 이성주와 이희준에 의해 제기된 이와 같은 신라 적석목곽분의 새로운 계통론을 '토광목곽묘로부터의 발전설'이라 규정하고, 황남동 109호분과 110호분, 황오동 14호분의 보고서들에 근거해 볼 때 이희준이 제시한 적석목곽분의 발전도식은 성립되지 않는다고 비판하고, 북방기원설을 재삼 강조한 바 있다(최병현 1998: 2000b). 그런데 당시는 울산 중산리유적의 발굴 보고가 있기 전이었을 뿐만 아니라 아직 신라 조기고분의 실체 자체를 알 수 없는 때여서 석재충전목곽묘에 대한 이해가 절대적으로 부족한 상태였다. 또 신라 조기고분과 전기고분을 연계한 편년도 현실적으로 불가능한 상태였다. 그런 상황에서 쓰여진 필자의 반론은 좀 성급한 것이어서 울산 중산리유적의 석재충전목곽묘가 경주 월성북고분군의 적석목곽분의 영향으로 생겨난 것이라고 하는 등의 오류도 있었고, 이에 따라 학계의 반향도 없었다. 이후 학계에서는 이희준이 자연발생이라고 한 적석목곽분의 구조 각부 출현 과정을 추적하거나(이재홍 2007), 석재충전목곽묘가 적석목곽분의 범주에 포함될 수 있는가에 대한 논란이 이어져 왔다(김두철 2007).

(3) 적석목곽분의 선행 구조 탐색과 영남지방의 목곽묘

필자는 앞서 이희준이 적석목곽묘(분)의 한 유형으로 본 사방적석식 목곽묘를 석재충전목곽묘라 이름하여 적석목곽분과 구별하고, 그것이 신라 조기에 발생하여 경주지역에서는 월성북고분군과 울산 중산리고분군에서 조영된 것을 확인하였다. 석재충전목곽묘는 신라 조기에 이미 포항지역 등 경주 인근 지역의 일부 고분군으로 이식되었지만, 경주지역에서 그 외의 다른 고분군으로 확산된 것은 오히려 그보다 늦어 신라 전기에 들어온 이후였다(최병현 2018a).

신라 전기 경주지역의 묘제와 적석목곽분의 범주에 대해서는 앞서 자세히 다루었으므로 여기서 다시 구체적인 설명을 반복할 필요는 없겠지만, 월성북고분군에서 석재충전목곽묘는 신라 조기에 이어 전기에도 모두 저봉토묘로 축조되어 고총인 적석목곽분과는 구별되었다. 특히 신라 전기에 월성북고분군에서 적석목곽분과 석재충전목곽묘는 입지도 차별화되었고(앞의 도 2-4) 규모의 차이도 커서, 이들이 별개의 묘제로 정착되면서 묘제 사이에 위계화가 이루어지고 구분되어 조영된 것이 분명하다.

그러므로 석재충전목곽묘를 적석목곽분(묘)의 범주에 포함하는 것은 옳지 않으며,

적석목곽분은 매장주체부인 목곽, 목곽 주위의 사방적석에 더해 목곽의 뚜껑 위에 가해진 상부적석, 호석으로 보호된 고총 봉분이 묘광 내 목곽과 사방적석, 그 위의 저봉토로 이루어진 석재충전목곽묘와 차별화된 것이다. 적석목곽분의 범주에는, 이희준(1996c)의 구분 명칭을 따라, 지상적석식과 상부적석식의 두 유형이 있다. 지상적석식은 무묘광 지상주체식으로 목곽과 적석부가 모두 지상에 설치된 것이고(앞의 2-18의 1), 상부적석식은 묘광주체식으로 목곽과 사방적석이 묘광 안에 설치되고 상부적석이 그 위에 가해진 것이다(앞의 도 2-18의 2).

황남동 109호분-3·4곽은 지하 사방적석식, 황남동 110호분은 일부지상 사방적석식이라 하였고(이희준 1996c), 황오동 14호분도 사방적석식이라는 주장이 있지만(김용성·최규종 2007; 김용성 2015), 이들이 모두 상부적석식 적석목곽분임은 앞서 재확인되었다. 따라서 신라 적석목곽묘(분)가 황남동 109호분-3·4곽의 지하 사방적석식, 황남동 110호분의 일부지상 사방적석식, 황남동 83호분의 반지상 상부적석식·황남대총 남분의 지상적석식의 순으로 진화되었다는 발전도식은 성립되지 않음을 지적하였다.

이에 여기서는 적석목곽분에 대한 필자의 이러한 인식에 기초하여 그 기원과 관련해 그동안 학계에서 논의되어 온 내용들을 검토해 보겠다. 여기서 언급되는 고분들의 편년은 물론 필자의 신라조기양식토기 편년안(최병현 2012b)에 따른 신라 조기고분 편년표(앞의 표 2-1), 신라전기양식토기 편년안(최병현 2013a; 2014c)에 따른 월성북고분군의 신라 전기고분 편년표(앞의 표 2-6)에 의한다.

먼저 이희준이 사방적석식에서부터 출현한 역상식 묘곽 바닥 처리가 적석목곽묘(분)에서 일반성을 가진다고 보아, 사방적석식을 적석목곽묘(분)의 범주에 포함해야 하는 이유의 하나라고 한 것이다. 역상식 묘곽 바닥이 중산리유적에서는 석재충전목곽묘에 앞서 신라 조기 1b기의 점토충전목곽묘의 부곽에서 처음 보이고, 월성북고분군에서는 신라 조기 2b기의 월성로 가-8호묘에서 보이는 것은 앞서 밝혔다. 이희준은 사방적석식이면서도 묘곽 바닥에 잔자갈을 깔지 않은 월성로 가-13호를 예외적인 것으로 취급하고 있지만(이희준 1996c: 306), 월성북고분군의 신라 전기고분에서 역상식 묘곽 바닥 처리가 토광묘와 점토충전목곽묘 이 외의 묘제에서 일반화되었으나 대소 고분 모두에 존재했던 것은 아니며, 또 잔자갈을 간 범위나 방식에도 고분에 따라 차이가 있기도 하였다. 그러므로 목곽묘의 발전 과정에서 역상식 묘곽 바닥 처리가 일찍이 출현하여 신라 전기고분에서 묘제와 고분의 위계에 따라 일반화되어 간 것은 사실이지만, 그렇다고 그것을 사방적석식, 즉 석재충전목곽묘를 적석목곽묘(분)의 범주에 포함해야 하는 근거로 들어 적석목곽묘(분)에서 일반성을 갖는 요소라고 하는 것은 좀 군색하다.

호석에 대해서도 이성주와 이희준은 신라 조기 2a기인 중산리 IA-74·75호묘에서 처음 평면 방형으로 출현하여 2b기인 IA-26호묘에서 평면 타원형으로 바뀐 것으로 보고 있지만, 이들은 두 고분의 기저부 부석층 가장자리를 마감한 갓돌들일 뿐으로, 적석목곽분의 1차 봉토 둘레로 쌓아 그것을 보호한 호석과는 기능상 차이가 있다(김두철 2009). 현재로서는 신라 전기 1Ba기인 월성북고분군의 황남동 109호분-3·4곽의 호석이 가장 이른 것이며, 중산리유적에서도 같은 기능을 가진 호석은 신라 전기 1Ba기인 IA-51호분에서 처음 출현한다는 것을 앞서 밝힌 바 있다.

그러나 이들보다 근본적이고 더 큰 문제는 과연 이희준의 주장과 같이 황남대총 남분보다 이른 초기 사방적석식에 '석단으로 고정한 2중 목곽'이 존재했는가, 그 외 영남지방의 목곽묘에도 '2중의 목곽 구조'가 존재했는가이다. 아래에서는 이에 대해 살펴보기로 하겠는데, 필자는 황남대총 남북분과 천마총의 목곽 구조를 보고서와 같이 이해하고, 또 그로 본 지상적석식 대형분의 목곽부 구조 변화 과정에 대해서 여러 번 언급한 바 있으며(최병현 1992a; 2000b; 2016b), 앞에도 요약해 두었다.

그런데 학계에는 황남대총 남북분(문화재관리국 문화재연구소 1985; 1994)과 천마총(문화공보부 문화재관리국 1974)의 관곽 구조를 보고서와는 다르게 이해하는 주장들이 있다(毛利光俊彦 1983; 김용성 2007; 최종규 2011). 앞서는 그 중 황남대총 남북분 보고서에서 '외관'이라 한 것도 '곽'이라는 문제 제기는 일리가 있지만 그 외의 주장들은 근거가 없으며, 황남대총 남북분 보고서의 '외관'이라는 명칭도 관곽 구조의 세트관계나 槨-椁의 원래 의미가 周棺, 즉 外棺인 것으로 보아 틀린 것은 아니라는 점을 지적한 바 있다.

이에 여기서 황남대총 남북분과 천마총의 관곽 구조에 대해서는 보고서의 기술을 따르고, 그에 대한 세부 명칭도 보고서대로 사용한다는 점을 밝혀둔다. 그러므로 아래에서 황남대총 남분의 2중 목곽 구조라 함은 그 주곽의 구조, 즉 石壇으로 둘러싸인 내외 2중의 목관 바깥으로 내부가 잔자갈로 채워진 내외 2중의 목곽 구조를 의미한다. 그로부터 황남대총 북분의 목곽은 그 중 내곽과 내외곽 사이의 잔자갈층이 생략되어 홑곽인 목곽의 측벽이 받침 石段 위에 세워진 구조, 천마총의 목곽은 측벽이 받침 石段 위에 세워진 목곽의 높이가 다시 반으로 줄고 그 안에 石壇으로 둘러싸인 목관과 부장품 수장궤가 분리되어 배치된 구조로 변화되었다는 것이 필자의 이해이다.

① '사방적석식'과 적석목곽분의 선행 구조

울산 중산리유적의 발굴로 원삼국 후기의 목곽묘가 자체 발전하여 신라 적석목곽분이 출현하였다는 새로운 계통관이 제기된 이후 영남지방의 목곽묘계 고분에서 2중 목곽 구조의 존재를 확인하려는 연구가 계속되고 있다. 그중에는 적석목곽분의 출현 과정이나 계통과는 무관하게 이루어진 연구들도 있지만, 대개는 영남지방의 고분에서 황남대총 남분 주곽의 선행 구조를 확인하려는 연구들이다. 즉 내외곽 사이가 냇돌로 채워진 2중의 목곽 구조나[51] 또는 단순한 2중의 목곽 구조를 찾아 황남대총 남분 주곽의 목곽 구조가 지상적석식 적석목곽분에서 돌연 출현한 것이 아니라 이전 시기부터 존재하여 내려왔음을 입증하려는 것이다.

그 대상으로 첫 번째 지목된 것이 경산 임당동 G-5, 6호묘이다(도 2-45의 1·2). 이희준은 문맥으로 보아 임당동 G-5, 6호묘를 '출현기의 사방적석식' 또는 '초기의 사방적석식 대형분'(이희준 1996c)이라 한 것으로 보이지만, 필자는 이들을 신라 전기 1Ab기로 상대편년 한 바 있다(최병현 2014d: 19). 물론 2a기인 황남대총 남분, 그 이전인 1Ba기의 황남동 109호분-3·4곽보다 앞이어서 현재로서는 월성북고분군에서 확인된 적석목곽분들보다 이르다.

그런데 앞서 말한 바와 같이 이희준은 1995~96년 발굴조사된 경산 임당동 G-6호묘가 "이중의 곽(관) 구조로 안의 목관(곽)과 바깥의 목곽 사이를 낮은 石壇으로 고정하고 있는 것"이며, 그래서 황남대총 남분 관곽 구조의 "그러한 복잡 정교화가 갑작스

---

51 황남대총 남분 주곽의 선행 구조와 관련된 논고들에서는 대개 내외곽 사이에 냇돌(川石)로 쌓은 '石壇'을 상정한다. 그러나 황남대총 남분 주곽의 내외곽 사이는 잔자갈로 채워져 있었으며, 황남대총 남분 보고서(문화재관리국 문화재연구소 1994)나 필자의 글들에서는 그 부분에 대해 별도의 명칭을 사용하지 않았다. 황남대총 남·북분과 천마총에서 石壇이라 한 것은 외관 또는 목관의 주위에 돌린 잔자갈 壇이고, 石段은 목곽 측벽을 받치기 위해 목곽 바닥보다 약간 높게 냇돌을 2~3단 쌓은 段을 말한다.

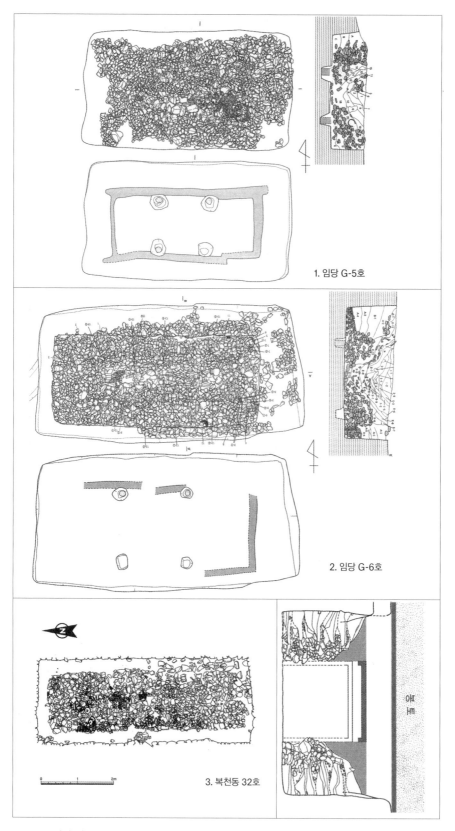

도 2-45 경산 임당 G-5·6호묘와 동래 복천동 32호묘 묘곽부 실측도(복천동 32호 목곽 복원도 김두철 2007)

러운 현상이라고만 할 수는 없으며 아마도 시기상 황남대총 남분에 앞서는 대형분에서 일부 지상식의 사방적석식 구조에 그러한 정교한 묘곽을 갖춘 것이 있을 것으로 추정할 수 있다"고 하였다. 그는 이와 더불어 안계리고분군 4호분 남곽과 경산 조영동 CII-2호분도 역시 2중 구조라고 하였다(이희준 1996c: 305).

경산 임당동 G-5, 6호묘의 주곽이 내외 2중곽이고, 내곽과 외곽 사이에 냇돌로 석단을 쌓았다는 해석은 그대로 보고서로 이어졌다(영남문화재연구원 2001). 보고서에서는 선축된 6호묘의 주곽은 묘광 안에 길이 5.68m, 너비 2.42m, 높이 1.20m 정도의 외곽과 길이 3.50m, 너비 64cm, 높이 75cm 정도의 내곽을 설치하고 내곽과 외곽 사이에 냇돌로 석단을 쌓았으며, 후축된 5호묘는 묘광 안에 길이 4.14m, 너비 1.90m, 높이 1.30m 정도의 외곽과 길이 3.00m, 너비 65cm, 높이 65cm 정도의 내곽을 설치하고 외곽과 내곽 사이는 냇돌을 채워 석단[52]을 만들었다고 하였다. 그러나 5, 6호묘 모두 목관에 대해서는 언급조차 없다. 하긴 너비 64cm와 65cm의 내곽 안에 목관과 같은 다른 葬具가 들어갔다고 상정하기는 어려웠을 것이다. 이와 같은 경산 임당동 G-5, 6호묘 보고서의 구조 해석은 또 이재홍(2007)과 김용성(2007)에게 그대로 이어졌다. 김용성은 이를 모델로 호우총과 은령총, 그리고 황남동 110호분 등 월성북고분군의 적석목곽분 묘곽 구조를 복원하고 있다(김용성 2006a; 2014a).

그러나 김두철은 동래 복천동 31·32호묘(도 2-45의 3)의 구조 분석을 바탕으로 경산 임당동 G-5, 6호묘 보고서의 구조 해석을 비판적으로 검토하여 다음과 같이 재해석하였다. 우선 임당동 G-5, 6호묘는 복천동 31·32호묘와 기본적인 구조가 같은 고분으로 묘광과 목곽 사이에 돌을 많이 사용하여 충전한 목곽묘라는 것이다. 즉 본고의 석재 충전목곽묘에 해당한다는 것이다. 다음으로 보고서에서 내곽의 범위로 추정한 부분은 목곽 床面 중 목곽 밖에 충전한 돌들이 목곽 내부로 무너져 내려와 덮이고 남은 중앙부일 뿐이며, 이 고분의 목곽 床面은 제대로 노출되지도 않았고, 석단과 내곽의 존재는 매우 부정적이라고 하였다. 또 보고서에 석단 위에서 출토된 유물이라고 한 것은 모두 목곽 上部에 매납된 유물이라고 하였다(김두철 2007).

이상과 같은 김두철의 분석에 대해 필자가 더 이상 보탤 말은 없다. 다만 임당동

---

52   보고서 본문에서는 石壇(영남문화재연구원 2001: 45, 109), 고찰에서는 石段, 積石段(193쪽)이라고 하였다.

G-5, 6호묘는 발굴 당시부터 경주 황남대총 남분의 내부가 잔자갈로 채워진 2중 목곽 구조가 선입관으로 작용하여 비판을 부른 구조 해석으로 이어졌다는 점만 첨언해 둔다.

경산 조영동 CII-2호분은 신라 전기 1Bc기로 편년한 바 있고(최병현 2014d: 19), 안계리 4호분(문화재연구소 1981)도 출토 토기의 형식으로 보아 신라 전기 1Bc기 이후로 편년되므로 황남대총 남분보다 앞일 가능성이 있지만 황남동 109호분-3·4곽보다는 늦은 시기이다. 편년상 경주 적석목곽분의 선행 구조가 될 수는 없다는 의미이다. 그런데 경산 조영동 CII-2호분의 보고서(영남대학교박물관 1999)에서는 그 목곽을 2중곽으로 기술하고 있지만, 묘광 내부로 함몰된 돌들을 제거하지 않아 묘곽 床面의 조사 자체가 이루어지지 않은 것으로 보인다. 1969년에 발굴되고 1981년도에 보고서가 출간된 안계리 4호분의 남곽도 2중곽이라고 기술되어 있지만, 이 또한 사진과 도면으로 보아 조사 과정에서 묘곽 床面 전체가 노출되었는지 의문이다. 사실 당시의 발굴조사는 2중 목곽 구조를 밝힐 수 있을 정도의 정밀 조사가 이루어질 여건이나 상황도 아니었다. 하여튼 그러나 두 고분 보고서의 묘곽부 노출상태 사진은 목곽 내부의 적석 함몰 상태가 임당동 G-5, 6호묘와 유사하였으며, 목곽 중앙부는 함몰된 돌들로 덮이지 않았음을 보여준다. 그러므로 이 고분들은 그 구조가 임당동 G-5, 6호묘와 같은 신라 전기의 석재충전목곽 묘들이었음을 알 수 있을 뿐이다.

최근 보고된 포항 마산리의 소위 '적석목곽묘'의 구조에 대해서도 재검토가 필요하다(도 2-46). 이 고분은 출토 토기의 형식으로 보아 필자의 신라 조기 2a기로 편년되는데, 보고서(한국문화재보호재단 2013)에 의하면 기반층인 니암 풍화암반에 길이 8.00m, 너비 3.20m, 깊이 50cm의 묘광을 조성하여 그 안에 4.70m×2.00m의 주곽을 동쪽, 1.90m×1.95m의 부곽을 서쪽으로 둔 日자형 동혈주부곽을 설치하고, 묘광과 목곽 사이는 냇돌과 깬돌로 충전하였으며, 목곽 뚜껑 위에 상부적석은 가하지 않은 것이라고 한다. 그리고 주곽의 목곽 안쪽에는 부곽이 있는 서쪽을 제외하고 너비 50~60cm 내외로 냇돌을 4~5단 정도 쌓은 석단을 두고, 석단 내부에 길이 2.90m, 너비 1.10m 정도의 내곽이 설치되었다고 한다.

그러나 보고서의 도면과 사진들을 면밀히 검토해 보면, 이 고분의 주곽에는 10~20cm 내외의 냇돌을 깔아 조성한 목곽 床面과 묘광 안쪽 충전석 사이에 세워진 목곽의 흔적만 있을 뿐 내곽이 설치되었다는 증거는 어디에도 없다. 목곽 내 석단이라고

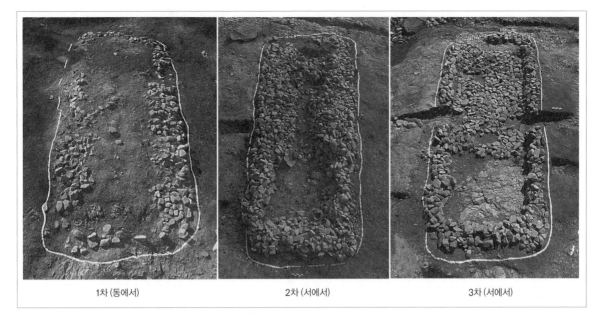

| 1차 (동에서) | 2차 (서에서) | 3차 (서에서) |

도 2-46 포항 마산리 석재충전목곽묘

한 부분은 임당동 G-5, 6호묘에서와 마찬가지로 묘광과 목곽 사이의 충전석이 목곽 내부로 함몰된 것들일 뿐이다. 임당동 G-5, 6호묘는 묘광이 깊은 이혈주부곽으로 묘광과 목곽 사이 반쪽은 흙, 반쪽은 돌로 나누어 채운 데 비해, 이 고분은 묘광이 얕은 동혈주부곽식이고 묘광과 목곽 사이를 돌만으로 채운 차이가 있지만, 이 고분도 홑겹의 목곽만 설치된 석재충전목곽묘였을 뿐이다.

그러므로 이 고분의 구조 복원에는 임당동 G-5, 6호묘의 왜곡된 구조 해석이 다시 선입관으로 순환 작용한 것임을 알 수 있다. 2중 목곽 구조인 황남대총 남분 주곽의 선행 구조가 존재할 것이라는 선입관 때문인지, 임당동 G-5, 6호묘에서와 마찬가지로, 마산리 '적석목곽묘'에서도 유구가 처음 설치되고 난 후 발굴될 때까지의 유구의 변형 과정은 고려되지 않고, 발굴조사에서 노출된 상태 그대로를 유구의 원래 상태로 판단해 버리는 우를 범하고 있는 것이다.

그런데 김용성은 여기서 한 발 더 나가 이 고분을 4세기 전반에 축조된 가장 이른 시기의 대형 적석목곽묘라고 하면서, 사방적석이 목곽의 바깥 지상에서 위로 올라가며 좁아지도록 경사로 축조되어 있었던 것처럼 복원한 모식도를 발표하였다(김용성 2015: 124). 이 모식도로 보면, 이 고분의 목곽을 포함한 적석부는 단면 사다리꼴의 지상식이 되어 황남대총 남분의 적석부에서 상부적석을 제외한 형태나 사방적석 위로 상부적석이 없었던 황남대총 북분의 적석부 형태에 가까워, 그야말로 지상적석식 적석목곽분의 목곽과 적석부의 선행 구조가 이 고분에서 이미 출현한 것처럼 보인다.

그러나 이는 명백히 과장이고, 그 특유의 상상에 의한 자료의 왜곡 해석이다. 이 고분은 충전석으로 채워진 묘광부가 얕게 남아 있었다는 것 뿐 단면 사다리꼴의 사방적석을 그렇게 지상에 쌓았다는 어떤 증거도 없다. 다만 이 고분의 기반층이 풍화암반이어서였는지 묘광은 매우 얕았던 것으로 보인다. 보고서에는 묘광의 깊이가 50cm라고 하였지만 그것은 가장 깊이 남은 부분일 터이고, 다른 부분은 이보다 더 얕았으며, 일부는 오히려 묘광 바닥부터 성토한 것이라고 보고서는 기술하고 있다. 그러므로 이 고분의 얕은 지하 묘광 위에는 봉토의 하부 성토부 속에 지상묘광이 연장되어 있었을 것이다. 목곽 내부로 함몰된 충전석의 범위가 주곽 쪽은 넓고 부곽 쪽이 좁은 것도 주곽과 부곽의 높이 차이로 양쪽 지상묘광부의 높이에도 그만큼 차이가 있어 충전석의 상하 높이가 달랐기 때문이었을 것이다.

영남지방의 고분에서 지상묘광부의 존재가 처음 주목된 것은 상부적석식 적석목곽분에서였지만(김두철 2009), 그러한 지상묘광부는 적석목곽분에서만이 아니라 묘광이 얕은 원삼국 후기 이래의 영남지방 목곽묘에서부터 조성되었을 것으로 판단된다. 중산리유적에서도 발굴 당시에는 지상묘광을 인식하지 못하여 유구 모식도에 지하묘광 다면선만 표시하였지만 얕은 묘광의 점토충전목곽묘나, 지하묘광 위로도 사방적석을 쌓아 올린 석재충전목곽묘의 모식도(이성주 1996: 61)를 통해 지하묘광 위로 지상묘광이 연장되어 있었던 것임을 짐작할 수 있다. 월성북고분군에서는 신라 조기 2b기의 석재 충전목곽묘인 월성로 가-30호묘에 지상묘광부가 있었을 것으로 판단된다(최병현 2015: 119).

포항지역은 신라 조기 초부터 경주 사로국에 복속되어 옥성리와 마산리 일대에 경주식의 세장방형 목곽묘나 주부곽식 석재충전목곽묘가 축조되기 시작하였음은 전고에서 이미 언급한 바 있다(최병현 2015: 143~145; 2018a). 포항 마산리의 '적석목곽묘'라 한 것도 신라 조기에 경주에서 발생한 석재충전목곽묘가 그곳에 이식된 것일 뿐이며, 동혈주부곽식인 점에서 이혈주부곽식인 동시기 경주의 최고 위계 고분보다 하위인 것을 알 수 있다.

다음은 신라 전기 3기 이후로 편년되므로 황남대총 남분의 2중 목곽 구조 발생과는 관계가 없지만, 역시 목곽부를 2중 구조로 복원한 영덕 괴시리 16호분에 대해서도 언급해 두어야겠다(도 2-47의 1·2). 김용성은 경주 호우총과 은령총의 목곽을 2중 구조로 복원하는 근거로 이 고분을 들기도 했다[53](김용성 2006a).

1986년도에 발굴조사된 영덕 괴시리 16호분은 발굴보고서에서 "조사 결과 이 무덤의 내부구조는 경주시가지에 집중 분포되어 있는 積石木槨墳과 동일함이 밝혀졌다"(국립경주박물관 1999: 1)고 하였듯이 일반적으로 적석목곽분으로 알려져 있지만, 목곽 뚜껑 위에 상부적석이 가해진 증거를 찾기 어렵다. 발굴보고서의 다른 기록에도 "목곽상부에는 적석되지 않았거나 소량의 적석만이 이루어졌던 것으로 판단된다"(국립경주박물관 1999: 14)고 한 것으로 보아 이 고분은 상부적석이 가해진 적석목곽분이 아니라 목곽 사방에만 돌이 채워진 석재충전목곽묘였던 것이 분명하다.

그런데 이 고분의 묘곽부 구조 가운데에는 경주지역의 고분과 다른 점이 있다. 장축을 남북으로 둔 묘광의 가운데에 잔자갈을 깔아 주 피장자와 부장품을 안치한 목곽의 床面을 조성한 것은 경주지역의 고분들과 다를 바 없다. 그러나 築石式에 가깝게 돌을 쌓아 올린 묘광과 목곽 사이의 충전부 중 목곽 중심부 바닥보다 1m 높은 위치의 남북 단변 쪽 충전부에 잔자갈을 깔아 각각 순장부 床面을 만든 것은 경주지역의 고분에서는 아직 사례를 찾아볼 수 없는 것이다. 이와 같은 구조를 가진 영덕 괴시리 16호분의 묘곽부 구조에 대해 발굴보고서에서는 묘광과 순장부 상면 사이에 외곽이 설치되었을 것으로 판단하여 중심부 목곽을 내곽으로 한 2중 목곽 구조로 복원하고, 순장부에는 '독립된 목곽이 설치되지 않았던 것'(국립경주박물관 1999: 20)이라고 하였다.

그러나 발굴보고서의 묘곽부 구조 복원에는 문제가 있어 보인다. 우선 중심부의 목곽 외에 외곽이 설치되었다고 볼 근거가 없다. 묘광의 바닥에서 실제 외곽의 목곽 흔적이 확인된 바도 없지만, 보고서 사진의 충전석 사이에서도 외곽의 목곽 흔적이나 목곽이 설치되었을 틈을 찾기 어렵다. 다음으로 순장부에도 별도의 소형 목곽이 설치되었거나 아니면 목관과 같은 葬具가 놓였을 것으로 판단된다. 보고서의 고분 단면도(국립

---

53 김용성은 또 호우총과 은령총을 2중곽으로 복원하는 근거의 하나로 노동동 4호분을 들기도 하였지만, 노동동 4호분의 목곽 구조는 발굴자들이 2중곽을 확인한 것이 아니라 보고서(국립중앙박물관 2000) 작성 당시 신라 적석목곽분의 2중곽설, 다중곽설 분위기에 따라 선입관이 작용한 추정 복원일 뿐이다. 이에 대해서는 앞서 이미 언급하였다.

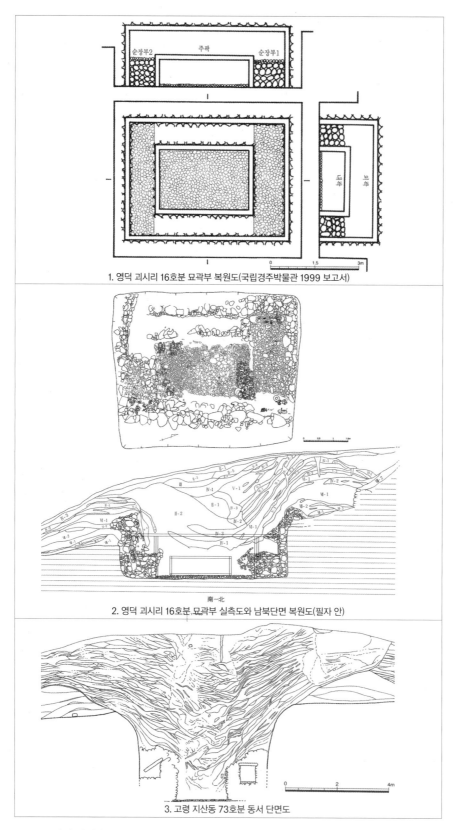

순장부2 주곽 순장부1

1. 영덕 괴시리 16호분 묘곽부 복원도(국립경주박물관 1999 보고서)

南一北

2. 영덕 괴시리 16호분 묘곽부 실측도와 남북단면 복원도(필자 안)

3. 고령 지산동 73호분 동서 단면도

도 2-47 영덕 괴시리 16호분과 고령 지산동 73호분의 묘곽부 구조

경주박물관 1999: 13)에는 묘광과 목곽 사이의 충전석이 전체적으로 묘광 어깨선 이상으로 올라가 있는 가운데, 목곽 북쪽의 충전부에는 순장부 시상이 마련된 단 위로 공간을 두고 묘광 어깨부에서 함몰된 충전석이 덮고 있는 부분이 묘사되어 있고, 보고서의 사진들에서도 함몰된 충전석들이 순장부 상면 위를 덮고 있는 장면(국립경주박물관 1999: 176~179)들이 확인되기 때문이다.

한편 고령 지산동 73호분(대동문화재연구원 2012)의 묘곽부는, 순장곽이 석곽인 점과 그 배치에 차이가 있지만, 그 전체적인 구조가 영덕 괴시리 16호분의 묘곽부 구조 해석에도 큰 참고가 된다(도 2-47의 3). 그러므로 필자는 영덕 괴시리 16호분 묘곽부의 2중 목곽 구조도 근거가 없으며 선입관에 의한 것일 뿐이라고 생각한다.

② 동래 복천동유적의 목곽묘 구조

㉠ 목곽묘의 구조에 대한 제 견해(도 2-48)

동래 복천동유적의 목곽묘 구조에 대해서는 신라 적석목곽분의 출현 과정과 관련시키든 관련시키지 않든 지금까지 다양한 연구가 진행되고 있다. 최근 이희준이 종합·정리한 바와 같이 그동안 동래 복천동유적의 목곽묘 구조는 출토된 꺾쇠들의 사용 위치 및 목곽 바닥에 설치된 屍床 또는 棺臺의 구조와 함께 논의되어 왔다(이희준 2016).

일찍이 이현주는 복천동유적 4세기대 목곽묘에서 꺾쇠들의 출토 위치를 근거로 내곽의 존재를 상정한 바 있다(부산광역시립박물관 복천분관 1997: 45~46). 이에 대해 이재현이 복천동 목곽묘의 上面이 불규칙한 凹狀의 시상에 내곽 설치는 불합리하다고 비판하였지만(이재현 2004), 그는 꺾쇠의 출토 위치 및 꺾쇠에 붙어 있는 나무결의 방향을 들어 재차 단면 凹자형 시상석의 돌출부에 내곽이 세워졌을 것이라고 주장하였다(이현주 2006). 그는 복천동 22호묘 수혈식석곽의 내부에 존재한 목곽을 통해 그와 같은 구조를 상정하게 되었다고 하였다. 즉 복천동 22호묘 내부에 존재한, 꺾쇠를 사용한 목곽은 (외곽인) 석곽 안에 존재한 내곽이므로, "이러한 개념을 가지고 4세기대 목곽묘로 거슬러 올라가보면 석곽에 대신하는 나무로 된 네 측벽", 즉 꺾쇠 없이 설치된 목곽(외곽)이 있고 그 안에 꺾쇠를 사용한 또 하나의 목곽, 즉 내곽이 존재했다는 것이다(복천박물

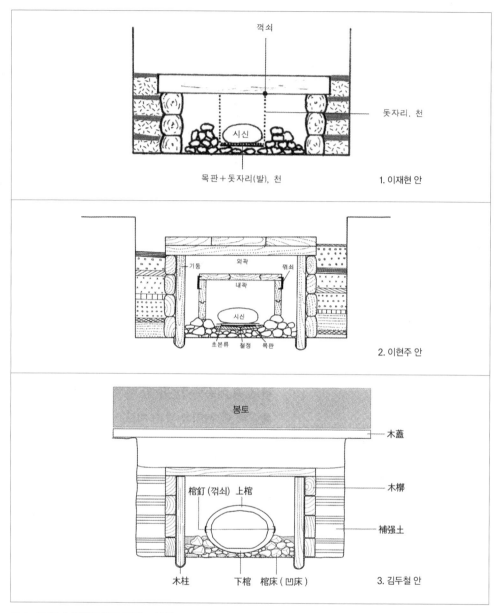

도 2-48 동래 복천동유적 목곽묘 복원도

관 2010: 150~154). 그러면서 영남지방의 목곽묘에는 2세기 후엽~3세기 전엽부터 꺾쇠를 사용하지 않고 순수 목판으로만 결구한 내곽이 존재하다가 4세기 초부터는 꺾쇠나 槨釘이 사용된 내곽이 만들어지기 시작하였으며, 4세기 전엽 복천동 38호묘부터 단면 凹자형 시상석이 출현하였다고 보았다(이현주 2006). 이와 같은 이현주의 주장을 이희준은 꺾쇠=‘내곽용설’이라고 명명하였다.

김두철은 이에 대해 그의 ‘전기가야’유적이라는 동래 복천동, 김해 대성동·양동리·예안리 목곽묘의 棺床을 분류하여 그 구조에 따른 목관의 형태를 제시하면서, 이현주가 상정한 내곽의 존재를 부정하였다(김두철 2010). 그는 목곽의 내부에 돌을 깔아 만든 관대 시설을 棺床이라 정의하고, ‘전기가야’의 묘제에는 凹床과 平床, 無棺床이 있는데 요상에는 바닥이 둥근 통나무관(刳拔式 木棺), 평상에는 바닥이 편편한 箱形棺이 놓였다고 보았다.[54] 특히 凹床의 구조를 중점적으로 복원하면서 凹床의 양쪽 돌출부의 높이는 고르지 않아 여기에 내곽을 설치하는 것은 불합리하며, 凹床의 돌출부에서 일정한 간격으로 출토되는 꺾쇠들은 통나무관의 상관과 하관을 고정하기 위해 사용된 것이라고 하였다. 대성동 목곽묘의 평상에서 출토되는 꺾쇠나 관정도 상형관에 사용된 것으로, ‘전기가야’ 묘제의 凹床이든 平床이든 꺾쇠와 관정은 목관에 사용된 것일 뿐 이를 통해 또 다시 목곽, 즉 내곽을 상정하는 것은 옳지 않다고 지적하였다. 그 후 최종규는 복천동 38호묘 등의 凹床에 놓인 목관이 蓋板의 유무가 불분명한 頭廣足狹의 船棺일 것으로 파악하였지만(최종규 2012), 김두철은 凹床의 頭廣足狹 구조를 반대하면서 꺾쇠로 고정된 통나무 목관의 사용을 재차 주장하였다(김두철 2013). 이희준은 이를 꺾쇠=‘목관용설’이라고 명명하였다.

최종규는 김두철의 凹床 구조 복원안을 보완하면서 꺾쇠가 사용된 위치에 대해서는 위의 두 사람과는 다른 안을 냈다(최종규 2012). 즉, 그는 복천동 목곽묘의 凹床이 돌만으로 축조되어 돌 사이에 틈이 있는 상태가 아니라 그 全面에 점토를 도포하여 완성한 粘土床이었을 것이며, 그 자신의 목곽묘 내부 공간분할 안으로 보아 복천동 38, 57, 60, 95호묘는 棺 부위가 頭廣足狹이어서 창녕 송현동 7호분의 예처럼 船棺을 사용하였을 것으로 추정된다고 하였다. 船棺에 蓋板의 유무는 분명히 말할 수 없지만, 복천동 95호와 57호 목곽묘의 단벽 내측에서 출토된 꺾쇠들은 목관의 단변을 連하는 데 사용되었을 것이며, 38호, 60호 목곽묘와 22호, 11호 수혈식석곽묘에서 장변을 따라 출토된 꺾쇠들은 목곽의 개판을 연결하는 데 사용하였다고 보았다. 그러면서 목곽묘에 내곽의

---

54 그는 凹床을 복천동형, 平床을 대성동이라 명명하고, 이를 통해 대성동유적과 복천동유적의 조영집단은 묘제의 전통을 달리하는 이질집단임이 더욱 명확해졌다고 하면서도 양 세력이 모두 ‘전기가야의 중추세력’이었다고 한다(김두철 2010: 126).

존재에 대해서는 김두철과 같이 부정적이라고 하였다. 이희준은 이를 꺾쇠='개판연결용설'이라고 하였다.

이상과 같이 棺床의 구조와 꺾쇠의 출토 위치에 초점을 두고 복천동 목곽묘를 중심으로 그 내부구조가 논의되는 가운데 2중곽 구조, 곧 내곽의 존재가 긍정되기도 부정되기도 하였는데, 최근 이희준은 위의 세 가지 안을 세밀하게 대비하며 검토해 본 결과로써 다시 동래 복천동과 경주의 목곽묘에 내곽이 존재했다는 주장을 내 놓았다(이희준 2016). 그는 먼저 凹狀의 礫石床에 목관이 놓였을 가능성을 배제한 것이 내곽용설의 약점이었는데, 목관용설은 목곽 내 목관의 존재를 부각시켰지만 목관이 반드시 꺾쇠를 사용한 구조임을 논증하지는 못했다고 평가하였다. 이어 '개판연결용설'은 凹床이 내부는 돌이나 표면은 粘土床이었을 것으로 보아 '목관용설'이 '내곽용설'에 대해 지적한 돌로 쌓은 凹床의 불안정성을 해소해 주었지만, 꺾쇠 출토의 정형성이 크게 떨어지는 문제점은 해소하지 못했다고 하였다.

그러면서 그는 개판연결용설의 출발점이 된 복천동 11호묘에서 꺾쇠들의 출토 위치는 석곽의 벽에 인접해 있어 꺾쇠들의 사용 위치가 석곽 내 목곽 벽 위인 것을 알 수 있지만, 목곽묘에서는 꺾쇠가 목곽 벽의 훨씬 안쪽에서 출토되므로 그것을 그대로 '개판연결용설'에 대입하면 꺾쇠는 목곽 개판의 가운데 가까운 위치에 사용한 것이 되어 버리는 문제점이 발생한다고 판단하였다. 그래서 오히려 꺾쇠가 출토되는 그 지점에 목곽의 벽을 둔 내곽이 있었을 것이라고 주장하였다. 그는 이현주와 같이 복천동유적에서는 목곽의 한쪽에 치우쳐 꺾쇠들이 출토한 복천동 84호묘, 그리고 38호묘 등 요상에서 꺾쇠가 출토된 목곽묘들에 내곽이 설치되었다고 보았으며, 경주지역에서는 구어리 1호묘와 2호묘에 내곽이 설치되었는데 철기로 凹床을 구축한 구어리 1호묘에서는 凹床에 놓인 목관의 좀 더 바깥에 내곽이 설치되었을 것이라 하였다.

이희준은 이와 같은 자신의 주장을 앞의 세 가지 안을 통합한 '신내곽용설'이라고 하면서 목곽묘에서 2중곽 구조의 존재 확인에 강한 집착을 보였지만, 필자가 보기엔 그것으로 복천동유적 목곽묘에서 2중곽 구조나 내곽의 존재가 입증되었다고 하기 어렵다. 우선 그는 복천동유적의 목곽묘에서 꺾쇠들의 출토 위치가 복천동 11호묘 등 수혈식석곽묘 안에 설치된 목곽에 사용된 꺾쇠들의 출토 위치보다 훨씬 안쪽이라는 점을 내곽 존재의 가장 중요한 근거로 들고 있지만, 그의 그러한 판단에는 '내곽용설'에서와 마찬가지로 목곽의 부식과 함몰에 따른 유구의 변형 과정이 고려되지 않고 있음을 지적하지 않을 수 없다. 또 그 결과로서 꼭 '신내곽용설'에 적합하지만도 않은 정황을 유리하게 설명한 측면도 있다. 예컨대 복천동 목곽묘의 꺾쇠 출토 정황이 고도의 정형성을 띠기는커녕 변이가 더 심한 편인 점도 꺾쇠를 '개판연결용설'보다는 '신내곽용설'로 내곽의 개판용으로 보는 것이 좀 더 합리적일 것처럼 설명했지만(이희준 2016: 56~57), 필자가 보기엔 그것이 내곽의 존재를 증명할 만한 근거가 되지는 못한다. 그가 꺾쇠가 출토된 부곽에서는 내곽을 상정하지 않으면서도 꺾쇠나 槨釘이 출토된 주곽에만 내곽을 상정하는 점도 일관성에 문제가 있다. 이희준의 주장에도 이와 같이 그 자신이 경계했던 '성급한 일반화의 오류'(이희준 2016: 53)가 있는 것이다.

그러나 복천동 목곽묘의 구조에 대한 논의에서 더 본질적인 문제는 묘광 내부에 남아 있는 전체 유구가 검토의 중심이 되어야 함에도 불구하고 그보다 부차적인 꺾쇠로써 유구 전체를 해석하려고 한다는 점이다. 사실 꺾쇠는 목관에도, 목곽에도, 그 외 목곽 내 여러 시설이나 부속물에도 사용될 수 있고, 한 고분 내에서도 여러 곳에 사용될 수 있는 것인데도 목관용설이나 내곽용설, 신내곽용설에서는 모두 그 중 한 곳에만 사용되었다는 주장을 고수하고 있는 것이 문제이다.

ⓒ 동래 복천동유적의 묘제 변화와 목곽묘의 구조

필자는 과거에 동래 복천동유적의 조사 결과를 통해 신라 전기 영남지방의 수혈식석곽분(묘)이 신라 조기의 목곽묘로부터 중간 단계를 거치면서 발전적으로 전환된 것이라고 주장한 바 있다(최병현 1992a). 당시는 복천동유적 발굴고분 거의 대부분의 보고서가 출간되기 이전이어서 세부적인 고찰은 불가능하였지만,[55] 지금도 그 주장의 큰 흐름에는 생각의 변화가 없다. 그러나 많은 고분의 보고서가 출간된 지금은 보완해 두어야 할 부분도 있으므로 차제에 동래 복천동유적에서 신라 조기 목곽묘로부터 신라 전기 수혈식석곽묘로의 묘제 전환 과정을 다시 간략하게 살펴보면서 아울러 위에서 논의

....

55 일부 필자의 실견 기억에 의존한 서술 중에는 오류가 있기도 하였다. 예컨데 점토충전목곽묘인 복천동 35·36호묘(부산대학교박물관 2012)를 석재충전목곽묘라 한 것 등이다(최병현 1992a: 104).

되어 온 문제들에 대해서도 언급해 두기로 하겠다.

우선 여기서 〈도 2-49〉를 중심으로 필자의 신라토기 편년안에 대비한 복천동유적 주요 고분의 상대순서를 제시해 두는 것이 논리의 전개에 편리하겠다. 〈도 2-49〉의 고분 중 복천동 38호묘는 신라 조기 2a기, 60호묘는 2b기에 해당되고(최병현 2012a: 139), 32호묘와 22호묘는 둘 다 신라 전기 1Ba기로 편년되지만 선후가 있음을 밝힌 바 있다(최병현 2013a). 84호묘는 아직 보고서 미간인데, 이현주에 의하면 복천동유적에서 최초로 꺾쇠가 출토되는 목곽묘로 38호묘보다 이른 시기라고 하며(이현주 2006: 565), 공개된 토기 사진 중에는 김해 대성동 29호묘에서 출토된 것과 같은 형식의 양이부호도 있지만 그보다 동체가 상하로 길고 목도 길어진 형식이 공반되어(복천박물관 2009: 37) 필자의 신라 조기 1b기에 해당할 것으로 보인다. 93호묘는 출토 토기들의 형식(부산광역시립박물관 복천분관 1997)으로 보아 신라 전기 1Ba기로 편년되지만 22호묘보다 이른 형식의 외절구연고배가 공반된 점과 함께 묘곽 구조의 변화 순서로 보아 32호묘와 22호묘의 사이에 들어갈 것으로 판단된다. 여기에 도면을 제시하지는 않았지만 논지 전개에 필요한 복천동 11호묘는 신라 전기 2a기이다(최병현 2014c).

이상을 정리하면 84호묘: 조기 1b기 → 38호묘: 조기 2a기 → 60호묘: 조기 2b기 → 32호묘: 전기 1Ba기 → 93호묘: 전기 1Ba기 → 22호묘: 전기 1Ba기 → 11호묘: 전기 2a기의 순서가 된다. 그런데 이 중 84호묘, 38호묘, 60호묘는 묘광과 목곽 사이를 흙으로 채운 순수 목곽묘, 즉 점토충전목곽묘이고, 32호묘는 석재충전목곽묘이다. 93호묘는 실질적으로 석곽 벽과 같은 석벽 안에 목곽이 설치되었지만 아직 石蓋는 덮이지 않고 목개가 석벽 바깥쪽까지 넓게 덮인 것이라 한다. 보고서에서는 목개석곽묘로 보았지만(부산광역시립박물관 복천분관 1997), 묘광과 목곽 사이에 돌을 쌓은 방식이 32호묘의 충전식에서 한 단계 더 진전되어 축석식이 되었으나 석벽 위에 아직 석개가 덮이지는 않았으므로[56] 필자는 93호묘도 수혈식석곽묘보다는 석재충전목곽묘로 분류되어야 한다

....

56   보고서에서는 석벽 위 바깥으로 목개의 끝을 마감하는 돌의 열이 있어 거기에 목개가 덮였을 것으로 보았는데(부산광역시립박물관 복천분관 1997), 목곽 벽 위에는 이와 별도의 목개가 덮였을 가능성도 상정할 수 있다. 한편, 부산 화명동유적 등 지금까지 판석 뚜껑은 덮이지 않았지만 묘곽의 벽은 돌로 쌓았다고 보아 목개석곽묘로 판단되어온 고분들은 재검토가 필요하다. 이들 중 신라 조기~전기의 이른 시기 고분 상당수는 목곽 둘레에 축석식으로 돌을 쌓은 석재충전목곽묘였을 가능성이 크다.

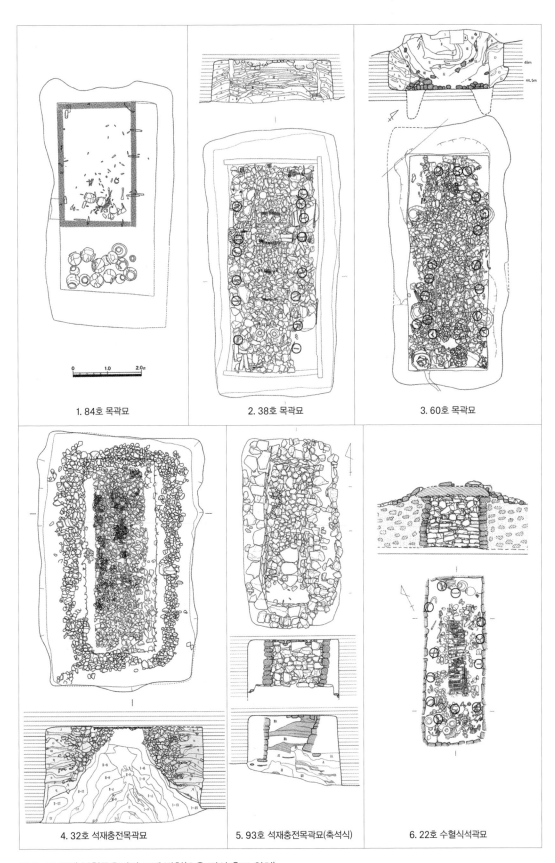

1. 84호 목곽묘

2. 38호 목곽묘

3. 60호 목곽묘

4. 32호 석재충전목곽묘

5. 93호 석재충전목곽묘(축석식)

6. 22호 수혈식석곽묘

도 2-49 동래 복천동유적의 묘제 변천(○은 꺾쇠 출토 위치)

고 본다(최병현 2016a). 22호묘와 11호묘는 내부에 아직 목곽이 남아 있지만 석개가 덮인 수혈식석곽묘이다.

상대 시기와 축조 순서에 따른 이와 같은 고분 구조의 차이는 복천동유적에서 신라 조기 (점토충전)목곽묘가 충전식과 축석식의 석재충전목곽묘를 거쳐 신라 전기 수혈식석곽묘로 전환되어 가는 과정을 일목요연하게 보여준다. 복천동 22호묘와 11호묘의 수혈식석곽 내부에 존재한 목곽은 수혈식석곽묘가 목곽묘의 전통을 잇고 있으며, 그 석곽 벽은 석재충전목곽묘의 묘광과 목곽 사이의 충전석이 점차 치밀하게 축석되어 성립한 것임을 명백히 하고 있다. 그러므로 복천동 22호묘와 11호묘에서 석곽과 목곽의 벽은 그 사이에 빈 공간이 없이 밀착·설치되어 겹곽 상태를 이루고 있는 것이다. 수혈식석곽묘의 성립 과정을 필자와 같이 이해하지 않는다 하더라도, 복천동 22호묘와 11호묘의 석곽과 목곽은 겹곽 상태인 점에 주목해야 한다.

그런데 '내곽용설'에서는 이전 단계 목곽묘들에서 충전토와 맞닿아 있는 목곽을 석곽 대신으로 보아 그것을 목곽묘에 내곽이 존재했다는 근거의 하나로 삼고 있으면서도(복천박물관 2010: 150), '내곽용설'이나 '신내곽용설'에서 내곽의 위치는 그보다 안쪽인 꺾쇠들의 출토지점으로 본다. 그렇게 되면 목곽묘에서 충전토와 맞닿아 있는 목곽, 즉 외곽과 꺾쇠들이 출토된 위치의 내곽은 그 사이에 빈 공간이 있는 重槨 상태였다는 것인데, 수혈식석곽묘에서는 그러한 重槨 중의 내곽이 다시 외곽 쪽으로 밀려나 석곽에 밀착된 겹곽 중의 내곽이 되었다는 것이 된다. 그러나 위에서 본 복천동고분의 변화에서 그러한 과정은 찾아지지도 않고, 그렇게 보아야 할 하등의 이유도 없다.

복천동유적에서 이러한 묘제의 전환 과정은 비단 복천동유적의 현상만이 아니라 신라 전기 영남지방 수혈식석곽묘의 성립 과정을 말해주는 것이기도 하다. 신라 전기 영남지방의 수혈식석곽묘는 이와 같이 목곽묘로부터 전환되었기 때문에 지역에 따라서는 석곽 내 목곽이 오래까지 지속되기도 하였지만, 점차 석곽이 견고하게 축조됨에 따라 그 안의 목곽은 실용성이 없게 되어 생략되고 결국 석곽만 남게 된 것이다. 복천동 11호묘 석곽의 측벽 양쪽에 꽂혀 있는 철모의 위치를 근거로 22호묘의 목곽 높이가 11호묘의 목곽 높이와 같이 석곽의 높이보다 훨씬 낮았을 것으로 판단하고 있지만(부산대학교박물관 1983; 1990), 석곽묘에서 그러한 목곽의 탈락 과정을 생각하면 반드시 그렇게 단정해야 할 이유도 없다. 11호묘 석곽 내 목곽의 높이가 그와 같이 낮았던 것이 사실이라면, 22호묘와 11호묘의 시차로 보아 22호묘의 목곽 높이는 축석식인 93호묘와 같이 높았으나, 11호묘 단계에 와서 목곽의 실용성이 떨어져 퇴화되어, 높이가 그와 같이 낮아졌을 수도 있다.

다음으로 38호묘를 기점으로 묘곽 내 피장자의 안치 위치가 달라지면서 묘곽의 평면형태도 변화하고 있는 점이다. 이현주에 의하면 38호묘보다 이르다는 84호묘의 크기 5.90m×2.80m의 목곽 한쪽 모서리에 치우쳐 3.20m×2.00m의 내부구조물이 설치되었는데, 이것이 복천동유적에서 최초로 꺾쇠를 사용하여 축조한 내곽이며, 이로부터 38호묘 등 복천동유적에서 꺾쇠를 사용한 내곽의 축조가 이어졌다고 한다. 그리고 꺾쇠를 사용하지는 않았지만 목곽묘에서 내곽은 2~3세기대 목곽묘에서부터 존재하여 복천동 84호묘의 내곽 양상으로 이어졌다고 보았다(부산광역시립박물관 복천분관 1997; 복천박물관 2010: 151~154).

꺾쇠들의 출토 위치로 보아 복천동 84호묘의 목곽 내부에 또 다른 시설이 설치되었음은 분명하지만, 그러나 그것이 꼭 내곽이었는지 단정하기는 쉽지 않다. 필자는 과거부터 원삼국 후기 영남지방에 등장하는 대형 목곽묘는 그 계통이 서북한지방의 낙랑 귀틀무덤과 관련되었을 것으로 본 바 있으며(최병현 1992a: 70~71), 낙랑 귀틀무덤에는 여러 형태로 칸막이가 설치되었음은 익히 알려져 있는 사실이다(高久健二 1995). 복천동 84호묘는 영남지방의 목곽묘에서 목곽 내에 그러한 시설이 신라 조기의 이른 시기까지 존재했음을 알려주지만, 4벽 중 2벽을 목곽과 공유한 시설이 반드시 그 목곽과는 별도의 뚜껑까지 덮인 내곽이었다고 단정할 근거는 없다.

그보다는 84호묘에서 38호묘로 오면서 피장자의 안치 위치가 목곽의 중심 축선으로 오고, 묘곽의 평면 형태가 좀 더 세장해져 가고 있는 점이 주목된다. 이는 곧 목곽의 내부 공간과 그 안의 시설이 더욱 단순해져 간 것을 의미한다고 판단된다. 그러면서 38호묘부터 목곽 바닥에 돌을 쌓아 설치한 단면 凹자형 棺床이 등장하는데, 이 凹床에는 바닥이 둥근 목관[57]이 놓였을 것이라는데 모두 동의하고 있으므로 이를 재론하지는 않겠다. 그런데 최종규는 이 凹床이 돌만으로 축조되어 돌 사이에 틈이 있는 상태가 아니

---

57 김두철(2010)은 통나무관이 놓였을 것으로 판단하였고, 최종규(2012)는 관 부위 공간의 평면을 頭廣足狹이라고 보아 船棺이 사용되었을 것이라 하였다. 그러나 최종규의 凹床 부위 공간분할안은 좀 임의적인 것으로 보여 동의하지 않는다.

라 그 全面에 점토를 도포하여 완성한 粘土床이었을 것으로 보았고, 이희준은 이를 '목관용설'이 '내곽용설'에 대해 지적한 돌로 쌓은 凹床의 불안정성을 해소해 주었다고 평가하였지만, 이에 대해서도 좀 더 신중한 판단이 필요하다. 목곽 바닥 거의 전체에 돌을 쌓아 설치한 관상의 돌 틈 사이를 모두 점토로 메우고, 특히 목관이 놓일 면이 매끈하도록 점토를 도포하였다면 그 점토의 양은 상당하였을 것이므로, 묘광 내부에 물이 차 죽 상태가 된 점토는 바닥에 침전되어, 발굴 당시 묘광 바닥에는 상당한 두께의 점토 침전층이 있었어야 한다. 그러나 발굴 보고에서 이를 명시한 서술이나 자료를 찾기는 쉽지 않기 때문이다.

이제 凹床이 설치된 목곽묘에서 내곽의 존재 근거로 들고 있는 꺾쇠들의 출토상태를 살펴볼 차례이다. '내곽용설'에서는 천안 화성리 백제묘 B지구 1호 목곽묘에서 "목관은 꺾쇠를 머금은 채 부식되어 점토상으로 나타난 예"를 근거로 들고, "이로써 복천동목곽묘를 유추해 볼 때 꺾쇠의 위치변동은 그렇게 큰 폭으로 이루어지는 것은 아니"라고 하면서, 복천동 73호, 60호, 95호 목곽묘의 凹床에 떨어져 있는 꺾쇠들의 출토 위치에 바로 내곽이 있었을 것으로 보아 그 추정도를 제시하였다(부산광역시립박물관 복천분관 1997: 45~47). 그러다 보니 이 목곽묘들에서 내곽의 위치는 凹床의 중심 축선과는 관계없이 다 다르고, 내곽의 너비도 다르게 표시되었다. '신내곽용설'에서는 복천동 목곽묘에서 꺾쇠들의 출토 위치가 복천동 11호묘 등 석곽 안의 목곽에 사용된 꺾쇠들의 출토 위치보다 훨씬 안쪽이라는 점을 내곽 존재의 가장 중요한 근거로 들었다(이희준 2016).

그러나 이들의 판단에서는 고분 축조 후 유구의 변형과정에 대한 이해가 없거나 무시되고 있음을 볼 수 있다. 화성리 B-1호 목곽묘의 경우 목관이 꺾쇠를 머금은 채 부식되어 점토상으로 나타난 것은 목곽이 부식되어 일시에 함몰한 것이 아니라 부분적으로 함몰되면서 목곽의 내부에 침천물이 채워져 내부의 목관을 보호해 주었기 때문이다. 그리고 화성리 B-1호 목곽묘 안의 '목관'과 복천동 목곽묘의 '목곽'은 그 규모의 차이도 커서 막 바로 대비할 바가 아니지만, 특히 꺾쇠가 낙하할 목관과 목곽의 높이 차이는 더욱 비할 바가 아니다.

복천동 22호묘와 11호묘의 석곽 안 목곽에 사용된 꺾쇠들이 석곽 벽에 바로 접하여 출토된 것은 봉토의 토압 등 외부로부터의 압력을 석곽이 막아줌으로써 그 안의 목곽은 외부의 압력을 직접 받지 않아 뚜껑 등에 사용된 꺾쇠들이 목곽의 부식에 따라 큰 위치 변동 없이 거의 수직에 가깝게 낙하될 수 있었기 때문이다. 그러나 그러한 보호시설이 존재하지 않는 목곽묘에서는 봉토의 토압과 같은 외부의 압력을 목곽이 직접 받을 수밖에 없으며, 목곽 측벽의 하부는 잘 다져진 충전토가 어느 정도 보호할 수 있지만, 뚜껑을 바로 받치고 있는 목곽 측벽의 상부는 비어 있는 목곽 내부 방향으로 향하는 경사 압력을 강하게 받을 수밖에 없다. 그러므로 목곽의 부식으로 목곽 측벽 윗 쪽의 개판에 사용된 꺾쇠들은 목곽 측벽선보다 안쪽으로 함몰 낙하되거나, 압력이 강한 쪽에서 약한 쪽으로 쏠려 낙하될 수밖에 없게 된다. 그리고 압력이 목곽 중심부 쪽이나 한 방향으로 일정하게 작용하였다면 꺾쇠들의 낙하 위치도 일정하였겠지만, 목곽의 부식과 함몰 과정의 불규칙성에 따라서는 꺾쇠들이 흩어져 낙하되어 그 위치가 일관성을 잃게 될 수도 있는 것이다. 같은 凹床이면서도, 목곽 내부가 침전물로 채워져 수평 층위를 이루고 목곽 측벽의 부식목 흔적이 수직으로 남은 38호묘에서 꺾쇠들이 놓인 위치가 비교적 일정한 반면, 목곽의 함몰로 묘광 내부가 U자형 층위를 이룬 60호묘에서 꺾쇠들의 위치가 그보다 불규칙한 것도 바로 그러한 차이를 말해준다.

'내곽용설'과 '신내곽용설'에서는 이와 같은 유구의 변형 과정과 그에 따른 꺾쇠들의 낙하 위치의 변수가 무시되고, 꺾쇠들의 출토 위치 그대로를 내곽의 존재와 위치의 근거로 삼은 것이다. 그런데 사실 凹床이 설치된 목곽묘에서는 공간적으로도 내곽이 설치되었다고 볼 만한 근거를 찾기 어렵다. 축석식 석재충전목곽묘인 복천동 93호묘와 수혈식석곽묘인 복천동 22호묘, 11호묘의 내부에서 목곽의 설치가 인지될 수 있는 것은 비단 꺾쇠의 출토만이 아니라 석벽이나 석곽 벽을 따라 나무로 측벽을 세웠던 흔적이나 나무 측벽 두께만큼의 빈 공간이 묘곽 바닥에 남아 있기 때문이다. 그러나 凹床이 설치된 목곽묘에서는 충전토에 붙여 세운 목곽의 흔적이나 그 공간 외에 내곽의 흔적이나 내곽 두께만큼의 빈공간이 묘곽 바닥에서 확인된 예가 없다. 설사 凹床이 점토로 도포된 粘土床이었다 해도 돌출부에서 그 바깥은 점토로 채워진 수평면이 아니고는 내곽과 같은 구조물을 안정적으로 세울 수 있는 공간이 아니다. 점토를 도포하였다 해도 돌 단면 그대로의 곡면이나 경사면 상태였다면 내곽과 같은 구조물을 세우기에는 불안정한 면을 이루고 있기는 마찬가지이기 때문이다. 복천동 54호묘 주부곽에서 꺾쇠가 아니라 쇠못이 출토된 것으로도 내곽의 존재를 상정하고 있지만(이희준 2016: 57), 그것도 굳이 내곽을 상정할 근거가 되지는 못한다. 목곽 측벽의 바로 위에서 개판과 측벽을 고정시키기 위해 박은 櫚釘이 함몰 과정의 경사 압력으로 측벽선보다 안쪽에 떨어진 것으로 보면 아무 문제가 없다.

앞서 말한 바와 같이 복천동 22호와 11호 수혈식석곽묘에서 목곽은 외곽인 석곽과 공간을 두고 설치된 중곽 중의 내곽이 아니며, 오히려 목곽 바깥의 충전석에서 발전한 석곽이 목곽과 겹곽 상태로 밀착 설치된 것이다. 그러므로 이를 두고 복천동유적의 목곽묘에 중곽식의 내곽이 존재하였다고 판단할 아무런 근거가 없다. 그리고 복천동유적의 목곽묘에서 꺾쇠의 출토 정황은 정형성이 없고 출토 숫자와 위치, 대칭 관계 등에 차이가 많아 그 사용 위치를 일률적으로 볼 필요도 없다. 38호와 60호 목곽묘, 그리고 22호와 11호 수혈식석곽묘에서처럼 묘곽의 장벽을 따라 다수 출토된 꺾쇠들은 '개판연결용설'에서와 같이 목곽의 개판 연결이나 개판을 측벽에 고정하는 데 사용하였을 것으로 보는 것이 합리적이다. 그러나 그 외의 위치에서 소수 출토된 꺾쇠들은 각각의 출토 위치에 맞는 해석이 필요하다.[58]

③ 경주와 주변지역의 목곽묘 구조

경주지역에서는 아직 원삼국 후기~신라 조기의 중심고분군에 대한 발굴조사가 이루어지지 않아 최고 위계 대형 목곽묘의 구조와 그 전개 과정을 구체적으로 살펴보기

....

58 한편 본고의 논지 전개와 직접 관련은 없지만, 고령 지산동 73호분(대동문화재연구원 2012)의 묘곽부 구조에 대해서도 김두철과 이희준은 엇갈린 해석을 내놓고 있다. 김두철은 고령 지산동 73호분이 보고서가 말하는 목곽묘가 아니라 석곽묘라고 하면서 묘곽 안 꺾쇠와 관정들이 출토된 위치에 길이 2.60~2.80m, 너비 1.60~1.80m 정도로 폭이 매우 넓고 장대한 1개의 상형목관이 놓였을 것으로 보아 그 추정복원도까지 발표하였다(김두철 2013). 이에 대해 이희준은 과연 그런 크기의 관을 상정하는 것이 합리적인가 의문을 제기하고, 보고서의 유물번호로 보아 관정 74개, 꺾쇠 173개가 하나의 목관에 쓰였다는 것은 이해하기 어렵다고 하면서 이 고분의 묘곽은 보고서에서처럼 충전석재에 연한 목곽(외곽) 안에 꺾쇠들로 개판을 연결한 별도의 내곽이 설치되었을 것이라고 보았다. 그리고 내곽의 장축 가운데에 목관이 놓였을 것으로 보았다(이희준 2016: 61~66). 그러나 이 고분의 주곽은 묘광 안 목곽 둘레의 충전석이 단순 충전이 아니라 축석식인 석재충전목곽묘이며, 부장품의 배치와 꺾쇠 및 관정의 출토 상태로 보아, 목곽 안에는 吉井秀夫(2000)가 고령 지산동 32호분에서 복원한 것과 같은 목관이 남북 2개소에 놓인 것이라 판단된다. 물론 이 목관들은 밖에서 반입한 운구용 목관이 아니라 묘곽 안에서 조립한 '설치목관'이다. 수혈식 묘곽에 2인 이상 매장된 예는 드물기는 하지만 경주에서도 월성로 가-13호묘, 계림로 14호묘 등의 예가 있다.

는 어렵다. 최근 월성북고분군의 쪽샘지구 남쪽 인왕동 814-4번지에서 원삼국 후기 말인 신식와질토기 2b기의 대형 목곽묘가 조사되었고, 또 쪽샘지구에서는 신라전기양식토기 1Ab기의 대형 이혈주부곽식 목곽묘인 L17호묘가 조사되었다. 이제 이들을 통해 경주지역 중심고분군의 원삼국 후기와 신라 전기 초 대형 목곽묘의 구조를 이해할 수 있고, 또 신라 조기 목곽묘의 구조에 대해서도 어느 정도 유추할 수 있게 되었다. 그러나 모두 신라 조기의 목곽묘가 아니고, 내부도 심하게 파괴되어 이를 통해 신라 조기 목곽묘의 실상을 이해하기에는 한계가 있다. 다만, 전고에서 언급한 바와 같이, 중심고분군에 소재한 것은 아니지만 현재로서는 구어리 1호묘가 신라 조기 경주지역 최고 위계급의 대형 목곽묘이므로(최병현 2015) 여기서는 이를 중심으로 언급할 수밖에 없겠다.

그에 앞서 원삼국 후기의 경주지역 목곽묘에 대해 간단히 살펴보면 그 평면형의 변화가 방형에서 세장화 방향으로 진행되었지만, 원삼국 후기 말 황성동고분군에서는 평면 방형에 가까운 목곽묘가 축조된 반면 중산리고분군에서는 세장화한 목곽묘가 축조되고 있었음을 지적한 바 있다(최병현 2015: 127). 그런데 원삼국 후기 말, 즉 필자의 신식와질토기 2b기로 편년되는 황성동 강변로 1호 방형 목곽묘(도 2-50의 1)와 중산리 VIII-90호 장방형 목곽묘(도 2-50의 2)에서 피장자의 안치 위치는 묘곽 내 유물의 배치 상태로 보아 묘곽의 중심축선과 반드시 일치하지는 않았던 것으로 보인다. 최근 조사된 월성북고분군의 인왕동 814/4-1호묘에서도, 내부 교란으로 확실하지는 않지만, 피장자의 안치 위치가 묘곽 중심선과 일치하는지는 단언하기 어렵다(도 2-50의 3).

경주의 이웃인 포항 옥성리 나-78호묘(도 2-50의 4)도 신식와질토기 2b기로 편년되는 원삼국 후기 말의 목곽묘인데, 5.72m×3.30m의 묘광 안에는 약간 북쪽으로 치우쳐 불로 태워 목탄으로 변한 '목곽'의 잔해들이 위치해 있었다고 한다(영남매장문화재연구원 1998). 이 '목곽'은 묘광 바닥에 남은 측벽의 상태로 보아 3.80m×1.50m의 규모였고, 뚜껑 등이 불탄 목탄들이 묘광 내 북쪽으로 흩어져 그 위를 덮고 있었다고 한다. 보고서에서는 이 '목곽' 외에 묘광 내 다른 시설에 대해 언급하지 않았지만 토층도에는 묘광 내 어깨선 밑에 충전토가 보이고, 충전토 안쪽에는 토기들이 배치되었다. 통상적이라면 충전토에 접하여 규모 약 4.8m×2.6m의 목곽이 설치되었겠지만 내부의 불에 탄 '목곽' 외에 다른 목곽의 흔적을 찾을 수 없었던지 그에 대한 언급이 없다. 충전토에 접해 목곽이 세워졌다면, 내부의 불에 탄 '목곽'은 내곽 또는 칸막이와 그 안 목관 등의 시

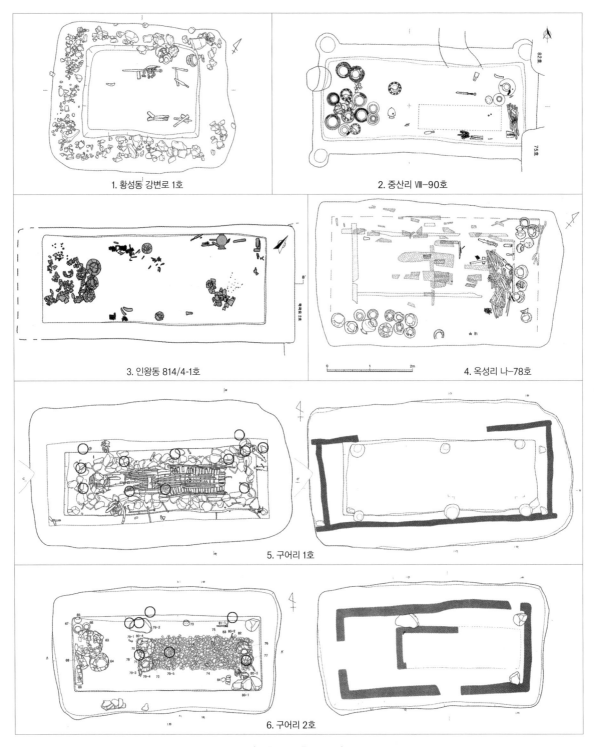

1. 황성동 강변로 1호

2. 중산리 VIII-90호

3. 인왕동 814/4-1호

4. 옥성리 나-78호

5. 구어리 1호

6. 구어리 2호

도 2-50 원삼국 후기~신라 전기 초의 경주지역 목곽묘(O은 꺾쇠 출토 위치)

설이었을 것이다. 울산 하대 43호묘에서도 불에 탄 목곽의 잔해가 묘광 내 충전토 안쪽에 쌓여 있었는데, 그 양상이 대개 옥성리 나-78호묘와 같았던 것으로 보인다(부산대학교박물관 1997). 두 고분 모두 충전토에 접해 세워진 목곽 안에 불에 탄 내부 시설이 있었던 것으로 판단된다.

그런데 여기서 주목되는 것은 피장자의 안치 위치이다. 묘광을 기준으로, 이 목곽묘들에서도 피장자는 묘광의 중심축선상에 안치되지는 않았다는 것을 알 수 있다.[59]

이제 구어리 1호 목곽묘로 돌아와 보면, 필자의 신라조기양식토기 1b기의 이혈주부곽식 목곽묘인 구어리 1호묘의 주곽에는 세장방형에 가까워진 목곽 바닥에 돌을 쌓아 테두리를 두르고 그 안에 주조철부, 궐수형장식철모 등으로 凹床을 조성하였다(도 2-50의 5). 凹床 조성에 돌만이 아니라 철기가 사용된 차이가 있지만, 앞서 본 바와 같이 동래 복천동유적에서는 신라 조기 2a기인 38호묘부터 출현한 凹床과 피장자의 목곽 중심축선 안치가 경주지역에서는 그에 앞서 늦어도 신라 조기 1b기에는 시작된 것이다.

한편 구어리 1호묘 주곽의 凹床에서도 돌 위와 그보다 안쪽의 철기들 위에서 꺾쇠들이 출토되었다. 이희준은 이를 근거로 凹床에는 船棺이나 통나무관 형태의 목관이 놓이고, 피장자 발치 쪽에서 출토된 3점의 꺾쇠를 포함하는, 너비 약 1m가 조금 넘는 내곽이 목관의 좀 더 바깥에 설치되었을 것으로 보았다(이희준 2016: 66~68). 그러나 구어리 1호묘 주곽의 凹床에 바닥이 둥근 목관이 놓이는 것은 자연스럽지만, 복천동유적의 목곽묘에서와 마찬가지로 바닥에 凹床이 설치된 이 목곽의 내부에 내곽이 설치될 자리는 없다. 실제 목곽의 흔적도 주혈 바깥에 세운 것의 흔적밖에 발견되지 않았다. 그러므로 凹床에서 출토된 꺾쇠들은 모두 목곽의 개판 연결용이거나, 아니면 목곽의 양 단벽 쪽에서 출토된 것은 목곽의 개판과 단벽 고정용, 凹床의 중간부에서 출토된 것들은 통나무 목관의 결합용이었다고 하는 것이 자연스럽다.

다음은 구어리 2호묘(도 2-50의 6)인데, 출토 토기들의 형식으로 보아 신라 조기를 지나 신라 전기 초 1Aa기로 편년된다(최병현 2013a). 구어리 2호묘의 내부구조는 좀 특별하다. 동서 장축의 장방형 묘광 안에서는 충전토를 따라 설치된 5.40m×2.10m(?)[60] 크기의 장방형 목곽 흔적이 있었고, 그 내부의 동쪽으로 치우쳐 바닥에 잔자갈을 깔아

---

59 복천동 84호묘처럼 뚜렷하지는 않지만, 이와 같이 원삼국 후기 경주와 주변지역의 목곽묘들 중에도 충전토에 접해 세운 목곽 안쪽에 칸막이 등 목관이나 피장자 안치 구역을 구획한 시설이 있었을 것으로 판단된다.

60 보고서에는 너비를 다음의 내곽 길이와 같은 290cm라 하였으나 도면에서는 210cm 정도로 측정된다

平床을 조성한 목구조물의 흔적이 조사되었다. 따라서 이곳이 피장자의 공간인 것을 알 수 있는데, 그 반대편인 묘광의 서벽 아래에는 토기들이 집중 부장되었다. 피장자 공간과 토기 집중 부장 구역 사이에서는 칸막이 등 아무런 시설의 흔적이 발견되지 않았다. 만일 칸막이가 있었다면, 이 묘곽은 1B2b식 동혈주부곽, 칸막이가 없었다면 2A식의 단독곽으로 분류되어야 한다.

이 목곽묘에서 유의되는 것은 피장자 공간의 구조이다. 잔자갈 평상의 외연에 남아 있던 목구조물의 평면 크기는 2.90m×0.98m였고, 평상의 양쪽 끝에 토기들이 놓여 있었으며, 토기들 곁에서 몇 개의 꺾쇠가 출토되었다. 그런데 이 목구조물의 규모는 월성 북고분군의 대소 적석목곽분의 목관(내관)보다 크고, 특히 그 너비가 적석목곽분의 목관 너비 60~80cm보다도 넓은 것(최병현 1980: 표 8)이 주목된다. 또 평상의 양쪽에 배치된 토기도 고령 지산동 32호분과 구2호분, 합천 반계제 다-A호분의 '설치목관' 안에 의례와 관련하여 놓였을 것으로 추정되는(吉井秀夫 2000: 252) 소형토기들과 달리 규모가 큰 호류들이다.

따라서 이 목구조물을 피장자가 직접 안치된 목관으로 보기는 어렵다. 피장자 안치에 다시 바닥이 편평한 목관(내관)이 사용되었는지 아닌지 알 수 없지만, 피장자와 양쪽의 토기들을 내부에 둔 목곽(내곽) 또는 외관이 설치되었다고 보아야 한다.[61] 꺾쇠들은 이 내곽 또는 외관의 단벽 쪽에서만 출토되어, 그 개판의 양쪽 끝부분을 단벽에 고정하는 데 사용된 것, 그리고 양쪽 모두 토기들의 서쪽에서 출토되었으므로 부식된 목곽이 서쪽 한 방향으로 쓰러진 것을 알 수 있다.

구어리 2호 목곽묘는 이와 같이 충전토에 접해 세워진 목곽(외곽)의 안에 내곽, 또는 목곽 안에 내외 2중의 목관이 설치된 구조였던 것을 알 수 있는데, 여기서 지적해 둘

....

61   구어리 2호묘의 피장자 공간에 설치된 장구는 그 밀착도로 보아 내부에 잔자갈이 채워진 황남대총 남분의 내외 2중곽 구조가 아니라 황남대총 남분과 북분의 목곽 중심부에 안치된 내외 2중 구조의 목관과 비교되는 것이라 판단된다. 황남대총 남북분의 2중목곽 중 외관을 곽이라 판단하여 그것이 내곽이라는 주장이 있으나 (毛利光俊彦 1983; 김용성 2007), 원래 槨-樽의 의미가 周棺, 즉 外棺이고, 황남대총, 천마총에서 관곽 구조의 변화 과정은 황남대총 남분 주곽의 외부와 내부의 2중 구조가 각각 세트 관계로서 그 각각의 생략 과정이므로 필자는 황남대총 남북분의 발굴보고서와 같이 내외곽과 내외관이라고 하여도 문제가 없다고 보았다(최병현 2016b: 76~78). 한편 황남대총 남북분의 내외 2중관 구조는 서북한지방의 나무곽무덤과 통하는 바가 있다는 점도 앞서 지적하였다.

것은 구어리 2호 목곽묘의 내부구조는 신라 조기 1b기인 구어리 1호 목곽묘의 내부구조와 확연히 달라 서로 연결되지 않는다는 점이다. 또한 구어리 2호묘는 시기적으로도 신라 전기 1Ba기 이후인 복천동 22호, 11호 수혈식석곽묘보다 이르지만, 그 구조도 석곽 내 겹곽 상태로 내곽이 설치된 것은 아니라는 점이다. 내부의 목곽(내곽) 또는 외관은 묘광 충적토에 접해 설치된 목곽(외곽)과는 사이에 공간을 두고 설치되었으므로 2중 목곽이라 하더라도 겹곽식이 아니라 중곽식의 내곽이라는 점이다.

(4) 적석목곽분의 기원 연구 동향

영남지방의 목곽묘 전체의 전개 과정을 고찰하지는 않았지만, 앞서 살펴본 것을 통해 다음과 같은 내용을 알 수 있다. 경주와 주변 지역에서 조영된 원삼국 후기의 대형 목곽묘들에서는 피장자의 안치 위치가 반드시 묘광이나 목곽의 중심축선과 일치하지는 않았으며, 목곽 내에는 칸막이 등의 시설이 있었을 가능성이 있다. 복천동유적에서는 84호 목곽묘로 보아 그러한 구조가 신라 조기 1b기까지 지속되었던 것으로 보인다. 그러나 경주에서는 신라 조기에 들어와 목곽묘에 부곽이 발생하고 주곽의 피장자 안치 위치가 묘곽의 중심축선과 일치되면서 묘곽의 세장화가 이루어졌다. 구어리 1호 목곽묘로 보아 경주에서는 그러한 변화와 함께 늦어도 신라 조기 1b기에는 묘곽 바닥에 棺臺로 凹床이 설치된 것을 알 수 있으며, 동래 복천동유적에서는 신라 조기 2a기인 38호 목곽묘부터 그러한 변화가 있었다.

동래 복천동유적에서는 순수 목곽묘, 즉 점토충전목곽묘가 충전식과 축석식의 석재충전목곽묘를 거쳐 수혈식석곽묘로 전환되어가는 과정을 잘 보여주지만, 점토충전목곽묘와 석재충전목곽묘에 2중 목곽 구조는 존재하지 않았다. 복천동 22호와 11호 수혈식석곽묘의 묘곽 구조는 목곽 둘레의 축석이 실질적인 석곽 벽으로 발전하였으나 그 안의 목곽이 아직 겹곽 상태로 잔존한 것으로, 그것이 황남대총 남분과 같이 내외곽 사이에 공간이 있는 중곽식의 2중 목곽 구조와 비교될 대상은 아니었다.

신라 조기 이후의 영남지방 목곽묘에서 2중의 목곽 구조가 존재했다는 증거는 없으며, 유일하게 신라 전기 초의 경주 구어리 2호 목곽묘의 목곽 내부에서 다시 2중 구조 葬具의 존재가 확인되지만 황남대총 남분 주곽에서와 같은 내외 2중 목곽 구조와는 다르고, 특히 신라 조기나 전기의 사방적석식, 즉 석재충전목곽묘에서 분명히 석단으로 고정한 내외 2중의 목곽 구조라고 할 수 있는 것은 아직까지 확인되지 않았다.

1990년대 초 울산 중산리유적이 발굴조사되면서 신라 적석목곽분의 범주와 기원 또는 계통에 대한 새로운 논의가 일었다. 중산리유적의 발굴자인 이성주는 신라 적석목곽분의 범주를 '최고 위계의 대형분', 즉 지상적석식으로 좁혔고, 이희준은 그것을 상부적석식과 지상적석식은 물론 사방적석식, 즉 석재충전목곽묘로까지 넓혔지만, 이들이 모두 원삼국 후기부터 영남지방에서 조영되어 온 목곽묘로부터 발전된 것이라는 데에는 두 연구자의 의견이 일치했다. 그 이후 학계에서는 영남지방의 고분에서 적석목곽분의 선행 구조, 특히 발굴고분으로서는 현재까지 가장 이른 시기의 지상적석식 대형분인 황남대총 남분 주곽의 선행 구조나 그와 연관될 수 있는 구조를 찾으려는 시도들이 있어 왔지만, 그러나 이상에서 본 바와 같이 사실상 실제로 확인된 것은 없다.

경주가 아닌 지방의 초기 사방적석식에서 황남대총 남분의 석단으로 고정한 내외 2중 목곽 구조의 기본 요소가 이미 존재했다는 주장은 선입관에 의한 오해일 뿐 실제로 그런 구조가 존재했던 것은 아니었다. 포항 마산리 석재충전목곽묘의 목곽부 구조를 신라 조기에 이미 지상적석식 구조가 등장한 것처럼 단면 사다리꼴의 지상식으로 복원한 것은 명백한 과장 해석이었다. 신라 조기 이래의 영남지방 목곽묘에 2중 목곽 구조가 존재한다는 것도 동의하기 어렵다. 중산리유적의 신라 조기고분에서 호석의 발생을 타진한 바 있지만, 적석목곽분의 호석과 같은 기능을 하는 것은 여전히 황남동 109호분-3·4곽이 가장 이르다. 사방적석식부터 礫床式 묘곽 바닥 처리의 일반성을 들고 있지만, 그것을 적석목곽분의 기본요소로 꼽기에는 궁색하다.

이와 같이 울산 중산리유적의 발굴조사를 계기로 제기된 신라 적석목곽분의 '목곽묘의 자체발전설'에 따라 적석목곽분의 선행 구조를 찾으려는 그동안의 노력은 그다지 성과를 거두지 못한 가운데, 그로 인한 선입관은 많은 부작용을 낳고 있다. 발굴조사부터 점토충전목곽묘와 석재충전목곽묘, 석재충전목곽묘와 (상부적석식)적석목곽분을 구분하지 않거나 발굴보고서에 그것을 구분하지도 못하게 해 놓는 것(최병현 2016a)이 그 시작이다. 여기저기 영남지방의 목곽묘를 근거 자료의 충실한 검토나 제시도 없이 2중 목곽 구조로 복원하는 것, 지하 묘광이 얕은 석재충전목곽묘를 지상적석식 적석목곽분의 선행 구조인 것처럼 복원하는 것, 황남동 110호분, 호우총과 은령총 등 기조사된 월성북고분군의 상부적석식 적석목곽분에 냇돌 석단을 사이에 둔 2중 목곽이 설치되었다고 주장하는 것(김용성 2006a; 2014a), 또 그것이 사실인 양 최근의 유적조사에서 순환되고 있는 것(김용성 2015: 128) 등이 그것이다. 그러나 그러한 주장들이 대개 근거가 분명하지 않은 허구들임은 앞서 밝힌 대로이다.

'목곽묘의 자체발전설'에 따라 그동안 이와 같이 영남지방의 고분에서 적석목곽분의 선행 구조를 찾으려고 하는 중에도 한편에서는 여전히 신라 적석목곽분의 성립을 고구려 적석총과 관련시켜 보려는 주장이 계속되었다. 김용성은 이희준의 견해를 따라 사방적석식부터를 적석목곽묘(분)의 범주로 하면서도 "목곽과 적석의 결합이라는 면에서 … 그 연원을 굳이 따지자면 재래의 목곽묘에 적석으로 보강하는 아이디어는 고구려 적석총에서 찾는 것이 합리적일 것으로 보인다"고 하였다. 그러면서 "신라 적석목곽묘에서 봉토를 제거하고 살펴보면 특히 초기의 사방적석식(四方積石式)으로 이해되고 있는 묘제(이희준 1996, 김대환 2001)는 고구려 적석총의 목곽묘 모습과 다를 바가 거의 없다. 다른 점이라고는 지하에 묘가 축조되었느냐 지상에 묘가 위치하느냐의 차이일 뿐이다"라고 부연하였다(김용성·최규종 2007: 265). 석재충전목곽묘를 '위석목곽묘'라 이름하여 그 연원을 청동기시대까지 소급해 보는 박광열은 그것의 한 갈래는 "4세기 3/4분기경 경주지역에서 고구려의 적석기법과 결합하여 적석목곽묘로 변화하고," 다른 한 갈래는 '위석목곽묘' 형태로 적석목곽묘와 병행하여 경주와 주변지역에서 중하위층의 묘제로 지속되었다고 한다(박광열 2001: 58). 사방적석식은 목곽묘에 포함하고, 상부적석식부터를 적석목곽묘(분)의 범주로 보는 김두철은 "현자료에서는 황남동 109호묘 3·4곽을 초현기의 적석목곽묘로 파악"한다고 하고, 자신은 "적석목곽묘도 크게 보아 목곽묘의 하나의 지역 형식이라는 관점에서 자생론을 취하고 있다"고 하면서도 초현기 적석목곽묘(분)부터 나타나기 시작하는 호석, 상부적석과 같은 새로운 봉토축성법은 고구려를 통한 간접영향을 고려할 필요가 있다고 하였다(김두철 2009: 81~82). 이와 같은 주장들은 사실상 2원적 계통관의 연속이라고 할 수 있는데, 김용성은 사방적석식, 즉 석재충전목곽묘부터 고구려 적석총에서 적석 보강 아이디어를 받았다고 한 반면, 박광열과 김두철은 관련성의 강약 표현에 차이가 있지만 상부적석식부터 고구려 적석총의 영향을 받아 성립되었다고 본 차이가 있을 뿐이다.

이상과 같이 중산리유적의 발굴조사를 계기로 신라 적석목곽분의 북방기원설을 비판하고 '목곽묘의 자체발전설'이 제기된 이후 영남지방의 목곽묘에서 적석목곽분의 선행 구조를 확인하려는 노력들이 있었다. 또 한편에서는 2원적 계통관의 연장선에서 적석목곽분의 적석이 고구려 적석총에서 유래했다는 주장도 계속 이어졌다. 그러나 신라 전기 적석목곽분의 기원 연구는 '목곽묘의 자체발전설'이 제기될 때나 많은 시일이 지난 지금이나 실제로 달라진 점은 없다는 것이 필자의 판단이다.

2) 신라 왕릉과 신묘제 창출

(1) 상부적석식과 지상적석식 적석목곽분의 출현 시기

울산 중산리유적의 발굴조사 이후 제기된 신라 적석목곽분의 '목곽묘의 자체 발전설'이나 적석목곽분의 진화·발전 도식은 점토충전목곽묘, 사방적석식인 석재충전목곽묘, 상부적석식 적석목곽분, 지상적석식 적석목곽분이 순차적으로 출현했다는 것을 전제로 한다. 적석목곽분의 범주를 어디부터로 하든 그 성립을 고구려 적석총과 관련시켜 보는 주장도 마찬가지이다. 그러나 그 중 석재충전목곽묘는 신라 조기에 이미 출현한 것이어서 신라 전기에 출현한 적석목곽분과는 선후관계가 분명하지만, 적석목곽분 가운데 상부적석식과 지상적석식의 출현 사이에 과연 상당한 시기차가 있었을지는 의문이다.

물론 월성북고분군에서 지금까지 발굴조사된 고분이나 현존하는 고분 모두 상부적석식이 지상적석식보다 수적으로 월등하고, 현재까지의 발굴 고분으로는 최고의 상부적석식인 신라 전기 1Ba기의 황남동 109호분-3·4곽이 최고의 지상적석식인 2a기인 황남대총 남분보다 이른 것도 분명하다. 또 월성북고분군에서는 황남대총 남분 이후 지상적석식과 상부적석식의 적석목곽분이 공존하고 있었음도 분명하다.

그러나 과연 황남대총 남분 이전에 축조된 지상적석식 적석목곽분은 존재하지 않는가, 상부적석식도 황남동 109호분-3·4곽이 가장 이른 시기 것인가, 결론적으로 상부적석식 적석목곽분의 출현 시기가 지상적석식 적석목곽분보다 반드시 이른가, 아니면 지상적석식과 상부적석식의 출현 시기가 동시기이거나 순서적으로는 오히려 지상적석식이 앞일 가능성은 없는가가 문제이다. 필자는 이미 월성북고분군의 형성 과정과 대형분들의 분포 상태로 보아 황남대총 남분 이전에 축조되었을 것으로 판단되는 초대형 고총들이 존재하고 있음을 주목한 바 있고(최병현 2014b; 2016a), 앞서도 이를 강조하였다. 황남대총 동쪽에 위치한 황남동 90호분과 황오동 39호분이 그것이다(앞의 도 2-20 참조).

한편 앞서는 황남대총 남분보다 앞서는 경주 구어리 2호묘 목곽 내에 내곽 또는 외곽으로 볼 수 있는 목구조물이 존재했음을 확인하였다. 그것은 물론 황남대총 남분의, 내부가 잔자갈로 채워진 내외 2중곽 구조와는 다른 것이다. 그러나 신라 전기 초인 1Aa기로 편년되는 구어리 2호묘에서 신라 조기 목곽묘의 내부구조에서는 볼 수 없었던 그러한 새로운 구조의 출현은 신라 전기 초 고분 구조의 변화와 관련하여 시사하는 바가 있다.

그런데 구어리고분군에서는 현재까지 경주지역에서 조사된 신라 조기의 목곽묘 가운데 가장 탁월한 구어리 1호묘가 신라 조기 1b기에 단발성으로 돌연 출현한 바 있듯이, 구어리 2호 목곽묘의 그러한 목곽부 구조 역시 신라 전기 초에 단발성으로 돌연 출현한 것이어서, 그 구조가 구어리고분군의 그 앞뒤 목곽묘들과 연결되지 않는다. 구어리고분군에서 단발성의 대형 고분 출현은 신라 후기 석실분에서도 마찬가지여서 이에 대해 언급한 바도 있다(최병현 2012b).

그러면 다른 고분군에서는 관찰되지 않는 그러한 돌발적인 현상이 구어리고분군에서 시차를 두고 나타나는 원인은 무엇일까. 필자는 신라 조기 목곽묘의 전개 과정에서 경주지역 중심고분군과 주변 각 지구고분군의 관계, 그와 관련하여 구어리고분군의 위상과 역할에 대해 언급한 바 있다(최병현 2015: 145~147). 경주지역 중심고분군에서나 존재하였을 법한 이혈주부곽식 대형 목곽묘가 구어리고분군에서 조영된 것은 경주지역 중심고분군 세력의 사로 내부 통합 과정에서 경주 동남부지구에 대한 정치적 고려의 결과라고 해석하였다. 마찬가지로 구어리 2호 목곽묘의 목곽 내부구조도 구어리고분군 자체에서의 변화라기보다는 경주지역 중심고분군에서 있은 모종의 변화가 미친 결과가 아니었을까?

다시 말해 구어리고분군에서 2호 목곽묘의 그러한 묘곽부 구조의 돌발적인 출현을 통해 역으로 신라 전기로 들어오면서 월성북고분군에서 일어난 고분문화의 변동을 짐작해 볼 수 있지 않을까 하는 것이다. 그 변동이란 아마도 황남대총 동쪽에 위치한 초대형 고총의 출현과 같은 것이 아니었을까 생각된다. 물론 현재로서는 그 초대형 고총들의 내부구조가 어떤 것인지 명확하게 말할 수는 없다. 그러나 앞서 살핀 신라 전기 월성북고분군의 묘제 전개와 위계화 과정을 감안해 보면 그 초대형 고총들은 지상적석식의 적석목곽분이었을 개연성이 크다고 볼 수밖에 없다.

앞서 여러 차례 강조했듯이, 신라 조기의 목곽묘들도 원래는 봉토묘였다고 판단되지만 월성북고분군에서 고총 봉분을 가진 신라 조기의 (점토충전·석재충전)목곽묘가 조사될 가능성은 사실상 없다. 그것은 비록 묘곽의 일부분씩만 조사되었지만 월성로에서 발굴된 신라 조기의 대형 점토충전목곽묘와 석재충전목곽묘가 모두 지하유구만 조사된 것에서도 알 수 있다. 신라 전기에도 점토충전목곽묘와 석재충전목곽묘가 월성북고분군에서 고총화되지 않은 상태로 계속 축조되고 있었음은 현재 조사가 진행 중인 황오동 쪽샘지구에서도 확인된다. 신라 전기 초로 편년되지만 신라 조기의 왕묘급인 쪽샘 L17호 초대형 석재충전목곽묘, 그보다는 규모가 작지만 출토유물로 보아 상위 위계인 신라 전기 1Bb기의 월성로 가-13호 석재충전목곽묘, 신라 전기 1Ab기의 쪽샘 C10호 점토충전목곽묘 등이 모두 지상에 봉분이 남아 있지 않고 지하 묘광부만 조사되었을 뿐이다. 이와 같이 점토충전목곽묘와 석재충전목곽묘는 신라 조기 말까지 고총화되지 않았으며, 신라 전기에도 월성북고분군에서 전통에 따라 고총화되지 않은 상태로 조영되고 있었다는 사실은 월성북고분군에서 고총의 등장이 적석목곽분의 출현과 밀접하게 관련되어 있음을 말해주는 것이기도 하다.

그러므로 황남대총 동쪽에 위치한 초대형 고총들은 지상적석식 적석목곽분일 개연성이 크며, 그렇다면 월성북고분군에서 지상적석식 적석목곽분의 출현은 황남대총 남분보다 이른 시기인 것은 물론 황남동 109호분-3·4곽보다도 더 앞이었을 가능성이 크다. 지상적석식 적석목곽분과 상부적석식 적석목곽분의 출현에 선후 관계가 있었다면 상부적석식보다는 오히려 지상적석식이 먼저 출현하여 고분문화의 변동을 선도하였다고 보는 것이 자연스럽기도 하다. 그렇다고 하여 지상적석식과 상부적석식의 출현 사이에 큰 시차가 있었다고 볼 수는 없으며, 그것을 굳이 구분해 보려는 것도 별 의미가 없다고 판단된다. 분명한 것은 월성북고분군에서 신라 조기에 석재충전목곽묘가 발생된 데 이어 신라 전기고분으로 지상적석식과 상부적석식의 적석목곽분이 출현하여, 지상적석식은 신라 왕실집단의 묘제로, 상부적석식은 그 아래 지배집단의 묘제로 공존되어 갔다는 사실이다. 지상적석식 적석목곽분과 상부적석식 적석목곽분은 신라전기양식 토기가 성립된 서기 4세기 중엽 경 큰 시차 없이 출현하여 왕실집단과 차상위 지배집단의 묘제로 자리잡았고, 이전 시기부터 조영되어온 석재충전목곽묘와 점토충전목곽묘 등이 차례로 그 하위의 묘제로 잔존하여 공존된 것이라 하겠다.

(2) 신라 왕릉과 신묘제 창출

신라 전기에 월성북고분군에서 적석목곽분이 출현하기까지 경주지역에서는 목곽묘 계열의 묘제가 단계적으로 발전되어 왔다(도 2-51). 경주지역에서 목곽묘가 처음 축조되기 시작한 것은 진한 사로국이 성립할 무렵부터로, 이때부터 사로국 전기에 축조된 목곽묘는 그 구조가 서북한지방의 '나무곽무덤'과 같은 것이었다. 사로국 후기에 들어오면서 경주지역에서는 이와는 계통이 다른 평면 장방형의 목곽묘가 축조되기 시작하였다. 사로국 후기 말에 세장화하기 시작한 경주지역의 목곽묘는 신라 조기의 주부곽식 목곽묘로 발전하여, 사로국 후기 이래 경주지역의 중심고분군인 월성북고분군에서는 방형 부곽이 딸린 이혈주부곽식 목곽묘가 축조되었고, 황성동고분군, 중산리고분군 등 그 외의 각 지구 고분군에서는 한 묘광 안에 주부곽이 함께 설치된 동혈주부곽식의 세장한 목곽묘가 축조되었다.

신라 조기에 월성북고분군에서는 묘광과 목곽 사이를 돌로 채운 석재충전목곽묘가 출현하였다. 석재충전목곽묘는 묘광과 목곽 사이를 흙으로 채운 전통적인 점토충전목곽묘와 차별화된 것이었다.

신라 전기에 월성북고분군에서는 새로이 적석목곽분이 출현하였다. 신라 조기에 출현한 석재충전목곽묘가 묘광과 목곽 사이, 즉 목곽의 사방에만 적석한 데 비해, 적석목곽분은 목곽의 뚜껑 위, 즉 목곽 상부까지 적석하고, 이와 함께 호석으로 둘러싸인 高大封土를 가진 고총으로 출현하였다. 고총의 적석목곽분이 출현한 이후에도 원래 저봉토묘였던 점토충전목곽묘와 석재충전목곽묘는 월성북고분군에서 고총이 아니라 저봉토묘로 축조되었다.

신라 조기에 출현한 석재충전목곽묘를 사방적석식이라 하여 적석목곽묘(분)의 범

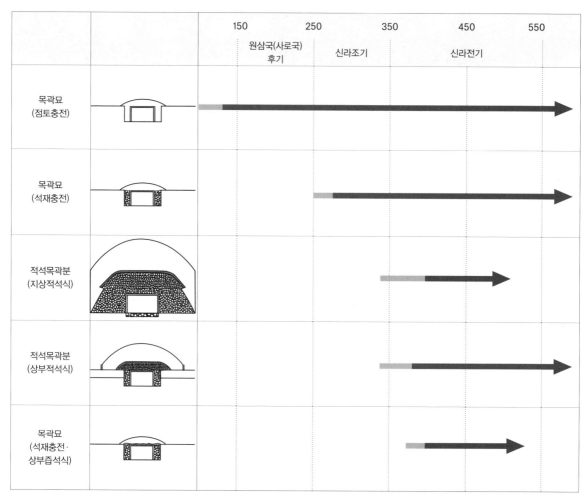

		150	250	350	450	550
		원삼국(사로국) 후기	신라조기	신라전기		
목곽묘 (점토충전)						
목곽묘 (석재충전)						
적석목곽분 (지상적석식)						
적석목곽분 (상부적석식)						
목곽묘 (석재충전· 상부즙석식)						

도 2-51 **경주지역의 목곽묘 변천**

주에 포함하기도 하지만, 저봉토묘인 석재충전목곽묘와 고총인 적석목곽분은 별도의 묘제로 구별되어야 한다. 따라서 적석목곽분에는 묘광 안에 목곽을 설치하고 목곽의 사방과 뚜껑 위에 적석한 상부적석식과 사실상 묘광 없이 목곽과 적석을 모두 지상에 축조한 지상적석식의 두 유형이 있다. 상부적석식은 묘광주체식, 지상적석식은 무묘광 지상주체식이라고 정의할 수 있으며, 적석목곽분의 범주는 이로 제한되어야 한다.

현재까지 발굴조사된 적석목곽분 중 상부적석식은 황남동 109호분-3·4곽, 지상적석식은 황남대총 남분이 가장 이르다. 황남동 109호분-3·4곽은 신라 전기 1Ba기인 서기 4세기 후엽, 황남대총 남분은 2a기인 서기 4세기 말~5세기 초로 편년되므로 현재까지의 발굴고분만으로는 상부적석식이 지상적석식보다 조금 이른 셈이다. 그러나 월성북고분군의 초대형 고총 분포로 보아 지상적석식과 상부적석식 적석목곽분은 모두 신라전기양식토기 성립기인 4세기 중엽에 출현하였을 가능성이 크다.

그런데 적석목곽분이 출현하기까지 경주지역에서 이와 같은 목곽묘 계열의 묘제 전개 과정은 한편으로는 이전 시기 목곽묘의 구조가 계승·발전되고, 다른 한편으로는 새로운 축조 기법과 구조 요소가 추가되면서 신묘제가 파생·창출되는 과정이기도 하였다. 사로국 후기의 장방형 목곽묘에서 세장한 목곽묘로, 이어서 신라 조기 이혈·동혈 주부곽식 목곽묘로의 전환은 묘광과 목곽 사이의 점토충전 기법과 저봉토묘 전통이 이어지면서 묘곽 공간 구조의 발전이 이룩된 것이라고 할 수 있다. 신라 조기 석재충전목곽묘의 출현은 점토충전목곽묘에서 저봉토묘 전통, 묘곽의 공간 구조인 묘곽의 형식이 이어졌지만, 묘광과 목곽 사이 사방을 흙이 아니라 돌을 사용하여 적석·충전함으로써 차별화한 신묘제의 파생·창출이었다.

전기 적석목곽분의 출현도 그 묘곽의 형식은 신라 조기 점토충전·석재충전 목곽묘에서 이어진 것이어서, 상부적석식과 지상적석식 적석목곽분 모두 그 기본적인 계승 관계가 인정된다. 특히 상부적석식 적석목곽분에 초점을 맞추면 목곽과 사방적석이 묘광 안에 축조된 봉토분이라는 점에서 석재충전목곽묘와 계승 관계는 더욱 긴밀해 보인다. 그러나 지상적석식 적석목곽분의 무묘광 지상주체식 매장주체부와 거대 봉분은 석재충전목곽묘와 접점이 찾아지지 않으며, 상부적석식 적석목곽분도 목곽 상부의 적석과 고총 봉분으로 석재충전목곽묘와 차별화되어 새로운 묘제로 창출된 것이다.

적석목곽분(묘)의 '목곽묘의 자체발전설'에서는 그러한 새로운 구조 요소들이 목곽묘의 발전 과정에서 자연적으로 더해졌을 것으로 본다. 지상적석식 적석목곽분의 무묘광 지상주체식 매장주체부와 고총의 출현에 대해도 "신라식목곽묘의 전통과 범주 내에서 최고위계의 대형분 축조방법으로 특이한 발전을 보인 것"(이성주 1996: 57)이라거나, '고구려 남정을 계기로 사로국 지배 계층의 분화가 심해져 적석목곽묘가 여러 형태로 分岐되고, 황남대총 남분과 같은 지상식의 새로운 구조는 고총고분의 분구 高大化 지향과 맞물려서 묘곽 구조의 지상화 경향이 생기고, 적석용 木架構는 목곽 구조가 지상에 놓임에 따라 생겨날 수밖에 없는' 것(이희준 1996c: 296·304~305)이라고 한다. 또 "당시 신라의 상층부가 추구하려던 집단지향, 즉 무덤의 지상화를 바라는 욕구의 실현"이라고 하기도 한다(김두철 2009: 82). 모두 목곽묘로부터 자체적인 발전을 강조하기 위한 설명들이지만 물질문화의 변화·변동을 설명하기에는 실체가 잡히지 않는 막연한 추측성 발언들이다.

그러나 석재충전목곽묘와 적석목곽분의 출현에 더해진 그러한 새로운 이질적인 구조 요소들이 자연적으로 발생하면서 목곽묘의 변화가 그와 같이 점진적으로 진행되었을까는 여전히 의문이다. 석재충전목곽묘가 중산리유적에서 처음 조사될 때는 점토충전목곽묘로부터 점진적, 단계적으로 발전되어 온 것처럼 보였다. 그러나 신라 조기 석재충전목곽묘의 처음 출현지는 사로국 후기 이래 경주지역의 중심고분군인 월성북고분군이었을 것이며, 월성북고분군에서 석재충전목곽묘의 출현 과정도 그와 같이 점진적, 단계적이었을 것으로는 생각되지 않는다. 적석목곽분도 상부적석식에 초점을 두면 석재충전목곽묘에서 점진적으로 발전한 것처럼 보인다. 그러나 현재 시기가 가장 이른 지상적석식 적석목곽분인 황남대총 남분에서 묘곽의 형식 이 외의 구조, 즉 2중의 목곽과 내부에 목조가구가 설치된 적석부로 이루어진 무묘광 지상주체식 매장주체부의 복잡한 구조, 호석으로 둘러싸인 거대한 고총 봉분이 신라 조기의 점토충전·석재충전 목곽묘에서 자연적·점진적으로 진화·발전되어 온 것으로 보기는 어렵다.

이제 월성북고분군에서 고총의 출현은 목곽묘의 점진적인 발전 과정에서 자연스럽게 이루어진 것이 아니라 어느 시점에 적석목곽분의 출현으로 이루어진 돌연한 현상이었던 것이 더욱 분명해졌다. 황남대총 남분과 같은 지상적석식 적석목곽분의 무묘광 지상주체식 매장주체부의 복잡한 구조도 이전 시기 목곽묘에서 자연적으로 발전되거나 단계적으로 추가되어 온 것이라기보다는 거대한 고총 봉분의 출현과 함께 일체적 구조로 등장하였을 개연성이 더욱 높아졌다. 상부적석식 적석목곽분에서 목곽 뚜껑 위의 상부적석과 원형 호석의 고대봉토는 지상적석식 적석목곽분 출현의 영향으로 석재충전목곽묘에 더해진 것으로 보아야 자연스럽다.

그러면 신라 조기의 석재충전목곽묘, 신라 전기의 적석목곽분과 같은 목곽묘 계열의 신묘제 창출은 어떻게 해서 이루어진 것일까. 여기서 그러한 신묘제 창출이 사로국 후기 이래 경주지역의 중심고분군, 즉 신라의 최고 지배세력의 고분군인 월성북고분군에서 이루어진 사실과 함께 월성북고분군에서 신라 조기에 석재충전목곽묘가 출현한 이후에도 점토충전목곽묘가, 신라 전기에 적석목곽분이 출현한 이후에도 석재충전목곽묘와 점토충전목곽묘가 일정 기간 상당한 위상을 유지하며 공존되고 있었던 점이 주목된다. 신라 조기는 월성북고분군의 동쪽 부분에 소재한 것이 분명한 중심고분군이 아직 발굴조사되지 못하여 정확한 실상을 알 수 없지만, 신라 전기 1Ab기인 쪽샘지구 C10호묘는 신라 조기에 석재충전목곽묘가 발생된 이후 점토충전목곽묘의 위상이 바로 급격히 격하되지는 않았을 것임을 말해준다. 신라 전기 초의 쪽샘 L17호묘는 물론, 1Bb기의 월성로 가-13호묘는 적석목곽분이 출현한 이후의 석재충전목곽묘의 위상을 증명한다. 신라 전기에 월성북고분군의 묘제는 적석목곽분, 석재충전목곽묘, 점토충전목곽묘의 순으로 위계화되어 갔음은 앞서 살펴보았지만, 이와 같이 신라 전기 초까지는 석재충전목곽묘와 점토충전목곽묘도 상당한 위상을 유지하고 있었다.

이와 같은 사실은 월성북고분군에서 목곽묘 계열의 신묘제 창출이 신라 최고 지배세력의 分枝化와 관련된 것임을 의미한다고 판단된다. 여기서 신라 중고기 진흥왕의 후손 가운데 진평왕의 일족이 석가족을 자처하며 다른 왕실 친족집단과 차별화하여 신성 왕족을 표방한 것이 성골의 탄생이라는 연구가 상기된다(이기동 1980: 88; 경상북도 2016: 201~213). 이를 참고하면, 중고기 이전 신라 조기와 전기에도 각각 최고 지배세력의 분지화가 진행되고, 그 가운데 왕권을 장악하여 새로운 최고 지배세력으로 대두한 집단은 각각 기존의 최고 지배세력의 묘제와는 차별화된 신묘제를 창출해 나간 것이 아닐까. 즉 신라 조기와 전기에 각각 새로운 최고 지배세력으로 분화한 집단이 자신들의 위세와 특권을 과시하는 정체성 표방의 일환으로 석재충전목곽묘와 지상적석식 적석목곽분을 각각 창출한 것이 아닐까 판단되는 것이다.

그리하여 신라 조기에 월성북고분군에서 방형 부곽의 이혈주부곽식 점토충전목곽묘를 조영하고 있던 최고 지배세력에서 분화하여 왕권을 장악한 새로운 최고 지배세력은 기존의 점토충전목곽묘와 차별화한 석재충전목곽묘를 왕묘로 축조하였고, 또 그 중에서 분화하여 다시 왕권을 장악한 신라 전기의 왕실 집단은 지상적석식 적석목곽분을 창출하여 거대 고총으로 마립간 왕릉을 축조한 것이라 판단된다. 이에 따라 신라 조기이래 석재충전목곽묘를 축조하고 있던 여타 집단도 분화하여 석재충전목곽묘를 상부 적석식 적석목곽분으로 발전시키거나 아니면 석재충전목곽묘를 그대로 고수하였을 것으로 판단된다. 이와 같이 신라 조기의 석재충전목곽묘와 전기의 적석목곽분은 각각 당시 새로 대두한 최고 지배세력이 창출한 신묘제였으므로 그 초기에는 각각 기존의 여타 집단이 축조하고 있었던 점토충전목곽묘와 석재충전목곽묘도 상당한 위상을 유지하며 공존되고 있었던 것이라 판단된다.

그러면 신라 조기 석재충전목곽묘의 목곽 사방 적석충전, 신라 전기 지상적석식 적석목곽분의 무묘광 지상주체식 매장주체부와 호석으로 둘러싸인 거대 고총 봉분은 어떻게 출현하게 된 것일까. 신라 적석목곽분(묘)의 '목곽묘의 자체발전설'에서는 이 모든 것이 목곽묘의 진화·발전 과정에서 자연적으로 발생하였을 것이라고 하지만, 문화의 변화·변동은 오로지 자생적·자체적으로만 이루어지는 것은 아니며, 주변 문화와 부단한 접촉·접변·충격도 작용하며 이루어진다. 필자는 신라 조기의 석재충전목곽묘와 신라 전기 지상적석식 적석목곽분의 출현에 작용한 그러한 이질적인 구조 요소들은 각각 당시 신라의 왕권을 장악하여 새로운 최고 지배세력으로 대두한 집단이 외부 세계로부터 도입하여 결합한 고분 축조 기법이거나 구조들이었다고 판단한다. 즉 그들이 그러한 이질적인 고분 축조 기법이나 구조를 외부 세계의 모델에서 주체적으로 수용하여 기존의 묘제와는 차별화된 새로운 묘제를 창출하였던 것으로 판단한다.

먼저 신라 조기 석재충전목곽묘의 묘광과 목곽 사이 적석충전 기법은 낙랑 목곽분에서 도입되었을 것으로 판단된다(도 2-52). 일찍이 평양 석암리 9호분은 묘광과 목곽 사이를 냇돌로 쌓아 적석충전한 것으로 밝혀진 바 있다(조선총독부 1927). 그 후 정오동 10호분과 11호분도 묘광과 목곽 사이를 냇돌로 쌓아 충전한 목곽묘로 밝혀졌다(사회과학원 고고학연구소 1983). 이러한 예들은 묘광과 목곽 사이의 적석충전이 낙랑 목곽분 중에 고분 축조 기법의 하나로 존재했음을 의미한다. 신라 조기에 왕권을 장악한 새로운 최고 지배세력은 낙랑 목곽분의 그러한 적석충전 기법을 도입하여 기존의 점토충전목곽묘와 차별화된 석재충전목곽묘를 창출하고, 새로운 모습의 왕묘를 축조하였을 것이다.

다음 신라 전기 적석목곽분에 대해서 필자는 북방기원설을 주장한 바 있다. 쿠르간(Kurgan)이라 불리는, 남러시아에서 중앙아시아와 알타이지방을 지나 몽골 북쪽에까지 분포한 (적석)목곽분들을 살피고, 그 가운데서 황남대총 남분과 같은 신라 적석목곽분의 전체 구조와 세부 구조의 원류를 찾을 수 있다고 보았다. 특히 중앙아시아 카자흐스탄(Kazakhstan)의 발하시(Balkhash)호로 흘러드는 이리(Ili)강 유역의 베스샤틸(Besshatyl), 이실(Issyk), 그 북쪽의 칠릭티(Chirikty) 쿠르간이 적석으로 덮인 목곽 또는 목실을 지상에 설치하고 圓形의 高大봉토를 축조한 거대한 고총들임을 주목하고(도 2-53), 이들이 신라 지상적석식 적석목곽분의 무묘광 지상주체식 매장주체부와 거대 고총의 유래

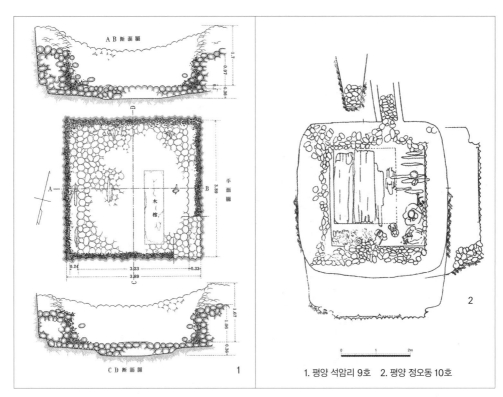

도 2-52 서북한 석재충전목곽묘

1. 평양 석암리 9호 2. 평양 정오동 10호

가 될 수 있다고 보았다. 황남대총 남분 주곽의 내외곽 사이가 잔자갈로 채워진 2중 목곽과 유사한 구조를 파지리크(Pazyryk) 쿠르간에서 볼 수 있으며(도 2-54의 좌), 신라 금관, 백화수피관모와 같은 북방계 유물, 로만그라스를 비롯하여 계림로 보검 등 신라 적석목곽분에서 적지 않게 출토되는 서역계 유물들도 북방 및 중앙아시아와 신라의 지속적인 관계를 의미한다고 보았다. 그리하여 중앙아시아의 적석 고총들과 신라 적석목곽분의 시공적 간격은 크지만, 서기 4세기 동아시아 기마민족 대이동의 와중에 그러한 고분 전통을 가진 기마민족의 일파가 경주에 도래한 것이 아닐까 추측했다(최병현 1990: 1992a).

필자의 이와 같은 신라 적석목곽분의 북방기원설에 대해 그동안 학계에서 극심한 비판이 있어 왔지만, 무묘광 지상주체식 매장주체부와 거대 고총을 공유한 중앙아시아 적석목곽(실)분과 신라 적석목곽분의 관계는 아직도 극복되지 않았다고 판단된다. 다만 필자가 신라 적석목곽분의 북방기원설을 주장할 당시는 경주를 비롯한 영남지방에

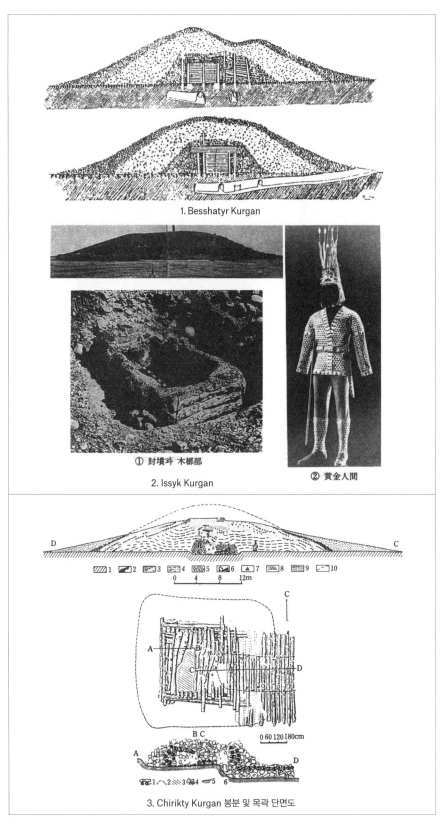

1. Besshatyr Kurgan

① 封墳과 木槨部

2. Issyk Kurgan

② 黃金人間

D   C

⬚1 ▨2 ▧3 ▨4 ▨5 ▨6 ▲7 ▨8 ▨9 ⬚10

0   4   8   12m

C

A   B

C   D

B C

0 60 120 180cm

A

D

▨1 〜2 ⫰3 ▨4 ▱5 ▨6

3. Chirikty Kurgan 봉분 및 목곽 단면도

도 2-53 중앙아시아 이리(Ili)강 유역의 적석목곽(실)분

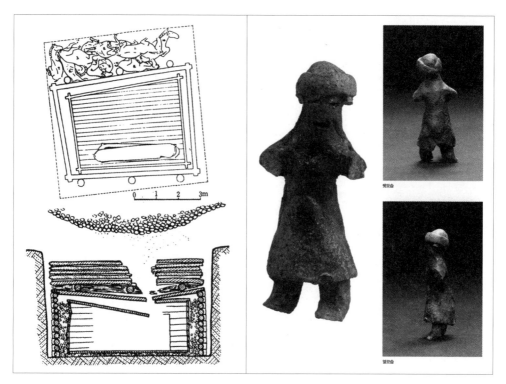

도 2-54 Pazyryk Kurgan 3호분 목곽부 평 · 단면도와 경주 월성 해자 출토 토우

서 원삼국(사로국) 이래의 목곽묘의 발전 과정이 밝혀지기 이전으로 경주에서 적석목곽분이 돌연 출현한 것처럼 판단될 때였으므로 그러한 고분 전통을 가진 기마민족의 일파가 경주에 직접 도래하여 신라의 적석목곽분을 출현시켰을 것이라고 주장하였다. 그러나 이제는 경주지역에서 원삼국(사로국) 이래 목곽묘가 순차적으로 발전되어 온 과정이 밝혀졌으므로, 필자는 앞서 살펴온 바와 같이 신라 전기가 시작되는 4세기 중엽 경 최고 지배세력에서 분화한 새로운 왕실 집단이 그러한 고분 구조의 주체적인 수용을 통해 거대 고총의 지상적석식 적석목곽분을 새로운 신라 왕릉으로 창출해낸 것이라 판단한다.

신라의 지상적석식 적석목곽분과 가장 유사한 구조를 가진 고총이 분포한 카자프스탄의 이리강 유역은 西漢代에 한의 서역도호부에 속했고 동한 이후 烏孫의 땅이 되었으며, 그 후 6세기에 돌궐이 진출할 때까지 계속 중국의 통제 하에 있었다(도 2-55). 이곳에 분포한 고총은 사카계 쿠르간에서 오손계 쿠르간으로 이어졌다.

신라는 사로국시기부터도 낙랑을 통해 외부 세계와 접해왔으며, 晉書 등 중국 사서에는 당시 세계의 온갖 정보가 집중되는 중국에 직접 견사하였던 사실이 기록되어 있다. 그런데 서기 4세기에 소그드인들은 중국의 내지 곳곳에 자신들의 취락을 형성하여

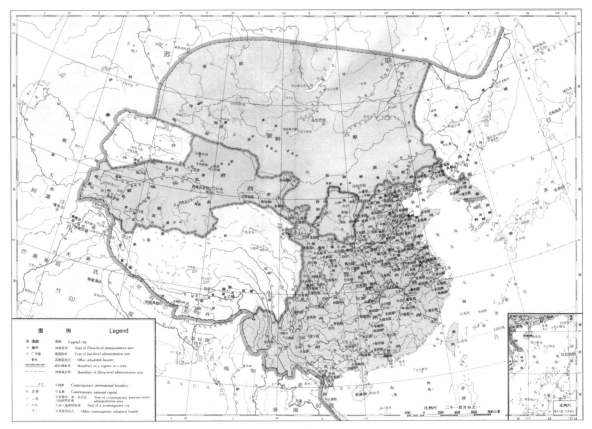

도 2-55 서진시기 중국전도(『中國歷史地圖集』 3, 1982, 地图出版社)

교역활동을 하고 있었으며, 소그드인들의 그러한 활동은 3세기 이전으로 소급될 가능성이 크다고 한다(김병준 2011: 1402)

　문헌에 남은 흔적으로는 유라시아의 동과 서를 잇는 원거리교역의 주역으로 꼽히는 소그드인과 같은 서역인이 신라를 왕래한 것이 8세기 후반부터라고 하지만(김창석 2006: 111), 로만그라스 등 중앙아시아를 통해 들어온 서역계 유물이 서기 4~5세기의 신라 적석목곽분에 부장된 사실은 어디에서든 당시 신라인과 서역인 사이에 인적 접촉이나 최소한 정보의 교류가 이루어지고 있었음 의미한다. 최근 경주 월성 해자에서는 소그드인으로 추정되는 서역인상 신라토우가 출토되었다(국립경주문화재연구소·국립경주박물관 2018: 76~79). 이 신라토우는 신라전기양식토기에 부착되었던 것으로 6세기 전엽을 하한으로 한다(앞의 도 2-54의 우). 이 신라토우는 서역인의 신라 왕래가 훨씬 더 소급될 가능성을 열어 놓고 있다.

　하여튼 어떤 경로를 통해서든 신라에는 사카-오손계 쿠르간을 비롯하여 북방 및 중앙아시아의 고분 구조와 문물에 대한 정보가 들어올 수 있었으며, 신라 전기의 왕실 집단은 그러한 정보의 수용을 통해 창출해 낸 거대 고총의 지상적석식 적석목곽분으로 마립간 왕릉을 신성왕의 정치적 기념물로 창조해 낸 것이 아니었을까?

지금까지도 학계의 일각에서는 2원적 계통관의 연장선에서 신라 적석목곽분의 적석부가 고구려 적석총에서 유래했거나 그 영향으로 출현하였다고 하고 있고, 최근 경주 방내리유적에서는 고구려 적석총과 관련이 있어 보이는 적석유구가 조사되어(한빛문화재연구원 2016), 신라고분과 고구려 적석총의 관계가 한층 더 강화되어 가고 있는 것처럼 보인다.[62] 그러나 신라 지상적석식 적석목곽분의 무묘광 매장주체부의 위치는 고분의 床面보다 위라는 의미의 지상이지만, 적석분구묘인 고구려 적석총의 매장주체부가 적석분구의 꼭대기에 위치한 것과 다르다. 신라 적석목곽분의 호석으로 마감된 원형계 반구형 봉분은 고구려 적석총의 방대형 분구와는 고분의 외형을 달리하며, 중국의 전국시대~한대의 방대형 고총 봉분, 낙랑 목곽분의 방대형 봉분, 방형-장방형이었을 것으로 추정되는 석재충전목곽묘 등 신라 조기 이전의 목곽묘 봉분 평면과도 다르다. 그러므로 신라 적석목곽분은 오히려 고구려 적석총과는 차별화하여 마립간 왕릉으로 창출되었다는 것이 필자의 판단이다.[63]

3) 요약

종래 신라 전기에 경주의 월성북고분군에서 출현한 적석목곽분의 기원에 대해서

....

62 현재 조사가 진행 중인 경주 쪽샘지구 황오동 44호분의 지상적석부가 3~4단의 계단식으로 축성되었다는 발표가 있었고(박형열 2016: 79), 필자도 이를 인용한 바 있으나(최병현 2016c: 168), 이는 적석부의 파괴된 부분 일부 단면에 나타난 현상을 오해한 것이었으며, 적석부가 온전히 보존된 북쪽 사면 노출 결과 계단식 단축은 이루어지지 않은 것으로 확인되었다.

63 경주 월성북고분군에서 신라의 적석목곽분이 출현하는 4세기 중엽경 서울 석촌동고분군에서는 백제의 기단식 적석총이 축조되기 시작하였다. 백제의 이 기단식 적석총이 고구려 적석총에서 유래한 것임은 분명한데, 박순발은 이를 對等政治體間 交互作用說(peer polity interaction tteory)에 따라 해석하여 고구려와 대등한 상대로 성장한 백제가 부여계의 적통을 표방하기 위해 고구려의 왕실묘제를 자신들의 묘제로 채용하였다고 였다(박순발 2001: 213~215). 그 출현 과정이 어떠하든 석촌의 백제 적석총은 고구려 적석총과 연관되지만, 경주의 신라 적석목곽분은 오히려 고구려 적석총과 차별화된 것이라고 판단한다.

는 2원적 계통관이나 북방기원설로 설명되었다. 1990년대 초 울산 중산리유적의 발굴 조사를 계기로 신라 적석목곽분의 북방기원설을 비판하고 새로 '목곽묘의 자체 발전설'이 제기되었다. 그 후 이를 구체화하려는 많은 노력이 있어 왔지만, 그동안 목곽묘와 적석목곽분의 구조를 왜곡하거나 확대·과장한 해석들이 난무하였을 뿐, 지금까지 '목곽묘의 자체 발전설'이 적석목곽분의 기원 해명에 별다른 성과를 내지는 못하였다. 한편으로는 2원적 계통관의 연장선에서 적석목곽분의 적석 축조를 고구려 적석총의 영향으로 해석하는 주장이 계속되고 있다.

필자는 적석목곽분이 출현하기까지 경주지역에서 목곽묘 계열의 묘제 전개 과정이 한편으로는 이전 시기 목곽묘의 구조가 계승되며 발전하는 과정이기도 하지만, 다른 한편으로는 새로운 축조 기법과 구조 요소가 도입되어 신묘제가 창출되는 과정임을 새로 주목하였다. 그리하여 사로국 후기 이래의 경주지역 중심고분군인 월성북고분군에서 신라 조기에는 점토충전목곽묘로부터 석재충전목곽묘가, 신라 전기에는 석재충전목곽묘로부터 적석목곽분이 파생·창출되었는데, 이는 신라 최고 지배세력의 분지화와 관련되며, 그 중 왕권을 장악하고 새로운 최고 지배세력으로 대두한 집단이 여타 세력과 차별화하는 정체성 표방의 일환으로 신묘제를 창출해 간 것이라 해석하였다. 신라 조기의 왕실집단은 낙랑 목곽분으로부터 묘광과 목곽 사이 적석충전 기법을 도입한 석재충전목곽묘를 창출하여 새로운 모습의 왕묘를 축조하였고, 신라 전기의 왕실집단은 좀 더 멀리 사카-오손계 쿠르간을 비롯한 북방 및 중앙아시아의 고분 구조에서 새로운 묘곽 구조와 무묘광 지상주체식의 거대 고총 구조를 도입하여 지상적석식 적석목곽분을 창출하고, 신성왕의 정치적 기념물로서 마립간 왕릉을 거대 고총으로 축조한 것이라 판단하였다. 그러한 지상적석식 적석목곽분은 신라 전기의 왕실집단이 고구려 적석총과는 차별화하여 창출한 것이었으며, 이에 따라 신라 조기 이래 석재충전목곽묘를 축조하고 있던 여타 집단들도 분화하여 석재충전목곽묘를 상부적석식 적석목곽분으로 발전시키거나 아니면 석재충전목곽묘를 그대로 고수하였을 것으로 판단하였다.

이제 마지막으로 강조해두고 싶은 것은, 여기서 제시한 필자의 새로운 주장을 포함하여, 복합적인 문화의 산물인 고분 묘제의 기원이나 계통론이란 사실 쉽게 풀릴 수 없는 가설일 뿐이라는 점이다. 정확한 사실들에 기초하여 그러한 가설을 입증하려는 노력은 계속되어야 하지만, 유구를 사실대로 이해하지 않고 왜곡, 과장하거나 상상을 가미해서 해석하는 방식은 학문 발전에 도움이 되지 않는다. 또 문화의 변화·변동은 오로지 자생적·자체적으로만 이루어지는 것은 아니며 주변 문화와의 부단한 접촉, 접변, 충격도 함께 작용한다는 점도 강조해 둔다.

5. 월성북고분군의 계층성과 복식군

신라의 고분문화 전기는 지상에 거대한 봉분을 가진 고총의 전성기였으며, 고총에는 신라를 황금의 나라로 자리매김한 각종 금공품을 비롯하여 다종다양하고 풍부한 부장품이 매납되었다. 적석목곽분은 그러한 신라 고총문화의 상징이며 중심적인 존재이다.

고분은 그것을 조영한 당시 사회의 산물로서 개개의 고분에는 피장자의 사회적 인격이 반영되어 있다고 보아야 한다. 필자는 과거에 경주 월성북고분군의 적석목곽분을 대상으로 단위고분과 단위고분들의 연접이나 묘곽의 결합 상태 등 고분들의 존재양태에 근거하여 '묘형'을 분류하고, 분류된 묘형에 따라 단위고분의 규모와 부장유물의 질·양을 대비해 본 바 있다. 그 결과 묘형과 단위고분의 규모 및 부장유물 사이에 어느 정도의 상관성이 보여 묘형을 피장자들의 신분에 따른 것으로 판단하고, 적석목곽분에는 당시 사회의 계층성이 반영되어 있다고 보았다(최병현 1980; 1981a; 1992a). 그러나 묘형과 부장유물의 조합은 그 상하의 한계가 명확하지는 않았다.

그 후 학계에서는 신라고분 출토 장신구를 위세품으로 인식하여 착장 위세품의 정치적 측면을 살피거나, 착장 장신구와 대도를 복식품으로 보아 당시의 복식제도와 그 위계 구조를 복원하고, 나아가 이를 통해 당시의 신분제 등 사회적 측면을 추적하는 연구가 이어지고 있다(이희준 2002b).

한편 최근들어 경주에서는 월성북고분군의 쪽샘지구 발굴조사가 진행되면서 한편으로는 필자가 분류한 적석목곽분의 묘형이 재확인되고 있기도 하지만, 다른 한편으로는 그 의미를 다시 살펴야 하는 면도 드러나고 있다. 또 신라 전기 경주 월성북고분군에서는 적석목곽분과 함께 여러 묘제의 고분들이 공존하고 있었음도 밝혀지고 있다. 즉 전시기 이래의 석재충전목곽묘와 점토충전목곽묘, 토광묘도 계속 조영되었고, 신라 전기에 들어와 새로 출현한 수혈식석곽묘(분)도 적지 않게 축조되고 있었다(최병현 2016a).

이에 여기서는 월성북고분군에 반영된 신라 전기 사회의 계층성을 재고찰해 보고
자 한다. 여기서는 먼저 월성북고분군에서 발굴된 모든 묘제의 단위고분이나 단위묘곽
의 랭크를 묘형에 따라서가 아니라 출토유물에 의해 구분하여 그 결과를 묘곽이나 고
분 규모와도 대비해 보고, 또 고분 랭크에 따른 복식품 착장 정형을 살피는 것으로 월성
북고분군에 반영된 신라 전기의 계층성을 파악해 보기로 하겠다. 이를 바탕으로 뒤에서
적석목곽분의 묘형도 재분류하고 그 의미에 대해서도 다시 살펴보도록 하겠다.

1) 월성북고분군의 계층성

(1) 고분의 랭크

① 랭크 구분의 기준

경주 월성북고분군의 신라 전기고분은 신라 조기와 후기의 고분에 비하면 다양한
외형과 내부구조, 그 규모의 차별성, 정형성을 갖춘 복식품 착장과 다종다양한 부장유
물 등 고분의 랭크 구분과 이를 통한 당시 사회의 계층성 파악에 아주 유리한 조건을
갖추고 있다고 할 수 있다. 하지만 실제의 구분 작업에 들어가면 오히려 여러 가지 제약
조건이 많고, 또 상호 비교 가능한 요소나 자료 또한 그다지 많지가 않다.

우선 고분은 시간성을 갖고 있어서, 신라 전기고분 가운데 적석목곽분도 그 내외
구조와 규모 및 출토유물의 질과 양은 시기에 따라 변화되었고, 같은 분기나 단계의 고
분일지라도 부곽의 유무 여부 등 묘곽의 형식이나 내부구조의 차이에 따라 부장유물
의 전체적인 수량에는 차이가 많다. 여기에 월성북고분군에서 지금까지 발굴조사된 고
분들은 대개 파괴고분이거나 도굴분들이고, 또 과거의 발굴조사에서는 고분의 외형과
내부구조를 밝히기보다는 매장주체부를 찾아 유물의 수습에 급급한 경우가 대부분이
었다. 특히 적석목곽분은 목곽이 부식하고 적석부가 함몰되어 내부구조가 변형된 상태
로 존재하는데, 과거의 발굴에서 적석목곽분의 묘곽 내부가 제대로 조사된 예는 극히
드물다.

이에 따라 외형의 규모가 비교 가능한 발굴고분은 극히 소수에 불과하고, 그 묘곽의 내부구조도 불분명한 것이 많다. 특히 목곽의 규모는 보고되지 않은 것도 많고, 보고된 것도 대개 그 수치를 신뢰할 수 없다. 월성북고분군에서 발굴조사된 적석목곽분의 외형 규모와 상부적석의 범위, 묘곽의 너비 등에서 어느 정도 차별성이 있는 것을 전고에서 밝힌 바 있지만(최병현 1981a; 1992a), 그것은 먼저 적석목곽분의 묘형을 구분하고 묘형에 따라 그 경향성을 확인한 정도의 것이었다.

출토유물도 과거의 발굴고분은 그 전체가 보고되지 않고 선별 보고된 것들이 대부분이다. 대개는 장신구 등 귀금속 유물 중심으로 보고되었을 뿐, 철제품이나 토기는 전체의 수량조차 파악되지 않는다.

신라 전기고분 자료에는 이와 같이 변수가 많고, 발굴자료의 그러한 상황은 지금까지도 크게 달라지지 않았다. 그런데 전고와 달리 본고에서는 묘형에 따라서가 아니라 단위고분이나 묘곽의 랭크를 구분하여 신라 전기고분의 계층성을 파악하고자 한다. 이에 고분 외형과 내부구조의 규모를 출토유물과 막바로 대비해 보기는 여러 가지로 어려운 면이 있으므로, 여기서는 먼저 출토유물을 기준으로 고분의 랭크를 구분해 보고, 그 결과를 묘제 및 고분 각부의 규모와 대비해 보도록 하겠다.

그런데 앞서 언급한 바와 같이 유물도 시기와 묘곽의 형식에 따른 부장의 차이와 발굴고분의 유물 선별보고로 인하여 출토유물의 종별 수량과 그 비교에는 오차가 많을 수밖에 없다. 이에 보고서에서 파악 가능한 유물의 수는 뒤에 첨부한 〈별표 18~23〉에 종별로 기록해 두고, 여기서는 유물의 수량보다는 질적인 면에서 공반유물의 세트관계를 중심으로 설명하고자 한다. 그동안의 발굴 보고가 귀금속 유물 중심이므로 여기서의 설명도 먼저 출토 장신구부터 종합해 보고, 그에 따른 용기류와 마구류, 무기류의 조합 양상, 특히 질적 조합양상을 중심으로 알아보는 것으로 하겠다.

한편 고분 출토 장신구는 고분의 주인공 피장자가 직접 착장하고 있었던 것과 그를 위해 부장된 것이 주이지만, 고분에 따라서는 착장이나 순수 부장 이 외에 장엄용이거나 또는 조묘자나 장례 참여자의 공헌품 등 다른 의미를 갖고 있는 것, 순장자가 착용한 것 등이 포함되어 있다. 그러나 이 유물들의 매납이나 순장자 역시 피장자의 사회적 인격과 관련된 것이므로 고분의 랭크 구분에는 이들도 당연히 포함되어야 한다고 본다. 다만 복식품 착장의 정형이나 그 변화는 고분 내에서 피장자가 직접 몸에 착장하고 있었던 것으로 파악되어야 하므로 표에 종별로 착장 여부를 표시해 두고, 착장과 부장을 가능한 한 가려보면서 분기에 따라 고분 랭크를 구분해 보도록 하겠다.

장신구 중에서 귀걸이와 관 수하식의 구분에 대해 미리 언급해 두어야겠다. 귀걸이와 관 수하식은 모두 세환식 또는 태환식의 주환을 가진 장신구인데, 대개 관 수하식에는 귀걸이보다 긴 수식이 달린다. 이에 따라 피장자의 머리 위치에서 귀걸이와 관 수하식이 대관과 함께 출토될 경우 그 구분은 어렵지 않다. 하지만 피장자의 머리 위치에 관모류의 흔적이 남아 있지 않은 상태에서 주환이 세환식이나 태환식인 장신구가 출토되면 그 형태나 출토 수와 관계없이 모두 귀걸이로 보고되거나 일반적으로 귀걸이로 분류되어 연구되기도 하고, 세환식은 세환이식으로, 태환식은 모두 태환수식으로 구분하기도 한다(김용성 1998: 338).

그러나 피장자의 머리 위치에서 관모류의 흔적 없이 세·태환식 장신구가 2쌍 이상 출토될 경우 대개 1쌍은 주환에 중간식과 끝장식으로 구성된 통식의 귀걸이이지만, 그 외의 것은 그와 형태가 다르거나 긴 수식이 달린 것이 보통이다. 이러한 통식에서 벗어나 긴 수식이 달린 세·태환식 장신구는 귀걸이가 아니라 관 수하식으로, 이는 대관은 아니지만 피장자가 부식하기 쉬운 다른 재질의 관모류를 착장하고 있었던 증거가 된다. 아마도 유기질 관모류가 일반적이었겠지만, 부식이 심하게 진행된 은제품도 흔적이 잘 남지 않을 수 있다. 이에서 미루어 보면 피장자의 머리 위치에서 통식의 귀걸이는 출토되지 않고 통식에서 벗어난 긴 수식의 세·태환식 장신구만 출토되었을 경우도 그것이 귀걸이가 아니라 관 수하식이었을 것으로 판단된다. 뒤에서 보듯이 관 수하식이 딸린 대관이 착장된 고분에서 귀걸이는 착장되지 않은 예가 있기 때문이다.

한편 귀걸이와 관 수하식이 모두 출토되었을 경우 대개는 세환식이나 태환식의 어느 한쪽으로 통일되어 있다. 그러나 간혹 그렇지 않은 경우도 있고, 어느 한쪽은 수식이 달리지 않아 어느 것이 관 수하식이고 어느 것이 귀걸이인지 구분하기 어려운 예들도 있다. 이러한 예들은 그 출토 위치로 구분되어야 한다고 판단된다. 피장자의 머리 위치에 흔적이 남아 있지 않은 관모류는 필시 피장자의 두정부에 착장된 모관이었을 것이므로 두정부 쪽의 것이 관 수하식, 그보다 아래쪽의 것이 귀걸이였을 것이다.[64]

....

64   일찍이 아리미쓰 교이치(有光敎一)가 황오동 16호분-2곽과 4곽의 예를 들어 피장자의 머리 위치에서 세·태

필자는 신라전기양식토기의 편년에 따라 신라 전기고분도 4기로 나누고 다시 각 분기를 세분하고 있는데, 편년표(앞의 표 2-6)에서 보듯이 월성북고분군의 발굴고분은 시기에 따른 편중이 심하다. 앞 시기로 올라갈수록 그 수가 적고, 특히 발굴조사된 이른 시기의 적석목곽분은 극소수에 불과하다. 고분의 구조적 측면이건 출토유물이건 이런 상태에서는 모든 세분된 분기에 따른 분석이 별 의미를 갖지 못하며, 앞 시기부터 분석해 내려오는 것도 전체적인 흐름 파악에 도움이 안 된다. 이에 현재 편년 가능한 발굴고분이 집중된 4a기와 4b기는 나누어 살펴보되, 발굴고분이 소수인 앞의 분기들은 세분하지 않겠다. 그리고 현재로서는 발굴고분이 가장 많은 4a기를 먼저 분석하여, 그 결과를 기준으로 삼아 앞뒤 분기들을 비교·검토하는 방식으로 하겠다.

② 출토유물에 의한 고분 랭크의 분석(별표 18~23)

㉠ 4a기

신라고분에서 세·태환식의 귀걸이와 유리구슬 목걸이가 가장 널리 출토되는 장신구인 것은 이미 잘 알려져 있는 사실이다. 그런데 월성북고분군에서 발굴조사된 신라전기 4a기 고분들의 출토유물을 집계한 뒤의 〈별표 21, 22〉를 검토해 보면 장신구와 장신구 이 외 다른 유물의 공반 관계에서 상호 관련성이 확인된다. 먼저 장신구에서 귀걸이와 함께 과대를 착장한 그룹과 그 이하 과대를 착장하지 않은 그룹이 확연하게 구분되며, 그에 따라 용기류를 비롯한 다른 유물들의 공반 양상에도 차이가 있음을 알 수 있다.
　　과대를 착장한 그룹 전체를 일단 a그룹[65]으로 하면, a그룹은 대개 대관을 착장하였

....

환식 장신구가 2쌍 나왔을 경우 그 중 1쌍은 관 수하식이었을 것으로 보았다(有光教一·藤井和夫 2000: 13). 다만 그는 출토 위치와 관계없이 두 묘곽 모두 세환식을 귀걸이로, 태환식을 관 수하식으로 판단했다. 이희준도 이를 따랐다(이희준 2002b: 73). 그러나 필자는 관 수하식을 대관 없이 모관에 부착하였을 경우 그 위치는 귀걸이보다 더 위쪽으로 두정부에 가까웠을 것으로 판단한다. 황오동 16호분-2곽에서는 세환식과 태환식이 동서로 놓여 세환식이 관 수하식, 태환식이 귀걸이로 판단되는데 2곽의 피장자는 대도를 착장하지 않았으며, 4곽에서는 그 반대로 태환식이 동쪽, 세환식이 서쪽에서 출토되어 세환식이 귀걸이로 판단되는데 4곽의 피장자는 대도를 착장하였던 것으로 보인다.

65　미추왕릉지구 7구역 5호분(김정학 외 1980)은 묘곽의 서반부가 발굴되지 않아 과대 착장 여부가 확인되지 않았으나 다른 유물의 공반 상태로 보아 피장자는 분명히 과대를 착장하고 있었을 것으로 판단된다. 피장자

거나, 대관이 착장되지 않은 경우 반드시 관 수하식이 출토되어, 관 수하식이 딸린 다른 관모류를 착장하고 있었던 것이 분명하다. 황오동 16호분-1곽과 미추왕릉지구 7구역 5호분에서는 피장자 머리 위치에서 대관과 백화수피 모관이 위 아래로 겹쳐진 상태로 출토되기도 하였다. 그러므로 a그룹은 기본적으로 관모류와 과대를 착장한 그룹인데, a그룹은 다시 착장 과대의 대장식구가 금제인 그룹과 은제인 그룹으로 나누어진다. 금제 대장식구 과대는 모두 금제대관과 함께 착장되었지만, 은제대장식구 과대는 금동제대관과 함께 착장한 그룹, 대관이 아닌 다른 관모류와 함께 착장한 그룹이 있어 검토가 필요하다.

그런데, 피장자가 다 같이 세환식귀걸이를 착장한 식리총과 미추왕릉지구 7구역 5호분의 공반유물들을 비교해 보면 금동제대관을 착장하지 않은 식리총이 금동제대관을 착장한 미추왕릉지구 7구역 5호분보다 오히려 우월한 수준인 것을 알 수 있다. 이는 은제대장식구의 과대 착장 그룹에서 금동제대관의 착장이 반드시 우월한 요소가 아님을 말해준다. 다른 부장유물을 비교해 보아도 금동제대관 착장 여부와는 관계없이 금동제식리 출토고분에서 청동주조용기와 목칠기가 공반되는 등 금동제대관 착장보다는 오히려 금동제식리의 부장 여부에 더 의미가 있음을 알 수 있다.

이로써 a그룹은 금제대관과 금제대장식구의 과대를 착장한 특a랭크, 금동제대관이나 또는 관 수하식이 딸린 다른 관모류와 은제대장식구의 과대를 착장하고 금동제식리를 부장한 a+랭크, 금동제대관이나 또는 관 수하식이 딸린 다른 관모류와 은제대장식구의 과대를 착장하였으나 금동제식리가 부장되지 않은 a랭크로 세분된다.

각 a랭크의 고분들은 다른 장신구와 공반유물에서도 분명한 차이를 보이는데, 팔찌와 반지는 a랭크 이상에서 착장되지만, 특a랭크에서는 모두 금제를 착장하거나 금제와 은제를 함께 착장하였다. a+랭크 고분에서도 팔찌는 모두 착장되었고, 반지도 황오동 16호분-1곽을 제외하고는 모두 착장되었지만, a랭크 고분에서 팔찌와 반지 착장은 필수적이지 않아 착장 고분 수가 많지 않다. 또 a+와 a랭크에서는 금팔찌를 착장한 예가 없고 대개 은팔찌와 반지를 착장하였으며, 노동동 4호분에서 금동팔찌 1개, 노서동 138호분에서 금반지 5개의 착장 예가 있을 뿐이다.

....

머리맡의 주 부장품 구역과 머리 위치의 유물이 출토되었으므로 이하에서 다른 고분들과의 비교는 가능하다.

경흉식도 특a랭크에서는 금판띠나 중공구 등 금제부속품이 사용된 대형 경흉식이 착장되지만, a+랭크 이하에는 유리구슬과 곡옥으로 구성된 목걸이가 착장되거나 경흉식이 착장되지 않기도 하였다.[66]

장신구 외의 다른 부장품에서도 많은 차이가 있는데, 금·금동·은 등 귀금속판제용기와 유리용기는 특a랭크의 전유물이다. 마구류와 무기류는 세·태환식귀걸이와 대도 착장 여부에 따라 차이가 있으며, 특a랭크에서는 무기 중 금동장대도를 착장하고, 마구에 장니와 금동장안교가 포함된다. a+랭크인 식리총에서 금은장대도가 부장되었지만, a+와 a랭크의 착장대도는 은장대도이며, 안교는 a랭크까지 금(청)동장 안교가 부장되었다.

과대를 착장하지 않은 그룹은 장신구 착장 여부와 공반유물에 따라 b, c, d랭크로 나누어 볼 수 있다. b랭크는 기본적으로 세환식이나 태환식의 귀걸이를 착장한 그룹인데,[67] 목걸이를 함께 착장한 고분은 소수이다. 은장대도를 착장하거나 안교 부속구가 출토된 예가 있고 마구류와 대형 무기류가 부장되지만, 대도가 착장되지 않는 고분에서는 대개 마구류와 대형 무기류의 부장이 소략하다.

c랭크는 귀걸이가 착장되지 않고 부장품 중에 마구류가 포함되지 않은 고분들인데, 무기 중에 철제대도나 철모와 같은 대형 무기가 소수 포함된다.[68] 귀걸이 없이 목걸이만 착장한 예가 일부 있다.

d랭크는 출토유물에 마구류와 대형 무기가 포함되지 않은 고분들이다. 철촉이 출토되는 예들이 일부 있으나, 대개 소량의 공구류와 토기가 함께 출토되거나 토기만 출

....

66　황오동 33호분 서곽에서 과대의 출토 보고는 없으나 피장자는 금제태환식귀걸이와 함께 태환식의 금동제 주환에 중공구와 곡옥이 달린 관 수하식이 출토되어 관모류를 착장하고 있었던 것이 분명하고, 2쌍의 금동팔찌 착장, 철솥과 철호 등의 공반유물도 다음의 b랭크 고분들과는 분명한 차별성이 있어 a랭크 고분으로 분류한다. 발굴보고가 간략하여 자세히 알 수 없으나 보고서의 도판 9(진흥섭 1969: 90))에는 피장자가 착장한 양쪽 팔찌 사이에 어떤 물질의 희미한 흔적이 있었던 듯도 하여 혹시 은제대장식구가 녹아 있었던 것인지도 모르겠다.

67　적석목곽분인 황남동 95/6-5호분에서는 피장자 유해부의 머리 부분이 파괴되어 귀걸이가 출토되지 않았으나, 마구류 중 재갈과 등자가 출토되었다. 이 고분 외에 재갈과 등자가 부장된 고분은 예외 없이 피장자가 귀걸이를 착장한 b랭크 이상의 고분이다.

68　b랭크 이상은 착장 복식품에서 차이가 비교적 분명하여 구분이 어렵지 않지만, c랭크와 d랭크의 구분선을 긋기는 사실 쉽지 않다. 필자는 대도나 철모 등 대형무기의 출토여부를 중시하여 신라 조기 목곽묘의 랭크를 구분한 바 있는데(최병현 2015), 여기서도 그 기준을 적용하기로 한다.

토되는 고분들이다. d랭크로 분류한 고분 중 수식이 달리지 않은 금동제세환 1쌍이나 1개가 출토된 고분들도 있는데, 공반유물로 보아 이들을 상위랭크로 올려보기는 어렵다.

ⓒ 1기

토기 편년상 1기는 1A기와 1B기, 다시 1A기는 a, b의 2소기, 1B기는 a, b, c의 3소기로 나누어지지만 1기 전체의 발굴조사 고분이 소수이어서 세분하지 않는다. 1Bc기로 편년되는 적석목곽분인 황남동 110호분과 황오동 14호분-1곽에서는 복식품 착장과 부장유물이 앞의 4a기와 비교하여 어느 정도 정형성을 갖춘 것을 볼 수 있다. 두 고분 모두 피장자는 세환식귀걸이와 목걸이, 금동제 또는 은제대장식구의 과대, 은장환두대도를 착장하였다. 모두 관모류를 직접 착장하지는 않았지만, 황남동 110호분에서는 금동제관식, 황오동 14호분-1곽에서는 은제관식과 금동제모관이 부장되어 전체적으로 4a기 a랭크의 복식품에 비견된다. 은장대도의 착장, 안교를 갖춘 마구류와 대형무기, 공구류의 부장양상도 4a기의 a랭크와 비교될 수 있다.

두 고분보다 앞의 1Bb기로 편년되는 석재충전목곽묘인 월성로 가-13호묘는 묘곽의 규모나 출토유물의 수준으로 보아 원래 부곽이 딸렸겠지만, 부곽은 발굴되지 못하여 부장유물의 전체적인 양상은 알 수 없다. 그런데 주곽으로 판단되는 묘곽에는 5인이 매장되었으며, 그 중 3인은 보고서에 금제귀걸이로 보고된 관 수하식을 착장하였고, 피장자들은 금판띠나 중공구가 포함된 대형 흉식, 또는 금제목걸이나 곡옥 달린 유리구슬 목걸이를 각각 착장하였다. 5인 중 4인은 (환두)대도를 착장한 것으로 판단되었는데, 대도 중에는 금장 또는 은장대도가 포함되었다. 이와 같이 복식품이 모두 갖추어지지는 않았지만 4a기에서는 특a랭크에서나 볼 수 있는 대형 흉식의 착장, 그 외 금제목걸이의 착장이 유의된다. 2점이 출토된 유리용기, 금제와 은제 완이 겹처진 상태로 나온 2조의 귀금속판제용기도 4a기에는 특a랭크의 전유물이다. 이상으로 보아 월성로 가-13호묘는 현재까지의 1기 고분 가운데 가장 상위 랭크의 고분이지만, 묘제나 복식품과 관련하여 뒤에서 좀 더 검토가 필요하다.

1Ab기의 석재충전목곽묘인 월성로 가-6호묘는 묘곽의 동북모서리 일부의 발굴에서 철모 30점, 철정 25점, 철부 16점이 출토된 것으로 보아 전체가 발굴되면 a랭크 이상

일 것으로 판단된다. 쪽샘 C10호묘도 1Ab기로 편년되는 이혈주부곽식 점토충전목곽묘인데, 안교를 포함한 마구류, 다수의 철제무기 및 공구류와 함께 완전한 찰갑과 마갑이 출토되었으나 장신구는 출토되지 않았다. 유례없이 풍부한 철제유물에도 불구하고 금공장신구가 출토되지 않은 것은 역시 신라 전기 초 묘제의 성격과 관련이 있었을 것으로 판단된다.

1기 고분에서도 b랭크 이하는 대체로 4a기와 같은 기준으로 분류할 수 있다. b랭크는 기본적으로 세환식 또는 태환식 귀걸이를 착장한 그룹으로서, 그와 함께 대개 목걸이도 착장하였다. b랭크 고분에는 마구와 무기, 공구류가 부장되었지만, 대도가 착장되지 않은 고분에서는 마구와 무기류의 부장이 소략하거나 토기만 부장된 고분도 있다. 복식품과 마구류가 없고 대형 무기와 공구류가 부장된 고분은 c랭크, 철촉 외에 대형 무기가 부장되지 않은 고분은 d랭크로 분류된다.

ⓒ 2기

2기도 토기 편년으로는 a, b의 2소기로 나누어지지만, 발굴조사 고분이 극히 소수이어서 세분하지 않는다. 2a기인 황남대총 남분과 2b기의 북분은 금제대장식구 과대 착장, 금동제식리의 부장, 유리용기와 귀금속판제용기, 옥충장안교를 비롯한 최상급 마구 등의 출토로 특a랭크 고분으로 분류된다. 금제대장식구 과대와 금제대관을 함께 착장한 황남대총 북분과 달리 남분 피장자의 착장 관은 금동제대관이었는데, 금제대관만 착장하지 않았을 뿐 금동장환두대도를 착장하였고, 금제관식을 비롯하여 수많은 금제, 금동제, 은제 장신구가 부장되어 신라 전기의 최상급 유물을 보유한 고분이다.

2기의 발굴고분 중에 a랭크로 분류할 수 있는 고분은 아직 없지만, 그 이하는 4a기와 같은 기준으로 피장자가 세환식·태환식귀걸이를 착장한 고분은 b랭크로 분류된다. b랭크 고분에는 마구류, 무기류, 공구류가 부장되었으나 대도가 착장되지 않은 고분에서는 마구와 대형 무기류의 부장이 간소한 것을 알 수 있다. 착장 복식품은 없고 부장품에 대형 무기류가 포함된 c랭크, 철촉과 공구류를 함께 또는 토기류만 부장한 d랭크 고분이 있다.

3기도 토기 편년상 a, b의 2소기로 나누어지지만, 3a기의 발굴고분이 소수이어서 3b기와 통합하여 분석한다. 3기 고분들도 대체로 4a기와 같은 기준으로 랭크를 구분해 볼 수 있지만, 세부적으로는 차이점도 있어 검토가 필요하다.

금제대관과 금제대장식구 과대를 착장하고 식리를 부장한 금관총은 특a랭크에 속한다. 세환식 또는 태환식 귀걸이와 함께 은제대장식구의 과대를 착장하고, 대관이나 관 수하식의 출토로 보아 관모류를 착장한 고분은 4a기와 같이 a랭크로 분류할 수 있다. 관 수하식이 출토되지 않았지만 백화수피모관을 착장하였거나 부장한 고분도 a랭크로 분류된다. 황오동 41호분에서는 피장자가 관모류를 착장한 직접적인 증거는 발견되지 않았으나 금동제관식과 은제모관, 백화수피모관 등이 부장되었다. 금동장대도를 착장하였고, 귀금속판제용기가 출토되어 부장품도 3기의 다른 a랭크 고분들보다 우세하지만, 4a기와 같이 식리의 부장은 확인되지 않는다.

a랭크 고분 중에 목걸이, 금제나 은제의 팔찌나 반지를 착장한 고분이 소수 존재하는 것은 4a기와 같으나, 청동주조용기 출토 고분의 존재는 4a기와 다른 점이다. 일반적으로 은장대도를 착장하거나 부장한 것, 금동장안교를 포함한 마구류가 부장된 것도 4a기의 a랭크와 같다. 세환식귀걸이와 대도착장 고분 가운데 황남동 파괴고분-2곽, 황오동고분-남곽 등에서 부장품이 소략한 것은 발굴보고의 문제로 보이지만, 그 외 세환식·태환식 귀걸이가 착장되고 대도가 착장되지 않은 고분에서 마구류 등 부장품이 소략한 것은 다른 분기에서도 공통되는 현상이다.

인왕동 149호분과 황남동 82호분-동총에서는 은제대장식구 과대가 착장되었으나 관모류와 관련된 유물의 출토는 확인되지 않아 다른 a랭크 고분들과는 구별되지만, 두 고분 모두 목걸이를 착장하였고, 인왕동 149호분의 은장대도 착장과 두 고분에서 안교를 포함한 마구류, 무기류 등의 출토를 감안하여 일단 a랭크에 포함해 둔다. 황남동 95/6-1, 2호에서도 은제과대가 착장되었으나 관모류와 관련된 유물은 확인되지 않지만, 마구류 등 공반유물을 감안하여, 이들도 일단 a랭크에 포함해 둔다.

세환식·태환식 귀걸이를 착장하고 마구류, 무기류, 공구류를 부장한 고분은 4a기와 같이 b랭크로 분류할 수 있다. b랭크의 세환식귀걸이 착장 고분에서는 대개 은장대도나 철대도가 함께 착장되고, 마구류와 무기류, 공구류를 부장하였으나, 세·태환식 귀걸이 착장 고분 중 대도가 착장되지 않은 고분에서는 모두 마구류와 무기류가 부장되지 않거나 소략하다.

황남동 109호분-2곽과 황남동 파괴고분-3곽의 경우 장신구의 출토가 확인되지 않은 것은 4a기의 b랭크와 다르나, 등자와 재갈을 포함한 마구류의 출토는 c랭크와도 다르다. 일단 b랭크로 분류해 둔다.

4a기의 d랭크 고분에도 수식이 달리지 않은 세환착장 고분이 존재했던 것을 참고하여, 3기 고분도 마구류는 부장되지 않았지만 대형무기가 부장된 고분은 c랭크, 마구류와 대형무기가 부장되지 않은 고분은 d랭크로 분류한다.

ⓜ 4b기

장신구의 착장 또는 출토와 다른 유물의 공반 관계로 보아 4b기 고분들도 대체로 4a기와 같이 랭크를 구분해 볼 수 있지만, 발굴과 보고에 문제가 있는 고분들에 대해서는 검토가 필요하다. 4b기의 발굴고분 중에 특a랭크는 없으나, 피장자가 금동제대관과 은제대장식구의 과대를 착장하고 금동제식리가 부장된 호우총은 a+랭크로 분류된다. 호우총 피장자가 금동장대도를 착장한 것, 청동주조용기와 목칠기, 금동장안교가 부장된 것은 4a기의 a+랭크와 같으나, 금팔찌와 금반지를 착장한 것, 금동장안교가 투조문인 것 등은 4a기 a+랭크의 수준을 넘는 것이다.

2인장으로 백화수피모관과 은제대장식구의 과대를 착장한 계림로 14호분, 관 수하식과 은제대장식구가 착장된 황오동 4호분도 4a기와 같은 기준으로 a랭크로 분류된다. 그러나 두 고분의 청동주조용기 공반, 계림로 14호분의 금장보검 출토는 4a기 a랭크의 수준을 넘는 것이다. 보문동합장분 적석곽에서는 금동관이 출토되었고, 미추왕릉지구 4구역 3호분-1곽에서는 관 수하식의 출토로 관모류 착장이 확인되나 두 고분에서 모두 대장식구의 출토는 확인되지 않는다. 그러나 보문동합장분 적석곽에서는 동제·은제팔찌와 은제반지가 착장된 점, 미추왕릉지구 4구역 3호분-1곽에서는 안교부속교구, 은장행엽을 포함한 풍부한 마구 출토로 보아 b랭크 이하로 낮추기는 어렵다.

노서동 215번지 고분은 호우총과 일부 중복된 파괴고분으로, 유물이 신고되어 수습조사된 것이다. 금제태환식귀걸이와 함께 금제와 은제팔찌, 금제와 은제반지, 금제중 공구목걸이 등 화려한 장신구의 출토로 보면 호우총 이상의 수준이었을 것으로 추정되나, 고분 유물 전체의 조합을 알 수 없으므로 a랭크로 분류해 둔다.

황남동 151호분의 횡구식석곽은 도굴분인데, 시상이 최소 3차 추가 설치된 대형의 합장분으로, 석곽의 규모가 신라 후기 석실봉토분의 석실과 비교해도 최대급에 속하고, 대장식구 일부도 출토되어 a랭크로 분류해 둔다.

다음 세·태환식 귀걸이를 착장하고 마구류, 무기류, 공구류가 공반된 고분들은 b 랭크로 분류되는데, 목걸이를 착장한 예가 아주 적다. 황남동 106-3번지 1호분의 공반 유물이 빈약한 것은 파괴고분이기 때문이고, 미추왕릉 전지역 C지구 2호분과 황남동 151호분 적석곽에서 부장품이 소략한 것은 태환식귀걸이 착장 고분이기도 하지만, 간 략한 약보고이어서 출토유물의 전모를 알 수 없다.

c랭크 이하도 4a기와 같은 기준을 적용할 수 있는데, 월성로 가-9호묘는 묘곽부 전 체가 발굴되지는 못하였지만 출토유물에 철모가 포함되어 있어 c랭크 이상일 것으로 판단한 것이다. 철촉과 같은 소형무기나 공구류가 토기와 함께 출토되거나 토기만 출토 되는 d랭크 중에 수식이 달리지 않은 금동제 세환 1개씩이 출토된 고분들이 존재하는 것은 4a기와 같다.

③ 종합

〈표 2-9〉는 앞서 설명한 분기와 고분 랭크에 따라 착장 복식품을 포함한 부장품의 내용을 종합·정리한 것이다. 표에서 2기의 a랭크가 비어 있듯이, 1~3a기까지는 발굴 고분의 수가 적어 이 표의 종합 내용이 실상을 충분히 반영하고 있지 못할 수도 있다. 그 러나 앞서 밝힌 바와 같이 고분의 랭크는 착장 장신구 등 복식품을 우선으로 하여 구분 하였는데, 표는 고분 랭크에 따라 다른 부장품들도 차등화되었고, 크게 보아 그 차등화 가 전체적으로 일관성이 있음을 보여준다. 물론 그 중에는 부분적으로 시기에 따른 변화 도 보인다. 복식품 중 장신구에 대해서는 뒤에서 따로 살펴보겠지만, 예컨대 철솥의 부 장이 3기에는 b랭크까지 늘어났으나 그 외에는 4a기의 1례를 제외하고 a랭크까지만 부 장된 것, 마구 중 a랭크의 안교가 2기는 알 수 없지만 1기에 철안교였던 것이 3기 이후

표 2-9 착·부착 유물 종합

분기	분류	금관머판	금·마관	금동식기	금팔·이식관모판	태화수피관모	관수하식	금팔·이식관	팔찌·반지	구절용	용식	막절용	야금용기	귀금속관형용기	막혈기	청동무수소유기	철솥·유	인골	대구	착장대도	대장마구	대금구의형상	특기
1기	특a	?	?	?	?	?	O	?	?	?	O	O	O	O	?	?	?	?	O	금장 은장	O	O	O
	a	X	X	X	O	?	OX	O	X	O	X	O	X	X	X	X	OX	철장	O	은장	O	O	O
	b	X	X	X	X	X	X	X	X	O	X	OX	X	X	X	X	X	?	O	철	O	O	O
	c	X	X	X	X	X	X	X	X	X	X	X	X	X	X	X	X	X	O	(철)	O	O	O
	d	O	O	O	O	O	O	O	O	O	O	O	O	O	O	O	O	금동장	X	X	X	OX	O
2기	특a	X	X	X	X	X	X	X	X	?	O	X	X	X	X	X	X	?	O	철	O	O	O
	a	X	X	X	X	X	X	X	X	O	X	X	X	X	X	X	X	X	X	(철)	O	O	O
	b	X	X	X	X	X	X	X	X	X	X	X	X	X	X	X	X	X	X	X	X	O	O
	c	X	X	X	X	X	X	X	X	X	X	X	X	X	X	X	X	X	X	X	X	O	O
	d	O	O	O	O	O	O	O	O	O	O	O	O	O	O	O	O	금동장	O	금동장	O	O	O
3기	특a	X	X	X	X	X	O	XO	XO	X	O	OX	XO	XO	XO	XO	OX	금동장	O	금동장	O	O	O
	a	O	X	X	X	X	O	X	X	X	X	XO	X	X	X	X	OX	금동장	O	금동장	O	O	O
	b	X	X	X	X	X	X	X	X	X	X	XO	X	X	X	X	XO	철장	O	인장·철	O	O	O
	c	X	X	X	X	X	X	X	X	X	X	XO	X	X	X	X	X	X	X	인장 (철)	O	O	O
	d	O	O	O	O	O	O	O	O	△	O	O	O	O	O	O	O	금동장	X	X	X	O	O
4a기	특a	X	X	X	X	X	O	OX	O	O	O	O	O	O	O	O	O	금동장	O	금동장	O	O	O
	a+	O	O	X	O	O	OX	XO	OX	O	X	XO	X	X	X	X	O	인입사·칠장	O	(금동장)	O	O	O
	a	X	X	X	X	X	X	X	X	O	X	XO	X	X	X	X	X	?	O	인장	O	O	O
	b	X	X	X	X	X	X	X	X	O	X	OX	X	X	X	X	X	X	X	인장	O	O	O
	c	X	X	X	X	X	X	X	X	X	X	X	X	X	X	X	X	X	X	(철)	X	OX	O
	d	X	X	X	X	X	X	X	X	△	X	X	X	X	X	X	X	X	X	X	X	O	O
4b기	특a	X	X	X	X	X	O	O	O	O	O	O	O	O	O	O	O	금동장 인입사	O	금동장	O	O	O
	a+	X	X	X	X	X	O	OX	OX	O	X	OX	X	X	X	X	OX	인입사·칠장	O	은장	O	O	O
	a	X	X	X	X	X	O	X	X	X	X	XO	X	X	X	X	X	철장	O	철	O	O	O
	b	X	X	X	X	X	X	X	X	X	X	X	X	X	X	X	X	X	X	?	?	?	O
	c	X	X	X	X	X	X	X	X	X	X	X	X	X	X	X	X	X	X	?	O	O	O
	d	X	X	X	X	X	△	X	X	△	X	X	X	X	X	X	X	X	X	X	OX	OX	O

는 금동장 또는 은입사철안교로 격상된 것, 착장대도도 1기 a랭크는 은장대도, b랭크는 철대도였으나 3기 이후는 은장대도가 b랭크까지 확대된 것 등이다. 이와 같이 시기가 내려오면서 부장 품목이 변화되기도 하고 유물의 수준이 격상되기도 하였지만, 그러한 변화가 고분 랭크 사이의 차별성을 약화시킨 것은 아니었다. 그러므로 이제 신라 전기고분은 1기부터 고분들의 랭크가 구분되어 있었으며, 그러한 고분들의 랭크는 신라 전기고분 피장자들의 사회적 위상이나 신분을 포함한 계층성을 나타내준다고 할 수 있다.

그런데 월성북고분군의 신라 전기고분에서 1기부터 3기까지는 기본적으로 5단계의 고분 랭크가 지켜지다가, 4a기 들어 a+랭크 하나가 더 늘어났다. a+랭크의 존재는 현재로서는 4a기부터 확인되지만, 그 분화가 반드시 4a기에 들어와서 시작되었는지는 검토가 필요하다. 예컨데 3b기의 황오동 41호분은, 착장한 은제대장식구의 과대 외에 금동제대장식구의 과대가 금동관식과 함께 부장되었고, 착장한 목걸이가 대형 흉식에 가까운 것이고, 3기 a랭크 고분으로는 유일하게 착장대도가 금동장이며, 귀금속판제용기가 출토되는 등 착·부장 장신구와 다른 부장 유물의 수준이 3기뿐만이 아니라 전체적으로 a랭크 고분의 수준 범위를 벗어난다. 뒤에 지적하겠지만, 묘곽과 고분의 규모도 다른 a랭크 고분의 범위를 벗어난다. 금동제식리가 부장되지 않아 a랭크로 분류해 두었지만, 이로 보아 a+랭크의 분화는 사실상 3기부터 시작되었을 가능성이 있다.[69]

또 4b기의 a+랭크는 현재 호우총 하나이지만, 노서리 215번지 고분도 금팔찌와 반지, 금목걸이 착장 등 다른 a랭크 고분의 범위를 크게 벗어난다. 호우총과 연접되었을 가능성도 있는 이 고분의 세부적인 발굴 내용과 출토유물의 전체 내용을 알 수 없지만, 실제는 a+랭크 고분이었을 가능성도 있다.

이상 살펴본 바와 같이 월성북고분군의 신라 전기고분은 이른 시기에는 5단계의 고분 랭크로 구성되어 있었으나, 시기가 내려오며 a+랭크가 분화되어 고분 랭크가 모두 6단계로 증가하는 변화가 있었던 것을 알 수 있다. a+랭크의 분화가 특a랭크에서 하

---

69   발굴조사가 진행 중인 황오동 44호분의 목곽부 유물이 노출되어 2020년 11월 26일 현장을 실견하였다. 피장자는 금제 관수하식이 달린 금동관과 은제대장식구의 과대, 경흉식, 은제 팔찌와 반지를 착장하였고, 칠기도 부장된 것으로 보였다. 이와 같은 유물 조합은 a랭크를 능가하지만 식리는 출토되지 않았다. 노출된 토기들은 3a기나 3b기 형식으로 보였다. 황오동 41호분과 함께 고려해 볼 때 a+랭크는 늦어도 3기부터 존재하였으나, a+랭크 고분에 식리의 부장이 추가된 것은 4기에 들어온 이후부터였을 가능성이 있다.

강인지 a랭크에서 상승인지, 그것이 의미하는 바가 무엇인지는 좀 더 신중한 판단이 필요하다.[70]

(2) 묘제와 고분의 랭크

신라 전기 월성북고분군에서는 중심 묘제인 적석목곽분 외에도 여러 묘제의 고분들이 조영되었다. 신라 조기 이래의 점토충전목곽묘와 석재충전목곽묘, 토광묘도 계속 조영되었고, 또 신라 전기에 새로 출현한 수혈식석곽묘(분)와 횡구식석곽분도 도입되었다. 앞서 살펴본 고분 랭크도 주 분석 대상은 물론 적석목곽분이지만, 지금까지 월성북고분군에서 발굴조사된 모든 묘제의 고분들을 포함하였다.

〈표 2-10〉은 적석목곽분 이 외에 월성북고분군에서 조사된 다른 묘제의 고분들의 랭크 분포를 분기별로 종합한 것이다. 여기서 알아보고자 하는 것은 적석목곽분을 제외한 다른 묘제의 고분들의 랭크 분포와 그 변화의 흐름이기 때문이다.

표에서 보듯이 신라 전기 1기에는 석재충전목곽묘가 모든 랭크에 분포하고, 특히 a랭크 이상으로 분류될 수 있는 석재충전목곽묘와 점토충전목곽묘가 존재한 것이 주목된다. 토광묘는 c랭크 이하로 존재하였다. 그러나 2기 이후 석재충전목곽묘와 점토충전목곽묘의 랭크는 하향되고,[71] 신라 전기에 새로 출현한 수혈식석곽분이 월성북고분군에는 2b기부터 조영되기 시작하여 그 랭크가 4a기에는 상향되는 변화가 보인다.

....

70 식리가 출토되지 않아 a랭크로 분류하였지만 유물 조합이 a랭크를 능가하는 3기의 쪽샘지구 황오동 41호분은 묘광주체식이고, 현재 발굴조사 중인 황오동 44호분은 지상주체식으로 차이가 있으나, 금동제식리를 부장한 4기 이후의 a+랭크 고분이 모두 묘광주체식인 점은 특a랭크 고분이 기본적으로 지상주체식인 점과 다르다.

　월성북고분군의 남쪽 그룹으로 현재 조사가 진행 중인 황남동 120호분의 주분은 지상주체식이지만, 그 남쪽에 연접 축조된 120-2호분은 묘광주체식이다. 그 묘곽부가 조사되었는데(신라문화유산연구원 2020-8, 〈경주 대릉원 일원[사적 제512호] 추정 황남동 120호분 주변 정밀발굴조사 학술자문회의 자료[4차]〉), 피장자가 금동관과 은제대장식구의 과대, 경흥식을 착장하고 식리가 부장되어 a+랭크 고분으로 밝혀졌다.

71 묘제 불명으로 분류한 고분으로 3기 a랭크에 황남동 파괴고분-2곽, b랭크에 그 3곽이 있다. 묘제 불명으로 분류한 고분은 보고서 검토에서 석재충전목곽묘인지 적석목곽분인지 판별하기 어려운 것들이지만, 대개는 적석목곽분이었을 것으로 판단된다. 특히 황남동 파괴고분과 황남동 106-3번지 고분들은 적석목곽분일 가능성이 더욱 크다.

표 2-10 묘제와 고분 랭크

	a 이상	b	c	d
1기	석목: 월성 가-13 월성 가-6 점목: 쪽샘 C10	석목: 인왕(문) 9	석목: 미추 5-6 토: 황오 100-19	석목: 월성 가-5 쪽샘 A1 미추 5-2 인왕(문) 2 인왕 C군-5 점목: 황남 95/6-12, 13 토: 인왕(문) 16 황오 100-18 인왕(문) 1
2기		석목: 쪽샘 C1	석목: 쪽샘 A2 , C4 점목: 월성 나-13	수석: 월성 가 11-1 점목: 황남 95/6-4, 11 토: 황남 95/6-2
3기				석목: 월성 나-8 황오 100-14 월성 나-12 등 수석: 쪽샘 A16 인왕(협) 9 인왕(협) 5 등 점목: 황오 100-12, 17 인왕(문) 14
4a기		수석: 쪽샘 C8	수석: 인왕(문) 3 점목: 인왕 814/4-1	수석: 미추 5-16 인왕(문) 1 쪽샘 A5 등 석목: 월성 가-15 점목: 황오 100-16 인왕(협) 19-1
4b기	횡석: 황남 151		점목: 월성 가-9	수석: 인왕(문) 2 월성 나-6 미추 5-19 등 석목: 쪽샘 A3

범례 석목: 석재충전목곽묘
점목: 점토충전목곽묘
토: 토광묘
수석: 수혈식석곽묘(분)
횡석: 횡구식석곽분

물론 월성북고분군의 발굴조사 고분은 편년상으로 그 분포 차이가 심하고, 또 지리적으로도 적석목곽분 이 외 묘제의 고분이 고르게 조사되지 못하여, 현재의 발굴 자료가 실상을 잘 반영하고 있지 못할 수도 있다. 특히 이른 시기 적석목곽분의 발굴조사는 극히 부진하여 현재 1, 2기 모두 c랭크 이하의 적석목곽분은 조사되지 못하였고, 2기에는 a랭크 고분 자체가 비어 있다.

그러나 편년표에서 보듯이, 이른 시기일수록 조기 이래 묘제의 고분 수가 적석목곽 분보다 많고, 늦은 시기에는 신라 전기에 새로 출현한 수혈식석곽묘(분)의 수가 크게 증가한 것은 오히려 월성북고분군에서 적석목곽분 이 외 묘제의 분포 변화의 흐름을 보여주는 것이라 판단된다. 그러므로 이 표를 통해 알 수 있는 것은 신라 전기에 공존한 여러 묘제 가운데 조기 이래의 석재충전목곽묘와 점토충전목곽묘가 전기 초에는 적석 목곽분과 함께 상당한 위상을 유지하고 있었으나, 곧 그 위상이 격하되어 갔다는 점이라 하겠다.[72] 늦은 시기에 수혈식석곽묘(분)의 랭크가 상향되었던 흐름은 호석이 돌려진 수혈식석곽분도 존재하고, 또 적석목곽분과 함께 다곽묘를 구성하거나 집단복합묘군을 형성하는 데서도 알 수 있다.[73]

한편 앞서 언급한 바와 같이 과거의 고분 구조에 충실하지 못한 발굴과 부실한 보고로 인하여 고분 각부의 세부구조와 규모는 알 수 없는 부분이 많고, 특히 적석목곽분의 묘곽 규모는 보고 내용을 그대로 신뢰하기 어려운 것들이 대부분이다. 하여 현재로서는 묘곽의 규모를 비교해 보아 별 의미를 찾지 못할 수도 있다. 그러나 차이의 큰 흐름은 드러날 수 있으므로 〈표 2-11〉로 종합하였다.

〈표 2-11〉의 묘곽 크기는 단독곽식은 그대로, 주부곽식에서는 부곽을 제외하고 주곽 크기만 보고된 대로 집계한 것이다. 묘곽이 설치되지 않는 토광묘는 제외하였다. 표에서 보듯이, 고분 하나하나를 대비해 보는 것은 별 의미가 없을 수도 있지만, 각 분기 고분 랭크 사이에, 그리고 같은 분기 같은 랭크에서는 묘제 사이에서 어느 정도의 차별성은 드러난다.

다음 적석목곽분의 봉분 크기를 대비해보면,[74] 특a랭크 고분은 금령총의 28m를 제

....

72 쪽샘 C16호묘(국립경주문화재연구소 2018)는 신라 전기 2a기로 편년되는 목곽 상부 즙석식의 석재충전목 곽묘인데, 주곽의 피장자 머리맡 주 부장품 구역과 부곽의 파괴가 심하여 유물의 전체적인 부장양상을 알 수 없으므로 고분의 랭크를 불명으로 기록했다. 그러나 묘곽이 상위 형식인 1A1식의 일렬식 이혈주부곽인데도 피장자 유체부에서 아무런 장신구가 출토되지 않았고, 부장된 장신구도 발견되지 않았다. 1기와 3기의 묘곽 형식 1A1식의 적석목곽분과 대비해 볼 때 이는 분명히 유의되는 현상으로, 묘제에 따른 위계화의 정도를 말해주는 것으로 판단된다.

73 적석목곽분의 묘형과 집단복합묘군에 대해서는 뒤에서 자세히 살펴본다.

74 금관총은 재발굴보고서(국립중앙박물관 2016: 115), 그 외는 심현철(2018)의 논문에서 복원한 호석 직경을 기준으로 한다.

표 2-11 묘곽(주곽)과 적석목곽분의 봉분 규모

단위:cm(봉분 규모 제외)

	묘a	a+	a	b	c	d
1기		석목: 360X165 점목: 380X160		적목: 350X120 불명: 270X80 석목: 300X85	석목: 202X90	석목: 190~250X80~140
2기	적목: 황남대 남 650X410 황남대 북 680X460			적목: 375X100 불명: 380X100 석목: 277X71	석목: 250~267X72~80 점목: 280X100	불명: ?X80 수석: ?X80
3기	적목: 금관 640X420		적목: 황오 41: 540X330 외 250~440X90~170 불식: 430X?	적목: 280~390X80~160 불명: 480X?	적목: 180~240X55~80	적목: 240~290X80~114 불명: 165~370X90~130 석목: 273~280X120~152 수석: 250~300X75~120 점목: 246~286X76~117
4a기	적목: 천마 660X420 금령 480X350 서봉(375X195)	적목: 320~525X100~330	적목: 260~485X100~240	적목: 280~385X103~130 불명: ?X165 수석: 296X56	적목: 430X120 불명: 375X90 수석: ?X45 점목: 273X77	적목: 257~327X80~110 불명: 190~343X50~115 수석: 130~286X45~100 (미 5-9: 92X30) 석목: 260X60
4b기		적목: 호우: 420X140	적목: 350~380X115X135 황식: 434X200	적목: 290~340X135~150 불명: 190~340X100		석목: 155X? 불명: 290X100 수석: 145~210X45~78
적석목곽분 봉분 규모	40.8~76.0m (금령총: 28m)	15.0~27.5m (황오 44: 30.1m)	14.5~24.5m (황오 16-11·12: 8.7m)	6.8~12.8m		범례: 적목: 적석목곽분 석목: 석재충전목곽묘 점목: 점토충전목곽묘 수석: 수혈식석곽묘(분) 횡식: 횡구식석곽분

외하면 금관총의 단경 40.8m에서 황남대총 남분의 장경 76m까지이고, a+랭크 고분은 황오동 16호분-1곽의 장경 15m에서 은령총의 장경 27.5m까지이다. a랭크 고분은 황오동 16호분-11·12곽의 장경 8.7m를 제외하면, 황오동 14호분-1곽의 단경 14.5m에서 황오동 41호분의 장경 24.5m 사이에 들어간다. b랭크는 미추왕릉지구 5구역 8호분의 장경 6.8m에서 황남동 109호분-3·4곽의 12.8m 사이이다.

특a랭크와 a랭크에 예외적으로 작은 것이 하나씩 있지만, 앞서 적석목곽분의 외형을 대·중·소로 구분한 것과 관련해 보면 특a랭크 고분은 대형분, a+랭크와 a랭크 고분은 중형분, b랭크 이하 고분은 소형분이다. 적석목곽분의 봉분 크기도 고분 랭크에 따라 차등화되어 있었음이 확인된다.

이로써 피장자의 착장 복식품과 부장유물로 구분한 신라 전기 월성북고분군의 고분 랭크는 묘제와 고분의 내외 규모에서도 어느 정도 뒷받침되는 것을 알 수 있다. 그러므로 이제 월성북고분군에서 구분된 신라 전기고분의 랭크는 당시 사회의 계층성에 따른 것이라고 할 수 있다.

2) 월성북고분군의 복식군

(1) 복식품 착장 개요

신라고분이 조기로부터 전기로 전환하면서 나타나는 두드러진 현상 가운데 하나는 풍부한 금공복식품의 착장과 부장이다. 신라 조기까지는 고분에서 유리구슬이나 수정다면옥, 마노다면옥 등을 꿰거나 끝에 수정곡옥을 단 목걸이 외에 다른 장신구나 복식품은 거의 출토되지 않는 데에 비해, 신라 전기고분에서는 각종 금공장신구가 분화하고 발달하여 다종다양한 복식품들이 출토된다. 신라 전기고분 가운데에서도 경주 월성북고분군의 적석목곽분에서 각종 금공품이 가장 발달하고 풍부하게 출토되는 것은 이미 잘 알려져 있는 사실이다. 그런데 신라 전기고분에서 복식품의 착장은 기본적으로 1기에 이미 그 정형이 갖추어졌던 것으로 보이지만, 시기에 따라 부장과 착장이 바뀌거나 추가된 부분도 있다.

신라 전기고분에서 가장 폭넓게 사용된 장신구는 금귀걸이인데, 금귀걸이의 출현 자체는 신라 조기였던 것으로 보인다. 포항 마산리의 석재충전목곽묘에서 금봉을 구부려 만든 세환식금귀걸이 1점이 출토되었는데(한국문화재보호재단 2013: 377~378), 이 고분은 필자의 신라조기양식토기 2a기로 편년된다. 경주지역에서는 아직 이보다 올라가는 금귀걸이가 출토되지는 않았다. 경주지역에서는 신라 조기 1b기인 경주 덕천리 24호 목곽묘 출토 금박유리구슬을 제외하면, 월성로 가-8호묘에서 출토된 2점의 금동환과 몇 점의 소형 금동장식이 현재까지 확인된 가장 이른 시기의 금공품들이다(국립경주박물관 1990: 104~105). 월성로 가-8호묘은 신라 조기 2b기로 편년되며, 금동환과 금동장식들은 장신구가 아니라 마구류일 것으로 추정되었다.

그런데 신라고분에서 석재충전목곽묘는 울산 중산리유적 발굴조사에서부터 주목되기 시작하였지만, 앞서 밝혔듯이 그 최초의 발생지는 월성북고분군이었을 것이다(최병현 2015). 포항 마산리의 석재충전목곽묘는 경주지역에서 발생한 석재충전목곽묘가 신라의 포항지역 지배와 함께 이식된 것이다(최병현 2016c). 그러한 정황으로 보아 포항 마산리고분의 금귀걸이는 경주 월성북고분군에서 금귀걸이의 출현이 그 이전이었음을 의미하는 것이라 판단된다. 하여튼 포항 마산리 석재충전목곽묘 출토 금귀걸이는 현재로서는 신라고분에서 출토된 가장 이른 시기의 금제 장신구이기도 하고, 아직 세환만으로 수식이 달리지 않았지만 신라에서 금공품의 출현이 늦어도 신라 조기 2a기까지 소급됨을 말해주는 자료인 것은 분명하다.

경주지역에서 출토된 것으로는 신라 전기 1Ba기인 황남동 109호분-3·4곽의 세환식 금귀걸이 1쌍이 현재로서는 가장 이른 시기의 것이다. 이것도 주환만으로 아직 수식이 달리지 않았지만, 1Bc기인 황남동 110호분, 황오동 14호분-1곽과 2곽부터 중간식과 미식이 갖추어진 세환식귀걸이가 출토된다. 태환식도 평양의 永和 9년명(353) 佟利墓에서 주환만인 것이 주환에 소환이 걸린 세환식과 함께 출토된 바 있으나(조선총독부 1933: 도판 11), 경주고분에서는 황오동 14호분-1곽에서 주환에 중간식 없이 미식만 있는 것, 2곽에서 중간식과 미식이 갖추어진 것이 출토되었다. 이러한 예들로 보아 신라고분에서 중간식, 미식이 갖추어진 세·태환식귀걸이는 늦어도 신라 전기 1Bc기에는 출현한 것이 분명하다. 그러나 보고서에서는 귀걸이라 하였지만, 앞서 수식의 길이나 형태로 보아 관 수하식이었을 것으로 판단한 1Bb기의 월성로 가-13호분 출토 세·태환식 장신구로 보면 통식의 귀걸이 성립시기는 더 올라갈 가능성도 있다.

하여튼 금귀걸이는 신라 전기고분에서 가장 널리 사용된 장신구로서, 앞서 보았듯이 신라 전기 1기부터 a랭크 이상은 물론 b랭크까지의 필수적인 착장품이었으며, 3기 이후는 d랭크에서도 수식이 달리지 않은 간단한 형식의 금제세환이 착장되기도 하였다. 금귀걸이로 분류된 것 중에는 실제로는 청동에 도금한 금동제도 포함되어 있고, 세환 중에는 금동제가 많지만, 하여튼 신라 전기에 금공귀걸이 착장은 그만큼 보편화되었던 것을 알 수 있다.

앞서 말했듯이 주환이 세·태환식인 장신구에는 귀걸이와 관 수하식이 있는데, 관모류 착장 고분에서는 관 수하식과 함께 귀걸이도 착장하는 것이 일반적이었다. 1Bc기의 황남동 110호분에서부터 관 수하식과 귀걸이가 모두 착장된 것이 확인되므로 양자의 병행 착장은 일찍부터 시작된 것으로 보인다. 그러나 2a기 특a랭크인 황남대총 남분에서는 관 수하식은 착장했지만 귀걸이는 착장하지 않았고, 2b기 특a랭크인 황남대총 북분의 금관 밑에서는 3쌍의 태환식 장신구가 나왔지만 모두 통식의 귀걸이들은 아니었다. 3b기 황오동 16호분-6·7곽에서도 관 수하식은 착장되었으나, 귀걸이는 출토되지 않았다. 반대로 3a기 a랭크 고분인 황오동 41호분에서는 귀걸이를 착장하고 관모류를 부장하였음에도, 관 수하식은 착장되지 않았다. 그 외 3기 이후의 고분에서도 대관이 착장되었지만 관 수하식 없이 귀걸이만 착장된 예들이 여럿이다. 시기가 내려오면서 귀걸이와 관 수하식을 모두 착장하는 것이 일반화되었지만, 이런 사례들로 보아 모든 고분에서 다 그런 것은 아니었음을 알 수 있다.

그런데 일찍이 김원룡이 세환식귀걸이와 대도를 함께 착장한 피장자는 남성, 태환식귀걸이를 착장하고 대도는 착장하지 않은 피장자는 여성이라고 언급(김원룡 1974)한 이래 신라고분에서는 남녀 성에 따라 피장자의 착장유물이나 부장품에 차이가 있었던 것으로 인식되어 왔다. 필자도 이를 재확인하고 관 수하식의 세·태환식, 금관 출토 고분에서 대형요패의 착장 위치, 그리고 방추차의 부장도 피장자의 남녀 성을 구분할 수 있는 보완자료라고 보았다. 물론 이러한 착장 또는 출토유물의 차이가 모든 고분이나 묘곽에 예외 없이 적용될 수 있는 것은 아니며, 특히 피장자가 세환식귀걸이를 착장하였지만 대도는 착장하지 않은 예들이 있어, 이들에 대해서는 부장유물을 고려한 판단이 필요하다고 지적한 바 있다(최병현 1981a; 1992a: 227~228). 이후의 신라고분 연구에서는 세환식귀걸이는 남성용, 태환식귀걸이는 여성용으로 단순화하였고(김용성 1998), 이를 기준으로 남녀의 복식군을 구분하기도 하였다(이희준 2002b).

그런데 최근 하대룡은 낙동강 이동의 신라고분 출토 인골 분석 결과 착장 귀걸이의 세·태환이 피장자의 생물학적 성과 일치하지 않는 예들이 있음을 들어 그러한 잠정가설은 더 이상 받아들이기 어렵다고 하고, 낙동강 이동 신라고분의 복식군과 복식군에 따른 부장품 구성 정형을 피장자의 남녀 성별과는 관계없이 세환군, 복합군, 태환군으로 구분하였다(하대룡 2016). 세환군은 대도와 과대를 착장하고, 태환군은 대도와 과대를 착장하지 않으며, 복합군은 태환식귀걸이에 대도와 과대를 착장하였다고 한다.

그러나 이러한 복식군의 구분에는 문제가 있다. 우선 세환군이 반드시 대도를 착장하였는가인데, 이에 대해서는 뒤에서 살펴보겠다. 여기서는 복합군의 설정에 대해서만 검토해 보겠다. 그는 태환식귀걸이 착장자 56건 중 5건이 대도를 '공반'하였고, 과대 착장자 79건 중에 태환식귀걸이와 공반한 것은 19건뿐이므로 태환식귀걸이에 대도와 과대 중 어느 하나를 착장하였거나 모두를 착장한 것은 태환군에서 분리되어야 한다고 보아 복합군을 설정하였다.

그러나 그가 복합군으로 설정한 고분들에서 피장자의 대도 착장 여부는 모두 불확실하다.[75] 뒤에 첨부한 〈별표 18~23〉에서 보듯이 경주고분에서 태환식귀걸이와 대도를

75 우선 금관총 피장자가 태환식귀걸이를 착장하였던 것으로 보았지만 금관총 피장자가 어느 귀걸이를 착장하였는지, 대도를 착장했는지 아닌지 확인할 자료는 없다. 다만 분명한 것은 금관의 수하식이 세환식이라는 것뿐이고, 역시 수습자료이지만 처음이라는 점에서 대형요패가 피장자의 왼쪽에 있었다는 것도 믿을 만하다고 할 수 있다. 다음 태환식귀걸이 착장자 중 대도를 '공반'한 것이 5건(하대룡 2016: 144 주 32)이라 하였지만 '공반'과 '착장'은 구분되어야 하며, 5건 중 황남동 82호분-서총, 보문동합장분 적석곽은 착장하지 않은 것이 분명하다. 그가 말하는 황오리고분도 남곽인지 북곽인지 불분명하지만, 태환식귀걸이를 착장한 북곽에서도 대도가 피장자 북측에서 나왔다고 하였을 뿐이어서 '착장'여부는 불확실하다. 인왕동 20호분의 보고서 본문에서는 "(피장자의) 발이 있는 서쪽부분에서는 북벽을 따라서 부식된 철제대도가 허리에서 발쪽에 걸쳐 출토되었다"고 하였고, 유물배치도에는 과대 남쪽에 동서로 긴 유물 그림이 있지만, 본문에서는 여기서 철도끼 2개가 나왔다(경희대학교 박물관 1974)는 설명뿐이어서 대도 '착장' 여부는 판단하기 어렵다. 그 외 그의 논문 p.136 표1에는 인왕동 A군-1호분(이은창 1978), 황오동 32-1호분(진홍섭 1960)에서 대도가 '공반'된 것으로 표시되어 있지만, '공반'과 '착장'은 구분되어야 하며, 두 고분 모두 간략한 약보고에 대도의 정확한 출토 위치가 기술되지 않았다. 필자는 경주 이 외의 지방고분에 대해서는 아직 정밀분석해보지 못했으므로 가급적 언급을 삼가하겠지만, 달성 50호분-2곽에서 대도는 태환식귀걸이의 위치로 보아 피장자의 오른 쪽에 있다(조선총독부 1931: 圖版 第55). 경주에서도 하위 묘형의 피장자 오른쪽 허리춤에서 대도가 출토되는 예

함께 착장한 확실한 예는 하나도 없다. 그러므로 그의 복합군은 태환식귀걸이 착장자 가운데 과대 착장자를 따로 분리해 놓은 것에 불과한데, 피장자가 과대를 착장한 것과 과대 없이 귀걸이만 착장한 것이 고분의 랭크 차이였음은 앞서 본 바와 같다. 그는 또 태환에 중공구를 연결하거나 중공구와 곡옥을 함께 수식으로 단 것을 귀걸이의 한 종류로 따로 분류하여 의미를 부여하고 있지만, 이들은 귀걸이가 아니라 관수하식이었을 것이다.

다만 하대룡의 지적과 같이 세환식귀걸이에 과대 착장 고분과 태환식귀걸이에 과대 착장 고분 수는 같지 않아서 세환식귀걸이+과대 착장보다는 태환식귀걸이+과대 착장이 적은 편이다. 그런데 그에 의하면 낙동강 이동 신라고분의 인골 분석에서 세환식귀걸이 착장자 18건 중 5건은 여성이었으며, 경주에서도 1건이 확인되었다고 한다.[76] 필자는 경주고분에서 피장자가 세환식귀걸이를 착장하였으나 대도는 착장하지 않고 방추차가 부장된 예가 있어 그 피장자를 여성이었을 것으로 판단한 바 있는데,[77] 하대룡의 인골 분석 결과는 그와 부합되는 것 같기도 하다.

그러나 황오동 14호분, 황남대총, 황오동고분 등 고분 2기가 남북으로 이어붙여진 연접분이나 표형분에서 남분의 피장자는 모두 세환식귀걸이와 대도를 함께 착장하였고, 북분의 피장자는 모두 태환식귀걸이만 착장하고 대도는 착장하지 않았으며, 마구류와 대형 무기류의 부장도 그에 따라 상당한 차이가 있음은 분명하다. 따라서 그 차이가 피장자의 남녀 성에 따른 것이라는 판단은 여전히 유효하다.

그러나 그렇다고 하여 세환식귀걸이와 태환식귀걸이의 착용을 너무 단순화시켜

....

들이 있어(최병현 1992a: 234~235), 본고에서는 그 중 피장자의 유체부에 접해 있는 것들은 착장으로 인정했지만, 귀걸이가 공반된 경우 모두 세환식이어서 달성 50호-2곽과는 차이가 있다. 달성 50호분-2곽의 태환식귀걸이는 수식이 달리지 않은 것으로 관 수하식이었을 가능성도 염두에 두어야 한다.

76   하대룡(2016: 141). 경주 고분은 황남동 95-6번지 유적 1호 적석목곽분으로 뒤에 나온 보고서에 따르면 1호 적석목곽분의 피장자 유체부에 2인의 유골이 상하로 겹쳐 있었으며, 아래의 여성을 주 피장자, 위의 남성을 순장자로 보았다. 세환식귀걸이는 주 피장자인 아래의 여성이 착장한 것으로 판단하였으며, 대도가 부장되었으나 착장하지는 않았다고 한다(신라문화유산연구원 2017c).
하대룡의 박사학위 논문에서는 인골 분석이 조금 더 늘어 세환식귀걸이 착장 27건 중 9건이 여성이었다고 한다. 추가 분석된 8건은 김해 예안리고분으로 세환식귀걸이는 대개 세환만으로 수식이 달리지 않은 것이다 (하대룡 2019: 43).

77   은령총을 그런 예로 들었다(최병현 1992a: 228).

그것만으로 피장자의 성을 예외 없이 남녀로 구분하는 것에는 문제가 있다. 하대룡은 태환식귀걸이 착장자 중에서 복합군을 분리해 냈지만, 오히려 문제는 태환귀걸이 착장자가 아니라 뒤에서 보듯이 세환식귀걸이 착장자에게 있다고 판단된다.

신라고분에서 귀걸이 다음으로 널리 착장된 장신구는 경흉식이다. 가장 일반적인 것은 유리구슬을 한 줄이나 두세 줄로 꿰고 끝에 경옥제 곡옥을 단 목걸이이다. 이러한 형식의 목걸이는 조기 이전의 고분부터 출토되어 왔지만, 끝장식이 일반적인 수정곡옥에서 경옥제곡옥으로 바뀐 것이다. 경옥제곡옥은 신라 조기 2a기인 황성동 8호 목곽묘(경주대)에서 출토된 예(경주대학교 박물관 2003)가 있다고 하지만, 널리 사용되기 시작한 것은 신라 전기고분부터이다.

3b기의 a랭크로 분류한 황오동 41호분에서는 유리구슬이 여러 줄이어서 경식이라기보다는 흉식이라고 할 수 있는 것이 착장되었는데, 중간중간 금판띠를 두고 유리구슬과 금제중공구를 여러 줄로 꿰고 끝에 대형의 경옥제곡옥을 단 대형 흉식은 황남대총 남북분, 금관총, 천마총 등 금관, 금제대장식구 과대와 함께 착장되었을 뿐이다. 그러나 그 시원형이라 할 수 있는 것이 월성로 가-13호묘에서 출토되어 그러한 대형 흉식의 성립도 1기로 올라가는 것을 알 수 있다. 금사슬이나 금제중공구를 꿴 금제목걸이도 4b기의 노서동 215번지고분을 제외하면 금관, 금제대장식구의 과대와 함께 착장되는 것인데, 그 시원형은 1Bb기의 월성로 가-13호묘에서부터 출토되었다. 이와 같이 대형 흉식 및 금목걸이와 유리구슬 목걸이의 착장은 차등화되어 있었고, 늦은 시기인 4a기에는 간단한 형식의 유리구슬 목걸이가 c랭크까지도 착장되었지만, 대개는 b랭크 이상에서 착장하였다. 그러나 귀걸이만큼 필수적인 것은 아니어서 목걸이가 착장되지 않은 b랭크 이상의 고분도 상당수이다. 전체적으로 보아 특a랭크 고분에서는 금목걸이와 대형 흉식을 함께 착장하다가 대형 흉식 착장으로 단순화되었으며, 시기가 내려오며 목걸이의 착장은 줄었다.

과대는 그 착장 범위가 귀걸이와 목걸이보다 제한적이면서 고분의 상위 랭크와 중·하위 랭크를 가르는 기준이 되는 복식품이다. 앞서 언급했듯이 과대 착장 여부에 따라 a랭크와 b랭크 이하가 구분된다. 과대는 관모류와 세트로 착장되었던 것으로 보인다. 소수의 예외가 있지만, 그러한 현상은 2기부터 분명한데, 1기에서도 과대 착장과 관모류의 공반이 확인된다. 현재로서는 1Bc기 황남동 110호분의 금동제 심엽형 수식이 달린 방형 과판과 은장심엽형 과판을 함께 대장식구로 쓴 과대, 황오동 14호분-1곽의 심엽형 수식이 달린 은제방형 과판의 대장식구 과대가 가장 이른 시기의 것인데, 두 고분의 피장자는 모두 과대를 착장하였으나 관모를 직접 착장하지는 않았다. 그러나 두 고분에서 모두 관식이나 모관이 공반되어 관모류와 과대의 세트 관계가 확인된다.

과대의 대장식구는 금제, 금동제, 은제로 구분되는데, 황남대총 남분을 제외하면 금제대장식구 과대는 금관과 세트 관계를 이루었으며, 가장 널리 쓰인 것은 은제대장식구 과대로 금동제대관이나 기타 다른 유기질 관모류와 세트를 이루어 착장되었던 것으로 보인다. 금동제대장식구는 주로 금관과 금제대장식구 과대가 세트로 착장된 고분에서 부장품으로 출토되는 것이 일반적이며, 그 외에는 1Bc기의 황남동 110호분과 3b기의 황오동고분-북곽의 피장자 허리부분에서 금박상태로 확인되었을 뿐이다.

다음은 관모류로 크게 대관, 모관, 관식으로 분류된다. 대관 안에도 유기질 모관이 부착되었을 것이고, 관식은 모관에 삽입하거나 부착하는 것이지만 고분에서는 모관에서 분리되어 출토되는 경우가 많다. 경주고분에서 대관과 금공모관이 함께 착장되어 나온 예는 없으나, 황오동 16호분-1곽과 미추왕릉지구 제7구역 5호분의 피장자 머리 위치에서 대관과 백화수피 모관이 위 아래로 겹쳐 나온 것은 앞서 언급하였다.

황남동 110호분에서 금동제조익형관식, 황오동 14호분-1곽에서는 은제날개모양 관식[78]과 금동모관이었을 것으로 판단되는 관식 주변의 얇은 금동판, 麻狀 식물질의 網代狀 잔편, 원형금동제영락 등이 출토되어, 경주고분에서 신라 전기 1Bc기에는 금공 관식과 모관이 출현한 것을 알 수 있다. 그러나 1Bb기의 월성로 가-13호묘 출토 관 수하식들은 최소한 유기질 모관의 착장이 그 이전부터였음 말해준다.

경주고분에서 발굴조사를 통해 출토된 대관은 현재로서는 2a기 황남대총 남분 출토 금동제·은제대관들이 가장 이른 시기 것들이다. 황남대총 남분의 대관에는 금동제 수지형입식 대관과 금동제·은제 조우형입식 대관이 있는데, 수지형입식 대관 중에는 山자형 가지가 직립한 것과 밖으로 벌어져 올라간 것이 있어 형식의 차이를 보인다. 녹각형의 금동판 일부도 수습되어 수지형입식과 녹각형입식이 함께 세워진 금동제 대관

....

78   보고서(齊藤忠 1937a)에는 銀製翼狀冠帽殘缺(p.55), 銀製冠帽殘缺(p.69)이라 하였으나, 사진(도판 12)으로 보면 조익형관식의 부분품이다.

도 이미 출현한 것을 알 수 있다.

경주고분에서 발굴품으로는 이들이 현재 가장 이른 시기의 대관들인데, 山자형 가지가 밖으로 벌어져 올라간 고식과 통하는 금관이 경주 교동고분에서 출토되었다고 전해지고 있으나, 그 진위는 불분명하다. 교동 금관을 제외하면, 형식상 가장 빠른 신라 대관은 부산 복천동 10·11호묘 출토 금동제대관이다. 입식의 가지가 山자형으로 뻗지 않고 줄기에서 경사로 곧장 올라간 것으로 황남대총 남분의 고식 금동제대관보다 한 단계 이상 이른 형식인 것이 분명하다. 부산 복천동 10·11호묘는 신라전기양식토기 편년상으로 황남대총 남분과 같은 2a기이지만(최병현 2014c), 이 금동관은 그보다 1세대 이상 앞서 부산지역 수장에게 사여되었다가 복천동 10·11호묘에 매납되었을 것으로 판단된다. 하여튼 동래 복천동 10·11호묘의 금동제대관은 신라에서 대관의 성립이 2a기 황남대총 남분 단계가 아니라 그 이전임을 증명하는 자료인 것은 분명하다.

신라 대관의 주류는 수지형입식 대관으로 금제와 금동제로 나뉘어, 신라 전기 2기 이후 금(제대)관은 금제대장식구 과대, 금동(제대)관은 은제대장식구 과대와 세트로 착장되었다. 그러나 2a기 황남대총 남분의 피장자는 금관이 아니라 금동관을 금제대장식구 과대와 함께 착장하였다. 황남대총 남분에는 과대 외에도 금제관식 등 수많은 금제품이 부장되었음에도 유독 피장자가 금관이 아니라 금동관을 착장한 이유에 대해 그동안 학계에서 여러 논의가 있었지만, 하여튼 앞의 교동 금관을 제외하면 현재로서는 2b기의 황남대총 북분 것이 가장 이른 시기의 금관이며, 그 이후 금관은 반드시 금제대장식구 과대와 세트로 착장되었다.

금동관은 은제대장식구 과대와 세트로 착장되었지만, 은제대장식구 과대가 반드시 금동관과 세트를 이룬 것이 아님은 앞서 말한 바와 같다. 은제대장식구 과대는 금동관만이 아니라 유기질을 포함한 다른 여러 가지 모관들과도 세트로 착장된 것이다.

대관과 모관에는 관 수하식이 딸렸는데, 관 수하식의 출현은 앞서 언급했듯이 1Bb기의 월성로 가-13호분에서부터 볼 수 있다. 그러나 3b기의 황오동 16호분-8·10곽, 4a기의 황오동 16호분-1곽, 미추왕릉지구 제7구역 5호분 등에서는 관 수하식 없이 금동제대관만 착장된 것으로 보아, 모든 관모류에 관 수하식의 부착이 필수적이지는 않았음을 알 수 있다. 이에 미루어, 앞서 지적해 두었듯이, 3b기의 인왕동 149호분과 황남동 82호분 동총 등에서 과대가 착장되었음에도 관모류의 착장 흔적이 발견되지 않은 것이 이해된다. 관 수하식이 달리지 않은 유기질 모관이 착장되었을 경우 관의 흔적이 남아 있지 않을 수도 있기 때문이다. 관 수하식과 귀걸이가 함께 착장된 경우, 대개 세환식이나 태환식 어느 한쪽으로 통일되었지만, 통일되지 않은 예도 있음은 앞서 언급하였다.

다음 신라고분에서 피장자 착장 장신구로 팔찌와 반지가 있다. 1기 고분에서 팔찌와 반지의 출토례는 아직 없고, 2a기 황남대총 남분의 피장자도 팔찌와 반지를 착장하지는 않았으며, 다만 금제·은제 반지가 부장되었다. 그러나 2b기의 황남대총 북분 피장자는 금은 팔찌와 반지를 모두 착장하였다.

팔찌는 금제와 금동제, 은제, 유리제, 유리구술을 꿴 것이 있으며, 반지는 금제와 은제가 있는데, 현재의 자료로서는 2a기 황남대총 남분의 부장 금·은반지가 가장 이르고, 팔찌·반지의 착장은 2b기 이후의 과대 착장 고분에서이다. 그 중 금관과 금제대장식구 과대 착장 고분에서는 금팔찌와 금반지가 반드시 착장되고, 이에 은팔찌와 구슬팔찌, 은반지를 더하기도 하였다. 황남대총 북분에서는 금제감옥판상팔찌, 서봉총에서는 유리팔찌와 같은 외래품이 재래식의 팔찌에 더해 착장되기도 하였다. 그러나 은제대장식구 과대 착장 고분에서는 3b기까지 팔찌와 반지의 착장 비율이 많지 않았으나 4기에 들어가 늘어났으며, 대개 은팔찌 은반지를 착장하였지만, 3b기의 황오동 5호분과 4b기의 노서동 215번지 고분에서는 금팔찌와 금반지, 4b기의 호우총에서는 금팔찌, 노서동 138호분에서는 금반지가 착장되는 등 다른 장신구에 비해 팔찌와 반지 착장의 규칙성은 떨어진다.[79]

....

79 하대룡은 지금까지 학계에서 신라고분 피장자 성별의 구분 근거로 삼아 온 세환식·태환식 귀걸이 및 대도의 착장 여부와 신라고분 출토 인골의 분석 결과는 일치하지 않아 그 근거가 상실되었다고 하고, 팔찌 착장 여부가 피장자 성별 추정의 대안이라고 주장한다. 신라고분 출토 금속팔찌는 직경이 작아 현대 한국인 남성의 손에 들어가지 않으며, 손 너비는 신라시대나 현대인 사이에 별 차이가 없으므로 신라고분 출토 팔찌는 모두 여성용이고 그 출토 고분의 피장자는 모두 여성이라는 것이다(하대룡 2019: 46~105). 신라고분에서 출토된 금속 팔찌는 고정형인 bangle 중 "일부 단조 방식으로 제작된 것을 제외하면 기본적으로 닫힌 뱅글이며, 크기 조절이 불가능할 만큼 제작시에 착장자 별로 맞춤제작이 이뤄졌을 것으로 보이"고, "단조 제품 중 금속봉의 속이 빈 것이나 내부가 청동인 금동제는 전성·연성이 크게 떨어져 벌려서 착장할 수 없다"(하대룡 2019: 54~55)고 그 이유를 설명하고 있다.

그러나 하대룡의 이와 같은 주장은 일본 彌生時代 貝釧에서 남성용과 여성용의 內徑이 다르다는 데서 착안하여(하대룡 2019: 50~53) 신라고분 출토 팔찌도 조개에 구멍을 파서 만든 일본 彌生時代 貝釧처럼 '기본적으로 착장시 크기 조절이 불가능한 닫힌 뱅글'이라고 단정한 데서 시작되었는데, 우선 '일부 단조 방식으로 제

장신구 중 식리는 구조적으로도 실용품이 아니라 장송 의례용일 가능성이 많고, 출토 위치도 부장품 수장부(궤)나 피장자의 발치 쪽 목관 밖일 뿐 실제로 피장자에게 직접 착장된 상태로 출토된 예는 없다. 그러나 신라 전기고분에서 식리의 부장은 극히 제한되어, 2기와 3기까지는 금관과 금제대장식구 과대 착장 고분에 한정되다가, 4a기부터 a+랭크까지로 그 범위가 늘어났을 뿐이어서, 식리의 부장여부와 고분 랭크는 밀접한 관련성을 보여준다.

장신구가 아니지만 피장자가 직접 착장한 대도는 복식품의 일종으로 간주된다. 대도는 손잡이 장식의 형태에 따라 환두대도, 규두대도 등으로 나누어진다. 환두대도는 용봉환두, 삼환두, 삼엽환두, 소환두 대도 등으로 분류되며, 환두의 형식은 피장자의 위

....

작된 것을 제외하면'이라는 가정부터 사실과 다르다. 6세기 백제 무령왕릉의 왕비 팔찌처럼, 신라고분 출토 금속팔찌 중 착장 시 벌릴 수 없도록 금속봉의 양끝이 접합되었거나 주조된 것은 6세기대의 서봉총과 노서리 215번지 고분 출토품뿐이다. 5세기대의 황남대총 북분과 금관총, 6세기 초의 천마총 등 그 외 모든 신라 고분 출토 금속팔찌는 금속봉의 양끝이 접합되지 않아 착장 시 양끝을 벌릴 수 있는 구조이다. '속이 빈 금속봉으로 만든 것이나 내부가 청동인 금동제는 전성·연성이 크게 떨어져 벌려서 착장할 수 없다'는 것도 자신의 논리를 위한 근거 없는 주장일 뿐이다. 그런데 그가 제시한 신라고분 출토 팔찌의 계측치 최대 내경을 보면, 태환식귀걸이를 착장하고 대도는 착장하지 않은 황남대총 북분(62~63mm, 외래품인 판상팔찌 제외), 서봉총(62~66mm), 노서리 215번지 고분(65~67mm) 팔찌보다, 관 수하식이 세환식인 금관총(63~71mm), 세환식귀걸이와 대도를 착장한 천마총(65~72mm) 팔찌의 내경이 상대적으로 큰 것(하대룡 2019: 317)을 알 수 있다.

한편, 하대룡은 여기서 한 발 더 나가 주부곽식인 황남대총 남분 피장자의 팔찌 미착장, 단독곽식인 황남대총 북분 피장자의 팔찌 착장을 확대 해석하여, 묘곽의 형식 중 주부곽식은 남성, 단독곽식은 여성이 피장자라고 주장한다. 그러다 보니 묘곽의 형식이 동혈주부곽식이고 피장자가 팔찌를 착장한 황오동 34호분-3곽은 적석목곽분이 아니라고 하고, "천의 착장과 부곽의 설치가 배타적인 양상을 보이는 것은 적석목곽묘에서만 나타나는 현상"이라면서 경주지역에서도 적석목곽묘 이 외의 묘제나 지방의 신라고분에서는 팔찌의 착장 여부나 묘곽 형식과 피장자의 성별이 연동하지 않았다(하대룡 2019: 101~105)는 궁색한 해석을 내놓는다. 그러나 3곽을 포함하여 황오동 34호분은 호석이 돌아간 적석목곽분 3기를 이어 붙인 연접분(국립경주문화재연구소 2014: 99~106)으로, 쪽샘지구 조사에서 드러났듯이 월성북고분군에서 호석이 돌아간 목곽묘 계열의 묘제는 적석목곽분뿐이다. 하여튼 하대룡은 그와 같이 주장을 확대해 가다 보니, 월성북고분군의 노동·노서동지구 발굴 고분은 모조리 여성묘가 되어버렸다(하대룡 2019: 194~201). 그러나 앞서 보았듯이 경주지역에서 주부곽식 묘곽의 발생은 신라 조기부터이며, 신라 전기 적석목곽분의 묘곽 형식도 이를 계승한 것이다. 그리고 신라 조기부터 묘곽의 형식이 계층성을 띠고 있었음도 앞서 살펴본 바이다. 즉, 묘곽의 형식은 시간성과 계층성의 문제이지 피장자의 성별 판정의 근거가 될 수 없는 것이다. 노동·노서동지구의 발굴 고분이 모두 부곽이 딸리지 않은 단독곽식인 것은 모조리 여성묘들이어서가 아니라, 동에서 서로 진행된 월성북고분군의 조영 방향에 따라 이곳의 고분들이 왕릉구역의 늦은 시기 고분들이기 때문이다(최병현 2014b; 2016b: 94~99).

계와 관련이 있었을 것으로 판단되고 있지만, 그보다는 고분 랭크에 따라 칼집과 손잡이를 장식한 금속판에 차이가 있음이 확인된다. 칼집과 손잡이를 장식한 금속판에 따라 대도를 분류하면 일부 금판장을 포함한 금동장대도, 은장대도, 칼집에 두른 철판이 있거나 없는 철대도로 분류된다. 신라고분에서 피장자의 대도착장은 전기 이전부터이지만, 전기고분에서는 1Bb기의 월성로 가-13호분에서 금동장·은장대도, 1Bc기의 황남동 109호분-3·4곽에서 철대도의 착장이 확인되어, 1기부터 그 착장이 정형화되었음을 알 수 있다.

경주 월성북고분군에서는 세환식귀걸이를 착장한 피장자가 대도를 함께 착장하였을 뿐, 태환식귀걸이를 착장한 피장자가 대도를 착장한 예는 확인되지 않는다. 다만 태환식귀걸이와 중·소 도자를 함께 착장한 예가 있을 뿐이다. 대도는 피장자의 왼쪽 허리춤에 착장되는 것이 일반적이지만, 오른쪽 허리춤에서 출토된 것 중에도 착장으로 인정될 수 있는 예들이 있음은 앞서 언급하였는데, 귀걸이 등 다른 장신구와의 간격을 고려해서 판단해야 한다. 대도는 부장품으로도 널리 출토되는데, 부곽이나 피장자 머리맡의 부장품 수장부에서 출토된 대도는 물론 부장품이지만, 피장자의 주변에서 출토된 것 중 귀걸이와 가까운 상체부 등 허리춤에서 먼 위치의 출토품도 부장품으로 판단된다(도 2-56). 대도는 피장자가 세환식귀걸이를 착장한 고분 뿐만 아니라 태환식귀걸이를 착장한 고분에서도 부장품으로 출토된다.

이상 살펴본 바와 같이 신라 전기고분의 주요 복식품은 1기에 이미 출현하였는데, 그 착장 정형이 어느 정도 드러나는 것은 1Bc기의 황남동 110호분과 황오동 14호분-1곽, 2곽부터이다. 이 고분들은 a랭크로 분류되지만, 그보다 복식품의 착장 또는 부장이 적어 그 아래 랭크로 분류된 1Ba기의 황남동 109호분-3·4곽에서도 다음 시기와 연결되는 착장 정형을 볼 수 있어서 신라 전기고분에서 복식품의 착장 정형이 갖추어지기 시작한 것은 그 이전부터임을 알 수 있다.

그런데 1Bb기의 월성로 가-13호묘에는 금제 관 수하식, 대형 흉식과 금목걸이, 금(동)장·은장대도 등 앞의 고분들보다 높은 수준의 복식품이 착장 또는 부장되었지만, 그에 맞는 정형성은 갖추어지지 않았다. 필자는 앞의 고분들이 모두 적석목곽분들인 데 비해, 월성로 가-13호묘는 적석목곽분이 이미 출현한 이후의 석재충전목곽묘라는 데에 그 이유가 있지 않을까 생각한다.

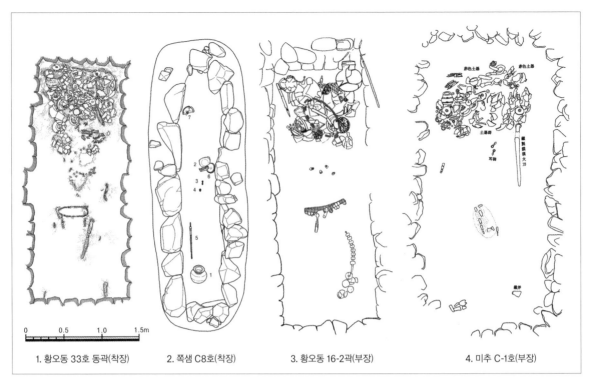

1. 황오동 33호 동곽(착장) 2. 쪽샘 C8호(착장) 3. 황오동 16-2곽(부장) 4. 미추 C-1호(부장)

도 2-56 환두대도의 착장과 부장

앞서 여러 번 언급한 바와 같이, 현재로서는 신라 전기 1Ba기의 황남동 109호분-3·4곽이 발굴 고분 중 가장 이른 시기의 적석목곽분이지만, 필자는 그 이전으로 올라가는 초기 대형 적석목곽분의 존재를 상정하고 있다. 신라고분에서 목걸이, 귀걸이와 같은 장신구 착장의 기원, 금제세환 등의 간단한 금공품의 출현은 조기 이전부터였겠지만, 어느 정도의 정형성을 갖춘 금공복식품의 착장은 신라 전기에 들어와 그 초기 대형 적석목곽분부터였지 않았을까 하는 것이다. 월성로 가-13호묘는 석재충전목곽묘의 위상이 아직 어느 정도 유지되고 있었던 신라 전기 초에 적석목곽분의 복식품 착장이 부분적으로 반영된 석재충전목곽묘의 사례가 아닐까 판단된다.

또, 이와 관련하여 그 이전 신라 전기 1Ab기로 편년되는 쪽샘 C10호 점토충전목곽묘에서는 금공장신구가 전혀 출토되지 않은 점도 시사하는 바가 있다. 이혈주부곽에 마갑과 찰갑을 비롯한 풍부한 철제품의 출토로 보아 이 고분의 위상도 결코 낮다고 할 수만은 없다. 특히 주곽 바닥에 철제 마갑을 깔아 棺床을 조성한 것은 신라 조기 상위 랭크 목곽묘의 鐵鋌 棺床의 전통을 이은 것이라 판단된다. 그럼에도 불구하고 이 고분에서는 금공장신구가 전혀 착·부장되지 않았다. 그것은 신라 전기 초에도 점토충전목곽묘는 고분 구조는 물론 착·부장 유물에 있어서도 신라 조기 이래의 매장의례 전통을 유지하고 있었기 때문이 아닐까 판단된다.

(2) 복식군

앞서 살펴본 바에 의하면 신라 전기고분에서 피장자의 사회적 인격이 함의된 고분 랭크의 구분에서 가장 중요한 복식품은 관모류와 과대였으며, 그 착장 여부로써 상·하위 랭크가 구분되었다. 그 외 식리의 부장 여부, 팔찌와 반지의 착·부장 여부, 그리고 귀걸이와 목걸이, 장식대도의 착장도 고분 랭크 구분의 기준이 되었다. 그러나 이 복식품들 자체의 발생이나 출현 시기와는 관계없이, 이들 중에는 약간씩 시차를 두고 신라 전기고분의 피장자에게 착장되거나 부장품으로 추가되는 것이 있어서 복식품의 착장 정형은 시차를 두고 완성되어 간 것으로 보인다. 따라서 엄밀히 말하면 착장 가능한 모든 종류의 복식품을 똑같이 착장한 통시적 정형은 존재하지 않으므로, 여기서는 랭크 구분의 기준으로 삼은 4a기 고분들을 중심으로 표준 복식군을 추출하고, 앞뒤 시기 고분들의 복식품 및 부장품이 표준 복식군과 차이가 있을 경우 이를 지적해 두기로 하겠는데, 그 내용은 앞서 이미 다 언급하였으므로 여기서는 그 요점만 간단히 정리해 두는 것으로 하겠다. 표준 복식군의 고분 사례도 가능하면 4a기 고분 중에서 제시하겠으나, 예가 마땅하지 않을 경우는 3기나 4b기 고분 중에서 제시하겠다.

신라 전기고분에서 복식품의 착장 정형을 살필 수 있는 것은 세·태환식귀걸이가 일반적으로 출토되는 b랭크 이상의 고분들이다. c랭크 이하의 고분 중에도 수식이 달리지 않은 세환이나 목걸이의 출토 예가 있기는 하지만 다른 공반 유물의 상태로 보아 이들까지 복식군을 나누어 설명하기는 어렵다. 이에 아래에서는 b랭크 이상의 고분들을 대상으로 복식군을 나누어보고자 하는데, 신라 전기고분의 복식군은 착장 귀걸이에 따라 크게 세환군과 태환군이 나누어지며, 세환군은 대도를 착장하고 태환군은 대도를 착장하지 않은 것은 이미 잘 알려져 있다. 그러나 앞서 언급했듯이, 태환식귀걸이 착장자가 대도를 착장한 예는 확인되지 않지만, 세환식귀걸이 착장자 중에도 대도를 착장하지 않은 예들이 있다. 과거에 필자는 이들을 예외적인 사례라 하여 개별적 판단이 필요하다고 보았지만, 다시 검토해 본 바 이들도 상당수여서 이제는 별도로 구분하여 다른 복식군과 비교해 볼 필요가 있다. 아래의 복식군에서는 필수적인 것과 선택적이거나 시기에 따라 변화가 있는 것을 구분하여, 후자는 ( )로 표시한다.

≪복식군≫

○특a랭크- 세환+대도 착장형(천마총형): 금관+(세환식귀걸이)+(금목걸이)+대형흉식+금·과대+금팔찌·반지+(은팔찌+반지)+금동장대도+금동식리(부장)

: 황남대총 남분, 금관총,[80] 천마총, 금령총

: 황남대총 남분은 금동관·금목걸이 착장, 귀걸이·팔찌·반지 미착장.

: 유리용기·귀금속판제용기·목칠기·청동주조용기·철솥 부장, 금동장안교· 등자·재갈 부장, 대형무기류 부장

○특a랭크- 태환형(서봉총형): 금관+(태환식귀걸이)+(금목걸이)+대형흉식+금·과대+금·은팔찌·금반지(은반지)+금동식리(부장)

: 황남대총 북분, 서봉총

: 황남대총 북분은 금목걸이·구슬팔찌 착장, 귀걸이·은반지 미착장. 서봉총은 유리팔찌 더해 착장

: 유리용기·귀금속판제용기·목칠기·청동주조용기·철솥 부장, 금동장안교 포함 마구 부장, 황남대총 북분은 금동장대도 포함 대형 무기부장

○a+랭크- 세환+대도 착장형(호우총형): 금동관 또는 관 수하식부 모관+세환식귀걸이+구슬목걸이+은·과대+금팔찌·반지 또는 은팔찌·반지+금동장 또는 은장대도+금동식리(부장)

: 식리총, 호우총

: 4a기 식리총은 관 수하식부 모관·은팔찌 반지·은장대도[81] 착장, 금

....

80 금관총의 착장 귀걸이는 어느 것인지, 대도를 착장하였는지, 착장하였다면 어느 것인지 확정할 수 없으나, 금관수하식이 세환식인 것만은 분명하다. 귀걸이가 착장되지 않았지만 대도를 착장한 황남대총 남분의 관 수하식도 세환식이다. 그 외 특a랭크 고분에서 금관 수하식의 세·태환식과 대도 착장 여부가 불일치한 예는 없다.

81 보고서 본문에는 '左側' 요패 중의 하나에 銀柄頭의 太刀가 竝存하였고, 위치로 보아 피장자 佩用일 것이라고 하였는데(梅原末治 1932: 201), 棺內 유물 배치도에는 은장삼환대도가 피장자의 팔찌와 과대에서 북쪽으로

은장대도 부장, 4b기 호우총은 금동관·금팔찌와 반지·금동장대도

　　　착장

　　: 청동주조용기·목칠기·철솥 부장, 금동장안교 포함 마구류와 대형무

　　　기류 부장

○a+랭크- 세환 착장, 대도 미착장형(은령총형): 금동관 또는 관 수하식부 모관+세

　　환식귀걸이+구슬목걸이+은·과대+은팔찌+(은반지)+금동식리(부장)

　　: 은령총, 노서동 138호분, 황오동 16호분-1곽

　　: 노서동 138호분 도금은팔찌+금반지·은반지 착장

　　: 청동주조용기·목칠기·철솥 부장, 금(청)동장안교 포함 마구류 부장·

　　　대도의 착·부장 무

○a랭크- 세환+대도 착장형(노동동 4호형): 금동관 또는 관 수하식부 모관+세환

　　식귀걸이+(구슬목걸이)+은·과대+(은팔찌·반지)+은장대도(금동장대도,

　　철대도)

　　: 황남동 110호분, 황오동 41호분, 쪽샘 B1호, 계림로 14호 등

　　: 목걸이 착장은 소수

　　: 은장대도 착장이 일반적이나, 황오동 41호분(3b기) 금동장대도, 계림

　　　로 14호분(4b기) 금장보검 착장, 그 외 3기에 철대도 착장도 있음

　　: 청동주조용기·철솥 부장 고분 있음, 1기는 철·3기부터 금동장안

　　　교·4b기 계림로 14호분 은입사철안교 포함 마구류·대형무기류 부장

○a랭크- 세환착장, 대도 미착장형(황오동 4호형): 금동관 또는 관 수하식부 모관

　　+세환식귀걸이+구슬목걸이+은·과대+(은팔찌·반지)

　　: 황남동 82호분-동총, 황오동 16호분-11·12곽 등

　　: 4b기 황오동 4호분 은팔찌·반지 착장, 은장대도 부장. 철안교 포함 마

　　　구와 대형무기 부장 고분 있으나 전체적으로 마구와 무기 부장 적음

○a랭크- 환형(황오동 82호-서총형): 금동관 또는 관 수하식부 모관+태환식귀걸

....

약간 떨어진 위치에 그려져 있다. 착장 대도가 그것이라면 우측 착장이 되며, 만일 그것이 착장 대도가 아니라면 식리총은 호우총형이 아니라 다음의 은령총형이 되는데, 마구류·대형 무기류의 부장 상태는 은령총형보다 호우총형 쪽이라고 판단된다.

이+(구슬목걸이)+은·과대+(금·은팔찌·반지)

: 황오동고분-북곽, 황오동 5호분, 황오동 33호분-서곽, 보문동합장분 적석곽, 노서동 215번지고분 등

: 목걸이 착장 고분 많음. 팔찌·반지 착장 고분 많음. 3b기 황오동 5호분 금팔찌·반지, 황오동 16호분-6·7곽 금반지 착장. 4b기 노서동 215번지 고분은 금목걸이·금팔찌와 반지 착장.

: 청동주조용기·철솥 부장 고분 있음. 3기에 금동장안교, 금동장·은장 대도 부장 고분 있으나 전체적으로 마구와 무기류 부장 적음

○b랭크- 세환+대도 착장형(미추7구-7호형): 세환식귀걸이+(구슬목걸이)+은장 또는 철대도

: 황남동 109호분-3·4곽, 쪽샘 C8, C9, B1·B2·B3, 미추 9구 A-3호[82] 등

: 1, 2기까지 목걸이 착장. 1, 2기 철대도 착장, 3기부터 은장대도 착장. 철안교 포함 마구와 대형무기 부장

○b랭크- 세환 착장, 대도 미착장형(미추C구-1호형): 세환식귀걸이+(구슬목걸이)

: 인왕동(문) 10호, 황남파괴-4곽, 계림로 50호, 쪽샘 B4, 황남동(106-3) 6호 등.

: 1기 목걸이 착장 고분 있음.

: 4b기에 철안교 부장되고, 전 시기 철대도 부장 고분 있으나 전체적으로 마구와 대형무기 부장 적음

○b랭크- 태환형(미추9구 A-1호형): 태환식귀걸이+(구슬목걸이)

: 황오동 14호분-2곽, 쪽샘 B6·C1호, 미추 5구-2호, 미추 9구 A-1호, 미추 C구-2호 등

: 1기와 4a기에 목걸이 착장 고분 있음. 1기와 4a기에 마구 부장 고분 있으나 안교는 출토되지 않음

....

82 보고서의 묘곽 실측도에는 대도가 그려져 있지 않고, 유물의 출토 상태 설명도 분명하지 않으나 3곽 유물 설명(윤세영 1975: 83)에서는 太刀가 피장자의 좌측 腰部에서 출토되었다고 하였다

본고에서 고찰 대상으로 한 경주 월성북고분군의 신라 전기고분에서는 이상 10개의 복식군이 구분되지만, a+랭크에서만 그 상하 랭크에 다 있는 태환형이 확인되지 않은 점이 유의된다. 그런데 간략한 약보고뿐이어서 고분 구조와 출토유물의 전체적인 내용을 알 수 없고 편년도 불가능하여 본고의 고찰 대상에서는 제외하였지만, 착장 관 수하식과 귀걸이가 모두 태환식인 황오동 32-1호분의 피장자는 금동관과 은제대장식구 과대, 금·은팔찌와 반지를 착장하였고, 금동식리, 칠기, 청동합과 완, 철솥이 출토되었다고 한다(진홍섭 1960). 착장 장신구와 식리 및 부장유물로 보아 a+랭크-태환형이 분명하다. 그러므로 경주 월성북고분군의 신라 전기고분에서는 모두 11개의 복식군이 확인된다.

앞서도 강조했지만, 피장자의 사회적 인격을 표시하는 가장 중요한 복식품은 관과 과대로, 최상위인 특a랭크 고분에서는 황남대총 남분을 제외하고 금관과 금제대장식구 과대가 필수 착장품이었다. 그보다 아래 a랭크 이상의 고분에서는 대관 착장이 반드시 필수적인 것은 아니어서 대관보다는 오히려 모관 착장이 선호되었던 것으로 보인다. 그러나 관과 은제대장식구 과대는 필수적인 착장품이었음을 알 수 있다.

그런데 과거에는 신라 전기고분의 복식군을 세환식귀걸이 착장군과 태환식귀걸이 착장군으로 나누고, 세환식귀걸이는 대도와 함께 착장된다고 보아 그 피장자를 남성으로, 태환식귀걸이는 대도를 착장하지 않는다고 보아 그 피장자를 여성이라고 판단하였다. 그러나 앞서 보았듯이 태환식귀걸이 착장자가 대도를 착장하지 않은 것은 분명하지만, 세환식귀걸이 착장자는 대도를 착장한 그룹과 대도를 착장하지 않은 그룹으로 나누어진다.[83] 본고의 분석 대상 고분에서 피장자가 세환식귀걸이를 착장하였으나 대도를

....

83 하대룡은 낙동강 이동지방 신라고분 출토 인골 분석 결과 세환식귀걸이 착장자 27건 중 여성이 9개체나 되고, 인골은 남성인데 대도를 착장하지 않은 것이 경주에서 4건이나 된다고 하고, 그러므로 세환식·태환식 귀걸이나 대도의 착장이 피장자의 성별을 판단할 수 있는 근거가 될 수 없다고 주장하였다(하대룡 2019: 42~46). 그런데 여기서 우선 지적해 두어야 할 것은 그가 여성 인골 9개체가 착장했다는 세환식귀걸이는 경주 황남동 95/6-1호 등 한두 예 외에는 모두 수식이 달리지 않은 세환만이라는 점이다. 앞서 본 바와 같이 경주 월성북고분군에서 수식 없는 세환은 최하위 d랭크 고분에서 착장한 사례들도 있듯이 다른 부장 유물과 정합성이 없어 고분 랭크나 피장자 성별 구분에 그다지 변별력이 없는 것이다. 또 그가 경주고분에서 남성 인골이되 대도를 착장하지 않은 4개의 사례라고 한 것도, 그중 2건(황남동 95/6-4호, 황남동 106/3-6호)은 피장자가 수식 없는 세환만 착장한 b랭크 고분이지만 2건(황남동 106/3-3호, 7호)은 세환을 착장했지만 대도 착·부장 사례 자체가 없는 d랭크 고분이어서 별다른 의미를 갖지 못한다. 그러나 하여튼 뒤에 보듯이 귀

착장하지 않은 고분은 다음과 같다.

     1Ba기 b랭크: 인왕동(문)-10호

     1Bb기 b랭크: 인왕동(문)-9호

     2b기   b랭크: 황남동 파괴고분-4곽

     3b기   a랭크: 황남동 82호분-동총,

            b랭크: 황오동 16호분-9곽, 계림로 50호, 황남동 95/6-1호

     4a기   a+랭크: 은령총, 황오동 16호분-1곽, 노서동 138호분,

            a랭크: 황오동 16호분-11·12곽(관 수하식)

            b랭크: 미추왕릉지구 C지구 1호분, 월성로 가-1호분

     4b기   a랭크: 황오동 4호분, 미추왕릉지구 4구역 3호-1곽

            b랭크: 미추왕릉지구 4구역 3호-2곽, 9구역 A-2호, 황남동 106/3-1호·6호,

            쪽샘 B4, 황남동 95/6-4호

이상과 같아서[84] 이제 이들 모두를 예외적인 것으로 돌려버릴 수 없으며, 3기를 제외하면 같은 분기 같은 랭크 내에서의 비율도 적은 편이 아니다. 3기부터는 그 랭크 분포도 늘어나고, 4기에는 그 수가 더욱 증가한 것을 알 수 있다. 그러므로 앞서는 세환식귀걸이를 착장하였으나 대도를 착장하지 않은 복식군을 따로 설정하였는데, 물론 상대적이지만 이 복식군의 부장품도 세환식귀걸이+대도착장 복식군보다는 태환식귀걸이 착장 복식군에 가까워 마구류와 대형 무기류의 부장이 적은 편이다.

그런데 앞서도 말했듯이 1Bc기의 황오동 14호분, 2기의 황남대총, 3기의 황오동고분 등 고분 2기가 남북으로 이어붙여진 연접분이나 표형분에서 남분의 피장자는 세환

....

걸이를 착장하고 마구와 철제무기를 부장한 b랭크 이상의 고분에서 피장자가 세환식귀걸이를 착장했으나 대도를 착장하지 않은 복식군이 존재하며 이에 대해서는 별도의 해석이 필요하다.

84   이 중에는 대도가 출토되었으나 부장품 수장부에 부장된 고분(황남동 파괴고분-4곽, 황남동 82호분-동총, 황남동 95/6-1호), 피장자의 상체부에 부장된 고분(인왕동(문) 9호분, 황오동 16호분-9곽, 미추왕릉지구 4구역 3호분-1곽·2곽 등)을 포함하였다. 월성로 가-1호분과 인왕동(문) 10호분 등은 묘곽부 전체가 발굴되지 못하였거나 묘곽부의 파괴가 심해 좀 불확실한 부분이 있다. 황오동 16호분-11·12곽은 귀걸이가 없이 관수하식만 출토되었으나 관 수하식이 세환식이어서 여기에 포함하였다.

식귀걸이나 관 수하식과 대도를 함께 착장하고, 북분의 피장자는 태환식귀걸이나 관 수하식만 착장하고 대도는 착장하지 않아 각각 남성과 여성으로 판단되고, 각각의 남북분에서 마구류와 대형 무기류의 부장에 차이가 있는 사실을 간과할 수는 없다.[85] 그러므로 신라 전기고분에서는 1기부터 남성: 세환식귀걸이+대도 착장, 여성: 태환식귀걸이 착장의 원칙이나 관행이 성립되었지만, 중상위 랭크 고분에서 여성의 경우 반드시 태환식귀걸이 착장으로 한정되지는 않았던 것이라 하겠다. 그러므로 이제 세환식귀걸이를 착장하였으나 대도를 착장하지 않은 피장자 중에는 여성[86]도 포함되어 있다고 판단된다.[87]

그렇다면 대도를 착장하지 않은 피장자 중 세환식귀걸이 착장자와 태환식귀걸이 착장자는 착장 귀걸이의 차이가 있으나, 그것이 복식군의 본질적인 차이는 아니라고 판단된다. 따라서 앞서는 11개의 복식군이 나뉘었지만, 이들을 합하면 4개 랭크에서 각각 남녀로 모두 8개의 복식군이 되며, 신라 전기 3기까지 6개의 복식군이었으나 4기에 들어와 8개의 복식군으로 확대된 것이다.

....

85 세환식귀걸이와 태환식귀걸이의 착장이 피장자(착장자)의 성별과 관계가 없다고 주장하는 하대룡이 낙동강 이동의 신라고분 64기를 대상으로 세환군과 태환군의 토기 및 철기의 부장 양상을 분석한 결과, 토기는 별다른 차이가 없지만, 철기 부장은 세환군이 태환군을 압도하고 특히 무기류의 출토율과 수량에서 그러하다고 밝히고 있다. 이런 결과에 대해 그는 '세환이식과 태환이식은 사회 복합화 과정에서 나타난 신라 엘리트의 평면적 분화를 함의하며, 양자의 분화는 경제력과 무력을 바탕으로 하는 세속적 권력과 이념을 바탕으로 하는 종교적 권력의 상보적 分掌을 의미한다'는 등의 공허한 해석을 내놓으며(하대룡 2020), 자신의 주장을 합리화 하고 있다.

86 일찍이 김원룡은 노서동 138호분에서 세환식귀걸이를 착장하였으나 대도를 착장하지 않은 점을 들어 피장자가 여성일 것으로 본 바 있다(金載元·金元龍, 1955: 62). 하대룡이 착장 귀걸이는 세환식이나 인골은 여성이라고 지적한 경주 황남동 95-6번지 1호 적석목곽분에서도 대도가 부장되었으나 피장자가 대도를 직접 착장하지는 않았다(신라문화유산연구원 2017c). 다만 앞서 언급한 바와 같이 세환식이지만 수식이 달리지 않은 귀걸이는 변별력이 없는 것으로 판단되며, 앞의 고분 중 황오동 16호분-9곽, 계림로 50호, 황남동 95/6-4호, 황남동 106/3-6호가 수식 없는 세환만 착장한 고분인데, 그 중 황남동 95/6-4호 인골은 남성으로 분석되었다(하대룡 2019: 43).

87 황오동 16호분-4·5곽을 제외하고 방추차가 출토된 고분은 모두 피장자가 태환식귀걸이를 착장한 고분이거나 세환식귀걸이를 착장하였지만 대도를 착장하지 않은 고분이다. 황오동 16호분-4·5곽은 관 수하식이 태환식, 귀걸이가 세환식인데, 보고서 본문에서는 "左腰部에서 출토된 腰佩의 南側에서는 鐵製大刀 2點, 鐵斧頭 2點, 鐵製鈀先 1點이 발견되었다"하였고(有光敎一·藤井和夫, 2000: 18), 주곽인 4곽 실측도에도 대형 요패의 남쪽으로 약간의 사이를 두고 대도로 보이는 유물의 그림이 있어 대도 착장으로 판단하였다.

3) 요약

신라 전기 경주지역은 물론 신라 전체의 중심고분군이었던 경주 월성북고분군에서는 중심 묘제인 적석목곽분과 함께 조기로부터 내려오거나 전기에 새로 출현한 것을 포함하여 여러 묘제의 고분들이 함께 조영되었다. 여기에서는 신라 전기 경주 월성북고분군에 반영된 당시 사회의 계층성을 규명해 보기 위해 고분의 랭크와 복식군을 구분해 보았다. 신라 전기의 이른 시기 고분에 대한 발굴조사는 아직 태부족이고, 특히 발굴조사가 이루어진 이른 시기의 적석목곽분은 극소수에 불과하지만, 크게 4분기로 나눈 신라 전기에는 1기부터 고분의 랭크와 복식군이 적석목곽분을 중심으로 위계적인 구조를 이루고 있었던 것으로 보인다.

발굴자료의 한계와 문제점들을 극복하기 위한 방편으로 본고에서는 먼저 고분의 랭크를 일단 장신구 등 착·부장 복식품과 부장품으로 구분한 다음 묘제 각각의 묘곽 규모 및 적석목곽분의 봉분 규모와 대비하여 정합성을 확인하는 방법을 취했다. 그 결과 고분의 랭크는 1기부터 5단계로 구분되었으나 늦은 시기에는 상위 랭크에서 분화가 일어나 그 위계구조가 모두 6단계로 확대된 것이 확인되었다. 한편 현재까지의 발굴자료로 보면 신라 전기 초까지는 조기 이래의 석재충전목곽묘와 점토충전목곽묘 중에도 상위 랭크로 조영된 고분들이 존재했으나 시기가 내려오며 조기 이래 묘제의 고분은 전체적으로 고분 랭크가 하향된 반면, 전기에 출현한 수혈식석곽묘(분)의 랭크는 약간 상향되는 현상이 보인다. 묘제들 사이에도 적석목곽분을 중심으로 한 위계구조가 형성되어 간 것이다.

고분 랭크에 따라 복식품의 종류와 질적 수준은 차등화되어 있었고, 부장품도 그에 따라 차이가 있었다. 신라 전기고분의 그러한 착·부장 복식품과 유물 부장의 정형성은 아마도 전기 초부터 존재했을 것으로 추론되는 적석목곽분의 초기 대형분에서부터 이미 그 기본이 갖추어졌을 것이며, 적석목곽분을 중심으로 위계적인 구조를 이루고 있었던 것으로 판단된다. 적석목곽분의 착·부장 복식품과 유물 부장의 정형성은 석재충전목곽묘, 점토충전목곽묘 등 조기 이래의 묘제와 전기에 새로 출현한 수혈식석곽묘(분)에도 반영되어 갔으나, 전기 초에는 조기부터 내려온 석재충전목곽묘와 점토충전목곽묘에 그대로 이식되지는 않았던 것으로 보인다.

복식품 중 가장 널리 착장된 장신구는 세·태환식의 귀걸이였으나, 피장자의 사회적 인격과 관련된 가장 중요한 복식품은 관과 과대였다. 고분 랭크가 6단계로 늘어난 늦은 시기를 기준으로 기본적으로 세·태환식 귀걸이 이상의 복식품을 착장한 고분 랭크에서 모두 11개의 복식군이 확인된다.

종래의 신라고분 연구에서는 피장자가 착장한 세·태환식 귀걸이를 피장자의 남녀성을 나타내는 장신구로 단순화하여 세환식귀걸이 착장자는 남성, 태환식귀걸이 착장자는 여성으로 판단하는 경향이 있었다. 그러나 본고에서 점검해 본 바에 의하면 태환식귀걸이를 착장한 피장자는 대도를 착장하지 않았지만, 세환식귀걸이를 착장한 피장자 중에는 대도를 착장한 피장자와 착장하지 않은 피장자가 있었다. 그리고 피장자가 세환식귀걸이를 착장했으나 대도를 착장하지 않은 고분에서는 피장자가 태환식귀걸이를 착장한 고분에서와 마찬가지로 마구류와 대형무기류의 부장이 상대적으로 소략하였다. 이는 세환식귀걸이를 착장하였으나 대도는 착장하지 않은 피장자 중에는 태환식귀걸이를 착장한 피장자와 같이 여성도 포함되었음을 말해주는 것이라고 판단된다.

경주 월성북고분군에서 확인되는 이상과 같은 신라 전기고분의 랭크와 복식군은 당시 사회의 계층성을 반영하고 있는 것이다. 이제 이를 바탕으로 경주지역의 다른 고분군과 경주를 벗어나 지방고분군의 계층성도 분석되어야 하겠다. 그러나 그것은 경주지역은 물론 신라 전체의 중심고분군이었던 월성북고분군에서 확인되는 고분의 랭크와 복식품 착장의 정형성이 지방 고분에 어떻게 영향을 미쳤는지, 또는 어떻게 적용되었는지라는 관점에서 분석되어야 한다고 본다.

6. 적석목곽분의 묘형과 집단복합묘군의 성격

사로국 후기 이래 그 중심고분군이 된 경주 월성북고분군은 신라국가가 성립하면서 경주지역은 물론 신라 전체의 고분문화를 선도하는 신라 중앙의 중심고분군으로 기능하였다. 경주 월성북고분군에서 시작된 묘제와 고분 구조, 부장품과 매장의례의 변화는 경주지역의 각 지구 고분군은 물론 신라의 지방 각지 고분군에 영향을 미쳤다.

월성북고분군에서 신라 전기 적석목곽분의 출현은 신라에서 고총 문화의 시작이기도 하여, 월성북고분군에는 수많은 거대한 봉토분들이 조영되었다. 월성북고분군의 봉토분은 외형이 반구형인 원형분이 다수이지만, 원형분 2기를 이어붙인 이른바 표형분도 존재하고, 봉분의 변형이나 유실에 따라 지상에 현전하는 형태로는 구분되지 않지만 지하에서는 그 외에도 다양한 형태로 발굴조사되고 있다.

필자는 과거에 경주 월성북고분군에서 보이는 적석목곽분의 이와 같은 존재 양태를 '묘형'이라 규정하고, '묘형'에는 계층이나 신분과 같은 피장자의 사회적 인격이 반영되어 있다고 해석한 바 있다(최병현 1980; 1981a; 1992a). 그런데 최근의 쪽샘지구 발굴조사 등 그 이후 드러난 월성북고분군의 새로운 발굴자료로 보아 적석목곽분의 묘형에 대한 재분류가 필요하게 되었고, 또 그 의미에 대해서도 앞서 살펴본, 단위묘곽을 기준으로 한 고분 랭크의 분석에 따라 재해석이 불가피하게 되었다. 한편, 경주 월성북고분군에서는 또 고분들이 대소 그룹을 이루고 있는 현상이 관찰되는데(최병현 2014b), 쪽샘지구 조사에서는 여러 묘형으로 이루어진 그러한 고분들의 군집 현상이 좀 더 명료하게 드러나고 있다.

이에 여기서는 먼저 적석목곽분의 묘형과 그 성격을 재검토한 다음, 경주 월성북고분군에서 보이는, 여러 묘형으로 이루어진 대소 고분들의 군집 현상과 그것이 의미하는 바에 대해서도 고찰해보고자 한다. 이를 통해 경주 월성북고분군의 조영 과정과 조영집단의 성격에 대해 좀 더 접근해 보고자 한다.

1) 적석목곽분의 묘형과 그 성격

(1) 묘형의 분류

신라 전기의 적석목곽분은 매장주체부인 목곽, 목곽의 측벽 사방과 뚜껑 상부로 돌을 쌓아 올린 적석부, 그리고 圓形의 高大 봉토와 봉토 가장자리로 두른 호석을 갖춘 고분으로 정의된다(최병현 2016a). 적석목곽분에 대한 이러한 정의는 물론 신라 전기 경주지역의 중심고분군인 월성북고분군의 적석목곽분을 대상으로 한 것이다. 적석목곽분의 목곽은 묘광 없이 지상에 설치된 것-무묘광 지상주체식과 지하 내지 지상에 조성된 묘광 안에 설치된 것-묘광주체식으로 나누어지지만(최병현 2016b), 모두 수혈식으로 1묘

(목)곽 1인 매장을 원칙으로 한다. 적석목곽분은 적석부로 둘러싸인 그러한 수혈식 단위묘곽의 매장주체부 위로 봉토를 쌓아 올리고 호석으로 묘역을 한정한 원형의 단위고분이 기본형이다.[88]

그런데 월성북고분군에서 조사되거나 현전한 적석목곽분 중에는 단위고분이 기본형 그대로 축조된 대소의 원형분과 함께 표형분 또는 쌍분이라 불려온, 단위고분 2기를 이어붙여 축조한 대소의 연접분이 있다. 또 지상에서는 잘 인식되지 않아 왔지만 지하에서 발굴조사되는 적석목곽분 중에도 단위고분 2기나 그 이상이 연접된 것, 단위묘곽 여러 기가 하나의 봉분 안에 설치되었다고 판단되는 것 등이 있다.

필자는 적석목곽분의 그와 같은 존재 양태를 과거에 '묘곽과 묘역의 결합상태'에 따른 '묘형'으로 규정하고(최병현 1980: 5), 적석목곽분의 묘형을 구분한 바 있다. 묘형은 크게 단장묘와 다장묘로 구분되며, 단장묘는 단위고분이 기본형으로 축조된 것으로 외형상 단일원묘이고, 다장묘는 친연관계에 있는 피장자들의 합장묘로 표형묘, 복합묘 1식과 2식,[89] 다곽묘로 세분된다고 보았다. 그리고 묘형에 따라 고분 각부의 규모와 축조수법, 출토유물을 대비하여, 묘형은 신분과 같은 피장자의 사회적 인격에 따른 것이라고 해석하였다. 따라서 적석목곽분의 묘형은 골품제도가 성립하는 신라의 중고기 이전, 즉 마립간시기의 신분질서를 반영하고 있다고 보았다(최병현 1981a; 1992a).

그런데 필자는 앞서 묘형에 따라서가 아니라 개개 단위묘곽에 따라 출토유물을 검토하여 고분의 랭크를 구분해 본 바, 과거에 살펴본 묘형 사이의 격차와 연접분을 구성한 단위고분들의 랭크가 모두 일치하지는 않음을 알게 되었다. 또 묘형의 성격에 대해서도 최근의 쪽샘지구 발굴조사에서 새로 드러난 월성북고분군 내 묘형의 분포상태에 따라 재해석되어야 할 부분이 있음을 인지하게 되었다. 이에 여기서는 적석목곽분의 묘형을 재분류하고, 묘형의 성격에 대해서도 재고찰해 보고자 한다.

....

88 적석목곽분의 봉분 평면이 모두 정원형은 아니다. 최근 심현철의 분석에 의하면 정원형은 직경 10m 이하의 일부 소형분에만 존재하고, 대부분은 엄격한 설계원리에 따라 평면 타원형으로 조성되었다고 한다. 타원형 평면은 중소형분의 경우 묘광의 중심축선 양끝, 지상적석식 대형분의 경우 적석부 중심축선 양끝을 초점으로 설계되었으며, 묘곽 형식에 따라 주부곽식보다 단독곽식 고분의 장경과 단경 차이가 적다고 한다(심현철 2018). 적석목곽분의 봉분 평면은 이와 같이 차이가 있지만 기본적으로는 원형 지향의 고분이라고 본다.

89 처음에는 집단묘 1, 2식이라 하였으나(최병현 1980: 1981a), 그 뒤 복합묘 1, 2식으로 바꾸었다(최병현 1992a).

전고들에서는 다장묘 가운데 단위고분 2기 이상을 연접한 고분을 표형묘와 복합묘 1, 2식으로 세분하였다. 그러나 본고에서는 이들을 일단 연접분으로 통합하여 적석목곽분의 묘형을 단일원분, 연접분, 다곽분으로 분류하고, 묘형별로 그 사례와 성격에 대해 살펴보기로 하겠다.

그보다 먼저 '묘형'이라는 용어의 문제에 대해서 언급해 두겠다. 앞서 말한 바와 같이 '묘형'은 필자가 적석목곽분의 '묘곽과 묘역의 결합상태'에 따른 존재 양태를 의미하는 용어로 造語한 것이다. 여기서 묘역은 '호석으로 한정된 봉분의 범위'를 가리키며,[90] 적석목곽분은 누누이 강조해온 바와 같이 규모가 크든 작든 모두 목곽 위의 상부적석과 그 위로 쌓아올린 봉토를 가진 고분이다. 그러므로 墓-墳-塚의 정의(최병현 2002; 2011b)에 비추어 보면 '묘형'이 적석목곽분의 존재 양태를 표현하는 용어로서 반드시 적합하다고 할 수는 없다. 다만 필자가 조어할 당시 우리 학계의 고분 연구에서는 지금처럼 묘-분-총을 엄격히 구분해 쓰지 않았고, 또 분형이라고 하면 방(형)분, 원(형)분처럼 봉분의 형태만을 연상하기 십상이어서, 필자는 '묘'를 모든 무덤을 가리키는 확대된 의미로 보아 '묘형'이라고 한 것이다.

그러나 '묘형'보다 적석목곽분의 존재 양태를 표현할 좀 더 적합한 용어가 있다면 당연히 그것으로 대체되어야 한다고 생각한다. 하지만 아직 그 대안이 제시되거나 찾아지지 못한 상황이므로 여기서도 '묘형'을 적석목곽분의 존재 양태를 표현하는 용어로서 잠정적으로 사용한다는 점을 밝혀둔다.

(2) 묘형과 그 성격

① 단일원분(도 2-57)

목곽과 적석부로 이루어진 하나의 매장주체부 주위로 평면 원형에 가깝게 호석이

---

90 적석목곽분의 묘형에서 묘역은 단위고분의 봉분 범위를 가리키지만, 묘역이라는 말은 이전부터 '능묘역', '가족묘역'처럼 좀 더 넓은 공간을 의미하는 용어로 쓰여 왔다. 왕(비)릉과 그 주변 석물 배치구역을 포함한 공간은 능역 또는 능권역, 복수의 능묘를 포함한 공간은 능묘구역 또는 능묘권역, 가족묘는 그대로 또는 가족묘구역으로 차별화하여 표현할 수 있을 것으로 생각된다.

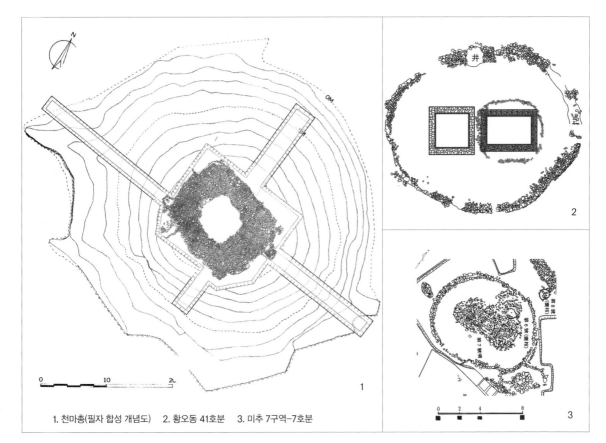

1. 천마총(필자 합성 개념도)   2. 황오동 41호분   3. 미추 7구역-7호분

도 2-57 단일원분

돌아간 단위고분이 기본형 그대로 축조된 적석목곽분이다. 고분의 평면은 원형, 외형상으로는 반구형을 이루며, 기본적으로 1인용의 단독분이다.[91]

전고들에서는 단일원분(묘)이 표형분(묘)과 함께 모두 적석목곽분 가운데 상위 묘형에 속하는 것으로 보았지만, 단위묘곽을 기준으로 한 고분 랭크의 새로운 분석에 따르면 현재 호석까지 확인된 단일원분은 특a랭크부터 b랭크까지 존재한다. 그러나 c랭크 고분으로 분류된 황남동 83호분은 호석은 발굴되지 않았지만 외형상 단일원분이었고, 미추왕릉지구 5구역 4호분도 발굴조사에서 호석의 존재는 확인되지 않았지만 묘곽

....

91   적석목곽분은 순장자를 제외하고 한 묘곽에 주 피장자는 기본적으로 1인이다. 그러나 계림로 14호분에서는 한 묘곽에 주 피장자가 2인이었으며(국립경주박물관 2010), 연접분의 한 단위묘곽으로 판단되는 황남동 파괴고분 2곽도 피장자 착장유물의 배치상태(박일훈 1964: 도판 7)로 보아 주 피장자가 2인이었을 가능성이 있다. 신라 전기의 석재충전목곽묘인 월성로 가-13호묘에는 5인이 피장되었다(국립경주박물관 1990). 이러한 사례들은 극히 예외적이다.

내의 적석 함몰 상태로 보아 d랭크의 적석목곽분으로 분류된다.[92]

한편 쪽샘지구에서는 호석 직경 5m 내외의 유구도 조사되고 있다. 내부 조사가 이루어지지 않고 있어 이들이 모두 피장자가 안치된 고분 유구라고 단정할 수는 없으나,[93] 이러한 예들을 고려하면 단일원분은 적석목곽분의 모든 랭크에 걸쳐 존재했을 것으로 보인다. 즉 단일원분은 적석목곽분의 모든 랭크에서 1인용의 단독분으로 조영된 기본형 고분이라고 할 수 있다.

② 연접분

목곽과 적석부로 이루어진 매장주체부 주위로 호석이 돌아간 단위고분 2기 이상을 의도적으로 이어붙여 축조한 고분들이다. 단위고분들 사이에는 축조의 선후가 있어, 후축고분의 묘곽은 선축고분의 봉분이나 호석 일부를 파괴하고 그 자리에 설치되거나 선축고분의 호석과 약간 사이를 두고 설치되기도 하지만, 후축고분의 호석과 봉분은 선축고분의 호석과 봉분에 이어붙여 축조된다. 후축고분을 연접해가는 방향에 따라 남북연접분과 동서연접분으로 나눌 수 있다.

이와 같이 호석과 봉분의 연접이 아니라 적석부가 이어붙여 축조된 고분도 있다. 이들의 예는 아직 소수이어서 연접분의 기타로 설명해 둔다.

㉠ 사례 검토

남북연접분

○황오동 14호분(도 2-58의 1): 말각방형으로 남아 있던 봉분의 아래에서 호석이 연

....

92 발굴조사 전에 지표가 심하게 삭평된 인왕동지구에서도 d랭크에 속하는 적석목곽분의 묘곽들이 주변에 호석없이 조사되었는데(국립경주문화재연구소 2002; 국립경주박물관 2003), 묘곽들의 인접 상태로 보아 이들 중 상당수는 연접분이었을 가능성이 있으며, 가까이에 다른 묘곽이 있지 않은 적석묘곽들도 원래부터 모두 호석이 설치되지 않은 단독분이었을지는 의문이다.

93 호석 내부에 대호 등을 매납한 제의유구일 가능성도 지적되고 있으나(국립경주문화재연구소 2014: 108·118~120), 뒤에서 보는 바와 같이 직경 5m가 넘지 않는 독립된 호석 유구 안에는 집단복합묘군에 소속된 제의용 유물곽이 설치되었을 가능성이 있다.

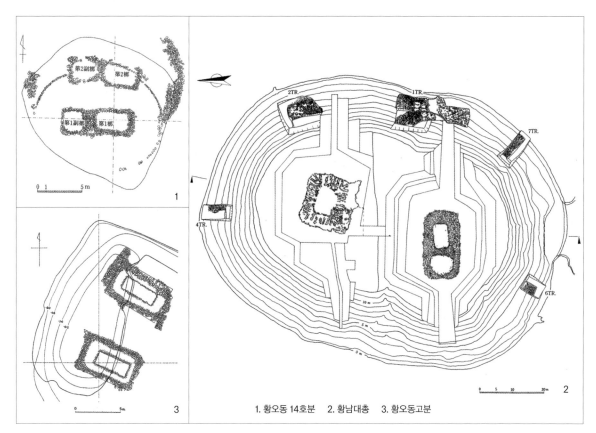

1. 황오동 14호분   2. 황남대총   3. 황오동고분

도 2-58 연접분(1)

접된 2개의 단위고분이 드러났다. 일렬식 이혈주부곽인 제1곽–제1부곽의 주위로 호석이 돌아간 남분이 선축되었고, 남분의 북쪽 호석 일부를 파괴하고 후축고분인 북분의 일렬식 이혈주부곽인 제2곽–제2부곽이 설치되었다. 후축된 북분의 묘곽 바닥이 선축된 남분의 묘곽 바닥보다 높게 설치되었고, 북분의 호석과 봉분은 남분의 호석과 봉분에 이어붙인 것으로 보인다.

　남·북분 모두 신라 전기 1Bc기로 편년되며, 남분은 피장자가 세환식귀걸이와 환두대도를 착장하여 남성인 a랭크 고분으로, 북분은 피장자가 태환식귀걸이를 착장하여 여성인 b랭크 고분으로 분류된다.

　○황남대총(도 2-58의 2): 봉분이 표형으로 거의 완전하게 보존되어 있었으며, 일렬식 이혈주부곽이 설치된 남분이 선축되었고, 남분의 북쪽 봉분과 호석 일부를 파괴하고 후축고분인 북분의 두부부장단독곽을 설치하였다. 모두 무묘광 지상주체식인 남분과 북분의 묘곽 바닥 높이는 큰 차이가 없었으며, 북분의 호석과 봉분은 남분의 호석과 봉

분에 이어붙여 축조하였다.

남분은 신라 전기 2a기로 편년되며, 피장자는 세환식 관 수하식과 환두대도를 착장한 남성, 북분은 신라 전기 2b기로 편년되고, 피장자는 태환식 관 수하식을 착장한 여성으로, 남·북분 모두 특a랭크 고분으로 분류된다.

○ 황오동고분(도 2-58의 3): 남북으로 긴 장방형에 가깝게 남아 있던 봉분 아래에서 2개의 매장주체부가 남과 북으로 거리를 두고 드러났다. 호석이 발굴되지 않아 선후관계를 확실히 알 수 없지만 두 매장주체부 사이의 거리와 방향으로 보아 단위고분 2기가 남북으로 연접된 고분으로 판단된다. 남·북곽(분)의 묘곽 형식은 모두 두부부장단독곽이다.

남·북곽 모두 신라 전기 3b기로 편년되며, 남곽은 피장자가 세환식귀걸이와 대도를 착장하여 남성인 a랭크 고분으로, 북곽은 피장자가 태환식귀걸이를 착장하여 여성인 a랭크 고분으로 분류된다.

○ 황오동 16호분(도 2-59의 1좌): 부정형으로 얕게 남아 있던 봉분 아래에서 여러 기의 단위고분과 묘곽들이 드러났는데, 이들 전체는 뒤에서 살펴볼 하나의 집단복합묘군이었을 것으로 판단된다. 가장 늦게 축조된 1곽의 호석이 선축된 2·3곽과 4·5곽 및 그 서북쪽 11·12곽의 호석과 일부 겹쳐 축조되었으나 겹쳐진 범위로 보아 그것은 단순 중복으로 보이며, 각각 주곽과 부곽이 설치된 단위고분들인 8·10곽, 2·3곽, 4·5곽이 남북으로 이어진 연접분의 묘곽들이다. 그 외에 호석 없이 단위묘곽 상태로 조사된 6·7곽, 9곽과 이들의 관계는 알 수 없다.

평면도상으로는 남쪽의 8·10곽에서부터 2·3곽, 4·5곽의 순으로 호석을 연접해 간 것으로 보이지만, 단면도상으로 묘곽의 바닥은 2곽과 4곽이 거의 같고, 8곽은 그보다 높았던 것을 알 수 있다. 또 각 묘곽에 딸린 호석의 통과선을 연장해 보았을 때 묘곽의 설치 위치도 4·5곽은 2·3곽의 호석 북쪽 일부를 파괴하고 설치된 것이 분명하지만, 2·3곽은 8·10곽 호석 북쪽에 근접할 정도이다. 따라서 이들 중에서는 2·3곽이 가장 선축이고, 8·10곽과 4·5곽이 그 남북으로 후축되었을 가능성도 생각할 수 있다.

연접된 단위고분 3기의 묘곽 형식은 8·10곽-일렬식 이혈주부곽, 2·3곽-일렬식 동혈주부곽, 4·5곽-1B4a식 병렬주부곽으로 각기 다르지만 모두 신라 전기 3b기로 편년된다. 2·3곽과 8·10곽은 피장자가 태환식귀걸이를 착장하여 여성인 a랭크 고분으로,

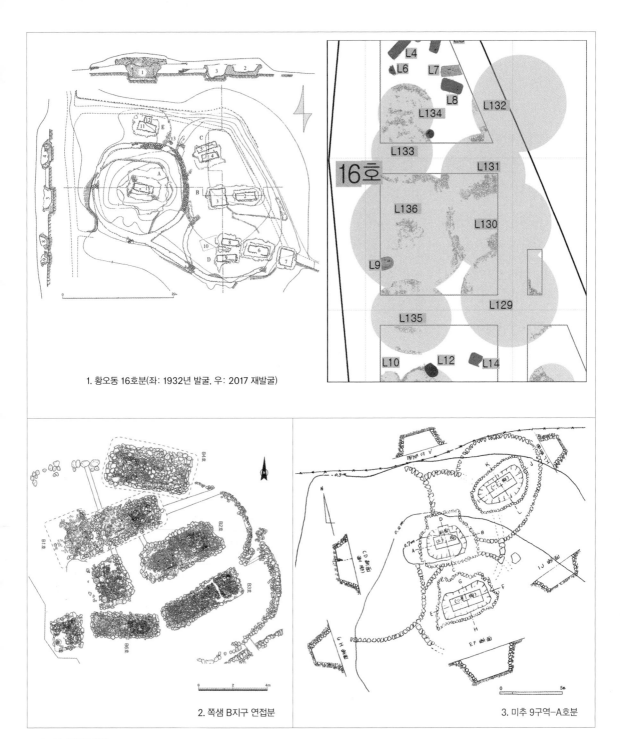

1. 황오동 16호분(좌: 1932년 발굴, 우: 2017 재발굴)

2. 쪽샘 B지구 연접분

3. 미추 9구역-A호분

도 2-59 연접분(2)

4·5곽은 피장자가 세환식귀걸이와 대도를 착장하여 남성인 a랭크 고분을 분류된다.

○쪽샘 B지구 연접분(도 2-59의 2): 지상에서 봉분은 인식되지 않았으나, 지하에서 5기의 단위고분을 남북으로 이어붙여 축조한 연접분이 발굴되었다. 그 중 묘곽의 형식이 일렬식 이혈주부곽인 B2호가 가장 먼저 축조되었던 것으로 보인다. 이어서 B2호의 서남쪽 호석 일부를 파괴하고 역시 일렬식 이혈주부곽인 B6호가 축조되었던 것으로 판단된다. 그 다음으로 남쪽에 일렬식 동혈주부곽인 B3호, 북쪽에도 일렬식 이혈주부곽인 B1호가 B2호의 호석 일부씩을 파괴하고 축조되었다. 마지막으로 B1호의 북쪽에 B2호와 B1호의 호석 일부씩을 파괴하고 족부부장단독곽인 B4호가 축조되었다.[94]

선축된 B2호와 그에 이은 B6호, 그보다 후축된 B3호와 B1호는 모두 신라전기 3b기로 편년되며, 가장 늦게 축조된 B4호는 4b기로 편년된다. a랭크인 B1호 외에는 모두 b랭크 고분으로 분류되는데, 가장 선축인 B2호와 그 남북의 B3호, B1호 피장자는 세환식귀걸이와 대도를 착장한 남성, B6호의 피장자는 태환식귀걸이를 착장한 여성, 가장 늦게 축조된 북쪽 끝의 B4호 피장자는 세환식귀걸이를 착장하였으나 대도는 착장하지 않은 여성으로 판단된다.

○미추왕릉지구 제9구역 A호 파괴고분(도 2-59의 3): 발굴 전 봉분은 잘 식별되지 않는 상태였으며, 최소 5기의 단위고분이 이어붙여진 연접분이 조사되었다. 그 중 3기가 발굴되었는데, 원래 1곽과 2곽은 호석이 서로 겹친 부분이 없어 각각 독립적인 단위고분이었으나, 그 사이에 3곽을 후축하고 그 호석이 1곽과 2곽의 묘곽 적석부에 겹치도록 봉분을 축조하여 3기의 단위고분이 연접되었던 것으로 보인다. 3곽의 위치는 1곽의 서쪽이지만, 2곽의 북쪽에 해당한다. 3곽의 바닥은 2곽의 바닥보다 높다.

선축된 1곽과 2곽의 묘곽 형식은 모두 족부부장단독곽이고, 후축된 3곽은 1B4c식

---

94 쪽샘 B지구 연접분의 두 보고서(국립경주문화재연구소 2013; 2016)에서는 가장 먼저 B2호가, 마지막으로 B4호가 축조된 것으로 보았으며, B1, B3, B6호의 선후관계는 토층에서 확인되지 않고 유물에서도 서로 간에 큰 시기 차이가 없다고 하였다(국립경주문화재연구소 2016: 473). 그러나 보고서의 도면에는 그려져 있지 않지만, 사진에서는 B2호의 부곽 서쪽으로 B2호의 서쪽 호석 일부가 낮게 남아 있어 그것이 B6호 주곽 서북 모서리 쪽에 닿아 있었던 것을 볼 수 있고, B2호와 B6호의 묘곽 형식은 다같이 일렬식 이혈주부곽이다. 그런데 B6호의 동쪽에 있는 B3호는 동혈주부곽이고, 그 묘광 어깨선과 묘곽의 바닥이 B6호보다도 높았던 것을 알 수 있다. 따라서 B3호보다 B6호가 선축이었다고 판단된다. B1호 보고서(국립경주문화재연구소 2013)의 도면에는 B4호 묘곽의 서쪽으로 B1의 호석 일부가 남아 있었던 것으로 그려져 있다.

의 동혈주부곽이다. 모두 b랭크 고분으로 분류되며, 신라 전기 4a기인 1곽과 4b기인 2
곽의 피장자는 태환식귀걸이를 착장한 여성, 신라 전기 4b기인 3곽의 피장자는 세환식
귀걸이와 대도를 착장한 남성으로 판단된다.

○이 외에 표형분으로 보고된 호우총과 은령총이 서로 연접되지 않은 별개의 고
분이라는 판단(최병현 1980; 1992a)에는 변함이 없지만, 호우총의 서남쪽 호석과 노서
리 215번지 고분의 적석부가 상하로 중복되어 있었다고 보고되었다(有光敎一·藤井和夫
2000). 노서리 215번지 고분의 호석은 조사되지 않았다. 보고대로 선축된 노서리 215번
지 고분의 적석부 위에 호우총의 호석이 축조되었다면, 이는 단순 중복일 수도 있지만
두 고분의 묘곽 위치로 보아 연접분이었을 가능성도 있다. 두 고분의 묘곽 형식은 두부
부장단독곽으로 모두 신라 전기 4b기로 편년되며, 노서리 215번지 고분은 피장자가 태
환식귀걸이를 착장한 여성인 a랭크 고분, 호우총은 피장자가 세환식귀걸이와 환두대도
를 착장한 남성인 a+랭크 고분이다. 인왕동 19호분의 연접분들 가운데에도 남북연접분
이 일부 포함되어 있었을 것이고, 황남동 파괴고분도 남북연접분이었을 가능성이 있다.
아직 보고서가 발간되지 않아 세부 사항은 알 수 없지만 황오동 100유적의 적11호·1
호·2호분도 남북연접분이다.

동서연접분

○서봉총(북분)과 남분(데이비드총)(도 2-60의 1): 최근 재발굴 결과 선축된 서봉총
의 서남쪽 호석 일부를 파괴하고 데이비드총의 묘곽과 적석부가 설치되었으며, 서봉총
의 호석에 잇대어 데이비드총의 호석을 축조한 것으로 밝혀졌다.[95] 서봉총은 무묘광 지
상주체식으로 두부부장단독곽, 데이비드총은 묘광주체식으로 두부부장단독곽이며, 각
각의 호석으로 보아 두 단위고분의 봉분 규모에는 큰 차이가 있었던 것으로 드러났다.

서봉총은 신라 전기 4a기의 특a랭크 고분으로 그 피장자는 태환식귀걸이를 착장한
여성, 데이비드총은 신라 전기 4b기의 a랭크 고분으로 그 피장자는 세환식귀걸이를 착
장하였으나 대도는 착장하지 않은 여성으로 판단된다(穴澤咊光 2006).

○미추왕릉전지역 C지구 1~3호분(도 2-60의 2): 묘곽의 형식이 두부부장단독곽으

....

95   국립중앙박물관 2017. 8. 4, 〈현장설명회자료집-2017년 경주 서봉총 재발굴〉.

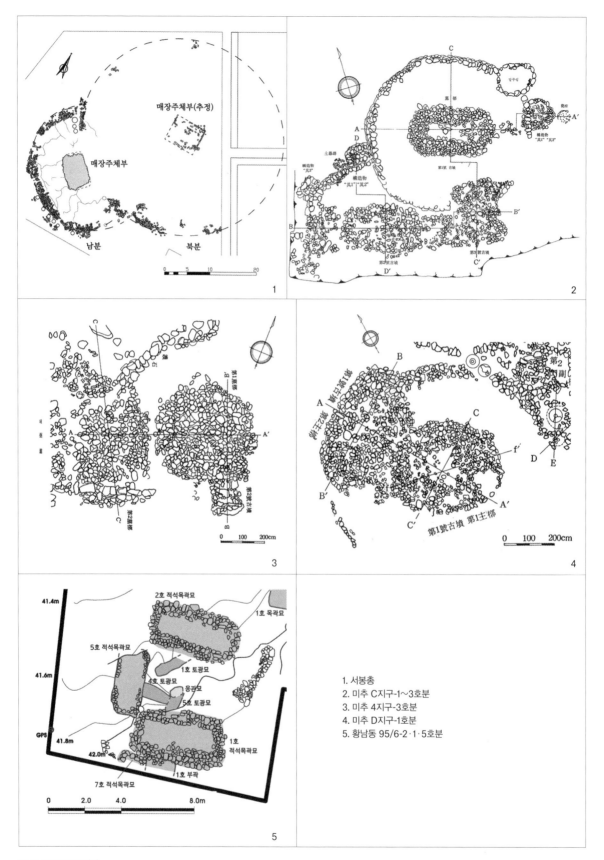

1. 서봉총
2. 미추 C지구-1~3호분
3. 미추 4지구-3호분
4. 미추 D지구-1호분
5. 황남동 95/6-2·1·5호분

도 2-60 연접분(3)

로 선축된 1호의 서남쪽 호석에 근접하여 족부부장단독곽인 2호의 묘곽을 설치하고 그에 딸린 호석을 1호의 호석에 이어붙였다. 3호도 1호의 남쪽 호석 일부를 파괴하고 후축된 것이지만 구조적으로 2호와 3호의 선후관계를 알 수는 없다. 그러나 2호의 위치에서 보면 3호는 그 동쪽이고, 묘곽의 형식도 2호와 같은 족부부장단독곽이다.

1호와 2호는 신라 전기 4a기, 3호는 4b기로 편년되며, 1호의 피장자는 세환식귀걸이를 착장하였으나 대도는 착장하지 않은 여성, 2호와 3호의 피장자는 모두 태환식귀걸이를 착장한 여성으로 모두 b랭크 고분으로 분류된다.

○미추왕릉지구 제4지구 3호분(도 2-60의 3): 선축된 1호 묘곽에 딸린 호석 서쪽 일부를 파괴하고 2호 묘곽을 설치하였다. 2호 묘곽에 딸린 호석은 발굴되지 않았다.

두 묘곽 모두 족부부장단독곽으로 신라 전기 4b기로 편년되며, 1호는 a랭크 고분, 2호는 b랭크 고분으로 분류된다. 피장자는 모두 세환식귀걸이를 착장하였으나 대도는 착장하지 않은 여성으로 판단된다.

○미추왕릉전지역 D지구 1호분(도 2-60의 4): 선축된 1호 묘곽에 딸린 호석의 서북쪽 일부를 파괴하고 2호 묘곽을 설치하였다. 2호 묘곽에 딸린 호석은 발굴되지 않았다.

1, 2호 묘곽 모두 두부부장단독곽이나 출토토기의 미보고로 정확한 편년은 할 수 없다. 모두 b랭크 고분으로 분류되며, 1곽의 피장자는 세환식귀걸이를 착장하였으나 대도는 착장하지 않은 여성, 2곽의 피장자는 태환식귀걸이를 착장한 여성으로 판단된다.

○황남동 95/6-2·1·5호분(도 2-60의 5): 2호 묘곽과 1호 묘곽이 남북으로 위치하고 그 서쪽에 5호 묘곽이 위치하였다. 일부 잔존한 호석과 봉토의 상태로 보아 선축된 2호 묘곽 남쪽에 1호 묘곽을 후축하고, 그 서쪽에 5호 묘곽을 축조한 것으로 판단되었다. 2호와 1호 묘곽은 남북 연접이지만 가장 늦은 4호 묘곽은 이들의 서쪽 연접이다.

모두 두부부장단독곽으로 2호와 1호 묘곽[96]은 3b기, 5호 묘곽은 4b기로 편년된다. 2호와 1호 묘곽은 a랭크 고분으로 분류되며, 피장자는 세환식귀걸이를 착장, 또는 부장했으나 대도를 착장하지 않은 여성, 5호 묘곽은 b랭크 고분으로 피장자는 착장 귀걸이를 알 수 없으나 대도를 착장하지 않아 여성으로 판단된다.

....

96　1호 묘곽의 남벽 쪽에 부곽이 있었다고 보고되었는데(신라문화유산연구원 2017: 87), 보고대로 부곽이 맞다면 이 1호 묘곽은 1B4식이 된다. 그러나 1호 묘곽과 관계가 애매하고, 동서 길이 1.75m, 남북 길이 1.40m라는 그 규모도 일반적이지 않아 여기서는 두부부장단독곽으로 분류하였다.

○이 외에 황오동 100유적의 적10호·4호·3호분도 동서연접분이고, 인왕동 19호분의 연접분들 중에도 일부 동서연접분이 포함되어 있었을 것이다.

기타

○황남동 82호분(도 2-61의 1): 대체로 원형에 가깝게 남아 있던 봉분 아래에서 동서로 연접된 2개의 적석부가 드러났다. 각각의 적석부 안에 설치된 묘곽의 높이와 형식에는 차이가 있지만 두 적석부 사이에 간층이나 봉토가 겹친 흔적이 없었던 것으로 보여, 두 적석부를 의도적으로 연접시킨 것으로 판단된다. 동총 적석부에는 일렬식 동혈주부곽이 설치되었고, 서총 적석부에는 동총의 묘곽보다 높게 1B4a식 병렬주부곽이 설치되었다.

동총은 신라 전기 3b기, 서총은 4a기로 편년되는 a랭크 고분으로 분류되며, 동총의 피장자는 세환식귀걸이를 착장하였으나 대도를 착장하지 않은 여성, 서총의 피장자는 태환식귀걸이를 착장한 여성으로 판단된다.

○황남동 109호분(도 2-61의 2): 부정형의 봉분 속에서 각각 부곽이 딸린 3기의 매장주체 묘곽이 조사되었다. 그 중 일렬식 동혈주부곽들인 1곽과 2곽은 일렬식 이혈주부곽인 3·4곽의 호석 상단 높이의 봉토 중에서 조사되어 3·4곽이 선축인 것은 알 수 있지만, 3·4곽과 후축된 1곽, 2곽이 어떤 관계인지는 알 수 없다. 주부곽이 동서로 배치된 2곽과 역ㄱ자상을 이루도록 1곽의 주부곽이 남북으로 배치되었는데,[97] 2곽의 부곽과 1곽의 부곽이 한 벽을 공유하도록 이들의 적석부를 연접하였던 것으로 판단된다.

1곽과 2곽 모두 신라 전기 3a기로 편년되며, 1곽은 피장자가 세환식귀걸이와 대도를 착장하여 남성인 a랭크 고분, 2곽은 피장자의 성별을 알 수 없으나 부장유물로 보아 b랭크 고분으로 분류된다.

○황남동 120호분(도 2-61의 3): 120호분의 봉분 중앙에 위치한 주묘곽의 적석부에 근접하여 그 북쪽에 120-1호 묘곽을 추가 설치하였고, 120호분의 호석 남쪽 부분을 파괴하고 120-2호 묘곽을 추가 축조하였다. 120호분 주묘곽과 적석부는 지상식으로 축

....

97   황남동 109호분 1곽이 주부곽식인 것은 이희준(1987)이 고찰한 바 있고, 여기서 계발되어 필자는 제2곽도 주부곽식으로 판단한 바 있다(최병현 1992a: 151).

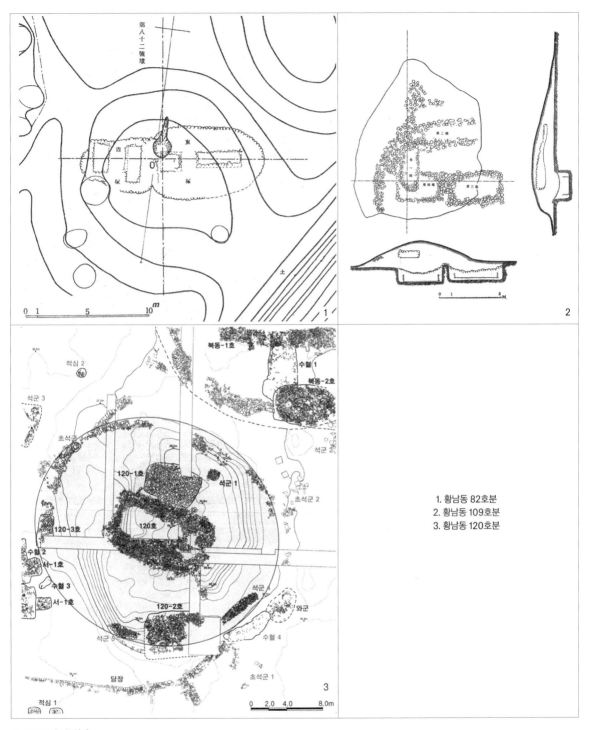

第八十二號墳

東
塚

西
塚

土

0 1 5 10 m

第二塚

東
塚

第三塚

0 1 5 M

1

2

적심 2

석군 3

초석군

북동-1호

수혈 1

북동-2호

석군 2

120-1호

석군 1

초석군 2

120호

수혈 2

서-1호

수혈 3

서-1호

120-3호

석군

와군

120-2호

수혈 4

초석군 1

담장

적심 1

0 2.0 4.0 8.0m

3

1. 황남동 82호분
2. 황남동 109호분
3. 황남동 120호분

도 2-61 연접분(4)

조된 것으로 판단되고, 120-1호 묘곽은 봉분 중의 지상 묘광에, 120-2호 묘곽은 120호분 봉분과 일부 지하에 걸쳐 조성된 묘광에 설치된 것으로 보인다(신라문화유산연구원 2018). 120-1호 묘곽은 위치상 120호분 주묘곽의 부곽처럼 배치되었지만, 120호분의 주묘곽과는 시차를 두고 그 봉토 중에 별도로 설치된 점, 일부 노출된 묘곽 상면에 잔자갈이 깔린 점으로 보아 이 묘곽도 사람을 매장한 묘곽으로 판단된다. 묘곽의 파괴가 심한 120-1호에서는 상감유리구슬, 철솥, 마구 운주 등이 수습되었다. 120-2호에서는 피장자가 금동관, 은제대장식구 과대, 은팔찌와 반지 등을 착장하고, 금동식리가 출토되어 a+랭크 고분으로 확인되었다. 120호분의 묘곽 내부는 아직 조사되지 않았다.[98]

ⓛ 성격 고찰

먼저 연접분의 구조적인 면부터 살펴보겠다. 앞서는 지금까지 발굴조사가 이루어진 연접분들을 연접 방향에 따라 남북연접분과 동서연접분으로 나누어 그 사례들을 살펴보았다. 그러나 남북연접분이나 동서연접분이나 연접분들 각각의 방위를 비교해 보면 상당한 편차가 있어 그 연접 방향이 모두 일치하지는 않는다. 필자는 월성북고분군의 적석목곽분들이 주로 원래 하천들의 범람원이었던 그 지역의 미고지에 대소 그룹을 이루고 축조되었을 것으로 본 바 있는데(최병현 2014b: 133), 연접분의 연접 방향은 그 미고지의 축선 방향에 영향을 받았을 것이다. 또 동-서나 남-북으로 둔 적석목곽분의 묘곽 장축 방향이 계절적 편차로 인해 모두 똑같지는 않은 것처럼 고분의 연접 방향에도 계절적 편차가 작용했을 가능성도 있다. 남북연접분이나 동서연접분이나 그와 같은 요인들에 의해 각각 편차가 존재하지만, 그러한 편차를 감안하더라도 남-북과 동-서로

....

98 황남동 120호분은 월성북고분군 남쪽 구역(B군)에서 처음 조사된 봉토분으로 의미가 크다. 연접 형태도 경주 고분에서 새로운 것이지만, 특히 봉분 규모가 중형분급인 120호분의 적석부가 지상적석식인 점이 주목된다. 설명회자료에서는 120-2호의 목곽이 내부에 '石壇'이 있는 2중 목곽일 것으로 추정하고 있지만(신라문화유산연구원 2020, 〈경주 대릉원 일원(사적 제512호)추정 황남동 120호분 주변 정밀발굴조사 학술자문회의 자료(4차)〉), 필자가 실견한 바로는 2중 목곽의 근거가 될 만한 것은 없었다. 다만 목곽의 뚜껑 부분 가장자리 밖으로 잔자갈을 깔고 그 위에 다시 상부적석이 가해진 특이한 구조가 나왔는데, 이를 '石壇'의 상면으로 이해하고 있다. 그러나 그 잔자갈면은 묘광과 목곽 사이 사방적석의 목곽 뚜껑 가장자리 부분으로, 필자는 아마도 목곽상부 유물 배치를 위한 시설이었을 것으로 본다.

의도된 연접 방향은 구분된다고 하겠다.

그런데 경주 적석목곽분의 연접분을 남북 연접과 동서 연접으로 나누지 않고 연접의 주 방향을 북쪽 또는 북쪽 지향성으로 파악하기도 한다(심현철 2014: 45). 그러나 보고서 미간이어서 앞의 사례검토에서는 자세히 살펴보지 않았지만, 예컨대 황오동 100유적 유구배치도(동국대학교 경주캠퍼스 박물관 2008: 13)에서 적11호·1호·2호 연접분과 적10호·4호·3호 연접분이 ㄱ자상 배치를 이루고 있는 것이 같은 방향의 연접에서 있을 수 있는 편차 정도라고 이해하기는 어렵다. 분명히 적11호·1호·2호는 남북 방향으로 연접되고, 적10호·4호·3호는 동서 방향으로 연접된 것이다. 쪽샘지구 조사에서 드러난 여러 연접분들에서도 그러한 연접 방향의 차이는 분명하게 구분된다. 예컨대 F지구의 34호분은 단위고분 3기가 남북으로 연접된 남북연접분이지만, 그 북쪽에서 ㄱ자상으로 꺾인 F2·F3호는 동서연접분임이 분명하다(뒤의 도 2-63의 2 참조). 쪽샘지구에서는 여러 기의 단위고분들이 복잡하게 이어진 다중연접분들이 드러나고 있지만(국립경주문화재연구소 2016), 이들도 단순중복을 구분해내고 나면 남북연접분과 동서연접분으로 나누어질 것으로 판단된다.[99]

남북연접분에서는 대개 선축고분을 남쪽에 두고 후축고분을 북쪽으로 연접해 갔다. 특히 2기 연접분의 경우는 남분이 선축, 북분이 후축이었던 것으로 보인다. 다중연접분의 경우 반드시 그렇지는 않아, 쪽샘 B지구 연접분에서는 후축고분이 선축고분의 남북으로 연접되어 나갔지만, 미추왕릉지구 제9구역 A호분의 경우 후축인 3묘곽은 선축인 2묘곽의 북쪽에 연접된 것으로 볼 수 있다.

동서연접분에서는 대개 선축고분을 동쪽에 두고 후축고분을 서쪽으로 연접한 것으로 보인다. 미추왕릉전지역 C지구 연접분에서 2호와 3호가 연접되었고 그 중 3호가 후축이라면 그것은 동쪽방향 연접이 되겠지만, 그 외 동서연접분들은 모두 동분이 선축, 서분이 후축이다. 다중연접분인 황남동 95/6호분에서도 2호 묘곽과 1호 묘곽은 북남 연

....

[99]　함순섭(2010: 233~234)이 표형분을 동서 연접과 남북 연접으로 나눈 것은 본고와 같은 견해이지만, 그는 "표형분은 쌍분이 기본 형태이지만 이보다 더 많은 봉토분을 잇댄 경우도 있"고, 그 변화는 "쌍분으로 수렴되어 가는 방향이었을 것이며", 연접 방향도 "주축이 동서방향에서 남북방향으로 전환된"다고 하여 본고와 이해를 달리하였다. 연접분들의 편년은 동서연접분과 남분연접분, 2기 연접분과 다중연접분이 신라 전기 말까지 공존하였음을 보여준다.

접이지만 최후의 5호 묘곽은 이들의 서쪽 연접이다. 적석부가 연접된 황남동 82호분의 경우도 동총이 선축, 서총이 후축이다. 그러므로 남북연접분은 북쪽방향 연접, 동서연접분은 서쪽방향 연접의 개연성은 인정될 수 있다고 본다. 다만 다중연접분에서는 입지 여건에 따라 연접이 한 방향으로만 이루어질 수 없는 상황도 있지 않았을까 판단된다.

다음은 연접 방식이다. 일찍이 이른바 표형분 중에는 두 단위고분의 墳頂 사이가 가까운 것과 좀 떨어진 것이 있으며, 분정 사이가 가까운 것은 선축고분의 호석 일부를 파괴하고 그 자리에 후축고분의 묘곽을 설치하였고, 분정 사이가 좀 떨어진 것은 선축고분의 호석을 파괴하지 않고 그 바깥에 후축고분의 묘곽을 설치하였을 것이라는 지적이 있었다(齊藤忠 1937; 최병현 1992a: 155). 최근 심현철(2014)은 여기에 선축고분의 호석을 파괴하지 않고 그 안쪽 봉토를 굴착하여 후축고분의 묘곽을 설치하고 봉분을 연접 축조한 방식을 추가하고, 달성 문산리고분군의 예를 들었다.

필자는 그러한 연접 방식이 경주고분에도 존재하였을 것으로 본다. 현존하는 고분 가운데 높이에 차이가 큰 두 개의 분정이 근접해 있는 황남동 96·97호분이 그러한 예가 아닐까 추측된다. 이로 미루어보면 앞서 기타로 설명해 둔 적석부 연접도 연접 방식의 하나로 볼 수 있지 않을까 생각된다. 적석부가 거의 붙어 있는 황남동 120호분 주묘곽과 120-1호 묘곽도 같은 범주로 볼 수 있다. 그렇다면 연접분의 연접 방식은 적석부 연접(A형), 선축고분의 호석 안쪽 후축고분 묘곽 설치(B형), 선축고분의 호석을 일부 파괴하고 후축고분의 묘곽 설치(C형), 선축고분의 호석 밖에 후축고분의 묘곽 설치(D형) 등으로 나눌 수 있다.

그런데 황오동 100유적 적11호·1호·2호에서는 먼저 적11호·1호가 C형으로, 그 뒤 적1호·2호가 D형으로 연접되었고, 미추왕릉전지역 C지구 연접분에서는 신라 전기 4a기의 1호에 4b기의 2호가 D형으로 연접되고 있어서, 그러한 연접 방식의 형태가 출현 순서나 시기순일 가능성을 배제할 수 없다. 그러나 현재까지의 자료로 보면 A형이 편년상 반드시 이른 것도 아니고, C형 연접이 신라 전기 4b기까지도 활발하게 이루지는 등 일률적이 않아 연접 방식의 차이만으로 연접분들의 선후를 판단할 수는 없다.

다음으로 연접분의 피장자들과 관련하여 살펴보겠다. 지금까지 조사된 연접분들에서 남북연접분의 단위고분 피장자에는 남성과 여성이 섞여 있고, 동서연접분의 단위고분 피장자들은 모두 여성으로 나타났다. 특히 남북 2기 연접분의 경우 모두 남분의 피장자는 남성, 북분의 피장자는 여성이다.[100] 남북 다중연접분의 경우 반드시 남분이 선축되지는 않았고, 선축고분의 피장자가 남성인 예와 여성인 예가 있지만, 단위고분의 피장자 중에는 반드시 남성이 포함되어 있는 점이 유의된다. 그러나 아직 남북연접분은 남녀의 합장분, 동서연접분은 여성들끼리의 합장분으로 단정하기는 이르다. 이를 일반화할 수 있을 정도까지 자료가 축적되었다고 보기는 어렵기 때문이다. 하지만 현재까지의 자료로 보아 그 개연성만은 지적해두고 싶다.[101]

지금까지 연접분은 부부나 가족 등 혈연 관계인 피장자들의 무덤을 연결 축조한 합장분이라는 인식이 일반적이었다. 특히 그 중에서도 단위고분 2기가 연접된 표형분은 부부묘로 보아 왔다. 그런데 묘형이 아니라 단위고분이나 묘곽을 기준으로 한 고분 랭크 분석의 결과에 따르면 연접분은 같은 랭크의 단위고분들로 이루어진 것이 다수이지만, 랭크가 다른 단위고분들로 이루어진 것도 적지 않다(표 2-12).

이 중에서 문제가 되는 것은 물론 랭크가 다른 단위고분들로 이루어진 연접분들이

....

100 피장자의 남녀 성과 관련된 복식품이 착장 귀걸이와 대도가 아니라 팔찌라고 주장하는 하대룡이 여기서 한 발 더 나가 피장자가 팔찌를 착장하지 않은 황남대총 남분은 주부곽식, 피장자가 팔찌를 착장한 황남대총 북분은 단독곽식인 것을 근거로 들어 모든 주부곽식 묘곽의 피장자는 남성, 모든 단독곽식 묘곽의 피장자는 여성이라 하고 있음(하대룡 2019: 95~105)은 앞서 언급한 바 있다. 그는 그와 같은 주장의 연장선에서 남북 2기 연접분의 남분과 북분 사이의 착장 복식품과 부장품의 차이는 도외시하고, 황오동 14호분 제1곽과 제2곽은 모두 주부곽식이므로 피장자는 남성, 황오동고분 남곽과 북곽은 모두 단독곽식이므로 피장자는 여성이라고 한다(하대룡 2019: 186). 그러나 주부곽식 묘곽은 신라 조기부터 발생한 것으로, 묘곽의 형식이 남녀 성별과 관련된 것이 아니며, 시간성, 계층성을 갖고 있는 것임은 앞서 누누이 검증된 바이다. 피장자의 성별이 묘곽 형식이 아니라 착장 귀걸이와 같은 복식품과 관계된 것임은 그 자신이 제시한 〈표 27〉에서도 드러난다. 그는 연접분에서 착장 귀걸이가 세환군→세환군 45.5%, 세환군→태환군 36%, 태환군 → 세환군 18.2%, 태환군→태환군 0%라고 분석하였는데(하대룡 2019: 190), 앞서 살펴본 바와 같이 태환군은 대도를 착장한 예가 없어 피장자가 모두 여성이며, 세환군에는 대도를 착장한 남성 피장자와 대도를 착장하지 않은 여성 피장자가 포함되어 있음을 감안하여 보면 오히려 자연스러운 비율이다. 그는 또 금관총과 서봉총, 호우총과 은령총 등 노동·노서동지구의 발굴고분들이 모두 단독곽식이므로 피장자가 모두 여성이라고 하고, 피장자가 남성 왕인 발굴되지 않은 봉황대고분과 서봉황대고분이 여성들만의 종속분을 거느려 군집분을 이루었다고 하지만(하대룡 2019: 194~199), 이곳의 고분들이 모두 단독곽식인 것은 피장자가 모두 여성이어서가 아니라 월성북고분군에서 이곳의 고분들이 가장 늦은 시기에 축조되었기 때문일 뿐이다(최병현 2014b; 2016b).

101 동서연접분이 여성들의 합장분일 경우 인왕동 119호분이 실성마립간릉일 가능성을 제기한 필자의 전고(2014b) 논지와는 배치된다. 인왕동 119호분은 분명한 동서연접분인데, 학계 일각에서는 단위고분 3기의 연접 가능성을 제기하고 있지만, 필자는 그럴 가능성은 적다고 보며, 2기를 연접한 동서방향 표형분으로 판단하고 있다.

표 2-12 묘형과 고분 랭크 분포

묘형	고분명	特a	a+	a	b	c	d
		천마총, 금관총, 금령총	식리총, 노서138, 은령총, 호우총 등	황남110, 황오41, 노동4, 황오4, 5 등	미추 5구 - 2, 8 미추 7구 - 7등	(황남 83)	(미추 5구역 4)
단일위관	황오 14			1곽(♂) ──→	2곽(♀)		
	황남대총	남분(♂) → 북분(♀)					
	황오동 고분			남곽(♂) → 북곽(♀)			
	황오 16			810(♀)→2·3(♀)→4·5(♂)			
	쪽샘 B연접분			B1(♂)	B2(♂) → B6(♀) → B3(♂) B4(♀)		
연접분	미추 9구 A호	서봉총(♀)			1곽(♀)·2곽(♀)→3곽(♂)		
	서봉총 데이비드총		──→	데이비드총(♀)			
	미추 C지구				1호(♀)→2호(♀)·3호(♀)		
	미추 4지구-3호			1곽(♀)	2곽(♀)		
	미추 D지구				1주곽(♀)→2주곽(♀)		
	황남 95/6-1, 2, 5호			2곽(♀)·1곽(♀)	5곽(♀)		
	황남 82			동총(♀) → 서총(♀)			
	황남 109			1곽(♂)	2곽(?)		
다곽분	계림로				51호(♂)→50호(♀)		48호·49호·52호·53호
	미추 12구 3~10호						
	미추 12구 11~18호						
	미추 5구						14호·15호·16호

다. 그런데 그 차이는 서봉총·데이비드총을 제외하면 모두 1랭크 차이이다. 그러므로 문제의 핵심은 연접분이 부부나 가족 등 혈연관계로 사회적 인격이 동등한 피장자들의 합장분이라 하더라도 하나의 연접분을 구성한 단위고분들 사이에 그 정도의 랭크 차이는 날 수 있는가, 아니면 연접분이 혈연관계가 아닌 다른 의미의 친연관계를 가진 피장자들의 단위고분들로 구성될 수도 있는가라고 하겠다. 그와 관련하여 다음과 같은 점들을 지적할 수 있다고 판단된다.

앞서 필자는 단위고분이나 묘곽의 출토유물을 중심으로, 특히 피장자의 착장 복식품을 1차적 기준으로 고분들의 랭크를 구분하였는데, 첫째는 필자의 그러한 구분 기준과 실제의 고분 랭크 사이에 반드시 정합성이 있는가, 정합성이 있다 하더라도 고분마다 출토되어 보고된 유물이 과연 모두 매장 원상을 그대로 반영하고 있는가이다. 다음으로 적석목곽분이 축조된 신라 전기는 신라사에서 골품제와 같은 신분제도가 확립되기 이전인 마립간시기인데, 당시 존재한 사회 계층이나 신분층이 융통성 없이 엄격하게 유지되었고, 그에 따른 복식품이나 고분에 부장 가능한 유물도 엄격히 정해지고 통제되어 예외 없이 지켜지고 있었는가라는 점이다. 만일 그렇다 하더라도 개인의 활동과 역할에 따라서는 어느 정도 사회적 위상의 변화는 가능하지 않았을까라는 점도 고려되어야 한다. 예컨대 쪽샘 B지구의 다중연접분에서 다른 여러 단위고분들보다 1랭크 상위의 단위고분이 존재하는 것을 그런 예로 볼 수는 없을까 하는 것이다.

이런 점들을 고려하면 한 연접분의 단위고분들 사이에서 1단계의 고분 랭크 차이는 큰 문제가 되지 않을 수도 있다고 본다. 그러나 서봉총·데이비드총의 예도 그와 같은 것으로 일반화시켜 보기는 어렵다. 서봉총은 특a랭크, 데이비드총은 a랭크로 고분 랭크도 2단계의 차이가 있지만, 그보다도 매장주체부 구조에서 서봉총은 무묘광 지상주체식인 반면 데이비드총은 묘광주체식으로 다르고, 호석 직경에서 보듯이 두 단위고분의 외형 규모에도 엄청난 차이가 있다. 그러므로 서봉총·데이비드총이 연접분으로 축조된 것은 그 피장자들 사이에 모종의 친연관계가 있었기 때문이었겠지만, 그 친연관계를 반드시 사회격 인격이 동등한 혈연관계로만 이해할 수는 없다고 판단된다.

이런 점들을 고려하여 보면 연접분 중 단위고분들의 규모나 축조 기법이 거의 같고 고분 랭크에도 큰 차이가 없는 것은 부부나 가족 등 혈연관계인 피장자들의 합장분이 다수이겠지만, 혈연관계 이 외 다른 의미의 친연관계에 따라서도 피장자들의 단위고분들을 이어붙인 연접분도 축조될 수 있었을 것으로 판단된다. 그러므로 표형분도 부부무덤으로 규정하려면 남분의 피장자는 남성, 북분의 피장자는 여성인 남북 2기 연접분 가운데 단위고분의 규모와 축조 기법에서 큰 차이가 없는 것으로 한정되어야 할 것으로 판단된다.

③ 다곽분

호석으로 한정된 한 묘역 안에 복수의 매장주체 단위묘곽이 서로 묘광 벽이나 석축벽을 공유하며 평면적으로 질서 정연하게 배치된 고분들이다. 단위묘곽에 속한 묘역이 따로 없고, 여러 기의 단위묘곽이 하나의 묘역을 공유하고 있는 것이라고 할 수 있다. 묘곽은 대부분 적석목곽이지만 수혈식석곽이 포함된 예들도 있다. 지금까지 조사된 다곽분은 모두 지하에서 유구가 발견되었을 뿐 지상에 봉분이 남아 있는 예는 없었다.

㉠ 사례 검토

○계림로 48~53호분(도 2-62의 1): 모두 장축방향을 남-북에 가깝게 둔 단위묘곽이 남쪽에 2기, 북쪽에 4기, 모두 6기가 질서정연하게 배치되었다. 북쪽 묘곽 열의 외곽으로 남아 있던 석렬로 보아 원래 묘곽 전체를 안에 둔 호석이 돌아갔던 것을 알 수 있다.[102] 6기의 묘곽은 모두 적석목곽으로 각각의 묘광을 파고 설치되었다. 묘곽의 형식은 모두 똑같지는 않아 북쪽 열 가운데의 51호와 52호는 양단부장단독곽이고, 그 양쪽 50호와 53호, 남쪽 열의 48호와 49호는 두부부장단독곽이다.

북쪽 열 가운데의 51호와 52호, 남쪽 열의 48호와 49호는 신라 전기 3a기, 북쪽 열의 양쪽 끝 50호와 53호는 3b기로 편년된다. 51호는 피장자가 세환식귀걸이와 대도를 착장한 남성의, 50호는 피장자가 세환식귀걸이를 착장했으나 대도는 착장하지 않은 여성의 b랭크 묘곽이나 나머지는 모두 d랭크로 분류된다.

....

102 보고서의 유구 최종도면에는 호석이 거의 그려져 있지 않지만 발굴 초기 사진과 도면에는 호석렬이 비교적 많이 남아 있다(국립경주박물관 2014: 도면 32, 사진 76 참조).

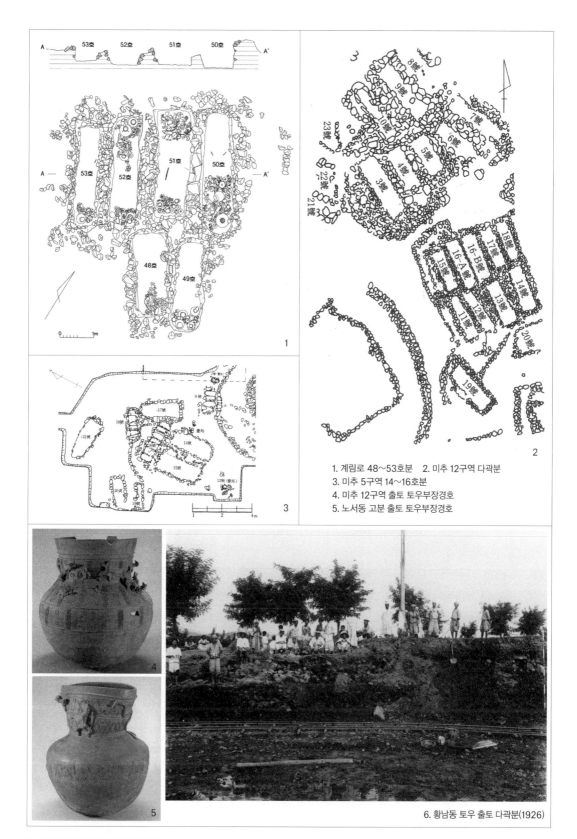

1. 계림로 48~53호분   2. 미추 12구역 다곽분
3. 미추 5구역 14~16호분
4. 미추 12구역 출토 토우부장경호
5. 노서동 고분 출토 토우부장경호

6. 황남동 토우 출토 다곽분(1926)

도 2-62 다곽분과 토우부장경호

○미추왕릉지구 제12구역 3~10호분(도 2-62의 2상): 장축방향을 남-북에 가깝게 둔 8기의 단위묘곽이 남북 2열로 남쪽에 5기, 북쪽에 3기 배치되었다. 묘곽들은 서로 묘광 벽을 공유하며 나란히 축조되었는데, 남쪽의 6호와 7호는 묘곽의 장축 방향이 다른 묘곽들과 약간 차이가 있다. 서남쪽 3호와 4호 묘곽 밖으로 남아 있던 적석 상태로 보아 원래는 호석이 돌아갔을 것으로 추측된다. 8기의 묘곽 중 3~9호의 7기는 적석목곽이고, 10호 1기는 수혈식석곽이다.

보고서 미간이어서 편년은 어려우나 적석목곽의 묘곽 형식은 여러 가지가 포함되어 있다(최병현 1992a). 북쪽 열 가운데의 9호는 양단부장단독곽이고, 남쪽 열 가운데의 4호와 5호, 남쪽 열과 북쪽 열 동쪽 끝의 7호와 8호는 족부부장단독곽, 그 외 남쪽 열의 3호와 6호는 두부부장단독곽이다. 3호에서는 태환식귀걸이 1쌍과 유리구슬이 출토되어 피장자가 여성인 b랭크 묘곽으로 분류되나, 그 외는 대개 토기와 약간의 철제 공구류가 출토되어 d랭크에 속할 것으로 판단된다.

○미추왕릉지구 제12구역 11~18호분(도 2-62의 2하): 장축방향을 남-북에 가깝게 둔 9기의 단위묘곽이 남북 2열로 남쪽에 4기, 북쪽에 5기 배치되었다. 서쪽 묘곽들의 외곽으로 호석 일부가 남아 있었다. 묘곽들은 모두 적석목곽으로 서로 묘광 벽을 공유하였는데, 그 중 16-A호와 B호는 한 묘광 내에 설치되어 그 사이에 얇은 석축벽만 존재하였다(최병현 1992a).

묘곽의 형식은 모두 두부부장단독곽인데, 보고서 미간으로 편년은 어렵다. 17곽에서만 태환식귀걸이 1쌍이 출토되어 피장자가 여성인 b랭크 묘곽으로 분류되고, 그 외는 약간의 철제공구류와 토기류만 출토되어 d랭크에 속할 것으로 판단된다.

○미추왕릉지구 제5구역 14~16호분(도 2-62의 3): 동-서 장축의 수혈식석곽을 북쪽에 두고 그 남쪽에 묘광 벽을 공유하는 남-북 장축의 적석목곽 2기를 나란히 배치하였다. 수혈식석곽의 외곽으로 한 줄의 호석이 남아 있어 원래 3기의 묘곽을 둘러싼 타원형의 호석이 축조되었던 것을 알 수 있다.

적석목곽인 15호는 양단부장단독곽, 적석목곽인 14호와 수혈식석곽인 16호는 두부부장단독곽으로 묘곽의 형식은 다르지만, 3기 모두 신라 전기 4a기로 편년되며, d랭크로 분류된다.

ⓛ 성격 고찰

　이상 다곽분의 사례들을 살펴보았는데 아직 발굴조사된 예 자체가 적고, 그나마 보고서가 미간인 것이 반이어서 그 성격을 자세히 고찰하기는 어렵다. 먼저 구조적인 부분부터 살펴보면 우선 다곽분의 묘곽들은 거의 모두 적석목곽이지만, 일부 다곽분에는 수혈식석곽도 포함되어 있는 점이 주목된다. 이 점은, 뒤에 살펴보겠지만, 적석목곽분이 중심인 월성북고분군의 집단복합묘군에 수혈식석곽묘가 일부 포함되어 있는 점과도 관련하여 유의된다.

　다음으로 다곽분의 단위묘곽들이 모두 동시에 축조된 것이 아니라는 점이다. 미추왕릉지구 제12구역 11~18호 다곽분의 16-A, B호처럼 한 묘광 안에 설치된 묘곽들은 동시 축조일 가능성이 크지만, 한 다곽분에도 여러 형식의 묘곽이 축조된 점, 계림로 다곽분의 단위묘곽 상대편년이 두 시기로 나누어지는 점은 한 다곽분에 속한 묘곽들이 동시에 축조된 것이 아님을 말해준다. 미추왕릉지구 제12구역 3~10호 다곽분에서 6호와 7호 묘곽의 장축방향이 다른 묘곽들과 일치하지 않은 점, 동 11~18호 다곽분에서 13호의 양 장벽 쪽이 다른 묘곽들의 사이보다 넓게 남은 점도 그와 관련이 있었을 것으로 보인다. 그러므로 묘곽들이 평면적으로 질서정연하게 배치된 다곽분이라 하더라도 모든 묘곽이 동시 축조된 것은 아니며, 하나의 다곽분은 추가 설치된 묘곽들로 이루어진 것이라고 할 수 있다.

　다곽분에도 호석이 돌아간 것은 분명한데, 지금까지 호석 전체가 발굴된 예가 없어그 평면형태를 정확히 알 수 없지만, 미추왕릉지구 제5구역 14~16호 다곽분의 호석은남아 있는 부분으로 보아 타원형으로 돌아갔을 것으로 보인다. 그러나 계림로 다곽분의호석 평면은 남아 있는 부분으로 보아 말각방형에 가까웠을 것으로 판단되고, 미추왕릉지구 제12구역의 두 다곽분 호석은 묘곽의 배치 평면과 거의 같은 형태로 방형에 가까웠을 것으로 추측된다. 그런데 그러한 다곽분의 호석이 처음부터 묘곽들 전체를 둘러쌀 수있도록 넓게 축조되었는지는 의문이다. 오히려, 미추왕릉지구 제12구역 11~18호 다곽분에 남아 있는 호석 열을 보면 11호 묘곽 서쪽의 호석 열과 15호 묘곽 서쪽 호석 열의연결이 자연스럽지 않아, 이들 중 어느 한쪽을 추가 축조하여 연결한 것 같아 보인다. 이로 보면 다곽분의 호석도 묘곽의 추가에 따라 연결해 나갔을 가능성을 배제할 수 없다.

이와 같이 묘곽이 추가 배치되고, 호석이 추가 연결되었다 해서 하나의 다곽분이 원래부터 의도된 것이 아니라고 할 수는 없다. 원래부터 의도된 것이 아니고는 다곽분에 조영된 묘곽들이 그와 같이 중복 없이 질서 정연하게 배치될 수는 없기 때문이다. 다곽분의 묘곽들이 추가 설치되면서도 그와 같이 정연하게 배치될 수 있었던 것은 선축 묘곽들의 위로 쌓은 봉토가 그다지 높지 않았기 때문이었을 것이다. 물론 완성된 다곽분의 봉분도 직경에 비례할 만큼 높게 축조되지는 않았을 것이며, 대개 호석이 돌아간 평면 형태로 야트막하게 조성되었을 것으로 추측된다. 지금까지의 발굴조사에서 다곽분이 지하에서만 발견되고 있는 것이 그것을 말해준다고 생각된다.

다음으로 다곽분의 피장자와 관련된 부분이다. 필자의 전고들에서는 다곽분(묘)을 적석목곽분의 묘형 가운데 가장 하위 묘형으로 본 바 있는데(최병현 1981a; 1992a), 단위 묘곽을 기준으로 한 고분 랭크의 분석 결과로 보아도 다곽분의 랭크는 전반적으로 낮아서, d랭크 묘곽이 중심이다. 그러나 계림로 다곽분에는 b랭크 묘곽 2기가 들어있고, 미추왕릉지구 제12구역의 다곽분들에도 b랭크로 분류될 수 있는 태환식귀걸이 출토 묘곽이 하나씩 포함되어 있다. 이로 보아 다곽분의 묘곽이 모두 d랭크는 아니어서, 다곽분은 대체로 b랭크 이하의 하위 랭크 묘곽들로 구성되었다고 할 수 있다.

다곽분의 성격에 대해서는 다곽분이 이와 같이 낮은 랭크의 묘곽들로 구성된 점과 함께 월성북고분군에서 다곽분들의 분포 위치(뒤의 도 2-65 참조)도 고려하여 파악되어야 할 것으로 생각된다. 앞서 살펴본 계림로 다곽분의 위치는 현 계림로의 북쪽 입구 부분으로 황남동 90호분 동쪽에 근접해 있다. 미추왕릉지구 제12구역의 위치는 황남동 90호분과 황남대총의 사이이지만 황남동 90호분의 남쪽에 좀 더 가깝다. 미추왕릉지구 제5구역 14~16호 다곽분은 현 대릉원의 정문에 가까운 위치로 황남동 106호분(전 미추왕릉)의 남쪽에 해당한다. 미추왕릉지구 제5구역 14~16호 다곽분의 위치는 좀 애매하지만, 그보다 본격적인 계림로 다곽분과 미추왕릉지구 제12구역의 다곽분은 거대 고총인 황남동 90호분의 동쪽과 남쪽에 근접해 있는 것이다.

한편 자료가 알려져 있지 않지만, 다곽분이었을 것으로 판단되는 다른 사례들도 있다. 천마총의 북쪽 태종로 건너편으로 과거 목욕탕 자리라고 하는 곳에서 조사된 유구도 다곽분이었다고 판단된다. 노서동 141호분의 남쪽쯤에 해당할 것으로 기억되는데, 발굴 당시 필자가 목격한 바에 의하면, 그곳에서는 마치 목관 10여 개씩을 두 줄로 늘어놓고 목관들 사이에 냇돌들을 채워놓은 것과 같이 묘곽들이 정연하게 배치된 고분이 조사된 바 있다. 경주에서 출토한 토우장식 신라 장경호 2점 중 1점(도 2-62의 4)은 미추왕릉지구 제12구역에서 출토된 것이고(정재훈 1975), 다른 1점(도 2-62의 5)은 이곳에서 출토된 것이다.[103]

또 1926년 황남동에서 신라토우가 집중 출토되었다고 하는 채토 작업장의 위치도 황남대총 동쪽에 근접한 곳이다(함순섭 2010: 227). 당시 이를 목격한 고이즈미 아키오 (小泉顯夫)는 그곳에 '수많은 소석실 고분이 끼어 있'었으며, '대분구 사이에 조성되었던 千塚과 같은 소형 군집분'일 것이라고 하였다(小泉顯夫 1927). '소석실'이라고 하였지만, 당시 작업장의 사진 중에는 나란히 연달아 설치된 고분 묘곽들이 잘려나간 단면 모습이 보이는데(도 2-62의 6), 다수의 적석곽들 중간에 판석 뚜껑이 덮인 수혈식석곽이 끼어 있는 것이 확인된다(국립중앙박물관 2009: 11~12). 이는 다수의 적석목곽들 사이에 수혈식석곽도 존재한 미추왕릉지구 제12구역 다곽분과 같은 상태였음을 말해준다.

이들을 포함하여 지금까지 월성북고분군에서 조사되거나 알려진 다곽분들의 위치는 모두 월성북고분군 중에서도 대릉원지구를 중심으로 한 왕릉구역인 점이 주목된다. 이보다 더 중요한 사실은 지금까지 쪽샘지구의 조사에서는 다곽분이 전혀 드러나지 않고 있다는 점이다. 잘 알려져 있듯이 월성북고분군에서 쪽샘지구는 북쪽 끝 부분에 위치한 황오동 39호분 외에는 왕릉급 대형분이 존재하지 않는, 중소형 적석목곽분의 집중 분포지이다. 그러나 고분 분포조사가 상당히 진척된 지금까지도 쪽샘지구에서는 위에서 정의한 바와 같은 다곽분이 단 한 기도 발견되지 않고 있는 것이다. 또 그동안 쪽샘지구 동쪽의 황오동과 인왕동 지구의 유적조사에서도 다곽분이 발견된 바 없다.

이러한 사실을 고려해 보면 월성북고분군에서 다곽분의 분포지는 왕릉구역으로 좁혀지는 것이 분명하다. 그렇다면 다곽분은 왕릉구역의 왕릉급 거대 고분에 딸린 순장 묘였을 가능성이 점쳐진다. 그런데 다곽묘 중에는 황남동 90호분과 계림로 다곽분 및 미추왕릉지구 제12구역 다곽분, 황남대총과 그 동쪽 채토장 '소석실 고분'들처럼 특정 거대 고총과 그 위치가 근접한 것도 있지만, 미추왕릉지구 제5구역 14~16호 다곽분이

---

103 노서동 목욕탕 자리는 미추왕릉지구 12구역에 이어서 문화재관리국 경주사적관리사무소 주관으로 1974년에 발굴되었다. 미추왕릉지구 제12구역은 당시 경북대학교 윤용진교수와 경주사적관리사무소의 고 김세연 기사, 노서동 목욕탕 자리는 고 김세연 기사가 발굴을 담당하였다. 당시 정재훈 경주사적관리사무소장의 부탁으로 그때 황남대총 북분을 발굴하고 있던 필자와 소성옥이 2점의 장경호를 복원하였다.

나 노서동 목욕탕 자리 다곽분처럼 특정 거대 고분과는 좀 거리가 떨어진 것도 있다. 이와 함께 다곽분에 포함된 묘곽들이 동시 축조가 아닌 점을 고려하여 순장묘 이 외의 다른 가능성도 타진해 볼 수 있을 것으로 생각된다.

필자는 다곽분의 성격은 뒤에서 살펴볼 월성북고분군의 집단복합묘군과 관련하여 파악되어야 한다고 생각한다. 다곽분은 왕릉구역에 존재하는 각 집단복합묘군에만 그 하위 묘형으로 조영된 것이다. 이는 다곽분이 반드시 순장묘라기보다는 왕릉구역의 왕릉급 특정 거대 고총주의 '소속인' 가운데 하위자들의 고분임을 의미한다고 판단된다.

2) 적석목곽분의 집단복합묘군 형성과 그 성격

(1) 집단복합묘군의 형성

월성북고분군에서 고분들의 분포 상태는 일견 무질서해 보이지만, 면밀히 관찰해 보면 고분들의 소구역 군집 현상이 눈에 띈다. 그러한 군집 현상은 신라 마립간시기의 왕릉구역이라고 할 수 있는 현재의 대릉원 일원과 그 북쪽 노동·노서동지구에서 좀 더 잘 드러나 보인다. 이곳에서는 초대형분과 그 주변의 몇몇 대소 고분들로 이루어진 몇 개의 그룹을 나누어 볼 수 있다. 이에 마립간시기 왕릉 비정과 관련하여 왕릉구역의 고분 그룹을 구분한 견해도 이미 학계에 제출되어 있다(김용성 2000; 2003).

필자는 월성북고분군이 자리한 지역은 원래 하천들의 범람원으로 미고지와 저지대로 이루어져 있었을 것이며, 고분들은 그 가운데 주로 미고지에 대소 그룹을 이루며 축조되었을 것으로 보았다. 이를 전제로 왕릉구역의 고분 분포에 대해서도 소구역을 크게 나누어 본 바 있다(최병현 2014b).

그런데 2007년도부터 유적조사가 진행되고 있는 경주 쪽샘지구에서는 월성북고분군의 신라고분을 새로운 각도에서 이해할 수 있게 하는 많은 자료가 드러나고 있다(앞의 도 2-4 참조). 그 중 우선 주목되는 것이 고분들의 대소 군집 현상이다. 쪽샘지구의 유적조사가 진행되면서 미고지를 따라 적석목곽분을 중심으로 고분들이 밀집 분포하고 있는 현상이 더욱 뚜렷하게 드러나고 있는 것이다(국립경주문화재연구소 2016b: 366). 그런데 쪽샘지구의 고분 군집 현상을 좀 더 면밀히 관찰해 보면, 그것이 대소 고분들의 단순한 집합이 아니라 의도적인 배치의 결과로 보인다. 하나의 군집을 이루고 있는 고분들 중에는 단일원분도 있고 연접분도 있어, 쪽샘지구에서는 미고지마다 단일원분과 연접분 등 여러 묘형의 적석목곽분들이 집단복합묘군을 형성하고 있는 것이다.

물론 이러한 집단복합묘군은 쪽샘지구만이 아니라 월성북고분군 전체에 걸쳐 형성되어 있었을 것이다. 그러나 그 양상이 모두 똑같지는 않았을 것이며, 특히 왕릉구역에서는 집단복합묘군을 구성한 고분이나 묘형에서 차이가 있었을 것으로 판단된다. 이에 여기서는 먼저 쪽샘지구에서 드러나고 있는 집단복합묘군의 양상을 살펴보고, 이를 바탕으로 뒤에서 왕릉구역의 집단복합묘군을 구분해 보겠다.

○쪽샘 E지구(도 2-63의 1): 쪽샘 E지구에서는 동과 서로 약간의 사이를 두고 조성된 고분 군집 2개가 드러났는데, 동과 서 각각의 군집에서 고분들의 배치에 일정한 기획성이 보인다. 먼저 동쪽 군집은 중형급인 남쪽의 30-1호 연접분과 북쪽의 41호 단일원분을 主墳으로 하여 그 주위에 소형분들을 배치한 하나의 집단복합묘군으로 판단되며, 주분들의 주위에 배치된 소형분들도 위치상 그 소속이 분명하다.

서쪽 군집은 중형급인 중앙의 44호 단일원분과 그 남쪽의 단일원분을 主墳으로 하여 그 동쪽과 북쪽에 소형분들을 배치한 하나의 집단복합묘군으로 판단된다. 소형분들의 소속은 동쪽 집단복합묘군 만큼 뚜렷하게 나누어지지는 않지만, 각각의 주분에 붙어 있는 소형분을 제외하고는 44호분에 속한 것으로 볼 수 있다.

E지구의 두 집단복합묘군은 모두 축선을 대개 남북방향으로 두었지만, 각각 동과 서로 편차를 보여 그 축선이 V자상으로 벌어졌다. 이는 각각이 입지한 미고지의 축선 방향에 따른 결과로 보인다. 또 동쪽 집단복합묘군에서는 소형분들이 주분의 주위로 돌아가며 배치되었으나, 서쪽 집단복합묘군에서는 주분들의 동쪽에만 소형분들이 배치되어, 소형분들의 배치상태에 차이가 있다. 그것도 아마 입지의 형상에 따른 결과로서, 주분들이 배치되는 미고지의 축선에서 내려간 경사면의 방향 때문이었을 것이다.

○쪽샘 F지구(도 2-63의 2): 전체가 34호 남북연접분과 33호 동서연접분을 주분으로 한 하나의 집단복합묘군으로 판단된다. 소형분들은 주로 주분들의 서쪽으로 배치되었는데, 입지의 형상 때문이었을 것이다. 즉 미고지의 편서한 남북 축선을 따라 주분들이 배치되고, 완만한 경사면이 이어진 그 서쪽으로 소형분들이 배치된 것이라 판단된

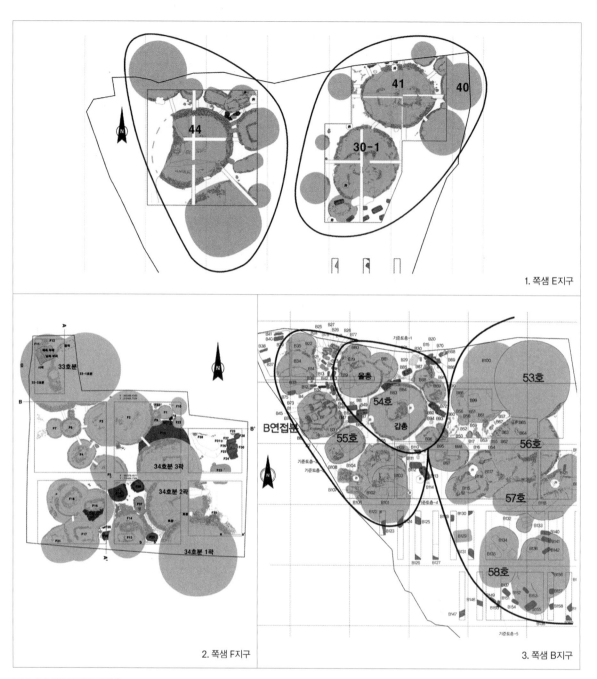

1. 쪽샘 E지구

2. 쪽샘 F지구

3. 쪽샘 B지구

도 2-63 **집단복합묘군(1)**

다. 주분에 근접해 있는 몇몇 소형분들 외에, 특히 34호 남북연접분 서쪽의 좀 규모가 있는 소형 연접분들의 소속은 특정하기 어렵다. 그러나 34호가 단위고분 여러 기의 다 중 연접분이므로 전체가 이들 소속이었을 가능성이 있다.

33호 동서연접분의 동쪽에 32호분이 위치하는데, 33호분과 32호분은 하나의 연접분이었을 가능성이 있고, 또 F지구와 사이를 두고 그 남쪽에 38호분이 위치하는데, 38호분은 F지구 집단복합묘군과는 별개일 것으로 보인다.

○쪽샘 B지구(도 2-63의 3): 우선 고분들의 축선 방향에 따라 크게 2개의 그룹으로 나누어질 것으로 보인다. 먼저 동쪽 그룹은 남북 방향을 축선으로 하여 56호와 53호를 주분으로 하고 그 주위에 여러 단위고분들이 연접분 또는 단일원분으로 배치된 것이다. 57호와 사이를 둔 그 남쪽의 58호 그룹을 포함하여 동쪽 그룹 전체가 하나의 집단복합묘군일 것으로 판단된다.

서쪽 그룹은 동남-서북 방향을 축선으로 두고 있어 동쪽 그룹과 구분되는데, 전체가 하나의 집단복합묘군일 가능성도 있고, 단일원분인 54호 갑총과 연접분인 54호 을총 및 그 주변의 소형분들이 하나의 집단복합묘군을 형성하였고, 그 서쪽의 연접분들은 각각 개별적인 것들일 수도 있다. 54호 갑총 주변에 소형분들이 방사상으로 배치된 것은 E지구 집단복합묘군에서 볼 수 있는 현상과 같다.

B지구 서쪽 그룹의 북쪽에 근접하여 위치한 A지구 52호 연접분은 B지구 집단복합묘군과는 별개일 것으로 보인다.

○쪽샘 G지구(도 2-64의 1): G지구 고분들도 축선 방향에 따라 크게 동과 서 두 그룹으로 나누어질 것으로 보인다. 동쪽 그룹은 축선 방향을 서남-동북으로 두고 배치된 단일원분인 G23호, G7호와 2호를 주분으로 하여 그 주변에 배치된 소형분들이다. 소형분들이 각 주분을 둘러싸듯 그 주위에 배치된 모습을 볼 수 있다. 이들이 하나의 집단복합묘군을 형성한 것으로 보인다.

서쪽 그룹도 축선 방향은 서남-동북으로 두었는데, 단일원분인 G2와 35호를 주분으로 한 집단복합묘군으로 판단된다. 35호분 동쪽으로 소형분들이 둘러싸듯 배치된 것을 볼 수 있다. G2남쪽에 37호분, 35호 동북쪽에 G6호가 위치해 있는데, 이들도 모두 이 그룹일 수도 있고, 37호는 이 그룹이지만 G6호는 별개일 수도 있다.

(2) 집단복합묘군의 성격

월성북고분군의 쪽샘지구 유적조사에서 드러나고 있는 적석목곽분은 단일원분이나 연접분으로 단독 분포한 예들도 일부 있지만, 대개는 이상과 같이 미고지마다 집단

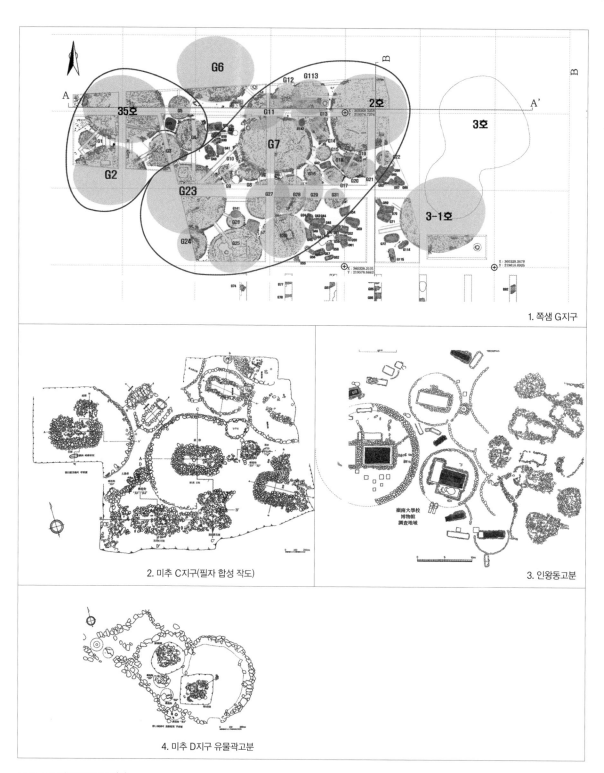

1. 쪽샘 G지구

2. 미추 C지구(필자 합성 작도)

3. 인왕동고분

4. 미추 D지구 유물곽고분

도 2-64 **집단복합묘군**(2)

복합묘군을 형성하고 있다. 물론, 앞서 개별 사례마다 언급했지만, 쪽샘지구에서 드러난 집단복합묘군들은 각각 그 축선 방향에 차이가 있고, 고분들의 배치 양상에서도 차이가 있어 보인다. 하지만 그러한 차이점에도 불구하고 집단복합묘군들은 미고지의 축선을 따라 主墳으로 보이는 복수의 중형급 고분들이 도열하고, 주분들의 주변을 둘러싸고 마치 그 위성처럼 소형분들이 배치된 공통된 양상을 보인다. 바로 이 점이 고분들의 의도적인 배치의 결과로 집단복합묘군이 형성되었음을 말해준다. 다만 입지한 미고지의 축선 방향과 축선에서 내려온 경사면의 방향에 따라 각 집단복합묘군 사이에 축선 방향과 소형분의 배치 위치에서 약간씩의 차이가 발생한 것일 뿐이다.

쪽샘지구에서 드러나는 이와 같은 양상으로 보아 월성북고분군에서 과거에 발굴 조사된 고분 군집들 중에도 집단복합묘군이 존재했을 것으로 판단된다. 먼저 꼽을 수 있는 것이 황오동 16호분의 묘곽들로 일련 번호가 붙여진 고분들이다. 사실은 그 위치도 쪽샘지구의 동단부에 해당된다. 앞서는 황오동 16호분에 포함된 남북연접분을 살펴보았는데, 그 서쪽의 1곽과 이 연접분을 주분으로 한 집단복합묘군이었을 것으로 판단된다. 최근의 분포조사에서는 주분들의 주변에 배치된 몇 기의 소형분들이 추가로 드러났다(앞의 도 2-59의 1우). 중형급 단일원분인 1곽은 그 호석을 연접분과 주변 소형분들의 위로 겹쳐 후축되었다.

다음으로 미추왕릉전지역 C지구 고분들로 앞서는 C지구 1~3호 연접분에 대해서 살펴보았는데, 1호의 서쪽에 단일원분으로 추정되는 11호가 있고, 1호의 동쪽으로 소형분들이 연달아 배치되었다(도 2-64의 2). 드러난 고분들의 배치와 규모로 보아 이 고분 군집도 집단복합묘군의 일부였을 가능성이 있다. 이 군집에 포함된 9호와 10호는 수혈식석곽묘로 10호의 묘곽 주위로는 호석이 돌려져 있어 주목된다. 이 외에도 미추왕릉전지역 D지구(김택규·이은창: 1975), 인왕동 19호분 서쪽지역(이은창 1978)에서 발굴된 고분(도 2-64의 3)들도 각각 원래는 집단복합묘군의 한 부분들이었을 것으로 추측된다.

월성북고분군에는 쪽샘지구만이 아니라 이와 같이 다른 부분에도 집단복합묘군들이 형성되어 있었을 것으로 판단되는데, 이러한 집단복합묘군들은 당시 사람들이 모종의 친연관계에 따라 집단별로 각기 미고지를 점유하여 나름의 질서를 가지고 고분들을 축조해 나갔음을 말해준다. 그런데 한 집단복합묘군에 속한 고분들이 모두 동시성을 갖고 있는 것은 아니다. 앞서는 연접분도 단위고분들이 시차적으로 축조되었음을 살펴보았는데, 쪽샘지구에서 집단복합묘군 전체가 발굴된 예는 없지만 황오동 16호분의 여러 단위고분(묘곽)이나 미추왕릉전지역 C지구의 단위고분들의 편년이 여러 분기로 나누어지는 것은 이를 말해준다. 고분들이 시차를 두고 축조되어 각각의 집단복합묘군을 형성해 간 것이다.

다음, 여러 단계로 랭크 차이가 있는 고분들이 하나의 집단복합묘군을 형성하고 있는 점이다. 앞서 살펴본 집단복합묘군의 주분들은 대개 외형상 중형급의 단일원분이나 연접분인데, 그 중 발굴조사가 이루어진 쪽샘 E지구 동쪽 집단복합묘군의 주분인 41호분은 a랭크 이상으로 평가되었다. 황오동 16호분의 주분인 1곽은 a+랭크, 연접분들은 a랭크로 분류되었다. 이 외 쪽샘 B지구 황오동 54호분 갑총은 태환식의 관 수하식과 은제대장식구 과대 및 팔찌의 출토로 보아, 을총은 세환식의 관 수하식과 금동모관의 출토로 보아(有光敎一 1935b) 역시 a랭크 고분으로 판단된다. 이로 보아 쪽샘지구를 비롯하여 왕릉구역 이 외 부분에 분포한 집단복합묘군들은 대개 a랭크 이상의 중형급 고분들을 主墳으로 하여 형성된 것으로 판단된다. 그러나 고분들의 외형 규모로 보아 왕릉구역 이 외의 부분에 피장자가 금관과 금제대장식구 과대를 착장한 특a랭크급 고분을 주분으로 한 집단복합묘군이 존재할 가능성은 낮다고 판단된다.

쪽샘지구를 비롯하여 주분들과 함께 집단복합묘군 전체나 그 소속 하위 고분들이 다수 발굴된 예가 없어서 집단복합묘군 소속 고분들의 전체적인 랭크 구성은 알 수 없다. 그러나 한 집단복합묘군에 소속된 고분들은 외형상 최소한 3단계 이상의 규모 차이가 있어 보인다. 이는 각 집단복합묘군이 a랭크 이상인 주분들과 그 이하 여러 단계 랭크의 고분들로 구성되어 있으며, 한 집단복합묘군에 속한 고분 피장자들의 신분이나 사회적 인격이 동일하지 않다는 것을 의미한다.

그러므로 그 피장자들 사이의 관계가 문제인데, 우선 각 집단복합묘군에 속한 주분들은 대개 대등한 규모의 단일원분이나 연접분들이란 점에서 그 피장자들은 부부나 혈연관계의 가족일 가능성이 있다. 하지만 주분들의 주변으로 배치된 소형분의 피장자들도 모두 주분 피장자와 가족 관계일지는 의문이다. 고분들의 랭크 해석에 어느 정도의 융통성이 필요함은 앞서 설명하였지만, 가족 구성원 사이의 신분이나 사회적 인격에 그와 같이 현격한 차이가 있었다고 보기는 어렵기 때문이다. 그러므로 주분과 그 주변 소형분 피장자들의 관계는 반드시 가족이나 혈연관계만이 아니라 그 외 다른 성격의 친연관계도 포함되었을 것으로 보인다. 그 친연관계가 어떤 것인지 지금 단정할 수 없지만, 고분들의 배치로 보아 일단 소형분들의 피장자는 주분 피장자와 주종관계에 있는 자들로서, 주분 피장자의 '소속인'들이라고 할 수 있겠다. 집단복합묘군은 소수 가족들의 주분들과 그 소속인들의 다수 소형분들로 구성된 것이라 판단된다.

한편 쪽샘지구의 집단복합묘군에서 주분들의 주변에 분포하는 호석 직경 5m 내외 이하의 초소형분들에 대해서는 따로 약간의 고찰이 필요하다. 쪽샘 B지구의 109호, F지구의 F1ㆍF9ㆍF10호, G지구의 G1ㆍG9ㆍG10ㆍG15ㆍG20ㆍG21ㆍG22호 등이고, E지구의 집단복합묘군에도 동쪽군에 2기, 서쪽군에 1기 존재한다. 이들은 모두 호석이 평면 원형으로 돌려져 있고 그 안에 묘곽의 상부적석으로 판단되는 적석층이 있는데, 쪽샘지구 조사보고에서는 내부조사가 이루어지지 않아 확실히 알 수 없지만 대호 등이 매납된 제의유구들일 가능성을 타진하고 있다(국립경주문화재연구소 2014: 108). 그러나 대호매납 제의 유구는 대개 고분들의 호석에 붙여 조성된 데에 비해 이들은 다른 고분과는 사이를 두고 소규모의 단독분으로 조성되어 있다는 차이가 있다.

그런데 과거 미추왕릉지구 발굴에서는 호석 안에 적석(목)곽이 설치되어, 묘곽 위에는 상부적석이 있으나 곽 내부에는 부곽처럼 유물만 가득 채워져 있는 유물곽 소형분들이 조사된 바 있다. 미추왕릉지구 7지구 2호(김정학ㆍ정징원ㆍ임효택 1980), 미추왕릉 전지역 D지구 제1ㆍ제2 부곽(도 2-64의 4)(김택규ㆍ이은창 1975)이 그런 예들이다. 호석의 유무는 알 수 없지만 인왕동 19호분 지역의 B호와 Z호도 상부적석을 가진 독립된 유물 곽이었다(경희대학교박물관 1974). 이들은 모두 특정 고분의 부곽이 아니라 독립된 유물 곽 소형분들이라는 공통점이 있다. 이 외에 미추왕릉전지역 C지구와 D지구에서는 호석이 돌려진 말무덤도 조사된 바 있으나(김택규ㆍ이은창 1975), 말무덤에는 묘곽이 설치되지 않았고 상부적석도 없어 유물곽 소형분들과는 차이가 있다.

쪽샘지구 집단복합묘군들의 주분 주변에 존재하는 초소형분들도 바로 그러한 유물곽 소형분들일 것으로 판단된다. 미추왕릉지구 등에서 조사된 유물곽 소형분들도 원래 그곳의 집단복합묘군에 소속되어 있었을 것이다. 이 유물곽 소형분들도 피장자 없이 유물만 매납된 점으로 보아 제의적 성격을 가진 것으로, 옆의 주분이나 또는 집단복합묘군 전체에 대한 제의용 유구들이라 판단된다.

이 외에도 과거 발굴된 황오동 33호분의 북부곽과 남부곽(진홍섭 1969), 황남동 파괴고분 1곽(박일훈 1964) 등도 소속이 불분명한 유물곽들이다. 또 최근 발굴된 황남동 95/6-6호 적석목곽도 그 소속이 불분명한 독립된 유물곽이다(신라문화유산연구원 2018). 이들도 각각 그곳의 집단복합묘군에 소속된 유물곽 소형분들이었을 수 있고, 또는 특정 연접분에 딸린 별도의 제의용 유물곽이었을 가능성도 있다고 판단된다. 이러한 유물곽이나 유물곽 소형분들은 적석목곽분에서 제의 행위가 특정 고분이나 집단복합묘군을 대상으로 다양하게 이루어지고 있었음을 말해주는 것이라 판단된다.

(3) 왕릉구역의 집단복합묘군(도 2-65)

여기서 왕릉구역이라 함은, 앞서 말한 바와 같이, 월성북고분군 가운데 쪽샘지구의 서편으로 초대형분들이 밀집 분포한 현재의 대릉원지구와 그 북쪽 노동·노서동지구를 말한다. 이 왕릉구역에는 발굴되지 않은 고분들이 많고, 그동안의 고분 발굴도 개별적으로 이루어져 왔기 때문에 그 군집현상을 전체적으로 세밀하게 살펴보기는 어렵다. 그러나 지상에 현전하는 고분이나 발굴된 유구들의 분포상태에서도 그 군집 현황을 어느 정도 구분해 볼 수 있다. 필자는 과거 마립간시기 왕릉의 배치와 관련하여 이 왕릉구역의 고분들을 크게 3개의 지군으로 나누어 본 바 있는데(최병현 2014b), 여기서는 이를 좀 더 세분하여 보완해 두기로 하겠다.

○황남대총 일원: 왕릉구역에서 고분들의 군집상태가 가장 드러나는 곳이 황남대총과 그 주변이다. 황남대총과 약간의 사이를 두고 그 동쪽과 남쪽으로 91호부터 97호분까지 배치되어 일군을 이룬다. 황남대총 발굴 당시의 관찰에 의하면 황남대총에서 서쪽 천마총까지, 황남대총에서 그 동쪽 고분 열 사이가 저지대였으므로(문화재관리국 문화재연구소 1985; 1994), 저지대를 사이에 둔 양쪽의 미고지에 황남대총과 그 동쪽의 고분들을 조영한 것이다. 황남대총 동쪽의 고분 열이 황남대총을 에워싸듯 배치된 데서 그 친연관계를 읽을 수 있으며, 이들은 황남대총을 주분으로 한 하나의 집단복합묘군으로 파악된다.

○노동·노서동지구 일원: 전고에서는 노동·노서동지구 일원 전체를 월성북고분군의 한 지군으로 파악했으나, 세분하면 노동동 125호분(봉황대)과 남쪽의 금령총, 식리총 및 서쪽의 금관총을 포함한 봉황대고분 그룹, 노서동 130호분(서봉황대)과 서쪽의 서

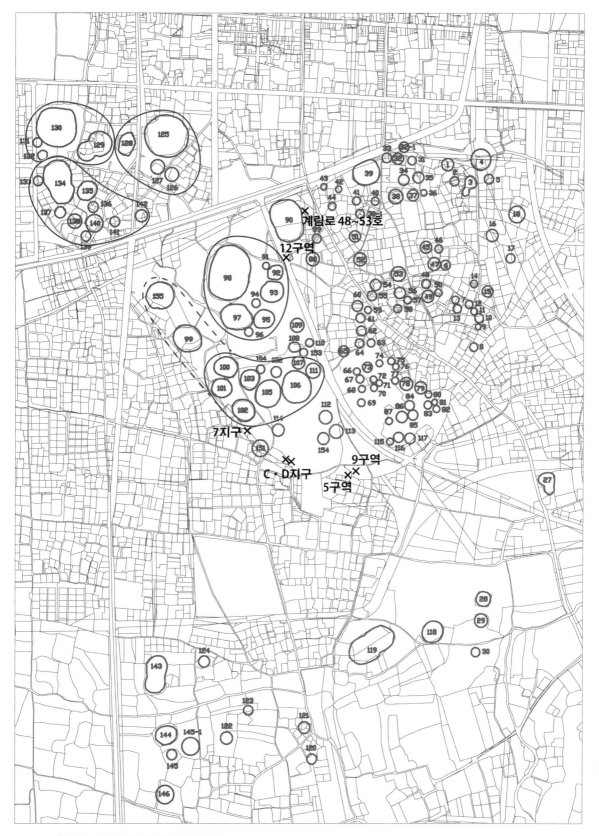

도 2-65 월성북고분군의 왕릉구역 집단복합묘군

봉총 및 주변의 소형분들을 포함한 서봉황대고분 그룹, 노서동 134호 연접분과 그 남쪽 중소형분들을 포함한 그룹으로 3개의 군집이 나누어진다. 이에 대해서는 일찍이 김용성의 구분이 있었다(김용성 2000; 2003).

노동동 142호분은 거리상으로 봉황대그룹에 가깝지만 고분들의 분포상태로 보아 134호 연접분의 동남으로 뻗은 미고지의 말단부에 조성되었을 가능성이 더 크다. 이와 같은 노동·노서동지구 일원의 3개 고분 군집도 각각 별개의 집단복합묘군으로 파악될 수 있을 것으로 판단된다.

○황남동 106호분 일원: 황남동 106호분(전 미추왕릉)에서부터 그 서쪽 황남동 100호분(검총)까지는 대형분들이 연달아 있고 그 주변에 중소형분들이 배치되어 있으며, 또 102호 주변과 그 동쪽의 지하에서 다수의 중소형분들이 발굴되어(김정학·정징원·임효택 1980; 김택규·이은창 1975), 이곳은 월성북고분군에서 특이한 양상을 보인다. 황남동 100호분과 약간 사이를 두고 황남동 99호분과 천마총이 그 서북쪽에 위치해 있다.

필자는 황남동 106호분(전 미추왕릉)에서부터 천마총까지가 하나의 긴 미고지에 축조된 왕릉구역의 한 지군일 것으로 본 바 있는데(최병현 2014b), 황남동 99호분과 천마총을 제외하더라도 황남동 106호분부터 서쪽 100호분까지는 대형분들과 그 주변의 중소형분들로 이루어진 한 그룹으로 판단된다.

이상과 같이 왕릉구역에서도 고분들은 미고지를 따라 조영되어 소구역별로 군집을 이루고 있으며, 이들도 각각 집단복합묘군을 형성하고 있었던 것으로 보인다. 그러나 이 왕릉구역의 집단복합묘군에는 초대형분을 포함하여 대형분들이 포진해 있는 가운데 대소 단일원분이 많고, 남쪽의 황남동 106호분 그룹을 제외하고 한 집단복합묘군에는 주분이 초대형 단일원분 또는 남북 2기 연접분, 즉 표형분 하나씩이란 점이 앞서 살펴본 쪽샘지구의 집단복합묘군들과 차이점이다. 앞서는 적석목곽분의 묘형 중 다곽묘가 왕릉구역의 초대형분 주위에만 분포하는 것을 살펴보았는데, 이 또한 쪽샘지구와는 다른 점이다.

이곳의 집단복합묘군은 왕릉구역이라는 특수성에 따라 각각 특정 왕릉을 중심으로 형성되었기 때문에 그러한 차이가 발생하였을 것이다. 왕릉구역의 집단복합묘군은 주분으로 마립간 왕릉인 초대형 단일원분 또는 왕과 왕비의 합장릉인 초대형 표형분, 그 주변에 단일원분 중심의 대형분과 중소형분, 지상에서는 잘 식별되지 않는 다곽분으로 구성되어 있었다고 판단된다.

이곳의 초대형분과 대형분들이 피장자가 금관과 금제대장식구 과대를 착장한 특a
랭크 고분임은 더 말할 필요가 없다. 그러므로 이곳의 집단복합묘군은 특a랭크 고분부
터 다곽분의 d랭크 다수 묘곽들까지 포함한다. 그 피장자들은 넓은 의미로 친연관계라
고 할 수 있지만, 그들이 모두 가족이나 혈연관계라고 보기는 어렵다. 물론 봉황대고분
그룹의 금관총과 금령총, 서봉황대 그룹의 서봉총, 황남대총 주변의 대형분들처럼 특정
왕릉 그룹에 속하는 특a랭크 대형분의 피장자는 주분인 왕릉 피장자와 혈연관계일 가
능성이 크다. 그러나 이들보다 하위 랭크의 고분이나 묘곽의 피장자들까지 모두 주분
피장자와 혈연관계라고 보기는 어렵다. 그러므로 왕릉구역 집단복합묘군의 피장자들에
는 주분인 마립간 왕 및 왕비와 그 가족, 그리고 그들과 주종관계의 '소속인'들이 포함
되었을 것으로 보인다.

한편 왕릉구역의 남쪽 황남동 106호분 일원 그룹은 앞서 말한 바와 같이 초대형분
인 106호분 외에도 그 서쪽으로 그에 버금가는 대형분들이 다수 포진되어 있다는 데서
특별하다. 이 그룹은 주분인 106호 초대형분을 중심으로 자연스럽게 형성되었다기보다
는 좀 의도적인 조성으로 보이고, 106호 서쪽의 대형분들이 기획적으로 배치되었다는
느낌이 강하다. 이에 대해서는 김용성도 지적한 바 있는데(김용성 2003: 80~82), 필자는
이곳의 대형분들이 마립간시기 왕릉 배치의 2차 기획에 따라 조성되었을 가능성을 타
진한 바 있다(최병현 2014b).

그런데 106호분의 남쪽으로는 넓은 미고지가 형성되어 있고 거기에 일부 중소형
분들이 분포되어 있다. 과거 대릉원 조성 시 그 서남부 경계선에서 조사된 미추왕릉지
구 고분(문화재관리국 경주사적관리사무소 1975; 1980)들은 그 연장선상에 있는 중소형분
들이다. 의도적 조성의 느낌이 보이는 황남동 106호분 일원의 고분 군집은 원래 이 미
고지 전체를 대상 범위로 하였을 가능성도 있어 보인다.

3) 요약

경주 월성북고분군에서 신라 전기에 출현한 적석목곽분은 다양한 형태로 존재하

였다. 여기서는 적석목곽분 존재 양태의 두 측면, 즉 묘형과 집단복합묘군에 대해서 고찰해 보았다.

적석목곽분은 호석으로 한정된 봉분 안에 단위묘곽이 설치된 원형의 단위고분이 기본형으로, 그 묘형은 단위고분이 기본형 그대로 조영된 단일원분, 복수의 단위고분을 이어 붙여 축조한 연접분, 호석으로 한정된 한 묘역 안에 복수의 매장주체 단위묘곽이 평면적으로 배치된 다곽분으로 구분된다. 그 중 단일원분은 피장자가 1인인 단장분이고, 연접분은 일반적으로 부부나 혈연관계인 가족의 단위고분을 연결 축조한 합장분이지만, 연접분의 피장자 중에는 혈연관계 이 외의 피장자도 포함되었을 가능성이 있다. 연접분은 남북연접분과 동서연접분으로 구분되며, 남북연접분의 피장자에는 남녀가 포함되고 동서연접분의 피장자는 여성들만일 개연성이 있다. 다곽분은 대개 최하위 랭크의 묘곽들로 구성된 합장분으로, 월성북고분군의 왕릉구역에만 존재했던 것으로 보인다.

한편 현재 조사가 진행 중인 월성북고분군의 쪽샘지구에서는 고분들이 주로 미고지를 따라 조영되어, 미고지마다 고분들의 소구역 군집현상이 보인다. 이 소구역 군집은 대소 고분들의 단순한 집합이 아니라 미고지의 축선 방향으로 복수의 중형급 단일원분이나 연접분이 위치하고 그 주변으로 위성처럼 다수의 소형분들이 배치된 기획성을 보인다. 즉 미고지의 축선을 점유한 主墳들을 중심으로 중소형의 단일원분과 연접분들이 집단복합묘군을 형성하고 있는 것이다. 이는 당시 사람들이 친연관계에 따라 집단별로 각기 미고지를 점유하여 고분들을 축조해 나갔음을 의미한다.

고분들의 소구역 군집현상은 대릉원지구를 비롯한 경주 월성북고분군의 왕릉구역에도 존재하여, 이곳에서도 여러 묘형의 고분들이 집단복합묘군을 형성하고 있었던 것으로 보인다. 다만 왕릉구역에서는 주분으로 마립간 왕릉인 초대형 단일원분이나 왕과 왕비의 합장릉인 초대형 표형분이 단독으로 존재하고, 그 주변에 대소 단일원분이 다수인 점 등의 차이가 있으나, 이는 왕릉구역이라는 특수성 때문이었을 것이다.

집단복합묘군의 피장자 중에는 신분이나 사회적 인격이 대등한 부부나 혈연관계의 가족도 포함되었겠지만, 고분들의 랭크 차이가 현저하여 피장자들 모두가 혈연관계라고 보기는 어렵다. 집단복합묘군에 포함된 하위 랭크 고분들의 피장자는 주분 피장자 및 그 가족들과 주종관계의 '소속인'들이었다고 판단된다. 즉 집단복합묘군은 주분 피장자와 그 가족 및 그들과 주종관계인 '소속인'들의 집단 무덤군이었으며, 왕릉구역에서는 주분 피장자가 마립간 왕과 왕비였다고 할 수 있다.

앞서 살펴본 내용은 이상과 같이 요약되는데, 한편 집단복합묘군에서 주분 주변에 배치된 소형분, 특히 왕릉구역에서 왕(비)릉 주변에 배치된 대소형 고분들은 고구려 장군총 뒤에 도열한 배총, 일본 고분시대 왕릉 주변의 배총들과는 성격에 차이가 있다고 판단된다.

경주 월성북고분군에 조영된 적석목곽분의 존재 양태에서 보이는 이와 같은 묘형과 집단복합묘군은 신라 마립간시기 중앙의 사회집단과 그 성격을 말해주는 것이다. 앞으로 이에 대한 좀 더 정밀한 분석은 당시 사회의 여러 측면을 밝히는 데 많은 도움을 줄 수 있을 것으로 기대된다.

7. 월성북고분군의 형성 과정과 신라 마립간시기 왕릉의 배치

경주 월성북고분군에 대한 고고학적 조사는 지난 20세기 초부터 시작되어, 지금까지 고분의 발굴조사가 끊임없이 이어지고 있다. 신라고분의 편년이나 신라 묘제와 고분의 발전 과정에 대한 연구는 이를 중심으로 이루어져 왔다.

적석목곽분이 거대 고총으로 축조된 신라 고분문화 전기의 월성북고분군은 경주지역은 물론 신라국가 전체의 중심고분군이었다. 신라의 고분문화 전기는 역사상 신라의 마립간시기에 해당한다. 그러므로 신라의 마립간시기 왕릉들은 월성북고분군에 거대 고총의 적석목곽분으로 축조되었음이 분명하다.

필자는 1970년대 초 월성북고분군에 소재한 거대 고총의 발굴조사에 참여한 이래 경주지역을 중심으로 신라고분을 연구하면서 신라고분의 편년이나 발전 과정에 대한 견해들을 발표해 왔다. 그동안 필자가 발표한 견해들은 지금 학계의 이 방면 논의 구조 형성에 나름 일정한 역할을 하였다고 생각한다. 그러나 필자는 과거에 월성북고분군의 특정 고분들을 마립간시기의 어느 특정 왕릉으로 비정하는 것을 의도적으로 피해 왔다. 마립간시기 신라의 왕릉들이 월성북고분군에 자리하고 있는 것은 분명하지만, 왕릉들의 비정은, 첫째 신라고분의 안정적인 편년, 둘째 월성북고분군의 형성 과정과 진행 방향, 셋째 왕릉급 초대형분의 위치에서 어떤 질서나 배치의 기획성과 같은 전제가 먼저 정립되거나 파악되어야 한다고 보았기 때문이다. 그러한 전제들이 정립되거나 파악되지 않은 상태에서 자신의 연대관만으로 특정 고분을 어느 특정 왕릉으로 비정하게 되면, 이는 자유로운 학문적 사고를 가로막는 선입관이나 고정관념이 되어버릴 위험성이 크다고 판단한 것이다. 이에 그러한 전제들에 대한 학계의 연구성과들을 주목하면서, 오랜 세월 필자도 신라고분의 편년 정립을 위해 노력하는 한편 이를 바탕으로 월성북고분군의 형성 과정과 진행 방향을 파악하고 초대형분의 위치에서 어떤 질서나 배치의 기획성 같은 것을 찾아내고자 여러모로 탐색해 왔다.

첫째는 신라고분의 편년이다. 물질문화의 변화 과정을 비롯한 고고학자료에 대한 모든 연구가 편년을 기초로 하여 이루어진다는 것은 더 말할 나위 없다. 고고학자료의 편년에는 상대연대 결정과 절대연대 결정이 있지만, 신라고분의 안정적인 상대편년이 이루어져야 신라 고분문화의 시기구분, 각 시기 고분 구조의 변화 과정과 이를 통한 월성북고분군의 형성 과정 및 진행 방향의 파악이 가능하다.

신라고분의 편년은 신라토기의 편년과 표리관계이므로, 그동안 학계에서는 신라토기의 형식분류에 의한 신라고분의 편년 연구가 활발하게 진행되어 왔다. 필자도 과거에 여러 차례 신라토기 편년안을 제출한 바 있지만(최병현 1981; 1987; 1992; 2000), 최근 다시 신라토기 전반에 대한 새로운 연구를 진행하여 신라토기의 발상지인 경주지역 출토 토기를 중심으로 신라토기의 양식을 구분하고, 각 시기양식의 토기형식을 분류하여 그 편년안을 발표해 왔다. 새로운 신라토기 연구는 특히 상대편년에 집중하여 신라토기의 형식과 신라고분의 상대 순서를 분명히 하였다.

현재 학계의 신라고분 편년에서 신라 전기고분의 연대에 대해서는 이견이 상존하고 있지만, 상대편년에는 연구자들 사이에 큰 이견이 없다. 특히 신라 전기 주요 고분의 상대 순서에 대한 연구자들의 견해는 일치되어 있다.

둘째, 월성북고분군의 형성 과정과 진행 방향이다. 지난 20세기 초부터 월성북고분군에서 발굴조사된 주요 고분은 모두 적석목곽분이었으며, 이곳에 자리하고 있는 지상의 고분들은 대개 신라 전기의 적석목곽분이다. 월성북고분군은 신라 왕성인 경주 월성에 거주한 왕실을 비롯하여 신라의 최고 지배세력에 의해 조영되었다. 그러므로 고분이 월성 가까이에서부터 축조되기 시작하여 그 조영 구역이 점차 북쪽으로 확대되어 월성북고분군이 형성되었을 것이라는 막연한 인식(김택규·李殷昌 1975: 31~32; 이은창 1975: 325)이 일제강점기 이래 속설처럼 자리잡았다. 발굴 고분 중 남쪽의 황남동 109호분, 황오동 14호분이 상대적으로 이르고, 북쪽 노동·노서동의 금령총, 금관총, 서봉총 등이 늦은 시기인 점, 또 노서동에서 쌍상총, 마총 등 횡혈식의 석실봉토분이 조사된 점 등이 그러한 인식을 뒷받침하는 듯하였다.

그러나 월성북고분군은 적석목곽분이 출현한 신라 전기부터가 아니라 원삼국(사로국) 후기부터 목곽묘가 축조되기 시작하여 형성되었음이 새로이 밝혀졌다. 적석목곽분의 출현 이전 사로국 후기~신라 조기 목곽묘들의 흔적은 월성북고분군의 남쪽 부분이 아니라 동쪽 부분에서 주로 발견되었다. 아직 그 분포 구역이 본격 발굴되지 못하고 있지만, 이들은 월성북고분군의 조영 시기와 기간, 월성북고분군의 형성 과정과 진행 방향에 대한 기존의 막연한 인식이 사실과 다름을 말해준다. 아직 사로국 후기~신라 조기의 목곽묘 자료가 충분하지는 않지만, 이제 신라 고분문화의 시기구분, 각 시기 고분의 편년과 그에 기초한 월성북고분군의 발굴 자료 자체의 분석을 통해 월성북고분군의 형성 과정과 진행 방향이 파악될 수 있게 되었다. 월성북고분군의 형성 과정과 진행 방향을 제시하는 것은 고분들의 절대연대가 아니라 고분문화의 분기와 각 시기 고분들의 상대편년에 따른 고분들의 위치이다. 월성북고분군의 형성 과정과 진행 방향은 학계에 이견이 상존하는 주요 고분의 절대연대에 의한 작위적인 것이 아니라 고분들의 순수한 상대편년에 따라 자연스럽게 파악되어야 한다.

셋째, 왕릉급 초대형분 배치의 기획성이다. 고분군은 그 자체의 진행 방향과 함께 그 내부에 고분군을 조영한 집단(들)에 따른 대소 그룹이나 서열과 같은 어떤 질서를 갖고 있었을 것이다. 앞서는 월성북고분군에 존재하는, 고분들의 소그룹인 적석목곽분의 집단복합묘군 형성을 살펴보았는데, 그것도 월성북고분군을 조영한 세력 내의 소집단들과 관계될 것이다. 왕릉들은 그 자체로서 질서나 서열이 좀 더 분명하였을 것이므로, 그 위치에서 어떤 의도된 질서나 배치의 기획성 같은 것이 찾아질 것으로 판단되었다. 그리하여 필자는 월성북고분군의 거대 고총 분포 상태에서 직선이나 곡선의 열상 배치 등 질서 있는 배치상태를 찾아내고자 끊임없이 노력해 왔다. 그러던 중 마립간시기 왕릉의 조영이 월성에 근접한 위치에서부터 북쪽으로 진행되었다는 주장이 제기되기도 하였으나(김용성 1998; 2003: 81), 이는 월성북고분군의 형성 과정과 진행 방향에 대한 과거부터의 막연한 인식과 학계에 이견이 상존하는 특정 고분의 연대관을 결합한 작위적인 것일 뿐 왕릉급 거대 고총들의 질서 있는 배치가 찾아진 것은 아니었다. 필자는 월성북고분군 전체의 고분 분포도에 대한 반복적인 관찰과 항공사진 확인 및 현지 실사를 통해 왕릉급 초대형 고총들의 위치에서 질서 있는 배치상태를 착목하게 되었다. 그 배치상태는 월성북고분군의 진행 방향과도 일관성이 있었다.

그동안 마립간시기 왕릉 비정에 필요한 전제들에 대한 이상과 같은 연구 성과가 있었다. 이에 그 내용을 세부적으로 밝히고, 이를 통해 신라 마립간시기의 왕릉과 그 배치에 대해 살펴보기로 하겠다.[104] 물론 학계에는 아직도 신라 전기 주요 고분의 연대에 대한 분명한 이견이 있다. 이제 그에 대한 논점은 선명해졌고, 필자의 그에 대한 판단도 명확해졌지만, 학계에서 이견들이 비판과 반비판을 통해 쉽게 해소될 것 같지는 않다. 그러나 앞서 말한 바와 같이 월성북고분군의 형성 과정과 진행 방향은 고분들의 절대연대에 의해서가 아니라 상대편년에 의해 파악되는 것이고, 왕릉급 초대형분들의 위치에 반영되어 있는 질서나 서열도 월성북고분군의 그 진행 방향 속에서 찾아진다. 월성북고분군의 진행 방향에서 찾아지고 그와 일관성을 가진 왕릉급 초대형분들의 질서나 서열은 오히려 신라 전기 주요 고분의 절대연대 설정에서 학계의 논의에 내재한 문제점이 무엇인가를 더욱 분명하게 드러낼 것이다.

1) 월성북고분군의 형성 과정과 진행 방향

(1) 월성북고분군의 형성 과정(도 2-66)

① 사로국 후기

원삼국 전기에 영남지방에서는 고식와질토기가 부장된 목관묘가 주로 축조되었고,

....

104 이 글의 저본이 된 필자의 글(최병현 2014b)은 그러한 전제들에 대한 해명이 가능해진 2014년에 처음 발표되었다. 이 글은 그것을 수정·보완한 것이다.

목곽묘도 일부 축조되었다. 경주분지 내부의 북쪽 황성동고분군에서는 원삼국(사로국) 전기의 많은 목관묘와 함께 목곽묘도 일부 발굴조사되었고, 월성 남쪽의 교동-탑동고분군에서도 사라리 130호 목관묘와 비견되는 수장급 목관묘 등 원삼국 전기의 목관묘가 일부 조사되었지만, 월성북고분군에서는 원삼국 전기의 목관묘나 목곽묘 등 고식와질토기와 관련된 유구가 조사된 바 없다(최병현 2018b).

원삼국 후기에 영남지방에서는 신식와질토기가 부장된 목곽묘가 축조되었고, 목관묘도 일부 잔존하였다. 월성북고분군에서도 원삼국 후기, 즉 사로국 후기의 목곽묘나 목관묘 관련 유물과 유구가 일부 발굴되었다(앞의 도 1-20·21 참조). 1977년도 인왕동고분 발굴에서는 적석목곽분들의 하층에서 목곽묘들이 조사되었는데, C군 6호묘의 하층에서 신식와질토기 대부장경호와 노형토기가 출토되었다(구자봉 1997). 이 대부장경호와 노형토기는 필자의 신식와질토기 1b기~2a기에 해당할 것으로 보인다. 그보다 남쪽인 인왕동 807-4번지에서도 와질토기 고배 1점이 출토된 바 있는데(경주문화재연구소 1993: 20), 필자의 신식와질토기 2b기 형식에 속한다.

한편 자료가 공개되지 않았지만, 1982년경 이 고배 출토지에서 북쪽으로 인접한 인왕주유소 부지에서 파괴된 목곽묘가 조사된 바 있다. 당시 국립경주박물관의 최종규 씨가 수습조사하였고 필자도 실견한 바 있는데, 그곳에는 사방을 깎아냈지만 필자의 어깨 높이만큼의 미고지 일부가 남아 있었고, 그 미고지 위에 자리잡아 한쪽 모서리 부분만 남은 목곽묘에서 신식와질토기 대부장경호와 노형토기를 수습하였던 것으로 기억한다.[105]

쪽샘지구 조사에서는 C2호 목곽묘가 발굴조사되어 노형토기 3점이 출토되었는데, 노형토기들은 신식와질토기 2b기로 편년된다(국립경주문화재연구소 2012). 또 쪽샘지구 남쪽 황남동 95-6번지 유적 발굴에서도 신식와질토기가 부장된 목관묘가 발굴조사되었으며(신라문화유산연구원 2017c), 그 중 95/6-5호 목관묘에서는 신식와질토기 2b기로 편년되는 소형의 노형토기가, 95/6-8호 목관묘에서는 신식와질토기 1b기로 편년되는

....

105 인왕주유소 부지의 수습조사는 조양동유적의 본격적인 조사가 끝나갈 무렵인 1982년경일 것으로 기억한다. 그 자료가 발표되기를 기다렸으나 아직까지 소식이 없다. 그래서 2013년 12월 24일 최종규 씨에게 전화로 문의하니 그곳이 인왕주유소 부지이며, 당시 한병삼 관장의 지시로 수습조사하였고, 현장 사진과 실측도면이 경주박물관에 남아 있을 것이라고 확인해 주었다.

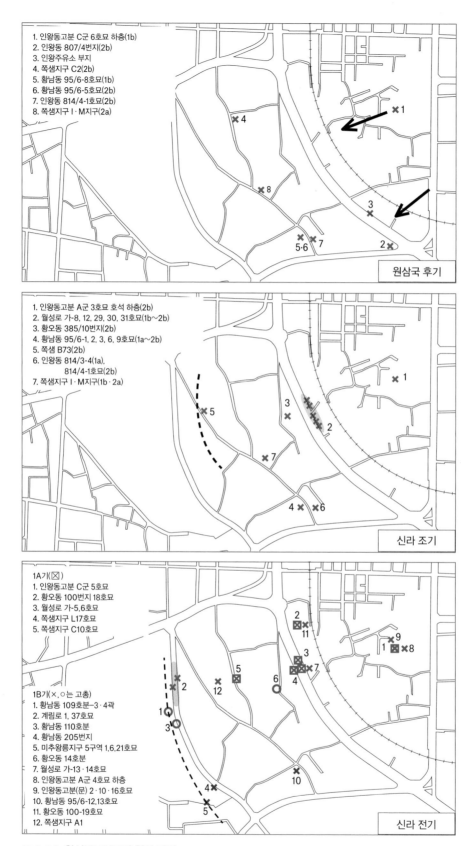

1. 인왕동고분 C군 6호묘 하층(1b)
2. 인왕동 807/4번지(2b)
3. 인왕주유소 부지
4. 쪽샘지구 C2(2b)
5. 황남동 95/6-8호묘(1b)
6. 황남동 95/6-5호묘(2b)
7. 인왕동 814/4-1호묘(2b)
8. 쪽샘지구 I·M지구(2a)

원삼국 후기

1. 인왕동고분 A군 3호묘 호석 하층(2b)
2. 월성로 가-8, 12, 29, 30, 31호묘(1b~2b)
3. 황오동 385/10번지(2b)
4. 황남동 95/6-1, 2, 3, 6, 9호묘(1a~2b)
5. 쪽샘 B73(2b)
6. 인왕동 814/3-4(1a),
   814/4-1호묘(2b)
7. 쪽샘지구 I·M지구(1b·2a)

신라 조기

1A기(⊠)
1. 인왕동고분 C군 5호묘
2. 황오동 100번지 18호묘
3. 월성로 가-5,6호묘
4. 쪽샘지구 L17호묘
5. 쪽샘지구 C10호묘

1B기(×,○는 고총)
1. 황남동 109호분-3·4곽
2. 계림로 1, 37호묘
3. 황남동 110호분
4. 황남동 205번지
5. 미추왕릉지구 5구역 1,6,21호묘
6. 황오동 14호분
7. 월성로 가-13·14호묘
8. 인왕동고분 A군 4호묘 하층
9. 인왕동고분(문) 2·10·16호묘
10. 황남동 95/6-12,13호묘
11. 황오동 100-19호묘
12. 쪽샘지구 A1

신라 전기

도 2-66 월성북고분군의 형성 과정

타날문 장란형단경호가 출토되었다.

황남동 95-6번지와 사이에 소로를 두고 그 동쪽에 위치한 인왕동 814-4번지에서는 초대형의 목곽묘가 조사되었다(한국문화재재단 2019b). 인왕동 814/4-1호 목곽묘로, 출토된 납작한 뚜껑의 대부장경호와 노형토기의 형식으로 보아 신식와질토기 2b기로 편년되는데, 묘광 6.68m×2.62m, 목곽 5.18m×2.04m의 초대형 목곽묘이며 지금까지 경주지역에서 조사된 원삼국(사로국) 후기 목곽묘 가운데 최대 규모이다(앞의 도 1-22 참조). 목곽의 서반부가 바닥만 남을 정도로 심하게 파괴되어 출토된 철모의 수가 적으나 고분의 규모나 190점이 넘는 철촉 등 부장유물로 보아 당시 사로국 수장급의 목곽묘에 준하는 것으로 평가된다.

또 쪽샘지구 Ⅰ·M지구 분포조사에서도 신식와질토기가 일부 수습되었는데, Tr.17에서는 어깨에 능형문이 있는 대부장경호와 어깨에 집선문이 있는 노형토기, Grid 24·28에서는 집선문이 있는 대부장경호 어깨편이 수집되었다(국립경주문화재연구소 2019). 그 중 능형문 대부장경호는 신식와질토기 2a기로 편년된다.

이상 아직 소수에 불과하지만, 이들을 통해 사로국 후기에 들어와 월성북고분군의 동쪽 부분인 인왕동지구에 신식와질토기가 부장된 목곽묘나 목관묘가 조영되기 시작하여 월성북고분군이 형성되기 시작하였음을 알 수 있다.

한편 월성지구에서는 신식와질토기가 출토되는 원삼국(사로국) 후기의 수혈주거지와 수혈유구가 조사된 바 있다(김낙중 1996: 이상준 1997). 이러한 예들은 사로국 후기에 들어와 월성지구에 취락이 형성되고, 그 북쪽 인왕동지구가 분묘구역이 되어 목곽묘와 목관묘가 조영되기 시작하였음을 말해준다(최병현 2016d).

현재까지의 조사 상황으로 보면 사로국 후기의 목곽묘·목관묘는 1977년도 조사 인왕동고분 지역 부근에서 조영되기 시작하여 그 조영 구역이 서쪽으로 확대되어 갔을 것이며, 가장 서쪽에 위치한 쪽샘 C2호 목곽묘로 보아 사로국 후기의 목곽묘·목관묘의 조영이 이곳에까지 미친 것을 알 수 있다. 현재까지 드러난 목곽묘들의 분포 상황으로 보아 목곽묘들은 몇 개의 그룹으로 줄을 지어 배치되었을 것으로 판단되는데, 814/4-1호 초대형 목곽묘는 남쪽 그룹이 사로국 후기 말에는 쪽샘지구 남쪽까지 진출하였던 것을 보여준다. 그러나 월성로에서 조사된 신라 조기의 대형 목곽묘들, 그리고 그 서쪽에 근접하여 조사된 신라 전기 초의 쪽샘지구 L17호 대형 목곽묘의 존재로 보아 사로국 후기 목곽묘 조영의 중심지는 이들이 위치한 월성로의 동편이었을 것으로 판단된다.

　② 신라 조기

　신라 조기는 경주지역에서 이혈·동혈의 주부곽식 목곽묘가 축조된 시기이며, 월성 북고분군에서는 묘광과 목곽 사이를 돌로 충전한 석재충전목곽묘가 출현하여 종래와 같이 묘광과 목곽 사이를 흙으로 충전한 점토충전목곽묘와 함께 축조되었다. 현재까지 의 자료로 보아 석재충전목곽묘는 월성북고분군에서 늦어도 신라조기양식토기 1b기에 는 출현한 것으로 판단된다.

　앞의 1977년도 인왕동고분 발굴조사 유물 중 A군 3호묘 호석 하층에서 출토된 토기들 가운데에는 신라조기양식토기 2b기의 토기들이 포함되어 있다(구자봉 1997: 81~82).

　월성로고분 중 가-30호묘(1b기), 29호묘·31호묘(2a기), 8호묘·12호묘(2b기)는 신 라 조기의 목곽묘들이며, 이 중 가-29호묘·31호묘는 점토충전목곽묘이고, 가-30호묘 와 8호묘 ·12호묘는 석재충전목곽묘이다(최병현 2015: 119~120). 이 월성로 목곽묘들 이 위치한 곳에서 서쪽으로 길을 건너 황오동 385-10번지 칠보장여관 뒤에서 고배를 비롯한 신라조기양식토기(2b기)가 출토된 바 있다(국립경주박물관 1988: 23; 최병현 1992: 51~52).

　쪽샘지구에서는 파괴된 B73호 목곽묘에서 단경소호와 완형토기 1점씩이 출토되 었는데, 신라조기양식토기 2b기로 편년된다(국립경주문화재연구소 2013: 144~145).

　황남동 95-6번지 유적 조사에서는 신라 조기 목곽묘 여러 기가 조사되었다. 1a기: 9호묘, 1b기: 1호묘, 2a기: 2호묘·6호묘, 2b기: 3호묘로 편년된다. 이 중 특히 묘광 규모 전체가 밝혀진 1호묘(1b기)와 6호묘(2a기)에서는 유자이기, 판상철모 등의 철기와 각종 신라조기양식토기가 출토되었다(신라문화유산연구원 2017c).

　또 앞서 설명한 사로국 후기 최대의 목곽묘가 조사된 인왕동 814-4번지에서는 신 라 조기 2b기의 토광묘, 그 동쪽 814-3번지에서는 신라 조기 1a기의 목곽묘 인왕동 814/3-4호 목곽묘가 조사되었다(한국문화재재단 2019b).

　최근의 쪽샘지구 조사에서는 I·M지구 Grid 20·25에서 신라 조기 1b기의 소문 경질단경호, Grid 24·28에서 2a기 편구형 대부호편, Grid 43·47·50에서 신라 조기 형식의 철모가 수집되었다.

　이상의 예들은, 한편으로는 사로국 후기에 이미 고분들이 조영되어 있는 지역에도 신라 조기의 고분들이 누세대적으로 축조되고, 다른 한편으로는 고분 축조 구역이 사로국 후기보다 약간 더 서쪽으로 확대되어 나갔음을 말해준다. 현재까지의 조사로 보아 신라 조기고분의 조영은 계림로 동쪽 쪽샘 B지구까지 도달한 것으로 보이지만, 월성로 고분들로 보아 그 중심은 월성로 부근과 그 동쪽이었을 것으로 판단된다. 현재까지 월성북고분군에서 조사된 최대 규모의 목곽묘로 신라 전기 1Ab기로 편년되는 쪽샘 L17호 석재충전목곽묘가 바로 월성로의 서변에 접하여 있는 것도 이 점을 말해준다.

③ 신라 전기

　신라 전기의 중심 묘제는 적석목곽분인데, 신라전기양식토기 1Aa기부터 토기양식은 전환되었지만, 아직 1A(a, b)기로 편년되는 적석목곽분은 발굴조사되지 않았다.

　〈1A기〉 신라전기양식토기 1Aa기의 토기가 출토된 고분으로는 1977년도 조사 인왕동고분 C군 5호묘, 황오동 100번지-18호 토광묘(1Aa기)가 있다. 1Ab기 토기가 출토된 고분은 월성로 가-5호묘·6호묘, 쪽샘 L17호묘와 C10호묘이다.

　모두 점토충전 또는 석재충전 목곽묘이다. 현재까지 조사된 신라 전기 1A기 고분으로는 쪽샘 C10호 목곽묘가 가장 서쪽으로, 고분 조영 구역이 신라 조기보다 크게 서쪽으로 확대되지는 않았던 것으로 보인다.

　〈1B기〉 신라전기양식토기 1B기 토기가 출토된 고분은 다음과 같다.

　1Ba기: 1977년도 조사 인왕동고분 A군 4호묘 하층(1Ba~1Bc기), 인왕동고분(문) 10호묘, 황남동 95/6-13호묘, 계림로 1호묘, 황남동 109호분-3·4곽

　1Bb기: 인왕동고분(문) 16호묘, 월성로 가-13호묘· 14호묘, 황남동 95/6-12호묘, 계림로 37호묘, 미추왕릉지구 5구역 1호 옹관묘·21호묘

　1Bc기: 인왕동고분(문) 2호묘, 황오동 100-19호묘, 월성로 나-13호묘, 황오동 14호분, 쪽샘 A1호묘, 황남동 110호분, 황남동 205번지 고분(최종규 1989), 미추왕릉지구 5구역 6호묘

이상의 고분 중 황남동 109호분-3·4곽(1Ba기), 황남동 110호분(1Bc기), 황오동 14호분(1Bc기)은 적석목곽분이고, 그 외는 대개 점토충전 또는 석재충전 목곽묘들이다. 1B기 고분 중 가장 서쪽에 위치한 것은 적석목곽분인 황남동 109호분-3·4곽, 그리고 그 남쪽의 미추왕릉지구 5구역 고분들이다. 그 서쪽에서는 대릉원지구와 그 북쪽 노서·노동동지구를 막론하고 1A기는 물론 1B기의 고분이 조사된 바 없다. 그러므로 월성북고분군에서 신라 전기 1B기까지의 고분 조영 구역은 신라 조기보다 조금 더 서쪽으로 확대되어 황남동 109호분-3·4곽과 미추왕릉지구 5구역을 연결하는 선까지 미쳤지만, 주로 그 동쪽에서 고분들이 누세대적으로 축조되었다고 판단된다.

〈2기 이후〉 신라 전기 2기 이후의 발굴 고분은 앞의 〈표 2-6. 월성북고분군의 신라 전기고분 편년표〉로 대신하고, 그 중 가장 서쪽에 위치한 고분만 지적해 두겠다. 이를 근거로 선을 표시한 것이 〈도 2-67〉이다.

○2기: 대릉원지구의 황남대총 남분: 2a기, 황남대총 북분: 2b기로, 신라 전기 2b까지 월성북고분군은 황남대총의 위치까지 확대된 것으로 보인다. 다만 월성북고분군의 남쪽군(B군)에서는 황남동 파괴고분 4곽이 2b기로 편년되어 북쪽군(A군)보다 좀 더 서쪽까지 고분들이 축조되었던 것으로 판단된다.

○3기: 신라 전기 3b기까지 가장 서쪽에 위치한 고분은 금관총으로, 월성북고분군의 고분 조영이 노동·노서동지구로 확대되어 노서동의 금관총 부근까지 미쳤던 것으로 판단된다.

○4기: 황남대총의 서쪽에 위치한 천마총, 금관총의 서쪽에 위치한 서봉총과 노서동 138호분은 신라 전기 4a기, 그 외 노서동의 호우총, 은령총, 노서동 215번지 고분은 4b기로, 이들이 월성북고분군의 서단부에 위치한다. 대릉원 남쪽의 경계선에 위치한 미추왕릉지구 C, D지구와 7지구의 고분들도 모두 4a기와 4b기로 편년된다.[106]

참고로 대릉원지구의 동쪽 담장선(윤용진 1975)과 남쪽으로 미추왕릉지구 5구역(김정학 외 1975)까지 신라 전기의 석재충전목곽묘가 조사되었으나, 그 서쪽 대릉원지구와 노동·노서동지구에서는 목곽묘 계열의 고분으로는 적석목곽분만 조사되었을 뿐 점토

─────────

106   최근 발굴조사된 대릉원의 남쪽 담장 밖 황남동 231·232번지는 미추왕릉 C지구와 7지구 사이에 위치한 황남동 151호분의 바로 남쪽에 해당되는데, 이곳에서도 적석목곽분과 단독 유물곽이 조사되었다. 모두 신라 전기 4a기 이후로 편년된다(한국문화재재단 2019a).

충전·석재충전목곽묘가 조사된 바 없음을 밝혀둔다.

④ 신라 후기

　　신라후기양식토기의 성립과 함께 경주지역에서는 횡혈식의 석실봉토분이 축조되기 시작하였다. 신라 후기에 경주지역에서 왕릉을 비롯한 고분의 입지는 경주분지 주변의 산지로 바뀌었으며, 신라 왕실 세력은 경주분지를 향해 서면한 선도산으로 그들의 묘지를 이동하였던 것으로 보인다. 선도산에서 서향하여 뻗어내린 중심 구릉에 중고기의 왕릉들이 도열해 있고, 그 양편으로 수많은 석실봉토분이 자리한 서악동고분군이 옮겨온 신라 왕실 세력의 새로운 묘지였던 것으로 판단된다.

　　하지만 월성북고분군에도 황남동 151호분에 신라 전기 4b기의 대형 횡구식석곽이 축조된 데 이어 월성북고분군의 서북단인 노서동지구에 일부 신라 후기의 석실봉토분이 축조되었다. 노서동 우총, 쌍상총, 마총 등으로, 그 중 우총은 석실 구조로 보아 신라 후기 초로 편년된다. 쌍상총은 그보다 늦은 신라 후기 3c기, 마총은 4기로 내려온다. 노서동지구에는 봉분 규모로 보아 석실봉토분으로 보이는 고분이 몇 기 더 분포한다.

　　이 외에도 황남대총 동쪽에 위치한 황남동 91호분, 남쪽으로 계림 서쪽에 위치한 교동 28호분, 29호분, 30호분(내물왕릉)도 월성북고분군에 위치한 횡혈식의 석실봉토분들로 알려져 있다.[107]

　　이 중 노서동지구의 석실봉토분들은 이곳의 신라 전기 적석목곽분에서 점점이 이어진 신라 후기의 석실분들이었을 것으로 판단되지만, 교동지구의 석실봉토분들은 그 주변의 신라 전기 적석목곽분들과는 연계성이 없을 것이다. 이 교동지구 고분들이 남북으로 일렬을 이루고 있는 점도 유의된다.

....

107　황남대총 동쪽의 황남동 91호분, 계림 서쪽의 교동 28~30호분이 횡혈식석실분이라는 것은 경주의 인사들에게 일찍부터 알려져 온 것이다. 특히 경주의 향토사학자였던 故 김원주 씨에 의하면 과거에 폭풍우로 교동 30분인 현 내물왕릉과 그 주변 고분들의 봉토가 무너져 내린 적이 있었는데, 그때 목격한 바로는 이 고분들의 내부구조가 적석목곽이 아니라 횡혈식석실이었다고 한다(최병현 2012b: 98에도 이 사실을 밝혀놓은 바 있다).

(2) 월성북고분군의 진행 방향(도 2-67)

이상 신라고분의 시기구분과 각 시기 고분의 상대편년에 따라 월성북고분군의 형성 과정을 살펴보았다. 요약하면 월성북고분군은, 원삼국(사로국) 후기부터 월성 구릉 일대에 취락이 형성되고, 그 북쪽 인왕동지구에서부터 목곽묘·목관묘가 조영되면서 형성되기 시작하였다. 사로국 후기에 현재의 월성북고분군의 동단부에서부터 고분 조영이 시작된 것이다. 이후 고분 조영 구역은 점차 서쪽으로 확대되어 갔는데, 사로국 후기 이 고분군의 중심부는 월성로의 동쪽이었으며, 신라 조기의 고분군 중심부는 월성로와 그 동쪽 부근이었을 것으로 판단된다. 사로국 후기 이래의 점토충전목곽묘에 이어 신라 조기에 출현한 대형의 석재충전목곽묘들이 월성로에서 조사된 것, 월성로에 접한 쪽샘지구의 동단부에 신라 전기 초로 내려오는 대형의 석재충전목곽묘들이 분포하고 있는 것이 이를 말해준다.

신라전기양식토기 1B(a~c)기까지 월성북고분군은 현재의 계림로와 근접한, 황남동 109호분과 미추왕릉지구 5구역을 연결하는 선까지 확대된 것으로 보인다. 신라 전기는 월성북고분군에서 적석목곽분이 출현한 시기이며, 발굴조사가 이루어진 고분 중 현재로서는 1Ba기의 황남동 109호분-3·4곽이 가장 이른 시기의 적석목곽분이다. 그러나 월성북고분군에서 황남동 109호분-3·4곽이 최초의 적석목곽분은 아니며, 적석목곽분이 여기서부터 축조되기 시작하였음을 말해주는 것도 아니다. 황남동 109호분-3·4곽은 당시의 최고 위계 고분이 아니며, 그보다 시기적으로 앞서는 상위 위계의 적석목곽분이 존재하였을 것이다. 그러므로 황남동 109호분-3·4곽의 위치는 신라 전기 1Ba기에 적석목곽분을 비롯한 신라 전기고분의 조영 구역이 그곳까지 확대되었다는 것을 의미할 뿐이다. 황남동 109호분보다 서쪽에 위치한 고분들은 그보다 뒤에 축조되었지만, 황남동 109호분 동쪽에는 그 이전에도, 그 이후에도 누세대적으로 고분들이 축조되었다.

황남동 109호분과 미추왕릉지구 5구역의 연결선 이서는 현재의 대릉원지구와 그 북쪽 노서·노동동지구로, 이곳은 신라 전기, 즉 신라 마립간시기의 왕릉구역이라고 할 수 있다. 그러나 이 왕릉구역 역시 고분 조영이 서쪽으로 확대되어가며 형성되었다. 현재까지의 발굴조사 결과로 보면 신라 전기 2b기까지는 황남대총 부근까지, 3b기까지는

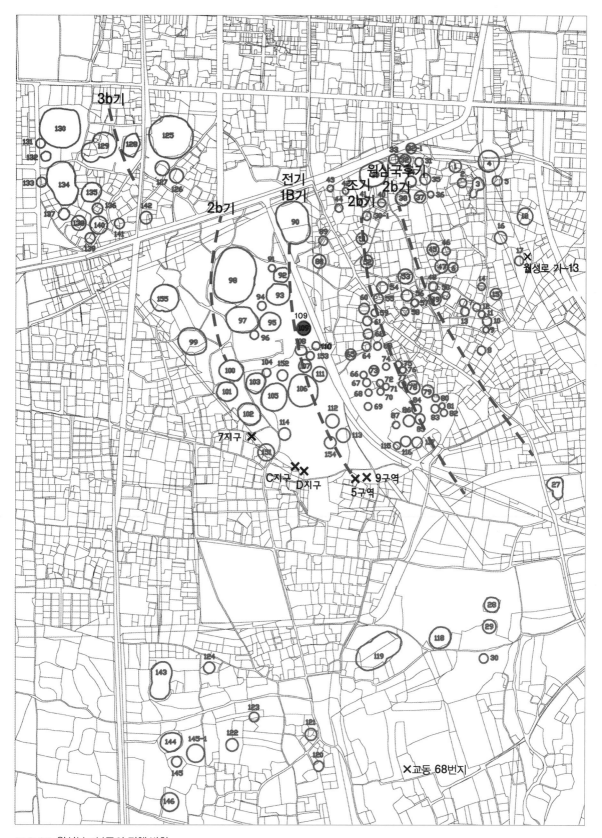

도 2-67 **월성북고분군의 진행 방향**

노서동의 금관총 부근까지 고분들이 축조되었고, 그 서쪽의 노서동지구 고분들은 4기에 들어가 축조된 것으로 판단된다. 대릉원지구의 고분들도 마찬가지여서 황남대총의 서쪽에 위치한 천마총이 4a기로 편년되는 것이 그 점을 말해준다.

대릉원지구의 고분 조영 구역이 서쪽으로 확대되어 간 것은 초대형의 왕릉급 고분들만이 아니라 대릉원의 남쪽 담장 설치 구간에서 조사된 소형분들도 말해주고 있다. 앞서 언급한 대로 미추왕릉지구 5구역까지 신라 전기 1B기의 고분들이 축조되었으나, 그 서쪽 C, D지구, 그 서북쪽의 7지구에서 발굴조사된 고분들은 모두 4a기 이후로 편년된다. 7지구와 근접하여 신라 전기 말인 4b기의 횡구식석곽분인 황남동 151호분이 위치한 점도 이곳의 고분들이 이른 시기가 아님을 말해준다. 이와 같이 신라 마립간시기 왕릉구역인 현재의 대릉원지구와 노동·노서동지구에서도 신라 전기에 고분 조영 구역은 계속해서 서쪽으로 확대되어 갔으며, 한편으로 이미 고분이 축조되어 있던 구역에는 누세대적으로 고분들이 축조된 것이다.

신라고분의 시기구분과 각 시기 발굴조사가 이루어진 고분들의 상대편년에 따라 살펴본, 이상과 같은 월성북고분군의 형성 과정은 사로국 후기부터 신라 전기까지 고분의 축조가 동쪽에서 시작되어 서쪽으로 진행되어 갔음을 말해준다. 그것은 적석목곽분이 출현하기 이전이나 이후에도, 대릉원지구와 그 북쪽 노동·노서동지구의 왕릉구역에서도 마찬가지였다.

월성북고분군의 형성 과정에 대해서는 필자에 앞서 김용성이 먼저 살펴본 바 있는데(김용성 2009: 87~109), 그 초기 과정은 이상에서 살펴본 필자의 판단과 다르지 않았다. 그도 그의 목곽묘단계 전기, 즉 사로국 후기에 월성북고분군의 동쪽 부분인 인왕동지구에서부터 분묘들이 축조되기 시작하였으며, 이후 고분 조영 구역은 서쪽으로 확대되어, 그의 '적석목곽묘 봉토분단계', 즉 필자의 신라 전기 1B기까지는 현재의 계림로와 그 주변에서도 고분의 축조가 시작되었다고 보았다. 다만 몇몇 고분의 편년에는 차이가 있었지만,[108] 여기까지의 과정은 필자의 판단과 크게 다르지 않았다.

그러나 그는 필자의 신라 전기 1B기 계림로 주변의 고분 축조를 고분 조영구역의

---

108 계림로고분군에서 조기신라토기가 출토되었다(김용성 2009: 102)고 하여 전고에서 인용하였으나(최병현 2014b: 130), 보고서 출간 후 검토 결과 신라조기양식토기나 신라전기양식토기 1A기 토기는 없었다.

확대 과정으로 이해하지 않고, 월성로 주변을 동측고분군, 계림로 주변을 서측고분군이라 하여 양측 고분군이 별개의 축조집단에 의한 것이라고 하였다. 그리하여 동측고분군의 월성로 가-5, 6호묘와 가-13호묘 등이 '확실한 고총'으로 먼저 우세했지만, 황남동 109호분-3·4곽 단계부터는 서측고분군 축조집단이 우세해져, 중심집단이 대체되었다고 하였다. 그리고 그 서쪽에서는 왕릉을 중심으로 한 초대형분의 축조가 남쪽의 교동 119호분을 기점으로 하여 북쪽으로 진행되어 갔다고 하였다.

요약하면, 월성북고분군의 고분 축조는 원래 동쪽에서 서쪽으로 진행되어 왔으나, 왕릉급 고총들의 축조는 그와는 달리 방향을 바꾸어 월성에 가까운 남쪽에서 시작되어 북쪽으로 진행되었다는 것이다. 그가 필자의 신라 전기 1B기에 월성북고분군의 고분 축조가 계림로 주변까지 이르렀음을 확인하고서도, 이를 고분들의 상대편년에 따라 자연스럽게 고분 조영구역의 서진으로 이해하지 않고, 그와 같이 월성로 주변의 동측고분군과 계림로 주변의 서측고분군으로 나누어 축조집단의 차이를 상정한 것은, 뒤에 다시 언급되겠지만, 그에 앞서 그가 교동 119호분은 내물왕릉, 황남대총 남분을 눌지왕릉으로 비정하고(김용성 1996: 118~121), 이어 교동 119호분-황남대총-노동동 봉황대고분을 남북 일직선으로 연결하여 그것이 신라 마립간시기 왕릉들의 진행 방향이라고 해석한 데(김용성 1998; 2000; 2003; 2009: 49~85)에 있었다(도 2-68). 그 뒤에 그는 월성북고분군의 초기 고분 축조가 동쪽에서 시작되어 서쪽로 진행되어 간 것을 확인하였지만, 이로써 고분군의 전체 진행 방향을 고분들의 상대편년에 따라 재검토하지 않고, 새로 파악된 월성북고분군의 초기 진행 방향과 이미 선입관이 되어버린 왕릉들의 진행 방향을 결합하려다보니 불가불 별개의 고분군 축조집단을 상정시킬 수밖에 없게 된 것이다. 그러다보니 월성북고분군의 진행 방향이 초기에는 동 → 서였다가 왕릉급 고총들은 갑자기 그 방향을 남 → 북으로 틀어버린 것이 되었다.

이에 황남동 90호분, 황오동 39호분 등 황남대총 동쪽에 위치한 대형분들이 의식되어서인지, 왕릉의 진행이 황남대총에 이르러 고총들이 "황남대총을 정점으로 그 동측에 점점이 먼저 축조되고, 이로부터 동으로, 북으로, 그리고 남으로 확대되었"다(김용성 2009: 106)고 하는 등 일관성 없는 해석을 내놓기도 하였다.

그러나 월성로 가-5, 6호묘와 13호묘는 고총이 아니라 신라 조기의 저봉토묘 전통이 이어진 신라 전기 초의 석재충전목곽묘들이었고, 계림로의 서쪽에 근접하여 위치한

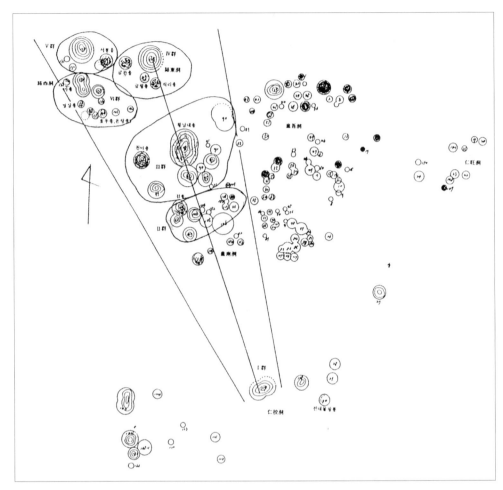

도 2-68 경주 황남동 일대 고분 분포도(김용성 2003)

황남동 109호분-3·4곽은 지금까지 발굴조사가 이루어진 가장 이른 시기의 고총이며 적석목곽분일 뿐이다. 앞서도 본 바와 같이 월성북고분군은 사로국 후기부터 신라 전기까지 고분군의 확대가 동쪽에서 서쪽으로 일관되게 진행되어 형성되었으며, 그것은 왕릉구역에서도 마찬가지였다. 재차 강조하지만, 월성북고분군의 진행 방향은 신라고분의 시기구분과 각 시기 고분들의 상대편년에 따라 자연스럽게 파악되어야 한다.[109]

....

109 한편 박천수는 김용성의 주장을 차용하여 4세기 왕릉은 대릉원 동쪽에 있다가 5세기 왕릉은 교동 119호분에서부터 북쪽으로 진행되었다고 하고, 이를 근거로 신라고분의 연대에 대한 자설을 재주장하고 있는데(박천수 2016), 이에 대해서는 뒤에서 언급하겠다.

2) 월성북고분군의 분화와 초대형분 배치의 기획성

(1) 월성북고분군의 분화와 왕릉 구역의 집단복합묘군(도 2-69)

월성북고분군은 사로국 후기부터 형성되기 시작하였지만, 사로국 후기 이래의 점토충전목곽묘와 신라 조기 이래의 석재충전목곽묘는 저봉토 고분으로 지상에 흔적이 남아 있지 않다. 일제강점기에 작성된 고분 분포도에 봉분이 표시된 고분들은 모두 고총으로 축조되어 지상에 봉분이 남아 있던 신라 전기의 적석목곽분과 후기의 석실봉토분들이다.

그런데 월성북고분군의 전체 고분 분포도에서 볼 수 있듯이, 고분군은 크게 남과 북 두 구역으로 나뉘어 있다. 대릉원지구를 포함하고 있는 북쪽 구역을 A군, 남쪽 구역을 B군이라 하면, 지금까지 월성북고분군에서 고분의 발굴조사는 주로 A군에서 이루어졌고, 앞서 설명한 월성북고분군의 형성 과정도 A군을 중심으로 살펴보았다.

B군에서는 고분 발굴이 아직 본격적으로 이루어지지 못하였지만, 1909년 야쓰이 세이이츠(谷井濟一)가 굴을 파 들어간 '황남리 남총'이 B군의 서쪽 끝에 위치한 황남동 145호분이고(조선총독부 1916: 341), 1964년에는 황남동 145호분의 동쪽 곁에서 황남동 파괴고분이 조사된 바 있다(박일훈 1964). 또 최근에는 B군의 중간쯤에 위치한 황남동 120호분이 조사되고 있는데(신라문화유산연구원 2018), 아직 묘곽 내부의 발굴이 모두 이루어지지는 않았지만 고분의 묘제와 구조는 알 수 있게 되었다.[110] 충분하지는 않지만 이와 같은 조사들을 통해 B군의 고분들도 A군과 크게 다르지 않아, 봉분이 표시된 고분들은 주로 신라 전기의 적석목곽분인 것을 알 수 있게 되었고, 황남동 120호분 조사에서는 적석목곽분보다 하층의 지하에 목곽묘들이 존재하고 있는 것도 밝혀졌다.

B군의 동단부에 남북으로 위치한 교동 28~30호분은 석실봉토분으로 알려져 있어

---

110 2020년도에 120호분과 연접된 120-1호와 120-2호의 묘곽 내부조사가 이루어졌다. 120-1호는 파괴가 극심하여 그 구조와 부장유물의 내용을 잘 알 수 없으나 120-2호는 목곽이 묘광 안에 설치된 상부적석식으로, 피장자가 금동관과 은제대장식구 과대를 착장하였고, 금동식리가 출토되어 a+랭크 고분으로 밝혀졌다(신라문화유산연구원 2020, 〈경주 대릉원일원[사적 제512호] 추정 황남동 120호 주변 발굴조사 학술자문회의 자료[4차]〉).

도 2-69 월성북고분군의 분화

그 축조 시기는 아무리 올라가도 신라 후기가 시작되는 6세기 중엽을 넘어설 수 없다. 이들을 제외하면 B군은 동쪽의 교동 118호분[111]과 119호분에서부터 그 서쪽 황남동의 고분들로 일군을 이루고 있다고 할 수 있다.

그런데 교동 118호분과 119호분의 위치는 평면도상으로 A군의 황남동 109호분보다 동쪽에 해당한다. 하지만 A군의 고분 조영구역 확대가 정확히 정 동 → 서 방향이 아니라 동쪽에서 약간 편남하여 서진한 것이어서, 뒤에서 살펴볼 A군 초대형분들의 중심부 동-서 축선도 정확히 동-서가 아니라 편남한 것이고, 남-북으로 일렬을 이룬 초대형분들의 축선도 동남-서북에 가깝다. 이로 보아 교동 118호분의 위치는 방위상 황남동 109호분과 같거나 그 서쪽이고, 교동 119호분의 위치는 그보다 더 서쪽으로 보아야 옳다. 하여튼, 적석목곽분이 축조된 신라 전기에 월성북고분군은 일단 크게 A군과 B군으로 분화되었는데, 교동 118호분과 119호분의 위치로 보아 B군은 A군의 황남동 109호분-3·4곽이 축조될 즈음이나 그 뒤에 형성되기 시작하였을 것으로 판단된다.

한편 A군과 B군은 상당한 거리를 두고 있고, 앞의 집단복합묘군 형성에서 이미 살펴보았듯이 A군에서도 고분들이 대소 그룹을 이루고 있지만, 특히 B군에서는 고분들이 듬성듬성 자리한 것을 볼 수 있다. 고분군의 이와 같은 현상에는 우선 크게 두 가지 의미가 있다고 판단된다.

첫째는 고분군이 형성될 때의 지형 문제이다. 잘 알려져 있는 것처럼 경주분지 내부는 이를 둘러싸고 세 방향에서 흘러내리는 하천들의 범람원이어서 어디를 파도 냇돌과 자갈이 많은 충적지이며, 곳곳에 비고가 낮은 늪지가 형성되어 있었다. 그래서 월성북고분군 지역의 지형도 지금 보이는 것처럼 전체가 똑같은 평지가 아니라 원래는 미고지와 저지대들로 이루어져 있었을 것으로 판단된다. 쪽샘지구나 그 서쪽 왕릉 구역에서 신라 전기의 적석목곽분들이 그 가운데 미고지를 차지하여 축조되고 있었던 것은

....

111 국립문화재연구소에서는 2006년 교동 118호분에 대한 지하물리탐사를 시행하고, 그 결과 이 고분을 봉분 정상부 4~5m 아래부터 적석층이 있는 적석목곽분이라고 판정하였다(오현덕 2006). 그러나 필자는 탐사 결과 적석부로 해석한 층위에서 적석 함몰부의 형태를 볼 수 없어, 이 고분이 석실봉토분이었을 것으로 판단하고, 이 글의 저본이 된 논문(최병현 2014b: 131~132)에서는 교동 28~30호분과 함께 B-1군으로 묶어 신라 전기에 B군의 형성 과정에서 이를 제외한 바 있다. 그러나 이 교동 118호분은 교동 28~30호분과 배치가 다르고 봉분의 규모 또한 그들보다 커서 의문점이 남는다. 이에 이 글에서는 일단 이 고분을 B-1군에서 제외하고, 교동 119호분과의 위치에 주목해 보겠다.

앞서 살펴본 바 있는데, 좀 더 크게 보아 A군의 서쪽 경계가 동남–서북으로 일직선을 이루고 있는 것도 그 서쪽이 저지대였기 때문이었을 것이며, A군의 북쪽 부분으로 황남대총–천마총과 그 북쪽 노서–노동동지구 사이, 그리고 노동동 125호분(봉황대고분)의 동쪽에 고분들이 축조되지 않은 것도 마찬가지였을 것이다.[112] 이로 보아 A군과 B군 사이에 상당한 거리가 있는 것은 그 사이의 지대가 낮았기 때문이었을 것이다. B군에 고분들이 듬성듬성 축조된 것도 그곳의 지형과 관계가 있을 것이다.

둘째는, 고분들이 시종 정해진 위치나 어떤 질서 없이 축조된 것이 아니라, 당시 월성북고분군에 무덤을 축조할 수 있었던 세력 내에서 분지된 소집단이나 가계별로 고분 조영 구역이 분화되어 갔을 것이라는 점이다. 앞서 언급한 바와 같이, 크게는 신라 전기에 월성북고분군의 A군이 대릉원지구 및 그 북쪽 노동·노서동지구의 왕릉구역과 대릉원지구 동쪽 차상위 위계 중소형분들의 집중 구역으로 분화된 것도 이를 의미하지만, 작게는 쪽샘지구와 왕릉구역에서 관찰된 집단복합묘군들도 그와 관련된다고 판단된다.

이런 점들을 염두에 두고 보면, 노서동의 봉황대고분을 비롯하여 그 서쪽으로 일군을 이루고 있는 노서·노동동지구 대형분들도 크게는 A군에 속하는 것이 분명하지만, 남쪽의 A군 본군에서 분화되어 그와 구분되는 별도의 지군을 이루었던 것으로 보인다. 이를 A-1군으로 구분하면, A군에서 A-1군의 분화에는 그 두 가지 의미가 다 포함되어 있었다고 판단된다. 월성북고분군은 이와 같이 적석목곽분이 축조되는 신라 전기에 크게는 A군과 B군으로 분화되었고, 또 A군에서는 A-1군이 별도의 지군을 이루고 있었음을 알 수 있다.

한편 앞서 월성북고분군의 고분 분포 상태에서 파악되는 집단복합묘군의 형성과 그 의미에 대해서 살펴보았는데, 집단복합묘군의 고분 조합에서 쪽샘지구와 왕릉구역 사이에 약간의 차이가 있었다. 쪽샘지구에서는 각 집단복합묘군에 중형급 단일원분이나 연접분인 主墳이 복수로 존재하였다. 이에 비해 왕릉구역에서는 초대형의 단일원분이나 표형분 1기를 주분으로 하여 집단복합묘군을 이루고 있었다. 그와 같은 현상은 황남대총과 그 일군, 노동동의 봉황대고분(125호분)과 그 일군, 노서동의 서봉황대고분

<hr>

112 황남대총 북쪽 구 경주시청 터 발굴조사 결과 삼국시대 고분은 발견되지 않았고, 현 지표보다 상당히 깊은 위치에서 7세기의 이후의 생활유적들만 조사되었다(신라문화유산연구원 2014, 〈경주 노동동 12번지 경주역사문화관 건립부지 내 유적 발굴조사 약보고〉 참조).

(130호분)과 그 일군, 노서동 134호분과 그 일군에서 분명히 관찰된다.

그런데 대릉원의 남쪽 부분에 위치한 황남동 106호분(미추왕릉)과 그 서쪽으로 자리한 대형분들의 일군은 좀 특이하다. 황남동 106호분이 이곳의 대형분들 중에 가장 큰 규모이지만, 그 서쪽으로 늘어선 황남동 105호분, 103호분, 101호분, 100호분도 대형분들이고, 이 대형분 대열은 약간의 사이를 두고 황남동 99호분과 천마총까지 연결되는 것으로 볼 수 있다. 황남대총과 천마총 사이는 원래 저지대였지만,[113] 이곳의 지형도 황남동 106호분 쪽에서 서북쪽으로 미고지가 뻗어 있고 그 말단부에 천마총이 자리한 것이다. 이와 같이 황남동 106호분 일원 그룹은 왕릉구역의 집단복합묘군들 중에서도 좀 특별한 구성을 보이는데, 이는 A군에서 A-1군이 분화된 것과 함께 유의해 보아야 할 점이다.

(2) 초대형분 배치의 기획성(표 2-13, 도 2-70·71)

월성북고분군에 축조된 적석목곽분의 봉분 규모는 다양하다. 앞서는 대략 봉분 직경 40m 이상을 대형분, 15m~30m 내외를 중형분, 그 이하를 소형분으로 나눌 수 있다고 보았는데, 대형분의 규모는 재발굴된 서봉총의 호석 장단경 46.7m×42.2m, 금관총의 추정 봉분 장단경 44.4m×40.8m를 참고한 것이다. 두 고분 모두 피장자가 금관과 금제대장식구 과대를 착장하였다. 이들보다 규모가 월등히 작은 금령총에서도 피장자가 금관과 금제대장식구 과대를 착장하였지만 이는 예외적인 것이어서, 대형분의 봉분 규모는 서봉총과 금관총의 단경을 기준으로 하였다.

〈표 2-13〉은 대형분들의 규모를 집계한 것이다. 대개 현존 직경 40m 이상이지만, 고분 분포 양상 파악을 위해 그 이하급 일부를 포함하였다. 이 표는 함순섭이 여러 문헌과 자료에서 현존 상태의 고분 규모를 취합한 것(함순섭 2010: 229)에 심현철이 발굴에서 확인된 호석에 근거하여 계산해 낸 대형분의 호석 장단경(심현철 2018: 191)과 금관총 재발굴 보고서의 봉분 추정 규모(국립중앙박물관 2016: 115) 및 금령총 재발굴에서 드

....

113 천마총과 황남대총 사이는 천마총 조사 당시 지하유구 조사로 원래 지대가 낮은 늪지였음이 밝혀졌고(문화공보부 문화재관리국 1974), 현재는 연못으로 조성되어 있다.

표 2-13 월성북고분군 대형분의 규모(함순섭 2010에 심현철 2018을 더하여 수정)

무덤이름	지름	높이	지름/높이
125호(봉황대)	86.6	21.4	4.046729
황남대총 북분	80(68.5X64.5)	22.9	3.49345
황남대총 남분	80(76X66.2)	22.2	3.603604
130호(서봉황대)	79.9	21.3	3.751174
106호(전미추왕릉)	61.1	13.5	4.525926
천마총	60(52.8X46)	12.7	4.724409
90호 북분	59.5	16	3.71875
90호 남분	57.2	13.8	4.144928
134호 북분	56.9	18.3	3.10929
134호 남분	46.3	14.1	3.283688
119호 서분	56.5	16.7	3.383234
119호 중분	51.5	14.5	3.551724
119호 동분	44.5	12.6	3.531746
서봉총	? (46.7X42.2)		
금관총	? (44.4X40.8)		
99호	53.9	12.6	4.277778
105호	53.7	14.2	3.78169
97호 서분	47.9	13.8	3.471014
97호 동분	40	8.9	4.494382
102호	45.8	10.3	4.446602
144호	45.6	9.6	4.75
100호(검총)	43.8	9.6	4.5625
39호	43.4	11.3	3.840708
135호	40.8	9.9	4.121212
143호 북분	40.7	11.5	3.53913
143호 남분	38.4	8.3	4.626506
95호	40.6	7.8	5.205128
101호	40.3	9.1	4.428571
103호	39.3	8.7	4.517241
145호	35.1	6.2	5.66129
93호	34.5	9.8	3.520408
118호	35	10.4	3.365385
금령총	(28)		
지름/높이의 평균			4.035253

러난 호석 직경[114]을 더하여 수정한 것임을 밝혀둔다.

〈표 2-13〉에 근거하여 월성북고분군의 고분 분포도에서 대형분들을 가려 표시한 것이 〈도 2-70〉이다. 천마총의 호석 장경 52.8m를 참고하여 현존 직경 50m 이상의 초대형분들을 따로 표시하였는데, 남·북분의 직경에 차이가 있는 표형분의 경우 한쪽 봉분이 직경 50m 이상이면 포함하였다.

도면에서 보듯이 봉분 직경 50m 이상의 초대형분들은 B군에 위치한 교동 119호분을 제외하면 모두 A군에 존재한다. 그런데 A군에서 대형분들의 분포를 자세히 들여다보면, 동쪽의 황오동 39호분에서부터 그 서쪽의 황남동 90호분 - 황남대총 - 천마총이 동-서로 일렬을 이루고 있는 것이 확인된다. 그 중 현존 직경 43.4m로 측정된 황오동 39호

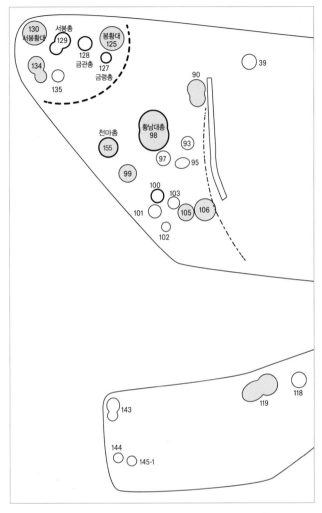

도 2-70 월성북고분군의 대형분(◯은 장경 50m 이상, ◯은 발굴고분)(국립경주박물관 2008의 도면에서 발췌)

분(일명 황새묘)을 제외하면 모두 현존 직경 50m 이상의 초대형분들이다. 이들은 분명히 의도된 배치를 이루고 있는 것으로 판단된다.

또, 황남대총을 중심으로 남쪽의 황남동 106호분(미추왕릉)과 북쪽의 봉황대고분(노동동 125호분)도 남-북 일렬을 이루고 있는 것이 확인된다. 이들은 모두 현존 직경 60m가 넘는 초대형분들이다. 이들도 분명히 의도된 배치를 이루고 있는 것으로 판단

....
114   국립경주박물관, 2019. 9 〈경주 금령총 재발굴조사(2차) 학술자문화의 자료집〉에 의함.

된다.

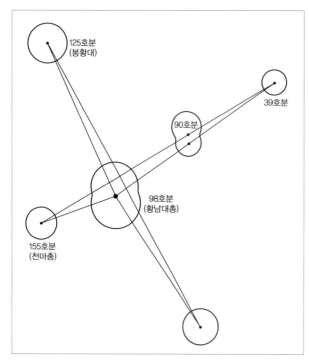

도 2-71 **월성북고분군의 초대형분 배치 기획성**

이와 같이 동–서, 남–북 각각 일렬로 배치된 초대형분들을 다시 월성북고분군의 고분 분포도에서 가려 표시한 것이 〈도 2-71〉인데, 황남대총을 중심에 두고 초대형분들이 동–서와 남–북으로 열을 이루고 있는 것을 알 수 있다. 도면에서 각각 양 끝에 위치한 고분의 중심점을 축선으로 연결해 보면 초대형분들의 중심점이 거의 일직선으로 연결되는 것을 알 수 있다. 다만 황남대총의 중심점이 축선에서 약간 벗어났지만, 그 정도는 미미하다. 또 여기에는 미고지의 위치와 방향에 영향을 받은 고분의 입지, 현재 사용되고 있는 월성북고분군의 고분 분포도에 원으로 표시된 고분들의 위치와 크기가 모두 정밀 측량에 의한 것이 아닌 점[115]이 감안되어야 한다.

그러므로 6기의 대형분들은 동–서, 남–북 일렬로 배치된 것이 분명하고, 동–서 열과 남–북 열의 고분들 간격도 각각 거의 등간격인 것을 알 수 있다. 황남대총을 중심으로 十자형 배치를 이룬 이 초대형분들의 위치는 결코 우연한 것이라고 할 수 없으며, 어떤 의미를 가진 의도된 배치에 따른 것이 분명하다고 판단된다. 좀 더 적극적으로 말하면, 이 고분들의 위치는 신라 마립간시기 왕실세력의 기획에 의한 의도된 배치였다고 판단된다. 그 중심에 황남대총이 있다.

....

115　앞의 제1부 제1장에서 밝혔듯이 현재 통용되고 있는 월성북고분군의 고분 분포는 정밀 측량에 의해 작성된 것이 아니고 지적도에 제도자로 원을 표시한 것이다.

3) 신라 마립간시기의 왕릉과 그 배치

(1) 황남대총의 피장자와 신라 마립간시기의 왕릉

① 황남대총의 피장자

황남대총은 2기의 고분이 남북으로 연접된 표형분으로 발굴조사 결과 선축된 남분에 덧붙여 북분을 축조한 것으로 밝혀졌으며, 남분-남성, 북분-여성의 부부묘로 판단되고 있다. 황남대총 남분의 연대와 피장자에 대해서는 크게 몰년 서기 402년의 내물왕릉설과 458년의 눌지왕릉설이 대립하고 있고, 그 외에 실성왕릉설(함순섭 2010), 남분-눌지왕릉·북분-자비왕릉설(이주헌 2015), 비왕릉설(김선주 2012) 등이 있다.

황남대총의 연대는 전체적으로 신라·가야고분의 편년 문제와 관련되고, 그 피장자 비정은 고분 편년의 표리와도 같은 것이다. 그런데 신라·가야고분 편년에서 절대연대에 대한 이견의 발단이 된 동아시아 초기등자의 발전 과정, 그리고 그동안 학계에서 논의되어 온, 황남대총 남분을 포함한 신라 전기고분의 편년자료와 황남대총의 피장자 문제의 논란에 대한 구체적인 검토는 각각 많은 지면이 필요하므로, 이에 대해 필자가 별도로 발표한 논문들(최병현 2014a; 2019)을 뒤에 보론으로 첨부해 두기로 한다. 이에 여기서는 황남대총의 피장자에 대한 논의의 요점만 간략히 정리해 두고자 하는데, 군이 검토의 대상으로 삼을 만하지 못한 이설들은 그만두고 황남대총 남분-내물왕릉설과 눌지왕릉설에 대해만 언급하기로 하겠다.

황남대총 남분-내물왕릉설과 눌지왕릉설 중 먼저 제기된 것은 눌지왕릉설이다. 후지이 가쓰오(藤井和夫)가 처음 그의 신라(전기양식)토기 편년안에서 황남대총 남분을 눌지왕릉으로 비정하였는데, 그 근거는 아나자와 와코우(穴澤咊光)의 서기 415년 몰 '馮素弗墓 최고 등자설'(穴澤咊光·馬目順一 1973)이었다, 등자가 출토된 最古의 적석목곽분인 황남동 109호분-3·4곽(신라토기 I기)이 '풍소불묘 최고 등자설'에 따라 서기 400년 이후이므로 그보다 뒤인 황남대총 남분(신라토기 III기)은 5세기 중엽의 눌지왕릉이라고 하였다(藤井和夫 1979). 다음은 모리미츠 토시히코(毛利光俊彦)으로, 그는 황남대총 북분 출토 흑갈유소병과 같은 자기 병들이 중국에서는 360년대의 무덤에서 출토되므로 황남대총의 축조 상한은 4세기 후반이라 하면서, 황남대총의 피장자는 몰년 458년의 눌지 왕릉과 그 부인이라고 하였다(毛利光俊彦 1983).

그 다음은 김용성의 주장으로, 그는 황남동 109호분-3·4곽의 연대에 '풍소불묘 최 고 등자설'을 적용하는 것은 무의미하다고 하면서도, 황남대총 남분은 458년의 눌지왕 릉설이 타당하다고 하였다. 그 근거는 황남동 109호분-3·4곽에서 황남대총 남분까지 와 황남대총 남분에서 후기신라토기(신라후기양식토기) 출발까지의 신라(전기양식)토기 시기폭이 같아야 하며, 황남대총 남분에는 『삼국사기』 눌지왕 19년(435)조의 "修葺歷代 園陵"에 따른 수축 흔적이 없고, 내물왕릉은 『삼국유사』의 기록에 따라 첨성대 서남쪽 에서 찾아야 하는데 대형 고총인 교동 119호분이 그 대상이 될 수 있다는 것이었다(김 용성 1996; 1998).

황남대총 남분-내물왕릉설은 이희준에 의해 본격 제시되었다. 그는 중국 동북지 방에서 4세기대 선비계 장병등자의 잇단 출토로 '풍소불묘 최고 등자설'이 근거 없음을 재확인하고, 선비와 고구려의 마구, 고구려 고분의 구조 형식, 황남대총 남북분의 등자 와 보요부운주 등 마구 및 장신구를 종합 검토하여 황남대총 남분의 상대연대와 절대 연대를 편년하였다. 황남대총은 4세기 중기~후반 초의 朝陽 袁台子墓·安陽 孝民屯墓, 4 세기 후엽의 輯安 칠성산 96호분보다 늦고 5세기 전반의 만보정 78호분보다 이르다고 보아, 5세기 전엽의 이른 시기로 편년되는 황남대총 남분은 몰년 402년의 내물왕릉, 5 세기 전엽의 늦은 시기로 편년되는 황남대총 북분은 그 왕비릉으로 비정하였다(이희준 1995).

이상과 같이 황남대총 남분의 눌지왕릉설과 내물왕릉설이 제기되었지만, 눌지왕릉 설은 藤井和夫의 '풍소불묘 최고 등자설'에 의한 연대 설정 외에는 고고학자료에 의한 합리적인 연대 추론에 의한 것이라고 할 수 없다. 모리미츠 토시히코(毛利光俊彦)의 주장 에서는 논리의 비약 외에 합리적인 연대 추론 과정을 볼 수 없다. 김용성의 주장 세 가 지는 모두 고고학자료에 의한 연대 추론이라기보다는 정황적인 판단일 뿐이다. 이에 비 해 이희준의 내물왕릉설은 선비·고구려와 황남대총의 마구, 고구려의 고분 구조, 고구 려와 신라의 장신구 등 철저히 고고학자료의 교차편년에 의한 연대 추론과 그에 따른 왕(비)릉 비정이다.

사실 '풍소불묘 최고 등자설'은 제기되자마자 곧바로 발표된 安陽 孝民屯墓 등자,

朝陽 袁台子壁畫墓 등자를 비롯하여 그후 줄줄이 발표된 4세기 중엽의 선비계 장병등자들에 의해 그것이 애초에 성립될 수 없는 것임이 밝혀졌다(최병현 2014a). 동아시아에서 등자는 장병등자와 단병등자가 공존했으며, 풍소불묘 등자는 그 중 단병등자의 발전 형식일 뿐(최병현 1981b; 1992)으로 '풍소불묘 최고 등자설'은 허구라고 주장해온 필자는 고고학자료에 의해 추론된 이희준의 연대관을 수용하였다(최병현 2000c).

그러나 '풍소불묘 최고 등자설'에 따라 신라·가야고분을 편년해온 한·일의 연구자들은 황남대총 남분-눌지왕릉설을 지지하거나 재생산해 오고 있으며, 일본에서 初期須惠器의 年輪年代가 나와 '풍소불묘 최고 등자설'에 따른 신라·가야고분 편년의 문제가 드러나자 初期須惠器의 연륜연대를 부정하면서까지 이를 고수하고 있다(김두철 2006; 신경철 2009; 홍보식 2012). 그러면서 정체불명의 '황남대총 남분의 방사성탄소연대'나 '황남대총 남분 출토 鋌環錢'이 황남대총-눌지왕릉설을 보증한다고 주장하기도 하였다(김두철 2006; 이상율 2013; 이주헌 2013; 2014). 이에 대해서는 필자가 그 경위를 추적하여 밝혀둔 바 있다(최병현 2014b). 또 일본 初期須惠器의 연륜연대는 인정하면서도 김용성의 경산 임당고분 편년과 황남대총 남분-눌지왕릉설을 따라 편년하여(박천수 2006; 朴天秀 2010; 박천수 2012), 한·일 학계에서 신라토기와 용문투조 대장식구의 형식조열이 불일치한 결과를 낳게 하기도 한다(高田貫太 2013; 鈴木一有 2014; 이한상 2017; 김도영 2018).

앞서 밝힌 바와 같이 필자는 월성북고분군에 소재한 고분들의 왕릉 비정에 신중을 기해왔지만 이제 월성북고분군의 진행방향과 고분군의 분화, 초대형분 배치의 기획성이 밝혀진 만큼 이에 바탕하여 월성북고분군에 자리한 신라 마립간시기 왕릉들을 비정하고자 한다. 황남대총의 피장자에 대해서는 철저히 고고학자료의 교차편년에 의해 합리적으로 추론된 연대로 비정된 이희준의 남분-내물왕릉, 북분-그 왕비릉설을 따른다. 황남대총 남분-눌지왕릉설은 애초에 성립될 수 없는 '풍소불묘 최고 등자설'이나 고고학적 근거가 박약한 정황적 판단에 따라 세워진 연대관에 의한 것이었으며, 그 이후 이를 고수하기 위해 계속되고 있는 주장들은 모두 합리성이 결여된 억지스러운 것들이다.

② 신라 마립간시기의 왕릉

앞서 월성북고분군의 A군과 B군으로의 분화, A군과 B군에 자리한 대형분들의 분포를 살펴보았다(앞의 도 2-69·70 참조). 그 중 피장자가 미성년자로 추정되는 금령총은 예외로 하더라도, 금관이 출토된 금관총, 서봉총의 규모를 참고해 보면 이 고분들 중 상당수의 피장자는 신라 마립간시기에 금관을 착용하고 정치에 참여할 수 있는 유력자들이었을 것이다. 그 중에 마립간 왕릉과 왕비릉들이 포함되어 있을 것임은 충분히 짐작할 수 있다.

이에 다시 봉분 장경 50m 이상 초대형분의 분포를 따로 표시하고, A군에서 동-서로, 남-북으로 등간격의 일렬로 자리한 초대형분들의 배치의 기획성에 대해서 살펴보았다. 그리고 그 동-서, 남-북 열의 교차점에 위치한 황남대총이 몰년 402년의 내물마립간과 그 비의 능으로 비정되는 것을 살펴보았다. 이제 이를 통해 보면 월성북고분군의 A군에 동-서로, 남-북으로 기획 배치된 초대형분들은 마립간시기 신라왕실에서 내물마립간을 중심으로 한 혈연관계와 그 계보를 반영하고 있다고 보아야 한다.

그러면 그 관계를 살펴보아야 하겠는데, 그에 앞서 월성북고분군의 A군과 B군으로의 분화가 의미하는 바가 무엇인지부터 알아보는 것이 순서이겠다. 그동안 고대사학계에서 연구되어 온 바에 의하면 국가형성기 신라는 6부로 구성되어 있었고, 그 중 정치의 주도권을 행사한 것은 喙部와 沙喙部였으며 나머지 부들은 이들보다 세력이 미약하였다(전덕재 1996). 그런데 경주지역에서 마립간시기의 고총들이 다수 분포하고 있는 곳은 중심부 분지지구의 월성북고분군과 서남부지구의 금척리고분군이다. 그 중 금척리고분군을 6부 중 岑喙部의 중심고분군으로 보는 데에 연구자들의 이견은 없다. 그렇다면 훼부와 사훼부의 중심고분군은 분지지구에서 찾아야 할 것이므로, 일단 월성북고분군이 6부 중 가장 강력하였던 훼부와 관련될 것임은 자명하다. 문제는 사훼부의 중심고분군이다.

월성북고분군이 위치한 경주의 분지지구에는 그 외에도 여러 고분군이 있는데, 그 중 월성북고분군의 북쪽에 위치한 황성동고분군이 주목된다. 또 최근 월성 서남쪽에서 존재가 밝혀지고 있는 교동-탑동고분군도 주목의 대상이다. 황성동고분군에서는 원삼국(사로국) 전기의 목관묘부터 신라 후기의 석실봉토분까지 수많은 고분들이 조사되었다. 교동-탑동고분군은 아직 본격적으로 조사되지는 못하였지만 사로국 전기의 목관묘와 점토충전·석재충전목곽묘, 적석목곽분 등 신라의 전기고분들이 조사되고 있다.

그런데 현재까지 드러난 자료로 보아 사로국 후기부터 조영되기 시작한 월성북고분군에 앞서서 두 고분군이 사로국 전기부터 조영되기 시작하였지만, 정작 두 고분군에는 마립간시기에 해당하는, 지상에 봉분이 남아 있는 고총은 존재하지 않는다. 이는 두 고분군이 사로국 후기부터는 월성북고분군의 하위 고분군이 되었음을 의미한다. 또한 이는 두 고분군의 위상이 60여 기의 고총이 현존하는 금척리고분군에도 미치지 못하였으며, 마립간시기 신라의 정치에서 그 조영세력들의 위상이 잠훼부 중심고분군의 조영세력보다도 낮았던 것을 의미한다. 이러한 점들은 월성북고분군과 함께 분지지구에 존재하는 두 고분군을 사훼부의 중심고분군 후보에서 제외할 수밖에 없는 근거가 된다.

그렇다면 월성북고분군 가운데 A군을 훼부의 중심고분군으로, B군을 사훼부의 중심고분군으로 일단 가정하여 볼 수도 있다. 월성북고분군의 B군에 교동 119호분, 황남동 143호분, 144호분 등 대형급 고총들이 존재하는 점도 그렇게 판단하기에 유리하다. 그러나 B군의 현존 고총 수가 잠훼부의 금척리고분군과 비교하여 너무 적은 점, 그리고 B군이 사로국시기나 신라 조기부터가 아니라 신라 전기, 즉 적석목곽분 출현 이후에 형성되었을 가능성이 큰 점이 문제이다. 이러한 문제들은 월성북고분군 B군을 사훼부의 중심고분군으로 비정하는 것을 주저하게 만든다.

그렇다면 다른 가능성도 생각해보야 한다. 영일 냉수리 신라비에는 22대 지증왕이 왕위에 오르기 전 갈문왕 신분으로 사훼부에 소속되어 있었던 것으로 나온다. 이는 훼부와 사훼부가 각각 그들의 고분군을 따로 조영한 것이 아니라 원래 한 고분군을 축조해나간 세력이었다고 볼 수 있게 한다. 그렇다면 월성북고분군에서 A군과 B군의 분화는 다른 의미가 있지 않을까 생각된다. 즉 마립간시기 이후 김씨왕실의 분화와 관련되지 않을까 하는 것이다.

『삼국사기』에 의하면 김씨왕조 초기에는 왕위 계승을 두고 내물계와 실성계가 대립하였다. 실성마립간은 구도-말구-내물마립간-눌지마립간으로 이어진 김씨왕실의 중심 계열과는 계보를 달리하는 대서지 이찬의 아들이라 하였으며, 실성과 내물의 아들 눌지는 왕위계승을 둘러싸고 서로 죽이려 하였고 결국 후자는 전자를 죽였다. 마립간시기 초기 김씨왕실 내에는 이와 같이 경쟁하는 두 세력이 있었던 것인데, 그 후 결과적으로 신라의 정치를 장악한 것은 내물계였고, 실성계는 내물계 왕실과 혼인관계 등으로 일정한 세력을 유지할 수는 있었지만 그 세력은 상대적으로 미약할 수밖에 없었을 것이다.

이러한 마립간시기의 정치 상황으로 보아 월성북고분군은 훼부와 사훼부가 함께 조성한 것이었으나 신라 전기, 즉 적석목곽분기에 들어와 실성계가 B군으로 떨어져 나와 분립된 것이 아니었을까 판단된다. 그와 같다면, A군에 동-서, 남-북으로 기획 배치된 교차점의 황남대총이 내물왕과 왕비릉이므로, B군의 유일한 초대형분으로 B군의 시작 부분인 동쪽에 자리한 교동 119호분은 실성왕릉의 유력한 후보가 되고, B군의 전체 규모가 A군에 비해 작고 고총 수가 현저히 적은 것도 이해될 수 있다.

월성북고분군의 A군과 B군의 성격이 이와 같이 정리되면, 이제 다른 마립간 왕릉과 왕비릉은 A군에 존재하였던 것이 분명하며, 그 중에서도 핵심은 황남대총을 중심으로 동-서, 남-북으로 기획 배치된 초대형분들이라고 하겠다. 그런데 윤상덕은 개별 왕릉의 주인공까지는 비정하지 않았지만 고분의 크기로 왕릉 대상 고분을 한정하면서 기획 배치된 동-서 열의 서쪽 끝에 위치한 천마총을 왕릉의 후보에서 제외하는 연구 결과를 발표하였다(윤상덕 2014). 그는 신라 왕릉의 평면형태가 타원형에서 원형으로, 크기도 축소되는 방향으로 변화하였다고 전제하고 신라 전기, 즉 마립간시기 왕릉의 규모는 서악동의 중고기 왕릉들보다는 컸을 것이라고 보았다.

그의 이러한 전제들은 큰 방향에서는 타당하다고 할 수도 있지만, 세부적으로는 짚어볼 문제가 많다. 신라 적석목곽분의 봉분 평면이 원형이라고 보아 온 과거의 일반적인 인식과는 달리 타원형이라는 점과 그 설계원리에 대해서는 최근 심현철의 연구가 있었으므로(심현철 2018) 그에 대해서는 더 언급하지 않겠다. 그러나 윤상덕이 마립간시기 추정 왕릉들의 직경을 일률적으로 현존 봉분 대비 95%로 계산하면서, 정작 천마총의 직경은 발굴 전에 남아 있던 봉분의 95%가 아니라 발굴에서 드러난 호석의 직경으로 대비한 것은 문제이다.

그는 현존 봉분의 직경과 호석의 직경이 무열왕릉: 동서 93.5%, 남북 94.5%, 전 김인문묘: 94.5%, 전 내물왕릉: 96.9%, 황남대총: 동서 92.5~97.5%이므로, 현재 호석이 노출되지 않은 고분은 잔존 봉토의 95%를 원래 크기로 가정하고 일률적으로 조정한다고 하였다. 그런데 현재 경주일원에 보존되고 있는 월성북고분군의 고분들과 중고기 이후의 왕릉들은 어느 때든 대개 정비 과정을 거친 것들이다. 그 정비 과정에서 호석의 받침석들이 노출되어 있는 신라 후기의 석실봉토분들과 호석이 모두 흘러내린 봉토에 덮여 있는 적석목곽분의 규모 확인과 정비 범위는 다를 수밖에 없고, 그 결과로 남은 현존 봉분과 호석의 비율도 다를 수밖에 없다. 신라 후기고분들은 대개 호석에 맞추어 정비되었지만, 월성북고분군의 적석목곽분들은 잔존 상태에서 고분 하부로부터 흙을 끌어올려 훼손된 부분을 정비하였기 때문에 고분마다 수축의 범위가 다르고, 대개는 신라 후기고분들보다 넓은 범위로 정비되었다고 보아야 한다. 그의 계산에서 황남대총의 봉분 대 호석 비율이 부분마다 달라 후기고분들보다 넓은 범위로 나타나는 것도 그 때문이다.[116] 그러므로 신라 후기고분의 현존 봉분과 호석의 비율을 월성북고분군의 적석목곽분에 일률적으로 적용하는 것은 무리이며, 월성북고분군에 현존하는 고분들의 외형 규모는 대세적인 비교는 가능하지만 세부 단위까지의 비교는 별 의미가 없다는 것이 필자의 판단이다.

다음 월성북고분군의 왕릉급 대형분들의 비교에서, 그렇게 계산된 95%로 조정한 다른 대형분들의 봉분 장축 크기에 황남대총과 천마총은 발굴조사에서 확인된 호석의 장축 크기를 대비한 것이다. 특히 천마총은 발굴 전 봉분의 크기가 동-서 60m, 발굴된 호석의 직경은 47m로 측정되었는데(문화공보부 문화재관리국 1974), 그는 목곽 중심에서 확인된 호석까지를 24.8m로 보아 천마총의 호석 직경을 49.6m로 계산하고 이를 다른 고분들의 직경과 비교하여 왕릉 후보에서 제외하였다(윤상덕 2014: 181). 사실 1970년대 대릉원 조성 시 천마총도 발굴되지 않고 외형을 정비했다면 60m 이상으로 정비되었을 것이므로, 호석이 발굴되지 않은 다른 고분들과 비교하려면 그 95%로 해야 일관성이 있다. 최근 적석목곽분의 타원형 봉분 설계원리를 규명한 심현철은 천마총의 호석 장경을 52.8m로 계산했다(심현철 2018: 191).[117] 왕릉 비정에 대한 자세한 내용은 뒤에서 밝히겠지만, 〈표 2-13〉에서 보는 바와 같이 천마총의 잔존 봉분 직경은 노서동 134호분 북분보다 크고, 앞에 언급한 교동 119호분보다도 작지 않다. 이들은 아직 발굴되지 않

....

116 현재 대릉원 안의 고분들은 대부분 1970년대 대릉원 조성 시에도 그 외형이 부분적으로 보축되거나 보완하여 정비된 것이다. 원래 보존 상태가 나빴던 것일수록 봉토 하부는 더 넓게 보축되었다. 이는 당시 필자가 실견한 것이다. 그러므로 현존 상태의 고분을 아무리 정밀측량했다고 하여도 현재 상태의 고분 외형 직경과 호석 직경 비율은 일률적이지 않고 고분마다 차이가 클 것이다. 한편 윤상덕의 분석에서 다른 고분들은 정비를 거친 현존 고분들의 직경이지만, 황남대총은 정비 이전의 발굴 당시 외형 규모인 점도 문제이다. 정비를 거친 황남대총의 현재 직경은 발굴 당시보다 조금 더 커졌을 것이기 때문이다.

117 따라서 천마총의 잔존 봉분 대비 호석 장경은 88%이다. 또 심현철의 황남대총 호석 장경 계산치(앞의 표 6 참조)는 황남대총의 발굴 전 봉분 대비 남분 95%, 북분 86%가 된다.

아 정확히 알 수 없지만 천마총의 호석 장경이 이들보다 작지는 않았을 것이다.

그는 또 월성북고분군에 소재한 마립간시기 적석목곽분 왕릉의 규모가 모두 서악동의 신라 중고기 왕릉보다는 클 것이라고 하였는데, 필자도 대세론적으로는 그럴 것으로 판단하지만 하나하나 구체적인 수치까지 맞추어 비교하는 것은 무의미하다고 생각한다. 서악동 왕릉 1~4호분의 현존 장경은 66.2m에서 48.6m까지로(윤상덕 2014: 179), 횡혈식의 석실봉토분으로 추정되면서도 큰 봉분을 가지고 있는 것이 특징이다. 그러나 그가 정리하였듯이 이 왕릉들은 조영 순서와 주인공 비정에 이견이 있으며(윤상덕 2014: 183), 필자는 왕릉군 자체의 실제 조성 시기에 대해서도 고려해 보아야 할 점이 있다고 생각한다.

다음 박천수는 금공품과 유리그릇이 나온 월성로 가-13호묘와 금관이 출토된 것으로 전해지는 교동 68번지 고분이 왕릉의 배총이라는 이른바 배총설을 제기하며, 4세기대에는 대릉원의 동쪽 월성로 가-13호묘 주변에 능원이 형성되다가 5세기가 되면 방향을 틀어 교동 119호분이 조성되고, 그로부터 일직선상의 북쪽에 황남대총 남분이 위치하게 되었다고 한다(박천수 2016). 그래서 교동 119호분은 교동 68번지 고분을 배총으로 거느린 내물왕릉이고, 황남대총 남분은 눌지왕릉이라고 한다. 그러나 그가 4세기말로 편년하는 월성로 가-13호묘의 주변에는 왕릉으로 볼 만한 큰 고분이 없어서인지, 그것이 어떤 왕릉의 배총인지는 말하지 않는다. 왕릉은 없고 배총만 있는 셈이다.

월성로 가-13묘는 신라 전기 1Bb기로 편년되는 석재충전목곽묘로, 이제 쪽샘지구의 조사를 통해 그 성격은 좀 더 분명해졌다. 앞서 살펴왔듯이 월성로 가-13호묘는 현재로서는 신라 전기 1기(1Aa~1Bc)의 최고 랭크 고분이지만, 신라 조기에 출현하여 신라 전기까지 잔존한 석재충전목곽묘의 하나일 뿐이다. 월성북고분군에서 묘제의 변화 과정, 조기에서 전기로 신라 고분문화의 전환 과정을 살필 수 있는 중요 고분이지만, 특정 왕릉과 결부시켜 볼 근거는 없다.

다음은 교동 68번지 고분의 실체 문제이다. 도굴되었다는 금관의 진위에 대해서도 의문이 많았지만, 1973년 그 출토 위치라는 곳을 발굴조사하였으나 거기에 금관이 출토되었을 만한 고분은 없었다(김원룡 외 1975).[118] 교동 68번지의 위치와 교동 119호분

....

118   1973년 발굴 당시 필자도 실견한 바이지만, 철저한 도굴로 남은 유구가 별로 없었으나 원래 소규모의 다곽

사이의 거리도 문제다(앞의 도 2-67·69 참조). 월성북고분군에서 왕릉들과 함께 집단복합묘군을 형성하고 있는 고분들의 성격을 배총으로 규정할 수 있을까도 의문이지만, 노서동의 추정 왕릉과 그 집단복합묘군의 고분 분포 범위로 보아도 둘 사이의 거리는 너무 멀지 않은가?

박천수의 왕릉 배총설의 내용은 그렇다 치고, 사실 그가 주장하고 싶은 것도 황남대총 남분의 연대이다. 그것을 위해 4세기 왕릉은 대릉원 동쪽에 있다가 5세기 왕릉은 남에서 북으로 진행되었다고, 김용성의 주장을 차용하여 분식하고 있는 것이다. 그러면서 그가 일본 古墳時代 須惠器 연대를 한국 삼국시대의 고분에 어떻게 적용해 왔고, 어떻게 바꾸어 왔는지, 그의 임당 7B호분이 황남대총 남분보다 이르다는 주장이나 태왕릉 등자와 황남대총 남분 등자의 관계 설정이 얼마나 허술한지에 대한 필자의 비판(최병현 2013a; 2014a; 2014c)에 대해 자설을 동어반복으로 재주장하고 있는 것이다. 이에 대해서는 더 이상 언급할 필요를 느끼지 않는다.

(2) 마립간시기 왕릉의 배치

이제 황남대총 남분이 내물왕릉이라는 것을 근거로 해서 월성북고분군 A군의 초대형분 배치의 기획성이 지닌 의미를 살펴볼 차례이다. 먼저 월성북고분군 A-1군에 위치해 있으면서 월성북고분군 전체에서 그 규모가 유일하게 황남대총 남분의 직경을 능가하는 단일원분인 노동동 125호분(봉황대고분)은 누구의 무덤이고, 이 고분이 속한 A-1군은 왜 A군에서 분화되었으며 어느 집단의 고분군 구역일까. 이를 추론해보기 위해서는 먼저 내물왕 이후 신라의 왕위 계승을 살펴볼 필요가 있다. 『삼국사기』에 의하면 신라의 왕위 계승은 아래와 같이 이루어졌다.

....

식 고분이 존재했을 것으로 추정되었을 뿐이다. 당시 원래의 도굴 장소를 숨기는 도굴꾼의 습성상 출토지를 바꾸어 말했을 것이라는 결론이었다.

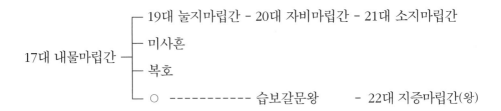

『삼국사기』의 기록상 내물왕에게는 4명의 왕자가 있었던 것으로 확인되고, 그의 장자인 눌지가 내물에 이어 왕위에 오른 대서지 이찬계의 실성왕을 죽이고 19대 왕위에 즉위한 다음에는 21대 소지왕까지 그의 직계로 이어지다가, 이름이 전하지 않는 내물왕자계의 22대 지증왕으로 왕통이 바뀌었다는 것이다.

한편 『삼국유사』에서는 이와 달리 지증왕은 눌지왕의 동생 기보갈문왕의 아들이라고 하였다. 즉 『삼국사기』를 따르면 지증왕은 내물왕의 증손자가 되고 『삼국유사』를 따르면 손자가 된다. 여기서는 일단 『삼국사기』의 계보를 따라 논지를 전개하겠다.

이상과 같은 내물왕계의 계보, 그리고 황남대총 남분과 노동동 125호분의 위치가 월성북고분군이 확장되어온 동-서 방향이 아니라 남-북으로 놓인 점으로 보아 일단 노동동 125호분은 내물왕의 조상묘는 아닐 것이므로 내물왕의 아들들 가운데 왕위에 오른 눌지왕의 능이거나 아니면 자신이 왕위에 오르지는 못하였으나 손자가 왕위에 오른, 이름이 전하지 않는 내물왕자, 즉 지증왕의 조부의 묘로 상정할 수 있다. 또 월성북고분군에서 A-1군은 눌지왕이나 지증왕 조부의 후손들의 묘로 이루어진 지군일 것으로 판단할 수 있다.

그렇다면 둘 중 어느 쪽이 더 가능성이 클까. 필자는 노동동 125호분은 그 규모로 보아도, 그리고 뒤에서 보듯이 초대형분 배치의 기획성으로 보아도 내물왕을 이어 왕위에 오른 눌지왕의 능으로 보아야 한다고 생각한다. 즉 내물왕의 장자로서 내물왕계의 왕위계승을 확립한 눌지왕의 능은 의도적으로 내물왕릉과 일정한 거리를 두고 배치되고, 이로부터 그 직계 후손들이 일군의 지군을 형성해간 것이라 판단되는 것이다. 그리고 내물왕의 다른 왕자들은 내물왕릉 주변에 그들의 묘를 축조하여, 즉 황남대총을 주분으로 한 집단복합묘군이 조성되면서 A군 본군이 계속 형성되어 갔을 것이다.

이렇게 보면 이제 내물왕릉인 황남대총보다 그 동쪽으로 튀어나가 있는 황남동 90호분과 그 동쪽의 황오동 39호분은 내물왕의 父와 祖父의 묘로 보아야 자연스럽다.[119]

이는 월성북고분군의 진행 방향, 즉 월성북고분군이 동쪽에서 서쪽으로 확대되며 형성되어 온 과정으로 보아도 그러하다.

월성북고분군에서 적석목곽분은 신라 전기에 고총으로 출현하였다. 신라 조기의 점토충전목곽묘와 석재충전목곽묘는 고총이 아니라 저봉토묘로 축조된 것, 월성북고분군에서 신라 전기에 축조된 점토충전목곽묘와 석재충전목곽묘는 봉토 하부에 호석을 두른 고총으로 축조되지 못한 것에 대해서는 앞서 이미 살펴보았다. 대형 및 초대형 고총에 속하는 황오동 39호분과 황남동 90호분이 적석목곽분일 것임은 이로 미루어 짐작할 수 있다.

그런데 현재까지 발굴조사된 가장 이른 시기의 적석목곽분은 신라전기양식토기 1Ba기로 편년되는 황남동 109호분-3·4곽이다. 이 황남동 109호분-3·4곽은 월성북고분군에서 조사된 1기(1Aa~1Bc기) 고분 중 가장 서쪽에 위치한 것으로, 황남동 109호분-3·4곽이 축조될 때 월성북고분군이 거기까지 진행되었음을 말해준다. 월성북고분군은 그 후 그 서쪽으로 진행되었지만, 그 동쪽에 있는 적석목곽분들도 대개는 황남동 109호분-3·4곽보다 뒤에 축조되었을 것으로 판단된다. 그리고 황남동 109호분 서쪽은 대릉원지구를 비롯한 왕릉구역이지만, 그 동쪽에는 쪽샘지구를 비롯하여 주로 중소형분들이 축조되었다. 황남동 90호분, 특히 황오동 39호분은 월성북고분군에서 서쪽의 왕릉구역이 아니라 동쪽의 중소형분 구역에 위치하고 있는 것이다.

신라전기양식토기 1Ba기인 황남동 109호분-3·4곽은 현재까지 발굴조사된 가장 이른 시기의 적석목곽분이지만, 그 위계가 그다지 높지 않았다. 이는 황남동 109호분-3·4곽이 축조되기 이전 월성북고분군에는 그보다 상위 위계의 대형 고총이 이미 출현하여 있었던 것임을 말해준다. 황남동 90호분과 황오동 39호분의 규모와 위치는 이 고분들이 바로 황남동 109호분-3·4곽 이전에 조영된 최고 위계의 대형 고총들이었을 것임을 강력히 시사한다. 그런데 이 고분들이 왕릉구역이 아닌 중·소형분 구역에 위치한 것은 이 고분들이 처음부터 지금과 같은 거대 규모의 고총으로 축조되었을까를 생각하게 한다.

....

119 그렇다면 교동 119호분을 실성왕릉으로 추정할 때 바로 그 동쪽에 위치한 교동 118호의 피장자에 대해서도 짐작되는 바가 있다.

여기서 상기되는 것이 눌지왕 19년(435) 2월 「修葺歷代園陵」이라는 『삼국사기』의 기록이다. 내물의 장자이면서 내물을 이어 바로 즉위하지 못하고, 계통이 다른 실성에게 왕위가 일단 넘어갔다가, 그를 타도하고서야 내물왕계의 왕위 계승을 확립한 눌지왕의 즉위 과정을 상기하면, 여기서 修葺 대상인 歷代園陵이란 그의 직계 祖先의 것일 수밖에 없다. 즉 내물의 父이자 눌지의 祖父 묘일 황남동 90호분, 내물의 祖父이자 눌지의 曾祖父 묘일 황오동 39호분은 이 때 지금 보는 모습의 고총으로 修葺된 園陵일 가능성이 크다고 판단된다. 그렇다면 내물왕릉인 황남대총을 중심으로 그 앞쪽(동쪽)에 황남동 90호분과 황오동 39호분을, 그 북쪽에 노동동 125호분을 고총으로 배치한 것은 눌지왕 때의 기획에 의한 의도적인 것이라 볼 수 있다. 그 중 눌지왕릉인 노동동 125호분의 위치가 그의 사후 정해진 것이라 하더라도 그 기획성은 인정되어야 할 것이며, 이것이 신라 마립간시기 왕릉 배치의 1차 기획이라고 할 수 있다. 그리고 눌지왕 사후 노동동 125호분이 그의 능으로 축조된 뒤에 월성북고분군의 A-1지군이 그의 직계 후손들에 의해 조영되어 갔을 것이다.

그 후 소지왕을 끝으로 왕통은 다른 내물왕자의 후손인 지증왕으로 넘어갔다. 왕위에 오른 지증왕 역시 자신의 직계 조선에 대한 존숭 사업을 벌이지 않을 수 없었을 것이다. 『삼국사기』에는 시조 탄강지 奈乙에 神宮을 세운 것이 본기에는 소지왕 때로 나오지만 잡지 제사조에는 지증왕 때로 되어 있다. 어느 기록이 옳은 것인지는 알 수 없으나, 지증왕은 왕위 계승의 정당성이나 정통성을 위해서라도 신궁 건립이나 제사에 적극적이었을 것이고, 눌지왕이 그랬던 것처럼 자신의 직계 조선의 園陵을 修葺하였을 것으로 짐작된다. 그 1차 대상이 바로 내물의 왕자인 그의 조부의 묘였을 것이다. 그러므로 내물왕계의 왕위 계승 관계를 참고하면 내물왕릉인 황남대총을 사이에 두고 눌지왕릉으로 추정되는 노동동 125호분과 남북으로 대칭적 위치에 있는 황남동 106호분은 바로 내물왕자인 지증왕 조부의 묘(『삼국유사』를 따를 경우 내물왕자인 지증왕의 父 기보갈문왕의 묘)일 것으로 추정된다. 즉 황남동 106호분은 지증왕 때 수즙된 그의 조부의 묘일 가능성이 큰 것이다.[120]

....

120 황남동 106호분은 현재 미추왕릉으로 전해지고 있으며, 『삼국사기』에는 미추왕릉에 대하여 "葬大陵一云竹長陵"이라 하였고, 『삼국유사』에서는 미추왕릉의 위치를 "陵在興輪寺東"이라고 하였다. 이근직의 연구에 의하면 미추왕릉에 대한 전승은 고려, 조선시대에도 계속 이어졌다고 한다. 그러나 『삼국사기』의 다른 왕릉 소재

이렇게 보면 이제 5세기 말~6세기 초로 편년되는 천마총[121]이 그 동쪽의 황오동 39
호분-황남동 90호분-황남대총과 같은 선상의 동-서 일렬로 배치된 것도 예사롭지 않
다. 그 위치는 지증왕이 내물계의 적통임을 내세우려는 의도적 표현으로 선정된 것이
아닐까. 그렇다면 천마총은 곧 지증왕릉이 될 것이고, 그와 같이 보아야 마립간시기의
왕위 계승 관계, 그리고 앞서 살펴본 왕릉들의 배치와 정합성을 갖는 것이 아닐까. 만약
그렇다면 지증왕 조부의 묘와 지증왕릉의 배치, 그것이 신라 마립간시기 왕릉 배치의 2
차 기획이었을 것이다. 이상과 같이 신라 마립간시기에는 크게 두 차례의 기획에 의한
의도적인 배치로 왕릉군이 형성되었다고 판단된다(도 2-72).

　　이상 월성북고분군의 A군 서쪽 부분에 위치한 신라 마립간시기 왕릉구역은 크게 3
개의 지군으로 이루어져 있음을 알 수 있다. 앞서 살펴본 A-1군, 황남대총을 주분으로
한 집단복합묘군, 그리고 황남동 106호분으로부터 천마총까지 도열한 대형분 중심의
일군이 그것이다. 이 중 황남대총을 주분으로 한 집단복합묘군은 내물왕·왕비와 그 직
계의 고분 그룹, A-1군은 눌지왕과 그 직계 후손들의 고분이 조영된 월성북고분군의 한
지군임은 이미 앞서 설명하였다. 그렇다면 황남동 106호분부터 천마총까지의 일군은
지증왕 조부의 직계 후손들의 고분이 자리한 한 지군으로 보아야 자연스럽다. 『삼국사
기』를 따를 경우 그 중에는 지증왕의 父墓도 포함되어 있을 것이며, 지증왕의 조부묘로
판단되는 106호분뿐만 아니라 지증왕 대에 수즙된 원릉이 더 포함되어 있을 가능성도
있다. 필자는 황남동 검총(100호분)이 수즙된 고분일 가능성을 이미 타진한 바 있다(최
병현 1981c). 그리고 황남대총을 주분으로 한 집단복합묘군에는 왕위를 계승하지 못한
내물의 왕자들의 묘가 포함되어 있을 것이다. 마지막으로 앞서 언급하지 않은 마립간시
기 왕릉들에 대해 살펴보아야겠는데, 눌지왕계인 자비왕릉과 소지왕릉은 월성북고분군
A-1군에 위치하였을 것이므로, 노서동 130호분(서봉황대)과 노서동 134호분이 그 후보
가 될 것이다.

·········

　　지 기록과 비교하여 '葬大陵'이나 '陵在興輪寺東'은 너무 막연한 내용으로 능의 실제 형상이나 정확한 위치를
　　전제로 표현한 것으로 보기는 어렵다고 한다. 중대의 마지막인 혜공왕 때 미추왕이 金姓始祖의 자격으로 五廟
　　의 首位에 모셔지는 것으로 보아, 미추왕릉에 대한 그러한 인식은 8세기 이후 통일신라에 와서 생겨난 것이
　　라 추측하고 있다(이근직 2012).
121　필자는 과거에 천마총을 5세기 후반으로 편년하였다. 그러나 새로운 토기편년으로 천마총은 신라전기양식
　　토기 4a기에 속하며 5세기 말·6세기 초로 비정된다.

4) 나머지

○과거부터 월성북고분군의 고분 축조가 월성과 가까운 남쪽에서부터 북쪽으로 진행되어 왔을 것이라는 인식이 속설처럼 내려왔지만, 그것이 학문적, 과학적 근거를 가진 것은 아니었다. 월성북고분군은 고분들이 동쪽에서부터 축조되기 시작하여 고분 조영구역이 서쪽으로 확대되면서 형성되었으며, 신라 마립간시기 왕릉의 배치도 월성 북고분군의 진행 방향과 마찬가지로 동에서 서로 이루어졌다.

○월성북고분군의 A군은 동남-서북 방향으로 거의 일직선을 이루고 있는 고분군 서단 밖으로 고분들이 더 나가지 못하고 그 선에서 고분 조영이 끝났다. 이는 당시의 지형 때문이었을 것으로, 월성북고분군 A군의 서쪽은 당시 고분들이 축조된 곳보다 지대가 낮았을 것이다. 소지왕릉일 가능성이 큰 A-1군의 노서동 134호분이 노동동 125호분(봉황대고분)-노서동 130호분(서봉황대고분)과 동-서 일렬로 배치되지 못하고 노서동 130호분에서 ㄱ자로 꺾여 남쪽으로 내려온 것도 그 때문일 것이다. 또, 지증왕의 조부 묘로 추정되는 황남동 106호분으로부터 지증왕릉으로 추정되는 천마총까지 도열해 있는 대형분 중심의 지군 방향도 당시 지형에 따른 것으로 그 방향의 미고지에 고분들이 축조되었기 때문일 것이다.

○2013년 7월 3일 국립중앙박물관은 1921년 금관총에서 나온 환두대도 칼집 끝장식에서 '尒斯智王'이라는 명문이 확인되었다고 발표하여, 그가 금관총의 피장자일 것으로 추정되었다. 그런데 6명의 신라 마립간 가운데 '尒斯智'라는 이름을 가진 마립간은 없다. 하여 영일 냉수리 신라비에서 教를 내린 주체로 분명히 마립간이나 갈문왕이 아닌 관등 소유자를 포함하여 '此七王等'이라고 한 것이 다시 주목되었다.

한편 필자는 이미 금관이 출토된 고분과 그 규모 이상의 현존하는 고분 수로 보아 신라고분에서 금관을 착용할 수 있었던 사람의 범위가 왕과 왕비의 수를 넘어, 마립간 시기에는 일단의 유력자들까지도 금관을 착용하였을 것으로 본 바 있다(최병현 1981a; 1992a). 금관총은 금관 출토 고분인 서봉총, 금령총과 함께 앞서 살펴본 A-1군에 속하면서 노동동 125호분(봉황대고분)을 주분으로 한 집단복합묘군에 속한 한 고분으로, 왕릉일 가능성은 거의 없다고 할 수 있다. 이제 마립간시기 신라에서는 마립간 왕이나 왕비가 아니면서도 금관을 착용하고 '王'을 칭했던 존재의 실재를 의심할 필요는 없

도 2-72 신라 마립간시기의 왕릉 배치

지 않을까.

　　○신라의 수도 경주에서는 6세기 전엽, 즉 지증왕을 이어 즉위한 법흥왕 연간에 석실봉토분을 축조하기 시작하였고, 중고기 왕릉들도 경주시내 평지가 아니라 서악동 산비탈에 왕릉군을 이루고 있으며, 이 서악동 왕릉군 주위에 신라 최고 위계의 석실봉토분들이 밀집되어 있다(최병현 2012b). 그런데 월성북고분군 가운데에서도 유독 A-1군의 노서동지구에서 여러 기의 석실봉토분들이 조사된 바 있다. 우총, 쌍상총, 마총이 그것으로, 이들은 경주의 석실봉토분 가운데 왕릉을 제외한 최고 위계의 대형분 급이며, 그 축조 시기도 경주에 석실분이 도입된 초기부터 중대 후기까지 걸친다. 이것은 지증왕계

인 왕실 세력의 주력이 법흥왕 이후 그들의 묘지를 서악동 일대로 옮겨갔지만, 지증왕에게 왕위 계승권을 빼앗긴 눌지왕계 후손들 일부가 그들의 묘를 월성북고분군의 A-1지군에 계속 잔류시켰기 때문이 아니었을까.

경주지역의 각 지구 고분 전개 III

신라 전기 경주지역에서는 이전 시기에 비해 더 많은 고분군이 조영되었다. 전 시기부터 조영되어 온 고분군에 더하여 새로운 고분군들이 출현한 것이다. 신라 전기에 새로 출현한 고분군은 분지지구와 그 외곽에서도 조사되고 있지만, 각 곡부지구 사이 배후산지의 소하천유역에서까지도 조사되고 있다(도 2-73). 신라 전기에 오면 이와 같이 경주지역에서 조영된 고분군은 더욱 늘어났는데, 그 수는 앞으로 훨씬 더 많아질 것이다.

사로국시기와 신라 조기의 고분군은 조사된 고분군의 수가 그다지 많지 않아서인지 분지지구와 각 곡부지구 사이에 일정한 거리를 두고 분포하여 고분군을 지구별로 나누어 보기에 어려움이 없었다. 그러나 신라 전기에 오면 분지지구에서 각 곡부지구로 들어가는 입구부에 새로운 고분군이 조영되기도 하고, 곡부지구들 사이의 중간에도 고분군이 생겨났다. 이러한 새로 늘어난 고분군들로 인해 신라 전기는 각 지구의 경계를 구분하기에 애매한 부분들이 있다. 그러나 필자는 각 곡부지구의 입구부에 위치한 고분군으로 분지지구의 중심부에서 가시적인 위치에 있는 것들은 분지지구에 포함되어야 하며, 곡부지구들의 사이에 위치한 고분군은 수계와 교통로, 거리 등을 참고하여 그 소

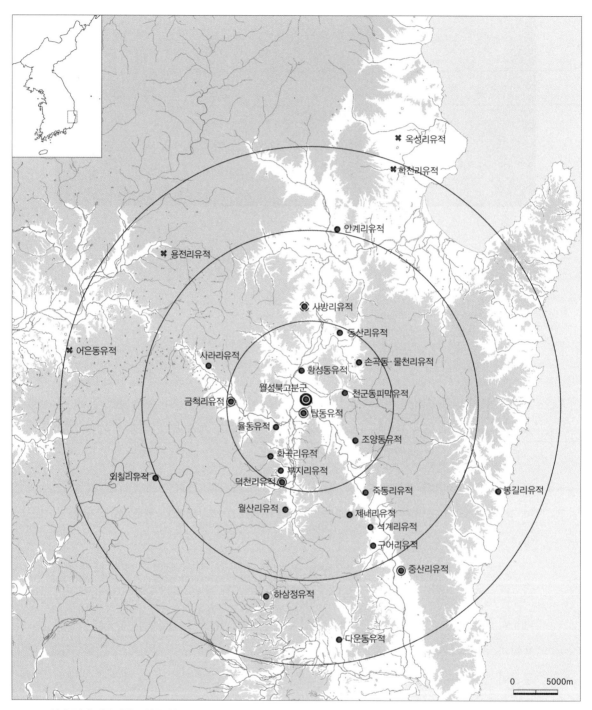

옥성리유적

학천리유적

안계리유적

용전리유적

사방리유적

동산리유적

어은동유적

사라리유적

손곡동·물천리유적

황성동유적

천군동피막유적

월성북고분군

금척리유적

탑동유적

율동유적

조양동유적

화곡리유적

봉지리유적

외칠리유적

덕천리유적

죽동리유적

월산리유적

제내리유적

봉길리유적

석계리유적

구어리유적

중산리유적

하삼정유적

다운동유적

0   5000m

도 2-73 신라 전기 경주지역 고분군 분포도

속을 구분할 수 있다고 본다.

이에 여기서는 앞서 이미 살펴본 분지지구의 월성북고분군 외에 경주지역에서 현재까지 조사된 신라 전기고분군들을 지구별로 나누어 그 전개 과정을 살펴보고자 한다. 각 지구에서는 위계로 보아 중심적 역할을 한 것으로 판단되는 고분군을 먼저 살펴보고 이어서 각 지구에 소속된 하위 고분군들의 양상을 간단히 정리해 보는 것으로 하겠다. 각 고분군에 대해 묘제와 묘곽 형식의 변화나 분포양상을 필자의 신라전기양식토기 편년안에 따른 편년표로 제시하고 필요한 부분에 대해서 설명을 덧붙이기로 하겠는데, 묘제는 보고서를 존중하되 보고서와 필자의 검토 결과가 다른 것은 필자의 판단에 따르겠다. 묘곽 형식은 물론 필자의 신라 전기고분 묘곽 형식분류에 따른다.

〈고분의 랭크〉 이어서 각 고분군의 고분 랭크를 정리해 두겠다. 신라 전기고분의 랭크 구분에 대해서는 앞의 월성북고분군에 대한 고찰에서 이미 살펴본 바 있다. 월성북고분군에서는 착장 복식품을 비롯한 출토 금공 장신구에서 우선 고분들의 랭크 차이가 드러나고, 그와 고급 용기류, 마구류, 무기류 등 다른 유물의 격차가 정합성을 갖고 있었다. 대개 피장자가 과대를 착장하고 관모류를 착장하거나 부장한 a랭크 이상과 과대와 관모류가 출토되지 않은 b랭크 이하로 구분되었다. b랭크는 피장자가 세환식 또는 태환식 귀걸이를 착장하고 부장품에 마구류, 대형무기류가 포함되었으며, 그 이하는 피장자가 귀걸이를 착장하지 않았으나 부장품에 대형무기류가 포함된 고분을 c랭크, 대형무기류 없이 농공구류와 토기 또는 토기만 부장된 고분을 d랭크로 구분하였다. 그러나 수식이 달리지 않은 세환식 귀걸이는 하위 랭크 고분에서 출토된 예도 상당수였다.

이제 신라 전기 경주지역 각 지구 고분군의 고분 랭크는 월성북고분군에서 드러난 고분 랭크별 유물 구성을 기준으로 구분되어야 전체적으로 일관성을 가질 수 있다. 그러나 월성북고분군과 각 지구 고분군의 고분 유물 구성 사이에는 상당한 차이가 있다(별표 24~74 참조). 다른 고분군에는 월성북고분군의 특a랭크나 a+랭크 고분과 견줄 수 있는 고분이 존재하지 않고, a랭크와 동일한 유물 구성을 가진 고분도 사실상 존재하지 않는다. 수식을 갖춘 세환식, 태환식 귀걸이의 출토예도 극히 드물다.

예컨대 피장자가 금동관을 착장하였지만 과대의 흔적은 발견되지 않거나(탑동 한16-적3, 황성동 강-34, 하삼정 나-240), 피장자에게 금동제 대장식구 과대(하삼정 나-15)나, 심엽형의 은제대장식구가 소수 장식된 과대가 착장되었지만 관모류는 물론 귀걸이 착장도 확인되지 않는 고분들이 있다(탑동 한16-적5, 한16-적15). 이들은 피장자가 금동관 또는 과대를 착장하였지만, 월성북고분군에서 관모류와 과대 및 세환식 또는 태환식의 귀걸이를 착장한 a랭크 고분의 유물 구성과는 많이 다르다. 또 부장유물에 마구류와 소수의 대형무기가 포함되어 있지만 피장자는 귀걸이를 착장하지 않은 고분들이 있다. 이들도 세환식 또는 태환식 귀걸이 착장이 기본인 월성북고분군의 b랭크 고분의 유물 구성과 차이가 있다. 전체적으로 대도나 철모와 같은 대형무기의 출토도 극히 제한적이다.

이에 따라 월성북고분군의 고분 랭크에서 드러난 유물 구성을 다른 고분군에서도 그대로 적용하기는 어렵다. 이에 다른 고분군의 고분 랭크는 월성북고분군과 비교하여 구분하되, 월성북고분군의 각 고분 랭크 유물 구성보다는 좀 여유를 두어 판단할 수밖에 없다. 예컨데 a랭크와 b랭크의 구분에서, 다른 착·부장유물은 월성북고분군의 a랭크 고분에 미치지 못하더라도 피장자가 금동관(관모류)을 착장한 고분은 a랭크로 분류하고, 피장자가 귀걸이는 착장하지 않았지만 마구류와 대형무기를 부장하였거나, 대형무기는 출토되지 않았지만 등자, 재갈과 같은 마구류가 출토된 고분은 b랭크로 구분하겠다.

신라 전기 각 지구 고분군은 많은 고분이 발굴조사된 고분군이라 하더라도 고분 랭크의 구성은 대개 단순하다. 이에 현황표는 발굴 고분의 다소에 따라 분기, 소기, 또는 분기 내 묘제별로 작성해 보기도 하였지만, 이하에서 각 지구 고분군의 고분 랭크 구성은 분기별로 종합해 보는 것으로 하겠다.

1. 분지지구

1) 고분군

월성북고분군은 분지지구에 소재하였지만, 사로국 후기는 경주지역, 신라 조기 이후는 경주지역을 넘어 신라국가 전체의 중심고분군이었으므로 앞서 따로 고찰하였다.

월성북고분군 외에 분지지구에서 대표적인 고분군은 그동안 형산강 본류와 북천

이 합류하는 지점으로 분지 중심부에서 북천 건너편에 위치한 황성동고분군으로 인식되어 왔다. 그러나 최근 월성에서 남천을 건너 약간 서쪽 편에서 교·탑동고분군이 조사되기 시작하였는데, 현재까지 조사된 구역은 아직 그 일부로 보이지만 지금까지 조사된 고분들로 보아 황성동고분군보다 상위의 고분군이었을 것으로 판단된다.

분지지구의 외곽에서 서남부지구로 들어가는 입구부에서는 율동고분군이 조사되었다. 이 고분군은 분지 중심부에서 가시적인 위치에 있으므로 분지지구에 포함되어야 한다고 본다. 이 외에 북천 중류 가까이에 위치한 천군동 피막유적, 그 북쪽에 위치한 손곡동·물천리유적은 분지와 산으로 막혀 사실상 분지 중심부에서 가시적인 위치에 있지는 않다. 그러나 천군동 피막유적은 분지 외곽 동쪽의 방어거점이었던 명활산 자락에 있어 위치와 거리상 분지지구에 포함시킬 수 있다. 손곡동·물천리유적은 그보다 더 멀리 떨어져 있지만, 손곡동·물천리 신라토기 요지군에서 생산된 토기는 분지지구 고분군에 공급된 것으로 보이고, 그 바로 북서쪽에 위치한 동산리고분군의 출토 토기는 그와 차이가 있으므로 요지군 인근에서 조사된 고분들은 분지지구에 포함된다고 판단된다.

한편 경주분지 동쪽 명활산의 줄기에 있는 보문동고분군에서는 신라 전기 말의 적석목곽분 2기가 조사되었다. 보문동고분군은 경주분지를 둘러싸고 있는 주변 산지의 고분군들과 같이 주로 신라 후기에 횡혈식 석실봉토분이 조영된 고분군으로 앞의 고분군들과는 성격을 달리한다. 그러나 이곳에서 조사된 적석목곽분 2기는 신라 전기로 편년되므로 여기서 언급해 두기로 하겠다.

2) 각 고분군의 전개

(1) 교·탑동고분군(표 2-14, 별표 24~25)

① 고분군 개요

교·탑동고분군은 경주분지 내에 위치해 있지만, 남산의 북쪽 끝 도당산에서 서쪽으로 뻗어내린 잔구릉을 입지로 하였던 것으로 보이며, 오릉은 이 고분군의 서쪽 말단부에 해당되었던 것으로 판단된다. 2010년도에 탑동 1호 목관묘(한국문화재보호재단 2011)가 조사된 이래 소규모의 발굴조사가 여러 차례 이어졌다(한국문화재재단 2017b; 2018a; 2018b; 2018c; 금오문화재연구원 2019; 서라벌문화재연구원 2019). 지금까지의 발굴구역은 대개 탑동에 속하지만 탑동 발굴지구의 동쪽에 접하여 천원마을로 들어가는 도로부터는 교동에 속하여(신라문화유산연구원 2016b), 고분군은 교동과 탑동에 걸쳐 있었을 것으로 판단된다. 오릉구역 외에 이 고분군에는 지상에 봉분이 남아 있는 고분이 존

표 2-14 교동·탑동고분군 편년표

	점토충전목곽묘	석재충전목곽묘	적석목곽분	수혈식석곽묘
1Aa				
1Ab		(1A1: 한18-6/1-목3)		
1Ba	(?: 한18-6/1-목2·4)			
1Bb	(?: 한18-6/1-목1)			
1Bc		1B2a: 한16-적17		
2a		?: 신-적1		
2b	2B: 한15-목2 2B: 한16-목3	1A1: 한16-적1(즙) 1B2a: 한16-적1/1(즙) 2A: 한적16-적2 2B: 한적16-목2, 적5·7(즙) 2C: 한적15-적3·4·5·11	1B2a: 한16-적17	
3a	2A: 서-목 2B: 한16-목1	IB2a: 한16-적9 2A: 한16-적12(즙) 2C: 금-목·적2 ?: 한15-적8(즙), 한16-적8·10		
3b		1B2a:신-적3(즙) 2B: 한16-적4(즙)·15(즙), 서-적1 2C: 서-적2		
4a	2A: 한15-목3, 신-목 ?: 신-토 유물곽: 신-부	1B4c: 한15-적10 2A: 한15-적1·9(즙)·12·13 신-적2(즙)	(1B4d: 한18-6/1-적7)	
4b		2C: 한15-적2 ?: 한15-적7·11		
후기 1a	2C: 한15-적14	2A: 한16-적16	2B:금-적1	
1b				?: 한16-석2

한15: 탑동 20-1, 20-2·5번지(한국문화재재단 2015 발굴)
한16: 탑동20, 20-6번지(한국문화재재단 2016 발굴)
금: 탑동 21번지(금오문화재연구원 2017 발굴)
서: 탑동56-8·14번지(서라벌문화재연구원 2017 발굴)
신: 교동94-3번지 일원(신라문화유산연구원 2014 발굴)
(즙): 즙석식

재하지 않았는데, 고분들은 통일신라기의 도시유적 아래에서 잔존 유구가 조사되고 있다. 아마도 통일신라기에 오릉구역만 남기고 고분들의 봉분을 삭평하여 왕경의 도시구역으로 개발하였던 것으로 판단된다.

이 고분군에서는 지금까지 탑동 1호를 시작으로 원삼국(사로국) 전기의 목관묘 3기가 조사되었으나, 사로국 후기와 신라 조기의 목곽묘는 아직까지 발견되지 않고 있다. 발굴구역에서는 대개 신라 전기고분들이 조사되고 있다. 지금까지 발굴되어 보고된 고분들은 〈표 2-14〉와 같이 편년되는데, 아직 신라 전기 1Aa기로 편년되는 고분은 조사되지 않았지만, 2018년도에 발굴조사되어 미보고된 탑동 6-1번지 고분들 중에는 출토 토기의 형식으로 보아 1Ab기로 편년되는 석재충전목곽묘, 1Ba기와 1Bb기로 편년되는 점토충전목곽묘가 포함되어 있다. 보고된 고분 중에는 신라 후기 1a기의 적석목곽분과 1b기의 석곽묘도 포함되어 있어, 이 고분군은 신라 후기 초까지 이어진 것으로 판단된다. 현재까지 발굴조사된 구역 내에서이지만, 가장 이른 1Ab기 고분이 가장 북쪽 구간에서, 가장 늦은 신라 후기 1a기 고분이 가장 남쪽 구간에서 조사된 것은 이 고분군의 진행 방향과 관련이 있을 것이다.

② 묘제

이 고분군에서 발굴조사된 신라 전기고분은 목곽묘와 적석목곽묘, 수혈식석곽묘로 보고되었다. 목곽묘는 대개 필자의 점토충전목곽묘이지만, 발굴 당시 묘곽 내에 함몰 적석 없이 흙으로만 차 있는 석재충전목곽묘 일부도 그에 포함되어 있다. 그 외 묘곽 구축에 돌이 사용되어 발굴 당시 묘광 내부가 돌로 덮여 있는 고분들은 대개 적석목곽묘로 보고되었다. 고분들의 삭평이 심하게 이루어져 잔존 상태가 극히 불량한 것이 대부분이므로 잔존 유구로써 고분의 원래 구조를 판단하기는 어려웠을 것이다.

발굴보고서에서도 고분들의 세부 구조를 확인하기는 어려운 것이 대부분이다. 그러나 묘광 내 잔존 돌의 상태, 특히 묘광부 토층단면도와 해당 사진, 그리고 각 고분 주변의 다른 고분 배치상태 등을 면밀히 살펴보면 앞의 제2장에서 규정한 적석목곽분의 구조요건, 즉 묘광과 목곽 사이의 사방적석만이 아니라 목곽 뚜껑 위의 상부적석과 호석을 두른 봉분을 갖춘 고분은 많지 않아, 이 고분군에서 적석목곽묘로 보고된 고분들의 대부분은 필자의 석재충전목곽묘였을 것으로 판단된다.

그러나 2016년도 발굴 탑동 20·20-6번지 3호(한16-적3), 탑동 21번지 1호(금-적1), 미보고된 2018년도 발굴 탑동 6-1번지 7호(한18-6/1-적7)는 묘광 내 상부적석의 함몰 상태, 묘광 주변의 봉토 범위에 다른 고분의 배치 상태 및 호석의 잔존 등으로 보아 요건에 맞는 적석목곽분이었을 것으로 판단된다. 이와 남북 연접분이었을 8호도 적석목곽분이었을 것이다(도 2-74의 1). 탑동 20·20-6번지 1·1-1호도 주변 상황으로 보아 묘광 주변에 비교적 넓은 봉토를 가진 적석목곽분이었을 가능성이 있지만, 묘곽부의 잔존 상태가 워낙 좋지 않아 판단을 유보한다.

2016년도 발굴 탑동 21번지에서는 남북으로 배치된 3개의 적석묘곽이 드러나 북쪽부터 1호와 2호는 적석목곽묘, 남쪽 것은 목곽묘로 보고되었는데, 보고서 사진에는 2호 내부에도 함몰 적석은 없었던 것으로 보여, 2호와 그 남쪽의 목곽묘는 모두 석재충전목곽묘였던 것으로 판단된다. 남쪽과 중간의 두 묘곽이 선축되고 시기가 많이 지난 후 신라 후기에 들어와 1호 적석목곽분(금-적1)이 축조되고, 그 봉분의 호석이 남쪽 목곽묘와 근접하여 돌아갔던 것으로 판단된다(도 2-74의 2).

이상과 같이 교·탑동고분군에서는 신라 전기에 점토충전목곽묘와 함께 석재충전목곽묘가 일찍부터 축조되고, 적석목곽분도 일부 축조되었는데, 소수이지만 이 고분군에서 요건을 갖춘 적석목곽분이 존재한 것은 큰 의미가 있다. 이 외에 이 고분군에서는 수혈식석곽묘도 축조되었는데, 편년표에는 신라 후기 초 것만 기록했지만 고배 대족편만 출토되어 편년을 유보한 20·20-6번지 1호 석곽은 신라 전기 4기 이후로 내려오지는 않고 3기 이전에 속할 것이다. 따라서 발굴조사가 아직 광범위하게 이루어지지 않았지만, 이 고분군에서는 소수의 적석목곽분이 조영되는 가운데 석재충전목곽묘가 중심을 이루고 있었고, 점토충전목곽묘와 수혈식석곽묘도 축조되고 있었다고 판단된다.

이 고분군에서 조사된 고분 가운데 특히 유의되는 것은 교동 94-3번지 목곽묘(신-목)와 3호 석재충전목곽묘(신-적3)에서 목곽의 결구상태가 그대로 드러난 것이다(앞의 도 2-21의 2, 2-23의 3 참조). 동혈주부곽식인 3호는 목곽 상부에도 돌이 덮였지만 전면에 고르고 두껍게 덮이지는 않았던 것 같고 묘곽 주변에서 호석의 흔적도 발견되지 않아 상부즙석식 석재충전목곽묘로 분류하였고, 목곽묘는 묘곽 구축에 돌이 사용되지 않은 순수 목곽묘인데, 특히 3호에서 묘광의 자갈 깔린 바닥 위에 다시 목곽의 나무 바닥을

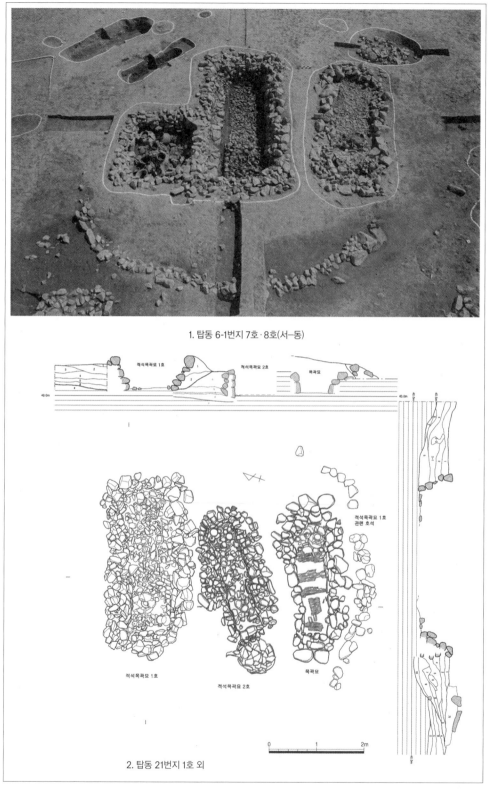

1. 탑동 6-1번지 7호·8호(서-동)

적석목곽묘 1호   적석목곽묘 2호   목곽묘

적석목곽묘 1호
관련 호석

적석목곽묘 1호   적석목곽묘 2호   목곽묘

0   1   2m

2. 탑동 21번지 1호 외

도 2-74 탑동고분군의 적석목곽분

구축한 것은 적석목곽분의 목곽 내부 복원에도 많은 점을 시사한다.

③ 묘곽의 형식

이 고분군의 신라 전기 이른 시기 고분 중에는 1A1식의 이혈주부곽이 축조된 예가 있다. 현재까지 조사된 가장 시기 고분인 신라 전기 1Ab기의 6-1번지 3호(한18-6/1-목3)가 방형 부곽의 이혈주부곽식 석재충전목곽묘로 축조되었다. 2b기인 20·20-6번지 1호(한16-적1)에도 1A1식의 이혈주부곽이 축조되었는데, 1호와 합장분으로 나란히 축조된 1-1호(한16-적1/1)의 묘곽 형식은 1B2a식의 동혈주부곽식으로 바뀌었다. 이 고분군에서 이와 같이 이른 시기 고분에 이혈주부곽식 묘곽이 축조된 것은 주목해 두어야 한다.

이 외의 주부곽식 묘곽은 모두 동혈주부곽으로 부곽이 방형인 1B2a식이 신라 전기 1Bc기부터 축조되었고, 주곽의 장변 쪽에 소형의 부곽이 딸린 1B4c식과 1B4d식도 4a기에 축조되었다. 1B4c식이 늦은 시기에 등장한 점이 유의된다.

단독곽식 묘곽은 현재는 2b기부터 확인되지만, 그보다 일찍부터 축조되었을 것이다. 2A식·2B식·2C식 모두 조사되었는데, 신라 후기 초의 석재충전목곽묘와 적석목곽분에도 주 부장군이 피장자의 발치 쪽에 있는 2A식, 머리맡과 발치 양쪽에 있는 2B식의 단독곽식 묘곽이 설치되었다.

이 외 교동 94-3번지에서 부장갱으로 보고된 묘곽(신-부)은 토광 안에 각종 토기류와 함께 마구류와 철촉 등의 유물이 매납된 것인데, 월성북고분군에서 조사된 것처럼 특정 고분의 묘곽에 소속되지 않고 일정한 묘군이나 묘역에 제의적 성격을 가진 유물곽이었을 것이다.

④ 고분 랭크

이 고분군의 고분들은 잔존 상태가 극히 좋지 않아, 묘곽의 일부 혹은 상당 부분까지도 유실된 것이 많다. 이에 따라 부장유물도 손실된 것이 많았을 것이므로, 각 묘곽의 출토유물도 매장 당시의 원래 상태와는 크게 달라진 것이 대부분일 것으로 판단된다. 따라서 여기서 각 묘곽의 출토유물을 집계하여 구분한 고분들의 랭크는 부정확하지만,

그렇더라도 이를 통해 이 고분군의 위상은 알아볼 수 있을 것으로 판단된다.

1기로 편년되는 20·20-6번지 17호(한16-적17)에서는 철제 교구 2점 외에 다른 마구류의 부장은 불분명하고 환도대도가 출토되어 c랭크로 분류된다. 아직 미보고된 6-1번지 3호(한18-6/1-목3)에서는 철모 등의 무기류와 함께 등자, 운주, 교구 등의 마구류가 출토되었다고 한다(한국문화재재단 2018b: 표3). 피장자의 귀걸이 착장은 불확실하지만 b랭크로 구분해 둔다.

2기로 편년되는 고분 중 20·20-6번지 3호(한16-적3) 적석목곽분에서는 피장자가 착장한 금동관, 금제 태환식귀걸이, 구슬목걸이, 은제팔찌와 반지가 출토되었으나 과대의 흔적은 발견되지 않았다. 출토유물 중에 마구는 없으나 대형무기인 철모가 포함되었다. a랭크로 구분해 두겠다. 20·20-6번지 5호에서는 목곽 중앙부에서 심엽형 은제대장식구 3점이 출토되었으나, 관모류와 귀걸이는 출토되지 않았다. 심엽형 행엽과 재갈, 성시구, 삼엽환두대도 등이 출토되었다. b랭크로 분류해 둔다. 그 외 마구류와 환두대도, 철모가 출토된 고분이 3기(한15-적4, 한16-목3, 한16-적1/1) 더 존재하는데, b랭크에 포함한다.

3기로 편년되는 고분 중 20·20-6번지 15호(한16-적15)에서는 수식이 부식된 세환식 귀걸이 1점, 심엽형 은제대장식구와 교구, 단금구로 구성된 과대가 출토되었으나 관모류의 흔적은 발견되지 않았다. 마구류와 환두대도 등의 대형무기류가 출토되어 b랭크 이상으로 판단된다. 그 외 마구류가 출토되어 b랭크로 구분되는 고분이 1기(신-적3)이다

4기로 편년되는 고분 중 아직 미보고된 6-1번지 7호(한18-6/1-적7)에서는 피장자가 심엽형 은제대장식구와 단금구로 구성된 과대를 착장하였고, 등자 행엽 등의 마구류와 대도가 출토되었다. b랭크 이상으로 평가된다.

이 외 부장유물 중 대형무기인 철제(환두)대도나 철모가 포함된 c랭크 고분이 2기에 3기(한15-목2, 한15-적5, 한16-목2), 3기에 1기(한15-적8) 있고, 그 외는 모두 무기류는 철촉뿐이거나 농공구와 토기, 또는 토기만 출토된 d랭크 고분들이다. 현재 보고된 4기 고분은 모두 d랭크에 속한다.

후기 1a기로 편년되는 21번지 1호(금-적1) 적석목곽분도 이상의 기준을 적용하면 b랭크로 분류된다.

표 2-15 분지지구 고분군 고분 랭크

	탑동·교동고분군	황성동고분군	피막유적	손곡동·물천리유적	율동1108고분군	보문동고분군
1기	b c?	b c d	d			
2기	a b c d	a b c d	d	d	c d	
3기	b c d	b c d	c d	c d	c d	
4기	b?d	b c d	d	d	b?d	a x x x

이상 살펴본 교·탑동고분군의 고분 랭크를 분기별로 표시하면 〈표 2-15〉와 같은 데, 적석목곽분이 존재한 2기와 4기에서는 적석목곽분이 가장 상위였다. 묘제에 따라 고분 랭크가 차등화 되어갔던 것으로 보인다.

(2) 황성동고분군(표 2-16, 별표 26~31)

① 고분군 개요

경주분지 중심부에서 북서쪽, 북천 건너편에 위치한 황성동고분군에는 원삼국(사로국) 전기의 목관묘부터 통일신라기 석실봉토분까지 신라 역사 전 기간의 고분이 축조되었다. 그 중 사로국시기의 목관묘와 목곽묘, 신라 조기의 목곽묘에 대해서는 앞서 고찰하였다.

황성동고분군에는 원래 지상에 봉분이 솟아 있는 고분들이 일부 남아 있었으나, 이들은 대개 신라 후기의 석실봉토분들이다. 신라 전기까지의 고분들은 지상에 표시없이 지하에서 유구가 조사되었다. 이 고분군에서 신라 전기고분은 산발적인 조사가 이루어지다가(한국문화재보호재단 2002), 형산강변의 강변로 개설구간에서 다수 조사된 데(한국문화재보호재단 2005) 이어, 2008년부터 강변로 동쪽 황성동 590번지의 신라 전기고분 집중 분포지 거의 전 구간이 발굴조사되었다(신라문화유산연구원 2015; 2016a; 2017a; 경상북도문화재연구원 2015). 또 그 남쪽에서 신라 전기고분의 소규모 발굴이 이어졌다(한국문화재재단 2017d).

신라 전기고분은 대개 사로국~신라 조기고분이 조사된 구역의 서남쪽이 집중 분포지로 되어 있다. 따라서 크게 보아 황성동고분군은 북동쪽에서 고분 조영이 시작되어 남서쪽으로 확대되어 간 것이라 할 수 있는데, 신라 전기고분의 집중 분포지 서남쪽으로 멀리 떨어진 지점에서도 사로국 전기의 목관묘군 일부가 조사되어, 이곳에 사로국시기의 고분군 지군이 따로 존재하였을 가능성도 있다(최병현 2018b: 73~74).

② 묘제

황성동고분군에서 발굴된 신라 전기고분은 대개 목곽묘와 석곽묘가 주를 이루는 가운데 적석목곽묘(분)도 일부 존재한 것으로 보고되었다. 그런데 발굴 기관에 따라 묘제의 분류 기준이 달라 황성동 590번지 발굴 보고에서는 점토충전목곽묘와 석재충전목곽묘를 모두 목곽묘에 포함하면서 적석목곽묘를 따로 분류하였고, 그 이전 발굴의 보고에서는 석재충전목곽묘를 모두 적석목곽묘로 분류하여 보고하였다(한국문화재보호재단 2005). 석재충전목곽묘와 적석목곽분은 구분되어야 하지만, 석재충전목곽묘를 목곽묘에 포함시키면서 적석목곽묘를 따로 분류한 보고에도, 필자가 보기에는, 적석목곽분의 요건을 갖추지 못한 고분은 물론 파괴된 다른 묘제의 고분이 적석목곽묘에 포함되어 있기도 한다. 이에 황성동고분군에 조영된 신라 전기고분의 묘제는 전체적으로 재검토가 필요하다.

황성동고분군의 입지는 원래 돌이 많은 충적대지이어서 사로국시기의 목관묘부터 묘광 내 충전토에 돌이 적지 않게 포함된 고분들이 많다. 그러므로 묘광과 목곽 사이의 충전토에 돌이 섞여 있어도 그것이 의도적인 돌 충전인지의 여부가 검토되어야 하는데, 필자는 황성동고분군에서 신라 조기까지의 목곽묘에서 묘광과 목곽 사이를 의도적으로 돌을 사용하여 충전한 것은 없다고 보았다(최병현 2015). 그런데 신라 전기고분에 들어오면 목곽 둘레의 일부 또는 전부를 의도적으로 돌을 사용하여 충전한 고분들이 존재하였다. 필자는 이를 석재충전목곽묘로 구분했는데, 그 내용은 〈표 2-16〉의 황성동고분군 편년표에서 보는 바와 같다. 1Aa기로 편년된 고분 3기는 좀 애매하지만 점토충전목곽묘로 분류한 다른 고분들과는 차이 나게 목곽 둘레를 따라 돌이 돌아가 의도적인 충전으로 판단하였다. 그러나 1Ab기로 편년된 고분부터는 묘광과 목곽 사이의 돌 충전이 분명하다. 황성동고분군에서 석재충전목곽묘는 신라 전기 1Bb기부터 증가하여 2기

표 2-16 황성동고분군 신라 전기고분 편년표

	점토충전목곽묘	석재충전목곽묘(즙석식)	석·적·토불명	적석목곽묘	수혈식석곽묘(횡구식 포함)
1Aa	1A1: 목곽57 2A: 신목113, 목곽77·95 2C: 목곽48·104 ?: 목곽71·103	1B2a: 목곽30 2A: 목곽31 2B: 신목95			
1Ab	1B1: 목곽105 1B2a: 신목104 2A: 신목91·92·103, 목곽18·47 2B: 신목105 ?: 목곽12	2A: 신목94			
1Ba	2A: 목곽20 2B: 신목101, 목곽7·46·49·96 2C: 목곽17 ?: 목곽35				
1Bb	1B2a: 목곽11·28·45 2B: 신목96·97·102, 목곽6·50 2C: 신목106·107 ?: 신목98·99, 목곽36·73	1A1: 목곽13 1B1: 목곽26 1B2a: 목곽81 2B: 목곽15·16 ?: 목곽14			목: 황성동590번지(경상북도문화재연구원) 신: 황성동590번지(신라문화유산연구원) 한: 황성동537-1·10번지(한국문화재보호재단) 한l5: 황성동885-7번지(한국문화재재단) 강: 황성동 강변로(한국문화재보호재단) 목: 목곽묘 석: 석재충전목곽묘 적: 적석목곽묘 (즙): 즙석식 (축): 축석식 (강): 목곽과 석곽의 겹곽
1Bc	1B2a: 목곽10·89·117 2A: 목곽25 2B: 목곽42 2C: 목곽58 ?: 목곽72	2B: 목곽2·3·29 2C: 목곽92			
2a	1B2a: 목곽80 1B2b: 목곽23·27·38·94	1B1: 목곽56 1B2b: 강33(즙)·43, 목곽24·43, 목적1 2B: 목곽116·118, 목적2 2C: 목곽69			

분기					
2b		2B: 강32 2C: 강40(즙)·41, 북목22·119 ?: 북목90			
3a	2B: 북목37 ?: 강41	1B2a: 한8 2B2b: 강35 2B: 북목55, 북목3 2C: 강28(즙)·31(즙)·44 ?: 한1·6, 북목5,한15-3 유물곽: 한14		1B2a: 한15-5	
3b	1B2a: 한3 2B: 북목70·91 2C: 한2	1B2a: 한7 2B: 강21, 북목68 2C: 강18, 북목97 ?: 강9·15·17·39	?: 한15-1	2C: 한15-2·6	2A: 강5·15 2B: 신적7 2C: 강7
4a	2B: 신목86 2C: 강22	2B: 강23 2C: 강가(축·즙)·8(축·즙)·11(즙), 북목41 ?: 신적8 유물곽: 신적4		?: 한15-4	2A: 한적9 2B: 강6, 북13 2C: 강8·12·17, 신9·10·16·26·신적6 ?: 강1, 북 횡구: 신20
4b	?: 신목15·79	2A: 북목40 2C: 강18, 신목7·신적1(축)·2(축) ?: 북목98	2C: 신적3		1B2a: 신7·13·14·90 1B4c: 신12 2A: 강9, 신23·75·80, 한15-석 2C: 신5·6·17·21·31·52·58·59·64·67·69·79·82·85·91, 북목12(검) ?: 강2·10, 신62·63·70 유물곽: 신28·73·93 횡구: 신74
후기 1a		2C: 신적2(축) ?: 신적5(축)			1B2a: 신66 2C: 신55 ?: 신22·81·82

이후 이 고분군의 주류 묘제가 되어갔고, 그와 반대로 점토충전목곽묘는 소수화되었다. 석재충전목곽묘 중에는 목곽 상부를 얇게 돌로 덮은 즙석식, 늦은 시기에는 목곽 벽에 면을 맞추어 석벽을 쌓은 듯한 축석식도 일부 존재하였던 것으로 판단된다. 석재충전목곽묘는 신라 후기 1a기에 축조된 것까지 확인된다.

적석목곽묘(분)로 보고된 고분들에 대해서는 재검토가 필요하다. 석재충전목곽묘를 모두 목곽묘에 포함하면서 적석목곽묘를 따로 분류한 황성동 590번지 발굴 두 기관의 보고서에서 각각 590-1호(2a기: 북적1, 3b기: 신적1〈도 2-75의 1〉)와 590-2호(2a기: 북적2, 후기 1a기: 신적2) 등의 묘곽 토층 단면도를 검토해보면, 묘곽 내부로 함몰된 상부 적석이 확인되지 않고, 벽석이 무너진 상태도 확인되지 않는다. 석재충전목곽묘이거나 축석식의 석재충전목곽묘일 것이다.[122] 그런가 하면 590-7호(신적7: 3b기)와 6호(신적6: 4a기)는 봉분 주위로 주구나 호석이 돌아간 고분들이지만, 묘곽은 벽석 상태로 보아 뚜껑돌이 유실된 수혈식석곽분들이었음이 분명하다. 또 목곽묘로 보고된 121호(북목121: 4b기)는 호석이 설치된 고분으로 뚜껑돌 1매가 남아 있었는데, 벽석의 상태로 보아 내부에 목곽과 석곽이 겹곽 상태로 설치되고 돌 뚜껑이 덮인 수혈식석곽묘로 분류되어야 한다. 다만 호석이 축조된 고분으로 묘광 내부 유물층 위에 돌이 가지런히 덮여 있었으나 묘곽의 하단부만 남아 있어 판단을 유보할 수밖에 없는 4b기의 1례(신적3) 외에 590번지에는 이와 같이 요건을 갖춘 적석목곽분은 존재하지 않았다는 것이 필자의 판단이다.

그 외 황성동 537-1·10번지와 강변로에서 발굴되어 적석목곽묘로 보고된 것들도 요건을 갖춘 적석목곽분이라 아니라 대개는 석재충전목곽묘들이었을 것으로 판단되며, 그 중에는 벽부 축석식과 상부 즙석식이 일부 존재하였던 것으로 보인다.

그런데 590번지 남쪽의 소규모 발굴(한국문화재재단 2017d)에서 조사되어 적석목곽분으로 보고된 고분 6기 중 4기는 요건을 갖춘 적석목곽분으로 판단된다(도 2-75의 2). 모두 묘곽 내 유물층 바로 위에서 상부적석의 함몰이 확인되고, 주구와 호석이 함께 설치되었거나 또는 주구가 돌아간 고분들이다. 주구만 돌아간 고분들도 원래는 주구와 호

....
122 590-2호(신적2)는 적석목곽묘로 보고되었지만 묘곽 내부 너비가 80cm에 불과하고, 석축 벽의 잘 남은 부분 상태로 보아 수혈식석곽묘였을 가능성도 있다. 특히 유물이 부장된 묘곽의 동단부가 둥글게 축조된 점도 그 가능성을 높여준다.

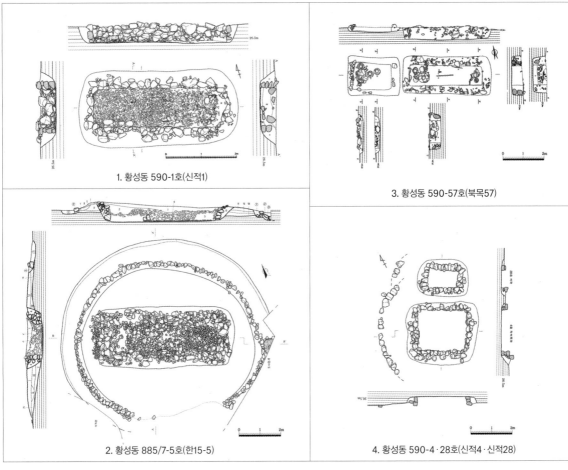

도 2-75 황성동고분군의 묘제와 묘곽

1. 황성동 590-1호(신적1)

3. 황성동 590-57호(북목57)

2. 황성동 885/7-5호(한15-5)

4. 황성동 590-4·28호(신적4·신적28)

석이 함께 설치되었을 것으로 판단된다.

이 고분군에서 수혈식석곽묘(분)는 신라 전기 3b기부터 축조되었다. 4a기부터는 석재충전목곽묘를 능가하여 수혈식석곽묘(분)가 이 고분군의 다수 묘제가 되었다.

석곽묘 중 590-20호(신20)는 구조상에서도 횡구부가 뚜렷이 구분되고 출토 신라토기도 신라 전기 4a기 형식과 4b기 형식으로 나뉘며, 590-74호(신74)는 횡구부 구조는 확인되지 않았으나 출토 신라토기에는 신라 전기 4b기 형식과 신라 후기 1c기 형식이 섞여 있다. 이 고분군에는 신라 전기 4a기부터 횡구식석곽묘가 되입되었던 것을 알 수 있다.

한편 이 고분군에서 묘광 주위로 주구가 돌아가거나 호석이 설치된 고분이 신라 전기 3a기의 적석목곽분(한15-1)과 일부 석재충전목곽묘(분)에서 축조되기 시작하였다 (강35, 한1·8). 3b기부터는 수혈식석곽묘(분) 중에도 호석이 설치되었고(신적7), 점토층전목곽묘(분)에도 주구나 호석이 채용된 고분이 존재하였다(한2·3). 주구와 호석은 이와 같이 늦은 시기에 오면 여러 묘제의 고분에 축조되었다.

③ 묘곽의 형식

황성동고분군에서 이혈주부곽이 설치된 고분은 2기이다. 모두 방형 부곽의 1A1식 묘곽으로 분류하였지만, 신라 전기 1Aa기의 점토충전목곽묘인 590-57호(북목57)의 부곽은 길이가 너비보다 약간 길어 장방형에 가깝고(도 2-75의 3), 1Bb기로 편년되는 590-13호(북목13)는 석재충전목곽의 주곽에 점토충전목곽의 방형 부곽이 설치되었다. 이와 같은 이혈주부곽은 이른 시기에 소수 존재하였을 뿐 더 이상 축조되지 않았다.

1B1식 장방형 부곽의 동혈주부곽도 신라 전기 1Ab기의 점토충전목곽묘, 1Bb기와 2a기의 석재충전목곽묘에서 1기씩 확인될 뿐이어서 이른 시기에만 소수 존재한 것을 알 수 있다.

이 외에는 묘제와 관계없이 대개 1B2a식, 1B2b식의 동혈주부곽[123]과 2A, 2B, 2C식의 단독곽이 설치되었는데, 2B식의 단독곽으로 분류한 것 중에는 원래 주곽과 피장자 발치 쪽의 부곽 사이에 나무 격벽이 설치된 1B2b식 동혈주부곽이었으나 나무 격벽 흔적이 확인되지 않은 것이 일부 포함되었을 가능성이 있다.

그러나 이 고분군의 묘곽 형식에서 특히 유의되는 점은 부곽이 주곽의 장변 쪽에 설치되는 묘곽이 4b기 수혈식석곽묘에서 1B4c식 1기(신12)만 확인되는 것이다. 동–서 장축의 주곽 북벽 중앙 가까이에 붙여 부곽이 둥글게 설치되었다.

그 외 537/1·10-4호(3a기), 590-4호(신적사: 4a기)와 28호(신 28: 4b기)(도 2-75의 4) 등은 특정 고분의 주곽에 소속되지 않고 내부에 유물만 가득 부장한 묘곽들인데, 일정한 묘군이나 묘역에 제의적 성격을 가진 유물곽들이었을 것이다. 그 중 590-4호와 28호는 각각 호석이 돌려진 연접분으로 축조되었다.

....

123 목곽묘 계열의 묘제에서 1B2a식과 1B2b식 동혈주부곽은 토·석 격벽을 사이에 두고 주곽과 부곽을 분리시켰는가, 아니면 주·부곽 사이에 나무 격벽만 있었는가의 차이이다. 그런데 수혈식석곽묘에서는 주·부곽 사이를 깬돌로 쌓거나 판석을 세워, 즉 석벽으로 분리하여 1B2a식으로 분류했지만, 주·부곽의 목곽이 따로 설치된 것은 아니므로 그 의미는 1B2b식과 같은 것이라고 할 수 있다.

④ 고분 랭크

사로국 전기 이래로 고분 조영이 이어져 온 황성동고분군에서 신라 전기에 오면 석재충전목곽묘가 축조되기 시작하고 늦은 시기에는 수혈식석곽묘와 소수의 적석목곽분도 축조되었지만, 신라 전기 초의 묘제는 신라 조기와 같이 주부곽식 또는 단독곽식의 점토충전목곽묘가 중심이었다. 유물에서도 금공품과 마구류의 출토 등 본격적인 변화는 신라 전기 2기 이후에 보인다.[124] 신라 전기 1기까지는 묘제에서도 부장유물에서도 신라 조기의 연장으로 판단된다. 따라서 고분 랭크의 구분도 1기는 신라 조기의 랭크 구분 기준을 고려할 필요가 있다.

1기 고분 중 장방형 부곽의 1B1식 동혈주부곽 목곽묘인 590-105호(북목105)에서 유일하게 수식이 달리지 않은 세환식 금제귀걸이 1쌍이 출토되었다. 신라 전기 1Ab기로, 지금까지 경주지역에서 출토된 금제귀걸이 가운데 시기가 가장 이른 것이다. 월성북고분군에서 금제귀걸이는 신라 전기 1Ba기인 황남동 109호분-3·4곽에서 출토된 세환식 금제귀걸이가 현재까지 가장 이른 시기의 것이지만, 신라 조기 2a기인 포항 마산리 석재충전목곽묘에서 수식이 달리지 않은 금제귀걸이가 출토된 것으로 보아 신라에서 금제귀걸이의 출현이 신라 조기로 올라갈 것임은 전고에서 밝힌 바 있다(최병현 2017b: 97). 월성북고분군의 신라 조기고분이 본격 발굴되면 좀 더 확실해지겠지만, 신라 전기 초 황성동고분의 금제귀걸이 출토는 그러한 맥락에서 이해될 수 있다고 본다. 금제귀걸이가 출토되었지만, 590-105호(북목105)에서는 주곽의 많은 부분이 파괴·유실되었기 때문인지 철모 1점과 단조철부 1점 외에 다른 철기는 출토되지 않아 고분 랭크 구분은 유보할 수밖에 없다.

1기 고분 중 철제 교구 외에 마구류가 출토된 고분은 없고, 대형무기가 다수 출토된 고분으로는 철모 6점과 대도가 출토된 1Aa기의 590-57호(북목57), 판상철모 9점이 출토된 1Ba기의 590-96호(북목96), 판상철모 5점이 출토된 1Bc기의 590-10호(북목10)가 있다. 이 고분들에서 장신구와 마구류의 출토는 전무하므로 월성북고분군의 신라 전

---

124 황성동고분군에서는 발굴된 신라 전기고분의 수가 많으므로, 부장유물에서 변화의 획기나 경향성 파악을 위해 고분 현황표의 1기는 1A기와 1B기로 나누어 작성하였고, 4기는 묘제를 구분하여 작성해 보았다. 그러나 고분 랭크는 분기를 1기와 4기로 통합하여 설명하겠다.

기고분 랭크 구분 기준을 적용하면 모두 c랭크 이하가 되지만,[125] 이 고분군의 1기 고분에서 철모, 특히 판상철모의 다수 부장은 신라 조기고분의 연장이므로 조기고분의 기준을 적용하면 b랭크로 볼 수 있다. 1B2a식의 동혈주부곽식 목곽묘인 590-11호(북목11: 1Bb기)에서는 투구가 단조철부 2점과 함께 출토되었으나 주곽의 대부분이 유실되어 다른 유물의 부장 내용을 알 수 없다. 랭크 구분은 유보한다. 이 외에 철모 1~3점과 철제 농공구, 토기가 출토된 고분은 c랭크로, 그 이하는 d랭크로 구분한다.

2기 고분 중 즙석식의 석재충전목곽묘로 판단되는 강변로 34호(강34: 2b기)에서는 피장자의 머리 위치에서 금동관이 태환식 관수하식과 함께 출토되었고, 금동관 북쪽 편에 환두대도가 놓여 있었다. 피장자 유체부에서 다른 장신구는 출토되지 않았다. 1B2b식 동혈주부곽이지만 피장자 머리맡의 주 부장군이 완전 파괴·유실되었는데, 마구류가 출토되지 않고 다른 철기의 출토도 미미한 것은 그 때문일 것으로 판단된다. 금동관이 출토되었으므로 a랭크로 분류되어야 하지만, 과대와 귀걸이 등 다른 장신구가 갖추어지지 않은 점이 유의된다.

2기 이후는 여러 고분에서 금제 또는 금동제귀걸이가 출토되는 변화가 있다. 그러나 대개 수식이 달리지 않은 세환식 금동제귀걸이들이다. 월성북고분군의 하위 랭크 고분에서 수식이 달리지 않은 세환식 귀걸이가 다른 유물과 의미 있는 공반을 이루지 못한 상태로 다수 출토되고 있음은 이미 살펴본 바 있다(최병현 2017b: 87). 황성동고분군에서 수식이 달리지 않은 세환식 귀걸이도 반드시 다른 유물과 유의미한 공반을 이루지는 않은 것으로 보인다. 2기 고분 중 철모 4점씩이 출토되고 환두대도를 피장자가 착장하거나 부장한 강변로 33호(강33: 2a기)와 40호(강40: 2b기)에서도 귀걸이는 출토되지 않았다. 그 중 33호에서는 등자, 재갈 등 마구류가 공반되어 b랭크로 분류된다. 석재충전목곽묘인 590-8호(북목8: 2a기)와 22호(북목22: 2b기)에서는 피장자가 수식이 달리지 않은 세환식 귀걸이를 착장하고 환두대도 1점씩을 착장하거나 부장하였는데, 철모는 1점씩만 출토되었다. 귀걸이 착장에 의미를 두지 않으면, 이들은 철모 1~2점씩 출토된 고분들과 함께 c랭크로 분류된다. 그 외 철촉 및 소수의 농공구와 토기가 공반되었거나

<hr>

125 월성북고분군의 신라 전기고분 중 황남동 83호분에서는 철제대도 1점, 철모 7점이 출토되었으나 귀걸이가 출토되지 않았다. 월성북고분군의 b랭크 고분은 피장자의 귀걸이 착장이 기본이므로, 대형무기 다수 출토 고분으로는 유일하게 c랭크로 구분하였다(최병현 2017b: 표 8 참조).

토기만 출토된 고분들은 d랭크로 구분된다.

3기 고분 중 강변로 7호 수혈식석곽묘(강7: 3b기)에서 공반유물은 미미하나 수식이 달린 세환식 귀걸이 1쌍이 출토되었다. 마구류가 출토된 고분은 3기(한3·강39·강17: 3b기)이다. 이들은 b랭크로 분류한다. 이 외는 철모 등 대형무기의 부장 여부에 따라 c랭크와 d랭크로 구분된다. 적석목곽분으로 분류한 고분 3기도 철기 부장은 소략하여 모두 d랭크에 속한다.

4기 고분 중에서도 590-8호(신적8: 4a기)에서 수식이 달린 세환식 귀걸이 1쌍이 출토되었다. 피장자 발치 쪽 묘곽이 파괴·유실되어서인지 공반유물은 미미하다. 마구류가 출토된 고분은 수혈식석곽묘인 590-75호(신75: 4b기)가 있다. 이들은 b랭크로 분류한다. 그 외 유물만 매납된 590-4호(신적4) 유물곽에서 마구류가 출토되었다. 4기의 몇몇 고분에서도 수식이 달리지 않은 세환식 귀걸이가 출토되었으나, 공반유물에서 별다른 의미는 갖지 못한다. 대형무기가 출토된 고분은 대도 1점이 출토된 590-98호(북목98: 4b기)가 유일하다. 그 외는 철촉 소수가 공반된 고분들도 있지만, 모두 소수의 농공구와 토기가 공반되었거나 토기만 출토된 d랭크 고분들이다. 다만 수혈식석곽묘인 590-21호(신21: 4b기)에서는 망치와 집게 등 단야구가 출토되어 주목된다.

4a기의 적석목곽분으로 분류한 고분은 묘곽의 서반부가 발굴되지 못하였지만 피장자 머리맡의 주 부장군과 피장자 상체부 출토유물로 보아 고부 랭크는 그다지 높지 않았던 것으로 보인다.

이상에서 살펴본 황성동고분군의 고분 랭크를 분기별로 표시하면 앞의 〈표 2-15〉에서 보는 바와 같은데, 묘제가 점토충전목곽묘에서 석재충전목곽묘 중심으로 바뀌면서 고분 랭크도 차등화되어 갔고, 수혈식석곽묘(분)가 다수가 된 4기에는 고분 랭크가 전체적으로 하강되었던 것으로 보인다.

(3) 천군동 피막유적(표 2-17, 별표 32)

경주분지 동쪽 명활산 자락에 위치한 천군동 피막유적에서는 가, 나 두 지점에서 각각 소규모의 고분군이 조사되었다(국립경주박물관·국립경주문화재연구소 1999). 그 중 나 지점에서 신라 조기 말부터 점토충전목곽묘가 조영되기 시작하였으며, 가 지점 고분

표 2-17 분지지구 고분군 편년표

	천군동 피막유적		손곡동·물천리유적(경마장부지)			율동1108번지 고분군	보문동고분군
	점토충전목곽묘	수혈식 석곽묘	점토충전 목곽묘	석재충전 목곽묘	수혈식 석곽묘	수혈식석곽묘	적석목곽분
1Aa							
1Ab							
1Ba	2A: 나-3·5·11(토) 2B: 나-1						
1Bb							
1Bc	2B: 나-2						
2a	?: 가-5(토), 나-7·19(토)						
2b	?: 가-3·4				2A: B-6	2B: 18·51·53·65 ?: 57·62·68	
3a	?: 가-6(토)				2A: B-7	2B: 27·63·66 2C: 31 ?: 54·55	
3b	?: 가-7·8(토)	2B: -3·4·5·8	2A: B-2 2B: B-1	2C: B-적1	2B: B-4	2A: 48 2B: 13·14·35·42·49·56· 69·70 ?: 21·41·50	
4a	2B: 가-2(토)	2B: 가-1·2·7	2B: B-3		2B: B-3 2C: B-1 ?: B-5	2B: 12 ?: 17·33·39	2C: 보문리고분
4b		?: 가-6	2C: B-4		2B: CI/1-10 2C: CI/2-2	2A: 15·23 2B: 3·9·10·16·19·30·34· 59·60 2C: 8·11·32·52 ?: 2·6·7·20·22·28·45·67	2C: 보문동 합장분
후기 1a	?: 나-14(토)·15(토)· 20(토)				1B4c: CI/1-22·23 2C: CI/1-12		
후기 1b						2B: 74 2C: 71·73	

군이 상대적으로 늦게 형성되었다. 묘제는 점토충전목곽묘와 토광묘 중심이었으며 늦은 시기 가 지점에서는 수혈식석곽묘로 전환되었는데, 나 지점에서는 토광묘가 신라 후기 초까지 이어졌다. 전체적으로 파괴가 심해 구조가 분명하지 못한 고분들이 많지만, 묘곽 형식은 주부곽식이 없고 2B식의 단독곽 중심이다.

금공품은 1Ba기의 나-5호 점토충전목곽묘에서 철심금박세환편 1점, 3b기의 가-4호 수혈식석곽묘에서 금동제 세환편 1점이 나왔을 뿐이고, 교구 외에 마구류가 출토된 고분은 없다. 유물이 가장 풍부하게 나온 고분은 가-4호 수혈식석곽묘로 철검편 2점, 철도 1점, 철모 1점이 철촉, 철부와 공반되었다. c랭크로 분류된다. 그 외 고분들에서는 대개 소수의 농공구와 토기가 출토되었거나 토기만 출토되었다. 모두 d랭크로 구분한다. 피막유적의 분기별 고분 랭크는 앞의 〈표 2-15〉에서 보는 바와 같다.

(4) 손곡동·물천리유적(표 2-17, 별표 33)

경주 경마장 건설부지에서 대규모 신라토기 요지군이 조사되면서 발굴된 고분들이다. 고분은 B지구(동국대학교 경주캠퍼스 박물관 2002)와 C-I지구의 1, 2 두 지점(한국문화재보호재단 1999)에서 조사되었다. 모두 소규모의 고분군이다. 신라 전기 2b기부터 고분이 축조되었는데, B지구 고분군이 상대적으로 이르고 C-I지구의 고분은 신라 전기 말에 축조되기 시작하여 신라 후기로 이어졌다.

신라 전기고분의 묘제는 점토충전목곽묘와 수혈식석곽묘 중심이고, B지구에서 적석목곽묘로 보고된 고분이 있으나 상부적석이 가해지지 않은 석재충전목곽묘이다. 2b기 수혈식석곽묘부터 주구가 돌아간 고분들이 있다. 주구는 수혈식석곽묘에도, 점토충전목곽묘에도 설치되었다.

신라 전기고분의 묘곽 형식으로는 주부곽식이 없고, 모두 2A, 2B, 2C식의 단독곽이 축조되었으나, 신라 후기 초에 1B4c식 묘곽의 석곽묘가 축조되었다.

금공품과 마구류가 출토된 고분은 없고, 철모 1점과 鐵鐏 1점이 단조철부, 토기와 함께 출토되어 c랭크로 분류될 수 있는 3b기의 석재충전목곽묘 1기(B-적1) 외에는 모두 소량의 농공구와 토기가 출토되었거나 토기만 출토되어 d랭크에 속한다. 묘제 중 소수 조영된 석재충전목곽묘가 상대적으로 상위 랭크인 점이 유의된다. 손곡동·물천리유적의 분기별 고분 랭크는 앞의 〈표 2-15〉에서 보는 바와 같다.

(5) 율동 1108번지 고분군(표 2-17, 별표 33~34)

경주분지에서 서남부 곡부지구로 들어가는 입구부에 위치한 고분군이다. 이 고분 군은 1998~1990년에 발굴조사되었는데(한국문화재보호재단 2000), 2015년 이후 이 고 분군에서 동남쪽으로 곡간 평지를 건너 석실봉토분 중심의 신라 후기 율동고분군이 조 사되고 있다. 두 고분군은 상당한 거리를 두고 있어 별개로 판단된다.

고분군은 모두 소형의 수혈식석곽묘로 이루어졌으며, 석곽의 길이는 3m를 넘는 것도 있으나 대개 그 이하이고, 너비도 50cm 전후가 일반적이다. 부곽이 딸린 묘곽은 없고, 2B식의 단독곽이 많은 편이다.

신라 전기 2b기부터 고분군이 형성되기 시작하였는데, 지대가 낮은 북쪽에서부터 수혈식석곽묘가 축조되기 시작하여 소그룹을 이루면서 남쪽으로 확대되어 간 것으로 보인다. 3a기부터는 호석이 설치된 고분도 축조되었다. 지대가 낮은 서남쪽에서는 신라 후기로 내려가는 석곽묘들도 조사되었다.

금공품은 신라 전기 2b기의 51호에서 금동제세환 1점, 4b기의 10호에서 철심은박 세환 1쌍이 출토되었으나 공반유물과 유의미한 관계는 없는 것으로 판단된다. 철모 1 점씩 출토된 고분이 신라 전기 2b기에 1기(65호), 3a기에 1기(27호) 존재하여 c랭크로 분류되고, 4b기의 10호에서는 대형무기가 공반되지 않았지만 등자, 재갈 등 마구류가 출토되어 b랭크로 구분된다. 나머지는 소량의 농공구와 토기가 출토되었거나, 토기만 출토되었다. d랭크로 분류한다. 율동 1108번지 고분군의 분기별 고분 랭크는 앞의 〈표 2-15〉에서 보는 바와 같다.

(6) 보문동고분군(표 2-17, 별표 32)

경주분지 동쪽 명활산 줄기의 보문동고분군에서는 외형상 표형을 이룬 봉분 내부 에 적석목곽과 횡혈식석실이 동서로 배치된 '보문리부부총'(조선총독부 1916)과 적석목 곽분인 보문리고분(조선총독부 1922)이 조사되었다. 1915년 발굴된 '보문리부부총'은 적석목곽과 횡혈식석실의 출토유물을 재검토한 결과 두 묘실의 피장자는 모두 태환식 귀걸이를 착장하고 대도는 착장하지 않아 여성이며, 따라서 부부묘로 볼 근거는 없다고 하여 보문리합장분으로 재명명되었다(국립경주박물관 2011).

출토된 신라토기의 형식으로 보아 보문리고분은 신라 전기 4a기로, 보문동합장분의 적석곽은 4b기, 석실은 신라 후기 1a기로 편년된다. 보문리고분과 보문동합장분 적석곽은 모두 상부적석이 가해진 적석목곽분으로, 피장자의 머리맡에 주 부장군이 있는 2C식 묘곽이 설치되었다.

보문리고분에서는, 관모류의 존재 여부는 알 수 없지만, 피장자가 세환식 금제귀걸이와 심엽형 대장구의 과대, 금동제와 은제 팔찌, 금제와 은제 반지, 경흉식을 착장하였고, 청동합과 철솥, 마구류 등이 부장되었다. 보문리합장분 적석곽에서는 금동관이 출토되었고, 피장자가 태환식 금제귀걸이와 은제 팔찌와 반지를 착장하였던 것이 확인되고, 마구와 금동장 삼엽환두대도, 삼환두도 등이 부장되었다. 두 고분 모두 a랭크로 분류된다(앞의 표 2-15).

명활산의 보문리고분군은 신라 후기에 횡혈식의 석실봉토분 중심으로 고분들이 축조된 경주분지 주변의 산지고분군이지만, 그 중 고분이 신라 전기 말의 적석목곽분부터 축조되기 시작한 것을 보여주는 한 예이다. 서남부지구에서 금척리고분군에 이어 신라 전기 말의 적석목곽분부터 축조되기 시작한 방내리고분군이 이와 같은 예이다.

2. 동남부지구

1) 고분군

경주분지에서 울산 방면으로 나아가는 동남부지구는 형산강의 지류인 남천 유역과 울산광역시 쪽으로 흐르는 태화강의 지류인 동천 상류역으로 이루어져 있다. 경주지역의 여러 지구 중 이 동남부지구에서는 가장 많은 고분군이 조사되었는데, 남천유역의 조양동유적과 동천 상류의 중산리고분군, 그 사이에 위치한 죽동리유적, 구어리유적은 사로국시기부터 고분들이 조영되어 온 유적이다. 태화강에서 구어리유적 방향의 구조곡 입구에 위치한 다운동유적에서도 사로국시기부터 고분들이 조영되었는데, 이 유적도 동남부지구에 포함됨은 앞서 지적한 바 있다. 그 중 중산리고분군은 사로국 후기 이래로 동남부지구에서 가장 우위를 보이는 고분군이다.

그 외 죽동리유적과 중산리고분군 사이에서 제내리유적과 석계리유적이 더 조사
되었는데, 모두 신라 전기부터 고분이 축조되기 시작한 유적이다. 남천과 동천 상류역
에서는 이와 같이 조밀하게 분포된 고분군들이 조사되었다.

2) 각 고분군의 전개

(1) 중산리고분군(표 2-18, 별표 35~39)

① 고분군 개요

중산리고분군은 원삼국(사로국) 전기의 목관묘부터 통일신라기의 석실봉토분까지
신라 역사 거의 전 기간의 고분이 축조되어 이루어진 유적으로, 그 중 신라 조기 목곽묘
까지는 이미 살펴보았다. 중산리고분군에서는 분지지구의 월성북고분군과 함께 신라
조기에 석재충전목곽묘가 축조되었음도 앞서 이미 고찰하였다.

중산리고분군 일대에서 지대가 약간 높은 곳에는 외형상 식별되는 봉토분들이 존
재하였다고 하나, 신라 전기의 고분들은 대개 하천변의 충적지 지하에서 조사되었다.
유구는 상하 중복이 심하였으며, 신라 전기고분은 대체로 조기고분의 상층에서 조사되
었다.

중산리고분군의 신라 전기고분에 대한 발굴조사는 먼저 1991년부터 1994년까지
창원대학교 박물관에 의해 이루어졌고(창원대학교 박물관 2006a; 2006b; 2006c; 2006d;
2007; 2012; 2014), 2009년에는 창원대학교 박물관 발굴 구역 1C와 1F 지점 사이에 낀
중산동고분군(중산동 568-7번지)의 발굴이 있었다(울산문화재연구원 2011).

이 중 먼저 이루어진 발굴은 중요 유구 중심으로 선별 보고되어 고분군 전체의 양
상을 알 수는 없다. 그러나 뒤에 이루어진 발굴들은 유구 전체가 보고되어 유적의 성격
이나 시기적인 변화 과정을 이해하는 데 도움이 된다.

표 2-18 중산리(동)고분군 편년표

	점토충전목곽묘	석재충전목곽묘	석·적 불명	적석목곽분	수혈식석곽묘(분) (횡구식·횡혈식 포함)
1Aa	1B4c: VIII-66 2A: VIII-38 ?: VIII-4	1B1: VIII-47			
1Ab	2A: VIII-23·36 2B: VIII-85	2C: IB-1 ?: VIII-48-1			
1Ba	1B2a: VIII-33 1B3: VIII-35 1B4c: VIII-68 2A: VIII-64 2B: VIII-37	1B1: IA-51 1B2a: 동16 1B4c: 동29 2B: VIII-22			1B2a: VIII-40 2A: VIII-43
1Bb	1B1: VIII-50 1B4c: VIII-42 2A: VIII-3 2B: VIII-53·69·84 ?: VIII-13	2B: VIII-44	1A2: VIII-14		2C: VIII-45
1Bc	1B1: VIII-28 1B4c: VIII-71·77 2C: VIII-61	1B4c: 동4 2A: 동5 2B: VIII-34·63·86, 동8 ?: VIII-29			2A: VIII-79 2B: 동15 ?: 동28
2a		1A1: IB-2 1B4c: VIII-73·80, 동2·17·22 2A: VIII-78 2B: 동36 ?: 동62-1	1B2a: IC-2		2A: VIII-19·83 2B: VIII-39, 동35 ?: VIII-12
2b		1B4c: VIII-74, 동40 2C: 동23 ?: VIII-5	1B2a: IC-1		1B2a: 동6(겹) ?: VIII-67
3a		1B4c: IV-4-2·10, VIII-75 2A: VIII-81 2B: VIII-31 2C: 동24			1B2a: VIII-20-1(겹) 2B: IV-4-1, VIII-46, 동7·10·11·12 ?: IV-13·14·21-2, 동30
3b		1B1: V-21 1B2a: V-14 1B4c: VIII-82-1 2C: IV-11·19		1B4c: IA-1	1A1: IV-22-1(겹)·23(겹) 1B1: V-17-2 1B2a: IV-2·8, V-17-1, VIII-26 1B4d: V-20(겹), VIII-20-2 2A: IV-5, V-6-1 2B: IV-3, V-9, VIII-76 2C: IV-6-1·18-1 ?: IV-9·12·15·16 횡구: V-7

	점토충전목곽묘	석재충전목곽묘	석·적 불명	적석목곽분	수혈식석곽묘(분) (횡구식 · 횡혈식 포함)
4a		1A1: V-16-1 1B2a: IV-22-2, V-5-1·12-1·16-2 1B4c: V-5-2·10-1 1B4d: V-2·4 2A: V-1 2C: IV-22-3 ?: VIII-17, 동27			1B2a: VIII-27 2A: V-3-1·6-2, 동13 2B: VIII-30, 동32 2C: IV-1, VIII-24, 동14 ?: IV-20·21-1, V-12-2, 동31 횡구: VIII-1
4b		2B: V-13·18 ?: V-10-2	동: 중산동(울산문화재연구원 발굴) 겹: 목곽과 석곽의 겹곽 外: 창원대박물관 발굴		2A: IV-22-4, VIII-11 횡구: VIII-2 횡혈: V-15

② 묘제

중산리고분군에서는 점토충전목곽묘와 석재충전목곽묘가 신라 조기고분에 이어 전기고분에서도 계속 축조되었다. 편년표(표 2-18)에는 점토충전목곽묘가 1Bc기까지만 표시되었지만, 이는 발굴고분의 선별 보고 때문일 것이며, 앞의 월성북고분군이나 황성동고분군에서와 같이 중산리고분군에서도 점토충전목곽묘는 석재충전목곽묘와 함께 신라 전기 내내 존재하였을 것으로 판단된다.

중산리고분군에서 묘제의 문제는 요건을 갖춘 적석목곽분이 과연 존재했는가, 존재했다면 그 수는 얼마나 되는가라고 할 수 있다. 상당수 고분이 적석목곽계 유구 또는 적석목곽묘로 보고되었지만, 정밀한 검토가 필요하다. 예컨대 적석목곽계 유구로 보고된 IA-51호(도 2-76의 1)와 대형급 적석목곽묘로 보고된 IB-2호(도 2-76의 2)의 묘곽부 토층단면도는 두 고분이 모두 분명히 목곽 뚜껑 위에 상부적석이 가해지지 않은 석재충전목곽묘(분)였음을 보여준다. 그런데 IA-1호(도 2-76의 3)의 경우 묘곽부 단면도에서 상부적석의 묘곽 내부 함몰 상태는 알 수 없지만, 적석이 지상 성토층에서 시작된 묘광의 어깨선 밖에서부터 축조되었음을 알 수 있다. 석재충전목곽묘는 대규모라도 묘광과 목곽 사이의 충전석을 묘광 어깨선 밖에서부터 쌓은 예가 없으므로, IA-1호는 봉분 둘레로 호석이 돌아가고, 묘광이 원지반 이하의 지하와 호석 내 1차 봉토, 즉 지상 성토층에 걸쳐 조성되고, 상부적석이 묘광 어깨선 밖에서부터 가해진 적석목곽분으로 판단된다.

이로 보아 중산리고분군에 적석목곽분이 존재했음은 분명하다고 판단된다. 그러

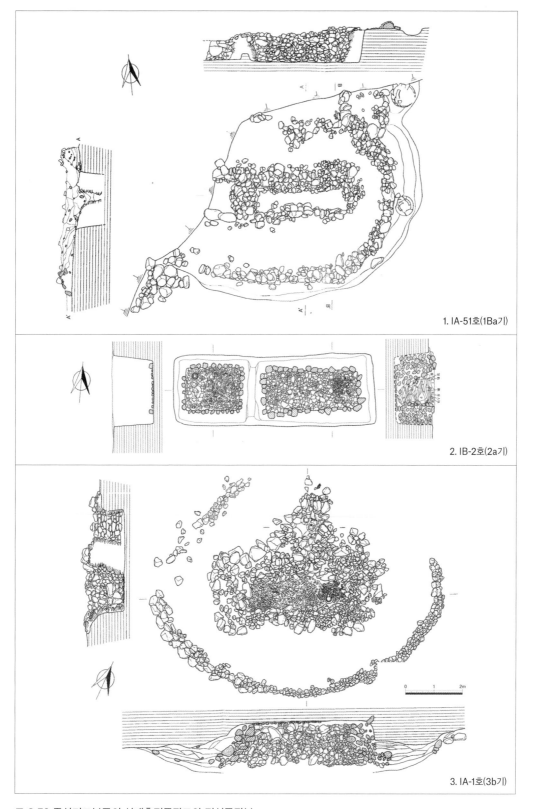

1. IA-51호(1Ba기)

2. IB-2호(2a기)

3. IA-1호(3b기)

도 2-76 중산리고분군의 석재충전목곽묘와 적석목곽분

나 중산리고분군에서 요건을 갖춘 적석목곽분의 수는 그다지 많지는 않았을 것이다. 보고서의 도면과 사진으로 석재충전목곽묘(분)인지 적석목곽분인지 분간이 어려운 고분들은 편년표에 묘제 불명으로 표시하였는데, 그 중에 적석목곽분이 포함되어 있을 것이다.

다음 수혈식석곽묘(분)는 신라 전기 1Ba기부터 축조되기 시작하였으며, 그 수는 시기가 내려오면서 증가하여 3기 이후는 석재충전목곽묘(분)를 능가하였던 것으로 보인다. 수혈식석곽 중에는 주로 피장자의 발치 쪽 단벽을 직선이 아니라 둥글게 축조하거나, 부곽이 주곽의 장벽 쪽에 설치된 1B4식 묘곽에서 부곽의 외벽을 둥글게 쌓은 예들이 있고, 시기가 내려올수록을 그 수는 늘어난다. 중산리고분군에서 수혈식석곽의 그러한 변화는 일찍부터 시작된 것으로 보인다. 예컨대 VIII-40호는 수혈식석곽 등장 초기인 신라 전기 1Ba기로 편년되는데, 피장자 머리쪽의 석곽 동벽이 직선이 아니라 호선으로 축조되었고, 피장자 발치 쪽에 설치된 부곽의 벽도 평면 원형에 가깝게 축조되었다(도 2-77의 1). 1Bc기로 편년되는 중산동 15호에서는 피장자의 머리 쪽으로 판단되는 석곽 동벽이 둥글게 축조되었다(도 2-77의 2). 이러한 예들은 중산리고분군에서 수혈식석곽이 등장하면서 바로 석곽 벽이 직선이 아니라 호선으로 축조되는 변화가 있었음을 보여준다. 부곽의 외벽을 호선으로 쌓거나 부곽 벽 전체를 둥글게 쌓은 1B4식 묘곽은 수혈식석곽묘(분)뿐만 아니라 석재충전목곽묘(분)에서도 축조되었다(도 2-77의 3).

한편 중산리고분군에서는 횡구식석곽묘가 신라 전기 3b기부터 출현하여 추가장이 이루어졌으며, 4b기에는 평면 장방형의 횡혈식석실분도 축조되기 시작하였다.

다음 중산리고분군에서 호석 축조 고분의 출현 시기이다. 신라 조기고분인 중산리 IA-74·75호와 IA-26호에서 묘광 주위로 돌아간 석렬이 신라고분 호석의 시원형이라는 주장이 있었지만, 필자는 이들이 호석이라기보다는 원지반 자체에 돌들이 많은 충적지 고분의 봉토 기저부 갓돌이었을 것으로 본 바 있다(최병현 2015: 123~124). 그런데 신라 전기 1Ab기인 IB-1호와 VIII-48-1호의 보고에도 묘광 주위로 호석이 돌아간 것으로 되어 있다. 그러나 석재충전목곽묘인 두 고분에서 묘광 주위에 흩어져 있거나 열을 지어 있는 돌들이 과연 호석이었을지는 의문이다.[126] 중산리고분군에서 명백한 호석 고분은 1Ba

....

126 두 고분의 묘광 주위로 흩어져 있던 돌들이 원래 봉분 둘레의 호석으로 축조된 것이었다면, 그것은 현재로서

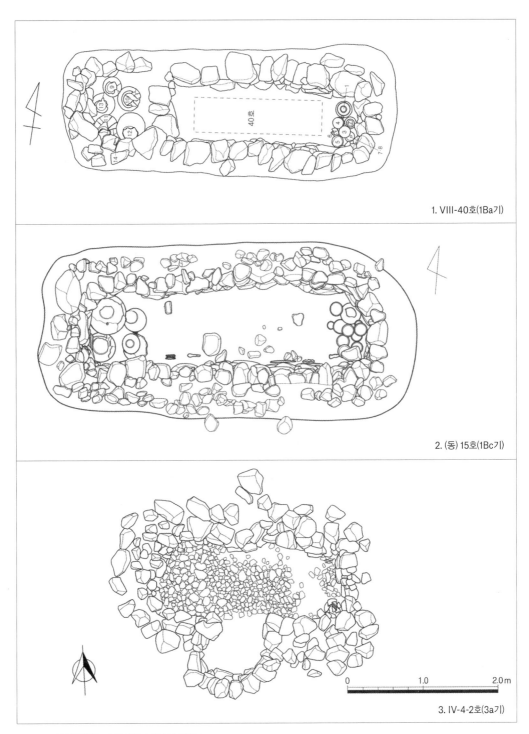

1. VIII-40호(1Ba기)

2. (동) 15호(1Bc기)

0   1.0   2.0m

3. IV-4-2호(3a기)

도 2-77 중산리(동)고분군의 수혈식석곽묘

기의 IA-51호부터라는 것이 필자의 판단이다. 중산리고분군에서 고분 호석은 석재충전목곽묘(분)에 채용되기 시작하여 적석목곽분은 물론 수혈식석곽묘(분)에도 축조되었다.

③ 묘곽의 형식

중산리고분군에서 이혈주부곽은 신라 전기 1Bb기에 장방형 부곽의 1A2식 1기, 2a기 이후 방형 부곽의 1A1식 4기가 알려져 있다. 장방형 부곽의 이혈주부곽은 신라 조기의 중산리 ID-41호묘에서도 확인된 바 있으므로 그 연장선이라 할 수 있으나, 신라 전기 1Bb기의 중산리 VIII-14호 부곽의 길이는 짧아졌다. 중산리고분군에서 방형 부곽의 이혈주부곽은 신라 전기고분에서 새로 쓰인 것이며, 석재충전목곽묘와 수혈식석곽묘에 축조되었다. 부곽의 길이는 점차 짧아졌으며, 늦은 시기에는 부곽의 너비가 주곽의 너비보다 좀 더 넓은 방형 부곽의 이혈주부곽이 축조되어 자체적인 변화도 보인다.

신라 조기고분부터 출현한 장방형 부곽의 동혈주부곽(1B1식)과 방형 부곽의 동혈주부곽(1B2a식), 그리고 2A식, 2B식, 2C식의 단독곽은 신라 전기고분에서도 묘제와 관계없이 여러 고분에서 이른 시기부터 늦은 시기까지 축조되었다. 그런 가운데 부곽의 장축이 주곽과 반대여서 주부곽이 T자형 배치를 이룬 동혈주부곽(1B3식)도 1기 확인된다.

그러나 중산리고분군의 묘곽 형식에서 특별히 유의되는 점은 부곽이 주곽의 장변 쪽에 붙어 있는 1B4식 동혈주부곽의 출현이다. 중산리고분군에서는 주곽과 부곽의 길이가 같은 1B4a식은 확인되지 않지만, 주곽의 장변 중간에 소형의 부곽이 설치된 1B4c식이 신라 전기 초부터 축조되기 시작하였고, 부곽의 위치가 피장자의 발치 쪽으로 이동한 1B4d식이 신라 전기 3b기에 초출한다. 중산리고분군에서 이와 같은 양상은 신라 전기고분에서 1B4식 동혈주부곽의 출현지와 그 형식의 변화 순서에 대해, 그리고 신라 전기 경주지역 고분군의 상호관계와 관련하여 시사하는 바 크다. 이에 대해서는 뒤에서 고찰하겠다.

....

는 신라고분에서 가장 오래된 것이다. 월성북고분군에서 호석 고분은 현재까지 조사된 최고의 적석목곽분인 황남동 109호분-3·4곽으로 신라 전기 1Ba기이다. 그런데 앞의 제2장 II-1과 7에서 언급하였듯이, 월성북고분군에는 황남동 109호분-3·4곽 이전의 초대형 적석목곽분의 존재가 상정되므로, 고분 호석은 그러한 초기 대형의 적석목곽분에서 시작되었을 것이다.

④ 고분 랭크

사로국 전기 이래로 고분 조영이 이어져 온 경주지역의 대고분군 중 중산리고분군에서 수혈식석곽묘가 신라 전기 1Ba기에 출현하고, 묘곽의 형식에서 1B4c식 동혈부곽식이 신라 전기 초부터 축조되기 시작한 것은 분지지구의 황성동고분군과 다른 점이고, 또 중산고분군에서는 금동관 출토 고분이 존재하지 않고 귀걸이와 같은 금공품의 출현이 신라 전기 3기 이후로 늦은 것도 황성동고분군과 다른 점이지만, 1기 고분의 유물 부장은 두 고분군에서 유사한 점이 있다. 즉 1기에 금공품은 부장되지 않으면서 판상철모 등 철모가 다수 부장된 고분이 존재한 것은 황성동고분군에서와 같이 신라 조기고분의 연장선이라고 할 수 있다.

1기 고분 중 다수의 철기가 출토된 고분은 1Ab기의 IB-1호, 1Ba기의 VIII-33호, 1Bc기의 VIII-61호를 들 수 있다. IB-1호는 부곽의 존재 여부를 알 수 없지만 발굴된 묘곽에서는 구슬 목걸이와 등자 재갈 등의 마구류가 출토되었고, 대도 2점과 철검 1점, 철모 8점 등의 대형무기가 여러 철기들과 공반되었다. VIII-33호에서는 판상철모 8점을 포함한 철모 10점이 9점의 철정 등과 공반되었다. VIII-61호에서 대형무기는 환두대도 1점과 철모 2점이 출토되었지만 철정 6점이 다른 철기들과 공반되었다. 황성동고분군에서와 같이 신라 조기고분의 랭크 구분 기준을 따르면 이 고분들은 b랭크로 분류될 수 있다. 1기 고분 중 1Ba기의 IA-51호, 1Bb기의 VIII-14호는 동혈, 이혈의 주부곽식 고분으로 묘곽의 규모에 비해 출토유물은 빈약하다. IA-51호는 부곽이 완전히 유실되었고, VIII-14호는 주곽의 상당 부분이 파괴·도굴되었기 때문으로 보인다. 이들의 랭크 구분은 유보한다. 그 외 1기 고분은 대형무기인 철모 1점과 농공구, 토기가 공반되었거나 토기만 출토된 고분들이다. c랭크와 d랭크로 구분된다.

2기 고분 중에서는 IB-2호(2a기)에서 구슬 목걸이와 마구류 재갈, 철모 9점이 다른 철기들과 함께 출토되었고, IC-2호(2a기)에서는 마구류로 재갈과 등자편, 행엽, 十자형 운주와 철모 1점이 농공구와 공반되었으며, IC-1호(2b기)에서는 마구류로 재갈과 철모 1점이 철정 5점 및 농공구들과 공반되었다. IB-2호 외에는 출토된 대형무기의 수가 적지만 모두 묘곽이 규모가 큰 이혈, 동혈의 주부곽식으로 마구류 출토에 의미를 두어 b랭크로 분류한다. 그 외 2기의 고분에서 구슬이나 구슬목걸이가 출토되었지만, 다른 공반유물과 의미를 갖지는 못한 것으로 보인다.

3기에 오면 귀걸이 출토 고분들이 있다. IA-1호(3b기)에서는 피장자가 수식이 달리지 않은 금동세환을 착장하였고, 등자, 재갈 등의 마구류와 환두대도 1점이 농공구들과 함께 출토되었다. IV-23호(3b기)에서는 장신구로 수식이 달리지 않은 태환식 은제귀걸이와 구슬목걸이가 출토되었고, 재갈, 행엽 등의 마구류, 철제대도가 출토되었다. IV-19호(3b기)에서는 피장자가 수식이 달리지 않은 금동세환 1쌍을 착장하였으나 철제 유물은 출토되지 않았다. 수식이 달리지 않은 세환식귀걸이의 출토가 별다른 의미를 갖지는 못한 것으로 보이며, IA-1호와 IV-23호는 마구류가 출토되었으므로 b랭크로 분류하고, IV-19호는 묘곽이 파괴되고 도굴의 피해가 있은 듯하므로 랭크 구분은 유보한다.

4기에도 피장자가 수식이 달리지 않은 태환식 은제귀걸이(4a기: V-2), 세환식 금동제귀걸이(4a기: V-10-1, 4b기: V-15)나 구슬목걸이를 착장한 고분이 있으나 공반유물에서 다른 고분들과 별다른 차이가 없다. 4기고분에는 마구류나 대형무기가 출토된 고분이 없다. 대개 철촉과 농공구들이 공반되었거나 토기만 출토되었다.

2기와 3기 고분 중 환두대도나 철제대도, 철모 1~2 점 등의 대형무기가 농공구와 함께 출토된 고분은 c랭크, 그 이하는 d랭크로 분류되는데, 4기에는 b랭크와 c랭크에 속하는 고분이 없고 모두 d랭크로 분류된다.

이상에서 살펴본 중산리고분군의 고분 랭크를 분기별로 종합하면 〈표 2-19〉와 같다. 상위 랭크 고분이 1기에는 석재충전목곽묘와 점토충전목곽묘에 모두 존재하였으나 2기 이후는 적석목곽분, 석재충전목곽묘(분)가 중심이 되고, 4기에는 고분 랭크가 전체적으로 급격히 하강하였던 것을 알 수 있다.

표 2-19 동남부지구 고분군 고분 랭크

	중산리고분군	조양동유적	제내리유적	석계리유적	구어리유적	다운동유적
1기	b c d	d		d	c d	d
2기	b c d			c d	b??	c d
3기	b c d	d	d	b?d	b c d	c d
4기	d	d	c d	c d	d	d

(2) 조양동유적(표 2-20, 별표 39)

경주지역 동남부지구에서 분지지구에 가장 가까운 유적이다. 사로국시기의 목관묘, 목곽묘 집중구역 발굴(국립경주박물관 2003)에 앞서 그 북쪽 1차 발굴에서 조사된 고분들이다(국립경주박물관 2000). 다만 사로국시기 목관묘, 목곽묘 집중구역에서 발굴된 42호 토광묘는 신라 전기 초로 편년된다. 1차 조사의 발굴 구역이 소규모여서 조사 고분의 수가 많지 않지만 일대에 많은 고분들이 분포되어 있을 것으로 추정된다.

1차 발굴 고분들은 신라 전기 3b기 이후의 소형 고분들인데, 묘제상으로는 점토충전목곽묘, 석재충전목곽묘, 수혈식석곽묘로 나누어지며, 묘곽 형식으로는 1B4b식 1기 외에는 2B식과 2C식의 단독곽이 축조되었다.

철촉 외에는 소수의 농공구와 토기 또는 토기만 부장된 고분들이어서 고분 랭크는 모두 d랭크로 분류된다(앞의 표 2-19).

(3) 제내리유적(표 2-20, 별표 40)

제내리유적은 조양동유적과 중산리고분군의 중간쯤에 위치하였으며, 설상구릉의 말단부 경사면에 소규모 고분군(II구역)이 형성되었다. 고분군은 남쪽인 경사면 아래 쪽으로 좀 더 연장되었을 가능성이 있으나, 다른 세 방향은 고분군의 외연까지 발굴조사가 이루어진 것으로 보인다(성림문화재연구원 2013a).

발굴조사된 고분은 신라 전기 3a기부터 축조되기 시작하여 신라 후기의 석곽묘와 석실봉토분으로 이어졌는데, 신라 전기고분은 점토충전목곽묘 1기를 제외하면 석재충전목곽묘와 수혈식석곽묘(분)로 이루어졌다. 고분군의 동쪽 끝 부분에 위치한 1호와 3호는 적석목곽묘로 보고되었지만, 모두 묘곽 내 유물층을 덮고 있던 돌층이 얇아 상부 적석이 함몰된 것인지 목곽 상부의 즙석이나 벽석이 함몰된 것인지 분명하지 않고, 두 고분 모두 묘광 주위에서 호석의 흔적도 발견되지 않아, 요건을 갖춘 적석목곽분으로 인정하기에는 부족하다. 또 17-1호 등 위석식목곽묘, 즉 석재충전목곽묘로 보고된 고분 중에는 큰돌 뚜껑이 덮여 수혈식석곽묘(분)로 분류되어야 할 것들도 있다.

고분들의 편년 결과로 보면 이 고분군은 구릉의 동쪽 편에서 시작되어, 고분 축조

표 2-20 동남부지구 고분군 편년표

	조양동고분군			제내리고분군 II			
	점토충전 목곽묘	석재충전 목곽묘	수혈식 석곽묘	점토충전 목곽묘	석재충전 목곽묘	수혈식 석곽묘	점토충전 목곽묘
1Aa	?: 42(토)						
1Ab							
1Ba							
1Bb							
1Bc							2B: 9
2a							
2b							
3a				?: 2	2B: 4-1 2C: 1(축·즙)·16-2	?: 13	
3b			2C: I-1·4			1B2a: 16-1 1B4b: 6-2, 18-1 2A: 19	
4a	2C: I-10 ?: I-14	1B4b: I-5 2B: I-11			2C: 3(즙)	2A: 14 2C: 11-1, 22-2 ?: 18-2	
4b			2C: I-2		2C: 22-1	1B4c: 23-1(겹) 2C: 11-2, 17-1, 17-2	
후기 1a						2C: 23-2, 23-3 ?: 6-3, 17-5	
1b					?: 24		

석계리고분군		구어리고분군		다운동유적		
석재충전 목곽묘	수혈식 석곽묘	점토충전 목곽묘	석재충전 목곽묘	점토충전 목곽묘	석재충전 목곽묘	수혈식 석곽묘
		1A2: 3 1B2b: 2 2B: 7				
		2B: 5				
				?: 마8		2B: 마2
c: 4 10 						2B: 마1
c: 7					2C: 바21	2B: 바8
5, 11			1B2a: 17(즙)		1B2a: 바16, 바18 2B: 바11	?: 마15
c: 12, 26, 34(축) 3			1B2a: 22 2B: 18(즙), 29(즙)		2C: 바19(축) ?: 바7	2A: 바17 2B: 마14(겹) ?: 마5
a: 2,44 c: 6(축), 29(축), 32(축), 39(축) 14(축) 23	1B4c: 15,37	2C: 14	1B2a: 37, 38, 40(즙) 2B: 19(즙)		1B2a: 마4(축) 2C: 바23	2B: 마3 ?: 바13·17
c: 38(축),45(축) d: 13(축), 30(축) 36, 48(축)	1B4c: 1 2C: 24	?: 13			2A: 바15	
c: 31(축),42	1B4d: 35, 51 2C: 16, 21, 28 횡구: 49		1B4c: 43 1B4d: 20			
	1B4b: 46 2A: 18 ?: 47, 50					

가 경사면 아래쪽에서 윗쪽으로 올라가는 소그룹을 이루고, 소그룹들이 서쪽으로 연동하면서 형성된 것으로 판단된다. 이 고분군에서 호석은 신라 전기 3b기부터 수혈식석곽묘(분)에 축조되었는데, 모든 고분이 아니라 각 소그룹의 주요고분에 한정되었던 것으로 보인다.

묘곽의 형식은 동혈주부곽으로 1B2a식 1기[127] 외에 1B4b식과 1B4c식이 축조되었는데, 그 중 1B4c식이 상대적으로 뒤에 쓰인 것이 유의된다. 단독곽식은 2A식, 2B식, 2C식이 모두 확인된다. 그리고 1호의 서쪽에 위치하여 그 부곽으로 보고된 묘곽은 거리나 규모로 보아 1호의 부곽이 아니라 별도의 유물곽으로 판단된다.

도굴이 심했던 까닭인지도 모르나 이 고분군의 출토유물은 매우 빈약하다. 금공품이나 마구류가 출토된 고분은 없고, 12점의 철탁과 하단이 두 가닥으로 나뉘는 긴 철봉이 출토된 4a기의 14호 수혈식석곽묘에서 철제대도 2점이 출토된 것 외에는 대형무기가 출토된 고분이 없다. 따라서 c랭크 1기 외에는 모두 d랭크로 분류된다(앞의 표 2-19).

(4) 석계리유적(표 2-20, 별표 40~41)

석계리유적은 제내리유적에서 조금 더 남쪽으로 내려가 동천 상류역에 위치하였다. 고분군은 높지 않은 산의 동남향 경사면에서 조사되었는데, 크게 3개의 지군을 이루었다(중앙문화재연구원 2012).

고분군은 신라 전기 1Bc기 고분부터 조영되기 시작하여 형성되었는데, 묘제는 점토충전목곽묘 1기 외에는 석재충전목곽묘(분)와 수혈식석곽묘(분)로 이루어졌다. 석재충전목곽묘는 점토충전목곽묘와 함께 신라 전기 1Bc기부터 축조되었으며, 수혈식석곽묘(분)는 3b기부터 쓰이기 시작하여 4기에 그 수가 증가하였다. 4b기에는 횡구식석곽

....

127 1B2a식으로 분류한 16-1호 석곽묘 내에는 동과 서 양쪽에 판석으로 격벽을 세우고 유물을 부장하여, 부곽이 마치 주곽의 양쪽에 설치된 것처럼 보인다. 신라 전기고분의 묘곽 형식분류에서는 동혈주부곽 중 부곽이 피장자 발치 쪽이 아니라 머리 쪽에 설치된 예들도 있어, 주곽과 부곽 사이의 격벽 상태에 따라 석축 격벽이 있는 것은 1B2a식에 포함하고 나무 격벽 흔적만 있는 것은 1B2b식으로 하였다. 그러나 어느 것이든 피장자 머리맡에는 주 부장군이 있고, 이와 구별되는 부곽이 따로 설치된 것이다. 16-1호 석곽묘의 발치 쪽 것은 동혈주부곽식의 부곽이지만, 머리 쪽 것은 주곽에 주부장군이 따로 없어 별도의 부곽이라기보다는 피장자와 주부장군 사이에 격벽을 세워 구획한 것이라 판단된다.

분도 축조되기 시작하였다.

　이 고분군도 구릉의 북쪽 편에서 시작하여, 고분 축조가 경사면 아래쪽에서 위쪽으로 올라가며 소그룹을 이루고, 그러한 소그룹들이 남쪽으로 이동하면서 3개의 지군을 형성하였던 것으로 판단된다. 3개의 지군 중에는 남쪽의 가장 낮은 경사면에 위치한 지군이 가장 늦게 형성된 것으로 보이며, 이곳에서는 신라 후기로 내려오는 석곽묘와 석실봉토분들도 축조되었다. 호석은 3a기의 석재충전목곽묘(분)에서부터 축조되기 시작하였으며, 그 후 수혈식석곽묘(분)에도 호석을 둘렀다.

　묘곽의 형식으로는 동혈주부곽식 중 1B2a식 묘곽도 축조되었으나, 1B4c식이 그보다 먼저 신라 전기 1Bc기부터 등장하였다. 같은 계열의 1B4d식은 신라 전기 4a기부터 축조되었다. 그 외는 2B식, 2C식의 단독곽이 축조되었다.

　신라 전기 2b기와 3a기의 석재충전목곽묘(5호·26호), 4a기의 석재충전목곽묘(분)(48호), 수혈식석곽묘(분)(16호), 횡구식석곽분(49호)에 수식이 달리지 않은 금동세환 1점이나 1쌍이 출토되었으나, 다른 부장유물과 관련하여 큰 의미는 없는 것으로 보인다. 마구류는 3b기 29호 석재충전목곽묘에서 등자와 동탁이 철제대도 1점, 철모 1점 등과 공반하였다. b랭크로 분류된다. 그 외 2b기에 철모 1점(5호), 4a기에 철모 2점(48호)이 출토된 고분이 있을 뿐 나머지는 소량의 농공구와 토기, 또는 토기만 출토되었다. c랭크와 d랭크로 분류된다(앞의 표 2-19).

　고분 랭크의 분포는 석재충전목곽묘가 상대적으로 상위였던 것을 보여준다.

(5) 구어리유적(표 2-20, 별표 42)

　원삼국(사로국) 후기의 목곽묘와 신라 조기의 이혈주부곽식 대형 목곽묘가 조사된 구어리유적에서는 신라 전기고분도 일부 발굴되었다(영남문화재연구원 2002; 2011). 고분들은 평지로 뻗은 낮은 구릉의 말단부에 축조되었는데, 능선부는 발굴 전에 이미 파괴되었고, 그 남북 경사면에서 고분들이 조사되었다.

　신라 전기고분으로는 주로 석재충전목곽묘가 조사되었지만, 점토충전목곽묘도 신라 조기에 이어 늦은 시기까지 존속하였던 것으로 보인다. 석재충전목곽묘는 1Ba기부터 축조되었는데, 5호묘는 목곽묘로 그 외에는 모두 적석목곽묘로 보고되었다(영남문화재연구원 2002). 그러나 검토 결과 묘광과 목곽 사이의 돌 충전이 분명하지 않은 것도 있고, 묘광과 목곽 사이를 돌로 충전한 것도 적석목곽분의 묘광과 목곽 사이의 적석 상태로 보기는 어려운 것들이 대부분이다. 발굴 당시 유물층 위를 비교적 고르게 덮고 있던 돌들은 목곽 벽 쪽에서 함몰되었거나 목곽 상부의 즙석이었을 것으로 판단되며, 발굴 고분 중에 요건을 갖춘 적석목곽분은 사실상 존재하지 않았다고 판단된다.

토기에 의한 정확한 편년이 불가능하여 편년표에는 제외되었지만, 30호와 40호는 수혈식석곽묘였을 가능성도 있어 늦은 시기에는 수혈식석곽묘도 축조되었을 것으로 판단된다. 이 고분군에서 고분의 축조는 신라 후기의 석실봉토분으로 이어졌다.

19호와 20호는 호석으로 이어진 연접분으로, 늦어도 신라 전기 3b기에는 호석이 돌려진 고분도 축조된 것을 알 수 있다.

주부곽식으로, 장방형 부곽의 1A2식 이혈주부곽이 신라 전기 초의 점토충전목곽묘에 1기 축조되었는데, 황성동고분군과 중산리고분군의 신라 조기고분에서 예가 있는 것이다. 그 외 석재충전목곽묘에는 1B2a식 동혈주부곽이 신라 전기 2b기부터 축조되었고, 1B4c식과 1B4d식 동혈주부곽이 4b기에 설치되었다.

신라 전기 1Aa기로 편년되는 2호 점토충전목곽묘의 내부구조는 좀 특별하다. 단일 묘광에 설치된 장방형의 목곽 내 약간 동쪽으로 가운데에 잔자갈이 깔린 피장자 공간이 있고, 그 반대편 서벽 아래에는 토기가 집중 부장된 구역이 있다. 피장자 공간과 토기 집중 구역 사이에는 칸막이 등 아무런 시설의 흔적이 발견되지 않았다. 만일 칸막이가 있었다면 이 묘곽은 1B2b식 동혈주부곽, 칸막이가 없었다면 2A식 단독곽으로 분류되어야 한다. 그런데 피장자 공간의 동서로 긴 잔자갈층 양쪽에는 소량의 토기들이 놓이고, 이를 포함하여 잔자갈층 외연으로 별도 葬具의 나무 흔적이 남아 있었다. 즉 이곳에 내곽이나 외관과 같은 시설이 설치되어 있었다는 것을 의미한다. 피장자 안치에 목관이 사용되었다면 목관은 그 葬具의 내부 잔자갈층 위 토기들의 안쪽에 놓였을 것이다. 목곽 내 피장자 공간이 이와 같이 내외 2중 구조로 막혀 있어 따로 부곽을 구획하는 칸막이를 설치하지 않았을 수도 있다고 본다.[128]

이 고분군에서도 신라 전기고분은 조기고분에 이어 조영되었으므로, 1기 고분의

<hr/>

128 이 목곽 구조의 의미에 대해서는 앞의 제2장 II-4 참조.

유물 부장은 조기의 연장선으로 보인다. 2호묘에서 투구와 철모 2점이 농공구, 토기와 공반하여 c랭크로 분류되고 그 외 고분은 농공구와 토기, 또는 토기만 출토되었다. d랭크로 분류된다.

2기 이후 금공품으로는, 토기에 의한 편년이 어려운 31호에서 철대도와 농공구 등 여러 점의 철기와 함께 수식이 달리지 않은 금동세환 1점이 출토되었다. 그 외의 고분에서 출토된 금공품은 없다.

2기 고분은 1기이나 소수의 농공구, 토기와 함께 등자와 재갈이 출토되었다. 마구류 출토에 의미를 두어 b랭크로 분류한다.

3기의 40호에서는 재갈과 철제대도, 철모 1점이 출토되었으므로 b랭크로 분류된다. 대형무기인 철대도가 출토된 3b기의 14호·38호는 c랭크, 그 외의 농공구와 토기, 또는 토기만 출토된 3기와 4기 고분들은 d랭크로 분류된다. 이 외에 토기에 의한 편년이 어려운 30호에서 삼엽문환두대도 1점과 소수의 철기가 공반되었다.

묘곽이 파괴·유실된 고분들이 많아 원래의 유물 부장 양상과는 많이 다르겠지만, 고분 랭크의 대강은 이해할 수 있다고 본다(앞의 표 2-19).

(6) 다운동유적(표 2-20, 별표 42)

구어리유적에서 남쪽으로 내려가 태화강의 지류변에 위치한 다운동유적은 원삼국 (사로국)시기부터 고분들이 조영되었다. 유적에 대한 여러 차례의 발굴이 이루어졌으며, 신라 전기고분은 그 중 마구역과 바구역에서 조사되었다(울산발전연구원 문화재센터 2003; 2005).

고분들은 구릉의 동향 경사면에 입지하였는데, 보고된 신라 전기고분은 1Bb기의 점토충전목곽묘 1기 외에는 석재충전목곽묘와 수혈식석곽묘이다. 점토충전목곽묘 1기는 마구역에서 발굴되었고, 마구역과 바구역에서 석곽묘로 보고된 고분 중에는 석재충전목곽묘와 수혈식석곽묘가 혼재되어 있다. 수혈식석곽묘는 점토충전목곽묘와 함께 1Bb기부터 축조되었으며, 2a기부터는 석재충전목곽묘와 수혈식석곽묘가 공존하였다.

신라 전기 1Bc기에 피장자 발치 쪽의 단벽을 호선으로 둥글게 쌓은 수혈식석곽묘가 등장하였는데, 석재충전목곽묘 중에도 피장자 발치 쪽에 평면 원형이나 호선으로 부

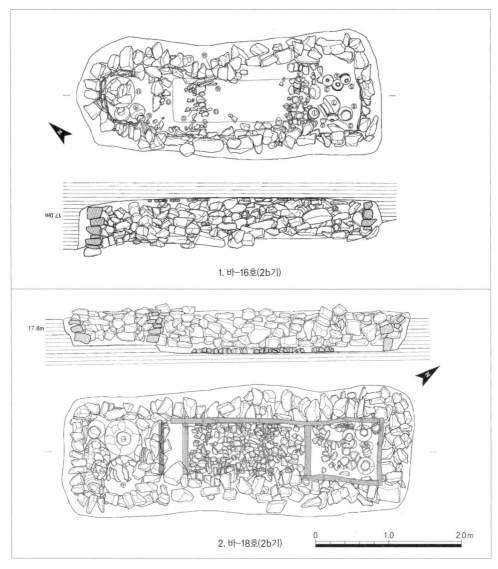

1. 바-16호(2b기)

17.8m

2. 바-18호(2b기)

도 2-78 다운동유적의 석재충전목곽묘

곽을 설치한 예들이 있다(도 2-78의 1).

고분들은 몇 개의 소그룹을 이루고 있으며, 소그룹 내에서는 고분들이 대개 경사면 아래쪽에서 위쪽으로 올라가면서 축조된 것으로 보인다. 석곽묘의 축조는 신라 후기로 이어졌는데, 신라 후기의 늦은 시기 석곽은 신라 전기고분의 소그룹과는 관계없이 산발적으로 분포하였다.

묘곽의 형식 중 동혈부곽은 석재충전목곽묘 중에 1B2a식이 축조되었고, 그 외는 묘제와 관계없이 2A식, 2B식, 2C식의 단독곽이 설치되었다. 1B2a식 동혈주부곽이 축조된 석재충전목곽묘 중에는 목곽의 흔적이 잘 남아 있고, 부곽은 평면 원형이나 호선으로 축조된 예들이 있는데, 그 중 바-18호의 묘곽에는 주곽의 피장자 머리맡에도 나무로 격벽을 세워 주 부장군을 분리한 흔적이 남아 있었다(도 2-78의 2).[129]

바-12호 수혈식석곽묘에서는 집게, 망치 등의 단야구가 판상철모 2점, 몸체가 넓은 신라 조기형의 유자유기 3점과 함께 철촉, 농공구를 공반하여 출토되었다. 이 고분군에서 철기가 가장 많이 출토되었으나 토기가 출토되지 않아 고분의 편년에서 제외하였는데, 판상철모와 유자이기는 신라 조기 전통이어서 전기 초일 것으로 판단된다.

금공품으로는 바-18호에서 수식이 달리지 않은 금박은제 세환 1점이 출토되었으나, 이 고분에서 철기는 낫 1점뿐이어서 별 의미는 없다. 그 외 대형무기인 철모는 2b기의 바-16호와 마-4호에서 1점씩 출토되었을 뿐이며, 철촉이 다수 출토된 고분이 있으나 대개는 농공구와 토기, 또는 토기만 출토되었다. 철모 출토 고분은 c랭크, 나머지는 d랭크로 분류된다(앞의 표 2-19). 철모가 출토된 고분은 모두 석재충전목곽묘이고, 철촉이 다수 출토된 고분들은 모두 수혈식석곽묘이다.

3. 남부지구

1) 고분군

경주분지에서 남쪽, 울산광역시의 언양 방면으로 나아가는 남부지구는 형산강의 상류역에 해당한다. 신라 조기고분군으로 저명한 덕천리유적은 형산강 상류역 중간쯤의 평지에서 조사되었는데, 그 서쪽 구릉지대에는 많은 고분군이 자리하고 있다. 그 중 한 지점에서 신라 전기고분 일부가 발굴조사되었다.

....

129 앞서 언급하였듯이 제내리 16-1호 수혈식석곽묘에서는 피장자 머리맡과 주 부장군 사이에 격벽을 판석으로 세웠는데, 이는 다운동 바-18호와 같은 목곽묘에서 나무 격벽을 판석격벽으로 바꾼 것이라 판단된다.

덕천리유적을 가운데에 두고 그 북쪽과 남쪽으로 조금 떨어져 위치하는 구릉지대에서도 수많은 고분유적들이 조사되고 있다. 그 중 북쪽 부지리유적에서는 수혈식석곽묘 중심의 좀 늦은 시기 신라 전기고분군이 조사되었고, 부지리유적 서북쪽의 화곡리유적에서도 수혈식석곽묘 중심의 신라 전기고분군이 발굴되었다. 남쪽으로 울산광역시와 경계에 가까운 곳에 위치한 월산리유적에서는 수혈식석곽묘 중심의 신라 전기고분과 석실봉토분 등 신라 후기고분이 따로 구역을 이루고 있었다. 덕천리유적을 중심으로 일대의 조밀한 고분군 분포가 주목된다.

한편 현재의 경주 시계를 벗어나 태화강의 지류 대곡천변에 위치한 하삼정유적에서도 수많은 신라 전기고분이 조사되었다. 원삼국 전기의 목관묘부터 조영된 하삼정유적도 사로국의 범위 안에 들어가는 것임은 앞서 이미 설명한 바 있는데, 신라 전기에는 남부지구에 포함된다고 본다.

2) 각 고분군의 전개

(1) 덕천리고분군(표 2-21, 별표 43)

덕천리의 신라 조기 목곽묘군과 서쪽으로 인접한 구릉 말단부에서 호석으로 둘러싸인 고분 3기와 호석이 확인되지 않은 묘곽 2기가 조사되었다. 그 중 호석고분 2기(4호와 5호)는 남북 연접분으로 축조되었다. 발굴조사된 고분은 모두 적석목곽분으로 보고되었다(중앙문화재연구원 2005). 보고 내용에서 상부적석의 묘곽 내 함몰 상태를 확인할 수 없지만 지상묘광식으로 보이는 1호, 호석이 유실되어 조사되지 않은 것으로 보이지만 상부적석의 묘곽 내 함몰 상태가 확인되는 2호는 묘광과 목곽 사이의 냇돌 충전 상태나 출토유물의 수준 등으로 보아 적석목곽분으로 인정된다. 그러나 1호 부곽의 한쪽 벽선도 둥글게 축조된 것으로 보이지만, 3호와 4호 주곽의 피장자 발치 쪽 단벽이 호선으로 축조된 점, 4호의 주곽 내부에 고시상(관대)이 축조된 점은 적석목곽분의 축조 기법과는 다른 것이어서 유의된다.

덕천리고분들의 축조시기는 신라 전기 3b기 이후로 편년된다. 주부곽식이 2기인

표 2-21 남부지구 고분군 편년표

단계	덕천리고분군			화곡리고분군	부지리고분군			열산리고분군	
	적석목곽분	석·적·목병	점토충전목곽묘	수혈식석곽묘	점토충전목곽묘	석재충전목곽묘	수혈식석곽묘	점토충전목곽묘	수혈식석곽묘(횡구식 포함)
1Aa									
1Ab									
1Ba									
1Bb									
1Bc			2B: 28 ?: 26(토)						
2a				2C: 5 ?: 1, 18	2A:1 ?: 6(토)				
2b				?: 4					
3a				2B: 33 ?: 32					2B: A-114 ?: A-115·126
3b	1B4d: 1 2B: 2	1A1: 4 2B: 5		2A: 9,38 2B: 17, 30, 44 ?: 3, 6, 12, 13, 14, 16, 21			2B: 4-1, 5		2A: A-71·72 2B: A-32·44·45·73·77·108·120·127·138 ?: A-38·50·52·54·59·125·128·130·131·132·134
4a		?: 3		2A: 2, 10, 39 2B: 35, 45, 46 2C: 41 ?: 20, 34, 43		2A:7	2A: 9 2C: 18		2B: A-11·26·42·62·64·66·146 2C: A-4·12·63·67·140 ?: A-2·3·28·30·86·100·101·105·119·142·144 횡구: A-65·112
4b				?: 8, 29				?: A-2(토)	2B: A-31·34·46 2C: A-7·18·21·24·43·61·96·104 ?: A-1·9·13·16·25·27·32-1·33·39·53·56·95·109·135·139·141 횡구: A-29·91·97
후기1a				2C: 40			2B: 21 횡혈: 20	2C: A-1(토)	2C: A-121, B-3 ?: A-49·81·107·110, B-2·18 횡구: A-20·80, B-16
후기1b				2C: 36	?: 8·11				?: B-6·8·12·14·20

표 2-22 남부지구 고분군 고분 랭크

	덕천리고분군	화곡리유적	부지리유적	월산리유적	하삼정고분군
1기		d			a b c d
2기		b c d	d		a b c d
3기	b??	c d	d	b?d	b c d
4기		c d	d	b c d	b c d

데, 1기는 부곽이 피장자의 발치 주곽 단벽 쪽에 있는 1A1식의 이혈주부곽이다. 다른 1기는 부곽이 피장자 발치의 주곽 장변 쪽에 위치하여 1B4d식으로 분류하였으나, 묘광은 이혈식이었을 것으로 보인다. 주부곽 모두 호석 내 성토층의 지상묘광식으로 축조되었기 때문일 것으로 판단된다. 그 외는 2B식 단독곽이 2기이다.

묘곽의 동쪽 부분이 조사되지 못한 3호 외에는 모두 마구류가 출토되었고, 특히 1호와 3호에서는 피장자가 은장대도를 착장하고, 금장 또는 은장의 성시구가 부장되었다. 또 2호와 4호에서는 피장자가 수식이 달리지 않은 세환식 금동귀걸이, 5호 피장자는 목걸이를 착장하였다. 특히 부곽에서 기마인물형토기, 등잔형토기 등이 출토된 1호분에서는 은장운주와 함께 말의 엉덩이에 세우는 寄生으로 추정되기도 하는 금동제장식이 출토되었다. 이런 금동제장식은 천마총, 금령총 등 월성북고분군의 특a랭크 고분에서나 출토되는 유물이다.

그러나 1호를 포함하여 덕천리고분에서 관모, 과대와 관련된 유물은 출토되지 않았다. 이에 따라 마구가 출토된 고분 4기는 일단 모두 b랭크로 분류하고, 묘곽 동쪽 부분이 조사되지 못한 3호는 랭크 구분을 보류해 두겠다(표 2-22). 하지만 세트가 갖추어지지는 못했으나 1호의 금공품들을 포함한 격이 높은 부장유물은 신라 전기 덕천리고분군의 위상과 관련하여 시사하는 바 크다.

(2) 화곡리유적(표 2-21, 별표 43)

형산강 상류의 한 지류인 화곡천 끝의 화곡지변에서 토기 등의 생산유적과 함께 고분군이 조사되었다(성림문화재연구원 2007). 고분군은 화곡지 쪽으로 내려가는 구릉의 서남향 경사면 말단부에 조성되었다.

이 고분군은 신라 전기 1Bc기로 편년되는 목곽묘와 토광묘의 존재로 보아 이른 시기에 점토충전목곽묘의 축조로 형성되기 시작하였던 것으로 보이나, 이들 외에 발굴구역에서 조사된 고분들은 모두 수혈식석곽묘들이다. 호석은 신라 전기 3b기의 9호와 44호, 4a기의 45호에서 확인되었는데, 44호와 45호는 호석이 연결된 연접분이었을 것이다. 고분들은 대개 등고선과 평행하게 축조되었으며, 동쪽 고분들이 좀 이르고 서쪽 고분들 중에 늦은 시기 것이 많지만, 고분들의 그룹을 구분하기는 쉽지 않다.

석곽묘들은 길이 3m 이상과 그 이하로 나누어지지만 너비는 60cm를 넘는 것은 많지 않아 석곽의 평면은 대개 세장방형이다. 주부곽식은 없고, 모두 2A식, 2B식, 2C식의 단독곽으로 축조되었다.

금공품으로는 신라 전기 3a기의 두 고분(33호, 44호)에서 금동세환이 출토되었다. 마구류로 재갈이 출토된 고분이 1기이고(2b기: 4호), 삼엽문환두대도를 포함한 대형무기 출토 고분이 2a기(18호), 3a기(35호), 4a기(35호)에 각각 1기씩 있을 뿐, 그 외는 모두 소수의 농공구와 토기 또는 토기만 출토되었다. 47호 옹관묘에서도 환두대도가 출토된 것이 이채롭다. 마구 출토 고분은 b랭크, 그 외는 c랭크와 d랭크로 분류된다(앞의 표 2-22). 출토유물이 이와 같이 빈약한 것은 도굴의 피해가 심했기 때문이기도 하겠지만, 그러나 다른 고분군들의 예로 보아 대개의 경향성은 반영하고 있다고 판단된다.

(3) 부지리유적(표 2-21, 별표 44)

부지리유적은 화곡리유적의 동남편에 위치하였는데, 화곡천 가까이의 독립구릉에서 고분들이 조사되었다(성림문화재연구원 2015). 조사 범위 내의 독립 구릉 남쪽 편에서 점토충전목곽묘, 석재충전목곽묘가 조사된 것으로 보아, 고분군은 남쪽에서 점토충전목곽묘가 축조되면서 형성되기 시작하여 북쪽으로 가면서 수혈식석곽묘로 전환되고 신라 후기의 석실봉토분 축조로 이어진 것으로 보인다.

극심한 도굴로 묘곽 내에 편년 가능한 유물이 남아 있지 않은 고분들이 많았는데, 남쪽의 점토충전목곽묘는 신라 전기 2a기로 편년되고, 그 외 편년 가능한 고분들은 3b기 이후이다.

주부곽식 묘곽은 없고, 대개 2A식, 2B식, 2C식 단독곽으로 축조되었다. 묘곽 내에서 금공품, 마구류, 대형무기가 출토된 고분은 없어 모두 d랭크로 분류되는데, 3b기의 5호에서 유자이기이거나 그 대용으로 판단되는 판상철기 3점, 편년에서 제외한 17호에서 철방울 1점과 철탁 4점이 출토된 것이 주목된다(앞의 표 2-22).

(4) 월산리유적(표 2-21, 별표 44~46)

월산리유적은 덕천리유적에서 더 남쪽으로 내려가 울산광역시와 경계 가까운 곳에 위치하였다. 구릉의 동향 경사면에 고분군이 형성되었는데, 신라 전기의 수혈식석곽묘 중심으로 고분들이 밀집·조영된 북쪽의 A구역 남쪽으로 신라 후기의 석실봉토분과 석곽묘 등 신라 후기고분이 조밀하지 않게 분포된 B구역으로 이어졌다(국립경주문화재연구소 2003).

신라 전기 3a기부터 A구역에 수혈식석곽묘가 축조되기 시작한 것으로 보이는데, 4a기부터는 횡구식석곽묘도 일부 축조되었고, 4b기와 신라 후기 1a기로 편년되는 토광묘도 2기 발굴되었다. 석곽묘들은 대개 등고선과 평행하게 축조되었으며, 경사면 중하위 쯤에서 시작하여 주로 경사면 위쪽으로 올라갔지만, 경사면 하단부에도 일부 늦은 시기의 석곽묘가 축조되었다. A구역에도 신라 전기의 횡구식석곽묘나 신라 후기 초의 석곽묘들이 드문드문 분포하였다. 호석은 신라 전기 3b기의 A-125호, A-127호 두 고분에서 조사되었다.

깬돌로 축조된 신라 전기 3a기의 A-126호, 판석으로 석관묘처럼 축조된 4a기의 A-63호 석곽묘는 묘곽 내 동쪽을 격벽으로 막아 피장자와 유물 부장 공간을 분리하였지만, 피장자 머리맡에 따로 주부장군이 없어 주부곽식으로 분류하지 않았다. 이들을 제외하면 주부곽식 묘곽은 없고, 2A식, 2B식, 2C식의 단독곽이 축조되었다. 보고된 석곽의 길이, 너비의 계측에 문제가 있는 것으로 보이지만,[130] 석곽묘들의 평면은 대개 세장하다.

---

130 다른 고분군들에 비해 석곽의 규모가 월등하게 큰 것으로 보고되었는데, 석곽의 길이와 너비를 석곽 내부가 아니라 외부로 계측한 것으로 보인다.

도굴의 피해가 심하고 묘곽의 일부가 파괴·유실된 것이 많아, 석곽 내에서 유물이 출토되지 않았거나 토기에 의한 편년이 불가능한 것은 제외하였지만, 그래도 출토유물을 통해 대개의 경향성을 읽을 수는 있다. 금공품으로 수식이 달리지 않은 세환식 금동제귀걸이 출토 고분이 여럿이지만, 공반유물에서 모두 특별한 의미를 가진 것은 아니라고 판단된다. 다만 마구류 출토 석곽묘가 신라 전기 3b기에 3기(A-45·59·73), 4a기에 1기(A-64)인데, 모두 세환식 금동귀걸이가 공반된 것은 의미가 있다. 그 중 신라 전기 3b기의 A-73호에서는 피장자가 삼엽문 환두대도를 착장하였고, A-45호에서는 철제대도를 착장하였다. 마구류 출토 고분들은 석곽의 규모도 커서 다른 고분들과 차별성이 있다. A-77호에서는 1쌍의 세환 중 하나의 아래로 사슬이 달린 귀걸이가 출토되었으나 공반유물에 다른 특징은 보이지 않는다. 앞의 마구류 출토 고분은 b랭크, 대형무기인 철모가 출토된 4b기의 1기(A-31)는 c랭크로 분류되고, 그 외는 모두 d랭크에 속한다. 대형무기 출토 고분은 극소수이나 철촉 출토 고분이 상당수인 것이 주목된다(앞의 표 2-22).

(5) 하삼정고분군(표 2-23, 별표 47~63)

① 고분군 개요

월산리유적에서 더 남쪽으로 내려가 경주 시계를 벗어나 태화강의 지류 대곡천변에서 조사된 하삼정유적의 위치는 현재 울산광역시에 속한다. 그러나 이곳의 원삼국 후기 말 목곽묘에서는 경주지역에서와 같은 세장화 현상이 확인되므로 이곳도 원삼국시기부터 사로국의 범위 안에 포함되었을 것임은 전고에서 밝힌 바 있으며(최병현 2018b: 70), 위치상 남부지구와 연결된다고 판단된다.

하삼정유적에서 고분군은 남북으로 조금 떨어진 두 지점의 구릉 경사면에서 조사되었다. 북쪽에서는 원삼국 전기 말의 목관묘와 후기의 목곽묘가 축조된 유적이 조사되었고, 남쪽에서는 원삼국 후기부터 목곽묘가 축조되기 시작하여 고분의 축조가 신라 후기의 석실봉토분까지 이어진 고분군이 조사되었다. 북쪽 유적은 울산 하삼정유적(한국문화재보호재단 2007)으로, 남쪽의 고분군은 울산 하삼정고분군(한국문화재보호재단 2009; 2010; 2011~2014)으로 보고되었다.[131]

표 2-23 하남정고분군 편년표

	점토충전목곽묘	석재충전목곽묘	석·적봉명	수혈식석곽묘(분) (횡구식·횡혈식 포함)
조기 2a				
2b				IIB: 나343 IA1: 나231 IIA: 가145, 나295 IIC: 나348 ?: 가H27, 나252·286·301·302(재)·314
전기 1Aa	2A: I-64			?: 가370, 나303
1Ab		1B2b: II-16 2B: I-24 ?: II-7		2C: 나268
1Ba	2A: I-27 ?: II-17·37			
1Bb	?: I-13	2A: I-30, II-2 2B: II-8 ?: I-23		
1Bc	2A: II-21 ?: II-38	1B2a: II-3 2B: II-6·9·11·12·25 2C: I-14 ?: II-적2·10		2A: 가66·130·185 2B: II-13(겸), 가H89·251·263·306·나262 2C: 나H71(재) ?: 가359, 나276(재)
2a	?: II-18	2B: II-1		1B2a: 가H67·280 2B: 가H04·140·141·142·187·266·310·315·318·나271 ?: 가H25·264, 나275
2b				1B2a: 가153·294·나245 1B3: 나H15 2A: 가148, 나270 2B: 2가179·93·139·168·188·218·281·283·302·319·322·333·334, 나99·118·138·157·158·159·165·166·171·332·336·357 2C: 나149·320 ?: 가161·68-1·69·94·102·107·109·144·348, 나173-2·240·334·335
3a				1B2a: 나169 2A: 가209·286, 나134 2B: 가35·36·65·67·77·82·83·88·111·272·275·287·293·295·305·313·320·337·339, 나56·173·175·193·194·195·217·308·325·326·327·342·346·347·360 2C: 가H01·162·314, 나176-2·323

1B3: 나72
2A: 가316, 나75·169-1·188
2B: 가7·41·47·49·56·57·84·85·87·89·96·98·99·147·149·150·160·190·191·
193·194·197·243·278·279·309·317·323·347,
나24·48·55·62·63·64·67(제)·68-1·69·71·74·79·80·81·95·96·98·109·123·124·
126·135·136·164·176-1·179·180·183·190·199·206·207·208·209·213·214·215·
227·234·297·307·311·321·328·329·338·345·352
2C: 가H23·154·196, 나H117·163·306·339
?: 가66-1·75·90·116·215·242·259·269·327
나9·49·50·53·68·77·80-1·101·181-3·196·205·304·333·337·356
횡구: 가25·45·201

1B2a: 가H6·366, 나81-1·146
1B4c: 나65
2A: 가13·71·80·148, 나46·133·176-3·177·260·305
2B: 가6·23·41·63·100·121·137·152·164·175·176·177·202·217·222·232·255·256·
268·277·340·341·349·361·362·364·367·371, 나6·10·15·17·23·29·30·39·40·59·
61·76·81-2·83·85·86·87·94·105·108·127·129·142·144·145·155·156·
170·181·187·200·210·211·216·220·229·230·291·309·351
2C: 가H13·126·136·138·146·159·169·170·239
나20·41·120·223·249·263·340·354
?: 가13·91·112·119·132·135·165·214·225·240·244·342·360
나34·70·73·143·181-1·204
횡구: 가14·43, 나130

1B2a: 가204, 나88·259
2A: 가7·166·184·195·335·376, 나202·247
2B: 가10·18·26·29·30·51·60·76·114·128·134·153·161·205·221·234·236·241·249·
261·270·290·368·372·375
나1·5·11·12·16·22·26·33·35·47·51·82·84·89·92·110·147·168·186·235·239·241·
250·254·257·261·272·273·278·279·310·317·359
2C: 가H2·10-1·220·231·331·369·373·374, 나H82-1·82-2·140·224·293·349
?: 가H1-1-2·19·21·24·33·52·72·115·122·171·208·229·233·235·238·253·260·265·
267·271·273, 나19·27·28·174·197·201·221·244·250-1·280·281·322
횡구: 가H1, 나292
횡혈: 14·34

1B2b: II-적II

2B: 가H46·95·97, 나4·58·60 등
2C: 가H22, 나154·242 등
횡혈: 17(횡구?)

?: I-9

경: 목곽과 석곽의 결합
재: 재사용

3b
4a
4b
후기1a
후기1b

하삼정고분군은 남향한 구릉의 경사면에 조영되었는데, 크게 보면 원삼국 후기의 목곽묘부터 신라 전기의 수혈식석곽묘(분)가 거의 빈 공간 없이 조밀하게 축조된 고분군 중심부와 그 동과 서 양쪽으로 대개 호석을 두른 봉토분들이 축조된 구역이 있다. 고분군 중심부에도 일부 신라 후기고분이 축조되었지만, 동과 서의 봉토분 구역에는 대개 신라 전기 3b기 이후부터 수혈식석곽분(묘)이 축조되기 시작하여 신라 후기의 석실봉토분으로 이어졌으므로, 하삼정고분군은 먼저 중심부가 형성된 뒤 남과 북으로 확대되었다고 할 수 있다.

고분군 중심부는 서쪽 반을 가지구, 동쪽 반을 나지구로 구분하여 발굴되었다. 원삼국 후기의 목곽묘는 서쪽인 가지구에서 조사되었고, 신라 조기의 목곽묘는 가, 나지구 모두에서 조사되었으므로 고분군 중심부도 서쪽에서부터 형성되기 시작하였다고 할 수 있다. 그런데 신라 전기에 들어와 1Aa기~1Bc기에 주로 축조된 목곽묘 계열의 고분은 가, 나지구 구분 없이 대체로 경사면 중단 아래쪽에 축조되었고, 1Bc기 이후 본격 축조되기 시작한 수혈식석곽묘는 고분군 중심부의 여러 곳에서 이른 시기 고분이 분산적으로 축조되기 시작한 것으로 보인다. 수혈식석곽묘들은 경사면 위아래로 줄지어 있는 모습이 관찰되는데, 대개 경사면 아래쪽의 이른 시기 고분에서 시작하여 경사면 위로 거슬러 올라가며 소그룹을 이루면서 축조된 것으로 판단되지만, 고분의 분포가 워낙 조밀하여 소그룹들을 모두 구분해 보기는 어렵다.

② 묘제

하삼정고분군에서는 점토충전목곽묘가 신라 조기에 이어 신라 전기에도 축조되었지만, 석재충전목곽묘도 신라 전기 초부터는 함께 축조되었다. 그러나 수혈식석곽묘가 본격 축조되기 시작되면서 점토충전목곽묘와 석재충전목곽묘는 거의 소멸된 것으로 보인다.

....

131 하삼정고분군은 고분군 중심부에서 서쪽 부분을 가지구, 동쪽 부분을 나지구로 나누어 발굴되었는데, 그 중 목곽묘 계열의 고분은 보고서 I(가지구)과 II(나지구)로 나누어 보고되었고, 수혈식석곽묘는 가지구와 나지구의 고분 번호가 각각 따로 부여되었다. 이에 여기서는 목곽묘 계열의 고분은 보고서 번호 I과 II로, 수혈식석곽묘는 가와 나로 표기하여 구별해 두겠다.

적석목곽분은 가지구에서 2기가 축조된 것으로 보고되었는데, 그 중 신라 전기 1Bc기로 편년되는 2호는 묘광과 목곽 사이의 토석 충전 상태나 묘광 내로 함몰된 돌들의 상태로 보아 석재충전목곽묘였음이 분명하다. 신라 전기 4b기로 편년되는 1호는 묘광 내 함몰 상태를 검토해 볼 수 있는 자료가 제시되지 않아 편년표에는 묘제 불명으로 두었지만, 직선으로 뻗어 있는 석벽 하단부의 축석 상태 및 부곽의 뒷벽이 직선이 아니라 약간 둥글게 축조된 점 등으로 보아 적석목곽분이 아니라 수혈식석곽분이었을 가능성이 더 크다. 만일 주곽의 석벽 내에 목곽의 흔적이 있었다면 목곽 벽과 석곽 벽이 붙어 있는 겹곽 상태의 수혈식석곽이었겠지만, 묘곽 바닥에 깐 잔자갈층이 석벽과 붙어 있는 점으로 보아 그럴 가능성은 없다고 판단된다. 그러나 이 고분은 주구와 호석이 돌아간 봉토분으로 한 쌍의 세환식 귀걸이, 안교 복륜을 비롯하여 재갈과 등자, 행엽과 운주 등의 마구류가 출토되어 이 고분군에서 높은 랭크의 고분이었음이 주목된다.

하삼정고분군에서 가장 많이 축조된 고분의 묘제는 수혈식석곽묘(분)이다. 〈표 2-23〉에서 보는 바와 같이 이 고분군에서 묘제는 신라 전기 1Bc기의 과도기를 거쳐 수혈식석곽묘 중심으로 교체되었는데, 목곽묘로 보고된 II-13호(1Bc기)는 판석 뚜껑이 덮인 상태로 발굴된 것으로 보아 내부에 목곽이 겹곽 상태로 존재한 수혈식석곽묘였을 것이다. 신라 조기에 점토충전목곽묘, 신라 전기에는 석재충전목곽묘도 축조되었던 이 고분군에서 석재충전목곽묘로부터 수혈식석곽묘로의 묘제 전환은 이와 같은 중간 형태를 거치며 이루어졌겠지만 보고 내용에서 더 이상의 적극적인 근거 자료를 찾기는 어렵다.

그런데 하삼정고분군에서 특히 유의되는 점은 신라조기양식토기가 부장된 수혈식석곽묘들의 존재이다(도 2-79). 신라 조기 2a기의 1기, 2b기의 10기가 찾아졌다.

필자는 과거에 원삼국 후기 이래 일부 낙동강 이서지방에 판석조석관묘가 존재하였음을 밝힌 바 있지만(최병현 1992d), 원삼국시기에 하삼정유적과 고분군에서는 석관묘나 석곽묘가 축조되지 않았고, 경주지역의 다른 어떤 유적에서도 아직까지 신라 조기 이전의 수혈식석곽묘는 찾아지지 않았다. 그런 점에서 하삼정고분군의 신라 조기 수혈식석곽묘는 주목되는 존재라고 할 수 있는데, 그 중에는 판상석이 벽석으로 사용된 것도 있지만 대개는 깬돌로 벽을 축조한 것이어서 딱히 선사시대 이래의 석관묘 전통과 연결된다고 보기도 어렵다. 현재로서는 신라 조기 하삼정고분군의 특이한 사례로 유의

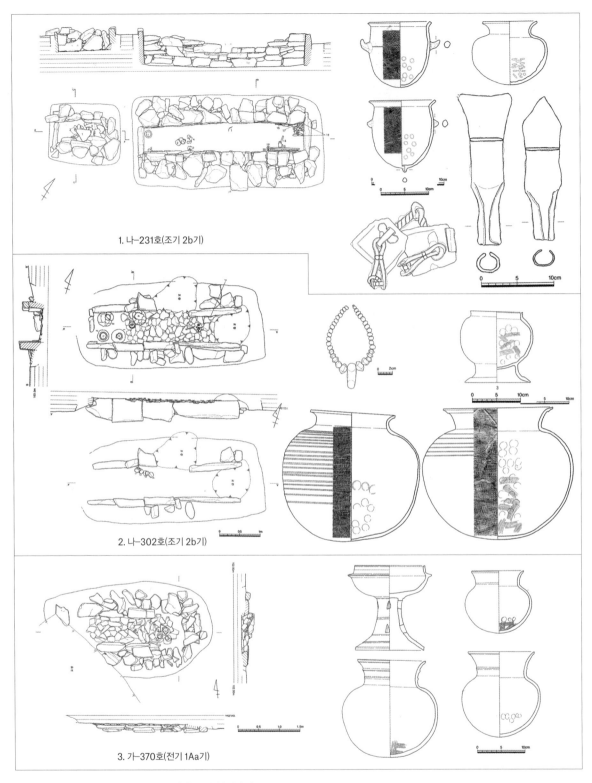

1. 나-231호(조기 2b기)

2. 나-302호(조기 2b기)

3. 가-370호(전기 1Aa기)

도 2-79 하삼정고분군의 신라 조기·전기 초 수혈식석곽묘해 둘 수밖에 없는데, 그 중 신라 조기 2b기의 나-231호는 이혈주부곽식 석곽묘로 판상 철모를 비롯한 다수의 철기와 경판부재갈이 출토되어 하삼정유적에서 가장 상위 랭크의 고분이었을 것으로 판단된다.

하삼정고분군에서 신라 조기에 출현한 수혈식석곽묘는 신라 전기 1Ab기까지 이어진 것이 확인된다. 그 이후 1Bb기까지 공백기를 거쳐 1Bc기부터 다시 수혈식석곽묘가 본격적으로 축조되기 시작하였다. 이로 보아 신라 전기의 수혈식석곽묘(분)는 신라 조기 석곽묘의 계보를 이은 것이라기보다는 다른 유적에서와 같이 석재충전목곽묘에서 전환된 것이라고 판단된다.

신라 전기의 수혈식석곽묘 중에는 피장자 발치 쪽의 단벽이 직선이 아니라 호선으로 둥글게 축조된 것들이 상당수이다. 1Bc기의 가-251호부터 그 시작을 볼 수 있고, 2a기의 가-280호는 피장자 발치 쪽에 돌벽을 세워 막은 부곽의 세 벽이 모두 둥글게 축조되어, 그러한 축조 방식이 일찍부터 시작된 것을 알 수 있다. 또 세 벽은 깬돌로 쌓고 피장자 발치 쪽의 단벽에만 판석을 세운 것, 2B식 묘곽에서 피장자 발치 쪽의 유물 부장 공간을 ㄷ자상으로 판석을 세워 막은 예들이 있는데, 3a기, 3b기에 그 수가 많다.

또 석곽의 규모는, 석관형의 소형 판석조 석곽묘를 제외하면, 대개 길이 2.50m 이상, 너비 60cm 이상이 일반적이지만, 너비 50cm 이하도 상당수이고, 신라 전기 3a기의 가-209호는 길이 1.70m에 너비 20cm, 가-337호는 길이 2.90m에 너비 30cm에 불과하다. 이와 같이 폭이 극단적으로 좁은 석곽묘는 그 장제에 대한 검토가 필요하다고 판단된다.

석곽의 바닥은 묘광의 생토층 바닥을 그대로 이용한 예도 간혹 있지만, 대개는 돌을 깔아 조성하였는데, 1Bc기~2b기까지는 깬돌이나 좀 넓적한 판상의 깬돌을 간 것이 많으나 3a기부터는 주로 자갈을 깔아 조성한 경향성이 보인다.

이 고분군에서 고분 호석은 신라 전기 3b기부터 주로 축조된 것으로 보이는데, 고분군 서편 봉토분 구역에서 조사된 가-17호, 가-25호, 동편 봉토분 구역에서 조사된 나-24호, 나-80호 등이 이 시기에 해당된다. 그러나 고분군 중심부와 동편 봉토분 구역 사이에 있는 신라 전기 2b기의 나115호에서도 석곽 주위에 호석 일부가 남아 있어 이 고분군에서 호석의 등장은 그보다 빨랐을 것으로 보인다.

석곽묘(분) 중에는 묘곽 내에서 한 시기 이상의 토기들이 출토된 것들이 상당수 존재한다. 그 중에는 1차 조성된 석곽묘의 원래 바닥 위에 새로운 바닥을 조성한 예들이 있다. 예컨대 신라 조기 2b기의 나-302호는 원래의 판상석 바닥 위에 흙갈색 사질토로 새 바닥을 조성하고 신라 후기 1a기의 토기가 부장되었고, 신라 전기 3b기의 나-67호는 피장자의 발치 쪽 유물 부장 공간을 판석으로 막아 묘곽의 길이를 줄이고, 판상석이 깔려 있던 원 바닥 위에 잔자갈을 깔아 새 바닥을 조성하여 신라 후기 1b기의 토기가 부장되었다(도 2-80).[132] 이 외 신라 전기 1Bc기의 나-171호와 276호도 이에 해당된다. 모두 신라 후기 초 형식의 토기들이 다시 부장된 공통점이 있는데, 이들은 석곽묘가 처음 축조된 뒤 세월이 지나 신라 후기 초에 재사용된 것으로 판단된다.

이들과는 달리 묘곽의 바닥에 개축된 흔적이 없으면서도 묘곽 내에서 한 시기 이상의 토기들이 출토된 예들도 상당수이다. 이 고분군의 광범위한 도굴 과정에서 일어난 여러 가지 변수가 있었을 것이므로 최소화하였지만, 그 중 한쪽 단벽의 축조 상태로 보아 횡구식석곽이었을 것으로 판단되는 예들이 있어 편년표에 표시하였다.

횡구식석곽이라 하여 모두 추가장이 이루어진 것은 아니다. 신라 전기 3b기의 가-45호처럼 부장유물은 한 시기의 것이지만, 피장자 머리 쪽인 동쪽 단벽이 양쪽 장벽과 분리되어 축조된 예도 횡구식석곽이었을 것으로 판단된다. 이로 보아 신라 전기 3b기에는 이 고분군에서 횡구식석곽묘가 조영되기 시작하지 않았을까 판단된다.

하삼정고분군의 수혈식, 횡구식 석곽묘 축조는 신라 후기로 이어졌고, 횡혈식 석실 봉토분의 본격적인 축조도 신라 후기에 들어와서 이루어졌다. 그러나 석실 평면 장방형인 14호와 34호는 신라 전기 4b기에 초축되었을 것으로 판단된다.

신라 전기 2b기로 편년되는 나-115호 수혈식석곽묘(분)의 묘곽 주위로 돌아간 일부 석렬로 보아 이 고분군에서는 고분 호석이 비교적 일찍부터 축조되었을 가능성이 있다. 그러나 묘곽 주위에서 분명한 호석이 확인되는 것은 신라 전기 3b기의 석곽묘에서부터이다.

....

132 보고서 도면에는 석곽의 전·후 바닥에 모두 잔자갈이 깔려 있었던 것으로 되어 있으나, 사진에는 원 바닥에 깔았던 판상석이 제거되었지만 일부 남아 있던 모습이 관찰된다(한국문화재보호재단 2013: 도판 155).

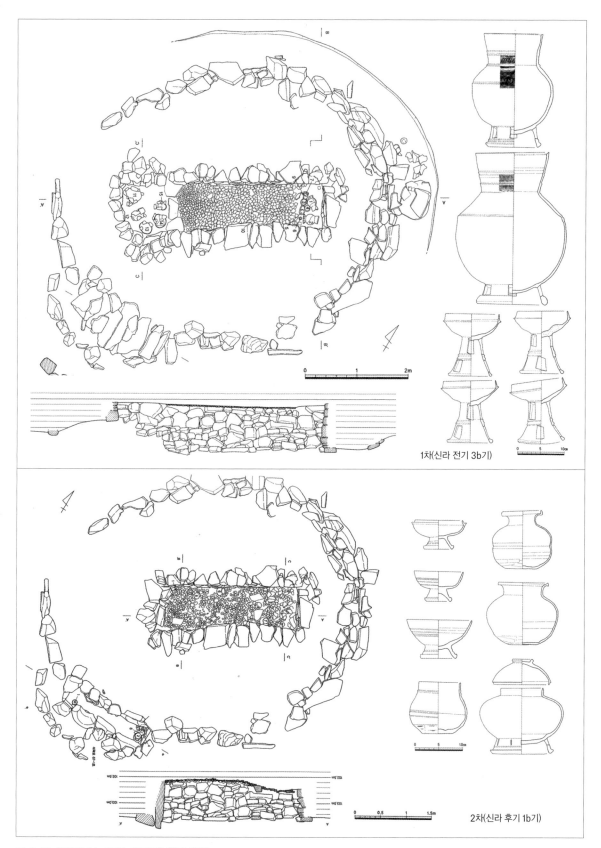

1차(신라 전기 3b기)

2차(신라 후기 1b기)

도 2-80 하삼정 나-67호 석곽묘(분)(재사용)

③ 묘곽의 형식

하삼정고분군에서 이혈주부곽은 신라 조기 2b기의 나-231호 석곽묘 1기뿐이다. 그 외 신라 전기고분에서 주부곽식 묘곽은 석재충전목곽묘와 수혈식석곽묘에서 피장자 발치 쪽에 부곽이 설치된 동혈주부곽이 소수 존재한다.

동혈주부곽식의 수혈식석곽묘에서 주부곽 사이는 깬돌을 쌓거나 판석으로 벽을 세워 막아 모두 1B2a식으로 분류하였지만, 깬돌을 한 겹으로 쌓거나 판석을 세운 것은 사실상 목곽묘 계열의 1B2b식과 같은 것이라고 할 수 있다. 신라 전기 4b기의 가-33호, 나-349호와 같이 피장자 머리 쪽의 유물 부장공간을 판석을 세워 막은 것이 있지만, 피장자의 머리맡에 이와는 구별되는 주부장군이 따로 설치되지 않은 것은 2C식의 단독곽으로 분류하였다. 또 신라 전기 4b기의 나-88호와 같이 피장자 발치와 머리 맡 양쪽의 부장공간을 판석을 세워 막은 것도 발치 쪽은 부곽이지만 머리맡은 주곽의 주부장군에 해당된다고 판단된다.

전체적으로 보아 소수 존재하는 동혈주부곽식 묘곽은 거의 모두 부곽이 피장자 발치 쪽에 있는 것인데, 신라 전기 4a기의 나-65호 1기만이 1B4c식으로 주곽의 장변 중앙에 소형의 부곽이 설치되었다. 이 고분군에서 고분 수에 비해 1B4식 계통의 묘곽이 거의 존재하지 않는 것은 다른 고분군과 비교되는 점이다.

단독곽식 묘곽은 각 분기마다 2A식, 2B식, 2C식 모두 축조되었으나, 피장자의 머리맡과 발치 양쪽에 부장군이 설치된 2B식의 수가 월등하다. 피장자 발치 쪽에 격벽을 세워 막았으면 1B2a식의 동혈주부곽이었을 것이지만, 격벽의 증거가 확실하지 않은 것은 모두 2B식으로 분류하였다. 그러나 그 중 피장자 발치 부장군 쪽의 석곽 너비가 넓어진 것들은 원래 1B2a식 동혈주부곽이었을 가능성도 있다.

수많은 고분이 발굴되었지만, 이 고분군에서는 특정 고분이나 묘곽에 소속되지 않은 유물곽이 눈에 띄지 않는다. 이 점도 다른 고분군과 비교되는 것이다.

④ 고분 랭크

사로국시기부터 고분이 조영된 하삼정고분군에서는 신라 전기 초부터 신라 조기 이래의 점토충전목곽묘와 함께 석재충전목곽묘가 축조되기 시작하였지만, 1Bc기부터는 수혈식석곽묘가 축조되기 시작하여 신라 조기의 묘제로부터 탈피해 나갔다. 그런 과정은 피장자의 세환식 귀걸이 착장 등 출토유물에서도 일부 나타난다. 그러나 신라 전기 초에는 철모와 같은 대형무기의 부장 중시 등 아직 신라 조기적인 전통이 연장되었다고 보이므로, 1기까지는 고분 랭크의 구분도 신라 조기의 기준을 따를 필요가 있다.

1기 고분 가운데 1Bc기로 편년되는 II-3호 석재충전목곽묘에서는 피장자가 수식이 달리지 않은 금동제 세환식귀걸이와 청동팔찌를 착장하고, 환두대도 1점과 철모 11점, 그 외 등자, 재갈 등의 마구류와 농공구를 고루 부장하였다. 신라 조기의 기준을 적용하면 a랭크에 해당된다. 대형무기 4점 이상이 출토된 1Ab기의 II-16호, I-24호 석재충전목곽묘는 b랭크에 해당되고, 대형무기 1~3개가 출토되어 c랭크로 분류되는 1기 고분이 10기인데, 그 중 7기는 석재충전목곽묘, 3기는 너비 70cm 이상의 수혈식석곽묘이다. 신라 전기 초에는 묘제 중 석재충전목곽묘가 상위였던 것을 알 수 있다.

신라 전기 2a기 이후가 되면 하삼정고분군의 묘제는 거의 수혈식석곽묘(분) 일색이 되는데, 수혈식석곽묘(분)는 도굴의 피해가 극심하여 출토유물이 원래의 부장 양상을 보여준다고 할 수 없다. 그러나 분기별로 몇몇 고분들의 석곽묘 규모와 출토유물의 조합에서 차등을 확인할 수 있다.

이 고분군에서도 신라 전기 2a기 이후 귀걸이 출토 고분의 증가가 확연히 눈에 띈다. 귀걸이 출토 고분은 3b기 이후 더욱 크게 늘어나는데, 수식이 달리지 않은 세환식 금동제귀걸이가 일반적이지만 태환식의 금제 또는 금동제 귀걸이가 출토되기도 하고, 중간식과 미식이 갖추어진 세환식, 태환식 귀걸이가 출토된 고분들도 존재한다. 이 중 수식이 달리지 않은 세환식 금동제 귀걸이는 다른 출토유물과의 조합에서 큰 의미를 찾기 어렵지만, 중간식과 미식이 갖추어진 태환식, 세환식 귀걸이는 다른 유물과의 조합이나 석곽의 규모에서 차별성이 보인다.

2기 고분 중 2b기의 나-240호 수혈식석곽묘의 피장자는 ⅲ자형 입식의 금동관과 곡옥이 달린 목걸이를 착장하였다. 석곽이 동쪽 부분만 남고 모두 파괴·유실되어, 다른 유물은 피장자의 머리맡에 부장된 토기 6점만 출토되었다. 그러나 너비 1.0m인 석곽의 규모는 상위 그룹에 속했던 것으로 보인다. 역시 2b기의 나-115호 수혈식석곽묘에서는 피장자의 관모류 착장은 알 수 없지만, 피장자가 수식이 달리지 않은 세환식 금동제

귀걸이를 착장하였고, 금동제 대장식구가 출토되었다. 등자와 재갈, 심엽형 행엽 등의 마구류, 환두대도와 철모 등의 대형무기, 그리고 판갑과 성시구가 출토되었다. 1B3식의 이혈주부곽인 나-115호의 주곽 너비는 1.2m였다. 이 고분들은 월성북고분군에서처럼 관모류와 과대가 모두 갖추어진 것은 아니지만 탑동고분군과 황성동고분군의 예와 함께 a랭크로 분류된다. 2a기의 가-104호와 가-280호는 도굴로 인해 출토유물은 이들에 미치지 못하지만, 너비 1.0m가 넘는 대형 석곽묘들이다. 그 중 가-280호에서는 재갈이 출토되었다. 이 외 철제(환두)대도나 철모와 같은 대형무기가 출토된 2기 고분은 7기(2a기: 가141·가315, 2b기: 가93·가188·나79·나270·나332)인데, 대개 석곽의 너비 70cm 이상이다. c랭크로 분류된다. 이하 농공구류와 토기, 또는 토기만 출토된 고분들은 d랭크로 분류되며, 도굴의 피해가 의심되는 것 외에는 대개 석곽의 너비가 70cm를 넘지 않는다.

3기 고분 중 3b기의 수혈식석곽묘 나-55호에서는 피장자가 수식이 달린 태환식 금제귀걸이와 목걸이, 나-95호에서는 수식이 달린 세환식 금제귀걸이를 착장하였고, 모두 마구류가 출토되었다. 월성북고분군에서와 같은 b랭크에 속한다. 모두 길이 4.5m, 너비 80cm 이상의 대형 석곽묘이다. 그 외 너비 70cm가 넘는 석곽묘 8기에서 마구류가 출토되었다(3a기: 나134, 3b기: 가45·나48·나75·나107·나124·나135·나188). 이들도 b랭크로 분류한다. 마구류가 출토되지 않고 대도와 철모 등의 대형무기가 출토된 너비 60~70cm의 석곽묘가 10여기로, c랭크로 분류된다. 석곽의 규모가 이들 이상이면서 출토유물은 이들에 미치지 못하는 것도 상당수인데, 대개는 도굴의 피해 때문일 것이다. 너비 70cm 이하로 석곽의 규모가 작고 농공구와 토기가 출토되거나 토기만 출토된 고분은 d랭크로 분류된다.

4기 고분 중 피장자가 수식이 달린 태환식 귀걸이를 착장하고 마구류인 재갈이 출토된 4a기의 나-85호의 석곽 규모는 길이 4.2m, 너비 80cm, 피장자가 수식부 세환식 귀걸이를 착장하고 안교, 등자, 재갈 등의 마구류가 부장된, 적석목곽분으로 보고된 4b기의 II-1호 석곽 규모는 길이 3.98m, 너비 80cm이다. 그 외 마구류가 출토된 수혈식석곽묘(분) 9기(4a기: 가361·가364·가371·나30·나46·나86·나87, 4b기: 가21·가372) 중 7기의 석곽 너비가 75cm 이상이다. 이들은 b랭크로 분류된다. 마구류는 공반되지 않고 철제대도나 철모 등 대형무기가 출토된 석곽묘는 14기로 석곽의 너비 60cm에서 90cm까지이다. c랭크로 분류된다. 이 외 석곽의 너비가 80cm 이상이면서도 마구류나 대형무기가 출토되지 않은 고분이 여러 기인데 도굴의 피해가 의심된다. 그 이하는 농공구와 토기가 출토되거나 토기만 출토된 d랭크 고분들이다. 석곽의 너비가 대개 65cm 이하이다.

이상에서 살펴본 하삼정고분군의 고분 랭크를 분기별로 표시하면 앞의 〈표 2-22〉에서 보는 바와 같은데, 신라 전기 초에는 석재충전목곽묘가 상위였으며, 묘제가 수혈식석곽묘 중심으로 전환된 뒤 2b기에는 금동관 또는 금동제 대장식구가 출토된 a랭크 고분까지 존재하였다. 그러나 그 이후 a랭크 고분은 존재하지 않아 전체적으로 고분 랭크가 하강되었던 것을 알 수 있는데, 마구류와 대형무기가 출토되는 b랭크 석곽, 대형무기가 출토되는 c랭크 석곽의 규모도 점차 축소된 것을 알 수 있다. 한편 하삼정고분군에서 늦은 시기에는 피장자가 귀걸이를 착장한 고분이 늘어난 것을 앞서 언급하였는데, 화살촉 출토 고분이 많은 것도 유의된다. 화살촉은 모든 시기의 고분에서 고분의 랭크와 관계없이 고르게 출토되었다.

4. 서남부지구

1) 고분군

경주분지의 남쪽 편에서 영천 방면으로 나아가는 서남부지구는 형산강의 지류인 대천유역에 해당한다. 잘 알려진 금척리고분군은 대천 중류 가까이의 평지에 위치하였고, 그 바로 서남쪽의 북향한 구릉에 방내리고분군이 자리하고 있다. 방내리고분군은 신라 후기의 석실봉토분 중심이지만, 신라 전기 말의 고분들도 일부 조사되었다.

금척리고분군에서 서쪽, 대천 상류로 거슬러 올라가 구릉 사면에 사라리유적이 위치하였다. 사로국 전기의 수장급 목관묘가 조사된 구릉에서는 신라 조기의 목곽묘와 여러 묘제의 전기고분이 조사되었고, 그 하단부에서는 신라 후기의 석실봉토분들이 발굴되었다.

대천유역의 남쪽은 산악지대인데, 표고 800m가 넘는 단석산에서 서남쪽으로 뻗어

내린 가지능선 말단부에서 외칠리유적이 조사되었다. 외칠리유적은 낙동강 수계의 동창천 유역에 해당하지만, 단석산 서쪽을 지나 건천으로 향한 교통로를 통해 서남부지구와 연결되었을 것으로 판단된다.

2) 각 고분군의 전개

(1) 금척리·방내리고분군(표 2-24)

대천의 남쪽으로 접한 평지에 현재 모두 52기의 고총 봉토분이 자리한 금척리고분군에 대한 본격적인 발굴조사는 아직 이루어지지 않았지만, 지금까지 모두 세 차례의 긴급 수습조사가 있었다(국립경주문화재연구소 2008). 가장 먼저 1952년 경주-영천 가도 공사로 파괴된 봉토분 2기(현 30호분과 32호분)의 긴급조사에서 세환식 금제귀걸이, 철제등자 등이 수습되었다. 1976년에는 고분군 중앙부쯤의 지하에서 석곽묘로 판단되는 4기의 묘곽이 조사되고 토기들이 수습되었다. 1981년에는 고분군의 동쪽 입구 부분 지하에서 적석목곽분(?) 8기, 석곽분(?) 3기, 옹관묘 2기, 토광묘 2기가 조사되어, 금동제 관모(?), 세환식과 태환식의 금제귀걸이, 은제 대장식구 과제와 요패, 은장대도, 마구 등이 출토되었다고 한다.

이상의 긴급 수습조사 가운데 1952년도 조사의 대상은 고총 봉토분이었지만 이미 파괴된 고분에서 유물을 수습하는 데 그쳐 고분 구조에 대해서는 알 수 없다. 그 뒤의 두 차례 조사는 고분군 내 평지의 지하에서 드러난 유구에 대한 조사였는데, 점토충전 목곽묘, 옹관묘, 수혈식석곽묘 등이 조사된 것을 알 수 있다. 세 번째 조사의 적석목곽분(?)이 상부적석이 가해진 진정한 적석목곽분인지, 아니면 석재충전목곽묘인지 알 수 없지만, 하여튼 고분군 내 평지의 지하에 이와 같은 묘제의 고분들이 분포하고 있는 것은 분지지구의 월성북고분군에서와 같은 현상이다.

금척리고분군의 서남쪽 곁에 위치한 말암산의 북향 경사면을 입지로 한 방내리고분군에 대해서는 1967년 경부고속도로 건설구간에 대한 발굴조사가 있었고(국립경주문화재연구소 1996; 1997), 최근 다시 그 확장구간에 대한 조사가 이루어졌다(한빛문화재연구원 2018). 방내리고분군에서 조사된 고분들은 대부분 신라 후기의 횡혈식 석실봉토분이다. 그러나 편년표에서 보는 바와 같이 이곳에는 신라 전기 4b기부터 후기 1b기까지 편년되는 적석목곽분들도 분포하였다. 이곳에서 적석목곽분으로 보고된 고분들은 모두 호석을 갖춘 고총 봉토분이며, 23호분, 25호분, 29호분(국립경주문화재연구소 1997: 206·225·243·244)과 26호분(한빛문화재연구원 2018: 220~221)의 적석부 사진에서 상부 적석의 함몰 상태가 확인된다. 그러므로 방내리고분군에서 적석목곽분으로 보고된 고분들은 모두 요건을 갖춘 고총의 적석목곽분임이 분명하다.

신라 후기의 횡혈식 석실봉토분 중심인 방내리고분군에서 이와 같이 신라 전기 말의 적석목곽분이 축조된 것은 분지지구 주변 산지에 위치한 보문동고분군에서와 같은 현상이다. 명활산 자락에 위치한 보문동고분군에서는 신라 전기 말의 적석목곽분과 신라 후기의 석실봉토분들이 조사되었다(조선총독부 1916; 1922; 국립경주박물관 2011). 이는 신라 전기에 분지지구의 월성북고분군에서 적석목곽분을 축조한 집단 일부가 신라 전기 말에 이곳으로 묘지를 옮긴 것을 말해준다. 서남부지구의 금척리고분군과 방내리고분군의 관계도 그와 같다고 할 수 있다.

방내리고분군에서는 이와 같이 신라 전기 말~후기 초의 적석목곽분과 함께 신라 후기 1a기부터 횡혈식의 석실봉토분이 축조되었다. 그런데 최근의 조사에서는 매장주체부가 목실이었을 것으로 추정되는 적석총이 발굴되어 주목된다(도 2-81). 후에 석곽이 중복 설치된 이 목실적석총에서는 소형의 대부장경호 1점이 출토되었는데, 보고자는 이를 신라 전기 말로 편년하고, 이 목실적석총과 고구려 적석총의 관련성에 주목하고 있다(한빛문화재연구원 2018: 412~422). 그러나 대부장경호는 필자의 신라토기 편년안에 따르면 신라후기양식토기 1b기 형식이며, 적석총도 지면에 얕은 토광을 파서 바닥 시설을 마련하고 설치된 목실의 위치 등이 지상의 적석층 위에 목실이 설치되는 고구려 적석총과는 차이가 있다. 어쨌든 경주지역에서는 처음 조사된 신라 시기의 적석총으로 주목해야 할 존재이다.[133]

금척리고분군에 자리한 봉토분들의 내부구조와 규모, 부장유물의 양상 등은 알 수

....

133 최근 조사에서 재발굴된 방내리 20호분(1967년도 34호분)도 원래는 목실적석총이었을 가능성을 언급하고 있다(한빛문화재연구원 2018: 301~308).

표 2-24 서남부지구 고분군 편년표

	금척리 · 방내리고분군				점토충전 목곽묘
	적석목곽분	수혈식석실묘(분)	횡혈식 석실분		
전기 1Aa				전기 1Aa	2A: 목3·19·67 2B: 목76 ?: 목66·95
				1Ab	1B1: 목65 2A: 목68 2B: 목5
				1Ba	1B1: 목13 2A: 목125 ?: 목79
	1952년도 금척리 적석목곽분 2기			1Bb	2A: 목4·113 ?: 목106·122(토)
				1Bc	1B1: 목114 1B2a: 목63·64 ?: 목80(토)
		1976년도 금척리 석곽묘(?) 4기		2a	1B2a: 목54 2B: 목20 ?: 목1·98
				2b	
				3a	?: 목69
	1981년도 금척리			3b	2C: 목29·39·105 ?: 목116
	적석목곽분(?) 8기 토광묘　　　2기	석곽분(?) 3기 옹관묘　2기		4a	?: 목44
4a					
4b	2A: 방25·27-A·29 ?: 방28			4b	
후기 1a	2A: 방20·22·26·27-B 2C: 방31 ?: 방21-2·23,한26		방11·16·32·35·39 한2-1·3·10	후기 1a	
1b	?: 방32-A·43·50			1b	

사라리고분군(525번지포함)			외칠리고분군		
석재충전목곽묘	적석목곽분	수혈식석곽묘	점토충전목곽묘	석재충전목곽묘	수혈식석곽묘
			1B1: 목1·2 2C: 목4 ?: 목5		
					1B1: 석7
: 적128 : 적7·15					
: 적120		2A: 석92 ?: 석12			
2a: 적115 4c: 적14·30(즙)·33(즙)·127 : 적8·11 적6					
2a: 적17(즙)·35 4c: 적31					
4c: 적21·34·36·38·41·42·57·126 : 적70 적94				1B4c: 적9 2B: 적2·3·5 ?: 적10	?: 석1
4c: 적24·46·49(즙)·50(즙)· 　　525-22 2C: 적90 ?: 적87	2C: 525-10	2C: 석84 ?: 석129		2A: 적1 2B: 적6	2A: 석6 2B: 석3 횡혈: 석실
적88·89		?: 석60		1B3: 적8 2B: 적7	2B: 석2·8 2C: 석4 ?: 석5
적83·86		?: 석23			

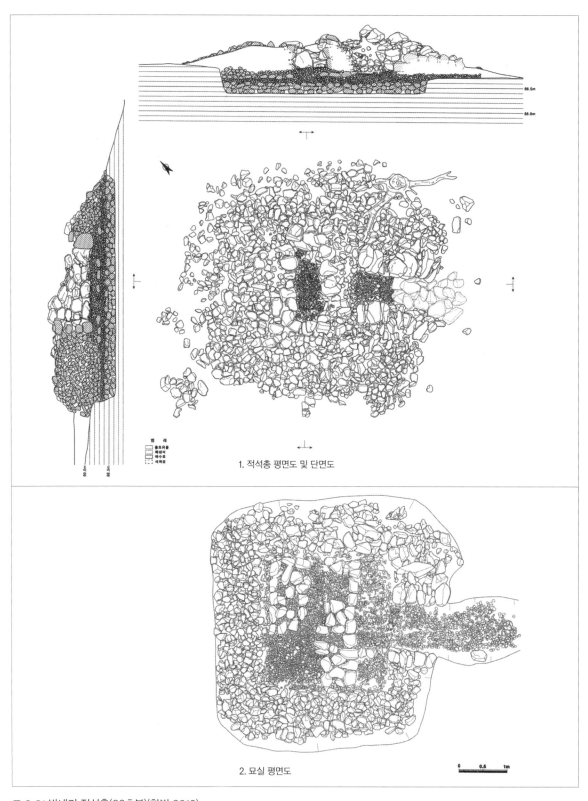

범 례
 슬토유물
 패쇄석
 마수로
 석곽묘

1. 적석총 평면도 및 단면도

2. 묘실 평면도

0   0.5   1m

도 2-81 방내리 적석총(23호분)(한빛 2018)

없지만 세 차례의 긴급 수습조사에서 출토된 유물들을 통해 이 고분군의 고분 랭크를 짐작해 볼 수는 있다. 금동제관모(?)와 은제대장식구 과대가 한 묘곽에서 공반된 것인지는 알 수 없으나, 이들의 출토는 수습 유구 중 a랭크 고분의 존재를 의미한다. 세환식, 태환식의 금제귀걸이와 마구류가 출토된 b랭크 고분과 그 이하 랭크 고분의 존재도 상정된다. 고총의 봉토분이 아닌 평지의 지하 묘곽에서 이와 같은 랭크 고분의 존재로 보아 금척리고분군의 고총 봉토분 중에는 a랭크 이상의 상위 고분도 존재하였을 것임을 추론할 수 있다.

1967년 발굴 방내리고분군의 출토유물 보고 내용은 토기류밖에 없고, 고분 구조에 대한 기술 내용에서도 현재의 시점에서는 신빙성을 찾기 어려워 이 고분들의 랭크를 구분해 보는 것은 의미가 없다. 다만 몇몇 고분에서 세환식 금동제귀걸이 또는 금동제 세환의 출토를 언급하고 있는데, 금동제세환을 고분 랭크와 직접적으로 연결시켜 보기 어려움은 앞서 여러 차례 언급한 바 있다.

그런데 여기서 한 가지 유의되는 것은, 최근 조사된 신라 후기 1a기의 방내리 26호분(한빛문화재연구원 2018: 356~364)이 도굴의 흔적이 없는 적석목곽분임에도 묘곽 내에 주부장군이 존재하지 않고, 묘곽 중앙부에서 철도와 도자, 묘곽의 두 모서리에서 토기 1점씩만 출토된 점이다. 묘제는 신라 전기 이래의 적석목곽분이라도 신라 후기에 들어와 박장화된 까닭이 아닐까 판단된다. 이에서 미루어보면, 1967년에 발굴된 것으로 신라 후기 1a기로 편년되는 21-1호분, 23호분, 1b기의 43호분의 보고에서도 주부장군에 대한 언급이 없는데, 그 때문일지도 모르겠다(표 2-24).

(2) 사라리유적(표 2-24, 별표 64~65)

대천 상류의 북안 구릉 경사면에서 조사된 사라리유적(영남문화재연구원 1999; 2007)에서는 신라 조기 이래의 점토충전목곽묘가 신라 전기에도 이어졌다. 신라 전기에 축조된 긴 장방형 부곽을 가진 세장한 동혈주부곽이나 장방형의 부곽을 가진 동혈주부곽은 신라 조기의 묘곽 형식과 똑같다. 사라리유적에서 점토충전목곽묘는 신라 전기의 늦은 시기까지 지속된 것으로 보인다.

그러나 신라 전기 1Bc기에는 사라리유적에서도 석재충전목곽묘가 축조되기 시작하였다. 발굴 당시 얕게 남은 매장주체부는 대부분 돌층으로 덮여 있었으므로 모두 적석목곽묘로 보고되었지만, 신라 전기 2b기 14호의 묘곽부 토층단면도(도 2-82의 1), 3a기 35호와 3b기 36호의 묘곽부 단면도는 매장주체부 내를 덮고 있던 돌들이 상부적석이 아니라 벽 쪽의 충전석이 함몰된 것임을 잘 보여준다. 이로 보아 묘곽 바닥에서 유리되어 매장주체부를 엉성하게 덮고 있는 돌층도 대개는 상부적석이 아니라 벽 쪽의 충전석이 함몰된 것으로 짐작된다.

2b기 이후 고분 중에는 매장주체부 내 함몰 돌층이 묘곽 바닥과 붙어 있는 예들도 있다. 그러나 이들도 벽 쪽 하단부에 남은 충전석이 적석목곽분의 묘광과 목곽 사이 충전석으로 보기에는 너무 엉성하다. 그리고 이 고분군에서는 묘광 주위로 주구가 돌려진 고분은 몇 기 존재하지만, 호석이 설치된 고분은 없다. 이로 보아 매장주체부 내 함몰 돌층이 묘곽 바닥에 붙어 있는 예들도 요건을 갖춘 적석목곽분이라기보다는 목곽 상부에 얇게 돌을 덮은 상부즙석식 석재충전목곽묘였을 것으로 판단된다.

그런데 같은 구릉의 서남쪽 말단부인 사라리 525번지에서 조사된 신라 전기 4a기의 525-10호는 봉토분으로(영남문화재연구원 2005), 묘곽 내 함몰 상태로 보아 상부적석이 가해진 적석목곽분으로 판단된다. 이로 보아 사라리유적에서 신라 전기의 늦은 시기에는 요건을 갖춘 적석목곽분도 일부 축조되었을 것으로 짐작된다.

또 신라 전기 2a기부터는 수혈식석곽묘도 축조되기 시작하였다. 그러나 이 고분군에서 신라 전기 1Bc기에 석재충전목곽묘가 축조되기 시작하면서 주류 묘제는 점토충전목곽묘에서 석재충전목곽묘로 바뀌었다.

고분들은 동-서로 뻗은 구릉의 남쪽 사면에서 주로 조사되었는데, 신라 조기에 이어 신라 전기에는 경사면 서쪽 부분과 중앙부, 그리고 조금 늦게 동단부에서 점토충전목곽묘가 축조되기 시작하여 이들을 중심으로 소그룹을 이루면서 각 그룹의 구역이 좌우로 확대되어 나간 것으로 보인다. 이른 시기 목곽묘들은 대개 장축이 등고선과 직교하였으나, 석재충전목곽묘와 수혈식석곽묘는 시기가 내려오면서 장축이 점차 등고선과 평행하게 바뀐 것을 볼 수 있다.

사라리고분군에서는 세장방형 또는 장방형 부곽을 가진 주부곽식 묘곽이 점토충전목곽묘와 석재충전목곽묘에 오래 지속되었지만, 부곽이 주곽의 장변 쪽에 있는 1B4c식 묘곽이 신라 전기 2b기 이후 석재충전목곽묘에 많이 축조된 것이 특징적이다. 이에

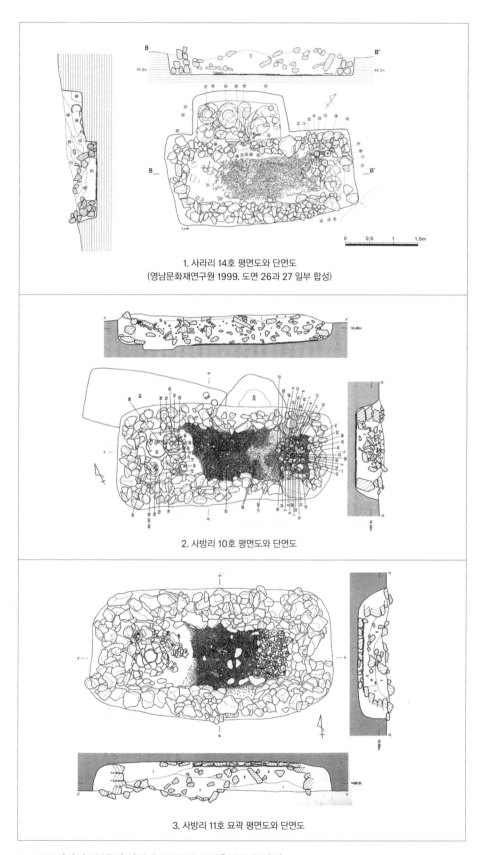

1. 사라리 14호 평면도와 단면도
(영남문화재연구원 1999. 도면 26과 27 일부 합성)

2. 사방리 10호 평면도와 단면도

3. 사방리 11호 묘곽 평면도와 단면도

도 2-82 사라리고분군과 사방리고분군의 석재충전목곽묘(분)

비해 늦은 시기의 점토충전목곽묘와 수혈식석곽묘에는 대개 단독곽식 묘곽이 설치되었다.

　신라 조기부터 목곽묘가 지속적으로 축조되어 온 사라리유적에서는 신라 전기고분에서도 묘제와 묘곽의 형식에 조기적인 전통이 강하게 지속되었는데, 출토유물에서도 그와 같은 경향을 볼 수 있다. 특히 신라 전기 1기에는 몇몇 고분에서 수식이 달리지 않은 세환식 귀걸이의 출토가 눈에 띄지만, 철검이나 대도, 철모와 같은 대형무기의 대량 부장이 주목된다. 1B1식의 동혈주부곽식 목곽묘로 신라 전기 1Ab기로 편년되는 65호 점토충전목곽묘에서는 판상철모를 비롯한 13점의 철모와 함께 철검과 환두대도, 경갑과 마주 등의 갑옷, 등자와 재갈 등의 마구류가 부장되었다. 또 같은 시기인 5호 점토충전목곽묘에서도 철모 10점과 갑옷 일부, 재갈 등의 마구가 출토되었다. 신라 조기 목곽묘의 기준을 적용하면 이들은 a랭크 고분으로 분류된다. 1Ba기의 13호, 79호 점토충전목곽묘, 1Bc기의 128호 석재충전목곽묘에서는 철제(환두)대도와 철모의 합이 4점 이상씩이고 대개 마구류를 공반하였다. b랭크로 분류된다. 1기 고분으로, 그 이하 대형무기 1~2점과 농공구, 토기류가 공반된 고분은 c랭크, 농공류와 토기 또는 토기만 출토된 고분은 d랭크로 구분된다.

　2기 이후 고분에서는 대형무기의 부장이 격감하였는데, 2a기의 120호, 2b기의 14호와 33호 석재충전목곽묘에서 재갈 등의 마구류가 철검이나 철제대도, 농공구, 토기류와 함께 출토되었다. b랭크로 분류된다.

　3기 고분 중 3a기 31호와 35호, 3b기의 38호와 128호 석재충전목곽묘에서는 재갈 등의 마구류가 출토되었고, 그 중 묘곽이 심하게 파괴되지 않은 고분에서는 대형무기가 출토되었다. 이들은 b랭크로 분류된다.

　4기에는 수식이 달리지 않은 세환식 금동제귀걸이 출토 고분이 많지만, 3기까지 복수의 고분에서 출토되었던 마구류가 출토되지 않고, 대형무기도 석재충전목곽묘 2기에서 2점(4a기: 46호)과 1점(4a기: 50호)이 출토되었을 뿐이다. 이와 같이 4기 고분에서는 철기의 출토가 격감하였는데, 적석목곽분으로 분류된 525번지-10호분에서도 피장자 머리맡의 주부장군이 교란되었기 때문인지 출토된 철기는 매우 빈약한 편이다

　2~4기의 고분 중에서 대형무기 출토 고분은 c랭크, 그 이하는 d랭크로 분류된다.

　이상에서 살펴본 사라리유적의 고분 랭크 변화를 종합하면 〈표 2-25〉에서 보는 바

표 2-25 서남부지구고분군 고분 랭크

	금척·방내리고분군	사라리유적	외칠리유적
1기		a b c d	?d
2기	a. b. c. d	b c d	x x x x
3기		b c d	b c d
4기		c d	d

와 같은데, 신라 조기고분의 기준을 적용한 1기에는 상위 랭크 고분이 존재하였으나, 2 기 이후 묘제의 중심은 석재충전목곽묘로 바뀌었지만 고분의 랭크는 하강하였고, 4기 에는 더욱 빈약해진 것을 알 수 있다.

(3) 외칠리유적(표 2-24, 별표 66)

외칠리유적의 위치는 낙동강 수계의 동창천변으로 단석산에서 뻗어내린 구릉 말 단부에 해당하며, 신라 후기고분이 조사된 바 있는 신원리유적(경북대학교박물관·경남대 학교박물관(1991)의 바로 동쪽에 근접하여 있다. 두 유적은 고분들이 시차적으로 조영된 한 고분군으로 판단된다.

고분군의 일부분만 발굴된 것으로 보이지만, 발굴구역에서는 신라 조기 말의 점토 충전목곽묘부터 신라 전기 초의 점토충전목곽묘, 그리고 석재충전목곽묘와 수혈식석곽 묘, 횡혈식 석실분까지 조사되었다(한국문화재단 2017c). 신라 조기와 전기 초의 점토 충전목곽묘 중 묘광과 목곽 사이 충전부에 약간의 돌이 들어간 것들이 있는데, 고분군 입지의 상황에 따른 것으로 보인다. 석재충전목곽묘는 신라 전기 3b기 이후 것만 조사 되었는데, 모두 적석목곽묘로 보고되었다. 상부적석의 적극적인 증거가 없고, 묘광 하 단부에 남은 묘광과 목곽 사이 충전 상태로 보아 모두 요건을 갖춘 적석목곽분의 잔존 상태로 보기는 어렵다. 수혈식석곽묘도 주로 신라 전기 3b기 이후 것이 조사되었지만, 1Bb기의 7호 석곽묘의 존재로 보아 이른 시기부터 축조되었을 것이다. 횡구식석곽묘로 보고된 고분은 호석이 돌아간 봉토분인데, 묘도부 석축으로 본 연도와 석실 사이에 단 차가 있는 유단식으로 초축 시기가 신라 전기 4a기로 편년되는 횡혈식석실분으로 판단된다.

묘곽의 형식으로는, 시기가 이른 점토충전목곽묘와 수혈식석곽묘에서 1B1식의 동혈주부곽이 축조된 예가 있고, 석재충전목곽묘에서 1B3식과 1B4c식 동혈주부곽의 축조도 확인된다. 그 외 모든 묘제에서 2A, 2B, 2C식의 단독곽이 축조되었다.

이 고분군에서도 신라 전기 초부터 수식이 달리지 않은 세환식 금동제귀걸이의 사용이 확인되지만, 전반적으로 부장유물의 수준은 낮다. 1기 고분은 그 중 대형무기 출토 고분이 없어 모두 d랭크로 분류된다. 3b기의 마구류와 철모가 공반된 고분(3b기: 적9) 1기, 철제대도와 철모 1점씩이 출토된 고분(3b기: 적3) 1기는 b랭크와 c랭크로 분류될 수 있다. 그 외의 3기 고분, 4기의 모든 고분은 d랭크에 속한다(앞의 표 2-25).

횡혈식석실분은 신라 전기 4a기에 초축될 때 박장 고분은 아니었고, 출토 토기의 형식으로 보아 전기 4b기, 후기 1a기에 추가장이 이루어졌던 것으로 보이지지만, 출토 유물의 수준은 그다지 높지 않았던 것으로 판단된다.

조사된 고분의 묘제가 시기적으로 편중되어 있으나, 신라 전기 3b기에는 석재충전목곽묘가 상대적으로 우위였고, 4기에는 수혈식석곽묘에서 철기 출토가 상대적으로 많은 것을 볼 수 있다. 주부곽식 묘곽의 출토유물도 3b기의 1B4c식 묘곽 1기 외에는 단독곽식 묘곽과 그다지 차별화되지 않은 점도 유의된다.

5. 북부지구

1) 고분군

북부지구는 경주분지에서 포항 방면으로 나아가는 형산강의 본류 유역에 해당한다. 다른 지구에 비해 조사된 유적의 수가 많지 않다. 동쪽에서 서쪽으로 흘러 형산강 본류에 합류하는 신당천 북쪽에서는 신라 조기 말부터 고분군이 형성된 동산리유적이 조사되었다. 북부지구에서 조사된 고분군 중 가장 남쪽에 위치하였다. 앞의 분지지구에서 설명한 손곡동·물천리유적도 신당천의 상류에 해당하지만, 동산리고분군의 신라전기양식토기, 특히 장경호에는 분지지구와는 다른 특징을 가진 것이 포함되어 있다. 동산리유적에서 더 북쪽으로 올라가 서쪽에서 동쪽으로 흘러 형산강의 본류에 합류하는 사방천의 하류 남쪽에 접한 평지에서는 사방리고분군이 조사되었다. 고분군의 극히 일부분이 발굴된 것으로 보이지만, 고분군은 신라 조기 말부터 형성된 것으로 판단된다.

북부지구 고분군 중 가장 북쪽인 안계리고분군은 안강분지의 북서쪽 경계 부분에 위치하여 경주분지와는 멀리 떨어져 있다. 그러나 그 북서쪽으로 상당한 거리가 있는 흥해지역의 옥성리, 남성리고분군과는 산줄기로 막혀 있다.

2) 각 고분군의 전개

(1) 사방리고분군(표 2-26, 별표 66)

형산강의 지류인 사방천의 남쪽에 접한 평지에서 조사된 사방리고분군은 형산강의 본류에서 서쪽으로 멀지 않은 곳에 위치하였다. 좁은 면적의 발굴 구역에서는 점토충전목곽묘 2기를 비롯하여 석재충전목곽묘(분)와 수혈식석곽묘가 조사되었다(신라문화유산연구원 2010d). 점토충전목곽묘 2기에서는 신라조기양식토기 2b기 형식의 토기들이 출토되어, 이 고분군이 신라 조기 말부터 형성된 것을 말해준다.

석재충전목곽묘(분)는 모두 적석목곽묘로 보고되었지만, 신라 전기 1Aa기로 편년되는 고분들의 목곽 뚜껑 위에 상부적석이 가해지지 않았던 사실은 각 고분 묘곽의 토층단면도가 잘 보여준다. 신라 전기 3b기로 편년된 10호도, 묘곽 내부로 함몰된 흙 속에 일부 돌들이 섞여 있지만, 토층단면도(도 2-82의 2)에서 돌층이 묘곽 바닥과 양벽에서 떨어져 있는 것으로 보아 상부적석의 함몰로 보기는 어렵다. 호석이 돌려진 봉토분인 11호의 발굴 당시 묘곽 상면은 돌층으로 덮여 있었지만 묘곽부 토층단면도(도 2-82의 3)의 상태로는 그 돌층이 목곽 상부에 가해진 상부적석의 함몰 상태로 보기 어렵다. 이들도 석재충전목곽묘(분)로 판단된다.

이들로 보아 사방리고분군은 신라 조기에 점토충전목곽묘의 축조로 형성되기 시작하였지만, 이 고분군에서도 신라 전기로 들어오면서 곧바로 석재충전목곽묘가 조영되기 시작하였으며, 시기가 내려오면 봉분 기저부에 호석이 돌아간 고총 봉토분도 축조

표 2-26 북부지구 고분군 편년표

	사방리고분군		동산리고분군			안계리고분군		
	석재충전 목곽묘(분)	수혈식 석곽묘	점토충전 목곽묘	석재충전 목곽묘	수혈식 석곽묘	석재충전 목곽묘	석·적 불명	수혈식 석곽묘(분)
1Aa	1B2a: 적3·4·6·9 ?: 적5·7		1B1: 34, 79 2A: 35, 36 ?: 68					
1Ab			1B1: 33 2C: 38					
1Ba			2A: 73 2B: 53, 72 2C: 87 ?: 44					
1Bb			2A: 29, 58 2B: 30, 54, 55, 74, 90 2C: 26, 31, 49, 57					
1Bc			2A: 41 2B: 46, 56, 89 2C: 75					2C: 28
2a			2A: 64 2B: 10, 88 2C: 47	1B2a: 52 1B4c: 9		1B2a: 190 2B: 3-중 2C: 1, 3-남, 4-남, 4-북		
2b			1B2a: 27 2A: 42, 48, 92	1B2a: 51 1B4c: 43,79 2C: 21		2B: 16		2B: 3-북
3a		2B:석13	2A: 62 2B: 85 2C: 63 ?: 60	1B4c: 8, 11, 20, 83, 93 1B4d: 66 2C: 7	1B4c: 17	1B3: 5 1B4c: 6, 14, 22, 33-중, 172	1B2a: 2, 32 2B: 158	1B4c: 25-동 2A: 25-서 2C: 33-북
3b	2B:적10·11	2B:석12	2B: 24, 67, 96, 100 2C: 13, 101 ?: 50	1B4c: 16, 82 2B: 84, 91 2C: 14, 23 ?: 76, 95	2C: 2,5,15 ?: 18,61	1B4c: 23 2C: 169	1B4c: 31-북 2C: 120	1B4c: 34-서 2C: 33-남
4a				1B3: 6 1B4d: 80 2A: 1 2B: 4, 78	2C: 3	1B2a: 43 2C: 13		
4b			2A: 99 ?: 40, 102	2C: 81 ?: 77			2C: 12	

된 것을 알 수 있다. 또한 석재충전목곽묘(분)와 함께 수혈식석곽묘도 축조되었다.

신라 전기 초의 석재충전목곽묘에는 주로 1B2a식의 동혈주부곽이 설치되었으며, 그 후 3a기와 3b기에 축조된 석재충전목곽묘(분)와 수혈식석곽묘에는 모두 2B식의 단독곽이 설치되었다.

신라 전기 1Aa기의 9호에서는 경판부재갈, 4호에서는 철모 1점씩이 출토되었는데, 신라 조기의 고분 랭크 구분기준을 적용하면 c랭크로 분류된다. 토기만 출토된 1Aa기의 다른 고분들은 d랭크에 속한다. 3기 고분 중 10호의 피장자는 수식이 달린 세환식 금제귀걸이를 착장하였고, 11호의 피장자는 수식이 달리지 않은 금동제 세환을 귀걸이로 착장한 차이가 있지만, 두 고분 모두 안교, 재갈, 행엽 등의 마구류가 부장되어 b랭크로 분류된다. 그 외 12호 석곽묘는 철모 1점이 출토되어 c랭크로, 13호 석곽묘는 철촉 외에 대형무기가 부장되지 않아 d랭크로 구분된다(표 2-27).

발굴고분의 수가 적어 고분 랭크를 묘제별로 구분해 보는 것은 의미가 없지만, 신라 전기에 석재충전목곽묘 중심의 고분군이 된 점은 지적할 수 있다.

(2) 동산리고분군(표 2-26, 별표 67~69)

동산리유적은 신당천의 북쪽에 인접하여 자리한 저평한 독립구릉에 위치하였는데, 고분군은 구릉의 남쪽 경사면에 조영되었다. 고분군은 전체가 발굴조사되었으며(신라문화유산연구원 2010a; 2010b; 2010c), 신라 조기 말부터 점토충전목곽묘가 축조되기 시작하여 형성된 것으로 밝혀졌다. 점토충전목곽묘는 신라 전기 말까지 지속적으로 축조되었고, 신라 전기 2a기부터는 석재충전목곽묘도 함께 축조되기 시작하였다.

이 고분군의 석재충전목곽묘는 모두 적석목곽묘로 보고되었다. 그러나 묘곽부의 사진이나 토층단면도에서 함몰된 상부적석은 확인되지 않는다. 80호처럼 발굴 당시 묘광 내부가 일부 돌이 섞인 흙으로 덮여 있어, 상부적석이 가해졌을 것으로 보고된 예들도 있지만(도 2-83의 2), 이들의 묘광과 목곽 사이 충전부의 잔존 상태도 적석목곽분의 묘광과 목곽 사이의 충전 상태로 보기는 어렵고, 묘광 내부를 덮고 있는 토석도 상부적석이 아니라 벽 상부 쪽에서 함몰된 것으로 보인다. 이 고분군에서 묘광과 목곽 사이가 토석으로 충전된 목곽묘는 축조되었지만, 목곽의 뚜껑 위까지 상부적석이 가해진 고분

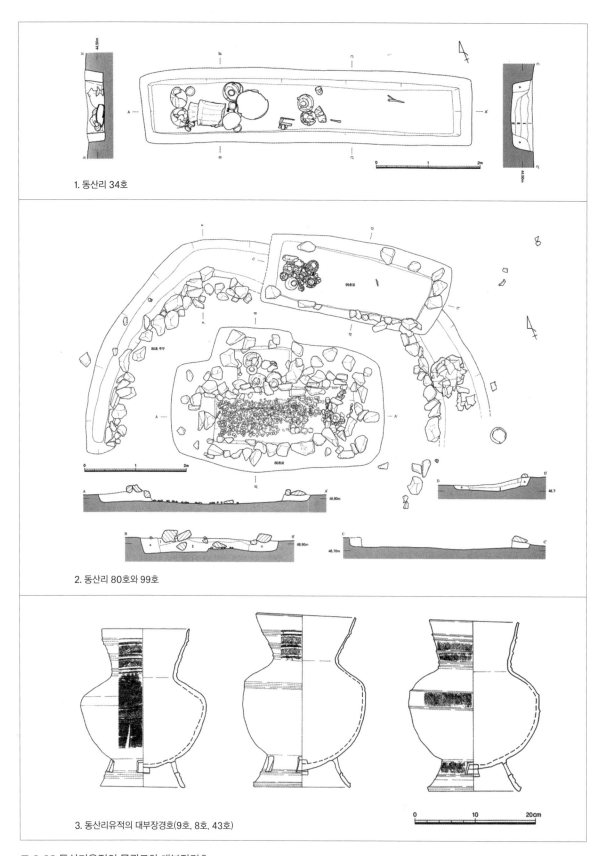

1. 동산리 34호

2. 동산리 80호와 99호

3. 동산리유적의 대부장경호(9호, 8호, 43호)

도 2-83 동산리유적의 목곽묘와 대부장경호

은 축조되지 않았다고 판단된다.

신라 전기의 늦은 시기에는 수혈식석곽묘도 소수 축조된 것으로 보인다. 이들도 대개는 적석목곽묘로 보고되었지만, 잔존한 석벽이 석재충전목곽묘의 충전석과는 다르고 특히 묘곽 바닥에 깐 자갈층이 석벽에 맞닿아 있는 것들은 원래 수혈식석곽묘였다고 판단된다.

신라 전기 3a기로 편년된 83호묘의 묘광 주위로는 호석이 돌아갔으며, 그 외 3a기와 3b기의 몇몇 고분에는 묘광 주위에 주구를 팠던 것으로 보인다.

고분군은 경사면 하단부 쪽에서 점토충전목곽묘의 축조로 형성되기 시작하여, 고분 축조 구역이 경사면 위쪽으로 확대되었던 것으로 보인다. 경사면 위쪽에서는 좀 불확실하지만, 아래쪽에서는 고분들이 경사면 상하로 소그룹을 이루고 있던 것이 확인된다.

신라 조기 이래 전기 초의 점토충전목곽묘 중 일부에는 장방형의 부곽이 딸린 1B1식의 동혈주부곽이 축조되었던 것으로 보인다. 발굴 당시 주곽과 부곽 사이의 격벽이 남아 있지 않아 주부곽식으로 보고된 것은 거의 없지만, 신라 전기 초의 묘곽 길이 4.0m 이상인 몇 기는 묘곽의 세장도나 부장유물의 배치로 보아 1B1식의 동혈주부곽으로 분류하였다(도 2-83의 1). 아마도 주곽과 부곽 사이가 나무 벽격으로 막힌 신라 조기의 IB1b식이었을 것이다. 그 이하 몇 기도 동혈주부곽이었을 것으로 짐작되지만 자의적인 판단을 피했다. 이 외 점토충전목곽묘에서는 방형 부곽의 1B2a식 동혈주부곽 1기가 확인될 뿐, 그 외는 모두 2A식, 2B식, 2C식 단독곽이 축조되었다.

신라 전기 2a기부터 축조되기 시작한 석재충전목곽묘에는 방형 부곽의 1B2a식 동혈주부곽도 일부 축조되었으나, 소형의 부곽이 주곽의 장변 중앙에 있는 1B4c식의 동혈주부곽이 축조되었고, 3a기부터는 부곽이 피장자 발치쪽으로 더 내려가 붙어 있는 1B4d식 동혈주부곽도 축조되었다. 석재충전목곽묘에는 이 외에 1B3식의 동혈주부곽이 축조된 것 1례가 있으며, 그 외 석재충전목곽묘와 수혈식석곽묘에는 2A식, 2B식, 2C식 단독곽이 축조되었다.

1기 고분 중에는 마구와 갑주가 함께 부장된 목곽묘 1기(1Aa기: 34호), 갑주가 부장된 목곽묘 2기(1Aa기: 35호, 1Bb기: 74호)가 있다. 그러나 신라 조기부터 형성되기 시작한 이 고분군에서도 전기 초 고분의 랭크는 앞서와 같이 조기 고분의 랭크 구분 기준을 적용해야 한다. 이에 따르면 마구나 갑주보다는 대형무기의 부장에 중점이 두어지게 되

표 2-27 북부지구 고분군 고분 랭크

	사방리고분군	동산리고분군	안계리고분군
1기	c d	c d	c?
2기		b c d	b c d
3기	b c d	b c d	b c d
4기		c d	b?d

는데,[134] 철모 1~2점 출토 고분이 1Aa~1Ab기에 3기(33호·34호·70호), 1Ba~1Bc기에 7기(44호·46호·53호·58호·74호·75호·90호)이다. 이들은 모두 c랭크로 분류된다. 1기의 그 외 고분들에서는 농공구와 토기가 출토되었거나 토기만 출토되어 d랭크에 속한다. 1Bc기로 편년되는 56호묘의 피장자는 수식이 달리지 않은 세환식 금동귀걸이를 착장하였으나 묘곽의 규모나 부장유물에서 차별성은 보이지 않는다.

2기 고분 중 마구류가 출토된 고분은 3기(9호·51호·79호)인데, 철모나 철제대도를 공반하였다. 이들은 b랭크로 분류된다. 2a기의 88호에서는 세환식 은제귀걸이 1점이 출토되었으나 부장유물에서 차별성은 보이지 않는다.

3기 고분 중에서도 3기(82호·83호·93호)에서 마구류가 출토되었고, 철제대도 및 철모가 공반되었다. 이들은 b랭크로 분류된다.

4기로 편년되는 고분은 많지 않은데, 마구류가 출토된 고분은 없고 3기에서 철모 1~2점이 출토되었을 뿐이다. 이들은 c랭크로 분류된다. 그 외는 모두 d랭크 고분이다.

2~4기 고분으로 대형무기가 출토된 고분은 c랭크. 소량의 농공구와 토기, 또는 토기만 출토된 고분은 d랭크로 분류된다.

이상의 분기별 고분 랭크를 종합하면 〈표 2-27〉에서 보는 바와 같은데, 2a기 이후 각 분기의 상위 랭크 고분들은 모두 석재충전목곽묘들이다. 점토충전목곽묘는 이 고분군에서 시종 축조되었지만, 석재충전목곽묘가 축조되면서 이 고분군의 상위 묘제로 되었던 것을 알 수 있다.

....

134 앞의 사라리고분군과 동산리고분군의 1기 고분에서 갑주의 부장은 신라 조기 전통의 연장이라고 할 수 있다. 신라 조기의 목곽묘에서 갑주는 반드시 상위고분에서만 출토되는 것은 아니었다. 이에 대해서는 앞의 제2부 제1장에서 이미 언급하였다.

동산리고분군에서 출토된 신라전기양식토기 중에는 특징적인 대부장경호가 있다. 밖으로 심하게 벌어지는 목과 함께 상단에만 투창이 뚫린 사다리꼴의 2단 대각을 독특한 구조로 갖고 있다(도 2-83의 3).

(3) 안계리고분군(표 2-26, 별표 70)

안계리고분군의 위치는 형산강이 북류하다 동쪽으로 꺾이고 그 지류인 기계천과 합류하는 부분에 발달한 안강평야의 북서쪽 경계 부분에 해당한다. 발굴은 1970년도에 이루어졌는데(문화재연구소 1981), 당시는 현재와 같은 신라고분의 조사·연구 환경이 성립되기 이전이었고, 그 후 보고서가 작성될 때도 거의 같은 상황이었으므로 현 시점에서는 이해하기 어렵거나 불분명한 부분들이 있다. 그러나 보고 내용 중에는 신라고분의 묘제와 구조에 대한 지금의 이해가 성립되기 이전임에도 선입관 없이 기술된 부분들이 있어 주목된다.

보고서에 토기 실측도는 극히 일부가 선별적으로 실려 있어, 주로 토기 사진에 의존한 고분들의 편년은 오차가 있을 수 있다. 그러나 편년표를 통해 이 고분군에 조성된 고분들의 묘제와 묘곽 형식의 흐름은 이해할 수 있다.

조사된 고분 중에 순수 점토충전목곽묘는 없었고, 석재충전목곽묘(분)가 가장 많았던 것으로 보인다. 물론 발굴조사나 보고서 출간 당시는 지금처럼 신라고분의 묘제를 구분할 때가 아니어서 정확한 묘제명을 사용하지는 않았지만, 보고서에서도 석재충전목곽묘를 설명한 내용들이 있다. 예컨대 신라 전기 2a기로 편년한 1호분은 호석이 돌려진 봉토분으로 목곽과 토광 사이의 공간은 돌로 채웠지만 "묘곽의 윗면에는 따로 적석시설을 하지 않고 그대로 봉토를 덮었던 것으로 생각된다"고 기술하였다(문화재연구소 1981: 11~12). 또 훗날 묘곽이 보고 내용과 같이 2중 구조였는지, 단지 묘광과 목곽 사이의 충전석이 목곽 내부로 함몰된 홑곽 구조였는지로 견해가 갈린(최병현 2016c: 138) 4호분 남곽(도 2-84의 1)에 대해서도 목곽과 묘광 사이에 깬돌을 채워 쌓은 다음 봉토를 씌웠다고 하였을 뿐 상부적석이나 그 함몰 상태에 대한 언급은 없다. 지금의 관점에서 보면, 이들은 묘광과 목곽 사이를 돌로 충전하였지만 상부적석이 가해지지 않은 석재충전목곽묘였음이 분명하다. 이에 보고서에서 벽 부분의 축석 상태만 설명하고 함몰된 상

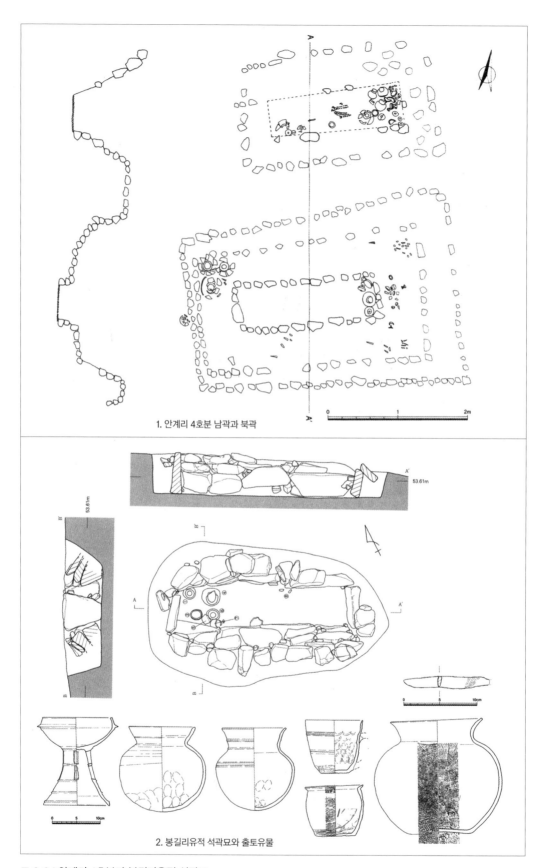

1. 안계리 4호분 남곽과 북곽

2. 봉길리유적 석곽묘와 출토유물

도 2-84 안계리 4호분과 봉길리유적 석곽묘

부적석에 대한 언급이 없는 고분들 중 사진을 살펴 석재충전목곽묘였을 것으로 판단되는 고분들을 가려냈다. 수혈식석곽묘는 보고서에서 '석곽'이라고 기술한 것 중 사진에서 벽석을 확인하여 구분하였다.

이렇게 구분하여 출토 신라토기로 편년이 가능한 고분만 편년표에 기록하였는데, 이에 따르면 석재충전목곽묘(분)는 신라 전기 2a기부터, 수혈식석곽묘는 1Bc기부터로 편년되었지만 호석이 돌려진 고총 봉토의 석재충전목곽분이 2a기부터 축조된 것으로 보아, 이 고분군은 아마도 그 이전부터 석재충전목곽묘의 축조로 형성되기 시작하였을 것으로 판단된다.

보고 내용으로는 석재충전목곽묘(분)이었는지 적석목곽분이었는지 구분하기 어려운 고분들은 편년표에 묘제 불명으로 분류하였는데, 이들도 대개는 석재충전목곽묘였을 것으로 판단된다. 그러나 신라 전기 3a기의 2호분은 호석이 돌아간 고총 봉토분으로, 목곽의 상부에 가해진 적석과 벽 쪽의 충전부 적석이 함몰되어 유물층 위를 덮고 있던 상황에 대한 설명으로 보아 적석목곽분이었을 것으로 판단된다. 하지만 이 고분군에서 요건을 갖춘 적석목곽분의 수는 그다지 많지는 않았을 것으로 생각된다.

발굴조사된 고분에서 이혈주부곽식 묘곽은 존재하지 않았고, 주부곽식은 부곽이 주곽의 장변 쪽 중앙부에 설치된 1B4c식 동혈주부곽이 피장자의 발치 쪽에 부곽이 있는 1B2a식과 1B3식의 동혈주부곽보다 늦게 축조되기 시작한 것으로 보인다. 단독곽식은 2A식, 2B식, 2C식 모두 확인된다.

보고서에는 고분마다 출토유물의 내용을 비교적 상세히 기술하고 있지만, 도굴의 피해가 극심하여 각 고분의 출토유물이 부장유물의 원상이라고 볼 수 없는 것이 대부분이다. 그러나 이를 종합하여 이 고분군의 고분 랭크 구성은 어느 정도 짐작해 볼 수는 있다고 판단된다. 1기 발굴된 신라 전기 1Bc기의 고분은 출토유물에 철모 1점이 포함되어 c랭크에 속한다. 2기로 편년된 고분 중 4호 남곽에서 장신구와 마구류에 대한 언급은 없지만, 철모 15점이 쇠솥과 함께 출토되었다. 월성북고분군에서 쇠솥은 주로 a랭크 이상의 고분에서 출토되지만 b랭크 고분에서 출토된 예도 있다. 그 외의 2a기, 2b기 고분들은 철제대도나 철모와 같은 대형무기 출토 여부에 따라 c랭크와 d랭크로 분류되는데, 4호 북곽에는 유리잔 1점이 부장되었다. 유리잔은 월성북고분군에서도 특a랭크 고분에서만 출토되는 수준 높은 유물로, 이 고분군에서 유리잔의 출토는 특별한 의미가 있다고 생각된다. 그러나 4호 북곽에서 그 외의 출토유물은 피장자가 착장한 목걸이와 부장된 토기들이 전부여서, 고분 랭크의 구분은 유보해 둘 수밖에 없다. 2a기(3호 중곽)와 2b기(3호 북곽) 묘곽에서 피장자가 수식이 달리지 않은 세환식 금제귀걸이를 착장한 예가 1기씩 있지만 공반유물에서 별다른 의미를 찾기는 어렵다.

3기로 편년된 고분 중 2호와 32호에서는 등자, 재갈을 비롯한 마구류가 철제대도, 철모와 공반·출토되었으므로 b랭크 고분으로 분류된다. 출토 토기의 내용을 알 수 없어 편년을 유보한 34호-동곽은 그 서곽과 함께 1B4c식의 동혈주부곽식인데, 수식이 달린 세환식 금제귀걸이가 출토되었다. 서곽이 3b기로 편년되는 것으로 보아 3a기나 3b기로 편년되는 b랭크 고분으로 평가된다. 이 외 대형무기가 출토되어 c랭크로 분류되는 3a기 고분 2기(120호, 158호)를 제외하고, 나머지 3기 고분들은 d랭크에 속한다. 4기 고분 중 43호의 피장자는 삼환두대도를 착장하고, 마구류가 부장되었다. b랭크에 속한다. 그 외 고분 2기는 d랭크로 분류된다(앞의 표 2-27).

이상으로 보아 이 고분군은 적석목곽분이나 석재충전목곽분을 상위 랭크의 고분으로 하여 조영되었던 것으로 판단된다.

6. 동해안지구

1) 고분군

동해안지구는 경주의 중심부에서 동쪽으로 멀리 떨어져 있으며, 분지지구와는 토함산의 남북으로 뻗은 산줄기로 막혀 있다. 토함산에서 발원한 대종천이 대왕암 바로 근처의 동해로 흘러드는데, 대종천 남쪽 해안 가까이에서 신라 조기 이래의 고분군들이 조사되었다.

고분군은 현재까지 3개 지점에서 조사되었다. 먼저 대종천 하구의 남쪽에 접하여 위치한 봉길리고분군I의 일부가 조사되었다. 그 남쪽으로 약 1.5Km 거리를 둔 봉길리고분군II가 발굴되었고, 그 서쪽으로 인접한 봉길리유적에서는 주로 목곽묘가 조사되었다.

이 중 봉길리유적의 목곽묘 발굴 지점과 봉길리고분군II는 좁은 곡부를 사이에 두고 있지만 지근거리여서 연속된 고분군으로 볼 수 있다. 이들과 그 북쪽의 봉길리고분군I도 가까운 위치이기는 하지만 그 사이의 거리로 보아 별개의 고분군으로 판단된다.

2) 각 고분군의 전개

(1) 봉길리유적·봉길리고분군II(표 2-28, 별표 71~73)

봉길리유적은 방사선폐기물 처분시설 공사와 관련하여 조사되었는데, 그 중 사토장부지 가구역에서 신라 조기와 전기 초의 목곽묘가 발굴되었다(신라문화유산연구원 2010g). 그 동쪽으로 좁은 곡부 건너편에 위치한 봉길리고분군II에서는 신규 원자력발전소 건설과 관련하여 신라 전기의 목곽묘와 수혈식석곽묘가 발굴조사되었다(경상북도문화재연구원 2005).

봉길리유적의 목곽묘는 모두 12기로, 신라 조기 2a기부터 축조되기 시작하여 신라 전기 1Bb기까지 확인된다. 봉길리유적에서는 이 외에 신라 전기 초인 1Aa기의 수혈식석곽묘 1기(도 2-84의 2)가 발굴되어 유의된다. 봉길리고분군II는 신라 전기의 목곽묘와 수혈식석곽묘로 이루어졌으며, 목곽묘는 신라 전기 1Ba기부터 4a기까지, 수혈식석곽묘는 신라 전기 1Bc기부터 4b기까지 편년된다.

봉길리유적과 봉길리고분군II의 목곽묘들은 대개 묘광과 목곽 사이를 점토로 충전하였지만, 묘광과 목곽 사이 장변 쪽에 깬돌이 약간씩 사이를 두고 배치된 예들이 있다. 석재충전목곽묘의 충전석과는 다른 구조이지만, 목곽을 고정하기 위한 것으로 판단된다. 봉길리유적의 신라 조기 2b기 목곽묘인 2호의 묘곽 바닥에 석축 관대가 설치된 것과 함께 이곳 목곽묘들의 특징인 듯하다.

봉길리유적의 신라 전기 1Aa기 수혈식석곽묘와 봉길리고분군II에서 신라 전기 1Bc기부터 축조되기 시작한 수혈식석곽묘들은 지점도 다르고 그 사이 시기적 간격도 있어 상호 연속성이 있는지는 알 수 없다. 신라 조기~전기 초 수혈식석곽묘의 예는 앞의 남부지구 하삼정유적에서 언급한 바 있다.

표 2-28 동해안지구 고분군 고분편년표

| | 봉길리유적 · 고분군 II | | 봉길리고분군 I |
	점토충전목곽묘	수혈식석곽묘	수혈식석곽묘(분)
1Aa		2A: 사가-석곽	
1Ab	?: 사가-3		
1Ba	2C: 사가-4, II-8		
1Bb	2A: II-15 2C: 사가-1		
1Bc	2A: II-16 · 22 · 26 2B: II-10 ?: II-9 · 13	2A: II-61 ?: II-74-2	
2a	2A: II-17 2B: II-18	1B2a: II-4-3 2A: II-32 · 40 2B: II-56 2C: II-37 ?: II-43 · 58 · 72-2	
2b		2A: II-60 2B: II-29-5 · 54 · 55 2C: II-5 · 35 ?: II-34 · 68 · 81	1B2a: 42 · 44 ?: 41 · 43
3a	2B: II-1 2C: II-2 ?: II-6	1B2a: II-16 1B4c: II-13-1 2A: II-24 · 70 2B: II-1-1 · 1-2 · 8 · 12 · 19-1 · 21-3 2C: II-2-1 · 14 ?: II-13 · 15 · 71	1B2a: 39 2A: 36 ?: 35
3b	2A: II-21	1B2a: II-29-4 1B4c: II-18 · 53-1 2A: II-21-1 · 36 · 39-2 · 63 · 67 2B: II-3 · 45-2 · 47-4 · 49 · 52 · 66 · 76-2 2C: II-7 · 9 · 47-3 ?: II-22 · 27 · 30 · 57-2 · 73-1 · 76-1 · 78-2 · 80	1B2a: 20 · 21 · 22 · 37 2A: 32 ?: 8 · 31 · 38
4a	2A: II-7 2B: II-20	1B2a: II-10-1 2A: II-31-2 2B: II-4-1 · 48-1 · 48-2 2C: II-53-2 · 75 ?: II-44-1 · 57-1 · 59 · 79	1B2a: 19 · 23 · 26 · 30 ?: 33 · 34
4b		1B4c: II-29-2 2A: II-4-2 · 29-3 · 41-2 2B: II-23 · 29-1 · 78-1 ?: II-69-1	1B2a: 10 1B4c: 24 2B: 15 ?: 14

두 곳의 목곽묘들에는 단독곽식 묘곽만 축조되었을 뿐, 주부곽식 묘곽은 축조되지 않은 것으로 보인다. 그러나 수혈식석곽묘에는 단독곽식과 함께 신라 전기 2a기부터 1B2a식, 3a기부터는 1B4c식의 동혈주부곽도 축조되었다. 소형 부곽이 피장자의 머리 위치에 가까운 주곽의 장변 쪽에 붙어 있는 1B4b식 동혈주부곽이 신라 전기 말인 4b기에 축조된 것도 확인된다.

얕은 구릉의 말단부에 형성된 봉길리유적의 목곽묘군과 봉길리고분군II의 목곽묘, 수혈식석곽묘들은 등고선과 평행하게 축조되었는데, 봉길고분군II에는 등고선을 거슬러 올라가며 소그룹을 이룬 몇몇 석곽묘군들이 있다. 대개 등고선 낮은 쪽 석곽묘가 이르고 높은 쪽이 늦다.

목곽묘, 수혈식석곽묘 모두 부장유물은 빈약하다. 피장자가 수식이 달리지 않은 세환식 금동제귀걸이를 착장한 고분이 2기에 3기(2a기: 4-3호, 2b기: 43호·54호), 3기에 3기(3b기: 7호·18호·63호), 4기에 3기(3a기: 20호·31-2호, 4b기: 69-1호)씩 존재하지만, 부장유물에서 다른 고분들과 차별성은 없다. 마구류가 출토된 고분도 없고, 철촉 출토 고분은 신라 전기의 모든 분기에 더러 있지만, 대형무기 출토 고분도 극소수이다. 1Ba기의 4호 목곽묘에서 철모 1점, 2a기의 4-3호 수혈식석곽묘에서 철제대도 1점, 철모 1점이 소량의 농공구 및 토기와 공반되었을 뿐이다. 이들 대형무기 출토 고분은 c랭크, 그 외 고분들은 모두 d랭크로 구분된다. 이 고분군의 분기별 고분 랭크는 〈표 2-29〉에서 보는 바와 같다.

(2) 봉길리고분군I(표 2-28, 별표 74)

대종천 하구 남쪽의 봉길리고분군I은 대왕암 맞은편의 구릉 말단부 국도 확장구간에서 조사되었다. 남북으로 긴 발굴구역의 남쪽 편에서는 신라 전기의 수혈식석곽묘가, 북쪽 편에서는 신라 후기의 횡혈식 석실봉토분들이 발굴되었다(울산대학교박물관 2000). 발굴된 구역에서 고분의 축조는 남쪽에서 시작되어 북쪽으로 진행된 것으로 보인다.

조사된 신라 전기고분은 2b기에서 4b기까지인데, 대개 수혈식석곽묘(분)이다. 다만 파괴된 8호 석곽묘 등 시기가 다른 토기가 출토된 예들도 있는데, 도굴과 고분 파괴 과정에서 유물들이 섞인 것인지, 아니면 추가장이 이루어진 횡구식석곽묘가 파괴된 것

표 2-29 동해안지구 고분군 고분 랭크

	봉길리유적·고분군 II	봉길리고분군 I
1기	c d	
2기	c d	d
3기	d	c d
4기	d	b c d

인지 알 수 없다. 그 중 4a기의 23호는 호석이 돌려진 봉토분으로, 24호가 서북쪽으로 연접되었다.

단독곽식 묘곽과 함께 1B2a식의 동혈주부곽이 신라 전기 2a기부터 4b기까지 축조되었고, 4b기의 1B4c식 동혈주부곽 1기가 조사되었다.

출토유물은 대부분 빈약한 가운데, 고분의 도굴과 파괴가 심하게 진행되어 교란된 상태로 출토된 것이 많다. 피장자가 수식이 달리지 않은 세환식 금동제귀걸이를 착장한 고분은 3b기의 22호 1기인데, 철촉과 약간의 농공구가 토기와 공반되었을 뿐으로 별다른 차별성이 없다. 신라 전기 2b기에 마구류나 대형무기가 출토된 고분은 없고, 3b기의 20호에서 환두대도와 철모 1점씩 출토되었다. c랭크로 분류된다. 4a기의 23호 묘곽 내에서는 운주 2점, 묘곽 주변에서 심엽형 행엽 1점이 출토되어, 마구류가 부장된 것을 알 수 있으며, 19호에서는 철제대도 1점이 출토되었다. 전자는 b랭크, 후자는 c랭크로 분류된다. 그 외 철촉이 출토된 묘곽이 4기 있을 뿐이고, 다른 묘곽들에서는 소량의 농공구와 토기, 또는 토기만 출토되어 d랭크에 속한다. 이 고분군의 분기별 고분 랭크 구성은 〈표 2-29〉에서 보는 바와 같다.

王都 고분군의 위계구조와
상호작용

IV

　신라 전기 경주지역에서는 왕성인 월성 북쪽에 자리한 월성북고분군을 필두로 수많은 고분군이 조영되었다. 월성북고분군에서 출현한 적석목곽분은 신라 최고 지배세력의 고분 묘제로서 신라의 고분문화를 선도해 나간 존재였다. 그러나 신라 전기 월성북고분군에서는 적석목곽분과 함께 다른 여러 묘제의 고분들도 축조되었다.

　월성북고분군과 함께 경주분지 내부에 자리한 고분군들에서도, 하천 수계를 따라 나누어 볼 수 있는 분지 외곽의 각 지구에서 조영된 크고작은 고분군에서도 다양한 묘제의 고분들이 축조되었다(앞의 도 2-73 참조). 고분군에 따라서는 단일 묘제의 고분이 축조되기도 하였지만, 대개는 여러 묘제의 고분들이 함께 축조되었다. 이에 신라 전기 경주지역의 고분군들은 여러 모습으로 조영되고 있었다.

　앞서 신라 전기 경주지역의 고분군들을 지구별로 나누어 각 고분군에서 축조된 고분들의 묘제와 묘곽 형식의 분포를 살펴보고, 여기에 출토유물의 내용을 더하여 고분의 랭크를 구분해 보았다. 그 결과 각 지구의 고분군들은 고분 규모, 부장 유물 등 모든 부분에서 월성북고분군과 비교 대상이 되지 못할 정도로 열세이지만, 각 지구의 고분군 사이에서도 조영된 묘제와 일부 묘곽 형식, 그리고 고분들의 랭크 구성에서 차별성이 드러났다. 그러한 차별성은 신라 전기 경주지역에서 조영된 고분군들의 위계구조에 따른 것이라고 판단된다.

한편 월성북고분군은 경주지역에서 최상위 위계의 중심고분군으로서 각 지구에 조영된 하위 고분군들에 영향을 미쳐 묘제와 고분 구조, 그리고 부장유물의 구성 내용을 변모시켜 나갔다. 그러나 신라 전기 경주지역 고분군들의 관계는 최상위 월성북고분군의 영향이 하위인 각 지구의 고분군들로 내려가기만 하는 일방통행식이 아니라 그 사이에 어느 정도의 상호작용도 있었다고 판단된다.

이에 여기서는 앞서 살펴온 내용을 종합하여 신라 전기 경주지역 고분군들의 존재 양상과 위계구조, 그리고 그 상호 관계를 살펴보고자 한다. 신라 전기는 역사상 신라의 왕호가 마립간이었던 마립간시기에 해당한다. 그러므로 이는 마립간시기 신라 왕도 사회 내부의 일면을 들여다보는 것이 될 것이다.

1. 고분군의 존재 양태와 위계구조

1) 고분군의 존재 양태

(1) 묘제

월성북고분군에서 적석목곽분이 출현하기 이전, 즉 신라 조기에 경주지역의 모든 고분군에서는 점토충전목곽묘가 축조되고 있었다. 중심고분군인 월성북고분군과 동남부지구의 중산리고분군에서는 이와 함께 석재충전목곽묘가 축조되고 있었다. 그 외의 묘제로는 옹관묘가 존재하였을 뿐, 각 고분군의 묘제 구성은 단순하였다.

신라 전기에 들어와 경주지역의 고분군에는 수혈식석곽묘(분)와 적석목곽분이 이에 더해지고, 신라 전기 말에 가까워지면 고분군에 따라 소수이지만 횡구식석곽묘(분)나 횡혈식석실분도 축조되기 시작하였다. 이에 따라 신라 전기고분군의 묘제 구성은 다양하고 복잡하게 변화되어 갔는데, 고분군에 따라서는 그 중 한두 가지 묘제의 고분이 축조되기도 하였지만, 대개는 여러 묘제의 고분이 함께 축조되었다.

점토충전목곽묘는 신라 전기에도 많은 고분군에서 축조되었다. 신라 조기에서 전기로 이어진 고분군에서 점토충전목곽묘가 계속해서 축조된 것은 물론이지만, 신라 전기에 들어와 새로 조영되기 시작한 고분군 중에서도 점토충전목곽묘가 축조된 고분군이 적지 않았다. 그러나 신라 전기 내내 점토충전목곽묘만 축조된 고분군은 없었으며, 점토충전목곽묘의 축조가 신라 조기에서 전기로 이어진 고분군에서도 다른 새로운 묘제의 고분이 등장하고 그 축조가 본격화되면 점토충전목곽묘는 소수화되어 갔다. 신라 전기에 들어와 새로 조영되기 시작한 고분군에서는 점토충전목곽묘가 소수적인 존재였거나 축조되지 않은 고분군도 있었다.

분지지구의 황성동고분군이나 서남부지구의 사라리고분군처럼 신라 전기에 들어온 이후에도 그 초기에는 점토충전목곽묘의 위상이 어느 정도 유지된 고분군도 존재하였다. 그러나 그러한 고분군에서도 새로운 묘제의 고분 축조가 본격화되면 고분 묘제의 위계가 변화하여 주된 위치를 새로운 묘제의 고분에게 넘겨주었다. 신라 전기에 점토충전목곽묘는 각 고분군에서 점차 하위 묘제로 되어 가거나 대개 하위 묘제로 잔존하였다.

월성북고분군에서 처음 출현한 것으로 판단되는 석재충전목곽묘는 신라 조기에 경주지역에서는 월성북고분군과 동남부지구의 중산리고분군에서 축조되고 있었다. 포항 마산리를 비롯하여 신라의 지배하에 들어간 일부 지방에서는 신라 조기에 이미 석재충전목곽묘가 축조되기도 하였지만(최병현 2018a: 137~141), 경주지역에서는 오히려 제한적이어서 두 고분군에서만 축조되고 있었다(최병현 2015: 117~120).

그러나 신라 전기로 들어오면 석재충전목곽묘는 두 고분군뿐만 아니라 경주지역 거의 모든 지구의 대소 고분군으로 확산되었다. 분지지구의 황성동고분군이나 서남부지구의 사라리고분군과 같이 고분 조영이 신라 조기에서 전기로 이어진 고분군뿐만 아니라 분지지구의 탑동고분군이나 동남부지구의 제내리고분군처럼 고분 조영이 신라 전기에 시작된 대소 고분군에서도 석재충전목곽묘가 축조되었다.

하지만 석재충전목곽묘의 수용과 축조는 지구에 따라 차이가 있었던 것으로 보인다. 분지지구의 천군동 피막유적과 율동 1108번지 고분군에서 석재충전목곽묘가 조사되지 않은 것은 고분군의 규모나 다른 의미가 있었겠지만, 남부지구의 고분군들에서는 석재충전목곽묘가 거의 축조되지 않은 점이 유의된다. 덕천리고분군은 조사구역이 극히 일부이기 때문에 알 수 없지만, 화곡리, 부지리, 월산리 등의 소형 고분군에서는 부지리 7호 외에 석재충전목곽묘가 조사되지 않았다. 이 점은 제내리, 석계리, 다운동 고분군 등 동남부지구의 소형 고분군들에서 석재충전목곽묘가 활발하게 축조된 점과 분명히 대비된다. 또 남부지구로 연결되었을 것으로 본 하삼정고분군에서도 석재충전목곽묘가 일부 축조되기는 하였지만, 전체 고분 수에 비하면 극히 소수에 불과하고, 그 축조 시기도 신라 전기 2a기로 끝나고 이후에는 전혀 축조되지 않은 점이 유의된다. 이와 같은 사실은 다른 지구들에 비해 남부지구에서는 석재충전목곽묘의 채용과 축조가 일반적이지 않았음을 말해준다.

또 동해안지구의 고분군에서도 석재충전목곽묘는 조사되지 않았다. 앞서 언급한 바와 같이 봉길리유적의 목곽묘에서 묘광과 목곽 사이의 충전부에 목곽을 고정시키기 위해 일정한 간격으로 놓은 것으로 판단되는 돌들이 남아 있는 예들은 있었지만, 묘광과 목곽 사이를 돌로 채운 석재충전목곽묘는 발견되지 않았다.

석재충전목곽묘는 이와 같이 신라 전기에 들어와 경주지역 전체로 확산되었지만, 지구에 따라서는 크게 선호하지 않은 지구도 일부 있었던 것으로 판단된다. 그런데 각 고분군에서 석재충전목곽묘의 채용과 축조에는 시차가 있었던 점도 유의된다. 이점은 특히 고분 조영이 신라 조기에서 전기로 이어진 고분군이나 신라 전기 초부터 시작된 고분군에서 잘 비교가 된다. 신라 조기부터 석재충전목곽묘가 축조된 월성북고분군과 동남부지구의 중산리고분군에서 그 축조는 신라 전기로 자연스럽게 이어졌고, 분지지구의 교·탑동고분군, 남부지구의 하삼정고분군, 북부지구의 사방리고분군에서는 신라 전기로 들어오자마자 석재충전목곽묘가 축조되기 시작하였다. 그러나 신라 조기에서 이어진 고분군이지만, 분지지구의 황성동고분군에서는 신라 전기 초인 1Aa기에 석재충전목곽묘가 등장하는 듯하였으나 그 본격적인 축조는 1Bb기부터로 시차가 있었고, 서남부지구의 사라리고분군에서는 1Bc기부터, 북부지구의 동산리유적에서는 2a기부터 석재충전목곽묘가 축조되기 시작하여, 앞의 고분군들과는 분명히 시간적 간격이 있었다. 고분군에 따른 석재충전목곽묘의 그와 같은 시차적 채용과 축조에는 의미가 있었을 터인데, 이에 대해서는 뒤에서 언급하기로 하겠다.

다음은 수혈식석곽묘인데, 앞서 언급한 바와 같이 과거에 필자는 원삼국 후기 이래 일부 낙동강 이서의 영남지방에서 판석조석관묘가 축조되고 있었음을 지적한 바 있지만(최병현 1992d), 신라 전기에 영남지방에서 조영된 수혈식석곽묘는 선사시대나 원삼국시기의 석관묘·석곽묘와는 관계가 없고 영남지방의 목곽묘로부터 발전한 것이라고 보았다(최병현 1992a). 동래 복천동고분군에서 점토충전목곽묘가 석재충전목곽묘로 전환되고 수혈식석곽묘로 발전되어 가는 과정을 일목요연하게 볼 수 있고, 동래 복천동고분군에서는 신라 전기 1Ba기에 수혈식석곽묘가 성립되었음을 밝힌 바 있다(최병현 2016c: 149~151).

그런데 이보다 앞서 하삼정고분군에서는 신라 조기 2a기부터 수혈식석곽묘가 축조되어 신라 전기 1Ab기까지 이어졌으며, 동해안지구의 봉길리유적에서도 신라 전기 초인 1Aa기의 수혈식석곽묘 1기가 조사된 것을 앞서 보았다. 이와 같은 신라 조기 및 전기 초의 수혈식석곽묘는 다른 유적에서는 예가 없고, 두 유적에서도 그 뒤로 연속되지 않았다. 따라서 현재로서는 신라 전기 경주지역의 수혈식석곽묘가 이들로부터 이어진 것이라고 보기는 어렵다.

경주지역에서 신라 전기의 수혈식석곽묘가 가장 빨리 축조되기 시작한 것은 중산리고분군이었으며, 그 출현 시기는 1Ba기였다. 경주지역의 신라 전기 수혈식석곽묘도 점토충전목곽묘로부터 전환된 석재충전목곽묘가 충전식, 축석식을 거쳐 발전한 것으로 판단된다. 동래 복천동고분군만큼 한 유적에서 일목요연하게 보여주지는 않지만, 경주지역의 석재충전목곽묘 중에도 축석식이 있고, 수혈식석곽묘 중에 목곽과 석곽의 벽이 겹곽으로 밀착 축조된 예들이 있는 것은 이를 의미한다고 판단된다.

신라 전기에 수혈식석곽묘는 경주지역의 모든 고분군에서 축조되었다. 다만 고분군마다 등장 시기에는 각기 차이가 있어, 중산리고분군 다음으로는 남부지구의 하삼정고분군과 동해안지구의 봉길리고분군II가 1Bc기로 빨랐고, 북부지구의 동산리고분군과 분지지구의 황성동고분군에서는 목곽묘 전통이 강하게 남아 있었기 때문인지 각각 3a기와 3b기부터 축조되기 시작하였다.

석재충전목곽묘와 수혈식석곽묘가 함께 축조된 고분군에서는 대개 석재충전목곽묘가 상위 위계였지만, 중산리고분군에서는 그 위계가 역전되어 갔다. 남부지구의 경우 대형 고분군인 하삼정고분군은, 석재충전목곽묘가 축조된 신라 전기 초에는 그 중에 상위 랭크 고분이 있었지만, 그 후 거의 수혈식석곽묘(분) 단일 묘제의 고분군으로 변하였고, 소형 고분군들은 점토충전목곽묘가 소수 존재하였지만 거의 수혈식석곽묘 중심의 고분군이 되었다. 서남부지구로 들어가는 입구부의 율동 1108번지 고분군도 수혈식 석곽묘 단일 묘제의 고분군으로 조영되었는데, 분지 중심부에서 가시적인 위치여서 분지지구에 포함하였지만 성격상으로는 남부지구의 고분군들과 통하였다고 할 수 있다. 이와 같이 남부지구의 대소 고분군들은 수혈식석곽묘 중심의 고분군으로 되어 간 것이 주목되는데, 동해안지구의 고분군들도 같은 현상이었던 것으로 보인다.

1990년대 초 중산리유적에서 묘광과 목곽 사이 사방을 돌로 충전하였으나 목곽의 뚜껑 위에 상부적석은 가해지지 않은 목곽묘가 대거 발굴되면서 적석목곽분(묘)의 범주를 넓혀야 한다거나 오히려 더 좁혀야 한다는 논의가 있었다. 이에 대해서는 이미 여러 차례 언급한 바 있고(최병현 2016a; 2016b; 2016c), 앞서도 살펴보았으므로 여기서 다시 상론할 필요는 없겠으나, 현재 학계에서는 묘광과 목곽 사이를 돌로 충전한 석재충전목곽묘를 '적석목곽묘'에 포함하기도 하고, 이와는 달리 묘광과 목곽 사이를 흙으로 충전한 점토충전목곽묘와 함께 '목곽묘'에 포함하기도 한다. 발굴보고서의 기술도 이를 따라 양 편으로 갈려 있다(최병현 2016a: 156).

그러나 필자는 이들이 별도의 묘제로 구분되어야 한다고 보아, 목곽묘 계열의 묘제를 점토충전목곽묘, 석재충전목곽묘(분), 적석목곽분으로 나누어 설명해 왔다. 적석목곽분은 매장주체인 목곽과 묘광 사이 사방은 물론 목곽 뚜껑 위에 적석이 가해지고 圓形의 高大봉토와 호석을 가진 고분으로 정의하였다. 월성북고분군의 쪽샘지구 조사에서 적석목곽분은 소형이라도 목곽 뚜껑 위 상부적석과 호석을 두른 봉토를 갖춘 고분임이 분명해졌다. 그러므로 필자는 목곽, 사방적석(또는 축벽부적석)과 상부적석(또는 개부적석), 원형계[135]의 호석과 봉토를 기본적인 구조요건으로 가진 고분은 대소와 관계없이 적석목곽'묘'가 아니라 적석목곽'분'으로 규정되어야 한다고 보며, 앞서는 발굴보고서에서 목곽묘에 포함하였든 적석목곽'묘'에 포함하였든 각 지구 고분군에서 그러한 기준에 맞는 적석목곽분을 가려내고자 하였다.

그 결과 발굴보고서들의 기술 내용과는 달리 구조 요건을 갖춘 적석목곽분은 소수의 고분군에서 극히 제한적으로 축조된 것을 알 수 있었다. 월성북고분군 외에 요건

....

135 호석을 기준으로 적석목곽분의 평면은 정원형보다 타원형이 다수로 밝혀졌다(심현철 2018). 이에 타원형을 포함하여 원형계로 하겠다.

을 갖춘 적석목곽분이 축조된 것은 분지지구에서는 교·탑동고분군과 황성동고분군, 동남부지구에서는 중산리고분군, 남부지구에서는 덕천리고분군, 서남부지구에서는 금척리·방내리고분군이었으며, 금척리·방내리고분군을 제외하고는 각 고분군에서 축조된 적석목곽분의 수도 소수에 불과한 것으로 판단되었다. 이 외에 서남부지구의 사라리고분군에서 1기 확인되고, 북부지구의 안계리고분군에서 적석목곽분이 축조되었을 가능성이 있을 뿐이다. 남부지구의 하삼정고분군 등 그 외의 대소 고분군에서는 요건을 갖춘 적석목곽분이 확인되지 않았다.

월성북고분군과는 비교가 되지 않지만, 적석목곽분이 존재한 각 지구 고분군에서 적석목곽분은 각 분기의 최상위 랭크 고분에 속했다. 안계리고분군에서도 적석목곽분일 가능성이 있는 고분들은 해당 분기의 상위 랭크에 속했다. 적석목곽분은 각 지구의 특정 고분군에서도 특별한 존재로 축조된 것이라 하겠다. 그러나 황성동고분군의 적석목곽분은 부장유물이 빈약하였고, 내부가 교란된 사라리고분군의 적석목곽분 1례도 출토유물이 빈약하여 낮은 랭크로 분류되었다. 이에는 다른 의미가 있을 것이다.[136]

마지막으로 횡구식석곽묘(분)와 횡혈식석실분인데, 월성북고분군에서는 황남동 151호분의 석곽이 신라 전기 4b기에 축조된 횡구식석곽으로 밝혀져 있을 뿐 신라 전기에 축조된 횡혈식석실분은 지금까지 조사된 바 없다. 그런데 앞서 살펴본 바와 같이 경주지역의 각 지구 고분군에서는 소수이지만 신라 전기에 축조된 횡구식석곽묘(분)와 횡혈식석실분이 조사되었다. 횡구식석곽묘(분)는 동남부지구의 중산리고분군과 남부지구의 하삼정고분군에서 신라 전기 3b기부터 축조되었고, 분지지구의 황성동고분군에서는 4a기부터, 동남부지구의 석계리고분군에서는 4b기에 축조된 예가 있다. 횡혈식석실분은 신라 전기 4b기에 동남부지구 중산리고분군에서 1기, 남부지구의 하삼정고분군에서 2기, 멀리 서남부지구의 외칠리고분군에서도 1기가 축조된 것으로 보인다. 모두 석실의 평면이 장방형이라는 공통점이 있다.

잘 알려져 있는 바와 같이 횡구식석곽묘(분)와 횡혈식석실분은 신라 후기가 중심

---

136 신라 조기에 월성북고분군과 중산리유적에서만 축조되던 석재충전목곽묘가 신라 전기에 들어와 경주지역의 다른 고분군에서 일반적으로 축조된 것이 참고가 된다. 신라 전기에 적석목곽분은 월성북고분군과 각 지구 중심고분군에서 축조되었으나 어느 시점부터는 축조될 수 있는 고분군의 폭이 좀 더 넓어진 것이 아닐까 판단된다.

인 묘제의 고분들이다. 그러나 신라의 지방에서는 횡구식석곽묘(분)와 횡혈식석실분이 신라 전기에서도 이른 시기부터 이미 축조되고 있었다(최병현 2001). 앞서 언급한 각 지구 고분군의 횡구식석곽묘(분)와 횡혈식석실분은 경주지역에서도 분지 주변 각 지구 고분군에서는 신라 전기에 이미 그러한 묘제의 고분들이 도입되어 부분적으로 축조되고 있었음을 말해주는 것이다.

이상 살펴본 바와 같이 신라 전기 경주지역에서는 여러 묘제의 고분들이 축조되었는데, 여기서는 다루지 않은 옹관묘를 제외하고, 고분군은 크게 보아 적석목곽분과 함께 석재충전목곽묘(분), 수혈식석곽묘(분), 점토충전목곽묘가 모두 축조된 고분군 유형—분지지구의 월성북고분군과 동남부지구의 중산리고분군 등, 적석목곽분은 축조되지 않고 석재충전목곽묘와 수혈식석곽묘, 점토충전목곽묘가 함께 축조된 고분군 유형—서남부지구의 외칠리고분과 북부지구의 동산리고분군 등, 수혈식석곽묘와 점토충전목곽묘가 함께 축조되거나 수혈식석곽묘 단일 묘제의 고분군 유형—남부지구 화곡리고분군과 분지지구의 율동 1108번지 고분군 등으로 나누어볼 수 있다.

(2) 묘곽 형식과 고분 구조

신라 전기고분의 묘곽 형식은 크게 주부곽식(1)과 단독곽식(2)로 나누어진다. 그런데 경주지역 신라 전기고분의 묘곽 형식은 대부분 조기고분에서 이어받은 것이다. 주부곽식은 다시 이혈주부곽식과 동혈주부곽식으로 나누어지는데, 그 중 장축 방향이 반대로 놓여 주곽과 부곽이 T자형로 배치된 이혈주부곽(1A3식)과 동혈주부곽(1B3식), 부곽이 주곽의 장변 쪽에 설치된 1B4a식~1B4d식 동혈주부곽은 신라 전기고분에서 새로 발생한 것이지만 그 외 형식의 이혈·동혈주부곽은 모두 신라 조기부터 축조되었다. 단독곽식도 모두 신라 조기고분에서 발생하여 축조되어 온 것이다.

월성북고분군의 신라 전기고분에서는 아직 1B3식의 T자형 동혈주부곽만 발견되지 않았을 뿐, 그 외 모든 형식의 이혈·동혈 주부곽과 단독곽이 축조되었다. 이에 비해 각 지구 고분군에서 축조된 묘곽 형식은 그보다 제한적이고, 고분군에 따라 차이가 있다. 고분군마다의 구체적인 내용은 앞의 편년표에 정리해 두었으므로 여기서 이를 다시 반복하여 일일이 설명할 필요는 없겠지만, 그 중 요점은 고분군에 따라 이혈주부곽의 축조 여부, 그리고 월성북고분군에서 동혈주부곽의 등장 시기, 특히 경주지역에서 1B4a식~1B4d식의 1B4식 계열 동혈주부곽의 출현과 월성북고분군에서의 축조 시기라고 할 수 있다.

먼저 이혈주부곽식으로, 월성북고분군의 신라 전기고분에서는 방형 부곽의 1A1식, 장방형 부곽의 1A2식, 장방형 부곽이 주곽과 T자형으로 배치된 1B3식이 모두 축조되었다. 그 중 1A2식은 신라 전기 1Ba기의 적석목곽분인 황남동 109호분-3·4곽 1례이지만, 최근 쪽샘지구 조사에서 장방형 부곽의 이혈주부곽식인 H37호와 H85호 목곽묘가 확인되었다. 그 중 내부조사가 이루어진 H85호는 점토충전목곽묘로, 신라 전기 1Ab기 형식의 토기가 출토되었다. 이것으로 보아 장방형 부곽의 1A2식 이혈주부곽은 월성북고분군에서 신라 전기 이전부터 축조되었을 가능성이 있다. 1B3식 이혈주부곽은 신라 전기 2a기의 적석목곽분인 황남대총 남분 1례로, 이른 시기 적석목곽분 왕릉의 특별한 예일 수 있다.

이혈주부곽 중 일반적인 것은 주곽의 단변 쪽에 방형 부곽이 있는 1A1식으로, 월성북고분군에서는 신라 전기에 1Ab기의 점토충전목곽묘인 쪽샘 C10호와 석재충전목곽묘인 쪽샘 L17호, 적석목곽분인 1Bc기의 황남동 110호분과 황오동 14호분-1곽과 2곽부터 시작하여 3b기까지 여러 묘제의 고분에서 축조되었다.

그런데 월성북고분군 이 외 신라 전기 각 지구 고분군에서 축조된 이혈주부곽을 살펴보면, 분지지구 교·탑동고분군의 1Ab기와 2b기 석재충전목곽묘에 각각 축조된 1A1식 2기, 동남부지구 중산리고분군의 2a기와 4a기 석재충전목곽묘에 각각 축조된 1A1식 2기, 3b기 수혈식석곽묘에 축조된 1A1식 1기, 그리고 남부지구 덕천리고분군의 3b기 적석목곽분에 축조된 1A1식 1기이다. 세 고분군에서 1A1식 이혈주부곽이 모두 적석목곽분에서 축조된 것은 아니지만, 세 고분군 모두 적석목곽분이 소수 존재한 고분군이라는 공통점이 있다.

이 외 황성동고분군의 1Aa기 점토충전목곽묘와 1Bb기 석재충전목곽묘에서 1A1식으로 분류한 것 각각 1기, 중산리고분군의 1Bb기 묘제 불명(석재충전목곽묘 또는 적석목곽분) 고분에서 1A2식 1기, 구어리고분군의 1Aa기 점토충전목곽묘에서 1A2식 1기의 이혈주부곽이 조사되었다. 황성동고분군에서 1A1식으로 분류한 이혈주부곽 2기 중 1Aa기의 1기는 부곽이 길이 1.83m, 너비 1.23m로 사실상 장방형에 가까운 것이다. 이

외 다른 고분군에서는 묘제를 불문하고 이혈주부곽이 설치되지 않았다.

경주지역의 신라 전기고분군에서는 여러 형식의 주부곽식, 단독곽식 묘곽이 축조되었지만, 이와 같이 이혈주부곽은 극히 한정된 고분군에서만 확인된다. 여기서 신라 조기 경주지역 고분군의 묘곽 형식 분포를 상기해 볼 필요가 있다. 경주지역에서 현재까지 방형 부곽의 이혈주부곽이 온전하게 발굴된 신라 조기고분은 구어리 1호가 유일하다. 그러나 앞서 누누이 언급했듯이 월성로고분이나 쪽샘지구 조사 상황으로 보아 1A1식 방형 부곽의 이혈주부곽식 목곽묘의 주 분포지는 신라 조기 경주지역의 중심고분군인 월성북고분군이었음이 분명하다. 신라 조기에 월성북고분군에서는 이와 함께 1A2식인 장방형 부곽의 이혈주부곽이 존재하였을 가능성이 있고 약간 세장한 단독곽이 축조되었을 뿐, 각 형식의 동혈주부곽은 축조되지 않았던 것으로 판단된다. 그것은 신라 조기의 점토충전·석재충전 목곽묘들이 조사된 월성로와 접한 쪽샘지구에서 동혈주부곽이 전혀 드러나지 않고 있는 것으로 추론 가능하다.

이에 비해 신라 조기에 월성북고분군 이 외 각 지구 고분군에서는 세장방형의 동혈주부곽과 세장방형 단독곽이 축조되었을 뿐, 방형 부곽의 1A1식 이혈주부곽은 축조되지 못하였다. 다만 황성동고분군과 중산리고분군에서 장방형 부곽의 1A2식 이혈주부곽 1기씩이 확인되었을 뿐이다.

신라 조기 경주지역의 고분군은 중심고분군인 월성북고분군과 각 지구 고분군들로 위계화되어 있었고, 중심고분군과 각 지구 고분군 사이에 축조된 목곽묘의 묘곽 형식에도 차별성이 있었다. 1A1식 방형 부곽의 이혈주부곽은, 특수한 상황의 예외적인 의미를 가진 구어리고분군의 1례 외에는, 월성북고분군에서만 축조될 수 있는 묘곽 형식이었다. 일부 고분군에서 조사된 1A2식 장방형 부곽의 이혈주부곽은 극히 소수여서 아직 그 존재 의미를 추론하기는 어렵지만, 그 위계는 각 지구 고분군에서 널리 축조된 세장방형 동혈주부곽과 큰 차이가 없다고 판단된다.

그런데 신라 전기에 들어와 월성북고분군 이 외 몇몇 지구의 고분군에서 방형, 장방형 부곽의 이혈주부곽이 축조된 것은 신라 조기에 비해 이혈주부곽을 축조할 수 있는 고분군의 범위가 그만큼 늘어난 것이다. 그러나 이혈주부곽이 축조된 고분군도, 축조된 이혈주부곽의 수도 극히 제한적이었던 점이 유의된다.

다음은 동혈주부곽으로, 신라 조기에 동혈주부곽식 목곽묘가 존재하지 않았던 것으로 보이는 월성북고분군에서 동혈주부곽식 묘곽의 고분이 축조되기 시작한 것은 현재 편년 가능한 고분으로 신라 전기 3a기부터이며, 2b기로 올라갈 가능성이 있음은 앞서 언급하였다.[137] 부곽이 주곽의 장변 쪽에 설치된 1B4식 계열의 동혈주부곽도 긴 부곽이 주곽과 나란히 설치된 1B4a식과 부곽이 피장자 머리맡 쪽으로 올라가 있는 1B4b식이 3a기부터, 부곽이 주곽의 장변 중간에 있는 1B4c식이 4a기부터, 부곽이 피장자 발치 쪽에 붙어 있는 1B4d식이 4b기에 축조되어, 마치 형식의 변화 순서대로 축조된 것처럼 보였다.

월성북고분군 이 외 신라 조기에 동혈주부곽식 목곽묘가 조영되어 온 각 지구 고분군에서는 신라 전기로 들어온 이후에도 자연스럽게 여러 묘제의 고분에서 동혈주부곽이 축조되었다. 일부 소형 고분군에서는 점토충전목곽묘가 단독곽식으로 축조되기도 하였지만, 신라 전기에 동혈주부곽은 모든 묘제의 묘곽 형식으로 확대된 것이다.

그런데 1B4식 계열의 동혈주부곽은 동남부지구 중산리고분군의 점토충전목곽묘에서 신라 전기 초인 1Aa기에 처음 출현한 것으로 나타나며, 월성북고분군에서와 달리 가장 먼저 출현한 것은 긴 부곽이 주곽과 나란히 설치된 1B4a식이 아니라 소형의 부곽이 주곽의 장변 중앙에 붙어 있는 1B4c식이었다. 이후 1B4c식의 축조가 이어지다가 신라 전기 3b기에 1B4d식이 축조되었다.

중산리고분군에서 1B4c식의 동혈주부곽이 출현한 후 경주지역 각 지구 고분군에서는 각각 시차를 두고 1B4식 계열의 동혈주부곽들이 축조되었는데, 대개 1B4c식이 먼저 쓰이고, 그 뒤에 1B4b식이나 1B4d식이 설치되었다. 이로 보아 1B4식 계열의 동혈주부곽은 중산리고분군에서 먼저 발생한 1B4c식이 월성북고분군을 포함하여 각 지구 고분군으로 퍼져 나간 것이며, 그 과정에서 소형 부곽의 위치가 피장자 머리 쪽으로 이동한 1B4b식과 발치 쪽으로 이동한 1B4d식으로의 변화가 있었다고 판단된다. 월성북고분군에 존재하는 긴 부곽의 1B4a식은 구조적으로 1B4식 계열의 시원형처럼 보이지만, 주곽의 단벽 쪽에 설치되던 장방형 부곽을 1B4c식 출현 후 주곽의 장변 쪽으로 이동시킨 것이 아니었을까 판단된다.

다음 고분의 구조 또는 축조 기법에서 수혈식석곽의 한쪽 또는 양쪽 단벽을 호선

----

137   앞의 제2부 제2장 II-2.

으로 둥글게 축조한 것이다(조수현 2008). 수혈식석곽의 단벽을 그와 같이 둥글게 축조한 것은 중산리고분군, 다운동고분군, 하삼정고분군 등 여러 고분군에서 볼 수 있는데, 중산리고분군에서는 수혈식석곽묘 출현기인 신라 전기 1Ba기부터 그러한 축조 기법이 확인된다(앞의 도 2-77 참조). 석곽의 단벽을 호선으로 축조하는 기법은 이후 여러 방향으로 발전하여 부곽이 주곽의 단벽 쪽에 있는 1B2a식 동혈주부곽에서는 부곽이 원형으로 축조되기도 하고(앞의 도 78-1 참조), 부곽이 주곽의 장벽에 붙어 있는 1B4식 계열의 동혈주부곽에서도 부곽이 둥글게 설치되기도 하였다.

한편 하삼정고분군의 수혈식석곽묘 중에는 석곽의 세 벽은 깬돌들을 눕여 쌓아 축조하였으나 피장자 발치쪽의 단벽은 판석을 세워 축조한 것, 피장자 발치 쪽에 유물을 부장하고 유물 부장 공간만 판석을 ㄷ자상으로 세워 막은 것 등이 있다. 신라 전기 3a기, 3b기의 수혈식석곽묘 중에 많은데, 일견하여 횡구식석곽처럼 보이기도 하지만 횡구식석곽이 아니라 수혈식석곽의 한 축조 기법으로 판단된다.

묘광의 바닥에 잔자갈을 깔아 묘곽 상면을 조성한 것은 신라 조기의 점토충전목곽묘에서부터 시작되었지만, 점토충전목곽묘는 신라 전기의 늦은 시기까지도 잔자갈을 깔지 않은 것이 많이 남아 있다. 석재충전목곽묘와 수혈식석곽묘도 신라 전기의 이른 시기에는 잔자갈을 깔지 않은 것이 다수이지만 시기가 내려오면 대부분 돌이나 잔자갈을 깔았고, 적석목곽분은 모두 묘곽 상면에 잔자갈을 깔았다. 적석목곽분과 석재충전목곽묘는 묘곽의 네 벽부 사방적석 또는 충전석과 묘곽 상면의 자갈 깔린 바닥 사이에 목곽이 섰던 공간이 남아 있다. 그러나 묘곽 상면에 자갈이 깔린 수혈식석곽묘에서는 석곽의 벽과 바닥의 자갈층이 붙어 있거나 자갈층이 석곽벽 밑으로까지 들어가 있어 구별된다. 다만 석곽 안에 목곽이 겹곽으로 설치된 수혈식석곽묘에서는 자갈층과 석곽 벽 사이에서 목곽선이 확인되기도 한다.

그런데 하삼정고분군의 수혈식석곽묘에서는 석곽 바닥에 깐 석재가 변화하는 경향성이 있다. 신라 전기 1Bc기~2b기의 수혈식석곽묘는 석곽 바닥에 자갈이 아니라 납작한 깬돌이나 판상석을 깐 것이 많았으나 3a기부터는 석곽 바닥을 주로 잔자갈을 깔아 조성하였다.

고분의 봉토 둘레로 돌을 쌓아 축조한 호석은 고총 출현과 관련하여 중요한 의미를 갖고 있다. 신라 고분의 호석 출현에 대해 필자는 전고(최병현 2015: 121~124)에서 살펴본 바 있고, 앞서도 여러 번 언급하였다. 현재로서는 신라 전기 1Ba기인 월성북고분군의 황남동 109호분-3·4곽이 가장 이른 호석 고분이지만, 그보다 앞서 호석을 가진 대형 고총의 적석목곽분이 월성북고분군에서 출현하였을 것으로 판단하였다. 그 시기는 신라 전기 1Aa기로 올라갈 가능성이 있다고 본다.

월성북고분군 다음으로 호석 고분이 축조된 것은 중산리고분군이다. 중산리고분군에서는 좀 더 이른 시기의 고분에 호석이 출현하였다는 주장도 있지만, 신라 전기 1Ba기부터 호석 고분이 축조된 것은 분명하다. 현재 지상에 다수의 고총이 존재하는 금척리고분군에서도 고분에 호석은 일찍부터 축조되었을 가능성이 있다. 다음 하삼정고분군에서는 3b기부터 수혈식석곽 주변에 호석 축조가 본격화되지만, 이 고분군에서 고분호석의 등장은 신라 전기 2b기에 시작되었을 가능성이 있다. 그 외는 고분군에 따라 차이가 있어, 대개 3a기나 3b기부터 호석 고분이 축조되었다. 북부지구의 안계리고분군에서도 신라 전기 2a기로 편년된 1호분의 봉분 서남쪽 기슭 일부에서 석렬이 조사되었으나 완전한 호석은 아니었다고 하고(문화재연구소 1981: 11), 3b기의 2호분부터 봉토 둘레로 완전히 돌아간 호석이 조사되었다.

월성북고분군에서 적석목곽분은 대소 모두 기본적으로 호석을 가진 고분이고, 그외에는 수혈식석곽분 중에 호석이 돌아간 예가 있었다. 월성북고분군 이 외 각 지구 고분군에서도 적석목곽분은 모두 호석이 축조되었고, 대형 고분군에서는 호석이 채용된 석재충전목곽묘(분)도 축조되었다. 호석이 돌아간 수혈식석곽분은 대형 고분군뿐만 아니라 각 지구의 소형 고분군에서도 축조되었다.

월성북고분군 이 외 각 지구 고분군에서도 호석은 대개 묘곽의 장축 방향이 장경을 이루는 평면 타원형으로 설치되었다. 금동제 과대가 출토되어 a랭크 고분으로 분류된 하삼정 나115호의 호석 규모는 장경 약 20.2m로 복원되어 각 지구의 신라 전기고분 중에서는 가장 큰 규모였던 것으로 판단된다. 그 이하는 b랭크 고분: 덕천리 4호의 13.2m에서 하삼정 나48호의 7.2m까지, c랭크 고분: 석계리 48호의 7.7m에서 하삼정 나77호의 6.8m까지로 계산된다. 그 이하는 대개 장경 5~6m 정도인데, 최하 3.7m도 있다. 고분 랭크에 따른 각 지구 고분의 호석 규모는 대개 월성북고분군의 랭크별 고분 호석 규모 범위를 벗어나지 않았다.

(3) 고분군의 구성

고분군에서 고분들의 배치 상태는 일견 무질서하여, 고분들이 일정한 방향이나 순서없이 축조된 것처럼 보인다. 그러나 고분들의 편년 결과로 보면 고분 축조가 한 지점에서 시작되어 일정한 방향으로 확대되어 나간 고분군이 있고, 여러 지점에서 시작되어 주변으로 확대되어 나간 고분군들도 있다. 대개 전자는 소형 고분군들이고 후자는 대형 고분군들이지만, 대형 고분군도 크게 보아 진행되는 방향이 있다.

한편 고분군 내에서는 몇기의 고분들이 모여 소그룹을 이루고 있는 현상들도 관찰된다. 필자는 월성북고분군에서 보이는 그러한 소그룹을 집단복합묘군이라 이름붙여 설명한 바 있다(최병현 2017d). 고분군 내 소그룹은 경주지역 각 지구의 고분군에서도 관찰되는데, 소형 고분군에서는 비교적 잘 드러나지만(도 2-85), 중산리고분군처럼 고분들의 상하 중복이 심하거나 하삼정고분군처럼 고분들이 빽빽하게 밀집 축조된 대형 고분군에서는 이를 구분해 내기가 쉽지 않다. 그러나 대형 고분군에서도 자세히 관찰해 보면 부분부분 소그룹들이 확인된다.

필자는 앞서 월성북고분군의 집단복합묘군은 랭크 차이가 있는, 중대형의 주분과 그보다 규모가 작은 소형 고분들로 구성된 점으로 보아 주분의 피장자와 그 소속인들의 무덤군이라고 보았다. 월성북고분군의 집단복합묘군 피장자들이 반드시 가족이나 혈연관계만은 아니라고 본 것이다. 월성북고분군 이 외의 각 지구 고분군에서 보이는 소그룹 내 고분들의 피장자들도 그와 같은 관계일지는 의문이다. 각 지구 고분군들에서는 고분들의 랭크 차이가 크지 않고, 소그룹 소속 고분들의 랭크 차이도 거의 없는 것으로 보이기 때문이다. 월성북고분군의 집단복합묘군보다는 피장자들의 가족 또는 혈연적 관계가 좀 더 강하지 않았을까 추측된다.

2) 고분군의 위계구조

신라 전기 경주지역의 각 지구에서 조영된 고분군들은 우선 그 규모에서 큰 차이가 있었다. 각 지구에는 1개소 또는 2개소의 대형 고분군과 그보다 규모가 작은 소형 고

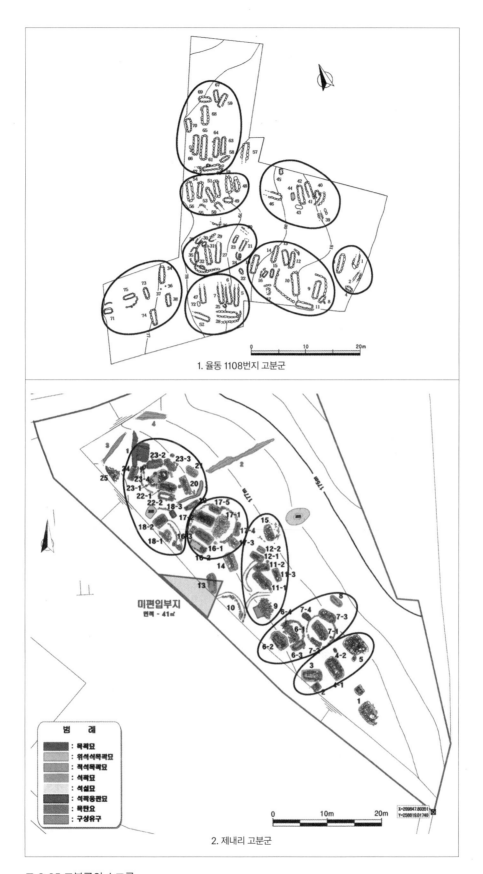

1. 율동 1108번지 고분군

2. 제내리 고분군

범 례
: 목곽묘
: 위석식목곽묘
: 적석목곽묘
: 석곽묘
: 석실묘
: 석곽옹관묘
: 목관묘
: 구상유구

도 2-85 고분군의 소그룹

분군들이 자리하였다. 각 지구의 대형 고분군들은 대개 일부만 발굴되었거나 아직 발굴조사되지 않은 부분들이 많이 남아 있지만, 소형 고분군들은 대부분 고분군의 전체 또는 많은 부분이 발굴조사된 것으로 보인다.

그런데 대형 고분군들의 규모도, 소형 고분군들의 규모도 물론 같지는 않지만, 각 지구에서 대형 고분군과 소형 고분군 사이의 규모 차이는 컸다. 앞서 살펴본 바와 같이 묘제와 묘곽 형식의 분포도 차이가 있어, 적석목곽분은 각 지구의 대형 고분군 중에서만 소수 존재하였고, 이혈주부곽도 그 중에서 축조되었다. 또 묘제의 채용과 축조에서도 차이가 있어, 석재충전목곽묘가 신라 조기에 축조되지 못한 대형 고분군에서는 신라 전기에 들어오자마자 축조되기 시작하였지만, 소형 고분군들에서는 시차를 두고 석재충전목곽묘가 채용되었다.

한편 앞서 지구별 표로 종합해 두었듯이 고분들의 랭크 구성 내용에서도 대형 고분군과 소형 고분군 사이에는 큰 차이가 있었다. 각 지구의 대형 고분군에는 월성북고분군에서와 같은 특a 랭크, a+랭크 고분은 존재하지 않았지만, 분기마다 중상위의 a, b랭크 고분들이 하위 c, d 랭크 고분들과 함께 축조되었으나, 소형 고분군들은 대개 하위 c, d랭크의 고분들도 구성되어 있었다. a랭크 고분은 대형 고분군 중 일부에만 소수 존재하였고, b랭크와 c랭크 고분은 대형 고분군뿐만 아니라 소형 고분군에도 일부 존재하였지만, 그 내용에서는 차이가 있었다. 유물 구성에도 차이가 있었지만, 대형 고분군에서는 b, c랭크 고분이 복수나 그룹으로 존재한 반면, 소형 고분군에서는 대개 단수로 존재하였을 뿐이다.

각 지구에서 조영된 대형 고분군과 소형 고분군 사이의 이러한 차이는 더 이상 말할 것도 없이 고분군의 위계에 따른 것이다. 신라 전기 경주지역의 고분군들은 분지지구에 자리한 월성북고분군을 정점으로 한 위계 구조 하에서 조영되었고, 각 지구에서는 대형 고분군이 상위, 소형 고분군들이 그 하위 위계로 조영되고 있었다고 판단된다. 각 지구 대소 고분군 사이의 차이점들은 그러한 위계구조를 말해주는 것이다.

월성북고분군이 최상위 위계로 경주지역은 물론, 신라국가 전체의 중심고분군이었음은 더 이상 긴 설명이 필요하지 않다. 그런데 각 지구에서는 지구에 따라 대형 고분군이 1개소 조영된 곳도 있지만 2개소 조영된 곳도 있었다. 대형 고분군이 2개소인 지구에서는 그 사이에도 차등이 보인다.

분지지구에서는 월성북고분군 외에 2개소에서 대형 고분군이 조영되었다. 남천 남쪽의 교·탑동고분군과 북천 건너 황성동고분군이 그것이다. 그 중에서는 교·탑동고분군이 황성동고분군보다 상대적으로 상위였다고 판단된다. 석재충전목곽묘가 교·탑동고분군에는 신라 전기 초부터 축조되기 시작하였지만, 황성동고분군에서는 신라 전기 초를 조금 지나 그 축조가 본격화 되었다. 두 고분군에서는 이혈주부곽도 축조되었지만, 황성동고분군에서는 신라 전기 초에 소멸되었다. 적석목곽분도 두 고분군에서 모두 소수 축조되었지만, 교·탑동고분군에서 적석목곽분은 상위 위계인 반면 황성동고분군의 적석목곽분은 위계가 높지 않았다. 이는 사라리고분군의 1례와 더불어 황성동고분군에서 적석목곽분의 축조 의미가 다른 대형 고분군에서와 같지 않았음을 말해준다.

고분 랭크 구성도 앞의 〈표 2-15〉에서는 두 고분군이 비슷한 것처럼 보이지만, 내용에 있어서는 차이가 있었다. 두 고분군에서 금동관 출토 고분이 신라 전기 2b기에 각각 1기씩 존재하여 모두 a랭크로 구분했지만, 교·탑동고분군의 a랭크 고분에서는 피장자가 금동관과 함께 태환식 금제귀걸이·구슬목걸이·은제팔찌와 반지를 착장했으나, 황성동고분군의 a랭크 고분 피장자는 금동관 외에 다른 장신구를 착장한 흔적이 없었다. 또 교·탑동고분군에서는, 관모류 착·부장의 흔적이 없어 모두 b랭크로 분류했지만, 피장자가 심엽형 은제대장식구의 과대를 착장한 고분이 신라 전기 2기 이후 각 분기마다 존재하였으나, 황성동고분군에서는 과대 착장 고분이 존재하지 않았다. 그 외 두 고분군 사이에는 금제귀걸이와 환두대도의 착장과 마구류의 부장에도 차이가 있다.

그러므로 분지지구에서는 두 고분군 중 교·탑동고분군이 월성북고분군 아래의 지구 중심고분군이었다고 판단된다. 황성동고분군도 교·탑동고분군에는 미치지 못하지만 다른 소형 고분군들보다는 상위로서 지구의 한 유력 고분군이었으며, 그 이하 소형 고분군들은 지구 중심고분군이나 유력 고분군의 하위 고분군들이었을 것이다.

동남부지구에서는 중산리고분군이 신라 조기에 이어 전기에도 지구 중심고분군으로 조영되었을 것으로 판단된다. 그러나 그 위상은 분지지구의 교·탑동고분군에는 미치지 못하고 대체로 황성동고분군과 유사하였으며, 4기에 오면 그 위계가 더 급격히 낮아졌다.

남부지구에서는, 현재까지의 조사 결과로는, 하삼정고분군이 최대형 고분군으로 신라 전기 1Bc기에 마구류와 함께 다수의 대형 무기가 출토된 고분, 2b기에 금동관이나 금동제 대장식구 과대가 착·부장된 고분 등 이른 시기에는 a랭크로 분류되는 고분들도 존재하고, 그 이후에도 마구류 출토 고분이 복수로 존재하는 등 분명히 그 위상이 돋보인다.

그러나 덕천리고분군에서, 신라 전기고분은 극히 일부 조사되었지만, 적석목곽분과 이혈주부곽이 축조되었고, 출토유물의 내용에서도 금장·은장의 환두대도·성시구·마구류와 같은 금공품, 특히 월성북고분군의 특a랭크 고분에서나 출토되는 금동제 마구장식인 杏葉 등이 포함되어 있어 분지 주변의 지구 고분군 가운데 단연 뛰어난다. 그리고 덕천리고분군을 중심으로 그 주변에는 다수의 소형 고분군들이 포진해 있다. 이로보아 남부지구에서는 덕천리고분군이 지구 중심고분군으로서 그 주변의 소형 고분군들을 하위로 두고 있었고, 여기서 멀리 떨어져 하삼정고분군이 한 유력 고분군으로 조영되었을 것으로 판단된다.

서남부지구에서는 지상에 50여 기의 고총이 자리한 금척리고분군이 지구 중심고분군으로서 다른 소형 고분군들을 하위로 두고 있었던 것이 분명하다. 금척리고분군에서는 아직 고총이 제대로 발굴된 바 없음에도 지하 유구의 수습조사에서 출토된 수준 높은 유물로 보면 다른 주변 지구의 중심고분군들이 아니라 경주지역 최고 위계의 월성북고분군과 어느 정도 견줄 수 있을지가 주목된다고 하겠다. 서남부지구에서는 사라리고분군도 신라 조기에 이어 전기에도 어느 정도의 위상을 유지하고 있었던 것으로 보인다.

북부지구에서는 조사된 고분군 3개소 중 고분군 전체가 발굴된 동산리고분군의 위계가 사방리고분군이나 안계리고분군보다 하위였던 것으로 보인다. 고분군의 극히 일부가 발굴되었지만, 사방리고분군에서는 신라 전기에 들어오자마자 곧바로 석재충전목곽묘가 축조된 것이 확인된다. 이에 비해 동산리고분군에서는 신라 전기 2a기가 되어서야 석재충전목곽묘가 축조되기 시작하였다. 경주지역에서 신라 전기 초부터 석재충전목곽묘가 축조된 것은 남부지구의 유력 고분군인 하삼정고분군 외에는 모두 지구의 중심고분군들이었다. 호석 고분의 축조도 사방리고분군에 비해 동산리고분군에서는 뚜렷하지 않았다.

사방리고분군과 안계리고분군의 관계는 분명하지 않지만, 경주 중심부와의 거리나 주변 고분군들과의 관계로 보아 북부지구의 중심고분군은 사방리고분군이었을 가능성이 크다고 판단된다. 사방리고분군의 입지는 평지로, 월성북고분군은 물론 각 지구 중심고분군들도 평지성 입지의 고분군이라는 공통점이 있으며, 신라 전기에 들어오지마자 사방리고분군에서 석재충전목곽묘가 축조되기 시작한 점도 그 가능성을 높여준다.

경주 중심부에서 멀리 떨어져 있는 안계리고분군은 그 위치상 포항지역의 고분군들과 관련하여 생각하지 않을 수 없다. 포항지역은 원래 음즙벌국으로(이희준 2007: 192~194) 신라 조기에 이미 신라 중앙의 직접 지배하에 들어왔지만, 그 세력은 여전히 옥성리-남성리고분군 등 유력 고분군들을 조영하고 있었다(최병현 2018a). 안계리고분군은 이들을 제어할 위치의 유력 고분군으로 존재하였을 것으로 판단된다. 안계리고분군에서는 요건을 갖춘 적석목곽분도 축조되었을 가능성이 있고, 월성북고분군의 특a랭크 고분에서나 출토되는 로만그라스가 부장된 것도 그와 관련하여 의미를 찾을 수 있다고 본다.

동해안지구에서 조사된 고분군들은 모두 소형으로 하위의 고분군들로 판단된다. 동해안지구에서는 아직 지구 중심고분군이 발견되지 않았을 가능성도 있지만, 여건상 지구 중심고분군이나 그에 버금가는 유력 고분군 없이 하위의 소형 고분군들만 조영되었을 가능성도 있다고 생각된다.

이상 설명한 내용을 정리하면 신라 전기 경주지역, 즉 신라 왕도 고분군의 위계구조는 〈표 2-30〉과 같이 된다. 그런데 이와 같은 고분군의 위계구조는 신라 전기 말까지 유지되었지만, 각 지구 중심고분군이나 유력 고분군의 위상은 시기가 내려오며 전체적으로 격하되어 갔던 것으로 보인다. 신라 조기의 연장선에서 신라 전기 초에는 상위 랭크 고분이 존재하였던 고분군들에서 고분 랭크 구성이 하향되어 갔으며, 교·탑동고분군, 황성동고분군, 하삼정고분군에서 금동관이나 금동제 대장식구 과대가 출토된 고분은 모두 신라 전기 2b기로 편년될 뿐, 그 이후에는 존재하지 않았고, 이 고분군들에서 중상위 랭크 고분의 수도 점차 축소되어 갔는데, 바로 그 점을 말해준다고 판단된다. 특히 사로국 후기에 이어 신라 조기에 월성북고분군 다음의 위상을 갖고 있었고, 신라 조기에는 월성북고분군 외에 경주지역에서는 유일하게 석재충전목곽묘를 축조할 수 있었던 중산리고분군의 위상이 신라 전기에는 다른 지구의 유력 고분군 수준이었고, 신라 전기 4기에는 거의 소형의 하위 고분군 수준으로 격하된 점이 주목되는 것이다.

표 2-30 신라 전기 王都고분군의 위계구조

지역	王都(경주지역)					
중심	월성북고분군					
지구	분지지구	동남지구	남부지구	서남부지구	북부지구	동해안지구
중심	교·탑동고분군	중산리고분군	덕천리고분군	금척리고분군	사방리고분군	
	황성동고분군		하삼정고분군		안계리고분군	
	천군동 피막고분군 손곡동·물천리고분군 율동1108고분군	조양동고분군 제내리고분군 석계리고분군 구어리고분군 다운동유적	화곡리고분군 부지리고분군 월산리고분군	사라리고분군 외칠리고분군	동산리고분군	봉길리유적· 봉길리고분군 II 봉길리고분군 I

2. 고분군의 상호작용

신라 전기 경주지역의 고분군 전개 과정은 최고 위계의 중심고분군인 월성북고분군과 각 지구 고분군 사이에 있었던 상호작용에 대해서도 말해준다. 각 고분군에서 축조되고 있던 고분의 묘제와 묘곽의 형식을 통해 그 내용의 일단을 알아볼 수 있다.

신라 조기 경주지역에서는 모든 고분군에서 공통적으로 점토충전목곽묘가 축조되고 있었다. 그런데 그 중 월성북고분군에서는 점토충전목곽묘로부터 파생된 석재충전목곽묘가 성립하였으며, 신라 조기에는 경주지역에서 월성북고분군과 동남부지구의 중산리고분군에서 축조되었다. 신라 전기로 들어와 석재충전목곽묘는, 아직 조사가 진척되지 않은 남부지구의 중심고분군인 덕천리고분군, 서남부지구의 중심고분군인 금척리고분군의 상황은 알 수 없지만, 1차로 분지지구의 교·탑동고분군, 남부지구의 하삼정고분군, 북부지구의 사방리고분군 등 지구 중심고분군이나 유력 고분군으로 퍼져 나갔다. 이어 그 하위 고분군들에서도 뒤따라 축조되었다. 신라 전기에 월성북고분군에서는 최고 위계의 묘제인 적석목곽분이 출현하여 신라의 고총문화를 선도해 나갔는데, 적석목곽분은 각 지구의 중심고분군들에서도 제한적으로 축조될 수 있었다. 월성북고분군의 적석목곽분에서 출현한 고분 호석도 각 지구 고분군의 여러 묘제의 고분으로 퍼져 나갔다. 한편 신라 조기에는 목곽묘의 묘곽 형식이 위계화되어 방형 부곽의 이혈주부곽식 점토충전·석재충전목곽묘는 중심고분군인 월성북고분군에서만 축조되고 있었는데, 신라 전기에 들어와서 각 지구 중심고분군에서도 이혈주부곽이 소수 축조될 수 있었다.

이와 같은 석재충전목곽묘, 적석목곽분, 고분 호석, 방형 부곽의 이혈주부곽은 최상위 위계의 중심고분군인 월성북고분군에서 그 하위인 각 지구 고분군으로 퍼져 내려간 묘제나 고분 구조 요소들이다. 그러나 고분군들의 관계는 상위에서 하위로의 일방통행식만은 아니어서 주변 지구의 고분군에서 월성북고분군으로 올라간 묘제와 묘곽 형식들도 있었다.

경주지역에서 신라 전기의 수혈식석곽묘가 가장 먼저 출현한 것은 동남부지구의 중산리고분군으로 1Ba기부터 이미 축조되기 시작하였고, 남부지구에서는 수혈식석곽묘 중심의 고분군도 조영되었다. 그러나 월성북고분군에서 수혈식석곽묘는 현재까지의 자료로 2b기부터 축조되기 시작하였다. 경주지역에서 수혈식석곽묘의 출현과 축조의 중심지는 월성북고분군이 아니라 주변 지구의 고분군이었던 것이다.

신라 조기에 월성북고분군에서는 세장한 동혈주부곽식 목곽묘가 축조되지 않았으나, 전기에는 여러 묘제의 고분에서 각 형식의 동혈주부곽이 축조되었다. 그러나 그 축조 시기는 현재로서는 신라 전기 2a기까지 올라가지 못한다. 이에 비해 각 지구 고분군에서는 세장한 동혈주부곽이 신라 조기부터 축조되고 있었다. 특히 소형의 부곽이 주곽의 장변 쪽에 붙어 있는 1B4식 계열의 동혈주부곽은 동남부지구의 중산리고분군에서 신라 전기 초인 1Aa기에 1B4c식부터 발생하여 일찍부터 그 하위의 석계리고분군과 서남부지구의 사라리고분군 등으로 퍼져 나갔으나, 월성북고분군에서는 신라 전기 3a기가 되어서야 1B4식 계열의 동혈주부곽이 축조되기 시작하였다.

현재까지 드러난 자료들로 보아, 수혈식석곽묘와 동혈주부곽은 이와 같이 월성북고분군에서 각 지구의 고분군으로 퍼져 내려간 것이 아니라 반대로 분지 주변의 지구 고분군에서 최상위 위계의 월성고분군으로 올라간 것으로 판단된다.

그런데 여기서 유의되는 점은 고분군의 상호작용과 인적 이동의 관련성이다. 고분군의 상호작용 중 최상위 월성북고분군에서 하위 각 지구 고분군으로 퍼져 내려간 묘제와 구조 요소는 반드시 인적 이동을 의미하는 것은 아니라고 판단된다. 각 지구 고분군의 축조세력은 최상위 고분군의 묘제와 고분 구조 요소의 채용에 적극적이었을 것이기 때문이다. 이에 비해 최상위 고분군을 축조하고 있던 중심세력이 하위 고분군의 묘제와 묘곽 형식을 적극적으로 채용하였다고 보기는 어렵다. 따라서 각 지구 고분군에서 최상위 위계의 월성북고분군으로 올라간 묘제와 묘곽 형식은 인적 이동을 의미할 수도 있다는 데서 의미가 크다고 할 수 있다.

소결 V

고고학적으로 신라 전기는 서기 4세기 중엽부터 6세기 전엽까지로, 역사적으로는 신라의 마립간시기에 해당한다. 사로국 후기 이래 경주지역의 중심고분군으로 기능한 월성북고분군에서 적석목곽분이 출현하여 신라의 고분문화는 신라 조기에서 전기로 전환되었다. 적석목곽분은 매장주체부인 목곽 주위의 사방적석(또는 측벽부적석)에 목곽 뚜껑 위의 상부적석(또는 개부적석)이 더해지고 봉토 하부에 호석을 두른 고총으로 출현하여 신라의 고분문화를 고총문화로 전환시켰다. 또 적석목곽분은 피장자가 금관과 금제 대장식구 과대로 대표되는 호화로운 장신구를 착장하고 각종의 금공품을 비롯한 막대한 유물이 부장된, 후장이 극대화된 고분이었다.

사로국 후기 이래로 월성북고분군에서 점토충전목곽묘를 축조하고 있던 신라의 최고 지배세력 가운데서 분지한 신라 조기의 왕실세력이 석재충전목곽묘를 창출하였다면, 적석목곽분은 그 중에서 다시 분지한 신라 전기의 왕실세력이 창출해낸 새로운 고분 묘제였다고 판단된다. 사로국 후기부터 고분군의 동쪽 부분에서 고분 조영이 시작되어 서쪽으로 확대되어 간 월성북고분군은 신라 전기에는 점차 서쪽의 왕릉 구역과 동쪽의 차상위 고분 구역으로 분화되어 갔으며, 마립간 왕릉들도 동쪽에서 서쪽으로 조영되어 갔다고 판단된다.

월성북고분군의 대소 적석목곽분은 고분 규모와 출토유물의 조합에 따라 고분 랭크가 특a랭크에서 d랭크까지 모두 6단계로 구분된다. 적석목곽분은 기본적으로 원형계 봉분을 가진 고총이지만 단일원분, 연접분, 다곽분 등 여러 묘형으로 축조되었고, 랭크의 차이가 있는 여러 묘형의 고분들이 집단복합묘군을 이루었다. 집단고분묘군은 주분과 주분 피장자 하고 관련이 있는 그 소속인들의 대소 고분으로 구성되었다고 판단된다.

마립간 왕릉을 비롯하여 월성북고분군의 주요 고분들은 모두 적석목곽분이지만, 신라 전기에 월성북고분군에서는 적석목곽분뿐만 아니라 전 시기 이래의 점토충전목곽묘와 석재충전목곽묘, 새로 출현한 수혈식석곽묘(분)도 함께 축조되었다. 묘제들은 위계화되어 적석목곽분 이 외 묘제의 고분들은 고총으로 축조되지 못하였으며, 다만 호석이 돌아간 수혈식석곽묘(분)가 소수 축조되었을 뿐이다. 신라 전기 초까지는 상위 랭크의 석재충전목곽묘나 점토충전목곽묘도 일부 존재하였지만, 이후 적석목곽분 이 외 묘제의 고분들의 위계는 적석목곽분의 중·하위 랭크 고분 이하로 급속히 낮아졌다.

신라 전기 경주지역에서는 월성북고분군이 자리한 분지지구를 비롯하여 여러 지구에서 수많은 고분군이 조영되었다. 신라 전기 경주지역의 고분군들은 최상위의 중심고분군인 월성북고분군을 정점으로 한 위계구조 하에서 조영되었다. 각 지구에는 대개 1~2개소의 대형 고분군과 다수의 소형 고분군들이 조영되었는데, 대형 고분군들은 지구 중심고분군이거나 유력 고분군으로서 그 하위에 소형 고분군들을 두고 있었다.

각 지구의 고분군들에서는 여러 묘제의 고분들이 축조되었는데, 대개 신라 조기 이래의 점토충전목곽묘와 석재충전목곽묘, 그리고 신라 전기에 새로 출현한 수혈식석곽묘(분)가 함께 축조되었으나, 남부지구에서는 수혈석석곽묘(분) 중심의 고분군도 조영되었다. 신라 조기에 출현하여 월성북고분군과 동남부지구의 중산리고분군에서 축조되고 있었던 석재충전목곽묘는 신라 전기 초에 각 지구 중심고분군으로 1차 확산되었고, 이어서 시차를 두고 그 축조가 각 지구 중심고분군 이하의 소형 고분군들로 확대되어 갔다. 요건을 갖춘 적석목곽분은 각 지구 중심고분군이나 유력 고분군들에서만 소수 축조될 수 있었고, 또 묘곽 형식 중 신라 조기에는 월성북고분군에만 존재했던 이혈주부곽도 사실상 각 지구 중심고분군에서 소수 축조되었다.

월성북고분군의 적석목곽분에서 출현한 고분 호석은 동남부지구 중산리고분군의 이른 시기 고분에도 축조되었고, 이어서 그 축조가 각 지구의 대소 고분군으로 확대되었다. 각 지구 대소 고분군에서는 고분들의 소그룹이 관찰되는데, 월성북고분군의 집단 복합묘군 피장자들은 반드시 가족이나 혈연관계로 해석되기 어려우나, 각 지구 고분군 내 소그룹 고분들의 피장자는 가족이나 혈연성이 그보다 강하였을 것으로 판단된다.

신라 전기 경주지역의 고분군들은 이와 같은 위계구조를 갖고 있었다. 그러나 그 위계구조 속에서 고분군들의 관계는 지역 최상위의 중심고분군인 월성북고분군의 묘제와 묘곽 형식 등의 고분 구조가 지구의 중심고분군 등 하위 고분군으로 확대되어 가는 일방통행식만은 아니었다. 신라 전기의 월성북고분군에는 중산리고분군 등 일찍이 분지 주변 지구의 고분군에서 출현한 수혈식석곽묘, 그리고 신라 조기부터 분지 주변 지구의 고분군에서 축조되고 있었던 각 형식의 동혈주부곽이 수용되었다고 판단된다. 월성북고분군에서 그러한 묘제와 묘곽 형식의 수용은 인적 이동을 의미할 수도 있다는 점에서 큰 의미가 있다.

이상에서 살펴본 신라 전기 경주지역 고분군의 존재 양태는 신라 마립간시기 왕도 고분군의 위계 구조라 할 수 있다.

앞 장에서 살펴보았듯이 경주지역의 분지지구에서 월성북고분군을 조영하고 있던 사로국 후기의 중심세력은 각 지구의 고분군 축조세력들을 재편해 나가 신라 조기에 안으로는 경주지역, 곧 사로 내부의 고분군 축조세력들을 통합하여 휘하에 두고, 밖으로는 김해의 구야국을 고립시키면서 낙동강 동쪽은 물론 서쪽까지 원삼국시기의 와질토기문화권을 지배해 나갔다. 진한 사로국이 신라 국가로 전환된 것이다. 마립간시기 초에 낙동강 이서 지방은 『日本書紀』「神功紀」神功攝政 49년조에 '七國平定'으로 기록된 백제 근초고왕의 남정으로 떨어져 나가 가야제국으로 전환되었고, 대신 신라는 북쪽으로 진출하여 소백산맥을 넘어 보은지역까지, 동해안으로는 강릉지역 이남을 지배하에 넣었다(최병현 2018a).

신라 지배하의 지방 각 지역에서는 신라의 고총군이 조영되었고, 신라 중앙은 각 지역의 고총주들에게 금동관과 은제 대장식구 과대 등의 금공 복식품을 사여하면서 이들을 통해 지방을 간접지배하였다. 간접지배는 신라 마립간시기의 지방 지배방식이었다(주보돈 1996; 이희준 1996a).

그러므로 월성북고분군은 더 이상 경주지역만의 중심고분군이 아니었으며, 이미 고대국가로 발전한 이후 정점에서 신라 중앙과 지방의 고분문화를 이끌어간 존재였다. 이상에서 살펴본 신라 전기 월성북고분군의 적석목곽분을 비롯한 경주지역 고분군의 전개 내용은 그 중 신라 마립간시기 왕도 고분군의 위계구조와 그 전개에 해당된다.

제3장

후기: 석실봉토분의 전개와
王京 고분군의 변화

신　라 전기 경주지역의 중심고분군이었던 월성북고분군에서 적석목곽분의 조영
이 끝나면서 경주지역의 중심 묘제는 횡혈식석실을 내부 주체로 한 석실봉토
분으로 교체되고, 고분의 입지도 경주분지 내부의 평지에서 분지 주변의 산지로 바뀐
다. 이에 발맞추어 신라후기양식토기가 성립한다. 신라의 고분문화가 전기에서 후기로
전환된 것이다.

물론 그 전환에 과도기적인 양상이 없었던 것은 아니다. 신라 전기의 늦은 시기에
는 경주분지 외곽의 각 지구 고분군에서 횡구식석곽분(묘)도 일부 축조되었고, 극히 소
수이지만 이미 횡혈식석실분이 도입되어 축조되기 시작한 고분군도 존재하였다. 그런
가 하면 신라 후기 초까지 경주지역의 각 지구 고분군에서는 점토충전목곽묘와 석재충
전목곽묘가 일부 남아 있었고, 분지지구의 교동·탑동고분군과 서남부지구의 방내리고
분군에서는 적석목곽분도 소수 축조되고 있었다.

이러한 과도기적 양상이 있었지만, 월성북고분군에서 적석목곽분 축조의 종료와
고분 입지가 분지 주변 산지로 바뀐 횡혈식 석실봉토분의 조영, 그리고 경주지역에서
신라후기양식토기의 성립은 연동되었으므로, 이를 신라 후기고분문화의 기점으로 삼을
수 있다. 횡구식석곽분(묘)과 수혈식석곽묘(분)도 공존하였고, 신라에서 불교의 공인과
그 영향으로 화장묘도 유행하게 되었지만, 신라 후기고분문화의 중심은 횡혈식의 석실
봉토분이었다.

횡혈식석실분을 비롯한 신라 후기의 고분은 신라사에서 중고기 이후의 역사적 산
물이므로 이에 대한 실체의 규명은 당시의 문화상, 나아가 사회상 복원에 일조할 수 있
다. 이에 필자는 과거에도 여러 차례 신라 후기고분에 대한 분석을 시도한 바 있다. 먼
저 경주지역의 횡혈식석실분에 대해서 검토하였는데(최병현 1988; 1992a). 당시 분석의
대상이 될 수 있는 고분은 일제강점기에 조사된 것이 대부분인 20여 기에 불과하였고,
이에 대해 전론한 선행연구도 거의 없는 상태였다(임세권 1985). 필자의 검토 이후 신라
석실분에 대한 몇몇 연구 성과가 발표되기도 하였지만(궁성희 1987: 東 潮 1993: 홍보식
1993; 2003: 강현숙 1996), 그 실체 규명에 큰 진전은 없는 가운데 필자는 신라 전기와 후
기 지방의 석실분들에 대해서 살펴본 바 있다(최병현 1997; 2001; 2009).

한편, 1990년대 이후 대규모 구제발굴에 따라 전국에서 신라 후기고분의 발굴자료
는 폭발적으로 늘어났고, 경주 일원에서 조사된 신라 횡혈식석실분만도 200기가 넘게

되었다. 이에 힘입어 필자는 먼저 신라후기양식토기에 대한 새로운 편년안을 제시하고 (최병현 2011a), 경주지역의 횡혈식석실분에 대해서 다시 고찰한 바 있다(최병현 2012b). 이 연구에서는 석실의 형식분류를 좀 더 객관화하는 방법을 고안하고, 이를 신라후기양식토기의 형식 변화에 따라 편년하여 석실의 구조 변천 과정을 규명해 보고자 하였으며, 이어서 횡구식·수혈식석곽분(묘)을 포함한 신라 후기고분의 계층성과 고분군의 위계에 대해서도 살펴보았다.

그로부터 시일이 좀 더 지난 지금 경주지역에서 발굴된 신라 후기고분 자료는 더욱 늘어나 전고 작성 때의 거의 2배로 증가하였다. 이에 늘어난 자료들을 전고에서와 같은 방법으로 분석하여 본 바, 석실의 형식이나 랭크 분포 표에 추가되는 부분들이 일부 생겼을 뿐 전고의 논지를 크게 바꾸어야 할 부분은 없었다. 이에 여기서는 증가된 자료들을 추가하여 전고의 논지를 보완하고, 전고에서 살펴본 바 있는 고분군의 위계에 대해서도 각 지구별로 살펴 그 구조를 파악해 보기로 하겠다.

석실의 형식분류

I

1. 형식분류의 기준(도 2-86)

횡혈식석실분의 구조는 석실과 연도, 묘도, 봉토, 호석과 주구로 나누어 볼 수 있으나, 핵심은 매장주체부인 석실과 연도라고 할 수 있다. 석실의 구성 요소도 평면형태와 장축방향, 벽석과 그 축조 기법, 천정가구, 석실 바닥의 구축 상태와 시상 등이 있으나 그 중 가장 기본이 되는 것은 석실의 평면형태이며, 나머지는 석실의 평면형태에 따라 결정되는 부분들이 많다. 연도는 그 위치가 가지는 가시적 특징도 있지만 사실은 연도가 붙는 위치가 석실의 장축방향을 결정하고, 또 시상의 설치 위치 및 방향과도 밀접한 관계가 있다. 그러므로 횡혈식석실분의 형식분류에서 가장 중요한 속성은 석실의 평면형태와 연도의 위치이다.

신라의 횡혈식석실은 일단 평면형태에 따라 장방형석실과 방형석실로 구분되고, 장방형석실은 다시 연도가 한쪽 단벽에 붙은 종장방형석실과 한쪽 장벽에 붙은 횡장방형석실로 나누어 볼 수 있다. 그러나 이와 같이 가시적으로 분명하게 구분되는 예들도 있지만 개별 고분들을 세부적으로 비교해 들어가면 장방형석실과 방형석실의 경계는 애매하여 구분하기가 쉽지 않다. 그러므로 석실의 평면형태를 구분하기 위한 객관적인 기준의 설정이 필요하다.

이를 위해 본고에서는 자오선상의 방위와는 관계없이 모든 석실에서 연도가 달린 벽을 앞벽(전벽), 그 반대편 벽을 뒷벽(후벽), 연도 쪽에서 뒷벽 쪽을 보아 왼쪽을 좌벽, 오른쪽을 우벽으로 규정한다. 또한 석실의 장축방향이나 거리의 장단과는 관계없이 앞뒷벽 사이의 거리를 길이[長], 좌우벽 사이의 거리를 너비[幅]로 규정하여 설명해 나가겠다.

〈도 2-86〉은 지금까지 보고된 경주지역의 횡혈식석실분 가운데 크기가 밝혀진 석실을 길이-y축, 너비-x축으로 하여 표시한 것이다.[1] 〈도 2-86〉에서 대각의 중심선에 가까운 것은 평면방형, 중심선에서 위로 멀어지면 종장방형, 아래로 멀어지면 횡장방형이라 할 수 있다. 그런데 그 결집선을 연결하여 보면 방형과 횡장방형 사이는 분명한 간격을 나타내고 있으며, 그 구분 기준선을 방형 결집선과 가장 가깝게 잡은 것이 장폭비 1 : 1.25 선이다. 이에 비해 방형과 종장방형을 구분하는 결집선을 찾기는 좀 애매하다. 그러나 방형과 횡장방형 사이의 기준 그대로를 역으로 적용하여 장폭비 1.25 : 1(1 : 0.8)로 방형과 종장방형의 구분 기준선을 그어도, 기준선 위 아래로 근접하는 예들이 몇 개 있기는 하지만 그 수는 많지 않아, 큰 무리는 없다고 생각된다.

....

1 〈도 2-86〉은 원래 전고(최병현 2012b)의 〈도표 1〉에서 당시 석실의 크기가 밝혀진 횡혈식석실분 202기를 대상으로 작성된 것이다. 그 후 늘어난 자료들의 대부분은 전고의 〈도표 1〉에서 실선으로 연결한 AI, AII, B의 범위 안에 들어갔으나 일부 AI과 AII의 실선 범위 밖으로 벗어나는 예도 있었다. 이에 전고의 〈도표 1〉의 연결선 범위에서 가장 밖으로 벗어나는 예들의 점을 찍고 이들을 점선으로 표시하여 본고의 〈도 2-86〉으로 수정하였으며, 수정된 연결선의 범위 안에 들어가는 새로운 자료들의 위치 점은 찍지 않았으나, 그 규모는 모두 뒤의 별표에 표기해 두었다.
전고 작성 당시 간략한 약보고(이은창·강유신 1992)만 제출되어 있던 용강동고분군의 1구역과 2구역 무분구묘 28기는 약보고에서 연도의 위치를 알 수 없었으나 석실의 길이와 너비는 본고와 같은 순서로 기록되어 있어 전고의 〈도표 1〉 작성에 포함하였는데, 그 후 발간된 본보고서(강유신 2010a; 2010b)의 내용도 대개 다름이 없었으나 다만 4기의 길이 방향에 착오가 있어 바로잡았다.
전고의 〈도표 1〉 작성 시 석실의 크기는 모두 보고서 본문의 수치를 적용하였다. 예컨대 충효리 석실분들의 경우 보고서 본문과 도면의 수치에 약간씩 차이가 있었는데, 모두 본문의 수치를 따랐다. 새로 늘어난 자료 중에는 일부 보고서 본문의 수치와 도면에 표시된 크기 사이에 차이가 큰 예들이 있었다(한국문화재재단 2014). 이들은 〈도 2-86〉에서 제외하였다.
전고의 〈도표 1〉에는 고분 번호를 약칭으로 표시하고, 뒤의 별표에도 해당 고분의 약칭을 적어 두었는데, 추가된 고분들에 대해서도 같은 방법으로 표시하였다. 이하 본문에서도 고분 번호 약칭을 사용하기도 하였다.

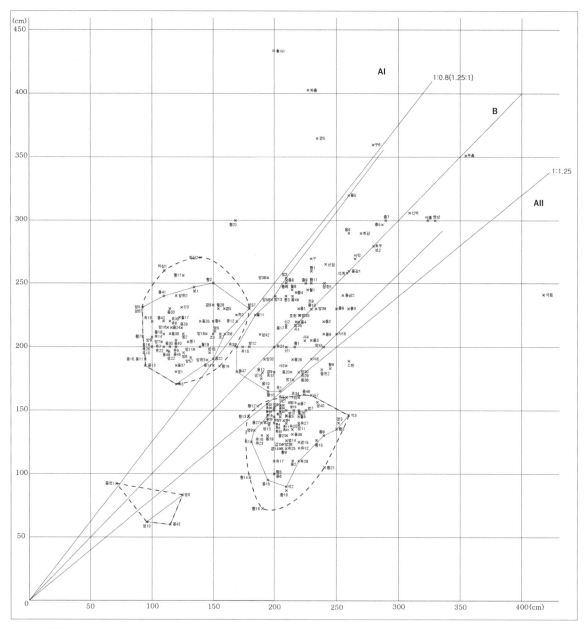

도 2-86 횡혈식석실의 분포

이에 여기서는 일단 이를 기준으로 하여 장폭비 1 : 0.8 이하로 길이보다 너비가 좁은 것을 종장방형(AI), 장폭비 1 : 1.25 이상으로 길이보다 너비가 넓은 것을 횡장방형(AII), 장폭비 1 : 0.8 ~ 1 : 1.25 사이에 드는 것을 방형(B)으로 구분한다.[2]

....

2 　위의 〈도 2-86〉에서 AI구역에 속하지만 B구역과의 구분선 가까이에 근접한 것 가운데 대형인 구어리 6호 석

2. 석실의 형식(도 2-87, 표 2-31)

1) 종장방형석실(AI)

모두 115기가 보고되었다. 지금까지 조사된 종장방형석실은 장폭비 1 : 0.40 ~ 1 : 0.79 사이에 드나, 길이가 너비보다 2배 이상인 장폭비 1 : 0.5 이상은 그다지 많지 않다. 종장방형석실은 석실 상부의 벽석을 내경시켜 쌓은 다음 개석으로 2~4매의 판상석을 덮어 평천정을 이룬다. 연도가 붙은 위치에 따라 다음의 3형식으로 구분된다.

　○좌편재연도 종장방형석실(AI1): 석실의 좌벽이 연장되어 연도의 좌벽이 되는 종장방형석실로 모두 67기가 보고되었는데, 손곡동 경마장부지 C1지구 1-5호분은 초대형이며 그 외에는 모두 밀집구역 안에 포함된다.

　○우편재연도 종장방형석실(AI2): 석실의 우벽이 연장되어 연도의 우벽이 되는 종장방형석실로 방내리 38호분을 포함하여 모두 44기가 보고되었다. 동천동 와총은 초대형이며, 이와 방내리 38호분을 제외하고는 모두 종장방형 밀집구역 안에 포함된다.

………

실분(구6)(영남문화재연구원 2002)은 벽석이 거의 남아 있지 않았으며, 특히 앞벽과 뒷벽의 벽석은 하나도 남아 있지 않았다. 보고서에서는 석실의 길이 3.60m, 너비 2.80m로 추정하였고, 이를 따르면 장폭비 1 : 0.78로 방형의 범위를 벗어나지만, 보고서 도면의 석실 바닥에 깔린 자갈층의 범위로 보면 실제는 거의 정방형에 가까운 것이었다고 판단된다. 1968년도 경부고속도로구간의 방내리고분군(국립경주문화재연구소 1996·7)에서 발굴된 석실분들은 앞벽과 뒷벽, 좌벽과 우벽의 크기가 각각 다르게 기록된 것이 많고 본고에서는 그 중 큰 것을 적용하였는데, 〈도 2-86〉의 종장방형 밀집구역에서 위로 약간 벗어나 있는 방내리 38호분(방38)도 보고서에 좌벽의 길이 2.55m, 우벽의 길이 2. 40m로 기록되어 있다. 이 중 긴 좌벽의 길이를 적용하여 장폭비 1 : 0.75가 되어 방형의 범위를 벗어났지만, 우벽의 길이를 기준으로 하면 장폭비는 방형의 범위 안에 들어오는 것이다. 다음으로 〈도 2-86〉에서 AII구역에 속하는 것으로 횡장방형 밀집구역에서 위로 약간 벗어나 있는 황성동 537-2번지 8호분(황6)도 벽석이 전혀 남아 있지 않은 것으로 석실의 크기는 추정치일 뿐이다(한국문화재보호재단 2001). 이상의 애매한 예들을 제외하고 보면 〈도표 1〉의 장폭비에 따른 결집상은 좀 더 분명해진다.

국립경주문화재연구소에서 발굴한 황성동 906-5번지 석실분(국립경주문화재연구소 2005)(황2)은 보고서에 석실 길이 2.50m, 너비 1.50m로 기록되었으나, 보고서 실측도면에서는 너비가 이보다는 더 넓었던 것으로 보인다. 보고서 본문 기록대로 표시하여 이 고분의 위치는 뒤에서 분석한 고분 랭크 3랭크에 속하나, 좀 더 중심선으로 이동하여 2랭크에 속하였을 가능성이 있으며, 고분 각부의 구조도 2랭크와 상통한다.

한편 새로 늘어난 자료들 중에는 그 위치가 B구역에 속하지만 AI구역, AII구역과 결집상을 보이는 예들이 있다. 이들의 석실 형식은 방형(B)으로 분류되나 뒤에서 살펴볼 고분 랭크는 종장방형(AI), 횡장방형(AII)의 랭크에 상응한다고 판단된다. 이에 대해서는 뒤에서 다시 언급한다.

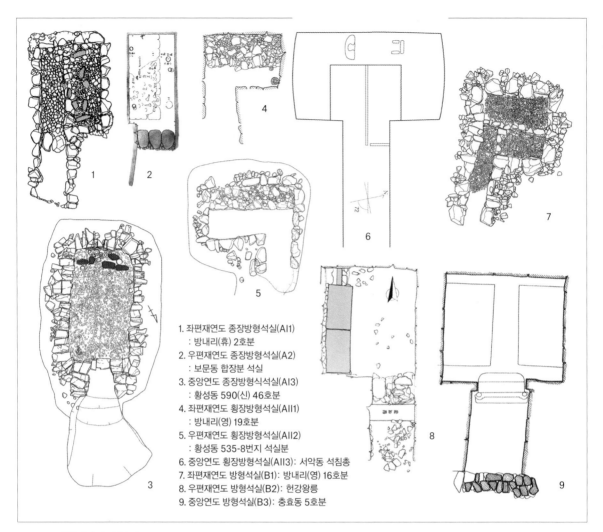

1. 좌편재연도 종장방형석실(AI1)
   : 방내리(휴) 2호분
2. 우편재연도 종장방형식실(A2)
   : 보문동 합장분 석실
3. 중앙연도 종장방형식석실(AI3)
   : 황성동 590(신) 46호분
4. 좌편재연도 횡장방형석실(AII1)
   : 방내리(영) 19호분
5. 우편재연도 횡장방형석실(AII2)
   : 황성동 535-8번지 석실분
6. 중앙연도 횡장방형석실(AII3): 서악동 석침총
7. 좌편재연도 방형석실(B1): 방내리(영) 16호분
8. 우편재연도 방형석실(B2): 헌강왕릉
9. 중앙연도 방형석실(B3): 충효동 5호분

도 2-87 횡혈식석실의 형식

○중앙연도 종장방형석실(AI3): 앞벽(전벽) 중앙에 연도가 달린 종장방형석실로 모두 4기가 조사되었다. 황성동 590(신)-47호분 외에는 모두 종장방형 밀집구역 안에 포함된다.

2) 횡장방형석실(AII)

모두 133기가 보고되었다. 지금까지 조사된 횡장방형석실의 장폭비는 1 : 1.31 ~ 1 : 2.41 사이에 드나 1 : 2가 넘는 것은 극히 소수에 불과하다. 횡장방형석실도 종장방형석실과 마찬가지로 석실 상부의 벽석을 내경시켜 쌓고 그 위에 개석으로 2~4매의 판상석을 덮어 평천정을 이룬다. 연도가 붙은 위치에 따라 다음의 3형식으로 구분된다.

○좌편재연도 횡장방형석실(AII1): 석실의 좌벽이 연장되어 연도의 좌벽이 되는 횡장방형석실로 지금까지 125기가 보고되어 신라 횡혈식석실 가운데 가장 많은 수를 차지한다.

○우편재연도 횡장방형 석실(AII2): 석실의 우벽이 연장되어 연도의 우벽이 되는 횡장방형석실이다. 좌편재연도 횡장방형석실에 비하여 극히 소수인 7기가 보고되었다.

○중앙연도 횡장방형 석실(AII3): 연도가 앞쪽 장벽 중앙에 달린 횡장방형석실로, 초대형인 서악동 석침총 1기가 있다.

3) 방형석실(B)

방형석실은 앞서 언급한 구어리 6호분을 제외하고 장폭비가 1 : 0.82 ~ 1 : 1.24 사이에 드는 것들인데, 모두 112기가 보고되었다. 방형석실은 석실 4벽 상부의 벽석을 내경시켜 쌓고 그 위에 개석으로 판상석 1~2매를 덮어 궁륭상 천정을 이룬다. 연도의 위치에 따라 3형식으로 구분된다.

○좌편재연도 방형석실(B1): 석실의 좌벽이 연장되어 연도의 좌벽이 되는 방형석실이며, 지금까지 조사된 것은 64기로 방형석실 가운데 가장 많다.

○우편재연도 방형석실(B2): 석실의 우벽이 연장되어 연도의 우벽이 되는 방형석실로, 29기가 조사되었다.

○중앙연도 방형석실(B3): 연도가 앞벽 중앙에 달린 방형석실로, 앞벽 정중앙에 연도가 달린 것이 일반적이나 좌벽 쪽이나 우벽 쪽으로 약간 치우친 예들도 있다. 19기가 조사되었으며, 장폭비 1 : 1에 가까운 것들이 많다.

표 2-31 신라 후기 횡혈식석실 집계표

석실 형식	AⅠ1	AⅠ2	AⅠ3	계	AⅡ1	AⅡ2	AⅡ3	계	B1	B2	B3	계	합계	불명	총계
계	67	44	4	115	125	7	1	133	64	29	19	112	360	42	402
%	18.61	12.22	1.11	31.94	34.72	1.94	0.28	36.94	17.77	8.05	5.27	31.11			

3. 종합

지금까지 경주지역에서 발굴조사되어 보고된 신라 후기의 횡혈식석실분은 모두 402기로 집계되었다. 이 중에는 파괴가 극심하여 석실의 형식을 알 수 없지만 유구의 잔존 상태로 보아 횡혈식석실이 분명하였다고 판단되는 것 42기가 포함되었다. 다만 발굴 보고에 석실분이라고 하였지만 횡구식은 제외하였고, 잔존 유구로 보아 횡혈식이 있었는지의 여부를 판단하기 어려운 것도 제외하였다.

형식을 알 수 없는 것을 제외하고, 〈표 2-31〉에서 신라 후기 횡혈식석실의 분포 비율을 보면 종장방형, 횡장방형, 방형 모두 30%대로 거의 고르다고 할 수 있다. 그런데 연도 위치에 따라 세분한 형식에서는 종장방형, 횡장방형, 방형에서 모두 좌편재연도가 우세하고, 특히 횡장방형석실에서는 거의 좌편재연도 일색이라고 하여도 과언이 아니다.

석실의 평면형과 관계없이 연도의 위치로만 보면 좌편재연도는 71.03%로 전체의 2/3가 넘는다. 이는 신라 후기의 횡혈식석실분에서 좌편재연도의 선호가 분명하였던 것을 말해주며, 그것은 피장자의 침향과도 관련이 있다고 판단된다. 이에 대해서는 뒤에서 다시 언급하겠다.

편년

II

1. 신라후기양식토기와 고분의 편년

경주지역에서 횡혈식석실분이 중심 묘제로 축조되는 시기는 필자의 신라토기 양식구분으로 신라후기양식토기와 나말여초양식토기가 사용된 시기에 해당되지만, 지금까지 조사된 횡혈식석실분은 거의 모두 신라후기양식토기가 사용된 시기의 것들이다. 신라 후기의 횡혈식석실분은 박장화되었으므로, 그 발굴조사에서 출토되는 유물로는 대개 철제도자와 같은 극소수의 금속유물 외에는 약간의 토기가 있을 뿐이다. 횡혈식석실분은 추가장이 이루어지는 고분이어서 한 고분의 출토유물이라 하더라도 매납 시기에 차이가 있을 수 있는데다, 그나마 극심한 도굴로 인하여 매납 원상을 알 수 없는 것이 대부분이다. 이에 따라 횡혈식석실분의 편년은 지난한 일이지만, 그렇다 해도 출토된 토기들을 분석하여 그 편년체계를 세울 수밖에 없다.

필자는 과거에 신라후기양식토기의 설정을 제창하고 그 시론적인 편년안을 제시한 바 있으며(최병현 1984; 1987b), 그 후 폭발적으로 늘어난 자료들에 힘입어 신라후기양식토기의 새로운 편년안을 제시하였다(최병현 2011a). 새 편년안에서 필자는 신라후기양식토기를 크게 4기로 나누고, 이를 다시 13소기로 세분하였는데, 그 연대는 6세기 중엽부터 8세기 중엽까지로 설정된다.

이에 여기서는 새로운 신라후기양식토기 편년안에 따라 지금까지 경주지역에서 조사된 횡혈식석실분들을 편년하고자 한다. 토기들의 기종 및 분기별 형식변화와 각 분기의 연대에 대해서는 이미 자세히 밝혔으므로[3] 아래에서는 분기별 토기의 특징만을 간단히 요약해두고 기본이 되는 중심 기종의 편년표를 제시해 두기로 한다(도 2-88).

○1기(6세기 중엽~): 신라전기양식토기로부터 신라후기양식토기로 전환되는 초기 단계이다. 신라전기양식토기 이래의 전통적인 2단투창 고배를 비롯하여 신라 전기의 후반기에 출현한 부가구연장경호, 유개합, 병형토기가 지속되는 가운데 1단투창 고배의 대각이 급격히 짧아진 단각고배와 배신에 환형대족이 붙은 단각고배가 출현하였다. 단각고배는 부가구연장경호와 짝을 이루어 신라후기양식토기 1, 2기를 대표하는 기종이다.

무문이 많고, 무늬를 새긴 것도 시문면적이 좁으며, 주로 고배의 뚜껑꼭지 밑에 삼각문과 반원점문이 침선대를 사이에 두고 시문된다. 1기는 신라토기의 시문 방법에서 아직 단위문양을 미리 새겨둔 시문구로 찍는 인화기법이 발생되기 이전이어서 토기무늬는 모두 시문구로 그어낸 것이다.

토기 형식의 변화에 따라 1a기(6세기 중엽 전반), 1b기(6세기 중엽 후반), 1c기(6세기 후엽 전반)로 세분된다.

○2기(6세기 후엽 후반~): 1기의 기종 조합이 지속되어 단각고배와 부가구연장경호가 중심을 이루는 가운데 시문방법에서 인화기법이 출현하여, 신라토기의 무늬가 신라전기양식토기 이래의 그어낸 무늬에서 찍은무늬로 전환하는 시기이다. 먼저 원문류

....

3 　다만 필자의 전고에서는 동래 복천동 65호 횡구식석곽분 출토 청자완이 중국 東魏 李希宗(544년 몰) 묘 출토 청자완과 가까운 것이라는 윤상덕(2010)의 주장을 인용하여 신라후기양식토기 출현기의 절대연대를 설정하였는데(최병현 2011a: 158~161), 그 인용 과정에서 약간의 오류가 있었다. 이에 대해서는 이희준의 지적이 있었다(이희준 2012). 그후 최정범에 의해 동래 복천동 65호 출토 청자완과 동형의 청자완이 출토된 중국의 유적들에 대한 종합적인 검토가 있었다(최정범 2017). 이에 의하면 동래 복천동 65호분 출토 청자완은 중국에서 6세기 3/4분기 紀年墓 출토품들과 가장 가깝다고 한다. 이에 필자의 신라후기양식토기 1기와 2기의 연대 설정에 미세한 조정이 필요하게 되었는데, 좀 더 자세한 것은 후고에서 밝히겠으나, 여기서는 우선 수정된 연대를 제시해 두기로 하겠다.

	2단투공고배 (중)	하부돌대고배	단각고배A	단각고배B	편구형 병	유개합(직립구연)	후기형 장경호 유개합(외반구연)	그은 무늬	찍은 무늬
1a									1. 방내 23 2~5. 월산 A-81 6. 방내 56 7. 방내 46
1b									1. 사라 525-2 2. 동천화장 3~5. 방내 67 6. 경마 C1.2-9 7. 방내 39
1c									1. 황룡사지 2·3. 사라 525-14 4·5. 경마 C1.1-6 6. 경마 C1,1-20 7. 경마 C1,1-19 8. 방내 42
2a									
2b									
2c			1. 방영 21석실 2. 방휴 21 3. 월산 B-25 4. 방영 21 5. 방휴 33 6. 방영 19						
2d			1. 방영 11석실 2. 방휴 13 3. 예안 30 4. 방내 40 5. 방내 41						
3a							1. 방영 14석실 2·3. 방휴 38		
3b							1. 화산리 12 2. 황남대총 북분		
3c							1·2. 화산리 6 3. 황남대총 북분		
4a								1·2. 황남대총 북분	
4b		2a 1. 사라 525-1 2. 방내 11 3·4. 경마 C1,1-19 5. 방조 7 6. 경마 C1,1-15 7. 서악	2b 1. 방내 42 2. 방영 11 3·4. 경마 C1,1-4 5. 방휴 10 6. 방영 19석실 7. 방영 19					1. 황룡사지 2. 황남대총 남분	
4c								1. 왕경 23 2. 왕경 37	

도 2-88 신라후기양식토기 편년표

가 찍은무늬로 전환하여 그은 삼각문과 찍은 원문류가 조합되다가 이어서 삼각문도 찍은무늬로 바뀐다. 2기 후반기에는 수적형문이 발생하여 삼각문을 대체해 간다.

이 시기의 무늬는 찍은무늬라도 시문구에 단위문양을 하나씩 새겨 토기의 기면에 돌린 침선대에 맞추어 옆으로 반복하여 찍는 '한줄로 찍기'를 하여 무늬의 배치 상태는 1기와 같다. 찍은무늬가 발달해 갔지만, 그은무늬도 아직 공존하였다.

토기 형식의 변화에 따라 2a기(6세기 후엽 후반), 2b기(6세기 말·7세기 초), 2c기(7세기 전반 전기), 2d기(7세기 전반 중기)로 세분된다.

○3기(7세기 전반 후기~): 1, 2기에 중심을 이루던 단각고배와 부가구연장경호를 대신하여 유개합과 대부병이 신라후기양식토기의 중심 기종으로 확고해진다. 유개합은 직립구연에 안턱이 뚜렷하게 내민 뚜껑이 덮인다. 유개합의 뚜껑과 몸체에 돌대를 둘러 기면을 분할한 이전 시기의 형식에서 뚜껑과 동체 모두 기면 분할을 하지 않은 형식으로 변화한다. 기면이 분할되지 않은 유개합의 뚜껑과 몸체에 단위문양인 원문류를 '흩어찍기'하다가, 하나의 시문구에 원문류 여러 개를 위 아래로 새긴 종장연속문을 '한번씩 찍기'하여 문양대를 구성한 것으로 변화한다.

기형과 문양대의 변화에 따라 3a기(7세기 전반 후기), 3b기(7세기 후반 전기), 3c기(7세기 후반 중기)로 세분된다.

○4기(7세기 후반 후기~): 유개합 가운데 외반구연합이 새로 출현하여 대각이 높아진 직립구연합과 공반한다. 외반구연합에는 주로 납작하고 안턱이 없는 굴절형 뚜껑이 덮이고, 직립구연합의 뚜껑은 중앙부가 최대로 높아진 굴절형으로 안턱이 짧게 들려 흔적기관화 한 것이다. 종장연속문이 3기의 연속마제형문에서 종장점선문, 종장파상문 등으로 변화하고, 시문방법도 'ㅅ자형 찍기'나 '지그재그 찍기' 등 새로운 방법이 나타난다.

기형과 문양대의 변화에 따라 4a기(7세기 후반 후기~8세기 초), 4b기(8세기 전엽), 4c기(8세기 중엽)로 세분된다.

이상 살펴본 신라후기양식토기의 형식에 따라 지금까지 경주지역에서 발굴조사된 횡혈식석실분 가운데 토기 출토 고분을 편년하면 〈표 2-32〉와 같다. 고분의 편년에서는 당연한 것이지만, 추가장이 이루어져 매납 시기가 다른 토기들이 함께 출토된 경우 고분의 축조 시기는 그 중 가장 이른 형식의 토기들로 설정된다. 그러나 도굴 등의 이유로 극소수의 토기가 출토된 경우, 여기서는 일단 그 토기들로 편년할 수밖에 없지만 그 토기들이 1차 매납품인지 추가 매납품인지 구분할 수 없으므로 고분의 실제 축조 시기와 출토 토기들에 의해 편년된 시기와는 차이가 있을 수도 있다. 또, 토기가 출토되지 않았거나 형식을 구분하기 어려운 소파편이 출토된 고분들에 대한 편년은 여기서는 유보할 수밖에 없다. 그러나 이들 가운데 주요고분들에 대해서는 석실의 축조 기법과 구조의 변천 과정을 살펴본 다음 재론하도록 하겠다.

2. 편년 종합

앞서 언급한 바와 같이 경주지역에 횡혈식석실분이 도입되어 축조되기 시작한 것은 신라 전기 말부터이고, 신라 후기 1b기까지는 경주분지 주변 산지에서 적석목곽분도 일부 축조되고 있어서 엄밀하게 말하면 이때까지는 아직 적석목곽분과 횡혈식석곽분의 공존기였다고 할 수 있다. 그러나 신라후기양식토기의 성립기인 1a기에는 경주분지 주변 산지에서 횡혈식석실분의 축조가 본격화되어 신라의 고분문화는 후기로 전환되었다. 경주지역에서 신라 후기 1a기에 축조되기 시작한 횡혈식석실은 앞서 분류한 모든 형식은 아니지만 이미 종장방형·횡장방형·방형석실이 모두 출현하였던 것으로 보인다.

1c기에는 적석목곽분이 완전 소멸되어 산지에서도 축조되지 않았으며, 신라의 중심 묘제로 횡혈식석실분만 축조되었는데, 여러 가지 석실 형식의 공존 현상은 이후로도 계속되었다. 〈표 2-32〉에서 보는 바와 같이 신라 횡혈식석실은 형식에 따라 과다의 차이는 있지만, 석실의 형식 자체가 시기적인 구조변천을 의미하는 단위는 아니었으며, 석실분이 널리 축조될 때까지는 시종 공존한 것이라 해석된다.

하지만 2기에 들어가면 장방형석실 중 횡장방형석실이 월등히 증가하고, 종장방형석실과 방형석실이 감소하는 것을 볼 수 있다. 횡장방형석실의 급증은 피장자의 침향과 관련되고, 방형석실의 감소는 신라 후기 사회에서 석실분의 규범 정착과 관련될 것으로 판단된다. 이에 대해서는 후술한다.

3기, 즉 7세기 전반의 후기 이후로 들어가면 조사·보고된 고분의 수는 급감하고, 4

표 2-32 신라 후기 횡혈식석실분 편년표

	AⅠ1	AⅠ2	AⅠ3	AⅡ1	AⅡ2
1a	황성동(신) 41 경마 C1/1-5 율동 2/19-7 방내리 16 방내리(한) 10	보문동합장분석실 율동 2/19-13 하삼정 17 · 32 · 33 방내리 11	황성동(신) 47	경마 C1/1-15 · 2-14 방내리(영) 7	
1b	황성동(신) 45 용강동 2-30 율동 2/19-8 방내리 18 방내리(신) 3 방내리(한) 22	월산리B-17 하삼정 1 · 28 방내리 7 · 37 · 38 · 67 방내리(조) 7		황성동(북) 1 황성동(신) 6 · 9 · 13	황성동(신) 24
1c	황성동(신) 48 용강동 2-1 · 7 · 무1 · 무23 · 38 동천동 343/4-23 월산리 B-19 방내리 5 방내리(휴) 13 · 35 방내리(영) 22 방내리(조) 1 · 10 방내리(한) 11 · 14 · 19	황성동(신) 20 율동 산2/19-2 부지리 20 하삼정 7 방내리 15 방내리(조) 6	율동 산2/18-5	용강동 2-무60 동천동 343/4-3 율동 산2/6-1 율동 산3/19-1 · 2	
2a	황성동(신) 38 용강동 2-무40 동천동 산13/2-10 경마 C1/2-12 하삼정 20 방내리(휴) 14 방내리(영) 5 봉길리 12	동천동 와총 방내리 9 · 57 봉길리 2		황성동(신) 22 용강동 2-4 용강동(2006) 3 동천동 354-5 동천동 산13/2-13 · 16 율동 산3/14-2 율동 산3/19-5 · 7 · 8 방내리 2 방내리(휴) 3 · 27	월산리 B-26 방내리 36
2b	용강동 2-무16 방내리(휴) 6 방내리(한) 18	하삼정 22 봉길리 2		황성동(신) 1 용강동 2-무4 · 무13 · 무18 · 무61 동천동 343/4-18 구어리 27 방내리(휴) 4 · 25 · 28 · 32 · 34 방내리(영) 2 · 6 · 11 · 12 · 19 사라리 525-7	방내리(휴) 10
2c	용강동 1-무2, 2-5, 2-무25 동천동 343/4-5 · 14 · 20 · 24 방내리(휴) 2 · 22	동천동 산13/2-5 · 29 월산리 B-28 하삼정 23 방내리(휴) 5 · 7		황성동(신) 2 · 21 용강동 1-8, 2-무15 · 무20 동천동 354-7 · 13 동천동 343/4-1 · 2 · 10 · 16 · 17 율동 3/19-9 방내리(휴) 11 · 12 · 21 · 33 방내리(영) 3 · 8 사라리 525-5 갑산리 1	
2d	용강동 2-무31 동천동 343/4-9 · 22 · 44 방내리(영) 1	황성동 575-1 용강동 2-무12 · 무33 동천동 343/4-13		황성동(북) 7 황성동(신) 19 용강동 1-2 월산리 B-5 방내리(휴) 8 · 23 방내리(영) 9 · 13	방내리 40
3a	동천동 343/3-4			황성동(신) 25 방내리(영) 14	
3b	황성동 537/2-6			황성동 575-2 용강동 2-무34	황성동 535-8
3c	황성동 906/5-석실분 황성동(휴) 26			황성동(신) 31	
4a					
4b					
4c					

A II 3	B1	B2	B3	형식 불명
	율동 2/18-9 월산리 B-9 방내리 58 방내리(신) 1·16	방내리 32·35·39 방내리(한) 1·3·8	구어리 6	
	황성동(북) 13 효현동 82석실 용강동 2-21 경마 C1/2-9 방내리 3 방내리(신) 2 사라리 525-1 중산동 9-1	월산리 B-11 방내리 33 방내리(한) 7	방내리(조) 9	방내리(신) 5 제내리 II-25
	황성동(신) 46 용강동 2-무55 동천동 산13/2-18·22 하삼정 21 방내리(영) 16 방내리(한) 6 사라리 525-6	율동 산2/6-3 율동 산2/18-2 제내리 II-5 방내리 13·42 방내리(한) 4 봉길리 3	용강동 1-9	동천동 산13/2-42 사라리 525-14
	황성동(신) 7 용강동 2-3 방내리 41 방내리(한) 21 사라리 525-19	율동 산 2/18-11 방내리 12·30 방내리(한) 5	용강동 239/2 석실분 서악동석실분	동천동석실분 동천동 산13/2-45 율동 산3/19-3 중산동 18 방내리(신) 6 봉길리 6·7
악동석침총	황성동강변로 1 황성동(신) 10 충효동 2 용강동 1-11 방내리(휴) 29 사라리 525-18	헌강왕릉 방내리(휴) 1		동천동 산13/2-23 경마 C1/1-4
	충효동 1·9 용강동 1-10·무20 방내리(휴) 37 사라리 525-8	방내리(휴) 24	쌍상총 용강동 1-6	방내리(영) 21
	황성동(북) 2 충효동 3 율동 산3/14-1 사라리 525-4			
	충효동 6			동천동 산13/2-48
	사라리 525-3	황성동석실분(경박)	용강동고분 충효동 10	
		신당리고분		
		소현리석실분		
			장산토우총	
		구정동방형분		

기 이후로 편년되는 고분은 극소수에 불과하다. 이는 단순히 조사유적의 시기적인 편중의 문제가 아니라 3기 이후 고분의 축조 자체가 급격히 줄어들었기 때문으로 판단된다.

신라에서 화장묘는 신라 후기 1기부터 쓰였지만(국립경주박물관 1995), 3기 이후 인화문으로 장식된 유개합이 단독의 장골용기로, 또는 간단한 석축구조 속에 화장묘로 쓰인 예가 급증하고, 한편으로 전용골호가 발달해간 것 등으로 보아 이전 시기에 비해 화장이 널리 일반화하였던 것이며, 석실분 축조의 급감은 그와 밀접한 관련이 있었을 것이다.

고분의 축조 기법과 구조의 변천

1. 고분의 축조 기법과 그 변화(별표 75~86)

1) 고분 기초부와 석실의 위치

경주지역의 신라 후기 석실분 분포에 대해서는 고분군의 위계와 관련하여 뒤에서 살펴볼 것이므로 여기서는 생략한다. 석실분의 입지도 고분군의 분포와 관련되므로 구체적인 것은 뒤에서 언급되겠지만, 크게 나누면 평지와 산지로 나누어 볼 수 있다. 분지 내부 월성북고분군이나 황성동고분군에 축조된 석실분은 평지를 입지로 한 것이고, 분지 주변 산지나 분지 외곽의 배후 산지 각 지구에 축조된 석실분은 산줄기에서 평지를 향해 뻗어내린 가지능선이나 그 좌우의 경사면을 입지로 하였다. 산지고분군 중 동천동고분군의 경우 산자락 밑의 평지에서도 석실분이 다수 조사되어(한국문화재보호재단 2013a; 금오문화재연구원 2020), 산 경사면과 그 아래 평지에 걸쳐 고분군이 조영된 것으로 판단된다.

월성북고분군에서는 서북쪽 노서동지구의 서단부에서 횡혈식석실분들이 조사되었으나 그 배치 질서를 말하기는 어렵고, 황성동고분군에서도 횡혈식석실분들이 산발적으로 조사되어 그 배치상태의 질서를 찾기는 어렵다. 다만 월성북고분군 중 계림 서쪽에 접해 있으면서 횡혈식석실분으로 추정되는 교동 28~30호분은 남북으로 열상배치된 점이 유의된다.

산지고분군의 경우 서악동 장산고분군의 고분 분포상태(도 2-89)에서 볼 수 있는 바와 같이 대체로 산의 가지능선이나 구릉의 능선을 따라 주요고분들이 열상배치되고 그 주변 경사면에 비교적 소형고분들이 입지하는 것이 일반적인 현상이었을 것으로 판단된다. 산지고분군에서 고분들의 가지능선 열상배치는 충효리고분군에서도 확인되고 (조선총독부 1937: 도판 1), 보문리고분군에서 현재도 볼 수 있다.

신라 후기 횡혈식석실분의 구조는 고분의 랭크와도 관련된다. 랭크 구분에 대해 자세한 것은 뒤에서 살펴보겠지만, 신라 후기의 횡혈식석실분은 모두 4단계의 랭크로 구분된다. 초대형의 방형석실과 종·횡장방형석실은 1랭크, 방형석실 중 대형(b1그룹)은 2랭크, 방형석실 중 소형(b2그룹)과 종·횡장방형석실의 대형(c1, d1그룹)은 3랭크, 종·횡장방형 석실의 소형(c2, d2그룹)은 4랭크에 속한다. 이하에서는 필요한 경우 각 고분의 랭크나 그룹을 적시하거나 또는 1·2랭크를 상위, 3·4랭크를 하위로 묶어 설명해 나가기로 하겠다.

평지인 월성북고분군에서 조사된 횡혈식석실분들은 대개 석실을 비롯한 유구의 보존을 전제로 한 조사가 이루어져 기초부에 대한 정밀조사까지는 이루어지지 못하였으나 보고서에서는 고분의 기초부에 대해서도 언급하고 있다. 1랭크 속하는 중앙연도 방형석실인 노서동 쌍상총은 석실 바닥이 부근 가옥의 마당과 같은 수평선에 있었다고 하였다(김재원·김원룡 1955: 11). 도용이 출토된 용강동고분은 원지반인 자갈모래층 위 봉분 범위의 묘역에 암갈색 점질토를 깔고 그 위에 석실과 연도를 축조하였다(문화재연구소 경주고적발굴조사단 1990: 25).

2랭크의 우편재연도 방형석실분으로 고분 기초부가 정밀조사된 황성동석실분(국립경주박물관 1993)은 봉분 범위의 묘역 지면을 약 15cm 내외의 깊이로 파내고 그 안에 점성이 강한 황갈색 점토를 채워 고분 기초부를 구축하였다. 그리고 석실과 연도의 벽선을 따라 길게 고분 기초부 구축토와 그 아래로 구덩이를 파서 그 안에 냇돌과 점토를 3단 정도로 반복하여 쌓아 벽석 기초부의 적심을 설치하고, 적심 위에 다시 벽석 하부

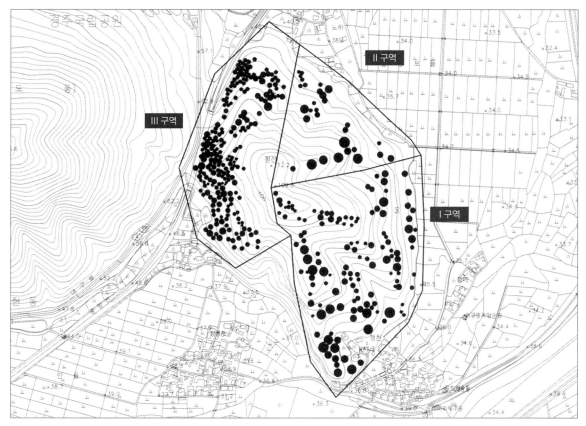

도 2-89 서악동 장산고분군 분포도

에서부터 석실 밖으로까지 넓게 자갈과 작은 냇돌을 섞은 점토를 벽석 고정 토층으로 깔고 그 위에 벽석을 쌓아 석실과 연도를 설치하였다(도 2-90).

　황성동 906-5번지 석실분도 지면을 정지하고 사질점토로 기초 부분을 쌓은 후 석실을 축조하였다(국립경주문화재연구소 2005: 17).

　이와 같이 평지에 축조된 1·2랭크의 석실들은 지하로 묘광을 파지 않고 지상에 고분을 축조하였는데, 황성동석실분의 예로 보아 다른 고분들도 석실과 연도 벽 아래에 기초부 적심을 설치하고 그 위에 벽석을 쌓았을 가능성이 있다.

　한편 경주 남산에서 뻗어내린 한 가지 능선의 말단부에 축조된 현 헌강왕릉은 경사진 부분을 석비레층이 드러나도록 단면 ㄴ자형으로 파내고 모래 성분이 섞인 회색 점토를 깔고 그 위에 석실을 축조하였다(경주문화재연구소 1995a: 26). 3랭크의 좌편재 연도 횡장방형석실인 월산리 B-5호분도 봉분 범위 전체의 경사면 풍화암반층을 파내어 정지하고 그 위에 석실과 봉토를 쌓았다. 이와 같은 예들로 보면 산지 고분군에서도 최소한 상위랭크의 고분들은 묘역 전체를 정지하고 그 정지면 위에 석실과 봉토를 축조하였을 것이며 석실을 설치하기 위한 지하 묘광을 따로 파지는 않았던 것으로 판단된다.

이에 비해 황성동유적에서 조사된 3·4 랭크의 석실들은 모두 얕지만 지하에 토광을 파고 설치되어 대비가 된다. 산지 석실분들도 먼저 봉분 범위의 묘역 지면을 정지하고 대개는 그 중앙에 뒤쪽이 높고 앞쪽이 낮은 단면 ㄴ자형의 토광을 파고 석실을 설치하였다. 그러나 기반층이 거의 평탄면에 가까운 곳에서는 정지면 위에 약간 성토하고 얕은 토광을 파거나(영남문화재연구원 2005: 102), 경사가 높은 쪽은 생토층을 정지하고 경사가 낮은 쪽은 성토하여 고분의 기저부를 조성하고 얕은 토광을 파기도 하였다(신라문화유산연구원 2011b: 31).

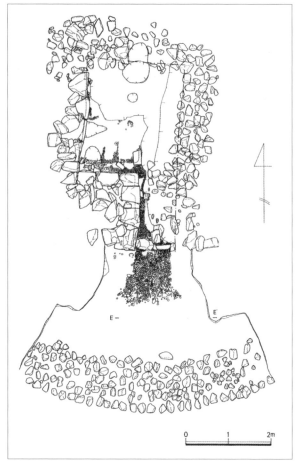

도 2-90 황성동석실분의 석실과 호석 기초

이와 같이 경주의 신라 석실분은 랭크에 따라 석실을 설치하기 위한 토광의 유무 여부가 대비되지만, 하위랭크 석실이라 하여도 토광의 깊이는 얕아서 대개 벽석 1~2단 정도, 산지고분의 경우는 뒷벽쪽 벽석만 몇 단 토광 안에 축조될 뿐, 석실 벽이 깊게 판 토광 안에 축조된 예는 거의 없다. 즉, 경주의 신라 후기 석실분 중에 석실이 지하로 파 내려 간 깊은 묘광 안에 설치된 예는 없으며, 평지고분은 물론 산지고분도 기본적으로 거의 모든 구조가 지상에 축조되는 지상고분을 의도하였던 것이라고 할 수 있다. 경주 지역의 석실분 가운데 연도 바닥이 석실 쪽으로 미약하게 경사져 내려가는 예는 약간 있지만 연도와 석실 바닥 사이에 높게 단차가 있는 것은 찾기 어렵다.

2) 석실과 연도

(1) 석실의 방위

한국의 건축물이 전통적으로 지형에 순응하여 조영되었듯이 신라 후기의 횡혈식석실분도 대개는 지형에 맞추어 축조되었으므로 석실의 장축과 그 방위는 고분이 입지하는 지형 조건에 따라 편차가 있다. 그러나 석실의 장축이나 방위는 내부시설은 물론 피장자의 침향과도 관계되는 것이어서 입지 선정 등 고분 축조 기획단계에서부터 고려되어야 하는 가장 기본적인 요소 중의 하나라고 할 수 있다.

이에 여기서 석실의 방위를 살펴보고자 하는데, 현재까지 조사·보고된 횡혈식석실분 가운데 석실의 길이 방향과 연도의 위치를 알 수 있어 형식분류가 가능한 것은 360기이다. 이 중 약간의 편차는 무시하고 석실의 길이 방향이 남북인 것은 모두 311기에 달하며, 그 중 동천동고분군 3기, 방내리고분군 1기 외에는 모두 연도가 남쪽으로 붙어 있다. 경주분지 내부 평지인 월성북고분군과 황성동고분군에서 조사된 석실들은 예외 없이 모두 연도를 남쪽으로 두고 있다. 이로 보아 신라 후기 횡혈식석실분은 일단 석실 형식과 관계없이 기본적으로 연도를 남쪽으로 두기를 의도했다고 할 수 있다.

연도가 남쪽이 아니라 다른 방향으로 붙어 있는 것은 대개 동쪽과 서쪽이며 북쪽도 4기 존재하는데, 그 대부분은 방내리고분군의 경부고속도로 구간에서 발굴된 것이다(국립경주문화재연구소 1997). 방내리고분군의 경부고속도로 구간은 북향 경사면이어서 지형 조건상 연도를 모두 남쪽으로 두기는 어려워 동쪽과 서쪽으로 둔 것도 있게 된 것으로 판단되며, 연도를 북쪽으로 둔 방내리고분군의 1례와 동천동고분군의 산 13-2번지 고분(계림문화재연구원 2013)들도 입지의 지형과 관계가 있다고 판단된다. 그 외에는 보문동합장분 석실(국립경주박물관 2011)과 손곡동 경마장부지 C1지구 2-8·12호분(서쪽)(한국문화재보호재단 1999), 구어리 6호분(영남문화재연구원 2002)과 서악동석침총(조선총독부 1916: 358~359), 손곡동 경마장부지 C1지구 1-5호 대형석실(동쪽)이 이에 해당된다.

그런데 이들 중 대형 석실을 제외하고도 연도 방향이 서쪽인 것 18기와 동쪽인 것 11기는 종장방형석실이며, 서쪽인 것 1기와 동쪽인 것 3기는 횡장방형석실이다. 피장자의 침향에 대한 것은 뒤에서 살펴보겠지만, 석실의 형식 가운데 초대형을 제외한 종·

횡장방형 석실은 석실의 방위가 곧 피장자의 침향과도 관계가 된다. 석실의 단축이 좁아 시상의 장축도 석실의 장축방향으로 고정되어 피장자를 석실의 장축방향으로 안치할 수밖에 없기 때문이다. 즉, 연도가 동쪽이나 서쪽으로 붙어 있는 종장방형석실은 피장자가 석실의 장축방향에 따라 동-서로, 횡장방형석실은 남-북으로 안치되는 것이다. 그러므로 연도의 방위가 남쪽이 아닌 석실들은 지형적 조건 때문만이 아니라 피장자의 침향도 고려한 것이다. 전통적으로 동침 위주인 신라에 횡혈식석실분의 도입으로 따라 들어온 다른 침향의 영향도 있게 되면서 전통적인 침향의 고수나 새로운 침향의 수용에 따라 석실의 방위가 일부 영향을 받고 있었던 것이라 판단된다.

(2) 석실 벽과 천정(도 2-91)

앞서 신라 후기 횡혈식석실의 형식을 석실의 평면형과 연도의 위치에 따라 나누었지만, 석실 벽의 축조 기법과 천정가구도 석실의 형식 및 고분의 랭크와 밀접히 관련되어 있다.

2랭크에 속하는 황성동석실분에서는 석실과 연도 벽 아래에 적심을 설치하고 벽석을 쌓았지만(국립경주박물관 1993), 황성동유적과 산지고분의 하위 랭크 석실들은 대개 별다른 시설 없이 토광 바닥에서 바로 벽석을 쌓아 올라갔다. 다만 토광 가장자리를 약간 깊게 파서 최하단 벽석 하부가 흙에 묻히도록 한 예들이 있을 뿐이다(영남문화재연구원 2009c).

석실과 연도를 쌓은 벽석으로는 대개 깬돌을 사용했는데, 동천동고분군(한국문화재보호재단 2013a; 금오문화재연구원 2020)과 율동고분군(한국문화재재단 2020)의 하위 랭크 석실에서는 대형 석재로 석실 벽을 구축하였고, 방내리 건천휴게소부지 석실분(경주문화재연구소 1995b)들처럼 저지대의 하위 랭크 석실분에서는 냇돌을 사용하기도 하였다. 시기나 석실 랭크에 따른 벽석의 크기와 벽석쌓기 수법의 일관된 정형성을 찾기는 어렵지만, 2랭크 이상인 충효동석실들(有光教一 1937)과 도용 출토 용강동고분에서는 석실 벽 아래쪽에 대형석을 사용하면서 대강 단을 맞추어 쌓아 올라간 것을 볼 수 있고,[4] 특

....

4　조선총독부 1937의 충효동고분 석실 실측도를 보면 이 고분군에서는 대형석재를 사용하여 석실벽을 축조한

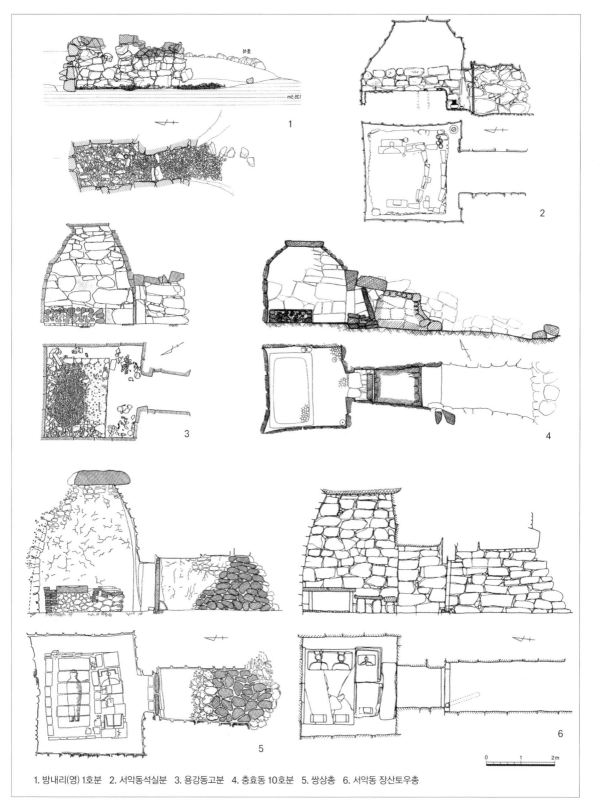

1. 방내리(영) 1호분   2. 서악동석실분   3. 용강동고분   4. 충효동 10호분   5. 쌍상총   6. 서악동 장산토우총

도 2-91 신라 횡혈식석실분 평·단면도

히 1랭크인 쌍상총·마총·서악동 장산토우총(최병현 1992a: 460~468) 등에서는 사괴석에 가깝게 장방형으로 다듬은 벽석을 단과 위 아래의 줄이 맞도록 品자상으로 쌓아올라간 것을 볼 수 있다. 이로 보아 시기가 내려오면서 상위 랭크의 석실에서는 벽석의 모양과 쌓기 수법이 정교해져 갔음을 알 수 있다.

쌍상총에서는 석실 벽을 높이 2m까지 수직으로 쌓았다고 하였는데, 대개 연도의 개석이나 연문의 楣石 높이까지 수직에 가깝게 쌓아 올라가다가 그 위부터는 점차 내경시켜 천정부를 만들고 개석으로 판석을 덮었다. 석실 상부까지 남아 조사된 고분이 소수에 지나지 않지만, 방내리고분군의 예들로 보면 하위 3·4랭크에 속하는 종·횡장방형 석실은 벽과 벽이 맞붙는 부분인 隅切角을 대체로 연도개석 높이 이상부터는 말각하여 둥글게 하면서 벽석을 내경시켜 쌓아 올라갔으며, 천정 개석 바로 아래는 할석 2단 정도를 안으로 들여쌓기 하여 천정면적을 더욱 좁히면서 개석을 받치게 하여 평천정으로 가구하였다(영남문화재연구원 2009c).

방형석실 중 하위 랭크의 석실은 알 수 없으나 1랭크인 서악동석실분(윤무병·박일훈 1968: 제6도), 도용 출토 용강동고분(문화재연구소 경주고적발굴조사단 1990: 도판 22), 현 헌강왕릉(경주문화재연구소 1995: 도판 22·23) 등에서는 천정개석 바로 밑까지 우절각을 확인할 수 있어서 최소한 상위 랭크의 방형석실은 연도개석 높이 이상도 우절각을 말각하지 않고 벽석을 쌓아 올라가 궁륭상 천정으로 가구한 것을 알 수 있어 대비가 된다.

석실의 높이도 석실의 형식과 랭크에 따라 차이가 있다. 〈표 2-33〉의 석실들은 천정의 높이를 알 수 있는 예들인데, 종·횡장방형 석실의 개석 높이는 1.5m를 거의 넘지 않았고[5] 1랭크의 초대형 장방형석실도 2m를 크게 넘지는 않았다. 이에 비해 방형석실은 대체로 2m에 가깝거나 넘는데, 방형석실 가운데에서도 중앙연도 방형석실의 높이가 일반적으로 높은 것을 알 수 있다. 그런데 중앙연도 방형석실들의 길이와 높이의 수치를 비교하여 보면 석실이 길이보다 높이가 낮은 것과 길이보다 월등히 높은 것으로 나누어지며, 높은 것은 시기적으로 늦은 것들이다. 즉, 방형석실의 궁륭상 천정이라 하

....
것처럼 되어 있지만 사진을 대조하여 보면 실측도가 과장된 것을 알 수 있다. 충효동폐고분의 경우도 실측도는 약실측, 또는 스케치도면이어서 벽석이 사진과는 차이가 있다.

5   방내리(영) 1호분은 보고서에 석실 바닥에서 천정개석 상면까지의 높이가 145cm라고 하였다(영남문화재연구원 2009: 160). 실측도면에서 개석의 두께가 25cm 내외로 판단되므로 이를 뺀 수치를 천정 높이로 본다.

표 2-33 석실의 높이를 알 수 있는 고분

고분명	형식	편년	랭크그룹	석실크기(m) 길이X너비X높이	장구	연도크기(m) 길이X너비X높이	연문구조	폐쇄
보문동 합장묘	AI1	1a	c1	2.47×1.35×1.57	목관			깬돌
방내리(영) 1호분	AI1	2d	c2	1.80×1.20×1.20		1.47×0.75×?		깬돌
동천동 343/4-11호분	AI1	?	c2	1.70×1.70×1.40		? x0.40x0.75		깬돌
방내리 38호분	AI2	1b	b1	2.55×1.95×1.80		1.29×0.63×0.87		
동천동 와총	AI2	2a	a	4.03×2.27×1.64				
방내리(영) 9호분	AII1	2d	d2	1.34×1.84×1.50		1.22×0.80×?		깬돌
서악동 석침총	AII3	2b	a	2.41×4.18×2.21	두침·족좌	3.63×1.45×?		
방내리 3호분	B1	1b	b1	2.55×2.10×1.99		2.04×0.99×1.90		
황성동석실분 (67)	B1		b1	2.50×2.30×2.00	족좌	2.10×0.80×1.50		깬돌
용강동석실분 (68)	B1		b1	2.40×2.15×1.85		2.70×0.90×1.05		
충효동 8호분	B1		b1	2.52×2.10×2.50		1.20×0.80×1.20	미석·지방석	판석
충효동 9호분	B1	2c	b1	2.50×2.26×2.50		1.90× ? ×1.50	미·지방·문주석	石扉
방내리 39호분	B2	1a	b1	2.30×2.34×2.01		2.10×1.05× ?		
헌강왕릉	B2	2b	a	2.90×2.70×2.80	두침·족좌	1.42×1.28×1.25	미석	판석
구정동 방형분	B2		b1	2.70×2.30×1.76	시상	1.50×1.06×1.06		석비
방내리(한빛) 7호분	B2	1b	b1	2.10×2.25×2.30		2.20×0.70×1.20		판석
서악동 석실분	B3	2a	a	2.70×2.65×2.30	두침·족좌	1.60×1.05×1.25	미석	판석
충효동 폐고분	B3		b1	2.50×2.10×2.30		1.60×1.00×1.20	미·지방·문주석	석비(?)
충효동 10호분	B3	3b	b1	2.30×2.30×2.10		1.95×1.10×1.10	미·지방·문주석	석비
보문동석실분 (68)	B3		a	2.80×2.80×2.60		2.00×0.93×1.50	미·지방·문주석	석비
용강동고분	B3	3b	a	2.60×2.60×2.70	두침·족좌	1.24×1.10×1.25	미·지방석	판석
쌍상총	B3	2c	a	3.00×3.30×3.60	전신받침	4.00×1.35×1.50	미·지방·문주석	석비
신덕왕릉	B3		a	3.06×3.08×3.91		2.20×0.96×1.21	미·지방·문주석	석비
마 총	B3		a	3.00×3.24×3.70		? ×1.40×1.43	미·지방·문주석	木扉(?)
서악동장산 토우총	B3	4c	a	2.80×2.80×3.40	두침·족좌	4.30×1.40×1.62	미·지방·문주석	석비

여도 이른 시기의 것은 개석으로 2매의 판석을 덮은 서악동석실분처럼 천정이 낮고 넓어 거의 평천정에 가까운 모습이었으며, 노서동 마총이나 현 신덕왕릉(박일훈 1963)처

럼 늦은 시기의 것은 천정 면적을 최대한으로 좁히며 높게 쌓아 올라갔고, 1매의 판석
으로 덮은 개석도 내부에 드러나는 면을 좁게 하였다. 그러나 4c기의 장산토우총은 개
석이 1매인데도 넓고 4벽 상부의 내경도도 약한데, 이는 늦은 시기에 와서 석실축조의
간편화를 꾀한 것이라 하겠다.

한편 1랭크 석실은 석실 형식과 관계없이 거의 모두 벽면에 바른 회가 일부라도 남
아 있었다고 보고하고 있고, 2랭크인 b1그룹의 방형석실 가운데 일부도 연도의 위치와
관계없이 회를 사용한 흔적을 보고하고 있는 것을 보면 상위 랭크의 석실 벽은 원래 회
로 미장하여 벽석이 그대로 드러나 있지는 않았다고 판단된다.

(3) 석실 바닥과 시상

석실 바닥에는 배수로, 바닥 구축시설, 시상이 설치된다.

〈배수로〉 지금까지 경주지역의 횡혈식석실분 바닥에서 배수로가 조사된 것은 율동
고분군 3기, 방내리고분군 14기, 사라리고분군 3기, 월산리고분군 2기, 구어리고분군 3
기 등으로 전체 고분 수에 비하면 소수이며, 모두 산 경사면에 위치한 고분들이라는 공
통점이 있다. 구어리 6호분과 같은 1랭크 석실부터 3랭크 석실까지, 시기적으로는 1a기
부터 2d까지 포함되어 있으며 석실 형식과도 별다른 관계는 없다.

배수로는 석실 내부의 묘광 바닥에서부터 연도 밖까지 도랑을 파고 그 안에 자갈
을 채우거나 돌 뚜껑을 덮은 것이 보통인데, 구어리 6호분에서는 석실 입구 부분에서
부터 연도 밖으로 길게 판 도랑에 돌로 측벽을 세우고 돌 뚜껑까지 덮어 완전한 암거시
설로 만들었다. 배수로의 형태는 석실 내부에서 연도까지 한 줄로 만든 것, 석실 내부
에서는 대략 Y자상의 2줄이다가 연도로 오면서 1줄로 합해진 것이 일반적이며, 구어리
27호분은 특수하게 석실 4벽을 따라 돌려진 배수로가 연도부에서 1줄로 합쳐졌다(도
2-92). 배수로가 설치된 석실은 석실 바닥 전면을 돌과 자갈, 또는 자갈을 깔아 전면시
상으로 만들었거나 초축 시상에 붙여 추가 시상을 설치하여, 석실 바닥 전면이 돌로 덮
인 고분들이라는 공통점이 있다.

〈시상〉 석실 바닥에 설치되는 시설 가운데 가장 중요한 것은 시상(관대)이다. 신라
의 횡혈식석실분에서는 석실 바닥 전면을 돌과 자갈, 또는 자갈을 깔아 전면시상으로

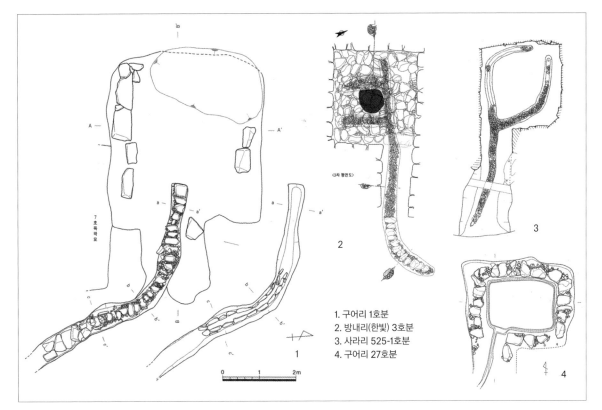

도 2-92 석실 바닥의 배수로

1. 구어리 1호분
2. 방내리(한빛) 3호분
3. 사라리 525-1호분
4. 구어리 27호분

만들기도 하였는데, 석실 바닥에 깐 돌은 깬돌이나 냇돌이 일반적이지만, 방내리 1호분에서는 납작한 판석들을 깔았다고 하였다(국립경주문화재연구소 1997). 그러나 신라 석실분에서는 전면시상보다 석실 축조 시 처음 1인용의 시상을 만들었다가 추가장 때 1차시상에 덧붙여 시상을 보축해 간 것이 일반적이다. 석축시상이 일반적이지만 전돌시상도 소수 존재하고, 간혹 평기와를 깔아 시상으로 사용한 것도 있다.

시상의 축조 방법은 석실 랭크와 시기에 따라 차이가 있다. 3·4랭크의 종·횡장방형석실(c·d 그룹)에서는 시기와 관계없이 1차시상이 석실의 장축방향을 따라 3벽면에 붙여 설치되는 것이 일반적이다. 즉, 종장방형석실에서는 연도 반대편의 긴 벽인 좌벽이나 우벽 전체와 앞·뒤 짧은 벽 일부에 붙여 설치되고, 횡장방형석실에서는 연도 위치와는 관계없이 긴 벽인 뒷벽 전체와 좌·우 짧은 벽 일부에 붙여 설치된다. 이러한 시상들은 석실의 안에 노출되는 긴 변만 갓돌을 놓고 내부는 돌이나 자갈로 채웠는데, 그 높이는 대개 15cm 이내이고 25cm가 넘는 것은 소수이다.

방형석실도 이른 시기에는 마찬가지여서 시상을 뒷벽이나 좌·우벽 중 상대적으로 긴 벽에 붙여 낮게 설치하였고, 좌·우벽이 긴 벽일 경우는 연도 반대편 벽에 붙여 설치하였다. 1랭크의 방형석실 중 가장 규모가 큰 노서동 우총도 바닥이 대부분 파괴되었지만, 석실 뒷쪽의 좌·우벽에 붙어 전돌이 있었다(국립경주문화재연구소 2007)고 한 것을 보면 역시 뒷벽과 좌·우벽 뒷쪽에 붙여 전돌시상을 설치하였던 것으로 판단된다.

초대형 장방형 석실들에서도 1차시상을 3벽면에 붙여 낮게 설치하는 것은 마찬가지이나, 다만 종장방형석실인 동천동 와총과 손곡동 경마장부지 C1지구 1-5호분에서는 좌·우의 긴 벽이 아니라 짧은 벽인 뒷벽에 붙여 설치하였다. 이는 석실이 대형이어서 시상을 뒷벽에 붙여 설치하여도 피장자를 신전장하기에 충분한 길이가 확보될 수 있었기 때문이었을 것이다.[6]

그런데 2기 이후가 되면 방형석실의 시상은 랭크에 따라 차이가 생긴다. 즉, 방형석실 가운데 2랭크인 b1그룹은 다시 평면적이 상대적으로 큰 그룹과 작은 그룹으로 분화되어, 3랭크인 b2그룹과 2랭크의 작은 그룹은 큰 변화가 없으나, 충효동 6·8·9·10호분, 충효동폐고분(朝鮮古蹟研究會 1937), 월산리 B-1호분(국립경주문화재연구소 2003) 등 2랭크의 큰 그룹과 1랭크의 방형석실에서는 시상의 단변이나 한쪽 장변만, 혹은 한쪽 모서리의 두변만 석실벽에 붙여 설치하거나 석실 벽과는 사이를 두고 따로 독립 시상을 설치하였다. 특히 1랭크 방형 석실 중 주요고분들은 1차시상뿐만 아니라 1차시상에 붙여 축조한 추가시상까지도 모두 석실 벽과는 사이를 두었다.

상위 랭크 석실에서 이와 같이 시상을 석실 벽과 사이를 두고 설치한 것은 물론 석실의 평면적이 크기 때문이기도 하지만, 그 자체도 피장자의 위상을 드러내는 것이다. 이 상위 랭크 석실들의 시상은 대개 높이 35cm가 넘는 고시상이고, 벽을 회로 미장한 석실에서는 시상의 표면도 회로 미장하였다. 또 고시상 가운데에는 시상에 판석을 사용한 예들이 있는데, 현 신덕왕릉에서는 높이 35cm로 설치한 석축시상의 표면을 회로 미장하고 다시 그 위에 긴 판석을 놓았으며, 현 헌강왕릉과 장산토우총의 시상은 판석으로 받침대를 세우고 그 위에 긴 판석을 놓아 만들었다. 현 헌강왕릉의 시상은 높

....

6   그러나 1a기로 이른 시기이고 석실 형식도 중앙연도 방형석실로 1랭크인 구어리 6호분은 예외적으로 석실 뒷쪽편에 석실 벽과는 사이를 두고 갓돌로 냇돌을 2단으로 쌓은 독립 고시상이 설치되어 있었다. 이와 관련하여 신라 전기에 지방에서 축조된 횡혈식석실분으로 경산 조영동 EII-1호분에 높이 20cm 정도의 고시상이 설치되어 있었던 것이 주목된다

이 50cm, 장산토우총 시상의 높이는 73cm에 이른다. 특히 장산토우총의 시상 받침대는 각각 별석의 면석과 우주·탱주를 조립하여 석탑 기단의 일면처럼 만들었다. 이 외에 1968년도에 조사된 보문동석실분에도 응회암제 장대석으로 만든 시상이 설치되어 있었다고 한다(국립경주문화재연구소 2007). 이와 같이 판석시상이 설치된 고분들은 천정이 높고 또 연문의 문틀구조가 발달된 것들로서 모두 늦은 시기의 1랭크 석실들이다.[7]

한편 추가장에 따라 2차 이후로 설치되는 시상은 장축을 1차시상과 같은 방향으로 하여 1차 시상에 덧붙여나간 것이 일반적이지만, 간혹 1차시상과는 방향을 바꾸어 덧붙이거나 따로 설치한 예들도 있다. 중앙연도 방형석실인 충효리 5호분에서는 가운데에 통로를 두고 석실 좌·우벽에 붙여 각각 시상을 별도로 설치하였는데, 이는 신라 석실분에서 유일한 예이다.

시상의 방향과 시상 위에 놓은 두침, 족좌 등 피장자 안치 석물은 장법과 관계되는 것이므로 다음 장에서 살펴보기로 하겠다.

〈석실 바닥〉 시상이 설치된 부분을 제외한 석실의 바닥은 묘광의 생토면이거나 생토면 위에 점토를 깐 흙바닥 상태인 것들도 있으나 일반적으로 자갈을 깐 것이 가장 많고, 자갈과 점토를 섞어 다졌다고 보고한 예도 상당수이다. 그러나 벽면을 회로 미장한 1, 2랭크의 석실들은 대부분 바닥에서도 회 흔적을 보고하고 있는데, 바닥도 역시 자갈을 깔고 그 위를 회로 미장하였던 것으로 판단된다.

(4) 연도와 묘도

〈연도와 _扉道_〉 연도의 위치는 석실의 형식을 결정하는 중요 요소이고, 방형석실에서는 연도의 위치가 석실의 랭크와도 관련이 있으며, 또 시상의 위치도 연도의 위치와 관련이 있다.

연도의 길이도 석실의 형식이나 랭크와 관련이 있어 3·4 랭크인 종·횡장방형 석실의 연도 길이는 1m 내외가 많고 1.5m가 넘는 것은 소수이나, 방형석실은 대개 1m가

---

7 다만 현 헌강왕릉은 벽석의 상태나 석실 높이, 뒤에서 살펴볼 연문과 연도 구조에는 그다지 이른 요소가 없으나 시상만은 늦은 시기의 고급으로 설치된 점이 이해하기 어렵다.

넘고, 특히 중앙연도 방형석실의 연도 길이는 2m가 넘는 것이 많다. 그러나 연도의 길이는 고분 입지의 지형과 그에 따른 석실의 방위와도 관련이 있었을 것이므로 석실 형식이나 랭크에 따라 일률적이지는 않았던 것으로 보인다.

연도의 구조는 석실 형식이나 고분 랭크와 관계없이 일반적으로 깬돌로 양쪽 벽을 쌓고 판석을 개석으로 덮어 큰 차이가 없다. 바닥도 대개 흙바닥이지만 석실 바닥과 함께 자갈을 깐 예들이 있다.

지금까지 조사된 경주의 신라 횡혈식석실분 가운데 현 신덕왕릉, 노서동 마총, 장산토우총의 세 고분에서는 2단 연도, 즉 연도와 석실 사이에 연도보다 약간 좁아진 비도가 설치된 것이 다르다. 비도의 길이는 현 신덕왕릉, 마총, 장산토우총의 순으로 길어졌는데, 이 세 고분은 모두 늦은 시기의 1랭크 방형석실들이다.

〈연문과 연도 폐쇄〉 연도의 구조 자체는 이와 같이 후기 세 고분을 제외하고는 큰 차이가 없지만, 연도에서 석실로 들어가는 입구 부분, 비도가 있는 것에서는 연도에서 비도로 들어가는 부분인 연문의 구조와 연문 및 연도의 폐쇄 상태는 석실의 형식과 시기에 따라 차이를 보인다. 3·4랭크인 종·횡장방형 석실은 연문에 따로 문틀시설이 갖추어지지 않았다. 즉, 문주석을 따로 세우지 않았고 연문의 좌·우나 앞·뒤로 돌출되는 부분이 없이 연도 벽과 석실 벽을 자연스럽게 연결하거나 꺾어 깬돌을 쌓아 올라갔고, 미석도 따로 없이 연도의 가장 안쪽 개석을 연문의 위에서부터 덮고 그 윗부분의 석실 앞벽을 쌓아 올라갔다. 이와 같은 연문 구조는 시기가 내려와도 큰 변화가 없었다. 다만 시기가 약간 내려오면 석실 벽에서 ㄱ자 또는 역ㄱ자상으로 꺾여 연도로 이어지는 모서리 부분에 方柱狀의 큰 돌을 놓아 모서리 부분 축조의 간편화를 꾀한 예들은 있지만, 이들도 연도 벽면이나 석실 벽면에 맞추었을 뿐 앞·뒤나 좌·우로 돌출시킨 것은 아니다. 방형석실의 연문구조도 이른 시기에는 마찬가지였으며, 3랭크인 b2그룹의 방형석실은 늦은 시기에도 변화가 없었던 것 같다. 초대형 장방형석실의 연문도 마찬가지로 문틀시설은 갖추어지지 않았다.

이와 같이 연문에 별다른 시설이 없는 석실들에서는 매장 후 연도 안에 돌을 쌓아 연도 자체를 폐쇄하였다. 그것도 대개는 연문에서부터 연도 입구나 그 앞쪽까지 돌을 쌓아 폐쇄하였다. 그런데 이와는 달리 연도 내부가 아니라 연도 입구부분만 막은 예들이 있다. 충효동 1호분은 연도 입구 부분에만 돌과 흙을 쌓아 막았고, 충효동 3호분은 연도 입구에 높이 50cm 정도의 판상석을 세워 막았다. 충효동의 이 고분들은 구릉 정상부 가까이에 있는 것으로 이 고분군에서는 가장 이른 시기에 축조된 것들이다. 노서동 우총도 도면에 연도 입구 부분에만 돌을 쌓아 폐쇄한 것으로 표시되어 있다. 이와 같이 연도 입구만 폐쇄한 고분은 사례가 많지는 않지만, 모두 1·2 랭크에 속하는 이른 시기 고분들이다.

그런데 2기 이후로 내려오면 1·2 랭크의 방형 석실들은 연문구조에 변화가 일어난다. 변화된 구조에 따라 정리하면 다음과 같다.

○연문에 연도 개석과는 분리된 미석을 얹어 연도 개석보다 아래로 돌출시키고, 이에 판상석을 붙여 세워 연문을 막은 것: 서악동석실분(2a기), 현 헌강왕릉(2b기), 황성동 906-5번지 석실분(3c기), 용강동 1구역 4호분, 충효동 6호분(3a기)

○연문에 위와 같이 미석을 돌출시키고 바닥에 지방석을 놓고, 이에 판상석을 붙여 세워 연문을 막은 것: 충효동 4호분, 충효동 8호분

○연문에 미석과 지방석, 그리고 문주석을 돌출시키고 이에 판상석을 붙여 세워 연문을 막은 것: 용강동고분(3b기), 충효동 10호분(3b기), 충효동 7호분, 충효동폐고분

○연문에 미석과 문주석을 돌출시키고 돌문짝 축구멍을 판 지방석을 놓고 1매 또는 2매의 판석문짝[板石扉]를 달아 연문을 막은 것: 충효동 9호분(2c), 충효동 5호분, 보문동석실분(1968), 쌍상총(2c기), 구정동 방형분

○비도가 있고 비도 입구에 판석문짝을 달아 막은 것: 현 신덕왕릉, 노서동 마총,[8] 장산토우총(4c기)

이로 보면 신라 석실분에서 연문에 미석이 돌출되면서 문틀시설이 갖추어지기 시작하는 것은 2a기, 즉 6세기 후엽의 후반부터, 문틀시설이 완전히 갖추어져 돌문이 달리는 것은 2c기, 즉 7세기에 들어와서이고, 비도와 돌문짝이 모두 갖추어지는 것은 8세기에 와서였다고 판단된다. 시기에 따라 모든 석실의 연문구조가 일률적으로 변화된 것은 아니지만 이와 같이 2기 이후 상위 랭크의 석실분에서는 연문구조가 발달되어 갔으

---

8   보고서에서 마총에는 돌문이 아니라 나무문을 달았을 것으로 추측하였다.

며, 연문의 문틀을 구성하고 판상석이나 돌문짝을 달아 연문을 막은 고분들은 다시 연도에 돌을 쌓아 연도 내부도 폐쇄하여 연도와 석실 사이를 이중으로 폐쇄했다는 공통점이 있다.

〈묘도〉 횡혈식석실분은 선-고분축조, 후-매장하고, 또 추가장도 이루어지는 고분이므로 고분 축조시 연도 앞으로 묘도를 남겨놓게 되며, 추가장 때는 봉분을 다시 파 원래의 묘도를 찾거나 다시 만들어야 한다. 묘도는 대개 호석에서부터 연도 입구까지 연결되는데, 조사된 사례로는 충효동 10호분(앞의 도 2-91의 4)과 황성동 906-5번지 석실분에서 묘도의 좌·우벽을 돌로 쌓은 예가 있으며, 서악동 장산토우총에는 현재도 돌로 쌓은 묘도벽이 남아 있다. 그러나 이 외에는 토층상으로 구분되는 묘도가 조사되었을 뿐이다.

묘도의 평면형태는 대개 연도 입구에서 호석 쪽으로 가면서 약간 넓어지는 것이 일반적으로 석축벽이 있는 충효동 10호분이나 현존하는 장산토우총의 묘도도 그와 같다. 토층상으로 묘도가 조사된 고분들도 대개는 그와 같다. 그러나 묘도가 연도 입구에서부터 八자형으로 벌어져 넓어진 예들이 있고, 특히 황성동석실분에서는 묘도가 연도 너비보다 훨씬 넓은 범위에서부터 八자형으로 벌어지고 다시 호석 가까이에서 밖으로 꺾여 넓어진 묘도가 조사되었다(도면 2-90 참조). 이와 같은 예들은 추가장 때나 또는 다른 어떤 일로 석실의 입구를 찾아 봉토를 되파기할 때 넓은 범위로 파들어 갔기 때문에 생긴 것이라 판단된다.

추가장이 이루어진 고분들에서는 묘도 앞의 호석도 파냈다가 다시 쌓은 예들도 발견된다.

3) 봉토와 호석

(1) 봉토

신라 횡혈식석실분의 봉분은 구정동 방형분을 제외하고는 모두 반구형으로 평면은 원형이다. 봉토 축조 기법이 조사된 고분은 많지 않으나, 조사된 고분들은 봉토가 대체로 2~3단계의 공정으로 축조되었음을 설명하고 있다. 1단계는 석실의 벽석을 쌓으면서 벽석과 함께 석실 바깥으로 축조하여 올라간 석실구축 토층이다. 이 석실구축토는 점성이 강한 점토층과 점성이 없는 사질토층을 교대로, 위로 올라갈수록 석실 벽 쪽이 높고 바깥 쪽이 낮은 외향경사로 쌓았다. 이와 같이 벽석과 석실구축토를 쌓아 올라간 다음 석실 개석을 덮고 개석과 석실구축토 외면을 점토로 봉하였다. 그리고 다시 그 위 전체를 점토(국립경주박물관 1993), 또는 사질토(국립경주문화재연구소 2005)로 덮어 마무리 하였다.

황성동석실분, 현 헌강왕릉, 황성동 906-5번지 석실분에서는 모두 이와 같이 축조한 봉토를 두 구역으로 나누어 축조하였을 가능성, 즉 분할성토의 가능성을 제시하고 있다.

(2) 호석과 봉분 규모

봉토의 가장자리로는 호석을 축조하였는데, 호석은 대개 깬돌로 쌓았으나 냇돌로 쌓은 예들도 있다. 고분 기초부가 정밀하게 조사된 황성동석실분에서는 호석도 석실과 연도의 벽처럼 고분 기초부 구축토 아래로 구덩이를 파 적심을 설치하고 그 위에 깬돌을 쌓아 축조하였다. 이로 보아 평지의 상위 랭크 석실분 호석은 같은 방법으로 설치되었을 것이다. 그러나 산지의 석실분들은 고분 기초부 정지면이나 생토층 위에 바로 깬돌을 쌓아 호석을 설치하였다.

호석의 높이는 잘 알 수 없으나 산지의 고분들은 대개 두께 20~30cm의 깬돌을 1~3단 정도로 쌓았고, 평지 석실분인 황성동석실분은 높이 30~40cm 정도의 깬돌을 3단 정도로 쌓았을 것으로 보았다. 단독분인 소현리석실분의 호석 높이는 32~67cm로 남아 있었고(한울문화재연구원 2015), 신당리고분의 호석은 최대 높이 60cm였으며 지대석 위에 가공석을 品자상으로 쌓았다(계림문화재연구원 2013).

호석에는 받침석을 배치한 예들이 있는데,[9] 소현리석실분에서는 길이 50~75cm의 부정형 할석으로 17곳에 배치하였고(도 2-93), 신당리고분에서는 긴 가공석을 사용한

---

9   중고기 이후의 신라 왕릉 중에서 호석에 받침석을 배치한 것은 현재로서는 무열왕릉이 가장 이른 것으로 보인다.

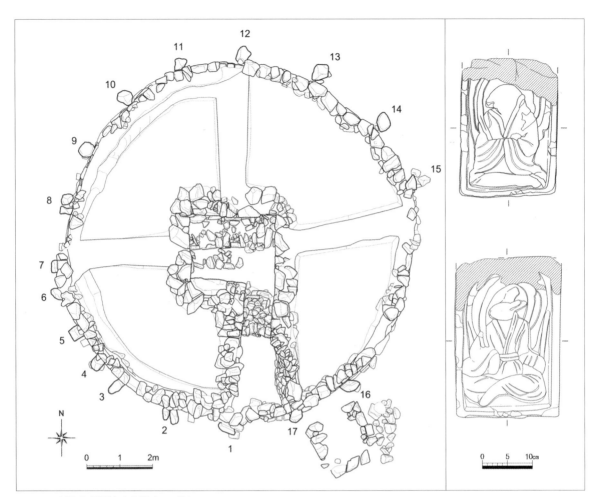

도 2-93 소현리 석실분의 호석과 12지상

받침석이 12곳에 남아 있었으나 원래는 24곳에 있었을 것으로 판단되었다.

　　호석의 직경은 곧 봉분의 직경이라고 할 수 있는데 많은 고분, 특히 산지고분의 경우 호석은 완전 원형은 아니어서 단경과 장경의 차이가 있으며, 일률적이지는 않지만 호석의 직경은 석실의 랭크에 따라 어느 정도 차이가 있는 것을 볼 수 있다. 장경을 기준으로 하여 4랭크의 종·횡장방형 석실 59기의 호석 직경은 3.65~7.90m, 3랭크의 종·횡장방형 석실 25기와 방형석실 9기의 호석 직경은 4.33~8.00m 사이이다.

　　여기에는 위의 고분 수에 포함시키지 않은 4개의 예외가 있다. 먼저 동천동 343/4-14호분으로 석실의 규모도 길이 92×71cm이고 호석의 직경도 2.85m에 불과한 초소형이다(금오문화재연구원 2020). 다른 예들은 석실의 랭크와 호석의 직경이 불일치하는 것들인데, 하나는 4랭크의 횡장방형 석실이 설치된 방내리(영) 14호분으로 호석 직경이

3.5m에 불과한 초소형이다(영남문화재연구원 2009c). 장방형 석실들 가운데에는 4랭크인 d2그룹보다도 훨씬 작은 소형이 소수 존재하였는데, 방내리(영) 14호분은 석실이 d2그룹이지만 호석 직경은 초소형 석실들과 같은 것이다. 4랭크의 종장방형 석실이 설치된 방내리(영) 1호분의 호석은 장경이 9.0m로 같은 랭크 석실의 호석 직경 범위를 벗어난다. 그런데 이 고분의 호석은 추가장 때에 개축된 것으로 초축 호석은 남아 있는 부분으로 보아 직경 8.0m를 넘지 않았을 것으로 보인다. 마지막은 3랭크의 방형석실이 축조된 방내리(영) 16호분으로 이 고분에는 3중의 호석이 설치되었고 그 중 가장 바깥 호석의 직경이 12.5m이다. 보고서에서 이 고분 호석의 개축 여부에 대해서는 언급이 없지만 추가장 때 개축되었을 가능성이 있고, 가장 안쪽의 내호석 직경은 8m 정도이다. 예외들은 이와 같이 해석되므로 3·4랭크 석실들의 봉분 호석 직경은 8m를 넘지는 않았다고 볼 수 있다.

　다음으로 2랭크인 b1그룹의 방형석실이 설치된 고분 15기의 호석 직경은 7.0~17.0m 사이에 들어가는데, 그 중 5기는 14~17m이다. 월산리 B-1호분은 2중호석이 설치되었는데 보고서에서는 원래 직경 6m의 호석이 설치되었다가 추가장 때 직경 8.7m의 호석으로 개축되었을 것으로 보았다. 호석은 조사되지 않았지만 주로 2랭크 석실들인 충효동고분군 조사 당시 잔존한 봉분 장경이 12~17m였던 것도 이 랭크 석실분들의 봉분 규모 판단에 참고가 된다.

　1랭크의 방형석실이 설치된 고분들의 호석 직경은 11m 이상이지만, 가장 큰 것은 현 헌강왕릉의 15.8m이고, 쌍상총의 남아 있는 봉분 직경은 약 17m 정도로, 지금까지 조사된 것으로는 큰 것도 2랭크 석실의 봉분 직경과 차이가 없다. 그러나 서악동 장산고분군에 현존하는 고분 가운데에는 봉분 직경이 20m에 육박하거나 약간 넘는 것이 여러 기이어서(국립경주문화재연구소 2011), 왕릉이 아니더라도 1랭크 석실의 봉분 규모는 2랭크 석실의 그것을 넘어섰을 것이다.

　한편, 위에 언급한 호석이 개축되거나 2~3중으로 설치된 고분들 외에, 용강동고분에서도 2중의 호석이 발견되었는데, 직경 8.8m의 내호석은 깬돌로 쌓았고, 직경 14.7m의 외호석은 지대석이 정연하게 남아 있었으며, 주변 민가에 면석과 갑석으로 쓰였던 석재들이 있어 지대석, 면석, 갑석으로 이루어진 가구식 판석조립 호석이었던 것으로 추정되었다. 현 헌강왕릉에서도 지대석 위에 잘 다듬은 장방형 화강석으로 쌓은 호석 뒤에서 다시 냇돌로 쌓은 호석이 발견되었다. 보고서에서는 평지고분인 용강동고분의 내·외호석 사이의 토층에 이상을 발견할 수 없어 내호석과 외호석이 동시에 축조되었을 것으로 보았다. 반면 현 헌강왕릉은 냇돌 호석이 고분 초축 시의 호석이고 장방형 화강석 호석은 후세에 개축된 것으로 보았다. 용강동 239-2번지 석실분도 2중 호석으로 직경 8m의 내호석은 깬돌을 높이 90cm로 쌓았으며, 직경 15.3m의 외호석은 가공석의 지대석이 남아 있었다(한국문화재재단 2018c).

이와 같이 한 고분에서 여러 겹의 호석이 조사되는 예들이 있는데, 그 중에는 분명히 보수나 개축으로 판단되는 것도 있지만, 호석 사이가 떨어져 있고 봉토가 대부분 유실되어 토층으로 구분하기 어려울 경우 동시 축조인지 후세에 봉분을 확대하면서 개축한 것인지 판단하기가 쉽지는 않다. 특히, 고분이 경사가 심한 산지에 축조될 경우 부분적으로 또는 전체로 호석을 2중 이상으로 설치할 수도 있기 때문이다.

그러나 용강동고분의 내호석 직경은 1랭크인 석실에 비하면 작은 편이지만, 그 바깥에 3m의 간격을 두고 설치된 외호석이 처음부터 가구식 판석조립 호석이라면 출토 토기로 본 편년상 7세기 후반에서도 이른 시기에 이미 그와 같이 정연한 호석이 출현한 것이 된다. 이는 신라 능묘의 호석구조 발달 과정상 판석조립 호석의 출현을 8세기 이후로 보아온 그동안의 학계 지견과는 차이가 있는 것이어서 신중한 검토가 필요하다.

현존하는 신라 석실분의 봉분 둘레에는 호석에 기대어 받쳐놓은 호석 받침석들이 나와 있는 예들이 많은데, 발굴조사된 고분 가운데에는 앞서 언급한 소현리석실분과 신당리고분, 그리고 황성동석실분 등에서 확인되었을 뿐이다. 아마 호석 받침석도 모든 석실분이 아니라 상위 랭크의 석실분에서만 설치된 것이 아닐까 짐작된다.

한편 동천동 343-4번지에서 발굴된 고분들에서는 봉분 호석 밖에 한 줄로 돌을 돌려 호석외구를 설치한 예들이 여럿 드러났다(도 2-94). 다른 고분군에서는 잘 발견되지 않았지만, 월성북고분군 쪽샘지구에서 많이 드러난 신라 전기 적석목곽분의 호석외구와 관련하여 유의된다.

봉분의 높이는 호석으로 한정된 봉분의 직경과 어느 정도 비례를 갖고 있었겠지만 조사된 고분 대부분이 봉분 전체가 파괴된 고분들이고, 석실의 천정이 유지된 고분들이라 하여도 봉분 상부가 제대로 유지된 것이 거의 없어 잘 알 수가 없다. 다만 석실 개석이 유지된 몇몇 고분들에서 석실 높이와 잔존한 봉분 높이의 차이를 보면 종장방형

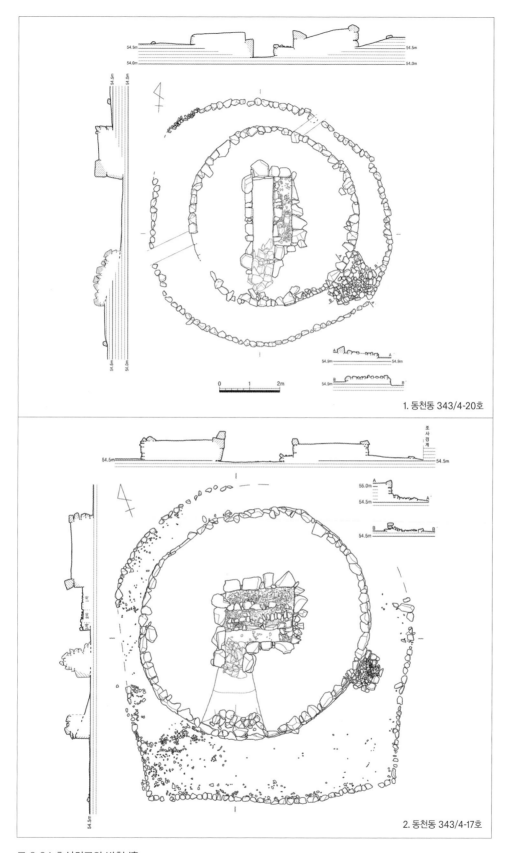

1. 동천동 343/4-20호

2. 동천동 343/4-17호

도 2-94 호석외구와 방형 壇

석실분인 방내리(영) 1호분은 0.8m, 1·2랭크의 방형석실인 충효동 폐고분 1.7m, 서악동석실분 2.05m, 충효동 10호분 2.4m, 쌍상총 1.4m, 현 헌강왕릉 1.2m이다. 하위 랭크 고분은 석실 높이보다 봉분이 1m 정도, 상위 랭크 고분은 2m 정도 높았다고 볼 수 있으며, 이를 조사된 호석이나 잔존한 봉토의 직경과 비교하여 보면 봉분 직경 : 높이는 대개 3~4 : 1의 범위 안에 들어가는 것으로 판단된다.

(3) 주구

경주지역의 신라 후기 횡혈식석실분 가운데 37기에서 봉분 외곽으로 돌려진 주구가 조사되었다. 율동고분군, 하삼정고분군, 방내리고분군 등 주로 산지 고분군에서 조사된다. 조사된 고분의 수가 많은 편은 아니지만 구어리 6호분의 1랭크 방형석실에서부터 4랭크인 종·횡장방형석실까지 고르게 조사되어 특정 고분군이나 석실의 랭크와 관련성이 있는 것 같지는 않다.

주구 단독으로 설치된 예가 많지만 호석과 주구가 함께 설치된 예들도 있다. 호석과 주구가 함께 설치된 예는 황성동고분군에도 존재하였다. 산지고분에서 주구는 경사가 높은 쪽에 반원형으로 남아 있는 예가 많지만, 완만한 경사면에 위치한 방내리(신) 1·2호분, 구릉 정상부 평탄면에 위치한 손곡동 경마장부지 C1지구 2-9호분은 원래 봉분 주위 전체에 주구를 돌린 것 같기도 하여 일률적으로 판단하기 어렵다. 주구 안에서 제의와 관련된 것으로 판단되는 매납유구나 토기들이 발견된 예들도 있어 주구와 이들의 관련성도 주목해보아야 한다.

2. 고분 구조의 변천과 주요 고분의 편년 재검토

이상에서 살펴본 바와 같이 고분의 축조 기법과 구조는, 석실 형식이나 랭크마다 모두 차이가 있는 것은 아니지만, 대체로 상위 1·2랭크와 하위 3·4랭크 사이에 분명한 차이가 있었다. 하위 랭크의 석실들은 시기가 지나도 큰 변화가 없었으나 상위 랭크의 석실들은 축조 기법이 변화하면서 그 구조도 변천되었다. 이에 여기서는 상위 랭크 석실들의 단계적인 구조변천 과정을 정리하면서, 이를 고려하여 앞서 토기가 출토되지 않아 편년을 유보하였거나 소수의 토기가 출토되었지만 추가장이 이루어져 토기의 매납시기를 알 수 없어 잠정적인 편년을 할 수밖에 없었던 고분들의 축조 시기를 재검토하여 보기로 하겠다.

경주지역에서 횡혈식석실분이 본격적으로 축조되기 시작하는 신라 후기 1기에 1랭크 고분으로는 방형석실인 구어리 6호분과 장방형석실인 손곡동 경마장부지 C1지구 1-5호분이 있다. 이들은 석실의 규모가 초대형이나 구조는 단순하였을 것으로 판단된다. 석실 벽은 크기가 일정하지 않은 깬돌로 쌓았고 시상은 벽면에 붙여 낮게 설치하였다. 상부가 남아 있지 않았지만 천정은 낮았을 것으로 판단된다. 연문에 문틀시설도 형성되지 않았을 것으로 판단된다.

초대형 장방형석실인 동천동 와총과 서악동 석침총은 출토 토기에 따라 각각 2a기와 2b기로 편년되었으나 그 구조와 축조 기법이 1기의 대형 석실과 같다. 다만 서악동 석침총의 긴 뒷벽에 붙여 축조된 시상에 주로 2기 이후에 사용되는 두침석이 놓였으나 肩臺가 없는 초기적인 것이다. 모두 추가장이 이루어진 고분으로 초축 시기는 1기로 올라갈 가능성이 많다. 대형의 방형석실인 노서동 우총도 파괴고분이지만 전돌시상을 뒷벽에 붙여 설치하였을 것으로 추정되는 점, 연문에 문틀구조가 형성되지 않았고, 연도 입구에만 돌을 쌓아 폐쇄한 점 등 모두 고식 요소로 되어 있어 1기에 축조되었을 가능성이 있다.

다음은 2랭크 방형석실들인 충효동 1·2·3호분으로, 앞서는 열상배치의 시작점에 있는 2호분을 석실과 연도의 경계부에서 출토된 직구호의 형식에 따라 2c기로, 그 아래의 1호분을 연도 폐쇄석 사이에서 나온 무개식고배의 형식에 따라 2b기로, 2호분에서 1호분과는 다른 열로 갈라지는 3호분을 석실 뒷벽 쪽에서 나온 직구호의 형식에 따라 2d기로 편년하였다. 그러나 이 고분들도 구조상 2기 이후로 내려오는 요소는 없으며, 1호분은 추가장 여부를 알 수 없으나 토기의 출토 위치가 석실 내부가 아니라 연도 폐쇄석이고, 2호분과 3호분은 시상이나 출토 인골로 보아 한 차례 이상의 추가장이 이루어진 고분들이다. 이들의 초축 시기도 1기로 소급될 가능성이 있다.

2a기에 오면 서악동석실분처럼 방형석실은 아직 길이에 비해 천정이 낮으나 독립 고시상 위에 두침과 족좌를 사용하고, 연문에 연도 개석과는 분리된 미석을 얹어 아래

로 돌출시키고 판상석을 세워 연문을 폐쇄한 석실로 발전한다.

현 헌강왕릉은 석실 내부에서 출토된 토기편 가운데 가장 이른 형식에 따라 2b기로 편년되었지만, 연문 미석이 아래로 돌출된 것 외에는 벽석이나 석실 길이에 비하여 낮은 석실 높이 등 석실 구조상에서 늦은 시기의 특징은 없다. 이에 비해 장방형 화강석 호석은 후축으로 밝혀졌지만, 석실 내부에 설치된 높이 50cm의 판석조 고시상은 석실 구조와 어울리지 않는 늦은 시기의 것이다. 현 헌강왕릉은 아마도 1기 말이나 2기 초에 초축된 후 어느 시기에 개조가 있었을 것으로 추정된다.

다음에는 연문에 미석과 함께 지방석도 놓고 문주석도 돌출시켜 세워 문틀시설을 완비하고 돌문짝을 달게 되는데, 충효동 9호분으로 보아 2c기에는 그와 같이 완비된 연문시설이 출현한 것으로 판단된다. 석실 천정의 높이는 점차 높아졌으나 그 높이가 아직 석실의 길이를 넘지는 않았다.

문틀시설이 완비되고 문주석에 용문이 조각되어 있는 충효동폐고분은 석실 천정이 낮고 시상도 양 단변을 석실 벽에 붙여 축조한 것으로 충효동 9호분과 같거나 조금 앞의 2기에 속할 것이다.

다음으로 3b기에 오면 도용 출토 용강동고분과 같이 1랭크 석실에서는 천정 높이가 석실 길이를 넘는 것도 출현하였으나, 2랭크인 충효동 10호분은 석실 길이보다 천정 높이가 낮다.

이어 쌍상총은 규격화된 벽석을 단과 열을 맞추어 쌓아 올라가 석실 길이에 비해 천정이 현저하게 높은 석실로 발전하였으며, 시상에는 사람의 전신을 조각한 장대석 屍牀를 올려놓았고 아직 비도는 없으나 돌문짝을 단 완벽한 연문구조를 갖고 있다. 앞서는 내부에서 출토된 2c기의 대족하부돌대고배 대각부와 3c기의 직립구연합신 가운데 일단 이른 시기 것에 따라 편년하였으나, 발굴 당시 북벽 상부가 무너지면서 석실 내부로 내려온 흙이 차 있었다는 것으로 보아, 이 고분에서 발굴된 토기편이 모두 이 고분의 매납품인지는 알 수 없다. 석실 구조로 보면 용강동고분보다는 늦고 장산토우총을 비롯한 비도가 있는 고분보다는 이른 시기이어서 3c기가 적당하다.

1968년도에 조사된 보문동석실분은 1랭크의 중앙연도 방형석실로 완비된 문틀에 2매의 판석문짝을 달았고 응회암제 장대석으로 만든 시상대가 설치되었다고 한 것으로 보아 그 시기는 쌍상총에 가까울 것이다. 그러나 2.8m인 석실 길이에 비해 천정 높이는

2.6m이어서 아직 천정이 높지 않은 석실도 존재하였던 것으로 판단된다.

이어 방형석실은 규격화된 벽석에 천정이 높고, 판석으로 시상을 만들고 연도에서 門扉를 통과하여 비도를 지나 석실로 들어가는 구조로 발전하였는데 현 신덕왕릉, 노서동 마총은 4c기로 편년되는 같은 구조의 장산토우총으로 보아 4기로 편년될 것이다.

신라 석실봉토분의 계통　IV

　　고구려·백제·신라 3국 가운데 횡혈식석실분을 가장 먼저 축조하기 시작한 것은 고구려이다. 집안과 평양지역에서 고구려 석실봉토분이 본격적으로 축조되기 시작한 것은 4세기 중엽부터이지만, 그에 앞서 집안지역에서는 3세기 말 이전에 이미 적석총의 수혈식 묘곽이 횡혈식 묘실로 전환되고 있었다(여호규 2011; 강현숙 2013: 170~173). 고구려 석실분은 남한지역에서도 조영되어 임진강·한탄강유역을 비롯하여 한강 남쪽의 경기지역, 남·북한강의 상류지역 등에서 그 조사례가 꾸준히 증가하고 있다(최병현 2015b).[10] 이들은 고구려가 475년 백제의 수도 한성을 점령하기 이전인 5세기 중엽부터 축조되기 시작하여 그 이후로 이어진 것으로 편년되고 있다(최종택 2011).

　　백제에서도 한성기에 이미 횡혈식석실분이 축조되기 시작하여, 최근 그 조사 예가 급증하고 있다. 한성기 백제 석실분은 하남 감일동과 감이동, 서초 우면동과 성남 판교동, 화성 마하리를 비롯한 서울·경기지역과 강원도 원주 법천리, 연기 송원리와 청원 주성리를 비롯한 충남·북지역에서 조사되고 있으며(최병현 2015b), 4세기 후반기부터

....

10　　최병현 2015b에서는 35기로 집계하였으나 지금은 그보다 훨씬 더 늘어났다(김진영 2020).

는 축조되기 시작한 것으로 판단되고 있다. 이에 따라 계단식 적석총으로 내부에서 석실형 구조가 조사된 서울 석촌동 4호분의 매장주체부도 횡혈식석실이었을 가능성이 높아지고 있다(최병현 2015b).

신라에서 경주지역에 횡혈식석실분이 도입된 것은 신라 전기 말인 6세기 전엽경으로 보이지만, 그 축조가 본격화되는 것은 신라 후기로 전환된 6세기 중엽부터이다. 그러나 경산 임당유적을 비롯하여 지방에서는 신라 전기에 이미 석실봉토분을 부분적으로 축조하고 있었으며, 그 시기도 5세기로 올라간다. 신라에서는 지방에서 먼저 횡혈식석실분을 수용하였던 것이며, 경주에서 적석목곽분을 축조하고 있었던 신라의 최고 지배세력은 그보다 늦게 새로운 묘제를 수용한 것이다.

신라 전기에 지방에서 축조된 횡혈식석실분에 대해서는 필자가 이미 전고에서 고찰한 바 있는데(최병현 2001), 경산 임당유적의 조영동 EII-1호분, 임당동 5A호분, 조영동 IB-6호분, 조영동 EII-5호분, 경산 교촌리 가1호분과 포항 냉수리 석실분 등이었다. 당시는 임당유적의 발굴 보고가 거의 이루지지 않은 상태여서, 다른 연구자들의 연구 성과에 언급된 것(정영화 1991; 김용성 1998)을 인용하여 5세기 전반부터 말까지로 편년하고, 이들을 신라후기양식토기 성립 이전, 즉 신라토기 중 단각고배 출현 이전에 신라의 지방에서 축조된 횡혈식석실분으로 보았다. 지금은 이들의 발굴 보고서가 거의 출간되고 출토유물의 상세한 내용도 밝혀져 편년에 대해 재검토할 수 있게 되었다. 이에 전고에서 가장 이르게 본 조영동 EII-1호분(영남대학교박물관 2015)이 출토 토기의 형식으로 보아 필자의 신라전기양식토기 3a기, 즉 5세기 중엽으로 편년되는 등 각 고분의 편년이 재정리되어야 하겠으나, 이들이 모두 단각고배 출현 이전 신라 전기의 지방 고분들인 것은 재확인된다.

필자는 전고에서 이 고분들의 구조를 분석하여 그들 중에 경주지역의 방형석실과 같이 장폭비 1 : 0.8~1 : 1.25 사이에 드는 것은 없지만, 그에 가까운 것과 종장방형·횡장방형 석실이 있고, 연도의 위치도 중앙, 우편재, 좌편재 모두 존재하는 것을 확인하였다. 그리고 조영동 IB-6호분은 그 석실 평면 형태가 경주 서악동 석침총과 같이 횡장방형 석실의 남벽 중앙에 연도가 있는 T자형인 점(영남대학교박물관 1998), 경산 임당유적의 신라 전기 석실분들은 모두 석실이 지상식이고 조영동 EII-1호분 석실 뒷벽에 붙여 높이 20cm의 고관대(시상)가 축조된 점에 주목하여, 이와 같은 신라 전기 지방의 횡혈식석실분 구조와 축조 기법이 신라 후기 경주지역의 석실분으로 이어졌다고 보았다.

포항 냉수리 석실분(국립경주박물관 1995)은 종장방형 주실 외에 연도에 달린 장방형 부실이 주목되지만, 성주 성산동 2호분 등 부곽을 주곽의 장벽 앞쪽에서 달아내 주부곽이 L자형 배치를 이룬 수혈식 석곽의 전통을 따른 것이며, 다만 묘광이 좀 깊은 것이 임당유적의 석실과 다르지만 완전 지하식은 아니라고 보았다.

다음 영주 순흥지역에서 조사된 벽화고분으로 읍내리 벽화고분(문화재관리국 문화재연구소 1986)과 어숙묘(이화여자대학교박물관 1984) 모두 고관대(시상)가 설치되고 천정이 넓은 횡장방형석실에 좌편재연도가 붙어 있는데, 읍내리 벽화고분보다 어숙묘의 석실 장폭비가 줄고 연도가 길어지는 등의 변화에 주목하여, 석실 평면이 횡장방형에 가까운 경주 충효리고분군의 이른 시기 좌편재연도 석실의 계보가 순흥지역 벽화고분으로 이어질 것으로 판단하였다(도 2-95).

이상과 같은 전고의 고찰 이후, 신라 전기 지방의 석실분 발굴 자료는 크게 늘지는 않았지만 최근 몇 예가 더 추가되었다. 과거에도 경주 서악동 석침총과 같이 석실의 평면 구조가 T자형인 신라 후기 초의 횡혈식석실분이 다수 조사된 바 있는 포항 대련리 유적(경상북도문화재연구원 2010)에서 2019년 다시 횡혈식석실분 6기가 발굴되어 실견한 바 있는데,[11] 그 중에는 신라 전기에 축조된 횡혈식석실분도 포함되어 있었다. 2호분과 4호분으로, 2호분 출토 토기는 신라전기양식토기 3b기로 보였고, 4호분에는 처음의 매납 토기와 추가장 때의 매납 토기들이 상하로 겹쳐 있었는데 추가장 때의 매납 토기들이 신라전기양식토기 3b기로 보였다. 따라서 이들은 5세기 중·후반으로 편년되는데, 모두 완전 지하식은 아니지만 묘광이 깊은 편이었고, 두 고분 모두 우편재연도 종장방형 석실이나 2호분에 비해 4호분 석실이 세장하였다.

달성 쌍계리유적에서도 횡혈식석실분 2기가 발굴되었는데(한빛문화재연구원 2012), 1호분의 석실 규모는 길이 3.13m, 너비 2.40m, 장폭비 1 : 0.77, 2호분의 석실 규모는 길이 3.50m, 너비 2.60m, 장폭비 1 : 0.74였다. 모두 석실 평면이 종장방형이지만 방형에 근접하였고, 석실 뒷벽에 붙여 고관대가 설치되었으며, 그 높이는 1호분 45cm, 2호

....

11   화랑문화재연구원 2019, 〈포항융합기술산업지구 진입도로 개설공사부지 내 유적 발굴조사(2구역) 자문회의 자료집〉.

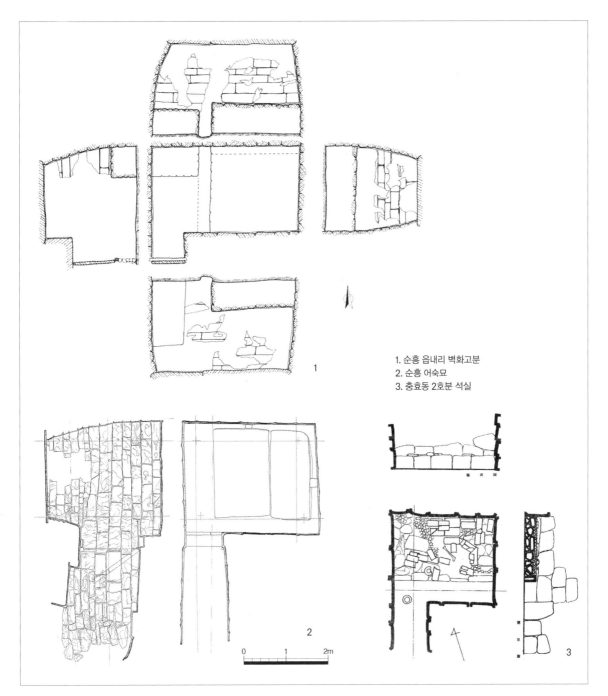

도 2-95 순흥지역 벽화고분과 경주 충효동 2호분

1. 순흥 읍내리 벽화고분
2. 순흥 어숙묘
3. 충효동 2호분 석실

분 1.10m였다. 두 고분 모두 연도는 남벽 중앙에 달렸는데, 묘광은 깊지 않았으나 연도
가 석실 바닥보다 높은 위치에 달린 유단식이었다. 비교적 규모가 고르고 크지 않은 깬
돌들로 석실 벽을 쌓은 것이 특징적이다. 관결속금구와 관고리가 출토되었고, 2호분의

연도 폐쇄석에서 지역양식의 신라전기양식토기 약간이 출토되었는데, 보고서에서는 5세기 말엽에서 6세기 초로 편년하였다(한빛문화재연구원 2012).

이상이 현재까지 필자가 집계한 지방의 신라 전기 횡혈식석실분들인데, 이들 사이에는 지역적인 차이점도 있고, 또 경주지역의 신라 후기 석실분으로 바로 이어지지 않은 요소들도 있다. 앞서도 언급했듯이 순흥지역의 횡장방형 좌편재연도 석실형은 경주 충효동고분군의 좌편재연도 석실로 이어진 것으로 보이지만,[12] 잘 다듬은 사괴석으로 品자형 쌓기 한 석실벽 축조 기법은 경주지역에서는 신라 후기의 늦은 시기에나 나타나고, 포항 냉수리 장방형 석실분의 발달된 연문 구조(도 2-96의 1) 역시 경주지역에서는 신라 후기에서도 늦은 시기에나 볼 수 있는 것이다. 달성 쌍계리 석실분의 작은 석재로 벽쌓기와 유단식 연도(도 2-96의 2)는 산청 중촌리 3호분(신라대학교 박물관 2004) 등 가야 석실분과 공통점이 있다.

이러한 차이점들이 지적될 수 있지만, 신라 전기 지방의 석실분들은 다음과 같은 구조 특징이 있다. 포항지역의 석실분들은 묘광이 깊은 편이지만, 달성 쌍계리 석실분들의 묘광은 그다지 깊지 않았고, 경산 임당유적의 석실분들은 대개 지상식이었다. 이에 따라 신라 전기 지방의 횡혈식석실분은 모두 고총 봉분이 축조되었다. 석실의 평면은 종장방형과 횡장방형으로 아직 방형의 범위에 들어오지는 않지만 방형에 가까운 것이 있고, 연도는 중앙, 우편재, 좌편재가 모두 존재하였다. 대개 석실 바닥에 돌을 깔아 관대(또는 시상)를 설치하였는데, 평면 방형에 가까운 석실에서는 석실 뒷벽에 붙여 연도와는 반대 방향으로 높이 20cm 이상의 고관대(시상)를 설치하였다. 석실 벽은 깬돌로 쌓았으며 대개 석재가 큰 편이다. 석실 천정이 온전히 남은 것은 포항 냉수리 석실분 뿐이지만, 장방형 석실의 천정은 판석 여러 매로 덮은 평천정이었을 것이고, 평면 방형에 가까운 석실은 개석이 2매 이상으로 아직 천정이 넓었을 것이나 달성 쌍계리 석실분의 구조로 보아 4벽이 네 모서리의 우절각을 유지하며 좁혀져 올라가 궁륭상을 이루었을 것으로 판단된다. 출토유물로 보아 심하게 도굴되지 않은 경우 모두 후장 고분이었

....

12 필자는 전고에서 순흥 읍내리 벽화고분의 墨書銘「己未」를 늦어도 539년(법흥왕 26년), 어숙묘의 刻銘「乙卯」를 595년(진평왕 17년)으로 추정한 바 있는데(최병현 1992a: 513~515), 이태호는 두 고분의 벽화를 고구려의 벽화고분과 비교하여 읍내리 벽화고분의 己未를 479년으로, 어숙묘의 乙卯를 535년 또는 595년으로 볼 수 있다고 하였다(이태호 2019: 239).

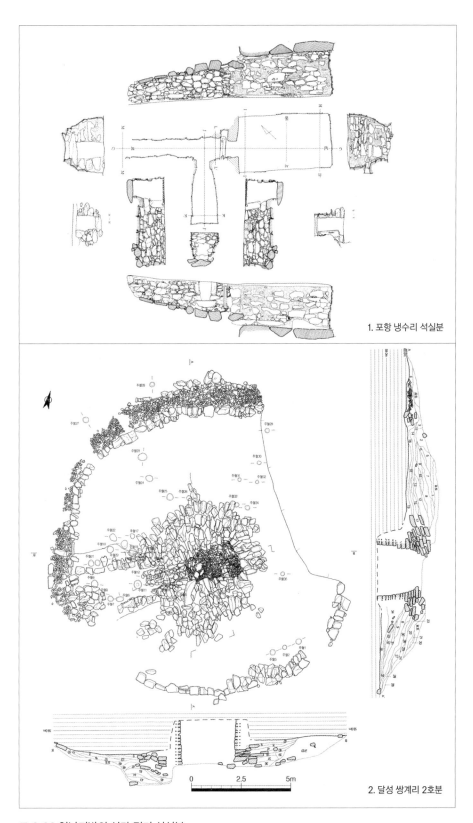

1. 포항 냉수리 석실분

2. 달성 쌍계리 2호분

0   2.5   5m

도 2-96 영남지방의 신라 전기 석실분

으며, 피장자 안치에 목관을 사용한 것이 확인된다.

신라 전기에 지방에서 축조된 횡형식석실분들의 이와 같은 구조 특징은 대개 신라 후기 경주지역의 석실분으로 이어졌는데, 그 중에서도 지상식 석실과 고총 봉분, 방형 석실의 우절각을 유지한 궁륭상 천정, 석실 뒷벽에 붙여 축조한 연도 반대 방향의 고시 상(관대) 등이 특히 유의된다. 그러면 이들의 계통은 어디로 연결될 수 있을까?

먼저 한성기 백제 석실분을 살펴보면, 각지에서 발견되는 석실분의 구조형식은 다 양하여 아직 정형성을 찾기 어려우나, 대부분 묘광이 깊어 석실의 벽 부분은 모두 지 하 묘광 안에 축조되고 천정 개석이나 그 밑 일부만 지상에 설치되었다. 이에 따라 지 상의 봉토는 천정 개석이 덮일 정도로 낮게 쌓았을 것으로 판단되며, 실제 유적에서 지 상에 봉분이 크게 남아 조사된 예는 없다. 석실의 평면은 방형과 장방형이 있고, 연도는 중앙·우편재·좌편재식이 있지만, 좌편재식은 소수이다. 석실 벽면은 밖으로 배가 부 른 소위 胴張式이 많으며, 벽과 천정부를 쌓은 석재는 작고 얇게 깬 塼狀板石이 일반적 이다. 천정은 궁륭상이 일반적이었을 것이나, 방형석실의 경우 연기 송원리 석실분들의 예로 보아 벽 상부부터 隅切角을 말각하여 둥글게 쌓아 올라갔을 것으로 판단된다. 방 형석실의 이러한 궁륭 천정은 공주 송산리 석실분으로 이어졌다. 葬具로는 목관을 사용 하였고, 석실 바닥에 돌이나 자갈을 깔아 관대를 설치한 예가 있으나 모두 낮으며, 고관 대(시상)를 설치한 예는 없다(최병현 2015b).

이와 같은 한성기 백제 석실분은 중국 남조의 전실분이나 낙랑의 전실분, 평양 남 정리 119호분과 같이 낙랑 전실분의 구조를 계승하여 낙랑고지에 축조된 석실분에서 유래된 것이며, 그 중 각지에서 조사되는 우편재연도 방형석실과 성남 판교동 및 하남 감일동에서 조사된 장방형석실이 각각 웅진기 송산리식 방형석실과 금학동식 장방형 석실로 정형화되었던 것이라 판단된다(최병현 2001; 2011b).

이에 비해 집안지역과 천도 후 평양지역에 만들어진 고구려 석실분, 그리고 남한지 역에서 조사된 고구려 석실분은 반지하식도 있다고 하나 지상식이 일반적이고, 이에 따 라 지상에 봉토를 높게 쌓아, 실제 큰 규모의 봉분이 남아 있는 예들이 많다. 석실의 평 면과 연도의 위치는 다양하지만, 석실 벽면을 胴張式으로 배가 부르게 쌓은 예는 찾기 어려우며, 석실을 축조한 석재로 깬돌을 사용한 경우 낙랑고지나 한성기 백제 석실의 전상판석보다는 두껍고, 또 그와 같이 두꺼운 깬돌과 대형 괴석을 함께 사용하기도 하였다. 천정 형식은 다양하지만 궁륭상 천정의 경우 벽에서부터 천정개석 밑까지 우절각을 유지하여 쌓은 예들을 찾을 수 있다. 대개 석실의 앞-뒤 방향, 즉 남-북으로 설치된 시상은 높게 설치된 고시상(관대)이 일반적이다(최병현 2001; 2015b).

이상과 같은 한성기 백제 횡혈식석실분과 고구려 석실분의 구조 및 축조 기법을 지방의 신라 전기 석실분 및 경주지역의 신라 후기 석실분과 비교해 보면, 신라의 횡혈식석실분은 한성기 백제 석실분과는 공통점이 거의 없는 반면 고구려 석실분과는 상통하는 점이 많음을 알 수 있다. 이는 신라의 횡혈식석실분이 고구려 석실분의 영향을 받으면서 출현한 것을 말해준다.

그러나 신라에서 고구려계 석실분을 일방적으로 받아들인 것은 아니라고 판단된다. 고구려 석실봉토분의 봉분은 방대형이지만, 신라는 전통적인 원형 고총의 봉분에 횡혈식석실을 축조하였다. 고구려 석실분에는 다양한 복실구조와 천정 형식, 그리고 후기 석실분에서 판석 축조 기법 등이 존재하지만, 신라에서 축조된 것은 단실구조의 방형과 장방형 석실, 평천정과 궁륭상 천정, 깬돌 축조 등이었다. 고시상(관대)이 공통적이지만, 고구려 석실에서는 고시상이 연도 방향으로 설치되었으나, 신라 석실에서는 연도 방향과 반대로 석실 뒷벽에 붙여 축조하였다. 이는 피장자의 침향과 관련된 것이다.

장법과 제의 V

1. 장법

1) 합장

횡혈식석실분은 하나의 석실에 추가장을 하여 부부나 가족을 합장할 수 있는 고분으로 신라 석실분에서도 합장이 시행되었다. 합장은 석실에 잔존한 복수 인골이 가장 확실한 증거이지만, 시상의 보축이나 추가 설치도 추가장을 의미하며, 석실 내 출토유물, 특히 매납 시기가 다른 토기들의 존재도 추가장이 행해진 증거가 될 수 있다.

이상의 증거들로 신라 후기 횡혈식석실분에서 합장이 확인되는 것은 석실 구조를 알 수 있는 것 360기 중 152기에 이른다. 여기에는 석실 바닥에 전면시상이 설치된 것 중 유물, 특히 토기가 출토되지 않아 추가장 여부를 확인할 수 없는 것은 제외되었다. 시상이 설치되지 않았거나, 1차 시상이 설치된 뒤 시상이 보축되거나 추가 설치되지 않은 고분에서도 복수 인골의 출토, 매납 시기가 다른 유물의 존재 등으로 추가장이 확인되는 고분도 있어서, 실제 추가장이 이루어진 고분은 이보다 더 많았을 것이다. 그러나 모든 석실분에서 추가장이 이루어진 것은 아니다.

추가장은 석실의 특정 형식이나 랭크, 그리고 시기와 관계없이 모두 확인되지만, 석실의 너비가 좁은 하위 랭크의 종·횡장방형 석실보다는 오히려 너비가 넓은 상위 랭크의 방형석실과 초대형 장방형석실에서 더 많이 이루어져, 랭크가 높을수록 합장을 선호한 것으로 판단된다. 합장인 수는 2인이 많지만, 서악동 장산토우총처럼 시상의 추가 설치로 4인까지 확인되는 고분들도 있고, 방내리(한빛) 6호분의 석실 바닥 전면시상에는 5인의 유골이 놓여 있었다(한빛문화재연구원 2018).

2) 葬具

신라 후기 경주지역의 횡혈식석실분 가운데 보문동합장분 석실, 동천동 343/4-1호분, 방내리(한빛) 4호분과 12-1호분 등 관고리가 출토된 고분, 월산리 B-1호분 등 관못이 출토된 고분이 소수 존재한다. 이들은 석실 내 피장자의 안치에 목관을 사용한 것이다. 이 중 보문동합장분 석실과 방내리(한빛) 12-1호분은 신라 후기 1a기이고 그 외는 이보다 늦지만, 일반적으로 목관을 사용한 신라 전기고분의 유습이 일부 신라 후기 초까지 남아 있었던 것이라 판단된다.

그러나 경주지역에서는 횡혈식석실분의 축조가 본격화되면서 곧 목관을 사용하지 않고 피장자의 시신을 시상 위에 직접 안치하는 장법이 일반화된 것으로 보인다. 그와 같은 사실은 시상 위에 놓여 있는 두침과 족좌가 말해준다. 서악동 석침총을 시작으로 현 헌강왕릉, 서악동석실분, 충효동 7호분, 노서동 쌍상총, 도용 출토 용강동고분, 서악동 장산토우총 등의 1랭크 석실에서는 판석에 머리모양을 새긴 두침, 머리모양과 어깨모양을 새긴 두침과 견대, 그리고 족좌가 출토되었다. 2랭크 석실로는 황성동석실분에서 두침·견대·족좌가(국립경주박물관 1993), 1967년 발굴 황성동석실분에서는 2점의 족좌가 출토되었다(국립경주문화재연구소 2007). 이로 보아 경주의 석실분에서는 신라 후기 2기로 들어가면서 1랭크 석실과 일부 2랭크 석실에서 그와 같은 판석 두침과 족좌를 사용하여 피장자 시신을 시상에 직접 안치해 갔던 것을 알 수 있다.

그리고 두침과 견대는 머리모양을 새긴 두침만 있는 서악동석침총 형식, 두침과 견대를 각각 별석에 새겨 조합한 서악동석실분 1차 피장자 형식, 한 판석에 머리와 어깨 모양을 모두 새긴 서악동석실분 2차 피장자와 충효동 7호분 형식으로 발전한 것으로 판단된다. 쌍상총 1차 피장자는 특수하게 6매의 판석에 머리에서 발까지 사람의 전신을 새긴 屍臺에 안치되었으며, 장산토우총의 1차시상에는 머리와 어깨모양은 물론 머리에 쓴 관모양까지 한 판석에 조각한 두침이 놓여 있었다.

이와 같이 조각된 판석 두침과 족좌의 사용은 상위 랭크의 석실에 한정되었지만, 이보다 낮은 랭크의 석실분에서는 시상 위 머리와 발 위치에 기와, 윗면이 편평한 깬돌이나 냇돌이 놓여 있었다고 보고한 예들이 많아, 이들을 두침과 족좌로 삼아 피장자 시신을 시상 위에 직접 안치하였던 것으로 판단된다.

3) 피장자 침향(표 2-34)

피장자의 머리를 둔 방향, 즉 침향을 알 수 있는 가장 적극적인 자료는 피장자의 유골이나 피장자에게 착장된 장신구이겠으나, 신라 석실분에서는 그러한 자료가 거의 없으므로 일단 먼저 석실이나 시상의 장축에 따라 피장자를 안치한 방향을 알아보고 이어 침향을 고찰해 보기로 하겠다.

초대형을 제외한 종·횡장방형 석실은 석실의 단축방향이 좁아 시상은 장축방향으로 설치되므로, 피장자는 석실의 장축방향으로 안치되었을 것이며, 시상이 설치되지 않았어도 피장자의 안치 방향은 마찬가지였을 것이다. 그런데 종·횡장방형 석실은 연도의 방위에 따라 석실의 장축방향이 결정되어, 종장방형 석실은 연도의 방위가 남쪽이면 석실이 남-북 방향으로 길게 설치되고, 연도의 방위가 동쪽이나 서쪽이면 석실도 동-서 방향으로 설치된다. 횡장방형 석실은 이와 반대로 연도의 방위가 남쪽이면 석실은 동-서로 길게 설치되고, 연도의 방위가 동쪽이나 서쪽이면 석실은 남-북으로 설치된다.

그런데 종장방형 석실 115기 가운데 장축(길이)방향이 동-서인 것은 47기, 남-북인 것은 66기로 큰 차이가 있는 것은 아닌데, 피장자의 안치 방향도 그와 같으며, 시기적인 분포의 차이도 없다, 이에 비해 횡장방형 석실은 133기 가운데 장축(너비)방향이 동-서인 것은 129기이고, 남-북 방향인 것은 4기에 불과하다. 이로 보아 횡장방형 석실

표 2-34 장방형석실의 장축 및 방형석실의 시상 방향 집계표

	동-서	남-북
종장방형 석실(c그룹)	47	66
횡장방형 석실(d그룹)	129	4
방형 석실(b2그룹)시상	24	9
방형 석실(b1그룹)시상	18	10
방형·대형장방형석실(a1그룹)시상	8	8

은 기본적으로 피장자를 동-서로 안치하기 위한 석실 형식이라고 할 수 있다.

다음으로 방형석실과 초대형 장방형석실에서는 연도의 방위나 석실의 장축으로 피장자를 안치한 방향을 알 수 없으므로 시상의 장축에 따라 피장자의 안치 방향을 판단해야 한다. 또 시상이 보축되거나 추가될 경우 방향이 바뀌기도 하므로 여기서는 1차 시상의 장축방향을 석실 랭크별로 분석해보기로 하겠다.

3랭크의 방형석실(b2그룹)은 동-서 방향 시상이 설치된 것 24기, 남-북 방향 시상이 설치된 것 9기로, 동-서 시상이 2배 이상이며, 남-북 시상이 설치된 것은 대개 1기로 편년되는 것이다.

2랭크의 방형석실(b1그룹)은 동-서 시상 18기, 남-북 시상 10기인데, 남-북 시상 중 충효동 4·8·9호분, 구정동 방형분을 제외한 나머지는 1a기나 1b기의 방내리고분들이어서 시기가 내려오면 남-북 시상은 줄어들고, 동-서 시상으로 정리되어 갔다고 할 수 있다.

1랭크의 방형석실과 초대형 장방형석실(a그룹) 중 1차시상 방향을 알 수 있는 것 16기 중 동-서 시상은 8기, 남-북 시상도 8기이다. 남-북 시상이 설치된 고분 가운데 구어리 6호분과 현 헌강왕릉, 신당리고분은 방형석실이고, 손곡동 경마장부지 C1지구 1-5호분, 동천동 와총, 서악동 석침총은 초대형 장방형석실로서 축조 시기가 신라 후기 1기이거나 1기로 올라갈 가능성이 있는 것들이다. 용강동 1구역 6호분은 신라 후기 2c 기로 편년되었는데, 전돌시상이 남북으로 길게 설치되었지만 석실 구조에 늦은 요소는 없다. 나머지 1기는 충효동 5호분으로 높이 33cm의 고시상이 동벽과 서벽에 붙어 1대씩 설치되었는데, 발달된 연문구조로 보아 2기의 늦은 단계나 3기로 내려올 것이다. 다

시 말하면 1랭크 석실도 이른 시기에는 방형, 초대형 장방형석실에 모두 동-서 시상과 남-북 시상이 섞여 있었으나 시기가 내려오면서 석실은 중앙연도 방형석실로, 시상도 동-서 방향으로 통일되어 갔다고 할 수 있다.

이상을 종합하면 방형·종장방형석실 모두 1기, 즉 이른 시기에는 피장자를 동-서로 안치한 것과 남-북으로 안치한 것이 섞여 있었으며, 2기 이후로 내려오면서 방형석실에서는 남-북 방향 시상이 급격히 줄어들고 동-서 방향 시상으로 통일되어 갔으나, 종장방형 석실에서는 동-서 방향 시상과 남-북 방향 시상의 혼재 상태가 계속되었다고 할 수 있다.

그러면 이들에서 실제 피장자의 침향은 어느 쪽이었을까. 동-서 방향 시상에서 두침과 족좌가 제자리를 지키고 있는 것들은 모두 두침이 동쪽, 족좌가 서쪽에 놓여 있다. 방내리(영) 2호분에서는 시상의 동쪽에서 귀걸이가 출토되었다. 그러므로 동-서 시상의 피장자 침향은 동쪽이었던 것이 분명하다.

그러나 남-북 시상의 경우는 그와 같이 일치되지는 않았던 것 같다. 서악동 석침총의 남-북 방향 시상에서는 두침이 남쪽, 족좌가 북쪽으로 놓였고, 현 헌강왕릉도 도굴로 두침과 족좌가 제자리를 이탈하였으나 놓여있는 위치로 보아 두침이 남쪽, 족좌가 북쪽에 있었을 것으로 추정되었다. 방내리(한빛) 6호분에 남은 5인의 유골은 남침하였다. 그러나 방내리 35·38·39에서는 귀걸이가 북쪽에서 출토되었고, 방내리 40호분에서는 평기와를 깔아 나란히 2대의 시상을 만들고, 역시 기와를 두침과 족좌로 사용하여 피장자를 안치하였는데, 머리를 북쪽으로 둔 피장자 유골이 남아 있었다(국립경주문화재연구소 1997). 방내리(한빛) 40호분에서도 귀걸이의 위치로 보아 피장자는 북침이 분명하였다(한빛문화재연구원 2018). 이와 같은 사례들로 보면 남-북 시상의 피장자 침향은 모두 남쪽은 아니었으며, 북쪽도 있었던 것을 알 수 있다.

그런데 신라 전기의 적석목곽분에서 주 침향은 동쪽이었고, 남쪽도 일부 존재하였지만 북쪽은 거의 존재하지 않았다. 표형분과 규모가 큰 단일원분 등 상위 랭크의 묘형일수록 동쪽으로 통일되었고, 다곽분 등 하위 랭크의 묘형에서 남쪽이 차지하는 비율이 높았다(최병현 1992a: 225~223).

신라 후기 횡혈식석실분의 동쪽 침향은 전체적으로 그와 같은 신라 전기 이래의 전통을 따른 것이 분명하다. 그러나 석실분이 도입되면서 피장자의 침향에 새로운 문화적·사상적 영향이 있었던 것으로 보인다. 남침은 신라 전기 적석목곽분에도 존재하였지만 주로 하위 묘형에 존재하였으므로, 상위 랭크 석실의 남침이 이를 따른 것이라고 보기는 어렵다. 시상을 남-북 방향으로 설치하는 것은 고구려 석실분에서 일반적이었고, 전고에서 밝힌 바와 같이 고구려 석실분과 백제 무령왕릉에서 남침이 확인되므로(최병현 1992a: 483) 신라 석실분의 남침, 특히 상위 랭크 석실의 남침은 석실분의 도입과 함께 새로 들어온 것이라 보는 것이 옳겠다. 북침은 중국문화를 일찍 받아들인 고구려를 통해 신라로 들어왔을 것으로 판단된다.

이상을 정리하면 경주지역에서 횡혈식석실분의 축조가 본격화되는 신라 후기 초에는 신라의 전통적인 동침과 함께 횡혈식석실분의 도입에 따라 들어온 남침과 북침이 혼재하게 되었으며, 시기가 지나면서 하위 랭크의 종장방형 석실에서는 침향의 혼재 상태가 계속되었으나 상위 랭크의 석실에서는 곧 동침으로 정리되어 갔던 것이라 하겠다. 그러나 횡장방형 석실은 그 자체가 피장자의 동침을 의도한 석실 형식으로, 신라 후기 2기 이후 횡장방형 석실이 급증한 것으로 보아 하위 랭크의 석실에서도 동침의 선호는 분명하였다고 판단된다. 크게 보아 신라는 새로운 묘제의 수용에도 불구하고 침향에 대한 전통만큼은 고수하여 나갔던 것이라 하겠다.

4) 석실 내 유물의 배치

신라 후기 초의 소형 석곽묘들 중에는 전기고분과 마찬가지로 작은 부곽이 설치되거나 묘곽 내 유물의 배치가 전기고분들과 같은 것들이 일부 존재하였다. 이에 대해서는 앞 장의 경주지역 각 지구 고분군 편년표에 정리해 두었다. 즉 신라 후기 초까지는 박장화 되지 않은 석곽묘들이 일부 잔존한 것이다.

이에 비해, 신라 후기의 횡혈식석실분은 거의 모두 극심하게 도굴의 피해를 입어 석실 안에 배치된 유물의 원상을 알기 어렵지만, 전기고분에서와 같은 의미를 가진 부장품은 많든 적든 원래 배치되지 않았던 것으로 보인다. 그와 같은 사실은 보문리합장분의 적석곽과 석실의 유물 배치 상태 및 출토유물의 차이가 극명하게 보여준다. 신라 전기 4b기인 적석곽에서는 피장자 머리맡에 주 부장군이 설치되어 피장자가 착장한 장신구 외에도 각종 부장품이 출토되었지만, 신라 후기 1a기인 석실에는 부장품 배치구역이 따로 없고 관대 위에서 피장자가 착장한 장신구와 관고리, 관대 아래 석실 바닥에서 몇 점의 토기가 출토되었을 뿐이다(국립경주박물관 2011). 즉, 신라 후기로 들어오면서 경주지역의 횡혈식석실분은 곧바로 박장화된 것이다.

하지만 신라 후기의 석실분에도 약간의 유물은 배치되었다. 석실 안에서 출토되는 유물은 대개 피장자가 착장하고 있던 약간의 장신구와 이기, 그리고 약간의 토기들이라고 할 수 있다. 경주지역에서 피장자가 착장한 관모 실물이 출토된 예는 없지만, 늦은 시기인 장산토우총의 두침에는 관 모양이 새겨져 있어 석실분에서도 피장자에게 관모가 착장되었음을 짐작할 수 있다. 가장 많이 출토되는 착장 장신구는 귀걸이로, 보문동 합장묘 석실에서처럼 이른 시기 고분에서 출토되는 태환식귀걸이 중에는 수식이 달린 것도 있으나, 대개는 주환만 있는 태환식·세환식 귀걸이가 출토된다. 여러 가지 구슬을 꿰어 만든 목걸이도 출토되는 예가 있다. 과대는 도굴로 인하여 출토 예가 적지만 방내리(한빛) 3호분과 8호분, 용강동 1구역 1호분 등 이른 시기 고분에서는 피장자가 이른바 누암리형 과대를 착장하였고, 황성동고분군의 일부 석실, 동천동 산 13-2번지 29호분(계림문화재연구원, 2013), 월산리고분군 등 늦은 시기 고분에서는 피장자가 당식과대를 착장하였다. 보문동합장분 석실에서는 은·금동팔찌가 출토되었으나 이후의 고분들에서는 팔찌 사례를 찾기는 어렵다.

장신구 외에 피장자의 유체부에서 출토되는 유물로는 철도자가 있다. 모두 5인의 유골이 남아 있던 방내리(한빛) 6호분에서는 규모가 약간 큰 도자 5점이 출토되었다. 서악동석실분에서는 시상 위에서 족집게와 소형의 청동제 편호가 출토되었는데, 족집게는 그 외의 고분들에서도 출토된 예가 있다. 도자를 비롯한 이와 같은 소형 유물들은 피장자가 착장한 과대에 달려 있었을 가능성이 있다. 신라 석실분에서도 이와 같이 피장자는 약간의 장신구와 도구를 착장하였을 것으로 판단되는데, 적석목곽분을 비롯한 전기고분에 비하면 극히 간소화된 것이다.

석실 안에서는 이 외에 토제방추차나 청동방울, 鐵鐸이 출토되는 예가 있는데, 이들은 피장자의 성별이나 직능과 관련된 유물일 것이다. 그 외 황성동 590번지(신) 24·45호분 등(신라문화유산연구원, 2017b), 방내리(한빛) 3호분(한빛문화재연구원, 2018) 등 신라 후기 초의 몇몇 고분에서는 석실 안에서 쇠낫이나 주조·단조철부가 출토되기도 하고, 율동 산2-18번지 9호분에서는 쇠낫과 함께 긴 쇠자루가 달린 살포가 출토되기도 하였는데(서라벌문화재연구원 2018), 이들은 신라 전기고분에서 농기구 부장의 유습이 신라 후기 초의 석실분까지 일부 남아 있던 예들이라 생각된다.

석실 안에서는 일반적으로 토기가 출토되지만 대개는 극히 적은 수량이다. 추가장이 이루어진 고분에서는 상당한 양의 토기가 출토되기도 하지만, 이는 추가장에 따라 토기가 여러 차례 매납되었기 때문이다. 토기들이 놓인 위치는 대개 시상 위이거나 시상과 접한 석실 바닥이며, 때로는 토기들을 놓기 위해 따로 돌을 깔아 대를 만든 예들도 있다. 간혹 석실 벽 가까이나 여기저기 흩어져 출토되는 예들도 있는데, 이들 중에는 원래 그곳에 배치된 것도 있겠지만 대개는 도굴 시 흩어진 것들로 보인다.

어떻든 이 토기들도 그 배치 상태를 보면 신라 전기고분에서처럼 피장자의 내세 사용을 위한 부장품이라기보다는 장례 시 석실 내에서의 제의에 사용된 것이라 판단된다. 석실 내의 토기들은 위·아래로 겹쳐 있는 사례들이 많은데, 이는 추가장의 제의 토기들을 먼저 매납된 토기들 위에 얹어 놓았기 때문으로 보인다. 그 밖에 용강동 1구역 6호분에서는 중국계 연유도기양이호(강유신 2010a), 충효리 9호분(有光敎一 1937)에서는 청동호가 석실 바닥에서 토기들과 함께 출토되었는데, 그 유물들의 매납 의미도 토기들과 같았을 것이다.

이와 같이 경주지역의 신라 후기 석실분에서 출토되는 유물은 피장자가 착장한 약간의 장신구와 석실 내 제의에 사용된 소수의 토기가 전부로, 원래 의미의 부장품은 매납되지 않았다고 할 수 있다. 이는 적석목곽분은 물론 신라 전기에 지방에서 축조되고 있었던 횡혈식석실분의 후장과는 명백히 차이가 나는 박장으로, 신라 후기 경주지역에서 횡혈식석실분 조영의 본격화는 6세기 전반 신라의 불교 공인과 밀접하게 관련되어 있었다고 판단된다(최병현 1991a: 516).

한편 황성동석실분에서는 도용이(국립경주박물관 1993), 용강동고분에서는 도용들과 함께 방위에 따라 석실 벽에 붙여 세웠던 청동제 12지상이 출토되었다(문화재연구소 경주고적발굴조사단 1990). 이들은 신라 후기 3기 이후 중국식 장법의 도입을 말해주는 것인데, 도용들은 원래 석실 바닥에 진용을 갖추어 배치되었을 것이다.

또 신라 후기 4a기로 편년되는 소현리석실분에서는 응회암 석판에 조각한 12지상을 깬돌 호석을 따라 배치하였다(한울문화재연구원 2015). 용강동고분에서 석실 내에 배치된 12지상이 밖으로 나와 호석에 배치된 것으로 통일신라 왕릉의 12지 호석으로 발전하는 과정을 말해주는 것이 아닐까 판단된다.

2. 제의

1) 고분 축조 과정의 제의

신라 후기의 횡혈식석실분에서 고분 제의를 알아볼 수 있는 유구나 유물, 또는 그 흔적은 극히 적다. 그러나 지금까지 조사된 자료들 중에서 고분 축조 과정, 매장 과정, 그리고 고분 축조 후에 제의행위가 행해진 흔적을 찾을 수 있다.

고분 축조 과정에서 넓은 의미의 제의 흔적으로는 우선 고분 기저부 구축토에 숯이 섞여 있었다고 보고된 예들이 있으며, 석실 바닥의 생토층을 불로 태우고 일부 숯을 깔거나 붉은 색의 朱를 소량 뿌린 예들이 있다. 이와 같은 예들은 고분 축조 과정에서 일종의 辟邪행위가 있었던 흔적이라 하겠다.

충효동 6호분의 석실안 네 모서리에는 석실 바닥의 흙을 약간 파고 유개합 하나씩을 묻었으며, 그 중 동북우 유개합 안에는 유리구슬과 곡옥, 은판이 담겨 있었다. 이들은 아마도 고분 축조 과정에서 묻은 地鎭具이었을 것이다.

충효동 1호분에서는 고분이 파괴되면서 석실 안으로 떨어진 천정개석 위에서 철대도와 도자가, 충효동 5호분에서도 역시 천정 개석 위에서 화살촉들이 출토되었다. 이들은 석실 벽을 모두 쌓고 천정 개석을 덮은 뒤 개석과 석실 구축토 위로 점토를 덮어 밀봉할 때 고분 꼭대기에서 제의행위가 있었던 것을 말해준다.

2) 매장 과정에서의 제의

앞서 이미 설명한 바와 같이 석실 안에 놓여 있는 토기들과 기타 용기는 피장자를 석실 안에 안치하여 매장할 때 석실 안에서 제의가 행해진 것을 말해주는 유물들이다.

이 토기들에는 원래 제물들이 담겨 있었을 것이다. 토기들은 대부분 시상 위나 시상에 접한 석실 바닥에 놓여 있지만, 석실 벽 가까이에 놓여 있는 것들 중에는 방위를 따라 의도적으로 배치한 것들도 있었을 것이다.

석실분 가운데에는 연도 바닥에서 토기나 토기편들이 출토되는 예들이 있고, 충효동 1호분에서는 연도 폐쇄석에서 고배들이 출토되었다. 또, 묘도에서도 토기가 출토되는 예들이 있는데, 방내리(영) 7호분의 묘도에는 구덩이를 파고 그 안에 깬돌을 채운 유구가 있었고 깬돌 위에 토기 무개식고배가 놓여 있었다(영남문화재연구원 2009c). 연도나 묘도에서 출토된 토기편 가운데에는 고분 축조 과정이나 연도와 묘도에서의 작업 때 우연히 돌이나 흙에 섞여 들어간 것들도 있었겠지만, 그 중에는 석실 내부에서 매장을 마치고 연도를 폐쇄할 때, 또는 추가장 때 묘도를 다시 파고 연도 폐쇄석을 들어내어 석실로 들어가기에 앞서 행한 제의에 사용된 용기들도 있었을 것이다.

3) 고분 축조 후의 제의

고분 축조 후의 제의와 관련된 것으로는 먼저 석실분의 봉분에서 조사되는 매납유구들이 있다. 방내리 30·32·38·39호분에서 조사된 것이 대표적인데(국립경주문화재연구소 1997), 석실에 근접해서 또는 호석 안쪽에 깬돌로 석곽처럼 짜고 토기들을 매납하였거나, 또는 토기들을 놓고 그 주변으로 돌을 돌려 놓았다. 방내리 3호분의 실측도에도 연도 밖에 일단의 토기군이 표시되어 있는데 같은 것이라고 판단된다. 호석이 남아 있지 않은 사라리 525-3호분에서는 봉분의 끝자락에 해당되는 부분 2곳에 타원형으로 돌이 돌려진 유구가 있었고 내부에서 토기편들이 출토되었으며, 사라리 525-4호분에서는 유물은 발견되지 않았으나 호석에 연접하여 타원형으로 돌을 돌린 유구가 조사되었다(영남문화재연구원 2005). 손곡동 경마장부지 C1지구 1-5호분의 석실 주변에서도 토기가 매납된 유구들이 파괴되어 있었고, 2-9호분의 주구 안쪽 봉분의 끝자락 부분에도 소형 석곽형 유구가 있었다(한국문화재보호재단 1999).

이와 같은 유구들 가운데 석곽으로 짜임새가 분명하고 비교적 규모가 큰 것은 사람을 묻은 배장곽도 있었겠으나, 석곽으로서의 짜임새가 분명하지 않거나 유물만 매납한 것들은 봉분 축조 과정이나 또는 고분 축조 후 모종의 제의행위와 관련된 것이라 하겠다. 호석이나 주구의 안쪽 봉분 내부에 매납유구가 설치된 고분들은 대개 초축 시기가 신라 후기 1기로 올라가는 것들이어서, 이들은 영남지방의 신라 전기고분에서 더러 보이는 봉분 속 매납유구의 유습이 이른 시기의 석실분 단계까지 이어져 내려온 것이라 판단된다.

이 외 방내리(신) 3호분에서는 석실과 인접하여 고분 바닥층에서 석곽형 유구들이 조사되었는데(신라문화유산연구원 2011b), 이들은 그 위치로 보아 배장곽이거나, 배장곽이 아니고 제의용 매납유구라면 고분 축조 후가 아니라 축조 초기 단계의 제의와 관련된 것이라 하겠다.

다음은 주구가 설치된 고분으로, 사라리 525-1호분의 주구에는 작은 수혈들과 불 맞은 흔적이 있는 부분이 있었고 주구에서 토기 장경호편과 土球가 출토되었으며, 사라리 525-7호분의 주구 한쪽 부분에는 작은 수혈이 있어 그 안에서 토기 20여 점이 출토되었다. 방내리(영) 3호분의 주구와 손곡동 경마장부지 C1지구 2-12호분의 주구에는 토기편들이 흩어져 있었다. 이와 같은 주구 내부의 유구나 유물들은 고분 축조 후 고분 밖에서 행해진 제의의 흔적이라고 판단된다.

방내리(휴) 1·2·15·17·22호분(경주문화재연구소 1995b), 방내리(영) 1·2호분, 동천동 354번지 3호분(한국문화재보호재단 2013a)과 343-4번지 고분의 대부분(금오문화재연구원 2020), 그리고 황성동석실분(국립경주박물관 1993), 황성동 906-5번지 석실분(국립경주문화재연구소 2005), 소현리석실분(한울문화재연구원 2015)에서는 호석에 접하여 돌로 쌓은 방형 壇이나 그 흔적이 조사되었다. 그 위치는 묘도의 바로 앞이거나 묘도 앞약간 동쪽의 호석에 근접하여 있다는 공통점이 있다(앞의 도 2-94 참조). 현존하는 왕릉들의 봉분 남쪽에 상석이 있는 것과 상통하며, 이들 중 일부는 상석의 기초석이었을 것이다. 방형 단이나 그 흔적이 조사된 고분은 석실 4랭크까지 포함되어 있다. 이와 같은 방형 단이나 상석의 존재는 고분 축조 후 정기적인 묘전 제사를 말해주는 것으로 판단된다.

1. 석실의 랭크(도 2-97)

신라 후기 경주지역의 횡혈식석실분에서 출토되는 유물은 극소수에 불과하여, 출토유물을 통해 고분과 고분 사이의 격차나 피장자의 사회적 지위 또는 신분을 구분하여 보는 것은 불가능하다. 그런데 앞서 보았듯이 석실의 형식은 시간성과는 크게 관련이 없는 반면, 구조상으로 장방형-평천정, 방형-궁륭상 천정과 같은 위계적인 천정가구와 관련되고, 〈도 2-86〉에서 종장방형, 횡장방형, 방형 각 구역 내 석실의 결집 분포상은 석실의 형식이 일반적으로 석실의 크기, 특히 석실 내부 평면적과도 밀접한 관련이 있음을 말해준다. 석실의 형식 및 평면적 규모는 세부적으로 석실 각 부분의 위계적인 축조 기법과도 밀접한 관련이 있는 것이다. 이와 같은 사실들은 곧 석실의 형식과 평면적의 규모에 피장자의 사회적 인격이 반영되어 있다고 해석할 수 있는 근거가 된다. 이에 여기서는 석실 형식과 평면적의 규모에 따른 신라 횡혈식석실의 랭크를 좀 더 구체적으로 살펴보고자 한다.

〈도 2-97〉에서 보듯이 방형석실은 B구역 안에 넓게 분포하는데, 이는 방형석실들

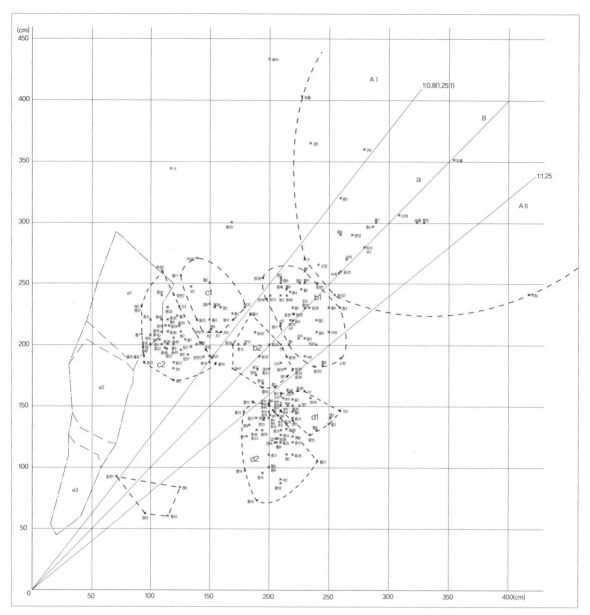

도 2-97 횡혈식석실의 랭크 구분

의 평면규모 편차가 상당히 크다는 것을 의미한다. 방형석실의 분포는 일단 용강동고분을 기준으로 그 위는 분포가 분산적이어서 밀집도가 떨어지고 그 아래는 조밀한 분포를 보인다. 이에 전고(최병현 2012b)에서는 용강동고분 이상의 대형 방형석실과 그 좌우에 분포한 대형의 종·횡장방형 석실들을 a그룹, 용강동고분 아래에 분포하여 석실의 크기가 a그룹보다는 작지만 밀집 분포되어 있는 방형 석실을 b그룹으로 구분했다.

전고에서는 구정동방형분 석실(손용문 1996)을 a그룹과 b그룹 중 어느 쪽으로 넣기도 애매하여 그 중간에 두었다. 그런데 전고 이후 늘어난 자료들의 위치를 표시해 본바 구정동방형분처럼 단독분인 용강동 239-2번지 석실분(한국문화재단 2018c)도 그 중간에 위치하고, 단독분인 신당리고분(계림문화재연구원 2013a)과 그 외 석계리 53호분 석실(中央文化財硏究院 2012)도 구정동방형분에서 용강동 239-2번지 석실분을 연결한 선과 용강동고분 사이에 위치했다. 단독분의 성격에 대해서는 뒤에서 언급하겠지만, 특정 고분군에 속한 고분들과는 다른 위상을 가진 것으로 판단된다. 이에 본고에서는 a그룹의 범위를 구정동방형분과 용강동 239-2번지 석실분의 연결선 이상으로 조정하고자 한다.

다음으로 AI구역의 결집된 종장방형 석실들을 c그룹, AII구역의 결집된 횡장방형 석실들을 d그룹으로 하고, b·c·d그룹의 상호 관계를 살펴보면, b그룹은 대각선 방향으로 위치하는 c·d그룹보다 상위에 분포하는 b1그룹과 c·d그룹의 사이에 분포하는 b2그룹으로 구분하여 볼 수 있다.

방형석실을 평면적의 크기에 따라 이와 같이 3개의 그룹으로 구분해 놓고 보면 방형석실의 연도 위치에 따른 세부형식도 이 3개의 그룹과 어느 정도 관련성이 있는 것을 알 수 있다. 즉, 방형석실 가운데 중앙연도 방형석실(B3)은 모두 a그룹과 b1그룹에만 분포할 뿐 b2그룹에는 존재하지 않는다. a그룹의 방형석실은, 석계리 53호분의 좌편재연도(B1), 현 헌강왕릉과 신당리고분의 우편재연도(B2) 등 소수의 예외가 있지만, 거의 모두 중앙연도 방형석실이다. b1그룹은 중앙연도·좌편재연도·우편재연도 방형석실로 구성되었으며, b2그룹은 중앙연도 방형석실이 없고 좌편재연도와 우편재연도 방형석실로만 구성되어 있는 것이다. 이와 같은 사실은 방형석실 자체도 그 세부적인 형식과 평면적의 크기가 밀접한 관련을 가지며 위계적인 구조를 이루고 있음을 말해준다.

다음으로 종·횡장방형 석실들을 살펴보면, 극히 소수의 초대형들이 방형석실 a그룹과 대각선 방향으로 위아래에 분포한다. 즉, AI구역의 종장방형 석실인 동천동 와총, 손곡동 경마장부지 C1지구 1-5호분, AII구역의 횡장방형 석실인 서악동 석침총이 그것들이다. 이들은 석실 형식은 다르지만 크기로는 a그룹 방형석실 이상의 규모이므로 이들도 함께 a그룹으로 묶을 수 있을 것이다.

이들을 제외한 종장방형 석실과 횡장방형 석실은 크게 보아 각각 하나의 결집구역 안에 밀집 분포하는 양상이어서 c그룹과 d그룹을 각각 단일 그룹으로 보는 것이 자연스러울 수도 있다. 그러나 방형석실 b2그룹의 존재와 그 위치에 유의하여, b2그룹과 대각선 방향으로 위치하는 c1그룹과 d1그룹, 그 이하의 c2그룹과 d2그룹으로 나눌 수 있다.[13] 종·횡장방형 석실의 그룹을 이와 같이 구분할 경우 대각선 방향으로 분포하는 b2·c1·d1그룹과 c2·d2그룹은 각각 다른 형식의 석실들로 구성되어 있지만, 이들의 형식 차이가 평면적 크기의 차이는 아니므로 각각을 하나의 랭크로 규정할 수 있다고 본다.

이 외 AI구역과 AII구역에 걸쳐 하단에 초소형의 종·횡장방형 석실이 소수 존재하지만 석실의 크기로 보아 이들은 피장자가 연소자이거나 하는 등의 특수 사정에 기인한 것으로 보이므로 따로 랭크를 설정할 필요는 없다고 판단된다.

이상과 같은 결과로 보면 신라의 횡혈식석실은 그 위계가 중앙연도 방형석실 → 좌·우편재연도 방형석실 → 종·횡장방형 석실의 순으로 낮아지는 것을 알 수 있다.

그러면 중앙연도 방형석실이 주인 방형석실 a그룹에 존재하는 석계리 53호분의 좌편재연도(B1), 현 헌강왕릉(경주문화재연구소 1995a)과 구정동방형분 및 신당리고분의 우편재연도(B2), a그룹으로 묶을 수 있는 초대형 종장방형 석실인 손곡동 경마장부지 C1지구 1-5호분과 동천동 와총, 초대형 횡장방형 석실인 서악동석침총과 같은 예외적인 대형 석실들의 존재는 어떻게 이해되어야 할까.

앞서는 출토 토기에 따라 이들을 편년하였는바, 손곡동 경마장부지 C1지구 1-5호분의 축조기는 1a기로 비정되었다. 동천동 와총은 2a기, 서악동석침총과 현 헌강왕릉은 2b기, 신당리고분은 3c기로 일단 편년되었다. 그러나 석실의 세부 구조와 축조 기법으로 보아 이들 대부분의 편년은 재검토되어야 할 소지가 있으며, 구정동방형분과 신당리고분을 제외한 다른 고분들의 실제 축조 시기는 1기로 소급될 가능성이 많다. 예외적인 것은 아니지만, 이 외에 1a기로 편년된 구어리 6호분도 방형석실 가운데 대형이었으며, 앞서는 출토 토기가 알려져 있지 않아 편년을 유보하였으나 중앙연도 방형석실 가운데 최대형인 노서동 우총도 구조상 1기로 편년될 가능성이 있다.

이와 같이 1기로 편년되거나 편년될 가능성이 있는 방형석실과 장방형석실들은 〈도 2-97〉에서도 확인되듯이 a그룹 가운데에서도 가장 윗자리에 분포하는 초대형 석실들

---

13   전고(최병현 2012b) 이후 늘어난 자료들을 보완하여 c그룹과 d그룹의 범위는 약간 늘어났지만 c1그룹과 c2 그룹, d1그룹과 d2그룹의 구분선을 바꿀 필요는 없었다. 다만 전고의 d1그룹 좌측 끝부분은 보완 자료에 의할 때 d2그룹으로 옮기는 것이 자연스러웠다.

이다. 이로 보면 경주지역에 횡혈식석실분이 도입되는 초기에는 a그룹으로 그와 같은 초대형 석실들이 축조되었지만, 이후 시기가 내려오면 방형석실도 그러한 초대형은 축조되지 않았고 초대형 장방형석실도 더 이상 축조되지 않게 되었던 것이라 판단된다.

한편 자세한 것은 뒤에서 살펴보겠지만, 경주지역 신라 후기고분군의 석실 분포상태를 살펴보면 고분군에 따라 존재하는 석실 랭크의 범위가 어느 정도 한정되어 있는 현상을 볼 수 있으며, 1랭크 석실은 주로 단독분이나 경주분지 내부 평지와 경주분지를 내려다보며 둘러싸고 있는 분지 주변 산지에서 조사되었다. 그러나 경주에 횡혈식석실분이 도입되는 초기에는 그러한 규범이 아직 정착되지 않아서인지 경주분지에서 멀리 떨어진 외곽의 배후산지에서 조사된 예들이 있는데, 손곡동 경마장부지 C1지구 1-5호분과 구어리 6호분, 석계리 53호분 같은 것이 그러한 것이다.

그러므로 위의 a그룹으로 분류되는 예외적인 사례들은 경주지역에 석실분이 도입되는 초기에, 즉 피장자의 사회적 지위나 신분에 따른 석실 형식의 정형화나 규격화가 정착되기 이전에, 그리고 각 고분군에 포함되는 석실 랭크 범위의 한정과 같은 규범이 정착되기 이전의 상황에서 존재하게 된 것이 아니었을까 판단된다.

앞서 a그룹에 포함했지만 석실의 규모가 작아 b1그룹에 가까운 구정동방형분과 신당리고분에는 이와 반대되는 의미가 있지 않을까 판단된다. 단독분인 구정동방형분은 석실 규모가 작지만, 석실 벽을 장대석으로 쌓고 천정도 여러 매의 장대석을 걸쳐 평천정으로 구축한 것이나 석실 안에 안상을 새긴 석관의 안치는 신라 석실분에서 유례가 없는 것이다. 더욱이 12지상 조각이 배치된 호석을 두른 방형봉분도 신라고분에서 유일하다. 12지상 호석으로 보아 이 고분의 축조 시기는 8세기 후반 이후 신라 하대로 내려올 것이지만, 이 고분 구조의 위상과 석실의 규모는 어울리지 않는다.

역시 단독분인 신당리고분도 장대석 받침석이 배치된 가구식 호석의 고분 외장에 비해 석실 규모는 크지 않다. 신당리고분은 신라 후기 3c기로 편년되었다. 이것으로 미루어 보면 피장자의 사회적 지위가 높고 구조 각부의 격조가 높은 a랭크 고분 중에는 시기가 내려오면서 석실 규모가 축소되어 간 것도 존재하지 않았을까 판단된다. 단독분으로 호석에 응회암제 판석의 12지상을 배치한 신라 후기 4a기 소현리석실분의 석실 규모가 b1그룹으로 분류될 정도인 것도 그 때문일 것이다.

그런데 이 세 고분은 모두 연도가 우편재한 B2형식 석실인 것이 유의된다. 규모가 작은 석실에서 석실 내부 공간의 활용에는 중앙연도보다 편재연도가 유용하였을 것이다. 신라 후기 경주지역에서 횡혈식석실분 조영 초기와 늦은 시기에는 이와 같이 서로 상반되는 흐름이 있었던 것으로 추측된다. 이에 새로 정리된 신라 횡혈식석실의 랭크를 정리하면 다음과 같다.

1랭크: a그룹-중앙연도 방형석실(B3; 길이 2.40~3.60m, 너비 2.30~3.55m)·초대형 종·횡장방형 석실(AI·AII): 면적 6.12~12.46m²

2랭크: b1그룹-중앙연도 방형석실(B3)·좌편재연도 방형석실(B1)·우편재연도 방형석실(B2): 길이 1.90~2.60m, 너비 1.98~2.60m, 면적 4.34~5.98m²

3랭크: b2그룹-좌편재연도 방형석실(B1)·우편재연도 방형석실(B2): 길이 1.65~2.25m, 너비 1.70~2.20m, 면적 3.06~4.14m²

c1그룹-좌편재연도 종장방형 석실(AI1)·우편재연도 종장방형 석실(AI2): 길이 2.10~2.70m, 너비 1.10~1.80m, 면적 2.86~4.14m²

d1그룹-좌편재연도 횡장방형 석실(AII1)·우편재연도 횡장방형 석실(AII2): 길이 1.23~1.82m, 너비 2.10~2.60m, 면적 2.87~3.80m²

4랭크: c2그룹-좌편재연도 종장방형 석실(AI1)·우편재연도 종장방형 석실(AI2): 길이 1.70~2.40m, 너비 0.93~1.50m, 면적 1.76~2.89m²

d2그룹-좌편재연도 횡장방형 석실(AII1)·우편재연도 횡장방형 석실(AII2): 길이 0.87~1.53m, 너비 1.80~2.40m, 면적 1.75~3.00m²

그런데 신라 후기 경주지역에는 횡혈식석실분과 화장묘 외에 횡구식석곽분(묘)과 수혈식석곽묘(분)도 함께 축조되었고, 소수이지만 점토충전·석재충전 목곽묘와 옹관묘도 조사되고 있다. 분지 내부의 황성동고분군과 분지 외곽의 산지고분군에서는 횡구식석곽분(묘)이 신라 전기의 후반기부터 축조되고 있었던 것으로 보이는데, 월성북고분군에서 조사된 횡구식석곽분으로는 현재까지 황남동 151호분이 유일하다(문화공보부 1969). 출토 토기의 형식으로 보아 그 축조 시기는 신라 전기 4기로 올라갈 것으로 판단되며, 석곽의 크기가 동서 길이 4.34m, 남북 너비 약 2m에 이르는 초대형으로 앞서 a그룹(1랭크)으로 분류한 초대형 장방형 석실들을 능가하는 규모이다. 신라 후기 초에 초대형 장방형 석실이 소수 존재하게 된 데에는 그에 앞서 이와 같은 대형의 횡구식석곽이 경주지역에 도입되어 있었던 것과 관련이 있을지도 모르겠다.

그것은 어떻든 신라 전기의 황남동 151호분을 제외하고, 신라 후기에 경주지역에서 축조된 고분 가운데 그와 같은 대형의 횡구식·수혈식석곽은 존재하지 않는다. 〈도 2-98〉은 지금까지 경주지역에서 조사된 신라 후기의 횡구식·수혈식석곽들을 횡혈식석실과 같은 방식으로 길이-y축, 너비-x축으로 하여 그 분포를 표시한 것이다. 여기에 표시된 석곽들은, 신라 전기부터 후기까지 계속된 고분군에서 신라후기양식토기가 출토된 것들과 신라 후기에 형성된 고분군 속에서 조사되어 시기적으로 신라 후기에 속하는 것이 분명한 횡구식·수혈식석곽, 그리고 횡구식인지 수혈식인지 구분되지 않은 석곽들이다. 이와 같은 신라 후기의 횡구식·수혈식석곽분(묘)들도 횡혈식석실분과 마찬가지로 박장화되어 출토유물로 고분의 랭크를 구분할 수는 없다.

그런데 〈도 2-98〉에서 석곽들의 분포상태를 보면 횡구식과 수혈식은 서로 섞여 있어 그 분포구역이 따로 구분되지 않는다. 이는 신라 후기고분에서 횡구식석곽과 수혈식석곽은 그 자체가 고분의 랭크와는 무관하다는 것을 의미하므로, 횡구식과 수혈식을 합하여 석곽 역시 규모에 따라 그 결집 상태를 구분하여 볼 필요가 있다.

이에 석곽 전체를 e그룹으로 하여 그 분포 상태를 살펴보면, 길이 3.35m, 너비 1.17m의 대형급인 방내리 석곽묘(신라문화유산연구원 2011b) 1기를 제외하고, 길이 3m 이하로 결집하는 것을 알 수 있다. 너비에 비해 길어 세장한 방내리 석곽묘는 규모도 크지만, 석곽 바닥에 배수로가 설치되어 있고 묘곽 밖으로 주구가 설치된 고분으로 경주지역에 조사된 신라 후기 석곽묘로서는 좀 특이하고 예외적인 존재라고 할 수 있다. 그 아래에 결집한 석곽묘들의 분포는 중앙에 강한 밀집도를 보이는 구간이 있고, 그 위아래로는 밀집도가 현저하게 떨어지는 것을 보여준다. 따라서 중앙의 밀집 구간을 하나의 그룹으로 설정하고 그 위 아래를 각각 별도의 그룹으로 나누는 것이 자연스러울 수도 있지만,[14] 앞서 살펴본 횡혈식석실분의 그룹 분포를 감안하여 중앙의 밀집 구간에 좀 틈

....

14 이 〈도 2-98〉은 원래 전고(최병현 2012b) 작성 때까지 보고된 신라 후기 경주지역의 수혈식·횡구식석곽을 표시한 것으로, 전고에서는 석실 c1그룹 외곽에 분포한 석곽들도 있어 이들을 석곽 e1그룹으로 구분하였다. 전고의 e1그룹에 속한 것은 가장 위의 방내리 석곽, 가장 아래의 신월리 4호 석곽을 제외하고는 모두 월산리고분군들의 석곽들이었다. 그런데 본고의 작성 과정에서 월산리고분군의 석곽 크기는 석곽 내부가 아니

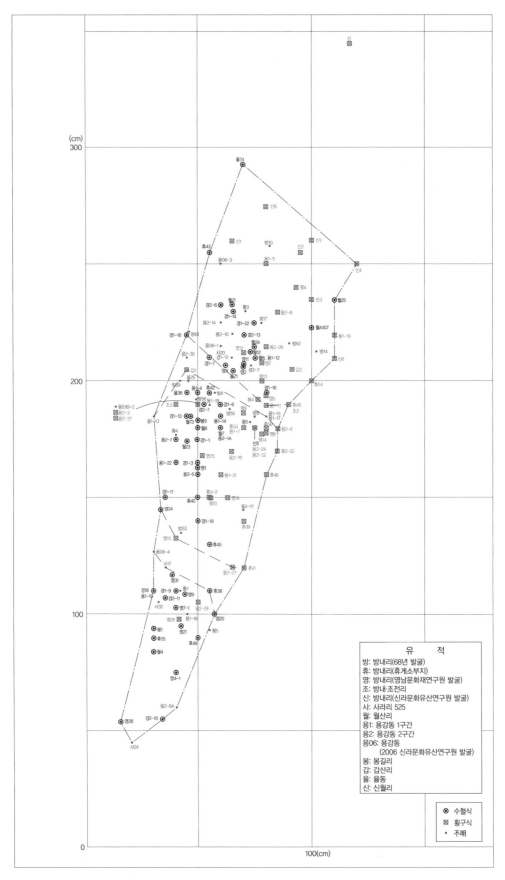

도 2-98 수혈식·횡구식 석곽의 분포

이 있는 부분으로 구분할 수도 있다고 본다. 그와 같이 나누어 위쪽을 e1그룹, 아래쪽을 e2그룹으로 하면, e1그룹은 결집 부분의 석곽들과 그 위로 그보다 조금 규모가 큰 소수의 석곽들로 구성되고, e2그룹도 결집 부분의 석곽들과 그 아래로 규모가 작은 석곽들로 구성되어 자연스러울 것도 같다. 그런데 e1그룹 이하 전체를 e2그룹으로 하면 석곽규모의 범위가 너무 크므로 중간 아래에서 조금 밀집도를 보이는 부분 이하를 따로 나누어 e3그룹으로 설정할 수 있다.

이와 같은 횡구식·수혈식석곽의 분포상태를 횡혈식석실 분포와 합쳐 보면(앞의 도 2-97) 횡혈식석실과 횡구식·수혈식석곽이 겹치는 부분이 일부 있지만 그 정도는 미미하고, 석곽들은 대체로 종장방형 석실 구역의 외곽에 분포한다. 이는 횡구식·수혈식석곽이 종장방형 석실보다 훨씬 더 세장하며, 신라 후기고분에서 석실과 석곽은 단순히 연도의 유무 차이가 아니라 묘제가 확연하게 구분되어 쓰였음을 의미한다.

이제 석곽과 석실의 분포를 대비하여 보면 석곽 e1그룹은 석실 c2그룹과 겹치는 부분이 있지만 극히 일부이고 대체로 석실 c2그룹의 외곽에 분포하는 것을 알 수 있다. 즉 석곽 e1그룹은 석실 4랭크 그룹과 대각선상에 위치하므로 이들을 같은 랭크로 볼 수 있다. 예외적인 특수한 예를 제외하면 신라 후기고분에서 석곽은 석실 최하 랭크 이하로 축조된 것이다. 석곽 e2그룹은 그 규모가 작아 석실 4랭크보다 아래에 분포하므로 경주지역의 신라 후기고분 5랭크로 설정될 수 있다고 판단된다. 그러나 e3그룹은 길이 1m여 이하의 소형들이어서 소형의 석실분들과 마찬가지로 피장자가 연소자들이었던 특수 사정에서 기인하는 것인지, 아니면 별도의 랭크로 구분되어야 할지 선뜻 판단이 서지 않는다.

이상 살펴본 바와 같이 경주지역의 신라 후기고분은 횡혈식석실에서 4개, 횡구식·수혈식석곽에서 e3그룹을 제외하면 석실보다 하위의 1개가 추가되어, 최소 5개의 랭크가 설정된다. 이와 같은 석실·석곽의 랭크는 피장자의 지위나 신분과 같은 사회적 인격에 따른 것이고, 신라고분 후기는 골품제가 정착되는 중고기 이후이므로 고분의 랭크는

....

라 외부의 측정치로 보고된 것을 알게 되어 이들을 제외한 결과 전고의 e1그룹은 설정될 수 없음을 알게 되었다. 이에 본고에서는 본문과 같이 석곽묘들의 그룹을 재설정하였다. 한편 전고 이후 많이 늘어난 석곽들의 분포는 대체로 본고 〈도 2-98〉의 범위 안이어서 추가 표시는 하지 않았으나 〈표 2-35〉의 집계에는 그 수를 포함하였다.

곧 신라의 골품제와 관련이 있는 것이라 판단된다. 『삼국사기』에는 신분에 따라 규제를 정한 屋舍條가 있는데, 이로 미루어 보면 골품제 하에서 어떠한 형태로든 무덤에 대한 규범도 있었지 않았을까 판단된다. 신라 후기고분의 석실·석곽이 최소 5개의 랭크로 구분되는 것은 그 결과일 것이다.

　　그러면 신라 후기고분의 랭크와 골품제는 어떻게 관련될까. 이에 대해서 구체적으로 언급하는 것은 이 글이 지향하는 바가 아니나, 단순하게 생각하면 진골은 1랭크, 6두품은 2랭크, 5두품은 3랭크, 4두품은 4랭크, 평민 이

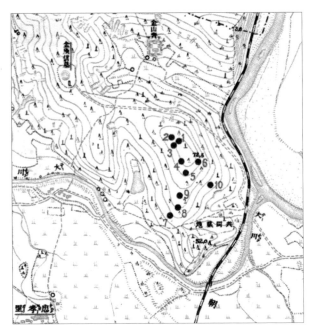

도 2-99 **충효리고분군 분포도**

하는 5랭크의 무덤을 축조하였다고 판단할 수 있겠다. 그러나 충효동고분군의 사례를 통해 보면 문제는 그렇게 간단하지 않아서 피장자의 신분과 고분의 랭크가 반드시 일치하였는가 하는 의문을 갖게 된다. 일제강점기에 조사된 충효동고분군의 고분 배치상태(도 2-99)를 보면 구릉 정상부의 2호분으로부터 아래로 내려오며 2줄의 열상배치를 이루고 있어, 이 고분군은 신분이 같은 한 가계 구성원과 후손들의 집단묘지로 보는 것이 자연스럽다. 그런데 10기의 고분 중 8기의 석실은 2랭크인 b1그룹에 속하는 반면 중간의 5호분과 최하단의 7호분은 1랭크 방형 a그룹에 속한다. 즉, 충효동고분군 피장자들의 신분은 기본적으로 석실 2랭크에 해당하지만, 그 구성원 중 5호분과 7호분의 피장자는 그보다 상위 랭크의 고분을 축조할 수 있었던 것으로 해석할 수 있다.

　　이와 같이 2랭크 이하 석실이 주를 이루는 고분군에서 1랭크 석실이 소수 포함되어 있는 현상은 충효동고분군 이 외에도 경주분지 주변의 산지고분군 몇 곳에서 볼 수 있다. 이로 보면 혈통에 의해 결정되는, 변동되지 않는 골품 신분이라 하여도 관직 등 현실적 지위 상승에 따라 자신의 신분보다 상위 랭크의 고분을 축조하게 된 예들도 있었던 것이라 판단된다.

2. 고분군의 존재 양태와 왕경 고분군의 분포 및 위계구조 변화(도 2-100, 표 2-35)

1) 고분군의 존재 양태와 분지지구 고분군의 분포변화

경주지역에서 조사된 신라 후기고분은 우선 횡혈식석실분이 단독으로 분포한 것, 횡혈식석실분과 수혈식·횡구식 석곽분이 함께 또는 따로 고분군을 형성한 것으로 나누어 볼 수 있다. 단독분은 어느 특정 고분군에 소속되지 않고 단독으로 분포한 횡혈식 석실봉토분이지만, 석실봉토분 2~3기가 인접 분포하여 소군집을 이룬 것도 본격적인 고분군과는 구분되므로 단독분의 범주에 포함시킬 수 있다고 본다. 신라 후기의 고분군은 대개 횡혈식석실분과 수혈식·횡구식 석곽분(묘)이 함께 조영된 것이지만, 횡혈식석실분만 조사된 것도 있고 석곽묘(분)만으로 이루어진 것도 소수 존재한다. 이하에서는 단독분에 대해 먼저 언급하고, 고분군은 지구별로 나누어 살펴보겠다.

그런데 신라 후기고분에서는 단독분의 존재도 전기고분에서는 볼 수 없는 현상이지만 고분군의 분포에서 가장 큰 변화는 분지지구의 주변 산지에서 일제히 고분군의 조영이 시작된 것이다.

(1) 단독분

단독분으로는 구정동방형분(손용문 1966)과 최근 조사된 소현리석실분(한울문화재연구원 2015)이 대표적이다. 두 고분 모두 곁에 다른 고분 없이 단독으로 존재하였다. 서로 거리를 두고 있는 도용 출토 용강동고분(문화재연구소 경주고적발굴조사단 1990)과 용강동 239-2번지 석실분(한국문화재재단 2018c)은 그 북쪽 구릉의 용강동고분군과는 별개로 평지에 자리한 단독분들로 판단된다. 그 외 현 헌강왕릉(경주문화재연구소 1995a)은 현 정강왕릉과 인접하여 있고, 신당리고분(계림문화재연구원 2013a)과 현 신덕왕릉(박일훈 1963)도 인접 분포한 봉토분 2기나 3기 중 하나이지만, 이들 소수 인접 고분들은 뒤에서 살펴볼 본격적인 고분군과는 구별되므로 단독분의 범주에 포함할 수 있다고 본다.

단독분으로 분류한 고분 7기 중 소현리석실분을 제외한 6기는 1랭크에 속한다. 그

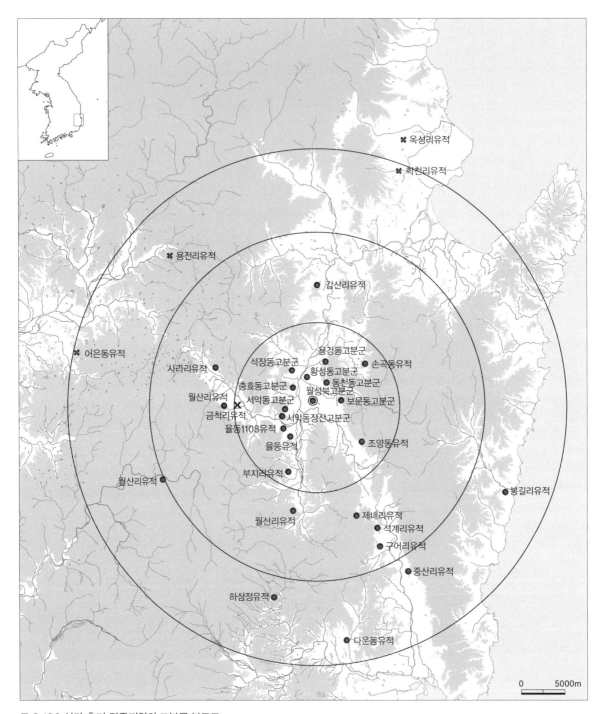

도 2-100 신라 후기 경주지역의 고분군 분포도

옥성리유적

학천리유적

용전리유적

갑산리유적

어은동유적

사라리유적

석장동고분군

용강동고분군

손곡동유적

황성동고분군

충효동고분군

동천동고분군

월산리유적

서악동고분군

월성북고분군

보문동고분군

금척리유적

서악동장산고분군

율동1108유적

율동유적

조양동유적

부지리유적

봉길리유적

월산리유적

재내리유적

석계리유적

구어리유적

중산리유적

하삼정유적

다운동유적

0   5000m

중에는 현 신덕왕릉과 현 헌강왕릉도 포함되어 있지만, 단독분들은 높은 고분 랭크로 보아도 특별한 위상을 가진 고분들이라고 할 수 있는데, 그 존재 양상은 신라 후기의 왕릉들이 대개 단독으로 또는 소군집으로 분포하는 것과도 공통점이 있다.

소현리석실분은 석실의 평면적에 따라 2랭크로 분류되었으나, 앞서 언급하였듯이 호석에 응회암 석판의 12지상을 배치한 고분이 단독으로 조영된 점으로 보아 그 위상도 다른 2랭크 고분들과 동일하지는 않았을 것이다.

(2) 분지지구

① 분지 내부

분지지구의 신라 후기고분군은 분지 내부 평지 고분군과 경주분지를 둘러싼 분지 주변 산지에 분포한 고분군들로 나누어 볼 수 있다. 분지 내부 평지고분군에서는 월성 북고분군과 황성동고분군에서 신라 후기고분들이 조사되었다.

사로국 후기 이래 경주지역의 중심고분군으로 신라 전기에는 적석목곽분이 축조된 월성북고분군에서는 노서동지구에서 3기의 횡혈식석실분, 즉 우총(노서동 131호분)(국립경주문화재연구소 2007: 161~162),[15] 마총(노서동 133호분)과 쌍상총(노서동 137호분)(김재원·김원룡 1955)이 조사되었다. 모두 a그룹의 중앙연도 방형석실이 설치된 1랭크 고분들이다.

월성북고분군의 노서동지구에는 이 외에도 석실분이 몇 기 더 존재할 가능성이 있고, 황남대총 동쪽에 위치한 황남동 91호분, 교동의 현 내물왕릉(교동 30호분)과 그 북쪽 고분 2기(교동 28·29호분)도 횡혈식석실분으로 알려져 있다.[16]

노서동의 석실분들은 출토 토기나 석실의 구조와 축조 기법으로 보아 모두 이른 시기는 아니지만 높은 랭크의 고분들인 점이 유의된다. 아직 내부구조가 조사되지 않

....

15 국립경주문화재연구소 2007의 p. 161 본문에는 우총 석실의 크기를 길이 3.95m, 너비 3.80m로 기록하고 있으나 p. 162에 수록된 梅原末治 자료 도면에는 길이 11尺 6寸, 너비 11尺 9寸으로 쓰여 있어 차이가 있다. 별표에는 원자료인 梅原末治 도면의 척수를 환산한 수치로 기록하였다.

16 이에 대해서는 앞의 제2장 I-7에 언급하였다.

표 2-35 석실 랭크와 석곽 집계표

지구	고분군	석실 랭크						석곽			
		1	2	3	4	불명	합계	횡구식	수혈식	불명	합계
단독분		6	1				7				
분지 내	월성북	3					3				
	황성동		4	20	26	4	54	14	19	18	51
분지 주변산지	서악동	3	1				4			1	1
	충효동	2	9				11				
	석장동			1	3	2	6	6		21	27
	용강동	2	6	17	29	4	58	15	7	17	39
	동천동	1	1	12	31	8	53	11	6	15	32
	보문동	1		1			2				
	손곡동 (경마장)	1		3	2	1	7			26	26
	율동		3	9	10	5	27		4	15	19
	율동 1108								4		4
동남부	제내리			1		1	2	1	10		11
	석계리	1				2	3		4		4
	구어리	1		1		1	3				
	중산리 (동)			1		1	2	2	3	2	7
	다운동								6	1	7
남부	부지리			1			1		2	7	9
	월산리		2	4	2	3	11	5	18		23
	하삼정			5	1	4	10	12	45	13	70
서남부	방내리		10	38	52	17	117	14	19	18	51
	사라리		5	4		5	14		4		4
	신원리							7	1		8
북부	갑산리				1		1	1			1
동해안	봉길리		1	1	2	2	6	1	4		5
합계		21	43	119	159	60	402	89	156	154	399

은 고분들에 대한 판단은 무리이지만 현 내물왕릉과 그 북쪽의 고분들도 횡혈식석실분의 외형으로서는 대형급이어서 높은 랭크에 속할 것이다. 이들로 보아 신라 전기에 최고 지배세력의 적석목곽분이 축조된 월성북고분군에서도 신라 후기에 횡혈식석실분들이 일부 축조되고 있었던 것을 알 수 있는데, 그 수는 많지 않아도 높은 랭크의 석실들이 오랜 시일에 걸쳐 축조된 것이 주목된다.

원삼국(사로국) 전기에 목관묘가 조영되면서 형성되기 시작한 황성동고분군에서도 신라 후기고분들이 축조되었다. 지금까지 신라 후기 횡혈식석실분 54기와 다수의 수혈식·횡구식 석곽분(묘)이 조사되었다(국립경주박물관 1993; 한국문화재보호재단 2001; 2002; 2005; 국립경주문화재연구소 2005; 2007: 299~300; 영남문화재연구원 2010; 신라문화유산연구원 2017b; 경상북도문화재연구원 2015). 많은 횡혈식석실분이 조사되었지만, 황성동고분군에서 1랭크 석실은 존재하지 않았고 2랭크 석실도 소수에 불과하였다.

② 분지 주변 산지

다음은 경주분지를 둘러싸고 있는 산지를 입지로 한 분지 주변 산지고분군들이다. 경주분지 서쪽에 위치한 선도산 자락에는 태종 무열왕릉과 그 뒤로 4기의 왕릉들이 늘어선 왕릉군이 있고, 이 왕릉군을 가운데 두고 그 남북 구릉에 서악동고분군이 폭넓게 자리 잡고 있다. 그 중 왕릉군의 북고분군에서는 서악동석실분 1기가 조사되었고(윤무병·박일훈 1968), 왕릉군의 남고분군 가운데 평지 쪽의 독립구릉에 위치한 부분을 따로 서악동 장산고분군이라고 하는데 여기서는 서악동석침총(조선총독부 1916: 359)과 장산토우총(최병현 1988; 1992a)의 내부구조가 조사된 바 있다. 3기 모두 1랭크에 속한다.

행정구역으로는 효현동에 속하지만 최근 장산고분군의 남서쪽 모서리 부분에서 파괴된 횡혈식석실 1기와 석곽 1기가 조사되었는데(한국문화재재단 2018d), 석실은 2랭크로 분류된다.

선도산 북쪽에 위치한 옥녀봉의 한 지맥인 송화산 동쪽에는 김유신 장군묘가 위치하여 있고, 이를 중심으로 그 주변에 충효동고분군이 분포한다. 이 가운데 김유신 장군묘 아래쪽 구릉에서 앞서 언급한 열상배치된 10기의 석실분이 조사되었고(有光敎一 1937), 그 외 정확한 위치는 알 수 없으나 충효동폐고분 1기의 석실 내부구조가 조사되었다(조선고적연구회 1937). 이들 중 2기는 1랭크에 속하지만 나머지는 2랭크여서 조사된 고분 수에 비해 2랭크 고분이 많은 편이다.

충효동고분군에서 북쪽으로 소하천을 건너 석장동고분군이 위치하였다. 석장동고분군도 여러 차례 발굴되었는데(동국대학교 경주캠퍼스 박물관 1996; 2004; 성림문화재연구원 2016), 보고된 소수의 신라 후기 석실분은 모두 3랭크 이하에 속한다. 그런데 2014년 성림문화재연구원 발굴 구역은 석곽묘가 많았고, 유적 전체의 도면만 공개된 동국대학교 학생복지관부지내 고분 분포상태(동국대학교 경주캠퍼스 박물관 2004: 도면 3)를 검토해 보면 여기에도 석실보다 월등히 많은 수의 석곽분들이 분포하고 있었던 것을 알 수 있다. 하위 3·4랭크의 석실분과 석곽묘들로 이루어진 고분군으로 판단된다.

경주분지 북쪽을 막고 있는 소금강산에는 백률사와 굴불사지 사면석불의 북쪽으로 용강동고분군, 남쪽으로 동천동고분군이 위치하여 있다.

용강동고분군에서는 1968년 석실분 1기가 조사되었고(국립경주문화재연구소 2007: 301), 1991년에는 근화여중고 신축부지에서 다수의 석실분과 석곽분이 조사되었다(강유신 2010a; 2010b). 2006년에는 그 남쪽 굴불사지 가까운 곳에서도 약간의 석실분과 석곽분이 조사되었다(신라문화유산연구원 2008).

도용 출토 용강동고분과 용강동 239-2번지 석실분은 앞의 단독분으로 분류하였으므로 이를 제외하고도, 용강동고분군에서는 횡혈식석실분 58기와 다수의 석곽분(묘)이 발굴되었는데, 횡혈식석실분 중에는 1랭크 석실 2기, 2랭크 석실 6기가 포함되어 있지만, 3랭크 이하 석실이 월등히 많다. 용강동고분군은 소수의 상위 랭크 고분과 다수의 하위 랭크 고분으로 구성되었다고 할 수 있다. 물론 용강동고분군에서 조사된 고분들은 지점이 다르기도 하고, 1991년도 조사 고분도 1구간과 2구간으로 나뉘어 있어 이들을 모두 단일고분군으로 아울러 볼 수 있을지 주저되기도 한다. 그러나 규모가 큰 고분군에는 대개 그 내부에 소그룹들이 존재하므로 용강동고분군의 조사 지점이나 구역을 한 고분군 내의 소그룹으로 보아도 큰 문제는 없을 것으로 생각된다.

동천동고분군에서도 모두 53기의 횡혈식석실분과 다수의 석곽분(묘)이 조사되었다. 동천동 와총은 정확한 위치를 알 수 없으나(조선총독부 1916: 356), 소금강산 남쪽 끝자락에 위치한 현 탈해왕릉 동쪽의 산 능선에서 한 석실분의 일부분이 조사되었고(국립경주박물관 1995), 그 남쪽 평지와 접하는 곳(한국문화재보호재단 2013; 금오문화재연구원 2020)과 그 반대편 북쪽의 도로 가에서 다수의 횡혈식석실분과 수혈식·횡구식 석곽분(묘)이 조사되었다(계림문화재연구원 2013b). 와총은 초대형 우편재연도 종장방형 석실로 1랭크로 분류되고, 탈해왕릉 동쪽 산 능선의 고분은 일부분만 조사되어 잘 알 수 없지만 석실의 너비 2.45m이고 벽면에 회를 사용하였다고 한 것으로 보면 상위 랭크에 속하는 것이었을 가능성이 있다. 이들 외에는 2랭크 고분 1기이고, 나머지는 모두 3·4 랭크의 하위 고분들이다.

경주분지 동쪽의 명활산 서록 가지능선들에는 여러 지점에 보문동고분군이 자리하고 있다. 보문동고분군에서는 신라 전기 말의 적석목곽분이 조사되었고(조선총독부 1922), 보문동합장분(국립경주박물관 2011)으로 새로 보고된 (구)보문리부부총(조선총독부 1916: 344~352)에서도 적석목곽과 함께 석실 1기가 조사되었으며, 1968년 문화재관리국에서 석실분 1기를 더 조사한 바 있다(국립경주문화재연구소 2007: 303). 보문동합장분 석실은 3랭크에 속하는 신라 후기 1a기 고분이지만, 1968년 조사 석실분은 1랭크에 속하고 연문구조의 발달상태와 장대석조 시상으로 보아 시기가 내려오는 것이다.

경주분지 남쪽의 주변 산지고분군으로 신라 전기의 석곽묘들이 분포한 율동 1108 번지 고분군에서는 신라 후기의 석곽분(묘)도 소수 조사되었다(한국문화재보호재단 2000). 이곳에서 동남쪽으로 약간 거리를 두고 경주분지 중심부에서 가시적인 위치에 율동고분군이 있다. 두 고분군의 위치는 지근 거리여서 상호 연계성이 있는지 알 수 없으나, 율동 1108번지 고분군에는 주로 신라 전기의 수혈식석곽묘(분)가 축조된 반면, 그 동남쪽 율동고분군에서는 주로 신라 후기의 횡혈식석실분이 발굴되고 있다(금오문화재연구원 2018; 서라벌문화재연구원 2018: 화랑문화재연구원 2019; 한국문화재재단 2019c; 2019d; 2020). 지금까지 27기의 횡혈식석실분과 다수의 석곽묘(분)가 조사되었는데, 석실분은 모두 2랭크 이하이다.

마지막으로 분지를 둘러싼 주변 산지에서 좀 더 외곽에 위치한 손곡동·물천리의 경마장부지에서도 신라 후기고분들이 조사되었다. 경마장부지 C1지구의 1·2지점에서 신라 후기고분들이 조사되었는데(한국문화재보호재단 1999), 1지점에서는 등고상 가장 낮은 곳에 비교적 큰 규모의 석곽분들을 호석을 연접하여 배치한 신라 전기의 연접석곽분이 위치하고 그 주변과 위에서 신라 후기의 석실분과 석곽분이 조사되었다. 2지점에서는 주로 신라 후기의 석실분과 석곽분들이 조사되었다. 1·2지점에서 조사된 신라 후기고분은 석실분보다 석곽묘(분)의 수가 많은 것이 특징이고, 앞서 언급한 바와 같이 예외적인 1랭크의 초기 대형석실 1기가 1a기에 단발성으로 존재하나, 이를 제외하면 석실분들은 모두 3랭크 이하에 속한다.

이상 분지지구의 신라 후기고분군들을 살펴보았다. 분지 내부의 평지고분군에서도 신라 후기고분들이 축조되었는데, 월성북고분군에서는 조사된 횡혈식석실분이 소수이고, 횡혈식석실분으로 판단되지만 아직 조사되지 않은 고분들을 포함하여도 많은 수의 횡혈식석실분이 축조되었다고 볼 수는 없다. 하지만 조사된 석실분들이 모두 최상위 1랭크에 속하는 점이 유의된다. 황성동고분군에서는 다수의 횡혈식석실분과 수혈식·횡구식 석곽분(묘)이 조사된 것으로 보아 신라 전기에 이어 후기로 고분 조영이 이어진 것을 알 수 있다.

경주분지를 둘러싸고 있는 분지 주변의 산지고분군들은, 그 중 손곡동 경마장부지와 율동 1108번지 고분군을 제외하고, 공통적으로 신라 전기부터 고분들이 축조되어 온 것이 아니라 신라 후기로 들어오면서 고분 축조가 시작되어 새로 조영된 고분군들이라는 공통점을 갖고 있다. 다만 보문동고분군에서 전기 말의 적석목곽분 2기가 조사되었으나, 그것이 보문동고분군의 성격을 다른 분지 주변 산지고분군과 구별지을 수 있는 것은 아니라고 판단된다.

이와 같이 경주분지 주변 산지에는 신라 후기에 일제히 새로운 고분군이 출현하였는데, 그것은 신라 전기 분지 내부에 근거지를 두고 있던 월성북고분군의 적석목곽분 축조 세력들이 신라 후기로 들어오면서 그들의 묘지를 분지 주변 산지로 옮기고 묘제도 횡혈식석실분을 수용하여 축조해 나갔기 때문으로 판단된다. 산지고분군의 분포와 고분 구성으로 보아 새로운 묘지의 점유는 집단별로 이루어져 각 고분군들이 조영되었던 것으로 보인다.

그런데 경주분지 남쪽의 율동고분군은 월성북고분군의 적석목곽분 축조세력 중 한 집단이 옮겨간 묘지로 보기에는 분지 중심부에서 너무 멀리 떨어진 위치에 있다. 율동 산 2-19번지(금오문화재연구원 2018)에서 조사된 고분 중에는 신라 전기 말로 편년되는 석곽묘도 소수 포함되어 있는 것으로 보아, 신라 전기가 중심인 율동 1108번지 고분군에서 연속된 고분군일 수도 있지만, 분지 내부의 평지고분군 중 월성 남쪽의 교동·탑동고분군이 신라 후기에는 소멸된다는 점에서 혹 그와 연계성이 있는지도 모르겠다.

분지지구에 포함한 고분군 중 신라 전기고분군인 율동 1108번지 고분군에서 신라 후기 석곽 소수가 조사된 것은 자연스러우나, 손곡동 경마장부지에서 상당수의 신라 후기 고분이 조사된 것은 그와 다르다. 손곡동 경마장부지 고분군은, 그 위치도 분지 주변 산지의 외곽이지만, 고분 조영도 분지 주변의 산지고분군들과 달리 신라 전기부터 후기까지 연속된 것으로 다음에 살펴볼 분지 외곽의 각 지구 고분군들과 통한다고 할 수 있다.

(3) 주변 각 지구

다음으로 경주분지를 벗어나 분지 외곽 배후산지의 각 곡부지구에서 조사된 고분들을 지구별로 살펴보겠다.

먼저 울산 방면의 동남부지구에서는 제내리유적(성림문화재연구원 2013a)과 석계리유적(중앙문화재연구원 2012)에서 소수의 횡혈식석실분과 수혈식·횡구식 석곽분이 조사되었다. 제내리유적의 석실분은 하위 랭크이나, 석계리유적에서 조사된 석실분 3기 중에는 1랭크 석실이 포함되어 있어 유의된다. 구어리고분군에서는 신라 후기 횡혈식석실분 3기가 조사되었다(영남문화재연구원 2002). 그 중 1기는 1a기로 편년되는 초기 1랭크의 대형 석실이고 1기는 3랭크에 속하는데, 나머지 1기는 벽석이 남아 있지 않아 정확하지는 않으나 석실 바닥에 깔았던 자갈층의 넓이로 보면 2랭크에 속할 가능성이 있다. 중산리고분군에서는 신라 후기고분 구역의 발굴은 이루어지지 않아 전기고분 사이에서 하위 랭크 석실 2기와 소수의 석곽분이 조사되었을 뿐이고(울산문화재연구원 2011b), 다운동고분군에서는 신라 후기의 늦은 시기 석곽분(묘)들이 소수 조사되었다(울산발전연구원 문화재센터 2003; 2005).

언양 방면의 남부지구에서는 부지리고분군에서 하위 랭크의 횡혈식석실분 1기와 소수의 석곽분(묘)이 조사되었고(성림문화재연구원 2015), 월산리고분군에서는 11기의 횡혈식석실분과 상당수의 석곽분(묘)들이 조사되었다(국립경주문화재연구소 2003). 월산리고분군은 주로 신라 전기의 석곽분들이 축조된 A지구와 신라 후기의 횡혈식석실분 및 석곽분들이 축조된 B지구로 구분되는데, 발굴된 횡혈식석실분 중에는 2랭크 석실이 소수 포함되어 있다. 신라 전기의 수혈식석곽분(묘) 수백 기가 발굴된 하삼정고분군에서는 신라 후기의 횡혈식석실분 10기와 다수의 수혈식·횡구식 석곽분(묘)이 조사되었다

(한국문화재보호재단 2011~2014). 횡혈식석실분은 대개 3랭크 이하였던 것으로 보인다.

영천 방면의 서남부지구에는 주변 지구 신라 후기고분군 중 최대의 방내리고분군이 자리하고 있다. 방내리고분군에 대한 조사는 1968년 경부고속도로 건설에 따른 발굴(국립문화재연구소 1996·1997)을 시작으로 5차례에 걸쳐 이루어졌고(경주문화재연구소 1995b; 국립경주문화재연구소 1998; 영남문화재연구원 2009c; 신라문화유산연구원 2011b), 최근에도 1968년도 발굴 경부고속도로 구간의 확장에 따라 일부 고분이 조사되었다(한빛문화재연구원 2018).

방내리고분군은 그 동쪽 평지에 인접하여 위치한 신라 전기의 금척리고분군에서 연속된 고분군으로, 1968년에 조사가 이루어진 말암산 북쪽 자락에서는 신라 전기 말의 적석목곽분부터 조영되었다. 지금까지 방내리고분군에서 발굴된 신라 후기의 횡혈식석실분은 120기에 가까우며, 조사된 수혈식·횡구식 석곽분(묘)도 다수이다. 그런데 이중 1랭크에 속하는 석실은 존재하지 않고 2랭크 석실도 전체 조사고분에 비하면 소수에 불과하여, 방내리고분군은 주로 하위 랭크의 고분들로 구성된 것이 주목된다.

방내리고분군에서 더 서쪽으로 들어가 사라리고분군에서도 고분군 하단부에서 신라 후기 횡혈식석실분들과 소수의 석곽분(묘)이 발굴조사되었다(영남문화재연구원 2005). 발굴고분의 수에 비하면 2랭크 석실이 많은 편이지만 1랭크 석실은 포함되지 않았다. 단석산 넘어 낙동강 수계의 신원리유적에서는 소수의 신라 후기 석곽분(묘)이 발굴되었는데(경북대학교박물관·경남대학교박물관 1991), 그 바로 동쪽에 접하여 신라 조기 말~전기의 외칠리유적이 조사되어 두 유적이 이어진 한 고분군으로 판단된다. 외칠리고분군에서는 신라 전기 말의 횡혈식석실분 1기가 조사된 바 있다(한국문화재재단 2017c).

포항 방면의 북부지구에서는 안강의 갑산리유적에서 횡혈식석실분 1기와 석곽 1기가 발굴되었을 뿐인데(경상북도문화재연구원 2006), 석실분은 4랭크에 속한다.

경주분지에서 멀리 떨어진 동해안지구에서는 대종천 하구에 접한 봉길리고분군에서 약간의 신라 후기고분이 조사되었다(울산대학교박물관 2000). 조사된 횡혈식석실분 중에 2랭크 석실 1기가 포함되었으나 대개 하위 랭크에 속한다.

이상 경주분지를 벗어나 외곽의 곡부지구에 위치한 각 지구 신라 후기고분군들을 살펴보았는데, 이 고분군들은 분지 내부의 황성동고분군과 마찬가지로 이르면 사로국시기부터, 늦어도 신라 전기부터 누대로 조영되어 온 고분군이라는 공통점이 있다. 그러나 서남부지구의 방내리고분군을 제외하면, 조사된 신라 후기고분은 신라 전기고분에 비해 소수에 지나지 않으며, 그런 가운데에도 동남부지구의 구어리고분군과 석계리고분군에서 예외적인 상위 랭크 고분이 존재하는 점이 유의된다. 이에 비하여 서남부지구의 방내리고분군은 주변 곡부지구의 신라 후기고분군 가운데 최대 규모이면서도 1랭크 석실은 존재하지 않고 주로 하위 랭크 석실들로 구성된 점이 주목된다.

2) 왕경 고분군의 위계구조 변화와 고분군의 소멸

경주지역에서는 지금까지 단독분의 범주에 포함될 수 있는 고분 7기가 발굴조사되었는데, 그 가운데 6기가 1랭크에 속하였으며, 그 중에는 현 신덕왕릉과 현 헌강왕릉, 12지 호석을 갖춘 구정동방형분 등이 포함되어 있다. 물론 경주지역에 산재한 단독분들이 모두 왕릉은 아니며, 현 왕릉들도 모두 실제의 신라 왕릉이라고 할 수 없지만, 신라 후기의 왕릉들은 대개 단독으로 존재한다는 점에서 단독분들은 신라 후기고분 중에서 특별한 위상을 가진 유력자들의 고분이라고 할 수 있다.

신라 후기 이전에 형성된 경주분지 내부의 평지 고분군 중 월성북고분군과 황성동고분군에서는 모두 신라 후기고분이 축조되었다. 황성동고분군에서는 신라 전기고분에 비하면 소수이지만 후기고분도 적지 않게 발굴조사되어, 고분 조영이 신라 전기에서 후기로 자연스럽게 이어진 것을 알 수 있다. 그러나 횡혈식석실분 중에 1랭크 고분은 존재하지 않고 2랭크 고분도 소수에 불과하여, 황성동고분군은 신라 전기에 이어 후기에도 여전히 분지지구 하위 고분군의 위상을 벗어나지 못한 것을 알 수 있다.

황성동고분군에 비해 월성북고분군에서 조사된 횡혈식석실분은 극히 소수이며, 횡혈식석실분으로 추정되는 고분들을 포함하여도 그 수는 많지 않다. 월성북고분군에서 횡혈식석실분의 분포 위치도 노서동지구와 현 내물왕릉 일군으로 한정되어 있다. 현 내물왕릉 일군의 고분 3기는 앞서 말한 단독분의 범주에 포함될 수 있으므로 이를 제외하면, 월성북고분군에서 신라 전기고분에 이어 후기의 횡혈식석실분이 축조된 것은 사실상 노서동지구의 서단부로 제한된다고 할 수 있다.

그런데 앞 장에서 살펴보았듯이 월성북고분군의 노서동지구는 신라 전기에 왕릉을 포함하여 가장 늦은 시기의 적석목곽분들이 축조된 곳으로, 이곳의 왕릉들은 마립간 시기 말에 실질적인 중고기 왕통의 시조인 지증왕에게 왕위 계승권을 빼앗긴 눌지왕계의 왕릉들로 판단된다. 이에 필자는 앞서 새로 왕실세력의 주력이 된 지증왕계 왕실세력이 법흥왕 이후 그들의 묘지를 서악동 일대로 옮겨갔지만, 왕위 계승권을 빼앗긴 눌지왕계 후손들 일부가 그들의 묘지를 이곳에 계속 잔류시킨 것이 아닐까 판단하였다.

현재까지 월성북고분군의 노서동지구에서 조사된 횡혈식석실분 3기는 모두 1랭크에 속하는 대형급들이다. 이곳에 이와 같이 높은 랭크의 신라 후기 석실분들이 축조된 것은 그 때문일 것으로 판단된다. 그러므로 월성북고분군을 황성동고분군과 같이 고분 조영이 신라 전기에서 후기로 이어진 고분군으로 평가할 수는 없다. 월성북고분군에서 본격적인 고분 조영은 사실상 신라 전기 말로 끝난 것이며, 후기에 높은 랭크의 횡혈식 석실분 소수가 이곳에 축조된 것은 그러한 사정에 의한 것이라고 판단된다.[17]

다음은 분지지구에 속하는 경주분지 주변의 산지고분군들로, 분지에서 조금 멀리 떨어진 손곡동 경마장부지 고분군을 제외하고, 이들은 경주분지를 감싸고 내려다볼 수 있는 위치에 존재하면서 신라 후기에 들어와 새로 출현한 고분군들이라는 공통점이 있다. 이들은 대개 신라 전기에 월성북고분군에서 적석목곽분을 축조한 세력들이 집단별로 옮겨와 조영한 신라 후기고분군들이 분명하다.

그 중 서악동고분군은 중심부에 중고기 왕릉들로 판단되는 4기의 초대형분과 그 앞으로 무열왕릉 및 무열왕의 후손 무덤 2기가 한 줄로 내려오고, 이 왕릉군의 남북 구릉에 대고분군이 형성되어 있다. 중고기 왕릉들의 주인공 순서에 대해서는 이론이 있지

....

17   이 외 황남대총과 함께 일군의 집단복합묘군을 이루고 있는 황남대총 동쪽의 황남동 91호분도 횡혈식석실분으로 추정되고 있는데, 노서동지구 석실분들은 이 고분의 성격에 대해서도 시사하는 바가 있다.
　　한편 현 내물왕릉 일군의 고분 3기는 그 남북의 열상배치가 동에서 서로 진행된 월성북고분군의 조영 방향과 조화되지 않아 그 서쪽의 적석목곽분들과 연계성을 찾을 수 없다. 그러면서도 현 내물왕릉의 주위로는 담장이 돌아간 방형 구획이 지금도 남아 있어 이 고분은 시기가 언제인지 알 수 없으나 좀 특별한 위상을 가졌던 것으로 보인다. 이에 필자는 전고(최병현 2014b)에서 신라 왕실 가운데 중대와 차별화하여 내물왕계를 자처한 하대에 이곳의 횡혈식석실분들을 조영한 것이 아닐까 추측했다.
　　한편, 현 내물왕릉인 교동 30호분의 봉분 자락에는 호석 받침석들이 나와 있다. 중고기 이후 왕릉 중 호석에 받침석이 배치된 것은 현재로서는 무열왕릉이 가장 이른 시기로 보이므로, 교동 30호분을 비롯한 이곳의 석실분들의 축조 시기는 그 이전으로 올라가지는 못할 것으로 판단된다.

만(이근직 2012: 195~239), 이곳에 중고기 초의 세 왕릉, 즉 법흥왕릉, 진흥왕릉, 진지왕릉이 포함되어 있다는 것에는 학계의 이견이 없다. 그 아래로 동륜태자계 진평왕릉, 선덕왕릉, 진덕왕릉이 이어지지 않고 무열왕릉이 자리잡음으로써 중대 왕실의 정통성을 중고기 왕실과 이은 것이겠지만, 그것은 어떻든 이곳의 중고기 왕릉들은 서악동고분군이 중고기 이후 신라 왕실세력 중심의 새 고분군으로 조영된 것을 말해준다.

지금까지 서악동고분군에 대해서는 본격적인 조사가 이루어지지 못한 가운데 모두 횡혈식석실분 3기의 내부구조가 밝혀졌고, 파괴분 1기의 수습조사가 이루어졌을 뿐이다. 그런데 그 중 3기가 1랭크에 속하였다. 한편 중고기 왕릉군 북쪽 구릉에는 과거에 왕릉으로 정해진 큰 규모의 봉토분들이 자리하고 있고, 왕릉군 남쪽에 위치하여 근래 분포 및 측량도(앞의 도 2-89)가 작성된 장산고분군에서는 소구역별로 열상배치된 큰 규모의 봉토분들을 볼 수 있다(국립경주문화재연구소 2011). 물론 서악동고분군에도 하위 랭크의 고분들이 축조되었겠지만, 이로 보아 서악동고분군은 1랭크 석실이 다수 존재하는 고분군이었을 것이다. 신라 후기에는 전기의 월성북고분군을 대신하여 서악동고분군이 최고 위계의 고분군이 된 것이다.

서악동고분군 이 외 경주분지 주변의 산지고분군들에도 1랭크 고분들이 존재한다. 그러나 대개 고분군별로 1~2기에 불과하다. 물론 고분군에 따라 발굴된 고분은 아직 소수이고, 비교적 많은 수의 고분이 발굴된 고분군에도 아직 미발굴 고분들이 많이 남아 있을 것이다. 그러나 50여 기씩의 횡혈식석실분이 발굴된 용강동고분군과 동천동고분군에서도 1랭크 석실은 1~2기에 불과하고, 2랭크 석실도 소수인 점은 분명히 서악동고분군과 대비된다. 그러므로 이 고분군들은 신라 후기에 서악동고분군보다 하위의 고분군들로서, 서악동고분군이 신라 전기 월성북고분군의 왕릉구역과 연계성을 가진다면, 이 고분군들은 왕릉구역 동쪽 차상위 세력들의 적석목곽분이 조영된 구역과 연계성이 있을 것이다.

그런데 이 고분군들의 위계도 모두 같지는 않았던 것으로 보인다. 충효동고분군은 조사된 고분 11기 중 2기가 1랭크이고 9기가 2랭크인 것으로 보아 다른 고분군들보다 우위였을 것이며, 발굴고분 중에 1랭크 고분이 존재하지 않은 율동고분군과 2랭크 고분도 존재하지 않은 석장동고분군은 분지지구의 산지고분군 중에서도 하위였을 것으로 판단된다.

다음 분지지구를 벗어나 외곽 배후산지의 각 곡부지구에 분포된 고분군들이다. 우선 주목되는 것은 서남부지구의 방내리고분군을 제외하면 모든 고분군에서 조사된 신라 후기고분의 수가 소수에 불과하다는 점이다. 물론 고분군에 따라서는 지금까지 발굴 조사된 것이 각 고분군의 후기고분 전부가 아닐 것이다. 방내리고분군도 아직 발굴되지 않은 구역이 많이 남아 있다. 그러나 고분군의 규모 차이가 있지만 동남부지구의 제내리, 석계리, 남부지구의 월산리, 하삼정 고분군 등은 신라 전기고분들과 함께 단위 고분군의 거의 전체가 발굴된 것으로 보이는 데도 후기고분은 소수에 지나지 않았다. 이는 배후산지의 각 곡부지구에서는 신라 후기에 들어와 고분 조영이 급격히 퇴조한 것을 말해주는데, 그와 같은 현상은 신라 전기의 석곽묘 수백 기가 발굴된 하삼정고분군의 후기고분이 잘 보여주고 있다. 그런 중에도 서남부지구의 방내리고분군이 지금까지 발굴조사된 횡혈식석실분만도 120기에 가까울 만큼 신라 후기에 대고분군을 이룬 것은 특별하다.

그러나 방내리고분군에서 그 많은 횡혈식석실분이 발굴되었지만 1랭크에 속하는 고분은 존재하지 않은 것이 극명하게 보여주듯이, 다른 고분군에서도 대개 1랭크 고분은 존재하지 않고 2랭크 고분도 소수 존재하였을 뿐이다. 다만 동남부지구의 구어리고분군과 석계리고분군에서 1랭크 고분 1기씩이 조사되었는데, 석계리고분의 축조 시기는 알 수 없으나 구어리의 1랭크 석실인 6호분은 신라 후기 1a기로 편년된다. 이에 앞서는 분지지구를 벗어나 외곽에서 조사되는 신라 후기 초의 대형 석실들은 신라에서 석실분에 대한 규범이 정착되기 전, 즉 경주지역에서 석실분 도입 초기의 예외적인 존재들일 것으로 보았다. 한편 구어리고분군에는 신라 조기에 경주지역의 중심고분군인 월성북고분군에서나 존재하였을 이혈주부곽식 대형 목곽묘 1기가 축조되었는데, 앞서는 그것이 동남부지구의 중산리고분군 조영세력을 둘러싼 정치적 관계에서 나온 것이라고 보았다. 구어리고분군과 석계리고분군에서 1랭크 횡혈식석실분의 존재는 동남부지구에서 그와 같은 현상이 신라 후기 초까지 이어진 것일지도 모르겠다.

하여튼 동남부지구 두 고분의 예외적인 상위 랭크 고분을 제외하면, 분지 외곽의 각 지구 고분군의 위계는 전체적으로 낮아 분지 주변 산지고분군들보다 하위였으며, 분지 내부의 황성동고분군과 같거나 그보다 더 하위였던 것으로 판단된다.

이상을 종합하면, 신라 후기의 단독분과 월성북고분군의 소수 횡혈식석실분을 제외하고, 경주지역의 신라 후기고분군은 1랭크 석실 위주이거나 1랭크 석실이 다수 포진하였을 서악동고분군이 최고 위계의 고분군이었고, 다음은 1랭크 석실이 소수 포함되어 있으나 2랭크 이하의 석실들로 구성된 충효동고분군, 용강동고분군 등 분지 주변 산지고분군들이 차상위 위계로 조영되었다. 이와 같이 신라 후기에는 최고 위계 고분군으로 서악동고분군, 차상위 고분군으로 그 외의 분지 주변 산지 고분군이 조영되는 변화가 있었다.

그 아래로 2랭크 이하의 석실들로 구성된 분지지구의 황성동고분군과 외곽 각 지구의 고분군들이 하위 위계로 존재하였는데, 앞의 최상위, 차상위 고분군이 신라 후기에 새로 출현한 고분들이었던 것과 달리, 이들은 신라 전기 이전부터 누세대적으로 이어져온 고분군들이었다. 이 외에 분지지구의 석장동고분군과 손곡동 경마장부지 고분군, 남부지구의 하삼정고분군 등 3랭크 이하의 석실만 발굴된 고분군이 있고, 신원리고분군처럼 석곽분만 조사된 고분군도 있다.

신라 후기의 고분군은 이와 같이 3단계, 내지 4단계의 위계구조를 이루어 조영되고 있었다고 할 수 있다. 그러나 신라 후기에 들어와서도 고분 조영이 활발하게 이루어진 것은 분지지구의 주변 산지고분군과 서남부지구의 방내리고분군뿐이었으며, 그 외 분지 외곽의 각 지구에서는 고분 축조가 급격히 감소하였던 것으로 보인다. 앞의 편년표에서 신라 후기 3a기 이후로 편년되는 횡혈식석실분은 거의 분지지구 고분군으로 한정되었다. 3a기에 방내리고분 1기, 3b기에 사라리고분 1기가 있으나 그 외는 모두 단독분이거나 분지지구의 고분군에 소재한 것들이다. 이는 신라 후기 3기에 들어오면 서남부지구의 방내리고분군을 포함하여 분지 외곽의 각 지구에서는 고분 축조가 거의 이루어지지 않아 고분군 자체가 소멸되어 간 것을 말해준다.

편년표에서 보듯이 분지지구에서도 신라 후기 3기 이후는 2기 이전에 비해 고분 축조가 급격히 감소해 갔다. 신라 후기 4a기로 편년되는 소현리석실분이나 4c기의 장산토우총으로 보아 단독분과 분지 주변 산지고분의 축조가 4기까지는 이어졌으나, 그 수는 많지 않았던 것으로 보인다. 구정동방형분과 피장자가 알려진 왕릉들로 보면, 신라 하대에도 왕릉들은 석실봉토분으로 축조된 것이 분명하지만, 그 이하에 어떤 고분들이 존재하였는지는 지금 알 수 없다.

이와 같이 신라 후기 3기 이후 경주지역에서는 분지 외곽의 각 지구 고분군이 소멸되고, 분지지구에서도 고분 조영이 급격히 감소되었는데, 출토 토기로 보아 신라 후기 3기 이후 횡혈식석실분에서 추가장이 이루어진 흔적도 거의 나타나지 않는다. 또 경주지역에서는 신라 후기 3기 이후에 축조된 석곽분도 거의 찾기 어렵다. 지금까지 경주지역에서 조사된 석곽 가운데 신라 후기 3기 토기가 출토된 것은 황성동 590(신)-45호, 용강동 2구역 무분구 28호, 동천동 13-2번지 11호, 다운동 마-6·13호·바-4호, 월산리 B-4호, 하삼정 나-230호·(실)29호·(실)35호 등으로 극소수에 지나지 않는다. 나말여초 양식토기가 출토된 횡혈식석실분과 석곽은 찾기 어렵다.

경주지역에서는 이와 같이 3기 이후 횡혈식석실분은 물론 석곽묘(분)도 거의 조영되지 않았는데, 이는 신라의 지방과는 대조적인 현상이다. 충주 용산동유적(중앙문화재연구원 2007), 청주 용정동·용담동유적(한국문화재보호재단 2000; 국립청주박물관 2002; 한강문화재연구원 2019), 아산 둔포리유적(중앙문화재연구원 2011)에서 볼 수 있는 것처럼, 지방에서는 신라 후기 3기에서 4기 초로 이어지는 석곽묘가 적게는 10여 기, 많게는 수십 기로 이루어진 고분군들이 조영되고 있었다. 신라 후기 3기 이후, 즉 통일신라기에 들어가 경주지역에서 고분 축조가 이와 같이 극감하는 현상은 왕경의 사찰 유적들이 말해주듯이 불교의 영향에 의한 화장의 유행 말고는 달리 설명할 이유를 찾기 어렵다.

경주지역에서 횡혈식석실분이 축조되기 시작한 것은 신라 전기 말부터이고, 횡구식석곽분은 그에 앞서 이미 축조되고 있었던 것으로 보인다. 하지만 신라 전기에 월성북고분군에서 적석목곽분을 축조하고 있던 신라의 중심세력이 횡혈식석실분을 수용한 것은 그보다 늦어 신라 후기로 들어온 6세기 중엽부터로, 이때부터 그들은 묘지도 경주분지를 둘러싸고 있는 주변 산지로 옮겨 곳곳에 새로운 고분군을 조영하였다.

지방에서는 경주에 앞서 5세기 중엽부터 횡혈식석실분을 축조하고 있었다. 이 지방의 신라 전기 횡혈식석실분들은 그 구조로 보아 고구려 석실분의 영향을 받으면서 출현한 것으로 보이며, 다른 묘제의 고분들과 함께 厚葬한 고총으로 축조되고 있었다. 신라 전기 지방의 횡혈식석실분 구조는 경주지역의 신라 후기고분으로 이어졌다. 그러나 신라 후기 경주지역의 횡혈식석실분은 모두 薄葬 고분으로 축조되었는데, 그것은 경주지역에서 횡혈식석실분의 본격적인 축조가 6세기 전반 신라의 불교 공인과 밀접하게 관련되어 있음을 말해준다.

경주지역의 횡혈식석실분들은 석실의 평면형태와 연도의 위치에 따라 모두 9개의 형식으로 분류된다. 신라후기양식토기에 의한 편년에 따르면 경주지역에서 횡혈식석실분은 6세기 중엽부터 통일신라 말까지 축조되었으나 7세기 중엽부터는 그 수가 급감하였고, 8세기 후엽 이후 고분은 찾기 어렵다.

석실의 형식은 편년보다는 오히려 피장자의 신분 등 사회적 인격과 관계가 깊었으며, 고분 각부의 구조와 축조 기법도 피장자의 사회적 인격에 따른 고분 랭크와 밀접하게 관련되어, 상위 랭크 석실과 하위 랭크 석실 사이에 차이가 있었다. 하위 랭크 석실은 시기가 지나도 큰 변화가 없었으나 상위 랭크 석실은 시기에 따라 축조 기법이 변화하고 구조도 변천되어 갔다.

경주지역의 횡혈식석실분에서는 추가장이 적지 않게 이루어졌으며, 5인 합장까지 확인된다. 신라 후기 초에 전기고분에서처럼 목관을 사용하여 피장자를 안치한 예가 소수 확인되지만, 신라 후기의 횡혈식석실분들은 기본적으로 목관을 사용하지 않았고, 상위 랭크 석실에서는 고시상 위에 두침과 족좌를 사용하여 피장자를 안치하였다. 횡혈식석실분이 수용되면서 피장자의 침향에도 약간의 변화가 있었던 것으로 보이지만, 동침의 선호는 신라 전기고분에서처럼 분명하였다. 상위 랭크 고분의 초대형 장방형 석실과 평면 방형석실에서 북쪽의 뒷벽에 붙여 시상을 동-서 방향으로 설치한 것, 하위 랭크 고분 가운데 석실의 장축이 동-서 방향인 세장한 횡장방형 석실이 대거 축조된 것이 그것을 말해준다. 한편 고분 축조 과정과 매장 과정, 그리고 고분 축조 후 제의의 흔적도 확인된다.

경주지역의 신라 후기고분은 횡혈식석실분에서 4랭크, 수혈식·횡구식석곽분에서 석실 최하위와 같은 랭크, 그리고 그 이하 랭크가 하나 더 구분되어, 모두 5랭크의 차이가 있었다. 현 왕릉들을 비롯하여 곳곳에 산재한 단독분들은 대개 1랭크 고분이었으며, 고분군들은 1랭크 고분이 다수 축조된 것으로 보이는 서악동고분군을 중심고분군으로 하여 분지 주변의 산지고분군, 분지 내부의 황성동고분군과 분지 외곽 배후산지의 각 지구 고분군 순으로 위계구조를 이루고 있었으며, 외곽의 각 지구 고분군 중에서는 서남부지구의 방내리고분군에서 가장 많은 고분이 조영되었으나 모두 2랭크 이하였다.

경주지역에서는 신라 후기 3기, 즉 7세기 중엽 이후 분지지구에서도 고분 조영이 급격히 감소되고, 분지 외곽의 각 지구에서는 고분군이 소멸되어, 횡혈식석실분은 물론 석곽묘도 찾기 어렵다. 이는 소형 석곽묘가 대소 고분군을 이루어 조영된 지방과 대조된다. 신라 후기에 경주지역에서 볼 수 있는 이와 같은 현상은 왕경의 수많은 사찰 유적들이 말해주듯이 불교의 영향에 의한 화장의 유행 말고는 달리 설명할 이유를 찾기 어렵다.

이상으로 경주지역에서 신라 후기고분의 전개 과정을 살펴보았는데, 신라 후기는 역사적으로 신라의 중고기 이후에 해당된다. 신라는 중고기 초에 율령 반포(520)와 불교 공인을 단행하고 중앙집권국가로 발돋움하였다. 경주지역에서 신라 후기 횡혈식석실분 축조의 본격화는 중고기 초 이래 신라의 그러한 사회 개혁의 연장선이었을 것이다.

중고기 이후 신라는 골품제사회가 되었는데, 횡혈식석실분을 비롯한 신라 후기고분의 전개 과정에는 골품제사회 신라의 일면이 반영되어 있을 것이다. 고분의 랭크와 고분군의 위계 구조, 그리고 각 지구 고분군의 소멸 과정은 이와 관련이 있다고 판단된다.

신라는 6세기에 들어와 낙동강 서쪽의 가야를 병합해 나간 데 이어, 6세기 후반에 한강유역으로 진출하고, 7세기 후반에는 삼국을 통일하였다. 신라가 진출한 지방에는 차례로 수많은 신라 후기고분군이 조영되었다. 왕경의 고분문화는 지방에 이식되기도 하였지만, 왕경과 지방의 고분 전개 과정 사이에는 차이도 컸다. 왕경과 지방의 격차와 함께 각 지방의 기층문화에서 비롯된 부분들이 있기 때문이다. 그러므로 지방의 고분문화는 그 자체로 분석·고찰되어야 하지만, 지금까지 살펴본 왕경의 신라 후기고분 전개는 그 과정에서 하나의 준거가 되어야 한다고 생각한다.

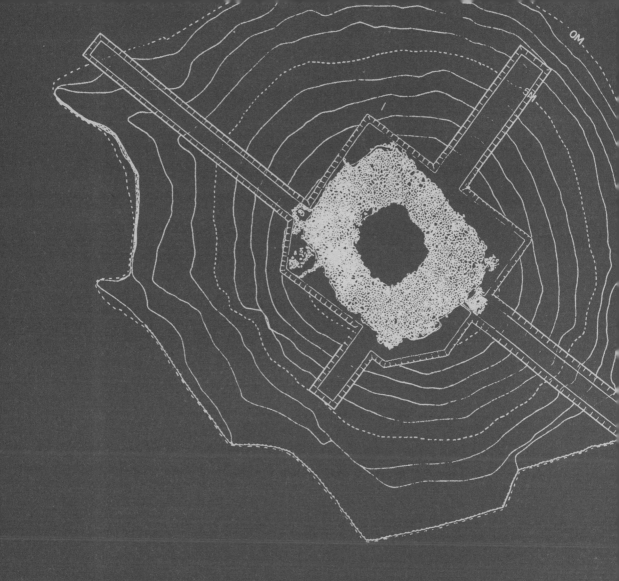

결론

신라고분과 신라 6부

조선 후기의 문인들 중에는 신라 왕릉의 전승 과정을 밝히거나 왕릉을 고증한 글을 남긴 이들이 있었다. 넓은 의미에서 고고학적 조사·연구 활동이라 할 수 있는 이들의 행적이 근대적 학문체계로 이행하지 못한 채 한반도는 제국주의 일본의 침략 대상이 되었고, 한국에 대한 일제의 모든 학문적 활동이 그러하였듯이 신라고분의 조사·연구도 일제의 식민지배 정책의 일환으로 이루어지게 되었다. 그런 가운데 1921년 경주 금관총의 우연한 발견과 1924년 금령총의 발굴, 1926년 서봉총의 발굴에서 신라금관이 출토되어, 경주의 신라고분은 일제 관학자들의 큰 관심의 대상이 되기도 하였다.

1945년 광복으로 한반도에서 고고학적 활동의 주도권이 한국인에게 넘어온 직후인 1946년 경주 호우총과 은령총의 발굴이 한국의 첫 번째 고고학 조사로 이루어지게 되면서, 신라고분의 조사·연구는 실질적으로 한국고고학을 선도하는 분야가 되었다. 한국고고학에서 신라고분의 조사·연구는 중요 고분유적의 발굴과 연구주제 변화 등의 연구동향에 따라 4기로 구분하여 볼 수 있다.

제1기(1945~1972)는 경주 호우총과 은령총의 발굴로 시작되었지만, 그 후 1950년 발발한 한국전쟁의 상흔이 가시면서 경주지역의 고분유적에 대한 소규모 수습조사 또는 긴급 구제발굴이 이루어지게 되었다. 신라와 가야의 고고학자료 구분 문제, 신라토기와 고분의 편년, 적석목곽분의 기원 등에 대한 기초적인 논의가 이루어졌다.

제2기(1973~1990)는 천마총과 황남대총의 발굴로 시작되어 경주 월성북고분군에서 대소 고분의 집중적인 발굴이 이루어졌고, 1979년부터는 조양동유적의 발굴로 원삼국(사로국)시기의 목관묘·목곽묘도 조사되기 시작하였다. 신라고분의 시기구분과 신라토기에 의한 신라고분 편년의 틀이 잡히기 시작하였고, 고고학자료에 의한 신라와 가야 권역의 구분이 구체화되었다. 이에 따라 신라와 가야사 연구에 고고학과 문헌사의 접목이 가능해졌고, 적석목곽분을 중심으로 고분의 사회적 의미도 탐구되기 시작하였다.

제3기(1991~2006)는 울산 중산리유적의 발굴을 기점으로 삼을 수 있는데, 이 발굴은 신라 묘제와 고분 구조의 변화 과정에 대한 활발한 논의를 촉발시켰다. 고분의 사회적 의미가 본격적으로 논의되었으며, 고고학자료를 통한 신라와 가야 권역의 구분을 넘어 신라의 지방 지배에 대한 고찰이 본격화되었다.

제4기(2007~)는 경주 월성북고분군의 쪽샘지구 신라고분 조사 착수로 시작되었다. 이 조사에서는 원삼국(사로국) 후기의 대형 목곽묘와 적석목곽분 출현 전후의 대소 고분 등 신라고분 연구를 새로운 단계로 이끌 자료들이 드러나고 있다. 이전 시기들에서 논의되어 온 신라고분 연구의 기본적 주제들을 넘어 아직 새로운 주제로의 본격적인 전환은 이루어지지 않고 있지만, 신라토기와 신라고분의 편년이 정치해지고, 고분을 통한 각 시기 사회구조에 대한 고찰이 이루어지고 있다.

한국에서 국토개발이 본격화되는 1970년대를 지나면서 신라고분의 발굴조사는 경주지역을 넘어 지방으로 확대되었고, 지금은 전국에서 수많은 신라고분군의 발굴조사가 이루어지고 있다. 이에 따라 신라고고학은 고분 연구가 중심이 되면서, 연구 주제도 다양해지고 그 깊이도 더해졌다. 그러나 많은 부분이 현재도 진행형이며, 연구가 진척되는 만큼 새로운 과제들도 점점 더 드러나고 있다.

이 연구에서는 신라의 중앙이 된 경주지역의 신라고분 전개를 종적으로 체계화하여 전체 신라고분 전개 과정의 중심축을 구축하고자 하였으며, 그것이 현 단계에서 신라고분 연구의 제일 과제라고 판단하였다. 이를 위해 먼저 신라고분의 시기구분을 명확히 하고, 정밀한 편년으로 뒷받침되는 각 시기 묘제와 고분 구조의 변화 과정을 구축하고자 하였다. 이를 바탕으로 고분에 반영된 사회의 계층성과 고분군의 위계구조를 파악하여 각 시기 신라 중심부 사회의 내부 통합에 대해 고찰함으로써 고분의 사회적·역사적 의미를 찾고자 하였다.

이 연구에서는 외부 세계의 인류학적 모델에 의존한 고고학자료의 해석보다는 각 시기 고고학자료 자체에서 귀납적 의미가 도출될 수 있도록 하였다. 이를 위해 기초적인 통계적 의미라도 가질 수 있도록 각 시기 대소 고분 전체를 분석 대상으로 삼았고, 각 시기 자료 자체에 상응하는 분석 방법을 찾고자 하였다. 고고학자료의 분석 과정에서 문헌 기록이나 문헌사 연구 성과를 활용하기보다는 고고학자료에서 도출된 귀납적 해석이 신라역사 복원에 기여할 수 있다고 보았다.

이상의 문제의식과 방법론에 입각하여 먼저 고대국가 신라의 성립 이후 신라 6부의 지역 범위가 되는 원삼국시기 사로국의 고분에 대해 살펴본 다음, 이어서 신라고분을 조기, 전기, 후기로 시기구분하여 시기별로 고분의 전개 과정을 분석해 보았다. 원삼국(사로국)시기 이후 경주지역에서 중심 묘제와 토기양식의 전환은 연동하였으므로 이를 기준으로 시기구분하고, 각 시기양식 토기의 편년을 바탕으로 구조 변화를 비롯하여 각 시기 고분이 의미하는 바를 살펴본 것이다.

경주지역은 중심부 분지지구와 분지지구로 연결된 네 방향의 곡부지구, 즉 동남부·남부·서남부·북부지구, 그리고 동해안지구로 이루어져 있는데, 각 시기의 고분 전개는 이 지구들과도 관련하여 살펴보았다. 이제 여기서는 그 내용 중 통시적 고찰이 필요한 주요 주제들에 대해 종합해보므로써 이 연구가 지향해온 바를 좀 더 분명히 해 두고자 한다.

1. 묘제와 고분 구조의 변화

신라 후기로 들어오는 서기 6세기 중엽, 최고 지배세력이 횡혈식석실을 내부 주체로 한 석실봉토분을 새로운 묘제로 수용하기까지 신라의 중앙인 경주지역에서는 목곽을 매장주체부로 한 목곽묘 계열의 고분들이 축조되고 있었다. 일반적으로 경주를 비롯한 영남지방에서는 신식와질토기가 사용된 원삼국 후기부터 목곽묘가 축조되기 시작하여 삼국시대에 들어와 지역에 따라 다양한 형태로 발전되어 갔으며, 그 이전 고식와질토기가 사용된 원삼국 전기에는 목관묘가 축조된 것으로 알려져 있다.

그러나 경주지역의 몇몇 유적에서는 기원전 2세기 말·1세기 초 이후 원삼국(사로국) 전기에도 목곽묘가 축조되고 있었으며, 경주지역에 처음 도입된 목곽묘는 그 유물의 배치 상태가 고조선-낙랑시기 서북한지방의 나무곽무덤과 같았다. 이 목곽묘는 목관묘도 동반하여, 경주지역에서는 사로국 성립 무렵부터 그러한 서북한 계통의 목곽묘와 목관묘가 초기철기시대 이래의 재지적인 목관묘와 함께 축조되고 있었던 것이며, 사로국 전기의 늦은 시기에는 재지적인 목관묘에서 발전된 목곽묘도 축조되었다.

그러나 조양동 38호묘, 사라리 130호묘 및 탑동 1호묘와 같은 사로국 전기의 이른 시기와 늦은 시기의 읍락 거수나 국읍 주수 등 수장급의 무덤은 목곽묘가 아니라 확대된 재지계의 목관묘들이었다. 이러한 수장급 목관묘는 경주분지의 남쪽편이나 외곽의 곡부지구에서 조사되고 있으며, 사로국 전기의 목곽묘나 목관묘가 경주분지 중심부의 월성북고분군에서 축조된 증거는 발견되지 않고 있다.

신식와질토기가 사용된 서기 2세기 중엽 이후, 원삼국(사로국) 후기 경주지역의 중심 묘제는 목곽묘로, 목곽의 형태가 다른 두 계통의 목곽묘가 축조되었다. 하나는 사로국 전기에 재지적인 목관묘에서 발전한 장방형 목곽묘의 확대형으로 주로 분지지구의 황성동유적에서 축조되었다. 다른 하나는 새로운 형식인 평면 근방형의 목곽묘로, 그중 동남부지구의 중산리유적에서 축조된 근방형 목곽묘는 목곽의 조립을 위해 나무 기둥을 세웠고, 중소형의 목곽 바닥 아래에는 받침목을 사용하기도 하였다. 이러한 근방형 목곽묘는 서북한지방의 낙랑 목곽묘와 관련하여 새로 출현한 것으로 판단된다. 각각 황성동유적과 중산리유적에서 축조된 두 계통의 목곽묘는 부장토기에서도 차이가 있었다.

한편 경주분지 중심부 월성북고분군의 동쪽 부분에서도 신식와질토기가 부장된 목곽묘가 조사되고 있으며, 최근 그 인왕동지구에서 사로국 후기 말 경주지역 최대 규모의 목곽묘가 드러났다. 이 목곽묘는 묘광의 거의 바닥만 잔존하여 부장유물은 대부분 유실된 것으로 보이지만, 세장한 목곽 내 피장자의 발치 쪽이 토기의 집중 부장구역으로 되어 있었다. 이들로 보아 사로국 후기부터는 월성 구릉에 취락이 형성되고, 그 북쪽 평지에 월성북고분군이 조영되기 시작하여 사로국의 중심고분군으로 기능해 간 것을 알 수 있다. 또한 인왕동지구의 초대형 목곽묘는 그 규모로 보아 월성북고분군에 조영된 사로국 후기 수장묘들의 위상을 짐작하게 해주는 존재이다.

월성북고분군의 인왕동지구 초대형 목곽묘는 기둥 구멍이 없었지만, 중산리유적의 기둥식 목곽묘도 사로국 후기 말에는 월성북고분군의 초대형 목곽묘와 같은 형식이 되었다. 피장자의 발치 쪽이 토기의 집중 부장구역이 된, 이러한 세장한 목곽묘는 동남부지구의 조양동유적과 남부지구의 덕천리유적, 하삼정유적에서도 축조되어, 사로국의 정체성을 나타내는 목곽묘가 성립된 것을 보여주는데, 분지지구의 황성동유적과 서남부지구의 사라리유적에서는 그와 달리 사로국 후기 말에 토기를 목곽의 장변을 따라 배치한 평면 방형화한 목곽묘가 축조되고 있었다.

서기 3세기 중엽 경주지역의 토기양식은 신식와질토기에서 신라조기양식토기로 전환하고 목곽묘도 주부곽식 목곽묘로 변화하였다. 사로국 후기 말에 세장화한 목곽의 피장자 발치 쪽 토기 집중 부장구역이 부곽으로 발전하여, 신라 조기의 주부곽식 목곽묘가 성립한 것이다. 주부곽식 목곽묘는 주곽과 부곽이 각각 별도의 묘광에 설치된 이혈주부곽식과 긴 하나의 묘광 안에 격벽을 사이에 두고 설치된 동혈주부곽식이 있다.

이혈주부곽식 목곽묘는 부곽의 평면이 방형에 가까운 형식과 세장방형인 형식이 있다. 동혈주부곽식 목곽묘는 긴 묘광의 평면 형태에 따라 세장(방)형 목곽묘로 불리기도 하는데, 규모는 그와 같지만 부곽이 없거나 이들보다 규모가 작고 부곽이 없는 세장한 목곽묘들도 축조되었다.

월성북고분군에서는 방형 부곽의 이혈주부곽식 목곽묘가 작은 규모의 세장한 목곽묘들과 함께 축조되었다. 장방형 부곽의 이혈주부곽식 목곽묘도 주로 월성북고분군에서 축조되었을 것으로 판단된다. 그 외의 각 지구 고분군에서는 동혈주부곽식 목곽묘나 부곽이 없는 세장(방)형 목곽묘가 소형의 세장한 목곽묘들과 함께 축조되었다. 묘곽의 형식이 위계화되어, 신라 조기에 이혈주부곽식 목곽묘는 경주지역의 중심고분군인 월성북고분군에서만 배타적으로 조영된 묘곽 형식이었던 것이다. 다만, 동남부지구의 구어리유적 1호 목곽묘와 같이, 그 외의 고분군에서 이혈주부곽식 목곽묘는 극히 예외적으로 존재하였을 뿐이다.

한편 신라 조기에는 묘광과 목곽 사이를 돌로 충전한 석재충전목곽묘가 출현하여 흙으로 채운 전통적인 점토충전목곽묘와 함께 축조되었다. 석재충전목곽묘는 중산리유적의 발굴에서부터 주목을 받았지만, 월성북고분군에서 성립하여 신라 조기 경주지역에서는 두 고분군에서 배타적으로 조영되었던 것으로 판단된다. 두 고분군의 석재충전목곽묘 조영은 그 조영세력 사이의 정치적 결속 관계를 의미하나, 중산리고분군의 석재충전목곽묘는 그 묘곽 형식이 동혈주부곽식을 넘어서지는 못하였다.

월성북고분군의 쪽샘지구에서 조사된 L17호묘는 초대형의 이혈주부곽식 석재충전목곽묘로, 그 축조 시기는 신라 전기 초로 편년되지만, 월성북고분군에 축조된 신라 조기 왕묘급 고분들의 위상을 말해준다. 신라 조기까지 목곽묘들은 이와 같이 매장주체부의 규모가 확대되어 초대형의 이혈주부곽식 점토충전목곽묘와 석재충전목곽묘가 축조되었지만, 이들은 아직 고총화되지는 않아 지상에는 봉분이 소규모로 낮게 축조된 저봉토묘였다고 판단된다.

서기 4세기 중엽 경주지역에서는 신라조기양식토기가 신라전기양식토기로 전환하고, 이어서 신라 전기의 적석목곽분이 고총으로 출현하였다. 현재까지 발굴된 최고의 적석목곽분은 서기 4세기 후엽으로 편년되지만, 적석목곽분은 그보다 앞서 토기양식의 전환과 연동하여 월성북고분군에서 출현하였을 것으로 판단된다. 적석목곽분은 매장주체부인 목곽의 사방은 물론 뚜껑 위, 즉 목곽 상부에도 냇돌을 쌓고, 그 주위로 호석을 두루고 봉토를 높게 쌓아 올린 고총인데, 목곽과 적석부가 모두 지상에 축조된 무묘광 지상주체식과 목곽이 지하 또는 지상에 조성된 묘광 안에 설치된 묘광주체식이 있다. 그러나 묘곽의 형식은 신라 조기 목곽묘의 묘곽 형식을 거의 그대로 계승하였다.

이와 같이 경주지역에서는 사로국 후기에 등장한 목곽묘가 구조 변혁을 이루어 새로운 묘제로 창출되면서 신라 전기까지 중심 묘제가 되었는데, 그 과정에서 신라 조기에는 석재충전목곽묘가, 신라 전기에는 고총의 적석목곽분이 성립되었다. 목곽묘에서 변혁한 새로운 묘제의 창출은 최고 지배세력의 분화와 관련된다고 판단된다. 최고 지배세력에서 분지한 새 왕실 집단은 그 정체성을 표방하고 여타 세력과 차별화를 위해 차례로 고분 구조의 변혁을 시도하여 새로운 묘제를 성립시킨 것이다. 새로운 묘제의 성립은 기존의 목곽묘에 외부의 모델에서 채용된 새로운 요소를 적용하여 변혁을 이룬 것으로, 신라 조기의 석재충전목곽묘 성립에는 목곽의 사방을 돌로 채운 서북한지방의 낙랑목곽묘가 모델로 작용하였을 것이고, 신라 전기의 적석목곽분은 더 멀리 중앙아시아~북아시아 쿠르간의 지상식 고총 적석목곽분과 2중 목곽의 정보 등이 더해져 창출되었을 것으로 판단된다.

그와 같이 창출된 지상식 적석목곽분은 마립간시기 신라의 정치적 기념물로서 거대 고총의 왕릉으로 축조되어, 월성북고분군의 서쪽 부분은 거대 고총이 늘어선 왕릉 구역을 이루고 있다. 이에 따라 석재충전목곽묘의 목곽 뚜껑 위에 상부적석이 가해져 묘광식 또는 상부적석식 적석목곽분으로 발전한 차상위 위계의 고총들이 왕릉 구역 동쪽에 집중적으로 축조되었다. 적석목곽분은 신라 조기 점토충전·석재충전 목곽묘의 묘곽 형식을 이어받아, 초기 왕릉으로 판단되는 황남대총 남분은 대규모의 주부곽식이었으나 신라 전기 말의 천마총은 부곽이 생략된 단독곽식으로 축조되었다.

적석목곽분은 월성북고분군 외에 서남부지구의 금척리고분군에서 축조되었고, 이를 제외한 각 지구 고분군에서는 소수가 지구 중심고분군에 존재하였을 뿐, 대개는 신라 조기 이래의 석재충전목곽묘, 점토충전목곽묘, 그리고 신라 전기에 새로 성립된 수혈식석곽묘가 축조되었다.

서기 6세기 중엽, 경주지역에서 신라토기는 다시 신라후기양식토기로 전환하고, 그와 함께 경주분지를 둘러싼 주변 산지에 일제히 횡혈식의 석실봉토분이 축조되었다.

지방에서는 횡혈식석실분이 그에 앞서 신라 전기에 부분적으로 축조되고 있었으며, 이들은 지상식 구조와 고관대(시상)의 설치 등으로 보아 고구려 석실분의 영향으로 출현하였을 것으로 판단되었다. 그보다 늦게 신라 중앙의 최고 지배세력이 횡혈식석실분을 자신들의 새로운 묘제로 수용하여 신라의 고분문화가 후기로 접어들었는데, 신라의 불교 공인이 그 계기가 되었을 것이다.

신라 후기고분의 횡혈식석실은 평천정의 평면 장방형석실과 궁륭상천정의 평면 방형석실로 분류되고 각각 연도의 위치에 따라 세분되며, 상위 위계의 고분에는 대개 그 중 궁륭상천정의 평면 방형 중앙연도 석실이 축조되었다. 신라 후기에는 수혈식석곽묘(분), 횡구식석곽분도 함께 축조되었는데, 대체로 횡혈식석실분보다는 매장주체부의 규모가 작았다.

노서동 우총의 석실은 지금까지 경주지역에서 조사된 최대 규모의 방형석실이다. 경주 서악동 선도산의 동향 경사면에 도열한 중고기 초 왕릉들의 봉분은 신라 전기 거대 고총의 적석목곽분을 방불하지만 그 안에 축조된 석실은 아마도 우총의 석실 규모를 크게 벗어나지는 않았을 것이다.

중고기 후반부터는 왕릉의 봉분 규모가 대폭 축소되었지만, 대체로 7세기 전반기까지는 경주분지의 주변 산지는 물론 그 외곽의 배후 산지 각 지구에서 석실봉토분이 활발하게 축조되었다. 그러나 7세기 중엽부터 그 수가 급감하였는데, 그것은 불교의 공인과 함께 시작된 화장이 크게 유행하게 되었기 때문으로 판단된다. 그런 가운데에도 8세기 중엽까지는 서악동고분군을 비롯한 분지 주변 산지고분군에서 횡혈식석실분의 명맥이 이어졌지만, 그 이후 경주지역에서는 현존하는 전칭 왕릉들 외에 고분들을 찾기 어렵다. 신라의 중앙에서 고분이 소멸된 것이다.

〈도 2-101〉에서는 지금까지 설명한 사로국에서 신라 후기까지의 수장(급) 및 왕릉(급) 고분의 매장주체부 규모와 구조의 변화를 비교할 수 있다. 사로국 후기 경주지역에 출현한 목곽묘의 매장주체부 규모가 확대되고 그 구조가 변하면서 신라 전기의 적석목곽분에서 최대화하였으며, 신라 후기의 횡혈식석실분은 매장주체부의 규모가 현격히 축소된 것임을 알 수 있다.

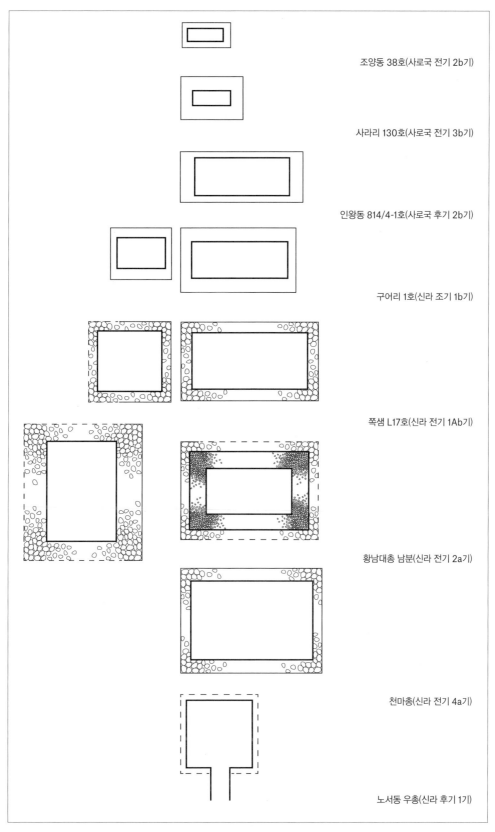

조양동 38호(사로국 전기 2b기)

사라리 130호(사로국 전기 3b기)

인왕동 814/4-1호(사로국 후기 2b기)

구어리 1호(신라 조기 1b기)

쪽샘 L17호(신라 전기 1Ab기)

황남대총 남분(신라 전기 2a기)

천마총(신라 전기 4a기)

노서동 우총(신라 후기 1기)

도 2-101 사로국–신라 후기의 수장(급) 및 왕릉(급) 고분의 매장주체부 규모 비교

2. 계층구조의 변화

고분도 사회적 산물이므로 그 속에는 피장자의 사회적 인격이 반영되어 있다고 보아야 한다. 이에 고분을 통해서도 사회의 계층성을 파악해 볼 수 있을 것으로 판단된다. 그러나 각 시기 고분에서 확인되는 계층성이 그대로 당시 사회의 계층 구조나 신분 구조는 아니며, 그러한 구조가 존재하였을 개연성을 보여주는 것이라고 할 수 있다.

필자는 과거에 복수의 단위 고분이 연접 축조되거나 한 묘역 안에 단위 묘곽이 복수로 축조된 적석목곽분의 묘형에서 신라 전기, 즉 마립간시기 신라 사회의 계층성을 확인해 보고자 한 바 있다(최병현 1980; 1981a; 1992a). 그러나 이 연구에서는 그와 달리 단위 고분이나 단위 묘곽을 중시하여 시기별로 고분의 랭크를 구분하고, 그 랭크의 구성을 통해 고분에 반영된 각 시기의 계층성을 확인해 보고자 하였다.

고분은 각부 구조와 부장품 등의 매납 유물이 기본 요소이지만, 시기와 묘제에 따라 그 구성 요소가 다르고, 또 각 시기를 표상하는 유물도 다르므로 통시적으로 동일한 기준을 적용하여 고분의 랭크를 구분할 수는 없었다. 하지만 매장주체부가 횡혈식석실로 바뀐 신라 후기고분은 별도로 하더라도, 사로국 후기부터 신라 전기까지 연속선상에 있는 목곽묘 계열의 각 시기 고분 랭크는 상호 연계성을 가질 것이며, 그 연계성이 확인되면 그 앞 사로국 전기나 그 뒤 신라 후기의 고분 랭크와도 대비될 수 있을 것으로 판단하였다. 고분의 랭크는 고분의 기본 요소인 구조 각부의 규모 및 축조 기법과 출토유물을 종합하여 구분하고자 하였다. 그러나 고분의 도굴과 파괴·유실, 구조를 도외시한 유물 중심의 발굴과 부실한 보고 등으로 인해 실제 구분 작업에서 그 종합은 쉽지 않았다. 이에 시기에 따라서는 묘곽의 규모와 출토유물을 종합하여 고분 랭크를 구분하기도 하였지만, 먼저 출토유물로 고분의 랭크를 구분한 다음 이를 묘제나 고분 구조 각부의 대략적인 규모에 대비하여 검증하기도 하였다. 신라 후기고분은 박장화하여, 출토유물의 비교 자체가 불가능함으로 매장주체부의 구조 형식과 규모로써 고분의 랭크를 구분하였다.

또 각 시기 중심고분군에서 파악되는 고분 랭크 구분의 요건과 그 랭크 구성을 기준으로 다른 고분군을 비교·분석해야 일관성이 있겠지만, 사로국 후기 이래 경주지역의 중심고분군이었던 월성북고분군에서 조사된 사로국 후기와 신라 조기의 고분은 아직 극소수에 불과하였다. 신라 전기고분도 분기에 따라 조사 고분의 빈도에 차이가 컸다. 이에 기준을 삼을 수 있는 다른 유적이나 분기의 선정도 필요하였다.

이 연구에서 고분 랭크의 구분은 이상과 같은 여건 속에서 이루어졌다. 목곽묘 계열의 고분이 중심이었던 사로국 후기, 신라 조기와 전기 가운데 먼저 중간의 신라 조기를 살펴보면, 남부지구 덕천리유적의 신라 조기 목곽묘군 거의 전체가 발굴되었으므로, 그 분석 결과는 통계적 의미를 가질 수 있다고 판단되었다. 덕천리유적에서는 주부곽식 목곽묘가 거의 존재하지 않았고, 크고 작은 세장(방)형 목곽묘들 중심으로 축조되었는데, 그 목곽의 규모와 출토유물의 수준은 비례하였다. 이에 덕천리유적 1a기 목곽묘들의 목곽 규모와 출토유물을 종합하여 그 랭크를 구분하고, 이를 신라 조기 경주지역 목곽묘 랭크 구분의 기준으로 삼았다.

덕천리유적의 신라 조기 1a기 목곽묘는 a~d까지 4단계의 랭크로 구분되었다. 목곽묘에 부장된 유물 중 피장자의 사회적 위상을 표상하는 유물은 대형무기인 철모였으며, a랭크부터 c랭크까지 그 수에 차등을 두어 부장되었다. 그 아래는 대형무기 없이 단조철부·낫·도자로 이루어진 농공구 세트와 토기가 함께 부장되거나 토기만 부장된 소형 목곽묘들이었다. 이들의 목곽 규모에는 차이가 없었으므로 모두 d랭크로 구분하였다. 그리고 a랭크와 b랭크 목곽묘는 소수이지만 분기마다 복수로 존재하였고, c랭크와 d랭크 목곽묘는 분기마다 다수여서, 이들은 상위로 올라갈수록 소수화된 계층성으로 이해할 수 있었다.

덕천리유적에서는 이와 같이 4단계의 고분 랭크가 확인되었지만, 동남부지구의 중산리유적과 구정동유적에서는 덕천리유적의 a랭크보다 월등히 많은 수의 철모가 부장된 동혈주부곽식 목곽묘들이 소수 존재하였다. 이들을 a+랭크로 구분하였는데, 그 묘곽의 형식은 동혈주부곽식을 넘어서지는 못하였다. 구정동유적에서는 한 분기(2a기)에서 2기였지만 중산리유적에서는 1b기와 2a기 두 분기에 각각 1기씩일 뿐이어서, 각각의 유적에 존재한 단독적인 유력 개인묘들이었을 것으로 판단되었다. 아직 조사되지 못하였지만, 월성북고분군에서도 a+랭크의 목곽묘가 존재하였을 것이고, 그 묘곽의 형식은 아마도 장방형 부곽의 이혈주부곽식이었을 가능성이 있다.

한편 월성로 및 쪽샘지구의 조사 상황으로 보아 신라 조기 이혈주부곽식 목곽묘의 주 분포지는 월성북고분군의 동쪽 부분이었음이 분명하였다. 그 중에 신라 조기의 왕묘들도 포함되어 있을 것이며, 동남부지구에 예외적으로 존재한 구어리 1호묘와 쪽샘지구의 신라 전기 초 L17호묘로 보아 월성북고분군에 존재한 왕묘급 목곽묘들은 앞의 a+랭크를 월등히 능가하는 탁월한 이혈주부곽식 목곽묘로 축조되었을 것으로 판단되었다. 이들을 특a랭크 고분으로 설정할 수 있다고 보았다.

이상과 같이 신라 조기의 목곽묘에서는 모두 6단계의 랭크가 구분될 수 있었다. 그런데 단조철부·낫·도자의 농공구 세트는 최하위 d랭크 고분 중의 토기만 부장된 그룹을 제외한 모든 랭크 고분의 가장 기본적인 철기 부장 단위였으며, 사로국 전기부터 그 세트의 부장이 시작되어 신라 전기까지 공통적이었다. 또 대형무기인 철모의 차등 부장도 사로국 전기의 목관묘·목곽묘에서부터 확인되었다.

사로국 전기의 목관묘·목곽묘는 기본적으로 다른 유물들과 함께 (검초)철검 1~2점과 철모 1~3점이 부장된 그룹(a랭크)과 농공구 및 토기 또는 토기만 부장된 그룹(b랭크)으로 구분되었다. 그 위에 청동거울이 칠초동검이나 철검과 함께 부장된 탁월한 목관묘들이 소수 존재하였는데, 이들은 a+랭크로 설정되지만 한 유적에서 1기 또는 한 유적에서 분기를 달리하여 1기씩 존재하였을 뿐이었다. 이에 이들은 각각이 단독으로 존재한 유력 개인묘들이었을 것으로 판단되었다.

사로국 전기 말에는 청동거울 부장묘가 사라지고, (검초)철검과 함께 부장된 철모의 수가 a+랭크 고분의 구분 기준이 되었다. 이들도 소수의 유적에서 개별적으로 존재하였다.

사로국 후기에도 최하위는 농공구 세트와 토기, 또는 토기만 부장된 c랭크 목곽묘로 구분되고, 그 위로 대형무기의 부장이 전기의 a랭크와 대등한 b랭크, 전기의 a+랭크와 대등한 a랭크 목곽묘들이 각 유적에서 복수로 존재하였다. 그리고 그보다 철모의 부장이 탁월한 a+랭크 목곽묘가 황성동유적과 중산리유적에서 소수로 존재하였다. 한편 월성북고분군의 쪽샘지구 남쪽에서는 부장유물이 대부분 유실된 것으로 보이지만, 사로국 후기 말의 최대규모 목곽묘가 조사되었다. 이는 a+랭크보다 월등히 탁월한 특a랭크 목곽묘가 월성북고분군에 존재하였음을 의미하였다. 따라서 사로국 후기의 목곽묘 랭크는 모두 5단계로 구분될 수 있으며, 신라 조기의 목곽묘 랭크는 그보다 한 단계 더 늘어난 것임을 알 수 있었다.

다음 신라 전기는 월성북고분군에서 적석목곽분이 고총으로 출현하였고, 이와 함께 이전 시기부터 내려온 석재충전목곽묘, 점토충전목곽묘, 신라 전기에 새로 성립된 수혈식석곽묘 등 여러 묘제의 고분이 축조된 시기였다. 중심고분군인 월성북고분군에서 많은 적석목곽분이 발굴조사되었지만 분기별 발굴고분의 빈도 차이가 크고, 부실한 보고로 인해 다른 시기보다도 오히려 현상 파악이 어려웠다. 이에 보고된 고분의 수가 비교적 많은 4a기의 고분 랭크를 먼저 구분하여 이를 기준으로 삼았는데, 그 결과 신라 전기고분은 신라 조기와 같이 모두 6단계의 랭크로 구분되었다.

신라 전기는 피장자가 금공 복식품을 착장하고 온갖 화려한 부장품이 매납된 시기이지만 하위 c랭크와 d랭크는 조기의 목곽묘들과 마찬가지로 소수의 대형무기가 부장된 고분, 기본적인 농공구 세트와 토기, 또는 토기만 부장된 고분들이었다. c·d랭크 고분은 대개 점토충전·석재충전 목곽묘, 수혈식석곽묘들이었다.

그 위 b랭크 이상은 대개 적석목곽분들이었는데, 피장자가 착장한 복식품을 비롯하여 철제무기는 물론 각종 금공품이 차등 부장되었다. b랭크는 피장자가 세환식 또는 태환식 금제귀걸이를 착장하고 철제마구가 부장된 고분들이다. a랭크는 피장자가 관모류와 금제귀걸이, 은제대장식구의 과대를 착장하고, 금동장 및 철제마구가 부장된 고분들이다. a+랭크는 피장자가 금동관과 금제귀걸이, 목걸이, 금 또는 은팔찌와 반지, 은제대장식구의 과대를 착장하고, 금동신, 금동장마구와 장식대도, 청동제·철제 주조용기가 부장된 고분들이다. 그 위 최상위의 특a랭크 고분은 피장자가 금관과 금제대장식구의 과대를 착장하고 a+랭크 고분의 부장품에 더하여 금제관식, 유리용기, 금은제용기, 투조문금동장 마구류가 부장된 고분들이다.

월성북고분군에서는 적석목곽분의 목곽을 비롯한 고분 구조의 각부 규모가 이상 살펴본 피장자의 복식품 및 부장품의 수준과 비례를 이루었다. 그러나 그 외의 고분군에서는 특a, a+랭크 고분이 존재하지 않았고, a랭크 고분도 고분군에 따라 극히 소수일 뿐이어서, 각 지구의 고분군들은 대개 b랭크 이하의 고분들로 구성되었다. 이와 같이 신라 전기 월성북고분군의 적석목곽분들은 고총인 고분 외형과 온갖 금공품의 부장으로 철제품 중심의 저봉토묘인 신라 조기의 목곽묘와 격단의 차별화를 이루어, 그 주인공들이 신라 최고 지배세력으로서 위세를 과시하였지만, 경주지역 고분군의 전체 고분 랭크는 신라 조기 목곽묘와 연계성을 가진 것이었다.

다음 신라 후기고분은 횡혈식석실분이 석실 평면과 규모에 의해 1~4랭크, 횡구식과 수혈식 석곽이 규모에 의해 석실 4랭크급과 그 이하의 5·6랭크로 구분되었다. 이와 같은 신라 후기고분의 랭크를 신라 전기까지의 고분 랭크와 연계시킬 뚜렷한 근거는 찾기 어렵다. 하지만 석실 1랭크 고분이 모두 왕릉이 아니고 왕릉을 포함한 일단의 그룹이라는 점이 신라 전기의 특a 랭크 적석목곽분과 공통된다. 신라 전기의 특a 랭크 적석목곽분도 왕릉을 비롯하여 왕릉은 아니지만 금관과 금제대장식구 과대가 출토된 고분들을 포함한 것이다. 또 석실 2랭크 고분을 분기별로 나누면 그 수는 그다지 많지 않은 복수로 신라 전기 각 분기의 a랭크 고분과 대비될 수 있다고 본다.

그럴 경우 신라 전기 a+랭크 고분의 연계성이 문제가 된다. 여기서 각 시기 a+랭크 고분의 성격에 대해 재고해 볼 필요가 있다. 앞서 살펴본 각 시기 고분 랭크의 구분에서는 기준으로 삼은 유적에서 한 분기에 복수로 존재한 상위 랭크 고분들을 a랭크로, 이를 초월하여 경주지역 전체의 최고 지배자(급) 고분들을 특a 랭크로 하였다. 이를 전제로 경주지역의 중심고분군이 존재하지 않은 사로국 전기에는 a랭크 위에 몇 유적에서 단발성으로 존재한 탁월한 목관묘들을 a+랭크로 구분하였으나, 경주지역 전체의 중심고분군이 존재한 사로국 후기 이후는 각 유적에 존재하는 a랭크 고분과 월성북고분군의 특a 랭크 고분 사이에 존재하는 각 유적의 유력한 고분들을 a+랭크로 구분하였다.

a+랭크 고분은 복수가 상시적으로 존재한 것은 아니었다. 신라 전기에도 a+랭크 고분은 편년상 4a기와 4b기에만 존재할 뿐 그 이전 분기에서는 확인되지 않았다. 이는 사로국 후기 이후의 고분에서 구분된 a+랭크 고분이 상시적으로 존재한 계층을 의미하지는 않음을 말해준다.

그리고 신라 조기에 a+랭크 고분은 그 묘곽 형식이 특a 랭크의 이혈주부곽식으로 넘어가지는 못하여 동혈주부곽식으로 축조되었을 뿐이고, 신라 전기에도 특a랭크 고분과 a+랭크 고분의 규모와 부장품은 격단의 차이가 있어서, a+랭크 고분은 피장자가 금관과 금제대장식구 과대를 착장한 특a랭크 고분에 크게 미치지 못하였다.

따라서 유물과 관계없이 구분된 석실의 형식과 평면 규모로 구분된 신라 후기의 횡혈식석실분에서 1랭크와 2랭크 사이에 신라 전기 이전의 a+랭크와 연계될 수 있는 그룹이 따로 존재하지 않은 것은 오히려 당연한 것으로 판단된다. 신라 전기까지의 a+랭크는 신라 후기의 2랭크에 포함된다고 본다. 이하 후기 3랭크는 전기 b랭크와, 후기 4랭크는 전기 c랭크와 연계되고, 후기 5랭크와 6랭크는 횡구식과 수혈식 석곽의 규모 차

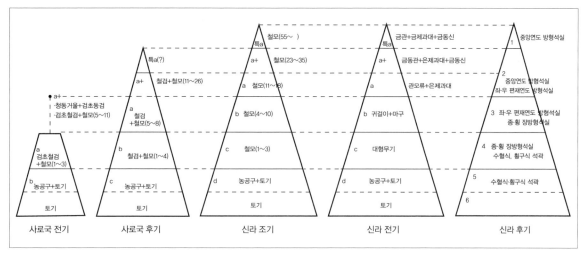

도 2-102 사로국 전기~신라 후기 계층구조의 변화

이로 구분하였지만 함께 전기의 d랭크와 연계될 것으로 판단된다.

이상 경주지역의 각 시기 고분 랭크 구분에 대해 설명해 왔는데, 이를 연계하여 표시하면 〈도 2-102〉와 같이 된다. 각 시기 고분의 랭크 구성은 고분에 반영된 각 시기 계층 구조의 일단을 보여주는 것이라고 판단된다. 그리고 신라 전기 이후의 다단계 계층구조는 사로국 전기부터 계층 구조가 변화하기 시작하여 신라 조기에 이미 그 기본틀이 성립된 것임을 보여준다.

3. 고분군의 위계구조 변화

진한 사로국이 성장하여 신라의 중앙이 된 경주지역은 지리적으로 자연적인 경계를 이룬 여러 지구들로 이루어져 있다. 앞서는 경주지역에서 조사된 각 시기의 고분군들을 지구별로 나누어 살펴보면서 지역과 지구의 중심고분군에 대해서도 언급하였다. 고분군 사이에는 우열의 격차가 있어, 각 시기 고분군들은 지역과 지구 내에서 위계구조를 형성해 간 것이다.

사로국 후기부터 형성되기 시작한 월성북고분군은 신라 전기까지 분지지구는 물론 경주지역의 중심고분군으로 기능하였다. 그러나 각 지구에서는 고분군 사이의 우열관계가 바뀌는 등 위계구조의 변화가 있었다. 이에 여기서는 각 고분군에서 상위 랭크

고분의 부침을 중심으로 각 지구 고분군의 위계구조 변화에 대하여 살펴보기로 하겠다.

경주지역에서 목관묘가 조영되기 시작한 것은 초기철기시대인 기원전 2세기부터이며, 영남지방에서 원삼국 전기의 고식와질토기가 출현하는 기원전 2세기 말·1세기초 무렵에는 사로국의 성립과 관련되는 목관묘·목곽묘군이 조영되기 시작한 것으로 판단되고 있다. 이때부터 경주지역에서는 목관묘·목곽묘군이 늘어나, 각 지구에서는 1개소 이상의 사로국 전기 목관묘·목곽묘군이 조영된 것으로 보인다. 그러나 이 고분군들의 성립 시기에는 시차가 있었으며, 초기철기시대부터 여러 곳에 목관묘가 축조되어 온 동남부지구의 조양동유적과 처음으로 서북한 계통의 목곽묘와 목관묘가 출현한 남부지구의 덕천리유적에서 가장 먼저 원삼국(사로국) 전기의 목관묘 또는 목곽묘가 축조되기 시작하였다.

조양동유적이 소재한 동남부지구에서는 그 다음으로 북토리·죽동리유적, 사로국전기 말에 이르러 중산리유적과 다운동유적이 형성되기 시작하였다. 조양동유적에서는 사로국 전기 초의 5호묘(고식와질토기 1기)와 그 후 38호묘(2b기) 등의 청동거울 부장묘, 다수의 철모와 판상철부가 부장된 전기 말의 60호묘(4b기) 등 유력자의 목관묘가 존재하였지만, 그 외의 고분군에서는 이들과 견줄 만한 목관묘가 조사되지 않았다. 이로 보아 사로국 전기에 동남부지구에서는 조양동유적과 그 이하의 유적들이 상하로 위계적인 관계를 이루어갔을 것으로 판단된다.

남부지구의 덕천리유적은 동남부지구의 조양동유적과 함께 사로국 전기 초부터 목곽묘와 목관묘가 축조되어 형성되기 시작하였지만, 출토 유물에서 사로국 전기 내내이렇다 할 유력한 목곽묘나 목관묘는 보이지 않았다. 그에 비해 남쪽으로 멀리 떨어진 하삼정유적에서는 사로국 전기 말부터 목관묘가 축조되기 시작하였는데, 다수의 철모를 부장한 I-2호 목관묘(4b기)가 존재하였다. 남부지구에서는 사로국 전기 말에 덕천리유적보다 하삼정유적이 우위를 점하였던 것을 알 수 있다.

다음으로 분지지구에서 탑동유적과 황성동유적이 형성되기 시작한 것으로 보인다. 탑동유적에서는 지금까지 3기의 사로국 전기 목관묘가 조사되었는데, 그 중 전기 말에 가까운 1호(4a기)는 청동거울 부장묘로 뒤에 언급할 사라리 130호묘(3b기)와 비교된다. 황성동유적에서는 다수의 판상철부가 출토된 강변로 2호(2c기) 외에는 이른 시기의 유력한 목관묘가 존재하지 않았으나, 전기 말에는 다수의 철모가 부장된 545-68호묘(4b

기)가 축조되었다. 사로국 전기 말에는 황성동유적도 부상하였던 것을 알 수 있다.

서남부지구에서는 모량리유적에 이어 사라리유적이 형성되었다. 모량리유적에서는 남부지구의 덕천리유적과 함께 서북한 계통의 목곽묘와 목관묘가 축조되었으나, 특별히 유력한 목곽묘나 목관묘는 드러나지 않았다. 그에 비해 사라리유적은 형성 시기도 늦고 조사된 목관묘도 소수이지만 청동거울 부장묘인 130호 목관묘(3b기)는 지금까지 경주지역에서 조사된 사로국 전기의 목관묘·목곽묘 중 가장 탁월한 무덤으로 꼽히고 있다.

마지막으로 북부지구에서는 인동리유적에서 목관묘 1기가 조사되었을 뿐인데, 청동거울은 부장되지 않았지만 검초동검과 철검 각 1점, 철모 3점이 출토되어 의미가 있다.

사로국 전기에 경주지역의 각 지구에서는 이상과 같이 목곽묘군 또는 목곽묘·목관묘군이 형성되어 갔는데, 가장 많은 수의 유적이 분포한 동남부지구에서는 조양동유적을 중심으로 위계구조가 성립되어 간 것으로 보인다. 그 외의 지구들에서는 2개소의 목관묘군 또는 목곽묘·목관묘군이 상당한 거리를 두고 존재하거나, 1개소의 유적에서 목관묘 1기만 조사되었다. 사로국 전기 유력자의 목관묘들도 각기 단발성으로 출현하였을 뿐 지속적으로 존재한 목관묘·목곽묘군은 아직 존재하지 않았다. 이는 각 지구에서 고분군 사이의 위계구조가 확고하지 않았으며, 그만큼 각 고분군의 독자성이 강하였음을 의미한다.

경주지역 전체를 아우르는 중심고분군은 아직 출현하지 않았으며, 앞서 거명한 탁월한 목관묘들은 읍락 거수급 유력자들의 무덤으로, 그 중 사라리 130호 목관묘와 탑동 1호 목관묘는 사로국 주수급의 수장묘로 판단되고 있지만 이들도 단발성으로 존재하였을 뿐이다. 탑동유적이 분지지구에 소재하였지만, 그 위치의 편재성이나 1호 목관묘의 단발성으로 보아 중심고분군으로 기능하지는 못한 것이 분명하다. 경주지역 각 지구의 지리적 연결성, 그리고 지구 단위를 넘어선 목관묘와 목곽묘의 교차 축조, 토기 세트의 교차 부장 등은 경주지역의 각 지구가 결속해 간 것을 의미하지만, 사로국 전기는 아직 특정 고분군을 정점으로 한 상시적인 위계구조는 성립되지 않은 것으로 보인다.

월성북고분군의 쪽샘지구 남쪽에서 조사된 사로국 후기 말 묘광 규모 6.68m×2.62m, 목곽 규모 5.18m×2.04m의 초대형 목곽묘는 사로국 후기 월성북고분군의 위상을 잘 말해준다. 많은 유물이 유실된 것으로 보이지만, 규모가 이에 미치지 못하면서도 무려 104점의 철모가 부장된 포항 옥성리 나-78호 목곽묘를 참고하면, 이 목곽묘에 어느 정도의 철기 유물이 부장되었을지 짐작할 수 있다. 월성북고분군은 사로국 후기에 경주지역의 중심고분군이 되어 신라 전기까지 변함없이 경주지역 고분군 위계구조의 정점에 있었다. 월성북고분군에서는 사로국 후기의 수장묘에 이어 신라 조기에는 점토충전·석재충전 목곽묘로 왕묘가 축조되었을 것이고, 신라 전기에는 적석목곽분으로 마립간 왕릉이 축조되었다.

이제 살펴보아야 할 것은 월성북고분군과 각 지구 고분군 사이의 격차, 그리고 각 지구에서 고분군의 위계 변화인데, 여기서는 각 지구 고분군의 변화를 먼저 살펴보기로 하겠다.

분지지구에서는 탑동유적에서 사로국 후기부터 신라 조기까지의 목곽묘가 조사되지 않아 그 위상을 알 수 없고, 황성동유적은 철모 13점이 부장된 신식와질토기 1b기 513·545-2호 목곽묘의 존재로 보아 사로국 후기의 이른 시기까지는 월성북고분군 다음으로 분지지구에서 상당한 위상을 유지하고 있었던 것으로 보인다. 그러나, 신라 조기에는 비교적 규모가 큰 세장방형 동혈주부곽식 목곽묘들이 축조되었지만, 부장 유물에서는 조기 전반기에 a랭크 고분 1기가 존재하였을 뿐이어서 그 위상이 약화된 것을 알 수 있다. 신라 조기 황성동고분군의 위상은 동남부지구의 중산리고분군이나 남부지구의 덕천리고분군에 미치지 못했으며, 신라 전기에는 분지지구에서 교동·탑동고분군보다도 하위로 밀려났다.

동남부지구에서는 중산리유적에서 사로국 후기 초인 신식와질토기 1a기에 철모 26점이 부장된 VII-4호 목곽묘가 축조된 것으로 보아, 중심고분군이 교체된 것을 알 수 있다. 조양동유적의 목곽묘 분포 구역이 모두 발굴된 것은 아니므로 아직 속단할 수 없지만, 월성북고분군 이 외에 경주지역에서 그만큼의 철기가 부장된 탁월한 목곽묘를 기대하기는 어렵다. 동남부지구에서는 사로국 후기에 들어와 중심세력의 세력 교체가 일어난 것이다. 중산리유적은 사로국 후기에 이어 신라 조기에 그 위상이 한층 고조되었다. 인근 구어리유적의 이혈주부곽식 목곽묘와 구정동유적의 a+랭크 동혈주부곽식 목곽묘의 존재가 보여주는 견제 속에서도 석재충전목곽묘와 a+랭크의 동혈주부곽식 목곽묘가 지속적으로 축조된 것이 그것을 의미한다. 그러나 신라 전기에는, 동남부지구 중심고분군의 위치는 유지되었지만, 그 위상이 분지지구의 황성동고분군 이하급으로 떨어졌다.

그 외 다른 지구들에서는 사로국 후기의 탁월한 목곽묘들을 찾기 어렵고, 대개 철모 5~8점이 부장된 목곽묘들이 상위를 차지하였다. 남부지구에서는 하삼정유적의 세가 유지되는 가운데, 사로국 후기 말에 덕천리유적에서 소수의 목곽묘가 축조되었으나 하삼정유적의 목곽묘들과 큰 차이가 없었다. 그러나 신라 조기에 오면 덕천리유적이 하삼정유적보다 우위를 차지하여 남부지구의 중심고분군으로 기능한 것으로 보이며, 신라 전기에는 적석목곽분의 축조 등으로 더욱 격차를 벌려나갔던 것으로 판단된다. 하지만 하삼정유적도 신라 전기까지 상당한 세를 유지하였다.

서남부지구에서는 사라리유적에서 사로국 후기의 목곽묘가 소수 조사되었으나, 그 규모와 출토유물에서 의미를 둘 만한 것은 없었다. 사로국 전기 수장급 목관묘의 존재에 유의하여 볼 때 서남부지구의 위상 자체에 큰 변화가 있었음을 알 수 있다. 신라 조기에도 사라리유적에서 동혈주부곽식 목곽묘가 축조되기는 하였지만, 그 랭크는 전반적으로 낮았다. 그러나 신라 전기에 들어와 금척리고분군이 중심고분군으로 조영되어 서남부지구의 위상을 다시 드러냈다. 금척리고분군은 월성북고분군과 함께 경주지역에서 적석목곽분 중심의 고총군을 이룬 것으로 꼽힌다.

북부지구에서는 아직 사로국 후기의 목곽묘가 조사된 바 없고, 신라 조기의 고분도 동산리유적과 사방리유적에서 늦은 시기 목곽묘 소수가 조사되었으나 그 중에 주목될 만한 것은 없었다. 신라 전기에는 사방리고분군과 그보다 경주 중심부에서 멀리 떨어져 위치한 안계리고분군 사이에서 사방리고분군이 우위였던 것 같으나 양자 사이에 큰 차이가 있지는 않았던 것으로 보인다. 그러나 두 고분군의 위상은 동남부지구의 중산리고분군 이상은 아니었던 것으로 판단된다.

동해안지구에서는 사로국 전기와 후기의 목관묘·목곽묘 유적이 조사된 바 없고, 봉길리유적에서 신라 조기의 늦은 시기 이후 고분들이 조사되었다. 신라 조기나 전기모두 특별히 주목할 만한 고분은 존재하지 않았다.

이상과 같은 변화를 거쳐 신라 전기 경주지역의 고분군은 월성북고분군을 정점으로 각 지구의 중심고분군, 그 이하에 유력 고분군과 하위고분군으로 중층적 위계구조를 이루게 되었다. 이와 같은 중층적 위계구조는 단계적으로 형성되었다.

사로국 후기에 경주지역 중심고분군의 출현을 의미하는 분지지구 월성북고분군의 조영과 동남부지구에서 중산리유적으로 중심고분군의 교체는 중산리유적에서 보여주는 것과 같은 새로운 형식의 목곽묘 출현이 그 배경이 되었을 것으로 판단된다. 신라 조기에는 남부지구에서 덕천리유적이 우위로 부상하였는데, 그것도 이와 관련이 있을 것이다. 사로국 후기 말에 방형화 한 목곽묘가 축조된 황성동유적과 달리, 세 유적에서는 공통적으로 세장화한 목곽묘가 축조된 것이다.

사로국 후기에 이어 신라 조기까지 확고해진 이 지구들의 중심고분군은 그대로 신라 전기로 이어졌다. 이에 더해 사로국 후기부터 신라 조기까지 우위를 점한 유력 고분군이 존재하지 않았거나 조사되지 않은 다른 지구들에서도 중심고분군들이 새롭게 부상하여 신라 전기 경주지역 고분군의 중층적 위계구조가 성립한 것이다.

그러나 월성북고분군과 각 지구 중심고분군 사이의 격차는 신라 조기에 비해 한층 심해졌다. 조기에는 a+랭크 고분이 중산리유적 등 동남부지구의 몇 고분군에서 존재하였으나 전기에는 월성북고분군에서만 존재하였을 뿐이다. a랭크 고분도 조기에는 복수로 존재한 지구 중심고분군이 있었으나 전기에는 월성북고분군을 제외하고 각 지구 중심고분군에서 극히 소수가 존재하거나 존재하지 않게 된 것이다. 신라 전기에 월성북고분군에 대한 각 지구 중심고분군의 예속성이 그만큼 강화된 것이다.

횡혈식의 석실봉토분이 중심 묘제가 된 신라 후기에는 경주분지를 둘러싼 주변 산지 여기저기에 새로운 고분군이 조영되었다. 신라 전기에 분지 중심부에서 월성북고분군을 조영한 세력들이 일제히 묘지를 옮겨간 것이다. 그 중 중고기 초의 왕릉을 비롯하여 왕실세력의 고분들이 자리한 서악동고분군이 최고 위계의 고분군으로 조영되었다. 이를 제외한 분지 주변 산지 고분군들은, 그 사이에도 차등이 있었던 것으로 보이지만, 차상위 위계로 조영되었다.

이와 달리, 여러 시기에 걸쳐 조영되어 온 분지지구의 황성동고분군과 분지 외곽의 각 지구 고분군에서도 전기고분에 이어 후기고분이 축조되었지만, 모두 고분군의 위계는 낮았다. 서남부지구에서 새로 조영되기 시작한 방내리고분군에서는 많은 석실분이 축조되었지만, 그 외의 주변 지구에서는 중심고분군과 하위 고분군의 구별도 없어졌고 고분 축조도 급격히 감소해 갔다. 지구의 중심고분군이 해체된 것이다.

신라후기양식토기 3기가 시작되는 7세기 중엽 이후부터는 분지 주변 산지고분군에서만 극히 소수의 석실분이 축조되었을 뿐, 분지지구의 황성동고분군과 서남부지구의 방내리고분군을 포함한 분지 외곽의 각 지구에서는 더 이상 고분이 축조되지 않았다. 경주지역에서 고분 자체가 소멸되어 간 것이다. 이와 같이 신라 후기는 고분군의 위계구조가 해체된 데 이어 고분 자체가 소멸되어 갔다.

4. 사로국의 읍락에서 신라 6부로

『삼국사기』와 『삼국유사』에 의하면 신라는 시조 혁거세왕이 6촌을 통합하여 건국하였고, 3대 유리왕 때 6촌이 6부로 개편되었다고 한다. 『삼국사기』에는 혁거세가 건국하기 전에 '조선유민'이 산곡간에 나누어 살며 6촌을 이루고 있었다고 한다.

과거에 필자는 경주 조양동유적 등에서 발굴된 원삼국시기 목관묘와 관련하여 이 조선유민을 위만조선계 유이민으로 보았고(최병현 1991; 1992a: 519), 현재 학계에서도 대체로 그렇게 이해하고 있다. 그런데 사로국 성립기에 경주지역에서 조영된 목곽묘·목관묘군은 크게 두 계통이 있는 것으로 밝혀졌다. 남부지구의 덕천리유적과 서남부지구의 모량리유적에서 조사된 목곽묘와 목관묘들은 그 구조가 서북한지방의 나무곽무덤, 나무관무덤과 같고 부장토기 세트도 서로 통하는 바가 있다. 조양동유적 등이 아니라 이들이 사로국 성립 무렵에 남하한 위만조선계 유이민에 의해 축조되었을 것으로 판단된다.

조양동유적을 비롯한 많은 유적에서는 그와는 다른 계통의 목관묘가 축조되었다. 조양동유적의 탁월한 38호, 60호 목관묘도 마찬가지이지만, 사라리 130호와 탑동 1호 등 사로국 수장급의 목관묘는 그 확대형들이었다. 위만조선계 유이민이 남하하기 이전부터 이미 경주지역에서 목관묘를 축조한 집단이 존재하였고, 사로국의 주도 세력은 그 축조 집단 중에서 성장한 것이다. 사로국의 성립 무렵 남하한 위만조선계 유이민 일부가 이에 더하여 경주지역에 정착한 것은 분명해 보이지만, 그들이 크게 세력을 떨치지는 못한 것이다.

그러므로 이제 『삼국사기』 혁거세조의 '조선유민'을 위만조선계 유이민으로 한정할 수는 없으며, 그 이전의 고조선계 선주민의 존재를 상정해야 한다고 판단된다. 사로국의 성립을 주도한 세력은 현 단계에서 고고학적으로는 위만조선계 유이민이라기보다 그보다 먼저 경주지역에 정착한 선주민 가운데서 성장한 존재였다고 할 수 있는 것이다. 그 후 사로국 후기에 다시 사로국 전기의 목곽묘와는 구조가 다른 목곽묘가 출현하였는데, 이 새로운 목곽묘의 구조 가운데에는 서북한지방의 낙랑목곽묘와 관련성을 가진 부분들이 있었다.

『삼국사기』와 『삼국유사』에서 신라의 건국신화에 나오는 6촌에 대해서는 후대에 부회된 허구적인 것으로 간주하여 그 존재를 인정하지 않기도 하고(전덕재 1996: 10~27), '촌'은 후대적인 표현이지만 그 실체를 인정하여 6촌을 사로국을 구성한 6개의 읍락으로 이해하기도 한다(이현혜 2008). 삼한의 '국'은 복수의 읍락의 결속이나 통합으로 이루어진 단위정치체라는 것이 학계의 통설이므로 사로국도 여러 읍락으로 구성되었다고 보아야 한다(이현혜 1984).

경주지역에서 초기철기시대에 축조되기 시작한 목관묘유적은 읍락의 형성을 의미하고, 원삼국 전기와 후기의 목관묘, 목곽묘유적의 분포는 사로국을 구성한 읍락과 관련된 것으로 이해된다(이희준 2000a; 이현혜 2008). 사로국을 구성한 읍락의 수는 처음부터 고정된 것은 아니며(주보돈 2003), 구체적으로 안계리고분군 일대를 중심으로 하는 북부읍락과 관문성 밖의 동천읍락이 처음에는 소별읍과 같은 별도의 세력으로 있다가 사로국 후기 단계에 합류하였을 것으로 보기도 한다(이희준 2011b: 155~157).

이 연구에서는 사로국 전기 이래 경주지역의 고분군 분포를 자연지리적인 경계를 따라 모두 6개의 지구로 나누어 살펴왔다. 이 지구들은 사로국을 구성한 읍락과 관련되겠지만 그렇다고 사로국 초기부터 모든 지구에 하나씩의 읍락이 성립하여, 그것이 사로국 후기까지 고정되어 있었다고 볼 수는 없다.

실제로 동해안지구에서는 아직까지 원삼국시기의 목관묘, 목곽묘군이 조사된 바 없으며, 앞으로 그 존재가 밝혀진다 하더라도 경주의 중심부와는 산줄기로 막혀있는 지리적인 위치로 보아 그곳이 원삼국시기부터 사로국의 읍락으로 합류되었다고 보기도 어렵다. 동남부지구에서는 초기철기시대 목관묘가 조사된 곳도 여럿이고, 사로국시기에도 전기부터 많은 목관묘, 목곽묘유적이 분포하여 소촌과 촌 또는 대촌으로 이루어진 취락군이 결집한 읍락의 모습을 그려볼 수 있지만, 다른 지구들에서도 모두 그렇지는 않았다. 사로국 후기까지도 소수의 목관묘·목곽묘군만이 조사되었거나, 북부지구에서는 지금까지 사로국 전기의 목관묘 단 1기만이 조사되었을 뿐이다.

이로 보아 지구마다 읍락의 형성 시기가 달랐고, 그 내부 구조도 차이가 있었던 것을 짐작할 수 있다. 사로국이 처음부터 앞의 〈도 1-18〉의 삼한 '국'의 구조 개념도와 같은 상태로 출발한 것은 아니며, '국'의 그와 같은 모습은 상당한 시일을 두고 단계적으로 이루어졌을 것이다. 그리고 사로국 전기에는 동남부지구의 중심고분군이 조양동유적이었으나 후기에는 중산리유적으로 바뀌는 것에서 보듯이 읍락은 그 내부가 변화해 가는 존재였다.

한국고대사에서는 단위정치체인 '국'에 대비되는 존재인 성읍국가가 연맹왕국을 이루었다가 집권적 귀족국가로 발전하거나(이기백 1976) 또는 소국이 초기 고대국가(부체제)를 거쳐 중앙집권적 영역국가로 나아갔다고 한다(노태돈 2014). 이 중 초기 고대국가는 국왕을 정점으로 하여 단위정치체인 部로 구성된 중앙이 지방의 후국들을 공납지배하거나 간접지배하는 고대국가 단계라고 한다. 고구려의 부는 원래 단위정치체인 那國이었으며, 그것이 고유명의 那部로 편제되었다가 행정구역을 의미하는 방위명 부로 개편되었다고 한다(노태돈 1975). 신라의 경우도 고구려의 나국과 유사한 '伐國'이 부로 편제되었을 것이라는 주장도 있지만(김재홍 1996), 사로국의 읍락이 부로 전환되었다는 것(이현혜 2008)이 좀 더 사실에 가까울 것으로 보인다. 신라의 부는 통일신라 말까지 명칭의 변경이 없었으나 그 성격은 단위정치체에서 행정구역으로 바뀌고, 그 위치가 변동되기도 한 것으로 연구되고 있다.

사로국의 읍락에서 신라의 부로의 전환은 공간적 확대와 양적인 확대만이 아니라 결속 관계의 질적 변화를 동반한 것이라고 평가된다(이현혜 2008). 여기서 결속 관계의 질적 변화는 각 부 내부의 문제일 수도 있지만, 과거에 필자는 그보다는 중심집단과 하위집단의 관계에 초점을 두어, 고고학적으로 신라의 역사에서 획기적인 변화는 적석목곽분의 출현이라고 보았다(최병현 1991; 1992a). 당시는 경주에서도 적석목곽분 출현 이전 시기의 고분으로는 조양동유적에서 원삼국 전기와 후기의 목관묘와 목곽묘, 그리고 구정동유적에서 세장방형 목곽묘가 조사되었을 뿐이었다. 적석목곽분 출현 이전 시기의 고분 편년도 어렵고, 원삼국 이래 고분의 계기적인 발전 과정도 설명하기 어려웠다. 그런 상황에서 황남대총 남북분과 같은 거대 고총의 적석목곽분 출현은 엄청난 변화로 보일 수밖에 없었고, 신라가 경주를 넘어 낙동강 이동 지방을 지배해 나가게 된 것도 적석목곽분이 축조된 마립간시기부터라고 볼 수밖에 없었다. 신라는 경주에서 적석목곽분이 출현한 마립간시기부터 낙동강 동쪽 각 지역의 고총주를 통해 지방을 간접지배하는 국가가 되었다고 본 것이다.

그러나 지금은 상황이 크게 달라졌다. 사로국 전기부터 신라 후기까지 경주지역 고분문화의 계기적인 변화 과정이 드러났고, 경주와 지방의 연계 관계도 밝혀졌다. 이에 필자는 적석목곽분의 등장에 앞서 주부곽식 목곽묘의 출현과 그에 수반한 변화를 주목하여 경주지역에서 주부곽식 목곽묘가 축조된 시기, 즉 서기 3세기 중엽부터 4세기 전엽까지를 신라 조기로 구분하고 있다(최병현 2015a).

신라 조기에 들어오면 목곽묘 유적이 사로국 후기에 비해 늘어나거나 새로 조영되기 시작하는 지구들도 있지만, 사로국 후기에서 신라 조기로의 전환을 보여주는 고분 구조상의 가장 뚜렷한 지표는 주부곽식 목곽묘의 출현이다. 신라 조기에 출현한 목곽묘의 묘곽 형식들은 거의 그대로 적석목곽분을 비롯한 신라 전기고분으로 이어졌다. 그러나 그보다 경주지역의 중심고분군인 월성북고분군은 이혈주부곽식, 그 외의 각 지구 고분군들은 동혈주부곽식으로, 묘곽의 형식이 차등적인 위계화를 이룬 것은 사회 내부 결속 관계의 질적인 변화를 의미한다. 〈도 2-103〉은 목곽묘 규모에서 월성북고분군에 자리하였을 최고 위계 고분과 여타 고분군의 대형 목곽묘 사이 격차의 변화를 잘 보여준다. 신라 조기에 오면 그 격차가 사로국 후기에 비해 훨씬 심해진 것이다. 이는 안으로 월성북고분군을 조영한 중심세력의 지배력이 사로국 후기에 비해 월등하게 강화된 것을 의미하는 것이다.

물론 월성북고분군을 조영한 중심세력은 그에 앞서 사로국 후기부터 각 지구 고분군 축조세력에 대한 지배를 강화하여 왔을 것이다. 중산리유적과 황성동유적에서 사로국 후기의 이른 시기에 존재하였던 a+랭크의 탁월한 목곽묘가 늦은 시기에는 사라진 것, 사로국 전기에는 사로국 전체의 수장급 목관묘가 존재하였던 사라리유적에서 사로국 후기에는 a랭크 이상의 목곽묘도 존재하지 않게 된 것 등이 그것을 의미할 수도 있다.

하지만 신라 조기에 들어오면 각 유적의 목곽묘들은 사로국 후기보다 일단 도약한 모습을 보여준다. 그러나 덕천리유적의 신라 조기 1a기에서 1b기로의 변화가 보여주듯이, 중산리유적을 제외한 경주지역 각 지구 고분군의 위상은 곧 격하되어 그 격하 추세가 신라 전기로 이어졌다. 월성북고분군과 각 지구 고분군 사이 묘곽 형식의 차등화는

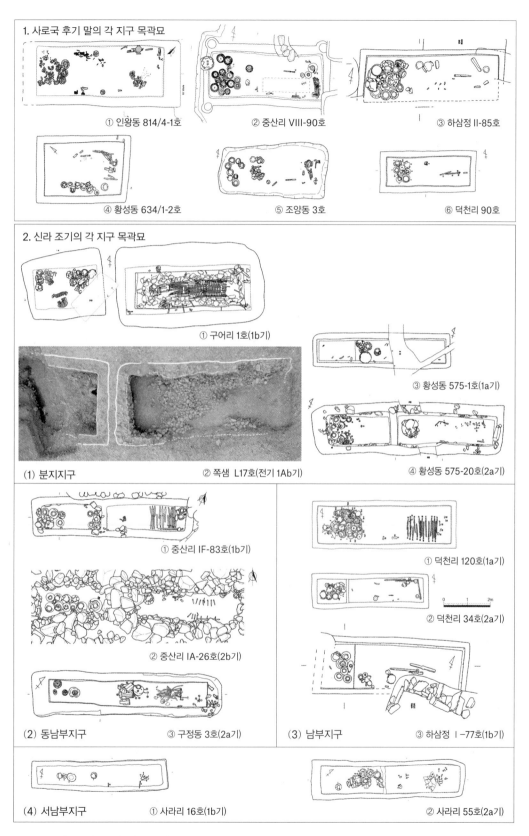

1. 사로국 후기 말의 각 지구 목곽묘

① 인왕동 814/4-1호

② 중산리 VIII-90호

③ 하삼정 II-85호

④ 황성동 634/1-2호

⑤ 조양동 3호

⑥ 덕천리 90호

2. 신라 조기의 각 지구 목곽묘

① 구어리 1호(1b기)

② 쪽샘 L17호(전기 1Ab기)

(1) 분지지구

③ 황성동 575-1호(1a기)

④ 황성동 575-20호(2a기)

① 중산리 IF-83호(1b기)

② 중산리 IA-26호(2b기)

(2) 동남부지구

③ 구정동 3호(2a기)

① 덕천리 120호(1a기)

② 덕천리 34호(2a기)

(3) 남부지구

③ 하삼정 I-77호(1b기)

(4) 서남부지구

① 사라리 16호(1b기)

② 사라리 55호(2a기)

도 2-103 사로국 후기 말·신라 조기의 각 지구 목곽묘 비교이와 같이 중심세력의 지배력 강화와 각 지구 고분군 세력의 예속성 강화라는 질적인 변화로 이어진 것이다.

한편 동혈주부곽식 목곽묘는 경주지역을 넘어 영남의 각 지역으로 퍼져나갔다. 낙동강 동쪽의 대구, 칠곡을 넘어 낙동강 서쪽의 고령지역에서도 축조되었고, 함안, 마산 등 김해 서쪽 지역에서도 소형이지만 세장한 목곽묘가 축조되면서 신라조기양식토기와 신라의 매장의례와 관련된 철기들을 부장하였다. 이들은 전기에 앞서 조기에 신라가 지방을 지배해 나간 증거들이다(최병현 2018a).

신라는 이와 같이 안으로 강화된 지배력을 바탕으로 밖으로 지방을 예속시켜 나갔는데, 신라 조기에 월성북고분군에서 석재충전목곽묘의 출현도 그와 같은 지배력의 질적인 변화를 말해주는 것이다. 묘제상 점토충전목곽묘에서 변혁되어 출현한 석재충전목곽묘는 다시 신라 전기 적석목곽분의 변혁으로 이어졌지만, 신라 조기에 경주지역에서는 월성북고분군과 중산리유적에서 축조되어 그 정치적 결속 관계를 보여준다. 경주 밖에서는 포항지역에서만 이혈주부곽식 목곽묘와 함께 석재충전목곽묘가 축조되었는데, 이는 신라 조기에 이미 신라의 지배하에 들어온 이 지역을 경주 월성북고분군 세력이 완전히 장악하고 있었음을 의미한다.

또 신라 전기로 이어진 계층 구조가 이미 신라 조기에 성립하였고, 사로국 후기부터 월성북고분군을 정점으로 하여 성립되기 시작한 경주지역 고분군의 위계구조도 신라 조기까지 확고해진 각 지구 중심고분군을 바탕으로 하여 신라 전기의 중층적 위계구조로 발전한 것을 살펴보았다. 신라 전기에는 고총의 적석목곽분 출현이라는 고분문화상의 커다란 변혁이 있었고, 월성북고분군의 적석목곽분 축조세력은 신라 조기에 비해 월등히 늘어난 각 지구 고분군들에 대한 지배력을 한층 더 강화하여 월성북고분군을 정점으로 하는 중층적 위계구조를 완성한 것이다. 그러나 신라 전기의 그와 같은 변혁은 갑작스러운 것이 아니라 신라 조기에 일어난 변화의 연속선상에서 이룩한 도약이었다고 할 수 있다.

이와 같이 서기 3세기 중엽경 경주지역에서 일어난 고분문화의 변동은 사로국 후기에서 신라 전기를 이어주는 단순한 중간 단계의 시작이 아니라 사로국에서 신라로의 전환을 의미하는 질적인 변화로 이해된다. 이에 필자는 이 단계부터 신라가 성립하였다고 보아 '신라 조기'로 시기구분한 것이다. 그러므로 이때 사로국의 읍락은 신라의 부로

전환하였을 것이다.[1]

영일 냉수리비, 울진 봉평비 등의 6세기 금석문과 『삼국사기』에 의하면 신라 6부는 喙部, 沙喙部, 岑喙部(牟梁部), 本彼部, 斯彼部(習比部), 漢岐部로 구성되어 있었다. 한국고대 사에서는 신라 중고기에 6부가 구 사로국 지역에 해당하는 광역의 왕경을 구성하고 있 었는데, 상대에 성립된 6부가 그대로 이어져 중고기 초까지는 단위정치체로 기능하였 으나 그 후 행정구역화되었다고 한다.

한편 경주분지 내부 유적의 발굴조사를 통해 6세기 중엽 황룡사가 창건될 무렵부 터는 왕경의 중심부 핵심공간에 坊里로 구획된 계획도시가 건설되기 시작하였으며, 坊 里구획은 경주분지 내부로 단계적으로 확장되어 간 것으로 밝혀지고 있다(이은석 2003; 황인호 2009; 2010). 중대에는 왕경 구역이 축소되면서 6부는 방리구획이 설치된 경주분 지 내부로 국한되거나 이치되고, 그 외곽에는 대성군, 상성군 등이 설치되었다고 한다.[2] 이를 중고기의 광역 왕경이 王京과 王畿로 재편된 것으로 보기도 하지만(여호규 2002: 72~74), 신라에서 왕기제는 시행되지 않았다는 주장도 있다(전덕재 2009: 45~47). 하대 에는 왕경의 범위가 다시 확대되어 고려시대의 경주 6부로 이어졌다고 한다.

그러면 중고기 6부로 이어진 상대 6부는 각각 어디에 위치하였을까? 한국고대사 학계의 6세기 금석문 연구에 의하면 마립간시기 신라에서 정치의 주도권을 행사한 것 은 훼부와 사훼부였으며, 나머지 부들은 이보다 세력이 미약하였다. 그런데 영일 냉수 리비에서 사부지왕과 내지왕은 훼부 소속이고, 至都盧葛文王은 사훼부 소속으로 되어 있다. 지도로갈문왕은 뒤의 지증왕이므로, 그 능은 월성북고분군에 존재하였을 것이다. 이로 보아 훼부와 사훼부는 경주지역의 중심부 분지지구에 해당하며, 그 핵심세력에 의 해 월성북고분군이 조영된 것이다.

....

1   한국고대사에서는 적석목곽분이 축조된 마립간시기에 신라에서 부체제가 성립하였다고 보는 연구자가 아직 도 다수인 것으로 보이지만, 전덕재는 이사금시기인 서기 3세기 후반경에는 6부가 이미 성립된 상태였다고 하였다(전덕재 1996: 34).

2   여호규는 중고기에는 왕경의 핵심공간인 훼부 사훼부 지역을 불교적 성소로 성역화하였으며, 통일기에는 중 고기의 里坊구역을 확장하고 그 四郊에 중국식 祭場을 설정하여 왕경을 유교적 정치체제의 공간으로 구현하 였다고 한다. 문무왕~신문왕대, 그리고 효소왕대에 걸쳐 왕경의 이방구역을 확장하고 중고기 외곽의 부를 축소된 왕경 내부로 이치하였을 것이라고 하였다(여호규 2002). 이에 대해 전덕재는 신문왕 9년(689) 달구 벌 천도를 포기하고 왕경의 범위를 축소하여 6부의 영역을 재조정하였으며, 이때 6부의 관할 기구인 6부소 감전을 전읍서로 개편하였을 것이라고 한다(전덕재 2009: 101~104).

한국고대사 연구에서는 신라 6촌·6부에 대한 문헌기록의 분석을 통해 대체로 훼부는 월성에서 북천까지 현재의 경주 시내 대부분에 해당하고, 사훼부는 월성에서 남산 방면으로 통하는 지역에 해당한다고 본다(여호규 2002: 55; 전덕재 2009: 92~95). 그런데 여호규의 연구에 의하면 신라는 중고기에 광역 왕경의 핵심공간인 훼부·사훼부 지역을, 동쪽에는 황룡사와 분황사를 건설하고 서쪽에는 흥륜사를 시작으로 서천변을 따라 북쪽에 삼랑사, 남쪽에 영흥사, 영묘사 등을 배치하여, 사찰로 둘러싸인 불교적 성역으로 조성하였으며 그 내부에 방리구획을 설치하여 계획도시를 건설하였다고 한다. 방리구획의 남쪽 경계는 나정과 포석정 사이일 것이라고 하였다(여호규 2002: 47~61). 유적의 발굴조사를 통해서는 이 핵심공간의 방리구획도 단계적으로 확장된 것으로 밝혀지고 있고(황인호 2015; 2016), 방리구획의 남쪽 경계도 남간사지와 전 곤원사지를 연결하는 선으로 좀 더 북쪽으로 올려보아야 한다는 견해도 있지만(이상준 2019), 하여튼 훼부·사훼부 지역은 중고기에 신라 왕경 가운데에서도 불교적 성소라는 하나의 공간으로 조성되기 시작하였다는 것이다.

　　그러면 마립간시기에는 월성북고분군을 함께 조영하였고, 중고기에는 그들의 근거지를 차별 없는 하나의 공간으로 만들어간 훼부와 사훼부가 원래부터 별개의 집단이었을까? 여기서 지증왕의 왕위 계승 관계를 상기해 볼 필요가 있다. 지증왕은 눌지-자비-소지로 이어진 내물왕의 장자계가 아니라 내물왕의 다른 왕자의 후손으로 방계에서 왕위를 이은 것이다. 그의 왕위 계승은 정상적으로 이루어진 것이 아니었는데, 그런 그가 영일 냉수리비에서는 갈문왕으로 사훼부를 관칭하고 있는 것이다. 이에서 미루어 보면 훼부와 사훼부는 원래 별개의 집단이 아니었으나 마립간시기 왕실이 왕위 계승 문제로 분지하여, 훼부에서 사훼부가 분화하였고, 이에 따라 공간적으로도 원래의 훼부에서 사훼부의 근거지가 나누어지게 된 것이 아니었을까.[3]

....

3　영일 냉수리비에서 지도로갈문왕은 사훼부 소속으로 나오고, 이보다 늦게 세워진 울진 봉평비에서는 모즉지매금왕은 훼부, 사부지갈문왕은 사훼부를 관칭하였다. 모즉지매금왕은 법흥왕으로 지증왕의 장자이다. 이로 미루어 갈문왕은 사훼부, 국왕은 훼부에 소속했으며, 갈문왕에서 국왕에 즉위한 지증은 소속이 사훼부에서 훼부로 바뀌었다고 보기도 한다(문경현 1990). 그러나 소속이 바뀌었다기보다는, 지증왕 이후 국왕은 계보상으로 사훼부 출신 지증왕의 후손들이지만, 국왕은 사훼부를 포함한 원 훼부 전체의 대표자가 되고, 갈문왕이 된 왕의 동생들은 그대로 사훼부를 관칭하게 된 것이 아니었을까. 이후 천전리서석 追銘에서 사부지갈문왕은 여전히 사훼부를 관칭하였지만, 모즉지태왕은 소속부 없이 부를 초월한 존재로 나오게 된 것은 그 연장

이 연구에서는 경주분지를 한 단위의 분지지구로 구분하고 분지 중심부에서 가시적인 위치에 조영된 고분군들을 모두 그 소속으로 보았다. 분지지구는 주변의 산지로 둘러싸였는데, 신라 후기가 되면 분지 내부에서 월성북고분군을 조영하고 있던 세력들이 집단별로 일제히 묘지를 옮겨와, 분지 주변 산지는 그들의 고분군이 되었다(도 2-104). 이는 신라 후기의 산지고분군으로 둘러싸인 분지지구 전체가 원래 월성북고분군 세력을 중심으로 한 훼부였음을 의미한다. 훼부에서 사훼부가 분화함에 따라 그 근거지도 남북으로 분화하게 되었으나, 중고기 이후 방리

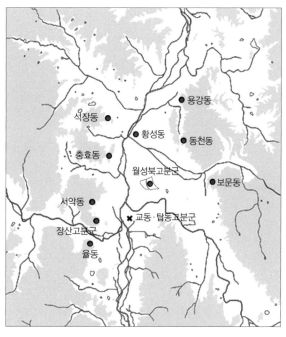

도 2-104 신라 후기 경주분지의 주변 산지고분군

구획을 설치한 것은 이를 아우른 분지지구의 내부로, 계획도시를 건설하여 불교적 성소로 하나의 공간을 만들어 간 것이다.

다음으로 岑喙部(牟梁部)는, 통일기에 서형산과 서천에 가까운 지역까지 모량부의 영역에 해당하였다는 주장도 있지만(전덕재 2009: 80), 신라 전기에 금척리고분군이 소재한 영천 방면의 대천유역이라는 데 학계의 이견이 없다. 이 연구의 서남부지구에 해당된다.

本彼部는 통일기에 방리구획이 확장 설치된 낭산의 서남쪽 또는 동남쪽으로 옮겨졌을 것이지만, 원래는 그 동남쪽 울산 방면이라는 데에 이견이 없다. 이 연구의 동남부지구가 이에 해당한다.

나머지 斯彼部(習比部)와 漢岐部에 대해서는 학계의 의견이 갈리고 있으나, 통일기 한기부는 분황사 동쪽으로 방리구획이 확장된 명활산 서쪽 보문동 일대, 통일기 습비부 역시 방리구획이 확장된 북천 이북이라는 데로 의견이 모아지고 있다. 이에 따라 중고

선에서 이루어진 것으로 해석될 수 있다고 판단된다.

기 이전의 습비부는 안강 방면으로 비정되기도 하는데(여호규 2002: 72), 이 연구의 북부지구가 이에 해당한다. 한기부도 통일기의 위치와 관련하여 원래 그 동쪽 동해안지역에 있다가 통일기에 축소된 왕경 내부로 이치되었을 것으로 보거나(여호규 2002: 72), 고려시대 경주 6부의 위치와 관련하여 원래 명활산 동쪽에서 동해안까지가 한기부에 해당한다는 주장이 있다(전덕재 2009: 94).

그러나 앞서도 언급하였듯이 동해안지구에서는 원삼국시기의 목관묘·목곽묘군이 조사된 바 없어 읍락의 형성 여부를 알 수 없다. 신라 조기 말부터는 목곽묘가 축조되기 시작하여 신라 후기까지 고분군이 이어졌지만, 경주의 중심부와는 산줄기로 격리되어 있는 이 지구가 독자적인 세력을 형성하여 신라의 한 부를 차지하였다고 할 정도는 되지 못한다.

그보다는 봉길리유적에서 경주 중심부와는 형태상 다소 차이가 있는 신라조기양식토기(최병현 2012a)에 이어 신라 전기 초의 4단 나팔각 유개식고배가 출토된 점이 유의된다. 4단 나팔각 고배는 신라 전기 1Aa기형식과 1Ab기 형식이 있고, 그 중 유개식은 경주지역에서도 아직 분지지구의 월성북고분군과 황성동고분군에서 출토 예가 있을 뿐인데, 봉길리유적에서 그 중 1Aa기 형식이 출토된 것이다. 무개식도 경주지역을 벗어나서는 포항 옥성리고분군에서 출토 예가 있을 뿐이다(도 2-105).[4]

이는 경주지역 중심부에서 출현한 이와 같은 신라전기양식토기 초기형식이 경주지역 안에서도 다른 지구로 확산되기 전에 오히려 동해안지구나 포항지역으로 먼저 전해진 것을 의미한다. 포항지역은 조기에 이미 신라에 편입되어, 경주의 월성북고분군 세력이 이를 장악하고 있었을 것임을 앞서 언급하였다. 동해안지구는 신라 전기 초나 그 이전에 이미 분지지구의 핵심세력이 장악하였을 것으로 판단된다.

그렇다면 통일기 이전 한기부는 어디였을까. 여기서 남부지구를 유의해 볼 필요가 있다. 이 연구에서 구분해 온 언양 방면의 남부지구는 앞서 고찰한 사훼부의 남쪽 한계

....

4 경주지역 외에 신라전기양식토기 성립기 형식인 4단 나팔각 유개식고배가 출토된 것으로는 현재 강릉 안현동 30호 세장방형 목곽묘에서 출토된 1Ab기 형식이 유일하다(예맥문화재연구원 2011). 강릉지역에서는 원삼국시기 呂·凸자형 주거지에서 중도식무문토기와 함께 신라조기양식토기가 출토되기 시작하다가 안현동유적 목곽묘에서는 신라전기양식토기 성립기 토기부터 출토되었다(최병현 2018a: 75~76). 이로 보아 강릉지역도 신라가 일찍부터 침투하여 지배하기 시작하였음을 알 수 있다.

1. 봉길리유적 가-7호 목곽묘
(조기 2a기)

2. 봉길리유적 석곽묘
(전기 1Aa기)

3. 황성동 590-57호 목곽묘
(1Aa기)

4. 쪽샘 C10호 목곽묘
(1Ab기)

5. 옥성리 가-35호 목곽묘

6. 옥성리 가-35호 목곽묘

0   5   10cm

도 2-105 봉길리·황성동·옥성리유적의 고배

를 벗어나 그 남쪽에 해당한다. 물론 지금은 이 남부지구와 한기부를 연결시켜 볼 어떤 근거도 찾을 수 없다. 그러나 앞서 살펴온 대로 신라의 부들이 경주지역의 각 지구들에 해당된다면 한기부와 남부지구의 관계도 상정해 볼 수는 있지 않을까 생각된다.

마립간시기 신라 6부의 대표자는 어디에 있었을까. 아니 정확히 어디에 묻혔을까? 영일 냉수리비에서는 본피부 干支와 사피부 干支를 포함하여 '此七王等共論教'하였다고 한다. 이는 법흥왕 18년(531) 상대등을 설치하고 왕이 부명을 관칭하지 않는 초월적인 존재가 되기까지, 훼부와 사훼부 이외 각 부의 대표자인 간지, 즉 부장들은 왕과 共論하여 教를 내릴 수 있는 존재였으며, 부는 그런 부장이 통솔하는 단위정치체로 기능하였음을 의미하는 것으로 해석되고 있다. 냉수리비에서와 같이 각 부의 부장이 왕과 함께 교를 내린 시기는 고고학적으로 신라 전기이며, 월성북고분군에서 적석목곽분이 축조된 시기이다. 이때 왕과 갈문왕을 비롯한 훼부와 사훼부 소속 인물들의 무덤은 물론 월성북고분군의 적석목곽분에 포함되어 있을 것이다. 월성북고분군에 소재한 마립간 왕릉들은 금관과 금제대장식구 과대를 착장한 특a랭크의 적석목곽분일 것이며, 共論教할 수 있는 갈문왕과 훼부·사훼부 소속 관등 소지자의 무덤도 특a랭크급이거나 그와 차이가 크지 않은 랭크의 적석목곽분들이었을 것이다.

여기서 문제는 훼부, 사훼부 소속이 아닌 다른 부의 대표자들이다. 그런데 지금까지 신라 전기 각 지구의 고분군에서 발굴된 고분 중에는 월성북고분군의 특a랭크나 a+랭크급의 고분은 존재하지 않았다. 분지지구의 탑동고분군이나 황성동고분군, 남부지구의 하삼정고분군 등에서 a랭크로 구분된 고분들이 극소수 존재하였지만, 이들도 월성북고분군의 a랭크 고분과 같은 유물 세트가 갖추어진 것은 아니었다. 더욱이 동남부지구의 중심고분군이 분명한 중산리고분군은 거의 전역이 발굴조사되었음에도 특a랭크나 a+랭크 고분은 물론 a랭크 고분도 존재하지 않았다. 아직 유적조사가 미진한 북부지구에서도 상위 랭크 고분의 존재를 기대하기는 어렵다.

다만 남부지구의 중심고분군인 덕천리유적의 신라 전기고분은 아직 본격적으로 발굴조사되지 않았고, 서남부지구의 신라 전기고분군인 금척리고분군도 봉토분의 발굴이 이루어지지 않아 아직 모든 지구로 일반화하기는 어렵지만, 이와 같이 각 지구의 중심고분군에서 모두 월성북고분군과 비교될 수 있는 a랭크 이상 상위 랭크 고분의 존재를 기대하기는 어렵다. 월성북고분군과 각 지구 중심고분군 사이의 격차가 그만큼 컸던 것이며, 그것은 6부가 단위정치체로 기능하고 있었다 하더라도 훼부·사훼부에 비해 다른 부들의 정치적 힘이 미약했음을 의미한다.

그렇다면 훼부와 사훼부 이 외 왕과 共論教할 수 있는 부의 간지, 즉 부장의 무덤이 모두 소속 부의 중심고분군에 존재하였다고 볼 수는 없지 않을까? 이에 여기서 몇 가지 가설이 상정될 수 있다고 본다. 첫째로 훼부와 사훼부 이외 다른 부의 부장들 무덤도 월성북고분군에 소재하였을 가능성이다(이현혜 2008: 218~220). 이 경우 다시 두 가지 가정이 있을 수 있다. 각 부의 부장이 소속부 출신으로 활동하다가 사후 무덤이 월성북고분군에 축조되었을 가능성과 월성북고분군을 축조한 중심세력 중에서 각 부의 부장을 맡은 인물이 있었을 가능성이다.

여기서 신라 조기에는 주변 지구 고분군들에서 축조되었을 것으로 보이는 묘곽 형식이 신라 전기에 들어와 월성북고분군에서도 나타나고, 신라 전기에 주변지구에서 발생한 묘제와 묘곽 형식도 월성북고분군으로 유입된 사실이 유의된다. 이러한 예들은 신라 전기에 주변 지구로부터 월성북고분군으로 인구가 유입되었을 가능성을 보여주는데, 혹 그것이 각 부 부장 무덤의 월성북고분군 소재와 관련되었을지도 모르겠다.

하지만 동남부지구의 금척리고분군은 적석목곽분이 분명한 것으로 보이는 고총군이라는 점에서 그 중에는 월성북고분군에서와 같은 상위 랭크의 고분들이 존재하였을 가능성이 크다. 아직 지하의 목곽묘들이 조사되지 않아 금척리고분군이 언제부터 조영되기 시작한 것인지, 언제부터 서남부지구의 중심고분군이 된 것인지는 알 수 없지만, 신라 전기, 즉 마립간시기 잠훼부의 부장 무덤들은 이 고분군에 존재하였을 가능성이 크다. 마립간시기 훼부와 사훼부, 잠훼부의 중심고분군이 모두 고총의 적석목곽분으로 이루어졌다는 공통점이 시사하는 바가 있다.

신라 후기에도 대체로 중고기까지는 왕실 중심의 서악동고분군을 정점으로 훼부·사훼부의 분지 주변 산지고분군, 그 외 분지 외곽의 각 부 고분군 순의 위계구조가 존재했으나, 잠훼부(모량부)의 방내리고분군 외 분지 외곽의 각 부 중심고분군은 해체되어 갔으며, 중고기 말 이후에는 방내리고분군을 포함하여 외곽의 각 부 고분군 자체가 소멸되었다. 이는 6부의 성격이 단위정치체에서 행정구역으로 변해간 것과도 관련이 있을 것으로 판단된다.

중고기에 잠훼부(모량부)에서는 왕비를 배출한 것으로 되어 있으나, 그것도 방내리고분군에서 120여 기에 가까운 석실봉토분이 발굴되었지만, 그 중에 1랭크 고분은 존재하지 않은 것과 어울리지 않는다. 이 역시 여러 가지 가능성을 생각해 볼 수 있게 한다.

초기 등자의 발전

머리말

I

현재 학계의 신라·가야 고고학자료 편년에는 일반적으로 약 50년 정도의 차이가 있다. 신라와 가야 고분의 연대도 연구자에 따라서는 약 50년 정도씩 차이가 난다. 이와 같은 연대 차이의 배경에는 이른바 서기 400년 '고구려군 남정 영향설'이 있다. 고구려군 남정 영향설을 전제하지 않은 편년에서는 서기 400년 이전으로 약 50년 정도 올라가는 신라·가야 고고학자료의 연대가 고구려군 영향 남정설을 전제로 한 편년에서는 서기 400년 이후로 내려오고, 그 이후 자료의 연대도 연동하여 내려온다. 서기 400년 광개토대왕의 남정으로 고구려의 금공품과 마구 등이 이입되어 한반도 남부지방의 고분문화가 변동되었다는 주장에서 출발하여, 고구려군의 남정으로 인해 서기 400년 무렵 김해 대성동고분군 축조 중단과 금관가야 주력 세력의 일본열도 이주설로까지 확대된 이른바 고구려군 남정 영향설은 이제 학계 일각에서 한·일 고고학자료의 편년과 고분문화 해석의 움직일 수 없는 하나의 준거가 되고 있는 것이다.

그런데 고구려군 남정 영향설을 성립시킨 배경에는 '馮素弗墓 최고 등자설'이 있다. 서기 415년의 北燕 馮素弗墓에서 출토된 등자가 세계 최고의 실물 등자이며 한국과 일본의 輪鐙子는 모두 이로부터 발전한 것이라는 이른바 馮素弗墓 최고 등자설은 한반도 남부지방에서 기승용 마구의 출현 시기를 그 이후로 묶어 고구려군 남정 영향설의 단초를 연 것이다.[1] 필자는 풍소불묘 등자설이 사실과 다름을 일찍부터 지적하여 온 바 있거니와(최병현 1983; 1992a) 사실 지금은 북연 풍소불묘 등자보다 훨씬 이전인 前燕시기 등자 실물 여럿이 발표되어 그 근거 자체가 상실된 지 오래이다. 그럼에도 불구하고 한·일 양국의 학계 일각에서는 이를 교묘하게 왜곡하여 고수하면서, 고구려군 남정설과 함께 그 적용을 한국 삼국시대와 일본 고분시대 고고학자료 전반으로 확대하여 고고학자료의 편년과 고분문화 해석에 이용하고 있는 것이다.

사실 고구려군 남정설 자체는 역사적 정황을 고고학자료 해석의 선험적 전제로 침소봉대한 일종의 선언과도 같은 것이어서 결국 徒勞에 불과할 비판에 힘쓸 필요를 느끼지 못한다. 그 단초가 된 동아시아 등자 문제도 필자에게는 다시 거론하기도 거북스러운 진부한 주제이기도 하다. 하지만 풍소불묘 등자설을 전제로 한 한국 삼국시대와 일본 고분시대 고고학자료의 편년작업이 행해지고 있는 한, 고대 등자의 문제는 여전히 진행 중인 사안이어서 이를 외면하고 학계의 편년이 일치되기를 기대할 수는 없다.

필자는 최근 신라토기의 형식분류를 통해 신라 고고학자료에 대한 새로운 편년작업을 진행하고 있는바, 부득불 등자 문제를 재론할 수밖에 없는 상황에 있다. 이에 전고(최병현 2013a)에서는 서기 4세기 이후 중국 동북지방과 한반도에서 단병등자와 장병등자 등 여러 가지 형태의 등자가 공존하였음을 나타내는 도표를 제시하고 간략한 설명을 덧붙인 바 있다. 여기서는 이에 더해 전고에서 명확하게 해두지 못한 문제들을 포함하여 초기 등자의 문제에 대한 필자의 견해를 좀 더 분명히 해 놓고자 한다. 여기서 초기 등자라 함은 중국 남부 晉代 陶俑의 單鐙子와 雙鐙子에서부터 북연 풍소불묘 등자까지 사이의 단병등자, 북중국의 전연시기의 실물 장병등자에서부터 그 형태가 크게 변하지 않은 경주 황남대총 남분의 장병등자까지를 가리킨다.[2]

....

1 서기 400년의 '고구려군 남정 영향설'과 서기 415년의 '馮素弗墓 최고 등자설'은 집안 광개토대왕비 경자년조의 남정 기록이나 北燕 馮素弗墓에서 출토된 등자 자체의 문제가 아니라 그에 대한 왜곡된 해석들을 가리키는 것이다. 그동안 학계에서는 '고구려군 남정설', '馮素弗墓 등자설'로 써 오기도 하였는데, 개념상 적절하지는 않지만 이하에서는 줄임말로 이를 사용하겠다.

2 이 책의 보론 1은 같은 제목의 논문(최병현 2014a) 내용을 수정한 것이다.

풍소불묘 등자설의 전개와 비판   II

먼저 '풍소불묘 등자설'의 등장과 그에 대한 비판을 연도순으로 간략히 정리해 보겠다.

小野山節(1966) – 일본 新開古墳 등자를 '고식'= 단병등자, 七觀古墳 등자를 '신식'= 장병등자로 분류하여 등자의 2분 단계설 주장.

黎瑤渤(1973) – 단병등자가 출토된 北燕 馮素弗墓 발굴 보고.

穴澤咊光·馬目順一(1973) – 415년의 풍소불묘 등자가 세계 최고의 등자 실물이며, 신라와 일본의 모든 輪鐙子는 이로부터 발전하였다고 주장.

小田富士雄(1979) – 小野山와 穴澤의 주장을 근거로 등자가 출토된 한국 삼국시대 고분은 모두 415년 이후이며, 고구려 적석총인 칠성산 96호분은 5세기 전반~중경이라고 주장.

최병현(1981b; 1983) – 풍소불묘 이전부터 단병등자와 장병등자가 공존했으며, 풍소불묘 등자는 단병등자 중 발전된 형식이라 주장.

中國社會科學院考古硏究所安陽工作隊(1983) – 외짝 長柄鐙子가 출토된 중국 安陽 孝

民屯墓 발굴 보고.

穴澤咊光·馬目順一(1984) - 초기등자의 병부가 장병에서 단병으로 짧아진다고 주장. 그러나 칠성산 96호분은 5세기 후반까지 내려올 가능성이 있다고 함.

遼寧省博物館文物隊 外(1984) - 장병 雙鐙子가 출토된 朝陽 袁台子壁畵墓 발굴보고.

신경철(1985) - 효민둔묘의 장병등자에서 병부가 단병으로 변한 윤부 倒하트형 등자(A형)와 풍소불묘 등자를 조형으로 하는 윤부 삼각형 등자(B형)가 415년 전후 고구려를 경유하여 한반도에 도입되었으며, 그 중 윤부 도하트형 등자는 윤부 타원형의 장병등자로 발전했다고 주장. 小田의 칠성산 96호분 연대 지지.

穴澤咊光(1988) - 원대자벽화묘는 전연의 용성시기(342-357), 효민둔묘는 鮮卑 모용씨 중원 진출(357) 직후로 추정. 원대자벽화묘와 효민둔묘 장병등자가 '현존 세계 최고의 등자 실물'이라고 수정.

신경철(1989) - 원대자벽화묘의 윤부 삼각형 장병등자는 윤부 삼각형 등자(B형)가 4세기대에 A형 장병등자와 결합된 것이라 주장.

최병현(1992a) - 단병등자와 장병등자 4세기부터 공존 재확인.

田立坤(1991; 2002) - 효민둔묘는 352년 이후 하한 370년, 원대자벽화묘는 太和 원년(366) 가능성도 있으나 永和 10년(356)으로 연대 고정.

董高(1995) - 선비와 고구려 등의 마구 편년안과 北票 北溝 8호묘 장병등자 발표.

이희준(1995) - 윤부 형태가 다양한 여러 계보의 단병등자와 장병등자 공존 주장.

이상에서 보듯이 풍소불묘 등자설은 중국에서 풍소불묘 출토 단병등자가 공표되자 穴澤咊光가, 다만 일본의 단계적인 등자 도입 순서를 밝힌 小野山節의 2분 단계설을 단병등자에서 장병등자로의 발전설로 곡해하여(이희준 1995), 풍소불묘의 단병등자가 세계 최고의 등자 실물이며 한·일의 등자는 모두 이로부터 발전하였다고 확대 해석한 주장이었다. 그러나 그는 효민둔묘의 외짝 장병등자가 발표되자 초기 등자의 병부가 장병에서 단병으로 짧아진다고 얼버무려 풍소불묘 등자설을 합리화하려고 하였으나(도 1), 곧바로 또 원대자벽화묘의 장병 쌍등자가 발표되자 효민둔묘와 원대자벽화묘의 연대가 전연시기라는 것을 인정하고, 이제 풍소불묘 단병등자가 아니라 두 고분의 장병등자가 세계 최고라고 수정하면서 등자의 변천 과정에 대해서는 더 이상 입을 다문 것이

다. 한편 小田富士雄는 穴澤의 풍소불묘 등자설이 나
오자 이를 이용하여 장병등자가 출토된 칠성산 96
호분의 연대를 5세기로 내려놓고는 상황이 변하자
그 역시 침묵을 지키고 있는데, 穴澤는 小田를 의식
해서인지 칠성산 96호분의 연대에 대해서만큼은 토
를 달아놓은 것이다.

그런데 여기서 주목해 보아야 할 것은 小田富士
雄의 칠성산 96호분 연대 비정 과정이다. 칠성산 96
호분에서는 등자를 비롯한 마구 외에도 여러 가지
유물이 출토되었다. 그 중에서도 연대 비정과 관련
하여 주목해야 할 것은 3점의 청동용기이다. 중국의
보고자들은 그 중 龍首柄鐎斗(도 2의 상 4)를 湖北省
漢陽 蔡甸 1호 西晉墓 출토 초두, 南京市 鄧府山 서진
묘 출토 초두와 비교하고, 또 칠성산 96호분 출토 靑

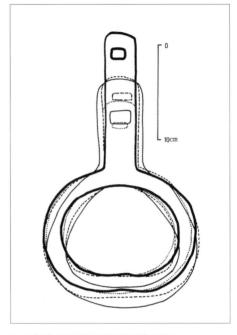

도 1 穴澤·馬目의 초기등자 외형 비교

銅鼎(도 2의 상 6)과 같은 형식의 청동정이 공반된 우산 68호분의 銅洗(도 2의 상 5)를 역
시 湖北省 蔡甸 1호묘 동세와 비교하여, 칠성산 96호분의 연대를 4세기로 비정하였다(集
安縣文物保管所 1979).

이에 비해 小田(1979)는 먼저 중국에서는 출토되지 않는 十字鈕靑銅盒(도 2의 상 7)
을 경주 서봉총의 十字鈕銀盒 등 신라의 늦은 시기 은제·청동제합과 관련시켜 분위기를
잡고는, 용수병초두도 중국에서 출토된 이른 시기의 것이 아니라 원주 법천리, 경주 식
리총 등 한국에서 출토된, 연대도 늦고 형식도 발달된 것들과만 비교하였다. 토기나 黃
釉陶器도 마찬가지이다. 중국의 보고자들은 칠성산 96호분 출토 토기와 도기들을 집안
마선구 1호분 등 기존의 고구려 고분 출토품과 비교하였지만, 小田는 칠성산 96호분에
서는 출토되지도 않은 고구려 토기 四耳壺의 대상파수를 부여와 공주 출토 늦은 시기 雙
耳壺의 대상파수까지 연결시켜 놓고는 경주 금관총의 청동사이호로 결론을 끌어갔다.
그리고는 穴澤의 풍소불묘 등자설을 들어 칠성산 96호분의 연대는 415년의 풍소불묘보
다 늦은 5세기 전반~중경이라고 한 것이다.

그런데 小田는 언급 자체를 피했지만 칠성산 96호분의 청동정은, 필자가 이미 언급

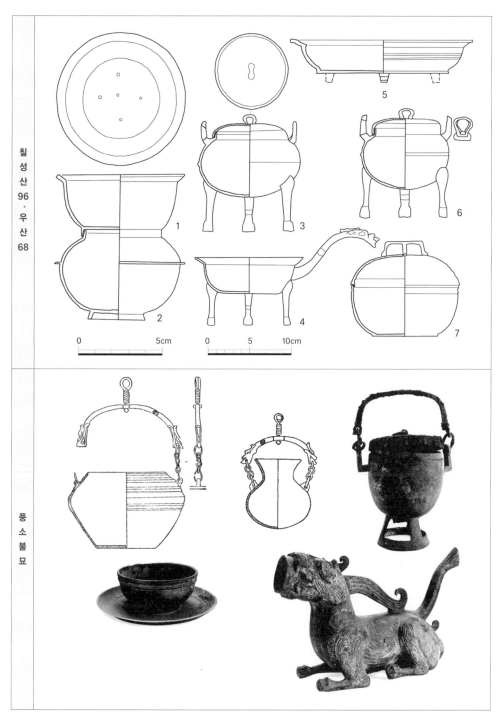

칠성산 96 · 우산 68

풍소불묘

0   5cm

0   5   10cm

도 2 고구려 적석총과 풍소불묘 출토 청동기(축소비율 다름)

한 바 있듯이(최병현 1992a: 359~360), 중국의 한대 청동기에서 유래된 것이다. 용수병초두도 늦은 시기의 한국 출토 동진대 초두만이 아니라 중국의 보고자들과 같이 그 이전 시기의 것들과도 비교되어야 했다. 중국의 초두에 대해서는 근년 박순발(2005)에 의해 자료집성이 이루어진 바 있으며, 칠성산 96호분 출토 용수병초두는 그의 B5류로 조양 원대자벽화묘나 北票 喇嘛洞 M221호묘 출토품(遼寧省文物考古硏究所 2002: 78)과 가장 근사한 것이다. 칠성산 96호분의 十字鈕청동합도 경주 서봉총 출토 延壽銘은합이나 그 외 신라고분 출토 은제·청동제합으로 연대를 내려놓을 것이 아니라, 반대로 칠성산 96호분의 객관적인 연대 도출로 서봉총 은합의 '延壽元年辛卯'가 511년인지 451년인지, 아니면 한 갑자 더 올려 391년이 될 수 있는지가 검토되었어야 할 유물이다. 서봉총의 延壽銘은합이나 호우총의 乙卯年銘청동합은 고구려에서 제작되어 신라로 전해진 것이어서, 이들이 묻힌 신라고분의 연대는 다만 이들의 하한연대에 불과하기 때문이다.

한편 小田는 그와 같이 칠성산 96호분의 청동기와 토기에 대해서는 늦은 시기 한국 출토 유물들과만 비교하고, 정작 상대 순서를 바꾸어 놓은 풍소불묘의 공반 유물에 대해서는 한마디도 언급하지 않았다. 그런데 〈도 2의 하〉에서 보듯이 그 중 청동용기는 모두 동진 후기의 청동기들이어서 칠성산 96호분 출토 청동기들과 극명하게 대비된다. 두 유적의 청동기를 직접 비교하면 도저히 그 순서를 바꾸어 놓을 수는 없다. 설사 칠성산 96호분 청동기에 전세기간을 상정한다 하더라도 칠성산 96호분 출토 청동기 전체, 그리고 같은 형식의 청동정을 공반한 우산 68호분의 청동기 전체를 일괄하여 긴 전세기간을 상정하지 않는 한 칠성산 96호분과 풍소불묘의 상대순서를 바꾸어 놓을 수는 없다. 이와 같이 칠성산 96호분의 연대를 결정하기 위해서는 출토 유물을 다른 유적의 늦은 형식은 물론 이른 형식과도 비교·검토하고, 상대선후 결정의 직접 대상인 풍소불묘의 공반유물과도 비교·검토하여 고고학자료 해석의 객관성을 확보해야 함에도, 小田는 그런 기본적인 노력은 외면하고 다만 풍소불묘 등자설만으로 그 순서를 바꾸어 놓아 버린 것이다.

이제 여기서 각도를 달리해 보면, 穴澤가 풍소불묘 등자가 공표되자 단병등자에서 장병등자로의 발전을 주장한 것은 小野山節의 단계 구분을 곡해한 것이라 여길 수도 있지만, 그가 곧바로 풍소불묘 등자를 세계 최고의 실물 등자라고 단정한 것이나, 小田가 이를 받아 칠성산 96호분의 연대를 풍소불묘보다 뒤로 내려놓아 버린 것은 곡해라기보다는 다분히 그들의 한국 고고학자료에 대한 편견이나 선입관 때문으로 볼 수밖에 없다. 그들의 입장에서는 풍소불묘 등자 공표 이전에 이미 출토되어 있던 경주 황남동 109호분-3·4곽의 단병등자나 칠성산 96호분의 장병등자가 세계 최고가 되는 것은 물론 그 연대가 일본의 등자 출현 연대보다 크게 앞서는 것만큼은 인정할 수 없었던 것이 아닐까? 그보다는 칠성산 96호분을 풍소불묘보다 이른 시기로 편년할 경우 칠성산 96호분 및 우산 68호분 출토품과 비교되는 청동기들이 대거 출토된 황남대총 남북분(도 3)의 연대, 특히 황남대총 남분의 연대가 풍소불묘보다 앞이 되고, 그래서 황남대총이 일본의 '倭5王의 巨大古墳時代' 앞에 놓이는 것만큼은 용납할 수 없었기 때문이 아니었을까?

하여튼 이렇게 해서 다만 등자 하나만으로 한국 삼국시대 고분문화의 상한선이 서기 400년무렵으로 묶여버린 穴澤-小田 프레임이 만들어진 것이다. 그러나 효민둔묘와 원대자벽화묘 등자의 공표로 그들의 오류가 금방 드러나자 수습 불가능한 것을 알고 고대 등자의 발전 과정에 대해서는 더 이상 입을 다물면서도, 풍소불묘 이후로 내려놓은 칠성산 96호분의 연대에 대해서만큼은 또 토를 달아 놓은 것이라 하겠다.

신경철(1985; 1989)의 주장은 이러한 상황에서 나왔다. 두 번에 걸친 그의 주장의 요점을 간단히 요약하면, 윤부 倒하트형 등자(A형)는 장병이 단병이 되었다가 다시 장병이 되고, 윤부 삼각형 등자(B형)는 단병이 장병으로 절충되었다가 다시 단병이 되어 단병상태를 유지하였다는 것이다. 그는 효민둔묘와 원대자벽화묘 출토 장병등자의 공표로 穴澤咊光의 풍소불묘 등자설이 이미 근거를 상실한 상태임에도 불구하고 이를 적용하여 억지 주장을 내놓은 것이다. 그가 그렇게 한 데에는 다음의 까닭이 있었을 것으로 보인다.

첫째는 그가 그에 앞서 비추어 놓은 서기 400년 고구려군 남정설(부산대학교박물관 1983: 92) 때문이었을 것이다. 사실 애초에, 경주 적석목곽분에서 출토되는 무장구, 마구, 금공품이 대부분 고구려계이며, 이들이 서기 400년 광개토대왕군의 남정을 계기로 한반도 남부지방에 이입되기 시작하였다고 하면서 광개토대왕비문의 고구려군 남정을 학계에 환기시킨 것은 최종규였다. 그는 필자가 신라 적석목곽분의 출현 시기를 서기 4세기대로 올린 것에 반대하며, 신라 적석목곽분이 광개토대왕의 남정으로 고구려 적석총의 영향을 받아 5세기 초 이후 발생한 것이라고 하면서 고구려계 문물의 이입설을 주

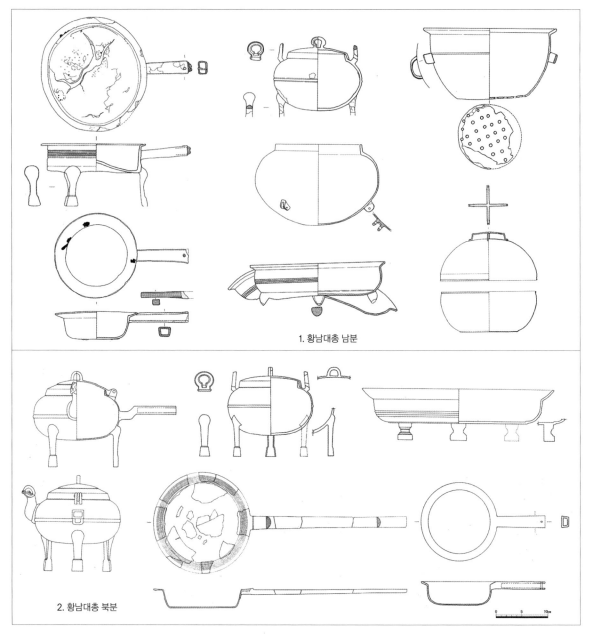

1. 황남대총 남분

2. 황남대총 북분

도 3 황남대총 출토 청동기

장한 것이다(최종규 1983a). 풍소불묘 등자설이 이미 근거를 상실한 상태임에도 신경철이 이를 다시 들고 나온 것은 최종규의 그러한 주장을 복천동고분의 해석에 적용하면서부터 고구려군 남정설을 자신의 것으로 만들어가던 와중이었다.

둘째로 고구려 남정설을 고수하기 위해서는 학계에 穴澤-小田 프레임을 확고히 해둘 필요가 있었을 것이다. 사실 穴澤의 풍소불묘 등자설이 나오자 이를 이용하여 장병등자가 출토된 칠성산 96호분의 연대를 풍소불묘보다 뒤로 내려 놓음으로써 穴澤의 풍소불묘 등자설의 적용을 구체적으로 고구려까지 확대한 것은 小田였다. 신경철은 고구려군 남정설을 지키기 위해서는 그러한 穴澤-小田 프레임이 필요했을 것이다.

하여튼 이런 과정을 거쳐 신경철은 소멸되어 가던 풍소불묘 등자설을 소생시켜, 이로써 한국 삼국시대 고고학자료의 편년과 해석을 고구려군 남정설에 묶어놓고, 穴澤-小田 프레임을 한·일 양국 학계에 정착시키는 데 결정적인 역할을 하였다. 중국에서는 그 후 다시 前燕의 龍城시기 이전으로 올라간다는 北票 北溝 M8호묘 출토 장병등자도 소개되고(董高 1995), 이희준(1995)이 경주 황남대총 편년과 함께 중국과 한국의 등자에 대해 재론하여 서기 4세기부터 여러 계보의 단·장병등자가 공존하였음을 밝혔지만, 풍소불묘 등자설을 배경에 둔 고구려군 남정설을 추종하는 집단적인 순환논리의 반복에 가려지고 말았다.

초기 단병등자와 장병등자의 발전 III

1. 초기 단병등자의 발전(도 4, 5)

중국 長沙 金盆嶺 21호 西晉墓(302년) 출토 陶俑에 부착된 외짝의 등자(湖南省博物館 1957)와 南京 象山 7호 東晉墓(322년) 출토 도용에 부착된 한 쌍의 등자(南京市立博物館 1972)는 등자의 실물은 아니지만 서기 4세기에 들어올 무렵 중국 남부에서 등자가 사용되기 시작한 사실, 그리고 그 등자가 윤부 삼각형 등자의 시원적인 형태임을 보여준다. 등자의 실물이 아니라서 당시 실물 등자의 재질이나 제작 기법을 정확히 알 수는 없지만, 두 도용의 안장에서 내려온 가죽끈과 연결된 등자의 병부 모습은 이 등자들이 단병등자였음을 말해준다. 또 금분령 21호 서진묘 도용의 單鐙에서 윤부 양쪽 가닥이 합쳐져 병부가 되는 모습은 이 등자가 1매의 나무를 구부려 만든 목제 또는 목심등자였음을 의미한다. 중국에서는 목제등자의 전통이 오래까지 지속되었는데,[3] 초기 단병등자는 이와 같이 나무를 구부려 만든 목제 또는 목심등자였으며, 취약한 부분을 금속판으로 보

....

3   중국에서는 宋代에도 木鐙을 제작하였던 기록이 있다(최병현 1992a: 735).

1. 長沙 金盆嶺 21號 西晉墓 陶俑鐙子　　　　2. 南京 象山 7號 東晉墓 陶俑鐙子

도 4 중국 晉代 陶俑의 등자

강하여 점차 보강 범위를 넓혀갔을 것이다.

　　중국에서는, 뒤에 언급할 북표 喇嘛洞 M266호묘 등자를 제외하면, 도용 등자와 서기 415년의 풍소불묘 등자 사이의 단병등자 실물은 아직 출토 사례가 없다. 목심등자의 취약한 부분만을 철판으로 보강한 초기 단병등자는 오히려 신라·가야고분을 비롯한 한반도 남부지방에서 출토되고 있다.

　　김해 대성동 68호묘에서는 목제등자의 병부 상단에 현수공으로 박았던 고리쇠 한 짝이 출토되었다(대성동고분박물관 2011). 대성동 47호묘에서도 목제등자의 현수공으로 박은 고리쇠와 병부 상단의 측면 및 윤부 상단을 보강한 철판이 출토되었는데, 등자 한 짝분이었다(경성대학교박물관 2003). 또 복천동 60호묘에서는 목심등자의 병부와 윤부의 경계부를 보강한 철판 한 짝이 출토되었다(부산대학교 박물관 1996).

　　울산 중산리 IB-1호묘에서도 목심등자의 윤부가 병부로 합해지는 부분만 보강한 ㅅ자형 철판이 한 짝만 출토되었다(창원대학교박물관 2006a). 그런데 이 철판은 병부 하단 부분과 양쪽의 윤부로 갈라지는 부분이 각각 별개의 철판으로 되어 있는 점이 주목

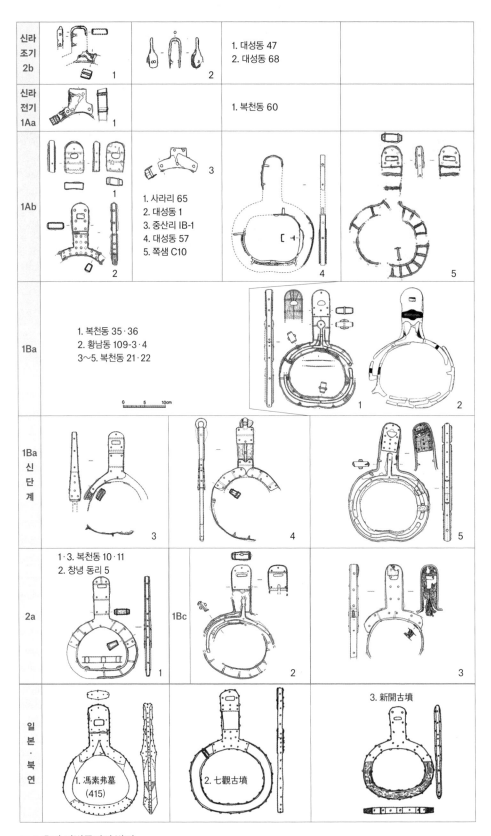

신라 조기 2b			1. 대성동 47 2. 대성동 68	
신라 전기 1Aa			1. 복천동 60	
1Ab			1. 사라리 65 2. 대성동 1 3. 중산리 IB-1 4. 대성동 57 5. 쪽샘 C10	
1Ba		1. 복천동 35·36 2. 황남동 109-3·4 3~5. 복천동 21·22		
1Ba 신 단 계				
2a	1·3. 복천동 10·11 2. 창녕 동리 5	1Bc		
일 본 · 북 연	1. 馮素弗墓 (415)	2. 七觀古墳	3. 新開古墳	

도 5 초기 단병등자의 발전

된다.

경주 사라리 65호묘에서는 목심등자를 보강한 것으로 병부의 현수공 부분과 병부 측면 일부를 보강한 철판 1쌍분이 출토되었다(영남문화재연구원 2007).

김해 대성동 1호묘에서는 병부를 2단으로 나누어 병두 부분과 그 아래쪽 병부 하단 및 윤부 전후면을 철판으로 보강하고, 병부의 양쪽 측면도 철판으로 보강한 목심등자 1쌍이 출토되었다(경성대학교박물관 2010).

이상의 등자들은 모두 윤부나 윤부 하단의 보강 철판이 존재하지 않아 윤부의 원래 형태는 알 수 없다.

김해 대성동 57호묘에서는 병부의 외측면과 윤부의 내외 측면을 철판으로 부분 보강한 목심 단병등자 1쌍이 출토되었다(경성대학교박물관 2003). 경주 월성북고분군의 쪽샘 C10호묘에서는 목심등자의 병두 현수공 부분, 병부와 윤부의 외측면 및 윤부의 내측면에 철판을 대고 못을 박아 고정한 단병등자 1쌍이 출토되었다(국립경주문화재연구소 2018). 이들은 윤부가 타원형에 가깝고 윤부의 답수부가 내측으로 반전된 기미가 있다.

다음 단계의 목심 단병등자들은 철판 보강 부분을 이들보다 더 넓힌 것이다. 동래 복천동 35·36호묘의 윤부 타원형(도하트형) 목심 단병등자는 답수부가 반전되었고, 경주 황남동 109호분-3·4곽의 목심 단병등자는 세부 형태를 알 수 없으나 윤부 타원형이었을 것이다. 양자 모두 철판 보강 부분이 늘어나 등자의 안팎 측면, 그리고 현수공을 중심으로 한 병두 부분을 각각의 철판으로 보강하였고, 병부 하단과 윤부 상단의 전후면은 별도의 역Y자상 철대로 보강하였다. 복천동 35·36호묘 것은 윤부 하단도 철대로 보강하였다.

복천동 21·22호묘 출토 목심 단병등자 가운데 윤부 도하트형은 철판과 철대 보강 상태가 앞의 복천동 35·36호묘의 것과 같으나, 다만 등자 전면의 역Y자상 철대 상부 끝의 원판이 없어진 것만 다르다. 이들은 앞의 쪽샘 C10호묘와 대성동 57묘 등자에서 철판 보강 부분을 확대한 것이 분명하다.

복천동 21·22호묘의 윤부 삼각형 목심등자는 병부와 윤부 상단 보강철판을 2단으로 나눈 것으로 앞의 대성동 1호묘 등자와 같은 방식이다. 윤부 하단 내면에도 철판을 보강 하였던 것을 알 수 있다.

복천동 21·22호묘에서 출토된 등자 중 현수공이 병부 위에 별도의 고리로 되어 있는, 윤부 원형의 목심등자는 병두 부분과 병부 하단 윤부 연결부의 보강 철판 사이를 가는 철대로 이었다. 그런데 이 등자의 병부 하단 윤부 연결부 보강 철판은 병부 하단 부분과 양쪽 윤부 부분이 각각 별개인 것이 주목되는데, 이는 앞의 중산리 IB-1호묘 등자의 보강 철판 상태와 같은 것이다.

창녕 동리 5호 목곽묘에서도 두 짝의 단병등자가 출토되었는데, 한 짝은 윤부 형태와 철판·철대 보강이 복천동 35·36호묘의 윤부 도하트형 등자와 같으나, 다른 한 짝은 윤부의 형태가 원형에 가깝고 반전되지 않은 답수부에 보강 철대도 붙지 않았다(한겨레문화재원구원 2014).

다음은 복천동 10·11호묘 출토 목심 단병등자들로, 이들은 윤부가 삼각형인 것과 타원형으로 추정되는 것 모두 병부와 윤부 상단의 전후면을 보강한 철판이 하나로 된, 즉 1단 보강 등자들인 것이 앞의 것들에서 달라진 점이다.

이상의 등자 출토 고분들 중 김해 대성동 47호묘와 68호묘는 필자의 경주지역 신라조기양식토기(최병현 2012a) 2b기의 병행기이고, 그 외는 신라 전기에 속한다. 신라전기양식토기 상대편년(최병현 2013a; 2014c)으로 동래 복천동 60호묘는 1Aa기,[4] 울산 중산리 IB-1호묘와 경주 사라리 65호묘, 쪽샘 C10호묘는 1Ab기, 김해 대성동 1호묘와 57호묘는 1Ab기 병행기, 경주 황남동 109호분-3·4곽은 1Ba기, 동래 복천동 35·36호묘는 1Ba기 병행기, 동래 복천동 21·22호묘는 1Ba기 병행기 신단계이고, 창녕 동리 5호묘는 1Bc기 병행기, 동래 복천동 10·11호묘는 2a기 병행기에 속한다.[5]

이와 같은 신라와 가야 지역 초기등자의 상대편년으로 보아 영남지방에서는 신라

---

[4] 동래 복천동 60호묘의 등자는 철제 표비와 함께 주곽의 묘광 내부로 함몰된 봉토층에서 나왔다고 한다(부산대대학교박물관 1996). 필자의 전고에서는 복천동 60호묘 주곽을 신라조기양식토기 2b기로 편년하였으나(최병현 2012a) 외절구연고배와 변형 노형기대 등의 재검토 결과 신라전기양식토기 1Aa기로 내려올 것으로 판단된다. 또 아직 보고서 미간인 복천동 48호묘에서는 목심등자의 병부와 윤부 연결부 및 윤부 일부를 보강한 철판이 나왔는데, 출토 토기는 사진(복천박물관 2009: 76)으로 보아 신라전기양식토기 1Aa기로 판단된다.

[5] 필자의 전고(2013a)에서는 동래 복천동 10·11호묘의 신라토기가 경주의 신라전기양식토기 1Bc기인 황남동 110호분 단계 토기를 모델로 제작된 것으로 보아 그 시기를 황남동 110호분과 같은 1Bc기 병행기로 판단하였다. 그러나 그 후 동래 복천동 10·11호묘의 신라토기 중에는 분명히 신라전기양식토기 2a기인 경주 황남대총 남분 단계 고배를 모델로 한 것도 포함되어 있는 것을 알게 되었으며, 이에 따라 그 편년도 2a기로 하향 조정하였다(2014c).

조기양식토기 2b기부터 등자가 사용되기 시작한 것을 알 수 있다. 그런데 대성동 68호 묘와 47호묘, 그리고 복천동 60호묘와 중산리 IB-1호묘의 사례로 보아 이 초기등자들은 목제등자의 현수공으로 고리쇠를 박거나 목심 표면의 극히 일부를 철판으로 보강한 외짝의 單鐙子였다. 이어서 신라전기양식토기 1Ab기부터는 신라·가야 지역에서 雙鐙子가 사용되기 시작하였다.

한편 한반도 중부지방에서도 쌍등자에 앞서 단등자가 출토되는 유적이 늘어나고 있다(권도희 2020). 이와 같은 사실은 한반도 남부지방에서의 등자 진행이, 약간의 시차는 있었겠지만, 長沙 金盆嶺 21호 西晉墓(302년) 출토 도용에 부착된 외짝의 등자와 南京 象山 7호 東晉墓(322년) 출토 도용에 부착된 한 쌍의 등자가 보여주는 중국 남부에서의 등자 진행과 똑같았음을 말해준다. 물론 이 초기등자들은 현수공의 고리쇠나 등자 표면 극히 일부의 보강 철판만 출토되어 나무로 만들어졌을 병부와 윤부의 정확한 형태는 알 수 없다. 그러나 중국 남부지방에서와 같은 등자의 진행으로 보아 이들은 1매의 나무를 구부려 만든 목등자에 가까운 윤부 삼각형의 短柄鐙子들이었을 것으로 추측된다.

그런데 單鐙子에 이어 신라·가야고분에서 출토된 雙鐙子들로 보아 초기 목심 단병 등자들은 단일 계보가 아니었다. 윤부가 여러 형태였고, 현수공도 다른 형태들이 있었다. 이에 따라 철판이나 철대의 보강 부위와 방식도 차이가 있었다. 좀 더 자세한 것은 뒤에서 설명하겠지만, 윤부 삼각형 등자와 타원형 등자는 목심의 제작 방식이 달라, 윤부 삼각형은 목심 1매식, 윤부 타원형은 목심 2매식이었을 것으로 판단된다.

동래 복천동 35·36호묘와 경주 황남동 109호분-3·4곽의 윤부 타원형 단병등자는 대성동 57호묘 및 쪽샘 C10호묘 등자의 계보를 이은 것이고, 동래 복천동 21·22호묘와 10·11호묘의 윤부 삼각형 단병등자는 윤부 형태를 알 수 없지만 목심 1매식이었을 것으로 판단되는 앞의 單鐙子, 그리고 사라리 65호묘와 대성동 1호묘 쌍등자의 계보를 이었을 것으로 판단된다.

복천동 35·36호묘의 윤부 원형 등자는 또 다른 계보로, 그 현수공 고리쇠는 앞의 대성동 68호묘나 47호묘의 단등자에서 이어졌을 것이다.

이와 같이 신라·가야의 초기 목심 단병등자들은 기본적으로 목심의 제작방식이 1매식과 2매식으로 달랐고 규모도 달랐으며, 이에 따라 철판 보강 부위나 방식도 차이가 있었던 것이다. 그러나 이들은 각기 철판 보강 부분을 확대해 오다 복천동 10·11호묘 단계에 오면 규모도 같아지고 철판 보강 부위가 통합된 것을 보여준다.

이제 여기서 북연 풍소불묘 등자를 살펴보면, 이 등자는 목심의 안팎 측면, 그리고 병부 전체와 윤부 상단 전후면은 물론 윤부 하단의 전후면까지 금동판으로 보강하였다. 즉 윤부 전후면의 중단 부분을 제외한 모든 부분을 금속판으로 보강한 것이어서 금속판 보강 부분이 앞의 신라·가야 초기 목심등자들보다도 더 늘어난 것을 알 수 있다. 그런데 여기서 단병등자들의 전체 규모와 병부의 변화를 주목해 보면, 대성동 1호묘의 병부 2단 보강 등자는 윤부 형태를 알 수 없지만, 윤부 삼각형 등자는 복천동 21·22호묘, 복천동 10·11호묘, 풍소불묘로 오면서 전체의 규모가 커지고 병부의 너비도 차례로 넓어진 것을 알 수 있다. 이는, 경주 황남동 109호분-3·4곽과 동래 복천동 35·36호묘의 윤부 타원형 또는 도하트형 등자가 원래 윤부 삼각형 등자에 비해 규모가 크고 병부도 길고 폭이 넓었으나 복천동 21·22호묘, 10·11호묘 순으로 오면서 병부가 짧아지고 가늘어지며 규모도 축소되는 변화와 분명히 대조적이다. 윤부 삼각형 등자와 타원형 등자는 이와 같이 상반된 방향이지만 각각 방향성을 갖고 변화된 것으로, 풍소불묘 등자의 전체 규모와 폭이 넓은 병부도 그러한 변화과정을 반영하고 있는 것이 분명하다.

이러한 점들은, 필자가 일찍이 지적한 바 있듯이(최병현 1983), 풍소불묘 등자가 단병등자의 초기 형태가 아니라 오히려 발전된 형식임을 말해주는 것이다. 그런데 풍소불묘 등자는 병부의 금속판 보강 방식이 고식 속성인 2단 보강인 것이 지적된다(신경철 2009). 또 복천동 10·11호묘 등자의 답수부에 존재하는 3개의 미끄럼방지 못이 풍소불묘 등자에는 없는 것도 지적되고 있다(박천수 2010: 111). 등자 답수부의 미끄럼방지 못 문제는 뒤에서 살펴보기로 하고, 풍소불묘 등자의 병부 2단 보강은 동래 복천동 21·22호묘 등자 이전의 속성이어서 1단 보강으로 바뀐 복천동 10·11호묘 등자보다 고식 속성을 유지하고 있는 것은 분명하다.

그런데 여기서 한 가지 더 주목해 보아야 할 것은 풍소불묘 등자의 윤부 내면 쪽 두께가 병부보다 두꺼워져 있다는 점이다. 병부에 비하여 윤부가 두꺼워진 것은 복천동 21·22호묘의 윤부 삼각형으로 추정되는 등자에서도 볼 수 있다. 그러나 윤부 쪽이 두꺼워지는 방식이 달라, 복천동 21·22호묘의 것은 측면형태로 보아 병부에서 윤부로 내려오며 점차 두꺼워진 것으로 보인다. 한반도 남부지방 복천동 21·22호묘의 윤부 삼각형 등자와 중국 동북지방 풍소불묘의 윤부 삼각형 등자 사이의 이러한 차이는, 윤부 삼각형 등자가 그 지리적인 위치와 함께 어느 시점부터는 서로 발전방향을 달리하는 별도 계열로 나뉘어졌음을 의미한다. 그래서 풍소불묘 등자는 병부의 금속판 보강방식에 고식 속성이 남아 있지만, 분명히 병부의 너비나 금속판 보강 부분에서 좀 더 변화되거나 발전된 속성을 갖고 있는 것이라 이해된다.

이제 이와 같은 점들에 주목하여 보면 풍소불묘 등자는 앞의 신라 조기 2b기의 單鐙子는 물론 신라 전기 1Ab기 이래의 雙鐙子들보다 앞일 수는 없다. 대성동 1호묘는 물론 쪽샘 C10호묘, 김해 대성동 57호묘 등자보다 앞일 수 없다. 경주 황남동 109호분-3·4곽과 동래 복천동 35·36호묘 및 21·22호묘 등자들보다 이른 시기로 볼 이유도 없다. 그리고 또 한두 가지 고식 속성의 유지만으로 풍소불묘 등자를 복천동 10·11호묘 등자보다 앞이라 단정하는 것도 무리한 판단이다. 두 등자 사이의 선후 관계는 다른 속성들의 발달 상태와 두 고분 공반유물의 검토를 통해서 판단되어야 할 부분이다. 두 고분 공반유물의 직접비교가 어려우면 간접적인 관계를 통해서라도 검토해야 한다.

그런데 복천동 10·11호묘는 경주 황남대총 남분이 속한 신라전기양식토기 2a기 병행기이고, 필자의 전고에서 살펴본 바 있듯이 황남대총 남분 출토 청동용기(앞의 도 3)들은 고구려 적석총인 칠성산 96호분이나 우산 68호분 청동기와 같은 계통으로 형식의 차이도 크지 않은 것들이다(최병현 1992a: 359~356). 小田富士雄는 穴澤咊光의 풍소불묘 등자설을 이용하여 집안 칠성산 96호분과 풍소불묘의 선후관계를 뒤집어 놓았지만, 이는 앞서 언급하였듯이 고고학자료 해석의 기본적인 객관성 확보를 도외시한 결론이었다.

그러므로 풍소불묘 등자는 그러한 상태로 발전된 윤부 삼각형 단병등자가 서기 415년 무렵 북중국에서 존재하였다는 해석으로 족하며, 동시에 역으로 앞서 살펴본 신라·가야의 초기 단병등자들이 그보다 이른 시기라는 사실을 증명해줄 뿐이다. 출토지가 북중국이라 하여 반드시 한반도 남부지방의 모든 단병등자들보다 앞이어야 할 이유는 없다. 그러므로 신라·가야고분 출토 초기 단병등자들은, 그 출토지가 북중국이 아니라 한반도 남부지방일 뿐으로, 초기 목심 단병등자의 발전 과정을 잘 보여주는 것들이며, 4세기 전반기의 도용 등자와 풍소불묘 등자 사이를 채워주는, 풍소불묘 등자 이전의 4세기 목심 단병등자들인 것이다.

2. 중국 동북지방의 장·단병등자와 초기 장병등자의 발전

1) 중국 동북지방의 장병등자와 단병등자(도6)

중국에서는 효민둔묘와 원대자벽화묘, 북표 북구 M8호묘의 장병등자 이후 朝陽
十二台鄕磚廠 88M1호묘와 三合成墓 출토 장병등자가 더 공표되었다(遼寧省文物考古研究
所 외 1997a; 于俊玉 1997). 또 북표 북구 M8호묘의 또 다른 장병등자와 원대자 M4호묘
의 장병등자가 우리 학계에 소개되었다(田立坤 2012).[6] 이들의 연대는 모두 4세기 중엽
의 전연시기라는 데 이견이 없으며, 그 중 일부는 전연의 용성시기 이전으로 올라갈 것
이라는 견해는 있으나 전연시기보다 늦다는 주장은 거의 없다.[7]

이제 앞서 언급된 것들을 포함하여 전연시기 등자들을 살펴보면 모두 병부의 길이
가 긴 장병등자라는 공통점 외에는 다양한 속성을 갖고 있는 것을 알 수 있다. 먼저 윤
부 형태로는 윤부의 답수부가 반전된 타원형(도하트형)이 가장 많아 조양 원대자 M4호
묘와 십이대향전창 88M1호묘, 안양 효민둔묘의 금동제 주조등자와 북표 북구 M8호묘
목심등자 중 1점이 이에 속하지만, 그 외 북표 북구 M8호묘 목심등자 1점(田立坤 2012:
209)과 조양 삼합성묘 목심등자는 답수부에 반전이 없는 타원형이고, 원대자벽화묘 목
심등자는 삼각형이다. 병부의 형태도 위가 넓고 아래가 좁은 것, 위 아래가 거의 균일한
것이 있는가 하면, 병두도 둥근 것, 둥근 기미가 있는 것과 직선적인 것이 있다. 병부와
윤부의 단면 형태도 梯形만이 아니라 다양하며, 재료도 금동제 주조품, 목심에 금속판
을 씌운 것, 가죽을 씌운 것 등이다. 즉 병부가 장병이라는 것과 목심등자의 경우 부분
이 아니라 전면에 금속판(원대자벽화묘 것은 가죽)을 씌웠다는 공통점[8] 외에 다른 속성들

....

6   田立坤(2012)은 북표 북구 M8묘의 장병등자 2점을 소개하였으며, 그 중 그가 사진으로 소개한 M8: 1호 등자
     는 董高(1995)가 도면으로 소개한 것과 같은 것이라고 판단되는데, 이 등자의 윤부가 董高 논문의 도면에서
     는 원형에 가까우나 田立坤 논문의 사진에서는 이와 달리 타원형에 가깝다. 다만 도면과 사진 모두 윤부 하단
     중앙이 두껍게 부풀어 있는 것은 같다.

7   류창환(2012: 158~160)은 원대자벽화묘를 4세기 3/4분기 초두라고 하고 효민둔 154호묘, 북표 북구 M8호
     묘, 십이대향전창88M1호묘, 삼합성묘는 이보다 약간 늦다고 하면서 도표의 4세기 4/4분기에 배치하고 있다.

8   田立坤(2012)에 의하면 북표 북구 M8: 1호 등자는 안팎 측면과 전면만 동판을 씌우고 후면 동판은 없다고 하
     였다. 그렇다 하더라도 목심에 금속판을 보강하는 방식은 뒤의 단병등자와는 다르다.

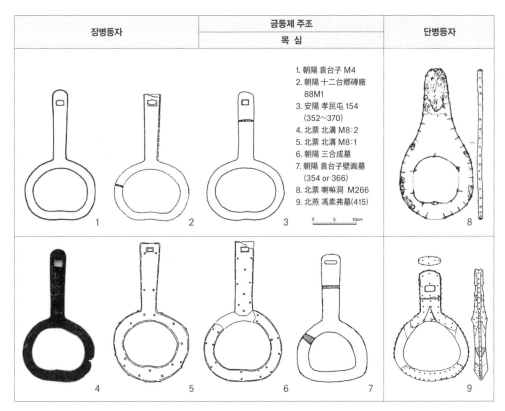

장병등자	금동제 주조		단병등자
	목 심		

1. 朝陽 袁台子 M4
2. 朝陽 十二台鄕磚廠 88M1
3. 安陽 孝民屯 154 (352~370)
4. 北票 北溝 M8:2
5. 北票 北溝 M8:1
6. 朝陽 三合成墓
7. 朝陽 袁台子壁畵墓 (354 or 366)
8. 北票 喇嘛洞 M266
9. 北燕 馮素弗墓(415)

0 5 10cm

도 6 중국 동북지방 전연~북연시기 장병등자와 단병등자

이 모두 일치되지는 않는다. 이는 초기 장병등자가 단일 계보가 아니며, 병부나 윤부 형태로 보아 최소 3개 이상의 계보가 있었음을 말해준다.

중국에서 단병등자는 장병등자에 비하면 아직까지도 그 출토 예가 희소하다. 이미 앞서 살펴본 풍소불묘 등자 외에는 다만 북표 喇嘛洞 M266호묘(遼寧省文物考古硏究所 외 2004)에서 출토된 특이한 형태의 목심등자를 단병등자로 분류할 수 있을 것 같다.[9] 이 등자는 병두가 둥근 짧은 병부의 폭이 대단히 넓고, 윤부는 원형에 가까운데, 병부와 윤부의 바깥 측면과 윤부 안쪽면에는 목심에 긴 동판을 못으로 박아 보강하였으나 윤부

....

9   이 등자의 연대에 대해서는 이론이 있어 田立坤(2012)은 3세기 말, 諫早直人(2012)은 4세기 중기의 전연시기, 桃崎祐輔(2006)는 436년 이전 북연시기 것으로 본다. 그러나 라마동 M266호분에서 출토된 운주 중에는 십이대향전창88M1호묘에서 출토된 특이한 운주가 포함되어 있는 등(遼寧省文物考古硏究所 외 2004)으로 보아 전연시기일 것으로 판단된다.

바깥쪽 하부, 그리고 병부와 윤부의 전후면은 금속판으로 보강하지 않았다. 북중국에서 출토된 단병등자는 이것과 풍소불묘 등자의 두 예에 불과하지만 이를 통해 단병등자도 단일 계보가 아니었으며 윤부 형태도 한 가지가 아니었다는 것을 알 수 있는데, 두 목심 단병등자에서 주목되는 공통점은 모두 병두가 둥글고, 목심을 금속판으로 보강하였지만 목심 전면을 금속판으로 씌우지는 않았다는 것이다.

이제 이상과 같은 중국 동북지방의 등자들을 통해서 알 수 있는 것은 애초 풍소불묘 등자설에서 지목된 등자의 고식 속성, 예컨대 윤부 삼각형, 단면 제형, 둥근 병두 같은 것이 장병등자와 단병등자 모두에 부합되지는 않는다는 점이다. 그리고 등자의 분류에서 제1 속성은 윤부가 아니라 병부라는 점이다. 즉 등자는 일단 병부에 따라 단병등자와 장병등자로 나뉘며, 윤부는 단병등자에도 장병등자에도 여러 형태가 있었고 그 외세부 속성에서도 여러 가지 차이가 있었던 것이다. 제작 방법에도 금속제 주조등자와 목심등자가 있었으며, 뒤에서 살펴보겠지만, 목심등자의 목심 제작 기법도 단일하지 않았던 것으로 지적되고 있다(田立坤 2012). 그러나 목심등자의 경우 장병등자는 모두 목심 전면에 금속판(원대자벽화묘의 것은 가죽)을 씌운 반면, 단병등자는 전면이 아니라 취약부분만 금속판으로 보강하였다는 공통점이 있다.[10]

이 점은 고구려와 신라의 초기 장병등자, 그리고 신라와 가야의 초기 단병등자에서도 마찬가지이다. 고구려와 신라의 초기 장병등자에 대해서는 뒤에서 살펴보겠지만, 경주 황남동 109호분-3·4곽이나 동래 복천동고분 등에서 출토된 신라·가야의 초기 단병등자들을 보아도 병부와 윤부 형태가 단일하지 않아 여러 계보의 것이 섞여 있다. 예컨 대 동래 복천동 21·22호묘(부산대학교박물관 1990)의 등자들이 그와 같은 실상을 잘 보여주는데, 이 고분에서는 윤부가 답수부의 반전이 있는 타원형(도하트형)인 것, 원형에 가까운 것, 삼각형으로 판단되는 것 등의 목심 단병등자가 함께 나왔다. 복천동 10·11호묘(부산대학교박물관 1983)에서도 윤부 형태가 타원형으로 추정되는 것과 삼각형인 목심 단병등자가 함께 나왔다. 이들은 각기 철판의 보강 방법도 다르고, 윤부와 병부의 단

....

10   필자는 전고에서 이를 구분하여 전자, 즉 목심 전면에 금동판이나 철판을 씌운 것을 木心金屬板(金銅板, 鐵板) 被鐙子, 후자, 즉 목심의 일부 취약 부분을 금동판이나 철판으로 보강한 것을 木心金屬板(金銅板, 鐵板)張鐙子로 정의한 바 있다. 그러나 학계에서는 이를 혼동하여 바꾸어 쓰기도 하고 모두를 목심금속판피등자로 쓰기도 한다.

면형태도 다른 것이 섞여 있다. 그러나 이들은 모두 병부가 짧은 단병등자라는 것과 취약부분을 철판으로 보강하였을 뿐 목심의 전면을 금속판으로 씌우지는 않았다는 공통점을 갖고 있다.

그 외 신라·가야의 초기 단병등자에서 공통점을 찾는다면 복천동 21·22호묘 출토 고리형 현수공 등자 외에는 모두 등자의 병두가 둥글다는 점이다. 이 점은 뒤에 제시하는, 경주 황남동 109호분-3·4곽(조선총독부 1937a)과 동래 복천동 35·36호묘(부산대학교박물관 2012)의 초기 목심 단병등자들에서도 마찬가지이다.

2) 초기 장병등자의 발전(도 7)

앞서 이미 살펴보았듯이 중국 동북지방의 전연시기 장병등자들은 윤부 형태나 세부 속성이 다양하였지만 병부가 길고, 목심등자들은 전면을 금속판(원대자벽화묘의 것은 가죽)으로 씌웠다는 공통점을 갖고 있었다. 이제 415년 풍소불묘 이전으로 편년되는 고구려와 신라의 초기 장병등자를 꼽아보면 고구려 것으로는 칠성산 96호분과 태왕릉 출토 등자(吉林省文物考古研究所 외 2004), 신라의 것으로는 황오동 14호분-1곽(조선총독부 1937)과 황남대총 남분(문화재관리국 문화재연구소 1994) 출토 등자가 있다.[11]

칠성산 96호분은 小田富士雄가 그 연대를 5세기 이후로 내린 후 6세기 전반까지 경쟁적으로 연대 내리기를 하였지만(穴澤咊光·馬目順一 1984; 中山淸隆·大谷 猛 1983; 東 潮 1988), 중국의 董高(1995)는 4세기 중반 전후~말로, 田立坤(2012)도 특정하지 않았지만 4세기로 보고 있는 등 중국 학계에서 칠성산 96호분을 5세기 이후로 내려보는 연구자는 없다. 한국에서는 이희준이 4세기 후엽으로 편년한 바 있다. 태왕릉은 391년의 고국양왕릉설(이희준 2006)과 413년의 광개토대왕릉설이 있지만, 필자는 등자 자체의 형식으로 보아 태왕릉 등자가 서기 400년 이후로 내려올 가능성은 없다고 생각한다. 이 외 고구려의 이른 시기 등자로 집안 우산 41호분과 평성 지경동 1호분 출토 장병등자도 있

....

11 경주 황남동 110호분(이은창 1975; 김대환 외 2008)에서도 윤부만 남은 등자가 출토되었는데, 윤부 전면을 철판으로 씌운 것으로 보아 장병등자인 것은 분명하나 병부 형태를 알 수 없어 여기서는 일단 제외한다.

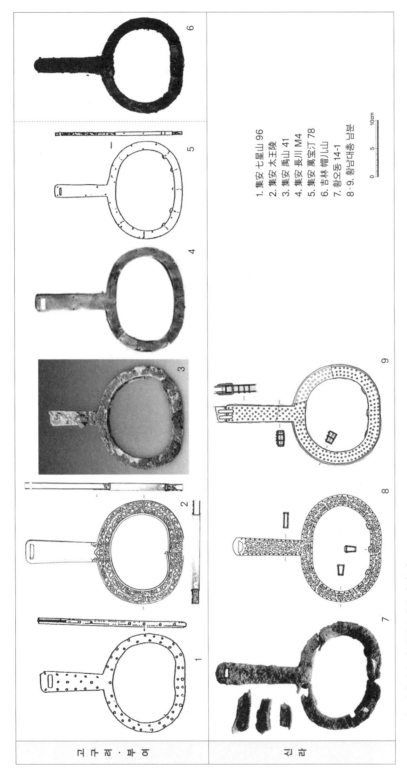

도 7 고구려·신라의 초기 장병등자와 관련 자료

1. 集安 七星山 96
2. 集安 太王陵
3. 集安 禹山 41
4. 集安 長川 M4
5. 集安 萬宝汀 78
6. 吉林 帽儿山
7. 황오동 14-1
8·9. 황남대총 남분

0 5 10cm

고구려·부여

신라

으나 이들은 논리 전개상 뒤에서 따로 고찰하겠다. 신라의 초기 장병등자의 연대에 대해서도 뒤에서 살펴보도록 하겠다.

하여튼 이들도 물론 세부적으로는 각기 차이가 있지만 앞서 살펴본 단병등자들에 비하면 모두 병부가 가늘고 길며, 목심 전면을 금속판으로 씌웠다는 공통점을 갖고 있다. 연대가 어떻게 설정되든 이들이 현재로서는 고구려와 신라 고분의 가장 이른 시기 장병등자들이라는 점은 변함이 없다. 그런데 여기서 먼저 분명히 해 둘 것은 이 고구려와 신라의 초기 장병등자들이 신경철(1985)의 주장처럼 고구려와 신라의 단병등자에서 발전한 것이 아니라는 점이다. 고구려에서는 지금까지도 칠성산 96호분이나 태왕릉의 장병등자보다 이른 시기의 단병등자는 물론이고 이들보다 늦은 시기의 단병등자조차도 출토된 예가 없다. 신라·가야지역에서는 장병등자의 출현에 앞서 단병등자가 먼저 발전하고 있었지만, 앞의 신라 초기 장병등자들이 그들로부터 발전된 형식의 '신식등자'라고 볼 수는 없다.

지금까지 신라고분에서 출토된 가장 이른 시기의 장병등자는 경주 황오동 14호분-1곽 출토 등자인데, 신경철(1985)은 황오동 14호분의 연대를 동래 복천동 10·11호묘보다 뒤로 보고 있지만, 황오동 14호분-1·2곽의 출토 토기는 황남동 110호분과 함께 신라전기양식토기 1Bc기로, 2a기인 황남대총 남분, 그리고 그와 병행기인 복천동 10·11호묘보다 1단계 앞이다. 즉 신라에서 장병등자는 황남대총 남분에 앞서 늦어도 황남동 110호분·황오동 14호분 단계부터는 단병등자와 공존한 것이다. 그러나 황오동 14호분과 동래 복천동 10·11호묘의 선후관계가 어떻게 되든 신라의 초기 장병등자가 동래 복천동고분군 출토 등자와 같은 단병등자에서 발전된 것이라고 볼 수는 없다.

단병등자와 장병등자는 단순히 등자 병부의 길이 차이만이 아니고, 뒤에서 보듯이, '고식등자'와 '신식등자'의 차이는 더더욱 아니다. 그것은 등자 제작 방법의 차이이고 계보의 차이인 것이다. 칠성산 96호분과 태왕릉의 고구려 초기 장병등자, 황오동 14호분과 황남대총 남분의 신라 초기 장병등자는 세부 형태와 제작 방법이 명백히 신라·가야의 초기 단병등자들과는 다르고 전연시기 장병등자와 공통된다. 그러므로 이제 고구려와 신라의 초기 장병등자가 단병등자에서 발전된 것이라는 억지 주장은 그만 접고, 전연시기 장병등자에서 유래된 것임을 인정해야 된다. 사실 신라의 단병등자에서 발전한 장병등자는 따로 있어, 이에 대해서는 뒤에서 밝힐 것이다.

고구려와 신라의 초기 장병등자 가운데 윤부가 타원형이고 둥근 병두에 아래쪽이 좁아지는 병부를 가진 목심 장병등자는 그 형태로 보아 전연시기 목심등자 가운데에서도 북표 북구 M8: 2호 등자와 같은 것이 조형이었을 것이다. 그런데 고구려와 신라 초기 장병등자들의 병부 길이와 윤부 높이를 비교해 보면 대개 병부의 길이가 등자 전체 높이의 50% 이하로 되어 있는 것이 주목된다. 이 점은 반대로 병부의 길이가 등자 전체 높이의 50% 이상인 전연시기 장병등자와 대조되는 것으로, 고구려와 신라의 초기 장병등자가 함께 전연시기 장병등자로부터 변화된 공통점일 것이다.[12] 지금 전연시기 장병등자들을 정확한 편년순서대로 배열할 수는 없지만 앞의 〈도 6〉은 병부와 윤부의 차이에 따라 배치해 놓은 것으로, 이를 통해 보아도 전연시기 장병등자는 병부의 길이가 상대적으로 짧아지고 폭은 넓어지면서 상하폭의 차이도 줄어드는 방향으로 변천되었을 것으로 추측된다. 전연시기 장병등자와 비교하여 고구려와 신라 초기 장병등자의 병부 길이가 짧아진 것은 그 연장선상의 변화였을 것이다.

한편 칠성산 96호분과 태왕릉 출토 등자의 아래쪽이 좁아진 병부는 길이에 비해 폭이 넓고, 병두는 양단을 말각한 정도로 직선에 가까우며, 타원형 윤부는 답수부의 반전이 약화되어 그 기미만 남아 답수부가 수평에 가깝고, 좌우 장경이 길지만 상하도 상대적으로 높은 형태를 가지고 있다. 고구려 초기 장병등자의 이러한 특징은 전연시기 장병등자에서 달라진 점이지만 집안 장천 M4호분과 만보정 78호분 등자와 같이 전체가 가늘어지고 병부는 세장하며 윤부는 완전 타원형으로 바뀐, 5세기의 고구려 등자와 극명하게 대비된다. 그 사이에 목심등자 제작 기법의 변화가 있었을 것으로 판단되는데, 이에 대해서는 뒤에서 언급하겠다. 한편 우산 41호분 등자는 윤부가 앞 시기의 것과 통하고, 병부는 뒷 시기의 것에 가까운 특징을 갖고 있어 바로 그 중간적인 위치에 있는

....

12 병두가 직선적인 북표 북구 M8호묘와 조양 삼합성묘 목심등자만 병부 길이와 윤부 높이가 거의 같고, 다른 것들은 모두 병부의 길이가 윤부의 높이보다 조금씩 더 길어 차별성이 있다. 이 직선병두 목심등자는 뒤에서 보듯이 황남대총 남분의 등자와도 상통한다.
한편 단순히 병부의 길이만으로 장병등자와 단병등자를 구분할 수는 없지만, 고구려와 신라의 초기 장병등자는 병부 길이가 등자 전체 높이의 45% 이상이나, 앞서 살펴본 신라의 단병등자 가운데 가장 큰 동래 복천동 21·22호묘의 윤부 타원형 등자는 병부길이가 등자 전체 높이의 44.7%이고 가장 작은 복천동 10·11호묘의 윤부 삼각형등자는 병부 길이가 41.2%이어서 모두 45% 이하이다. 풍소불묘·七觀고분·新開고분 등자의 병부 길이는 모두 40% 이하인 점도 주목해 두어야 할 부분이다.

것임을 주목해 둘 필요가 있다.

이제 신라의 초기 장병등자를 살펴보면, 황오동 14호분 등자의 둥근 병두에 긴 병부는 고구려 초기 장병등자보다도 오히려 더 조형에 가까운 고식 속성이지만, 윤부는 장타원형이어서 고구려 초기 장병등자와 다르다. 황남대총 남분의 옥충장식 장병등자는 병부가 그보다 짧아지고 상하폭 차이도 줄었으며 윤부도 장타원형이지만, 윤부 하단 가운데에는 아직 반전의 흔적이 남아 있다. 황남대총 남분에서는 이와 함께 병두가 직선적이고 병부의 상하폭도 거의 균일한 목심 장병등자가 출토되었는데, 이 직선병두 등자는 윤부의 형태도 옥충장식 등자와는 달라 답수부가 수평에 가깝고 상하도 높은 편이어서 오히려 고구려 초기 장병등자의 윤부와 가깝다. 그래서 이 등자는 옥충장식 등자와 계보가 다른 것이 분명하다.

이와 같이 고구려와 신라의 초기 장병등자는 단병등자에서 발전된 것이 아니라 단병등자와는 계보 자체가 달랐고, 발전 과정도 달랐던 것이다. 고구려와 신라의 초기 장병등자는 분명히 전연시기 장병등자에서 유래된 것이다. 그러나 이들도 모두 단일 계보에서 나온 것은 아니어서, 고구려와 신라의 둥근병두 장병등자와 황남대총 남분의 직선병두 장병등자는 원래 계보가 달랐을 것이며, 고구려와 신라의 둥근병두 장병등자도 원래는 같은 계보였을 것이나 일찍 다른 계열로 갈라져 각각 다른 특징들을 갖게 된 것이라 판단된다.

3. 초기 단·장병등자의 공존과 허구의 풍소불묘 등자설

1) 초기 단·장병등자의 공존

이상이 서기 4세기부터 415년 북연 풍소불묘 이전까지의 중국과 고구려 및 신라의 초기 등자 발전 과정이다. 결론적으로 말하여 등자 자체로서 등자의 발전 과정을 파악하고, 공반유물에 따라 제자리를 찾아주면 중국과 한국 고대의 초기 등자는 풍소불묘 등자설에서 말하는 것처럼 병부가 길었다가 짧아졌다가 다시 길어졌다가 한 것이 아니라, 단병등자와 장병등자가 공존하면서 단병등자는 단병등자대로, 장병등자는 장병등자대로 변화·발전하였던 것을 알 수 있다. 중국에서는 4세기 전반기의 도용 등자와 415년 풍소불묘 등자 사이의 단병등자 발전 과정이 비어 있지만, 한반도 남부지방에서는 單鐙子에서 雙鐙子로 바뀌면서 발전한 초기 단병등자의 발전 과정이 이어졌으며, 장병등자들은 전연시기 장병등자에서 고구려와 신라의 장병등자로 이어져 발전한 것이다.

한편 단병등자의 시원을 보여주는 중국 남부의 도용 등자들은 4세기 전반기의 절대연대를 갖고 있지만, 북중국의 장병등자들의 연대는 그만큼 확실하지는 않다. 그러나 지금 공표되어 있는 등자들 가운데 북표 북구 M8호묘 장병등자는 전연의 용성 천도 (341) 이전으로 소급시켜 보는 견해도 있지만(董高 1995; 田立坤 2012) 대개는 4세기 중엽으로 편년되고 있다. 이로 보면 중국 남부에서 단병등자가 발생한 뒤 약간의 시차를 두고 중국 북부에서 장병등자가 출현한 것이다. 중국 북부의 장병등자들은 대개 선비계 무덤에서 출토된 것이다. 일찍이 필자(최병현 1983; 1992a)가 언급한 대로 단병등자와 장병등자 사이에는 발생 지역이나 족적인 차이가 있었던 것이다. 그러므로 현재로서는 단병등자와 장병등자가 약간의 시차를 두고 지역을 달리하여 각각 발생하여 공존하면서 각각의 발전 과정을 겪었다고 보아야 하겠다.

그 중 먼저 한반도 남부지방에 들어온 것은 단병의 單鐙子에 이은 단병의 雙鐙子였고, 장병등자는 곧 그 뒤를 따라 들어온 것이 된다. 그러나 경주 황남동 110호분과 황오동 14호분 출토 장병등자가 과연 신라에서 최초의 장병등자였는지는 좀 더 고려해 보아야 할 점이 있다. 한반도 남부지방에서 장병등자는 경주의 적석목곽분에서부터 출현한 것이 주목되는데, 현재까지 경주 최고의 적석목곽분은 단병등자가 출토된 황남동 109호분-3·4곽이지만, 이 고분은 황남대총은 말할 것도 없고 황남동 110호분이나 황오동 14호분보다도 위계가 낮다. 그러므로 최소한 황남동 109호분-3·4곽과 같은 시기, 아니면 그 직전에는 존재하였을 상위 위계의 적석목곽분에는 어떤 등자가 매납되었는지 알 수 없다. 같은 장병등자이지만 신라에서 가장 이른 시기인 황오동 14호분 장병등자의 병부가 고구려 초기 장병등자보다도 오히려 조형에 더 가까운 고식 속성을 갖고 있는 점도 시사하는 바가 있다.

그러나 원래 단병등자였음이 분명한 외짝의 목(심)등자가 신라조기양식토기 2b기부터 존재하였고, 목심 쌍등자가 신라전기양식토기 1Ab기부터 출토되므로, 장병등자에 앞서 단병등자가 먼저 한반도 남부지방에 도입된 것을 부정할 수는 없다. 단병등자가 들어온 루트를 현재로서는 알 수 없지만, 한반도 중부지방에서도 雙鐙子에 앞서 單鐙子가 사용된 것이 확인되고(권도희 2020), 백제에서는 부분 철판 보강 목심등자를 중심으로 발전한 것으로 보아 중국 남부에서 백제를 통해 도입되었을 가능성이 크다. 장병등자는 선비로부터 직접 도입되었을 수도 있지만 고구려를 통해 들어왔을 가능성이 더 크다고 할 수 있다.

2) 허구의 풍소불묘 등자설

이제 다시 풍소불묘 등자설이 나온 배경과 그 진행 과정으로 돌아가 보면, 우선 小野山節(1966)의 일본 출토 등자의 구분부터가 문제였음을 알 수 있다. 그는 新開古墳 등자를 '고식' 단병등자로, 七觀古墳 등자를 '신식' 장병등자로 구분하였지만, 사실은 그 구분 자체가 오류였던 것이다. 이 등자들은 모두 취약부분을 철판으로 보강한 목심 단병등자이며, 단병등자 가운데 다만 철판 보강 방식이 다른 계열이었고, 또 전체의 규모에서 차이가 있었을 뿐이다(앞의 도 5 참조).

더욱 문제가 되는 것은 장병등자라는 七觀古墳 등자가 단병등자라는 新開古墳 등자보다도 더 고식 속성을 갖고 있다는 점이다. 즉 七觀古墳 등자는 기본적으로 동래 복천동 21·22호묘 출토 윤부 원형 등자 계열로, 병두부 철판 보강방식은 복천동 21·22호묘의 윤부 타원형 등자나 윤부 삼각형 등자의 병부 철판 보강방식을 따른 것이고, 윤부가 타원형이 된 것도 윤부 도하트형에서 변화된 형태를 따른 것이다. 그러므로 이 등자는 복천동 10·11호묘 이전 단계의 고식속성을 갖고 있는 반면, 新開古墳 등자는 전체가 소형화되어 병부가 짧고 가늘며 윤부도 완전 타원형이고 철판 보강방식도 1단식이어서 동래 복천동 10·11호묘 등자보다도 후행하는 형식임이 분명하다.[13] 결국 이들은 七觀古墳 등자가 선행형식, 新開古墳 등자가 후행형식인 목심 단병등자들로서 처음부터 단병등자와 장병등자로 구분될 수 있는 것이 아니었으며, 小野山은 자신의 구분이 지금처럼

....

13   본고 작성중 입수한 七觀古墳 신보고서에서도 七觀古墳 등자를 일본 고분시대 中3期(新相)인 新開古墳 등자보다 앞인 中3期(古相)에 배치하였다(鈴木一有 2014: 363).

확대 해석될 것을 예상하지 못하였겠지만, 더더욱 '고식등자'와 '신식등자'로 나눌 수 있는 것이 아니었다.

小野山節는 이 일본 고분 출토 등자의 단계구분에 행엽의 공반 여부를 연계시켰지만, 이는 다만 두 일본고분에서의 현상이었을 뿐이다(최병현 1983). 이른 시기부터 등자와 행엽의 공반은 신라고분에서 이미 밝혀져 있었지만, 지금은 그 공반이 전연시기부터였음도 잘 알려져 있다.

穴澤咊光(1973)의 풍소불묘 등자설은 이와 같이 처음부터 잘못된 전제에서 출발한 것이다. 그는 풍소불묘 출토 단병등자가 공표되자마자 小野山의 일본 등자 도입 2분 단계설을 단병등자에서 장병등자로의 발전설로 비약하고 풍소불묘 등자가 세계 최고의 등자 실물이라고 단정해버렸지만, 그때나 지금이나 풍소불묘 등자가 세계 최고의 실물 등자도 아니거니와, 장병등자가 단병등자로부터 발전한 것도 아니었다. 穴澤咊光(1984)는 또 효민둔묘 장병등자가 공표되자 앞의 〈도 1〉처럼 효민둔묘·풍소불묘·新開고분의 등자 도면을 겹쳐 놓고 초기 등자의 병부가 장병에서 단병으로 짧아진 것이라고 봉합하려 하였지만, 효민둔묘 등자와 풍소불묘 및 新開고분 등자는 50년 이상의 시차가 있을 뿐만 아니라 각각 장병등자와 단병등자로 그 계보 자체가 달랐다. 또 풍소불묘 등자와 新開고분 등자도 둘 다 단병등자이지만 각각 윤부 삼각형과, 윤부가 완전 타원형으로 변한 단병등자로서 그 갈래가 달라, 3자의 발전 과정이 모두 상이한 것이었다. 그러나 그러한 봉합도 곧 원대자벽화묘 장병등자의 공표로 그 허구가 드러나고 만 것이다.

이와 같이 허구가 드러나 소멸되어 가던 풍소불묘 등자설을 소생시켜 놓은 것은 신경철(1985)이었다. 그는 먼저 당시로서는 보기 어려운 신자료들인 동래 복천동고분군 출토 단병등자들을 앞세워 이들을 '고식등자'로, 경주 황오동 14호분·황남대총 남분·고령 지산동 32호분, 그리고 고구려 칠성산 96호분 출토 장병등자들을 '신식등자'로 단정하였는데, 바로 여기서부터 문제가 있었던 것이다. 그가 미리 이들을 '고식등자'와 '신식등자'라고 단정하여 버린 것은, 그 자신이 장황하게 인용하고 있듯이, 小野山의 견해를 따른 것이지만, 앞서 보았듯이 小野山의 구분 자체가 오류였다. 그런데 小野山는 제작 방법이 공통된 목심등자들을 병부의 길이만으로 '고식' 단병등자와 '신식' 장병등자로 구분하였다면, 신경철은 목심 전면을 금속판으로 씌운 등자들까지 포함하여 제작 방법과 관계없이 병부가 긴 등자들을 모두 '신식등자'로 단정하여 小野山의 견해를 또 다시 확대·왜곡한 것이다. 小野山의 견해가 穴澤에 의해 1차로 왜곡되었다면, 신경철에 의해 2차로 왜곡되고 확대 해석되는 대목이다. 그는 또 小野山처럼 '고식등자'와 '신식등자'의 구분에 복천동고분군의 행엽 공반여부를 결부시키려 하였지만 그것은 이미 아무 의미도 없는 것이었다.

그는 그렇게 단정해 놓고 등자의 제1 속성을 병부 형태가 아니라 윤부 형태로 보아 소위 '고식등자'를 윤부 도하트형(A형)과 삼각형(B형)으로 분류하였다. 그리고는 효민둔묘 공표 후 穴澤가 풍소불묘 등자설을 봉합하려다 만 '초기등자의 병부가 장병에서 단병으로 짧아졌다'는 주장을 들어 장병에서 단병으로 변한 A형과 원래 단병인 B형이 415년 무렵 고구려를 경유하여 한반도 남부지방에 도입되었다고 주장하였다. 미리 단병등자가 '고식등자'라고 단정해 버렸으니 등자를 윤부형태로 분류할 수밖에 없었을 것이고, 또 두 종류의 단병등자가 고구려를 경유하여 내려왔다고 한 것도, 그 자신이 小田의 칠성산 96호분 연대관을 장황하게 인용하고 있듯이, 穴澤-小田 프레임으로 고구려군 남정설을 고수하려는 것이었겠지만, 앞서 보았듯이 小田의 칠성산 96호분 연대관은 애초부터 편견이었고, A형이건 B형이건 그가 말하는 단병등자가 고구려를 경유하였다는 흔적도 지금까지 발견된 바 없다.

그는 그렇게 하여 남부지방에 도입된 단병등자 가운데 윤부 도하트형 등자는 목심 전면에 금속판을 씌운 윤부 타원형의 장병등자로 발전하였다고 주장한다. 즉 윤부 도하트형(A형) 등자는 원래 중국에서 장병이었던 것이 단병이 되어 한반도 남부지방에 들어왔고, 이들이 다시 장병이 되어 목심 전면에 금속판을 씌운 윤부 타원형의 '신식등자'로 변신하였다는 것이다. 그러나 앞서 보았듯이 목심 전면에 금속판을 씌우는 것은 '신식등자'가 아니라 전연시기 장병등자의 속성으로, 고구려와 신라의 장병등자들은 그러한 전연시기 장병등자의 계보를 이어 발전한 것이다. 앞의 복천동고분군 단병등자가 그 이후 어떻게 변하였는지는 뒤에서 설명하겠지만, 윤부가 도하트형에서 타원형으로 바뀐 단병등자는 전체 규모가 왜소해지고 병부도 더욱 짧아진 단병등자로 남았을 뿐이다. 다만 신라 등자 가운데 단병등자에서 장병등자로 발전한 것으로는 경주 황오동 14호분부터 보이는 역Y자상 철대 보강 목심등자가 있을 뿐이다.

이와 같이 신경철의 고식등자 분류와 해석은 서기 400년 고구려군 남정설을 합리화 하기 위해 미리 정해진 결론에 도달하기 위한 것이었을 뿐, 그 과정에 고고학자료 해석의 객관성 확보나 검증에 신경쓸 여지는 없었다. 그러다보니 이미 철 지난 小野山節의 분류를 다시 들추어내고, 穴澤-小田 프레임으로 보증받으려 하였지만, 그것들은 모두 오류와 편견들이었을 뿐이다. 더 이상 말할 것도 없이 풍소불묘 등자설은 처음부터 허구였을 뿐이다.

1. 평성 지경동 1호분 출토 등자(도 8)

앞서 언급하지는 않았지만 경주 황남대총 남분 출토 등자에는 모두 윤부 답수부에 3개씩의 미끄럼방지 못이 박혀 있다. 장병등자뿐만 아니라 단병등자도 마찬가지인데, 토기형식으로 보아 황남대총 남분과 병행기인 동래 복천동 10·11호묘의 윤부 삼각형 단병등자에도 3개의 미끄럼방지 못이 박혀 있다. 즉 신라에서는 신라전기양식토기 2a 기부터 등자의 윤부에 미끄럼방지 못이 등장한 것이다.

학계의 일각에서는 등자 윤부의 미끄럼방지 못이 고구려 고분인 집안 만보정 78호 분 등자부터 출현하였으므로 경주 황남대총 남분과 동래 복천동 10·11호묘 등자는 그보다 뒤로 편년되어야 한다고 주장한다(박천수 2012). 그런데 만보정 78호분 등자의 답수부 미끄럼방지 못은 5개인 데 비해 경주 황남대총 남분과 동래 복천동 10·11호묘 등자의 답수부 미끄럼방지 못은 3개여서 차이가 있다. 필자는 이와 관련하여 최근 고구려 석실분인 평성 지경동 1호분에서 답수부에 3개의 미끄럼방지 못이 있는 등자가 출토된 사실을 주목하게 되었다. 이에 여기서는 이 등자에 대하여 고찰해 보겠다.

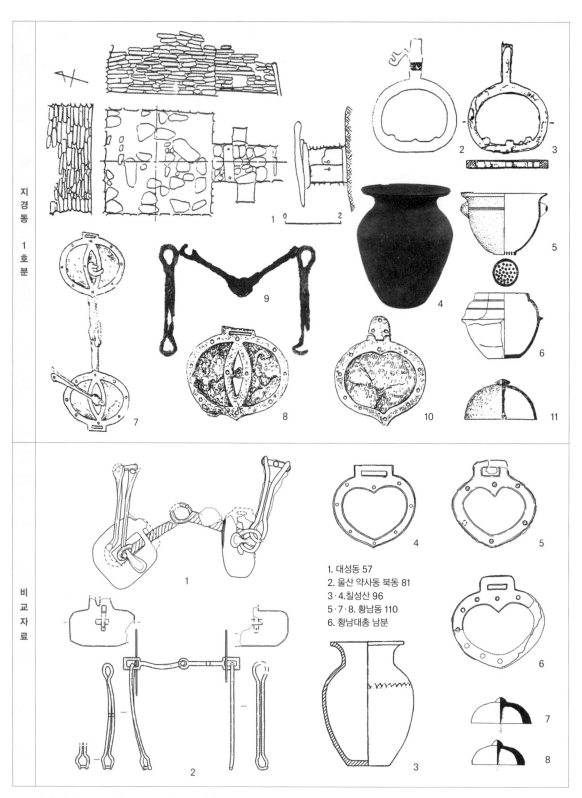

지경동 1호분

비교자료

1. 대성동 57
2. 울산 약사동 북동 81
3·4.칠성산 96
5·7·8. 황남동 110
6. 황남대총 남분

도 8 평성 지경동 1호분 출토유물과 비교자료(축소비율 다름)

평성 지경동에서는 1976년과 1977년에 걸쳐 횡혈식석실분 2기가 발굴되었는데, 등자는 그 중 1호분의 연도 서쪽에 붙은 소형 벽감 앞서 다른 마구들과 함께 1쌍이 나왔고, 1호분의 동쪽에 위치한 2호분의 연도에서도 1쌍이 나왔다고 한다. 지경동고분 출토 등자의 실측도는 발굴보고(박창수 1986)에 1호분 출토 등자 한 짝(도 8의 상 2), 그리고 다른 문헌(박진욱 1986)에 1, 2호분 중 어느 쪽 것인지 알 수 없는 한 짝(도 8의 상 3)이 소개되었다. 두 도면의 등자 형식에 차이가 없고, 또 다른 문헌들에서 1호분 출토로 소개된 등자 1쌍의 사진(《조선유적유물도감》 편찬위원회 1990; 고려대학교 박물관 2005)도 두 도면의 등자일 것으로 보여 도면의 등자를 한 쌍으로 보아 고찰하여도 문제는 없을 것 같다.

문헌들에서 이 등자의 제작 기법에 대한 언급은 없지만 도면에 병부 현수공 주위의 철판이 떨어져 나온 모습이 묘사되어 있고, 사진들에서도 등자의 바깥 측면 철판이 터져 나온 상태가 보이므로 이 등자는 전면에 철판을 씌운 목심등자인 것이 분명하다. 이 등자는 윤부와 병부가 모두 가늘어졌고, 짧아진 병부의 폭도 아래 쪽으로 미세하게 좁아진 감이 있지만 큰 차이가 없는 형태로 변화되어서, 앞서 살펴본 칠성산 96호분과 태왕릉의 고구려 초기 장병등자와는 분명한 차이가 있다. 그러나 답수부가 직선적이고 좌우 장경에 비해 상하 단경도 높아 보이는 윤부의 형태는 완전히 타원형으로 바뀐 집안 장천 M4호분과 만보정 78호분의 5세기 등자와도 분명히 다른 모습이다(도 7 참조). 그래서 이 등자의 전체 형태는 집안 우산 41호분 출토 등자와 가장 유사한데, 우산 41호분 등자에는 아직 존재하지 않는 윤부 답수부의 미끄럼방지 못 3개가 이 지경동 1호분 등자에서 나타나고 있는 것이 그와 다른 점이다.

2. 평성 지경동 1호분 석실 구조와 공반유물의 검토

〈석실 구조〉 지경동 1호분은 석실봉토분으로 석실 형식은 방형 석실에 중앙연도가 달린 단실분이다. 연도 양쪽으로는 소형의 벽감이 달렸으며, 벽감은 천정이 낮아 연도 천정에 훨씬 못 미친다. 이와 같은 석실 구조는 緖方 泉(1985)의 분류에서 천정이 궁륭식이면 乙-1형, 평행 고임식이면 乙-2형이고, 東 潮(1993; 1997)의 분류로는 I유형이다,

지경동 1호분의 석실 천정은 파괴되었고, 보고에도 석실과 연도벽을 막돌로 쌓았다고 했을 뿐 천정석에 대해서는 언급이 없으나 실측도에는 뒷벽이 내경하며 올라간 것으로 묘사되어 있어 궁륭식이었을 가능성이 크다.

따라서 이 석실은 緖方 泉 분류 乙-1형인데, 그는 석실 구조가 이와 같고 천정이 궁륭식인 마선구 1호분 및 석실이 2개 설치되어 하나는 궁륭식 천정이고 다른 하나는 단수가 많은 평행고임식으로 천정이 높은 통구 12호분을 4세기 3/4분기로 편년하였다(緖方 泉 1985). 東 潮도 같은 형식의 석실인 산성하 332호분을 부장품에 따라 4세기 중엽으로, 마선구 1호분을 4세기 후반으로, 통구 12호분은 4세기 후엽으로 편년하였다(東 潮 1993; 1997).

그러나 東 潮(1988)는 풍소불묘 등자설을 이용하여 칠성산 96호분의 연대를 5세기 전반으로 내려놓은 小田富士雄의 연대관을 따라 지경동 1호분의 마구를 6세기 전반으로 편년하였다가, 다시 지경동 1호분은 집안 만보정 78호분과 공통하는 요소가 강하다면서 등자와 토기 등으로 보아 5세기 중엽이라고 하고, 다만 석실의 벽감은 전통이 잔존한 것이라고 하고 있다(東 潮·田中俊明 1995: 294).

이와 같이 지경동 1호분의 석실 구조 편년도 등자의 출토로 예의 풍소불묘 등자설과 穴澤-小田 프레임이 적용되고 있지만, 그러한 전제와 편견에서 벗어나 보면 지경동 1호분의 석실 구조는 4세기로 올라가는 형식임이 분명하다.

〈마구류〉 지경동 1호분에서는 등자 외에도 안교 복륜, 경판비, 행엽, 운주, 교구 등 여러 가지 마구류가 출토되었다. 그 중 이 고분의 연대와 관련하여 살펴볼 것은 경판비와 행엽, 운주이다.

먼저 경판비는 실측도가 불분명한 부분이 많지만 심엽형 경판에 삽자루형 인수가 달린 것은 분명하다. 심엽형 경판에 뚫린 함류공이 긴 타원형인 것이 특이하지만, 이 경판의 함류공은 장축이 종방향이고 이에 따라 함류금구가 횡방향으로 부착된 것이 주목되는 속성이다. 바로 이러한 구조의 경판에 삽자루형 인수가 달린 재갈은 전연시기는 물론 신라와 가야의 4세기대 유적에서 출토되는 것임은 이미 학계에서 다 인정된 것이고, 필자의 전고들에서도 그 예를 제시해둔 바 있다(최병현 2012a; 2013a). 대표적인 예로서 신라전기양식토기 1Ab기 병행기인 김해 대성동 57호분 출토 경판비를 하나 더 제시하고, 또 참고로 함류금구가 이미 종방향으로 바뀌고 삽자루 인수도 변형된 것을 보여주는 신라전기양식토기 2b기, 연대로는 5세기 전엽인 울산 약사동 북동 81호분의 경판비도 함께 제시해 둔다.

보고문에는 재갈쇠, 경판, 인수의 형태가 똑같은 것이 1호분과 2호분에서 출토되었다고 하였는데, 다른 문헌에는 이와는 다른 재갈 하나가 1호분 출토품(도 8의 상 9)이라고 사진이 게재되어 있어 당혹스럽다(〈조선유적유물도감〉 편찬위원회 1990: 138). 그러나 그 문헌에는 1호분과 2호분에서 출토되었다는 두 개의 경판 사진이 실려 있는데, 모두 앞서 설명한 것과 같다. 그러므로 이 재갈이 과연 1호분에서 출토된 것인지, 그리고 이 재갈과 앞의 경판이 서로 결합될 수 있는 것인지 알 수 없으나, 재갈 쇠 양쪽에는 한 줄의 철봉을 구부려 양쪽에 둥근 고리를 만든 2조선 인수가 달려 있고, 그 중 한쪽의 인수 외환은 꺾여 있는 모습이다. 이러한 인수가 달린 재갈은 5세기 이후 늦은 시기까지도 나오지만, 이른 시기 것으로는 전연시기의 북표 라마동 왕자분산 M9001호분(遼寧省 文物考古研究所 외 1997b)에서 함류금구가 횡방향인 심엽형 경판에 긴 2조선 인수가 달린 것이, 신라전기양식토기 1Ab기인 경산 임당동 G-6호묘에서는 역시 함류금구가 횡방향인 타원형 경판에 조금 짧은 2조선 인수가 달린 것이 출토된 바 있다(영남문화재연구원 2001). 지경동 1호분에서 이 재갈의 실제 출토 여부를 알 수 없지만, 이 재갈이 앞의 경판과 결합되는 것이라면 늦은 연대만이 아니라 이른 연대의 것과도 비교되어야 한다는 점을 지적해 둔다.

다음 행엽은 1호분에서 12개가 나왔는데, 모두 심엽형으로 가장자리에는 금동판을 돌렸으나 안에는 무늬가 없는 것이다. 실측도에는 가장자리에 못 10개가 박힌 것으로 그려져 있으나 사진을 대조해 보면 못은 모두 8개씩만 박혀 있다. 이와 같은 형식의 심엽형 행엽으로 가장자리의 못 숫자까지 똑같은 것이 칠성산 96호분에서 출토되었다. 경주에서는 황오동 14호분-1곽에서 못이 4개씩 박힌 것, 황남동 110호분에서는 못의 수가 6개씩인 것이 출토되었고(김대환 외 2008), 황남대총 남분에서는 12개의 못이 박힌 것이 출토되었다. 하여튼 이 행엽도 고구려와 신라의 4세기대 유적에서 출토되는 형식이다.

운주는 대소형이 있으나 형태는 같아 반구형 좌판 가운데에 머리가 둥근 못을 박은 것이다. 경주에서는 이와 같은 운주가 황남동 110호분에서 출토되었고, 지방에서는 교동 3호분에서도 출토된 바 있다. 황남동 110호분은 신라전기양식토기 1Bc기로 2a기인 황남대총 남분보다 1단계 이른 고분이고, 교동 3호분은 뒤에서 살펴보듯이 신라전기 양식토기 2b기의 지역양식토기가 출토되었지만, 이 고분 출토 등자는 그보다 고식 속성이 남아 있는 것이다. 하여튼 이 운주도 신라에서는 4세기대 고분에서부터 볼 수 있는 것이다.

〈토기〉 지경동 1호분에서 토기는 시루와 솥, 장경호가 출토되었다. 솥은 그 자체로 형식이나 연대를 말하기는 어렵고, 고구려 시루도 학계에서 아직 편년안이 일치되어 있지 않지만, 이 시루는 증기공이 많은 소투공으로 되어 있는 다공시루인 것이 특징이다. 그리고 아래로 완만하게 좁아지는 긴 동체나 급격하게 꺾이지 않고 외반된 구연부 형태는 이미 증기공이 대형으로 바뀌고 동체가 낮아진 구의동유적 출토 시루보다 분명히 시기가 많이 올라가는 고식임이 분명하다.[14] 이러한 고구려 토기 시루는 아마도 전연시기 다투공의 청동시루와도 관련이 있을지 모르겠다.

장경호는 실측도가 없어 정확한 비교는 어려우나 어깨 부분에 최대경이 있는 긴 동체에서 구경부가 길게 외반한 것으로, 구연부 직경이 동체의 최대경보다는 작은 점 등으로 보아 대체로 칠성산 96호분 출토 장경호와 유사하거나 그보다 구경이 좀 더 커진 형식이었을 것으로 판단된다.

緖方 泉는 고구려 석실분을 사이장경호의 형식분류를 통해 편년하면서, 마선구 1호분의 사이장경호를 B-I형, 우산 41호분의 사이장경호를 B-II형, 산성하 332호분의 사이장경호를 B-III형 등으로 분류하였다. 그러면서 그는 칠성산 96호분의 연대는 토기호로 편년한다고 하면서 칠성산 96호분 장경호를 장천 2호분의 C-1형 사이장경호와 같이 놓고 그 형식을 비교하여, 칠성산 96호분의 연대는 5세기 전반으로 小田富士雄의 연대관이 타당하다고 하였다(緖方 泉 1985: 104).

그러나 칠성산 96호분 장경호는 동체부의 길이나 축약 곡선이 장천 2호분 사이장경호와 유사한 면도 있지만 그보다는 우산 41호분 사이장경호와 더 가깝고, 특히 동체 상부에서 한 번 꺾여 자연스런 곡선으로 외반한 구경부는 완전 ㄷ자형으로 꺾인 장천 2호분 사이장경호와는 확연히 달라서, B-I형인 마선구 1호분과 B-II형인 우산 41호분의

....

14   박경신(2006)은 지경동 1호분 시루를 그의 고구려 시루 편년 II기로 4세기 이전까지 올려보고 있으나 III기의 이른 시기로 보는 것이 옳을 것이다

사이장경호 사이에 두어야 할 것이었다. 緒方 泉는 등자가 아니라 토기호로 편년한다고 하였지만, 그도 결국은 穴澤-小田 프레임을 벗어나려고 하지는 않은 것이다. 그러나 그는 小田가 연대를 특정해 놓지 않은 마선구 1호분과 우산 41호분의 연대는 사이장경호의 형식분류를 통해 각각 4세기 3/4분기와 4세기 4/4분기로 편년하고 있는 것이다.

3. 평성 지경동 1호분 출토 등자의 연대와 성격

이상 평성 지경동 1호분에서 출토된 등자와 석실구조, 그리고 공반유물을 검토해 보았다. 앞서 말하였듯이 지경동 1호분 출토 등자는 우산 41호분 등자와 함께 칠성산 96호분과 태왕릉의 고구려 초기 장병등자보다는 분명히 늦은 형식이지만 5세기의 장천 M4호분과 만보정 78호분 등자보다는 이른 형식으로 그 중간에 들어가는 것이다.

그리고 지경동 1호분의 석실구조와 공반유물을 검토해 본 결과 그동안 일본 학계의 지경동 1호분의 편년은 물론 관련 자료의 편년도 풍소불묘 등자설을 전제로 한 穴澤-小田 프레임으로 크게 왜곡되어 있지만, 그러한 편견에서 벗어나 보면, 그리고 그러한 편견이 적용되지 않은 고구려 고고학자료의 연대관에 따르면, 우산 41호분과 평성 지경동 1호분은 4세기대로 올라가는 고분임이 분명하다. 그러므로 우산 41호분 등자와 지경동 1호분 등자는 칠성산 96호분과 태왕릉의 고구려 초기 장병등자 다음에 위치하는 것으로 그 연대는 4세기 말 이전이라고 판단된다.

평성 지경동 1호분 등자는 이와 같이 고구려의 등자 발전 과정에서 윤부에 미끄럼방지 못이 4세기 말 이전에 출현하였던 것을 보여주는 자료이며, 처음 출현한 미끄럼방지 못의 수도 3개였던 것을 알려준다. 이후 등자 윤부의 답수부에 미끄럼방지 못의 부착은 고구려와 신라 등자로 급속히 확산되었으며, 만보정 78호분 등자에서 보듯이 5세기 전엽에는 미끄럼방지 못이 5개로 늘어난 것도 출현하게 되었다고 판단된다. 그러나 등자에 미끄럼방지 못이 출현한 이후 그것이 모든 등자에 다 부착된 것은 아니어서 5세기 이후의 고구려와 신라 등자 가운데에도 부착되지 않은 것이 있다. 아마도 5세기 이후 등자에서 윤부의 미끄럼방지 못은 모든 등자가 아니라, 즉 장식등자보다는 실용등자를 중심으로 확산되어 갔을 것으로 판단된다.

경주 황남대총 남분 출토 등자와 그 성격

1. 출토 현황

1) 장병등자(도 9, 10)

황남대총 남분에서는 앞서 언급한 옥충장식 등자와 직선병두 등자 외에도 여러 점의 목심 장병등자가 출토되었다. 옥충장식 등자는 목심에 옥충 날개를 붙이고 그 위 전면에 용문이 투조된 금동판을 씌운 장병등자이고, 직선병두 등자는 목심 전면에 많은 못을 박아 철판을 씌운 장병등자이다. 이 외의 장병등자들은 제작 방식에 따라 크게 두 가지로 나누어진다.

첫째는, 모두 윤부가 완전하게 남아 있지 않지만, 목심 전면에 금동판이나 철판을 씌운 장병등자로 금동판을 씌운 것 1쌍과 철판을 씌운 것 4종 7점이다. 이들은 세부적으로 병부의 상하폭 차이가 균일하지 않아, 차이가 좀 더 큰 것과 크지 않은 것으로 나

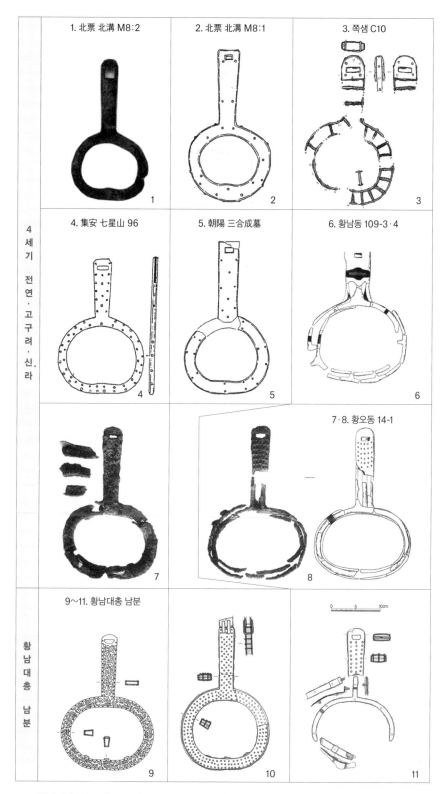

1. 北票 北溝 M8:2

2. 北票 北溝 M8:1

3. 쪽샘 C10

4. 集安 七星山 96

5. 朝陽 三合成墓

6. 황남동 109-3·4

7·8. 황오동 14-1

9~11. 황남대총 남분

도 9 황남대총 남분 출토 장병등자와 관련 자료(1)

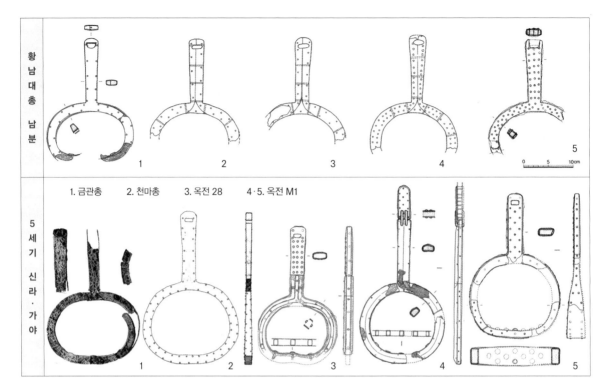

1. 금관총   2. 천마총   3. 옥전 28   4·5. 옥전 M1

도 10 황남대총 남분 출토 장병등자와 관련 자료(2)

눌 수 있고, 철판에 박은 못의 줄이나 수에도 차이가 있어[15] 형식을 세분할 수도 있다. 그러나 본고에서는 이를 나누지 않고 크게 보아 모두를 앞의 옥충장식 등자와 같은 형식에 포함하여 다루겠다.

둘째는, 병부 중상부는 목심 전후면에 3줄로 못을 박아 철판을 씌우고, 그 아랫 부분의 병부와 윤부 전후면은 목심에 역Y자상 철대로 보강한 목심등자 1쌍이다(도 9의 11). 이 등자도 복원되었을 때 병부는 길었을 것이므로 장병등자로 분류된다.

황남대총 남분에서 출토된 목심 장병등자는 이와 같이 5쌍 외 3점이지만 제작 방법이나 형태에 따라서는 3종으로 분류된다.

....

15   보고서에서는 본고 〈도 10의 3과 4〉를 한 쌍으로 하였지만, 철판에 박은 못의 줄이나 수가 달라 원래 한 쌍은 아니었을 것으로 판단된다.

2) 단병등자 및 기타(도 11)

황남대총 남분에서 단병등자로 분류될 수 있는 등자는 2쌍이 출토되었는데, 그 중 1쌍은 목심등자이고, 다른 1쌍은 청동제 주조등자이다. 목심등자는 전면에 투조문이 없는 금동판을 씌웠는데, 병두는 둥글고 병부는 아래 쪽으로 약간 좁아졌으며 현수공은 반월형이다. 윤부도 타원형이지만 하단 가운데에는 반전의 기미가 있다. 이 등자는 병부의 길이가 약간 짧고 폭이 넓은 것 외에는 제작법이나 세부 형태가 사실상 앞의 금동판 장병등자와 같다.

청동제 주조등자는 마치 목심등자에 여러 줄의 못을 박은 것처럼 병부 전면에 5줄, 윤부 전면에 3줄의 연주문을 돌출시켰다. 병두는 직선이며, 현수공은 방형이다. 윤부는 하단에 반전의 흔적이 없는 완전 타원형이다.

기타로는 윤부 답수부의 철판만 나온 것 1쌍분이 있다. 이 철제 답수부가 별도의 목심등자 답수부인

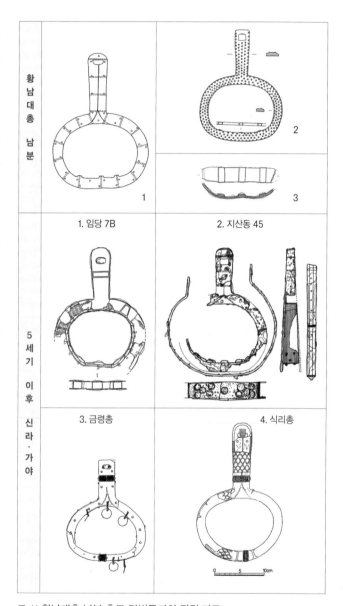

도 11 황남대총 남분 출토 단병등자와 관련 자료

지 아니면 답수부만으로 된 철제등자인지는 알 수 없다. 그리고 답수부 철판의 양쪽 끝부분이 약간 좁아진 것이 주목되는데, 윤부의 답수부만 넓어진 것인지, 아니면 윤부 전체는 균일하나 답수부 보강 철판만 넓어진 것인지 알 수 없어 더 이상의 고찰은 어렵다.

2. 성격

이상 살펴본 바와 같이 황남대총 남분에서는 모두 8쌍 외 3점, 형식상으로는 3종의 장병등자와 2종의 단병등자, 그리고 1종의 기타 등자가 출토되었다. 한 고분에서 이와 같이 다종다양한 등자가 출토된 것은 황남대총이 당시 경주지역에서는 물론 신라 전체에서 최고 위계의 고분이었기 때문일 것이다. 그 가운데 금동판 목심등자와 청동제 주조등자, 특히 옥충날개와 용문투조금동판으로 장식된 등자는 이 고분의 랭크, 곧 피장자의 위상을 반영하는 당시의 최고급 유물이다. 황남대총 남분의 등자들은 이와 같이 당시 경주의 하위 랭크 고분이나 지방고분과는 격단의 차이가 있는 질적인 위상도 갖고 있지만, 다른 한편으로는 그 양적인 풍부함으로, 당시 등자 사용의 전체적인 양상을 알려주기에는 부족한 소형고분이나 지방고분의 한계를 극복할 수 있어 중요한 의미를 가진다.

이에 여기서는 고분의 위계와 관련된 부분보다는 신라 등자의 발전 과정에서 황남대총 남분 등자가 갖는 의미를 중심으로 그 성격을 살펴보고자 한다.

1) 계보

(1) 장병등자

황남대총 남분을 비롯한 신라고분 출토 장병등자의 계보(도 9 참조)에 대해서는 앞서 간략히 언급하였지만 옥충장식 등자, 그리고 그와 형식이 같은, 목심 전면에 금동판 또는 철판을 씌운 장병등자는 멀리는 북표 북구 M8: 2호 등자, 즉 병두가 둥근 긴 병부의 아래 쪽이 좁아지고 윤부가 답수부에 반전이 있는 타원형인 전연시기의 목심 장병등자들에서 유래된 것이다. 그러한 전연시기 등자에서 병부의 길이가 약간 짧아지고 윤부도 답수부의 반전이 약화된 타원형으로 바뀐 것이다. 그러나 둥근 병두와 아래쪽이 좁아진 병부 형태는 그대로 유지되었다.

직선병두 목심 장병등자는 삼국시대 고분에서 다른 예를 찾기 어려운데, 그 형태로 보아 조양 삼합성묘 등자, 더 멀리는 북표 북구 M8: 1호 등자와 같은 전연시기 목심등자에서 유래되었을 것으로 보인다. 전연시기의 직선병두 등자에서 병부가 가늘어졌지만 윤부는 좌우 장경에 비해 상하도 비교적 높은 형태가 유지된 것이다.[16]

다음으로 역Y자상 철대보강 목심 장병등자인데, 이 등자 출현과 관련하여 주목되는 것은 황남대총 남분 이전의 경주 황오동 14호분-1곽 등자이다(조선총독부 1937). 이 고분 보고서에는 앞의 목심 전면철판 장병등자 외에 '木心鐵板組合輪燈'이라 이름한 장병등자의 사진과 실측도가 소개되어 있다. 그런데 그 사진의 등자와 실측도는 좀 차이가 있어서, 사진의 등자는 병부가 아래 쪽으로 좁아지는 모습이 전면철판 장병등자와 유사하나 병부에 5줄로 박은 못의 배치가 실측도의 등자와 같고, 실측도의 등자는 병부에 5줄로 박은 못의 배치가 사진과 일치하나 병부의 상하가 균일한 모습이 사진의 등자와 차이가 있다. 현수공의 형태도 서로 다르다. 그래서 사진과 실측도의 등자는 같은 짝이 아니었을 수도 있으나, 아무튼 이를 통해 신라에서 황오동 14호분 단계에는 전면에 금속판(금동판, 철판)을 씌운 장병등자와는 제작 방법이 다른 별개의 목심 장병등자가 존재하였던 것을 알 수 있다.

이 등자는 목심의 병부 중상부에 여러 줄로 못을 박아 철판을 씌우고, 그 아래 전후면에는 전면철판이 아니라 철대로 보강한 것이라 판단된다. 이러한 목심 역Y자상 철대보강 장병등자는 황남동 109호분-3·4곽이나 동래 복천동 21·22호묘 출토 윤부 타원형 단병등자의 짧은 병부를 길게 늘려놓은 것과 같은 모습이다. 그래서 이 장병등자는 중국 전연시기 등자에서 유래된 것이 아니라 신라의 목심 단병등자에서 병부가 장병화한, 즉 신라에서 개발된 장병등자로 추측된다.[17] 그러므로 이 철대보강 장병등자야말로 단병등자로부터 발전한 장병등자라 할 수 있는데, 현재까지의 자료로 보아 그 출현 시

....

16 북표 북구 M8: 1호 등자의 윤부 형태에 대해서는 본고 주 2참조.

17 백제고분인 천안 용원리 9호 석곽묘에서도 이와 같이 철대로 보강한 목심등자가 출토되어 이를 경주 황남동 109호분-3·4곽, 동래 복천동 21·22호묘 등자와 같은 시기로 편년하기도 한다(고려대학교박물관 외 2012). 그러나 이는 백제에서 유일한 예이어서 백제 등자의 전후 맥락과 편년부터 살펴 상호 비교해야 할 것이다. 필자는 아직 백제 등자를 체계적으로 정리해 보지 못하였지만, 천안 용원리 9호 석곽묘 등자는 목심의 측면만 보강한 화천 원천리 33호 주거지 등자, 원천리 등자와 같은 형태로 원래 백제계였을 것으로 보이는 옥전 23호분 출토 등자(경상대학교박물관 1997)에서 발달하여 병두 전후면에도 철판을 보강하고 그 아래를 철대로 보강한 것으로 파악하고 있다. 그 과정에서 아마도 신라 철대등자와 관련이 있었을 것이다.

기는 황오동 14호분 단계 전후이며, 황남대총 남분의 철대보강 등자는 황오동 14호분의 사진 등자에서 못이 3줄로 둘어든 것이다.

(2) 단병등자

황남대총 남분에서 출토된 2쌍의 등자를 단병등자로 분류한 것은 우선 가시적으로 이 등자들의 병부 길이가 앞의 장병등자들에 비해 짧거나 폭이 넓어 보이기도 하고, 수치상으로도 병부 길이: 전체 높이의 비율이 45% 미만으로 45% 이상인 장병등자들보다는 상대적으로 작기 때문이다(앞의 도 11 참조).

그런데 그 중 목심 단병등자는 제작 기법이 이전 시기의 목심 단병등자가 아니라 목심 장병등자를 따른 것이어서 진정한 단병등자로 보기는 어렵다. 다만 이 등자는, 뒤에서 언급되듯이, 늦은 시기의 상위 랭크 고분에 목심 전면을 금동판으로 씌운 단병등자가 존재하는 것과 관련하여 주목해둘 필요가 있다.

청동제 주조등자는 제작 기법이 전연시기 금동제 주조 장병등자를 따른 것이고 병부 5줄, 윤부 3줄의 연주문도 목심 장병등자에 박은 못의 배치를 나타낸 것이지만, 병부도 짧고 윤부도 답수부에 반전 흔적이 없는 완전 타원형이어서 신라의 목심 단병등자 속성이 반영된 것이다.

2) 황남대총 남분 등자와 신라 등자의 발전

(1) 신라의 주류 등자

황남대총 남분 등자들은 늦어도 황남대총 남분 단계가 되면 신라에서 주류 등자는 단병등자가 아니라 장병등자였음을 여실히 보여준다. 황남대총 남분 이후의 경주 적석목곽분에서도 단병등자가 소수 출토되고, 지방고분에서는 경주보다 좀 더 출토례가 많지만, 경주고분에는 대소 구분 없이 주로 장병등자가 부장되었고(최병현 1983; 1992a). 지방고분에서도 장병등자가 주류였음은 마찬가지이다.

그러나 장병등자가 신라 등자의 주류가 된 것은 꼭 황남대총 남분 무렵부터일까? 물론 신라와 가야지역에는 일찍부터 목심을 철판으로 부분 보강한 단병등자가 도입되어 발전하고 있어서, 현재까지 가장 이른 시기 적석목곽분인 경주 황남동 109호분-3·4곽에도 단병등자가 부장되었고, 동래 복천동고분군에서 여실히 보여주듯이 신라의 지방에서는 그러한 단병등자가 발전해 가고 있었다. 그러나, 앞서도 언급하였듯이, 황남동 109호분-3·4곽은 랭크가 낮은 소형분이어서 당시 신라고분의 문화상을 전체적으로 대변하지는 못하는데, 그보다 늦은 시기인 황오동 14호분 출토 장병등자가 고구려의 초기 장병등자보다도 오히려 조형에 가까운 고식 속성을 유지하고 있었다.

이와 같은 점에 유의하여 보면 신라에는 일찍부터 목심 단병등자가 먼저 도입되어 있었던 것은 분명하지만, 적석목곽분이 출현하면서 경주에서는 주로 전연계의 장병등자가 사용되기 시작하였으나, 지방에서는 단병등자의 발전이 얼마간 계속된 것이라 추측된다. 그러나 황남대총 남분 이후 머지않아 지방에서도 주류등자는 장병등자로 교체되어 간 것이며, 단병등자는 전통의 잔재로 소수 존재하였을 뿐이라고 판단된다.

(2) 신라 등자의 형식 변화와 기능의 분화

앞서 보았듯이 황남대총 남분 출토 등자들은 기본적으로 중국 전연시기 장병등자의 계보를 잇고 있는 것이지만, 장병등자들의 병부 길이가 짧아지고 윤부도 답수부 반전이 약화된 타원형으로 바뀐 것은 전연시기 장병등자에서 변화된 점이다. 또 황남대총 남분 출토 등자 중에는 장병등자의 제작 방법으로 만들어진 목심 금동판 단병등자와 윤부에 완전 타원형으로 변화된 단병등자의 속성이 반영된 청동제 주조등자가 존재하고, 신라에서 단병등자로부터 발전된 역Y자상 철대 장병등자가 포함되어 있는 것도 시기성을 반영한다. 그리고 모든 황남대총 남분 출토 등자의 윤부에 3개씩의 미끄럼방지 못이 박혀 있는 것은 신라 등자의 발전 과정에서 큰 변화를 뜻한다.

그러나 이와 같은 점들을 제외하면, 황남대총 남분 출토 등자들은 아직 전연시기 장병등자의 속성을 유지하고 있을 뿐 늦은 시기의 발전된 속성들을 갖고 있지는 않다. 황남대총 남분 출토 등자들의 병부는 전연시기 장병등자의 형태에서 크게 벗어나지 않았고, 타원형 윤부의 답수부에도 아직 반전의 기미가 남아 있어 제작 방법도 크게 달라지지 않은 것이다. 그럼에도 불구하고 학계의 일각에서는 황남대총 남분 등자를 그 이후의 발전된 장병등자들과 동열에 놓거나 오히려 늦은 시기로 편년하기도 한다. 모두 편견이나 고정관념 때문이다.

경주 이 외의 지방에서 출토된 장병등자 가운데 가장 고식 속성을 가지고 있는 것은 창녕 교동 3호분(동아대학교박물관 1992) 등자들이다. 이 고분에서는 3종의 목심등자가 출토되었는데, 하나는 목심 전면에 철판을 씌운 것으로 병부에는 5줄, 윤부에는 4줄의 못을 박았으며, 병두는 둥글고 병부 아래쪽이 좁아진 것이다. 다른 하나는 상하폭 차이가 크지 않은 병부에 5줄의 못을 좌우로 엇갈리게 박고, 윤부에는 3줄의 못을 박은 목심등자인데, 파편 상태이어서 확실하지는 않으나, 황남대총 남분의 직선병두 목심등자와 같은 형태였을 것으로 추측된다. 나머지 하나는 황남대총 남분의 철대등자와 같은 것이다. 이와 같이 교동 3호분에서는 황남대총 남분에서와 같이 3종의 목심 장병등자가 출토되었는데, 직선병두 등자의 윤부 답수부에는 미끄럼 방지못의 흔적도 있는 등 형식도 대체로 같다.

그 중 첫 번째 등자의 병부 상하폭 차이가 큰 것이나 못이 5줄인 것은 황남대총 남분 등자보다 고식 속성이어서 교동 3호분의 등자들을 황남대총 남분 등자보다 이른 시기로 편년하기도 한다(白井克也 2003). 그러나 창녕 교동 3호분 출토 신라토기는 황남대총 남분 이전으로 올라가기는 어려운 지역양식이어서 고분의 연대는 황남대총 남분보다 늦을 것으로 판단된다. 아마도 지방이라는 여건상 고분 축조 연대보다 이른 시기의 고식이 매납되었거나 또는 고식 속성이 잔존되지 않았을까 추측된다.

이상의 경주 황남동 110호분과 황오동 14호분, 그리고 창녕 교동 3호분 등자 외에 신라와 가야 고분 출토 장병등자들은 모두 황남대총 남분 등자보다 시기도 늦고 형식도 발달된 것이다. 그런데 황남대총 남분 전과 후의 장병등자 형식변화를 보면, 황남대총 남분 무렵까지는 목심 금동판등자와 철판등자 사이에 형식의 차이가 있지는 않았으나 그 이후는 각각 변화의 속도가 달라 형식 변화에 차이가 생겨난 것을 알 수 있다(앞의 도 10 참조). 금관총과 천마총의 등자에서 보듯이 금동판등자는 변화 속도가 느려 늦은 시기까지도 병부나 윤부에 고식 속성이 지속된 반면, 전면철판 등자는 변화 속도가 빨라 병부도 세장해지지만 윤부는 답수부가 넓어지거나 두세 가닥으로 늘어나기도 하여 기능성을 높였으며, 또 목심 없는 철제등자로 전환되기도 하였다(최병현 1983;

1992a). 천마총에서는 고식 속성을 유지한 목심 금동판등자와 윤부의 답수부가 2줄로 갈라진 목심 철판등자가 공반되어 그와 같은 현상이 잘 대비된다.

이는, 황남대총 남분 무렵까지의 신라고분에서 목심에 금동판을 씌운 장병등자와 철판을 씌운 장병등자는 다만 고분 피장자의 위계를 반영하는 것이었지만, 그 이후 어느 때부터 여기에 (투조)금동판 등자는 의장용의 장식등자로서, 철판등자는 실용등자로서의 성격과 기능이 더해져 각각 변화의 내용과 속도를 달리했기 때문이라 판단된다.

그러한 현상은 소수 잔존한 단병등자에서도 확인된다(앞의 도 11 참조). 박천수 (2010)는 임당 7B호분이 황남대총 남분보다 이른 시기로 편년된다고 주장하지만, 임당 7B호분은 출토된 신라전기양식토기의 형식으로 보아도 소형화된 단병등자의 형식으로 보아도, 황남대총 남분 다음 단계인 것이 분명하다. 그런데 황남대총 남분에서 멀지 않은 시기인 임당 7B호분의 단병등자는 아직 윤부의 답수부 너비에 변화가 없지만, 그보다 시기가 많이 내려오는 고령 지산동 45호분의 단병등자에서는 병부에 비해 윤부 쪽이 훨씬 넓어진 것을 볼 수 있다. 이에 비해 단병등자이면서도 목심 전면에 금동판을 씌운 금령총의 윤부 삼각형 등자와 식리총의 윤부 타원형 등자는 길이가 짧고 폭이 넓은 병부도 고식 속성이 여전하지만, 윤부에서도 답수부의 변화를 전혀 볼 수 없는 것이다.

다만 금령총의 삼각형 등자의 규모가 작은 것은 이 고분의 연소한 피장자와 관련이 있을 것이고, 병부가 약간 긴 편인 식리총의 단병등자는 그것이 신라에서의 변화가 아니라 이 등자가 식리총의 많은 외래계 유물들(馬目順一 1980)과 함께 백제-남조계의 이입품일 가능성을 말해준다.

VI

목심등자의 제작 기법 변화와
신라 초기 등자의 편년

1. 목심등자의 제작 기법 변화(도 12)

중국의 田立坤(2012)은 중국 동북지방에서 출토된 목심등자에서 나무의 결을 관찰하여 목심의 제작 기법을 세 가지로 분류하였다. 하나는 북표 라마동 M266호묘 등자의 제작 기법으로, 줄기에서 3개의 가지가 뻗은 나무에서 가운데 가지를 제거하여, 줄기를 병부로 그 좌우 가지를 구부려 윤부로 만들었다고 한다. 이를 屈木爲鐙이라 하였다. 둘째는 풍소불묘 등자의 제작 기법으로 1매의 나무를 구부려 윤부와 병부를 만들고, 나무의 양쪽이 합해지는 병부 하단 부분에 쐐기를 박은 것이다. 이를 揉木爲鐙이라 하였다. 셋째는 길림 모아산 출토 부여 등자에서 관찰한 것이라고 하며, 1매의 판자에서 목심을 파내어 만든 것으로, 이를 斫木爲鐙이라 하였다. 그리고 윤부 타원형의 목심 장병등자는 모두 이 斫木爲鐙인데, 금동제 주조등자는 그 중 윤부의 답수부가 반전된 斫木爲鐙 양식을 모방한 것이라고 한다.

田立坤의 분류 가운데 풍소불묘 등자의 제작 기법은 일찍부터 알려진 것이고, 북표 라마동 M266호묘 등자의 제작 기법도 설득력이 있어 보인다. 그러나 세 번째의 斫木爲

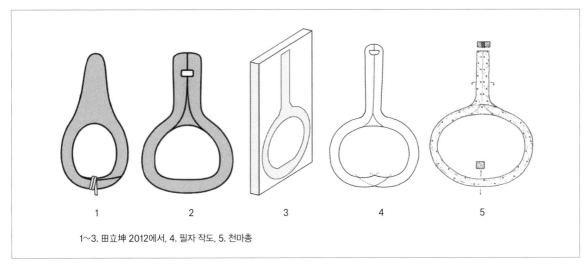

1~3. 田立坤 2012에서, 4. 필자 작도, 5. 천마총

도 12 목심등자의 목심 제작 기법

鐙은 그가 실제 등자를 관찰하여 알아낸 것이라고 하지만, 과연 그럴까 쉽게 납득이 되지 않는다. 아무리 질긴 재질의 나무라 해도 판재에서 파낸 목심으로는 윤부 하단이 발에 실린 사람의 몸무게를 감당하기는 어려울 것이기 때문이다. 그래서 필자는 田立坤의 세 번째 기법은 인정하기 어렵고, 그 대신 다른 한 가지 기법이 더 있었을 것으로 판단한다. 그것은 풍소불묘 등자와 같은 기법이기는 하지만, 1매의 나무가 아니라 2매의 나무를 구부려 〈도 12의 4〉와 같이 결합한 것이 아닐까 추측된다. 물론 이와 같은 제작 기법을 아직 등자의 실물에서 직접 확인하지는 못하였지만, 타원형 윤부의 답수부 가운데에서 위로 솟은 반전은 서로 반대 방향으로 휜 나무를 결합할 때 생겨난 것이 분명하다고 생각된다.

목심등자의 제작 기법으로 이와 같이 목심 1매식과 2매식이 있었다면, 1매식은 長沙 金盆嶺 21호 도용 등자와 풍소불묘 등자로 보아 원래 윤부 삼각형 단병등자의 제작 기법이었을 것이고, 2매식은 답수부가 반전된 전연시기 북표 북구 M8호묘 목심등자 등으로 보아 원래 장병등자의 제작 기법이었을 것으로 판단된다.

신라·가야의 초기 등자 가운데 대성동 47호묘와 68호묘, 복천동 60호묘와 울산 중산리 IB-1호 등의 單鐙子와 사라리 65호묘의 쌍등자와 같이 고리쇠나 철판으로 병두 부분만 보강하거나 병부와 윤부의 경계 부분만 ㅅ자형으로 보강한 목심등자, 대성동 1호묘의 등자와 같이 병부와 윤부 상단은 철판으로 보강하였으나 윤부 하단은 철판으로 보강하지 않은 목심등자는 목심이 1매식이었을 것이다. 신라·가야 고분에서는 이와 같이 병두나 목심의 양쪽 가닥이 합쳐지는 병부와 윤부의 경계 부분만 철판으로 보강한 목심 1매식 단병등자가 일찍부터 도입되었던 것을 알 수 있다.

그런데 경주 황남동 109호분-3·4곽의 단병등자는 윤부의 원래 형태를 알 수 없지만, 동래 복천동 35·36호묘와 21·22호묘의 윤부 타원형 단병등자는 답수부가 반전되었다. 이들은 목심이 2매식이었을 것으로 추측된다. 이들보다 이른 김해 대성동 57호묘 등자와 경주의 쪽샘 10호묘 등자의 윤부에서도 답수부에 반전 기미가 있는 것을 보면 신라·가야지역에서 목심 2매식의 단병등자도 1매식의 단병등자와 함께 일찍부터 사용된 것이 분명하다.

목심 1매식의 윤부 삼각형 단병등자는 晉代의 도용등자들로 보아 중국에서 늦어도 서기 4세기 전반기에 발생하여 서기 415년의 풍소불묘 등자까지 이어진 것을 알 수 있다. 그러나 목심 2매식의 윤부 타원형 단병등자는 아직까지 중국에서 알려진 예가 없다. 앞서 살펴본 신라·가야 고분의 윤부 타원형 단병등자들은 뒤에서 보듯이 서기 4세기 중·후반으로 편년되므로 현재로서는 이들이 가장 이를 수도 있다.

신라·가야의 목심 2매식 윤부 타원형 단병등자는 목심 1매식의 윤부 삼각형 단병등자와 목심 2매식의 윤부 타원형 장병등자가 결합하여 절충형으로 발생한 것일 수 있으며, 그것이 발생한 곳은 중국일 수도 있지만 한반도 영남지방일 가능성도 염두에 두어야 한다. 신라·가야 고분에서 현재까지 가장 이른 장병등자는 경주 황오동 14호분-1곽의 것으로, 윤부 타원형의 단병등자만큼 이른 장병등자의 출토 예는 아직 없지만, 경주 황오동 14호분-1곽 장병등자의 고식 속성으로 보면 그보다 이른 장병등자의 출토도 기대할 수 있다고 본다. 신라·가야 고분에서 초기 장병등자가 출토되는 것은 모두 적석목곽분인데, 현재까지는 황남동 109호분-3·4곽이 발굴된 가장 이른 시기의 적석목곽분이지만, 이보다 시기의 대형분이 존재했을 것이기 때문이다.

그것은 어떻든, 영남지방에서는 목심의 제작 방식이나 철판 보강 부위 및 방식이 다르고 규모의 차이도 있었던 다른 계보의 목심 단병등자들이 초기부터 공존하여, 각기 철판 보강 부위를 확대해 가면서 계보에 따라 규모가 확대되거나 또는 소형화하는 방향으로 변화되어 갔다. 이에 지금까지 설명해온 바를 종합하면 신라·가야 초기 목심등자의 발전 과정은 다음과 같이 진행된 것으로 요약할 수 있다.

○ 신라조기양식토기 2b기부터 신라와 가야지역에서는 單鐙子에 이어 雙鐙子가 사용되었다. 이 초기 단등자와 쌍등자는 1매의 나무를 구부려 윤부와 병부를 만들고 현수공이 있는 병두부나 병부와 윤부의 경계부 등 취약 부분만 철판으로 보강한 목심 1매식의 단병등자였으며, 점차 병부 2단 보강식으로 발전해 갔다. 이들은 철판으로 보강하지 않은 윤부 하단이 남아 있지 않아 윤부의 원래 형태를 알 수 없지만 목심 1매식의 제작 방식으로 보아 윤부 삼각형 등자의 계보였을 것이다.

○ 신라와 가야지역에서는 신라전기양식토기 1Ab기에 2매의 나무를 구부려 결합하여 답수부가 반전된 윤부 타원형의 단병등자도 출현하였는데, 이는 목심 1매식의 단병등자와 목심 2매식 장병등자의 제작 기법이 결합한 것으로 판단된다. 경주 쪽샘 C10호묘 등자의 병부가 다음 시기 단병등자들의 병부에 비해 가늘고 길어 보이는 것은 그 때문이라 판단된다. 윤부 타원형 장병등자는 현재로서는 경주 황오동 14호분-1곽의 등자가 가장 이르지만, 앞으로 적석목곽분 초기 대형분에서 그보다 이른 장병등자가 출토될 것으로 기대된다.

○ 신라와 가야지역에서는 신라전기양식토기 1Ab기부터 그와 같이 목심 1매식의 윤부 삼각형 단병등자와 목심 2매식의 윤부 타원형 단병등자, 그리고 목심 2매식의 윤부 타원형 장병등자가 공존하였다. 특히 단병등자는 목심과 철판 보강 방식이 다른 여러 갈래가 공존하게 되었는데, 원래 규모가 작은 편이었던 윤부 삼각형 단병등자는 점차 규모가 커지고 병부의 폭이 넓어지는 방향으로 발전한 반면, 그와 반대로 원래 규모가 큰 편이었던 윤부 타원형의 단병등자는 점차 규모가 축소되고, 병부도 가늘어지는 방향으로 변천되었다. 한편으로 역Y자상 철대로 보강한 윤부 타원형 단병등자의 한 갈래는 다시 철대식 장병등자로 발전하였다.

○ 윤부 타원형 단병등자는 소형화하면서 목심의 제작 기법도 1매식으로 변하여 단병등자의 목심 제작 기법은 다시 1매식으로 통합되었는데, 그 시기는 아마도 단병등자의 철판 보강방식이 2단식에서 1단식으로 통일되는 동래 복천동 10·11호묘 단계, 즉 신라전기양식토기 2a기 전후일 것이다. 그러나 그 윤부 형태는 답수부의 반전이 없는 완전 타원형이 되어 삼각형과는 다른 차별성을 유지하였다. 일본의 七觀고분 등자와 소

형화한 新開고분 등자(앞의 도 5 참조), 소형화한 한국의 임당 7B호분과 지산동 45호분 단병등자(앞의 도 11 참조)의 윤부가 답수부의 반전이 없는 완전 타원형이 된 것이 그것을 말해준다.

　이상과 같이 추론되는데, 한편 천마총 출토 목심 금동판등자들을 통해 장병등자의 목심 제작 기법에도 어느 때부터인가 변화가 있었던 것을 알 수 있다. 천마총에서는 3쌍의 목심 금동판등자가 출토되었는데, 그 중 2쌍은 발굴 당시 금동판이 덮여 있는 상태여서 목심의 실제 모습을 관찰하지는 못하였지만, 윤부 하단에 반전의 흔적이 남아 있었다. 이들은 목심이 2매식이었을 것으로 추측된다. 그러나 나머지 한 쌍은 목심 위에 얇은 금박을 입혔으나 대부분 탈락되어 목심의 관찰이 가능하였는데, 1매의 나무로 제작된 것이었다(도 12의 5).[18] 그런데 이 등자의 병부는 현수공 이상이 결실되었지만 상하폭이 같은 세장한 형태였고, 윤부도 답수부의 반전이 없는 완전 타원형으로 복원되었다. 이와 같이 천마총 등자를 통해 장병등자의 목심 제작 기법에도 변화가 있었던 것과 하단부 반전이 없는 완전 타원형 윤부의 출현이 그와 관련된 것임을 알 수 있다.

　이제 여기서 고구려 장병등자로 다시 돌아가 보면 장천 M4호분이나 만보정 78호분의 병부가 세장하고 윤부가 완전 타원형인 장병등자(앞의 도 7 참조)도 목심 1매식 장병등자의 출현에 의한 것임을 알 수 있다. 고구려에서 목심 1매식의 장병등자가 출현한 시기는 앞서 살펴본 우산 41호분과 지경동 1호분의 연대에서 멀지 않았을 것이다.

　○앞서 보았듯이 '고식등자'와 '신식등자'라는 용어는 小野山節 이래로 오류와 착각으로 점철되어 더 이상 학계에서 그 선입관을 벗어나 사용하기는 어렵게 되었다. 그러나 굳이 '고식등자'와 '신식등자'를 구분하려 한다면 단병등자와 장병등자가 아니라, 장병등자는 목심이 2매식인 고식등자와 1매식인 신식등자로, 단병등자도 소형화되기 이전 부분 철판 보강식의 고식등자와 소형화되거나 전면 금속판식의 신식등자로 구분하는 것이 옳을 것이다.

....

18　보고서에 수록된 이 등자의 실측도는 필자가 직접 작도한 것이다.

2. 신라 초기 등자의 편년

1) 신라 등자 편년의 전제

현재 한국 학계의 일각에서는 미리 정해진 두 개의 전제 아래 등자를 비롯한 신라·가야 고고학자료를 편년하고 있다. 하나는 풍소불묘 등자설이고, 다른 하나는 경주 황남대총 남분 눌지왕릉설이다. 서기 400년 고구려군 남정설을 따르는 연구자는 물론 둘 다를 전제하지만, 풍소불묘 등자설이나 고구려군 남정설을 인정하지 않으면서도 그 결과로 나온 황남대총 남분 눌지왕릉설(藤井和夫 1979)을 따름으로써 풍소불묘 등자설과 고구려군 남정설 고수에 일조하는 연구자들도 있다 (김용성 2003; 박천수 2010: 111).

이들의 편년표에서는 대개 415년의 풍소불묘 등자가 신라와 가야의 모든 등자 앞에 놓이고, 황남대총 남분 등자는 5세기 후반의 다른 유적 등자들과 함께 배치된다. 다만 근래에 들어 병부와 윤부의 결합부 일부에만 철판이 보강되고 병두부는 철판이 보강되지 않은 신라와 가야의 초기 등자만 서기 400년 직전에 배치하는 것으로 변화되었을 뿐이다(김두철 2000; 신경철 2009; 류창환 2012). 이들의 편년표에서는 등자의 실제 발전 과정이나 형식조열은 무시되거나 의미를 갖지 못하며, 전연시기 장병등자를 제외한 고구려와 신라의 초기 장병등자들은 모두 5세기 이후로, 특히 신라의 장병등자들은 모두 5세기 후반 이후로 배치된다. 심지어 다른 등자들은 자신이 파악한 형식조열에 따라 배열하여 분기를 나누고도 풍소불묘 등자는 그와 상관없이 생뚱맞게 가장 앞에다 배치하고, 황남대총 남분 등자는 또 그 형식과 관계없이 훨씬 발달된 등자들과 함께 같은 열에 내려놓는 식이다(고려대학교박물관 외 2012). 모두 다 풍소불묘 등자설과 황남대총 남분 눌지왕릉설을 고정관념으로 전제한 결과이다.

그러한 한국 학계의 영향 때문인지 일본 학계에서도 마찬가지이다. 일본 연구자들의 마구연구에서도 예외없이 한국 삼국시대 등자는 모두 풍소불묘 뒤의 5세기 이후로 편년되고, 황남대총 남분 등자 역시 5세기 후반 이후로 배치되고 있다(白井克也 2003; 桃崎祐輔 2006; 諫早直人 2012). 그리고 이제는 심지어 가장 윗단에 鞍塚고분이나 七觀고분 등자 같은 일본 출토 한국식 등자를 한국 출토 등자와 나란히 배열하여 한국과 일본열도의 등자 출현을 같은 시기로 편년하기도 하고(鈴木一有 2014: 363), 한국 삼국시대 등자와는 형태가 다른 奈良 纏向유적 출토 등자를 한국 삼국시대 등자들보다 앞으로 배치하여 일본열도에서 등자 출현이 한국보다 빨랐던 것으로 편년하기도 한다(桃崎祐輔 2006).

등자에 대한 그러한 고정관념은 등자만으로 끝나는 것이 아니라 다른 고고학자료의 편년에도 광범위하게 영향을 미치고 있다. 뒤에서 보겠지만 처음부터 등자 출토 고분을 의식하여 고분 구조나 유물의 형식조열을 왜곡시키기도 하고(東 潮 1988; 1993), 심지어는 배치된 형식조열 속에 등자 출토 유적이나 공반유물을 연대만 맞추어 끼워 넣음으로써 잘 짜여진 형식조열을 파괴해 버리기도 한다(緒方 泉 1985). 모두 다 고고학자료 해석의 객관성 확보는 도외시하고, 풍소불묘 등자설에 맞추거나 穴澤-小田 프레임을 벗어나지 않으려고 하기 때문에 나오는 결과들이다.

지금까지 본고에서는 도용을 통해 알 수 있는 중국 남부에서 윤부 삼각형의 단병등자 발생과 동북지방에서 전연시기 장병등자의 출현에서부터 고구려와 신라의 초기 등자 발전 과정, 그리고 황남대총 남분 등자의 성격에 대하여 살펴보면서, 논리 전개상 꼭 필요한 부분이 아니면 신라 등자의 연대에 대해서는 언급을 피하고 등자 자체의 상대순서나 공반된 신라전기양식토기의 분기를 중심으로 설명해 왔다. 필자가 연대를 앞세우지 않고 그와 같이 설명해 온 것은 특정한 고정관념이나 선입관 없이 등자 자체로서 그 발전 과정을 파악해 보자는 뜻에서였다. 그 결과 신라 등자의 발전 과정은 등자들과 공반한 신라조기양식토기와 신라전기양식토기의 상대편년과 모순이나 충돌 없이 서로 잘 일치되었다. 본고에서는 언급하지 않았지만 신라조기양식토기와 성립기 신라전기양식토기의 편년을 다룬 필자의 전고들(2012a; 2013a)에서는 토기의 상대편년이나 절대연대 설정에 토기와 공반되는 재갈의 변화도 연동하여 살펴보았으므로 토기와 재갈과 등자의 변화가 모두 정합성을 갖고 있다고 할 수 있다.

그런데 앞서 이미 보았듯이 415년 풍소불묘의 윤부 삼각형 단병등자는 그 자체가 신라의 초기 등자 중 동래 복천동 10·11호묘 출토 윤부 삼각형 단병등자보다도 더 발전된 것이고, 5세기 초로 편년되는 일본의 新開고분 출토 윤부 타원형 단병등자도 동래 복천동 10·11호묘 출토 윤부 타원형 단병등자보다 늦은 형식임이 분명하다. 그러므로 북연 풍소불묘 등자와 일본 新開고분 등자는 양자가 함께 신라의 초기 단병등자, 그리고 이들과 병행기의 장병등자 연대가 그 이전임을 증명할 뿐이다. 다만 앞서 언급한 바와 같이 일본에서 5세기 초로 편년되는 七觀고분 등자는 新開고분 등자보다 고식이고, 동래 복천동 10·11호묘 등자 이상의 고식 속성을 갖고 있지만, 그것은 七觀고분의 외래계 유물과 재지계 유물의 연대차일 것이므로 문제가 될 수 없다. 허구의 풍소불묘 등자설을 전제하지 않으면, 그리고 穴澤-小田 프레임에서 벗어나서 보면, 이와 같은 결론이 나올 수밖에 없다.

한편, 황남대총 남분 눌지왕릉설은 애초에 풍소불묘 등자설을 전제로 한 편년에서 나온 것인데(藤井和夫 1979), 풍소불묘 등자설 자체가 허구이므로 그것은 이미 기본 전제 자체가 상실된 것이다. 그러나 황남대총 남분 눌지왕릉설을 지지하는 연구자들은 이를 합리화하기 위한, 또 다른 여러 가지 주장을 내놓았다. 이를 주제별로 나누어 보면 본고의 대상인 등자 외에 신라토기의 형식분류 및 편년과 관련된 것, 과판 등 금공품의 투조용문에 대한 것, 왜계 철촉에 대한 것, 그리고 신라 마립간시기 왕릉배치에 대한 것 등이다. 이 중 신라토기 편년과 관련된 것 일부와 왕릉의 배치 문제는 이미 전고(최병현 2014b)에서 밝혔듯이 황남대총 남분 눌지왕릉설의 근거가 되지 못한다. 나머지 문제에 대해서는 뒤의 보론 2에서 다루겠지만, 그것들 중에도 황남대총 남분 눌지왕릉설의 근거가 될 수 있을 만한 것은 없다.

그러므로 신라 등자의 편년은 풍소불묘 등자설이나 황남대총 남분 눌지왕릉설과 같은 고정관념이나 선입관에 의해서가 아니라 고고학적 방법에 의해 객관성을 확보하는 가운데 이루어져야 한다.

2) 신라 초기 등자의 편년(도 13)

다 아는 바와 같이 우리 학계에서 신라와 가야 고분의 연대는 일본열도 및 중국 동북지방 출토 고고학자료와 교차편년을 통해 비정되어 왔다. 필자는 신라조기양식토기의 연대를 경주 월성로고분 및 영남지방에서 출토된 土師器系 토기와 일본 고분시대 土師器의 교차편년에 따라 설정하여 신라조기양식토기 2b기를 서기 4세기 전엽으로 비정하였다(최병현 2012a).

필자는 穴澤咊光의 풍소불묘 등자설은 처음부터 수용이 불가능하다고 보아, 과거

분기	단병등자 1	단병등자 2	단·장병등자	장병등자
신라 조기 2b		1. 대성동 68 2. 대성동 47		
신라 전기 1Aa		1. 복천동 60		
1Ab		1. 중산리 IB-1 2. 사라리 65 3. 대성동 1 4. 대성동 57 5. 쪽샘 C10		6. 北票 北溝 M8:2
1Ba				
1Bb ~ 1Bc	1Ba 1. 복천동 21·22 2. 복천동 35·36 3. 황남동 109-3·4 4. 集安 七星山 96 1Bb~1Bc 1. 창녕 동리 5 2·3. 황오동 14-1			
2a	1·2. 복천동 10·11		3·4. 황남대총 남분	
2b	1. 馮素弗墓(415)	2. 新開古墳		3·4. 교동 3

도 13 초기등자 편년표

에 중국 동북지방의 고고학자료와 교차편년하여 경주에서 적석목곽분의 출현 시기와 황남대총의 연대를 설정한 바 있다(최병현 1981b: 1992a). 그 후 이희준은 황남대총의 연대 비정에 대한 그 동안의 논란을 정리하면서 중국 동북지방의 선비계 및 고구려 마구, 그리고 기타 고구려 고분 자료와 교차편년하여 황남대총 남북분의 연대를 5세기 전엽으로, 그 중 선축된 남분은 5세기 초, 후축된 북분은 5세기 전엽말로 비정하였다(이희준 1995). 이희준의 편년안은 필자의 안에 비해 더 늘어난 자료에 대한 정밀한 고찰을 통해 설정된 것이어서 필자는 그의 연대관을 수용하였다(최병현 2000a). 다만, 그는 황남대총 남분의 연대를 5세기 초라고 하였지만, 실제 황남대총 남분의 연대는 4세기 후엽인 칠성산 96호분 및 마선구 1호분과 5세기 전엽인 만보정 78호분 사이에 들어간다는 것이어서, 사실은 4세기 말·5세기 초라고 하는 것이 좀 더 정확한 표현이었다. 그래서 필자는 남분의 연대를 4세기 말·5세기 초로 그 표현을 수정하여 이희준의 황남대총 남북분 연대관을 수용한 것이다.

한편 필자의 전고에서는 일본 고분시대 初期須惠器의 연륜연대도 참고하여 신라 전기양식토기 1B(a~c)기의 연대를 4세기 후엽으로 설정하였다(최병현 2013a). 일본 고분시대 初期須惠器는 TK73형식이 奈良 佐紀유적 SD6030에서 412년의 연륜연대(光谷拓實·次山淳 1999)를 갖게 된 데 이어, TG232형식도 京都 宇治市街유적 SD302에서 389년의 연륜연대(田中淸美 2006)를 갖게 되었다. 그런데 TG232호 요의 初期須惠器는 한국의 동래 복천동 21·22호묘 단계부터 10·11호묘 단계까지, 또는 53호묘 단계까지의 시간 폭을 갖고 있는 것으로 인정되고 있다(최병현 2013a). 필자의 전고에서는 동래 복천동 21·22호묘는 경주 황남동 109호분-3·4곽이 속한 1Ba기의 신단계와, 복천동 10·11호묘와 39호묘 및 53호묘는 경주 황남동 110호분이 속한 1Bc기와 병행기로 보아, 신라전기양식토기 1B기를 포괄적으로 4세기 후엽으로 설정하여도 문제가 없다고 본 것이다.

그런데, 앞서 언급하였듯이, 전고의 병행기 판단에는 오류가 있었음이 발견되었다. 동래 복천동 21·22호묘는 문제가 없으나, 복천동 10·11호묘 등의 출토 토기 중에는 분명히 경주 황남대총 남분 단계 토기를 모방한 것이 포함되어 있으므로, 복천동 10·11호묘, 39호묘, 53호묘는 경주 황남동 110호분이 아니라 그 뒤인 경주 황남대총 남분이 속한 2a기로 내려오는 것을 새로 알게 된 것이다. 즉, 일본 初期須惠器 TG232형식은 신라전기양식토기 1Ba기 신단계인 동래 복천동 21·22호묘에서 1Bc기인 황남동 110호분 단계까지가 아니라 2a기인 황남대총 남분까지의 시간폭을 가진 것이다.

한편 학계의 일각에서는 임당 7B호분이 황남대총 남분보다 이르다는 주장도 있지만(김용성 1996b; 박천수 2010), 임당 7B호분 출토 토기 중에도 분명히 경주지역의 신라전기양식토기 2b기의 형식이 포함되어 있다. 이에 대한 자세한 내용은 전고에서 밝힌 바 있다(최병현 2014c: 200~202). 그러므로 임당 7B호분은 경주지역의 신라전기양식토기 2b기로 편년되어야 한다.

그런데 일본의 七觀고분과 新開고분은 TK73형식기이며(鈴木一有 2014), 한국의 임당 7B호분이 이와 병행기라고 한다(박천수 2012; 高田貫太, 2013, 鈴木一有 2014). 신라전기양식토기와 일본 初期須惠器 및 연륜연대의 관련 문제에 대해서는 뒤의 보론 2에서 좀 더 자세히 살펴보겠지만, 이상의 관계로 보아 신라전기양식토기 1B기는 4세기 후엽, 2a기는 4세기 말·5세기 초, 2b기는 5세기 전엽으로 편년된다.

이에 지금까지 논의해 온 신라·가야 초기 등자의 발전 과정을 종합하여 편년하면 다음과 같다.

○조기 2b기: 신라와 가야지역에서 최초로 單鐙子가 도입된 시기이다. 김해 대성동 67호묘에서는 병두부 현수공의 고리쇠 한짝, 47호묘에서는 등자 한 짝분의 현수공 고리쇠와 목심 보강 철판이 출토되었다. 나무 1매를 구부려 만든 목등자에 가까운 단병등자들이었을 것으로 판단된다.

신라조기양식토기 2b기는 서기 4세기 전엽으로 편년되므로, 중국 남부에서 單鐙子가 출현한 뒤 시차를 두고 도입되었을 것이다.

○전기 1Aa기: 아직 單鐙子가 사용된 시기로, 복천동 60호묘에서 목심등자의 병부와 윤부의 경계부 보강 철판 한 짝이 출토되었다.

신라전기양식토기 1A(a, b)기는 4세기 중엽으로, 1Aa기는 서기 4세기 중엽의 전반에 해당된다.

○전기 1Ab기: 신라 조기 말 이래의 단등자에 이어 쌍등자가 사용되기 시작하였는데, 초기 쌍등자도 병두부만 철판으로 보강한 것이다. 이들은 목심 1매식의 단병등자였을 것이며, 병부 이하를 2단의 철판으로 보강한 단병등자로 발전하였다. 이 목심 1매식의 단병등자는 윤부 삼각형이었거나 그와 같은 계보였을 것이다.

이어서 목심 2매식의 윤부 타원형 단병등자가 출현하였는데, 이들은 이전까지의 單鐙子, 雙鐙子보다 철판 보강 부위가 늘어나, 윤부의 내외 측면까지 철판으로 보강하였다.

신라전기양식토기 1Ab기는 4세기 중엽의 후반에 해당된다.

편년표에는 신라 장병등자의 계보를 나타내기 위해 북표 북구 M8: 2호 목심등자를 배치하였다.

○전기 1Ba기: 신라전기양식토기 1Ba기의 등자들로, 병부 이하를 2단으로 철판 보강한 윤부 삼각형 등자가 출토되고, 목심 2매식의 윤부 타원형(도하트형) 등자는 철대보강 단병등자로 발전하였다. 그 외 고리형 현수공의 목심 단병등자도 존재하였다.

신라에서 아직 이 단계 장병등자의 실례가 없어 편년표에는 칠성산 96호분 출토 고구려 등자를 배치하였는데, 이 단계 신라 장병등자의 병부는 병두가 직선에 가까운 칠성산 96호분 등자가 아니라 다음 단계의 황오동 14호분 장병등자와 같이 둥근 병두에 좀 더 긴 병부였을 것이다.

신라전기양식토기 1Ba기의 연대인 4세기 후엽의 전반에 해당된다.

○전기 1Bb~1Bc기: 현재는 신라전기양식토기 1Bc기의 목심 장병등자와 단병등자들이지만, 앞으로 신라전기양식토기 1Bb기 등자의 출토를 기대하며 이를 포함하여 둔다. 장병등자로는 원래의 전면 금속판 목심등자, 이전의 단병 철대 목심등자에서 장병화한 철대 장병 목심등자가, 단병등자는 목심 2매식의 답수부가 반전된 윤부 타원형(도하트형) 등자가 존재하였다. 목심 1매식의 윤부 삼각형 단병 목심등자가 공존하였을 것이나 아직 출토 예가 없다.

신라전기양식토기 1Bb와 1Bc기의 연대인 4세기 후엽의 후반에 해당된다.

○전기 2a기: 신라전기양식토기 2a기의 등자들이다. 장병등자는 전면 금속판 목심등자와 철대 목심등자가 공존하였고, 단병등자는 목심이 1매식으로 통합되었으나 윤부 형태는 타원형과 삼각형이 존재하였다. 윤부 삼각형 등자의 병부 보강 철판은 1단식이다. 이 단계의 신라 등자 윤부에 3개씩의 미끄럼방지 못이 출현한다.

황남대총 남분과 신라전기양식토기 2a기의 연대에 따라 4세기 말·5세기 초에 해당된다.

○전기 2b기: 신라전기양식토기 2b기의 등자이다. 등자의 종류와 형식이 2a기에서

큰 변화는 없으나 윤부 타원형의 단병 목심등자는 이 단계부터 급격히 소형화하였다.

신라전기양식토기 2b기 연대인 5세기 전엽에 해당된다.

이상 본고에서 논해온 내용을 반영하여 필자의 전고(최병현 2013a)에 게재한 초기 목심등자의 편년표를 수정하여 〈도 14〉로 첨부하여 둔다.

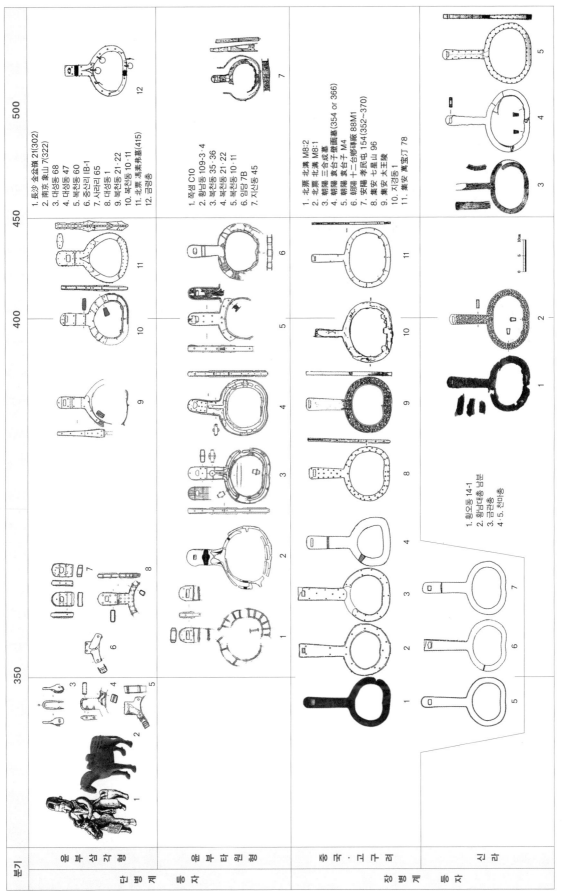

분기	350		400	450	500

등자 관련 표기:

연부삼각형 단병계 등자

1. 長沙 金盆嶺 21(302)
2. 南京 象山 7(322)
3. 대성동 68
4. 대성동 47
5. 복천동 60
6. 중산리 IB-1
7. 사라리 65
8. 대성동 1
9. 복천동 21·22
10. 복천동 10·11
11. 北票 馮素弗墓(415)
12. 금령총

연부타원형 단병계 등자

1. 쪽섬 C10
2. 황남동 109-3·4
3. 복천동 35·36
4. 복천동 21·22
5. 복천동 10·11
6. 임당 7B
7. 지산동 45

중국·고구려 장병계 등자

1. 北票 北溝 M8:2
2. 北票 北溝 M8:1
3. 朝陽 三合成墓
4. 朝陽 袁台子壁畫墓(354 or 366)
5. 朝陽 袁台子 M4
6. 朝陽 十二台鄉磚廠 88M1
7. 安陽 孝民屯 154(352~370)
8. 集安 七星山 96
9. 지경동 1
10. 集安 萬寶汀 78
11. 集安 萬寶汀 78

신라 장병계 등자

1. 황오동 14-1
2. 황남대총 남분
3. 금관총
4·5. 천마총

도 14 초기 등자의 변천도(최병현 2013a 수정)

맺음말

VII

지금까지 중국 남부의 晉代 도용등자와 북부의 전연시기 장병등자에서부터 신라와 가야의 초기 단병등자, 고구려와 신라 초기 장병등자의 발전 과정을 살펴보았다. 중국에서 지역을 달리하여 약간의 시차를 두고 출현한 단병등자와 장병등자는 서기 4세기부터 공존하면서 각각 발전한 것으로, 초기 단병등자의 발전 과정은 중국이 아니라 한국의 신라·가야고분에서 볼 수 있었고, 전연시기 장병등자는 고구려와 신라의 초기 장병등자로 이어져 발전하였던 것을 알 수 있었다. 그러므로 단병등자와 장병등자를 '고식등자'와 '신식등자'로 구분한 것은 처음부터 오류였다.

한편 평성 지경동 1호분 출토 고구려 등자를 통해서는 등자 윤부의 답수부에서 미끄럼방지 못의 출현 시기를 알 수 있었고, 다종다양한 경주 황남대총 남분 출토 등자는 신라 등자의 계보를 잘 설명해주는 동시에 그 형태와 제작 기법이 아직 전연시기의 등자에서 크게 벗어나지 않은 것임을 알 수 있었다.

이와 같은 초기 등자의 발전 과정을 살피면서, 소위 풍소불묘 등자설이 그동안 한·일 학계에 얼마나 뿌리 깊게 부정적인 영향을 끼쳐놓았는가를 새삼 절감하게 되었다. 본고의 앞서 이미 다 살폈으므로 다시 장황하게 반복하지는 않겠지만, 풍소불묘 등자설은 애초부터 근거도 없었고, 그것이 허구였음도 곧 드러났다. 그럼에도 불구하고 우리 학계의 일각에서는 자신들이 제기해 놓은 고구려군 남정설을 유지하기 위한 방편으로 이를 이용하여 아예 고정관념으로 굳혀 놓았다. 또 일본 학계에서는 풍소불묘 등자설, 그리고 그에 의해 생겨난 穴澤-小田 프레임을 한국 삼국시대와 일본 고분시대 등자의 편년에 이용하여 일본열도에서 마구의 등장 시기를 한반도와 대등하게 올려놓거나 오히려 역전시키는 근거로 적극 활용하고 있는 것이다.

그러나 그러한 고정관념이나 편견에서 벗어나 신라토기와 신라등자를 편년하면

○중국 長沙 金盆嶺 21호 西晉墓 출토 陶俑에 부착된 윤부 삼각형 單鐙子의 연대: 302년과 南京 象山 7호 東晉墓 출토 도용에 부착된 윤부 삼각형 雙鐙子의 연대: 322년

○경주 월성로 가-31호묘 출토 왜계토기와 일본 고분시대 土師器의 연대관에 따라 설정되는 신라조기양식토기 2b기와 영남지방에서 목(심)제 單鐙子의 도입 연대: 4세기 전엽

○신라조기양식토기 2b기의 연대와 일본 고분시대 初期須惠器의 연륜연대로 설정되는 신라전기양식토기 1A기의 연대: 4세기 중엽

○중국의 田立坤에 의해 고정된 安陽 孝民屯墓의 연대: 352년 이후 하한 370년

朝陽 袁台子壁畵墓의 연대: 356년 또는 366년

○신라전기양식토기 1Ab기인 신라의 雙鐙子 초현 연대: 4세기 중엽 후반

○京都 宇治市街유적의 일본 고분시대 初期須惠器 TG232 형식 연륜연대: 389년

○京都 宇治市街유적의 初期須惠器에 의해 설정되는 신라전기양식토기 1B(a~c)기의 연대: 4세기 후엽

○일본 고분시대 初期須惠器 TG232 형식기의 범위에 들어가고, 중국 동북지방 고분과 마구자료로 교차편년된 경주 황남대총 남분과 신라전기양식토기 2a기의 연대: 4세기 말·5세기 초

○奈良 佐紀유적의 연륜연대에 의한 일본 初期須惠器 TK73 형식의 연대: 412년

○北燕 馮素弗墓의 연대: 415년

○일본 新開고분과 七觀고분의 연대: 5세기 전엽

○이들에 의한 신라전기양식토기 2b기의 연대: 5세기 전엽

이 모순이나 충돌 없이 모두 정합성을 갖게 되고, 한·중·일 삼국 고고학자료의 자연스러운 변천 과정과 상호 영향 관계가 무리없이 이해된다.

보론2

신라 전기고분의 편년자료와
황남대총의 연대·피장자

머리말 I

고고학 연구에서 편년은 고고학자료 해석의 기초가 된다. 고고학자료 가운데 토기만큼 변화가 빠르고 유적에서 일반적으로 출토되는 유물은 없다. 고고학자료의 세밀한 상대편년에 가장 적합한 유물은 토기이다.

신라고고학에서도 신라토기의 형식분류에 의한 편년 연구가 일찍부터 이루어져 왔다. 신라토기의 편년은 곧 신라고분의 편년과 표리 관계를 이루는 것으로, 신라고분의 편년은 신라토기에 대한 학계의 끊임없는 연구를 통해 그동안 큰 진전을 이루어 왔다. 신라 고분문화의 중심지인 경주지역의 신라고분 편년은 이제 큰 틀에서는 어느 정도 학계의 공감대가 형성되었다고 할 수 있으며, 특히 신라고분 가운데 핵심적인 존재인 신라 전기 경주 월성북고분군의 적석목곽분에 대한 상대편년은 대단히 안정적이다.

그 중에서도 주요 고분의 상대 순서에 대해서는 이미 학계의 견해가 일치되어 있다. 필자는 이를 신라전기양식토기의 편년에 따라 황남동 109호분-3·4곽(1Ba기) → 황남동 110호분(1Bc기) → 황남대총 남분(2a기) →황남대총 북분(2b기) → 금관총(3b기) → 천마총·금령총(4a기) → 호우총(4b기)로 상대편년하고 있다(최병현 2013a; 2014c).

그러나 이 고분들의 절대연대에 대해서는 학계의 견해가 극명하게 갈려 있고, 주장은 여전히 평행선을 달린다. 그 핵심은 황남동 109호분-3·4곽과 황남대총 남분의 연대 문제이다. 황남동 109호분-3·4곽의 연대는 서기 4세기 후엽 또는 4/4분기 등의 서기 400년 이전설과 서기 400년 이후설로 나뉘어 있고, 황남대총 남분의 연대와 피장자에 대해서는 몰년 402년의 내물왕릉설과 458년의 눌지왕릉설이 대립하고 있다.

이 두 고분의 연대는 두 고분의 자체 문제로 끝나는 것이 아니다. 이 두 고분의 연대는 경주지역의 신라 전기고분만이 아니라 영남지방 전체 신라 전기고분과 가야고분의 연대결정에 기준이 되어 모든 신라·가야고분의 편년에 영향을 주고 있다. 현재 학계의 신라·가야고분 편년에서는 연구자에 따라 그 중 어느 한쪽의 연대관을 준용할 뿐이어서 신라·가야고분들의 연대폭은 좁혀지지 않고 있다. 그런데 그렇게 하여 설정된 신라·가야고분의 연대관은 진·변한-신라·가야 고고학자료와 마한-백제 고고학자료의 교차편년을 통해 한국의 역사고고학 전반에 영향을 미치고 있다.

이에 여기서는 두 고분을 비롯하여 지금까지 신라·가야고분의 편년에 크게 영향을 미쳐 온 연대 기준 자료와 그에 대한 주장들에 대해 살펴보고자 한다. 사실 필자는 그 대부분에 대해 일찍부터 비판적으로 검토해왔고, 그에 대한 필자의 견해도 밝혀왔으므로 특별히 새로울 것은 없겠지만, 그동안 논해왔던 것들을 여기서 종합·정리해 보면 문제의 소지가 좀 더 또렷하게 드러날 것으로 기대한다. 또 그 과정에서 황남대총 남북분의 연대와 피장자 문제도 정리될 수 있을 것으로 기대한다.

신라고고학은 역사시대를 연구하는 분야이다. 역사시대인 한국의 삼국시대를 대상으로 한다. 신라고분의 연대관에 대한 학계의 견해 차이가 하루 빨리 해소되어 신라고고학이 신라사 연구와 함께 삼국시대의 역사상 정립에 기여할 수 있기를 기대한다.

신라 전기고분의 편년자료 검토 II

1. 소위 '馮素弗墓 최고 등자설'과
   서기 400년 '고구려군 남정 영향설'

　北燕 馮素弗墓 출토 단병등자가 세계 최고의 등자라는 소위 '풍소불묘 최고 등자설' 과 이에 기반하여 서기 400년 고구려 광개토대왕의 남정을 계기로 한반도 남부지방에 무장구, 마구, 금공품 등 고구려계 문물이 이입되어 한반도 남부지방의 고분문화가 변 동되었다는 '고구려군 남정 영향설'에 대해 필자는 줄곧 비판해 왔고 최근에도 이에 대 해 전론한 바 있으므로(최병현 2014a), 이들은 이제 식상하고 진부한 주제들이다. 하지 만 아직도 학계에서는 이들에 근거한 신라·가야고분 연대관이 극복되지 않고 있으므로 여기서 이들의 요점 정리로 시작하지 않을 수 없다.

　　1973년 중국에서 輪部 삼각형의 단병등자 1쌍이 출토된 북연 풍소불묘 발굴 내용 이 보고되자, 일본의 穴澤咊光은 몰년 415년의 이 풍소불묘 단병등자가 세계 최고의 등 자 실물이며, 신라와 일본의 모든 輪鐙子는 이로부터 발전한 것이라고 주장하였다(穴澤 咊光·馬目順一 1973). 穴澤咊光의 이 같은 주장이 나온 것은 그에 앞서 小野山節이 일본열도의 등자 도입순서가 新開古墳 출토 '고식' 단병등자 다음 七觀古墳 출토 '신식' 장병등자라고 한(小野山節 1966) 일본열도 등자 도입 2분단계설을 단병등자에서 장병등자로 발전하였다는 단·장병등자 단일계보론으로 곡해한 데 있었다. 그럼에도 小田富士雄은 이를 받아 등자가 출토된 한국 삼국시대의 고분은 모두 415년 이후이며, 고구려 적석총으로 윤부 타원형의 장병등자가 출토된 칠성산 96호분도 그 이후라고 하여 穴澤의 주장 편에 섰다(小田富士雄 1979).

이에 藤井和夫는 신라토기의 형식분류를 크게 진전시킨 것으로 평가받는 논문의 연대 설정에서 당시로서는 최고의 신라(전기양식)토기가 출토된 고분인 황남동 109호분-3·4곽의 연대를 서기 400년 이후로 편년하고, 황남대총 남분은 몰년 458년의 눌지왕릉으로 비정하였다(藤井和夫 1979). 그에 앞서 伊藤秋男이 황남동 109호분-3·4곽을 4세기 후반으로 편년한 바 있었으나(伊藤秋男 1972: 60~61), 穴澤咊光과 小田富士雄의 주장을 적용하여 그 연대를 내리고, 황남대총의 연대도 이에 따라 내려잡은 것이다. 穴澤咊光과 小田富士雄의 주장이 신라·가야고분 연대 설정의 프레임으로 작용하기 시작한 것이다.

필자는 長沙 金盆嶺 21호 西晉墓 陶俑의 單鐙子(서기 302), 南京 象山 7호 東晉墓 도용의 쌍등자(서기 322)의 예를 들어 풍소불묘 등자가 세계 최고의 등자가 될 수 없으며, 등자는 단일 계보가 아니라 여러 계보로 발전하였다고 반론을 제기하고 황남동 109호분-3·4곽과 황남대총 남분을 서기 400년 이전으로 편년하였다(최병현 1981b; 1983). 그러나 최종규는 오히려 '풍소불묘 최고 등자설'을 기반으로 한 '고구려군 남정 영향설'을 주창하여 기마구, 금공품이 출토되는 모든 신라·가야고분의 연대는 서기 400년 이전으로 올라갈 수 없다고 못을 박았다(최종규 1983a).

1983년 중국 安陽 孝民屯墓에서 윤부 타원형의 외짝 장병등자의 출토가 보고되자, 穴澤咊光은 초기등자의 병부가 장병에서 단병으로 짧아진다고 하여 다시 단·장병등자 단일계보론을 합리화하였으나(穴澤咊光·馬目順一 1984), 1984년 중국에서는 다시 朝陽 袁台子壁畫墓에서 윤부 삼각형의 장병 쌍등자 출토가 보고되었다. 그러나 신경철은 동래 복천동고분군의 마구류 출토를 최종규의 서기 400년 '고구려군 남정 영 향설'로 해석한데(부산대학교 박물관 1983: 146~172) 이어 복천동고분군 출토 단병등자들을 들어 穴澤의 등자 단일계보론을 옹호하고 나섬으로써(신경철 1985: 1989), 한·일 등자 출토 고분의 편년에 穴澤-小田 프레임은 굳어졌다.

그 후 김해 대성동고분군에서 연대가 경주 황남동 109호분-3·4곽 이전으로 올라가는 재갈, 등자, 행엽 등 기마구들이 출토되었다. 이제 신라·가야고분의 편년과 삼국시대 영남지방의 기마구 사용 과정에 대한 재검토가 이루어져함에도 그러기는커녕 오히려 서기 400년 '고구려군 남정영향설'을 합리화하기에 급급했다. 서기 400년 '고구려군 남정영향설'에 따라 기왕에 서기 400년 이후로 편년한 경주고분과 동래 복천동 고분의 연대는 그대로 두고 대성동고분군 출토 마구만 서기 400년 이전, 즉 고구려 남정 이전의 고구려계라고 하거나(김두철 1992; 1993; 이상율 1993), 또는 김해 대성동고분군의 마구는 고구려계가 아니라 부여계라고 피해 간 것이다(신경철 1994b).

특히 신경철은 대성동고분군의 초기 마구들은 고구려에서가 아니라 멀리는 선비계이지만 직접적으로는 부여에서 이입되었을 것이라고 하여(신경철 1994b) 그가 김해 대성동고분군 발굴 후 제기한 '부여족 금관가야 정복설'(신경철 1994a)을 보강하면서, 그와 같이 서기 4세기에 가야에서 발달한 마구가 신라에까지 파급되었으므로 신라·가야의 마구에 서기 400년 고구려군 남정의 영향은 의외로 미미하였을 것이라고 입장을 바꾸기도 하였다(신경철 1994b: 32). 그러면서도 그는 최종규의 '고구려군 남정 영향설'을 확대하여 자신의 것으로 만들어 김해 대성동의 금관가야 고분군이 서기 400년 고구려군의 남정으로 인해 축조가 중단되고 그 중심 세력은 일본열도로 이주하였으며(신경철 1995b), 일본 古墳時代 須惠器도 그 결과로 발생했다고 주장하였다(신경철 1997; 2000). 또 필자가 신라 눌지왕이 직계 조상묘를 확대·수리한 기록으로 해석한 『삼국사기』 눌지마립간 19년조의 "修葺歷代園陵"을 신라에서 적석목곽분의 축조 개시를 알리는 '新葬制施行令'이라고 하고, 경주에서 적석목곽분의 출현은 430년대 이후라고 주장하기도 하였다(신경철 1985).

그 후 穴澤咊光은 원대자벽화묘를 前燕의 龍城時期(342~357), 효민둔묘를 선비 모용씨의 중원 진출(357) 직후로 추정하였으나(穴澤咊光 1988), 田立坤은 효민둔묘: 352년 이후 하한 370년, 원대자벽화묘: 太和 원년(366) 가능성도 있으나 永和 10년(356)으로 연대를 고정하였다(田立坤 1991; 2002).

필자는 여러 계보의 단병등자와 장병등자가 4세기부터 공존하였음을 재삼 주장한 바 있는데(최병현 1992a), 중국에서는 다시 北票 北溝 8호묘의 전연시기 윤부 타원형의 장병등자 출토가 보고되었다(董高 1995). 이에 이희준은 단병등자와 장병등자의 공존과 등자의 다원 계보를 재확인하고 황남대총 남분을 5세기 전엽 초로 편년하여 내물왕릉으로 비정한 데(이희준 1995) 이어 황남동 109호분-3·4곽을 월성로 가-13호묘와 함께 4세기 3/4분기로 설정하였다(이희준 1996c; 1997a). 필자는 이와 같은 이희준의 편년을 수용하여 신라고분의 연대관을 수정하였다(최병현 2000a).

중국에서는 朝陽 十二台鄉磚廠 88M1호묘와 三合成墓, 北票 北溝 M8호묘와 조양 원대자 M4호묘 등에서 4세기 중엽 전연시기 장병등자들의 출토 보고가 잇달았고, 北票 喇嘛洞 M266호묘 출토 단병등자도 보고되었다. 한반도 남부지방에서도 앞서 언급한 김해 대성동고분군은 물론 울산 중산리고분군, 경주 사리리고분군 등 경주권에서도 황남동 109호분-3·4곽보다 앞서는 서기 4세기대의 기마구와 금공품의 출토가 잇달았음은 물론이다(최병현 2012a: 143~147; 2014a: 41~47). 일본 고분시대의 須惠器에 대해서는 뒤에서 살펴보겠지만, 김해 대성동고분군에서는 고구려군 남정 이후로 편년되는 대형의 수혈식석곽묘가 발굴되기도 하였다. 고구려군의 남정으로 김해 대성동고분군의 축조가 중단된 것이 아님이 밝혀진 것이다(최병현 2018a: 153~164).

이와 같이 '풍소불묘 최고 등자설'과 서기 400년 '고구려군 남정 영향설'은 애초부터 성립될 수가 없는 것이었지만, 그 후의 고고학자료들에 의해서도 이미 극복되었다. 그러므로 신라·가야고분의 연대는 두 설과 관계없이 재설정되어야 한다. 하지만 현재까지도 한·일 학계의 일각에서는 김해 대성동과 동래 복천동의 초기 마구들만 서기 400년 이전으로 편년할 뿐(류창환 2012: 159; 諫早直人 2012: 70~71), 두 설에 의해 고정된 황남동 109호분-3·4곽: 서기 400년 이후, 황남대총 남분: 5세기 중엽의 연대는 그대로 또 다른 프레임이 되어 신라·가야고분 편년의 기준으로 작용하고 있다. 이에 따라 중국의 장병등자는 4세기이지만, 고구려 칠성산 96호분 출토 장병등자는 여전히 5세기 전반이 되고, 신라·가야고분에서는 여전히 단병등자-선, 장병등자-후가 되어 장병등자는 5세기 중엽 이후가 돼서야 출현했다고 한다.

이에 필자는 장병등자와 단병등자가 공존한 동아시아의 초기 등자들을 재검토하고 그 형식조열을 새로 정리한 바 있는데(최병현 2014a), 그 후에도 새로운 자료의 보고가 이어졌다. 이를 보완하여 수정한 것이 앞의 보론 1이다. 보론 1에서는 보완된 자료를 포함한 초기 등자의 발전 과정을 〈도 13〉과 〈도 14〉로 정리하였다. 北燕 馮素弗墓 등자와 일본 新開古墳 등자는 그 자체로서 늦은 형식의 단병등자들인 것을 알 수 있다.

2. 신라전기양식토기와 지역양식 토기의 상대편년(도 1~3)

고고학자료의 세밀한 상대편년에 가장 적합한 유물이 각 시대, 각 시기의 토기인 것은 더 말할 필요가 없다. 이에 학계의 신라고분 연구에서도 신라토기의 형식분류에 의한 상대편년에 힘써, 이를 그 기초로 삼아왔다. 필자도 신라고고학 입문 초기부터 신라토기의 상대편년을 위해 노력해 왔고, 최근에는 그동안 엄청나게 늘어난 자료에 힘입어 신라토기의 발상지인 경주지역 신라토기 전체에 대한 새로운 편년안을 마련하여 경주지역 신라고분의 새로운 연구에 임하고 있다.

신라토기의 편년과 신라고분의 편년은 표리관계라고 할 수 있는데, 앞서도 말한 바와 같이 지금 학계에서 신라전기양식토기와 신라 전기고분의 상대편년은 대단히 안정적이다. 그러나 그것은 학계의 연구가 집중되어 온 경주지역의 경우이고, 지방 각지의 신라토기와 신라고분에까지 해당된다고 할 수는 없다. 더욱이 지역 간의 상대편년, 특히 경주고분과 지방고분 사이의 상대편년에는 아직도 심각한 문제들이 남아 있다.

과거에 신라(전기양식)토기의 다원발생설이 제기된 바도 있지만(신경철 1994a), 이제 신라토기의 발상지가 경주인 것은 더 이상 말할 필요가 없다. 또, 경주에서 발생한 신라전기양식토기가 지방으로 확산되면서 각 지역에서 지역양식이 성립되어 갔음은 잘 알려져 있는 사실이다(이희준 1996a). 그런데 경주지역에서 신라전기양식토기의 변화와 각 지역에서 지역양식의 변화 속도는 같지 않았다. 대표적인 기종인 고배를 예로 들면, 경주지역에서 신라전기양식토기 고배는 4단각으로 출현하여 3단각으로 변화되고, 이어서 2단각으로 정형화되어 필자의 신라전기양식토기 2a기 이후의 고분에서는 2단각고배만 출토될 뿐 3단각 이상의 고배는 출토되지 않는다. 그러나 뒤에 보듯이 지방고분에서는 3단각고배가 늦게까지 출토된다. 또 지방의 각 지역에서는 시시로 경주로부터 들어오는 새로운 형식과 이를 모방한 고배들이 만들어지면서, 이들이 지역양식 고배들과 함께 고분에 부장되었다. 고배뿐만 아니라 장경호 등 다른 기종의 토기들도 마찬가지이다.

그러므로 지방 각지 고분의 신라전기양식토기 부장은 경주고분보다도 더 복잡한 양상을 띠고 있다고 할 수 있다. 따라서 지방고분 출토 신라전기양식토기의 편년에서는 지역양식을 구분하여 형식분류하고, 새로 들어온 경주토기 및 그 모방토기를 가려내 이로써 경주고분과 상대편년해야 된다. 즉, 지방 각지 지역양식 토기를 형식분류하여 그 자체의 변화 방향을 정립하고, 지역 간 교류토기나 상호 비교 가능한 근접 자료를 추출하여 지역간 병행기를 파악하는 교차편년을 해야 된다. 과거 지방 각지 고분의 편년, 경주와 지방고분 사이의 상대편년에서는 이런 점들이 간과되거나 무시되었다. 그때는 경주지역의 신라토기 상대편년이 유동적이었기 때문이기도 하였지만, 이제 학계에서 경주지역의 신라토기 편년은 안정적이므로 그러한 미시적인 연구로 재검토되어야 할 단계이다.

필자는 경주지역의 신라토기에 대한 새로운 편년안을 마련하면서 신라전기양식토기의 각지 지역양식에서 그런 점들을 착목하였고, 연구를 진행해 오면서 유적에 따라 관련 문제를 지적해 오고 있지만 아직 전체적으로 완성된 결과를 학계에 내놓지는 못하였다. 이에 대해서는 후일을 기약한다. 그러나 여기서는 그동안 학계에서 황남대총 남분의 편년과 관련하여 언급되어 온 경주지역의 토기, 그리고 경주고분과 지역 간 상대편년에서 문제가 되어 온 부산과 경산지역의 지역양식 토기 일부에 대해 미리 언급해두기로 하겠다. 황남대총 남분 출토 토기를 포함한 신라전기양식토기의 상대편년은 이미 별고로 발표되었고(최병현 2013a; 2014c), 이 책의 앞에 그 편년표도 제시해 두었으므로(앞의 제2부 도 2-17), 여기서 그에 대한 자세한 설명은 피한다. 다만 다른 고분들의 자료와 비교대상인 신라전기양식토기 고배의 상대편년표는 다시 제시해 둔다(도 1).

먼저 경주 출토 신라토기에 대해 언급된 것으로, 경산지역의 고분을 중심으로 편년하면서 그 중 III단계가 영남지방의 고총기라고 한 김용성은 경주 황남동 110호분과 황남대총 남·북분을 모두 III-3a기로 편년한 바 있는데(김용성 1996: 114; 1998: 157), 그는 그 근거로 황남동 110호분의 미보고된 2단각고배 및 그와 '동일한' 형식의 황남대총 남분 출토 2단각고배를 제시하였다(도 2-1-1·2). 황남동 110호분의 발굴 보고(이은창 1975)에는 3단각고배만 소개되었지만, 실제는 3단각고배와 2단각고배가 거의 같은 양으로 출토되었다고 한다(김용성 2000: 281).

그런데 김용성은 같은 논문에서 황남대총 남분이 내물왕릉이 될 수 없고 눌지왕릉

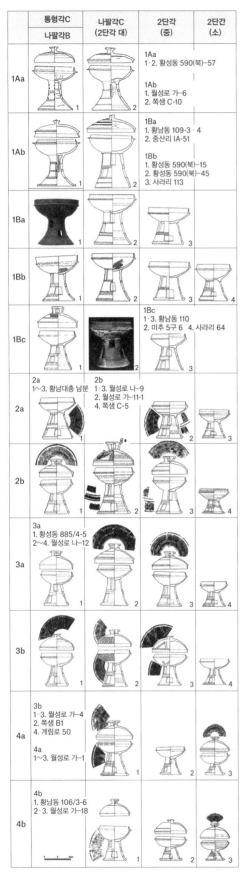

도 1 경주지역의 신라전기양식토기 고배 편년표

일 것이라는 이유로 월성해자 출토 고배 2점을 들었다(도 2-1-5·6). 이 고배들은 김낙중이 월성 해자와 직접 관련되는 가장 이른 시기의 것들이라고 소개하고 "황남대총 남분보다 늦은 5세기 후반"으로 편년하였으나(김낙중 1998), 김용성은 이 고배들과 황남대총 남분 출토 고배들 사이에 커다란 시차를 둘 수 없다고 하면서 그 중 소형은 황남대총 남분 출토 소형고배와 극히 유사하다고 하였다(김용성 2000: 287). 월성해자는 자비마립간 18년조(475) 등 『삼국사기』의 기록으로 보아 그 초축기가 475년이므로, 이 토기들의 폐기 연대는 아무리 빨라도 5세기 후반 전엽 이상으로 올릴 수 없고, 따라서 황남대총 남분의 연대도 5세기 후반 전엽이라는 것이다. 그의 이 주장은 후속 논저로도 계속 이어졌다(김용성 2003: 82; 2009: 82).

김용성이 소개한 것처럼 황남동 110호분과 황남대총 남분에서 그와 같이 거의 같은 형식의 2단각고배가 출토된 것은 두 고분의 축조 시기가 근접한 것을 말해준다. 그러나 황남동 110호분에서는 고배 출토 수의 거의 반을 차지한다는 3단각고배가 황남대총 남분에서는 한 점도 없고 2단각고배만 무려 850점이나 출토되었다. 이에 필자는 황남동 110호분을 3단각고배의 최종 단계인 신라전기양식토기 1Bc기, 황남대총 남분을 3단각고배가 소멸되고 2단각고배로 정형화되기 시작한 2a기로 구분하였다. 신라전기양식토기에서 2단각고배가 3단각고배 출현기인 1Ba기부터 공반되기 시작하였음은 이미 살펴본 바 있다(최병현 2013a; 앞의 도 1 참조).

월성과 그 해자는 최근 발굴과 재발굴이 이루어지고 있고, 월성 서성벽 기저부 조성층에서는 인골과 함께 컵형토기와 광구소호 등 1Ab기의 신라전기양식토기들이 출토되었으며(국립경주문화재연구소·국립경주박물관 2018: 34~35), 해자에서는 신라전기양식토기 1Ba~1Bb기로 올라가는 3단각고배부터 출토되고 있어(국립경주문화재연구소·국립경주박물관 2018: 51), 앞의 해자 출토 고배들의 의미는 이미 퇴색되었다. 그러나 그 형식의 위치 비정에는 문제가 있었음을 지적해두지 않을 수 없다. 김용성은 황남동 110호분과 황남대총 남분에서 거의 동일 형식의 고배들이 출토된 것을 지적하였으면서도 이 월성해자 출토 고배들과 황남대총 남분 출토 고배들 사이에는 커다란 시차를 둘 수 없다고 하였다. 그러나 해자 출토 〈도 2-1-5〉의 고배는 필자의 신라전기양식토기 나팔각고배 B류로, 가장 유사한 것은 3b기인 월성로 가-4호묘 출토 고배이다(도 2-1-4). 〈도 2-1-6〉의 고배는 그의 지적과 같이 2단각고배 소형으로 3a기 형식에 해당된다(앞의 도 1의 3a기 참조). 필자는 신라전기양식토기 3a기: 5세기 중엽, 3b기: 5세기 후엽으로 편년하고 있다. 신라전기양식토기 2a기인 황남대총 남분의 연대가 그보다 훨씬 소급되어야 함은 더 말할 것도 없다.

다음은 부산지역의 신라토기 문제로, 동래 복천동고분군의 신라 전기고분에 대해서는 발굴자의 보고에 이어 이에 대한 학계의 검토가 이루어져 그 상대편년은 비교적 안정적이다. 아직 그 초기 고분의 상대순서에 대해서는 약간의 이견이 남아 있지만, 주요고분의 상대순서가 25·26호묘 → 21·22호묘 → 10·11호묘·39호묘라는 데에는 이견이 없다. 다만 35·36호묘과 31·32호묘의 선후에 대해 견해차가 있지만, 이 두 고분이 25·26호묘와 21·22호묘 사이에 들어간다는 것도 학계에서 대개 공감하고 있다(최병현 2000a: 87~93).

필자는 이 중 25·26호묘부터 21·22호묘까지를 경주지역에서 3단각고배 초기 단계인 신라전기양식토기 1Ba기와 병행기로 보아 25·26호묘·(35·36호묘): 1Ba기 고단계, (31·32호묘)·21·22호묘: 1Ba기 신단계로 설정하고 있지만(최병현 2013a: 33~34), 하여튼 복천동 21·22호묘가 출토된 3단각고배 등 토기의 형식으로 보아 경주 황남동 109호분-3·4곽과 같은 시기라는 데에 이견은 없다. 문제는 10·11호묘와 39호묘로, 두 고분에서는 필자의 신라전기양식토기 나팔각고배 B류로 하단이 좁아진 3단각고배 등이

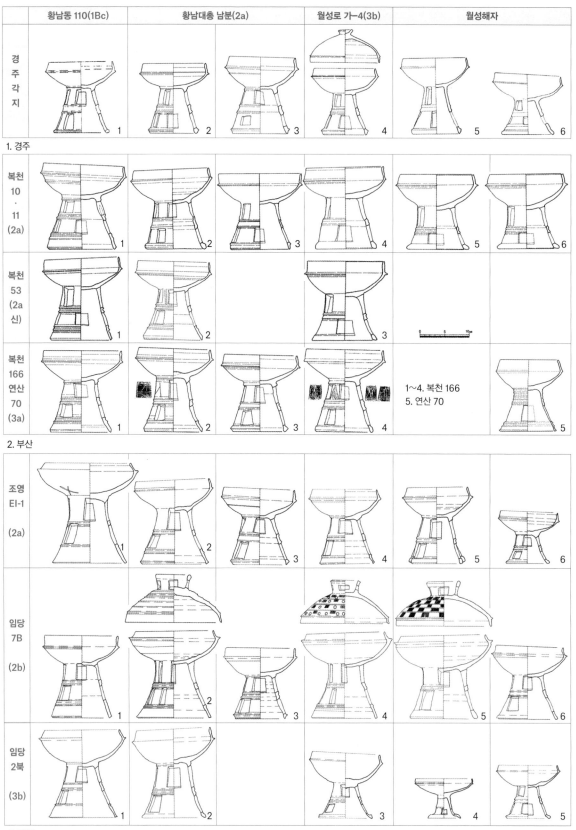

	황남동 110(1Bc)	황남대총 남분(2a)	월성로 가-4(3b)	월성해자	
경주각지					

1. 경주

복천 10 · 11 (2a)					
복천 53 (2a 신)					
복천 166 연산 70 (3a)				1~4. 복천 166 5. 연산 70	

2. 부산

조영 EI-1 (2a)					
임당 7B (2b)					
임당 2북 (3b)					

3. 경산

도 2 신라전기양식토기와 지역양식

출토되었다(도 2-2-상1). 이 고배들은 2단각으로 바뀐 황남대총 남분의 나팔각고배 B류 고배(도 2-1-3)가 아니라 분명히 그보다 앞인 경주 황남동 110호분의 1Bc기 3단각 형식을 모방하여 제작된 것으로 판단된다(앞의 도 1의 1Bc기). 이와 같이 복천동 10·11호분과 39호분에서는 경주의 신라전기양식토기 1Bc기 이전의 형식을 포함하고 있어서 대개 두 고분을 경주 황남동 110호분과 병행기로 편년하고 있고(이희준 1997a; 2007: 159~160), 필자도 최근까지 그와 같이 판단한 바 있다(최병현 2013a: 29)

그러나 복천동 10·11호묘와 39호묘에서는 이들 외에 소위 부산식으로 지역양식화 한 것(도 2-2-상4~6고배)을 포함하여 여러 형식의 2단각고배들이 출토되었는데, 분명히 경주지역 신라전기양식토기 2단각고배(중)의 2a기 형식을 모방하여 제작한 것들도 포함하고 있다(도 2-1-2와 2-2-상2). 이 점을 전고에서 지적한 바 있는데(최병현 2014c: 196~197), 〈도 3〉에서 보듯이 복천동 10·11호묘과 39호묘 출토 고배들은 대각부의 전체 구조, 특히 각단부의 제작 기법으로 보아 황남대총 남분의 2단각고배(중)을 모방하여 제작된 것임을 부정할 수 없다. 또한 복천동 10·11호묘의 나팔각 B류 고배 중에도 대각부의 구조로 보아 분명히 황남대총 남분의 2a기 형식을 모방 제작한 것이 포함되어 있다(도 2-1-3과 2-2-상3).

이와 같이 복천동 10·11호묘과 39호묘 출토 토기에는 경주지역의 신라전기양식토기 1Bc기 형식에 속하는 것이 있지만, 분명히 2a기 형식을 모방하여 제작된 것들도 포함하고 있다. 그러므로 두 고분의 상대연대는 신라전기양식토기 1Bc기가 아니라 2a기 병행기이며, 축조 순서는 황남대총 남분의 뒤라고 보아야 한다.

동래 복천동고분군에서 3단각고배의 계열은 신라전기양식토기 2a기 신단계로 편년되는 53호묘 뒤로도 남아 166호묘에서도 확인된다(도 2-2-중·하). 복천동 166호묘는 공반된 다른 토기들의 형식으로 보아 신라전기양식토기 3a기 병행기로 판단되는데, 경주지역에서는 1Bc기를 끝으로 자취를 감춘 3단각고배의 잔영이 부산지역에서는 이때까지 남아 있는 것이다.

다음은 경산지역의 신라토기 문제로, 경산 임당고분군 발굴조사 후 김용성에 의해 그에 대한 종합적인 편년안이 발표되었다(김용성 1996; 1998). 그는 경산지역 고분을 중심으로 삼국시대 영남지방의 고분을 목관묘 단계(I), 목곽묘 단계(II), 고총 단계(III), 석실 단계(IV)로 나누고, 고총 단계(III)을 다시 1, 2(a, b, c), 3(a, b, c)으로 세분하였는데,

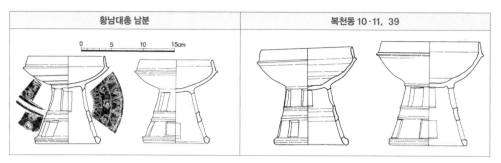

황남대총 남분	복천동 10·11, 39

도 3 황남대총 남분과 복천동 고분 출토 2단각(중) 고배

몇몇 대표적인 고분을 예로 들면 임당 G-5, 6(III1기), (복천동 21·22, 황남동 109-3·4, 월성로 가-13: III2a기), 조영 CII-1,2(III2b기), 임당 7B(III2c기), 조영 EI-1(III3a기)로 상대편년하였다(김용성 1998: 157).

김용성의 이 임당고분 상대편년안은 그 후 별다른 이의 없이 거의 그대로 인용되고 있을 뿐(이희준 1997a: 74~75; 2007: 136~140; 박천수 2010: 136; 2012: 190), 학계에서 본격적인 재검토가 이루어지지 않았다. 더욱이 그는 경주 황남동 110호분, 황남대총 남·북분이 조영 EI-1호분과 함께 임당 7B호분보다 늦은 III3a기라고 하였는데, 그것도 거의 그대로 인용되면서(박천수 2010; 2012)[1] 뒤에서 보듯이 신라·가야·일본 고분의 상대편년에 많은 문제를 야기하고 있다. 필자는 김용성에게서 비롯된 임당고분의 상대편년, 경주고분과 임당고분 사이의 지역 간 상대편년에 많은 문제가 있음을 인지하고, 이를 지적하면서 그 교정안을 도표로 제시한 바 있다(최병현 2014d: 19). 아직 그에 대한 상세한 내용을 밝히지는 못하였으나, 여기서는 신라전기양식토기 고배를 중심으로 그 요점만 정리해 두기로 하겠다.

신라전기양식토기 3단각고배가 출현하는 1B기부터 경산지역에서도 지역양식이 성립되었는데, 김용성의 임당고분 상대편년에서 문제가 극명하게 드러나는 것은 임당 7B호분(III2c기)과 조영 EI-1호분(III3a기)의 선후 관계이다. 두 고분에서는 여러 형식의 3단각고배들과 함께 2단각고배들이 출토되었는데, 대개는 경산 지역화하거나 경산양식에 속하는 것이다. 그런데 두 고분에 부장된 고배들 중에는 경주양식이라고 할 수 있는 2단각의 나팔각고배 B류가 포함되어 있다. 〈도 2-3-상3〉과 〈도 2-3-중3〉이 그것이다.

....

1   다만 이희준은 임당 7B호분과 황남대총 남분을 함께 그의 신라(전기)고분 편년 IIa기로 하였다(이희준 1997a: 72; 2007: 133).

이들에 대해서는 이미 전고에서 상론한 바 있는데(최병현 2014c: 198~202), 도면은 뒤에 제시되겠지만(뒤의 도 7 상), 조영동 EI-1호분 고배는 황남대총 남분 단계인 신라전기양식토기 2a기 형식이고(도 2-1-3), 임당 7B호분 고배는 월성로 나-9호묘와 같은 2b기 형식이다. 김대환의 연구에 의하면 조영동 EI-1호분 고배는 경산 옥산동요지에서 생산된 것이며, 임당 7B호분 고배는 경주에서 이입된 것이라고 한다(김대환 2006).

그런데 두 고분에서는 경주고분에서 신라전기양식토기 2a기부터 출현하는 2단각고배 소형들도 함께 출토되었다(도 2-3-상6과 2-3-중6). 조영동 EI-1호분의 소형 고배는 아직 경주양식에 가깝지만 임당 7B호분의 소형 고배는 이미 경산 지역화한 것을 알 수 있다. 그러므로 두 고분에서 3단각고배가 공존하고 있지만 그 축조 시기가 모두 황남대총 남분 이전으로 편년될 수는 없으며, 조영동 EI-1호분(2a기) → 임당 7B호분(2b기)로 그 병행기와 축조 순서가 바로잡혀야 된다.

경산 임당고분에는 이와 같이 신라전기양식토기 경산 지역양식과 함께 경주양식이 함께 부장되었는데, 경산 지역양식에는 다양한 3단각고배들이 그 뒤로도 늦게까지 공존하고 있었다. 3단각고배의 공존은 임당 2호분 북곽에서도 확인되는데(도 2-3-하1), 이 고분은 공반된 다른 고배들의 형식으로 보아 신라전기양식토기 3b기를 더 올라가기는 어렵다.

이상 부산지역과 경산지역의 사례를 살펴보았지만, 신라전기양식토기 지역양식에서 3단각고배가 늦게까지 남아 있었던 것은 의성, 성주 등 다른 지역에서도 마찬가지이다. 신라토기의 형식분류에 의해 지방고분들을 편년하거나 경주고분과 지방고분 간의 병행기를 편년할 때는 바로 이와 같은 현상에 유의하지 않으면 안 된다.

그런데 김두철은 경주, 부산, 포항, 울산, 경산, 합천 옥전 출토 고배들을 함께 섞어 대단히 복잡한 계보도를 만들어, 경주 사라리 13호분 고배를 복천동 21·22호묘 고배보다 2단계 뒤의 동래 복천동 10·11호분 고배와 같은 줄에 배치하고, 황남대총 남분 고배를 거기서 2단계 더 뒤로, 황남동 110호분 고배를 황남대총 남분 고배보다도 1단계 뒤로 하는 편년표를 발표하였다(김두철 2011: 74). 그러나 앞서 본 것처럼 경주에서는 일찍 소멸된 3단각고배가 지방에서는 오래 남고 또 지역마다 그 방향과 속도를 달리한 것이어서 이를 섞어서 전체의 계보도를 만들거나 편년표를 작성하는 것은 徒勞일 뿐이다.

또 그는 황남대총 남분 출토 2단각고배들을 추출하여 배열해 놓고, 황남대총 남분

토기가 "바로 5세기 3/4분기의 경주형식의 성립이며, 신라토기 중기양식의 완성이다"라는 등의 의미를 부여하고 있다(김두철 2011: 96). 그러나 앞서도 언급하였듯이 황남대총 남분의 신라토기는 신라전기양식토기 변천 과정의 연속선상에서 고배가 그 앞의 3단각 단계를 벗어나 2단각고배 일색으로 정형화되기 시작하였다는 것 이상으로 의미를 부여할 필요는 없다.

3. 일본 古墳時代 初期須惠器의 年輪年代(도4, 표1)

필자는 일본 古墳時代의 初期須惠器 窯에 대해 개관한 바 있고(최병현 2000c), 初期須惠器의 연대 문제에 대한 논란도 이미 두 차례 정리한 바 있다(최병현 2000a: 101~103; 2013a: 35~39). 이에 여기서는 初期須惠器의 연대 문제에 대한 요점만 간단히 정리해 두기로 하겠다.

1980년대까지 初期須惠器의 최고 형식은 TK73형식이었으나, 1987~1993년에 그보다 앞서는 TG232형식이 발굴되었다. 또 1993년에는 大阪部 岸和田市 久米田古墳群의 方墳 주구에서 일단의 初期須惠器들이 발굴되었는데, 태토분석 결과 일부는 都邑窯에서 생산된 것으로(三辻利一·虎間英喜 1994) TK232형식에 속하며(植野浩三 1996), 공반된 발형기대는 동래 복천동 31·32호묘 출토품과 똑같은 한반도산이라고 한다(虎間英喜 1993).

과거 初期須惠器의 생산 개시 연대에 대해서는 TK73형식을 기준으로 5세기 중엽설, 5세기 전반설, 4세기 말설이 있었다(中村浩 1993: 36). 田邊昭三은 1981년에 간행된 『須惠器大成』의 須惠器年表에 TK73형식을 450년경에 두었다(田邊昭三 1981: 43). 白石太一郎은 崎玉縣 稻荷山古墳에서 MT15형식 須惠器[2]와 공반한 철검의 명문 「辛亥年」을 471년과 531년 중 471년으로 보아 그로부터 역산하여 TK73형식을 5세기 전반으로 잡은 바 있으나(白石太一郎 1979), 그 후 須惠器의 생산 개시가 4세기 말~5세기 초두까지 올라갈 수 있다고 수정하였다(白石太一郎 1985). 都出比呂志 또한 稻荷山古墳의 철검 연대에서

....

2　崎玉縣 稻荷山古墳에서 철검과 공반한 須惠器를 MT15형식이 아니라 TK47형식 등 그보다 이른 형식으로 보는 견해도 있다(和田晴吾 2009).

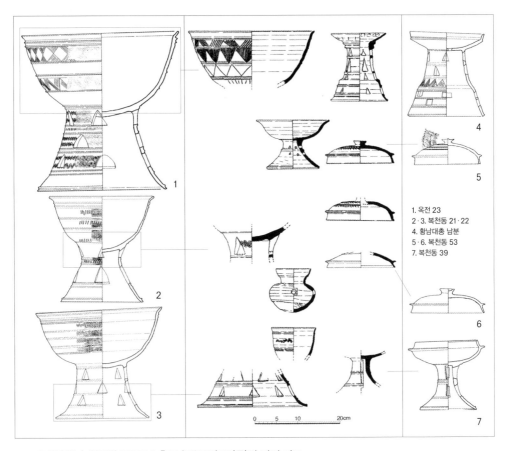

도 4 京都宇治市街유적 SD302 출토 初期須惠器(중)와 관련 자료

1. 옥전 23
2·3. 복천동 21·22
4. 황남대총 남분
5·6. 복천동 53
7. 복천동 39

0 5 10   20cm

역산하여 須惠器의 생산 개시를 400년 전후 혹은 5세기 전엽의 시간폭에 두었다(都出比呂志 1982). 이런 가운데 橋口達也는 九州 朝倉窯蹟群의 初期須惠器 생산을 4세기 후반으로 올려잡기도 하였다(橋口達也 1983).

그 후 陶邑古窯群에서 大庭寺 TG232·231호 요지가 조사되었고, 두 요지 토기를 포함한 TG232형식이 TK73형식보다 이른 최고의 初期須惠器라는 데에 이견이 없다. TG232·231호 요지의 須惠器는 그 자체 시간폭이 있어서, 그 조업 시기가 한반도의 관련 유적으로는 동래 복천동 21·22호묘 단계에서 시작되어 10·11호묘 단계(신경철 1997; 박천수 1998; 하승철 2007; 홍보식 2012) 또는 53호묘 단계(김두철 2006)까지라고 한다. 다만 그 중심 시기에 대해서는 동래 복천동 21·22호묘 단계와 10·11호묘 단계로 견해가 나뉘고, 신경철은 久米田 方墳의 토기가 TG232형식 이전으로 복천동 25·26호묘와 같은 단계라고 주장하고 있다(신경철 1997).

필자는, 앞서 언급한 바와 같이, 동래 복천동 25·26호묘부터 21·22호묘까지가 경주 황남동 109호분-3·4곽이 속한 경주지역의 신라전기양식토기 1Ba기 병행기이며, 25·26호묘와 35·36호묘를 고단계, 31·32호묘와 21·22호묘를 신단계로 그 선후를 나누어 볼 수 있다고 하였다(최병현 2013a). 복천동 10·11호묘는 39호묘와 함께 과거에는 경주 황남대총 남분보다 앞인 1Bc기의 황남동 110호분과 같은 단계로 편년했으나(최병현 2013a), 두 고분의 출토 고배 중에는 분명히 황남대총 남분 출토 고배를 모방한 것이 포함되어 있음을 발견하고 황남대총 남분과 같은 2a기로 조정하였으며, 복천동 53호묘 출토 토기도 같은 분기이나 상대적으로 늦은 단계라고 한 바 있다(최병현 2014c).

그런데 일본 初期須惠器와 관련된 2개의 연륜연대가 나왔다. 먼저 奈良 平城京 제2차 朝堂院 아래 유구에서 벌목연대 서기 412년인 목제품이 TK73형식 初期須惠器들과 함께 출토되었고(光谷拓實·次山淳 1999), 이어서 京都府 宇治市街 유적 SD302에서 벌목연대 389년인 목제품과 TG232형식의 初期須惠器가 함께 출토되었다(光谷拓實 2006; 田中淸美 2006). 일본 학계에서는 이 연륜연대들이 崎玉縣 稻荷山古墳 철검에서 역산한 TK73형식의 연대, 그리고 TG232형식과 TK73형식의 선후 관계와 정합성이 있다고 보아 TK73형식은 서기 412년, TG232형식은 서기 389년을 그 연륜연대로 인정하는 것이 대세이다(田中淸美 2007; 廣瀨和雄 2009; 신경철 2009: 179).

이와 같은 일본 初期須惠器의 연륜연대에 따르면 신라전기양식토기 1Ba기인 경주 황남동 109호분-3·4곽은 4세기 후엽, 2a기인 황남대총 남분은 4세기 말·5세기 초로 편년된다. 이렇게 되자 당초에 일본 학계와 입장을 같이하여 일본 古墳時代의 편년 및 일본 학계의 한·일 고분 연대관으로 김해 예안리고분군과 동래 복천동고분군을 편년하여 자신들의 신라·가야고분 연대관을 정립하였던 일단의 한국 학계 연구자들은 돌변하여 일본 학계와 대립하고 있다. 두 유적이 목제품과 토기의 폐기동시성을 보장할 수 없는 流路라고 하면서 두 개의 연륜연대를 모두 부정하거나(김두철 2006; 신경철 2009; 홍보식 2012),[3] TK73형식의 목제품 공반은 인정할 수 없지만 京都 宇治市街 유적의 須惠器와

....

3   최근 신경철은 두 개의 연륜연대를 부정하고 TG232형식은 5세기 2/4분기의 늦은 시기, TK73형식은 5세기 3/4분기의 늦은 시기, 崎玉縣 稻荷山古墳의 TK47형식은 6세기 1/4분기의 늦은 시기로 후퇴시켰다(申敬澈 2019).

표 1 박천수와 신경철의 연대관 변화

	박천수(1998)	박천수(2006)	박천수(2010)
TG 232 · 231	복천동 21 · 22 옥전 23 황남동 109-3 · 4 복천동 10 · 11 지산동 35	복천동 21 · 22 옥전 23 월성로 가-13 황남동 109-3 · 4	복천동 21 · 22 옥전 23 월성로 가-13 황남동 109-3 · 4
TK 73		복천동 10 · 11, 53 지산동 35 월성로 나-13 황남동 110	복천동 10 · 11, 53 지산동 35 월성로 나-13
TK(208) · 216		복천동 15 지산동 32 황남대총 남분(458)	복천동 1 지산동 30 황남동 110
TK 208			복천동 4, 15 지산동 32 황남대총 남분(458)

	신경철(1997)	신경철(2006)	신경철(2009)
持ノ木古墳	복천동 25 · 26	복천동 25 · 26	복천동 25 · 26
	복천동 21 · 22	복천동 21 · 22	복천동 21 · 22 복천동 10 · 11
TG 232	복천동 10 · 11	복천동 10 · 11	황남대총 남분

연륜연대 389년의 목제품 공반은 인정할 수 있다고 하면서도 공반된 須惠器는 TG232 형식이 아니라 그보다 이르고, 동래 복천동 31·32호묘나 久米田 方墳 출토 須惠器보다도 이른 것이라고 주장하기도 한다(하승철 2007). 또 2개의 初期須惠器 연륜연대를 모두 인정하지만 애초 TG232 · 231호 요지의 初期須惠器와 병행기라고 하였던 신라·가야고분 중 일부의 상대연대를 내려 바꾸기도 한다(표 1).

모두 穴澤-小田 프레임에 의한 '풍소불묘 최고 등자설'과 '고구려군 남정영향설'로 세워놓은 자신들의 신라·가야고분 연대틀을 고수하려는 고육지책이거나, 자신이 경도된 황남대총 남분-눌지왕릉설에 맞추기 위해 입장 변화에 대한 합리적인 설명도 없이 바꾸어가고 있는 것이다(박천수 2006; 2010; 2016).[4]

그러나 유의할 것은, 일본 학계가 이 2개의 初期須惠器 연륜연대를 인정하고 있는 것은 그동안 일본 학계에서 기울여 온 初期須惠器의 연구 결과와 이 2개의 연륜연대가 정합성을 갖기 때문이라는 점이다. 그리고 상대편년이든 연대비정이든 고고학자료의 편년은 연구의 진척에 따라 달라지고 바뀔 수 있지만, 상대편년된 토기의 형식조열이나 상대적인 위치가 특정 연대관이나 특정 왕릉을 따라 올라갔다 내려갔다 할 수는 없다는 점이다.

4. 금공품과 경산 임당 7B호분(도 5~8)

앞에서는 穴澤咊光의 '풍소불묘 최고 등자설'이 나오게 된 배경과 관련하여 小野山節이 일본 新開古墳과 七觀古墳의 등자를 구분한 것(小野山節 1966)을 언급하였는데, 현재 일본 학계에서 新開古墳과 七觀古墳은 모두 須惠器 TK73형식기로 편년되고 있다(京都大學大學院文學研究科 2014: 355·372). 小野山節은 新開古墳 출토 등자를 '고식' 단병등자, 七觀古墳 출토 등자를 '신식' 장병등자라고 하였지만, 필자는 사실은 둘 다 단병계 등자이며 新開古墳 등자보다 七觀古墳 등자가 상대적으로 오히려 더 고식이라는 점을 지적한 바 있다(최병현 2014a: 14·45).

新開古墳과 七觀古墳에서는 마구들과 함께 신라계 관대의 대장식구들이 출토되었다. 그런데 한·일 학계에서 신라고분 출토품을 포함한 이들의 선후 관계가 대단히 혼란스럽다. 혼란은 처음 박천수에게서 야기된 것으로 보인다(박천수 2006; 朴天秀 2010). 먼저 그의 등자에 대한 언급부터 살펴보면 "태왕릉 출토 금동제 등자는 투조와 축조로 四神을 비교적 사실적으로 시문하고 있으나 황남대총 남분 출토 등자는 투조로 표현한 용문이 완전히 퇴화된 형식인 점이 주목된다. 또 남분 출토 등자는 답수부에 미끄럼 방지용 못이 박혀 있는 점에서 태왕릉 출토품보다 2단계 정도 후행하는 형식으로 파악"되며, "만일 태왕릉 출토 등자가 391년으로 편년된다 하여도 형식학적으로 볼 때 황남대

4　뒤에 다시 언급하겠지만, 황남대총 눌지왕릉설은 일본 학계에서 藤井和夫(1979)에 이어 毛利光俊彦(1983)이 주장하였고, 국내에서는 김용성이 이를 따랐다(김용성 1996: 119~121; 1998: 168~173). 박천수는 김용성의 임당고분 편년과 황남대총 눌지왕릉설을 그대로 자신의 것으로 하고 있다. 그러면서 그는 황남대총 남분의 연대를 일본 학계에서 5세기 중엽으로 편년되는 TK208형식에 맞추어 놓고 있다.

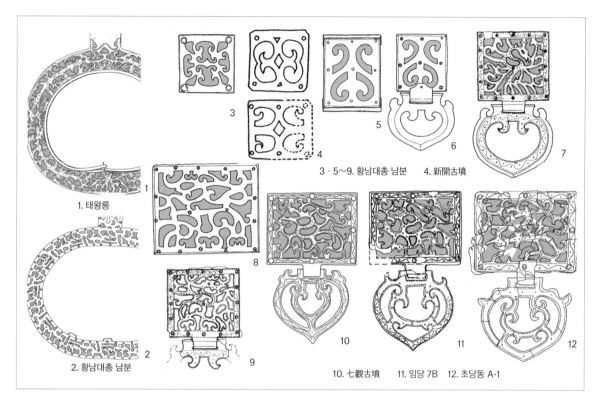

도 5 황남대총 남분 금공품과 관련 자료

1. 태왕릉
2. 황남대총 남분
3・5~9. 황남대총 남분　4. 新開古墳
10. 七觀古墳　　11. 임당 7B　12. 초당동 A-1

총 남분 등자의 연대가 402년으로 소급될 수 없어 내물왕릉설은 역시 성립하기 어렵다"(박천수 2006: 박8)고 하였다. 그의 이 언급은 이후 그의 신라・가야고분 연대론에 관한 글에 빠짐없이 계속된다(朴天秀 2010: 95~96; 박천수 2010: 110~111; 2012: 164).

　　태왕릉 등자가 황남대총 남분 등자보다 이른 형식이라는 것을 부정하는 사람은 없다. 그런데 그의 언급 중에서 유의해 둘 것은 태왕릉 등자의 투조문은 사실적이고 황남대총 남분 등자의 투조문은 퇴화되었다고 한 점이다. '완전히 퇴화된 형식'이라는 말에 동의할 수 없지만, 황남대총 남분 등자의 투조용문이 태왕릉 등자의 투조용문보다 퇴화된 것은 분명하고, 그것은 〈도 5-1, 2〉에서 보는 바와 같다.

　　문제는 황남대총 남분 등자가 '2단계 후행하는 형식'이라고 하면서 '2단계'의 내용이 무엇인지에 대해서는 설명이 없다는 점이다. 다만 등자에 대한 언급의 앞에 '토기로 보아 황남대총 남분보다 1단계 선행하는 경산 임당 7B호분이 일본의 須惠器 TK73형식기인 新開古墳, 七觀古墳과 병행한다'(박천수 2006: 박7)는 언급에서, 그가 말하는 '2단계'의 내용이 무엇인지 짐작은 된다. 그러나 그것이 '2단계 후행'하는 등자와 투조용문의

속성이나 형식에 대한 설명은 아니다.[5]

　다음은 그가 경산 임당 7B호분의 토기를 언급한 대목이다. 그는 임당 7B호분 토기가 "황남동 109호분 3.4곽보다 1단계 후행하는 경주시 월성로 나13호분과 병행하고 황남대총 남분보다 1단계 선행하는 것으로 본다"(박천수 2006: 박7)고 하였다. 필자는 신라전기양식토기의 형식분류에 의한 상대편년에서 황남동 109호분-3·4곽을 1Ba기, 박천수가 임당 7B호분과 병행한다고 한 월성로 나-13호묘를 2b기로 편년한 바 있지만, 여기서 논점을 흐릴 수 있고 금공품과도 관계가 없는 황남동 109호분-3·4곽과 월성로 나-13호묘에 대한 언급을 생략하면, 문제의 핵심은 과연 임당 7B호분의 토기가 황남대총 남분 토기보다 1단계 선행인가로 좁혀진다.

　박천수의 임당 7B호분과 경주고분의 병행기 편년은, 앞서 본 바와 같이, 김용성의 편년을 따른 것이지만, 임당 7B호분에서 3단각, 2단각의 경산양식 고배들과 공반한 나팔각고배 B류의 2단각고배는 2a기의 황남대총 남분, 조영동 EI-1호분 고배보다 늦은 2b기의 경주 월성로 나-9호묘 출토 고배와 규모, 세부 속성이 거의 똑같은 것이다(도 7의 상). 이에 대해 좀 더 자세한 것은 전고에서 이미 상술한 바 있다(최병현 2014c: 200~201).

　여기서 과대의 대장식구와 관련하여 뒤에 함께 살펴볼 강릉 초당동 A-1호분 출토 토기에 대해서도 미리 언급해 두어야겠다. 초당동 A-1호분(강릉원주대학교박물관 2011)에서는 대부완, 단경호, 적갈색연질 소발이 각각 1점씩 출토되었다(도 7의 하 4~6). 대부완의 변화는 대각에서 두드러지는데 대각의 상부가 좁아진 초당동 A-1호분의 대부완은, 지방 생산품이라서 경주토기와 차이가 있을 수 있지만, 필자의 신라전기양식토기 3b기 이전으로는 올라갈 수 없는 형식이다. 단경호도 초당동 A-1호분 출토품과 같은 세부 기종은 경주지역에서도 현재로서는 3a기 이전 것을 찾기 어렵다(최병현 2014c:

....

5　태왕릉은 몰년 391년의 고국양왕릉설, 412년의 광개토대왕릉설 등이 있고, 고국양왕릉설에서는 태왕릉 등자의 연대가 고국양왕의 몰년 391년에 빈 기간 2년을 더해 393년이 하한이라고 있다(이희준 2006: 108~109). 그러나 태왕릉에서 등자는 묘실 내 출토품이 아니고, 서기 391년인 「辛卯年 好太王」銘 동탁과도 출토 위치가 다르다. 이는 태왕릉 등자 자체가 갖고 있는 편년자료로서의 근본적인 결함이다. 태왕릉 등자는 고구려의 칠성산 96호분 등자, 신라의 황남대총 남분 등자와 형식의 상대 비교에는 유용한 자료이지만, 그 이상을 넘어 절대연대 설정의 우선적인 근거자료로 삼는 것은 고고학의 원칙에서 벗어난다는 것이 필자의 기본적인 생각이다. 등자를 전론한 전고(최병현 2014a)에서 태왕릉 등자의 연대에 대해 언급하지 않은 소이이다.

177). 초당동 A-1호분의 신라토기는 필자의 신라전기양식토기 3a기 이전으로 올라가기는 어렵고 3b기로 편년된다.

이상 살펴본 바와 같이 신라전기양식토기 형식에 따라 황남대총 남분·조영 EI-1호분: 2a기, 월성로 나-9호묘·임당 7B호분: 2b기, 초당동 A-1호분: 3b기로 상대편년되는데, 최소한 동종 고배의 형식 순서가 황남대총 남분 → 임당 7B호분인 것만은 부정할 수 없을 것이다. 여기서 신라토기의 형식 변천에 대한 필자와 박천수의 다른 이해가 드러난다.

다시 금공품으로 돌아와, 〈도 5〉에는 앞서 출토 토기들을 살펴본 고분들의 용문투조 대장식구들을 공반된 토기형식의 순서대로 배열하였다. 여기에는 신라고분 외에 일본 七觀古墳 출토 용문투조 대장식구(도 5-10)도 그 형식의 위치라고 판단되는 곳에 배치하였다. 또 황남대총 남분에서 출토된 모든 대장식구를 포함하였으며, 일본 新開古墳 출토 방형의 대장식구(도 5-4)도 포함하였다.

먼저 황남대총 남분 출토 대장식구들을 살펴보면, 〈도 5-7〉은 봉황문을 透彫한 것이고, 〈도 5-8〉과 〈도 5-9〉는 용문을 투조한 것이지만 용의 머리 형태와 방향이 다르고 蹴彫와 수하식의 유무도 다르다. 그러나 〈도 5-9〉의 용문의 앞뒤를 뒤집어 양자를 비교해 보면, 〈도 5-8〉과 〈도 5-9〉의 용문은 〈도 6-1〉과 〈도 6-2〉에서 보듯이 용의 머리 형태와 좌하부 모서리 부분만 약간 다를 뿐 다른 부분은 거의 똑같다. 그 다음 〈도 5-10~12〉의 七觀古墳, 임당 7B호분, 초당동 A-1호분의 대장식구 투조용문은 같은 계열로 황남대총 남분 대장식구의 용문과는 다른 형태의 용문이 투조되었다.

투조용문 대장식구에 대해서는 그동안 한·일 학계에서 많은 연구가 있었는데, 황남대총 남분의 대장식구 용문과 七觀古墳 이하 대장식구의 용문은 용의 머리 형태도 다르게 표현되었지만, 가장 큰 차이는 四肢 중 前肢의 위치로 高田貫太는 황남대총 남분의 용문을 前肢平行系, 七觀古墳 이하의 용문을 前肢相反系로 나누었다(高田貫太 2013: 132). 그리고 사지는 모두 갈고리형의 羽毛 + 脚 + 三叉狀의 갈고리형 발굽으로 구성된다고 하였는데(高田貫太 2013: 126), 이에 대해서는 鈴木一有도 의견을 같이하였다(鈴木一有 2014: 364).

필자는 그들이 사지의 구성 부위로 파악한 부분들이 모두 합당한지에 대해서는 약간의 의문을 갖고 있다. 그러나 하여튼 황남대총 남분 대장식구의 용문은 七觀古墳 이

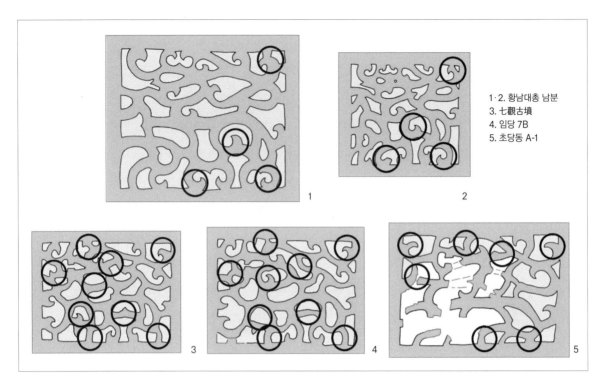

1·2. 황남대총 남분
3. 七觀古墳
4. 임당 7B
5. 초당동 A-1

도 6 대장식구의 투조 용문 변화(高田貫太 2013 圖 5, 6 개변)

하의 대장식구 용문과 계열을 달리하여 용의 머리 형태 표현과 前肢의 배치 위치가 다르지만, 이를 제외한 다른 부분의 표현은 〈도 6〉에서 보는 바와 같이 차이가 없다.

그런데 황남대총 남분과 七觀古墳의 용문을 비교해 보면, 양자 모두 표시가 있는 부분에서 그 차이가 드러나는데, 황남대총 남분 용문에서 연결용 가지+갈고리 또는 갈고리로 표현된 부분이 七觀古墳 용문에서는 연결용 가지 없이 갈고리만으로 표현되거나 갈고리가 연결용 가지로 변화된 것이다. 다시 七觀古墳과 임당 7B호분의 용문을 비교하면, 七觀古墳 용문에서 갈고리로 표현된 부분이 임당 7B호분 용문에서는 더욱 줄었고, 초당동 A-1호분 대장식구는 파손되어 결실된 부분이 많지만 투조용문을 구성하는 줄기와 가닥 자체가 적고 사지 부분도 많이 다른 모습을 보여준다.

황남대총 남분과 七觀古墳 이하 대장식구 투조용문의 이와 같은 차이는 투조용문의 변화 방향을 보여주는 것으로, 투조문의 간략화, 즉 퇴화 과정을 나타낸다. 그런데 대장식구에서 수하식은 투조용문과는 달리 당초형 갈고리가 상하로 추가되어 복잡해지는 변화를 보인다. 이와 같이 투조용문 대장식구는 방형판의 용문이 퇴화하고 수하식은 복잡해지는 진화 방향을 보여주고 있는데, 이론적으로는 그 진화의 방향을 용문은 복잡해지고 수하식은 단순해지는 반대 방향으로 파악할 수도 있다. 그러나 앞서 살펴본 신라토기의 형식조열과 일치하는 것은 용문은 퇴화, 수하식은 복잡해지는 앞의 진화 방향이므로, 용문투조 대장식구의 형식 순서는 황남대총 남분 → 七觀古墳 → 임당 7B호분 → 초당동 A-1호분이 된다. 투조용문의 퇴화 상태로 보아도, 토기의 형식으로 보아도 초당동 A-1호분의 대장식구가 임당 7호분과 七觀古墳 대장식구보다 선행이라고 할 수는 없고, 더욱이 황남대총 남분의 대장식구보다 선행이라고 할 수는 없다.

그런데 박천수는 황남대총 남분의 용문투조 대장식구가 일본 新開古墳, 七觀古墳과 같이 須惠器 TK73형식기인 임당 7B호분의 용문투조 대장구보다 1단계 후행한다고 주장하였다(박천수 2006: 박8; 2010: 111; 2012: 168). 황남대총 남분 등자의 투조용문이 태왕릉 등자의 용문에서 퇴화되었다고 판정한 그가 왜 황남대총 남분의 대장식구가 임당 7B호분 대장식구보다 1단계 후행이라고 한 것인지는 알 수가 없다.[6] 등자의 투조용문은 퇴화 과정이고, 대장식구의 투조용문은 복잡해지는 진화 과정이라는 것인가?

이렇게 되자 일본 학계에서는 곧바로 상대순서를 七觀古墳 → 임당7B호분·황남대총 남분으로 설정하거나(早乙女雅博 2007), 초당동 A-1 → 七觀古墳·임당 7B호분 → 황남대총 남분으로 순서를 완전히 반대로 편년하기도 하고(高田貫太 2013),[7] 七觀古墳·초당동 A-1호분·임당 7B호분(古墳時代 中3期) → 황남대총 남분(古墳時代 中5期)으로 상대편년하기도 하였다(鈴木一有 2014: 364~365). 이와 같이 상대순서를 거꾸로 놓고 보니 갈고리형 羽毛(?)가 많아지므로, 이를 투조용문의 당초문화가 진행되었다고 해석하기도 하였고(高田貫太 2013: 126; 鈴木一有 2014: 365), 또 용문의 신고 구분의 한 요소로 용문 머리의 이(齒) 표현 형태를 들어 황남대총 남분 용문의 퇴화 근거로 제시하기도 하였다(鈴木一有 2014: 364~365). 그러나 앞서 지적하였듯이 투조용문은 당초문화가 아니라 갈고

....

6   임당 7B호분에서 출토된 성시구에는 투조용문이 사실적으로 표현되어(도 8-5), 대장식구의 퇴화된 용문과 대비된다. 한 고분에서 출토되었지만 용문이 사실적으로 표현된 성시구와 퇴화된 대장식구가 제작 시기에 차이가 있었을 것임은 전고에서 언급한 바 있다(최병현 2014c).

7   황남대총 남분 대장식구의 투조용문은 前肢平行系, 그 외 세 고분의 투조용문은 前肢相反系로 투조용문의 계열을 나눈 高田貫太는 이를 I~III期로 편년하고, 용문의 변화는 모두 당초문화가 진행되는 퇴화 과정이라고 하였다(高田貫太 2013: 135). 그는 또 임당 7B호분과 황남대총 남분 출토 고배들을 제시하고 임당 7B호분 출토 고배가 형식학적으로 선행하는 것이 분명하다고 하였다(高田貫太 2013: 137). 그러나 그가 제시한 임당 7B호분 출토 3단각고배들은 모두 경산양식으로 경주토기와는 직접적으로 비교되지 않는 것들이다.

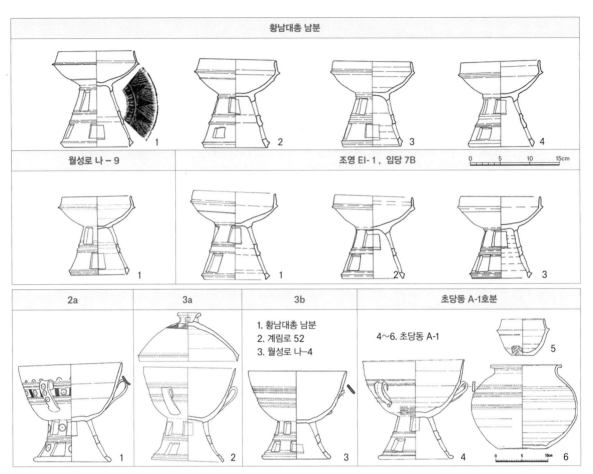

도 7 황남대총 남분 고배와 관련 자료

리형 羽毛(?)가 단순한 연결용 가지로 간략화되는 과정, 투조용문의 줄기와 가닥이 감소하여 간략화되는 과정이었으며, 七觀古墳 이하의 용문은 머리에 이(齒)가 표현되다 퇴화·생략되었지만, 이와 계열을 달리한 황남대총 남분의 용문과 봉황문 머리는 처음부터 이가 표현되지 않는 방식이었다.

필자는 자세한 설명은 미루어두었지만, 봉황문·용문투조 대장식구를 황남대총 남분 → 七觀古墳 → 임당 7B호분 순으로 배치한 도표(최병현 2014d: 16), 또 임당 7B호분 뒤에 초당동 A-1호분을 추가하여 배치한 도표(최병현 2014e: 123)를 이미 제시한 바 있다. 그러나 그 후 이한상은 鈴木一有의 용문투조 대장식구 단계화 연구 성과에 이의를 제기하기 어렵다고 하였고(이한상 2017: 43), 김도영은 용문의 퇴화에는 주관적 판단이 개입될 소지가 많으므로 수하식으로 보아 용문투조 대장식구의 선후관계는 초당동 A-1호분(I기) → 임당 7B호분(II기) → 황남대총 남분(II기)의 순이라 하여 高田貫太와 견해를 같이하였다. 임당 7B호분 및 초당동 A-1호분 대장식구의 수하식과 같은 것으로는 吊式帶裝飾具를 들고, 황남대총 남분의 대장식구는 그 퇴화형이라고 하였다. 그러면서 I 기에 등장한 수하식이 시간적 공백을 두고 IV기의 금관총에서 재등장하는 것에 의문을 표하기도 하였다(김도영 2018: 93~95).

그러나 황남대총 남분 대장식구의 수하식은 신라 과대의 대장식구의 일반형으로, 그러한 수하식은 황남대총 남분 이전인 신라전기양식토기 1Bc기의 황남동 110호분과 황오동 14호분-1곽에서부터 출토되어 신라 대장식구에서 처음부터 사용된 것임을 알 수 있다(최병현 1992a: 302~308). 신라고분 자체에서의 진화·발전 과정은 무시하고 전체의 형태도 투조무늬의 내용도 다르고 계통도 다른, 먼 진식대장식구를 선행으로 드니 금관총 대장식구가 이해되지 않은 것이다.

용문투조 대장식구의 형식조열이나 순서에 대한 이런 혼란의 근본 원인은 유물의 속성 변화나 형식과 관계없이 황남대총 남분을 몰년 458년의 눌지왕릉으로 묶어놓고 보는 데에 있다. 이에 따라 황남대총 남분의 대장식구를 가장 뒤에 놓고 다른 고분의 대장식구를 그 앞에다 놓다 보니, 변화의 방향과 형식조열이 반대로 파악되거나, 형식의 순서가 어그러져 일관성이 없게 된 것이다. 그러나 유물의 상대편년에서 형식의 조열이나 순서는 특정 연대관이나 왕릉 비정에 관계없이 유물 자체의 속성 변화에 따라 배열되어야 한다. 그리고 다른 고고학자료에 의해서 검증되어야 한다.

한편 김도영은 그 후 대장식구의 제작공정과 기술을 분석한 논문에서 선후관계를 직접적으로 언급하지는 않았지만, 용문투조 대장식구를 황남대총 남분, 임당 7B호분, 강릉 초당동 A-1호분의 순으로 서술하고 그 뒤로 연기 나성리 KM-004호묘, 정읍 운학리 C호분을 잇게 하였다(김도영 2019: 84~85). 그의 서술 순서에 숨은 뜻이 있는지 모르겠다.

〈도 5-4〉에 배치해 놓은 일본 新開古墳 출토 방형 대장식구의 투조문 중 하나는 황남대총 남분 출토 방형금동판의 투조문에서 퇴화된 것을 보여주고 있고, 다른 하나는 신라의 일반형 대장식구와 거의 같은 것이다. 한편 新開古墳과 임당 7B호분 출토 등자는 모두 단병계 등자로 신라전기양식토기 1Ba기의 경주 황남동 109호분-3·4곽과 동래 복천동 35·36호묘, 21·22호묘, 2a기의 10·11호묘 출토 단병등자에서 규모가 더 작아지고, 병부가 더욱 가늘고 짧아진 퇴화 형식인 것을 전고에서 언급한 바 있다(최병현

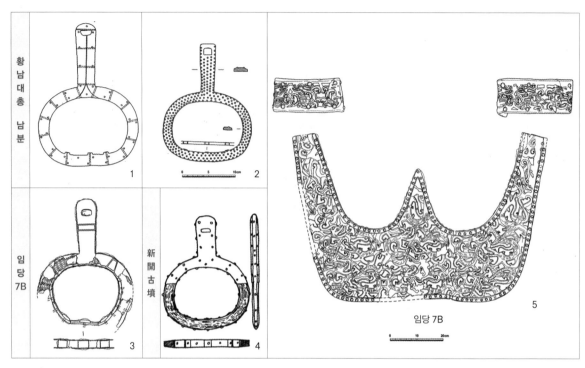

임당 7B

도 8 황남대총 남분과 임당 7B호분의 등자 및 관련 자료

2014a). 황남대총 남분에서 장병등자들과 함께 출토된 단병계 등자는 목심 전면에 금동 판을 씌우거나 청동으로 주조한 것이다. 고분의 위계와 관련이 있을 것이다. 이들을 임 당 7B호분, 新開古墳 등자와 비교해 보면 병부의 형태와 규모에서 그보다 이른 형식인 것을 알 수 있다(도 8).

　　일본의 七觀古墳과 新開古墳, 경산 임당 7B호분은 함께 일본 古墳時代 須惠器 TK73 형식기라고 한다. 경산 임당 7B호분에는 신라전기양식토기 2b기 형식의 경주 고배가 이입되었다. 경주 황남대총 남분과 동래 복천동 10·11호묘의 선후관계에 대해서는 앞 서 살펴보았으며, 두 고분 모두 신라전기양식토기 2a기로 상대편년된다(최병현 2014c). 중심 시기에 대해서는 이론이 있지만, 일본의 初期須惠器 TG232형식에 복천동 10·11 호분 단계 토기가 포함되어 있다는 것은 대부분의 연구자가 인정했다.

5. 철촉, 기타(도 9, 10)

한국과 일본 고분의 교차편년 자료로 논의되고 있는 유물 중에 철촉이 있다. 여기서는 황남대총 남분 출토 철촉에 대해서만 언급해 두기로 한다. 柳本照男은 황남대총 남분의 철촉이 형식차가 있으며, 단경촉은 '頸部가 伸長化의 경향'을 보이고 있어 5세기 전반대가 상정되며, 刀子形 철촉은 5세기 중경에 비정되기 때문에 황남대총 남분의 연대는 이 시기라고 하였다(柳本照男, 2014: 6~7; 2016: 277).

〈도 9〉의 상단에는 황남대총 남분에서 출토된 모든 종류의 철촉을 제시하였는데(최병현 2014d: 16; 2014e: 123), 같은 종류 중에는 경부가 가장 긴 것들을 포함하였다. 도자형 철촉 이 외에는 모두 단경촉의 범위를 벗어나지 않는 것들이다. 柳本照男이 어느 것을 두고 '頸部가 伸長化의 경향'을 보인다고 하였는지 알 수 없다.

〈도 9〉의 하단에는 도자형 철촉을 형식 변화의 방향에 따라 배열하였다. 옥전 23호분 철촉이 가장 이르고, 황남대총 남분 출토 철촉은 부산 연산동 29호분과 김해 예안리 158호묘 사이에 들어간다. 부산 연산동 29호분보다 이른 것은 창원 도계동 19호묘를 들 수 있는데, 거의 같은 형식이 大阪 豊中 大塚古墳 제2주체부에서도 출토되었다. 옥전 23호분에서는 대각부의 형태로 보아 필자의 신라전기양식토기 1Bb기로 편년되는 신라 고배 2점이 공반되었다. 김해 예안리 158호묘 출토 고배는 지방형으로 3단각의 잔영이 남아 있지만, 배신이나 대각의 곡선으로 보아 신라전기양식토기 2b기 이전으로 소급될 수 없다. 따라서 창원 도계동 19호묘·大阪 豊中 大塚古墳과 김해 연산동 29호분 철촉은 선후 관계가 있지만 신라전기양식토기 1Bc기로 상대편년된다.

柳本照男은 그 자신이 발굴하고 집필한 豊中 大塚古墳의 보고서에서 그 연대를 TK73형식기 이전이라고 하였고(豊中市敎育委員會 1987: 176), 철촉이 장경촉으로, 갑주가 革綴式에서 鋲留式으로 이행한 御獅子塚古墳 제2주체부, 鞍塚古墳, 七觀古墳이 TK73형식기로, 장방형판, 삼각판 혁철식 갑주가 출토된 豊中 大塚古墳은 그 이전이라고 하였다.[8]

....

8   그러면서 그는 TK73형식기에 대응하는 것이 동래 복천동 21·22호묘라고 한다. 일본의 初期須惠器 문제는 앞서 살폈거니와 신경철은 久米田 方墳 단계와 TG232형식 단계를 나누어 복천동 21·22호묘를 TG232형식 이전 久米田 方墳 단계라고 하고, 대부분의 연구자들은 TG232형식과 복천동 21·22호묘를 병행기로 본다. 필자가 아는 한 복천동 21·22호묘를 TK73형식기로 내려보는 연구자는 柳本照男이 유일하다.

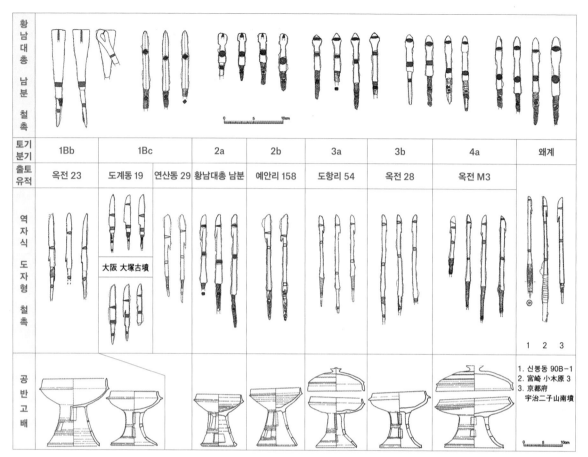

토기분기	1Bb	1Bc		2a	2b	3a	3b	4a	왜계
출토유적	옥전 23	도계동 19	연산동 29	황남대총 남분	예안리 158	도항리 54	옥전 28	옥전 M3	

1. 신봉동 90B-1
2. 宮崎 小木原 3
3. 京都府 宇治二子山 南墳

도 9 황남대총 남분 철촉과 관련 자료

한편 청주 신봉동 90B-1호묘에서는 장경의 왜계 도자형 철촉이 출토되었는데, 이 철촉은 京都府 宇治二子山 南墳, 兵庫縣 龜山古墳, 宮崎縣 小木原 3호분 등의 철촉과 유사하며, 일본에서 이 형식의 철촉은 TK208~TK47형식기의 것이라고 한다. 그리고 신봉동 90B-1호묘에서는 이 왜계 철촉과 TK208~TK23형식의 須惠器 개배가 공반되었다(鈴木一有 2013: 157). 근년 TK208형식은 5세기 중경, TK23형식은 471년경으로 편년하고 있다(大阪府立近つ飛鳥博物館 2006: 65).

〈도 9〉에서 보듯이 신봉동 90B-1호묘와 일본 고분 출토 도자형 철촉은 촉신이나 경부의 형태로 보아 합천 옥전 28호분 이전으로 올라가기 어렵다. 옥전 28호분은 필자

그는 또 황남대총 남분의 연대가 5세기 중경이라는 근거로 상부에 몇 줄의 돌선이 있는 황남대총 남분 출토 주조철부가 용인 수지유적 출토품과 같다고 하고 있는데(柳本照男 2014: 7), 그런 주조철부가 이런 미세한 상대편년 자료가 될 수 있는지 의문이다.

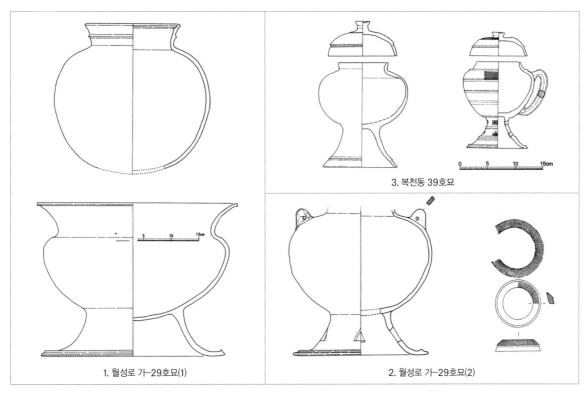

3. 복천동 39호묘

1. 월성로 가-29호묘(1)

2. 월성로 가-29호묘(2)

도 10 월성로 가-29호 목곽묘 출토 토기·石釧과 관련 자료

의 신라전기양식토기 3a기와 병행하고, 그 연대는 5세기 중엽이다. 황남대총 남분은 복천동 10·11호묘와 함께 신라전기양식토기 2a기로, TK73형식 이전 TG232형식기임은 앞서 살펴온 바와 같다.

경주 월성로 가-29호묘에서 출토된 倭系 石釧도 한·일 고분의 교차편년 자료로 거론되어 왔다(도 10-2우). 신경철은 월성로 가-29호묘에서 출토된 일본제 石釧은 일본 畿內에서 4세기 말~5세기 초로 편년되는 것으로, 이 石釧이 전세 가능성 없이 바로 부장되었다 해도 월성로 가-29호묘 토기에 비해 꽤 연대적 간격이 있는 후출형식의 토기가 출토된 황남동 109호분-3·4곽의 연대가 4세기 후반대로 올라갈 수 있는 가능성은 전무하다고 한 바 있다(신경철 1989: 25). 그 후 그는 토기를 포함한 월성로 가-29호묘 출토 유물을 4세기 3/4분기로 편년하였다(신경철 1995b: 218~221). 柳本照男은 이 월성로 가-29호묘 출토 倭系 石釧이 일본 古墳時代 전기부터의 石釧 型式組列 중에서 최종 단계보다 1단계 古相을 보이는 것이라 하고 일본 古墳時代 중기전반(4세기 4/4분기) 중에서 古단계에 위치한다고 하였다(柳本照男 2014: 3; 2016: 268).

그런데 그동안의 연구에서는 이 왜계 石釧을 포함한 월성로 가-29호묘 출토 유물 전체를 한 고분의 공반유물로 보아 신라고분 연대 결정의 한 근거로 삼아 온 것이다. 그러나 월성로고분의 조사는 도로변에 하수관로를 묻기 위해 판 좁은 도랑에서 이루어져 대개 고분들의 전모를 드러내지 못하였다. 고분들이 상하로 겹쳐 존재한 경우 층위적으로 조사가 이루어지지 못하여, 시기차가 있는 유물이 한 고분의 유물로 보고된 예도 상당수이다(최병현 2014c: 181). 월성로 가-29호묘도 그 중 하나로, 출토 토기 중 〈도 10-1〉의 원저호와 노형기대는 필자의 신라조기양식토기 2a기로 편년되지만, 〈도 10-2 좌〉의 대부양이호는 신라조기양식토기 2a기에는 출현할 수 없는 신라전기양식토기이며 동래 복천동 39호묘 출토 대부호(도 10-3)보다도 늦은 형식임을 지적한 바 있다. 따라서 출토유물을 모두 한 시기로 볼 수 없으며, 두 기의 고분이 상하로 겹쳐 있었을 가능성이 크다(최병현 2012a: 137).

필자는 과거에 동래 복천동 39호묘를 10·11호묘와 함께 신라전기양식토기 1Bc기로 상대편년한 바 있으나(최병현 2013a: 29), 앞서 설명했듯이 그 후 동래 복천동 10·11호묘와 함께 39호묘에도 분명히 경주 황남대총 남분 단계의 토기를 모방·제작한 고배가 포함되어 있음을 발견하여 두 고분의 상대편년을 신라전기양식토기 2a기로 하향 조정하였다(최병현 2014c: 197).

柳本照男은 이러한 사실을 인지하지 못한 채, 복천동 38호묘의 연대가 월성로 가-29호묘의 倭系 石釧 연대와 近似하다고 하였지만(柳本照男 2014: 3; 2016: 268), 모두 신라조기양식토기 2a기인 복천동 38호묘와 월성로 가-29호묘는 월성로 가-31호묘 출토 왜계의 土師器系 土器들에 의해 3세기 말~4세기 초로 편년되는 고분들이다(井上主税 2006; 최병현 2012a: 143). 월성로 가-29호묘 출토라고 하는 왜계 石釧은 월성로 가-29호묘의 신라조기양식토기 2a기 토기들과 공반된 것이 아니라 그 위에 겹쳐 있었을 다른 고분에 대부양이호와 함께 부장되었던 유물로 보아야 자연스럽다.

마지막으로 검토해 보아야 할 것은 왜계 갑주인데, 장형방판이나 삼각판의 帶金式 갑주가 한반도에서는 창녕 교동 3호분 등 신라전기양식토기 2b기 이후 고분들에서부터 출토되어, 필자의 신라전기양식토기 편년과 모순되지 않는다는 점만 지적해 둔다.

황남대총의 연대와 피장자

1. 황남대총의 연대

　　경주지역 신라전기양식토기의 형식분류에 의해 황남대총 남분은 황남동 109호분-3·4곽(1Ba기), 황남동 110호분(1Bc기)에 이은 2a기로, 황남대총 북분은 그 다음 단계인 2b기로 상대편년된다(최병현 2013a; 2014c). 앞서 황남동 109호분-3·4곽과 황남대총 남분, 특히 황남대총 남분의 연대와 관련하여 학계에서 논의되어 온 자료들을 검토해 보았다. 그런데 일찍이 일본 학계에서 제기된 '풍소불묘 최고 등자설'과 이에 기반하여 한국 학계에서 주창된 서기 400년 '고구려군 남정 영향설'이 신라·가야고분 편년의 프레임이 되어 황남동 109호분-3·4곽은 서기 400년 이후, 황남대총 남분은 몰년 458년의 눌지왕릉으로 편년되었고, 학계의 일각에서는 그것이 또 오랫동안 신라·가야고분 편년의 기준이 되어 왔다.

　　그러나 앞서 살펴본 신라 전기고분의 편년 자료 검토 내용을 정리해 보면 안으로는 신라의 경주고분과 지방고분 사이의 지역간 상대편년, 밖으로는 한·중·일 고분의 상대편년이 드러나고 그 연대도 알 수 있다. 애초에 성립될 수 없는 동아시아 고대 등자의 단일계보론과 이에 기반한 서기 400년 '고구려군 남정 영향설'에 구애되지 않으면 황남대총 남분은 같은 계보의 장병등자가 출토된 중국의 安陽 孝民屯墓, 輯安 칠성산 96호분보다 늦고, 단병등자가 출토된 중국의 풍소불묘, 일본의 七觀古墳과 新開古墳보다 이르다. 일본의 初期須惠器 TG232형식에는 한국의 동래 복천동 21·22호묘에서 10·11호묘 또는 53호묘까지의 토기 형식이 반영되어 있는데, 복천동 10·11호묘와 39호묘에는 황남대총 남분 단계의 신라전기양식토기 2a기 모방·제작토기가 부장되었고, 53호묘에도 같은 형식의 토기들이 부장되었다. 따라서 황남대총 남분은 경주지역의 신라전기양식토기 1Ba기와 병행하는 복천동 21·22호묘보다 늦지만, 일본의 初期須惠器 TG232형식의 시간 범위 안에 들어간다. 황남대총 남분은 신라토기의 형식으로 보아도 부장토기 중에 경주지역에서 이입된 신라전기양식토기 2b기 고배가 포함된 경산 임당 7B호분보다 앞이고, 대장식구의 투조용문 퇴화 과정으로 보아도 강릉 초당동 A-1호분은 말할 것도 없고 임당 7B호분, 七觀古墳보다 이르다. 황남대총 남분의 철촉은 황남대총의 상대연대가 일본의 須惠器 TK208형식~TK23형식기까지 내려가지는 않는다는 점을 가리킬 뿐이다. 황남대총 남분의 상대연대는 이상과 같이 정리된다.

황남대총 남분의 연대는 4세기 후반 초로 연대가 고정된 중국의 孝民屯墓, 이에 의해 4세기 후엽으로 편년되는 칠성산 96호분, 그리고 태왕릉 등자보다 늦지만, 대장식구의 투조용문과 신라토기로 보아 5세기 전엽인 TK73형식기의 七觀古墳, 新開古墳, 임당 7B호분보다 이르다. 이와 같이 황남대총 남분의 연대는 TK73형식보다 이른 TG232형식기 안에 들어간다.

그런데 앞서 언급한 바와 같이 大庭寺 TG232·231호 요지 출토 토기로 설정된 TK232형식의 初期須惠器는 그 중심 시기가 복천동 21·22호묘 단계인가 10·11호묘 단계인가에 대해 이견이 있지만, 대개 그 조업 시기가 복천동 21·22호묘 단계에서부터 10·11호묘, 또는 53호묘 단계까지 걸쳐 있고 그만큼 상당히 긴 시간폭을 가지고 있다고 판단해 왔다. 그러한 初期須惠器 TG232형식이 서기 389년의 연륜연대를 갖고 있다. 京都 宇治市街 SD302에서 벌목연대 389년인 목제품과 TG232형식의 初期須惠器들이 함께 출토된 것이다. 목제품과 공반한 初期須惠器들을 살펴보면 이들도 동래 복천동 21·22호묘, 합천 옥전 23호분에서 복천동 53호묘까지의 토기와 매우 닮은 것들을 포함하고 있다(앞의 도 4 참조). 이 한국 고분들의 토기는 신라전기양식토기 1Ba기부터 2a기까지를 포함한다. 그러므로 이제 필자는 좀 다르게, 初期須惠器 TG232형식은 동래 복천동 21·22호묘(1Ba기)에서 10·11호묘·53호묘(2a기)까지의 한국 토기 변화 과정이 반영되어 있는 형식일 뿐이지, 그 자체가 그 뒤의 須惠器 형식들과는 다르게 월등히 긴 시간폭을 가진 것으로 해석될 필요는 없다고 판단한다. 즉, 初期須惠器 TG232형식의 존속기가 다른 형식에 비해 월등히 길었다기보다는, 고배를 예로 들면, 3단각고배에서 2단각고배로의 정형화가 빠르게 진행된 신라전기양식토기 1Ba기~2a기의 변화가 압축·반영되어 있는 것이라고 판단된다.

京都 宇治市街 SD302에서 출토된 벌목연대 389년의 목제품은 미제품이라고 한다(光谷拓實 2006). 이는 이 목제품과 공반한 初期須惠器들의 연대가 389년에서 그다지 멀지 않은 것을 의미하므로, 初期須惠器 TG232 형식의 연대는 서기 4세기 후엽 또는 4/4분기인 것을 알 수 있다. 따라서 신라전기양식토기 2a기 형식은 TK73형식기보다 이르고 TG232형식기의 범위 안에 포함되므로, 황남대총 남분의 연대는 TG232 형식 연대의 하한으로 잡아 4세기 말~5세기 초로 비정될 수 있다.

그런데 앞서 보았듯이 TK73형식: 412년, TG232형식: 389년의 연륜연대가 나오자 그동안 일본의 고고학자료와 일본 학계의 연대관을 따라 신라·가야고분을 편년해 오던 한국 학계의 일각에서는 입장을 바꾸어 이를 모두 부정하거나 공반 須惠器의 형식이 다른 것이라고 한다. 그것은 말할 것도 없이 그들이 '풍소불묘 최고 등자설', 서기 400년 '고구려군 남정영향설'에 입각해 서기 400년 이후로 편년해 놓은 신라·가야고분 연대관, 좀 더 분명하게는 황남동 109호분-3·4곽을 비롯한 경주고분, 25·26호묘와 21·22호묘를 비롯한 동래 복천동고분의 연대관을 고수하려는 의도이다. 신경철이 TG232형식과 황남대총 남분이 병행하고[9] TG232형식 이전인 久米田 方墳(持の木古墳) 주구 출토토기가 복천동 25·26호묘와 병행이라고 하는 것(앞의 표 1 참조)은 여전히 황남대총 남분-몰년 458년의 눌지왕릉, 복천동 25·26호묘-서기 400년 이후라는 주장이며, 하승철이 연륜연대 389년을 인정하면서도 공반토기는 TG232형식 이전 것이라고 하는 것도 복천동 21·22호묘의 연대를 서기 400년 이후로 묶어 놓으려는 것이다.

....

9   최근 신경철은 다시 TG232형식이 복천동 10·11호묘, 39호묘와 병행하고 5세기 2/4분기의 늦은 시기라고 입장을 바꾸었다. 경주 황남동 109호분-3·4곽과 동래 복천동 21·22호묘는 5세기 2/4분기의 이른 시기로 이 때부터 신라 적석목곽분의 조영이 개시되었다고 한다(신경철 2019).

그러나 앞서도 언급했듯이 복천동 25·26호묘, 35·36호묘, 31·32호묘·21·22호묘
는 모두 신라전기양식토기 1Ba기의 3단각고배 단계 안에 들어가는 고분들로 그 자체
긴 시간폭을 가진 것은 아니다. 필자는 그 중 21·22호분 출토 3단각고배가 대각 하단
이 좁아진 형식인 점을 들어 경주 황남동 109호분-3·4곽보다 뒤의 미추왕릉지구 5구
역 1호분과 같은 단계로 본 바도 있거니와(최병현 2000a: 93), 앞의 두 고분과 뒤의 두 고
분이 같은 분기의 고단계와 신단계로 묶일 뿐 그 시간적인 차이가 수십년이나 반세기
씩 차이가 날 수 있는 것은 아니다. 다시 말해 신경철의 주장처럼 복천동 25·26호분과
10·11호분이나 황남대총 남분 사이가 그렇게 반세기씩이나 차이가 날 수 없고, 하승철
이 389년의 목제품과 공반한 TG232형식 이전 토기라 한 것이 무엇을 의미하는지 알
수 없지만, 그것이 복천동 25·26호분 단계 이후 토기라면 그 시간차 또한 TG232형식
과 그리 길지는 않을 것이다.[10] 필자는 1Ba기 신단계가 389년 무렵이라면 고단계도 389
년에서 멀지 않은 4세기 후엽의 범위 안에 있다고 판단한다.

한편 박천수는 TG232형식과 병행기라고 하였던 복천동 10·11호묘를 TK73형식기
로, 황남대총 남분은 그보다도 늦은 TK216형식기에 두었다가 다시 TK208형식기로 끌
어내렸다(앞의 표 1 참조). 그러나 그의 이 같은 변경은 신라토기의 형식조열이나 형식의
시간폭, 일본의 須惠器 형식과 신라토기의 영향 관계와는 관계없이 불문곡직 그가 경도
된 황남대총 남분-458년의 눌지왕릉설에 맞추기 위한 것일 뿐이어서 세부적인 검토가
불가능하고 비판도 불필요하다.

중국에서 새로운 마구 연대가 나와도, 일본에서 初期須惠器의 연륜연대가 나와도
한국 학계의 일각에서 그와 같이 신라·가야고분 연대관, 특히 황남동 109호분-3·4곽:
서기 400년 이후, 황남대총 남분: 458년의 눌지왕릉이라는 연대를 요지부동으로 고정
시켜 놓으니 일본 학계도 이를 따라 한·일 고고학자료를 편년한다. 그러다 보니 신라토
기의 형식과 대장식구의 투조용문 변화 과정은 일치하지 않고, 용문투조 대장식구의 형

....

10 京都 宇治市街 SD302에서 벌목연대 389년인 목제품과 初期須惠器의 공반은 인정되지만 그 初期須惠器의 형
    식은 TG232형식이 아니라 그 이전 것이라는 하승철의 주장은 TG232형식의 연대가 389년보다 내려와 서기
    400년 이후라는 것으로, 이는 복천동 21·22~53호묘의 연대가 서기 400년 이후라는 주장에 다름 아니다. 정
    주희가 하승철의 이 주장을 따르고 있다(정주희 2019: 175). 그러나 〈도 4〉는 京都 宇治市街 SD302에서 벌목
    연대 389년인 목제품과 공반한 初期須惠器가 복천동 21·22호묘, 옥전 23호분부터 복천동 39호묘와 53호묘
    출토 토기와 연관성이 있으며, TG231·231 요지 출토 初期須惠器와 다르지 않음을 보여준다.

식조열이 어그러지거나 거꾸로가 된다. 모두가 황남대총 남분의 연대부터 몰년 458년의 눌지왕릉으로 고정시켜 놓고 TK73형식기의 일본 고분 출토 용문투조 대장식구를 그 앞에 놓으려다 보니 생기는 문제들이다. 하긴 한국 학계에서 스스로 황남대총 남분을 몰년 458년의 눌지왕릉으로 비정하고 있는 한, 일본 학계에서 온갖 금공품이 부장된 황남대총과 같은 신라의 고총을 그들 스스로 倭5王의 巨大古墳時代 초두에 둘 리 없고, 그러기를 기대할 수도 없을 것이다. 그러나 앞서 살펴온 바와 같이 중국의 선비계 마구와 고구려 고분의 연대, 일본 初期須惠器의 연륜연대에 의해 신라전기양식토기 1Ba기인 황남동 109호분-3·4곽은 서기 4세기 후엽의 이른 시기, 2a기인 황남대총 남분은 4세기 말~5세기 초, 2b기인 황남대총 북분은 월성로 나-9호묘, 임당 7B호분과 함께 일본 初期須惠器 TK73형식과 병행기로 5세기 전엽으로 편년된다.

사실상 자신들이 제시하고 검토한 자료들을 종합해도 이상과 같은 연대가 도출되지만, 그동안 무리한 논리를 펴온 학계의 일각에서는 이러한 연대관을 수긍하거나 인정하기는커녕 한발 더 나가 황남대총 남분 자체의 직접적인 연대자료라는 방사성탄소연대와 황남대총 남분에서 출토되었다는 銅錢이 황남대총 남분의 연대와 피장자에 대한 자신들의 주장을 확정시켜 줄 수 있다고 주장한다. 이에 대해서는 필자가 전고에서 그 전말과 왜곡 내용을 밝혀둔 바 있으므로 여기서는 이를 그대로 전제하는 것으로 대신하겠다.

ⓐ 황남대총 남분의 방사성탄소연대에 대하여

황남대총 남분의 방사성탄소연대측정은 공식적으로는 두 차례 이루어졌다. 첫 번째는 발굴 직후 발굴단의 의뢰로 한국원자력연구소에서 측정한 것이고(문화재관리국 문화재연구소 1994: 342~353), 두 번째는 황남대총 출토유물을 관리하던 국립경주문화재연구소의 의뢰로 서울대학교 기초과학교육연구공동기기원 AMS연구실과 미국 매사추세츠주 캠브리지 소재 지질연대연구소에서 측정한 것이다(김성범 2000). 모두 이른 연대와 늦은 연대가 나와 있다.

그런데 황남대총과 천마총의 단수명 유기물 시료로 측정하였다는 정체불명의 'AMS에 의한 탄소연대측정' 결과가 발표되고(김종찬 2006), 이로써 마치 황남대총 남분의 상한연대가 결정된 것인 양 인용하는 주장이 끊이지 않고 있다(김두철 2006; 이상율

2013). 황남대총 발굴조사 참가자로서 발굴당시 유물수습과 시료채취의 당사자이기도 한 필자로서는 이번 기회에 그 진상을 밝히지 않을 수 없어, 필자가 이직한 뒤 황남대총 출토유물과 자료의 관리를 담당한, 현 문화재청 학예연구관 이은석에게 문의하여 그 경위를 청취하고 관련 자료를 제공 받았다.

그 발표와 관련된 시료는 서울대학교 AMS연구실 연구원 김인철의 요청으로 국립경주문화재연구소에서 제공하였다고 한다. 관련 자료는 2001년도 한국과학재단의 지원을 받았다는 부기가 있는 연구 보고문 〈古新羅 王陵에 대한 年代測定〉이다. 이 보고문에서 저자는 황남대총 남분 시료 16점과 천마총 시료 8점의 측정결과를 제시하고, 황남대총 남분 시료에서 연대가 이르게 나온 것은 다 빼고 늦은 것 7개만으로 도표를 만든 다음, 미추왕부터 눌지왕까지의 역사 전개, 고고학계의 황남대총과 천마총의 피장자에 대한 주장들을 소개하고는 황남대총이 천마총보다는 앞서지만 황남대총의 연대가 420-520년 사이에 들어가므로 그 주인공이 내물왕은 될 수 없다고 결론 맺고 있다. 즉 자연과학자가 연대 측정은 과학적 방법으로 하였으나 그 해석은 고고학계의 학설 대립을 참고하여 측정연대를 선별해서 하였다는 것이 되겠다. 편향된 해석에 대한 국립경주문화재연구소 측의 이의 제기로 이 보고문은 발표되지 못하였던 것인데, 연구원 김인철이 이직한 후 김종찬이 연대측정의 전체 내용은 빼고 나머지만 영남고고학회에서 발표한 것이었다.

과학적 연대측정의 결과 보고를 넘어 학계에서 예민한 논쟁거리인 왕릉 문제까지 결론내는 자연과학자의 순수성도 의심스럽지만, 발굴된 지 25년이나 지난 시료, 측정과정의 여러 변수도 고려하지 않은 채, 불문곡직 이를 자신들의 주장을 합리화하는 데 이용하는 고고학 연구자에게는 더 이상 덧붙일 말이 없다.[11]

....

11 최병현 2014b에서는 문제가 된 서울대학교 AMS연구실의 위 연구보고문의 제목만 제시하고 그 원문은 공개하지 않았다. 그래서인지 최근 2006년도 김종찬의 영남고고학회 발표문을 들어 황남대총 남분의 탄소연대를 환기시키는 주장이 특정 학맥을 중심으로 다시 등장하고 있다(배효원 2018: 115; 심현철 2020: 192). 위에서도 밝혔지만 김종찬의 영남고고학회 발표문에는 이른 연대가 나온 시료는 아예 언급하지 않았지만 위 연구보고문에는 영남고고학회 발표문에서 제외한 시료의 연대까지 나와있다. 앞으로 기회가 있으면 전문을 공개하겠다.

© 황남대총 출토 소위 綖環錢에 대하여

2013년 11월 「日韓交涉의 考古學 -古墳時代-」研究會의 제1회 공동연구회에서 이상율은 "최근에 (황남대총-필자 삽입) 남분에서 劉宋 文帝 元嘉年間(425~453)에 南朝에서 성행하였던 綖環錢(圖面 1-2)이 발견(이주헌 2013)됨에 따라 訥祗說이 거의 확정적인 단계로 접어들었다"고 발표하였다(이상율 2013b). 역시 발굴 당사자이고, 이직 때까지 출토유물의 관리 책임을 맡았던 필자에게 황남대총 남분에서 그러한 동전이 출토되었다는 것은 금시초문이라서 이 또한 그 전말을 밝히지 않을 수 없다.

부산고고학연구회에서 발표하였다는 이주헌의 발표문 〈皇南大塚 出土 銅錢과 被葬者의 諸問題〉를 입수하여 검토한 바 이 동전은 1990년대 후반 무렵 황남대총 남분 보고서의 발간을 마친 후 발굴조사 시 수거된 목관재와 유기질 시료편을 정리하는 과정에서 발견되었다는 것이다. 이에 발표문에서 이 동전의 발견을 증언한 것으로 언급된 두 사람 중 먼저 이은석에게 문의하여 동전의 존재를 확인하고, 국립경주문화재연구소에 가서 다른 한 사람인 정민호의 도움으로 동전의 실물과 X-ray 사진을 보고 발견 경위를 듣게 되었다. 정민호는 황남대총 남분의 목관재에서 떨어져 나온 부유물 속에서 이 동전이 발견되었다고 하였다.

그러나 황남대총 남분의 목관재는 완전히 부식하여 발굴 당시 수거한 목관재 자체가 없었다. 하여 정민호와 필자가 함께 발굴보고서에서 대조하여 찾아낸 목관재는 황남대총 북분의 외관에서 부장품 수장부와 내관부 사이를 막았던 격벽 판재였다. 이 내용을 다시 이은석에게 문의하니 이은석은 동전의 최초 발견자는 본인으로 그렇지 않다고 하였다. 이에 다시 필자를 포함한 3인이 함께 국립경주경문화재연구소에 모여 발견 경위를 확인하게 되었다. 이은석에 의하면 당시 황룡사지에 있던 황남대총 출토유물 보관 창고의 황남대총 남분 유물 상자들 사이에서 한 나무상자를 꺼냈는데, 그 안에는 뚜껑도 덮이지 않은 플라스틱 도시락상자 하나가 놓여 있었다고 한다. 그 도시락 상자에는 물 체질해서 남은 찌꺼기인 듯한, 까맣게 변색된 작은 돌 알갱이들이 반쯤 담겨 있었는데, 동전은 그 속에서 발견되었다는 것이다. 그 발견 시점은 황남대총 남분 보고서가 출간되기 직전이었으나, 당시로서는 이 동전이 황남대총 남분에서 출토된 유물인지 아닌지 확신할 수 없어 보고서에 추가해 넣지 않았다는 것이다. 정민호는 본인의 기억이 불확실한 것 같다며, 이은석의 설명에 동의하였다.

동전의 출토는 이와 같이 확인된 셈인데, 실물과 사진으로 보아 이 동전은 이주헌의 관찰대로 貨泉의 穿廓 부분을 의도적으로 잘라낸 綖環錢[12]이었을 것으로 판단되었다. 이주헌은 중국에서 변조 화폐인 剪輪錢이나 '綖環錢'이 후한 말기에서 남북조시기의 분묘에서 그 출토사례가 발견되고 있다고 하고서도 南朝 劉宋시기의 鑄錢이나 古錢 변조 관련 사료만 뽑아 나열하고는 다음과 같이 추론하였다. 그는 "황남대총 남분의 축조연대는 적어도 남조의 동전이 5세기 2/4분기 이후 신라사회로 유입되어 피장자의 장신구로 사용되다가 부장된 것"이므로 황남대총 남분의 피장자는 "5세기 2/4분기 이전에 사망한 내물마립간(402년 사망)과 소지마립간(417년 사망 – 실성마립간의 오기임)은 더 이상 논의할 근거가 없으며, 눌지마립간(458년 사망)과 자비마립간이 유력한 대상자가 된다"고 하였다. 그는 여기서 한 발 더 나가 "북분의 피장자를 여성으로 보기에는 아무래도 어딘가 명쾌하게 이해되지 않는 구석이 있다"고 하고, 북분의 피장자도 남성으로 보아[13] 남분은 눌지왕릉, 북분은 자비왕릉이라고 결론맺고 있다.

　　그러나 중국에서 五銖錢을 변조한 磨廓五銖의 출현은 전한 중기부터이고(高桂云·張先得 1984), 후한 후기부터는 점차 동전이 규격성을 잃어가서(宮澤知之 2007), 이때부터 동전의 일부를 깎아낸 변조 동전이 대량 출현하였다(高桂云·張先得 1984). 그 실례로 1974년 河南省 鄭州 東史馬村 발굴 窖藏에서 출토된 2kg(4斤)이 넘는 동전은 동한 만기 五銖와 剪輪五銖가 반반인 가운데 綖環五銖가 190여 매였고, 1981년 北京 順義縣 발견 후한 말 陶罐에 가득 담긴 100kg(200市斤)이 넘는 동전은 五銖錢 20%, 綖環五銖 30%, 剪輪五銖 50%로 되어 있는 등 그 외에도 후한 유적에서 그러한 변조 동전의 출토예는 많다.

　　연환전은 전륜전에 비하면 그 수가 월등히 적고 대개가 다 오수전을 변조시킨 것인데, 사료에 의하면 綖環錢이라는 명칭은 원래 南朝 劉宋 때 만들어진 일종의 私鑄錢을 가리키는 것이지만 실제로 우리가 볼 수 있는 것은 후한 후기 때 것뿐이라고 한다(高桂云·張先得 1984).

....

12　　이주헌과 이상율은 이 동전을 '綖環錢'으로 쓰고 있는데, 중국의 사료와 문헌에서 이 동전의 명칭은 綖環錢이다. 다만 한국과 중국의 인터넷에서는 글자의 모양이 비슷해서인지 '綖環錢'으로 쓰고 있다.

13　　그러나 황남대총 북분의 피장자를 남성으로 보려면 그보다 먼저 신라고분에서 남녀 피장자를 구분할 수 있는 근거나 방법, 표형분의 조영 이유나 원칙에 대한 해명부터 해야 한다. 이해될 만한 근거 제시도 없이 무턱대고 피장자를 남성이다 여성이다 하는 것은 그동안의 신라고분 연구사를 전면 부정하는 것임을 알아야 한다.

필자는 발굴 당사자로서 황남대총에서 출토되었다는 연환전에 대하여 이상과 같이 그 발견 경위를 확인하였다는 것을 밝히고, 아울러 중국에서는 그와 같은 동전의 대량 변조가 남조시기부터가 아니라 후한 후기부터로서 그 실례도 후한 후기 것뿐이라는 점을 밝혀두는 것으로 소견을 마치고자 한다.[14]

2. 황남대총의 피장자

황남대총의 피장자가 누구인가는 그 연대와 함께 논의될 수밖에 없는 문제로, 남분의 피장자가 몰년 402년의 내물왕릉설과 458년의 눌지왕릉설로 나뉘어져 있음은 앞의 신라 전기고분 연대자료 검토 과정에서 이미 언급하였다. 이에 여기서는 신라 전기고분의 연대자료 검토와 마찬가지로 이미 제기되어 있는 두 설에 대한 비판적 검토를 통해 필자의 판단을 밝혀두는 것으로 하겠다. 황남대총의 피장자에 대해 그 외에 제기된 주장들도 그 과정에서 언급하도록 하겠다.

황남대총 남분의 피장자에 대해서는 몰년 458년의 눌지왕릉설이 먼저 제기되었다. 신라(전기양식)토기의 형식학적 연구를 크게 진전시킨 것으로 평가되는 藤井和夫는 황남대총 발굴조사 후 제출한 신라토기 편년안에서 제I기에 황남동 109호분-3·4곽, 제II기에 황남동 110호분, 제III기에 황남대총 남분을 소속시켰다. 왕릉일 가능성이 극히 높은 황남대총 남분의 연대는 5세기 전엽에서 중엽경으로 추정된다고 하고, 이 시기의 신라왕은 내물마립간, 실성마립간, 눌지마립간이 있지만 실성마립간은 살해된 경위로 보아 대상이 될 수 없으므로 내물, 눌지 둘이 후보로 남는다고 보았다. 그리고는 여기서 '풍소불묘 최고 등자설'을 들어 제I기의 황남동 109호분-3·4곽에서 415년의 풍소불묘에 가까운 마구가 출토되었으므로 제III기의 황남대총 남분은 458년의 눌지왕릉이라고

....

14 이주헌의 발표문은 필자의 이와 같은 내용의 비판이 이루어진 뒤, 이주헌 2014, 「황남대총 남분 출토 동전의 성격과 역연대」, 『신라문화』, 동국대학교 신라문화연구소로 발표되며 수정되었지만, 여전히 황남대총 남분 출토 연환전은 중국 남조의 동전이 5세기 2/4분기 이후 신라로 유입된 것이며 황남대총 남분의 연대와 피장자는 그 점을 고려하여 설정되어야 한다고 주장하였다. 그러나 이에 대해서는 앞서 충분히 검토가 이루어졌으므로 더 이상 언급하지 않겠다.

한 것이다(藤井和夫 1979: 160~161). 황남대총 남분이나 북분의 다른 연대 추론 자료에 대한 검토는 없고 오로지 '풍소불묘 최고 등자설'에 따라 단병등자가 나온 황남동 109호분-3·4곽의 연대를 정하고, 장병등자가 나온 황남대총 남분의 연대는 그 뒤라고 한 것이다.

다음은 毛利光俊彦으로, 그는 적석목곽분의 구조와 출토 장신구를 나름으로 분류한 다음 황남대총 남북분, 금관총, 서봉총, 천마총, 금령총 등 주요 5고분의 연대를 설정하는 중에 황남대총의 연대를 5세기 중엽이라고 하였다. 황남대총 북분 출토 흑갈유소병이 중국 東晉에서의 수입품임은 三上次男이 이미 지적한 바 있었는데(江坂輝彌 1978: 103~104), 그는 황남대총 북분 출토 흑갈유소병이 중국의 興寧 二年銘 묘지 출토묘(364년), 太和 3年銘 묘지 출토묘(368년)의 자기소병과 근사하다고 하고, 5세기 전반의 자료는 알지 못하지만 5세기 중경이 되면 그 기형이 변화하므로, 고분(황남대총?)의 축조 시기 상한은 4세기 후반부터 5세기 전반의 일 시기라고 하였다. 그리고는 5세기 전반부터 중엽까지 신라왕도에는 고구려군이 진주해 있었다는 末松保和설을 근거로 伊藤秋男과 穴澤咊光이 신라에서 이 시기에는 거대고분을 축조할 수 없었다고 한 견해가 타당하며, 금관총, 서봉총이 5세기 4/4분기이므로 그 앞의 황남대총은 5세기 중경으로 비정된다고 하였다. 따라서 황남대총의 피장자는 몰년 458년의 눌지왕과 그 부인이라고 한 것이다(毛利光俊彦 1983: 1007·1010).

毛利光俊彦의 이와 같은 황남대총의 연대설정과 왕릉 비정에서는 도무지 합리적인 논리 전개를 찾을 수 없다(이희준 2010). 그가 자기 소병의 5세기 전반 자료는 알지 못한다면서도 갑자기 4세기 후반~5세기 전반의 일 시기가 고분 축조의 상한이라고 한 것도 논리의 비약이지만, 그 상한이 흑갈유소병이 출토한 황남대총 북분이 아니라 남분을 포함한 황남대총의 상한이라 한 것도 앞뒤가 연결되는 논리전개가 아니다. 황남대총 발굴 이전의 일이지만, 伊藤秋男이 금령총, 금관총, 서봉총 등이 속한 그의 신라고분 편년 제2기의 연대를 5세기 후반 이후로 정하면서 末松保和설을 들어 운운한 데 대해 井上秀雄이 외국군의 점령 하에서도 국력의 축적은 충분이 가능하다고 지적하였고, 伊藤이 2차 세계대전 후 세계 각국의 역사를 보아도 井上의 지적은 정곡을 찔렀다고 하면서도 자신의 연대관을 견지하였던 것인데(伊藤秋男 1972), 毛利光俊彦이 이를 다시 꺼내든 것도 문제지만, 그러면서도 황남대총의 연대가 5세기 중경이라 한 것도 논리에 맞지 않는다. 毛

利光俊彦의 황남대총 연대 비정은 이와 같이 비약과 정황 논리만 있을 뿐 고고학자료에 의한 합리적인 연대 추론이라고 할 수 없다.

일본 학계에서 황남대총 남분-눌지왕릉설이 제기될 때, 필자도 신라고분을 연구하고 그 편년안을 발표하였지만 왕릉의 비정은 삼갔다. 필자는 신라고분 연구 초기부터 '풍소불묘 최고 등자설'과 서기 400년 '고구려군 남정영향설'을 비판하고 단병·장병의 등자 다원계보를 주장하였지만, 당시는 아직 선비 마구들의 연대가 고정되기 이전이어서 동아시아의 4세기 마구 편년은 유동적이었다. 이에 서기 322년의 중국 南京 象山 7호묘 도용 쌍등자를 근거로 하여 황남동 109호분-3·4곽으로 대표되는 신라 적석목곽분의 상한을 322년 이후의 4세기 전반기, 황남대총 남분을 4세기 후반 초나 중기로 설정하기도 하였지만(최병현 1981b; 1992a), 천마총 등 다른 금관 출토 고분들의 왕릉 비정도 하지 않았다. 신라고분의 왕릉 비정은 전고에서 밝힌 바와 같은 전제(최병현 2014b: 122~123)들이 해결될 때까지는 신중해야 된다고 보았기 때문이다.

하지만 황남대총 내물왕릉설과 다시 눌지왕릉설이 우리 학계에서 제기되어 대립하게 되었다. 먼저 이희준은 중국의 동북지방에서 선비계 장병등자의 잇단 출토, 孝民屯墓와 袁台子壁畫墓의 연대 고정에 힘입어 등자의 다원계보를 재확인하고, 먼저 등자, 행엽, 경판부재갈, 보요부운주 등 선비와 고구려의 마구, 고구려 고분의 구조형식을 비교 검토하여 원대자벽화묘·효민둔묘: 4세기 중기~후반 초, 칠성산 96호분: 4세기 후엽, 마선구 1호분: 4세기 말, 만보정 78호분: 5세기 전반으로 상대순서와 연대를 비정하였다. 여기에 황남대총 남분의 등자, 남북분의 보요부운주, 북분의 고구려계 태환식귀걸이와 Y자형 장식구 등을 앞의 고분 출토품들과 비교하여 황남대총은 칠성산 96호분보다 약간 늦은 5세기 전엽에 들어가며, 남분은 5세기 전엽의 이른 시기, 북분은 전엽의 늦은 시기라고 하였다. 이에 따라 황남대총 남분은 몰년 402년의 내물왕릉이라고 하였다(이희준 1995). 그는 그 뒤 황남동 109호분-3·4곽과 월성로 가-13호묘를 같은 단계로 보고, 월성로 가-13호묘 출토 삽자루형 인수의 경판부재갈을 선비 마구들과 비교하여 그 연대를 4세기 중기로 비정하였다(이희준 1996c; 1997a).

이희준의 황남대총과 황남동 109호분-3·4곽 편년은 마구류를 중심으로 한 것이지만, 이상과 같이 동북아시아의 고분과 황남대총 자체의 고고학자료에 충실한 연대 추론이었고, 그에 따른 왕릉 비정이었다. 이에 필자는 그의 추론 과정을 인정하고, 그렇게 해서 도출된 연대를 수용하였다. 다만 연대 추론 과정으로 보아 황남대총 남분-내물왕릉을 미리 염두에 두지 않으면 황남대총 남분의 연대는 굳이 5세기 초가 되지 않고 4세기 말~5세기 초라 해야 된다고 보았고(최병현 2000a: 98~99), 황남동 109호분-3·4곽의 연대는 그 후 나온 일본 初期須惠器의 연륜연대, 그리고 신라조기양식토기와 신라전기양식토기의 접점으로 보아 4세기 후엽 초로 조정하였다(최병현 2013a).

이상과 같은 연대 추론으로 이희준의 황남대총 남분-내물왕릉설이 제기되었지만, 김용성은 단병계 등자가 출토된 황남동 109호분-3·4곽의 연대에 '풍소불묘 최고 등자설'을 적용하는 것은 이미 4세기대 등자들이 많이 출토되어 무의미하다고 하면서도, 황남대총 남분은 내물왕릉설과 눌지왕릉설 중 눌지왕릉설이 타당하다고 하였다. 그가 그 근거로 든 것은 다음의 세 가지였다. 첫째, 임당유적의 편년으로 보아 낙동강 동안양식토기, 즉 신라전기양식토기 발현 후 황남대총 남분까지와 그 이후 후기신라토기, 즉 신라후기양식토기 출발까지의 변화가 비슷한데도 황남대총 남분-내물왕릉이 될 경우 앞은 50년, 뒤는 100년이 되어 맞지 않다. 둘째, '내물왕릉은 첨성대 서남쪽에 있다'고 한 『삼국유사』의 기록으로 보아 횡혈식석실분으로 추정되는 현 내물왕릉은 아니더라도 그것은 첨성대 서남에서 찾아야 하고, 초대형 고총인 교동 119호분이 그 대상이 될 수 있다. 셋째, 눌지마립간 19년(435)년조의 "修葺歷代園陵"의 기록으로 보아 황남대총에는 수축의 흔적이 없으므로 그 이후의 고분이다(김용성 1996: 118~121).

이와 같은 그의 주장은 이후의 논고들에서도 반복되었지만(김용성 1998: 167~172; 2003: 78~83; 2009: 76~80), 사실 그가 황남대총-눌지왕릉설을 지지하며 내세운 세 가지는 모두 고고학자료에 의한 연대 추론이라 할 수 없다. 첫째로 토기의 형식분류에서 형식의 설정과 분기의 임의성, 새로운 토기양식의 출현기와 정착기의 변화 속도 차이, 형식의 시간적 간격이 등간격이지 않음은 이미 전고에서 밝힌 바 있으므로(최병현 2014c: 190~194) 재론하지 않겠다. 그러나 앞서 언급했듯이 그의 임당고분 신라토기 편년에는 많은 문제가 있고, 일본의 初期須惠器 TG232형식에는 필자가 1Ba, 1Bb, 1Bc, 2a기(형식)로 상대편년한 신라전기양식토기 병행기 토기 형식이 모두 압축·반영되어 있다는 것만 상기시켜 두겠다. 둘째, 오로지 『삼국유사』의 기록을 들어 교동 119호분을 내물왕릉 후보로 등장시켜 놓았지만, 이는 당초에 신라왕릉의 전승 과정(이근직 2012)에 대한 고려도 없었고,[15] 그 자신이 언급했듯이(김용성 1996: 120) 황남동 일대의 고분들이 월성에 가까운 남쪽에서 북쪽으로 진행되었을 것(김택규·이은창 1975: 31~32; 이은창 1975: 325)이라는 속설처럼 내려온 막연한 인식에 기반한 것일 뿐이다. 그리하여 그는 교동 119호분이 봉황대고분과 황남대총을 일직선으로 연결할 때 그 연장선상에 위치한다고 하였고(김용성 1996: 120), 뒤에 이를 신라왕릉의 진행방향이라고 도식화하였지만(김용성 1998: 450; 2003: 81), 앞서 살펴보았듯이 이는 월성북고분군의 진행방향과 맞지 않고, 이로써는 월성북고분군의 분화와 마립간시기 신라 김씨왕실의 친연관계가 해석되지도 않는다. 셋째, 황남대총의 축조 시기를 눌지왕의 歷代園陵 修葺 기록과 결부시켰지만, 눌지왕의 수즙대상이 그의 조상 누구까지의 무덤인지 어느 정도까지 고친 것이 수즙인지 알 수가 없는 것이다.[15]

황남대총 남분이 눌지왕릉이라고 김용성이 제시한 것들은 이와 같이 근거가 박약한 짐작과 정황뿐이었는데, 그 후 그가 고고학자료로 추가한 것은 황남대총 남분 출토 토기와 거의 같은 형식의 황남동 110호분의 2단각고배와 월성해자에서 출토된 토기 고배 2점 뿐이다(김용성 2000; 2003; 2009: 68). 그리고는 황남대총 남분의 방사성탄소연대 및 '풍소불묘 최고 등자설'과 같은 내용의 등자에 대한 언급을 뒤늦게 추가했다(김용성 2009: 83~84; 2010: 223~224). 이들에 대해서는 모두 이미 검토했으므로 더 이상 언급하지 않는다.

황남대총 남분의 연대와 피장자 논란이 이렇게 진행되는 가운데 일본에서 TK73형식-412년과 TG232형식-389년의 초기수혜기 연륜연대가 발표되었다. 그러자 '풍소불묘 최고 등자설'과 서기 400년 '고구려군 남정영향설'을 주장하거나 이를 근거로 신라·가야고분을 편년해오던 학계의 일각에서는 연륜연대 자체를 인정하지 않거나 자의적으로 해석하고 있음은 앞서 본 대로이다.

이들과는 달리 박천수는 연륜연대가 나오기 전부터 TG232형식의 연대관에 따라 황남동 109호분-3·4곽을 복천동 21·22호묘, 옥전 23호분과 함께 4세기 4/4분기로 편년하였는데(박천수 1998; 2003), TG232형식의 연륜연대가 발표된 후에도 황남동 109호분-3/4곽의 연대는 그대로 두었으나, 황남대총 남분의 연대와 피장자에 대해서는 김용

---

15 이에 대해서는 전고(최병현 2014b)에서 고찰한 내용을 뒤에 재수록해 두겠다. 다만 전고에서는 교동 118호분도 현 내물왕릉과 일군의 횡혈식석실분으로 보았으나 이는 재고의 여지가 있으므로 제외한다. 앞의 제2부 2장 7 참조.

성을 따라 눌지왕릉설을 주장하고 있다(박천수 2006; 2010; 2012). 김용성의 임당고분 편년 오류, 황남대총 남분과 임당 7B호분의 상대편년 오류를 인지하지 못한 채, 그는 임당 7B호분이 일본의 新開古墳, 七觀古墳과 함께 TK73형식과 병행하고 황남대총 남분은 그 뒤라고 주장하고 있는 것이다. 그 때문인지 일본 학계의 용문투조 대장식구 상대편년에서 형식조열의 문제가 발생하고 있음은 앞서 이미 다 언급하였다.

이 외에 신라·가야고분을 '풍소불묘 최고 등자설'과 서기 400년 '고구려군 남정영향설'에 따라 편년하여 명시했건 아니건 황남대총 남분-눌지왕릉설에 기운 연구들은 일일이 거명할 필요가 없겠지만, 여기에 더하여 방사성탄소연대나 동전을 그 확정자료라고 주장한 연구자들이 있었음(김두철 2011: 67; 이상율 2013; 이주헌 2014)은 앞서 지적하였다. 그 외 함순섭은 또 하나의 가능성이라면서 황남대총 남분-실성왕설을 주장했지만(함순섭 2010), 그러면서 그가 제시한 것은 역사적 정황론과 흑갈유소병, 용문투조 등자, 용문투조 대장식구 등 앞서 살펴본 유물들에 대한 부연이어서 더 이상의 검토는 불필요하다. 또 지금까지 황남대총의 피장자가 남분은 남성, 북분은 여성이라는데 학계에서 이견이 없었으나, 황남대총 남분-눌지왕릉설을 주장한 이주헌은 북분의 피장자도 남성으로 자비왕릉이라는 이설을 냈다(이주헌 2015). 그러나 황남대총 북분의 피장자도 남분과 마찬가지로 남성이라고 주장하려면 지금까지의 신라고분 연구사 전체를 부정할 수 있을 만큼의 새로운 근거들을 제시해야 할 것이다. 신라고분의 피장자 성별 구분 문제나 표형분을 포함한 연접분의 피장자 구성은 이미 앞서 자세히 살펴본 바 있으므로 생략한다. 이 외에 황남대총 남분의 피장자가 금관이 아니라 금동관을 착용한 것 등을 이유로 황남대총 남분-비왕릉설도 여러 번 제기되었지만, 지금 그것을 살피는 것은 무의미하다.

이상에서 살펴본 바와 같이 지금까지 제기된 황남대총 남분-눌지왕릉설은 '풍소불묘 최고 등자설'에 따른 연대 비정 외에 고고학자료에 충실한 합리적인 연대 추론에 의한 것이 아니다. 황남대총 남분의 연대는 앞서 검토한 신라 전기고분의 한·중·일 교차편년 자료로 보아, 그리고 이희준이 고구려 고분의 구조와 선비·고구려의 마구에 황남대총 자체의 마구를 비교 고찰하여 도출한 연대로 보아 4세기 말~5세기 초가 된다. 그러므로 황남대총 남분은 몰년 402년의 내물왕릉, 북분은 그 왕비릉으로 판단된다.

○ 첨성대 서남 내물왕릉 문제에 대하여

내물왕릉에 대한 기록이 남아 있지 않은『삼국사기』와는 달리『삼국유사』왕력에는 "陵在占星臺西南"이라는, 내물왕릉 소재지에 대한 기록이 있다. 현재는 경주 첨성대 서남쪽에 있는 교동 30호분이 내물왕릉으로 지정되어 보호되고 있고, 고고학 연구자 가운데에는 이 기록을 근거로 들어 월성북고분군 B군에서 유일한 초대형분인 교동 119호분을 내물왕릉으로 비정하는 이도 있다. 여기서는 이 문제를 언급해 두어야 겠다.

이근직의 신라왕릉 연구에 의하면『삼국유사』왕력의 내물왕릉 소재지 기록은 장법에 대한 내용은 없고 陵在 + ○○○○로, 위치만 있는 것으로 보아 장례 절차로부터 일정한 기간이 흐른 다음 왕릉의 위치만을 기억하는 자가 기록한 것이므로,『삼국유사』왕력의 내물왕릉 소재지 기록의 저본 사료는 고려시대에 와서 만들어졌을 것이라고 한다(이근직 2012: 47). 그러나 내물왕릉의 위치는 어느 때부터인지 전승되지 않아 1730년(조선 영조 6년) 花溪 柳宜健이 쓴「羅陵眞贋說」에는 나오지 않고, 1798년의「集慶殿舊基圖」에 나오므로 1798년 이전에 추가로 비정되었을 것이라고 한다(이근직 2012: 71) 이 연구에 따르면 현재의 교동 30호분 내물왕릉은 이때부터 비정되어 내려온 것이라 판단된다.

그런데 과거부터 경주의 인사들에게는 현재의 내물왕릉과 그 북쪽에 한 줄로 서 있는 29호분, 28호분이 석실봉토분으로 알려져 있고, 이 고분들의 기저부에는 석실분에나 있는 호석 받침석들이 나와 있기도 하다. 그래서 이 고분들은 4~5세기의 적석목곽분이 아니라 6세기 이후의 석실봉토분들이 분명한데,[16] 현 내물왕릉은 이에 더하여 고분 주위에 둘렀던 장방형 담장의 윤곽이 아직도 남아 있다. 경주의 신라고분에서 이러한 장방형 담장의 흔적이 남아 있는 예는 이 고분이 유일하다.

이로 보아 이 고분은 어느 때부터인가 특별히 보호받고 있었던 것이 분명한데, 필자는 그 시기가 내물왕릉이 새로 비정된 조선 후기부터가 아니라면, 아마도 신라 하대까지는 올라가지 않을까 생각하고 있다. 왜냐하면 무열왕계 중대왕실을 타도하고 들어선 신라 하대왕실은 자신들이 내물왕계라는 것을 들고 나왔는데, 제의를 비롯해서 무엇인가 내물왕릉에 대한 존숭사업을 하였을 것이라고 보기 때문이다.『삼국유사』왕력

---

16   중고기 이후의 왕릉 가운데 호석에 받침석이 있는 것은 무열왕릉이 가장 이른 것으로 보인다.

에 내물왕릉이 첨성대 서남에 있다는 기록도 아마 신라 하대 이후 이 고분으로 인해 생긴 전승에 의한 것이고, 조선 후기에 내물왕릉을 새로 비정할 때도 『삼국유사』의 기록에 따라 내물왕릉을 첨성대 서남쪽에서 찾다가 이 고분을 지목하게 된 것이 아닐까 하는 생각이다.

맺음말

IV

지금으로부터 무려 48년 전인 1973년에 제기된 소위 '풍소불묘 최고 등자설'에 따라 경주 황남동 109호분-3·4곽의 연대는 서기 400년 이후, 황남대총 남분의 연대와 피장자는 서기 458년 몰 신라 눌지왕이라는 주장이 제기되었다. 그 이후 중국과 한국에서는 등자를 비롯한 새로운 마구 자료들의 출토가 이어졌지만, 소위 '풍소불묘 최고 등자설'은 재고되지 않았고 오히려 서기 400년 '고구려군 남정영향설'로 강화되어 신라·가야고분 편년의 프레임으로 굳어졌다. 소위 '풍소불묘 최고 등자설'에 의한 황남동 109호분-3·4곽과 황남대총 남분의 연대는 이에 따라 다른 신라·가야고분 연대 설정의 기준이 되었다.

그 사이 일본에서는 종래의 최고 須惠器인 TK73형식 이전의 初期須惠器 TG232형식이 드러났고, 이 初期須惠器 TG232형식은 동래 복천동고분의 신라토기와, 그리고 경주고분의 신라토기와 교차편년에 극히 유용한 자료로 밝혀졌다. 이어 TK73형식은 서기 412년, TG232형식은 서기 389년의 연륜연대를 갖게 되어, 소위 '풍소불묘 최고 등자설'과 서기 400년 '고구려군 남정영향설'에 의해 설정된 신라·가야고분 연대의 문제가 드러났다.

그러나 잘못 설정된 연대를 재고하기는커녕 初期須惠器의 연륜연대 자체를 부정하거나 연륜연대를 가진 목제품과 공반된 初期須惠器가 TG232형식이 아니라 그 이전의 다른 형식이라고 하는 등 기존의 연대관 고수에만 급급한 연구자들이 있다. 더 나아가 기존의 연대관을 고수하면서 유물의 형식을 배열하여 형식의 순서가 어그러지고 일관성이 없게 되거나, 토기의 형식과 용문투조 대장식구의 형식 조열이 맞지 않고 반대가 된 연구결과를 내놓는 일이 한·일 학계에서 벌어지고 있다. 모두가 황남대총 남분을 눌년 458년의 눌지왕릉으로 고정시켜 놓다 보니 생기는 일이다.

고고학자료는 유적의 발굴조사를 통해 끊임없이 새로운 자료가 출현하고, 새로운 자료가 출현하면 과거의 자료들은 재고찰되고 재해석되어야 한다. 무려 48년 전에 그때의 자료로, 그것도 왜곡된 해석에 따라 세워진 연대관을 고수하기 위해 새로운 자료들을 부정하거나 왜곡하고, 유물의 형식조열을 비틀면서까지 특정 연대를 고수하고, 또 그것을 답습해가는 것은 비학문적이다.

참고문헌

저서

姜仁求, 1977, 『百濟古墳研究』, 一志社.

강현숙, 2013, 『고구려 고분 연구』, 진인진.

건축도시공간연구소, 2015, 『와본 김동현 구술집: 한국건축 보존연구에 바친 한평생』, 건축도시공간
　　연구소 국가한옥센터.

高久健二, 1995, 『樂浪古墳文化 研究』, 學研文化社.

金基雄, 1976, 『新羅の古墳』, 學生社.

김낙중, 2009, 『영산강유역 고분 연구』, 학연문화사.

김성남·김경택, 2013, 『와질토기논쟁고』, 진인진.

金龍星, 1998, 『新羅의 高塚과 地域集團』, 춘추각.

김용성, 2009, 『신라왕도의 고총과 그 주변』, 학연문화사.

김용성, 2015, 『신라 고분고고학의 탐색』, 진인진.

김용성 역(黃曉芬 著, 2003), 2006b, 『한대의 무덤과 그 제사의 기원』, 학연문화사.

金元龍, 1960, 『新羅土器의 研究』, 乙酉文化社.

金元龍, 1973, 『韓國考古學槪說』, 一志社.

金元龍, 1981, 『新羅土器』, 悅話堂.

노태돈, 2014, 『한국고대사』, 경세원.

류창환, 2012, 『가야마구의 연구』, 서경문화사.

朴淳發, 2001, 『漢城百濟의 誕生』, 서경문화사.

박천수, 2010, 『가야토기-가야의 역사와 문화』, 진인진.

신라 천년의 역사와 문화 편찬위원회, 2016, 『신라의 체제 정비와 영토 확장』, 〈신라 천년의 역사와 문
　　화-연구총서 3〉, 경상북도문화재연구원.

이근직, 2012, 『신라왕릉연구』, 학연문화사.

李基東, 1980, 『新羅 骨品制社會와 花郎徒』, 財團法人 韓國研究院.

李基白, 1976, 『韓國史新論』 改訂版, 一潮閣.

이선복, 1988, 『고고학개론』, 이론과실천.

李賢惠, 1984, 『三韓社會形成過程研究』, 一潮閣.

이희준, 2007, 『신라고고학연구』, 사회평론.

全德在, 1996, 『新羅六部體制研究』, 一潮閣.

전덕재, 2009, 『신라 왕경의 역사』, 새문사.

池健吉, 2016, 『韓國考古學百年史-연대기로 본 발굴의 역사 1880~1980』, 열화당.

崔秉鉉, 1992a, 『新羅古墳研究』, 一志社.

崔鍾圭, 1995, 『三韓考古學硏究』, 書景文化社.

土田順子, 2014, 『百濟土器 東아시아 交叉編年 硏究』, 서경문화사.

홍보식, 2003, 『新羅 後期 古墳文化 硏究』, 춘추각.

諫早直人, 2012, 『東北アジアにける騎馬文化の考古學的硏究』, 雄山閣.

江坂輝彌, 1978, 『韓國の古代文化』, 學生社.

宮澤知之, 2007, 『中國銅錢の世界－錢貨から經濟史へ』, 思文閣出版.

今西龍, 1970, 『新羅史硏究』, 國書刊行會, 東京.

金正基, 1981, 『韓國の遺跡を掘る』, 學生社.

大阪府立近つ飛鳥博物館, 2006, 『年代のものさし陶邑の須惠器－』.

東 潮, 1997, 『高句麗考古學硏究』, 吉川弘文館.

東 潮·田中俊明, 1995, 『高句麗の歷史と文化』, 中央公論社.

梅原末治, 1947, 『朝鮮古代の墓制』, 光洋社.

濱田靑陵, 1932, 『慶州の金冠塚』, 慶州古蹟保存會.

水野淸一 外, 1953, 『對馬』, 東亞考古學會.

奧田悌, 1920, 『新羅舊都慶州誌』, 玉村書店.

田邊昭三, 1981, 『須惠器大成』, 角川書店.

朝鮮總督府, 1925, 『THE CHOSEN 朝鮮』七月號.

早乙女雅搏, 2010, 『新羅考古學硏究』, 同成社.

中村浩, 1993, 『古墳時代須惠器の編年的硏究』, 白書房.

魏存成(신용민 옮김), 1996, 『高句麗考古』, 호암미술관.

黃曉芬, 2000, 『中國古代葬制の傳統と變革』, 勉誠出版, 東京.

黃曉芬, 2003, 『漢墓的考古學硏究』, 岳麓書社, 北京.

AKIO ITO, 1971, *Zur Chronologie der frühsillazeitlichen Gräber in Südkorea*, MÜNCHEN.

논문

국문

姜仁求, 1981, 「신라 積石封土墳의 구조와 계통」, 『韓國史論』 7, 서울大學校 國史學科.

姜仁求, 1983, 「三國時代 前期 墳丘墓의 再檢討－漢江流域 方形土築墓의 경우－」, 『金哲埈博士華甲紀念史學論叢』, 刊行委員會.

강현숙, 1996, 「경주에서 횡혈식석실분의 등장에 대하여」, 『신라고고학의 제문제』, 〈제20회 한국고고학전국대회〉, 한국고고학회.

高久健二, 2000, 「樂浪郡과 弁·辰韓의 墓制－副葬品의 組成과 配置에 대한 分析을 중심으로－」, 『고고학으로 본 변·진한과 왜』, 〈영남고고학회·구주고고학회 제4회 합동고고학대회〉, 영남고고학회·구주고고학회.

具滋奉, 1997, 「慶州 仁旺洞高塚群의 木槨墓 出土土器 紹介」, 『姜仁求 編 韓國 古代의 考古와 歷史』, 學研文化社.

궁성희, 1987, 「신라의 돌칸흙무덤에 대하여」, 『조선고고연구』 1987-3, 사회과학원 고고학연구소.

권도희, 2020, 「중부지역 마구의 편년과 전개」, 『崇實大學校 韓國基督敎博物館誌』, 숭실대학교 한국기독교박물관.

權五榮, 1996, 「三韓의 '國'에 대한 硏究」, 서울大學校 大學院 博士學位論文.

권용대, 2008, 「영남지방 위석목곽묘의 구조적 특징과 성격」, 『야외고고학』 4, 한국문화재조사연구기관협회.

권용대, 2009, 「경주지역 적석목곽묘 조영집단의 성층화와 지배구조」, 『야외고고학』 7, 한국문화재조사연구기관협회.

吉井秀夫, 2000, 「대가야계 수혈식석곽분의 "목관"구조와 그 성격-못·꺽쇠의 분석을 중심으로-」, 『경북대학교 고고인류학과 20주년 기념논총』, 경북대학교 인문대학 고고인류학과.

吉井秀夫, 2006, 「일제강점기 경주 신라고분의 발굴조사」, 『신라고분 발굴조사 100년』, 〈국립경주문화재연구소 학술 심포지엄〉, 국립경주문화재연구소.

金權中, 2008, 「靑銅器時代 周構墓의 發生과 變遷」, 『韓國靑銅器學報』 3, 韓國靑銅器學會.

金基雄, 1970, 「新羅古墳의 編年에 關하여」, 『漢坡李相玉博士回甲紀念論文集』, 敎文社.

金洛中, 1996, 「慶州 月城周邊 出土 原三國時代 後期 土器」, 『韓國上古史學報』 21, 韓國上古史學會.

金洛中, 1998, 「慶州 月城의 性格과 變遷」, 『韓國上古史學報』 27, 韓國上古史學會.

金大煥, 2001, 「嶺南地方 積石木槨墓의 時空的 變遷」, 『嶺南考古學』 29, 嶺南考古學會.

김대환, 2006, 「新羅土器의 지방 생산과정-慶州産土器의 모방제작 一例-」, 『繼往開來』 5, 영남대학교박물관.

김대환, 2012, 「일제강점기 경주 지역 적석목곽묘의 조사와 연구」, 『일제강점기 고고학조사와 그 성격』, 〈第21回 嶺南考古學會 學術發表會〉, 嶺南考古學會.

김대환, 2016a, 「지상적석식 적석목곽분의 제문제 : 목곽부와 적석부」, 『마립간의 기념물: 적석목곽분』, 〈금관총·서봉총 재발굴 기념 학술심포지엄〉, 국립중앙박물관.

金大煥, 2016b, 「地上積石式 積石木槨墓의 木槨部와 積石部의 性格」, 『考古學誌』 22, 국립중앙박물관.

金大煥·諌早直人·金恩鏡, 2008, 「慶州 皇南洞 110號墳 出土 馬具 再報告」, 『嶺南大學校博物館年報』 7, 嶺南大學校博物館.

김도영, 2018, 「신라 대장식구의 전개와 의미」, 『한국고고학보』 107, 한국고고학회.

金跳咏, 2019, 「三國·古墳時代 金工品의 生産과 流通-韓日古墳 出土 龍文透彫帶裝飾具를 中心으로-」, 『한국고고학보』 110, 한국고고학회.

金東潤, 2009, 「新羅 積石木槨墓의 變遷過程 硏究」, 『考古廣場』 4, 釜山考古學研究會.

金斗喆, 1992, 「신라와 가야의 馬具-馬裝을 중심으로」, 『韓國古代史論叢』 3, 韓國古代社會研究所.

金斗喆, 1993, 「三國時代 轡의 研究-轡의 系統研究를 中心으로-」, 『嶺南考古學』 13, 嶺南考古學會.

金斗喆, 2000, 「韓國 古代 馬具의 연구」, 東義大學校 大學院 博士學位論文.

金斗喆, 2006, 「三國·古墳時代의 年代觀」, 『日韓古墳時代の年代觀』, 〈歷博國際研究集會發表文〉, 國立歷史民俗博物館·韓國國立釜山大學校博物館.

金斗喆, 2007,「소위 四方式積石木槨墓의 구조에 대한 비판적 검토」,『考古廣場』13, 釜山考古學研究會.

김두철, 2009,「積石木槨墓의 구조에 대한 비판적 검토」,『고문화』73, 한국대학박물관협회.

金斗喆, 2010,「棺床과 前期加耶의 墓制」,『한국고고학보』75, 한국고고학회.

金斗喆, 2011,「皇南大塚 南墳과 新羅古墳의 編年」,『한국고고학보』80, 한국고고학회.

金斗喆, 2013,「加耶 轉換期의 墓制와 繼承關係」,『考古廣場』13, 釜山考古學研究會.

金斗喆, 2014,「신라·가야의 경계로서 경주와 부산」,『嶺南考古學』70, 嶺南考古學會.

김병준, 2011,「敦煌 懸泉置漢簡에 보이는 漢代 변경무역–삼한과 낙랑군의 교역과 관련하여」,『한국 출토 외래유물 초기철기~삼국시대』, 한국문화재조사연구기관협회.

김보상·박정인, 2012,「경주 쪽샘지구 E41호분 개요」,『2012 유적조사 발표회 자료집』, 한국고고학회·(재)한국문화재조사연구기관협회.

金善珠, 2002,「皇南大塚의 주인공 재검토」,『淸溪史學』16·17, 韓國精神文化研究院 淸溪史學會.

金聖範, 2000,「皇南大塚 出土遺物 絶對年代測定(14C)結果」,『皇南大塚의 諸照明』,〈第1回 國立慶州文化財研究所 國際學術大會〉, 國立慶州文化財研究所.

金龍星, 1996a,「林堂 IA-1號墳의 性格에 대하여–高塚의 始原的 樣相–」,『碩晤尹容鎭教授停年退任紀念論叢』, 刊行委員會.

金龍星, 1996b,「토기에 의한 大邱·慶山地域 古代墳墓의 編年」,『韓國考古學報』35, 韓國考古學會.

金龍星, 2000,「皇南大塚 南墳의 編年的 位置–土器를 중심으로 본 南墳의 年代–」,『皇南大塚의 諸照明』,〈第1回 國立慶州文化財研究所 國際學術大會〉, 國立慶州文化財研究所.

金龍星, 2003,「皇南大塚 南墳의 年代와 被葬者 檢討」,『韓國上古史學報』42, 韓國上古史學會.

김용성, 2006a,「호우총·은령총의 구조와 성격」,〈호우총 은령총 발굴 60주년 기념 심포지엄〉, 국립중앙박물관.

김용성, 2007,「신라 적석봉토분의 지상식 매장주체시설 검토」,『韓國上古史學報』56, 韓國上古史學會.

金龍星, 2010,「新羅 麻立干時期의 王陵 皇南大塚 南墳」,『황금의 나라 신라의 왕릉 황남대총』, 국립중앙박물관.

김용성, 2012,「신라 십이지신장상 호석 능묘의 변천」,『한국고대사탐구』11, 한국고대사탐구회.

김용성, 2014a,「고분으로 본 신라의 장송의례와 그 변혁」,『中央考古研究』15, 中央文化財研究院.

김용성, 2014b,「신라고고학 서설」,『신라고고학개론 上』, 진인진.

김용성·최규종, 2007,「적석목곽묘(積石木槨墓)의 새로운 이해」,『石心鄭永和教授 停年退任紀念 天馬考古學論叢』, 刊行委員會.

金元龍, 1952,「慶州 九政里出土 金石併用期遺物에 對하여」,『歷史學報』1, 歷史學會.

金元龍, 1957,「金海貝塚에 關한 再檢討」,『歷史學報』9, 歷史學會.

金元龍, 1965,「新羅金冠의 系統」,『趙明基博士華甲紀念佛教史學論叢』, 刊行委員會.

金元龍, 1966,「新羅墓制에 關한 一考察」,『新羅伽倻文化』1, 嶺南大學校 新羅伽倻文化研究所.

金元龍, 1972,「韓國文化의 起源」,『文理大教養講座』1, 서울대학교 문리과대학.

金元龍, 1974,「新羅古墳의 몇가지 特性」,『東洋學』4, 檀國大學校 附設 東洋學研究所.

金元龍, 1979a,「金海式土器」,『世界陶磁全集』17, 小學館.

金元龍, 1979b,「古新羅의 土器와 土偶」,『世界陶磁全集』17, 小學館.

金元龍, 1982, 「金海府院洞期의 設定」, 『韓國考古學報』 12, 韓國考古學研究會.

金元龍, 1987, 「韓國 考古學, 美術史와 함께-自傳的 回顧-」, 『三佛金元龍教授停年退任紀念論叢 Ⅰ』, 刊行委員會.

김재홍, 1996, 「신라[사로국]의 형성과 발전」, 『역사와 현실』 21, 한국역사연구회.

金在弘, 2001, 「4~5세기 新羅의 古墳文化와 地域支配」, 『韓國古代史研究』 24, 한국고대사학회.

金廷鶴, 1967, 「熊川貝塚研究」, 『亞細亞研究』 Ⅹ-4, 高麗大學校 亞細亞問題研究所.

金廷鶴, 1979, 「加耶土器」, 『世界陶磁全集』 17, 小學館.

金廷鶴, 1982, 「古代國家의 發達(伽耶)」, 『韓國考古學報』 12, 韓國考古學會.

김종일, 2007, 「"계층사회와 지배자의 출현"을 넘어서」, 『한국고고학보』 63, 한국고고학회.

김종일, 2008, 「고고학 자료의 역사학적 해석에 대한 비판적 고찰」, 『韓國古代史研究』 52, 한국고대사학회.

김종찬, 2006, 「가속기 질량분석[AMS]에 의한 탄소연대측정과 한국고고학 현장 적용사례」, 『고고학과 자연과학』, 〈第15回 嶺南考古學會 學術發表會〉, 嶺南考古學會.

김진영, 2020, 「경기지역 신라고분 연구」, 단국대학교 대학원 박사학위논문〉.

金昌錫, 2006, 「8~10세기 이슬람 제종족의 신라 來往과 그 배경」, 『한국고대사연구』 44, 한국고대사학회.

金泰植, 1991, 「가야사 연구의 시간적·공간적 범위」, 『韓國古代史論叢』 2, 韓國古代社會研究所.

盧泰敦, 1975, 「三國時代의 '部'에 關한 研究-成立과 構造를 中心으로-」, 『韓國史論』 2, 서울대학교 국사학과.

文暻鉉, 1990, 「迎日冷水里新羅碑에 보이는 部의 性格과 政治運營問題」, 『韓國古代史研究-迎日冷水里新羅碑特輯號-』 3, 한국고대사연구회.

박경신, 2006, 「高句麗의 炊煖施設 및 煮沸容器에 대한 一研究」, 『崇實史學』 19, 崇實大學校 史學會.

朴光烈, 2001, 「新羅 積石木槨墳의 開始에 대한 檢討」, 『慶州史學』 20, 慶州史學會.

朴文洙, 2001, 「慶州 竹東里 5號墓에 대하여」, 『考古學誌』 12, 韓國考古美術研究所.

朴普鉉, 1986, 「樹枝形 立華飾冠 型式分類 試論」, 『歷史教育論集』 9, 慶北大學校 師範大學 歷史教育科.

朴普鉉, 1988, 「冠帽 前立飾金具를 통해 본 積石木槨墳時代 社會組織」, 『古代研究』 1, 古代研究會.

朴普鉉, 1990, 「洛東江 東岸地域 高塚古墳의 地域性-裝身具 副葬類型을 중심으로-」, 『鄉土文化』 5, 鄉土文化研究會.

朴普鉉, 1992, 「積石木槨墳의 階層性 試論」, 『古代研究』 3, 古代研究會.

朴淳發, 1997, 「漢城百濟의 中央과 地方」, 『百濟의 中央과 地方』, 忠南大學校 百濟研究所.

朴淳發, 2005, 「鐎斗考」, 『東亞考古論壇』 創刊號, 忠清文化財研究院.

박순발, 2006, 「한국 고대사에서 종족성의 인식」, 『韓國古代史研究』 44, 한국고대사학회.

박진욱, 1964, 「신라 무덤의 편년에 대하여」, 『고고민속』 4, 사회과학원출판사.

박진욱, 1986, 「고구려의 마구에 대하여」, 『조선고고연구』 1986-3, 사회과학원 고고학연구소.

朴辰一, 2002, 「紀元前 3·2世紀代 墳墓構造 檢討-서남부지방을 중심으로-」, 『考古學誌』 13, 韓國考古美術研究所.

박창수, 1986, 「평성시 지경동 고구려무덤발굴보고」, 『조선고고연구』 1986-4, 사회과학원 고고연구소.

朴天秀, 1998, 「大伽耶圈 墳墓의 編年」, 『韓國考古學報』 39, 韓國考古學會.

朴天秀, 2000a, 「考古學 資料로 본 大加耶」, 『考古學을 통해 본 加耶』, 한국고고학회.

박천수, 2000b, 「고고학으로 본 가라국사」, 『〈가야사학술심포지움〉 가야각국사의 재구성』, 부산대학교 한국민족문화연구소·가야사 정책연구위원회.

朴天秀, 2003, 「地域間 竝行關係로 본 加耶古墳의 編年」, 『가야고고학의 새로운 조명』, 혜안.

朴天秀, 2006, 「新羅·加耶古墳의 編年-日本列島 古墳과의 竝行關係를 中心으로-」, 『日韓古墳時代の年代觀』 〈歷博國際研究集會 發表文〉, 國立歷史民俗博物館·韓國國立釜山大學校博物館.

朴天秀, 2012, 「新羅·加耶古墳 曆年代 再論」, 『原三國·三國時代 歷年代論』, 학연문화사.

박천수, 2016, 「慶州 皇南大塚의 曆年代와 新羅 陵園의 形成過程」, 『新羅文化』 47, 東國大學校 新羅文化研究所.

박형열, 2016, 「신라 지상식 적석목곽분의 발생에 대한 일고찰」, 『영남고고학』 75, 영남고고학회.

배효원, 2018, 「5世紀 後半 釜山式高杯의 變遷과 意味」, 『항도부산』 36, 부산 광역시사편찬위원회.

山本孝文, 2007, 「印花文土器의 發生과 系譜에 대한 試論」, 『嶺南考古學』 41, 嶺南考古學會.

孫龍文, 1996, 「九政里方形墳復元工事經緯」, 『考古美術』 65, 考古美術同人會.

申敬澈, 1985, 「古式鐙子考」, 『釜大史學』 9, 釜山大學校 史學會.

申敬澈, 1989, 「加耶의 武具와 馬具-甲冑와 鐙子를 중심으로-」, 『國史館論叢』 7, 國史編纂委員會.

申敬澈, 1992, 「金海禮安里 160號墳에 對하여-古墳의 發生과 관련하여-」, 『伽耶考古學論叢』 1, 伽耶文化研究所.

申敬澈, 1994a, 「新羅土器의 發生에 대하여」, 『韓國古代文化의 連繫』, 도서출판 서울프레스.

申敬澈, 1994b, 「加耶 初期馬具에 대하여」, 『釜大史學』 18, 釜山大學校 史學會.

申敬澈, 1995a, 「金海大成洞·東萊福泉洞古墳群 點描」, 『釜大史學』 19, 釜山大學校 史學會.

申敬澈, 1995b, 「三韓·三國時代의 東萊」, 『東萊區誌』, 東萊區誌編纂委員會.

申敬澈, 1997, 「日本 初期須惠器의 發現」, 『東아시아 속의 韓·日 關係』, 〈釜山大學校 韓國民族文化研究所 '97國際學術大會〉, 釜山大學校 韓國民族文化研究所.

申敬澈, 2000, 「古代의 洛東江, 榮山江, 그리고 倭」, 『韓國의 前方後圓墳』, 충남대학교 출판부.

申敬澈, 2006, 「陶質土器와 初期須惠器」, 『日韓古墳時代の年代觀』, 〈歷博國際研究集會 發表文〉, 國立歷史民俗博物館·韓國國立釜山大學校博物館.

신경철, 2012, 「도질토기의 발생과 확산」, 『考古廣場』 11, 釜山考古學研究會.

沈炫晙, 2012, 「新羅 積石木槨墓의 構造 研究」, 釜山大學校 大學院 碩士學位論文.

沈炫晙, 2014, 「三國時代 嶺南地方 封土墳의 連接築造에 관한 研究」, 『考古廣場』 15, 釜山考古學研究會.

沈炫晙, 2016a, 「積石木槨墓의 築造 過程과 埋葬 프로세스(process)」, 『마립간의 기념물: 적석목곽분』, 〈금관총·서봉총 재발굴 기념 학술심포지엄〉, 국립중앙박물관.

沈炫晙, 2016b, 「積石木槨墓의 築造 過程과 埋葬 프로세스(process)」, 『考古學誌』 22, 국립중앙박물관.

沈炫晙, 2018, 「新羅 積石木槨墓의 墳形과 封墳設計原理」, 『한국고고학보』 109, 한국고고학회.

沈炫晙, 2020, 「新羅 積石木槨墓 研究」, 釜山大學校 大學院 博士學位論文.

安在晧, 1994, 「三韓時代 後期 瓦質土器의 編年-下垈遺蹟을 中心으로」, 『嶺南考古學』 14, 嶺南考古學會.

安在晧·宋桂鉉, 1986, 「古式陶質土器에 관한 약간의 考察-義昌 大坪里 出土品을 통하여-」, 『嶺南考古學』

1, 嶺南考古學會.

安在晧·韓丞鉉, 2015, 「慶州地域 臺附直口壺의 地域相」, 『한국고고학보』 97, 한국고고학회.

余昊奎, 2002, 「新羅 都城의 空間構成과 王京制의 성립과정」, 『서울학연구』 18, 서울시립대학교 서울학연구소.

여호규, 2011, 「고구려 적석묘의 내·외부 구조와 형식분류」, 『동아시아의 고분문화』, 중앙문화재연구원.

여호규, 2018, 「삼국형성기 문헌사와 고고학의 접점」, 『한국상고사학보』 100, 한국상고사학회.

오현덕, 2006, 「신라고분에서의 지하물리탐사」, 『신라고분 발굴조사 100년』, 〈국립경주문화재연구소 학술 심포지엄〉, 국립경주문화재연구소.

尹相悳, 2010, 「6~7세기 경주지역 신라토기 편년」, 『한반도 고대문화 속의 울릉도-토기문화-』, 동북아역사재단.

윤상덕, 2012, 「日帝强占期 慶州地域 橫穴式 石室墳 調査에 대하여」, 『일제강점기 고고학조사와 그 성격』, 〈第21回 嶺南考古學會 學術發表會〉, 嶺南考古學會.

윤상덕, 2014, 「봉토 외형으로 본 신라 전·중기의 왕릉 추정」, 『한국고고학보』 93, 한국고고학회.

尹世英, 1974, 「古新羅·伽倻古墳의 編年에 대하여」, 『白山學報』 17, 白山學會.

이강호, 2018, 「광주 곤지암리역세권 도시개발사업부지 내 유적」, 『2018년 중부고고학회 유적조사발표회』, 중부고고학회.

李健茂 외, 1989, 「義昌 茶戶里遺蹟 發掘進展報告(I)」, 『考古學誌』 1, 韓國考古美術研究所.

李東憲, 2011, 「統一新羅 開始期의 印花文土器-曆年代 資料 確保를 위하여-」, 『한국고고학보』 81, 한국고고학회.

李尙律, 1993, 「三國時代 杏葉 小考-嶺南地方 出土品을 中心으로-」, 『嶺南考古學』 13, 嶺南考古學會.

李尙律, 2013, 「新羅·加耶馬具가 제기하는 問題와 日本馬具」, 『日韓交涉의 考古學-古墳時代』, 日韓交涉의 考古學-古墳時代-研究會.

李相俊, 1997, 「慶州 月城의 變遷過程 研究」, 嶺南大學校 大學院 碩士學位論文.

이상준, 2019, 「신라왕경의 개발과정과 고고학적 경계」, 『신라왕경과 월성의 공간과 기능』, 국립경주문화재연구소·영남고고학회.

이성주, 1992, 「蔚山 中山里遺蹟 發掘을 通하여 본 新羅墓制의 起源」, 〈제1회 영남고고학회 학술발표회〉 발표 및 토론요지, 영남고고학회.

이성주, 1993a, 「낙동강동안양식토기에 대하여」, 〈제2회 영남고고학회 학술발표회〉 발표 및 토론요지, 영남고고학회.

李盛周, 1993b, 「1~3세기 가야 정치체의 성장」, 『韓國古代史論叢』 5, 韓國古代社會研究所.

李盛周, 1993c, 「新羅·伽耶社會 分立과 成長에 대한 考古學的 檢討」, 『韓國上古史學報』 13, 韓國上古史學會.

李盛周, 1996, 「新羅式 木槨墓의 展開와 意義」, 『신라고고학의 제문제』, 〈제20회 한국고고학 전국대회〉 발표문, 韓國考古學會.

李盛周, 1997, 「木棺墓에서 木槨墓로-蔚山 中山里遺蹟과 茶雲洞遺蹟에 대한 檢討-」, 『新羅文化』 14, 東國大學校 新羅文化研究所.

李盛周, 1999, 「辰·弁韓地域 墳墓 1~4세기 土器의 編年」, 『嶺南考古學』 24, 嶺南考古學會.

李盛周, 2000, 「墳丘墓의 認識」, 『韓國上古史學報』 32, 韓國上古史學會.

李盛周, 2001, 「4~5세기 가야사회에 대한 고고학 연구」, 『韓國古代史研究』 24, 한국고대사학회.

李盛周, 2005, 「嶺南地方 原三國時代 土器」, 『원삼국시대 문화의 지역성과 변동』, 〈제29회 한국고고학전 국대회〉, 韓國考古學會.

이성주, 2017, 「辰弁韓 '國'의 形成과 變動」, 『嶺南考古學』 79, 영남고고학회.

李陽洙, 2006, 「韓半島에서 漢鏡의 分配와 流通」, 『考古學誌』 15, 韓國考古美術研究所.

이원태, 2012, 「목관묘 출토 대부조합형우각형파수부호의 출현과 의미-경산 신대리유적을 중심으로 -」, 『嶺南考古學』 61, 嶺南考古學會.

이원태, 2013, 「경북지역 전기 와질토기의 변천과 지역성」, 『한국고고학보』 86, 한국고고학회.

이원태, 2014, 「영남지방 전기 와질토기의 지역성 및 생산과 분배-파수부장동옹·양뉴부호·소옹을 중 심으로-」, 『嶺南考古學』 70, 嶺南考古學會.

이원태, 2015, 「영남지방에서 격자문 전기 와질토기의 등장과 전개」, 『嶺南考古學』 74, 嶺南考古學會.

이원태, 2018, 「영남지방 목곽묘 출토 신선로형토기의 출현과 성격」, 『嶺南考古學』 81, 嶺南考古學會.

李恩碩, 1998, 「新羅 皇南大塚에 관한 研究」, 東亞大學校 大學院 碩士學位論文.

李殷昌, 1970, 「伽倻地域土器의 研究-洛東江 流域 出土 土器樣相을 中心으로-」, 『新羅伽倻文化研究』 2, 嶺南大學校 新羅伽倻文化研究所.

李殷昌, 1978, 「慶州仁旺洞古墳發掘調査」, 『金元龍 編 韓國考古學年報 5-一九七七年度-』, 서울大學校博物館.

李殷昌·姜裕信, 1992, 「慶州 龍江洞 古墳의 研究-용강동 고분의 발굴조사를 중심으로-」, 『古文化』 40·41, 한국대학박물관협회.

이인숙, 1974, 「古新羅期 裝身具에 대한 一考察」, 『歷史學報』 62, 歷史學會.

李在賢, 1995, 「弁·辰韓社會의 발전과정-木槨墓의 출현배경과 관련하여-」, 『嶺南考古學』 17, 嶺南考古學會.

李在賢, 2000, 「加耶地域 出土 銅鏡과 交易體系」, 『韓國古代史論叢』 9, 韓國古代社會研究所.

이재현, 2004, 「古代 東南海岸의 墓制樣相-木棺墓에서 木槨墓까지-」, 『고대의 동남해안 국가형성』, 〈제 8회 복천박물관 학술세미나〉, 복천박물관.

이재홍, 2007, 「경주지역 적석목곽분의 출현과정에 대한 일고찰」, 『嶺南考古學』 43, 嶺南考古學會.

이주헌, 2009, 「경주지역 목관·목곽묘의 전개와 사로국」, 『문화재』 42-3, 국립문화재연구소.

이주헌, 2014, 「황남대총 남분 출토 동전의 성격과 역연대」, 『신라문화』 43, 동국대학교 신라문화연구소.

이주헌, 2015, 「경주 황남대총 북분 주인공 성격 재고」, 『신라문화』 45, 동국대학교 신라문화연구소.

이청규, 2005, 「사로국 형성에 대한 고고학적 검토」, 『國邑에서 都城으로-新羅王京을 중심으로』, 〈新羅文化祭學術論文集〉 26, 경주시 외.

이청규·김대환, 2000, 「경주지역 분묘조사와 연구」, 『인류학연구』 10, 영남대학교 문화인류학과.

李淸圭·朴姿姸, 2000, 「斯盧國 형성 전후의 慶州」, 『古文化』 55, 韓國大學博物館協會.

이태호, 2019, 「고구려의 고분인가? 신라의 고분인가?-영주 순흥 지역 벽화 고분-」, 『남한의 고분벽화』, 국립문화재연구소.

이한상, 1995, 「5~6세기 신라의 변경지배방식-장신구 분석을 중심으로-」, 『한국사론』 33, 서울大學校 國史學科.

이한상, 2000, 「4세기 전후 신라의 지방통제방식-분묘자료의 분석을 중심으로-」, 『역사와 현실』 24, 한국역사연구회.

李漢祥, 2017, 「燕岐 羅城里4號墓 帶金具의 龍文 復元과 豫察」, 『考古學探求』 20, 考古學探究會.

李賢珠, 2006, 「꺽쇠의 사용례로 본 4세기대 영남지역 목곽묘의 구조복원」, 『石軒鄭澄元敎授停年退任記念論叢』, 釜山考古學研究會論叢刊行委員會.

李賢惠, 2008, 「고고학자료로 본 斯盧國 六村」, 『韓國古代史研究』 52, 한국고대사학회.

이후석, 2015, 「요령식 세형동검문화와 고조선의 변천」, 숭실대학교 대학원 박사학위논문〉.

李熙濬, 1987, 「慶州 皇南洞 第109號墳의 構造 再檢討」, 『三佛金元龍敎授停年紀念論叢』, 一志社.

이희준, 1990, 「解放前의 新羅·伽耶古墳 發掘方式에 대한 研究」, 『韓國考古學報』 24, 韓國考古學會.

이희준, 1995, 「경주 皇南大塚의 연대」, 『嶺南考古學』 17, 嶺南考古學會.

李熙濬, 1996a, 「낙동강 以東 지방 4, 5세기 고분 자료의 定型性과 그 해석」, 『4·5세기 한일고고학』, 〈영남고고학회·구주고고학회 제2회 합동고고학대회〉, 영남고고학회·구주고고학회.

李熙濬, 1996b, 「신라의 성립과 성장과정에 대한 고찰」, 『신라고고학의 제문제』, 〈제20회 한국고고학 전국대회〉, 韓國考古學會.

李熙濬, 1996c, 「경주 月城路 가-13호 積石木槨墓의 연대와 의의」, 『碩晤尹容鎭敎授停年退任紀念論叢』, 刊行委員會.

이희준, 1997a, 「토기에 의한 新羅 고분의 分期와 編年」, 『韓國考古學報』 36, 韓國考古學會.

李熙濬, 1997b, 「新羅考古學 方法論 序說」, 『韓國考古學報』 37, 韓國考古學會.

李熙濬, 1997c, 「新羅 高塚의 특성과 의의」, 『嶺南考古學』 20, 嶺南考古學會.

李熙濬, 2000a, 「삼한 소국 형성 과정에 대한 고고학적 접근의 틀-취락 분포 정형을 중심으로」, 『韓國考古學報』 43, 韓國考古學會.

李熙濬, 2000b, 「대구지역 古代 政治體의 형성과 변천」, 『嶺南考古學』 26, 嶺南考古學會.

李熙濬, 2002a, 「초기 진·변한에 대한 고고학적 논의」, 『진·변한사연구』, 경상북도·계명대학교 한국 학연구원.

李熙濬, 2002b, 「4~5세기 신라 고분 피장자의 服飾品과 着裝定型」, 『韓國考古學報』 47, 韓國考古學會.

李熙濬, 2006, 「太王陵의 墓主는 누구인가」, 『한국고고학보』 59, 한국고고학회.

李熙濬, 2010, 「皇南大塚 南墳 奈勿王陵說의 提起 背景과 槪要 그리고 意義」, 『황금의 나라 신라의 왕릉 황남대총』, 국립중앙박물관.

이희준, 2011a, 「한반도 남부 청동기~원삼국시대 수장의 권력 기반과 그 변천」, 『嶺南考古學』 58, 嶺南 考古學會.

이희준, 2011b, 「경주 황성동유적으로 본 서기전 1세기~서기 3세기 사로국」, 『新羅文化』 38, 東國大學校 新羅文化研究所.

이희준, 2012, 「연구 주제 다변화의 모색: 2010~11년 역사고고학 연구의 동향」, 『歷史學報』 215, 歷史學會.

이희준, 2016, 「영남지방 3~5세기 목곽 구조 복원안들의 종합토론」, 『야외고고학』 25, 한국매장문화재협회.

任世權, 1985, 「(統一新羅) 古墳」, 『韓國史論』 15, 國史編纂委員會.

장기명, 2014, 「경주지역 원삼국시대 분묘의 철기 부장유형과 위계」, 『한국고고학보』 92, 한국고고학회.

장기명, 2017a, 「금호강~형산강 유역 원삼국~삼국시대 철기의 屍臺 부장양상과 수장묘의 매장의례」, 『한국상고사학보』 95, 한국상고사학회.

장기명, 2017b, 「낙동강 중~하류 유역 3~5세기 철기 屍臺 분묘의 분포와 지역적 상호작용」, 『한국상고사학보』 97, 한국상고사학회.

全德在, 2003, 「尼師今時期 新羅의 成長과 6部」, 『新羅文化』 21, 東國大學校新羅文化研究所.

전덕재, 2007, 「경주 사라리고분군 축조 집단의 정치적 성격과 그 변천」, 『韓國上古史學報』 56, 韓國上古史學會.

田立坤, 2012, 「古鐙新考」, 『三國時代 國家의 成長과 物質文化 I』, 〈한국학중앙연구원 학술회의 문집〉, 韓國學中央研究院共同研究팀.

정민, 2008, 「영남지역 목관묘의 구조와 특징-경산 신대리유적을 중심으로-」, 『영남지역의 목관묘』, 〈(재)영남문화재연구원 제21회 조사연구회 발표자료집〉, 嶺南文化財研究院.

井上主稅, 2006, 「嶺南地方 출토 倭系遺物로 본 한일교섭」, 慶北大學校 大學院 博士學位論文.

鄭永和, 1991, 「林堂古墳의 一考察」, 『人類學研究』 6, 嶺南大學校 文化人類學研究會.

정인성, 2008, 「'瓦質土器' 樂浪影響說의 檢討」, 『嶺南考古學』 47, 嶺南考古學會.

정인성, 2012, 「瓦質土器의 出現과 歷年代 再論」, 『原三國·三國時代 歷年代論』, 學研文化社.

정주희, 2009, 「咸安樣式 古式陶質土器의 分布定型과 意味」, 『한국고고학보』 73, 한국고고학회.

조수현, 2008, 「早日里式石槨墓의 築造背景 研究-蔚山·慶州地域을 中心으로-」, 『한국상고사학보』 61, 한국상고사학회.

曹永鉉, 2002, 「皇南大塚과 天馬塚의 區劃築造에 대하여」, 『영남고고학』 31, 嶺南考古學會.

朱甫暾, 1996, 「麻立干時代 新羅의 地方統治」, 『嶺南考古學』 19, 嶺南考古學會.

朱甫暾, 2003, 「斯盧國을 둘러싼 몇 가지 問題」, 『新羅文化』 21, 東國大學校 新羅文化研究所.

秦弘燮, 1960, 「慶州 皇吾里 古墳 發掘 調査 略報告」, 『美術資料』 2, 國立博物館.

車順喆, 1999, 「同穴主副槨式 木槨墓 研究-洛東江東岸地域을 中心으로-」, 慶星大學校大學院 碩士學位論文.

차순철, 2006, 「해방이후 현재까지의 경주 신라고분 발굴조사」, 『신라고분 발굴조사 100년』, 〈국립경주문화재연구소 학술 심포지엄〉, 국립경주문화재연구소.

崔秉鉉, 1980, 「古新羅 積石木槨墳 研究(上)-墓型과 그 性格을 中心으로-」, 『韓國史研究』 31, 韓國史研究會.

崔秉鉉, 1981a, 「古新羅 積石木槨墳 研究(下)-墓型과 그 性格을 中心으로-」, 『韓國史研究』 32, 韓國史研究會.

崔秉鉉, 1981b, 「古新羅 積石木槨墳의 變遷과 編年」, 『韓國考古學報』 10·11, 韓國考古學研究會.

崔秉鉉, 1981c, 「慶州 皇南洞 劍塚(第100號墳)이 示唆하는 몇가지 問題」, 『考古美術』 152, 韓國美術史學

會.

崔秉鉉, 1983, 「古新羅 鐙子考」, 『崇實史學』 1, 崇田大學校 史學會.

崔秉鉉, 1984, 「皇龍寺址出土古新羅土器」, 『尹武炳博士回甲紀念論叢』, 刊行委員會.

崔秉鉉, 1987a, 「新羅 土壙墓·積石木槨墳」, 『韓國史論』 17, 國史編纂委員會.

崔秉鉉, 1987b, 「新羅後期樣式土器의 成立 試論」, 『三佛金元龍敎授停年退任紀念論叢』, 一志社.

崔秉鉉, 1988, 「新羅 石室古墳의 研究−慶州의 橫穴式石室墳을 中心으로−」, 『崇實史學』 5, 崇實史學會.

崔秉鉉, 1990, 「新羅 積石木槨墳의 起源」, 『李載襲博士還曆紀念韓國史學論叢』, 刊行委員會.

崔秉鉉, 1991, 「新羅의 成長과 新羅 古墳文化의 展開」, 『韓國古代史研究』 4, 韓國古代史研究會.

최병현, 1992b, 「新羅·伽耶의 考古學−研究史的 檢討−」, 『國史館論叢』, 國史編纂委員會.

崔秉鉉, 1992c, 「新羅土器」, 『韓國美術史의 現況』, 藝耕.

崔秉鉉, 1992d, 「신라와 가야의 墓制」, 『韓國古代史論叢』 3, 韓國古代社會研究所.

崔秉鉉, 1993, 「新羅古墳 編年의 諸問題−慶州·月城路·福泉洞·大成洞古墳의 상대편년을 중심으로−」, 『韓國考古學報』 30, 韓國考古學會.

崔秉鉉, 1997, 「서울 江南地域 石室墳의 性格−新羅 地方石室墳 研究(1)−」, 『崇實史學』 10, 崇實史學會.

崔秉鉉, 1998, 「新羅 積石木槨墳의 起源 再論」, 『崇實史學』 12, 崇實史學會.

崔秉鉉, 2000a, 「嶺南地方 考古學資料의 編年−4세기대를 중심으로−」, 『韓國古代史論叢』 10, 韓國古代社會研究所.

崔秉鉉, 2000b, 「皇南大塚의 構造와 積石木槨墳의 起源·變遷」, 『皇南大塚의 諸照明』, 〈第1回 國立慶州文化財研究所 國際學術大會〉, 國立慶州文化財研究所.

崔秉鉉, 2000c, 「新羅土器의 對外交涉」, 『新羅美術의 對外交涉』, 예경.

崔秉鉉, 2001, 「新羅 初期石室墳의 樣相−新羅의 地方石室墳 研究(2)」, 『韓國考古學報』 44, 韓國考古學會.

崔秉鉉, 2002, 「周溝墓·墳丘墓 管見−崔完奎교수의 〈전북지방의 주구묘〉토론에 붙여」, 『東아시아의 周溝墓』, 〈호남고고학회 창립10주년기념 국제학술대회〉, 호남고고학회.

최병현, 2007, 「한국 삼국시대 분묘의 高塚化 과정에 대하여」, 『崇實史學』 20, 崇實史學會.

최병현, 2009, 「중원의 신라고분」, 『중원의 고분』, 국립중원문화재연구소.

최병현, 2011a, 「신라후기양식토기의 편년」, 『嶺南考古學』 59, 嶺南考古學會.

최병현, 2011b, 「한국 고분문화의 양상과 전개」, 『동아시아의 고분문화』, 중앙문화재연구원.

최병현, 2011c, 「중부지방 고분문화의 전개」, 『중부지방 고고학의 시·공간적 정체성(II)』, 〈2011년 중부고고학회 정기학술대회〉, 중부고고학회.

최병현, 2012a, 「신라 조기양식토기의 설정과 편년」, 『嶺南考古學』 63, 嶺南考古學會.

최병현, 2012b, 「경주지역 신라 횡혈식석실분의 계층성과 고분 구조의 변천」, 『한국고고학보』 83, 한국고고학회.

최병현, 2013a, 「신라 전기양식토기의 성립」, 『고고학』 12-1, 중부고고학회.

최병현, 2013b, 「신라왕릉의 묘제와 내부구조의 변천」, 『신라왕릉 III 학술연구보고서』, 경주시·한국전통문화대학교.

최병현, 2014a, 「초기 등자의 발전」, 『中央考古研究』 14, 中央文化財研究院.

최병현, 2014b, 「경주 월성북고분군의 형성과정과 신라 마립간시기 왕릉의 배치」, 『한국고고학보』 90,

한국고고학회.

최병현, 2014c, 「5세기 신라 전기양식토기의 편년과 신라토기 전개의 정치적 함의」, 『고고학』 13-3, 중부고고학회.

최병현, 2014d, 「신라 적석목곽분과 마립간시기 왕릉연구의 현황」, 『2014년 국립중앙박물관 학술심포지엄 : 금관총과 이사지왕』, 국립중앙박물관.

최병현, 2014e, 「신라·가야·백제 고고학자료의 교차편년」, 『쟁점, 중부지역 원삼국시대~한성백제 물질문화 편년』, 〈제11회 매산기념강좌〉, 숭실대학교 한국기독교박물관.

최병현, 2015a, 「신라 조기 경주지역 목곽묘의 전개와 사로국 내부의 통합과정」, 『한국고고학보』 95, 한국고고학회.

최병현, 2015b, 「중부지방 백제 한성기 축조·신라 재사용 석실분과 고구려·신라 연속조영 고분군」, 『고고학』 14-2, 중부고고학회.

최병현, 2016a, 「신라 전기 적석목곽분의 출현과 경주 월성북고분군의 묘제 전개」, 『문화재』 49-3, 국립문화재연구소.

최병현, 2016b, 「신라 적석목곽분의 축조기법과 전개」, 『崇實史學』 37, 崇實史學會.

최병현, 2016c, 「신라 적석목곽분 기원 연구의 방향」, 『中央考古研究』 21, 中央文化財研究院.

최병현, 2016d, 「경주 월성과 신라 왕성체제의 변천」, 『한국고고학보』 98, 한국고고학회.

최병현, 2017b, 「신라 전기 경주 월성북고분군의 계층성과 복식군」, 『한국고고학보』 104, 한국고고학회.

최병현, 2017c, 「경주지역 신라고분 조사·연구의 현황과 방향」, 『쪽샘지구 신라고분유적 발굴조사 10주년 기념 학술대회 자료집−신라고분 조사 현황과 전망−』, 국립경주문화재연구소.

최병현, 2017d, 「신라 전기 적석목곽분의 묘형과 집단복합묘군의 성격」, 『문화재』 50-4, 국립문화재연구소.

최병현, 2018a, 「진·변한에서 신라·가야로의 전환에 대한 고고학적 연구」, 『學術院論文集』 57-1, 大韓民國學術院.

최병현, 2018b, 「원삼국시기 경주지역의 목관묘·목곽묘 전개와 사로국」, 『中央考古研究』 27, 中央文化財研究院.

최병현·김장석·성정용, 2017a, 「고고학」, 『학문연구의 동향과 쟁점』 6, 대한민국학술원.

최수형, 2010, 「충전석목곽묘의 구조변화와 성격 검토」, 『중앙고고연구』 7, 중앙문화재연구원.

崔淑卿, 1987, 「考古學 成立 以前의 遺蹟遺物觀」, 『三佛金元龍教授停年退任紀念論叢』, 刊行委員會.

崔完圭, 1997, 「全北地方 古墳의 墳丘」, 『湖南考古學報』 5, 湖南考古學會.

崔完圭, 2000, 「湖南地方의 馬韓墳墓 類型과 展開」, 『湖南考古學報』 11 湖南考古學會.

최정범, 2017, 「중국 당식 대장식구의 등장과 전개」, 『中央考古研究』 22, 中央文化財研究院.

崔正凡 2017, 「釜山 福泉洞 65號墳 靑瓷 碗의 再檢討」, 『야외고고학』 29, 한국매장문화재협회.

崔正凡, 2018a, 「한반도 唐式 帶裝飾具의 전개와 의미」, 『한국고고학보』 106, 한국고고학회.

崔正凡, 2018b, 「所謂 皇龍寺型 帶裝飾具의 再檢討」, 『영남고고학』 82, 영남고고학회.

崔鍾圭, 1982, 「陶質土器 成立前夜와 展開」, 『韓國考古學報』 12, 韓國考古學研究會.

崔鍾圭, 1983a, 「中期古墳의 性格에 대한 약간의 考察」, 『釜大史學』 7, 釜山大學校史學會.

崔鍾圭, 1989,「慶州 皇南洞 205番地 出土品 紹介」,『考古學誌』1, 韓國考古美術研究所.

崔鍾圭, 1991,「무덤에서 본 三韓社會의 構造 및 特徵」,『韓國古代史論叢』2, 韓國古代社會研究所.

崔鍾圭, 1994,「陶質土器의 起源」,『考古學誌』6, 韓國考古美術研究所.

崔鍾圭, 2011,「積石塚의 封, 槨, 殉」,『考古學探究』9, 考古學探究會.

崔鍾圭, 2012,「福泉洞古墳群의 禮制」,『考古學探究』11, 考古學探究會.

崔鍾澤, 2011,「南韓地域 高句麗古墳의 構造特徵과 歷史的 意味」,『한국고고학보』81, 한국고고학회.

하대룡, 2016,「고총단계 신라 고분의 부장 정형과 그 함의-착장 위세품과 무구, 마구를 중심으로-」,
　　『한국고고학보』101, 한국고고학회.

河大龍, 2019,「신라 고분의 구성 정형 연구-적석목곽묘 피장자의 성격 복원을 중심으로-」, 서울大學
　　校 大學院 박사학위논문.

하대룡, 2020,「신라 고분의 착장 이식에 따른 부장양상 차별화와 그 의미」,『한국고고학보』114, 한국
　　고고학회.

하승철, 2007,「스에키 출현과정을 통해 본 가야」,『4~6세기 가야·신라 고분출토의 외래계 문물』,〈第
　　16回 嶺南考古學會 學術發表會〉, 嶺南考古學會.

韓炳三, 1987,「慶州 竹東里出土 靑銅器 一括遺物」,『三佛金元龍教授停年退任紀念論叢 Ⅰ 考古學篇』, 刊行委
　　員會.

韓修英, 2015,「全北地域 初期鐵器時代 墳墓 研究」, 全北大學校 大學院 博士學位論文.

咸舜燮, 2010,「皇南大塚」을 둘러싼 論爭, 또 하나의 可能性」,『황금의 나라 신라의 왕릉 황남대총』, 국
　　립중앙박물관.

洪潽植, 1993,「嶺南地域 橫口式·橫穴式石室墓의 型式分類와 編年」,『嶺南考古學』12, 嶺南考古學會.

洪潽植, 2000,「新羅後期樣式土器와 統一樣式土器의 研究」,『伽耶考古學論叢』3, 伽耶文化研究所.

홍보식, 2005,「통일신라 연결고리유개호의 발생과 전개」,『韓國上古史學報』50, 韓國上古史學會.

洪潽植, 2012,「신라·가야토기·須惠器의 편년-교차편년과 역연대-」,『原三國·三國時代 曆年代論』, 세
　　종문화재연구원 학술총서 3, 학연문화사.

황인호, 2009,「신라 王京의 計劃都市化 과정 연구」,『新羅史學報』17, 新羅史學會.

황인호, 2010,「新羅 王京 整備의 基準線과 尺度」,『韓日文化財論集』Ⅱ, 국립문화재연구소.

황인호, 2015,「新羅王京 중심부의 도시화 과정 및 坊里 구조 고찰」,『韓國上古史學報』90, 韓國上古史學
　　會.

황인호, 2016,「6~8세기 新羅 都城의 都市計劃과 陵墓域의 변천 연구」,『한국고고학보』101, 한국고고
　　학회.

중문

高桂云·張先得, 1984,「記北京市順義縣東漢窖藏貨幣-詩談"剪輪"五銖"綖環"五銖-」,『中國錢幣』1984-2,
　　中國錢幣博物館·中國錢幣學會.

董高, 1995,「公元3至6世紀慕容鮮卑,高句麗,朝鮮,日本馬具之比較研究」,『文物』1995-2, 文物出版社.

黎瑤渤, 1973,「遼寧北票縣西官營子北燕馮素弗墓」,『文物』1973-3, 文物出版社.

于臨祥, 1958,「營城子貝墓」,『考古學報』1958-4, 中國科學院.

于俊玉, 1997, 「朝陽三合成出土的三燕文物」, 『文物』 1997-11, 文物出版社.

田立坤, 1991, 「三燕文化遺存的初步探究」, 『遼海文物學刊』 1991-1, 遼寧省博物館·遼寧省文物考古研究所.

田立坤, 2002, 「袁台子壁畵墓的再認識」, 『文物』 2002-9, 文物出版社.

鄒寶庫 外, 2007, 「遼寧遼陽市徐往子戰國墓」, 『考古』 2017-8, 遼寧省博物館.

일문

諫早直人, 2008, 「古代東北アジアにおける馬具の製作年代−三燕·高句麗·新羅−」, 『史林』 91-4, 京都大學文學部史學研究會.

高田貫太, 2013, 「古墳出土龍文透彫製品の分流と編年」, 『國立歷史民俗博物館研究報告』 178, 國立歷史民俗博物館.

谷井濟一, 1910a, 「韓國慶州西岳の一古墳に就いて(口繪の說明)」, 『考古界』 第八篇第拾貳號, 日本考古學會; 2011, 「한국 경주 서악의 한 고분에 대하여(권두화보의 설명)」, 『신라고분 정밀측량 및 분포조사 연구보고서』, 국립경주문화재연구소(번역 수록).

谷井濟一, 1910b, 「慶州の陵墓」, 『朝鮮藝術之研究』, 度支部建築所; 2011, 『韓紅葉·朝鮮藝術之研究·朝鮮藝術之研究續編·朝鮮古蹟調査略報告』 〈復刻版 韓國倂合史研究資料 92〉, 龍溪書舍.

谷井濟一, 1915, 「新羅の墳墓(考古學會記事 本會十一月例會)」, 『考古學雜誌』 第6券 第4號; 2011, 「日帝强占期 調査關聯 記錄 資料 2」, 『慶州 普門洞合葬墳−舊 慶州 普門洞夫婦塚』, 國立慶州博物館(번역 수록).

光谷拓實·次山淳, 1999, 「平城宮下層古墳時代の遺物と年輪年代」, 『國立奈良文化財研究所年報』 1999-I, 國立奈良文化財研究所.

光谷拓實, 2006, 「IV-1-8 宇治市街遺跡」, 『歷史學の編年研究における年輪年代法の應用−中期計劃(2001年~2005年)事業調査報告書』, 奈良文化財研究所埋藏文化財センター 古環境研究室.

廣瀨和雄, 2009, 「日本古墳時代の年代觀と日韓交涉史」, 『日韓における古墳·三國時代の年代觀(III)』, 〈第3回 國際學術會議〉, 日本國人間文化研究機構國立歷史民俗博物館·大韓民國國立釜山大學校博物館.

橋口達也, 1983, 「北部九州における陶質土器と初期須惠器−近年の成果を中心として−」, 『古寺墳墓群 II』, 甘木市敎育委員會.

宮川禎一, 1988, 「文樣からみた新羅印花文陶器の變遷」, 『高井悌三郎喜壽記念論集』, 高井悌三郎喜壽記念事業會.

宮川禎一, 1989, 「新羅連結把手附骨壺の變遷」, 『古文化談叢』 20, 九州古文化研究會.

今西龍, 1908a, 「慶州に於ける新羅の墳墓及び其遺物に就て」, 『東京人類學會雜誌』 269, 東京人類學會.

今西龍, 1908b, 「新羅舊都慶州附近の古墳」, 『歷史地理』 11-1, 日本歷史地理研究會.

今西龍, 1911, 「新羅舊都慶州の地勢及び其遺蹟遺物」, 『東洋學報』 1-1, 東洋協會調査部.

桃崎祐輔, 2006, 「馬具からみた古墳時代實年代論」, 『日韓古墳時代の年代觀』, 〈歷博國際研究集會發表文〉, 國立歷史民俗博物館·韓國國立釜山大學校博物館.

都出比呂志, 1982, 「前期古墳の新古と年代論」, 『考古學雜誌』 67-4, 日本考古學會.

東 潮, 1988, 「高句麗文物に關する編年學的一考察」, 『橿原考古學研究論集』 10, 吉川弘文館.

東 潮, 1993, 「朝鮮三國時代における橫穴式石室墳の出現と展開」, 『國立歷史民俗博物館研究報告』 47, 國立歷史民俗博物館.

藤井和夫, 1979, 「慶州古新羅古墳編年試案−出土新羅土器を中心として−」, 『神奈川考古』 6, 神奈川考古同人會.

馬目順一, 1980, 「慶州飾履塚古新羅墓の研究」, 『古代探叢』, 〈瀧口宏先生古稀記念考古學論叢〉.

毛利光俊彦, 1983, 「新羅積石木槨墳考」, 『文化財論叢』, 〈奈良國立文化財研究所創立30周年記念論文集〉, 奈良國立文化財研究所.

毛利光俊彦, 1986, 「新羅積石木槨墳の構造の變遷について」, 『朝鮮學報』 122, 朝鮮學會.

武末純一, 2012, 「原三國時代年代論の諸問題−北部九州の資料を中心に−」, 『原三國・三國時代 歷年代論』, 학연문화사.

朴天秀, 2010, 「新羅・加耶古墳の歷年代」, 『韓式系土器研究』 XI, 韓式系土器研究會.

白石太一郎, 1979, 「近畿における古墳の年代」, 『考古學ジャーナル』 164-8, ニューサイエンス社.

白石太一郎, 1985, 「年代決定論(二)」, 『岩波講座 日本考古學 1−研究の方法』, 岩波書店.

白井克也, 2003, 「馬具と短甲による日韓較差編年−日韓古墳編年の竝行關係と曆年代−」, 『土曜考古』 27, 土曜考古學研究會.

三辻利一・虎間英喜, 1994, 「久米田古墳群出土の初期須惠器・3」, 『韓式系土器研究』 V, 韓式系土器研究會.

緒方 泉, 1985, 「高句麗古墳に關する一試案−中國集安縣における發掘調査を中心として−」, 『古代文化』 37-1・3, 財團法人 古代學協會.

小野山節, 1966, 「日本發見の初期馬具」, 『考古學雜誌』 52-1, 日本考古學會.

小田富士雄, 1979, 「集安高句麗積石墓出土遺物と百濟・新羅の遺物」, 『古文化談叢』 6, 九州古文化研究會.

小泉顯夫, 1927, 「慶州瑞鳳塚の發掘」, 『史學雜誌』 38-1, 史學會.

小泉顯夫, 1986, 「瑞鳳塚の發掘」, 『朝鮮古代遺跡の遍歷−發掘調査三十年の回想』, 六興出版.

植野浩三, 1996, 「堂山古墳群と久未田古墳群出土須惠器の檢討」, 『文化財學報』 14, 奈良文化財研究所.

申敬澈, 1991, 「韓國の瓦質土器」, 『日韓交涉の考古學−彌生時代篇』, 六興出版.

申敬澈, 1993, 「加耶成立前後の諸問題−最近の發掘成果から−」, 『伽耶と古代東アジア』, 新人物往來社.

申敬澈, 2009, 「韓國考古學資料からみた日本古墳時代年代論」の問題點」, 『日韓における古墳・三國時代の年代觀(III)』, 〈第3回 國際學術會議〉, 日本國人間文化研究機構國立歷史民俗博物館・大韓民國國立釜山大學校博物館.

申敬澈, 2019, 「大庭寺初期須惠器の吟味」, 『古墳と國家形成期の諸問題』, 白石太一郎先生傘壽記念論文集編輯委員會.

鈴木一有, 2013, 「清州新鳳洞古墳群の鐵器にみる被葬者集團」, 『신봉동고분군을 새롭게 보다』, 충북대학교박물관.

鈴木一有, 2014, 「七觀古墳出土遺物からみた鋲留技法導入期の實相」, 『七觀古墳の研究−1947年・1952年出土遺物の再檢討−』, 京都大學大學院文學研究科.

有光敎一, 1936, 「十二支生肖の石彫を繞らした新羅の墳墓」, 『青丘學叢』 25, 青丘學會; 1999, 『有光敎一著作集 3−朝鮮の古墳−』 3, 同朋舍, 수록.

有光敎一, 1955, 「慶州邑南古墳群について」, 『朝鮮學報』 8, 朝鮮學會; 1999, 『有光敎一著作集 3−朝鮮の古墳−』 3, 同朋舍, 수록.

柳本照男, 2014, 「交差資料からみる韓日古墳の編年と年代觀」, 〈第24回 古墳文化研究會 前期發表會資料〉,

古墳文化硏究會.

柳本照男, 2016, 「交差資料からみる韓日古墳の編年と年代觀」, 『海と山と里の考古學－山崎純男博士古稀記念論集－』, 山崎純男博士古稀記念論集編輯委員會.

伊藤秋男, 1972, 「耳飾の型式學的硏究に基づく韓國古新羅時代古墳の編年に關する一試案」, 『朝鮮學報』64, 朝鮮學會.

伊藤秋男, 1976, 「韓國慶尙北道善山古墳群(1)－慶州における横穴式石室の發生とその特質について(豫察)－」, 『人類學硏究紀要』5, 南山大學人類學硏究所.

李恩碩, 2003, 「新羅王京の都市計劃」, 『東アジアの古代都城』, 〈創立50周年記念 硏究論集 XIV〉, 奈良國立文化財硏究所.

李熙濬, 2001, 「新羅の墳墓」, 『東アジアと日本の考古學』, 同成社.

田中淸美, 2006, 「初期須惠器の開始年代－年輪年代から導き出された初期須惠器の實年代」, 『韓式系土器硏究』IX, 韓式系土器硏究會.

田中淸美, 2007, 「年輪年代法からみた初期須惠器の年代觀」, 『한일 삼국·고분시대의 연대관(II) 日韓古墳·三國時代の年代觀(II)』, 〈제2회 국제학술회의〉, 韓國·國立釜山大學校博物館, 日本國·國立歷史民俗博物館.

齊藤忠, 1937, 「新羅の瓢形墳」, 『考古學雜誌』27-5, 日本考古學協會.

早乙女雅博, 2007, 「裝身具からみた日韓の曆年代」, 『한일 삼국·고분시대의 연대관(II) 日韓古墳·三國時代の年代觀(II)』, 〈제2회 국제학술회의〉, 韓國·國立釜山大學校博物館, 日本國·國立歷史民俗博物館.

中山淸隆·大谷 猛, 1983, 「高句麗·地境洞古墳とその遺物－馬具類を中心として－」, 『古文化談叢』12, 九州古墳文化硏究會.

崔鍾圭, 1983b, 「瓦質土器の檢討と意義」, 『古代を考える』34, 古代を考える會.

崔鍾圭, 1983c, 「慶州市朝陽洞遺蹟發掘調查槪要とその成果」, 『古代文化』35-8, 財團法人古代學協會.

韓炳三, 1979, 「統一新羅の土器」, 『世界陶磁全集』17, 小學館.

穴澤咊光·馬目順一, 1973, 「北燕·馮素弗墓の提起する問題－日本·朝鮮考古學との關聯性－」, 『考古學ジャーナル』85, ニューサイエンス社.

穴澤咊光·馬目順一, 1984, 「安陽孝民屯晉墓の提起する問題(I)(II)－現存最古の鐙子を含む馬具をめぐって－」, 『考古學ジャーナル』227·228, ニューサイエンス社.

穴澤咊光, 1988, 「五胡十六國の考古學(上)」, 『古代學評論』創刊號, 古代を考える會.

穴澤咊光, 2006, 「慶州路西洞「ディヴィッド」塚の發掘－「梅原考古資料」による硏究」, 『伊藤秋男先生古稀記念論文集』, 刊行委員會.

虎間英喜, 1993, 「久米田古墳群出土の初期須惠器」, 『韓式系土器硏究』IV, 韓式系土器硏究會.

和田晴吾, 2009, 「古墳時代 年代決定法」, 『日韓における古墳·三國時代の年代觀(III)』, 〈第3回 國際學術會議〉, 日本國人間文化硏究機構國立歷史民俗博物館·大韓民國國立釜山大學校博物館.

보고서 및 도록

강유신, 2010a, 『경주 근화여중고 신축부지내 慶州 龍江洞 古墳群 I(第1區間)』, 대구가톨릭대학교박물관.

강유신, 2010b, 『경주 근화여중고 신축부지내 慶州 龍江洞 古墳群 II(第2區間)』, 대구가톨릭대학교박물관.

金元龍, 1969, 「皇吾里第一號墳」, 『慶州皇吾里第一·三三號墳皇南里第一五一號古墳發掘調查報告』〈文化財管理局古蹟調查報告 第二冊〉, 文化公報部.

金元龍·崔夢龍·郭乘勳, 1975, 「慶州校洞 廢古墳發掘調查報告」, 『慶州地區 古墳發掘調查報告 第一冊』, 文化財管理局 慶州史蹟管理事務所.

金載元, 1948, 『壺衧塚과 銀鈴塚』, 〈國立博物館古蹟調查報告 第一冊〉, 乙酉文化社.

金載元·金元龍, 1955, 『慶州路西里 雙床塚·馬塚·一三八號墳』, 〈國立博物館古蹟調查報告 第二冊〉, 乙酉文化社.

金廷鶴·鄭澄元, 1975, 「味鄒王陵地區 第5區域 古墳發掘調查報告」, 『慶州地區 古墳發掘調查報告 第一冊』, 文化財管理局 慶州史蹟管理事務所.

金廷鶴·鄭澄元·林孝澤, 1980, 「味鄒王陵地區 第七地區 古墳發掘調查報告」, 『慶州地區 古墳發掘調查報告 第二冊』, 文化財管理局 慶州史蹟管理事務所.

金宅圭·李殷昌, 1975, 『慶州皇南洞古墳發掘調查概報』, 嶺南大學校博物館.

朴日薰, 1963, 「慶州三陵石室古墳 −傳神德王陵」, 『美術資料』 8, 國立博物館.

朴日薰, 1964, 「皇南里破壞古墳發掘調查報告」, 『皇吾里 四·五號 古墳 皇南里 破壞古墳 發掘調查報告』, 〈國立博物館古蹟調查報告 第五冊〉, 乙酉文化社.

朴日薰, 1969, 「皇南里第一五一號墳」, 『慶州皇吾里第一·三三號皇南里第一五一號古墳發掘調查報告』, 〈文化財管理局古蹟調查報告 第二冊〉, 文化公報部.

尹武炳·朴日薰, 1968, 「慶州 西岳里 石室墳 發掘調查」, 『考古學』 1, 韓國考古學會.

尹世英, 1975, 「味鄒王陵地區 第9區域(A號破壞古墳)發掘調查報告」, 『慶州地區古墳發掘報告書 第一輯』, 文化財管理局 慶州史蹟管理事務所.

尹容鎭, 1975, 「味鄒王陵地區 第1,2,3區域 古墳群 및 皇吾洞 387番地 廢古墳發掘調查報告」, 『慶州地區 古墳發掘報告書 第一輯』, 文化財管理局 慶州史蹟管理事務所.

李康承·李熙濬, 1993, 『慶州 隍城洞 石室墳』.

이건무·김흥주, 1985, 「경주황성동유적발굴조사보고」, 『국립박물관고적조사보고』 제17책.

李殷昌, 1975, 「味鄒王陵地區 第10區域 皇南洞 第110號墳 發掘調查 報告」, 『慶州地區古墳發掘報告書 第一輯』, 文化財管理局 慶州史蹟管理事務所.

鄭在鑌, 1975, 「慶州 皇南洞 味鄒王陵內 舊道路面內 廢古墳 發掘調查」, 『金元龍 編 韓國考古學年報 2−一九七四年度−』, 서울大學校 人文大學 考古學科.

秦弘燮, 1969, 「皇吾里第三十三號墳」, 『慶州皇吾里第一·三三號墳皇南里第一五一號古墳發掘調查報告』, 〈文化財管理局古蹟調查報告 第二冊〉, 文化公報部.

洪思俊・金正基, 1964,「皇吾里四・五號古墳發掘調査報告」,『皇吾里 四・五號 古墳 皇南里 破壞古墳 發掘調査報告』,〈國立博物館古蹟調査報告 第五冊〉, 乙酉文化社.

京都大學大學院文學研究科, 2014,『七觀古墳の研究－1947年・1952年出土遺物の再檢討－』.

藤田亮策・梅原末治・小泉顯夫, 1925,「慶州郡外東面入室里の遺蹟と發見の遺物」,『大正十一年度古蹟調査報告 第二冊 南朝鮮に於ける漢代の遺蹟』, 朝鮮總督府.

梅原末治, 1932,『慶州金鈴塚飾履塚發掘調査報告－大正十三年度古蹟調査報告 第一冊』, 朝鮮總督府.

有光敎一, 1935a,『昭和六年度古蹟調査報告 第一冊－慶州皇南里第八十二號墳第八十三號墳調査報告－』, 朝鮮總督府.

有光敎一, 1935b,『古蹟調査槪報告－慶州古墳 昭和八年度』, 朝鮮總督府.

有光敎一, 1937,『昭和七年度古蹟調査報告 第二冊－慶州忠孝里石室古墳調査報告－』, 朝鮮總督府.

有光敎一・藤井和夫, 2000,『朝鮮古蹟研究會遺稿 I－慶州皇吾里第16號墳・慶州路西里215番地古墳發掘調査報告書1932－1933－』, 유네스코東아시아연구센터・財團法人 東洋文庫.

齋藤忠, 1937a,『昭和九年度古蹟調査報告 第一冊－慶州皇南里第百九號墳皇吾里第十四號墳調査報告－』, 朝鮮總督府.

齋藤忠, 1937b,「慶州に於ける古墳の調査」,『昭和十一年度古蹟調査報告』, 朝鮮古蹟研究會.

朝鮮古蹟研究會, 1937,「慶州忠孝里盜掘古墳の調査」,『昭和十一年度古蹟調査報告』.

朝鮮總督府, 1916,『朝鮮古蹟圖譜 三』.

朝鮮總督府, 1922,『大正七年度古蹟調査報告 第一冊』.

朝鮮總督府, 1924,『古蹟調査特別報告 第三冊－慶州 金冠塚と其遺寶』本文上冊, 圖版上冊.

朝鮮總督府, 1927,『古蹟調査特別報告 第三冊－慶州 金冠塚と其遺寶』圖版下冊.

朝鮮總督府, 1927,『古蹟調査特別報告 第四冊－樂浪郡時代の遺蹟』.

朝鮮總督府, 1931,『慶尙北道達城郡達西面古蹟調査報告－大正十二年度古蹟調査報告 第一冊』.

朝鮮總督府, 1933,『昭和七年度古蹟調査報告 第一冊－永和九年在銘塼出土古墳調査報告』.

朝鮮總督府, 1937,『昭和九年度古蹟調査報告 第一冊－慶州皇南里第百九號墳皇吾里第十四號墳調査報告』.

江陵原州大學校博物館, 2011,『江陵 草堂洞 古墳群』.

강원문화재연구소, 2019,『정선 아우라지 유적 II』.

慶北大學校博物館・慶南大學校博物館, 1991,『慶州新院里古墳群發掘調査報告書』.

慶尙大學校博物館, 1997,『陜川玉田古墳群 VI－23・28號墳－』.

慶尙北道文化財硏究院, 2003,『浦項玉城里古墳群發掘調査報告書』.

慶尙北道文化財硏究院, 2005,『慶州 奉吉里古墳群』.

경상북도문화재연구원, 2006,『安康－靑令間 道路擴・鋪裝工事區間內 慶州 甲山里遺蹟』.

경상북도문화재연구원, 2010,『포항 대련리 유적』.

경상북도문화재연구원, 2015,『경주 황성동 590번지 유적 I~V』.

慶星大學校博物館, 2000,『金海大成洞古墳群 I』.

慶星大學校博物館, 2000,『金海大成洞古墳群 II』.

慶星大學校博物館, 2000,『金海龜旨路墳墓群 I』.

慶星大學校博物館, 2003,『金海大成洞古墳群 III』.

慶星大學校博物館, 2010, 『金海大成洞古墳群 IV』.

慶州大學校博物館, 2003, 『慶州 隍城洞 古墳群 III』.

慶州文化財研究所, 1993, 『文化遺蹟發掘調査報告(緊急發掘調査報告書 II)』.

慶州文化財研究所, 1995a, 『憲康王陵補修收拾調査報告書』.

慶州文化財研究所, 1995b, 『乾川休憩所新築敷地 發掘調査報告書』.

경주시·신라문화유산연구원, 2018, 『경주 대릉원 일원 고분 자료집성 및 분포조사 종합보고서 제1권 -조사연구 및 활용-』.

경주시·한국전통문화대학교, 2013a, 『신라왕릉 I·II·III』.

경주시·한국전통문화대학교, 2013b, 『경주신라왕릉』.

慶熙大學校博物館, 1974, 『慶州仁旺洞(19, 20號)古墳發掘報告』.

계림문화재연구원, 2013a, 『경주 신당리 산7번지 내 1호 석실분』.

계림문화재연구원, 2013b, 『경주 동천동 산 13-2번지 유적-숭삼마을 진입로 확·포장공사구간-』.

고려대학교 매장문화재연구소, 1997, 『寬倉里周溝墓』.

고려대학교박물관, 2005, 『고대 한국의 Grobal Pride 고구려』.

고려대학교박물관·서울문화유산연구원, 2012, 『可樂洞二號墳』.

國立慶州文化財研究所, 1995, 『慶州 皇南洞 106-3番地 古墳群 發掘調査報告書』.

國立慶州文化財研究所, 1996, 『慶州芳內里古墳群(出土遺物)』.

國立慶州文化財研究所, 1997, 『慶州芳內里古墳群(本文)』.

國立慶州文化財研究所, 1998, 「慶州 芳內·棗田里 古墳群」, 『文化遺蹟發掘調査報告(緊急發掘調査報告書 III)』.

국립경주문화재연구소, 1998, 「경주 황성동 634-1번지 유적」, 『문화유적발굴조사보고서(긴급발굴조사보고서 III).

國立慶州文化財研究所, 2002, 『慶州 仁旺洞 古墳群』.

國立慶州文化財研究所, 2003, 『慶州月山里遺蹟』.

國立慶州文化財研究所, 2004, 『慶州蓀谷洞·勿川里遺蹟-慶州競馬場豫定敷地A地區』.

國立慶州文化財研究所, 2005, 『慶州隍城洞石室墳 906-5番地』.

國立慶州文化財研究所, 2007, 『新羅古墳 基礎學術調査研究 III-文獻·考古資料』.

國立慶州文化財研究所, 2008, 「부록 경주 금척리 고분군 발굴 관련문서」, 『新羅古墳 環境調査 分析報告書 IVI-情密測量調査』.

國立慶州文化財研究所, 2011, 『慶州獐山古墳群 分布 및 測量調査報告書』上·下.

國立慶州文化財研究所, 2011, 『慶州 쪽샘遺蹟 發掘調査報告書 I-A地區-』.

國立慶州文化財研究所, 2012, 『慶州 쪽샘地區 新羅古墳 II-C地區 發掘調査 報告書-』.

國立慶州文化財研究所, 2013, 『慶州 쪽샘地區 新羅古墳 III-B1號 發掘調査 報告書-』.

國立慶州文化財研究所, 2014, 『慶州 쪽샘地區 新羅古墳遺蹟 IV-A·C~F地區 分布調査 報告書-』.

國立慶州文化財研究所, 2015, 『慶州 쪽샘地區 新羅古墳遺蹟 V-G地區 分布調査 報告書-』.

國立慶州文化財研究所, 2016, 『慶州 쪽샘地區 新羅古墳遺蹟 VI-B지구 시·발굴조사 보고서』.

國立慶州文化財研究所, 2016, 『慶州 쪽샘地區 新羅古墳遺蹟 VII-B지구 연접분 발굴조사 보고서-』.

國立慶州文化財研究所, 2017,『慶州 쪽샘地區 新羅古墳遺蹟 VIII-H·L지구 분포조사 보고서』.

國立慶州文化財研究所, 2018,『慶州 쪽샘地區 新羅古墳遺蹟 IX-C10호 목곽묘·C16호 적석목곽묘-』.

국립경주문화재연구소, 2019,『慶州 쪽샘地區 新羅古墳遺蹟 XI』.

國立慶州博物館, 1987,『菊隱 李養璿 蒐集文化財』.

국립경주박물관, 1988,『국립경주박물관 KYONGJU NATIONAL MUSEUM』.

國立慶州博物館, 1990,『慶州市月城路古墳群』.

國立慶州博物館, 1993,『慶州 隍城洞 石室墳』.

國立慶州博物館, 1995,「慶州 東川洞 收拾調査報告」『국립경주박물관연보-1994년도』.

국립경주박물관, 1995,『냉수리고분』.

국립경주박물관, 1996,『신라인의 무덤』.

國立慶州博物館, 1998,『慶州竹東里古墳群』.

國立慶州博物館, 1999,『盈德 槐市里 16號墳』.

國立慶州博物館, 2000,『慶州 朝陽洞 遺蹟 I』.

國立慶州博物館, 2000,『慶州 隍城洞 遺蹟 I~V』.

國立慶州博物館, 2002,『慶州 隍城洞 古墳群 II-513·545番地-』.

國立慶州博物館, 2003,『慶州 朝陽洞 遺蹟 II』.

國立慶州博物館, 2003,『慶州 仁旺洞 遺蹟-협성주유소 부지-』.

國立慶州博物館, 2006,『慶州 九政洞 古墳』.

國立慶州博物館, 2010,『慶州 鷄林路 14號墓』.

國立慶州博物館, 2011,『慶州 普門洞合葬墳-舊 慶州 普門里夫婦塚-』.

國立慶州博物館, 2012,『慶州 鷄林路 新羅墓 I』.

國立慶州博物館, 2014,『慶州 鷄林路 新羅墓 II』.

국립경주문화재연구소·국립경주박물관, 2018,『신라新羅 왕궁王宮 월성月城』,〈공동기획특별전〉도록.

國立慶州博物館·慶州市, 1997,『慶州遺蹟地圖 1: 10,000』.

國立慶州博物館·國立慶州文化財研究所, 1999,『慶州 千軍洞 避幕遺蹟』.

國立光州博物館, 1988,『羅州潘南古墳群』.

國立文化財研究所, 2001,『全國文化遺蹟發掘調査年表-增補版 II-』.

국립문화재연구소, 2016,『1909년「朝鮮古蹟調査」의 기억-『韓紅葉』과 谷井濟一의 조사기록』,〈일제강
　　점기 조선고적조사 연구 자료 I〉.

國立中央博物館, 2000,『慶州 路東里 四號墳』.

국립중앙박물관, 2014,『慶州 瑞鳳塚 I(遺物篇)』.

국립중앙박물관, 2016,『慶州 金冠塚(遺構篇)』.

국립중앙박물관, 2020,『慶州 瑞鳳塚II(재발굴 보고)』.

國立淸州博物館, 2002,『淸州龍潭洞古墳群發掘調査報告書』.

금오문화재연구원, 2018,「경주 율동 산2-19번지유적」,『2016년도 소규모 발굴조사 보고서 XIII-경북
　　4-』, 韓國文化財財團.

금오문화재연구원, 2019,『경주 탑동 제2공영주차장 조성부지내 慶州 塔洞 21番地 遺蹟』.

금오문화재연구원, 2020,『慶州 東川洞 343-4番地遺蹟』.

大東文化財研究院, 2012,『高靈 池山洞 第73~75號墳』.

대성동고분박물관, 2011,『金海 大成洞古墳群』.

東國大學校慶州캠퍼스博物館, 1996,『錫杖洞遺蹟』.

東國大學校慶州캠퍼스博物館, 2002,『慶州 隍城洞 古墳群』.

東國大學校慶州캠퍼스博物館, 2002,『慶州 蓀谷洞·勿川里(II)-墳墓群--競馬場 豫定敷地(史蹟 130號) B地區-』.

東國大學校慶州캠퍼스博物館, 2004,『錫杖洞遺蹟 IV』.

東國大學校慶州캠퍼스博物館, 2008,『慶州 皇吾洞100遺蹟 I』.

東亞大學校博物館, 1992,『昌寧校洞古墳群』.

東義大學校博物館, 2000,『金海良洞里古墳文化』.

文化公報部, 1969,『慶州皇吾里第一·三三號皇吾里一五一號古墳發掘調査報告』.

文化公報部 文化財管理局, 1974,『天馬塚』.

文化財管理局 慶州史蹟管理事務所, 1975,『慶州地區 古墳發掘報告書』第一輯.

文化財管理局 慶州史蹟管理事務所, 1980,『慶州地區 古墳發掘報告書』第二輯.

文化財管理局 文化財研究所, 1985,『皇南大塚 北墳發掘調査報告書』.

文化財管理局 文化財研究所, 1986,『順興邑內里壁畵古墳』.

文化財管理局 文化財研究所, 1994,『皇南大塚 南墳發掘調査報告書』.

文化財研究所, 1981,『安溪里古墳群』.

文化財研究所 慶州古蹟發掘調査團, 1990,『慶州龍江洞古墳發掘調査報告書』.

문화재청·국립경주문화재연구소, 2010,『경주 쪽샘유적』,〈국립경주문화재연구소 발굴조사 성과〉.

백제문화연구원, 2013,『서산 예천동 유적』.

복천박물관, 2009,『복천동고분문화 토기편』.

福泉博物館, 2010,『東萊 福泉洞古墳群-第5次發掘調査 38號墳-』.

釜山廣域市立博物館 福泉分館, 1997,『東萊 福泉洞 93·97號墳』.

釜山大學校博物館, 1983,『東萊福泉洞古墳群 I』.

釜山大學校博物館, 1989,『東萊福泉洞古墳群 第2次 調査槪報』.

釜山大學校博物館, 1990,『東萊福泉洞古墳群 II』.

釜山大學校博物館, 1996,『東萊福泉洞古墳群 III』.

釜山大學校博物館, 1997,『蔚山下垈遺蹟-古墳 I』.

釜山大學校博物館, 2012,『동래복천동고분군 IV-35·36호분-』.

釜山大學校博物館, 2013,『東萊福泉洞古墳群 V-19·20, 25·26, 31·32號墳-』.

사회과학원출판사, 1966,『중국 동북지방의 유적발굴 보고』.

사회과학원 고고학연구소, 1983,『고고학자료집』제6집, 과학, 백과사전출판사.

사회과학원 고고학연구소, 2009a,『락랑일대의 무덤(나무관 및 나무곽무덤)』, 조선고고학전서 24-중세편 1-, 진인진.

사회과학원 고고학연구소, 2009b,『락랑일대의 무덤(귀틀무덤)』, 조선고고학전서 25-중세편 2-, 진인진.

사회과학원 고고학연구소, 2009c,『락랑일대의 무덤(벽돌무덤)』, 조선고고학전서 26-중세편 3-, 진
인진.

서라벌문화재연구원, 2018,「경주 율동 산2-18번지 유적」,『2016년도 소규모 발굴조사 보고서 XII-경
북 3-』, 韓國文化財財團.

서라벌문화재연구원, 2019,「경주 탑동 56-8·14번지 유적」,『2017년도 소규모 발굴조사 보고서 VI-
38~43-』, 한국문화재재단.

서울대학교박물관, 2015,『석촌동고분군 III』.

聖林文化財研究院, 2007,『慶州 花谷里 新羅墳墓群』.

聖林文化財研究院, 2012a,『慶州 牟梁里遺蹟』.

聖林文化財研究院, 2012b,『慶州 汶山里 靑銅器時代 遺蹟-III·IV구역-』.

聖林文化財研究院, 2012,『浦項 玉城里 古墳群』.

聖林文化財研究院, 2013a,『慶州 堤內里 新羅墓群』.

聖林文化財研究院, 2013b,『慶州 下邱里 初期鐵器時代 甕棺墓遺蹟』.

聖林文化財研究院, 2015,『경주 부지리유적』.

聖林文化財研究院, 2016,『慶州 錫杖洞 新羅墓群』.

新羅大學校博物館, 2004,『山淸 中村里 古墳群』.

신라문화유산연구원, 2008,『慶州 龍江洞 古墳群-慶州 龍江洞 229·225·224番地 遺蹟-』.

신라문화유산연구원, 2009,『慶州 汶山里遺蹟 I』.

신라문화유산연구원, 2010a,『경주 천북 동산리 401번지 일원 아파트건립부지내 慶州 東山里遺蹟 II-
1-삼국시대-』.

신라문화유산연구원, 2010b,『경주 천북 동산리 401번지 일원 아파트건립부지내 慶州 東山里遺蹟 II-
2-삼국시대-』.

신라문화유산연구원, 2010c,『경주 천북 동산리 401번지 일원 아파트건립부지내 慶州 東山里遺蹟 II-
3-삼국시대-』.

신라문화유산연구원, 2010d,『慶州 士方里 古墳群』.

新羅文化遺産研究院, 2010e,『慶州의 文化遺蹟 VII-慶州 見谷面 下邱里 畜舍新築敷地內 遺蹟-』.

新羅文化遺産研究院, 2010f,『慶州의 文化遺蹟 X-慶州 竹東里 560·561番地 遺蹟--慶州 竹東里 285-9番
地 遺蹟-』.

신라문화유산연구원, 2010g,『慶州奉吉里遺蹟-방사성폐기물 처리시설 건설부지내 유적-』.

신라문화유산연구원, 2011a,『慶州 北吐里 古墳群』.

신라문화유산연구원, 2011b,『慶州 文化遺蹟 XIII-경주 방내리 174-2번지 단독주택 건립부지내 유적-』.

신라문화유산연구원, 2013,『경주 하구리유적-울산~포항 복선전철 제6공구 경주 하구리 구역 내-』.

신라문화유산연구원, 2014,『경주 황성동 590번지 유적 I-원삼국시대 목관묘·옹관묘-』.

신라문화유산연구원, 2015,『경주 황성동 590번지 유적 II-원·삼국시대 목곽묘·옹관묘·575번지 분
묘-』.

신라문화유산연구원, 2016a,『경주 황성동 590번지 유적 III-삼국시대 적석목곽묘-』.

신라문화유산연구원, 2016b,『경주 교동 94-3 일원 유적』.

신라문화유산연구원, 2017a,『경주황성동 590번지 유적 IV-삼국시대 석곽묘-』.

신라문화유산연구원, 2017b,『경주황성동 590번지 유적 V-삼국~통일신라시대 석실묘·기타유구』.

신라문화유산연구원, 2017c,「경주 황남동 95-6번지 유적」,『2015년도 소규모 발굴조사보고서 XIX-경북 7-』, 한국문화재재단.

신라문화유산연구원, 2018,『경주 대릉원 일원 고분 자료집성 및 분포조사 종합보고서 제5권-황남동 150호분 발굴조사 중간보고서--부록-』.

嶺南大學校博物館, 1998,『慶山 林堂地域 古墳群 III-造永 1B地域-』.

嶺南大學校博物館, 1999,『慶山 林堂地域 古墳群 IV-造永 CⅩ·CII號墳』.

嶺南大學校博物館, 2006,『慶山 新上里 遺蹟 I~V』.

嶺南大學校博物館, 2015,『慶山 林堂地域 古墳群 XII-造永 EII-1號墳』.

嶺南文化財研究院, 1998,『浦項 玉城里古墳群 I-나지구-』.

嶺南文化財研究院, 1998,『浦項玉城里古墳群 II-나지구-』.

嶺南文化財研究院, 1999,『慶州 舍羅里遺蹟 I-積石木槨墓·石槨墓-』.

嶺南文化財研究院, 2000,『大邱 八達洞遺蹟 I』.

嶺南文化財研究院, 2001,『慶州 舍羅里遺蹟 II-木棺墓·住居址-』.

嶺南文化財研究院, 2001,『慶山林堂洞遺蹟 II-G地區 5·6號墳-』.

嶺南文化財研究院, 2002,『慶州 九於里古墳群 I-積石木槨墓·石室墳-』.

嶺南文化財研究院, 2005,『慶州 舍羅里 525番地 遺蹟』.

嶺南文化財研究院, 2007,『慶州 舍羅里遺蹟 III-木槨墓·甕棺墓-』.

嶺南文化財研究院, 2008,『慶州 德泉里遺蹟 II-木棺墓-』.

嶺南文化財研究院, 2009a,『慶州 德泉里遺蹟 III-木槨墓-』.

嶺南文化財研究院, 2009b,『慶州 德泉里遺蹟 IV-목곽묘·甕棺墓 外-』.

嶺南文化財研究院, 2009c,『慶州 芳內里 古墳群』.

嶺南文化財研究院, 2010,『慶州 隍城洞 575番地 古墳群』.

嶺南文化財研究院, 2011,『慶州 九於里古墳群 II-木槨墓-』.

嶺南文化財研究院, 2012,『慶州 花山里 山251-1遺蹟』.

예맥문화재연구원, 2011,『江陵 雁峴洞遺蹟』.

蔚山大學校博物館, 2000,『경주봉길고분군 I』.

蔚山文化財研究院, 2008,『蔚山中山洞547-1遺蹟』.

蔚山文化財研究院, 2011a,『蔚山中山洞542遺蹟』.

蔚山文化財研究院, 2011b,『蔚山中山洞古墳群』.

蔚山發展研究院 文化財센터, 2003,『蔚山 茶雲洞 마 區域 遺蹟』.

蔚山發展研究院 文化財센터, 2005,『蔚山 茶雲洞 바 區域 遺蹟』.

의성조문국박물관·성림문화재연구원, 2015,『의성금성산고분군』.

梨花女子大學校博物館, 1984,『榮州順興壁畵古墳發掘調査報告』.

蠶室地區遺蹟發掘調査團, 1976,『蠶室地區遺蹟發掘調査報告-1976年度(第3次)-』.

〈조선유적유물도감〉편찬위원회, 1990, 『조선유적유물도감』 4.

中央文化財硏究院, 2004, 『慶州 仁洞里遺蹟』.

中央文化財硏究院, 2005, 『慶州 德泉里古墳群』.

中央文化財硏究院, 2007, 『忠州 龍山洞·大谷里·長城里遺蹟』.

中央文化財硏究院, 2011, 『牙山 屯浦里遺蹟』.

中央文化財硏究院, 2012, 『慶州 石溪里古墳群·淵安里遺蹟』.

昌原大學校博物館, 2006a, 『蔚山中山里遺蹟 I-현대자동차 근로자주택 부지내 유적-』.

昌原大學校博物館, 2006b, 『蔚山中山里遺蹟 II-중산리 택지조성지역내 유적 외-』.

昌原大學校博物館, 2006c, 『蔚山中山里遺蹟 III-가스관 매설지역내 유적-』.

昌原大學校博物館, 2006d, 『蔚山中山里遺蹟 IV-농협상가 신축부지내 유적-』.

昌原大學校博物館, 2006e, 『蔚山茶雲洞遺蹟 II』.

昌原大學校博物館, 2007, 『蔚山中山里遺蹟 V-(IV지구)-』.

昌原大學校博物館, 2012, 『蔚山中山里遺蹟 VI-(V지구)-』.

昌原大學校博物館, 2014, 『蔚山中山里遺蹟 VII-(VIII지구)-』.

忠淸南道歷史文化硏究院, 2008, 『瑞山 富長里遺蹟』.

화랑문화재연구원, 2019, 「경주 율동 산2-6번지 유적」, 『2017년도 소규모 발굴조사 보고서 IX-56~61-』, 한국문화재재단.

한강문화재연구원, 2013, 『김포 운양동 유적 I』.

한강문화재연구원, 2019, 『청주 용암동·운동동유적 ①②③』.

한겨레문화재연구원, 2014, 『昌寧 東里 遺蹟 I』.

韓國文化財保護財團, 1999, 『慶州 競馬場 豫定敷地 C-I地區 發掘調査 報告書』.

韓國文化財保護財團, 2000, 『慶州 栗洞 1108番地 古墳群 發掘調査 報告書』.

韓國文化財保護財團, 2000, 『淸州 龍岩遺蹟(I)(II)』.

韓國文化財保護財團, 2001, 『慶州 隍城洞 537-2 賃貸아파트 新築敷地 發掘調査 報告書』.

韓國文化財保護財團, 2002, 『慶州 隍城洞 遺蹟-537-1·10, 537-4, 535-8, 544-1·6番地 發掘調査 報告書-』.

韓國文化財保護財團, 2003, 『慶州 隍城洞 遺蹟 I-강변로 개설구간 발굴조사 보고서-』.

韓國文化財保護財團, 2005, 『慶州 隍城洞 遺蹟 II~IV-江邊路 3-A工區 開設區間內 發掘調査 報告書-』.

韓國文化財保護財團, 2007, 『蔚山 下三亭遺蹟·芳里 甕器窯址』.

韓國文化財保護財團, 2009, 『蔚山 下三亭古墳群 I』.

韓國文化財保護財團, 2010, 『蔚山 下三亭古墳群 II』.

韓國文化財保護財團, 2011~2014, 『蔚山 下三亭古墳群 III~IX』.

韓國文化財保護財團, 2011, 「경주 탑동 726-1번지 유적」, 『2010년도 소규모 발굴조사 보고서 IV-경북 2-』.

韓國文化財保護財團, 2013a, 「경주 동천동 354번지 유적」, 『2011년도 소규모 발굴조사 보고서 VII-경북 2-』.

韓國文化財保護財團, 2013b, 「포항 마산리 149-4번지 유적」, 『2011년도 소규모 발굴조사 보고서 IX-경북 4-』.

한국문화재재단, 2017a, 『2015년도 소규모 발굴조사 보고서 XIX-경북 7-』.

한국문화재재단, 2017b, 『2015년도 소규모 발굴조사 보고서 XVIII-경북 6-』.

한국문화재재단, 2017c, 『2015년도 소규모 발굴조사 보고서 XVI-경북 4-』.

한국문화재재단, 2017d, 『2015년도 소규모 발굴조사 보고서 XX-경북 8-』.

한국문화재재단, 2018a, 『2016년도 소규모 발굴조사 보고서 XIV-경북 5-』.

한국문화재재단, 2018b, 〈소규모 국비지원 발굴조사 약식보고서-경주 탑동 6-1번지 단독주택 신축부지 내 문화유적-〉.

한국문화재재단, 2018b, 〈소규모 국비지원 발굴조사 약식보고서 경주 탑동 6-6번지 단독주택 신축부지 내 문화유적-〉.

한국문화재재단, 2018c, 「경주 용강동 239-2번지 유적」, 『2016년도 소규모 발굴조사 보고서 XII-경북 3-』.

한국문화재재단, 2018d, 「경주 효현동 82번지 유적」, 『2016년도 소규모 발굴조사 보고서 XIII-경북 4-』.

한국문화재재단, 2019a, 『2017년도 소규모 발굴조사 보고서 VII』.

한국문화재재단, 2019b, 『2017년도 소규모 발굴조사 보고서 XV』.

한국문화재재단, 2019c, 「경주 율동 산3-14번지 유적」, 『2017년도 소규모 발굴조사 보고서 I-1~8-』.

한국문화재재단, 2019d, 〈소규모 국비지원 발굴조사 약식보고서-경주 율동 산3-23번지 단독주택 신축부지 내 문화유적-〉.

한국문화재재단, 2020, 「경주 율동 산3-19번지 유적」, 『2018년도 소규모 발굴조사 보고서』.

한빛문화재연구원, 2012, 『달성 쌍계리 유적 I·II·III』.

한빛문화재연구원, 2016, 〈고속국도 제1호선 언양~영천 확장공사(제4공구)부지 내 유적 발굴조사 결과서(방내리고분군)〉.

한빛문화재연구원, 2018, 『고속국도 제1호선 언양~영천 확장공사(제4공구)부지 내 경주 조전리~율동 유적 I-방내리고분군』.

한성백제박물관, 2017, 『백제 초기 고분의 기원, 고구려·부여 고분자료집』, 〈한성백제박물관 학술자료총서〉.

한울문화재연구원, 2015, 『경주 소현리유적 I』.

吉林省文物考古研究所·集安市博物館, 2004, 『集安高句麗王陵-1990~2003年集安高句麗王陵調查報告-』, 文物出版社.

南京市立博物館, 1972, 「南京象山5號, 6號, 7號墓淸理簡報」, 『文物』 1972-11, 文物出版社.

遼寧省文物考古研究所, 2002, 『三燕文物精粹』, 遼寧人民出版社.

遼寧省文物考古研究所, 2013, 『姜屯漢墓』, 文物出版社.

遼寧省文物考古研究所·朝陽市博物館, 1997a, 「朝陽十二台鄕磚廠88M1發掘簡報」, 『文物』 1997-11, 文物出版社.

遼寧省文物考古研究所·朝陽市博物館, 1997b, 「朝陽王子墳山墓群 1987, 1990年度考古發掘的主要收穫」, 『文物』 1997-11, 文物出版社.

遼寧省文物考古研究所·朝陽市博物館·北票市文物管理所, 2004,「遼寧市北票喇嘛洞墓地1988年度發掘簡報」,『考古學報』2004-2, 中國社會科學院考古研究所.

遼寧省博物館文物隊 外, 1984,「朝陽袁台子東晉壁畫墓」,『文物』1984-6, 文物出版社.

中國社會科學院考古研究所安養工作隊, 1983,「安養孝民屯晉墓發掘報告」,『考古』1983-6, 社會科學院考古研究所.

集安縣文物保管所, 1979,「集安縣兩座高句麗積石墓的淸理」,『考古』1979-1, 社會科學院考古研究所.

湖南省博物館, 1959,「長沙兩晉南朝隋墓發掘報告」,『考古學報』1959-3.

豊中市教育委員會, 1987,『攝津豊中 大塚古墳』.

찾아보기

분기	고분번호	관곽형식	묘광크기	묘광장폭비	관곽크기	관곽장폭비	거울	마·호형대구	청동팔찌	청동반지	동포	유문동기	목걸이(구슬)	동탁	표비	동·철환	초구부동검
2b	황성(강)3	IB1a	253X108X73	2.31:1	183X60X35	3.05:1											
2c	황성(강)2	IB1a	274X123X81	2.23:1	208X50X45	4.16:1							o				
2c	황성(강)4	IB1a	260X108X42	2.41:1	207X53X30	3.91:1											
3b	황성(영)6	IB1a	274X111X85	2.47:1	216X61X45	3.54:1							o				
3a	황성(영)7	IB1a	295X159X124	1.86:1	185X65X56	2.85:1											
3b	황성(신)13	IB1a	294X160X96	1.84:1	193X64X30	3.02:1											
3b	황성(영)12	IB1a	212X90X38	2.36:1	181X56X16	3.23:1											
3a	황성(영)2	IB1a	264X122X53	2.16:1	176X58X32	3.03:1											
3b	황성(신)12	IC	312X159X98	1.96:1	226X55X31	4.11:1											
4b	황성(동)68	IIA1	(350)X210X82		(250)X100X?												
4a	황성(신)14	IB1a	316X168X87	1.88:1	232X61X28	3.80:1									1		1
4b	황성(영)5	IB1a	287X127X79	2.26:1	216X54X53	4.00:1							o				
4b	황성(영)59	IIA0	379X245X107	1.55:1	260X84X79	3.10:1							o				
4a	황성(신)23	IC	368X177X62	2.08:1	271X70X25	3.87:1											
4b	황성(영)13	IC	394X204X95	1.93:1	245X70X?	3.50:1											
4b	황성(영)10	IB2a	290X155X85	1.87:1	234X76X32	3.08:1							o				
4b	황성(신)6	IB1a	300X117X42	2.56:1	230X61X32	3.77:1											
4b	황성(동)63	IB1a	227X134X40	1.69:1	170X60X30	2.83:1											
4b	황성(신)3	IB2a	252X133X55	1.89:1	171X72X25	2.38:1											
4b	황성(동)34	IB1a	290X128X58	2.27:1	213X60X35	3.55:1							o				
4b	황성(신)26	IB2a	284X123X49	2.31:1	226X78X32	2.90:1											
4b	황성(신)1	IB1a	268X128X74	2.09:1	187X56X35	3.34:1											
4b	황성(신)25	IB2a	306X136X76	2.25:1	242X81X40	2.99:1											
4b	황성(신)19	IB1a	247X134X59	1.84:1	187X57X36	3.28:1											
4b	황성(강)1	IB2a	242X130X19	1.86:1	201X71X?	2.83:1											
4a	황성(영)14	IB1a	252X133X61	1.89:1	187X55X34	3.40:1							o				
4b	황성(영)8	IB1a	229X86X40	2.66:1	200X69X20	2.90:1							o				
4b	황성(신)4	IB1a	262X109X81	2.40:1	200X59X24	3.89:1											
4b	황성(박)67	IB2a	308X162X63	1.90:1	251X111X?	2.26:1											
4a	황성(동)31	IIA1	364X180X125	2.02:1	260X98X76	2.65:1											
4a	황성(신)29	IB1a	270X139X26	1.94:1	200X72X26	2.78:1											
4a	황성(영)9	IB1a	280X133X88	2.11:1	205X58X40	3.53:1							o				
4b	황성(영)3	IB2a	295X145X78	2.03:1	205X75X56	2.73:1											
4b	황성(영)16	IB1a	248X113X61	2.19:1	190X54X38	3.52:1							o				
4a	황성(신)7	IB1a	230X121X98	1.90:1	165X58X49	2.84:1											
4a	황성(영)1	IB1a	268X117X57	2.27:1	240X57X32	4.21:1							o				
4a	황성(신)27	IB1a	290X126X50	2.30:1	203X54X26	3.76:1											

초구부철검	철검	철모	판상철부	철도	철소도·도자	철촉	끌	조각도	주조철부	단조철부	낫	금속기합계	장경호	타날문단경호	주머니호	단경소호	심발	기타토기	토기합계	비고
1	1	1				5	1	1	2	3		15			1				1	
	1		10			7				1	1	21			1				1	골제장식 6, 청동장식 1
										1	1	2		1	1				2	
1		2				19	1			2	1	26			1		1		2	
	1	1								1	1	4	1	1	2			1	5	
		1						1		1	1	4	1	1	1			1	4	
						4						5							0	불명철기1
											1	1	1	1	1				3	
																1	1		2	
2	1	11				18				3	1	36				1	2		3	파괴고분
	1	2				12		1		1	1	20			1		1		2	
	1	3				7				1	1	13			1		1		2	
1	1	1				15		1	2	2	1	24				1	1	1	3	
	2	1				7				1	1	12				2	1		3	
	1	2				7				1	1	11				1	1	1	3	
	1	1				6			2	1	1	12	1						1	
	1	1				2			1	1	1	7	1						1	
	1	1				2			1	1	1	7							0	
	1	1				6			1	2	1	12	2	1				2	5	
	1	1				6				1	1	10							0	
	1	1				8				1	1	12						1	1	
	1	1				3				1	1	7	1		1				2	
	1	1				1				1	1	5							o	
	1	1				6					1	9							o	
	1	1									1	3			1				1	
	1	1				2						4							o	
		1				5				1		7					1		1	
		1				4					1	6							o	
										2	1	3				1	1		2	
										1	1	2					1	1	2	
										1	1	2				1	1		2	
										1	1	2	1					1	2	
						2						2							o	
										1		1				1			1	
											1	1						1	1	
										1		1		1	1	1			3	
																1	1	2	4	

분기	고분번호	관곽형식	묘광크기	묘광장폭비	관곽크기	관곽장폭비	거울	마·호형대구	청동팔찌	청동반지	동포	유문동기	목걸이(구슬)	동탁	표비	동·철환	초구부동검
4b	황성(영)11	IB1a	334X156X91	2.14:1	185X65X49	2.86:1							o				
4b	황성(신)15	IB2a	274X140X24	1.96:1	201X85X24	2.36:1											
4a	황성(신)16	IC	247X125X70	1.98:1	170X50X39	3.40:1											
4b	황성(신)21	IB2a	308X124X36	2.48:1	243X71X24	3.42:1											
4b	황성(신)28	IB1a	162X68X10	2.38:1	135X45X10	3.00:1											
편년미상	황성(신)5	IB1a	259X120X85	2.16:1	182X50X30	3.64:1											
	황성(신)10	IB1a	218X106X57	2.06:1	165X47X27	3.51:1											
	황성(신)2	IB1a	263X132X70	1.99:1	195X50X40	3.90:1											
	황성(신)46	IB1a	273X130X63	2.11:1	211X64X30	3.30:1											
	황성(신)15	IC	337X166X104	2.03:1	252X65X21	3.88:1			2				o				
	황성(신)11	IC	286X114X79	2.51:1	164X38X40	4.32:1		1		3							
	황성(영)13	IB2a	257X100X23	2.57:1	124X75X23	1.65:1							o				
	황성(영)4	IB1a	308X160X86	1.93:1	142X50X50	2.84:1							o				
	황성(신)9	IB1a	229X102X58	2.25:1	152X50X33	3.04:1							o				
2b	탑동 3	IB1a	224X95X40	2.36:1	200X50X30	4.00:1	1										
2c	탑동 2	IAb	270X95X100	2.84:1	220X50X30	4.40:1	1										
4a	탑동 1	IB2b	296X144X53	2.06:1	230X90X?	2.56:1	2	1	4		8		0		1		2
1	조양 5	IAa	205X75-80X145	2.56:1	150X35X?	4.29:1	1								2		
2b	조양 38	IAb	258X128X150	2.02:1	190X65X40	2.92:1	4						o			1	
2a	조양 28	IB1a	276X130X155	2.12:1	202X49X55	4.12:1											
2b	조양 11	IAa	242X121X169	2.00:1	205X50X45	4.10:1											
2a	조양 52	IB1a	260X94X117	2.77:1	200X45X?	4.44:1											
2a	조양 58	IB1a	226X96X130	2.35:1													
4b	조양 60	IB2a	409X170X115	2.41:1	285X80X50	3.56:1	1						o		2	2	
4a	조양 62	IB2a	300X117X23	2.56:1	230X74X?	3.11:1											
4b	조양 45	IB1a	271X107X63	2.53:1	232X57X20	4.07:1							o				
4b	조양 55	IB1a	290X142X116	2.04:1	210X60X?	3.50:1							o				
4b	조양 31	IB1a	295X115X101	2.57:1	182X50-55X50	3.31:1							o				
4b	조양 23	IB1a	265X118X102	2.25:1	198X51X42	3.88:1							o				
4a	조양 36	IB1b	251X122X115	2.06:1	191X47X45	4.06:1											
4b	조양 35	IB1a	270X116-122X90	2.21:1	180X47-57X45-50	3.16:1											
4b	조양 30																
4b	조양 33																
편년미상	조양 22	IAa	245X105X80	2.33:1	194X35-52X30-40	3.73:1							o				
	조양 48	IB1a	172X79X?	2.78:1	121X45X?	2.69:1							o				
	조양 49	IB1a	182X94X53	1.94:1									o				
	조양 54	IB1a	175X79X41	2.22:1	130X50X?	2.60:1											

초구부철검	철검	철모	판상철부	철도	철소도·도자	철촉	끌	조각도	주조철부	단조철부	낫	금속기합계	장경호	타날문단경호	주머니호	단경소호	심발	기타토기	토기합계	비고
													1			1			2	
													1				1		2	
																1	1		2	
																1	1		2	
																	1		1	
	1	1								1	1	4							o	
		2									1	3							o	
										1	1	2							o	
										1	1	2							o	
												2							o	
												4							o	
												o							o	
												o							o	
												o							o	

초구부철검	철검	철모	판상철부	철도	철소도·도자	철촉	끌	조각도	주조철부	단조철부	낫	금속기합계	장경호	타날문단경호	주머니호	단경소호	심발	기타토기	토기합계	비고
								3				4		1					1	
1	1	1	2									7	1		1			3	5	칠기, 불명철기1
1		3		1	2	7	1	1		1	1	38	1		1			1	3	철복1, 불명동기1, 방추차1

초구부철검	철검	철모	판상철부	철도	철소도·도자	철촉	끌	조각도	주조철부	단조철부	낫	금속기합계	장경호	타날문단경호	주머니호	단경소호	심발	기타토기	토기합계	비고
	1	2	1		1			2			1	12	3		1			2	6	철과1
1		8	3	1	1			2	2	3	1	27	2	2	1			3	8	방추차1
	1					1	3	1		1	1	8		1		1	1		3	
		2	1			1		1	5	1	1	13			1			1	2	궐수형철기1
		1	2				1	1	1	2	2	10			1				1	
		1								1	1	3			1			3	4	방추차1, 숫돌1
1		5	8	1	5					2		28		1	1			1	3	청동교구편 등
	1	1			6					1	1	11							o	
	1	1			3					1	1	6							o	
		1			5	1				1	1	10						1	1	
					1					1	1	3	1	1	1				3	
										1	1	2	1	1	1				3	
										1	1	2	2		1			1	4	
										1	1	2	2						2	
													1						1	
													1						1	

분기	고분번호	관곽형식	묘광크기	묘광장폭비	관곽크기	관곽장폭비	거울	마·호형대구	청동팔찌	청동반지	동포	유문동기	목걸이(구슬)	동탁	표비	동·철환	초구부동검
2a	북토 13	IAa	238X113X160	2.11:1	165X31X?	5.32:1											
2c	북토 7	IAa	236X101X69	2.34:1	169X32X?	5.28:1											
3a	북토 2	IB1a	256X107X67	2.39:1	185X62X?	2.98:1											
3a	북토 14	IAa	320X128X112	2.50:1	173X39X?	4.44:1											
3a	북토 3	IAa	215X88X69	2.44:1	158X41X?	3.85:1											
3a	북토 9	IB1a	297X149X128	1.99:1	191X45X?	4.24:1											
4b	북토 12	IB1a	271X122X118	2.22:1	199X56X?	3.55:1							o				
4b	북토 1	IB1a	230X75X47	3.07:1	187X52X?	3.60:1											
4a	북토 11	IAb	289X123X100	2.35:1	210X36X?	5.83:1											
4a	북토 15	IB1a	273X128X96	2.84:1	183X42X?	4.36:1							o				
4a	북토 4	IAa	270X110X86	2.45:1	175X36X?	4.86:1											
편년미상	북토 8	IB1a	228X89X23	2.56:1	181X44X?	4.11:1											
편년미상	북토 10	IB1a	177X62X27	2.85:1	129X37X?	3.49:1											
4a	중산(동)2	IB1a	301X105X25	2.87:1	244X45X21	5.42:1											
4a	중산(동)3	IB1b	259X89X35	2.91:1	220X50X35	4.40:1									1		
4a	중산-1	IB1a	264X103X70	2.56:1	223X63X21	3.54:1											
편년미상	중산(동)1	IB1a	291X103X37	2.82:1	247X62X37	3.98:1											
편년미상	중산(동)4	IB1a	293X104X21	2.81:1	252X60X21	4.20:1											
1	덕천 138	II	350X150X85	2.33:1	242X81X20	2.98:1										2	
1	덕천 130	II	375X162X94	2.31:1	269X96X50	2.80:1							o				
1	덕천 133	II	359X178X31	2.02:1	317X128X34	2.48:1							o				
2b	덕천 134	II	330X150X87	2.20:1	245X87X42	2.82:1							o				
2a	덕천 137	IC	304X105X59	2.90:1	232X57X14	4.07:1											
2a	덕천 135	IC	217X108X49	2.01:1	153X54X38	2.83:1							o			2	
2b	덕천 136	IC	275X120X54	2.29:1	200X44X15	4.55:1							o				
2a	덕천 131	II	321X150X64	2.14:1	254X96X38	2.65:1							o				
2b	덕천 132	II	293X153X125	1.92:1	249X98X47	2.54:1											
4b	덕천 125	IC	267X89X50	3.00:1	191X58X18	3.29:1							o				
편년미상	덕천 127	IAa	201X74X44	2.72:1	184X68X22	2.71:1		1									
편년미상	덕천 124	IC	213X79X33	2.70:1	173X47X20	3.68:1		1					o				
편년미상	덕천 126	IAa	211X87X40	2.42:1	137X54.5X23	2.54:1							o				
편년미상	덕천 123	IC	257X105X42	2.45:1	180X45X?	3.56:1							o				

북토리 유적

초구부철검	철검	철모	판상철부	철도	철소도·도자	철촉	끌	조각도	주조철부	단조철부	낫	금속기합계	장경호	타날문단경호	주머니호	단경소호	심발	기타토기	토기합계	비고
									2	1		3	1	1					2	
										1		1	1	1	1			3	6	방추차 1
	1	1				6				1	1	11		1	1	1			3	철낚시 1
		1					1		2	1		5	2	1	1		1		4	
										1	1	2	1	1	1			1	4	
										1		1	2	1	1			1	5	청동검파 부속구 1
	1								1			2	1					1	2	
						1				1	1	3					1	1	2	
										1	1	2	1	1					2	
										1		1	1		1			1	3	
													1			1			2	
																		1	1	
												o						1	1	

중산리 유적

초구부철검	철검	철모	판상철부	철도	철소도·도자	철촉	끌	조각도	주조철부	단조철부	낫	금속기합계	장경호	타날문단경호	주머니호	단경소호	심발	기타토기	토기합계	비고
	1	3				8				1		13							o	
	1	1				7				1	1	12							o	
1						4				1		6			1				1	
		1								1	1	3							o	
										1	1	1							o	

덕천리 유적

초구부철검	철검	철모	판상철부	철도	철소도·도자	철촉	끌	조각도	주조철부	단조철부	낫	금속기합계	장경호	타날문단경호	주머니호	단경소호	심발	기타토기	토기합계	비고
1		2	1					1		1	1	11				1	1		2	기타철기 2
	1	1	1	1		4	1			1	1	12				1	1		2	기타철기 1
												1				1	1		2	주구출토철기 1
	1	1								2	1	7				1	1		2	기타철기 2
		1	1					1		1	1	5				1	1		2	
												3			1				1	기타철기 1
												1				1	1		2	청동관 1
																1			2	
																	1		1	
	1	1				10				1	1	14							o	
												1							o	
												1							o	
												o							o	
												o							o	

별표 4. 사로국 전기 목관·목곽묘 현황(4)

분기	고분번호	관곽형식	묘광크기	묘광장폭비	관곽크기	관곽장폭비	거울	마·호형대구	청동팔찌	청동반지	동포	유문동기	목걸이(구슬)	동탁	표비	동·철환	초구부동검
2c	모량 A2-6	II	320X144X123	2.22:1									o				
2a	모량 A2-3	IC	280X128X70	2.19:1	200X60X?	3.67:1											
2c	모량 A2-4	IC	220X104X52	2.12:1	196X64X?	3.06:1											
2c	모량 A2-7	IC	264X110X69	2.40:1	166X48X?	3.46:1											
2b	모량 A1-1	II	275X114X50	2.41:1	230X75X?	3.07:1											
4b	모량 A2-5	IB1b	296X134X96	2.21:1	198X58X?	3.41:1		1									
4a	모량 A2-2	IB1a	270X130X83	2.08:1	190X62X?	3.06:1											
3b	사라 130	IB2b	332X230X100	1.44:1	205X80X60	2.56:1	4	2	13	17	8	1	o		2	1	2
4a	사라 110	IB1a	240X110X55	2.18:1	180X58X?	3.10:1							o				
4b	사라 78	IB1a	284X127X56	2.37:1	177X56X?	3.16:1											
편년미상	사라 45	IB1a	289X108X57	2.68:1	220X52X?	4.23:1							o				
	사라 111	IB1a	240X87X37	2.76:1	207X54X?	3.83:1											
	사라 74	IB1a	284X127X56	2.24:1	177X56X?	3.16:1							o				
2c	인동 1	IB1a	245X95X68	2.58:1	193X55X?	3.51:1											1
4b	다운 나-19	IB1a	340X120X90	2.83:1													
4b	하삼 2(곽)	IB2a	328X118X14	2.78:1	280X72X?	3.89:1									1		
4b	하삼 10(곽)	IIA1	506X215X50	2.35:1	344X128X?	2.69:1											
4b	하삼 19(곽)	IB1a	339X129X91	2.63:1	271X60X?	4.52:1							o				
4b	하삼 3	IB1a	275X96X26	2.86:1	246X62X?	3.97:1											
4b	하삼 13(곽)	?	279X101X17	2.76:1													
4b	하삼 22(곽)	IB1a	262X84X13	3.12:1	204X51X?	4.00:1							o				
편년미상	하삼 16(곽)		(212X83X10)														
	하삼 18(곽)	IB1a	341X125X40	2.73:1	273X63X?	4.33:1							o				
	하삼 2	IB1a	226X92X45	2.46:1	204X51X?	4.00:1											
	하삼 4(곽)	IB1a	279X87X23	3.21:1	229X63X?	3.63:1							o				
	하삼 5	IB1a	287X101X7	2.84:1	227X67X?	3.39:1							o				
	하삼 1	IB1a	231X93X64	2.48:1	192X48X?	4.00:1							o				
	하삼 24(곽)	?	370X140X95	2.64:1				1									

초구부철검	철검	철모	판상철부	철도	철소도·도자	철촉	끌	조각도	주조철부	단조철부	낫	금속기합계	장경호	타날문단경호	주머니호	단경소호	심발	기타토기	토기합계	비고
	1						1	3				5				1	1		2	지석
		1	1						1			2				1	1	1	3	
		1										1				1			1	
								2		1		3				1	1		2	
																1	1		2	
1		1								2		6	1	1	1			1	4	관상동기1
													1	1	1			1	4	
																				사라리 유적
1		2	61	2	3	23		4	3			157	1		1		1	5	8	철복 1, 불명철기 2 기타 청동·철기 5
								3	1			5	2					2	4	불명철기 1
								1				1	1	2	1				4	
	1	1						1	1			4							o	
	1										1	2							o	
										2		2							o	
																				인동리 유적
1		3		1				3		2	1	12	1		1				2	
																				다운동 유적
										1	1	2			1			1	2	
																				하삼정 유적
	2	6				6	1			1	1	18							o	
	1	2		1						1	1	7		1	1				2	세장형 철부1
	1	1				1				1		4	1						1	
		1				6						9							o	
												1					1		1	
																	1		1	
	1											1							o	
	1					4						5							o	
		1								1	1	3							o	
	1											1							o	
																			o	
																			o	
												1							o	

사로국 전기 별표 범례
1. 묘광과 목곽·목관의 크기는 길이X너비X깊이(cm)임. 단, 관·곽의 깊이(높이)는 충전토의 높이임.
2. 비고란의 금속기는 금속기 합계에 포함됨.
3. 토기 뚜껑은 토기 합계에 포함되지 않음.

분기	고분번호	관곽형식	묘광크기	묘광장폭비	관곽크기	관곽장폭비	철검	환두대도·도	철모	표비	곡도	세장형철부	철촉	따비
1b	황남 95/6-8	IB1a	222X82X6	2.70:1	195X61X?	3.20:1								
2b	인왕 814/4-1	IIA3	668X262X31	2.55:1	518X204X?	2.54:1			2				191	1
2b	쪽샘 C2	IIA3	247X110X25	2.45:1	237X70X?	3.89:1								
2b	황남 95/6-5	IB1a	220X99X7	2.22:1	189X59X?	3.20:1								
1a	황성(박)40	IIA1	429X190X37	2.26:1	373X150X?	2.49:1	2		7			1	15	1
1a	황성(경)70	IIA1	378X182X68	2.08:1	330X140X?	2.36:1	2		6				13	
1a	황성(박)46	IIA1	330X162X55	2.04:1	236X103X?	2.29:1	2		4	1		1	17	1
1a	황성(박)45	IIA1	308X130X13	2.37:1	280X103X?	2.72:1	1							
1a	황성(박)43	IIA1	295X145X10	2.03:1	248X100X?	2.48:1	1		2				12	
1a	황성(신)20	IB2a	352X160X48	2.20:1	246X78X?	3.15:1	1		2				8	
1a	황성(동)28	IIA1	290X145X80	2.00:1	215X70X?	3.07:1	1		2				10	
1a	황성(경)61	IIA1	265X120X33	2.21:1	215X70X?	3.07:1	1		2				6	
1a	황성(영)58	IIA1	305X139X38	2.19:1	224X70X?	3.20:1	1		1				4	
1a	황성(박)49	IIA1	291X185X69	1.57:1	215X98X?	2.19:1	1		1				8	
1a	황성(박)53	IIA1	282X136X48	2.07:1	196X72X?	2.72:1	1		1				2	
1a	황성(박)66	IIA1	320X147X87	2.18:1	200X75X?	2.67:1	1						9	
1a	황성(박)51	IIA1	(185X107X5)		(156)X88X?		1						3	
1a	황성(동)55	IIA1	270X150X50	1.80:1	190X80X?	2.38:1			1				5	
1a	황성(박)47	IB2a	321X175X85	1.83:1	210X74X?	2.84:1			1		1	1		
1a	황성(신)8	IB1a	367X200X77	1.84:1	222X58X?	3.83:1			1			1		
1b	황성(박)2	IIA1	(280)X210X25		(250)X130X?		2		13	1	1	1	4	1
1b	황성(영)43	IIA1	409X237X28	1.73:1	335X155X?	2.16:1	1		7	1	1	1	3	1
1b	황성(박)41	IIA1	440X190X10	2.32:1	367X150X?	2.45:1			1			1		
1b	황성(박)44	IIA1	(350)X150X35		(225)X110X?		1		1				6	
1b	황성(박)3	IIA1	325X225X33	2.60:1	200X125X?	1.60:1			1		1	1		
1b	황성(영)56	IIA1	365X205X50	1.78:1	205X95X?	2.16:1	1		1		1	1		
1b	황성(신)24	IB1a	287X128X46	2.24:1	214X58X25	3.69:1	1		1		1	1		
1b	황성(신)18	IB1a	225X102X51	2.21:1	177X50X21	3.54:1	1		1				4	
2a	황성(박)57	IIA1	323X180X42	1.79:1	260X133X?	1.95:1	1		1			1	8	
2a	황성(문)8	IIA1	235X94X15	2.50:1					3				5	
2a	황성(문)5	IB1a	279X114X23	2.45:1	191X55X?	3.47:1	1		1					
2b	황성(문)2	IIA2	385X245X15	1.57:1	325X216X?	1.50:1		2	7			1		1

주조철부	단조철부	낫	도자	기타철기	철기합계	옥류	대부장경호	대부직구호	노형토기	고배	타날문단경호	장란형단경호	기타토기	토기합계	비고
													1	1	
	4	2		13	213	경식1련(유리구옥768 수정다면옥7, 수정구옥10 마노구옥1, 수정곡옥10)	2	2	12					16	상어이빨 37
									3					3	파괴고분
									1					1	

주조철부	단조철부	낫	도자	기타철기	철기합계	옥류	대부장경호	대부직구호	노형토기	고배	타날문단경호	장란형단경호	기타토기	토기합계	비고
	3	1			30		2						2	4	
	2	1			24								2	2	
	2	1			29									o	8자형 동기 4, 청동환 4
	1	1			3									o	파괴고분
	1	1			17								1	1	
	1	1			13								2	2	
	1	1			15									o	
	1	1			11								1	1	
2	1	1			10	유리대롱옥1								o	
	2	1			13									o	
	1	1			6									o	
					10	유리관옥1								o	
					4									o	
	1	1			8									o	
	1	1			5								2	2	
	1	1			4	유리구옥1					1		1	2	
	2	1	1	1	28								1	1	사각형 철기, 파괴고분
	1				16	수정다면옥1							1	1	
	1				3									o	파괴고분
	1	1			10									o	
	1	1			5									o	
	2	1			7	수정다면옥2							1	1	
	1	1			6									o	
	1	1	1		9									o	
	1	1			13									o	
	1				9							1		1	
	1				3	수정다면옥1			1					1	
	4	2		2	19	수정다면옥1	6		3		1			10	

분기	고분번호	관곽형식	묘광크기	묘광장폭비	관곽크기	관곽장폭비	철검	환두대도·도	철모	표비	곡도	세장형철부	철촉	따비
2b	황성(강)1	IIA2	414X338X39	1.22:1	275X206X?	1.33:1		1	7	1	1	1		
2b	황성(문)5	IIA2	300X150X20	2.00:1	250X120X?	2.08:1								
2b	황성(문)3	IIA1	282X150X10	1.88:1	132X103X?	1.28:1			1					
2b	황성(문)4	IIA3	278X124X25	2.24:1	220X85X?	2.59:1							1	
2b	황성(강)12	IIA3	257X137X19	1.88:1	184X94X?	1.96:1							1	
2b	황성(신)2	IIA1	329X144X25	2.28:1	253X75X?	3.37:1								
2b	황성(강)2	IIA1							1					
2b	황성(문)7	토광	168X56X10	3.00:1							1			
2b	황성(문)6	IIA1	278X113X15	2.46:1									2	
2b	황성(강)36	IIA1	310X140X27	2.21:1	235X90X?	2.61:1								
2b	황성(문)1	IIA1	184X95X20	1.97:1										
2b	황성(신)45	IB1a	293X117X22	2.50:1	179X63X?	2.84:1								
1a	중산VII-4	IIB1	420X266X30	1.58:1	347X180X?	1.93:1	1		26	1		1	16	1
1a	중산(동)5	IB2a		2.05:1	267X74X?	3.61:1			1	1			9	
1b	중산(동)44	IIA1	(310)X144X30		(274)X84X?		1		1				7	
1b	중산VII-5	IIA3	(194)X165X24									1		
1b	중산VII-8	IIA3	(286)X151X19		(250)X99X?							1		
1b	중산VII-11	IIB1												
1b	중산VII-3	IIA1	310X120X36	2.58:1	260X82X?	3.17:1								
2a	중산VII-1	IIB2	421X290X20	1.45:1	350X230X?	1.52:1	3		11	1	1	1	25	1
2a	중산(동)64	IIA1	310X(115)X20		284X(90)X?				1					
2a	중산VII-14	IIB1	312X152X29		258X126X?									
2a	중산VII-10	IIA1	(199)X200X34											
2a	중산VII-13	IIB1	231X130X25	1.78:1	201X91X?	2.21:1								
2a	중산VII-15	IIB1	(218)X155X41											
2a	중산(동)65	IIA1	280X118X18	2.37:1	257X76X?	3.38:1								
2a	중산(동)52	IIA1	282X124X18	2.27:1	246X78X?	3.15:1								
2a	중산VII-2	IIB1												
2b	중산VIII-90	IIB3	525X247X40	2.13:1			1		8		1		11	1
2b	중산VIII-57	IIA3	414X212X34	1.95:1	366X155X?	2.63:1								
2b	중산VIII-62	IIA3	(267)X150X19		(249)X119X?				1					
2b	중산VIII-88	IIA1	251X153X9	1.64:1	258X112X?	2.30:1			1			1		
2b	중산VII-9	IIB1	294X152X19	1.93:1	234X105X?	2.23:1							4	
2b	중산VII-12	IIB1							1					

주조철부	단조철부	낫	도자	기타철기	철기합계	옥류	대부장경호	대부직구호	노형토기	고배	타날문단경호	장란형단경호	기타토기	토기합계	비고
	5	1			17		3		1					4	
	1	1			2		1		6					7	파괴고분
	2	1	1		5				1					1	
	2	1			4				1		1		1	3	
	1				2		1		2			1		4	
	1	1		2	4					2				2	
	1				1				1					1	파괴고분
	1				1				1					1	
					2									o	
									2					2	
									1					1	
													1	1	

주조철부	단조철부	낫	도자	기타철기	철기합계	옥류	대부장경호	대부직구호	노형토기	고배	타날문단경호	장란형단경호	기타토기	토기합계	비고
	4	1		1	52	수정다면옥4	1		1	1			6	9	쇠스랑
	3				14						1		1	2	청동환 2
1	2	1		1	14		1							1	파괴고분, 철환
	1	1			3		1			1	1			3	
		1			2		1						2	3	
		1			1				1					1	파괴고분
							1				1			2	
	2	1			46		1	2			1	1	7	12	
		1			2		1						1	2	
		1	1		2				1					1	
		1			1		1							1	파괴고분
						수정다면옥3		1		1			1	3	
								1	1					2	파괴고분
									1				1	2	파괴고분
									1					1	파괴고분
									1					1	
	2	1	1		26	수정다면옥2 유리구옥18	4	3	6			2	7	22	환두철검
		1			1		6						2	8	파괴고분
		1			1		3		1					4	
		2			2				1				3	4	
					4	수정다면옥2 수정곡옥1 유리구옥10	1					1		2	
	2	2	1		6		1							1	

분기	고분 번호	관곽 형식	묘광 크기	묘광 장폭비	관곽 크기	관곽 장폭비	철검	환두 대도 ·도	철모	표비	곡도	세장형 철부	철촉	따비
1a	조양 1	IIA1	448X(183)X30						1	1			16	
1a	조양 51	IIA1	(151)X102X50		(120)X78X?						1			
1b	조양 63	IIA1	420X261X20	1.61:1	(240)X178X?		1		6	1			16	1
1b	조양 25	IIA1	332X178X36	1.87:1	256X120X?	2.13:1	1		3				11	
1b	조양 47	IB1a			210X62X?	3.39:1								
2a	조양 29	?	181X99X25	1.83:1										
2b	조양 3	IIA3	453X225X25	2.01:1	400X180X?	2.22:1	1		6		1	1	2	1
2b	조양 2	IIB3	305X208X20	1.47:1	215X135X?	1.59:1			2					
2b	조양 7	IIB1	289X145X25	1.99:1					1					
2b	조양 6	IIB1	300X155X20	1.94:1					1					
2b	조양 14	?	(425)X202X15						1					
2b	조양 12	IIB3	297X146X24	2.03:1										
2b	조양18	IB1a	270X115X101	2.35:1	202X55X?	3.67:1								
2b	구어 42	IIA1	340X(120)X19		295X(85)X?									
2b	구어 34	IIA1	280X(87)X16		237X(60)X?									
1a	다운 가-52	IB1a	286X132X108	2.17:1	220X63X?	3.49:1								
1b	다운 나-13	IIA1	263X153X90	1.72:1	310X109X?	2.84:1	1		4				7	
1b	다운 가-53	IB1a	340X135X117	2.52:1			1		1				2	1
2b	덕천 90	IIA3	405X167X32	2.43:1	357X120X?	2.95:1			4					
2b	덕천 49	IIA3	333X111X31.5	3.00:1	315X90X?	3.50:1			3				5	1
2b	덕천 100	IIA3	313X124X30	2.52:1	269X75X?	3.59:1			4			2	1	

주조철부	단조철부	낫	도자	기타철기	철기합계	옥류	대부장경호	대부직구호	노형토기	고배	타날문단경호	장란형단경호	기타토기	토기합계	비고
2	1	1			22								3	3	파괴고분
					1	수정구옥3 유리구옥1								o	
	3	1		1	29	유리구옥120	1							1	
	4	1		1	21				2					2	철사
						수정다면옥4 유리구옥499						1		1	
						수정다면옥3 유리구옥23 마노구옥2							1	1	
1	3	1		1	18	유리구옥60 수정다면옥3	5		3	1	2	1		12	철꼴
	3				5		8		1					9	
			1		2				1		1			2	
					1						1			1	
					1				1		1			2	파괴고분
	1				1				1		1		1	3	
		1			1						1			l	

							1		1					2	파괴고분
									1					1	파괴고분

													1	1	
1	2	1			16		1						1	2	
					5										

	1				5		5		1		2		1	9	
2	1	1	1	14				1		4	3			8	철도?
	1				8		1	1	2		1		1	6	오리형토기

분기	고분 번호	관곽 형식	묘광 크기	묘광 장폭비	관곽 크기	관곽 장폭비	철검	환두 대도·도	철모	표비	곡도	세장형 철부	철촉	따비
1b	하삼I-7	IIA1	391X195X47	2.01:1	334X149X?	2.24:1	1		5			1	9	1
1b	하삼I-3	IIA1	385X167X36	2.31:1	328X119X?	2.76:1	3		5				7	
1b	하삼I-6	IIA1	349X(100)X21	?	314X(84)X?	?		1	2				1	
1b	하삼I-8	IIA1	277X109X47	2.54:1	231X66X?	3.50:1	1		3				5	
1b	하삼I-15	IIA1	283X121X32	2.34:1	226X76X?	2.97:1	1							
1b	하삼II-4	IIA1	495X156X12	3.17:1	430X93X?	4.62:1								
1b	하삼II-40	IIA1	288X142X10	2.03:1	258X110X?	2.35:1								
2a	하삼II-26	IIA1	370X164X27	2.26:1	326X120X?	2.72:1			2			1	5	
2a	하삼I-14	IIA1	285X129X34	2.21:1	231X91X?	2.54:1			2					
2a	하삼II-41	IIA1	295X(180)X23	?	?X(62)X?	?		1						
2a	하삼I-1	IB1a	291X(90)X20	?	264X?X?	?								
2a	하삼II-3	IIA1	313X156X15	2.01:1	274X102X?	2.69:1								
2a	하삼II-42	IIA1	(167)X132X14	?	(146)X100X?	?								
2b	하삼II-85	IIA3	458X(146)X16	?	430X(126)X?	?		1	3		1	1	7	
2b	하삼I-9	IIA1	324X115X26	2.82:1	250X67X?	3.73:1			1					
2b	하삼II-10	IIA3	385X136X19	2.83:1	340X90X?	3.78:1					1			
1a	사라 43	IB1a	287X101X58	2.84:1	186X55X?	3.38:1								
2b	사라 18	IIA2	357X204X11	1.75:1	255X150X?	1.70:1			1			1		
2b	사라 124	IIA1	(295)X107X18		(256)X107X?		1		1					
2b	사라 27	IIA1	(222)X110X12		(182)X92X?									

주조철부	단조철부	낫	도자	기타철기	철기합계	옥류	대부장경호	대부직구호	노형토기	고배	타날문단경호	장란형단경호	기타토기	토기합계	비고
	3	1			21									o	
	3	1			19									o	
	2	1		1	8									o	파괴고분
	1	1			11		1						1	2	
					1									o	
										1	1		2	4	
						수정다면옥2	1							1	
	1	1					2				1		1	4	파괴고분
2	2	1			7				1				1	2	
					1				1					1	파괴고분
	1				1				2				1	3	파괴고분
							1				1		1	3	
							2							2	파괴고분
2	2	1			18		4		15		1			20	파괴고분
	1				2								1	1	
2					3			2						2	

주조철부	단조철부	낫	도자	기타철기	철기합계	옥류	대부장경호	대부직구호	노형토기	고배	타날문단경호	장란형단경호	기타토기	토기합계	비고
	1	1			2	유리구옥 多						1		1	
					2		3		3				2	8	
	1			1	3	4			2			2	1	3	철끌·파괴고분
									1					1	

사로국 후기 별표 범례
1. 묘광과 목곽·목관의 크기는 길이X너비X깊이(cm)임. 단, ( ) 내는 파괴고분의 잔존 수치임.
2. 비고란의 철기는 기타 철기로 철기 합계에 포함됨.
3. 토기 뚜껑은 토기 합계에 포함되지 않음.

별표 9. 신라 조기 목곽묘 현황(1)

분기	묘곽그룹	고분번호	묘곽형식	목곽크기	장폭비	갑주	철모	환두대도철검	곡도	유자이기	세장형철부	철촉	마구	따비	주조철부	단조철부	착형철기	낫	도자
1a	A	120		560x157x13.5	3.57:1		18			1		1		1		2	2		
		80		461x152x32.5	3.03:1		11	1		1		43		1		2	1		
		19		457x132x20	3.46:1		15	1			1	5		1		1			
		3		440x135x24	3.26:1		13			1		20		1		3	1	1	1
	B	18		387x152x22	2.55:1		7				1			1		1			
		20		345x103x20	3.35:1		4				1	2		1		1		1	1
		17		350x133x15	2.63:1		1				1								
	C	92		301x97x27	3.10:1		3					16				1			1
		110		308x79x19.5	3.90:1		3					1		1		1	1	1	1
		82		285x99x20	2.88:1		2	1				3				2	2		
		5		323x90x16	3.59:1		2		1			2		1		2			
		104		315x105x35	3.00:1		3									1			1
		65		290x105x15	2.76:1		3										1		
		103		278x92x22.5	3.02:1		3												
		62		320x80x20	4.00:1		2							1		2		1	1
		45		306x88x13.5	3.48:1		2												
		26		289x101x20	2.86:1		1				1								
		56		288x92x20	3.13:1		1					8				1	1	1	
		40		320x117x28	2.74:1		1					2			2	1			1
		89		320x98x32	3.26:1		1									1			
		88		276x87x18	3.17:1		1								1				1
		87		294x80x17	3.68:1							3							
		14		296x117x15	2.53:1							1							1
		78		312x87x12	3.59:1											1		1	
		23		311x103x20	3.02:1											1			
		93		325x85x20	3.82:1														
		86		290x109x20	2.66:1														
		84		290x110x13	2.64:1														
	D	64		241x63x10	3.83:1		2					4				2	1	1	1
		9		266x90x20	2.96:1		2									2		1	1
		1		240x96x20	2.60:1		2								2			1	
		63		236x92x10	2.57:1		2								2				
		105		256x94x34	2.72:1		1									1			1
		94		260x97x15	2.68:1		1												
		42		268x72x55	3.72:1							1		1		1		1	1
		22		250x97x9	2.58:1											1		1	1
		71		241x65x22	3.71:1											1		1	
		30		233x72x10.5	3.24:1											1			
		50		266x75.5x26	3.55:1														1
		72		230x61x13	3.77:1														1
		73		251x83x14.5	3.02:1														
		77		223x75x15.5	2.97:1														
		27		224x96x13	2.33:1														
		10		242x82x11	2.95:1														
		47		217x68x9	3.19:1														
		76		263x73x10	3.60:1														
		74		227x83x13	2.73:1														
		106		225x77x9	2.92:1														

기타	철기합계	오리형토기	복합토기	대부장경호	대부직구호	노형토기	노형기대	대부단경호	고배	컵형토기	대호	각종호류	기타	토기합계	장신구 및 비고	랭크
1	26	4	4	8	1	2						2	1	22		a
	60	3	1	2	6	3						1	4	20	수정다면옥 2	a
12	36			5	2	1			1			3		12	철정10, 경식1(수정절자옥46, 곡옥56) 수정다면옥2, 곡옥1	a
	41			3	1	4						1		9		a
	10			4				1				1	1	7	경식1(수정절자옥19, 다면옥4, 곡옥6) 경식1(수정절자옥11, 다면옥4, 곡옥1,환옥204)	b
	11			(.1.)		2			1			4		8		b
	2			1	2									3		?
	21		1		2	1								4		c
	9				2				1				1	4		c
	10											1		1	수정다면옥 1	c
	8			3	1				1			1	1	7		c
	5					5						2		7		c
	4								3			2	2	7		c
	3											2		2		c
	7			1	1				2			1		6		c
	2				1				2			2		5		c
	2			2								1		3		c
	12								4			3		7		c
	7			1	1	4						1	3		10		c
	2				1	2						4		7	수정다면옥 2, 방추차 1	c
	3											2		2		c
	3											1	1	2		d
	2								3	1		2		6		d
	2					1						3		5		d
1	2				3							2		6	수정다면옥 1, 수정곡옥 2	d
									1			2		3		d
					1				1			1		3		d
												1		1	방추차 3	d
	11								1					1		c
	6			2	2							1		5		c
	5				2							3		5	방추차 1	c
	4											1	1	2		c
	3			3	1	1						2		7		c
	1				1							2		3	수정절자옥 1, 방추차 1	c
	5								3			3		3		d
	3								1			1	1	3		d
	2								1			1		2		d
	1								2				1	3		d
	1								3			2		5	수정 다면옥 1	d
	1											1		1		d
									1			1		2		d
					1									1		d
												1		1		d
												1		1		d
												1		1		d
									1					1		d
									2					2		d
									1					1		d

별표 10. 신라 조기 목곽묘 현황(2)

분기	묘곽그룹	고분번호	묘곽형식	목곽크기	장폭비	갑주	철모	환두대도철검	곡도	유자이기	세장형철부	철촉	마구	따비	주조철부	단조철부	착형철기	낫	도자
1b	A	75		461x101x21	4.56:1		6					4		1		1	1	1	1
		70		393x94x17	4.18:1		4									1		1	
		37	1B2a	428x112x19	3.82:1		4				1					1		1	
		16	1B2a	(387)X132X20										1		2			
	B	46		318x87x20	3.66:1		2					3		1		2		1	1
		59		293x88x15	3.33:1		1	1			1								
		53		315x101x175	3.12:1		2											1	
		85		358x105x23	3.41:1		1									2		1	1
		81		301x92x19	3.27:1		1									1			
		66		340x91x17	3.74:1							4		1		2		1	
		24		293x93x22	3.15:1													1	1
		79		303x82x26.5	3.69:1														1
		48		305x80x25.5	3.81:1														
		41		327x96x9	3.41:1														
		83		295x81x7	3.64:1														
	C	12		260x84x10	3.1:1		1	1				4						1	1
		44		246x93x16	2.65:1		2											1	
		55		273x95x21	2.87:1		1					3				2		1	
		112		264x76x10	3.47:1		1					2				1			1
		96		257x84x10	3.06:1		1					1				1		1	
		108		262x83x10	3.16:1							2				1			
		118		232x63x10	3.68:1							2						1	1
		31		221x71x12	3.11:1													1	1
		52		268x65x16.5	4.12:1													1	
		115		213x91x5	2.34:1													1	
		114		214x85x14.5	2.51:1														
		51		210x78x15.5	2.69:1														
		111		265x85x11	3.12:1														
		109		249x71x18	2.93:1														
		121		238x77x6	3.09:1														
		67		229x65x13	3.58:1														
		98		225x75x6	3.00:1														
		57		260x90x10	2.89:1														
		36		211x69x6.5	3.06:1														
	D	11		162x63x6	2.57:1														1
		61		193x61x11	3.16:1														
		21		176x74x7	2.38:1														
		99		184x78x9	2.36:1														
		91		183x61x15	3.00:1														
		101		144x50x13	2.88:1														
		102		108x46x13	2.35:1														
2a	A	34	1B2a	449x98x20	4.58:1		5				1	2		1		1			2
		54		421x105x26	4.01:1		4							1		1		1	
		2		(367)x130x28			4				1	2		1				1	
		7		385x90x14.5	4.28:1		5												
	B	15		347x88x20	3.94:1		4	1										1	
		122		313x113x8.5	2.77:1		3			1				1		1			1
		69		323x105x18	3.08:1														
	C	43		250x87x9	2.87:1														
		13		294x103x12	2.85:1														
		113		(138)x65x17.5															

기타	철기합계	오리형토기	복합토기	대부장경호	대부직구호	노형토기	노형기대	대부단경호	고배	컵형토기	대호	각종호류	기타	토기합계	장신구 및 비고	랭크
	15		2		3	3			5			2	1	16	수정다면옥 2	b
	6	1	1		2	1			5			1		11	수정다면옥 2, 곡옥 1, 방추차1	b
	7				1	1						9		11	경식1(마노다면옥2, 탄옥1, 유리환옥42)	b
	3	2	1		4				8			5		20		?
1	11				1	2						1		4		c
	3				3			1	4					8	경식1(마노다면옥2, 환옥2, 유리환옥116)	c
	3											3		3		c
	5					1			3			2	2	8		c
	2					1						1	1	3	수정다면옥 1	c
	8		2						5			2		9	수정곡옥 1	d
	2				3							2		5	경식1(마노다면옥4, 금박환옥2, 유리환옥79)	d
	1		1			2		1				1	1	6		d
						1		1				3		5		d
									1			3		4		d
						1			2					3		d
	8								3				2	5		c
	3					1		2	4			2		9	수정곡옥 1, 마노다면옥 1, 유리환옥 1	c
	7								2			1		3		c
	5								2					2		c
	4								2			1		3		c
	3								1			1		2		c
	3								1				5	6		d
	2								3				1	4		d
	1				1				5			2	1	9		d
	1					1							1	2		d
									3			1		4		d
									2			1		3		d
						1			1					2		d
						1						1		2		d
									1			1		2		d
									2					2		d
									2					2	경식 1(마노다면옥 2, 유리환옥 7)	d
					1									1	마노다면옥 2, 유리환옥 1	d
									1					1	마노다면옥 3	d
	1								1					1		d
	1								1				2	3	수정다면옥 1	d
									1			1	1	3		d
									1			1		2		d
									1					1		b
						1								1		d
						1								1		d
	12				4	2			4			1		11		b
	7		5						1			1		7		b
	9		3									2		5		b
	5	1				1						3	1	6		b
	6						1					3	3	7		b
	7				1				4			3		8		c
									3			2		5		d
									1				1	2		d
									1					1		d
									2			1		3	방추차1	d

분기	묘곽그룹	고분번호	묘곽형식	목곽크기	장폭비	갑주	철모	환두대도철검	곡도	유자이기	세장형철부	철촉	마구	따비	주조철부	단조철부	착형철기	낫	도자
1a	A	영1	IB1a	514x99x27	5.19:1							10				2		1	
	B	보3	IB3	360x145x35	2.48:1	3		1		1		6		1		2		1	
		영22		361x86x50	4.20:1	2		1	1							1		1	
		신4		369x102x20	3.62:1	1		1								2		1	
	C	문9		334x112x?	2.98:1	3		1		1						1			1
		보19		305x167x16	1.83:1	1										1		1	1
		영9		272x77x35	3.53:1	1										1			1
		신35		(232)x76x27		1										1		1	1
		신11		306x78x21	3.92:1			1	1										
		영63		261x88x20	2.97:1											1		1	1
		영49		300x70x41	4.29:1														
		영55		291x91x16	3.20:1														
		보14		290x82x12	3.54:1														
	D	영54		221x90x?	2.46:1							4				1	1		1
		영72		219x77x36	2.84:1											1		1	
1b	A	영15	IB2a	506x110x36	4.60:1	14				1		1				3		1	2
		동22	IA	565x125x50	4.52:1	4		1				6		1		1	1	1	1
		경13	IB2a	(550)x108x10								2				1			1
		영50	IB1a	(430)x100x28												1			
		보29		432x80x31	5.40:1														
	B	신40		358x118x54	3.03:1					1						1			2
		영17		334x68x40	4.91:1							2				1		1	
		신14		367x99x32	3.71:1													1	
		영21		360x87x35	4.14:1													1	1
		영40	IB2a	357x112x57	3.03:1											1			
		신32		358x118x54	3.19:1											1			
		영35		320x93x30	3.44:1							1							
		영37		320x70x52	4.57:1													1	1
		영38		304x85x50	3.58:1													1	
		동35		325x85x21	3.82:1														1
		신10		359x74x33	4.85:1														
		국박		(415)x(120)x20															
		영60		304x93x10	3.27:1														
	C	동36		280x85x15	3.29:1	1	1									2		1	
		신110		(212)x63x20		1													
		영12		260x59x27	4.41:1											2		1	1
		신6		249x72x16	3.46:1											2	1	1	1
		보6	IB3	281x90x32	3.12:1														1
		영26		243x66x13	3.68:1														1
		신111		230x77x20	2.99:1														
		신8		241x76x20	3.17:1														
		영69		248x78x35	3.18:1														
2a	A	경17		430x140x68	3.07:1	5		1	1									1	1
		영20	IB1a	662x115x65	5.76:1	2						8	1	1			1	1	
		동33	IB1b	560x95x47	5.89:1	2						3		1		2		1	1
		경12		452x108x15	4.19:1	2			1							2		1	2
		경14		410x108x49	3.80:1	2						1				1		2	1

기타	철기 합계	오리형 토기	복합 토기	대부 장경호	대부 직구호	노형 토기	노형 기대	대부 단경호	고배	컵형 토기	대호	각종 호류	기타	토기 합계	장신구 및 비고	랭크
	13				1						1	3		5		?
	15			1	1	3						3		8	경식1(수정다면옥2, 곡옥26, 절자옥76)	c
	6				1							5		6		c
1	6				2	1			2			1		6		c
	7			3	4	1						1		9	수정곡옥1	c
	4				3									3		c
	3											3		3		c
	4											3		3		c
	2											3		3		c
	3				2			1				1		4		d
												1	3	4		d
									2			1		3		d
					1									1		d
	7					1			2			1		4		d
	2								1				1	2		d
	22				1						1	3	1	6		a
2	18				2						1	5		8		b
1	6											3		3		?
1	3								3			7	1	11		?
			3								1	4		8	유리환옥1	?
	4											5		5	방추차1	c
	4					1	1					9		11		d
1	2											4		4		d
	2					1						2	1	4	경식1(마노다면옥23, 유리환옥18)	d
	1											4		4		d
	1											1		1		d
	1				1							5	1	7		d
	2						1					2		3		d
	1				1							2	3	6	경식 1(마노다면옥9), 경식 1(마노다면옥1·환옥2, 유리환옥1), 경식 1(마노다면옥5, 유리환옥7)	d
	1										1	1		2	마노다면옥 6	d
									3			5	1	9		d
					3	1			2			3		9		d
						2						2	1	5		d
	5											2		2		c
	1					1			1			1		3		c
1	5									1		3		4		d
	5				1	1			1			2		5		d
	1					1			2			3		6		d
	1											1		1		d
									2				2	4		d
												3		3		d
						1								1		d
	9				3							5		8		b
2	16	4			2						1	6		13		c
	10				1						1	8		10		c
	8				4							4		8	경식 1(유리환옥 50)	c
	7				1							4		5		c

분기	묘곽그룹	고분번호	묘곽형식	목곽크기	장폭비	갑주	철모	환두대도철검	곡도	유자이기	세장형철부	철촉	마구	따비	주조철부	단조철부	착형철기	낫	도자
2a	A	북110		360x86x42	4.19:1	판갑	2												
		동27		390x73x40	5.34:1		1			1									1
		경16		512x108x53	4.74:1		1											1	2
		경5		385x133x34	2.89:1											1			
		신23	IIC	402x90x24	4.47:1													1	
	B	영5		342x71x43	4.82:1		1		1	1						1		1	1
		영48	IB2a	345x96x46	3.59:1		1									1		1	
		신78		(292)x82x23			1					1				1			1
		신85		312x68x16	4.59:1	경갑						8				2		1	
		신13	IIB	314x77x43	4.08:1														
	C	경69		270x81x50	3.33:1		1					3				2			
		동29		275x70x55	3.93:1		1									1		1	
		북86		215x70x8	3.07:1		1											2	
		영31		240x102x48	2.35:1			1								1			1
		영19		300x75x24	4.00:1											2		1	
		영14		275x78x24	3.53:1											1		1	1
		영45		247x92x47	2.68:1											1			
		영36		286x75x51	3.81:1														1
		북32		294x61x42	4.82:1													1	
		신61	IIB	228x69x16	3.30:1													1	
		영10		289x78x40	3.71:1													1	
		신39		209x75x16	2.79:1													1	
		북74		214x80x20	2.68:1														1
		신3	IIB	231x82x15	2.82:1														1
		영41		246x90x57	2.73:1														
		경8		247x68x36	3.63:1														
		북78		292x95x18	3.07:1														
		신38	IIC	230x102x13	2.54:1														
		신89	IIB	250x66x31	3.79:1														
		신64		268x88x20	3.05:1														
		영3		263x65x21	4.05:1														
		보45		232x92x50	2.52:1														
		보10		260x86x10	3.02:1														
	D	동25		193x53x72	3.64:1														
		영47		180x100x32	1.80:1														
		영32		145x56x36	2.59:1														
		영44		115x75x20	1.53:1														
		신84		198x65x17	3.05:1														
2b	A	북63	1B2a	355x95x27	3.74:1		9		1	1						1			
		북64		342x85x24	4.02:1		9			1						2		1	1
		북67		350x92x20	3.80:1		2			1						2		2	
		북62		346x72x12	4.81:1														
	B	신69		298x62x12	4.81:1											1		1	1
		북66		318x67x16	4.75:1							1						1	1
		신90	IIB	313x93x39	3.37:1													2	
		신30		281x91x20	3.09:1													1	

기타	철기합계	오리형토기	복합토기	대부장경호	대부직구호	노형토기	노형기대	대부단경호	고배	컵형토기	대호	각종호류	기타	토기합계	장신구 및 비고	랭크
	3											5		5		c
	3											6		6		c
1	5				3						1	6		10		c
	1											6		6	파괴고분	?
	1											2	1	3		?
1	7						1	1				5	1	8	마노다면옥 2	c
	3				1							6		7	곡옥 2	c
	4					1		1				2	1	5	방추차1	c
	12											3		3		d
					1		1					3		5	마노다면옥1, 수정다면옥 1	d
	6											3		3		c
	3				2							2		4		c
1	4											1		1		c
	3											3		3		c
	3				1							4		5	마노다면옥 4	d
	3				2							3	2	7	마노다면옥 3, 방추차 1	d
	1				1							1		2		d
	1											3	1	4		d
	1								2	2		2	2	8		d
	1											2		2		d
	1											2		2		d
	1				1									1		d
	1								1			2		3		d
	1					1						1		2		d
												2		2	곡옥 4	d
					1			1				1	2	5	경식 (비취곡옥3, 마노다면옥31·환옥6, 유리환옥46)	d
												5	1	6		d
							2					1		3		d
							1	1				1		3		d
												2	1	3		d
												3		3		d
												3	1	4		d
												1		1		d
							1					2	3	6	토제곡옥1, 마노다면옥6, 유리환옥5	d
												1	3	4		d
									1			1	1	3	마노다면옥 2	d
							1					1		2		d
												2		2		d
3	15									4			1	5		b
	14											1	3	4		b
	7								3	1		5		9		c
										2		1	4	7		?
	3						1					2	1	4		d
	3									2		5		7		d
	2								1	2		5	1	9		d
	1											1		1		d

분기	묘곽그룹	고분번호	묘곽형식	목곽크기	장폭비	갑주	철모	환두대도철검	곡도	유자이기	세장형철부	철촉	마구	따비	주조철부	단조철부	착형철기	낫	도자
2b	B	북115		325x80x12	4.06:1														
		북122		(315)x102x45															
		신93		290x95x33	3.05:1														
		북50		304x80x12	3.80:1														
	C	신60	IIB	240x81x20	2.96:1		1									2		1	2
		신88		265x89x35	2.98:1											1		1	
		신75		250x86x18	2.91:1											1			
		북65		260x70x17	3.71:1													1	
		신36	IIB	261x80x45	3.26:1													1	
		신87	IIB	270x75x16	3.60:1														
		북114		267x89x7	3.00:1														
		북79		266x82x25	3.24:1														
		신81		236x78x31	3.03:1														
		신63		248x84x24	2.95:1														
	D	북112		216x57x10	3.79:1		1												1
		북33		210x68x21	3.09:1													1	
		신33		181x84x20	2.15:1														
		북51		202x91x12	2.22:1														
1a	A	IC-3	1B2a	580x160x36	3.63:1		16	1	1		1	132	1	1	6	6		1	
	D	VIII-52		204x90x21	2.27:1							1							
1b	A	IF-83	1B1a	(663x165)x60			23	1	1	1		3			4	1		2	
		ID-15	1B2a	(538x)x144x84			16	1		1		4				2		1	
		(울)47	1B1a	510x(168)x69			13			1					2			1	1
		(울)63	1B1a	440x76x15	5.79:1		10	1				8				1		1	1
		IA-100	1B1a	616x100x84	6.16:1	투구1	4	1				42			2				1
		(울)21	1B1a	422x82x65	5.15:1		4			1		11			4	2		1	
	B	(울)49		300x84x28	3.57:1														
	C	(울)55		232x78x58	2.97:1		8		1	1						2		1	1
		VIII-72		235x84x28	2.8:1		1												
		(울)41		240x85x58	2.82:1														
		(울)3		(276)x84x12															
2a	A	(울)46	1B1a	497x117x90	4.25:1		35		2			1				1		1	
		IA-23	1B1a	476x82x38	5.8:1		11	1								1		1	
		IA-75	1B1a	663x91x85	7.29:1	판갑1	5					8			2				
		IA-74		(305)x184x77			4												
		IA-33	1B1a	448x95x66	4.72:1														1
	B	(울)33		310x90x72	3.44:1					1									1
		(울)43		328x86x67	3.81:1														
		(울)60		314x58x49	5.41:1														
	C	(울)67		(270)x74x38		소찰등	3			1					2	3	1	1	
		(울)61		268x84x23	3.19:1		2					1			2	1		1	1
		(울)50		250x70x55	3.57:1	소찰	2					1							
		(울)39		271x88x43	3.08:1		1									1		1	
	D	(울)59		176x64x29	2.75:1							5							1
2b	A	IA-26	1B1a	(840)x74x130			15	1		2		2	1		2	1		3	1

기타	철기합계	오리형토기	복합토기	대부장경호	대부직구호	노형토기	노형기대	대부단경호	고배	컵형토기	대호	각종호류	기타	토기합계	장신구 및 비고	랭크
												3		5		d
									1	2		5		8		d
												5	1	6		d
										1	1		3	5		d
	6										3			3		c
	2								2			5	2	9		d
	1											1	1	2		d
	1											2		2		d
	1												2	2		d
									2	3		3	2	10		d
									1			2	2	5		d
												2		2		d
												2		2		d
												2		2		d
	2											2		2		d
	1												1	1		d
											1			1	경식 1(유리곡옥2, 유리환옥3, 마노다면옥7)	d
									2			2		4		d

기타	철기합계	오리형토기	복합토기	대부장경호	대부직구호	노형토기	노형기대	대부단경호	고배	컵형토기	대호	각종호류	기타	토기합계	장신구 및 비고	랭크
2	168	1	1		6				9			4	2	23	철정1, 호미1, 토제곡옥32, 환옥49	a
	1			1								1		2		d
1	37						1					8		9		a+
1	26	2	1			1	1					1	2	8	철정1	a
	18											6		6		a
1	23											8	1	9	철정1	a
	51				1		1					6	2	10	유리환옥114	b
	23				1							7	1	9		b
									3			4	1	8		d
	14				1							1		2		b
	1				2							3		5		c
					3							4	1	8		d
					1							5		6		d
	40							1				7		8		a+
	14				5							3	1	9	석목	a
	16				3		1					11	1	16	석목	b
	4				5							5	1	11	수정다면옥3　석목	b
	1				2							7	1	10	남색유리이형옥1, 마노다면옥5, 남색유리환옥27,　석목	?
2								1				3		4	석목	c
								1	3			5		9		d
								1				6		7		d
5	16											2	1	3	쇠스랑1, 철정4	c
	8								1			1		2		c
3	6											4		4		c
	3			1		1						6	1	9	수정다면옥3, 유리환옥90	c
	6						1	1				3	2	7		d
4	32								1	1		13		15	석목	a

별표 14. 신라 조기 목곽묘 현황(6)

분기	묘곽그룹	고분번호	묘곽형식	목곽크기	장폭비	갑주	철모	환두대도철검	곡도	유자이기	세장형철부	철촉	마구	따비	주조철부	단조철부	착형철기	낫	도자
1a	A	I-5		475x110x18	4.23:1		6	2			1			1	2	2			1
	B	II-23		388x85x6	4.56:1		1				1								
		I-8		354x111x16	3.19:1		1									1			
1b	A	I-77	1B2a	440x142x24	3.11:1		2	1							3	1			2
	B	I-17		316x132x16	2.39:1										2			1	
	C	I-73		263x96x19	2.74:1														
		I-84		246x110x23	2.24:1														
		I-74		234x(74)x9															
		I-75		226x106x20	2.13:1														
	D	I-46		187x64x21	2.92:1														
2a	B	I-19		320x144x15	2.22:1		10			1		3	1			1		1	2
		I-50		328x120x42	2.73:1			1								1			1
		I-82		315x105x25	3.00:1		2					2				1			1
		II-31	IIB	310x104x18	3.02:1							2							
		I-11		(290)x80x24								1							
		I-62	IIB	298x104x25	2.87:1														
		II-29		280x123x18	2.78:1													1	1
	C	I-38		260x96x6	2.71:1											2		1	1
		I-60		256x115x24	2.22:1											1			
		II-35		215x105x12	2.05:1													1	
	D	II-43		180x105x25	1.71:1														
2b	B	I-31	IIC	318x120x40	2.65:1		4			1		1			2	1	1		1
		II-22	IIC	277x84x50	3.30:1		2								1	1			1
		I-54		315x92x14	3.42:1		1							1				1	
		II-42		290x82x20	3.54:1					2					2	1			1
		II-33		278x80x16	3.48:1								1			1			1
		I-78		300x96x25	3.13:1													1	
		I-16		304x94x19	3.23:1													1	
		I-12		300x65x12	4.62:1														
	C	I-15		260x108x16	2.41:1													1	
		I-68		235x106x10	2.22:1													1	
		II-41		206x80x30	2.58:1													1	
		II-36		213x82x15	2.60:1														
	D	I-20	IIB	(103)x72x23												1			

기타	철기합계	오리형토기	복합토기	대부장경호	대부직구호	노형토기	노형기대	대부단경호	고배	컵형토기	대호	각종호류	기타	토기합계	장신구 및 비고	랭크
	14	1	2	2	2	3			4			3	2	19	유리곡옥1	b
	2		1									2		2	파괴고분	c
	2					1		1				3		5	유리(?)다면옥1	c
	9	1	1		4		1		3			1	2	13	묘곽일부파괴	c
	3											1	1	2		d
												4	1	5	묘곽일부파괴	d
												2	1	3		d
												1	1	2	파괴고분	d
												1	1	2		d
												3		3		d
	19				1							4	1	6		b
	3				1							4		5	유리(?)다면옥7	c
1	7										1	4	1	6		c
	2				1							4	3	8		d
	1											2	2	4	묘곽일부파괴	d
					1							2	1	4		d
	2											5	1	6	유리(?)다면옥2, 유리환옥3	d
	5											4		4		c
	1				1							1		2		d
	1				2							2		4	마노다면옥7, 유리환옥1	d
					1							2	1	4		d
1	12											3	2	5		b
	5											3		3	경식(유리(?)곡옥1, 다면옥4, 환옥43)	c
	3											4	1	5		c
	6						1					5		6		d
	3				1							4	2	7		d
	1											2		2		d
	1											6		6	경식1(마노다면옥2, 환옥153), 묘곽일부파괴	d
												1		1		d
	1											3		3		d
	1											3		3		d
	1											3		3		d
												2	1	3		d
	1											2	1	3	경식1(유리환옥)(그룹가능성)	d

분기	묘곽그룹	고분번호	묘곽형식	목곽크기	장폭비	갑주	철모	환두대도철검	곡도	유자이기	세장형철부	철촉	마구	따비	주조철부	단조철부	착형철기	낫	도자
2a		나343	IIB	300x74x50	4.05:1		1					2							
2b		나231	IA1	주 386x70x95	5.51:1		14	2					1			1			
				부 120x50x55	2.4:1														
		나301	?	320x68x36	4.71:1		1						1			1			1
		나302	?	370x70x65	5.39:1											1			
		가145	IIA	265x62x60	4.27:1													1	
		나295	IIA	290x64x40	4.53:1														
		나348	IIC	245x68x50	3.60:1														
		가127	?	260x55x60	4.73:1														
		나252	?	(121)x40x30															
		나286	?	(295)x(40)x35															
		나314	?	(75)x40x20															

분기	묘곽그룹	고분번호	묘곽형식	목곽크기	장폭비	갑주	철모	환두대도철검	곡도	유자이기	세장형철부	철촉	마구	따비	주조철부	단조철부	착형철기	낫	도자
1b	A	1	IA	782x190x50	4.12:1	2	55	2	1	2		15		1	40	3		2	1
2b	C	4	IIB	265x78x32	3.4:1		1									1			1
		33	IIC	245x82x28	2.99:1		1									1			

분기	묘곽그룹	고분번호	묘곽형식	목곽크기	장폭비	갑주	철모	환두대도철검	곡도	유자이기	세장형철부	철촉	마구	따비	주조철부	단조철부	착형철기	낫	도자
1b	B	조I-9	IIA	341X130X30	2.62:1	찰갑편	1	1								1		1	1
2a	A	구3	IB1a?	670x105x90	6.38:1	4	26	1		1		15						1	
		구2	IB1a?	530x100x?	5.3:1		27			1		6							2
		구1	IB1a?	(630)x(185)x15		찰갑편						7				1		1	
	C	조41		(253)x(152)x31														1	

분기	묘곽그룹	고분번호	묘곽형식	목곽크기	장폭비	갑주	철모	환두대도철검	곡도	유자이기	세장형철부	철촉	마구	따비	주조철부	단조철부	착형철기	낫	도자
2b	A	1	IB2b	400x95x48	4.21:1		7			1					2	2		1	
		2	IB2b	359x83x38	4.33:1		5			1								1	
	B	5		(330x70x20)											2			1	

분기	묘곽그룹	고분번호	묘곽형식	목곽크기	장폭비	갑주	철모	환두대도철검	곡도	유자이기	세장형철부	철촉	마구	따비	주조철부	단조철부	착형철기	낫	도자
1b	A	바-8	IB1a	708x110x30	6.44:1		8			1					2	1			
	B	바-6		358x89x19	4.02:1		4			1									
		바-11		347x(55)x14			3			2									
		바-13		348x(87)x14												1		1	1
	C	바-2		238x75x11	3.17:1		6						1			1			
		바-17		248x78x39	3.18:1											1			
2a	A	바-14	IIB	442x(83)x14			1											1	
	B	바-1	IIB	289x91x39	3.18:1		8												
		마-11		350x86x23	4.07:1		3					3							
		바-4		331x(85)x28			1									1			
2b	C	바-15		154x41x30	3.76:1														

기타	철기합계	오리형토기	복합토기	대부장경호	대부직구호	노형토기	노형기대	대부단경호	고배	컵형토기	대호	각종호류	기타	토기합계	장신구 및 비고	랭크
	3				1							3	1	5		c
	18											5	3	8	교구1	a
	4											2		2		c
	1				1							4	1	6	경식1(곡옥1, 다면옥,환옥)	d
	1											1	2	3		d
												2	1	3		d
					1				1			1		3	경식1(곡옥1, 마노다면옥29, 유리환옥)	d
					1							1	1	3		d
												4		4		d
												3		3		d
												1		1		d

구어리 유적

기타	철기합계	오리형토기	복합토기	대부장경호	대부직구호	노형토기	노형기대	대부단경호	고배	컵형토기	대호	각종호류	기타	토기합계	장신구 및 비고	랭크
32	156		1		2		1		1			12	10	27	철정 20, 꺽쇠 12, 통형기대	특a
	3					1				2		4	1	8		c
	2											3	1	4		c

구정동 · 조양동 유적

기타	철기합계	오리형토기	복합토기	대부장경호	대부직구호	노형토기	노형기대	대부단경호	고배	컵형토기	대호	각종호류	기타	토기합계	장신구 및 비고	랭크
	5									1		1	1	3		c
	48				1						1	6	5	13		a+
	36				1						2	1		4	통형기대	a+
	9				1						2		2	5		?
	1				1							1		2		d

죽동리 유적

기타	철기합계	오리형토기	복합토기	대부장경호	대부직구호	노형토기	노형기대	대부단경호	고배	컵형토기	대호	각종호류	기타	토기합계	장신구 및 비고	랭크
1	14					1	1	3				6		11		b
	7					1		1				6	1	9		b
4	7							1				4	2	7		d

다운동 유적

기타	철기합계	오리형토기	복합토기	대부장경호	대부직구호	노형토기	노형기대	대부단경호	고배	컵형토기	대호	각종호류	기타	토기합계	장신구 및 비고	랭크
	12										1	10	4	15		b
	5											4	2	6		c
	5											2		2	파괴고분	c
	3											2	3	5	파괴고분	d
	8											1	1	2		b
	1											1	1	2		d
	2				3							1	1	5	파괴고분	?
	8				3								2	5		b
	6											2		2		c
	2	1			1							2	1	7	파괴고분	c
													1	1		d

분기	묘곽그룹	고분번호	묘곽형식	목곽크기	장폭비	갑주	철모	환두대도철검	곡도	유자이기	세장형철부	철촉	마구	따비	주조철부	단조철부	착형철기	낫	도자
1b	A	16	IB1a?	513x87x29	5.9:1		3									1		1	1
	B	25		302x97x34	3.11:1														
2a	A	55	IB1a	577x111x38	5.2:1	1						4				1			
		96	IB1a	535x137x30	3.91:1	1													
	B	53		322x97x31	3.32:1		1		1	1						2		1	
		2		330x112x15	2.95:1		1												2
		121		309x86x21	3.59:1														
		40		295x70x22	4.21:1											1			1
	C	97		225x66x29	3.41:1							1							
2b	B	58		290x80x30	3.63:1		4					3				1		1	2
		101		(278)x(120)x24			5									1		1	
		52		327x90x39	3.63:1		3				1	1				2		1	1
	C	100		242x71x25	3.41:1							6							
		9		275x86x30	3.2:1											1		1	
		73		270x87x29	4.74:1														
	D	131		190x55x15	3.45:1														
2b	C	적4	?	276x90x20	3.07:1		1												
		목3		288x74x49	3.89:1														
2a	B	45		310x67x13	4.63:1		1									1			2
2b	A	69		382x84x26	4.55:1														1
		37		450x111x12	4.05:1														1
2b	?	1	?	(151)x121x10															
	C	2	IIC	266x96x10	2.77:1														
2a	C	가-7	IIB	(307)x(102)x33															
		가-9	IIA	388x110x37	3.53:1														
		가-6	?	232x(82)x22															
2b	C	가-10	IIA	323x111x53	2.91:1		1					3				1		1	1
		가-4	IIC	302x146x30	2.07:1		1									2		1	1
		가-2	IIA	360x117x35	3.08:1													1	

기타	철기합계	오리형토기	복합토기	대부장경호	대부직구호	노형토기	노형기대	대부단경호	고배	컵형토기	대호	각종호류	기타	토기합계	장신구 및 비고	랭크
	6							1				3		4	마노환옥 3	?
												3		3		?
3	9	2			1						1	4	5	13	꺾쇠 2, 철환 1	?
	1		2		1		1					2		6		?
	6				1							4	3	8		c
1	4						1					1	3	5	마노다면옥 7	c
												3	1	4		d
	2											2		2		d
	1									1				1		d
2	13									1		1	1	3	유리곡옥 1, 마노다면옥 7	b
	7											1		1		b
	9				1							3	1	5		c
1	7									1		2	1	4		d
	2											2	2	4		d
			1											1		d
					1							2		3		d

기타	철기합계	오리형토기	복합토기	대부장경호	대부직구호	노형토기	노형기대	대부단경호	고배	컵형토기	대호	각종호류	기타	토기합계	장신구 및 비고	랭크
	1											1		1		c
												2	1	3	마형대구1.경식1(남색유리환옥88)	d

기타	철기합계	오리형토기	복합토기	대부장경호	대부직구호	노형토기	노형기대	대부단경호	고배	컵형토기	대호	각종호류	기타	토기합계	장신구 및 비고	랭크
	4									1		1	2	4		?
1	2											3		3		?
1	1						1				2	4	3	10	통형기대	?

기타	철기합계	오리형토기	복합토기	대부장경호	대부직구호	노형토기	노형기대	대부단경호	고배	컵형토기	대호	각종호류	기타	토기합계	장신구 및 비고	랭크
												2		2		?
												1	1	2		?

기타	철기합계	오리형토기	복합토기	대부장경호	대부직구호	노형토기	노형기대	대부단경호	고배	컵형토기	대호	각종호류	기타	토기합계	장신구 및 비고	랭크
									1	1		2		4		d
												3		3		d
												1		1		d
	7											3	2	5		c
	5											3		3		c
	1											2	1	3		d

분기	묘곽그룹	고분번호	묘곽형식	목곽크기	장폭비	갑주	철모	환두대도철검	곡도	유자이기	세장형철부	철촉	마구	따비	주조철부	단조철부	착형철기	낫	도자
2b	C	나-4		(313)x(155)x35												1			
	D	나-6		110x39x17	2.82:1													1	1

분기	묘곽그룹	고분번호	묘곽형식	목곽크기	장폭비	갑주	철모	환두대도철검	곡도	유자이기	세장형철부	철촉	마구	따비	주조철부	단조철부	착형철기	낫	도자
1a	B	인왕814/3-4	IIA	348X148	2.35:1		9			1		20			4	5		1	1
	?	황95/6-9	?	(221)x65x8												1			
1b	B	황95/6-1	IIA	315x85x18	3.71:1		8			2								2	1
	?	월가-30	?	?x130x55															
2a	?	월가-29	?	?x(380)x80		판갑	1	1				20			6				
	B	황95/6-6	IIA	359x79x26	4.54:1		1							1					
	?	월가-31	?	?x?x60		소찰													
2b		월가-8	?	?x200x6												1			
		월가-12	?	?x(390)x65		소찰													
		황95/6-3	?	(104)x58x11															
		인814/3-1(토)	?																

천군동 피막유적

기타	철기합계	오리형토기	복합토기	대부장경호	대부직구호	노형토기	노형기대	대부단경호	고배	컵형토기	대호	각종호류	기타	토기합계	장신구 및 비고	랭크
	1											4	3	7		d
	2											1		1		d

월성북 고분군

기타	철기합계	오리형토기	복합토기	대부장경호	대부직구호	노형토기	노형기대	대부단경호	고배	컵형토기	대호	각종호류	기타	토기합계	장신구 및 비고	랭크
	41					1	4							5		b
	1		1		1								1	3		d
	13						1					5	2	8		b
						1						9		10	석목	?
6	35				1		1				2	6	2	12	철정 3, 꺽쇠 1, 궐수형 1	?
	2				4		1	1	4	4		2	3	19		c
	1							1	4	2	2	13		22	토제어망추 1	?
17	18						3					2	4	9	교구 5, 금동고리 2 外, 통 · 발형기대　　석목	?
	1											4	1	5	석목	?
					1						1		1	3		?
					1									1		?

신라 조기 별표 범례

1. 묘곽 형식의 기호가 표시되지 않은것은 IIA식 단독곽임.
2. 목곽크기는 길이x너비x묘광깊이(cm)임. 단 ( ) 내는 묘광의 크기이거나 파괴분의 묘광 잔존 길이 또는 보고서의 이상수치임.
3. 주부곽식 묘곽의 길이는 주곽과 부곽의 길이를 합한 것인데, 이혈주부곽과 동혈주부곽 중 토·석격벽이 있는 것은 격벽너비를 제외한 것임.
4. 토기 집계에서 뚜껑과 동체가 같이 나온 경우 뚜껑 수는 제외하였음.
5. 통형기대와 발형기대는 노형기대란에 그 수를 표시하고 비고에 기록하였음.
6. 갑주에서 소찰은 철기 합계에서 제외되었음.
7. 중산리(동)유적과 월성북고분군 비고란의 석목은 석재충전목곽묘임.

별표 18. 신라 전기 월성북고분군 현황(1)

고분						금 관모와 과대				금동 관모와 과대·식리					은 관모와 과대				백화·수피관모	관수식		팔찌	반지	귀걸이		경흉식
묘제	고분명	묘곽형식	주곽크기	주곽상면	부곽크기	대관	모관	관식	과대	대관	모관	관식	과대	식리	대관	모관	관식	과대		태환	세환			태환	세환	
석목	월성 가-13	?	300X165X?	흙	?															1	2					금3 흉5
적목	황남 110	1A1	?	자갈	?						1		○					1			○				1	1
적목	황오 14-1	1A1	?	자갈	?					○							1	1						1	1	1
점목	쪽샘 C10	1A1	368X128X?	흙	200X160X?																					
석목	월성 가-6	?	?	자갈	?																					
적목	황남 109-3·4	1A2	350X120X?	자갈	?																				△	1
석목	인왕(문) 9	2C	300X85X?	흙																					1	
불명	인왕(문) 10	2B	270X80X?	자갈																					1	1
적목	황오 14-2	1A1	?	자갈	?																			1		1
석목	미추 5-6	2C	202X90X?	모래																						
토	황오 100-19	?	?X87X?	흙																						
석목	월성 가-5	?	?X140X?	자갈																						
석목	쪽샘 A1	2C	190X100X?	흙																						
석목	미추 5-2	2B	290X110X?	자갈																						
점목	황남 95/6-12	?	?X99X?	흙																						
석목	인왕(문) 2	?	252X115X?	흙																						
점목	황남 95/6-13	2B	217X80X?	흙																						
석목	인왕 c-5	?	250X80X?	?																						
토	인왕(문) 16	?	175X60X?	흙																						
토	황오 100-18	?	312X91X?	흙																						
토	인왕(문) 1	?	290X?X?	흙																						
적목	황남대총 남	1A3	650X410X370	자갈	380X520X130		1	1	6	1	2	3	1	1	1	1	4	3			○		7 은12	7	7	금1 흉1
적목	황남대총 북	2C	680X460X400	자갈		1				1		3	1	1			4	2			3쌍 ○	금11	금20	20	5	5
석목	쪽샘 C9	2C	375X100X?	흙																					△	1
불명	황남 파-4	2B	380X100X?	?																					1	
석목	쪽샘 C1	2C	277X71X?	흙																			1			
석목	쪽샘 C4	2B	267X72X?	자갈																						
점목	월성 나-13	?	280X100X?	흙																						
석목	쪽샘 A2	2C	250X80X?	흙																						
불명	인왕(문) 3B	?	?X80X?	?																						
석목	쪽샘 C16	1A1	336X102X?	흙	132X156																					
수석	월성 가-11-1	?	?X80X75	흙																						
점목	황남 95/6-4	2B	271X111X?	흙																						
점목	황남 95/6-11	2C	?X88	흙																						
토	황남 95/6-2	2C	205X45X?	흙																						

용기류 = 유리용기·귀금속판제용기·청동주조용기·목철기·철솥·호 / 마구류 = 장니·장식안교·철·목안교·등자·재갈·탁·령·행엽·운주 / 무기류 = 갑주·장식대도·철대도·鉾·鏃·유자이기 / 공구류 = 철정·철봉·농기구·단야구·끌·주·단조철부·낫·도자

착장대도	유리용기	귀금속판제용기	청동주조용기	목철기	철솥·호	장니	장식안교	철·목안교	등자	재갈	탁·령	행엽·운주	갑주	장식대도	철대도	鉾	鏃	유자이기	철정·철봉	농기구	단야구·끌	주·단조철부	낫	도자	거울	토기류	비고	고분랭크
금·은장										1			4	6	3	3						1				56	5인장, 성시구	?
은장								1	1	2		21		1	1	4	49	2				11	7	9		219		a
은장					1 호1			1	2	2		14		1		8	36					9	3	12		90		a
?								1	1	2		3	마갑 찰갑	1		9	6	2			끌1	3	2	1		29		?
?															1		30		25			16				23	묘곽일부 발굴	?
철								1	2	2		2	○		3	8	28	2				4	5	1		43		b
															1	1						1		1		11		b
																										15	방추차 1	b
										1		10				4	0	3	4		끌2	2	4	8		76		b
																1	1				끌1	3	2	1		13		c
																	1					1	1			2	파괴고분	c
																	12					1				16		d
																	2					2	1			17	파괴고분	d
																							1	4		14	파괴고분	d
																							1			4	파괴고분	d
																								1		3	파괴고분	d
																										7		d
																										4		d
																										3		d
																										2		d
																										2		d

착장대도	유리용기	귀금속판제용기	청동주조용기	목철기	철솥·호	장니	장식안교	철·목안교	등자	재갈	탁·령	행엽·운주	갑주	장식대도	철대도	鉾	鏃	유자이기	철정·철봉	농기구	단야구·끌	주·단조철부	낫	도자	거울	토기류	비고	고분랭크
금동장	7	40	9	17	4		6	1	11	9		768	금동·은경갑	10	32	543	1075	10	1382	삽14 쇠20		380		54	1	2143		특a
	5	47	9	30	3	○			2	7	탁14	605	6		8	38			20	살포2	1	7	4	4	1	94	자기 1, 방추차 6	특a
철								1	1			3			1	2	32	2				1	1	4		43		b
								1	○						1											○		b
																2	10				끌2	1				15		c
															1	1	2					4	1	2		9		c
																1	9						1	1		27	파괴고분	c
																	7						1	1		18	파괴고분, 성시구	d
																			5				1	1		79	파괴고분, 방추차1	
																										32	파괴고분	d
																										12		
																										9		
																										7		d

별표 19. 신라 전기 월성북고분군 현황(2)

묘제	고분명	묘곽형식	주곽크기	주곽상면	부곽크기	금-대관	금-모관	금-관식	금-과대	금동-대관	금동-모관	금동-관식	금동-과대	금동-식리	은-대관	은-모관	은-관식	은-과대	백화·수피관모	관수식-태환	관수식-세환	팔찌	반지	귀걸이-태환	귀걸이-세환	경흉식
적목	금관총	2C	640X420X?	자갈		1	1	1	1	2		1		2	1			4	6		○	금12 은17	금13 은3	4	2	多
적목	황오 41	1A1	540X330X145	자갈	390X400X?							1	1				1	1	1						1	1
적목	항오 16-4·5	1B4a	315X90X?	자갈	350X100X?													1	1	○					1	
적목	쪽샘 B1	1B2a	370X140X?	자갈	250X250X?													1			○				1	
불명	황남 파-2	1B4b	430X?X?	자갈	?													○			○				1	
적목	황호 33-동	2C	300X120X?	자갈														1	1						1	1
적목	황남 109-1	1B2a	370X170X?	자갈	?													?	1						1	
적목	황오-남	2C	350X140X?	자갈														1			○			1	1	1
적목	황오-북	2C	370X100X?	자갈						1			○					?				은2	은○	1		
적목	황오 16-8·10	1A1	280X90X?	자갈	?					1								1						1		
적목	황오 16-2·3	1B2a	310X110X?	자갈	250X260X?					1								1			○			1		
적목	황오 1-남	1B2a	250X140X?	자갈	210X270X?													1		○			은○			1
적목	황오 16-6·7	1A1	330X90X?	자갈	220X260X?													1		○			금2			
적목	황오 5	2C	360X130X?	자갈														○		○		금4	금1 은1	1		1
적목	인왕 149	2C	395X144X?	자갈														1							1	1
적목	황남 82-동	1B1	440X170X?	자갈	170X170													1							1	1
적목	황남 95/6-1	2C	396X110	자갈														1							1	
적목	황남 95/6-2	2C	403X97	자갈														1								
적목	쪽샘 B2	1A1	390X160X?	자갈	170X200																			1		1
적목	쪽샘 B3	1B2b	280X150X?	자갈	220X220X?																				1	
적목	계림 51	2B	310X90X?	?																					1	
적목	계림 50	2C	350X80X?	?																					△	
적목	황오 16-9	2C	330X95X?	자갈																					△	
적목	쪽샘 B6	1A1	380X120X?	자갈	170X170X?																			1		1
적목	미추 5-2	2C	342X130X100	자갈																				1		
적목	황남 109-2	1B2a	?X150X?	자갈	?																					
불명	황남 파-3	2C	480X?X?	?																							
적목	인왕(협) 1	2C	180X80X?	자갈																							
적목	인왕(협) 2	2C	240X55X?	자갈																							
석목	월성 나-8	?	?X120X?	흙																							

착장대도	용기류					마구류							무기류					공구류							거울	토기류	비고	고분랭크
	유리용기	귀금속판제용기	청동주조용기	목철기	철솥·호	장니	장식안교	철·목안교	등자	재갈	탁·령	행엽·운주	갑주	장식대도	철대도	鉾	鏃	유자이기	철정·철봉	농기구	단야구·끌	주·단조철부	낫	도자				
?	2	40	3	多	4	○	4		5	○	37	509	금동찰갑 금동경갑	10		8	○		多			4		多		61		특a
금동장	6	1	1		2	?	2	○	4	6	8	多	비갑 2	2		16	多	5	10	3	끌1	14	7	49		396		a
(은장?)철			2	○	1			1	2	2	29	7			2		10				1	3				58	방추차6	a
은장					2		1	2	2	2		18		2	3		45	2	3		2	5	6	36		278		a
은장									1			3		1	2		70		○					3		72		a
은장					1				1			31		1	4		24	○		1		2		5		35		a
철															1		5						3	4		25		a
철			1		1									1	3	8	12	2	○		끌1	1	4	29		56		a
					1							12			1	5		2	○					14		39		a
			1		1							5			2					28	1	3	1	2		95		a
			2		1		1		1	1	1	13		1	2	3				4		4		2		270		a
					1		1			2							6		○	3		9		4		170		a
																		4		1	1	7	5	5		46	방추차6	a
					1							○											X	3		19		a
은장					1		1					5		1	6		10	13	12			4		7		58		a
							1		1	1					1		4	2	○			2		1		220		a
							1		1	1					1	1	5	2				2	3	5		22		a
							1		1							1	9						1	13		48		a
은장							1		3	3		11		2	2		64	2				2	1	19		112	성시구	b
철					1		2		1	2		14		1			31	2				2	3	9		132		b
철									1						2		1							5		25		b
										1							16						1	1		32		b
														1	1		3	2					1			52		b
										2		15						2			2	3	2	22		180		b
																		1				2	1	4		39	방추차2	b
									1	1		3						2				1		4		69		b
									1	1							82		多	1		4				103		b
														1			7						1	1	1	61		c
														1			1						1	1		48		c
														1									1	3		28	파괴고분	d

별표 20. 신라 전기 월성북고분군 현황(3)

| | 고분 | | | | | 금 관모와 과대 | | | | 금동 관모와 과대·식리 | | | | | 은 관모와 과대 | | | | 백화·수피관모 | 관수식 | | 팔찌 | 반지 | 귀걸이 | | 경흉식 |
| | | | | | | | | | | | | | | | | | | | | | | | | | | |
묘제	고분명	묘곽형식	주곽크기	주곽상면	부곽크기	대관	모관	관식	과대	대관	모관	관식	과대	식리	대관	모관	관식	과대		태환	세환			태환	세환	
수석	쪽샘 A16	2C	300X75X60	자갈																						
불명	쪽샘 A9	2C	340X100X?	자갈																						
석목	황오 100-14	1B4a	280X152X?	자갈	주곽에 포함																				△	
불명	월성 가-4	2C	370X130X?	자갈																					△	
석목	월성 나-12	2C	273X152X?	흙																						
불명	인왕(문) 2	2C	165X75X?	흙																						
불명	인왕(문) 7	2C	320X90X?	자갈																						
적목	미추 5-4	2C	290X114X114	자갈																						
석목	인왕(문) 8	2C	235X73X?	흙																						
불명	인왕(문) 6A	2C	282X88X?	자갈																						
불명	인왕(문) 6B	2C	290X100X?	자갈																						
수석	인왕(협) 9	2C	260X120X?	자갈																						
점목	황오 100-12	2C	?	흙																						
불명	인왕(협) 3	2C	270X70X?	흙																						
적목	계림 48	2C	240X90X?	?																						
적목	계림 49	2C	260X80X?	?																						
적목	계림 52	2B	310X80X?	자갈																						
적목	계림 53	2C	280X60X?	자갈																						
점목	인왕(문) 14	2C	246X76X?	흙																						
점목	황오 100-17	2C	280X117X?	흙																						
불명	월성 나-7	?	?X75X?	흙																						
수석	인왕(협) 5	2C	?	자갈																						
수석	인왕(협) 14-1	?	250X100X?	자갈																						

착장대도	용기류					마구류							무기류					공구류							거울	토기류	비고	고분랭크
	유리용기	귀금속판제용기	청동주조용기	목철기	철솥·호	장니	장식안교	철·목안교	등자	재갈	탁·령	행엽·운주	갑주	장식대도	철대도	鉾	鏃	유자이기	철정·철봉	농기구	단야구·끌	주·단조철부	낫	도자				
																		3						2		18		d
																		1	1				1	1		46	파괴고분	d
																	3					1	2	1		71		d
																								1		26	파괴고분	d
																	1		1					1		60	파괴고분	d
																	4					1		1		36		d
																							2	1		32		d
																	2							1		14		d
																	2						1			48		d
																								1		23		d
																								1		13		d
																								1		19	방추차 1	d
																								1		18	파괴고분	d
																								1		32	파괴고분	d
																										9	방추차 1	d
																										20		d
																										52		d
																										38		d
																										18		d
																										18		d
																										3	파괴고분	d
																										15		d
																										1	파괴고분	d

신라 전기 별표 범례
1. 음영은 착장복식품의 종목을 나타냄. 음영 내의 복수는 부장품을 포함한 수임.
2. 관수하식, 귀걸이, 장니 등의 1쌍은 1로 표기하였음.
3. 귀걸이의 △표시는 수식 없는 세환임.
4. 철솥·호는 철호 수만 따로 표시, 호 표시 없는 것은 철솥임.
5. 안교 복륜이나 안교용 교구가 출토된 경우도 안교 출토로 봄.
6. 청동 복륜 이상 출토되었을 경우 장식안교 부장으로 봄.
7. 중소형 칼은 기본적으로 도자에 포함했으나, 중형 중 큰 것은 대도에 합한 것도 있음.
8. 철모에는 일부 물미 수가 포함됨.
9. 농기구는 U자형 삽날, 쇠스랑, 살포, 호미의 합계임.
10. 단야구·끌의 단야구는 집게, 가위, 망치이며, 끌은 따로 표시함.
11. 토기는 솥뚜껑으로 쓴 발형기대 동체 외에는 모두 뚜껑을 제외한 수임.

| 고분 | | | | | | 금 관모와 과대 | | | | 금동 관모와 과대·식리 | | | | | 은 관모와 과대 | | | | 백화·수피관모 | 관수식 | | 팔찌 | 반지 | 귀걸이 | | 경흉식 |
묘제	고분명	묘곽형식	주곽크기	주곽상면	부곽크기	대관	모관	관식	과대	대관	모관	관식	과대	식리	대관	모관	관식	과대		태환	세환			태환	세환	
적목	천마총	2C	660X420X210	자갈		1	1	2	1	1	1		1	1				2	8		○	금4 은4	금10	2	4	1
적목	금령총	2C	480X350X150	자갈		1	2		1					1				1	8		○	금4 은4	금11 은6	5	3	6
적목	서봉총	2C	(375X195X?)	자갈		1			1	1				1				1		○		금3 은4	금11 은1	6	3	1
적목	식리총	2C	525X330X120	자갈										1				3	4		○	은○	은○		1	1
적목	노서 138	2C	380X150X?	자갈										1				1			○	은4 (도금)	금5 은3		1	1
적목	은령총	2C		자갈						1								1			○	은2	은10		1	1
적목	황오 16-1	2C	320X100X?	자갈						1								1	1			은2			1	1
적목	노동 4	2C	485X240X?	자갈														1	3		○	은2 금동1	은19		1	1
적목	미추 7-5	?	?X150X?	자갈						1								?	1						1	?
적목	황오 16-11·12	1B4c	310X120X?	자갈	100X100X													1		○						
적목	황남 82-서	1B4a	310X100X?	자갈	300X170X?					1								1						1		
적목	황오 33-서	2C	260X100X?	자갈															○			금동4		1		1
적목	미추 7-7	1B2	280X?X?	자갈	160X?X?																				1	
수석	쪽샘 C8	?	296X56X?	자갈																					1	
불명	월성 가-1	?	?X165X?	자갈																					△	
적목	미추 C-1	2C	320X130X?	자갈																					1	
적목	미추 9A-1	2A	280X103X?	자갈																				1		1
적목	황남 95/6-5	2C	319X122	자갈																						
적목	미추 5-8	2A	385X125X?	자갈																				1		
적목	황남 83	2C	430X120X?	자갈																						1
불명	인왕(문) 1	1B4c	375X90X?	자갈	160X80X?																					1
수석	인왕(문) 3	?	?X45X?	자갈																						
점목	인왕 814/4-2	2c	273X77	흙																						
불명	인왕(협) 13	?		자갈																						
수석	미추 5-16	2C	258X80X72	자갈																					△	
점목	황오 100-16	2C	253X76X?	흙																					△	
석목	월성 가-15	1B2a	260X60X55	자갈	주곽에 포함																				△	
불명	황남 106/3-3	2C	270X90X80	자갈																					△	

착장대도	유리용기	귀금속판제용기	청동주조용기	목철기	철솥·호	장니	장식안교	철·목안교	등자	재갈	탁·령	행엽·운주	갑주	장식대도	철대도	鉾	鏃	유자이기	철정·철봉	농기구	단야구·끌	주·단조철부	낫	도자	거울	토기류	비고	고분랭크
금동장	2	33	4	多	4	3	5		5	5	59	330	금동경갑	4	3	24	118		43		끌1	8	2	63		62		특a
금동장	2	13	8이상		2	1	3		4	3	54	100		4		4	24	4	6	1	2	8	4	53	1	85	방추차1	특a
	2	2	1	多	2		1			2		61					9	4		6		3	4	46	1	71	유리팔찌2	특a
은장			6	多	2		1		3	3	8	93		3		10	34	2	7		끌1	4	1	34		30	방추차2	a+
			2	多	2		○		2	1	1	9				4	2		9			2		17		19		a+
			1	多	1		○	1	1	1	4	35				4	5	3	3	1		3	3	22		多	방추차1	a+
			3		1		1		1	1	21	9					15					2				36		a+
은장					2		1		1	1	3	70	금동경갑	4		6	13	1	12	1		11	2		2	12	성시구	a
?							1					26		2	3		7	1	8	1			1	5		48	묘곽1/2발굴	a
								1	1			2					11			2			3			多		a
												6			2			2		2	끌2	4	1			95		a
					1호1					1		9					21	○	6			7	4	6		30	부곽제외·방추차1	a
은장					2					1			1													13		b
은장													1											3		14	파고고분	b
?							1		1	1							6	1	4			2	3	1		46		b
									1	1		○			1	1	多					2		0		多		b
										1		4						2				2	1	1		40	방추차3	b
									1	1		1					18					2				46	파고고분	?
																		4						1		41		b
철															1		7		3					5		84		c
															1				2					3		124		c
?															1								1			1	파고고분	c
															1		2									34		c
															1											24	파고고분	c
																							1	1	1	3		d
																	2						1	1	1	16		d
																										20		d
																									1	69		d

묘제	고분명	묘곽형식	주곽크기	주곽상면	부곽크기	금 관모와 과대				금동 관모와 과대·식리					은 관모와 과대				백화·수피관모	관수식		팔찌	반지	귀걸이		경흉식
						대관	모관	관식	과대	대관	모관	관식	과대	식리	대관	모관	관식	과대		태환	세환			태환	세환	
적목	인왕(협) 14	2A	?	자갈																						
수석	인왕(문) 1	1B2a	222X75X?	자갈	84X75X?																					
불명	황남 106/3-4	2C	300X100X75	자갈																						
수석	인왕(문) 4	?	225X55X?	자갈																						
수석	쪽샘 A5	?	232X59X?	자갈																						
적목	미추 5-14	2C	257X100X70	자갈																						
불명	인왕(협) 4	2C	190X50X?	자갈																						
불명	인왕(협) 12-2	?	?X70X?	흙																						
적목	인왕(협) 21	2A	?X80X?	자갈																						
적목	인왕(협) 15	2C	?	자갈																						
적목	미추 5-15	2B	327X110X70	자갈																						
수석	인왕(협) 20	2A	286X44X?	자갈																						
불명	인왕(문) 5	?	343X115X?	자갈																						
수석	쪽샘 C3	2A	230X59X?	흙																						
수석	미추 5-18	2A	190X56X45	자갈																						
수석	인왕(협) 8	?	265X85X50	흙																						
수석	미추 5-9	?	92X30X35	흙																						
수석	미추 5-17	2C	273X81X83	자갈																						
적목	인왕(협) 10	2C	?X100X?	흙																						
불명	쪽샘 A12	2C	300X90X?	자갈																						
수석	미추 C-10	2C	240X75X60	자갈																						
수석	미추 5-11	2A	130X56X40	자갈																						
수석	미추 C-9	?	220X45X55	자갈																						
수석	미추 4-2	2A	200X100X60	자갈																						
수석	인왕(협) 12-1	?	?X90X?	흙																						
점목	인왕(협) 19-1	2C	230X90X?	흙																						

착장대도	용기류					마구류							무기류					공구류							거울	토기류	비고	고분랭크
	유리용기	귀금속판제용기	청동주조용기	목철기	철솥·호	장니	장식안교	철·목안교	등자	재갈	탁·령	행엽·운주	갑주	장식대도	철대도	鉾	鏃	유자이기	철정·철봉	농기구	단야구·끌	주·단조철부	낫	도자				
																		2					3	1		25		d
																		1					1	3		47		d
																			2					1		34	철탁	d
																			1			2	1	1		3	파괴고분	d
																	3						1	1		2		d
																						1	1	3		26		d
																	1							1		12		d
																								1		24	파괴고분	d
																							1			13	파괴고분	d
																	1							4		29	파괴고분	d
																								2		55		d
																								1		13	방추차 1	d
																								1		7	파괴고분	d
																								1		3	파괴고분	d
																	2									17		d
																								1		2	파괴고분	d
																								2		2		d
																								1		29		d
																										21	파괴고분	d
																										28	파괴고분	d
																										12		d
																										4		d
																										2		d
																										5		d
																										9	파괴고분	d
																										9		d

묘제	고분명	묘곽형식	주곽크기	주곽상면	부곽크기	금 관모와 과대 대관	금 모관	금 관식	금 과대	금동 관모와 과대·식리 대관	금동 모관	금동 관식	금동 과대	식리	은 관모와 과대 대관	은 모관	은 관식	은 과대	백화·수피관모	관수식 태환	관수식 세환	팔찌	반지	귀걸이 태환	귀걸이 세환	경흉식
적목	호우총	2C	(420X140X120)	자갈						1				1				1	○		○	금2	금10		1	1
적목	계림 14	2C	350X135X?	자갈														2	○						2	
적목	황오 4	2C	(380X115X?)	자갈														1			○	은4	은10		1	2
적목	미추(4)3-1	2C	?	자갈																	○				1	1
적목	보문합장분	2C	?	자갈						1												동2 은2	은10	1		○
적목	노서 215	?	?	?																		금2 은2	금5 은5	1		금1 유리1
횡석	황남 151		434X200X?	자갈														1						2	1	
적목	미추(4)3-2	2C	?	자갈																					1	
적목	미추 9A-3	1B4c	290X150X?	자갈	90X90X?																				1	
적목	쪽샘 B4	2A	330X140X?	자갈																					1	
적목	미추 9A-2	2A	340X135X?	자갈																					△	
불명	황남 106/3-6	2A	340X100X70	자갈																					△	
불명	황남 106/3-1	1B2a	190X100X?	자갈	90X100X?																				1	
적목	미추 C-2	2A	?	자갈																				1		
적목	미추 C-3	2A	?	자갈																				1		1
적목	황남 151	?	?	자갈																				1		
적목	황남 95/6-4	2B	?X170	자갈																					△	
점목	월성 가-9	?	?	흙																						
수석	황남 106/3-2	1B4c	180X60X45	자갈	60X70X?																				△	
수석	인왕(문) 2	?	170X50X?	자갈																					△	
석목	쪽샘 A3	?	180X80X?	자갈																						
수석	월성 나-6	1B4d	180X65X30	자갈	60X60X?																					
불명	황남 106/3-5	2A	290X100X?	자갈																						
수석	쪽샘 A4	2A	200X40X40	자갈																						
수석	미추 5-19	?	145X45X56	자갈																						
수석	월성 가 13-1	?	?	자갈																						
불명	미추 5-5	2C	?	자갈																						
적목	인왕(협) 6	2C	155X?X?	자갈																						
수석	인왕(협) 19	1B2a	192X78X?	자갈	주곽에 포함																					
수석	쪽샘 A6	2B	210X55	흙																						
수석	미추 5-20	2C	204X64X36	자갈																						

착장대도	용기류					마구류							무기류					공구류							거울	토기류	비고	고분랭크
	유리용기	귀금속판제용기	청동주조용기	목철기	철솥·호	장니	장식안교	철·목안교	등자	재갈	탁·령	행엽·운주	갑주	장식대도	철대도	鉾	鏃	유자이기	철정·철봉	농기구	단야구·끌	주·단조철부	낫	도자				
금동장			2	多	1 호1		1		1	1	10	42		2	5	2	2	1	10			4	1	1		多		a+
금장 은장			1	○			3		3	2		33		2			17									5	2인장	a
			3		2				2	2	5	○		2	2		25			1	2	2		11		40		a
								1	1	2		21			2	1	35					2	1	17		7		a
										1	4	3	3									2		3		20		a
																						2						a
									2			6			2			4				2		1		6	추가장	a
								1	1	1		7	1	1	1		10	1	3			2	3	2		21		b
철								1	○	1		3			1	1	19	2			끌1	2	1	7		8		b
																		3	5			4	3	10		88		b
								1	1	2		○					3					3	3	4		19		b
								1	1	1		11					3	2	5			2	3	7		52		b
																							1	1		1	파괴고분	b
												○					多					2				多		b
									1	1		1										2				多		b
												5												1		20		b
										1		2						2	1			1	1	6		53		b
															1											8	파괴고분	c
																								1		16	파괴고분	d
																								1		7	파괴고분	d
																							1	1		7	파괴고분	d
																			2					1		19		d
																	1				1		2			18		d
																	1						1	1		10		d
																							1			5		d
																										25	파괴고분	d
																										25		d
																										14		d
																										15	방추차2	d
																										7		d
																										7		d

별표 24. 신라 전기 각 지구 고분군 현황(1)

분기	묘제	고분명	묘곽형식	주곽크기	주곽상면	부곽크기	금 관모와 과대				금동 관모와 과대·식리					은 관모와 과대				백화·수피관모	관수식		팔찌	반지	귀걸이		경흉식
							대관	모관	관식	과대	대관	모관	관식	과대	식리	대관	모관	관식	과대		태환	세환			태환	세환	
1Bc	석목	한16-적17	1B2a	340x115x30	자갈																						
2b	적목	한16-적3	1B2a	334x124x48	자갈	183x150x?					1												은2유1	은5	1		1
2b	석목	한16-적5	2B	330x110x?	자갈																	○					
2b	점목	한16-목3	2B	300x100x?	흙																						
2b	석목	한16-적1/1	1B2a	140x113x?	자갈																						
2b	석목	한15-적4	2C	176x50x35	흙																						
2b	점목	한15-목2	2C	255x80x18	흙																						
2b	석목	한16-목2	2B	266x84x16	흙																						
2b	석목	한15-적5	2C	335x80x35	흙																						
2b	석목	한16-적7	2B	367x128x27	자갈																						
2b	석목	한16-적2	2A	460x130x59	흙																						
2b	석목	한16-적1	1A1	317x111x11	자갈	93x132x?																					
2b	석목	한16-적11	2C	280x105x10	흙																						
2a	석목	신-적1	?	?	흙																						
2b	석목	한15-적3	2C	230x65x45	자갈																						
3b	석목	한16-적15	2B	380x100x10	자갈																	○				△	
3b	석목	신-적3	1B2a	345x100x75	자갈 나무	130x90x?																				△	
3a	석목	한15-적8	?	(198)x48x29	흙																						
3b	석목	한16-적4	2B	385x87x26	흙																				△		○
3a	석목	한16-적9	1B2a	300x76x28	자갈	100x105x?																					
3a	석목	한16-적12	2A	280x100x15	자갈																						
3a	석목	금-목	2C	235x61x43	흙																						
3a	석목	금-적2	2C	225x56x45	흙																						
3a	점목	한16-목1	2B	234x66x?	흙																						
3a	석목	한16-적10	?	(256)x115x15	자갈																						
3a	석목	한16-적8	?	(300)x76x23	흙																						
3a	점목	서-목	2A	232x60x34	흙																						
3b	석목	서-적1	2B	294x72x26	자갈																						
3b	석목	서-적2	2C	228x76x20	흙																						

998

대도착장	용기류					마구류							무기류							공구류					거울	토기류	비고	고분랭크
	유리용기	귀금속판제용기	청동주조용기	목철기	철솔·호	장니	장식안교	철·목안교	등자	재갈	탁·령	행엽·운주	갑주	장식대도	철대도·검	鉾	鏃	유자이기	철정·철봉	농기구	단야구·끌	주·단조철부	낫	도자				
																1	1					1	1	1		24	교구2	c
																1	1				끌2	5	4	4		110	철교구2, 판상철기1	a
○										1		3			3	3	20	2				1	2	3		22	성시구, 철환2, 철교구6, 은과판3	b
										1					1	1	13						2	2		11	방추차1, 성시구, 대구	b
										1					1	1	3	1				3	1	1		14	불명철판2, 철교구1	b
										1						1	2	4			끌1			1		15	교구2	b
○															1									1		13	기타 철기1	c
															1	1	2					1	1			25		c
																1						1				36	방추차1	c
																		1	3							29		d
																	6					3	1	1		14		d
																		1				1				54	판상철기1	d
																										26		d
																										6		d
																										6		d
○										1		3			1	4	15	1				3		1		35	은과판2, 교구1, 단금구1, 철교구3, 기타1	b
								1	1								6					1				119	철교구2, 은금구1	b
															1	1	4									7	파괴고분	c
																			2					1		15		d
																		2					2			25		d
																		2								7		d
																	2							1		25		d
																								1		20		d
																								1		9		d
																										35	파괴고분	d
																										28	파괴고분	d
																										24		d
																								1		5		d
																										18		d

분기	묘제	고분명	묘곽형식	주곽크기	주곽상면	부곽크기
4a	석목	한15-적9	2A	312x85x17	자갈	
4a	석목	한16-적13	2A	280x100x?	자갈	
4a	점목	한15-목	2A	218x52x30	흙	
4a	토	신-토	?	?	흙	
4a	점목	신-목	2A	230x90x20	흙	
4a	석목	한15-적1	2A	310x80x38	자갈	
4a	석목	신-적2	2A	200x90x?	자갈	
4a	석목	한15-적10	1B4c	?	자갈	
4b	석목	한15-적2	2c	288x85x40	자갈	
4b	석목	한15-적12	2A	184x55x15	자갈	
4b	석목	한15-적11	?	208x58x22	흙	
4b	석목	한15-적7	?	(173)x50x15	자갈	
4b	토광	유물갱	?	90x80x?	흙	

대도착장	용기류					마구류							무기류					공구류							거울	토기류	비고	고분랭크
	유리용기	귀금속판제용기	청동주조용기	목철기	철솥·호	장니	장식안교	철·목안교	등자	재갈	탁·령	행엽·운주	갑주	장식대도	철대도·검	鉾	鏃	유자이기	철정·철봉	농기구	단야구·끌	주·단조철부	낫	도자				
																		3								10		d
																	7		1					1		4		d
																	2							3		10		d
																	1									7	철교구1, 기타 철편1	d
																										10	벗1	d
																										30		d
																										21		d
																										14		d
																										6		d
																										2		d
																										2		d
																										1		d
								1			3						4									58	성시구	

신라 전기 각 지구 고분군 범례

1. 귀걸이 △표는 수식 없는 세환·태환이 1점 또는 1쌍 출토된 것임.
2. 철준은 철모 수에 포함함.
3. 유자이기에는 가시가 없으나 장방형 철판 하단부에 자루구멍이 있는 것을 포함함.
4. 일반 도자보다 규모가 조금 큰 小刀 中刀는 도자 수에 포함함.
5. 토기 뚜껑은 토기 합계에 포함하지 않음.

분기	묘제	고분명	묘곽형식	주곽크기	주곽상면	부곽크기	금 관모와 과대				금동 관모와 과대·식리					은 관모와 과대				백화·수피관모	관수식		팔찌	반지	귀걸이		경흥식
							대관	모관	관식	과대	대관	모관	관식	과대	식리	대관	모관	관식	과대		태환	세환			태환	세환	
1Aa	점목	북목57	1A1	346x92x64	흙	181x123x?																					
1Ab	점목	신목105	2B	347x103x29	흙																						
1Ab	점목	신목104	1B2a	313x87x30	흙	98x115x?																					
1Aa	석목	신목95	2B	285x90x18	흙																						
1Aa	석목	북목31	2A	287x93x41	흙																						
1Ab	점목	북목105	1B1	355x95x?	흙	185x90x?																				△	
1Ab	점목	북목18	2A	355x85x75	흙																						
1Aa	석목	북목30	1B2a	314x94x43	흙	109x106x?																					
1Ab	석목	신목94	2A	338x104x53	흙																						
1Aa	점목	북목48	2C	208x64x20	흙																						
1Aa	점목	북목95	2B	285x88x22	흙																						
1Aa	점목	북목71	?	293x(88)x10	흙																						
1Ab	점목	북목47	2A	225x58x17	흙																						
1Aa	점목	북목77	2A	320x80x30	흙																						
1Ab	점목	신목3	2A	293x80x28	흙																						
1Ab	점목	신목12	?	?	흙																						
1Ab	점목	신목92	2A	312x85x29	흙																						
1Ab	점목	신목91	2A	244x80x38	흙																						
1Aa	점목	북목103	?	?	흙																						
1Aa	점목	북목104	2C	270x78x4	흙																						
1Aa	점목	신목113	2A	280x73x?	흙																						
1Ba	점목	북목96	2A	337x99x30	흙																						
1Bc	점목	북목10	1B2a	322x92x40	흙	136x112x?																					
1Bb	석목	북목26	1B1	325x113x53	흙	230x133x?																					
1Bb	석목	북목81	1B2a	315x95x32	흙	108x107x?																					
1Bb	석목	북목13	1A1	338x110x47	흙	182x171x?																					
1Bc	석목	북목92	2C	254x137x43	흙																						
1Bb	점목	북목96	2B	335x106x39	흙																						
1Bb	점목	북목45	1B2a	294x104x30	흙	130x110x?																					

대도착장	용기류					마구류							무기류					공구류							거울	토기류	비고	고분랭크
	유리용기	귀금속판제용기	청동주조용기	목철기	철솥·호	장니	장식안교	철·목안교	등자	재갈	탁·령	행엽·운주	갑주	장식대도	철대도·검	鉾	鏃	유자이기	철정·철봉	농기구	단야구·끌	주·단조철부	낫	도자				
															1	6		1				3	2	2		15		b
																2		2				1	1	1		11		c
																1	2				끌1	3	7			30		c
																1						1	1	1		5		c
																1							2	1		6		c
																1						1				18	주곽파괴	?
																	4	1					2			10		d
																			2				1			7		d
																		1					2			5		d
																	3						1	1		4		d
																							1	1		5		d
																							1	1		5	파괴	d
																							1	1		5	파괴	d
																							1			5	청동방울1	d
																								1		6		d
																										4	파괴	d
																										8		d
																										4		d
																										4	파괴	d
																										6		d
																										4		d

1B기(1)

대도착장	유리용기	귀금속판제용기	청동주조용기	목철기	철솥·호	장니	장식안교	철·목안교	등자	재갈	탁·령	행엽·운주	갑주	장식대도	철대도·검	鉾	鏃	유자이기	철정·철봉	농기구	단야구·끌	주·단조철부	낫	도자	거울	토기류	비고	고분랭크
																9			1				1			7		b
																5		2			끌1	1	2	1		27		b
																2	1	2			끌1	2	1			55	철서3	c
																3		2				2	1			6		c
																2			1				2	2		26	철교구2	c
															1	1	18						1	2		5	대도금구	c
																1			2			2	1	1		11	파괴	c
																1			2			2				14		c

		고분					금 관모와 과대				금동 관모와 과대·식리					은 관모와 과대				백화·수피관모	관수식		팔찌	반지	귀걸이		경흉식
분기	묘제	고분명	묘곽형식	주곽크기	주곽상면	부곽크기	대관	모관	관식	과대	대관	모관	관식	과대	식리	대관	모관	관식	과대		태환	세환			태환	세환	
1Bb	점목	신목107	2C	311x102x18	흙																						
1Bc	석목	북목29	2B	303x88x46	흙																						
1Bb	점목	북목28	1B2a	267x84x43	흙	108x92x?																					
1Ba	점목	북목49	2B	303x67x31	흙																						
1Bb	석목	북목16	2B	260x82x28	흙																						
1Bb	점목	신목102	2B	273x75x34	흙																						
1Ba	점목	북목20	2A	301x85x15	흙																						
1Bc	점목	북목58	2C	233x82x25	흙																						
1Bb	석목	북목15	2B	205x90x24	흙																						
1Bb	점목	신목99	?	?	흙																						
1Bc	점목	북목89	1B2a	198x100x?	흙	170x122x?																					
1Bb	점목	북목11	1B2a	?x103x39	흙	140x100x?																					
1Ba	점목	북목7	2B	240x99x24	흙																						
1Ba	점목	신목101	2B	300x90x18	흙																						
1Ba	점목	북목41	2B	263x75x10	흙																						
1Bb	점목	신목97	2B	278x98x37	흙																						
1Bc	석목	북목2	2B	299x100x49	자갈																						
1Bc	점목	북목117	1B2a	310x110x62	흙	110x110x?																					
1Bc	점목	북목25	2A	369x117x68	흙																						
1Ba	점목	북목35	?	?	흙																						
1Bb	점목	신목96	2B	261x87x?	흙																						
1Bb	점목	신목98	?	(271)x86x11	흙																						
1Bb	점목	북목73	?	483x?x?	흙																						
1Ba	점목	북목17	2C	307x74x30	흙																						
1Bb	점목	북목36	?	?	흙																						
1Bb	석목	북목14	?	?	흙																						
1Ba	점목	북목72	?	?	흙																						
1Bc	점목	북목42	2B	335x110x?	흙																						
1Bb	점목	북목50	2B	304x80x?	흙																						
1Bc	석목	북목3	2B	330x142x?	흙																						
1Bb	점목	신목106	2C	242x87x?	흙																						

대도착장	용기류					마구류							무기류					공구류							거울	토기류	비고	고분랭크
	유리용기	귀금속판제용기	청동주조용기	목철기	철솥·호	장니	장식안교	철·목안교	등자	재갈	탁·령	행엽·운주	갑주	장식대도	철대도·검	鉾	鏃	유자이기	철정·철봉	농기구	단야구·끌	주·단조철부	낫	도자				
																1						2	1	1		10		c
																1		1				2	2	1		21		c
																1						2				10		c
																1						1	1	3		11		c
																1						1	1	1		12		c
																1						1	1			7		c
																1	1									7	불명철기1	c
																	1						1			4		d
																						2	1			9		d
																						2	1			6	파괴	d
																						2	1			10		d
													투구1									2				5	주곽파괴	?
																						1	1			15		d
																							1	1		7	일부파괴	d
																							1	1		6		d
																							1	1		5		d
																							1	1		17		d
																							1			26		d
																							1			14	파괴	d
																							1			11	파괴	d
																							1			5	일부파괴	d
																							1			3	일부파괴	d
																							1			5	파괴	d
																								1		7		d
																										20	파괴	d
																										10	파괴	d
																										3	파괴	d
																										8	부분파괴	d
																										5	파괴	d
																										6		d
																										5		d

분기	묘제	고분명	묘곽형식	주곽크기	주곽상면	부곽크기	금 관모와 과대				금동 관모와 과대·식리					은 관모와 과대				백화·수피관모	관수식		팔찌	반지	귀걸이		경흥식
							대관	모관	관식	과대	대관	모관	관식	과대	식리	대관	모관	관식	과대		태환	세환			태환	세환	
2b	석목	강34	1B2b	(252)x115x26	자갈	122x120x45					1										○						
2a	석목	강33	1B2b	310x110x55	자갈	100x75x?																					
2b	석목	강40	2C	332x120x45	자갈																						
2b	석목	북목22	2C	335x100x54	자갈																					△	
2a	석목	북목8	?	(288)x100x37	흙																					△	
2a	점목	북목23	1B2b	330x120x55	흙	156x155x?																					
2a	석목	북적2	2B	346x106x102	흙																					△	
2a	석목	북적1	1B2b	300x100x65	자갈	120x140x?																					구옥2
2a	석목	북목56	1B1	290x120x22	흙	180x130x?																					
2a	석목	북목24	1B2b	357x110x50	자갈	110x150x?																					
2a	점목	북목94	2B	283x92x27	흙																					△	
2b	석목	강32	2B	320x95x35	흙																					△	
2a	석목	북목69	2C	315x88x27	흙																						
2b	석목	북목119	2C	329x98x95	자갈																						
2b	석목	강41	2C	286x105x65	자갈																						
2a	점목	북목27	2B	382x86x17	흙																						
2a	점목	북목80	1B2a	225x95x41	흙	90x102x?																					
2a	점목	북목38	2B	253x80x12	흙																						
2a	석목	북목118	2B	342x110x105	자갈																						곡옥1 구옥14
2a	석목	강43	1B2b	440x100x20	자갈																						
2a	석목	북목116	2B	320x100x60	자갈																						
2b	석목	북목90	?																								
2a	석목	북목43	1B2b	280x110x47	흙	105x95x?																					
3b	석목	한3	1B2a	295x115x3	자갈	139x155x?																					
3b	석목	강39	?	?	자갈																						
3b	석목	강17	?	?x90x30	자갈																						
3b	석곽	강7	2C	280x70x52	자갈																					1	
3a	석목	강44	2C	333x100x30	자갈																						
3b	점목	북목70	2B	445x98x48	자갈																					△	

대도착장	용기류					마구류							무기류						공구류						거울	토기류	비고	고분랭크
	유리용기	귀금속판제용기	청동주조용기	목철기	철솥·호	장니	장식안교	철·목안교	등자	재갈	탁·령	행엽·운주	갑주	장식대도	철대도·검	鉾	鏃	유자이기	철정·철봉	농기구	단야구·끌	주·단조철부	낫	도자	거울	토기류	비고	고분랭크
															1			4						5		33	주곽 두부파괴	a
○									1	1		3			1	4	19	2			끌1	2	1	5		105	교구7,기타철기2	b
															1	4							1	1		66		c
○															1	1	29	2				1	2	2		43	철판편6	c
															1	1	8					2	1	2		13	파괴	c
																2	1					1	1			36	일부파괴	c
																1	1					1	1	3		38		c
																1		2					3	2		65		c
																1		4						1		53		c
																		4					2	2		36	철편1	d
																	12				끌1	1	1	1		16	철환4, 교구1	d
																	12					1	1			22	철탁1	d
																	9						3			13	일부파괴	d
																	2						1			32		d
																		2					1	1		29		d
																		1					1	1		10	일부파괴	d
																		1					1	1		23		d
																						1	2			13		d
																							1	2		23		d
																							1	2		28		d
																							1			16	방추차1	d
																										12	파괴고분	d
																										16		d

3기(1)

대도착장	유리용기	귀금속판제용기	청동주조용기	목철기	철솥·호	장니	장식안교	철·목안교	등자	재갈	탁·령	행엽·운주	갑주	장식대도	철대도·검	鉾	鏃	유자이기	철정·철봉	농기구	단야구·끌	주·단조철부	낫	도자	거울	토기류	비고	고분랭크
○								1	1	1		10			1		34	2	5		끌1	1	1	7		44	교구2, 단금구 등 3	b
									1	1						1	15	1	1				2	1		11	성시구 철환3 파괴고분	b
										1							5				끌1	4	2	8		34	단금구4,교구5, 지석1, 파괴고분	b
																1	13						1	2		32		b
																1	18				끌2	3	2	2		33		c
																1	8	2					2	1		38		c

분기	묘제	고분명	묘곽형식	주곽크기	주곽상면	부곽크기	금 대관	금 모관	금 관식	금 과대	금동 대관	금동 모관	금동 관식	금동 과대	금동 식리	은 대관	은 모관	은 관식	은 과대	백화·수피관모	관수식 태환	관수식 세환	팔찌	반지	귀걸이 태환	귀걸이 세환	경흉식
3a	석목	북목55	2B	437x110x59	흙																						
3a	석목	북적2	2B	415x100x89	흙																						
3a	석목	한6	?	?	자갈																						구옥5
3a	석목	강35	1B2b	430x120x47	자갈																				△		
3b	점목	북목91	2B	462x100x51	흙																						
3b	석목	강15	?	?x80x30	자갈																						
3b	석목	강18	2C	268x62x?	자갈																						
3b	적목	한15-2	2C	319x73x91	자갈																						
3b	불명	한15-1	?	(221)x105x83	자갈																						
3a	적목	한15-5	1B2a	290x105x70	자갈	150x137x88																					
3b	석목	북목68	2B	368x100x52	흙																						
3a	석목	한1	?	?	흙																						구옥 다수
3a	석목	한8	1B2a		자갈																						
3b	석목	한7	1B2a	?	자갈																						
3a	석목	강31	2C	307x105x55	자갈																						
3b	석목	강21	2B	360x110x?	자갈																						
3b	적목	한15-6	2C	295x90x67	자갈																						
3a	점목	강41	?	?x96x38	흙																						
3a	점목	북목37	2B	387x120x35	흙																						
3b	점목	한2	2C	355x88x?	자갈																						구옥8
3a	석목	강28	2C	330x110x32	자갈																						
3b	석곽	강5	2A	275x75x?	자갈																						
3b	석곽	강15	2A	240x75x?	자갈																						
3a	석목	한15-3	?	(192)x94x30	흙																						
3b	석목	북목97	2C	165x93x?	자갈																						곡옥1
3b	석목	강9	?	?	자갈																						
3a	석목	북목5	?	?																							
3b	수석	신적7	1B2a	275x90x79	자갈	115x153x?																					
3a	석목	한4	유물곽		흙																						

| 대도착장 | 용기류 | | | | | 마구류 | | | | | | | 무기류 | | | | | 공구류 | | | | | | | 거울 | 토기류 | 비고 | 고분랭크 |
대도착장	유리용기	귀금속판제용기	청동주조용기	목철기	철솥·호	장니	장식안교	철·목안교	등자	재갈	탁·령	행엽·운주	갑주	장식대도	철대도·검	鉾	鏃	유자이기	철정·철봉	농기구	단야구·끌	주·단조철부	낫	도자	거울	토기류	비고	고분랭크
																1	5	4				2	1	2		32	일부파괴	c
																1		1	1			1	1			56		c
																1	1							3		43	금동 소환4, 단금구 등	c
																	7	2			끌1	1	1			58		d
																	3	3	2				1	1		47		d
																	2	1			끌1	1	1			27	숫돌1	d
																	2					1	1	1		12		d
																	2							2		53		d
																	1									21	묘곽 반파	d
																		1	4			2	1			114		d
																		1						1		65	철판2	d
																		1						1		64		d
																		1								40		d
																		1								27	주곽파괴	?
																			1			2	1			38	기타철기6	d
																						2	1			46		d
																						2	2			24		d
																							1			9	파괴고분	d
																							1			29		d
																								1		73		d
																								1		31	일부파괴	d
																								1		13		d
																								1		8		d
																								1		7	묘곽 반파	d
																										27		d
																										32		d
																										25		d
																										51	부곽파괴	?
																										50	유물곽	

		고분					금 관모와 과대				금동 관모와 과대·식리					은 관모와 과대				백화·수피관모	관수식		팔찌	반지	귀걸이		경흥식
분기	묘제	고분명	묘곽형식	주곽크기	주곽상면	부곽크기	대관	모관	관식	과대	대관	모관	관식	과대	식리	대관	모관	관식	과대		태환	세환			태환	세환	
4a	석목	신적8	?	?	자갈																					1	
4b	석목	신적1	2C	360x100x61	자갈																						
4b	점목	신목15	?	?	흙																						
4b	석목	북목98	?		자갈																					△	
4a	적목	한15-4	?	(275)x82x113	자갈																					△	
4a	석목	강11	2C	315x75x?	자갈																						구옥 5
4b	석목	북목40	2A	270x87x42	자갈																						
4b	불명	신적3	2C	275x100x60	자갈																					△	
4b	석목	강18	2C	268x62x46	자갈																						
4a	석목	강23	2B	203x120x35	자갈																						
4a	수석	신적6	2C	215x85x113	자갈																						
4a	석목	강7	2C	295x85x75	자갈																						
4a	석목	북목41	2C	303x92x20	흙																						
4b	점목	신목79	?	?	자갈																						
4a	점목	신목86	2B		흙																						
4a	석목	강22	2C	260x100x?	자갈																						
4b	석목	신목7	2C	(318)x115x16	자갈																						
4a	석목	강8	2C	290x70x45	자갈																						
4b	수석	한15-석	2A	288x61x81	흙																						
4a	석목	신적4	유물곽	230x180x?	자갈																						
4b	수석	신75	2A	216x42x50	자갈																						
4b	수석	신90	1B2a	431x?x46	자갈																						
4b	수석	신91	2C	296x79x53	자갈																						
4b	수석	신82	2C	285x73x79	자갈																						
4b	수석	신17	2C	196x46x69	자갈																						
4b	수석	신64	2C		자갈																					△	
4a	수석	신10	2C	278x70x52	자갈																					△	
4b	수석	신6	2C	225x62x64	자갈																						
4b	수석	신21	2C	271x71x41	자갈																					△	
4b	횡구?	신74	2C	258x68x43	자갈																						
4a	수석	강12	2C	280x80x?	자갈																						
4a	수석	강17	2C	215x75x46	자갈																						
4b	수석	신12	1B4c	194x54x41	자갈	51x40x?																				△	

용기류: 유리용기, 귀금속판제용기, 청동주조용기, 목철기, 철솔·호 / 마구류: 장식안교, 철·목안교, 등자, 재갈, 탁·령, 행엽·운주 / 무기류: 갑주, 장식대도, 철대도·검, 鉾, 鏃 / 공구류: 철정·철봉, 농기구, 단야구·끌, 주·단조철부, 낫, 도자

대도착장	유리용기	귀금속판제용기	청동주조용기	목철기	철솔·호	장니	장식안교	철·목안교	등자	재갈	탁·령	행엽·운주	갑주	장식대도	철대도·검	鉾	鏃	유자이기	철정·철봉	농기구	단야구·끌	주·단조철부	낫	도자	거울	토기류	비고	고분랭크
																	1		2			2	2	1		56	파고고분	b
																	2		1			1	2	1		55		d
																	3							1		7	교구3, 파괴고분	d
																	1					1	2			9		d
																	6						1	1		43	묘곽 반파	?
																							1	2		34		d
																							1	1		22		d
																								3		15		d
																							1	1		26		d
																						1				57		d
																								1		66		d
																								1		30		d
																								1		20		d
																								1		15	파괴고분	d
																										40	방추차2	d
																								1		11	방추차1	d
																										29	일부파괴	d
																										18		d
																								1		3	교구8, 철기1	d
							o	1	1			12					9					1	1			122		

4기(석곽묘1)

대도착장	유리용기	귀금속판제용기	청동주조용기	목철기	철솔·호	장니	장식안교	철·목안교	등자	재갈	탁·령	행엽·운주	갑주	장식대도	철대도·검	鉾	鏃	유자이기	철정·철봉	농기구	단야구·끌	주·단조철부	낫	도자	거울	토기류	비고	고분랭크
						1																1	1	1		18	교구3, 등자편? 열쇠?, 일부파괴	b
																	9						1	1		29		d
																	3	4						1		10		d
																	5						1	1		33		d
																	4						1			8		d
																	1							2		11		d
																	3							1		17		d
																	2									10		d
																					3	1	2	4		27		d
																						2	1	1		36	4b→후1c	d
																						1	1	1		8		d
																							1	1		3		d
																							1	1		2		d

분기	묘제	고분명	묘곽형식	주곽크기	주곽상면	부곽크기	금 관모와 과대				금동 관모와 과대·식리					은 관모와 과대				백화·수피관모	관수식		팔찌	반지	귀걸이		경흉식
							대관	모관	관식	과대	대관	모관	관식	과대	식리	대관	모관	관식	과대		태환	세환			태환	세환	
4b	수석	강9	2A	220x50x40	자갈																					△	
4b	수석	신23	2A	237x80x38	자갈																						
4b	수석	신80	2A	209x60x55	흙																						
4b	수석	신79	2C	211x50x66	자갈																						
4b	수석	신70	?	(270)x75x55	자갈																						
4a	수석	강6	2B	240x75x51	자갈																					△	
4b	수석	신14	1B2a	254x51x57	자갈																						
4b	수석	신31	2C	310x143x58	자갈																						
4b	수석	신69	2C	274x51x74	자갈																						
4b	수석	신5	2A	(239)x61x36	자갈																						
4b	수석	신62	?	(250)x60x34	자갈																						
4b	수석	신63	?	(156)x54x40	자갈																					△	
4b	수석	북목21	2C	265x100x80	흙																					△	
4a	수석	한적9	2A	109x150x47	흙																						
4a	수석	북13	2B	183x51x43	흙																						
4a	수석	강8	2C	100x35x43	흙																						
4a	수석	신9	2C	140x55x31	자갈																						
4a	수석	신16	2C	244x66x60	자갈																						
4a	횡구	신20	2C	284x55~65x38	자갈																						
4a	수석	신26	2C	269x211x20	자갈																						
4a	수석	강1	?	210x50x40	자갈																						
4a	수석	북4	2C	268x81x48	자갈																						
4b	수석	신7	1B2a	262x57x52	자갈																						
4b	수석	신13	1B2a	(248)x79x37	자갈																						
4b	수석	신52	2C	260x50x46	자갈																						
4b	수석	신58	2C	222x70x36	자갈																						
4b	수석	신59	2C	228x92x38	자갈																						
4b	수석	신67	2C	232x74x52	자갈																						
4b	수석	신85	2C	177x45x64	흙																						
4b	수석	강2	?	(210)x40x23	흙																						
4b	수석	강10	?	(125)x55x32	자갈																						
4b	수석	신28	유물곽	143x91x41	흙																						
4b	수석	신73	유물곽	147x98x46	흙																						
4b	수석	신93	유물곽	109x80x84	흙																						

대도착장	용기류					마구류							무기류					공구류							거울	토기류	비고	고분랭크
	유리용기	귀금속판제용기	청동주조용기	목철기	철솔·호	장니	장식안교	철·목안교	등자	재갈	탁·령	행엽·운주	갑주	장식대도	철대도·검	鉾	鏃	유자이기	철정·철봉	농기구	단야구·끌	주·단조철부	낫	도자				
																							1	1		14		d
																							1			13		d
																							1			6		d
																							1			9		d
																							1			8		d
																								1		24		d
																								1		10	방추차1	d
																								1		16		d
																								1		5		d
																								1		4		d
																								1		18		d
																								1		12		d
																								1		23	개석1매	d
																										5		d
																										9		d
																										3		d
																										18		d
																										24		d
																										24	4a->4b	d
																										5	방추차1	d
																										10		d
																										24		d
																										22		d
																										10		d
																										11		d
																										10		d
																										3	파괴고분	d
																										4		d
																										2		d
																										6		d
																										5		d
																										46	방추차1	
																										45		
																										59		

별표 32. 신라 전기 각 지구 고분군 현황(9)

고분							금 관모와 과대				금동 관모와 과대·식리					은 관모와 과대				백화·수피관모	관수식		팔찌	반지	귀걸이		경흥식
분기	묘제	고분명	묘곽형식	주곽크기	주곽상면	부곽크기	대관	모관	관식	과대	대관	모관	관식	과대	식리	대관	모관	관식	과대		태환	세환			태환	세환	
4a	적목	보문리고분	2C	6.67x5.15x2.73)	자갈														1				은1 금동2	금2 은2		1	1
4b	적목	보문적석곽	2C	3.60x1.80	자갈						1												은2 금동2	은10	1		
1Ba	점목	나-5	2A	230x86x31																						△	
1Ba	점목	나-11	2B	305x91x24																							
1Ba	점목	나-3	2A	243x109x19																							
1Bc	점목	나-2	2B	294x108x24																							
1Ba	토	나-11	2A	155x64x16																							
2b	점목	가-4	?																								
2a	점목	나-7	?	273x120x37																							
2a	토	가-5	?	?																							
2a	토광	나-19	?	266x?x25																							
2b	점목	가-3	?																								
3b	수석	가-4	2B	270x70x46	자갈																					△	
3b	수석	가-5	2B	308x60x50	자갈																						
3b	수석	가-3	2B	260x52x58	자갈																						
3a	토광	가-6	?																								
3b	점목	가-7	?	?x150x10																							
3b	토	가-8	?	310x90x10																							
3b	수석	가-8	?		자갈																						
4a	토	가-2	2B	357x145x25																							
4a	수석	가-1	2B	260x70x20	자갈																						
4a	수석	가-2	2B	328x52x80	자갈																						
4a	수석	가-7	2B	232x78x40	자갈																						
4b	수석	가-6	?																								

보문동고분군

대도착장	용기류					마구류							무기류					공구류							거울	토기류	비고	고분랭크
	유리용기	귀금속판제용기	청동주조용기	목철기	철솥·호	장니	장식안교	철·목안교	등자	재갈	탁·령	행엽·운주	갑주	장식대도	철대도·검	鉾	鏃	유자이기	철정·철봉	농기구	단야구·끌	주·단조철부	낫	도자				
			1		2		○		○			○			○				○							9	금사 외	a
										1			1									2		6		21		a

천군동 피막유적

대도착장	용기류					마구류							무기류					공구류							거울	토기류	비고	고분랭크
	유리용기	귀금속판제용기	청동주조용기	목철기	철솥·호	장니	장식안교	철·목안교	등자	재갈	탁·령	행엽·운주	갑주	장식대도	철대도·검	鉾	鏃	유자이기	철정·철봉	농기구	단야구·끌	주·단조철부	낫	도자				
																						1	1	2		2	묘광크기임	d
																							1	1		10	묘광크기임	d
																							1	1		5	묘광크기임	d
																								1		10	묘광크기임	d
																										2	묘광크기임	d
																			2					1		8		d
																							1	1		5	묘광크기임	d
																										3		d
																										3	묘광크기임	d
																										11		d
															2	1	12					1		1		30	묘광크기임 기타철기2	c
																	5					2	1	1		32	묘광크기임	d
																	3					2	1	7		24	묘광크기임 기타철기6	d
																										5		d
																										14	묘광크기임	d
																										2	묘광크기임	d
																										10		d
																										5	묘광크기임	d
																										8	철환1	d
																										27		d
																										15		d
																										3		d

분기	묘제	고분명	묘곽형식	주곽크기	주곽상면	부곽크기	금 관모와 과대				금동 관모와 과대·식리					은 관모와 과대				백화·수피관모	관수식		팔찌	반지	귀걸이		경흉식
							대관	모관	관식	과대	대관	모관	관식	과대	식리	대관	모관	관식	과대		태환	세환			태환	세환	
2b	수석	B-6	2A	290x80x75	자갈																						
3b	석목	B-적1	2C	280x110x32	자갈																						
3b	수석	B-4	2B	260x60x65	자갈																						
3a	수석	B-7	2A	315x70x35	자갈																						
3b	점목	B-2	2A	220x70x?	흙																						
3b	점목	B-1	2C	295x85x76	자갈																						
4a	수석	B-1	2C	280x70x70	자갈																						
4a	수석	B-5	?	270x70x60	자갈																						
4a	점목	B-3	2B	264x108x24	흙																						
4a	수석	B-3	2B	290x75x70	자갈																						
4b	점목	B-4	2C	240x50x20	흙																						
4b	수석	CI/1-10	2B	370x80x113	자갈																						
4b	수석	CI/2-2	2C	260x80x20	자갈																						
2b	수석	65	2B	395x58x63	자갈																						
2b	수석	53	2B	269x51x52	자갈																						
2b	수석	57	?	313x64x50	흙																						
2b	수석	18	2B	267x60x57	자갈																						
2b	수석	51	2B	297x60x60	자갈																				△		
2b	수석	62	?	?	흙																						
2b	수석	68	?	280x54x53	흙																						
3a	수석	27	2B	430x80x54	자갈																						
3a	수석	66	2B	326x61x74	자갈																						
3b	수석	69	2B	215x45x45	자갈																						
3b	수석	14	2B	302x40x70	자갈																						
3a	수석	63	2B	266x50x35	판석일부																						
3b	수석	42	2B	266x50x42	할석																						
3b	수석	50	?	(112x60x52)	자갈																						
3a	수석	31	2C	330x78x50	자갈																						
3b	수석	35	2B	157x52x50	자갈																						
3b	수석	49	2B	154x52x46	자갈																						
3a	수석	55	?	?	자갈																						
3a	수석	54	?	270x50x67	자갈																						

대도착장	용기류					마구류							무기류					공구류							거울	토기류	비고	고분랭크
	유리용기	귀금속판제용기	청동주조용기	목철기	철솥·호	장니	장식안교	철·목안교	등자	재갈	탁·령	행엽·운주	갑주	장식대도	철대도·검	鉾	鏃	유자이기	철정·철봉	농기구	단야구·끌	주·단조철부	낫	도자				
																										18	방추차2	d
																2						3				18		c
																	2						1			9		d
																						2	1			13		d
																										8		d
																										21		d
																	1						1			3		d
																							1			1		d
																										5		d
																										5		d
																										8		d
																										8	방추차1	d
																										5		d

율동 1108번지유적(1)

대도착장	용기류					마구류							무기류					공구류							거울	토기류	비고	고분랭크
	유리용기	귀금속판제용기	청동주조용기	목철기	철솥·호	장니	장식안교	철·목안교	등자	재갈	탁·령	행엽·운주	갑주	장식대도	철대도·검	鉾	鏃	유자이기	철정·철봉	농기구	단야구·끌	주·단조철부	낫	도자				
																1	10					3	1			31		c
																	9					1	1	1		20		d
																	4	3			끌1	4	1	2		10		d
																							1			10		d
																							1	1		21		d
																								1		5		d
																										2		d
																1	2					4	1	1		32	석제품1	c
																	18						1	1		18	철환1	d
																	9									7		d
																	8							1		11		d
																	5							1		14		d
																	1						1	1		14		d
																		2				3	1			10		d
																							1			28		d
																							1			9		d
																							1			9		d
																								1		2		d
																										8		d

분기	묘제	고분명	묘곽형식	주곽크기	주곽상면	부곽크기	금 관모와 과대				금동 관모와 과대·식리					은 관모와 과대				백화·수피관모	관수식		팔찌	반지	귀걸이		경흉식
							대관	모관	관식	과대	대관	모관	관식	과대	식리	대관	모관	관식	과대		태환	세환			태환	세환	
3b	수석	56	2B	314x56x58	판상할석																						
3b	수석	70	2B	208x56x58	자갈																						
3b	수석	13	2B	263x55x48	자갈																						
3b	수석	48	2A	190x52x73	판상할석																						
3b	수석	21	?	(215x61x46)	자갈																						
3b	수석	41	?	(337x70x44)	자갈																						
4b	수석	10	2B	415x95x75	자갈																						△
4b	수석	9	2B	320x60x63	자갈																						
4b	수석	6	?	?	자갈																						
4b	수석	7	?	(342x67x15)	자갈																						
4b	수석	67	?	200x49x60	흙																						
4a	수석	33	?	(134x51x48)	판상할석																						
4a	수석	17	?	121x4x15	자갈																						
4b	수석	15	2A	157x43x46	자갈																						
4b	수석	60	2B	318x57x60	자갈																						
4b	수석	19	2B	335x80x37	자갈																						
4b	수석	8	2C	133x44x66	자갈																						
4b	수석	59	2B	(230x60x20)	자갈																						
4b	수석	32	2C	82x41x35	자갈																						
4b	수석	34	2B	305x80x62	판상할석																						
4b	수석	2	?	?	자갈																						
4a	수석	12	2B	275x60x92	자갈																						
4a	수석	39	?	?	판상할석																						
4b	수석	23	2A	144x45x42	자갈																						
4b	수석	3	2B	300x60x55	흙																						
4b	수석	16	2B	135x39x44	자갈																						
4b	수석	30	2B	92x27x26	자갈																						
4b	수석	11	2C	360x60x91	흙																						
4b	수석	52	2C	(300x82x53)	자갈																						
4b	수석	20	?	?	흙																						
4b	수석	22	?	76x40x34	자갈																						
4b	수석	28	?	(378x65x90)	자갈																						
4b	수석	45	?	100x35x35	판상할석																						

대도착장	용기류					마구류							무기류					공구류							거울	토기류	비고	고분랭크
	유리용기	귀금속판제용기	청동주조용기	목철기	철솥·호	장니	장식안교	철·목안교	등자	재갈	탁·령	행엽·운주	갑주	장식대도	철대도·검	鉾	鏃	유자이기	철정·철봉	농기구	단야구·끌	주·단조철부	낫	도자				
																										15		d
																								1		23		d
																	1									8		d
																	1					2				5	뚜껑有	d
																							1			1		d
																	1							1		14		d
										1	1						12				끌1		1	2		32	교구3, 환2	b
																	5					1	1	2		22		d
																	5									3		d
																	4						1	2		5	곡옥1, 철환1	d
																	3									3		d
																	2							1		2		d
																	1									2		d
																	1							1		7		d
																						1				11		d
																							1	1		18	방추차1	d
																							1			3		d
																								1		8		d
																								1		3		d
																								1		14		d
																								1		4		d
																										14		d
																										7	방추차1	d
																										3		d
																										22		d
																										6		d
																										3		d
																										3		d
																										3		d
																										3		d
																										1		d
																										24		d
																										2		d

분기	묘제	고분명	묘곽형식	주곽크기	주곽상면	부곽크기	대관	모관	관식	과대	대관	모관	관식	과대	식리	대관	모관	관식	과대	백화·수피관모	태환	세환	팔찌	반지	태환	세환	경흥식
							금 관모와 과대				금동 관모와 과대·식리					은 관모와 과대					관수식				귀걸이		
1Ab	석목	IB-1	2C?	400x134x146	흙																						1
1Ab	점목	VIII-23	2A	305x79x52	흙																						
1Aa	점목	VIII-66	1B4c	(275)x85x65	흙																						
1Ab	석목	VIII-48-1	?	(233)x83x47	흙																						
1Ab	점목	VIII-85	2B	280x87x52	흙																						
1Ab	점목	VIII-36	2A	280x100x65	흙																						
1Aa	석목	VIII-47	1B1	?	흙																						
1Aa	점목	VIII-38	2A	245x75x57	흙																						
1Aa	점목	VIII-4	?	195x85x18	흙																						
1Ba	점목	VIII-33	1B2a	270x120x84	흙	200x135x84																					
1Bc	점목	VIII-61	2C	312x74x34	흙																						
1Bc	수석	동15	2B		흙																						
1Ba	석목	동29	1B4c		흙																						
1Bb	점목	VIII-13	2A	292x99x26	흙																						
1Bc	석목	VIII-63	2B	205x45x38	흙																						
1Bc	석목	동16	1B2a		흙																						
1Bc	석목	동8	2B		흙																						
1Bb	점목	VIII-50	1B1a	(246)x75x?	흙	154x112x?																					
1Bb	점목	VIII-42	1B4c	272x97x70	흙	100x60x?																					
1Ba	점목	VIII-35	1B3	258x87x75	흙	82x162x37																					
1Bc	석목	동4	1B4c		흙																						
1Bc	점목	VIII-77	1B4c	280x105x106	흙	100x62x?																					
1Bb	점목	VIII-13	?	(181)x65x33	흙																						
1Ba	수석	VIII-40	1B2a	240x70x?	흙	85x75x44																					
1Ba	석목	VIII-22	2B	247x105x43	자갈																						
1Bc	수석	동28	?		흙																						
1Bc	석목	VIII-29	?	257x(86)x43	흙																						
1Bb	점목	VIII-84	2B	303x92x34	흙																						
1Bb	수석	VIII-45	2C	212x52x35	흙																						
1Bb	점목	VIII-53	2B	236x69x26	흙																						
1Bc	석목	VIII-34	2B	265x85x70	흙																						
1Bc	석목	동5	2A		자갈																						1
1Bb	석목	VIII-44	2B	208x60x80	흙																						
1Ba	점목	VIII-68	1B4c	274x87x?	흙	155x77x?																					

대도착장	용기류					마구류							무기류					공구류							거울	토기류	비고	고분랭크
	유리용기	귀금속판제용기	청동주조용기	목철기	철솥·호	장니	장식안교	철·목안교	등자	재갈	탁·령	행엽·운주	갑주	장식대도	철대도·검	鉾	鏃	유자이기	철정·철봉	농기구	단야구·끌	주·단조철부	낫	도자				
○									1	1			투구1		3	8	27		1		끌1	6	1	2		12	교구1	b
																1			3		끌1		1	2		8		c
																1		1				1	3	1		10		c
																						2				8		d
																						1				6		d
																							1	1		7	방추차1	d
																										8	주곽반파	d
																										4		d
																										1		d
																10		9			1					22		b
○															1	2	7	1	6			2	1	1		7		b
																1	5					3	1	1		21		c
																1						1		1		8	주곽파괴	c
																1						2				3		c
																1										9		c
																	4									10	교구1,기타철편1	d
																	2							2		10		d
																	1			2			1			18	주곽파괴	d
																	1									11	교구2	d
																		2				3	2	1		13		d
																		1		7		2	2	1		24		d
																			1			2		1		19		d
																						1		1		3	파괴고분	d
																						1				12		d
																							1	2		8		d
																							1	1		14		d
																							1			3		d
																							1	1		8		d
																							1	1		3		d
																								1		8		d
																										14		d
																										8		d
																										11		d
																										8		d

분기	묘제	고분명	묘곽형식	주곽크기	주곽상면	부곽크기	금 관모와 과대				금동 관모와 과대·식리					은 관모와 과대				백화·수피관모	관수식		팔찌	반지	귀걸이		경흉식
							대관	모관	관식	과대	대관	모관	관식	과대	식리	대관	모관	관식	과대		태환	세환			태환	세환	
1Bc	점목	VIII-71	1B4c		흙																						
1Bc	점목	VIII-28	1B1		흙																						
1Ba	점목	VIII-37	2B	245x101x40	흙																						
1Ba	수석	VIII-43	2A		흙																						
1Bb	점목	VIII-69	2B	283x88x49	흙																						
1Bc	석목	VIII-86	2B	237x71x60	흙																						
1Bc	수석	VIII-79	2A	113x47x50	자갈																						
1Ba	점목	VIII-64	2A	197x71x51	흙																						
1Ba	석목	IA-51	1B1	288x88x110	흙	?																					
1Bb	불명	VIII-14	1A2	355x135x90	자갈	240x120x115																					
2a	불명	1C-2	1B2a	286x108x112	자갈	130x180x?																					
2a	석목	1B-2	1A1	326x100(206)	자갈	192x100x?																					1
2b	석목	1C-1	1B2a	312x96x114	자갈	130x188x114																					
2a	석목	VIII-73	1B4c	270x106x100	흙	115x75x?																					
2a	석목	VIII-80	1B4c	270x106x100	자갈	115x75x?																					
2b	석목	VIII-74	1B4c		자갈																						
2a	석목	동22	1B4c		흙																						
2a	석목	동62-1	?		자갈																						
2a	석목	동2	1B4c		자갈																						
2b	석목	VIII-5	?	(220)x82x35	흙																						
2a	수석	동35	2B		흙																						
2b	수석	동6	1B2a	300x110x138	자갈	138x190x100																					1
2a	수석	VIII-83	2A	225x63x53	흙																						
2a	석목	동36	2B		흙																						1
2a	석목	동17	1B4c		자갈																						
2b	석목	동40	1B4c		흙																						
2a	수석	VIII-19	2A	312x50x?	흙																						
2b	석목	동23	2C		흙																						
2a	석목	VIII-78	2A	207x65x80	흙																						
2a	수석	VIII-39	2B	270x75x65	흙																						
2b	수석	VIII-67	?	(100)x56x?	자갈																						
2a	수석	VIII-12	?		흙																						

대도착장	용기류					마구류							무기류					공구류							거울	토기류	비고	고분랭크
	유리용기	귀금속판제용기	청동주조용기	목철기	철솥·호	장니	장식안교	철·목안교	등자	재갈	탁·령	행엽·운주	갑주	장식대도	철대도·검	鉾	鏃	유자이기	철정·철봉	농기구	단야구·끌	주·단조철부	낫	도자				
																										8	주곽파괴	d
																										8	주곽유실	d
																										8		d
																										8		d
																										6		d
																										6		d
																										4		d
																										3		d
																						1		1		14	부곽유실	?
																										18	교구1, 기타철편1 도굴?	?
																												2기
									1	1		2										3	1			45	교구4,대구3	b
										1							9	4	1	3	끌1	3	2	1		48	꺽쇠8, 기타철편3, 방추차1	b
										1					1				5			2	1			25	교구4	b
○															1		3					1	1	5		21	숫돌1	c
															1							1	2	1		15		c
																	21					2	2	4		21		d
																	6	2				4	1	2		25		d
																	7					1	1	1		31	철편2, 묘곽파괴	d
																	6									19	방추차1	d
																	3					1	1			5	묘곽파괴	d
																	1					1				17		d
																				1			3	3		79	교구1, 철편1	d
																							1	1		5		d
																							1			15		d
																								1		29		d
																								1		8		d
																										22		d
																										14		d
																										9		d
																										9		d
																										6		d
																										7	묘곽파괴	d

분기	묘제	고분명	묘곽형식	주곽크기	주곽상면	부곽크기	금 관모와 과대				금동 관모와 과대·식리					은 관모와 과대				백화·수피관모	관수식		팔찌	반지	귀걸이		경흥식
							대관	모관	관식	과대	대관	모관	관식	과대	식리	대관	모관	관식	과대		태환	세환			태환	세환	
3b	적목	IA-1	1B4c	320x86x158	자갈	90x70x?																				△	
3b	수석	IV-23	1A1		자갈																				△		1
3b	석목	IV-19	2C	335x140x110	자갈																					△	
3b	수석	IV-22-1	1A1	260x90x80	자갈	130x160x80																					
3b	수석	V-9	2B	337x60x64	자갈																						
3a	수석	동11	2B		자갈																						
3b	수석	V-17-1	1B2a		자갈																						
3b	수석	VIII-76	2B	372x65x84	자갈																						
3a	수석	VIII-46	2B	365x70x55	자갈																						
3b	석목	VIII-82-1	1B4c	280x104x?	자갈	130x100x?																					
3a	수석	동30	?		자갈																						
3a	석목	IV-4-2	1B4c		자갈																						
3a	수석	동12	2B		자갈																						
3b	석목	V-21	1B1	197x58x48	자갈	120x90x?																					
3b	수석	IV-5	2A	354x70x42	자갈																						
3a	석목	IV-10	1B4c		자갈																						
3b	수석	IV-3	2B	304x78x34	자갈																						
3b	수석	V-20	1B4d	288x70x50	자갈	110x90x?																					
3b	횡구	V-7			자갈																						
3b	수석	VIII-20-2	1B4d		자갈																						
3b	수석	VIII-15	?		흙																						
3b	수석	V-17-2	1B1		자갈																						
3a	석목	VIII-75	1B4c	305x110x?	자갈	112x87x?																					
3a	석목	VIII-81	2A	(140x45x63)	흙																						
3a	수석	동7	2B		흙																						
3b	석목	IV-11	2C		자갈																						
3a	석목	VIII-31	2B	393x122x90	자갈																						
3b	석목	V-14	1B2a	276x70x63	자갈																						
3a	수석	동10	2B		자갈																						
3a	수석	VIII-20-1	1B2a	340x53x73	자갈																						
3b	수석	IV-6-1	2C		자갈																						

대도착장	용기류					마구류							무기류					공구류							거울	토기류	비고	고분랭크
	유리용기	귀금속판제용기	청동주조용기	목철기	철솥·호	장니	장식안교	철·목안교	등자	재갈	탁·령	행엽·운주	갑주	장식대도	철대도·검	鉾	鏃	유자이기	철정·철봉	농기구	단야구·끌	주·단조철부	낫	도자				
									1	1					1		22	2	1			2	2	5		53	편자1, 대구4, 교구4, 꺽쇠5	b
										1		1			1		1									48	대구6, 못6	b
																										16	도굴	?
															1	1		1	1					2		26	기타철기1	c
															1		2						1			3		c
															1		7					2	3	5		37		c
															1		4	1						4		31		c
																2						2				41		c
																1								1		27		c
																1	13	1				2	1	2		40		c
																	14	1				1	2			13	기타 철기2	d
																	3					1				3		d
																	2							1		32		d
																	1									3		d
																	1									5		d
																		1				2		3		14	기타 철기3	d
																						1				3		d
																							1	1		33		d
																							1	1		46	3b→4b	d
																								2		17		d
																								1		8	묘곽파괴	d
																								1		18		d
																								1		31		d
																								1		5	구옥11	d
																								1		16		d
																										15		d
																										27		d
																										12		d
																										15		d
																										13		d
																										9		d

분기	묘제	고분명	묘곽형식	주곽크기	주곽상면	부곽크기	금 관모와 과대				금동 관모와 과대·식리					은 관모와 과대				백화·수피관모	관수식		팔찌	반지	귀걸이		경흉식
							대관	모관	관식	과대	대관	모관	관식	과대	식리	대관	모관	관식	과대		태환	세환			태환	세환	
3a	수석	IV-4-1	2B		자갈																						
3b	수석	IV-8	1B2a		자갈																						
3b	수석	IV-12	?		흙																						
3b	수석	VIII-26	1B2a	275x90x42	자갈	105x110x?																					
3a	수석	IV-14	?		자갈																						
3b	수석	V-6-1		284x68x36	자갈																						
3b	수석	IV-2	1B2a		자갈																						
3b	수석	IV-18-1	2C	240x70x54	자갈																						
3a	수석	IV-21-2	?		흙																						
3b	수석	IV-9	?		흙																						
3b	수석	IV-16	?	204x53x60	자갈																						
3a	수석	IV-13	?		자갈																						
3b	석목	IV-19	2C	335x140x40	자갈																					△	
4a	수석	동32	2B		자갈																						
4a	석목	V-1	2A	310x66x64	자갈																						
4a	석목	V-5-1	1B2a	383x74x80	자갈	110x68x?																					
4a	수석	VIII-27	1B2a		자갈																						
4a	석목	동27	?		자갈																						
4a	석목	V-4	1B4d	320x84x80	자갈	73x67x?																					
4a	석목	V-2	1B4d	266x72x78	자갈	106x94x?																△					
4a	석목	V-16-2	1B2a	430x90x64	자갈																						
4a	석목	V-10-1	1B4c	284x90x42	자갈	70x55x?																		△			
4a	석목	V-5-2	1B4c	302x79x64	자갈	130x180x?																					
4a	수석	V-3-1	2A	204x63x111	자갈																						
4b	횡구	VIII-2			자갈																						
4b	석목	V-13	2B	352x82x54	자갈																						
4a	석목	VII-17	?		자갈																						
4a	횡구	VIII-1		260x107x75	자갈																						
4a	수석	V-6-2	2A	290x63x?	자갈																						
4a	석목	IV-22-3	2C	330x80x40	자갈																						

대도착장	용기류					마구류							무기류					공구류							거울	토기류	비고	고분랭크
	유리용기	귀금속판제용기	청동주조용기	목철기	철솔·호	장니	장식안교	철·목안교	등자	재갈	탁·령	행엽·운주	갑주	장식대도	철대도·검	鉾	鏃	유자이기	철정·철봉	농기구	단야구·끌	주·단조철부	낫	도자				
																										10		d
																										5		d
																										5		d
																										6		d
																										6		d
																										4		d
																										2		d
																										3		d
																										3		d
																										1		d
																										1		d
																										2		d
																										16	도굴	?

4기(1)

대도착장	용기류					마구류							무기류					공구류							거울	토기류	비고	고분랭크
	유리용기	귀금속판제용기	청동주조용기	목철기	철솔·호	장니	장식안교	철·목안교	등자	재갈	탁·령	행엽·운주	갑주	장식대도	철대도·검	鉾	鏃	유자이기	철정·철봉	농기구	단야구·끌	주·단조철부	낫	도자				
																	10							1		12		d
																	8	1				1	2	2		15		d
																	7						1	1		32	철탁1	d
																	6									10	철편1	d
																	5						1	1		15	소찰3, 묘곽파괴	d
																	4						1	1		20		d
																	3							1		20		d
																	2									44		d
																	2									15		d
																	1							1		38		d
																	1									13		d
																						1		1		11	4b→1a 기타철기2	d
																						1				18		d
																							2			8	묘곽일부파괴	d
																								1		29	4b→1a	d
																								1		15		d
																										24	교구1, 기타철편5, 구옥11	d

분기	고분						금 관모와 과대				금동 관모와 과대·식리					은 관모와 과대				백화·수피관모	관수식		팔찌	반지	귀걸이		경흉식
	묘제	고분명	묘곽형식	주곽크기	주곽상면	부곽크기	대관	모관	관식	과대	대관	모관	관식	과대	식리	대관	모관	관식	과대		태환	세환			태환	세환	
4a	수석	동14	2C		자갈																						
4a	석목	IV-22-2	1B2a		자갈																						1
4b	횡혈	V-15		265x102x50	자갈																	△					1
4a	석목	V-12-1	1B2a	276x70x63	자갈	92x80x?																					
4b	석목	V-18	2B	260x55x57	흙																						
4a	석목	V-16-1	1A1	356x105x73	자갈	131x130x?																					
4a	수석	VIII-30	2B	284x142x55	자갈																						
4b	수석	IV-22-4	2A	216x70x42	흙																						
4a	수석	동31	?		흙																						
4a	수석	IV-1	2C		자갈																						
4a	수석	IV-21-1	?		흙																						
4b	수석	VIII-11	?		자갈																						
4a	수석	V-12-2	?		자갈																						
4a	수석	VIII-24	2C	210x115x130	자갈																						
4b	석목	V-10-2	?	293x50x51	자갈																						
4a	수석	동13	2A		자갈																						
4a	수석	IV-20	?																								
1Aa	토	42	?	196x88x37	흙																						
3b	수석	I-1	2C	175x43x45	자갈																						
3b	수석	I-4	2C	240x59x68	흙																						
4a	석목	I-11	2B	331x153x30	흙																						
4b	수석	I-2	2C	242x55x45	흙																						
4a	석목	I-5	1B4b	260x60x53	흙	80x90x?																					
4a	점목	I-10	2C	295x110x35	흙																						
4a	점목	I-4	?	(230)x95x30	흙																						

중산리고분군(5)-4기(2)

대도착장	용기류					마구류							무기류					공구류							거울	토기류	비고	고분랭크
	유리용기	귀금속판제용기	청동주조용기	목철기	철솥·호	장니	장식안교	철·목안교	등자	재갈	탁·령	행엽·운주	갑주	장식대도	철대도·검	鉾	鏃	유자이기	철정·철봉	농기구	단야구·끌	주·단조철부	낫	도자				
																										2	기타 철기2, 묘곽파괴	d
																										13		d
																										15		d
																										15		d
																										11		d
																										44		d
																										14		d
																										10		d
																										14	묘곽파괴	d
																										4		d
																										4	묘곽파괴	d
																										4	묘곽파괴	d
																										3		d
																										3		d
																										2	묘곽일부파괴	d
																										2		d
																										1	묘곽파괴	d

조양동고분군

대도착장	용기류					마구류							무기류					공구류							거울	토기류	비고	고분랭크
	유리용기	귀금속판제용기	청동주조용기	목철기	철솥·호	장니	장식안교	철·목안교	등자	재갈	탁·령	행엽·운주	갑주	장식대도	철대도·검	鉾	鏃	유자이기	철정·철봉	농기구	단야구·끌	주·단조철부	낫	도자				
																										1	마노다면옥4	d
																	3							1		9		d
																										15		d
																	4						3	1		18		d
																							1	1		11		d
																										21		d
																										10		d
																										7	묘곽반파	d

분기	고분						금 관모와 과대				금동 관모와 과대·식리					은 관모와 과대				백화·수피관모	관수식		팔찌	반지	귀걸이		경흉식
	묘제	고분명	묘곽형식	주곽크기	주곽상면	부곽크기	대관	모관	관식	과대	대관	모관	관식	과대	식리	대관	모관	관식	과대		태환	세환			태환	세환	
3b	수석	19	2A	210x50x30	흙																						
3a	석목	4-1	2B	300x100x75	자갈																						
3a	점목	2	?	(137)x138x60	흙																						
3a	석목	16-2	2C	280x90x35	흙																						
3a	석목	1	2C	(340)x120x90	자갈																						
3b	수석	6-2	1B4b	250x53x80	자갈																						
3b	석목	16-1	1B2b	260x55x60	자갈																						
3a	수석	13	?	280x70x45	흙																						
3b	석목	18-1	1B4b		자갈																						
4a	수석	14	2A	230x40x90	자갈																						
4b	수석	11-2	2C	210x45x40	자갈																						
4b	수석	17-1	2C	220x90x80	판상석																						
4b	수석	23-1	1B4c	300x70x60	판상석																						
4b	석목	22-1	2C	235x40x80	자갈																						
4a	수석	11-1	2C	270x55x60	자갈																						
4a	석목	3	2C	285x100x70	자갈																						
4a	수석	22-2	2C	180x60x55	흙																						
4b	수석	17-2	2C	225x55x70	자갈																						
4a	수석	18-2	?	180x60x70	자갈																						
1Bc	석목	8	?	(230)x78x55	흙																						
1Bc	토목	9	2B	278x92x78	흙																						
1Bc	석목	4	1B4c	252x84x118	깬돌	140x100x?																					
1Bc	석목	10	2C	175x60x40	흙																						
2b	석목	5	2C	280x100x46	깬돌																					△	
2a	석목	7	1B4c	276x96x71	깬돌	182x80x?																					
2b	석목	11	2C	230x80x82	흙																						

대도착장	용기류					마구류							무기류					공구류							거울	토기류	비고	고분랭크
	유리용기	귀금속판제용기	청동주조용기	목철기	철솥·호	장니	장식안교	철·목안교	등자	재갈	탁·령	행엽·운주	갑주	장식대도	철대도·검	鉾	鏃	유자이기	철정·철봉	농기구	단야구·끌	주·단조철부	낫	도자				
																	9						1	2		8	숫돌1	d
																								1		19		d
																								1		14	파괴고분	d
																								2		11		d
																										4	일부파괴,부곽→독립유물곽	d
																										11	방추차1	d
																										6		d
																										2	도굴	d
																										6	파괴고분	d
														2										5		1	철탁12, 의기1 잠형1, 도굴	c
																	2							1		8		d
																							1	1		22		d
																								1		16		d
																								1		24	방추차1	d
																								1		12	철편1	d
																								1		8		d
																										18		d
																										12	방추차1	d
																										3	방추차1	d

대도착장	유리용기	귀금속판제용기	청동주조용기	목철기	철솥·호	장니	장식안교	철·목안교	등자	재갈	탁·령	행엽·운주	갑주	장식대도	철대도·검	鉾	鏃	유자이기	철정·철봉	농기구	단야구·끌	주·단조철부	낫	도자	거울	토기류	비고	고분랭크
																		1				1	1			9	파괴고분	d
																										11		d
																										4	외 봉토토기2	d
																										5		d
																1	3	3			끌1	1	1			10		c
																							1			19		d

분기	묘제	고분명	묘곽형식	주곽크기	주곽상면	부곽크기	금 관모와 과대				금동 관모와 과대·식리					은 관모와 과대				백화·수피관모	관수식		팔찌	반지	귀걸이		경흉식
							대관	모관	관식	과대	대관	모관	관식	과대	식리	대관	모관	관식	과대		태환	세환			태환	세환	
3b	석목(축)	29	1B4c	299x80x48	깬돌	108x94x?																					
3b	석목	2	1B2a	300x100x70	깬돌	76x80x?																					
3a	석목	12	1B4c	292x84x62	흙	110x92x?																					
3a	석목	26	1B4c	(278)x60x60	깬돌	(42)x84x?																					
3b	석목(축)	14	2B	226x42x40	깬돌																						
3b	석목(축)	32	1B4c	(266)x90x86	깬돌	108x86x?																				△	
3b	석목(축)	39	1B4c	282x102x74	깬돌	58x80x?																					
3a	석목(축)	34	1B4c	290x96x64	깬돌	110x82x?																					
3b	수석	15	1B4c	292x64x58	깬돌	90x60x?																					
3b	석목	44	1B2a	296x80x30	깬돌	128x74x?																					
3b	석목(축)	6	1B4c	294x86x84	깬돌	116x80x?																					
3a	석목	3	2C	284x88x65	깬돌																						
3b	석목	23	2C	278x74x30	흙	84x50x?																					
3b	석목	37	1B4c	274x80x48	깬돌																						
4a	석목(축)	48	2C	268x64x82	깬돌																					△	
4a	석목(축)	13	1B4d	224x70x78	깬돌	85x66x?																					
4b	횡구	49		283x155x130	깬돌																					△	
4a	석목(축)	38	1B4c	330x102x80	깬돌	136x90x?																					
4b	수석	16	2C	236x68x55	깬돌																					△	
4b	석목(축)	31	1B4c	268x67x68	깬돌	62x62x?																					
4a	수석	24	2C	246x56x54	깬돌																						
4a	석목(축)	30	1B4d	310x88x80	깬돌	80x100x?																					
4a	석목(축)	45	1B4c	280x70x70	깬돌	60x60x?																					
4b	수석	35	1B4d	220x54x42	깬돌	130x62x?																					
4b	수석	28	2C	(270)x58x72	깬돌																						
4a	석목	36	2C	(280)x80x54																							
4a	수석	1	1B4c	152x36x50																							
4b	수석	21	2C	(170)x30x42																							
4b	석목	42	1B4c	(210)x66x44	깬돌	(70)x60x?																					
4b	수석	51	2C	(156)x70x28																							

대도착장	용기류					마구류							무기류					공구류							거울	토기류	비고	고분랭크
	유리용기	귀금속판제용기	청동주조용기	목철기	철솥·호	장니	장식안교	철·목안교	등자	재갈	탁·령	행엽·운주	갑주	장식대도	철대도·검	鉾	鏃	유자이기	철정·철봉	농기구	단야구·끌	주·단조철부	낫	도자				
									1		1				1	1	1						1			9	교구1	b
																	5					1		1		25		d
																	2							1		4		d
																	1							3		5	파괴분, 기타철편2	d
																	1									13		d
																						2	1	1		5	파괴고분	d
																						1		1		21		d
																							1			12		d
																										17		d
																										15		d
																										14		d
																										12		d
																										11		d
																										6		d
																2										40		c
																	2							1		30		d
																	1						2	3		33	4b→1a	d
																							1	1		45		d
																										7		d
																										17		d
																										11		d
																										16		d
																										16		d
																										9		d
																										8		d
																										8	파괴고분	d
																										8		d
																										8		d
																										7	파괴고분	d
																										7	파괴고분	d

별표 42. 신라 전기 각 지구 고분군 현황(19)

분기	묘제	고분명	묘곽형식	주곽크기	주곽상면	부곽크기	금 관모와 과대				금동 관모와 과대·식리					은 관모와 과대				백화·수피관모	관수식		팔찌	반지	귀걸이		경흥식
							대관	모관	관식	과대	대관	모관	관식	과대	식리	대관	모관	관식	과대		태환	세환			태환	세환	
1Aa	점목	2	1B2b	540x290x80	자갈																						
1Aa	점목	7	2B	340x85x40	흙																						
1Ba	석목	5	2B	275x80x63	흙																						
1Aa	점목	3	1A2	314x102x75	흙	200x97x53																					
2b	석목(즙)	17	1B2a	(110)x152x50	자갈	120x140x58																					
3b	석목(즙)	40	1B2a	307x92x65	자갈	98x102x32																					
3b	점목	14	2C	230x65x36	흙																						
3b	석목	38	1B2a	310x110x27	자갈	(80)x110x18																					
3b	석목(즙)	19	2B	327x112x48	자갈																						
3b	석목	37	1B2a	310x98x20	자갈	(65)x102x10																					
3a	석목	22	1B2a	295x(150)x47	자갈	90x90x20																					
3a	석목(즙)	29	2B	420x132x55	자갈																						
3a	석목(즙)	18	2B	375x127x25	자갈																						
4b	석목	20	1B4d	290x110x37	냇돌	115x60x15																					
4b	석목	43	1B4c	312x104x37	냇돌	(50)x60x10																					
4a	점목	13	?	(180)x100x40	흙																						
1Bb	수석	마2	2B	245x70x47	자갈																						
1Bb	점목	마8	?	273x83x22	흙																						
1Bc	수석	마1	2B	(270)x80x50	흙																						
2b	석목	바16	1B2a	348x78x77 (부곽포함)	자갈																						
2a	수석	바8	2B	288x(41)x51	흙																						
2b	수석	마15	?	(225)x76x50	깬돌																						
2b	석목	바18	1B2a	400x70x61 (부곽포함)	깬돌																				△		
2b	석목	바11	2B	(315)x82x41	자갈																						
2a	석목	바21	2C	280x76x38	흙																						
3b	석목(축)	마4	1B2a	323x95x82 (부곽포함)	자갈																						
3b	수석	마3	2B	300x(65)x28	깬돌																						
3b	수석	바13	?	(270)x70x42	자갈																						
3a	수석	마5	?	소형석곽	깬돌																						
3b	석목	바23	2C	240x50x47	자갈																						
3a	석목(축)	바19	2C	287x78x74	자갈																						
3a	수석(겹)	마14	2B	262x80x62	깬돌																						
3a	석목	바7	?	223x67x30	자갈																						
3a	수석	바17	2A	108x35x41	깬돌	(소형석곽)																					
4a	석목	바15	2A	(256)x78x?	자갈																						

대도착장	용기류					마구류							무기류					공구류							거울	토기류	비고	고분랭크
	유리용기	귀금속판제용기	청동주조용기	목철기	철솥·호	장니	장식안교	철·목안교	등자	재갈	탁·령	행엽·운주	갑주	장식대도	철대도·검	鉾	鏃	유자이기	철정·철봉	농기구	단야구·끌	주·단조철부	낫	도자				
													투구1				2				끌1	1	2			15	꺽쇠9	c
																	2					1				6		d
																						1				17		d
																										15		d
									1	1												1	1			12	교구1 주곽 완전유실	b
									1						1	1	1					1				23	교구1 부곽 일부유실	b
															1		5					3	1			13		c
○															1		2					1				19	부곽유실	c
																						3	1			56		d
																						1	1			22	부곽 일부유실	d
																							1	1		10	부곽 유실	d
																										28		d
																										17		d
																	2		1							6	주곽 일부파괴	d
																										30		d
																										4	묘곽 1/2유실	d

대도착장	용기류					마구류							무기류					공구류							거울	토기류	비고	고분랭크
																						1	1			11		d
																							1			3	묘곽파괴	d
																										17		d
																1	2	1				2				11		c
																	4	1								11	파괴고분	d
																	2									6	파괴고분	d
																							1			20		d
																								1		8	묘곽 일부파괴	d
																										10		d
																1	2	2			끌1	1		1		14	부곽파괴	c
																	18	1			끌1		1			8	파괴고분	d
																	13					2	1	2		5	철판1,파괴고분	d
																	4									2	파괴고분	d
																	1						2	1		12	묘곽일부파괴	d
																	1									14		d
																							1	1		11		d
																										5		d
																										3	방추차1	d
																	1						1	1		3	파괴고분	d

분기	묘제	고분명	묘곽형식	주곽크기	주곽상면	부곽크기	금관모와과대 대관	모관	관식	과대	금동관모와과대·식리 대관	모관	관식	과대	식리	은관모와과대 대관	모관	관식	과대	백화·수피관모	관수식 태환	세환	팔찌	반지	귀걸이 태환	세환	경흉식
3b	적목	1	1B4d	298x95x55	자갈	157x95x75																					
3b	?	4	1A1	354x110x105	고관대	200x199x?																				△	
3b	적목	2	2B	344x72x50	자갈																					△	
3b	?	5	2B	403x68x108	자갈																						○
4a	?	3	?	(248)x75x30	자갈																						
1Bc	점목	28	2B	288x92x55	흙																						
1Bc	토	26	?	172x62x14	흙																						
2b	수석	4	?	318x(42)x80	흙																						
2a	수석	18	?	348x64x32	자갈																						
2a	수석	1	?	254x42x61	흙																						
2a	수석	5	2C	313x56x35	흙																						
3a	수석	33	2B	282x66x35	흙																	△					
3a	수석	32	?	(270)x46x44	흙																						
3b	수석	17	2B	288x54x38	자갈																						
3b	수석	38	2A	299x60x40	자갈																						
3b	수석	12	?	(268)x50x59	흙																						
3b	수석	21	?	332x72x78	자갈																						
3b	수석	9	2A	260x54x44	자갈																						
3b	수석	30	2B	?	흙																						
3b	수석	44	2B	326x56x67	자갈																	△					
3b	수석	3	?	310x48x60	흙																						
3b	수석	6	?	124x32x20	자갈																						
3b	수석	13	?	352x54x64	자갈																						
3b	수석	14	?	244x54x44	흙																						
3b	수석	16	?	188x40x36	흙																						
4b	수석	35	2B	364x55x39	자갈																						
4a	수석	39	2A	328x64x53	자갈																						
4b	수석	45	2B	321x52x52	자갈																						
4b	수석	20	?	(186)x62x78	자갈																						
4b	수석	41	2C	196x40x58	자갈																						
4a	수석	43	?	(256)x50x49	자갈																						
4a	수석	10	2A	162x31x36	자갈																						
4a	수석	2	2A	224x47x42	자갈																						
4b	수석	46	2B	302x40x45	자갈																						
4b	수석	34	?	?	자갈																						
4b	수석	8	?	(148)x20x34	흙																						
4b	수석	29	?	?	자갈																						

대도착장	용기류					마구류							무기류					공구류							거울	토기류	비고	고분랭크
	유리용기	귀금속판제용기	청동주조용기	목철기	철솥·호	장니	장식안교	철·목안교	등자	재갈	탁·령	행엽·운주	갑주	장식대도	철대도·검	鉾	鏃	유자이기	철정·철봉	농기구	단야구·끌	주·단조철부	낫	도자				
○									1	1		1		1		1	11	2				2		7		59	교구7, 꺽쇠2, 금동기생1, 성시구1	b
○									1			2		1		2	18	8		1	33	1	2	1		124	성시구,기타철기5	b
										1						2	2					1				29		b
										1							2									44	불명철기1	b
																								1		15	묘곽동부미조사	?
화곡리고분군																												
																	2						1	1		12		d
																										1		d
									1								1					1				6	교구1, 기타1	b
○														1	2						끌1	1		1		5		c
																							1	1		2		d
																								2		9		d
○														1	3						끌1	2	1	1		22	철환2	c
																		1								6	묘곽파괴	d
																							1	1		13		d
																								1		20		d
																								1		7	묘곽파괴	d
																								1		15		d
																								1		13		d
																								1		10	묘곽파괴	d
																										35		d
																										3		d
																										2		d
																										2	곡옥1	d
																										1		d
															1									2		26		c
																	2					1	1	1		14		d
																	2					1				24		d
																							1	1		8	묘곽파괴	d
																								1		2		d
																								1		7	묘곽파괴	d
																										4		d
																										8		d
																										12		d
																										5	묘곽파괴	d
																										7	묘곽파괴	d
																										4	묘곽파괴	d

분기	묘제	고분명	묘곽형식	주곽크기	주곽상면	부곽크기	금 관모와 과대				금동 관모와 과대·식리					은 관모와 과대				백화·수피관모	관수식		팔찌	반지	귀걸이		경흉식
							대관	모관	관식	과대	대관	모관	관식	과대	식리	대관	모관	관식	과대		태환	세환			태환	세환	
2a	점목	1	2A	345x68x21	흙																						
2a	토	6	?	176x(55)x10	흙																						
3b	수석	5	2B	366x98x98	흙																						
3b	수석	4-1	2B	241x61x25	흙																						
4a	수석	18	2C	275x50x40	자갈																						
4a	석목	7	2A	197x93x19	자갈																						
4a	수석	9	2A	195x68x32	자갈																						
3b	수석	A-77	2B	370x142x58	자갈																					1	
3b	수석	A-45	2B	468x154x80	자갈																					△	
3b	수석	A-73	2B	(514)x167x98	자갈																					△	
3b	수석	A-59	?	(300)x155x65	자갈																					△	
3a	수석	A-114	2B	380x143x73	자갈																						
3b	수석	A-138	2B	(308)x(110)x42	자갈																						
3a	수석	A-126	?	382x176x43	흙																						
3a	수석	A-115	?	(340)x120x48	자갈																						
3b	수석	A-32	2B	(315)x92x53	자갈																						
3b	수석	A-108	2B	330x122x50	자갈																						
3b	수석	A-125	?	(235)x110x48	자갈																						
3b	수석	A-71	2A	(335)x126x55	자갈																						
3b	수석	A-72	2A	300x132x40	자갈																						
3b	수석	A-120	2B	370x120x58	자갈																						
3b	수석	A-44	2B	358x111x47	자갈																						
3b	수석	A-127	2B	370x158x75	자갈																						
3b	수석	A-38	?	(298)x130x36	흙																						
3b	수석	A-50	?	(335)x115x40	흙																						
3b	수석	A-52	?	(250)x(75)x38	자갈																					△	
3b	수석	A-54	?	(280)x(90)x67	자갈																						
3b	수석	A-128	?	230x94x55	자갈																						
3b	수석	A-130	?	(231)x120x50	흙																						
3b	수석	A-131	?	210x73x42	자갈																						
3b	수석	A-132	?	(297)x124x38	흙																						
3b	수석	A-134	?	(180)x88x47	흙																						

대도착장	용기류					마구류							무기류					공구류					낫	도자	거울	토기류	비고	고분랭크
	유리용기	귀금속판제용기	청동주조용기	목철기	철솥·호	장니	장식안교	철·목안교	등자	재갈	탁·령	행엽·운주	갑주	장식대도	철대도·검	鉾	鏃	유자이기	철정·철봉	농기구	단야구·끌	주·단조철부						
																							1			14		d
																								1		1	묘곽파괴	d
																		3					2	3		48		d
																										5		d
																							1			9	묘곽파괴	d
																										13	묘곽파괴	d
																										2	매납유구제외	d

대도착장	유리용기	귀금속판제용기	청동주조용기	목철기	철솥·호	장니	장식안교	철·목안교	등자	재갈	탁·령	행엽·운주	갑주	장식대도	철대도·검	鉾	鏃	유자이기	철정·철봉	농기구	단야구·끌	주·단조철부	낫	도자	거울	토기류	비고	고분랭크
																	1						1	1		27	교구1	b
○									1						2	2	14					2	2	4		37	교구1,기타철기4	b
○									1						1	1	7					1	1	2		43	교구1, 대구多	b
									1							1	1					2				10	묘곽파괴 교구1,금구3	b
																	10						1	1		29		d
																	2						1	1		18		d
																		2				1	2	1		11	기타철기2, 묘곽파괴	d
																						2	1	1		3		d
																							1			14	묘곽파괴	d
																							1			20		d
																							1			6		d
																								1		7	구슬3,묘곽파괴	d
																								1		12	토환?3,방추차1	d
																								1		8	교구1	d
																										30	청동손잡이1	d
																										19	방추차1	d
																										3	묘곽파괴	d
																										16	묘곽파괴	d
																										2	묘곽파괴,방추차1	d
																										2		d
																										4		d
																										4	묘곽파괴	d
																										7		d
																										15	묘곽파괴	d
																										6	묘곽파괴	d

별표 45. 신라 전기 각 지구 고분군 현황(22)

| 분기 | 묘제 | 고분명 | 묘곽형식 | 주곽크기 | 주곽상면 | 부곽크기 | 금 관모와 과대 |||| 금동 관모와 과대·식리 ||||| 은 관모와 과대 |||| 백화·수피관모 | 관수식 || 팔찌 | 반지 | 귀걸이 || 경흉식 |
							대관	모관	관식	과대	대관	모관	관식	과대	식리	대관	모관	관식	과대		태환	세환			태환	세환	
4a	수석	A-64	2B	452x168x87	자갈																					△	
4b	수석	A-31	2B	392x110x53	자갈																					△	
4a	수석	A-66	2B	263x110x57	자갈																					△	
4b	수석	A-21	2C	255x135x45	흙																					△	
4b	수석	A-43	2C	285x110x42	흙																					△	
4b	수석	A-109	?	(203)x(92)x25																						△	
4b	수석	A-25	?	(235)x110x48	자갈																						
4b	수석	A-18	2C	284x112x35	흙																						
4a	수석	A-67	2C	365x145x74	자갈																						
4b	수석	A-46	2B	300x114x82	자갈																						
4b	횡구	A-97	?	(230)x120x55	자갈																						
4b	수석	A-39	?	(150)x(70)x35	흙																						
4a	수석	A-12	2C	(198)x70x35	자갈																						
4a	수석	A-63	2C	165x43x47	판석																						
4b	수석	A-56	?	(298)x105x50	자갈																						
4b	수석	A-95	?	(150)x53x20	자갈																						
4b	수석	A-96	2C	136x58x47	자갈																						
4a	수석	A-105	?	(90)x102x43	?																						
4a	수석	A-62	2B	445x138x77	자갈																						
4a	수석	A-146	2B	(200)x92x17	자갈																						
4b	수석	A-7	2C	297x120x56	자갈																						
4a	수석	A-142	?	(238)x122x74	자갈																						
4b	수석	A-16	?	340x160x50	자갈																					△	
4a	수석	A-42	2B	(337)x104x48	자갈																						
4a	수석	A-28	?	230x94x55	자갈																						
4a	수석	A-30	?	356x110x72	자갈																						
4b	수석	A-1	?	(270)x118x37	자갈																						
4b	수석	A-33	?	335x117x46	?																						
4a	수석	A-11	2B	320x103x50	자갈																						

대도착장	용기류					마구류							무기류					공구류							거울	토기류	비고	고분랭크
	유리용기	귀금속판제용기	청동주조용기	목철기	철솥·호	장니	장식안교	철·목안교	등자	재갈	탁·령	행엽·운주	갑주	장식대도	철대도·검	鉾	鏃	유자이기	철정·철봉	농기구	단야구·끌	주·단조철부	낫	도자				
										1							8						1	2		35	교구1	b
																1						1		1		22	토구1	c
																	25									20		d
																	9					1	1			11		d
																	9					1	1	2		19		d
																	8									2	묘곽파괴	d
																	5						1	1		2	묘곽파괴	d
																	4				5 끌1					9	방추차2,기타철기6	d
																	3							1		12		d
																	3						1			14		d
																	3							1		2		d
																	2									3	묘곽파괴	d
																	2					1				9		d
																	1									13	원통형철기1	d
																	1							1		1	묘곽파괴	d
																	1									3	묘곽파괴	d
																	1									4	철환1	d
																						1	1			9	묘곽파괴	d
																							1	1		27		d
																							1			9		d
																							1	1		1	묘곽파괴	d
																							1			11	묘곽파괴	d
																							1			2		d
																								1		7	묘곽파괴	d
																								1		3	구슬3	d
																								1		8		d
																								1		1	묘곽파괴	d
																								1		4	묘곽파괴	d
																										7		d

				고분				금 관모와 과대				금동 관모와 과대·식리					은 관모와 과대				백화·수피관모	관수식		팔찌	반지	귀걸이		경흉식
분기	묘제	고분명	묘곽형식	주곽크기	주곽상면	부곽크기		대관	모관	관식	과대	대관	모관	관식	과대	식리	대관	모관	관식	과대		태환	세환			태환	세환	
4a	수석	A-26	2B	250x84x50	흙																							
4a	횡구	A-112	2B	285x100x62	자갈																							
4a	수석	A-4	2C	262x88x46	자갈																							
4a	횡구	A-65	2C	290x137x58	자갈																							
4a	수석	A-140	2C	308x106x43	자갈																							
4a	수석	A-2	?	(122)x84x28	자갈																							
4a	수석	A-3	?	(173)x80x30	흙																							
4a	수석	A-86	?	(152)x(75)x25	자갈																							
4a	수석	A-100	?	(250)x118x57	자갈																							
4a	수석	A-101	?	308x116x38	자갈																							
4a	수석	A-119	?	(345)x105x50	자갈																							
4a	수석	A-144	?	120x75x28	흙																							
4b	수석	A-34	2B	325x125x57	자갈																							
4b	수석	A-24	2C	(210)x83x10	자갈																							
4b	수석	A-61	2C	215x94x45	흙																							○
4b	횡구	A-91	2C	270x160x47	자갈																							
4b	수석	A-104	2C	(215)x85x47	자갈																							
4b	수석	A-9	?	(220)x90x30	자갈																							
4b	수석	A-13	?	284x104x51	?																							
4b	수석	A-27	?	292x(104)x56	자갈																							
4b	횡구	A-29	?	262x135x40	자갈																							
4b	수석	A-32-1	?	(105)x102x24	?																							
4b	수석	A-53	?	220x100x40	자갈																							
4b	수석	A-135	?	(220)x(78)x47	자갈																							
4b	수석	A-139	?	(124)x(72)x52	?																							
4b	수석	A-141	?	133x80x37	흙																							
4b	토	A-2	?																									

대도착장	용기류					마구류							무기류					공구류							거울	토기류	비고	고분랭크
	유리용기	귀금속판제용기	청동주조용기	목철기	철솥·호	장니	장식안교	철·목안교	등자	재갈	탁·령	행엽·운주	갑주	장식대도	철대도·검	鉾	鏃	유자이기	철정·철봉	농기구	단야구·끌	주·단조철부	낫	도자				
																										14		d
																										11		d
																										7	묘곽파괴	d
																										15	철못4	d
																										7		d
																										3	묘곽파괴	d
																										6	묘곽파괴	d
																										3	묘곽파괴	d
																										1		d
																										6		d
																										7	묘곽파괴	d
																										3		d
																										12		d
																										4	묘곽파괴	d
																										9	곡옥1, 구슬10	d
																										13	기타철기2	d
																										7	묘곽파괴	d
																										1	묘곽파괴	d
																										6		d
																										1	묘곽파괴	d
																										10		d
																										3	묘곽파괴	d
																										1	묘곽파괴	d
																										2	묘곽파괴	d
																										2	묘곽파괴	d
																										4		d
																										7	묘곽파괴	d

분기	묘제	고분명	묘곽형식	주곽크기	주곽상면	부곽크기	금 관모와 과대				금동 관모와 과대·식리					은 관모와 과대				백화·수피관모	관수식		팔찌	반지	귀걸이		경흉식
							대관	모관	관식	과대	대관	모관	관식	과대	식리	대관	모관	관식	과대		태환	세환			태환	세환	
1Ab	석목	I-24	2B	322x84x68	흙																						
1Ab	석목	II-16	1B2b	300x88x50 (부곽포함)	자갈																						
1Aa	수석	가370	?	(280)x70x20	깬돌																						
1Aa	점목	I-64	2A	252x83x16	흙																						
1Ab	석목	II-7	?	(146)x118x35	판상석																						
1Ab	수석	나268	2C	235x65x65	흙																						
1Aa	수석	나303	?	265x50x25	흙																						
1Bc	석목	II-3	1B2a	?	자갈																		1			△	
1Bc	점목	II-21	2A	270x82x10	흙																						
1Bc	석목	I-14	2C	267x105x45	흙																						
1Bc	석목	II-2(적)	?	320x140x50	판상석																					△	
1Bc	석목	II-9	2B	276x60x65	판상석																						
1Bc	석목	II-11	2B	310x80x55	판상석																					△	
1Bc	수석(겹)	II-13	2B	306x78x65	판상석																						
1Bc	수석	나262	2B	275x70x60	흙																						
1Bb	석목	I-30	2A	334x86x30	자갈																						
1Bc	석목	II-10	?	280x(38)x30	흙																						
1Bc	수석	가66	2A	270x60x60	깬돌																						
1Bb	석목	I-23	?	(308)x88x34	흙																						
1Bc	석목	II-25	2B	265x70x55	판상석																						
1Bc	수석	가263	2B	340x70x60	깬돌																						
1Bc	수석	나276	?	270x60x65	판상석																						
1Bc	수석	가251	2B	335x60x55	깬돌																						
1Bc	수석	가359	?	(190)x100x30	흙																						
1Bb	석목	II-8	2B	?	판상석																						
1Bc	수석	나171	2C	350x65x70	깬돌																						
1Bc	석목	II-6	2B	340x108x50	판상석																						
1Bc	수석	가189	2B	310x80x55	깬돌																						
1Ba	점목	I-27	2A	(288)x70x12	흙																						
1Bb	석목	II-2	2A	?	흙																						
1Ba	점목	II-37	?	(208)x100x20	흙																						
1Ba	점목	II-17	?	229x70x16	흙																						
1Bb	점목	I-13	?	(60)x112x6	흙																						
1Bc	석목	II-12	2B	320x76x39	판상석																						
1Bc	석목	II-38	?	(110)x150x22	흙																						
1Bc	수석	가130	2A	253x60x60	흙																						
1Bc	수석	가185	2A	(130)x(60)x50	흙																						
1Bc	수석	가306	2B	250x50x55	자갈																						

대도착장	유리용기	귀금속판제용기	청동주조용기	목철기	철솥·호	장니	장식안교	철·목안교	등자	재갈	탁·령	행엽·운주	갑주	장식대도	철대도·검	鉾	鏃	유자이기	철정·철봉	농기구	단야구·끌	주·단조철부	낫	도자	거울	토기류	비고	고분랭크
										1						4		2		1		4	2	2		7	기타1,교구1	b
																5	2	3			끌1	3	3	1		11	기타철기1	b
																1	1					1		2		4		c
																							1	1		5		d
																							1			5	묘곽파괴	d
																							1			6		d
																										3		d
									1	1					1	11						2	2	1		12	교구3,기타5	a
															1		10					3		1		6	기타철기5	c
																3		2				2	1			6	기타철기3	c
																3						2				34	지석1, 청동방울23, 환두1, 철환2	c
																2	6					3		2		4		c
																1	10				끌1	4		1		10		c
																1	8					1	1	1		10		c
																1	2				끌1	1	1	1		9		c
																1	1					4	1	1		5		c
																1						3		1		5	묘곽파괴	c
																	5						1			9		d
																	4					1				3	묘곽파괴	d
																	4	1				4	1	1		6		d
																	3					2	3			10	기타 철기2	d
																		2				1				12		d
																		1				2		1		15	기타 철기1	d
																						1				12	석곽 1/2유실	d
																							2	1		9		d
																							2	1		13		d
																							1	1		14	방추차3	d
																							1	1		12		d
																							1			6	묘곽파괴	d
																								2		7		d
																										11	묘곽파괴	d
																										7	묘곽일부파괴	d
																										6	묘곽일부파괴	d
																										12		d
																										7	묘곽일부잔존	d
																										8		d
																										5	묘곽일부잔존	d
																										8		d

분기	묘제	고분명	묘곽형식	주곽크기	주곽상면	부곽크기	금 관모와 과대				금동 관모와 과대·식리					은 관모와 과대				백화·수피관모	관수식		팔찌	반지	귀걸이		경흥식
							대관	모관	관식	과대	대관	모관	관식	과대	식리	대관	모관	관식	과대		태환	세환			태환	세환	
2b	수석	나115	1B3	350x120x100	깬돌	90x210x75							1식													△	
2b	수석	나240	?	(180)x100x30	깬돌						1																○
2a	수석	가280	1B2a	340x130x100	판상석+자갈	100x130x ?																					
2a	수석	가104	2B	358x110x70	깬돌																						
2b	수석	나332	2B	355x85x50	깬돌																					△	
2b	수석	가188	2B	320x65x50	깬돌																						
2b	수석	가93	2B	370x70x73	깬돌																						
2a	수석	가141	2B	335x60x70	깬돌																						
2a	수석	가315	2B	360x90x90	깬돌																						
2b	수석	나270	2A	360x80x35	자갈																						
2b	수석	가79	2B	340x70x75	자갈																						
2a	수석	가167	1B2a	390x75x80(부곽포함)	자갈																						
2b	수석	가109	?	310x70x20	깬돌																						
2a	수석	가187	2B	300x65x60	깬돌																						
2a	수석	가264	?	(200)x55x35	깬돌																						
2b	수석	가48	2A	355x80x65	자갈																						
2b	수석	나118	2B	230x45x75	깬돌																						
2b	수석	가139	2B	330x60x65	깬돌																						
2b	수석	가168	2B	163x45x55	판상석																						
2a	수석	가266	2B	305x50x35	자갈																						
2b	수석	가302	2B	190x45x45	깬돌																						
2b	수석	가333	2B	350x75x50	자갈																						
2a	수석	나271	2B	(320)x90x25	깬돌																						
2a	수석	가125	?	300x75x50	흙																						
2b	수석	나165	2B	295x50x55	자갈																						
2b	수석	나245	1B2a	280x60x43	판상석	90x85x20																					○
2b	수석	가218	2B	360x65x30	자갈																					△	
2b	수석	나158	2B	320x75x65	깬돌																						
2b	수석	나335	?	200x50x28	깬돌																						
2b	수석	나171	2B	120x80x40	깬돌																						
2a	석목	II-1	2B	200x105x25	판상석																					△	
2a	수석	가140	2B	300x67x50	흙																						

대도착장	용기류					마구류							무기류					공구류							거울	토기류	비고	고분랭크
	유리용기	귀금속판제용기	청동주조용기	목철기	철솥·호	장니	장식안교	철·목안교	등자	재갈	탁·령	행엽·운주	갑주	장식대도	철대도·검	鉾	鏃	유자이기	철정·철봉	농기구	단야구·끌	주·단조철부	낫	도자				
									○	1		2	1		1	3	37	3	3	1	끌1		1	3		29	성시구1, 금동과대1식	a
																										6	묘곽 일부잔존	a
										1						3	3	5				4	1	1		14	기타철기2	b
															1		24					4	3			9	기타철기6	c
															1	1	5					1	1	6		15	기타철기1	c
																2	8					1	1	3		11		c
																1	13	4				1		1		16		c
																1	5					1	1	1		10		c
																1	4						4	2		12	못1	c
																1	4				2		1	1		12		c
																1	2	1				1	1	1		8		c
																	6									15		d
																	6	1				2		1		7		d
																	4						1			9		d
																	4									7		d
																	3					1	3			2	기타철기1	d
																	3					1		1		9		d
																	2					1	1	1		12		d
																	2							1		8		d
																	2									6		d
																	1					1	1			14		d
																	1							1		10		d
																			2				1	1		12		d
																			2							2	철침6	d
																			1							12		d
																					끌1		1	1		8		d
																						3		1		11		d
																							1	1		11		d
																							1	2		11		d
																							2	1		13		d
																							1	1		12	구슬4	d
																								1		9		d

분기	묘제	고분명	묘곽형식	주곽크기	주곽상면	부곽크기	금 관모와 과대 대관	모관	관식	과대	금동 관모와 과대·식리 대관	모관	관식	과대	식리	은 관모와 과대 대관	모관	관식	과대	백화·수피관모	관수식 태환	세환	팔찌	반지	귀걸이 태환	세환	경흥식
2a	수석	가310	2B	350x80x75	깬돌																						
2b	수석	가283	2B	390x100x20	자갈																						
2b	수석	가319	2B	260x48x45	깬돌																						
2b	수석	가322	2B	330x100x65																							
2b	수석	나336	2B	255x45x40	판상석																						
2b	수석	가144	?	302x71x57	자갈																						
2b	수석	나320	2C	260x65x28	판상석																						
2b	수석	가53	1B2a	300x60x45 (부곽포함)	흙																						
2b	수석	나138	2B	190x65x25	자갈																						
2b	수석	나157	2B	275x55x60	깬돌																					△	
2b	수석	나166	2B	270x55x70	깬돌																						
2b	수석	가348	?	140x40x20	깬돌																						
2a	점목	II-18	?	(286)x90x20	흙																						○
2a	수석	가142	2B	172x48x53	깬돌																						
2a	수석	가318	2B	160x48x45	깬돌																						
2a	수석	나275	?	(145)x(40)x50	깬돌																						
2b	수석	가294	1B2a	400x90x60 (부곽포함)	자갈																						
2b	수석	가281	2B	310x60x40	판상석																						
2b	수석	가334	2B	250x60x40	자갈																						
2b	수석	나99	2B	380x90x50	깬돌																						
2b	수석	나159	2B	270x65x110	깬돌																						
2b	수석	가61	?	(275)x60x35	자갈																						
2b	수석	가68-1	?	155x45x40	판상석																						
2b	수석	가69	?	220x65x55	흙																						
2b	수석	가94	?	305x80x55	깬돌																						
2b	수석	가102	?	105x63x40	깬돌																						
2b	수석	가107	?	(250)x63x20	자갈																						
2b	수석	나173-2	?	125x40x25	자갈																						
2b	수석	나334	?	340x65x40	깬돌																						

대도착장	용기류					마구류							무기류					공구류					낫	도자	거울	토기류	비고	고분랭크
	유리용기	귀금속판제용기	청동주조용기	목철기	철솥·호	장니	장식안교	철·목안교	등자	재갈	탁·령	행엽·운주	갑주	장식대도	철대도·검	鉾	鏃	유자이기	철정·철봉	농기구	단야구·끌	주·단조철부						
																							1			15		d
																							1			12	구슬3	d
																							1	1		14		d
																							1			10		d
																							1			15		d
																							1			3		d
																							1			7		d
																								1		8		d
																								1		14		d
																								1		11		d
																								1		12		d
																								1		11		d
																										7	묘곽파괴	d
																										9		d
																										12		d
																										6		d
																										6	유리구슬3,관옥2	d
																										11		d
																										5		d
																										19		d
																										10		d
																										4		d
																										5		d
																										3		d
																										2		d
																										3		d
																										7		d
																										4		d
																										3	묘곽파괴	d

분기	묘제	고분명	묘곽형식	주곽크기	주곽상면	부곽크기	대관	모관	관식	과대	대관	모관	관식	과대	식리	대관	모관	관식	과대	백화·수피관모	태환	세환	팔찌	반지	태환	세환	경흥식
							금 관모와 과대				금동 관모와 과대·식리					은 관모와 과대					관수식				귀걸이		
3a	수석	나134	2A	435x100x80	흙																						○
3a	수석	가67	2B	332x70x45	자갈																						
3a	수석	가88	2B	(350)x60x36	자갈																						
3a	수석	나326	2B	330x100x40	자갈																						
3a	수석	가293	2B	400x90x85	깬돌																						
3a	수석	나150	?	(315)x80x40	자갈																						
3a	수석	가36	2B	430x80x28	자갈																						○
3a	수석	나346	2B	380x80x60	자갈																						
3a	수석	가295	2B	340x80x60	자갈																						
3a	수석	가337	2B	290x30x60	자갈																					△	
3a	수석	가312	?	290x50x60	깬돌																						
3a	수석	가305	2B	300x60x50	판상석																						
3a	수석	가82	2B	335x65x40	판상석																						
3a	수석	가62	?	(320)x(80)x16	깬돌																					△	
3a	수석	나327	2B	365x98x30	깬돌																						
3a	수석	나347	2B	310x70x65	자갈																						
3a	수석	가111	2B	(310)x60x40	자갈																						
3a	수석	나193	2B	320x55x60	흙																						
3a	수석	가272	2B	320x60x40	자갈																						
3a	수석	나195	2B	180x50x40	자갈																						
3a	수석	가287	2B	260x65x60	자갈																						
3a	수석	가320	2B	295x65x60	자갈																						
3a	수석	가311	?	265x55x50	자갈																						
3a	수석	가35	2B	360x60x26	흙																						
3a	수석	가55	?	100x40x30	판석																						
3a	수석	가209	2A	170x20x50	자갈																						
3a	수석	나191	?	350x70x60	깬돌																						
3a	수석	나325	2B	335x85x45	깬돌																						
3a	수석	가339	2B	370x55x40	자갈																						
3a	수석	나360	2B	255x50x60	자갈																						
3a	수석	가162	2C	280x70x70	흙																						
3a	수석	나132	?	195x55x70	자갈																					△	
3a	수석	나217	2B	295x(70)x43	자갈																						

그룹 구분 — 용기류: 유리용기·귀금속판제용기·청동주조용기·목철기·철솥·호 / 마구류: 장니·장식안교·철·목안교·등자·재갈·탁·령·행엽·운주 / 무기류: 갑주·장식대도·철대도·검·鉾·鏃 / 공구류: 유자이기·철정·철봉·농기구·단야구·끌·주·단조철부·낫·도자

대도착장	유리용기	귀금속판제용기	청동주조용기	목철기	철솥·호	장니	장식안교	철·목안교	등자	재갈	탁·령	행엽·운주	갑주	장식대도	철대도·검	鉾	鏃	유자이기	철정·철봉	농기구	단야구·끌	주·단조철부	낫	도자	거울	토기류	비고	고분랭크
												2					4							2		8	꺽쇠5,교구 기타마구	b
○															1											15		c
																2		3				1				10		c
○															1	1	12					3	1	2		16		?
																1	3	1			끌1	1	1	1		12		?
																1	2	1				1				6		?
																1		1						3		13		?
																	9					1	1	1		18		?
																	8					1	1			8	못2,기타철기1	?
																	5					1	1	2		10		d
																	4					1	1			8		d
																	4					1	1	1		15		d
																	4					1		1		15		d
																	4						1			6	철탁1	?
																	3					3				7		?
																	3					2	1	1		13	금동판1	?
																	3					1	1	1		7	기타철기1	d
																	2		2				1			21		d
																	2					1	1	1		12		d
																	2						1	1		9		d
																	2						1	1		13		d
																	1				끌1		1			11	묘곽중간파괴	d
																	1						1	1		9	기타 철기1	d
																	1						1	1		8		d
																	1						1	1		9		d
																	1							1		6		d
																			2				1	1		8		d
																			2							15		d
																					끌1	1		1		10		d
																							2			6		d
																							2			9		?
																						1		1		14		d
																							2	1		7		d

분기	묘제	고분명	묘곽형식	주곽크기	주곽상면	부곽크기	금 관모와 과대				금동 관모와 과대·식리					은 관모와 과대				백화·수피관모	관수식		팔찌	반지	귀걸이		경흥식
							대관	모관	관식	과대	대관	모관	관식	과대	식리	대관	모관	관식	과대		태환	세환			태환	세환	
3a	수석	나176-2	2C	140x55x45	흙																						
3a	수석	가65	2B	350x45x83	자갈																						
3a	수석	나173	2B	325x60x60	깬돌																						
3a	수석	나342	2B	350x65x34	자갈																						
3a	수석	가83	2B	290x50x75	자갈																						
3a	수석	가275	2B	300x55x52	자갈																						
3a	수석	나56	2B	250x50x60	자갈																						
3a	수석	나308	2B	330x75x60	자갈																						
3a	수석	가328	?	(390)x75x60	판상석																						
3a	수석	가77	2B	(250)x65x25	자갈																						
3a	수석	나194	2B	320x70x70	자갈																						
3a	수석	가314	2C	135x30x40	흙																						
3a	수석	가186	?	(205)x50x45	자갈																						
3a	수석	가308	?	315x(60)x35	흙																						
3a	수석	가326	?	145x50x40	깬돌																						
3a	수석	나356	?	(310)x70x50	판상석																						
3a	수석	나169	1B2a	310x55x60 (부곽포함)	자갈																						
3a	수석	가286	2A	190x40x25																							
3a	수석	가313	2B	300x55x60	자갈																						
3a	수석	나175	2B	320x60x70	자갈																						
3a	수석	가101	2C	375x80x75	흙																						
3a	수석	나323	2C	(250)x65x30	자갈																						
3b	수석	나55	2B	430x80x75	자갈																				1		○
3b	수석	나95	2B	450x90x100	자갈																				1		
3b	수석	나80	2B	500x125x80	판상석 + 자갈																				1		
3b	수석	나107	1B2a	(500)x120x55 (부곽포함)	자갈 + 판석																				△		
3b	수석	나188	2A	330x70x60	자갈																				△		
3b	수석	가45	2B	370x70x68	자갈																				△		
3b	수석	나135	2B	390x70x30	자갈																				△		
3b	수석	나124	2B	390x70x75	자갈																						

대도착장	용기류					마구류							무기류					공구류							거울	토기류	비고	고분랭크
	유리용기	귀금속판제용기	청동주조용기	목철기	철솥·호	장니	장식안교	철·목안교	등자	재갈	탁·령	행엽·운주	갑주	장식대도	철대도·검	鉾	鏃	유자이기	철정·철봉	농기구	단야구·끌	주·단조철부	낫	도자		토기류		
																							1	1		8		d
																							1	1		14		d
																							1	1		12		d
																							1			8		d
																							1			13		d
																							1			8		d
																							1			11		d
																							1			9		d
																							1			6		?
																								1		13		d
																								1		10		d
																										7		d
																										9		d
																										8		d
																										6		d
																										7		d
																										5		d
																										3		d
																										7		d
																										13		d
																										9	마노다면옥1	?
																										7		?

3b기(1)

대도착장	유리용기	귀금속판제용기	청동주조용기	목철기	철솥·호	장니	장식안교	철·목안교	등자	재갈	탁·령	행엽·운주	갑주	장식대도	철대도·검	鉾	鏃	유자이기	철정·철봉	농기구	단야구·끌	주·단조철부	낫	도자	거울	토기류	비고	고분랭크
										1	11													1		34	철못3	b
										1					1	4	18	4	2		끌1	1	1	2		32	성시구 교구3	b
										1					1	3	9	1			끌1	2		2		12	꺾쇠11	?
									○	1	3				1	1	12	1	1		끌1	2		6		22	교구5, 철환3, 꺾쇠11	b
										1							4						1	2		13		b
										1					1	1	10					2	1	1		17	기타철기7	b
									○	1					1	3	20	4				1	1	2		29	교구1	b
										1						2		4				1	1			22	기타철기1	b

분기	묘제	고분명	묘곽형식	주곽크기	주곽상면	부곽크기	금 관모와 과대				금동 관모와 과대·식리					은 관모와 과대				백화·수피관모	관수식		팔찌	반지	귀걸이		경흉식
							대관	모관	관식	과대	대관	모관	관식	과대	식리	대관	모관	관식	과대		태환	세환			태환	세환	
3b	수석	나48	2B	350x70x55	자갈																					△	
3b	수석	나75	2A	440x100x30	자갈																					△	
3b	수석	가88	2B	(350)x60x36	자갈																						
3b	수석	가196	2C	325x55x80	흙																					△	
3b	수석	가49	2B	(400)x65x23	자갈																						
3b	수석	가246	1B2a	380x60x45 (부곽포함)	자갈																						
3b	수석	가347	2B	320x70x80	자갈																						
3b	수석	가25	2A	420x60x83	자갈																					△	
3b	수석	가84	2B	310x60x55	자갈																						
3b	수석	나81	2B	350x65x70	자갈																					△	
3b	수석	나71	2B	370x80x70	자갈																						
3b	수석	나79	2B	370x65x30	자갈																					△	
3b	수석	가259	?	340x70x28	자갈																						
3b	수석	나96	2B	360x70x90	자갈																						
3b	수석	가160	2B	300x60x70	자갈																					△	
3b	수석	가87	2B	380x95x65	깬돌																						
3b	수석	가194	2B	340x60x50	자갈																						
3b	수석	나116	1B2a	350x100x110	자갈	?x?x?																					○
3b	수석	나209	2B	300x60x65	자갈																					△	
3b	수석	가323	2B	?	판상석																						
3b	수석	나338	2B	340x60x50	자갈																						
3b	수석	가149	2B	320x70x60	자갈																						
3b	수석	나206	2B	335x60x65	깬돌																						
3b	수석	나307	2B	285x60x45	자갈																						
3b	수석	나207	2B	285x50x50	판상석																						
3b	수석	나64	2B	350x75x50	자갈																					△	
3b	수석	나98	2B	450x110x80	자갈																						
3b	수석	나213	2B	320x70x50	자갈																						
3b	수석	나69	2B	300x65x85	자갈																						
3b	수석	가269	?	(270)x55x20	자갈																						

대도착장	용기류					마구류							무기류					공구류							거울	토기류	비고	고분랭크
대도착장	유리용기	귀금속판제용기	청동주조용기	목철기	철솥·호	장니	장식안교	철·목안교	등자	재갈	탁·령	행엽·운주	갑주	장식대도	철대도·검	鉾	鏃	유자이기	철정·철봉	농기구	단야구·끌	주·단조철부	낫	도자	거울	토기류	비고	고분랭크
○												1			1								1	1		16		b
									○						1	1	7							1		14		b
															2				2			1				10	기타철기3	c
															1	1	2					1		1		7	어망추9	c
															1	1	1	6				2				9	기타철기1	c
○															1	1								1		4		c
															1		9					1		4		17		c
															1		7					1		3		4	교구1, 곡옥1	c
															1		4					1	1	1		11		c
															1		2					1	1	2		15	기타철기2	c
○															1		2					1	2	1		15		?
															1		2					1				12		d
															1		1						1	1		11	묘곽파괴	c
																2	3	2				1	4	2		21		c
																1	6					1				17		c
																1	5	4					2			13	꺽쇠5	?
																1	2							1		8		d
																1	3						2	3		35	기타철기1	?
																1							1	3		10		c
																	17									2		d
																	10					4	1			12		d
																	6					1	1	1		11		?
																	5						1	1		13		d
																	5							1		7		d
																	4					1	1			9		d
																	4							1		14	기타철기4	?
																	4						1	3		14		?
																	4						1			12		?
																	4									12		d
																	3							1		4		d

분기	묘제	고분명	묘곽형식	주곽크기	주곽상면	부곽크기	대관	모관	관식	과대	대관	모관	관식	과대	식리	대관	모관	관식	과대	백화·수피관모	태환	세환	팔찌	반지	태환	세환	경흥식
							금 관모와 과대				금동 관모와 과대·식리					은 관모와 과대					관수식				귀걸이		
3b	수석	가56	2B	210x55x50	자갈																						
3b	수석	가85	2B	325x60x65	자갈																						
3b	수석	나80-1	?	220x80x80	자갈																					△	
3b	수석	나321	2B	285x45x50	자갈																						
3b	수석	가98	2B	280x60x30	자갈																						
3b	수석	가47	2B	280x34x30	깬돌																						
3b	수석	가147	2B	?	흙																						
3b	수석	나306	2C	245x40x45	자갈																						
3b	수석	나311	2B	255x45x45	자갈																						
3b	수석	가99	2B	200x55x50	판상석																						
3b	수석	나136	2B	180x45x65	흙																						
3b	수석	가123	2C	295x70x50	자갈																						
3b	수석	나101	?	(200)x70x20	판상석																						
3b	수석	가96	2B	300x60x35	자갈																						
3b	수석	나49	?	(190)x55x25	자갈																						
3b	수석	나123	2B	360x70x90	자갈																						○
3b	수석	나126	2B	370x70x65	자갈																						
3b	수석	가278	2B	300x60x50	자갈																						
3b	수석	가309	2B	240x50x60	흙																						
3b	수석	나328	2B	228x60x18	자갈																						
3b	수석	나234	2B	400x85x55	판상석																						
3b	수석	나339	2C	190x40x25	자갈																						○
3b	수석	나62	2B	400x80x75	자갈																						
3b	수석	나74	2B	310x75x40	자갈																						
3b	수석	나214	2B	340x75x70	자갈																						
3b	수석	가90	?	350x70x40	깬돌																						
3b	수석	나24	2B	350x63x60	자갈																					△	
3b	수석	나297	2B	345x65x40	자갈																						
3b	수석	나72	1B3	300x80x60	자갈	80x150x45																			△		
3b	수석	가17	2B	310x60x83	자갈																						

대도착장	용기류					마구류							무기류					공구류							거울	토기류	비고	고분랭크
	유리용기	귀금속판제용기	청동주조용기	목철기	철솥·호	장니	장식안교	철·목안교	등자	재갈	탁·령	행엽·운주	갑주	장식대도	철대도·검	鉾	鏃	유자이기	철정·철봉	농기구	단야구·끌	주·단조철부	낫	도자				
																	2					1	1			12		d
																	2					1	1			12		d
																	2					1	1			12		?
																	2					1	1	1		10		d
																	2						1	1		13		d
																	2									10		d
																	2									10		d
																	2									10		d
																	1					1	1	1		11	기타철기1	d
																	1						1	1		11		d
																	1						1			7		d
																	1						1			7		?
																	1						1			9		?
																	1							1		12		d
																	1							1		11		d
																					끌1		1	3		14		?
																						2		2		11	기타철기1	?
																						1	1			13		d
																						1	1			6		d
																						1	1	1		10		d
																							1	2		16		?
																							1	1		11	철못1	d
																							1	1		20		?
																							1	1		14		?
																							1	1		17		?
																							1	1		11		?
																							1			8		d
																							1	1		12		d
																							1	1		8		?
																								1		13		d

분기	묘제	고분명	묘곽형식	주곽크기	주곽상면	부곽크기	금 관모와 과대 대관	모관	관식	과대	금동 관모와 과대·식리 대관	모관	관식	과대	식리	은 관모와 과대 대관	모관	관식	과대	백화·수피관모	관수식 태환	세환	팔찌	반지	귀걸이 태환	세환	경흉식
3b	수석	가41	2B	330x65x20	자갈																					△	
3b	수석	가317	2B	255x55x40	자갈																						
3b	수석	나109	2B	300x60x65	자갈																						
3b	수석	나164	2B	230x40x20	흙																						
3b	수석	나215	2B	370x65x60	자갈																						
3b	수석	나227	2B	340x80x40	판상석																						
3b	수석	나352	2B	260x50x60	판상석																						
3b	수석	나345	2B	330x85x38	자갈																						
3b	수석	가215	?	270x60x30	자갈																						
3b	수석	나9	?	(250)x60x50	자갈																						
3b	수석	나50	?	(245)x70x35	자갈																						
3b	수석	나208	2B	320x65x60	자갈																						
3b	수석	가154	2C	112x25x40	흙																						
3b	수석	나163	2C	210x35x40	흙																						
3b	수석	나196	?	(240)x(45)x20	자갈																						
3b	수석	나205	?	(265)x60x35	자갈																						
3b	수석	나304	?	245x45x18	자갈																						
3b	수석	나63	2B	360x75x50	자갈																				△		○
3b	수석	가279	2B	160x50x40	자갈																						
3b	수석	나190	2B	285x55x60	자갈																						
3b	수석	가150	2B	265x60x53	흙																						
3b	수석	가190	2B	130x35x35	흙																						
3b	수석	가316	2A	200x50x50	자갈																						
3b	수석	나169-1	2A	120x60x40	흙																						
3b	수석	가57	2B	142x50x50	깬돌																						
3b	수석	가191	2B	300x65x50	흙																						
3b	수석	가193	2B	315x55x60	자갈																						
3b	수석	가197	2B	320x60x65	자갈																						
3b	수석	가243	2B	(310)x50x40	자갈																						
3b	수석	나68-1	2B	150x30x30	자갈																						

| 대도착장 | 용기류 | | | | | 마구류 | | | | | | | 무기류 | | | | | 공구류 | | | | | | | 거울 | 토기류 | 비고 | 고분랭크 |
	유리용기	귀금속판제용기	청동주조용기	목철기	철솥·호	장니	장식안교	철·목안교	등자	재갈	탁·령	행엽·운주	갑주	장식대도	철대도·검	鉾	鏃	유자이기	철정·철봉	농기구	단야구·끌	주·단조철부	낫	도자				
																							1			12		d
																							1			6		d
																							1			10		d
																							1			6		d
																							1			8		d
																							1			10		d
																							1			12		d
																							1			11		?
																							1			11		d
																							1			7		d
																							1			12		?
																								2		2	기타철기3	d
																								1		6		d
																								1		6		d
																								1		4		d
																								1		9		d
																								1		3		d
																								1		5		?
																								1		11	유리구슬1	d
																								1		15		d
																								1		10		d
																								1		7		d
																										9		d
																										6		d
																										5		d
																										10		d
																										18		d
																										8		d
																										10		d
																										12		d

| 분기 | 고분 | | | | | | 금 관모와 과대 | | | | 금동 관모와 과대·식리 | | | | | 은 관모와 과대 | | | | 백화·수피관모 | 관수식 | | 팔찌 | 반지 | 귀걸이 | | 경흥식 |
	묘제	고분명	묘곽형식	주곽크기	주곽상면	부곽크기	대관	모관	관식	과대	대관	모관	관식	과대	식리	대관	모관	관식	과대		태환	세환			태환	세환	
3b	수석	나176-1	2B	270x45x54	깬돌																						
3b	수석	나180	2B	335x55x70	자갈																						
3b	수석	나183	2B	205x40x55	자갈																						
3b	수석	나329	2B	275x60x50	판상석																						
3b	수석	가201	2C	270x60x70	자갈																						
3b	수석	나117	2C	?	자갈																						
3b	수석	가66-1	?	125x30x35	자갈																						
3b	수석	가75	?	280x60x33	자갈																						
3b	수석	가116	?	(160)x50x28	흙																						
3b	수석	가242	?	(120)x35x35	판상석																						
3b	수석	가327	?	(165)x(60)x50	자갈																						
3b	수석	나53	?	200x55x45	자갈																						
3b	수석	나77	?	(210)x50x75	자갈																						○
3b	수석	나181-3	?	100x33x50	자갈																						
3b	수석	나337	?	280x55x25	판상석																					△	
3b	수석	나67	2B	370x80x85	자갈																						
3b	수석	나179	2B	290x70x30	자갈																						
3b	수석	나199	2B	340x75x50	흙																						
3b	수석	나68	?	350x90x50	자갈																					△	
3b	수석	나333	?	398x100x40	판상석+자갈																						
3b	수석	나356	?	(310)x70x50	판상석																						

대도착장	용기류					장니	마구류						무기류					공구류							거울	토기류	비고	고분랭크
	유리용기	귀금속판제용기	청동주조용기	목철기	철솥·호		장식안교	철·목안교	등자	재갈	탁·령	행엽·운주	갑주	장식대도	철대도·검	鉾	鏃	유자이기	철정·철봉	농기구	단야구·끌	주·단조철부	낫	도자		토기류	비고	고분랭크
																										13		d
																										17		d
																										11		d
																										6		d
																										4		d
																										10	철슬래그1	d
																										5		d
																										12		d
																										5		d
																										7		d
																										7		d
																										3		d
																										5		d
																										6		d
																										5		d
																										17		?
																										12		?
																										14		?
																										7	묘곽파괴	?
																										7	유리구슬11, 묘곽파괴	?
																										7		?

별표 56. 신라 전기 각 지구 고분군 현황(33)

분기	묘제	고분명	묘곽형식	주곽크기	주곽상면	부곽크기	금-대관	금-모관	금-관식	금-과대	금동-대관	금동-모관	금동-관식	금동-과대	금동-식리	은-대관	은-모관	은-관식	은-과대	백화·수피관모	관수식-태환	관수식-세환	팔찌	반지	귀걸이-태환	귀걸이-세환	경흥식
4a	수석	나85	2B	420x80x50	자갈																				1		○
4a	수석	가371	2B	(398)x75x30	자갈																					1	
4a	수석	가361	2B	330x90x125	자갈																					△	
4a	수석	가364	2B	430x100x65	자갈																					△	
4a	수석	나30	2B	370x80x125	자갈																						
4a	수석	나86	2B	460x(80)x45	자갈																				△		○
4a	수석	나46	2A	410x80x30	자갈																						
4a	수석	나87	2B	380x75x85	자갈																					△	
4a	수석	나340	2C	160x50x10	자갈																					1	
4a	수석	가362	2B	340x60x120	자갈																					△	
4a	수석	나17	2B	340x60x55	자갈																						
4a	수석	가214	?	(313)x78x25	자갈																						
4a	수석	가23	2B	440x90x30	자갈																						
4a	수석	나200	2B	350x75x60	자갈																						
4a	수석	나94	2B	450x100x80	자갈																						
4a	수석	나156	2B	300x60x35	자갈																						
4a	수석	나10	2B	300x(65)x48	흙																						
4a	수석	나177	2A	210x50x55	자갈																						
4a	수석	가277	2B	310x90x65	자갈																					△	
4a	수석	나61	2B	325x70x80	자갈																					△	
4a	수석	나83	2B	310x50x80	자갈																						
4a	수석	나105	2B	310x65x55	자갈																						
4a	수석	가3	2A	260x60x36	자갈																					△	
4a	수석	가16	1B2a	310x40x90 (부곽포함)	자갈																						
4a	수석	나144	2B	320x70x55	자갈																						
4a	수석	가240	?	(250)x60x20	자갈																						
4a	수석	나143	?	(300)x60x60	자갈																						
4a	수석	나39	2B	?	자갈																						
4a	수석	나230	2B	280x40x25	자갈																						
4a	수석	가126	2C	130x40x42	흙																						
4a	수석	가175	2B	310x75x55	자갈																					△	

대도착장	용기류					마구류							무기류					공구류							거울	토기류	비고	고분랭크
	유리용기	귀금속판제용기	청동주조용기	목철기	철솥·호	장니	장식안교	철·목안교	등자	재갈	탁·령	행엽·운주	갑주	장식대도	철대도·검	鉾	鏃	유자이기	철정·철봉	농기구	단야구·끌	주·단조철부	낫	도자				
										1														2		22	기타철기2	b
○										1					1		4					1	3	9		13	기타철기7	b
									1	1							21					2		5		8	성시구, 교구4 기타철기5	b
○								○	1	1					1		14					2	2	1		3	곡옥1, 다면옥1 교구4	b
										1		3					4					1		5		17	철못18, 기타철기2	b
										1		3					1						1	1		18	방추차1, 기타철기1, 인두형토기1	b
								○		1							19					1		1		3	기타철기多	b
									○	1					1	1	13	1						1		17		b
																								1		7	구슬5	?
○															1	1	15			1		2	1	2		16	교구1, 기타철기1	c
○															1	1	5						1	1		10		c
○															1		18						1	1		8	기타철기2	c
															1		11							6		10	구슬5	c
○															1		9						1	1		11		c
																2			4				1	6		17		?
																1	33		2	1				1		8		d
																	19									12		d
																	11							1		8		d
																	10						1	1		13	구슬13	d
																	9		4				1	1		16	기타철편3	d
																	9						1	1		13		d
																	9						1	1		13		d
																	8						1	1		11		d
																	7					1	1	1		12		d
																	6				끌1		1	1		11	묘곽파괴	d
																	6						1	1		6		d
																	5						1			7		d
																	5									10		d
																	5									10		d
																	5							1		4		d
																	5						1	1		11		?

분기	묘제	고분명	묘곽형식	주곽크기	주곽상면	부곽크기	금 관모와 과대				금동 관모와 과대·식리					은 관모와 과대				백화·수피관모	관수식		팔찌	반지	귀걸이		경흥식
							대관	모관	관식	과대	대관	모관	관식	과대	식리	대관	모관	관식	과대		태환	세환			태환	세환	
4a	수석	나142	2B	290x60x60	자갈																						
4a	수석	가152	2B	290x50x77	자갈																						
4a	수석	가256	2B	225x70x45	자갈																						
4a	수석	나260	2A	250x65x30	자갈																					△	
4a	수석	가225	?	220x50x40	흙																						
4a	수석	가239	2C	240x68x45	자갈																						
4a	수석	가340	2B	240x50x50	자갈																						
4a	수석	나155	2B	310x75x60	자갈																						
4a	수석	가366	1B2a	230x45x70 (부곽포함)	자갈																						
4a	수석	가80	2A	265x63x50	자갈																						
4a	수석	가268	2B	310x70x55	자갈																						
4a	수석	나309	2B	(270)x40x25	자갈																						
4a	수석	나223	2C	260x55x40	자갈																						
4a	수석	나76	2B	300x60x50	자갈																						
4a	수석	나229	2B	245x60x45	자갈																						
4a	수석	가91	?	(190)x55x36	자갈																						
4a	수석	가119	?	(285)x60x45	흙																						
4a	수석	가176	2B	310x95x70	자갈																						
4a	수석	가164	2B	370x85x50	흙																						
4a	수석	가367	2B	310x60x50	자갈																						
4a	수석	나65	1B4c	320x65x50	자갈	65x50x?																				△	
4a	수석	나133	2A	370x80x75	자갈																					△	
4a	수석	가341	2B	340x70x60	자갈																						
4a	횡구	나130	2B	240x50x60	자갈																						
4a	수석	가232	2B	250x60x50	자갈																						
4a	수석	나305	2A	280x50x35	자갈																						
4a	수석	나220	2B	320x70x55	자갈																						
4a	수석	가148	2A	150x45x50	자갈																						
4a	수석	가41	2B	330x65x20	자갈																					△	
4a	수석	가222	2B	310x70x43	자갈																						
4a	수석	가255	2B	255x55x40	자갈																					△	

대도착장	용기류					마구류							무기류					공구류							거울	토기류	비고	고분랭크
	유리용기	귀금속판제용기	청동주조용기	목철기	철솥·호	장니	장식안교	철·목안교	등자	재갈	탁·령	행엽·운주	갑주	장식대도	철대도·검	鉾	鏃	유자이기	철정·철봉	농기구	단야구·끌	주·단조철부	낫	도자	거울	토기류	비고	고분랭크
																	5							1		8	기타철편3	d
																	5						1	1		13		d
																	4						1	2		8		d
																	4						2	1		7		d
																	4						2			2	묘곽파괴	d
																	4							1		4		d
																	2						1	4		4		?
																	2									19	기타철기1	?
																	2							2		8		d
																	1									5		d
																	1									13		d
																	1							1		5		d
																	1							3		8	기타철기1	d
																	1							1		13		d
																	1							1		15	방추차1	d
																	1									10		d
																	1									10		d
																		3								3		?
																		2	1			3	1			3	교구1	?
																			1		2	1	1			13		d
																					1	1	1			19		d
																					1	1	1			15	기타철기1	?
																							1	1		12		d
																							1	1		8		d
																								2		4		d
																							1	1		7		d
																							1	1		9		d
																								1		10		d
																								1		12		d
																								1		18		d
																								1		10		d

분기	묘제	고분명	묘곽형식	주곽크기	주곽상면	부곽크기	금 관모와 과대				금동 관모와 과대·식리					은 관모와 과대				백화·수피관모	관수식		팔찌	반지	귀걸이		경흥식
							대관	모관	관식	과대	대관	모관	관식	과대	식리	대관	모관	관식	과대		태환	세환			태환	세환	
4a	수석	나351	2B	270x50x65	판상석																						
4a	수석	가138	2C	257x60x60	흙																						
4a	수석	나263	2C	280x55x58	자갈																						
4a	수석	나15	2B	320x65x76	자갈																						
4a	수석	나129	2B	270x50x75	자갈																						
4a	수석	나170	2B	255x54x65	자갈																						
4a	수석	나181	2B	340x55x80	자갈																						
4a	수석	가360	?	(270)x55x15	자갈																						
4a	수석	나23	2B	250x65x65	자갈																						
4a	수석	나59	2B	230x50x70	자갈																						
4a	수석	나127	2B	210x50x35	자갈																						
4a	수석	나187	2B	250x50x55	자갈																						
4a	수석	나216	2B	165x45x40	흙																						○
4a	수석	가349	2B	210x45x30	자갈																						
4a	수석	가136	2C	235x?x64	자갈																						
4a	수석	가169	2C	150x30x45	흙																						
4a	수석	가170	2C	160x30x35	판석																						
4a	수석	나41	2C	260x60x35	자갈																						
4a	수석	가135	?	80x30x37	흙																						
4a	수석	나34	?	(250)x50x25	자갈																						
4a	수석	나70	?	255x60x55	자갈																						
4a	수석	나181-1	?	155x40x45	자갈																						
4a	수석	가137	2B	242x53x48	자갈																						
4a	수석	나354	2C	140x40x50	자갈																						
4a	수석	가13	?	?	자갈																						
4a	횡구	가43	?	298x63x68	자갈																						
4a	수석	가112	?	(190)x55x14	자갈																				△		
4a	수석	가132	?	(200)x55x55	흙																						
4a	수석	가165	?	220x40x65	흙																						
4a	수석	가244	?	(230)x40x45	흙																						
4a	수석	가342	?	(240)x50x50	흙																						

대도착장	용기류					마구류							무기류					공구류						낫	도자	거울	토기류	비고	고분랭크
	유리용기	귀금속판제용기	청동주조용기	목철기	철솥·호	장니	장식안교	철·목안교	등자	재갈	탁·령	행엽·운주	갑주	장식대도	철대도·검	鉾	鏃	유자이기	철정·철봉	농기구	단야구·끌	주·단조철부						
																							1			8		d
																							1			7		d
																							1			11		d
																							1			13		d
																							1			14		d
																							1			8		d
																							1			11	구슬10	d
																								4		9	곡옥1, 구슬10	d
																								2		12	구슬4	d
																								1		9		d
																								1		9		d
																								1		7		d
																								1		11	곡옥2, 구슬17	d
																								1		10		d
																										10		d
																								1		8		d
																								1		8	구슬7	d
																								1		9		d
																								1		5		d
																								1		5		d
																								1		6		d
																								1		8		d
																								1		10		d
																										5		d
																										5		d
																										8	묘곽파괴	d
																										7	구슬12	d
																										4		d
																										7		d
																										8		d
																										9		d

분기	묘제	고분명	묘곽형식	주곽크기	주곽상면	부곽크기	금 관모와 과대				금동 관모와 과대·식리					은 관모와 과대				백화·수피관모	관수식		팔찌	반지	귀걸이		경흉식
							대관	모관	관식	과대	대관	모관	관식	과대	식리	대관	모관	관식	과대		태환	세환			태환	세환	
4a	수석	나73	?	(225)x35x35	자갈																						
4a	수석	나204	?	(250)x60x40	자갈																						
4a	수석	나81-1	1B2a	155x35x30 (부곽포함)	자갈																						
4a	수석	나146	1B2a	320x60x50 (부곽포함)	자갈																						
4a	수석	가71	2A	125x40x30	흙																						
4a	수석	나176-3	2A	145x35x40	판상석																						
4a	수석	가6	2B	290x60x66	자갈																						
4a	수석	가63	2B	275x50x20	흙																						
4a	수석	가100	2B	300x50x55	자갈																						
4a	수석	가121	2B	210x50x58	깬돌																						
4a	수석	가177	2B	300x70x43	자갈																						
4a	수석	가202	2B	275x54x60	자갈																						
4a	수석	가217	2B	250x50x40	흙																						
4a	수석	나6	2B	(290)x50x50	흙																						
4a	수석	나29	2B	420x50x35	자갈																						
4a	수석	나40	2B	300x60x45	자갈																						
4a	수석	나81-2	2B	160x30x50	자갈																						
4a	수석	나108	2B	290x60x50	자갈																						
4a	수석	나145	2B	280x50x55	자갈																						
4a	수석	나210	2B	315x60x50	자갈																						
4a	수석	나291	2B	330x70x40	자갈																					△	
4a	횡구	가14	2C	304x68x88	자갈																						
4a	수석	가113	2C	310x70x50	흙																						
4a	수석	가146	2C	310x67x85	자갈																				△		
4a	수석	가159	2C	165x50x47	흙																						
4a	수석	나20	2C	150x50x60	자갈																						
4a	수석	나120	2C	240x50x65	자갈																						
4a	수석	나249	2C	(200)x40x25	흙																						
4a	점목	I-9	?	423x120x22	흙																						
4a	수석	나211	2B	360x75x65	자갈																					△	

대도착장	용기류					마구류							무기류					공구류							거울	토기류	비고	고분랭크
	유리용기	귀금속판제용기	청동주조용기	목철기	철솥·호	장니	장식안교	철·목안교	등자	재갈	탁·령	행엽·운주	갑주	장식대도	철대도·검	鉾	鏃	유자이기	철정·철봉	농기구	단야구·끌	주·단조철부	낫	도자				
																										4		d
																										3		d
																										8		d
																										12		d
																										12		d
																										4		d
																										9		d
																										7		d
																										13		d
																										3		d
																										15		d
																										11		d
																										9		d
																										12		d
																										7		d
																										8		d
																										7		d
																										13		d
																										11		d
																										10		d
																										8		d
																										16		d
																										11		d
																										13		d
																										8		d
																										7	구슬2, 마노마면옥1	d
																										11		d
																										6		d
																										3		?
																										17		?

별표 60. 신라 전기 각 지구 고분군 현황(37)

분기	묘제	고분명	묘곽형식	주곽크기	주곽상면	부곽크기	금 관모와 과대				금동 관모와 과대·식리					은 관모와 과대				백화·수피관모	관수식		팔찌	반지	귀걸이		경흉식
							대관	모관	관식	과대	대관	모관	관식	과대	식리	대관	모관	관식	과대		태환	세환			태환	세환	
4b	불명	II-1(적)	1B2b	398x80x55 (부곽포함)	자갈																					1	
4b	수석	가372	2B	350x70x80	자갈																					△	
4b	수석	가21	?	310x60x28	자갈																					△	
4b	수석	가375	2B	280x55x75	자갈																						
4b	수석	나47	2B	410x80x55	자갈																						
4b	수석	나84	2B	350x75x70	자갈																						
4b	수석	가234	2B	300x70x55	자갈																					△	
4b	수석	가10	2B	340x76x70	자갈																					△	
4b	수석	나26	2B	340x70x90	자갈																					△	
4b	수석	가171	?	(290)x70x65	흙																						
4b	횡구	나292	2B	320x70x45	자갈																						
4b	수석	나28	?	250x50x80	자갈																					△	
4b	수석	나88	1B2a	285x?x? (부곽포함)	자갈																					△	
4b	수석	가253	?	(230)x60x35	자갈																					△	
4b	수석	가134	2B	270x50x33	자갈																						
4b	수석	나278	2B	255x48x40	자갈																						
4b	수석	나257	2B	290x55x70	자갈																					△	
4b	수석	나273	2B	335x65x50	자갈																						
4b	수석	나89	2B	330x70x60	자갈																					△	
4b	수석	나186	2B	300x45x68	자갈																						
4b	수석	가51	2B	150x40x40	자갈																						
4b	수석	나5	2B	300x65x70	자갈																						
4b	수석	나244	?	215x55x60	자갈																						
4b	수석	가1-2	?	113x45x32	깬돌																					△	
4b	수석	가260	?	310x55x40	자갈																						
4b	수석	나221	?	260x55x30	자갈																					△	
4b	수석	나224	2C	215x50x43	자갈																						
4b	수석	가76	2B	225x50x45	자갈																						
4b	수석	나147	2B	330x65x35	자갈																						
4b	수석	가221	2B	275x50x40	자갈																						

대도착장	용기류					마구류							무기류					공구류							거울	토기류	비고	고분랭크
	유리용기	귀금속판제용기	청동주조용기	목철기	철솥·호	장니	장식안교	철·목안교	등자	재갈	탁·령	행엽·운주	갑주	장식대도	철대도·검	鉾	鏃	유자이기	철정·철봉	농기구	단야구·끌	주·단조철부	낫	도자				
								1	1	1		8					16		2			2	1	13		59	교구4, 기타7	b
									1			1				1	9					1	1	4		14	철환6, 교구2, 성시구	b
										1						1	11					1	2	1		9	교구1, 기타철기2	b
											2													1		9		?
															1	2	7							1		23		c
																1	13					2				16		c
																1	7					1	2	2		8		c
																1	3					2	2	2		18	교구1	c
																1	1					1				13	교구1, 기타전기7	c
																1	19				2	4	2	1		11		c
																1	9					1	1	1		11		c
																	14						1	2		5		d
																	12					3	2			22		d
																	10					1		1		5		d
																	9						1	2		6		d
																	9							1		8		d
																	8						1	2		10		d
																	8						1	1		13		d
																	8							1		11		?
																	7					1	1	1		11		d
																	7						2	1		9		d
																	6					1	1	3		20		d
																	6						1	1		5		d
																	6									7	방추차1	d
																	5					1				8	묘곽파괴	d
																	5						1	1		5		d
																	5									6		d
																	4					1	3	1		9		d
																	4					1	2	1		11	기타철기1	d
																	4					1		1		14		d

분기	묘제	고분명	묘곽형식	주곽크기	주곽상면	부곽크기	금 관모와 과대				금동 관모와 과대·식리					은 관모와 과대				백화·수피관모	관수식		팔찌	반지	귀걸이		경흉식
							대관	모관	관식	과대	대관	모관	관식	과대	식리	대관	모관	관식	과대		태환	세환			태환	세환	
4b	수석	가122	?	250x56x60	흙																						
4b	수석	나92	2B	270x80x30	자갈																					△	
4b	수석	나241	2B	310x(90)x60	자갈																						
4b	수석	가290	2B	220x50x75	자갈																						
4b	수석	나174	?	(200)x45x50	자갈																						
4b	수석	가238	?	135x50x55	자갈																						
4b	수석	나19	?	(290)x(50)x20	자갈																						
4b	수석	나35	2B	340x60x35	자갈																						
4b	수석	가271	?	(180)x70x25	자갈																						
4b	수석	나254	2B	330x65x60	자갈																						
4b	수석	나280	?	(260_x70x13	자갈																					△	
4b	수석	나16	2B	220x50x40	자갈																						
4b	수석	가265	?	(110)x38x50	자갈																						
4b	수석	가115	?	(180)x72x25	흙																					△	
4b	수석	나27	?	(300)x70x55	자갈																						
4b	수석	나33	2B	310x55x35	자갈																						
4b	수석	가60	2B	260x60x48	자갈																						
4b	수석	가235	?	(210)x45x40	자갈																						
4b	수석	가24	?	?X?X?	자갈																						
4b	수석	가220	2C	245x60x50	자갈																						
4b	수석	가208	?	(270)x55x50	자갈																						
4b	수석	가52	?	(160)x40x50	자갈																						
4b	수석	가229	?	(140)x45x?	흙																						
4b	수석	가273	?	230x55x25	자갈																						
4b	수석	나11	2B	(355)x65x60	자갈																						
4b	수석	나82-1	2C	125x35x25	자갈																						
4b	수석	나250	2B	280x60x55	자갈																						
4b	수석	가33	?	(160)x80x18	자갈																						
4b	수석	가241	2B	320x75x75	깬돌																						
4b	수석	나168	2B	300x50x65	자갈																						

대도착장	용기류					마구류							무기류					공구류							거울	토기류	비고	고분랭크
	유리용기	귀금속판제용기	청동주조용기	목철기	철솥·호	장니	장식안교	철·목안교	등자	재갈	탁·령	행엽·운주	갑주	장식대도	철대도·검	鉾	鏃	유자이기	철정·철봉	농기구	단야구·끌	주·단조철부	낫	도자		토기류		
																	4					1		1		3		d
																	4					1				8		?
																	4					1				13		?
																	4						2	1		13		d
																	4							2		7		d
																	4							1		10		d
																	3					2				7		d
																	3					1		4		14		d
																	3						4	4		16		?
																	3						2	1		11		d
																	3						1	1		6	기타철기1	?
																	3							1		10		d
																	3							1		6		d
																	2					1				6		?
																	2						2	1		7		?
																	2						1	3		8		d
																	2						1			6		d
																	2						1	1		5		d
																	2							1		7		d
																	2							1		8		d
																	2									9		d
																	1							1		11		d
																	1							1		5		d
																	1							1		5		d
																	1							2		13		d
																	1							1		8		d
																	1									8		d
																	1									9		?
																	1									19		?
																							1	1	1	10		d

별표 62. 신라 전기 각 지구 고분군 현황(39)

분기	묘제	고분명	묘곽형식	주곽크기	주곽상면	부곽크기	대관(금)	모관(금)	관식(금)	과대(금)	대관(금동)	모관(금동)	관식(금동)	과대(금동)	식리(금동)	대관(은)	모관(은)	관식(은)	과대(은)	백화·수피관모	태환(관수식)	세환(관수식)	팔찌	반지	태환(귀걸이)	세환(귀걸이)	경흉식
4b	수석	가231	2C	325x65x50	자갈																						
4b	수석	가7	2A	200x40x46	자갈																					△	
4b	횡구	가1	2C	350x70x20	자갈																					△	
4b	수석	가270	2B	290x60x40	자갈																						
4b	수석	가369	2C	260x60x55	자갈																						
4b	수석	나281	?	(300)x75x25	자갈																						
4b	수석	나51	2B	350x65x65	자갈																						○
4b	수석	나310	2B	250x50x18	자갈																						
4b	수석	나349	2C	180x40x55	판상석																						
4b	수석	나317	2B	248x55x30	자갈																						
4b	수석	가161	2B	240x55x70	자갈																						
4b	수석	가236	2B	220x40x55	자갈																						
4b	수석	나261	2B	245x50x28	자갈																						
4b	수석	가267	?	(280)x55x35	흙																						
4b	수석	나322	?	(180)x(60)x?																							
4b	수석	가204	1B2a	250x50x70 (부곽포함)	자갈																						
4b	수석	가29	2B	300x52x55	자갈																						
4b	수석	가1-1	?	(182)x(58)x15	자갈																						
4b	수석	나235	2B	255x50x60	자갈																						
4b	수석	가376	2A	190x40x60	자갈																						
4b	수석	가205	2B	320x65x35	흙																					△	
4b	수석	나1	2B	255x45x50	자갈																						
4b	수석	나22	2B	245x45x60	자갈																						
4b	수석	나110	2B	250x50x70	자갈																						
4b	수석	나239	2B	310x60x45	자갈																						
4b	수석	나272	2B	(280)x(80)x28	자갈																						
4b	수석	나279	2B	(310)x55x25	자갈																						
4b	수석	가2	2C	300x60x45	자갈																						
4b	수석	가10-1	2C	105x45x50	흙																						○
4b	수석	나82-2	2C	140x40x50	자갈																						

대도착장	용기류					마구류							무기류					공구류					낫	도자	거울	토기류	비고	고분랭크
	유리용기	귀금속판제용기	청동주조용기	목철기	철솥·호	장니	장식안교	철·목안교	등자	재갈	탁·령	행엽·운주	갑주	장식대도	철대도·검	鉾	鏃	유자이기	철정·철봉	농기구	단야구·끌	주·단조철부						
																						1	1	1		3		d
																						1				11	기타철기2	d
																							2	2		12	구슬7, 다면옥1	?
																							2			10		d
																							2			10		d
																							1	2		8		?
																							1	1		13		d
																							1	1		7		d
																							1			12		d
																							1			12		d
																							1			11		d
																							1			8		d
																							1			6		d
																							1			9		d
																							1			4	기타철기1	d
																								2		15		d
																								2		12		d
																								2		3	구슬13	d
																								2		13		d
																								1		5		d
																								1		13		d
																								1		8		d
																								1		7		d
																								1		9		d
																								1		7		d
																									1	10		d
																									1	10		d
																									1	11	구슬3	d
																									1	5	방추차1	d
																									1	11	기타철기1, 구슬31	d

별표 63. 신라 전기 각 지구 고분군 현황(40)

분기	묘제	고분명	묘곽형식	주곽크기	주곽상면	부곽크기	금 관모와 과대				금동 관모와 과대·식리					은 관모와 과대				백화·수피관모	관수식		팔찌	반지	귀걸이		경흉식
							대관	모관	관식	과대	대관	모관	관식	과대	식리	대관	모관	관식	과대		태환	세환			태환	세환	
4b	수석	가233	?	118x35x30	자갈																						
4b	수석	나259	1B2a	245x45x50 (부곽포함)	자갈																						
4b	수석	가166	2A	175x45x45	흙																						
4b	수석	가184	2A	250x55x55	흙																						
4b	수석	가195	2A	205x50x50	자갈																						
4b	수석	가355	2A	(300)x60x20	자갈																						
4b	수석	나202	2A	255x50x65	자갈																						
4b	수석	나247	2A	195x50x35	자갈																						
4b	수석	가18	2B	238x50x55	자갈																						
4b	수석	가26	2B	270x60x40	자갈																						
4b	수석	가30	2B	160x50x24	자갈																						
4b	수석	가114	2B	?X?X?	자갈																						
4b	수석	가128	2B	210x53x30	자갈																						
4b	수석	가153	2B	270x55x50	자갈																						
4b	수석	가261	2B	240x55x15	자갈																						
4b	수석	가368	2B	230x50x55	자갈																						
4b	수석	나82	2B	315x50x70	자갈																						
4b	수석	나359	2B	225x45x50	자갈																						
4b	수석	가331	2C	220x40x55	흙																						
4b	수석	가373	2C	245x50x55	판상석																						
4b	수석	가374	2C	175x50x60	판석																						○
4b	수석	나140	2C	190x50x30	자갈																						
4b	수석	나293	2C	210x50x35	자갈																						
4b	수석	가72	?	(170)x50x20	흙																						
4b	수석	나197	?	(250)x45x20	자갈																						
4b	수석	나201	?	210x50x48	자갈																						
4b	수석	나250-1	?	90x40x25	자갈																						
4b	수석	가249	2B	325x70x65	흙																						○
4b	수석	나12	2B	250x70x75	자갈																						
4b	수석	가19	?	(228)x70x30	자갈																						

| 대도착장 | 용기류 | | | | | 마구류 | | | | | | | 무기류 | | | | | 공구류 | | | | | | | 거울 | 토기류 | 비고 | 고분랭크 |
	유리용기	귀금속판제용기	청동주조용기	목철기	철솥·호	장니	장식안교	철·목안교	등자	재갈	탁·령	행엽·운주	갑주	장식대도	철대도·검	鉾	鏃	유자이기	철정·철봉	농기구	단야구·끌	주·단조철부	낫	도자				
																								1		5		d
																										7		d
																										2		d
																										10		d
																										11		d
																										6		d
																										11		d
																										9		d
																										10		d
																										12	방추차1	d
																										11	구슬1	d
																										10		d
																										9		d
																										13		d
																										10		d
																										8		d
																										16		d
																										11		d
																										5		d
																										10	구슬2	d
																										9		d
																										5		d
																										4		d
																										8		d
																										7		d
																										6		d
																										2		d
																										18		?
																										12		?
																										9	소찰1	?

분기	묘제	고분명	묘곽형식	주곽크기	주곽상면	부곽크기	금 관모와 과대				금동 관모와 과대·식리					은 관모와 과대				백화·수피관모	관수식		팔찌	반지	귀걸이		경흉식
							대관	모관	관식	과대	대관	모관	관식	과대	식리	대관	모관	관식	과대		태환	세환			태환	세환	
1Ab	점목	목65	1B1	327x118x44	흙	230x65x?																					
1Ab	점목	목5	2B	337x142x60	흙																	△					
1Aa	점목	목95	?	(172)x85x19	흙																						
1Aa	점목	목19	2A	296x135x23	흙																						
1Aa	점목	목67	2A	293x102x48	흙																						
1Aa	점목	목3	2A	270x90x19	흙																						
1Aa	점목	목76	2B	265x117x40	흙																						
1Aa	점목	목66	?	(270)x90x17	흙																						
1Aa	점목	목68	2A	262x87x29	흙																						
1Bc	석목	적128	1B1	282x82x41	흙	160x110x?																					
1Ba	점목	목13	1B1	301x101x50	흙	213x123x?																△					
1Ba	점목	목79	?	320x95x28	흙																						
1Bc	점목	목64	1B2a	307x150x78	흙	150x138x?																					
1Bc	점목	목114	1B1	470x100x18	흙																						
1Bc	석목	적7	2B	314x114x71	자갈																	△					
1Bb	점목	목4	2A	352x95x28	흙																						
1Bc	점목	목106	?	223x76x21	흙																						
1Bb	점목	목113	2A	325x80x29	흙																						
1Bb	토	목122	?	330x115x25	흙																						
1Bc	점목	목63	1B2a	300x140x30	흙	112x147x?																					
1Bc	토	목80	?	(282)x118x23	흙																						
1Bc	석목	적15	2B	350x123x45	자갈																						
1Ba	점목	목125	2A	178x63x23	흙																						
2b	석목	적14	1B4c	325x95x65	자갈	170x90x50																					
2b	석목	적33	1B4c	320x110x34	자갈	190x120x32																					
2a	석목	적120	2B	320x114x30	자갈																						
2a	수석	석92	2A	278x80x30	흙																						
2b	석목	적8	2B	300x112x36	자갈																						
2a	점목	목98	?	(170)x85x19	흙																						
2a	점목	목1	?		흙																						
2a	점목	목54	1B2a	275x101x30	흙	161x115x?																					
2b	석목	적15	1B2a	320x80x21	흙	?																					
2b	석목	적6	?	?x110x65	자갈																						
2a	수석	석12	?	?	자갈																						
2a	점목	목20	2B	306x112x35	흙																						
2b	석목	적11	2B	280x86x45	자갈																						
2b	석목	적30	1B4c	318x104x28	자갈	192x90x12																					
2b	석목	적127	1B4c	290x110x26	자갈	180x120x?																					

대도착장	용기류					마구류							무기류					공구류							거울	토기류	비고	고분랭크
	유리용기	귀금속판제용기	청동주조용기	목철기	철솥·호	장니	장식안교	철·목안교	등자	재갈	탁·령	행엽·운주	갑주	장식대도	철대도·검	鉾	鏃	유자이기	철정·철봉	농기구	단야구·끌	주·단조철부	낫	도자	거울	토기류	비고	고분랭크
								○	1	1			○		2	13	3					2				7	마주,교구11, 철환2 판갑, 투구, 경갑	a
													○			10	20	2				2	1	2		10	교구1, 기타철기1 금동세환1	a
																	2	1	1			2	1			2	묘곽 반파	c
																	2					1	1			8		c
																						2				2		d
																		1				1	1	1		7	숫돌1	d
																		1						2		3	기타철편3	d
																										5	묘곽 반파	d
																										3		d
									1				○		2	2	11					3				42	교구4, 꺾쇠6	b
										1			○		1	3	16	5			끌1	3	2	2		23	교구6, 철환1, 기타철기 多	b
																4		2				3		2		3	기타철기3	b
										1						1		3								29	꺾쇠3	c
										1									1							3	묘곽삭평	?
													1		1	7		4			끌1	1	3			28	기타철기 多	c
																1	5					2		2		6		c
																1	4	1				1	1	1		1		c
																1	1					1	1			15		c
																1								1		3		c
																						1	1			14		d
																										1	묘곽 반파	d
																										17	방추차1, 석구6, 구슬2	d
																										2		d
									1		3		1				4				끌1	1				35	교구4	b
										1			1				21	1				2	1	1		53		b
										1														1		18	교구1, 철환1	b
													1				6	1			끌1	2	2	2		18		c
																	7					1	1	1		28		d
																	7									5	묘곽 반파	d
																		3					2	1		2	꺾쇠8	d
																		1					1	1		21	방추차1	d
																		1					2	1		5	방추차1	d
																		1								5	꺾쇠2, 기타철기1	d
																				1		1		1		1	철못2, 방추차3 석구1, 묘곽반파	d
																							1	2		20	방추차1	d
																								1		24	방추차1	d
																										23		d
																										26	꺾쇠1	d

별표 65. 신라 전기 각 지구 고분군 현황(42)

분기	묘제	고분명	묘곽형식	주곽크기	주곽상면	부곽크기	금 관모와 과대 대관	모관	관식	과대	금동 관모와 과대·식리 대관	모관	관식	과대	식리	은 관모와 과대 대관	모관	관식	과대	백화·수피관모	관수식 태환	세환	팔찌	반지	귀걸이 태환	세환	경흥식
3a	석목	적35	1B2a	420x100x78	자갈	180x98x?																					○
3a	석목	적31	1B4c	330x110x42	자갈	120x100																					
3b	석목	적38	1B4c	326x120x56	자갈	125x64x?																					
3b	석목	적126	1B4c	280x98x26	자갈	?																					
3b	석목	적41	1B4c	290x120x40	흙	123x71x?																					
3b	석목	적70	2B	300x92x37	자갈																						
3b	석목	적42	1B4c	356x88x30	자갈	70x80x?																					
3b	석목	적36	1B4c	415x97x40	자갈	194x140x?																					
3b	석목	적57	1B4c	346x110x40	자갈	145x90x?																					
3b	석목	적34	1B4c	320x100x30	자갈	?																					
3b	점목	목105	2C	317x102x30	흙																						
3a	점목	목69	?	269x88x26	흙																						
3b	점목	목39	2C	287x72x18	자갈																						△
3a	석목	적17	1B2a	320x110x61	자갈	130x100x?																					
3b	점목	목29	2C	262x97x22	흙																						
3b	석목	적94	?	?																							
3b	점목	목116	?	?	흙																						
3b	석목	적21	1B4c	210x75x23	흙	105x75x?																					
4a	석목	적46	1B4c	355x126x8	자갈																						△
4a	석목	적50	1B4c	356x90x30	자갈	174x80x?																					○
4a	석목	적24	1B4c	240x93x25	자갈	120x60x?																					
4a	석목	525-22	1B4c	290x105x20	자갈	165x65x?																					
4a	수석	석84	2C	214x64x?	자갈																						
4a	적목	525-10	2C	275x100x80	자갈																						△
4a	석목	적49	1B4c	298x100x35	자갈	170x70x?																					○
4a	석목	적90	2C	280x76x38	자갈																						△
4b	수석	석60	?	292x92x42	자갈																						△
4a	석목	적87	?	?	자갈																						△
4b	수석	석129	?	(290)x104x25	자갈																						
4a	점목	목44	?	(135)x75x17	흙																						
4b	석목	적88	?	?	자갈																						
4b	석목	적89	?	?	자갈																						

대도착장	용기류					마구류							무기류					공구류							거울	토기류	비고	고분랭크
대·도·착·장	유리용기	귀금속판제용기	청동주조용기	목철기	철솥·호	장니	장식안교	철·목안교	등자	재갈	탁·령	행엽·운주	갑주	장식대도	철대도·검	鉾	鏃	유자이기	철정·철봉	농기구	단야구·끌	주·단조철부	낫	도자	거울	토기류	비고	고분랭크
										1		2				3	14	1						4		34	교구9, 철환1, 꺾쇠4	b
										1						1	2	1				2				16	교구3, 철환1, 기타철편1	b
										1							4	1					2	2		29	교구2, 주곽바닥교란	b
										1																3	교구1,철환1, 묘곽파괴	b
															1		3	1					1	2		46		c
																2							1	3		33	철판1	c
																	4	1			끌1			1		17	철환1,묘곽파괴	d
																	4				1		1	2		35	못2,철환1	d
																		2					1	2		20		d
																		1				1		3		34		d
																		1						1		4	기타철기2	d
																							1			4	토구1, 묘곽파괴	d
																								1		17	교구1	d
																										30	묘곽파괴	d
																										16		d
																										9		d
																										5	묘곽 일부잔존	d
																										3		d
																2	1									4	묘곽파괴	c
																1										16		c
																3	3						1	1		24		d
																2	1									30		d
																1								1		13		d
																2								3		13		d
																							1	1		11	석구3	d
																								1		18		d
																								1		14		d
																										2		d
																										4		d
																										3	묘곽 일부잔존	d
																										2		d
																										3		d

분기	묘제	고분명	묘곽형식	주곽크기	주곽상면	부곽크기	대관	모관	관식	과대	대관	모관	관식	과대	식리	대관	모관	관식	과대	백화·수피관모	태환	세환	팔찌	반지	태환	세환	경흉식
							금 관모와 과대				금동 관모와 과대·식리					은 관모와 과대					관수식				귀걸이		
1Ab	점목	목4	2C	238x85x36	흙																					△	
1Ab	점목	목2	1B1	272x94x30	흙	230x94x?																					
1Ab	점목	목1	1B1	488x94x20	흙																						
1Ab	점목	목5	?	230x106x42	흙																						
1Bb	수석	석7	1B1	230x70x82	자갈																						
3b	석목	적9	1B4c	360x130x30	자갈	160x90x40																					
3b	석목	적3	2B	420x200x18	자갈																					△	
3b	석목	적5	2B	360x(90)c20	자갈																						
3b	석목	적10	?	(148)x96x30	흙																						
3b	수석	석1	?	(300)x(89)x20	깬돌																						
3b	석목	적2	2B	250x100x15	자갈																						
4b	수석	석2	2B	296x70x50	깬돌																					△	
4b	수석	석8	2B	184x65x78	자갈																					△	
4a	석목	적1	2A	(172)x40x20	깬돌																						
4a	횡혈	석실	?	350x152x56																							
4a	수석	석3	2B	248x53x18	흙																						
4b	석목	적8	1B3	320x100x40	자갈	170x80x40																					
4b	수석	석4	2C	372x150x48	자갈																						
4b	석목	적7	2B	160x50x15	흙																						
4a	석목	적6	2B	320x135x25	자갈																						
4a	수석	석6	2A	122x32x38	깬돌																						
4b	수석	석5	?	(154)x70x75	자갈																						
1Aa	석목	적0	1B2a	247x80x60	흙	113x90x?																					
1Aa	석목	적4	1B2a	270x64x50	흙	90x85x?																					
1Aa	석목	적5	?	?	흙																						
1Aa	석목	적6	1B2a	280x103x58	흙	75x110x?																					
1Aa	석목	적3	1B2a	270x60x60	자갈	84x84x?																					
1Aa	석목	적7	?	258x92x42	흙																						
3b	석목	적10	2B	340x115x60	자갈																					1	
3b	석목	적11	2B	370x140x73	자갈	?																				△	
3b	수석	석12	2B	334x70x80	흙																					△	
3a	수석	석13	2B	358x67x80	흙																						

대도착장	용기류					마구류							무기류					공구류							거울	토기류	비고	고분랭크
	유리용기	귀금속판제용기	청동주조용기	목철기	철솥·호	장니	장식안교	철·목안교	등자	재갈	탁·령	행엽·운주	갑주	장식대도	철대도·검	鉾	鏃	유자이기	철정·철봉	농기구	단야구·끌	주·단조철부	낫	도자				
																	11						1	1		8	꺽쇠4	d
																										5		d
																										4		d
																										1		d
																								1		17		d
										1						1	3					1				56	교구1, 기타철기4	b
															1	1	17	4			끌1					26	삼칼1	c
																	9					1		1		20		d
																	1									11	묘곽반이상유실	d
																								1		9	묘곽파괴	d
																										21	꺽쇠1, 기타철기1, 토우1	d
																	2							1		5		d
																	1							1		9		d
																	1							1		7		d
																	1							1		38	석실일부파괴	d
																	1									9		d
																										36		d
																										14		d
																										14		d
																										10		d
																										6		d
																										3		d

대도착장	용기류					마구류							무기류					공구류							거울	토기류	비고	고분랭크
										1													1	1		7	교구1	c
																1							1	2		7		c
																										10		d
																										8		d
																										5		d
																										1		d
																1	11	2				2	1	3		46		b
								○	1	1						1	16	4	1					1		66		c
																1	1						1	3		27		c
																	2					1	1	1		31		d

별표 67. 신라 전기 각 지구 고분군 현황(44)

분기	묘제	고분명	묘곽형식	주곽크기	주곽상면	부곽크기	금 대관	금 모관	금 관식	금 과대	금동 대관	금동 모관	금동 관식	금동 과대	금동 식리	은 대관	은 모관	은 관식	은 과대	백화·수피관모	관수식 태환	관수식 세환	팔찌	반지	귀걸이 태환	귀걸이 세환	경흉식
1Aa	점목	34	1B1	589x100x49 (부곽포함)	흙																						
1Aa	점목	70	1B1	431x130x21	흙																						○
1Ab	점목	33	1B1	490x110x30 (부곽포함)	흙																						
1Ab	점목	38	2C	221x81x13	흙																						
1Aa	점목	35	2A	374x81x17	흙																						
1Aa	점목	36	2A	360x83x25	흙																						
1Aa	점목	68	?	298x73x17	흙																						
1Bb	점목	74	2B	321x69x7	흙																						
1Bb	점목	58	2A	384x71x42	흙																						
1Ba	점목	44	?	(235)x78x26	흙																						
1Ba	점목	53	2B	400x102x20	흙																						
1Bb	점목	90	2B	322x95x15	흙																						
1Bc	점목	75	2C	(253)x70x19	흙																						
1Bc	점목	46	2B	260x75x30	흙																						
1Bb	점목	26	2C	283x98x14	흙																						
1Bc	점목	56	2B	300x87x23	흙																					△	
1Bc	점목	41	2A	256x64x22	자갈																						
1Bb	점목	30	2B	273x87x16	흙																						
1Bb	점목	54	2B	315x90x22	흙																						
1Ba	점목	72	2B	375x87x27	흙																						
1Ba	점목	87	2C	194x86x13	흙																						
1Bb	점목	49	2C	329x102x36	흙																						
1Bc	점목	89	2B	411x87x25	흙																						
1Bb	점목	31	2C	364x115x34	흙																						
1Bb	점목	29	2A	198x59x21	흙																						
1Bb	점목	55	2A	340x87x40	흙																						
1Ba	점목	73	2A	271x61x38	흙																						
1Bb	점목	57	2C	145x43x13	흙																						
2b	석목	79	1B4c	264x85x30	자갈	140x80x?																					
2a	석목	9	1B4c	324x83x30	자갈	115x65x?																					
2b	석목	51	1B2a	318x85x40	자갈	150x85x?																					
2b	석목	43	1B4c	(257)x73x15	자갈	90x75x?																					

대도착장	용기류					마구류							무기류					공구류							거울	토기류	비고	고분랭크
	유리용기	귀금속판제용기	청동주조용기	목철기	철솥·호	장니	장식안교	철·목안교	등자	재갈	탁·령	행엽·운주	갑주	장식대도	철대도·검	鉾	鏃	유자이기	철정·철봉	농기구	단야구·끌	주·단조철부	낫	도자				
										1			○				2			1	끌1	3	1	2		16	방추차1,기타철기1	c
																1	6							1		10	석제품1	c
																1		2			끌1	2	1	3		10		c
																		2		2	끌1	2	1	1		2		d
													○									3	1			9		d
																										5		d
																										3		d
													○			1	2					1				5	묘곽일부파괴	c
																1	2			1	끌2	2	1	1		6	기타철편1	c
																1	2					1	1	1		2	묘곽일부파괴	c
																1				2	끌1	3	2	1		11		c
																1						1	1			11		c
																1						1	1			5		c
																1							1	1		7		c
																						2	1	1		4		d
																						1	1	1		9		d
																						1	1			4		d
																						1	1			6	방추차1,곡옥1	d
																							1	1		5		d
																							1			8		d
																							1			4		d
																								1		3		d
																										15		d
																										9	방추차1	d
																										8		d
																										7	방추차1	d
																										6		d
																										2		d
										1					1	1	6				끌1	2	3	1		37	숫돌1	b
										1						1	3			1		2	1	1		50		b
										1						1			10	3	끌1	2	2	1		54		b
															1		1			1				1		12	묘곽일부파괴	c

별표 68. 신라 전기 각 지구 고분군 현황(45)

분기	묘제	고분명	묘곽형식	주곽크기	주곽상면	부곽크기	금 관모와 과대				금동 관모와 과대·식리					은 관모와 과대				백화·수피관모	관수식		팔찌	반지	귀걸이		경흉식
							대관	모관	관식	과대	대관	모관	관식	과대	식리	대관	모관	관식	과대		태환	세환			태환	세환	
2a	점목	64	2A	268x94x21	깬돌																						
2b	점목	92	2A	359x72x17	흙																						
2b	점목	27	1B2a	285x75x45	자갈	100x100x?																					
2a	석목	52	1B2a	312x105x14	자갈	120x45x?																					
2b	석목	21	2C	319x102x20	깬돌																						
2a	점목	47	2C	244x71x15	흙																						
2a	점목	10	2B	397x115x43	흙																						
2b	점목	42	2A	266x75x22	흙																						
2b	점목	48	2A	279x80x16	흙																						
2a	점목	88	2B	372x92x32	흙																					1	
3a	석목	83	1B4c	258x82x20	자갈	120x100x?																					
3b	석목	82	1B4c	304x115x35	자갈	123x72x?																					
3a	석목	93	1B4c	335x86x35	자갈	120x80x?																					
3a	석목	66	1B4d	303x80x20	자갈	163x80x?																					
3a	수석	17	1B4c	277x77x23	깬돌	94x61x?																					
3a	점목	85	2B	(267)x92x35	흙																						
3b	석목	91	2B	343x110x15	흙																						
3b	점목	24	2B	326x67x15	자갈																						
3a	석목	20	1B4c	(218)x85x40	자갈	95x80x?																					
3b	석목	23	2C	(293)x89x26	자갈																						
3a	점목	62	2A	401x95x34	흙																						
3b	점목	101	2C	276x83x8	점토																						
3b	점목	13	2C	238x83x12	흙																						
3b	수석	18	?	(283)x70x16	자갈																						
3b	석목	16	1B4c	310x82x27	자갈	85x40x?																					
3a	석목	11	1B4c	326x92x32	자갈	148x80x?																					
3b	석목	76	?	(238)x82x20	흙																						
3b	점목	96	2B	323x86x30	자갈																						

대도착장	용기류					마구류							무기류					공구류							거울	토기류	비고	고분랭크
	유리용기	귀금속판제용기	청동주조용기	목철기	철솥·호	장니	장식안교	철·목안교	등자	재갈	탁·령	행엽·운주	갑주	장식대도	철대도·검	鉾	鏃	유자이기	철정·철봉	농기구	단야구·끌	주·단조철부	낫	도자	거울	토기류	비고	고분랭크
																	6					1				8		d
																	2							1		9		d
																	1						1			18		d
																		10				1	1			25		d
																								1		3		d
																								1		1		d
																										21	묘곽중앙일부파괴	d
																										6		d
																										4		d
																							1	1		20		?
										1					2		5					1	1	1		17	교구1	b
										1					1	1	4						3			49	교구1	b
										1						1	4				끌1		1	1		45	교구3	b
																	1			2		1	1	1		8		c
																	1					1	1			22		d
																		10				3	1			14	묘곽일부파괴	d
																		3	2			1	1	1		25		d
																		1				1	1			17	교구3	d
																		1					1	2		20	묘곽파괴	d
																								2		17	묘곽파괴	d
																						1	1	1		8		d
																						1	1	1		9	구슬1	d
																						1	1			7		d
																						1	1			7	묘곽파괴	d
																							2	1		26		d
																							1	1		34		d
																							1			8		d
																								1		16	철탁1	d

분기	묘제	고분명	묘곽형식	주곽크기	주곽상면	부곽크기	금 관모와 과대				금동 관모와 과대·식리					은 관모와 과대				백화·수피관모	관수식		팔찌	반지	귀걸이			경흉식
							대관	모관	관식	과대	대관	모관	관식	과대	식리	대관	모관	관식	과대		태환	세환			태환	세환	
3a	점목	60	?	(180)x93x21	자갈																						
3a	석목	8	1B4c	(225)x96x37	자갈	135x83x?																					
3b	석목	14	2C	143x64x56	자갈																						
3b	석목	84	2B	236x75x37	흙																						
3b	점목	50	?	(120)x92x2	자갈																					△	
3b	석목	95	?	?	흙																						
3b	수석	2	2C	264x74x19	자갈																						
3b	수석	5	2C	214x72x17	흙																						
3b	점목	67	2B	219x98x10	흙																						
3b	점목	100	2B	287x70x13	흙																						
3a	석목	7	2C	228x75x25	자갈																						
3b	수석	15	2C	150x55x30	자갈																						
3b	수석	61	?	?	자갈																						
3a	점목	63	2C	165x54x17	흙																						
4a	석목	6	1B3	281x101x38	자갈	83x172x?																					
4a	석목	80	1B4c	264x92x25	자갈	110x79x?																					
4b	점목	102	?	258x87x11	흙																						
4b	점목	99	2A	250x57x15	흙																						
4a	석목	4	2B	196x65x10	자갈																						
4a	수석	3	2C	225x64x20	흙																						
4b	점목	40	?	147x60x18	자갈																						
4b	석목	81	2C	182x71x43	자갈																						
4a	석목	1	2A	289x74x35	자갈																						
4a	석목	78	2C	268x72x23	자갈																						
4b	석목	77	?	184x50x20	흙																						

대도착장	용기류					마구류							무기류					공구류							거울	토기류	비고	고분랭크
	유리용기	귀금속판제용기	청동주조용기	목철기	철솥·호	장니	장식안교	철·목안교	등자	재갈	탁·령	행엽·운주	갑주	장식대도	철대도·검	鉾	鏃	유자이기	철정·철봉	농기구	단야구·끌	주·단조철부	낫	도자				
																							1			2	묘곽파괴	d
																								2		11	묘곽파괴	d
																								1		5		d
																										19		d
																										14		d
																										10	묘곽파괴	d
																										9	방추차1	d
																										6		d
																										12		d
																										6		d
																										6		d
																										5		d
																										3		d
																										2		d
															2		2					1		3		6		c
															1	1							1			27		c
															1		4									3		c
																								1		15	철탁9	d
																	2									5		d
															1								1	1		7	교구1	d
															1									1		2	토구1	d
																										18		d
																										13		d
																										13		d
																										3		d

분기	묘제	고분명	묘곽형식	주곽크기	주곽상면	부곽크기	금 관모와 과대				금동 관모와 과대·식리					은 관모와 과대				백화·수피관모	관수식		팔찌	반지	귀걸이		경흉식
							대관	모관	관식	과대	대관	모관	관식	과대	식리	대관	모관	관식	과대		태환	세환			태환	세환	
1Bc	수석	28	2C	250x110x60	자갈																						
2a	석목	4-북	2C	330x100x?	깬돌																						1
2a	석목	4-남	2C	550x350x130	깬돌																						
2b	석목	16	2B	420x100x?	자갈																						
2a	석목	3-남	2C	340x100x?	깬돌																						
2a	석목	1	2C	350x130x?	자갈																						
2a	석목	3-중	2B	610x115x65	깬돌																					△	
2b	수석	3-북	2B	210x75x25	깬돌																					△	
2a	석목	190	1B2a	400x80x40	깬돌																						
3a	불명	32	1B2a	640x200x110	깬돌																						
3a	불명	2	1B2a	690x180x? (부곽포함)	자갈																						
3b	불명	120	2C	350x100x100	자갈																						
3a	불명	158	2B	450x110x80	자갈																						
3a	수석	33-북	2C	270x70x40	자갈																						
3b	수석	33-남	2C	220x70x50	자갈																						
3a	석목	5	1B3	300x90x60	깬돌	100x180x?																					
3a	수석	25-동	1B4c	240x60x50	자갈																						
3b	불명	31-북	1B4c	340x80x?	깬돌	190x80x?																					
3a	석목	33-중	1B4c	260x80x30	?	100x?x?																					
3b	석목	23	1B4c	320x90x?	깬돌	110x110x?																					
3a	석목	14	1B4c	290x120x50	깬돌	110x90x?																					
3b	수석	34-서	1B4c	254x90x50	자갈	100x75x?																					
3a	석목	22	1B4c	290x100x75	깬돌	110x110x?																					
3b	석목	169	2C	280x70x?	깬돌																						
3a	수석	25-서	2A	290x80x50	자갈																						
3a	석목	172	2C	230x70x40	깬돌																						
3a	석목	6	1B4c	260x?x50	?	130x130x?																					
4a	석목	43	1B2a	550x100x15 (부곽포함)	자갈																						
4b	불명	12	2C	300x110x?	깬돌																						
4a	석목	13	2C	240x65x55	깬돌																						

대도착장	용기류 유리용기	용기류 귀금속판제용기	용기류 청동주조용기	용기류 목철기	용기류 철솥·호	마구류 장니	마구류 장식안교	마구류 철·목안교	마구류 등자	마구류 재갈	마구류 탁·령	마구류 행엽·운주	무기류 갑주	무기류 장식대도	무기류 철대도·검	무기류 鉾	무기류 鏃	공구류 유자이기	공구류 철정·철봉	공구류 농기구	공구류 단야구·끌	공구류 주·단조철부	공구류 낫	공구류 도자	거울	토기류	비고	고분랭크
																	1									18		c
																										43	유리잔	?
					1								○				15					1				24	꺽쇠15	b
															1		1									26		c
																	1		○							37	철못2	c
																	1		○							21		c
																			3			1	1			40		d
																										11		d
																										9		d
									2	1	5	7		2	1		10		1			3				26	교구3, 은환15	b
									1	1	1	4			1		5									92	교구7, 철환5	b
															1											36		c
																	2					1				22		c
																						1				6		d
																							1			12		d
																								6		42		d
																								1		6		d
																										32		d
																										31		d
																										20		d
																										22		d
																										14		d
																										13		d
																										7		d
																										5		d
																										5		d
																										5		d
									1					1			2					1				21	3 · 환두, 교구1	b
																			1							14		d
																						1				10		d

별표 71. 신라 전기 각 지구 고분군 현황(48)

분기	묘제	고분명	묘곽형식	주곽크기	주곽상면	부곽크기	금 관모와 과대 대관	모관	관식	과대	금동 관모와 과대·식리 대관	모관	관식	과대	식리	은 관모와 과대 대관	모관	관식	과대	백화·수피관모	관수식 태환	세환	팔찌	반지	귀걸이 태환	세환	경흉식
1Ba	점목	사가-4	2C	302x146x30	흙																						
1Bc	점목	II-10	2B	300x100x20	흙																						
1Bb	점목	사가-1	2C	(260_x81x10	흙																						
1Ab	점목	사가-3	?	210x90x30	흙																						
1Bc	수석	II-61	2A	253x58x45	흙																						
1Bb	점목	II-15	2A	232x84x25	흙																						
1Aa	수석	사가-석곽	2A	295x154x58	흙																						
1Ba	점목	II-8	2C	(247)x90x23	흙																						
1Bc	수석	II-74-2	?	(43)x73x40	흙																						
1Bc	점목	II-9	?	(90)x98x20	흙																						
1Bc	점목	II-13	?	(142)x(61)x10	흙																						
1Bc	점목	II-16	2A	(182)x80x16	흙																						
1Bc	점목	II-22	2A	250x90x35	흙																						
1Bc	점목	II-26	2A	268x96x20	흙																						
2a	수석	II-4-3	1B2a	325x70x70 (부곽포함)	흙																					△	
2b	수석	II-54	2B	283x80x50	흙																					△	
2a	수석	II-72-2	?	263x67x42	흙																						
2a	수석	II-32	2A	270x60x50	자갈																						
2b	수석	II-34	?	162x28x45	흙																						
2a	수석	II-43	?	245x62x54	자갈																					△	
2b	수석	II-60	2A	222x60x44	자갈																						
2a	수석	II-56	2B	262x55x54	흙																						
2b	수석	II-29-5	2B	268x59x46	자갈																						
2a	수석	II-58	?	312x70x55	흙																						
2b	수석	II-81	?	265x(82)x30	흙																						
2a	점목	II-17	2A	210x90x20	흙																						
2a	수석	II-40	2A	248x52x56	흙																						
2b	수석	II-55	2B	307x65x73	자갈																						
2b	수석	II-68	?	325x62x41	흙																						
2a	점목	II-18	2B	300x110x15	흙																						
2b	수석	II-5	2C	166x41x37	자갈																						
2a	수석	II-37	2C	294x67x70	흙																						
2b	수석	II-35	2C	106x18x30	흙																						

대도착장	용기류					마구류							무기류					공구류							거울	토기류	비고	고분랭크
	유리용기	귀금속판제용기	청동주조용기	목철기	철솥·호	장니	장식안교	철·목안교	등자	재갈	탁·령	행엽·운주	갑주	장식대도	철대도·검	鉾	鏃	유자이기	철정·철봉	농기구	단야구·끌	주·단조철부	낫	도자				
																	1					2	1	1		3		c
																	3					3	1	2		8		c
																	1					1		1		7	묘곽일부파괴	c
																	1						1	1		3		d
																							1	1		2		d
																							1			5		d
																								1		7		d
																										7		d
																										3	묘곽반파	d
																										6	묘곽일부잔존	d
																										3		d
																										3		d
																										3		d
													1			1	2					1		1		8		c
																	4					1	1	2		11	기타철기4, 교구1	d
																	3					2				6	묘곽파괴	d
																	2					2	1			6		d
																	2							1		3	석제품1	d
																	1						1	2		3		d
																							1	1		5		d
																							1			6		d
																							1	2		7	방추차1	d
																							1	1		3		d
																							1			4		d
																							1			5		d
																							1			3		d
																								1		5		d
																										9		d
																										3		d
																										6		d
																										2		d

분기	묘제	고분명	묘곽형식	주곽크기	주곽상면	부곽크기	금 관모와 과대 대관	모관	관식	과대	금동 관모와 과대·식리 대관	모관	관식	과대	식리	은 관모와 과대 대관	모관	관식	과대	백화·수피관모	관수식 태환	세환	팔찌	반지	귀걸이 태환	세환	경흥식
3b	수석	II-47-3	2C	284x96x51	자갈																						
3b	수석	II-3	2B	250x100x50	자갈																						
3a	수석	II-1-1	2B	290x80x50	자갈																						
3a	수석	II-14	2C	185x40x43	자갈																						
3a	수석	II-12	2B	295x78x55	자갈																						
3a	수석	II-70	2A	299x67x54	자갈																						
3b	수석	II-66	2B	280x48x55	흙																						
3b	수석	II-63	2A	280x60x38	자갈																					△	
3b	수석	II-21-1	2A	287x70x50	자갈																						
3a	점목	II-1	2B	312x122x24	자갈																						
3b	수석	II-30	?	280x75x60	흙																						
3b	수석	II-47-4	2B	304x48x37	자갈																						
3a	수석	II-19-1	2B	283x53x35	흙																						
3b	수석	II-39-2	2A	280x55x50	자갈																						
3b	수석	II-52	2B	250x90x20	자갈																						
3b	수석	II-80	?	(223)x(80)x25	자갈																						
3b	수석	II-36	2A	203x52x53	흙																						
3a	점목	II-2	2C	230x118x15	흙																						
3b	점목	II-21	2A	300x124x20	자갈																						
3b	수석	II-18	1B4c	228x60x25	자갈	88x57x20																				△	
3b	수석	II-7	2C	290x70x64	자갈																					△	
3a	수석	II-15	?	280x82x60	자갈																						
3a	수석	II-16	1B2a	320x48x48	자갈																						
3a	수석	II-31-1	1B4c	289x76x39	자갈	90x42x40																					
3b	수석	II-49	2B	240x60x61	자갈																						
3b	수석	II-53-1	1B4c	250x70x50	자갈	60x50x50																					
3b	수석	II-73-1	?	(187)x70x30	자갈																						
3b	수석	II-29-4	1B2a	313x72x60(부곽포함)	자갈																						
3a	점목	II-6	?	340x100x20	자갈																						
3a	수석	II-1-2	2B	310x80x60	자갈																						
3a	수석	II-8	2B	140x45x40	깬돌																						
3b	수석	II-9	2C	100x50x30	자갈																						
3a	수석	II-13	?	(165)x65x37	자갈																						
3a	수석	II-21-3	2B	184x62x25	자갈																						

대도착장	용기류					마구류							무기류					공구류							거울	토기류	비고	고분랭크
	유리용기	귀금속판제용기	청동주조용기	목철기	철솥·호	장니	장식안교	철·목안교	등자	재갈	탁·령	행엽·운주	갑주	장식대도	철대도·검	鉾	鏃	유자이기	철정·철봉	농기구	단야구·끌	주·단조철부	낫	도자				
																	11						1	1		6		d
																	2					1	1	2		7		d
																	1							1		19	어망추1	d
																	1							2		3		d
																	1									11		d
																						2	2	1		7		d
																						1	1	1		16		d
																						1	1			5		d
																						1		2		10		d
																						1				6	석촉1	d
																							1	1		2		d
																							1	1		10		d
																							1			7		d
																							1			3		d
																							1			7		d
																							1			4	묘곽파괴	d
																							1			4		d
																							1			5		d
																							1			9		d
																								2		2		d
																								1		22		d
																								1		2		d
																								1		3		d
																								1		7		d
																								1		12		d
																								1		22		d
																								1		3	묘곽반파	d
																								1		8		d
																										3		d
																										21		d
																										4		d
																										4		d
																										6	묘곽파괴	d
																										7		d

분기	묘제	고분명	묘곽형식	주곽크기	주곽상면	부곽크기	대관	모관	관식	과대	대관	모관	관식	과대	식리	대관	모관	관식	과대	백화·수피관모	태환	세환	팔찌	반지	태환	세환	경흉식
							금 관모와 과대				금동 관모와 과대·식리					은 관모와 과대					관수식				귀걸이		
3b	수석	II-22	?	(290)x80x14	자갈																						
3a	수석	II-24	2A	265x49x22	자갈																						
3b	수석	II-27	?	(226)x(50)x16	자갈																						
3b	수석	II-45-2	2B	274x79x38	자갈																						
3b	수석	II-57-2	?	285x48x35	자갈																						
3a	수석	II-71	?	242x49x30	자갈																						
3b	수석	II-76-1	?	300x60x53	자갈																						
3b	수석	II-76-2	2B	(282)x(75)x29	자갈																						
3b	수석	II-78-2	?	(172)x(45)x23	자갈																						
4b	수석	II-29-3	2A	281x54x75	자갈																						
4b	수석	II-69-1	?	(295)x95x38	자갈																					△	
4a	수석	II-31-2	2A	265x60x30	자갈																					△	
4a	수석	II-10-1	1B2a	305x66x35(부곽포함)	자갈																						
4a	점목	II-20	2B	236x120x25	흙																					△	
4b	수석	II-75	2C	223x51x42	자갈																						
4a	수석	II-4-1	2B	280x70x65	자갈																						
4b	수석	II-23	2B	235x63x40	자갈																						
4b	수석	II-41-2	2A	205x54x38	흙																						
4a	점목	II-7	2A	320x100x15	흙																						
4b	수석	II-4-2	2A	114x34x31	자갈																						
4b	수석	II-29-1	2B	190x54x31	흙																						
4b	수석	II-29-2	1B4b	250x82x53	자갈	85x45x31																					
4a	수석	II-44-1	?	237x70x47	흙																						
4a	수석	II-48-1	2B	255x70x61	자갈																						
4a	수석	II-48-2	2B	255x65x36	자갈																						
4a	수석	II-53-2	2C	117x40x43	자갈																						
4a	수석	II-57-1	?	218x50x30	자갈																						
4a	수석	II-59	?	278x70x48	자갈																						
4b	수석	II-78-1	2B	(220)x75x32	자갈																						
4a	수석	II-79	?	(150)x(65)x30																							

대도착장	용기류					마구류							무기류					공구류							거울	토기류	비고	고분랭크
	유리용기	귀금속판제용기	청동주조용기	목철기	철솥·호	장니	장식안교	철·목안교	등자	재갈	탁·령	행엽·운주	갑주	장식대도	철대도·검	鉾	鏃	유자이기	철정·철봉	농기구	단야구·끌	주·단조철부	낫	도자				
																										7		d
																										5		d
																										6	묘곽일부잔존	d
																										19		d
																										6	청동환1	d
																										4		d
																										6		d
																										14	묘곽파괴	d
																										2	묘곽파괴	d
																	6				끌1	1				14		d
																	1									4		d
																						1	1	2		2	기타철기1	d
																						1				5		d
																							1	1		5		d
																							1	1		3		d
																								1		10		d
																								1		12		d
																								1		2		d
																										2		d
																										2		d
																										6		d
																										12	방추차1	d
																										6		d
																										4		d
																										6		d
																										6		d
																										3		d
																										1		d
																										7	묘곽파괴	d
																										5	묘곽파괴	d

분기	묘제	고분명	묘곽형식	주곽크기	주곽상면	부곽크기	금 관모와 과대				금동 관모와 과대·식리					은 관모와 과대				백화·수피관모	관수식		팔찌	반지	귀걸이		경흉식
							대관	모관	관식	과대	대관	모관	관식	과대	식리	대관	모관	관식	과대		태환	세환			태환	세환	
2b	수석	42	1B2a	(280)x70x70 (부곽포함)	자갈																						
2b	수석	44	1B2a	(220)x120x80 (부곽포함)	자갈																						
2b	수석	41	?	250x76x52	자갈																						
2b	수석	43	?	?x106x36	흙																						
3b	수석	20	1B2a	365x90x100 (부곽포함)	흙																						
3b	수석	22	1B2a	310x65x80 (부곽포함)	자갈																					△	
3b	수석	8	?	(260)x(4)x64	자갈																						
3a	수석	36	2A	185x58x67	자갈																						
3a	수석	39	1B2a	195x55x56 (부곽포함)	자갈																						
3a	수석	35	?	(215)x55x65	자갈																						
3b	수석	32	2A	(324x100x38)	자갈	묘광																					
3b	수석	37	1B2a	(120)x63x55 (부곽포함)	자갈																						
3b	수석	21	1B2a	300x55x75 (부곽포함)	자갈																						
3b	수석	31	?	(136)x46x54	자갈																						
3b	수석	38	?	(95)x65x56	흙																						
4a	수석	23	1B2a	340x85x76 (부곽포함)	자갈																						
4a	수석	19	1B2a	260x60x50 (부곽포함)	깬돌																						
4a	수석	26	1B2a	270x40x70 (부곽포함)	자갈																						
4b	수석	24	1B4c	120x110x50 (부곽포함)	자갈																						
4a	수석	30	1B2a	370x82x64 (부곽포함)	자갈																						
4b	수석	10	1B2a	(150)x44x55	자갈																						
4a	수석	33	?	(174)x54x54	자갈																						
4a	수석	34	?	(74)x40x59	흙																						
4b	수석	15	2B	150x?x60	자갈																						
4b	수석	14	?	200x52x50	흙																						

대도착장	용기류					마구류							무기류					공구류							거울	토기류	비고	고분랭크
	유리용기	귀금속판제용기	청동주조용기	목철기	철솥·호	장니	장식안교	철·목안교	등자	재갈	탁·령	행엽·운주	갑주	장식대도	철대도·검	鉾	鏃	유자이기	철정·철봉	농기구	단야구·끌	주·단조철부	낫	도자				
																						3	1	1		15	주곽파괴	d
																						1	1			3	주곽파괴	d
																							1			3		d
																							1			17	묘곽일부잔존	d
																1	1				끌1	1				24	교구3, 단금구2	c
																	6					1		2		12	기타철기1	d
																	1						1	1		8		d
																								2		12		d
																										9		d
																										8		d
																										4		d
																										20	주곽유실	d
																										10		d
																										5	묘곽파괴	d
																										1	묘곽일부잔존	d
											2															13	철못1, 주변행엽1 등 낚시	b
															1									1		9	철못1	c
																	1						1	1		22		d
																	1									5		d
																								1		13	어망추1	d
																								1		6	주곽파괴	d
																										3	묘곽파괴	d
																										2	묘곽일부잔존	d
																										6		d
																										3		d

별표 75. 신라 후기 횡혈식석실분 현황(1)

약칭	고 분 명	봉 토 직경X높이(m)	석 실 길이X너비X높이(m)	길이방위	장폭비	면적㎡	1차시상 길이X너비X높이(m)
신덕	신덕왕릉		3.06X3.09X3.91	남북	1:1.01	9.46	2.06X0.94X0.35
현강	현강왕릉	15.80X4.00	2.90X2.70X2.80	남북	1:0.93	7.83	2.40X0.70X0.50
구정	구정동 방형분	8.90X3.70	2.70X2.30X1.76	남북	1:0.85	6.21	1.36X ? X ?
용강1	용강동고분	14.70X(3.00)	2.60X2.60X2.70	남북	1:1	6.76	1.92X(1.77)X0.45
신당	신당리고분	14.70X(3.50)	2.65X2.41X(2.14)	남북	1:0.91	6.39	2.37X0.76X0.35
용강2	용강동 239-2번지	14.30X ?	2.40X2.55X ?	남북	1:1.06	6.12	? X1.40X0.40
소현	소현리 석실분	11.10X ?	1.89X2.60X ?	남북	1:1.38	4.91	2.60X0.92X0.33
우총	노서동 우총		3.51X3.55	남북	1:1.01	12.46	전돌시상
마총	노서동 마총	? X(5.17)	3.00X3.24X3.70	남북	1:1.08	9.72	
쌍상	노서동 쌍상총	(17.00)X(5.00)	3.00X3.30X3.60	남북	1:1.10	9.90	2.30X1.50X0.3
황1	황성동석실분	14.10X ?	2.60X2.30X ?	남북	1:0.88	5.98	
황2	황성동 906-5석실분	9.80X(2.00)	2.50X1.50X ?	남북	1:0.60	3.75	? X76X0.42
황3	황성동 535-8		1.35X2.50X ?	남북	1:1.85	3.38	2.20X0.70X0.25
황4	황성동 537/2-6호		2.20X1.50X ?	남북	1:0.68	3.30	2.20X0.75X0.15
황5	황성동 537/2-7호		1.00X2.00X ?	남북	1:2	2.00	2.00X0.53X0.30
황6	황성동 537/2-8호		1.83X2.45X ?	남북	1:1.34	4.48	1.92X1.40X0.18
X	황성동 537/2-9호		(1.80)X(1.65)X ?	남북			? X0.81X0.25
황7	황성동 575-1호		2.08X0.93X ?	남북	1:0.45	1.93	2.08X0.50X0.15
황8	황성동 575-2호		1.30X2.40X ?	남북	1:1.85	3.12	2.16X1.30X0.12
황9	황성동 575-3호		1.20X2.06X ?	남북	1:1.72	2.47	2.00X0.54X0.08
황10	황성동 강변로 1호		1.65X1.95X ?	남북	1:1.18	3.22	2.00X0.90X0.10
X	황성동 강변로 2호		(0.69)X(1.35)X ?				
황11	황성동석실분	12.50~14.00X(2.80)	2.50X2.30X2.00	남북	1:0.92	5.75	2.20X ? X0.40
황12	황성동 590(북)-1호		1.50X2.30X ?	남북	1:1.53	3.45	2.20X0.70X0.25
	황성동 590(북)-2호		1.65X1.97X ?	남북	1:1.94	3.25	1.96X0.50X ?
	황성동 590(북)-3호		1.53X1.86X ?	남북	1:1.19	2.85	有
	황성동 590(북)-7호		1.50X2.04X ?	남북	1:1.36	3.06	1.40X0.70X ?
	황성동 590(신)-1호		1.42X2.05X ?	남북	1:1.44	2.91	2.05X1.00X ?
	황성동 590(신)-2호		1.30X2.15X ?	남북	1:1.65	2.80	2.15X1.00X ?
	황성동 590(신)-3호		1.55X(2.00)X ?	남북			有
	황성동 590(신)-4호		1.35X2.18X ?	남북	1:1.61	2.94	有
	황성동 590(신)-5호		1.56X1.93X ?	남북	1:1.24	3.01	1.84X1.50X0.15
	황성동 590(신)-6호		1.40X1.98X ?	남북	1:1.41	2.77	有

시상 방향	합장	연 도 길이X너비X높이(m)	형식	편년	랭크 그룹	비 고
동서	O	2.20X.096X1.21	B3		a	회미장·판석비
남북		1.42X1.28X(1.25)	B2	2b	a	회미장, 남침
남북		1.50X1.06X1.06	B2		a	장대석조, 안상석관
동서		1.24X1.10X1.25	B3	3b	a	회미장, 연문판석
남북	O	? X1.10X1.25	B2	3c		회미장·판석비
동서		1.60X0.90X ?	B3	2a	a	회미장·가구식호석
동서	O	1.54X0.85X1.35	B2	4a	b1	12지석 배치
동서		2.60X ? X ?	B3		a	
		(1.97)X1.40X1.43	B3		a	회미장,비도, 목비
동서	O	4.00X1.35X1.50	B3	2c	a	회미장, 판석비

시상 방향	합장	연 도 길이X너비X높이(m)	형식	편년	랭크 그룹	비 고
		1.70X0.95X ?	B2	3b	b1	경주박물관 발굴
남북	O	연문 문설주,문지방	A I 1	3c	c1	경주문화재연구소 발굴
동서		1.20X1.00X ?	A II 2	3b	d1	
남북		1.20X0.60X ?	A I 1	3b	c1	
동서			A II 1		d2	
동서		2.85X1.05X ?	A II 1		b1	
남북						
남북		(0.5)X0.77X ?	A I 2	2d	c2	
동서			A II 1	3b	d1	
동서			A II 1		d1	
동서	O	0.95X0.60X ?	B1	2b	b2	
남북	O	2.10X0.80X1.50	B1		b1	1967 문화재관리국
동서	O	1.45X.0.65X ?	A II 1	1b	d1	
동서	O	1.17X0.67X ?	B1	2d	b2	
동서	O	0.97X0.63X ?	B1	1b	d2	
동서			A II 1	2d	d1	
동서		0.70X0.70X ?	A II 1	2d	d2	
동서		0.90X0.60X ?	A II 1	2c	d2	
동서	O	0.60X ? X ?	A II 1		d1	
동서		0.75X0.75X ?	A II 1		d2	
동서	O	0.83X0.53X ?	A II 1		d1	
동서	O	0.88X0.55X ?	A II 1	1b	d2	

약칭	고 분 명	봉 토	석 실	길이방위	장폭비	면적㎡	1차시상
		직경X높이(m)	길이X너비X높이(m)				길이X너비X높이(m)
황13	황성동 590(신)-7호		1.45X1.79X ?	남북	1:1.23	2.60	1.76X0.95X0.24
	황성동 590(신)-8호						
	황성동 590(신)-9호		2.16X1.93X ?	남북	1:0.89	4.17	1.93X ? X ?
	황성동 590(신)-10호		1.95X1.82X ?	남북	1:0.93	3.55	有
	황성동 590(신)-13호		1.55X2.16X ?	남북	1:1.39	3.35	有
	황성동 590(신)-14호		(1.98)X1.13X ?	동서			1.95X0.70X ?
	황성동 590(신)-18호		1.06X2.06X ?	남북	1:1.94	2.18	有
	황성동 590(신)-19호		(1.30)X(2.05)X ?	남북			有
	황성동 590(신)-20호		2.20X1.40X ?	동서	1:0.64	3.08	有
	황성동 590(신)-21호		1.40X(1.85)X ?	남북			有
	황성동 590(신)-22호		1.21X2.03X ?	남북	1:1.68	2.46	有
	황성동 590(신)-23호		1.15X2.15X ?	남북	1:1.87	2.47	1.68X0.56X0.14
	황성동 590(신)-24호		1.32X2.05X ?	남북	1:1.55	2.71	有
	황성동 590(신)-25호		1.12X2.05X ?	남북	1:1.83	2.30	有
	황성동 590(신)-27호		1.15X2.10X ?	남북	1:1.83	2.42	2.10X0.95X ?
황14	황성동 590(신)-28호		0.97X1.80X ?	남북	1:1.57	1.75	有
	황성동 590(신)-29호		1.05X2.05X ?	남북	1:1.95	2.15	2.05X0.50X ?
	황성동 590(신)-30호		1.38X2.30X ?	남북	1:1.67	3.17	有
황15	황성동 590(신)-31호		1.23X2.33X ?	남북	1:1.89	2.87	2.33X0.83X ?
황16	황성동 590(신)-32호		0.73X(1.90)X ?	남북			有
	황성동 590(신)-34호		1.10X2.23X ?	남북	1:2.03	2.45	2.23X0.60X ?
	황성동 590(신)-35호		(0.79)X2.05X ?	남북			有
	황성동 590(신)-36호		1.10X1.97X ?	남북	1:1.79	2.10	1.97X0.45X ?
황17	황성동 590(신)-38호		2.56X1.26X ?	동서	1:0.49	3.23	전면
황18	황성동 590(신)-41호		0.87X2.10X ?	남북	1:2.41	1.83	有
	황성동 590(신)-42호		2.23X1.10X ?	동서	1:0.49	2.45	
	황성동 590(신)-44호		2.29X1.10X ?	동서	1:0.48	2.52	전면
	황성동 590(신)-45호		2.25X1.37X ?	동서	1:0.61	3.08	전면
황19	황성동 590(신)-46호	6.75X ?	1.85X1.55X ?	남북	1:0.84	2.87	전면
황20	황성동 590(신)-47호	8.00X ?	3.00X1.68X ?	남북	1:0.56	5.04	전면
	황성동 590(신)-48호		2.20X1.53X ?	남북	1:0.70	3.67	전면
황21	황성동 590(신)-49호		1.05X2.40X ?	남북	1:2.29	2.52	有

시상 방향	합장	연 도 길이X너비X높이(m)		형식	편년	랭크 그룹	비 고
동서	O	0.90X0.46X ?		B1	2a	d2	
동서	O	1.45X0.60X ?		B1	1b	b2	
동서	O	1.07X0.96X ?		B1	2b	b2	
동서	O	0.60X0.55X ?		AⅡ1	1b	d1	
동서		0.90X0.70X ?		AⅠ2		c2	
동서		? X0.50X ?		AⅡ1		d2	
동서		1.00X0.63X ?		AⅡ1	2d	d2	
동서	O	? X ? X ?		AⅠ2	1c	c1	
동서				AⅡ1	2c	d2	
동서	O	0.65X0.60X ?		AⅡ1	2a	d2	
동서		0.41X0.50X ?		AⅡ1		d2	
동서		1.60X0.65X ?		AⅡ1	1b	d2	
동서	O	1.31X0.60X ?		AⅡ1	3a	d2	
동서		0.66X0.80X ?		AⅡ1		d2	
동서		0.75X0.55X ?		AⅡ1		d2	
남북	O	0.55X0.62X ?		AⅡ1		d2	
동서		0.70X0.70X ?		AⅡ1		d1	
동서		0.47X0.50X ?		AⅡ1	3c	d1	
동서	O	0.67X0.52X ?		AⅡ1		d2	
동서		0.90X0.48X ?		AⅡ1		d2	
동서							
동서	O	0.55X0.45X ?		AⅡ1		d2	
동서	O						
동서							
동서							
동서	O						
동서	O						
남북							
남북							
동서							

약칭	고 분 명	봉 토 직경X높이(m)	석 실 길이X너비X높이(m)	길이방위	장폭비	면적㎡	1차시상 길이X너비X높이(m)
서악	서악동석실분	15.00X4.35	2.70X2.65X2.30	남북	1:0.98	7.16	2.20X1.40X0.5
석침	서악동 석침총		2.41X4.18X2.21	동서	1:1.73	10.07	
토우	장산 토우총	16.00X7.00	2.80X2.80X3.40	남북	1:1	7.84	2.25X1.51X0.73
	효현동 82번지 석실		2.25X2.20X ?	남북	1:0.98	4.95	有
충1	충효동 1호분	11.00~12.50X ?	2.00X2.17X ?	남북	1:1.09	4.34	
충2	충효동 2호분	9.00~12.00X ?	2.20X2.40X ?	남북	1:1.09	5.28	2.40X(1.70)X0.33
충3	충효동 3호분	11.00~13.00X ?	2.30X2.60X ?	남북	1:1.13	5.98	
충4	충효동 4호분	10.00~15.00X ?	2.43X2.18X ?	남북	1:0.90	5.30	2.18X1.10X0.41
충5	충효동 5호분	12.00~15.00X ?	2.97X2.87X ?	남북	1:0.97	8.52	2.29X1.09X0.33
충6	충효동 6호분	15.00~16.00X ?	2.30X2.50X ?	남북	1:1.09	5.75	2.20X0.89X0.35
충7	충효동 7호분	16.50~20.00X ?	3.00X2.90X ?	남북	1:0.97	8.70	2.17X1.28X0.67
충8	충효동 8호분	15.00~16.50X3.88	2.52X2.10X2.50	남북	1:0.83	5.29	2.27X1.12X0.37
충9	충효동 9호분	1.007X5.00	2.50X2.26X2.50	남북	1:0.90	5.65	2.00X0.86X0.45
충10	충효동 10호분	16.00~17.00X4.50	2.30X2.30X2.10	남북	1:1	5.29	1.93X1.10X0.38
충폐	충효동폐고분	13.00X3.00	2.50X2.10X2.30	남북	1:0.84	5.25	2.10X1.20X ?
석1	석장동 93-1호		1.25X1.82X ?	남북	1:1.46	2.28	1.90X0.60X ?
석2	석장동 93-2호	5.60X ?	0.90X2.10X ?	남북	1:2.33	1.89	2.10X0.55X ?
X	석장동 93-3호						
X	석장동 93-4호		0.69X(1.16)X ?				
석3	석장동 99-1호		1.46X2.60X ?	남북	1:1.78	3.80	2.60X0.70X ?
	석장동(성림) 16		0.80X2.20X ?	남북	1:2.75	1.76	2.20X ? X ?
용1	용강동 1구간1호	17.00X(3.50)	2.30X2.20X ?	남북	1:0.97	5.06	? X ? X ?
용2	용강동 1구간2호	7.00X ?	1.15X2.10X ?	남북	1:1.83	2.42	1.15X0.55X0.30
용3	용강동 1구간3호	10.00X ?	2.05X2.30X ?	남북	1:1.12	4.72	2.30X1.00X0.30
용4	용강동 1구간4호	16.00X3.90	2.20X2.20X ?	남북	1:1	4.84	有
용5	용강동 1구간6호	14.00X ?	3.20X2.60X ?	남북	1:0.81	8.32	2.50X0.91X0.06
용6	용강동 1구간7호	6.00X ?	1.00X2.00X ?	남북	1:2	2.00	1.00X0.50X ?
용7	용강동 1구간8호	8.00X ?	1.55X2.20X ?	남북	1:1.42	3.41	有
용8	용강동 1구간9호	11.00X ?	2.90X2.60X ?	남북	1:0.90	7.54	有
용9	용강동 1구간10호	8.00X ?	2.10X2.40X ?	남북	1:1.14	5.04	
용10	용강동 1구간11호	8.00X ?	1.68X1.95X ?	남북	1:1.16	3.28	1.90X0.90X0.25
용11	용강동 1구간 무분구2호		1.90X0.95X ?	동서	1:0.50	1.81	1.90X0.55X ?
용12	용강동 1구간 무분구3호		1.80X1.90X ?	남북	1:0.95	3.42	1.80X0.55X0.05
용13	용강동 1구간 무분구5호		1.85X0.95X ?	동서	1:0.51	1.76	1.85X0.55X ?
용15	용강동 1구간 무분구8호		0.95X1.95X ?	남북	1:2.05	1.85	1.95X0.45X0.15
용16	용강동 1구간 무분구9호		1.90X0.95X ?	남북	1:0.50	1.81	1.90X0.47X ?

시상 방향	합장	연도 길이X너비X높이(m)	형식	편년	랭크 그룹	비고
동서	O	1.60X1.05X1.25	B3	2a	a	회미장, 연문 · 판석2매
	O	3.63X1.45X ?	AII3	2b	a	남침 · 회미장
동서	O	4.30X1.40X1.62	B3	4c	a	회미장 · 판석비
동서	O		B1	1b	b1	

시상 방향	합장	연도 길이X너비X높이(m)	형식	편년	랭크 그룹	비고
		1.00X0.71X ?	B1	2c	b1	
동서	O	1.15X0.80X ?	B1	2b	b1	
	O	1.45X0.87X1.30	B1	2d	b1	
남북		1.49X1.080X.1.15	B1		b1	회미장, 연문판석
남북	O	2.52X ? X ?	B3		a	회미장, 판석비
동서		1.30X0.90X ?	B1	3a	b1	회미장, 연문판석
동서	O	2.28X ? X ?	B3		a	회미장, 연문판석
남북		1.20X0.80X1.20	B1		b1	연문판석
남북		1.90X ? X1.50	B1	2c	b1	회미장, 판석비
동서		1.95X1.10X1.10	B3	3b	b1	시상 회미장
동서		1.60X1.00X1.20	B3		b1	회미장, 판석비

시상 방향	합장	연도 길이X너비X높이(m)	형식	편년	랭크 그룹	비고
동서	O	0.60X0.45X ?	AII1		d2	
동서			AII1		d2	
동서		1.00X ? X ?	AII1		d1	
동서		0.80X0.60X ?	AII1		d2	

시상 방향	합장	연도 길이X너비X높이(m)	형식	편년	랭크 그룹	비고
동서		2.30X0.90X1.25	B2		b1	회미장
동서	O	1.00X ? X1.00	AII1	2d	d2	
동서	O	1.10X0.8X ?	B1		b1	
?		2.50X0.90X1.20	B1		b1	회미장, 연문판석
남북		1.60X1.10X1.15	B3	2c	a	회미장, 전돌시상
동서			AII1		d2	
동서		0.80X0.70X1.00	AII1	2c	d1	
?		1.50X1.05X ?	B3	1c	a	전돌시상
		1.50X1.00X ?	B1	2c	b1	
동서	O	0.75X0.80X0.90	B1	2b	b2	
동서		0.55X0.60X.0.50	AI1	2c	c2	
동서		0.60X.0.77X ?	B1		b2	
동서		.080X0.60X ?	AI1		c2	
동서		? X0.50X ?	AII1		d2	
동서		0.70X0.60X ?	AI2		c2	

약칭	고 분 명	봉 토	석 실	길이방위	장폭비	면적㎡	1차시상
		직경×높이(m)	길이×너비×높이(m)				길이×너비×높이(m)
용17	용강동 1구간 무분구20호		2.15X2.10X ?	남북	1:0.98	4.52	
용18	용강동 2구간1호	6.00X ?	2.00X1.10X ?	남북	1:0.55	2.20	有
용19	용강동 2구간2호	7.00X ?	1.30X1.95X ?	남북	1:1.50	2.53	1.95X0.75X ?
용20	용강동 2구간3호	7.00X ?	1.80X2.14X ?	남북	1:1.19	3.85	2.14X0.90X ?
용21	용강동 2구간4호	6.00X ?	1.30X2.10X ?	남북	1:1.62	2.73	2.10X ? X0.08
용22	용강동 2구간5호	7.00X ?	1.90X1.50X ?	남북	1:0.79	2.85	有
용23	용강동 2구간6호	6.00X ?					
용24	용강동 2구간7호	6.00X ?	2.15X1.16X ?	남북	1:0.54	2.49	有
용25	용강동 2구간 무분구1호		2.20X1.40X ?	남북	1:0.64	3.08	1.60X0.90X ?
용26	용강동 2구간 무분구2호		1.50X2.10X ?	남북	1:1.40	3.15	有
용27	용강동 2구간 무분구4호		1.40X1.90X ?	남북	1:1.36	2.66	1.80X0.85X0.10
용28	용강동 2구간 무분구9호		1.90X2.15X ?	남북	1:1.13	4.09	2.15X0.70X ?
용29	용강동 2구간 무분구11호		2.15X1.25X ?	남북	1:0.58	2.69	有
용30	용강동 2구간 무분구12호		2.00X1.15X ?	동서	1:0.58	2.30	
용31	용강동 2구간 무분구13호		1.45X2.10X ?	남북	1:0.69	3.01	2.0X0.85X0.35
용32	용강동 2구간 무분구15호		1.50X2.10X ?	남북	1:0.71	3.15	2.10X1.00X ?
용33	용강동 2구간 무분구16호		2.30X1.15X ?	남북	1:0.50	2.65	有
용34	용강동 2구간 무분구18호		1.50X2.10X ?	남북	1:1.40	3.15	2.10X0.70X ?
용35	용강동 2구간 무분구20호		1.45X2.00X ?	남북	1:1.38	2.90	2.00X1.20X ?
용36	용강동 2구간 무분구21호		1.80X2.20X ?	남북	1:1.22	3.96	2.20X1.00X ?
용37	용강동 2구간 무분구23호		1.75X1.20X ?	남북	1:0.69	2.10	
용38	용강동 2구간 무분구25호		2.10X1.15X ?	남북	1:0.55	2.42	1.80X0.65X ?
용39	용강동 2구간 무분구29호		1.30X2.15X ?	남북	1:0.60	2.80	2.15X ? X ?
용40	용강동 2구간 무분구30호		2.05X1.20X ?	남북	1:0.59	2.46	2.05X0.60X0.10
용41	용강동 2구간 무분구31호		2.40X1.10X ?	동서	1:0.46	2.64	2.40X0.60X0.10
용42	용강동 2구간 무분구33호		2.20X1.10X ?	동서	1:0.50	2.42	
용43	용강동 2구간 무분구34호		0.60X1.15X ?	남북	1:1.92	0.69	1.15X0.40X ?
용44	용강동 2구간 무분구36호		1.50X2.00X ?	남북	1:1.33	3.00	2.00X0.70X0.10
용45	용강동 2구간 무분구38호		2.00X1.20X ?	남북	1:0.60	2.40	有
X	용강동 2구간 무분구40호		2.10X1.15X ?	남북	1:0.55	2.42	
X	용강동 2구간 무분구55호		2.10X2.30X ?	남북	1:1.00	4.83	2.10X0.50X0.18
X	용강동 2구간 무분구60호		1.15X2.05X ?	남북	1:2.17	2.36	2.05X0.75X0.15
X	용강동 2구간 무분구61호		1.60X2.05X ?	남북	1:1.28	3.28	
X	용강동(2006) 1호						2.10X1.00X ?
X	용강동(2006) 2호						
용46	용강동(2006) 3호		1.62X2.24X ?	남북	1:1.38	3.63	2.24X0.70X ?
용47	용강동(2006) 4호		1.80X1.70X ?	동남-서북	1:0.94	3.06	1.70X0.50X ?
용48	용강동(2006) 5호		1.97X1.14X ?	남북	1:0.58	2.25	1.85X1.14X ?
용49	용강동석실분(1968)	13.50~14.00X ?	2.40X2.15X.1.85	남북	1:0.90	5.16	1.28X ? X0.32

시상 방향	합장	연 도 길이X너비X높이(m)		형식	편년	랭크 그룹	비 고
				B1	2c	b2	
남북	O	? X2.80X ?		AⅠ1	1c	c2	
동서		1.00X0.63X ?		AⅡ1		d2	
동서	O	1.65X0.90X ?		B1	2a	b2	
동서	O	1.15X0.87X ?		AⅡ1	2a	d2	
		1.06X0.63X ?		AⅠ1	2c	c2	
남북		1.10X0.70X ?		AⅠ1	1c	c2	
남북	O	? X0.75X ?		AⅠ1	1c	c1	
동서				AⅡ1		d1	
동서				AⅡ1	2b	d2	
		1.52X0.86X ?		B1		b2	
남북				AⅠ1		c2	
				AⅠ2	2d	c2	
동서		0.64X1.00X ?		AⅡ1	2b	d2	
동서				AⅡ1	2c	d1	
남북		0.80X ? X ?		AⅠ1	2b	c2	
동서		? X0.98X ?		AⅡ1	2b	d1	
동서	O	1.00X ? X ?		AⅡ1	2c	d2	
동서	O	1.00X0.70X ?		B1	1b	b2	
	O	? X0.65X ?		AⅠ1	1c	c2	
남북		0.80X0.76X ?		AⅠ1	2c	c2	
동서		0.92X0.70X0.84		AⅡ1		d2	
남북				AⅠ1	1b	c2	
동서		? X0.60X ?		AⅠ1	2d	c2	
		0.40X0.50X ?		AⅠ2	2d	c2	
동서		0.80X0.50X ?		AⅡ1	3b	d3	
동서				AⅡ1		d1	
남북		0.50X0.60X ?		AⅠ1	1c	c2	
	O	1.04X0.65X ?		AⅠ1	2a	c2	
동서	O			B1	1c	b1	
동서	O	0.45X0.54X ?		AⅡ1	1c	d2	
		0.80X0.68X ?		AⅡ1	2b	d1	
동서							
동서							
동서				AⅡ1	2a	d1	
동북-서남	O	0.80X0.60X ?		B1		b2	
남북		0.90X ? X ?		AⅠ2		c2	
		2.70X0.90X1.05		B1		b1	

약칭	고 분 명	봉 토 직경X높이(m)	석 실 길이X너비X높이(m)	길이방위	장폭비	면적㎡	1차시상 길이X너비X높이(m)
와총	동천동 와총		4.03X2.27X1.64		1:0.56	9.15	2.27X1.42X0.15
X	동천동 석실분	? X3.00	? X2.45X ?	남북			
	동천동 354-1호	7.40X ?	2.22X2.24X ?	남북	1:1.01	4.97	전면
	동천동 354-2호	5.10X ?	(1.48)X(2.00)X ?	남북			
	동천동 354-3호	5.00X ?	(1.50)X(2.00)X ?	남북			
	동천동 354-4호	5.63X ?	1.00X2.20X ?	남북	1:2.20	2.20	
	동천동 354-5호	5.44X ?	1.30X2.10X ?	남북	1:1.62	2.60	2.10X0.75X0.15
	동천동 354-6호	4.50X ?	1.40X2.00X ?	남북	1:1.43	2.80	2.00X0.80X0.30
	동천동 354-7호	6.12X ?	1.60X(2.00)X ?	남북			2.00X1.00X0.30
	동천동 354-8호		1.60X2.17X ?	남북	1:1.36	3.47	2.17X0.80X0.10
	동천동 354-13호		1.30X2.10X ?	남북	1:1.62	2.73	전면
	동천동 354-14호		1.10X2.00X ?	남북	1:1.82	2.20	2.00X0.80X0.40
	동천동 343/4-1호	5.20X ?	1.42X2.18X ?	남북	1:1.54	3.10	2.18X0.87X0.33
	동천동 343/4-2호	5.72X ?	1.41X2.01X ?	남북	1:1.43	2.83	2.01X0.69X0.40
	동천동 343/4-3호	4.07X ?	1.40X2.05X ?	남북	1:1.46	2.87	2.05X0.65X0.30
	동천동 343/4-4호	4.71X ?	1.85X1.05X ?	남북	1:1.76	1.94	1.85X0.60X0.20
	동천동 343/4-5호	4.35X ?	1.75X1.07X(1.10)	남북	1:0.61	1.87	1.75X0.60X0.22
	동천동 343/4-6호	4.41X ?	1.35X2.01X(1.32)	남북	1:1.49	2.72	2.01X0.63X0.33
	동천동 343/4-7호		1.52X2.25X ?	남북	1:1.48	3.42	
	동천동 343/4-8호	4.33X ?	1.49X2.11X(1.62)	남북	1:1.42	3.14	2.11X0.69X0.21
	동천동 343/4-9호	5.06X ?	2.43X1.14X ?	남북	1:0.47	2.77	2.43X0.62X0.29
	동천동 343/4-10호	4.51X ?	1.83X1.01X ?	남북	1:0.55	1.85	1.83X0.51X0.20
	동천동 343/4-11호	3.94X ?	1.70X1.11X1.40	남북	1:0.65	1.89	1.70X0.67X0.21
	동천동 343/4-12호	4.23X ?	1.96X1.00X1.41	남북	1:0.51	1.96	1.96X0.40X0.16
	동천동 343/4-13호	5.33X ?	2.05X1.21X ?	남북	1:0.59	2.48	2.05X0.65X0.17
	동천동 343/4-14호	2.85X ?	0.92X0.71X0.51	동서	1:0.77	0.65	전면
	동천동 343/4-16호	4.75X ?	1.13X2.30X ?	남북	1:2.04	2.60	2.30X0.75X0.14
	동천동 343/4-17호	7.18X ?	1.82X2.38X ?	남북	1:1.31	4.33	2.38X0.63X0.29
	동천동 343/4-18호	4.57X ?	1.23X2.06X ?	남북	1:1.67	2.53	2.06X0.60X0.13
	동천동 343/4-20호	5.60X ?	2.18X1.32X ?	남북	1:0.61	2.88	2.18X0.65X0.43
	동천동 343/4-21호	3.65X ?	0.90X1.98X ?	남북	1:2.20	1.78	1.98X0.45X0.15
	동천동 343/4-22호	3.95X ?	1.81X1.03X ?	남북	1:0.57	1.86	1.81X0.61X0.24
	동천동 343/4-23호	4.13X ?	1.87X0.80X ?	남북	1:0.42	1.50	1.87X0.50X0.10
	동천동 343/4-24호	4.60X ?	1.39X1.00X ?	남북	1:0.72	1.39	1.39X0.53X0.22
	동천동 343/4-25호	4.40X ?	1.26X2.05X ?	남북	1:1.63	2.58	2.05X0.46X0.26
	동천동 343/4-27호	4.70X ?	1.04X1.86X ?	남북	1:1.79	1.93	1.86X0.46X0.20

시상 방향	합장	연 도		형식	편년	랭크 그룹	비 고
		길이X너비X높이(m)					
	O			A I 2	2a	a	
					2a		회미장
동서		0.87X0.86X0.90		B1		b1	
		1.10X0.55X ?		A II 1		d2	
		1.00X0.80X ?		A II 1		d2	호석 외부 檀시설
				A II 1		d2	
동서	○	0.77X0.74X0.80		A II 1	2a	d2	
동서		1.33X0.70X ?		A II 1		d2	
동서	○	1.30X0.70X ?		A II 1	2c	d2	
동서	○			A II 1		d1	
동서	○	1.20X0.80X ?		A II 1	2c	d2	
동서		0.77X0.77X ?		A II 1		d2	
동서		? X0.84X ?		A II 1	2c	d1	호석 외부 檀시설
동서		0.98X0.72X ?		A II 1	2c	d2	호석 외부 檀시설, 호석외구
동서		0.94X0.74X ?		A II 1	1c	d2	
남북		0.61X0.60X ?		A I 1	3a	c2	호석 외부 檀시설
남북		0.72X0.69X ?		A I 1	2c	c2	봉토 외부 단시설
동서	○	0.55X0.72X ?		A II 1		d2	호석 외부 단시설
		1.45X0.72X ?		A II 1		d1	
동서		0.75X0.80X0.72		A II 1		d1	호석 외부 단시설
남북	○	0.71X0.63X ?		A I 1	2d	c2	호석 외부 단시설
동서		0.58X0.57X ?		A II 1	2c	d2	호석 외부 단시설
남북		? X0.40X0.75		A I 1		c2	호석 외부 단시설
남북		0.73X0.50X0.72		A I 1		c2	호석 외부 단시설
남북		0.75X0.73X?		A I 2	2d	c2	호석 외부 단시설
동서		0.48X0.26X ?		A I 1	2c	c3	소형 관고리
남북		1.01X0.75X ?		A II 1	2c	d2	호석 외부 단시설
남북	○	1.00X0.81X ?		A II 1	2c	c1	호석 외부 단시설, 호석 외구
남북		0.85X0.63X ?		A II 1	2b	d2	호석 외부 단시설
남북		1.05X0.72X ?		A I 1	2c	d1	호석 외부 단시설, 호석 외구
남북		0.70X0.83X ?		A II 1		d2	
남북		0.65X0.63X ?		A I 1	2d	c2	호석 외부 단시설
남북	○	0.62X0.55X ?		A I 1	1c	c2	
남북		0.69X0.50X ?		A I 1	2c	c2	호석 외부 단시설
남북		0.66X0.56X ?		A II 1		d2	호석 외부 단시설
남북		0.64X0.62X ?		A II 1		d2	호석 외부 단시설

약칭	고분명	봉토	석실	길이방위	장폭비	면적㎡	1차시상
		직경X높이(m)	길이X너비X높이(m)				길이X너비X높이(m)
	동천동 산13/2-2호		1.98X1.20X ?	남북	1:0.61	2.38	전면
	동천동 산13/2-3호		1.90X1.30X ?	남북	1:0.68	2.47	전면
	동천동 산13/2-5호		1.85X1.23X ?	남북	1:0.66	2.28	有
	동천동 산13/2-10호		2.10X1.58X ?	남북	1:0.75	3.32	有
	동천동 산13/2-13호			남북			有
	동천동 산13/2-16호		1.57X2.15X ?	남북	1:1.37	3.38	有
	동천동 산13/2-17호		1.66X2.04X ?	남북	1:1.23	3.39	有
	동천동 산13/2-18호		1.73X2.08X ?	남북	1:1.20	3.60	有
	동천동 산13/2-20호		1.92X(1.80)X ?	남북			有
	동천동 산13/2-22호						
	동천동 산13/2-23호		2.26X ? X ?	남북			有
	동천동 산13/2-29호		2.03X1.30X ?	남북	1:0.64	2.64	有
	동천동 산13/2-42호		2.57X ? X ?	남북			有
	동천동 산13/2-44호		2.08X1.20X ?	남북	1:0.58	2.50	전면
	동천동 산13/2-45호						
	동천동 산13/2-46호		2.10X1.50X ?	남북	1:0.71	3.15	有
	동천동 산13/2-48호						
보1	보문동 합장분 석실		2.47X1.35X1.57	서동	1:0.55	3.33	2.35X0.9X0.33
보2	보문동 석실분(1968)	15.00X3.60~6.00	2.80X2.80X2.60	남북	1:1	7.84	응회암 장대석

시상 방향	합장	연 도 길이X너비X높이(m)	형식	편년	랭크 그룹	비 고
남북		0.83X0.81X ?	A I 3		c2	
남북		1.16X ? X ?	A I 2		c2	
남북			A I 2	2c	c2	
남북	○		A I 1	2a	c1	
동서			A II 1	2a	?	
동서	○	1.50X0.91X ?	A II 1	2a	d1	
동서	○		B 1		b2	
동서	○		B 1	1c	b2	
동서	○	1.15X0.72X ?	B 1		b2	
	○			1c		
?				2b		
남북	○		A I 2	2c	c2	
?	○			1c		
남북			A I 1	2d	c2	
	○			2a		
남북	○		A I 2		c1	
				3a		

시상 방향	합장	연 도 길이X너비X높이(m)	형식	편년	랭크 그룹	비 고
동서	O		A I 2	1a	c1	
		2.00X0.93X1.50	B 3		a	회미장, 판석비

약칭	고 분 명	봉 토	석 실	길이방위	장폭비	면적㎡	1차시상
		직경X높이(m)	길이X너비X높이(m)				길이X너비X높이(m)
X	경마장C1, 1-4호		(2.75)X ? X ?				
경5	경마장C1, 1-5호		(3.65)X2.35X ?	동서	(1:0.64)	(8.58)	2.35X1.1X ?
경15	경마장C1, 1-15호		1.25X2.20X ?	남북	1:1.76	2.75	
경8	경마장C1, 2-8호		2.33X1.50X ?	서동	1:0.64	3.50	2.00X0.80X ?
경9	경마장C1, 2-9호		1.80X2.00X ?	남북	1:1.11	3.60	2.00X1.13X ?
경12	경마장C1, 2-12호		2.30X1.60X ?	서동	1:0.70	3.68	2.30X1.10X ?
경14	경마장C1, 2-14호		1.20X2.05X ?	남북	1:1.71	2.46	
	율동 산2/6-1호		2.10X1.40X ?	남북	1:0.67	2.94	2.10X0.90X0.15
	율동 산2/6-2호		2.20X1.14X ?	남북	1:0.52	2.51	2.05X0.70X ?
	율동 산2/6-3호		2.30X2.00X ?	동서	1:0.87	4.60	전면
	율동 산2/18-2호		1.84X1.90X ?	동서	1:1.03	3.50	有
	율동 산2/18-5호		1.94X1.30X ?	남북	1:0.67	2.52	전면
	율동 산2/18-9호		2.32X2.08X ?	남북	1:0.90	4.83	전면
	율동 산2/18-11호		1.73X2.13X ?	남북	1:1.23	3.68	有
	율동 산2/19-1호			남북			
	율동 산2/19-2호			남북			
	율동 산2/19-3호		2.14X2.10X ?	동서	1:0.88	4.49	2.00X1.36X0.14
	율동 산2/19-7호		2.30X1.10X ?	남북	1:0.48	2.53	전면
	율동 산2/19-8호		2.20X1.46X ?	남북	1:0.66	3.21	2.30X0.72X0.18
	율동 산2/19-10호		2.24X1.46X ?	남북	1:0.66	3.27	전면
	율동 산2/19-13호		? X1.30X ?	남북			有
	율동 산3/14-1호		2.15X1.75X ?	남북	1:0.81	3.76	1.75X0.85X ?
	율동 산3/14-2호		1.43X1.99X ?	남북	1:1.39	2.85	1.99X0.70X ?
	율동 산3/19-1호		? X1.46X ?	남북			? X0.60X0.15
	율동 산3/19-2호		1.59X2.00X ?	남북	1:1.26	3.18	2.00X1.05X0.33
	율동 산3/19-3호			남북			有
	율동 산3/19-5호		1.66X2.24X ?	남북	1:1.35	3.72	2.24X1.32X0.22
	율동 산3/19-6호		0.85X1.81X ?	남북	1:2.16	1.54	有
	율동 산3/19-7호		1.56X2.06X ?	남북	1:1.32	3.21	2.06X0.67X0.12
	율동 산3/19-8호		1.16X 2.00X ?	남북	1:1.72	2.32	有
	율동 산3/19-9호		1.20X1.94X ?	남북	1:1.62	2.33	1.94X0.66X0.05
	율동 산3/23-1호		2.08X1.95X ?	남북	1:0.94	4.06	有
	율동 산3/23-2호		1.54X2.15X ?	남북	1:1.40	3.31	2.10X0.90X ?
	율동 산3/23-3호		1.43X2.05X ?	남북	1:1.43	2.93	2.02X0.95X ?

시상 방향	합장	연 도 길이×너비×높이(m)	형식	편년	랭크 그룹	비 고
				2b		
남북	O	(0.9)X(0.7)X ?	AⅠ1	1a	a	
	O	(0.5)X(0.4)X ?	AⅡ1	1a	d2	
동서			AⅠ1		c1	
동서	O		B1	1b	b2	
동서		? X0.7X ?	AⅠ1	2a	c1	
		0.5X0.40X ?	AⅡ1	1a	d2	

시상 방향	합장	연 도 길이×너비×높이(m)	형식	편년	랭크 그룹	비 고
남북	O		AⅠ2	1c	c2	
남북		? X0.60 X ?	AⅠ2		c2	
	O	? X0.70 X ?	B2	1c	b1	
동서	O	1.32X0.63X ?	B2	1c	b2	
남북	O		AⅠ3	1c	c2	
	O	1.56X0.70X ?	B1	1a	b1	
동서	O	0.60X0.86X ?	B2	2a	b2	
			B1			
	O		AⅠ2	1c		
동서	O	1.60X0.60X ?	B2		b1	
남북	O		AⅠ1	1a	c2	
남북	O		AⅠ1	1b	c1	
남북		1.00X0.64X ?	AⅠ1		c1	
남북	O	0.64X0.82X ?	AⅠ2	1a		
동서	O	0.72X0.50X ?	B1	2d	b2	
동서	O	0.96X0.70X ?	AⅡ1	2a	d2	
동서	O		AⅡ1	1c		
동서	O		AⅡ1	1c	d2	
				2a		
동서	O	0.66X0.72X ?	AⅡ1	2a	d1	
동서		0.66X0.56X ?	AⅡ1		d2	
동서		? X0.80X ?	AⅡ1	2a	d1	
동서	O		AⅡ1	2a	d2	
동서		? X0.62X ?	AⅡ1	2a	d2	
동서	O		B1		b2	
동서			AⅡ1		d1	
동서			AⅡ1		d2	

약칭	고 분 명	봉 토 직경X높이(m)	석 실 길이X너비X높이(m)	길이방위	장폭비	면적㎡	1차시상 길이X너비X높이(m)
구6	구어리 6호		3.60X2.80X ?	동서	1:0.78	10.08	1.60X0.70X ?
X	구어리 26호		(2.00)X(2.30)X ?	남북	(1:1.15)	(3.68)	
구27	구어리 27호		1.60X2.10X ?	남북	1:1.31	3.36	2.10X0.65X0.20
	석계리 40호		2.44X ? X ?	남북			2.44X0.70X0.20
	석계리 53호		2.58X2.58X ?	남북	1:1.00	6.66	2.58X0.98X0.20
	석계리 54호		2.36X ? X ?	남북			? X0.92X0.20
	제내리 II-5호		2.00X2.12X ?	남북	1:1.06	4.24	전면
	제내리 II-25호		(2.60)X ? X ?	남북			전면
	중산동 9-1호		1.73X1.96X ?	남북	1:1.13	3.39	1.84X1.06X0.25
	중산동 18호		1.86X ? X ?	남북			有
	부지리 20호		2.12X1.43X ?	남북	1:0.67	3.03	전면
월1	월산리 B-1호	8.70X ?	2.45X2.27X ?	남북	1:0.93	5.56	2.10X0.80X ?
월5	월산리 B-5호	7.00X ?	1.45X2.20X ?	남북	1:1.52	3.19	2.20X0.70X0.30
월9	월산리 B-9호		2.45X2.15X ?	남북	1:0.88	5.27	2.15X0.95X0.23
X	월산리 B-10호		(2.30)X(1.60)X ?				
월11	월산리 B-11호		2.25X1.85X ?	남북	1:0.82	4.16	2.20X0.60X ?
X	월산리 B-15호		1.05X(0.92)X ?	남북			
월17	월산리 B-17호		2.23X1.23X ?	남북	1:0.55	2.74	2.20X0.50X ?
월19	월산리 B-19호		2.00X1.40X ?	남북	1:0.7	2.80	2.00X0.80X ?
X	월산리 B-22호		1.70X(1.80)X ?	남북			
월26	월산리 B-26호		1.50X2.20X ?	남북	1:1.47	3.30	2.20X0.75X0.15
월28	월산리 B-28호	5.60X ?	2.30X1.55X ?	남북	1:0.67	3.57	2.30X0.75X ?
	하삼정 1호			남북			
	하삼정 7호		? X1.25X ?	남북			전면
	하삼정 17호		2.60X1.10X ?	남북	1:0.67	2.86	전면
	하삼정 20호		? X1.10X ?	남북			2.00X0.40X ?
	하삼정 21호		2.20X2.20X ?	남북	1:1.00	4.84	1.90X0.90X ?
	하삼정 22호		2.48X ? X ?	남북			전면
	하삼정 23호			남북			전면
	하삼정 28호		2.05X1.90X ?	남북	1:0.93	3.90	2.00X1.20X0.33
	하삼정 32호		2.40X1.10X ?	남북	1:0.46	2.64	전면
	하삼정 33호		2.70X1.40X ?	남북	1:0.82	3.78	전면

시상 방향	합장	연도 길이×너비×높이(m)	형식	편년	랭크 그룹	비 고
남북	O	1.90X0.90X ?	B3	1a	a	
			B1		b1	
동서	O	0.80X0.55X ?	AⅡ1	2b	d1	

동서	O					
동서	O		B1		a	
동서	O		B1			

남북	O	1.00x0.50x ?	B2	1c	b2	
				1b		

동서	O		B1	1a	b2	
남북	O			2a		

남북			AⅠ2	1c	c1	

동서		2.40X0.85X ?	B3		b1	
동서	O		AⅡ1	2d	d1	
동서	O	1.30X0.67X ?	B1	1a	b1	
남북			B2	1b	b2	
동서						
남북	O	1.15X0.60X ?	AⅠ2	1b	c2	
남북	O	(0.60)X0.55X ?	AⅠ1	1c	c2	
동서	O					
동서		1.00X0.60X ?	AⅡ2	2a	d1	
남북			AⅠ2	2c	c1	

남북	O		AⅠ2	1b		
남북	O		AⅠ2	1c	c1	
남북	O		AⅠ2	1a	c1	
남북	O		AⅡ1	2a		
남북	O		B1	1c	b2	
남북			AⅠ2	2b		
남북	O		AⅠ2	2c		
남북	O		B2	1b	b2	
남북	O		AⅠ2	1a	c2	
남북	O		AⅠ2	1a	c1	

약칭	고 분 명	봉 토 직경X높이(m)	석 실 길이X너비X높이(m)	길이방위	장폭비	면적㎡	1차시상 길이X너비X높이(m)
방1	방내리 1호분	7.00X3.00	1.74X2.15X ?	"서남-동북"	1:1.24	3.74	2.15X(1.32)X0.20
방2	방내리 2호분	7.00X3.00	1.42X2.01X ?	서동	1:1.42	2.85	2.01X(1.01)X1.10
방3	방내리 3호분	12.00X ?	2.55X2.10X1.99	서동	1:0.82	5.36	2.10X2.00X.0.09
방5	방내리 5호분	6.00X ?	2.31X0.93X ?	서동	1:0.40	2.15	
방6	방내리 6호분		1.96X1.26X ?	서동	1:0.65	2.47	
방7	방내리 7호분	8.00X ?	2.04X1.08X ?	동서	1:0.53	2.20	
방9	방내리 9호분	7.00X ?	2.08X1.00X ?	동서	1:0.48	2.08	
방11	방내리 11호분	6.00X ?	1.98X1.35X ?	동서	1:0.68	2.67	
방12	방내리 12호분	7.50X ?	2.00X1.80X ?	동서	1:0.90	3.60	2.00X0.90X0.20
방13	방내리 13호분	7.50X ?	2.40X2.01X ?	동서	1:0.84	4.80	
방15	방내리 15호분		1.95X1.47X ?	동서	1:0.75	2.87	
방16	방내리 16호분	6.50X ?	2.15X1.13X ?	서동	1:0.53	2.43	
방18	방내리 18호분	10.00X3.50	2.10X1.45X ?	서동	1:0.69	3.05	
방30	방내리 30호분	7.00X4.00	1.80X2.20X ?	남북	1:1.22	3.96	2.20X(1.23)X0.18
방32	방내리 32호분	8.00X ?	1.90X1.92X ?	동서	1:1.01	3.65	1.92X(1.23)X0.15
방33	방내리 33호분	7.00X3.00	2.25X2.21X ?	동서	1:0.98	4.97	시신북침
방35	방내리 35호분	10.50X ?	2.20X2.18X ?	동서	1:0.99	4.80	2.18X1.03X0.12
방36	방내리 36호분	7.00X ?	1.23X2.07X ?	동서	1:1.68	2.55	1.92X ? X ?
방37	방내리 37호분	6.80~9.75X ?	2.30X1.80X ?	동서	1:0.78	4.14	2.30X0.90X0.18
방38	방내리 38호분		2.55X1.95X(1.80)	동서	1:0.76	4.97	
방39	방내리 39호분	12.50~15.00X3.00	2.30X2.34X2.01	동서	1:1.02	5.38	2.34X0.93X ?
방40	방내리 40호분	10.00X3.00	1.57X2.35X ?	동서	1:1.50	3.69	1.97X ? X ?
방41	방내리 41호분	10.00X3.00	2.00X2.40X ?	북남	1:1.20	4.80	2.40X1.35X0.22
방42	방내리 42호분	8.00X ?	2.10X1.89X ?	남북	1:0.90	3.97	기와사상
X	방내리 50호분	6.50X ?					
X	방내리 52호분		2.6X ? X ?				
X	방내리 54호분		(2.07)X1.43X ?	남북			
방57	방내리 57호분		1.92X1.32X ?	동서	1:0.69	2.53	
방58	방내리 58호분		2.37X1.98X ?	동서	1:0.84	4.69	
방67	방내리 67호분		2.31X0.93X ?	서동	1:0.40	2.15	
휴1	방내리(휴) 1호분	6.70X ?	1.65X2.05X ?	남북	1:1.24	3.38	2.05X1.20X ?
휴2	방내리(휴) 2호분	7.00X ?	2.25X1.70X ?	남북	1:0.76	3.83	2.25X1.00X0.20
휴3	방내리(휴) 3호분		1.60X2.10X ?	남북	1:1.31	3.36	
휴4	방내리(휴) 4호분	5.30X ?	1.40X2.00X ?	남북	1:1.43	2.80	2.00X0.60X ?
휴5	방내리(휴) 5호분	5.00X ?	1.70X1.20X ?	남북	1:0.71	2.04	

시상 방향	합장	연 도 길이X너비X높이(m)	형식	편년	랭크 그룹	비 고
동남~서북	O	1.47X0.72X0.9	B1		b2	
남북	O	1.35X0.76X1.20	AⅡ1	2a	d2	
남북	O	2.04X0.99X1.90	B1	1b	b1	회미장
		0.87X0.75X ?	AⅠ1	1c	c2	
		0.87X0.75X ?	AⅠ1		c2	
		1.46X0.69X ?	AⅠ2	1b	c2	
		1.05X0.60X ?	AⅠ2	2a	c2	
			AⅠ2	1a	c2	
동서		1.26X0.75X ?	B2	2a	b2	
		0.99X0.44X ?	B2	1c	b1	
		1.02X0.82X ?	AⅠ2	1c	c2	
		1.25X0.44X ?	AⅠ1	1a	c2	
		1.74X0.57X ?	AⅠ1	1b	c1	
동서	O		B2	2a	b2	
남북	O	1.14X0.72X0.82	B2	1a	b2	
		1.30X0.72X ?	B2	1b	b1	
남북		2.58X0.92X1.0	B2	1a	b1	귀걸이 북침
남북	O	1.20X0.78X ?	AⅡ2	2a	d2	기와A상
동서		1.60X0.81X0.96	AⅠ2	1b	c1	
	O	1.29X0.63X0.87	AⅠ2	1b	b1	귀걸이 북침
남북		2.10X1.05X ?	B2	1a	b1	귀걸이 북침
남북	O	1.50X0.78X1.00	AⅡ2	2d	d1	기와A상 북침
동서	O	1.71X0.85X ?	B1	2a	d1	
남북	O	1.25X0.75X ?	B2	1c	b2	
						석실여부 불명
		1.05X0.78X ?	AⅠ2	2a	c2	
남북		0.85X0.78X ?	B1	1a	b1	
		1.68X0.66X ?	AⅠ2	1b	c2	
동서		0.90X0.80X ?	B2	2b	b2	
남북		1.20X0.70X ?	AⅠ1	2c	c1	
			AⅡ1	2a	d1	
동서	O	1.10X0.55X ?	AⅡ1	2b	d2	
		1.00X0.55X ?	AⅠ2	2c	c2	

약칭	고 분 명	봉 토 직경X높이(m)	석 실 길이X너비X높이(m)	길이방위	장폭비	면적㎡	1차시상 길이X너비X높이(m)
휴6	방내리(휴) 6호분	5.00X ?	2.20X1.15X ?	남북	1:0.52	2.53	
휴7	방내리(휴) 7호분	4.30X ?	2.00X1.10X ?	남북	1:0.55	2.20	
휴8	방내리(휴) 8호분	6.00X ?	1.40X2.00X ?	남북	1:1.43	2.80	有
휴9	방내리(휴) 9호분	6.00X ?	2.00X1.20X ?	남북	1:0.60	2.40	
휴10	방내리(휴) 10호분	4.50X ?	2.00X1.00X ?	남북	1:0.50	2.00	1.50X0.5X ?
휴11	방내리(휴) 11호분	7.50X ?	1.40X2.10X ?	남북	1:1.50	2.94	2.10X1.10X ?
휴12	방내리(휴) 12호분	6.00X ?	1.20X2.20X ?	남북	1:1.83	2.64	1.90X0.60X ?
휴13	방내리(휴) 13호분		2.20X1.00X ?	남북	1:0.45	2.20	有
휴14	방내리(휴) 14호분		2.10X1.10X ?	남북	1:0.52	2.31	1.40X0.60X ?
휴15	방내리(휴) 15호분	8.00X ?	2.00X1.75X ?	남북	1:0.88	3.50	2.00X1.20X0.15
휴16	방내리(휴) 16호분	5.00X ?	2.00X1.00X ?	남북	1:0.50	2.00	有
휴17	방내리(휴) 17호분	4.40~5.00X ?	1.10X2.00X ?	남북	1:1.82	2.20	2.00X0.60X ?
휴18	방내리(휴) 18호분	6.00X ?	1.30X1.90X ?	남북	1:1.46	2.47	
휴19	방내리(휴) 19호분	6.50X ?	1.45X2.00X ?	남북	1:1.38	2.90	2.00X0.80X0.05
휴20	방내리(휴) 20호분	5.00X ?	1.35X2.15X ?	남북	1:1.59	2.90	2.15X1.00X ?
휴21	방내리(휴) 21호분	8.00X ?	1.45X2.05X ?	남북	1:1.41	2.97	2.05X1.00X ?
휴22	방내리(휴) 22호분	5.00X ?	2.00X1.10X ?	남북	1:0.55	2.20	
휴23	방내리(휴) 23호분	6.00X ?	1.30X1.90X ?	남북	1:1.46	2.47	1.90X1.00X ?
휴24	방내리(휴) 24호분	7.80X ?	2.00X2.00X ?	남북	1:1	4.00	1.75X0.65X ?
휴25	방내리(휴) 25호분	4.60X ?	1.20X2.10X ?	남북	1:1.75	2.52	2.10X0.60X ?
휴26	방내리(휴) 26호분		2.00X1.00X ?	남북	1:0.50	2.00	2.00X0.70X0.05
휴27	방내리(휴) 27호분	6.00X ?	1.40X2.20X ?	남북	1:1.57	3.08	2.20X1.00X0.10
휴28	방내리(휴) 28호분	5.00~5.50X ?	1.10X2.20X ?	남북	1:2.00	2.42	
휴29	방내리(휴) 29호분	7.20X ?	1.80X2.20X ?	남북	1:1.22	3.96	有
휴30	방내리(휴) 30호분	6.00X ?	2.00X1.70X ?	남북	1:0.85	3.40	
휴31	방내리(휴) 31호분	7.00X ?	1.40X2.10X ?	남북	1:1.50	2.94	2.10X0.90X0.25
휴32	방내리(휴) 32호분	6.00X ?	1.50X2.00X ?	남북	1:1.33	3.00	
휴33	방내리(휴) 33호분	7.90X ?	1.40X2.00X ?	남북	1:1.43	2.80	2.00X1.10X ?
휴34	방내리(휴) 34호분	7.00X ?	1.60X2.20X ?	남북	1:1.38	3.52	1.90X0.95X ?
휴35	방내리(휴) 35호분	5.00X ?	2.20X1.15X ?	남북	1:0.52	2.53	
휴36	방내리(휴) 36호분	6.40X ?	1.50X2.00X ?	남북	1:1.33	3.00	1.80X0.75X ?
휴37	방내리(휴) 37호분	5.60X ?	1.80X2.00X ?	남북	1:1.11	3.60	2.00X1.20X0.10
영1	방내리(영) 1호분	8.10~9.00X2.00	1.80X1.20X1.20	남북	1:0.17	2.16	
영2	방내리(영) 2호분	5.60~5.80X ?	1.40X1.96X ?	남북	1:1.40	2.74	1.96X0.90X0.10
영3	방내리(영) 3호분	4.80~5.80X ?	1.40X2.52X ?	동서	1:1.80	3.53	2.45X0.70X0.15
영4	방내리(영) 4호분	5.40~6.50X ?	1.42X2.08X(1.28)	남북	1:1.46	2.95	2.08X0.86X0.05
영5	방내리(영) 5호분	4.80~5.20X ?	2.12X1.52X ?	남북	1:0.72	3.22	1.52X1.00X0.10

시상 방향	합장	연도 길이X너비X높이(m)	형식	편년	랭크 그룹	비 고
		0.90X0.60X ?	A I 1	2b	c2	
		1.00X.70X ?	A I 2	2c	c2	
동서		1.20X0.60X ?	A II 1	2d	d1	
		? X0.60X ?	A I 1		c2	
남북		1.00X0.60X ?	A I 2	2b	c2	
동서		2.00X0.70X ?	A II 1	2c	d2	
동서		1.00X0.80X ?	A II 1	2c	d2	
남북	O	1.10X0.70X ?	A I 1	1c	c2	
남북		0.90X0.55X ?	A I 1	2a	c2	
남북	O	1.00X0.70X ?	B 1		b2	
남북		0.90X0.80X ?	A I 1		c2	
동서		1.40X0.50X ?	A II 1		d2	
		1.00X0.70X ?	A II 1		d2	
동서		1.40X0.80X ?	A II 1		d2	
동서		1.10X0.70X ?	A II 1		d2	
동서		1.20X0.70X ?	A II 1	2c	d2	
		1.10X0.60X ?	A I 1	2c	c2	
동서		? X0.60X ?	A II 1	2d	d2	
동서	O	1.60X0.80X ?	B 2	2c	b2	
동서		1.05X0.60X ?	A II 1	2b	d2	
남북		? X0.50X ?	A I 1	3c	c2	
동서		0.90X0.50X ?	A II 1	2a	d1	
		0.90X0.80X ?	A II 1	2b	d2	
동서	O	1.50X0.60X ?	B 1	2b	b2	
		1.15X0.60X ?	B 1		b2	
동서		1.40X0.70X ?	A II 1		d2	
		1.40X0.80X ?	A II 1	2b	d2	
동서		1.40X0.70X ?	A II 1	2c	d2	
동서		0.90X0.70X ?	A II 1	2b	d1	
		0.8X0.50X ?	A I 1	1c	c2	
동서	O	1.20X0.50X ?	A II 1		d1	
동서		1.40X0.75X ?	B 1	2c	b2	
		1.47X0.75X ?	A I 1	2d	c2	
동서	O	0.68X0.64X ?	A II 1	2b	d2	귀걸이 동침
남북	O	0.78X0.68X ?	A II 1	2c	d1	
동서		1.94X0.74X1.02	A II 1		d2	
동서		1.14X0.80X0.90	A I 1	2a	c1	

약칭	고 분 명	봉 토		석 실	길이방위	장폭비	면적㎡	1차시상
		직경X높이(m)		길이X너비X높이(m)				길이X너비X높이(m)
영6	방내리(영) 6호분	7.20~7.50X ?		1.52X2.00X ?	남북	1:1.32	3.04	
영7	방내리(영) 7호분	7.70X ?		1.50X2.26X ?	남북	1:1.51	3.39	
영8	방내리(영) 8호분	2.70~3.10X ?		0.83X1.25X ?	남북	1:1.51	1.04	1.25X0.62X0.10
영9	방내리(영) 9호분	3.80~5.20X ?		1.34X1.84X1.50	남북	1:1.37	2.47	1.84X0.80X0.12
영10	방내리(영) 10호분	3.20~3.40X ?		0.62X0.96X ?	남북	1:1.55	0.60	0.96X0.62X0.25
영11	방내리(영) 11호분	4.90~5.15X ?		1.38X2.20X ?	남북	1:1.59	3.04	1.85X1.10X ?
영12	방내리(영) 12호분	5.00~5.60X ?		1.46X2.10X ?	남북	1:1.44	3.07	2.05X0.90X0.10
영13	방내리(영) 13호분	6.00X ?		1.38X1.96X ?	남북	1:1.42	2.07	1.80X1.00X ?
영14	방내리(영) 14호분	3.50X ?		1.26X2.10X ?	남북	1:1.67	2.65	2.10X0.42X ?
영15	방내리(영) 15호분	7.00X ?		1.56X2.12X ?	남북	1:1.36	3.31	2.04X0.80X ?
영16	방내리(영) 16호분	12.50X ?		1.75X1.90X ?	동서	1:1.09	3.33	1.84X0.90X0.35
X	방내리(영) 17호분			1.38X(2.04)X ?	남북			(1.96)X0.74X ?
X	방내리(영) 18호분			1.34X(1.10)X ?	남북			
영19	방내리(영) 19호분	6.80X ?		1.50X2.16X ?	남북	1:1.44	3.24	2.10X0.80X0.20
X	방내리(영) 20호분			(0.68)X1.90X ?				
X	방내리(영) 21호분			(1.70)X0.96X ?	남북			
영22	방내리(영) 22호분			1.96X1.14X ?	서동	1:0.58	2.23	1.96X0.80X ?
X	방내리(영) 23호분			(0.68)X(1.76)X ?				
조1	방내·조전리 1호분			2.10X1.50X ?	동서	1:0.76	3.15	2.10X0.80X0.05
X	방내·조전리 2호분			? X1.50X ?	서동			
X	방내·조전리 5호분							
조6	방내·조전리 6호분			2.10X1.60X ?	동서	1:0.76	3.36	
조7	방내·조전리 7호분			2.10X1.56X ?	서동	1:0.74	3.28	
X	방내·조전리 8호분							
조9	방내·조전리 9호분			2.30X2.30X ?	남북	1:1	5.29	
X	방내·조전리 10호분			? X1.05X ?	서동			
X	방내·조전리 11호분							
방신1	방내리(신) 1호분	8.00X ?		2.00X2.10X ?	남북	1:1.05	4.20	2.00X ? X ?
방신2	방내리(신) 2호분	6.70X ?		2.17X2.10X ?	남북	1:0.97	4.56	2.17X1.02X ?
방신3	방내리(신) 3호분	4.70X ?		2.31X1.25X ?	남북	1:0.54	2.89	
X	방내리(신) 4호분							
X	방내리(신) 5호분			2.00X(1.07)X ?	남북			
X	방내리(신) 6호분			1.96X(1.00)X ?	서동			

시상 방향	합장	연 도 길이X너비X높이(m)	형식	편년	랭크 그룹	비 고
	O	1.20X0.60X ?	A II 1	2b	d2	
	O	1.48X0.58X ?	A II 1	1a	d1	
동서		0.62X0.50X ?	A II 1	2c	d3	
동서		1.22X0.80X ?	A II 1	2d	d2	
동서		1.00X0.40~0.76X ?	A II 1		d3	
동서		0.82X0.62X ?	A II 1	2b	d1	
동서		1.10X0.60X ?	A II 1	2b	d1	
동서	O	1.26X0.60X ?	A II 1	2d	d2	
동서		0.94X0.46X ?	A II 1	3a	d2	
동서	O	0.70X0.54X ?	A II 1		d1	
남북		1.90X0.75X ?	B1	1c	b2	
동서		1.24X0.78X ?	A II 1			
동서						
동서		1.48X0.90X ?	A II 1	2b	d1	
남북						
				2c		
동서			A I 1	1c	c2	
				2d		
동서	O	1.25X0.65X ?	A I 1	1c	c1	
			A I 2		c1	
			A I 2	1c	c1	
	O		A I 2	1b	c1	
		1.95X0.65X ?	B3	1b	b1	
			A I 1	1c	c2	
		1.20X0.74X ?				
남북	O	2.00X1.00X ?	B1	1a	b2	
남북	O	2.17X1.02X ?	B1	1b	b1	
			A I 1	1b	c2	
				1b		
				2a		

약칭	고 분 명	봉 토 직경X높이(m)	석 실 길이X너비X높이(m)	길이방위	장폭비	면적㎡	1차시상 길이X너비X높이(m)
방한1	방내리(한빛) 1호	10.80X ?	2.50X2.40X ?	동서	1:0.96	6.00	전면
	방내리(한빛) 3호	10.30X(2.10)	2.40X2.30X ?	동서	1:0.96	5.52	230X90X50
	방내리(한빛) 4호	11.50X(2.50)	2.20X2.30X ?	동서	1:1.01	5.06	230X110X35
	방내리(한빛) 5호		1.70X2.10X ?	동서	1:1.24	3.57	200X110X22
	방내리(한빛) 6호	8.00X(2.20)	2.20X2.20X ?	동서	1:1.00	4.84	전면
	방내리(한빛) 7호	12.00X(2.30)	2.10X2.25X2.30	동서	1:0.98	4.73	전면
	방내리(한빛) 8호	9.00X ?	2.20X2.45X ?	동서	1:1.11	5.39	전면
방한2	방내리(한빛) 10호		2.40X1.20X(1.20)	동서	1:0.50	2.88	전면
	방내리(한빛) 11호	7.50X ?	2.33X1.04X ?	동서	1:0.52	2.42	전면
	방내리(한빛) 12호		2.00X1.30X(1.30)	동서	1:0.65	2.60	200X65X ?
	방내리(한빛) 14호		2.00X1.05X ?	동서	1:0.53	2.10	전면
	방내리(한빛) 16호		2.20X1.80X ?	동서	1:0.82	3.96	전면
	방내리(한빛) 17호		2.30X1.60X ?	남북	1:0.70	3.68	전면
	방내리(한빛) 18호	7.30X ?	1.85X1.15X ?	동서	1:0.62	2.13	전면
	방내리(한빛) 19호		2.10X1.60X ?	동서	1:0.76	3.36	200X65X23
방한3	방내리(한빛) 21호		1.90X1.45X ?	동서	1:0.76	2.76	전면
	방내리(한빛) 22호		2.00X1.20X(1.10)	동서	1:0.60	2.40	180X45X20
사1	사라리 525-1호	7.50X ?	2.20X2.20X ?	남북	1:1.00	4.84	
X	사라리 525-2호						
사3	사라리 525-3호	6.60X ?	1.85X2.10X ?	남북	1:1.14	3.89	
사4	사라리 525-4호	7.00X ?	2.05X2.25X ?	남북	1:1.10	4.61	
사5	사라리 525-5호	6.00X ?	1.60X2.20X ?	남북	1:1.38	3.52	
X	사라리 525-6호	5.50X ?	1.80X ? X ?	남북			
사7	사라리 525-7호	5.80X ?	1.62X2.30X ?	남북	1:1.42	3.73	
사8	사라리 525-8호	6.60X ?	1.90X2.30X ?	남북	1:1.21	4.37	
X	사라리 525-9호						
X	사라리 525-14호		1.65X ? X ?	남북			
X	사라리 525-15호						
X	사라리 525-16호						
사18	사라리 525-18호		2.10X2.50X ?	남북	1:1.19	5.25	
X	사라리 525-19호		1.90X ? X ?	남북			
갑1	갑산리 1호		1.23X2.06X ?	남북	1:1.67	2.53	2.06X0.73X ?
봉1	봉길리 1호		2.04X1.30X ?	남북	1:0.64	2.65	
봉2	봉길리 2호		2.10X1.26X ?	남북	1:0.6	2.65	
봉3	봉길리 3호		2.40X2.10X ?	남북	1:0.88	5.04	
X	봉길리 6호						
X	봉길리 7호						
봉12	봉길리 12호		2.20X1.70X ?	남북	1:0.77	3.74	2.20X ? X ?

시상 방향	합장	연 도 길이X너비X높이(m)	형식	편년	랭크 그룹	비 고
	○	1.60X0.95X ?	B2	1a	b1	대장식구
남북	○	2.10X0.80X1.20	B2	1a	b1	대단금구
남북	○	1.40X0.90X ?	B2	1c	b1	관고리 귀걸이 북침
남북	○	0.90X0.67X(0.80)	B2	2a	b2	
동서	○	2.30X0.85X1.05	B1	1c	b1	인골 5구
	○	2.20X0.70X1.20	B2	1b	b1	
	○	1.80X.90X1.10	B2	1a	b1	두침석남침 대장식구
동서	○	0.70X0.65X ?	A I 1	1a	c1	
남북	○	0.65X0.65X ?	A I 1	1c	c2	
동서	○	1.10X0.70X ?	A I 2	1a	c2	
동서		0.50X0.60X ?	A I 1	1c	c2	
동서	○	1.35X0.65X ?	B1	1a	b2	
남북		1.50X0.90X ?	A I 1		c1	
동서		0.90X0.67X ?	A I 1	2b	c2	
동서	○	0.90X0.65X ?	A I 1	1c	c1	
동서	○	0.90X0.68X ?	B1	2a	c2	
동서	○	1.15X0.65X ?	A I 1	1b	c2	

사라리고분군

		1.35X0.85X ?	B1	1b	b1	
		0.80X0.60X ?	B1	3b	b2	
	O	0.90X0.50X ?	B1	2d	b1	
		0.65X ? X ?	A II 1	2c	d1	
			B1	1c	b2	
		1.10X0.62X ?	A II 1	2b	d1	
		1.30X0.60X ?	B1	2c	b1	
				1c		
		1.00X0.90X ?	B1	2b	b1	
			B1	2a	b1	

갑산리고분군

| 동서 | | | A II 1 | 2c | d2 | |

봉길리고분군

		(0.72)X0.54X ?	A I 2	2a	c2	
		(0.65)X0.50X ?	A I 2	2b	c2	
		(0.80)X ? X ?	B2	1c	b1	
				2a		
				2a		
			A I 1	2a	c1	

지은이

최병현(崔秉鉉)

1948년 전북 옥구에서 태어났으며, 숭실대학교 사학과를 졸업하고 같은 학교 대학원에서
문학박사 학위를 받았다.
경주 천마총, 황남대총, 안압지 발굴단원을 거쳐 문화재관리국 문화재연구소 학예연구사로
황룡사지를 발굴하였다. 그 후 한남대학교 사범대학 역사교육과 교수, 숭실대학교 인문대학
사학과 교수로 재직하였고, 현재는 숭실대학교 명예교수이다.
문화재위원, 한국고고학회장, 국사편찬위원을 역임하였고, 2012년부터 대한민국학술원 회
원(인문 사회 제3분과)으로 활동하고 있다

저서로『新羅古墳硏究』(一志社, 1992),『韓國の考古學』(講談社, 1989, 공저),『韓國古代國家形成時
期의 考古學的 硏究』(韓國精神文化硏究院, 1991, 공저),『개정신판 한국고고학강의』(사회평론아카
데미, 2010, 공저),『동아시아의 고분문화』(서경문화사, 2011, 공저) 등이 있고, 신라고분과 신라
토기에 대한 많은 논문을 발표하였다.